Melchers

Das Große Buch der Heiligen

Melchers

Das Große Buch der Heiligen

Geschichte · Legenden · Namenstage

LUDWIG

Einleitung

Vorwort

Tag für Tag stellt mir dieses Buch einen Heiligen vor Augen. Er entreißt mich der Einsamkeit, die mich oft überkommt bei meinem Fragen und Suchen nach dem Sinn des Daseins, bei meinem Sehnen nach einem geglückten Leben. Die Gestalten der Heiligen stehen ja stellvertretend für die endlose Zahl der Frauen und Männer aller Jahrhunderte, aller Völker und Kulturen, der verschiedensten Berufe und Schicksale, die den Ruf des Einen gehört haben. Nun sind sie vereint in seinem Lob. In diese Gemeinschaft bin auch ich gerufen.

Tag für Tag widerlegt ein Heiliger den Eindruck, daß Gott abwesend, unendlich ferne ist. Ich erfahre, daß er wirklich ist, daß er wirkt. An den Heiligen faszinieren nicht so sehr heroische Leistungen, menschliche Tugenden, geschichtliche Erfolge, sondern die Wirksamkeit von Gottes Gnade. Und das mitten in einer Welt des Bösen, des Versagens, der Bedrängnisse. In seiner Pfingsthymne singt Paul Claudel von diesen strahlenden Pilgern des Heiligen Gottesberges: »Alles Übel sehen sie insgesamt, und doch wissen sie: Deine Gnade überwiegt«.

Tag für Tag begegnet mir an einem Heiligen neu das Antlitz Jesu. Es ist mir entrückt und verstellt in der wissenschaftlichen Zergliederung der Evangelien, in den Widersprüchen der verschiedenen Texte und ihrer Erklärungen, es zerfließt in der Vielfalt der von menschlicher Phantasie gemalten Bilder. An Heiligen aber wird für uns deutlich, wo einer sich schlicht auf sein Wort einläßt, sich seinem Anruf öffnet, da nimmt Jesus konkrete Gestalt an, wird sein Antlitz wie auf Veronikas Schweißtuch sichtbar, tritt ein Zug seines Lebens in unsere Wirklichkeit ein, seine Einsamkeit in der Wüste, sein stilles Arbeiten in Nazareth, seine froh machende Verkündigung, sein Mitleid mit den Kranken und Kindern. Auch mein Leben darf etwas vom Antlitz Jesu widerspiegeln, von Seinem Wirken und Wesen ausdrücken.

Tag für Tag darf ich einen Heiligen mit Namen nennen und verlasse so die Anonymität unserer Gesellschaft und unsere Sprachlosigkeit gegenüber der unsichtbaren Welt. Wir gehen nicht auf in den Zahlen der Statistiken und Börsenkurse, wir gehen nicht unter in den unermeßlichen Weiten des Alls. Ich bin persönlich beim Namen gerufen. Und Gottes Unendlichkeit ist nicht ein Meer, in dem wir versinken, sondern ist unendliches Gespräch, in dem wir angerufen und geliebt werden, in dem unser Name ewig bleibt. Die ganz persönliche Verbundenheit ließ schon die frühen Christen sich am Grab der Märtyrer versammeln. Und wenn die Kirche Seligsprechungen und Heiligsprechungen vornimmt – gewiß in einem manchmal recht umständlich und bürokratisch scheinenden Verfahren – dann hat das seinen Sinn, uns solche persönlichen Verbindungen gewiß zu machen. Wir dürfen mit Recht und ohne Bedenken menschliche Namen nennen, wir dürfen viele Namen hineinrufen in das Geheimnis Gottes und mit diesen festumrissenen Gestalten unseren menschlichen Anteil erhalten an seiner Unendlichkeit.

Tag für Tag buchstabiere ich so mit einem Heiligen meinen Glauben und meine Hoffnung. Da überwinde ich auch mein Unbehagen und Mißtrauen gegenüber allem Kollektiven, gegenüber Institutionen und Lehrsystemen. Glaube

Einleitung

vollzieht sich in menschlicher Beziehung, hält sich an menschlicher Gestalt fest. Er ist etwas ganz Individuelles und paßt in kein Schema. So ist auch die Betrachtung der Heiligen zwar eine Einübung im Glauben und christlichen Leben, nicht aber will sie wiederholbare Formeln an die Hand geben oder Beispiele zur starren Nachahmung vor Augen stellen. Wir können nie eine Zweitausgabe eines der vielen Heiligen werden, aber eines dürfen wir von ihnen allen lernen: wie sie dem Anruf des Herrn gefolgt sind, wie sie ganz Ohr, ganz kühne Gehorsamstat wurden trotz aller Widrigkeiten und Schwierigkeiten.

Tag für Tag begegne ich in einem Heiligen dem Wunder. Die Heiligen haben in dieser Welt gelebt, haben geschichtliche Zeugnisse hinterlassen, sind greifbar, faßbar in den Bedingungen ihrer jeweiligen Gesellschaft. Und doch durchbrechen sie immer wieder die bloße Faktizität, das äußerlich Greifbare und Vorhersehbare. In ihnen strahlt das Wunder auf. Darum tritt in diesem Buch neben den historischen Bericht auch die Legende. Gewiß übertreibt sie oft, vergoldet, verklärt. Und doch gehört auch sie zur Gestalt der Heiligen, besonders der frühen, gibt ihre Wirkungsgeschichte wieder in der Frömmigkeit des Volkes, verdichtet einen Wesenszug zu einem glänzenden Kleinod. Darum kann Hilde Domin in einem Gedicht von den Heiligen sagen, auch sie würden ihrer reichen Gewänder müde und würden gern ihre Podeste verlassen. Aber sie blieben, weil sie eine Tür seien »für Kinderhände, hinter der das Wunder angefaßt werden kann«. Wir brauchen sie, »denn wir essen Brot, aber wir leben vom Glanz«.
In einem anderen Gedicht sagt Hilde Domin:

Nicht müde werden
sondern dem Wunder
leise
wie ein Vogel
die Hand hinhalten.

Tag für Tag kann dieses Buch uns Kindern einer altersmüden Zivilisation helfen, dem Wunder leise die Hand hinzuhalten und unserer Berufung zu einem erfüllten Leben freudig inne zu werden.

Dr. Odilo Lechner OSB
Abt von Sankt Bonifaz in München

1. Januar

Basilius

Geboren: um 330 in Cäsarea (Kleinasien)
Gestorben: 379 in Cäsarea
Berufung/Beiname: Bischof, Kirchenlehrer
Wirkungsstätten: Kleinasien, Syrien, Palästina, Ägypten, Mesopotamien
Bedeutung des Namens: der Königliche (griechisch)
Namensformen: Basilio, Wassilij
Patronat: morgenländisches Mönchtum

Basilius wird gewöhnlich im Gewand eines Bischofs der griechischen Kirche dargestellt. Eine Taube sitzt als Zeichen des Hl. Geistes auf seinem Arm, Feuerflammen lodern neben ihm.

Der Kirchenlehrer, Prediger, Bischof und Schriftsteller Basilius der Große war einer der engagiertesten Verteidiger der Kirche Christi. Der hl. Basilius wurde um das Jahr 330 in der Stadt Cäsarea in Kleinasien geboren. Seine Eltern, die in der Stadt großes Ansehen genossen, führten ein frommes, christliches Leben. Seine Geschwister waren der hl. Gregor von Lyssa und die hl. Macrina.

Während einer schweren Krankheit in seiner Kindheit versprachen seine Eltern, ihn der Kirche zu weihen. Basilius studierte in Cäsarea, Konstantinopel → und Athen, wo er den hl. Gregor von Nazianz kennenlernte, mit dem ihn bald eine innige Freundschaft verband.

Nach abgeschlossenem Studium unterrichtete er um 356 als Rhetoriklehrer in Cäsarea. Seine Schwester, die hl. Macrina, lebte mit ihrer Mutter in strengster Abgeschiedenheit auf dem Familiengut am Fluß Iris am Schwarzen Meer. Basilius folgte diesem Beispiel, er verschenkte sein Vermögen und zog sich gemeinsam mit seinem Freund Gregor von Nazianz in die Einöde zurück. Dort arbeitete er die Regeln aus, die für das Mönchsleben der Ostkirche (Basilianer →) bestimmend wurden. Diese Regeln wurden später teilweise vom hl. Benedikt übernommen. Basilius hatte auf seinen zahlreichen Reisen das Leben der Mönche und Einsiedler gründlich studiert. Er war in vielen Klöstern Ägyptens, Palästinas → und Mesopotamiens → zu Gast. »Von dem Geschauten gekräftigt, von dem Gelernten gereift«, entschloß sich Basilius zum Leben eines Mönchs, und schon bald schlossen sich ihm viele an. Zusammen mit Gregor von Nazianz schrieb er das Buch »Philokalia«, das die Schönheit der Gottesliebe preist.

Nach etwa fünf Jahren mönchischen Lebens rief der Kampf gegen die Sekte der Arianer → Basilius in die Welt zurück. Von Bischof Eusebius 364 zum Priester geweiht, unterrichtete er in Cäsarea das Volk im rechten Glauben. Wiewohl nur einfacher Priester, war er des Bischofs rechte Hand und das eigentliche Haupt der Gemeinde. Mit seiner ganzen Kraft widmete sich Basilius den pastoralen Aufgaben seiner Gemeinde. Nach dem Tod des Bischofs Eusebius 370 wählten ihn die Gläubigen zu dessen Nachfolger. Als Metropolit → von Kappadokien unterstanden ihm nun fünfzig kleinere Bistümer. Mehrmals war er in Gefahr, vom Kaiser, der Arianer war, abgesetzt zu werden. Doch der Präfekt berichtete dem Kaiser, daß dieser mutige Bischof nicht kampflos weichen würde. Kaiser Valens (364–378) ließ Basilius fortan in Ruhe, er schenkte ihm sogar beträchtlichen Grundbesitz für die Kirche. Basilius gründete darauf die sogenannte Basilias, eine Ansammlung von Kranken- und Armenhäusern und Herbergen, die um Kirche und Bischofshaus lagen. Auch ein abseits erbautes Aussätzigenasyl sowie etliche Wirtschaftsgebäude gehörten dazu. Basilius gelangte im Osten wie im Westen zu hohem Ansehen. Acht Jahre konnte Basilius sein Metropolitenamt ausüben, bis er nach einer längeren Krankheit am 1. Januar 379 im Alter von 49 Jahren starb. Das Grab des Heiligen befindet sich in Cäsarea.

Der Heilige hinterließ außer seinen Mönchsregeln und seinen Schriften zur Liturgiereform auch noch Märtyrergeschichten, Predigten und zahlreiche Briefe.

Legende Als Kaiser Valens sah, daß die Arianer nichts gegen Basilius ausrichten konnten, beauftragte er seinen Präfekten Modestus, um Basilius teils mit Drohungen, teils mit Versprechungen zum Arianismus zu bekehren. Modestus ließ den Bischof zu sich kommen: »Bedenkst du, Basilius«, so sprach er zornig zu ihm, »daß du dich einem großen Kaiser widersetzest? Fürchtest du nicht seine Macht?« Basilius entgegnete: »Wie weit geht denn seine Macht?« »Er kann dein Vermögen einziehen, dich verbannen, dich zur Folter und zum Tode verurteilen.« Basilius jedoch antwortete: »Drohe mit etwas anderem, denn dieses alles fürchte ich nicht.« Der Statthalter war sehr erstaunt über die Unerschrockenheit des Bischofs und berichtete dem aufgebrachten Kaiser davon. Dieser ließ den Heiligen zu sich kommen, und da auch er nichts ausrichtete, sprach er das Urteil der Verbannung über ihn aus.

Schon in der gleichen Nacht sollte Basilius fortgebracht werden, als jedoch plötzlich der Sohn des Kaisers schwer erkrankte. Der Kaiser wurde unsicher und brachte dieses Unglück in Verbindung mit dem, was er angeordnet hatte. Auf Bitten seiner Gemahlin widerrief er seinen Befehl. Kaum war das geschehen, besserte sich auch das Befinden des Prinzen. Bald aber bereute der Kaiser seine Schwäche, und er verurteilte den Bischof zum zweiten Mal zur Verbannung. Als er aber den Befehl hierzu unterschreiben wollte, zerbrach ihm die Feder. Er forderte eine zweite, aber auch diese zerbrach, ebenso geschah es mit einer dritten. Nun begehrte er zornig eine vierte Feder, aber siehe, da fing seine Hand zu zittern an und erstarrte. Von Schrecken ergriffen, zerriß er das Papier und ließ fortan den heiligen Bischof Basilius in Frieden.

Die Arianer, die auch Bischof Basilius bekämpfte, betrachteten Jesus Christus nicht als wesensgleich mit Gottvater, sondern nur als wesensähnlich mit ihm. Auf dem Konzil von Nicea wurde 325 die Lehre des Arius als Irrglaube verworfen.

2. Januar

Gregor von Nazianz

Schon im 5. Jahrhundert erhielt der hl. Gregor wegen seiner überzeugenden Verteidigung des Glaubens den Beinamen »Theologe«. Gregor wurde um das Jahr 329 auf dem bescheidenen Landgut Arianz bei Nazianz in Kappadokien → in Kleinasien geboren. Sein Vater Gregor der Ältere und seine Mutter Nonna sowie seine beiden Geschwister Cäsarius und Gorgona zählen ebenfalls zu den Heiligen. Gregor erlebte also schon im Elternhaus tiefe Frömmigkeit. Früh erwachte in ihm das Interesse an philosophischen Studien. Zunächst stillte er seinen Wissensdurst an den berühmten Schulen von Cäsarea →, Alexandrien → und Athen. Dort lernte Gregor von Nazianz den hl. Basilius kennen, mit dem er bis zu seinem Tod eng befreundet blieb.

Nachdem Gregor – vermutlich von seinem Vater, dem Bischof – die Priesterweihe empfangen hatte, begab er sich um 360 zusammen mit dem hl. Basilius in die Einsamkeit ans Schwarze Meer. Hier lebten sie zusammen mit einigen Gleichgesinnten in strenger klösterlicher Zurückgezogenheit am Fluß Iris. Sie bebauten miteinander das Land und studierten die heiligen Schriften. Nur höchst ungern gab Gregor um das Jahr 362 dieses Leben auf, um nach Nazianz zurückzukehren, wohin ihn sein Vater gerufen hatte, denn er sollte ihm bei seinen bischöflichen Aufgaben helfen. Nach dem Tod seines Vaters zog sich Gregor erneut in die Einsamkeit zurück. Betend und büßend verbrachte er fünf Jahre an einem einsamen Ort in Seleukia.

Geboren: 329 in Arianz (Kleinasien)
Gestorben: um 390 in Arianz
Berufung/Beiname: Bischof, Kirchenlehrer
Wirkungsstätten: Kleinasien, Palästina, Ägypten, Griechenland
Bedeutung des Namens: der Wachsame, Muntere (griechisch)
Namensformen: Gregor, Gore, Gorius, Görres, Gregory, Grischa
Patronat: Dichter; sorgt für eine gute Ernte

2. Januar

Gregor von Nazianz wird als Bischof am Schreibpult mit zwei Tauben dargestellt; im Hintergrund zwei Frauengestalten, die die Weisheit und die Keuschheit symbolisieren.

Gegen seinen Willen berief man Gregor im Jahre 380 zum Bischof von Konstantinopel. Dies stellte ihn vor eine besonders schwierige Aufgabe, da die byzantinische Kirche zu dieser Zeit dem Einfluß der mächtig gewordenen Arianer fast völlig unterlegen war. Nur wenige Gläubige hielten noch zu ihrem Bischof, der nun von allen Seiten erbitterten Angriffen, ja sogar tätlichen Verfolgungen ausgesetzt war. Dennoch gelang es Gregor, viele Irrgläubige durch die Überzeugungskraft seiner Predigten zurückzugewinnen. Er lehrte, daß ein wahrer Katholik auch seinen Brüdern, die kirchlich von ihm getrennt sind, mit Achtung zu begegnen hätte.

Nach dem zweiten Konzil von Konstantinopel wurde Gregor 381 von Kaiser Theodosius (397–395) zum Erzbischof dieses Bistums ernannt. Da ihm seine Feinde auch jetzt keine Ruhe ließen, ja sogar versuchten, ihn zu ermorden, dankte er 383 in einer ergreifenden Predigt ab, um weitere Unruhen zu vermeiden. Seine letzten Worte an seine Gläubigen waren: »Meine Kinder, bewahret den euch anvertrauten Schatz des Glaubens und erinnert euch der Steinigungen, die ich erlitt, weil ich den wahren Glauben in eure Herzen pflanzte.«

Gregor zog sich nun endgültig in seinen Geburtsort Arianz zurück. Jetzt erst konnte er seiner schriftstellerischen Begabung nachgehen und zu den theologischen Fragen seiner Zeit ausführlich Stellung nehmen. Er beschäftigte sich vor allem mit der Trinitätslehre →. Seine Lebensweise blieb weiterhin streng asketisch. Er schrieb darüber: »Ich lebe zwischen Felsen und wilden Tieren, nie sehe ich Feuer und bediene mich keiner Schuhe. Stroh ist mein Lager, und zur Decke habe ich einen Sack. Mein Fußboden ist allezeit befeuchtet von Tränen.«

Nach jahrelanger Krankheit starb Gregor um das Jahr 390. Gregor von Nazianz lebt in seinen herrlichen Schriften fort, die ihn als Meister der Prosa und Poesie auszeichnen. 950 brachte man seine Gebeine in die Apostelkirche nach Konstantinopel, das heutige Istanbul. Während der Kreuzzüge überführte man Teile seiner Reliquien nach Rom, wo sie seither im Petersdom ruhen.

Gregor von Nazianz verfaßte zahlreiche theologische Werke, die, allesamt Meisterwerke antiker Rhetorik, gegen die Arianer gerichtet sind. Im Unterschied zur lateinischen Kirche begehen die griechisch-orthodoxen Christen den Gedenktag des hl. Gregor am 19. bzw. 25. Januar.

»Der Nebel von Pontus, die kraftlose Sonne, das Häuschen mit den nassen Lehmwänden, der Herd mit dem winzigen Feuerchen und dem beißenden Rauch, das Brot, an dem man sich die Zähne ausbeißt, das Gärtchen voll Disteln und Gestrüpp«, so beschreibt Gregor von Nazianz sein Leben in der Einsamkeit am Schwarzen Meer.

Legende *Die Arianer haßten Gregor so sehr, daß sie eines Tages einen Meuchelmörder beauftragten, die blutige Tat auszuführen. Dieser jedoch wurde von so großen Gewissensbissen geplagt, daß er zu Gregor ging, ihm zu Füßen fiel und ihm das grausige Vorhaben offenbarte. Gregor sagte voller Sanftmut zu ihm: »Gott möge dir verzeihen. Gottes Güte verlangt von mir, daß ich dich begnadige. Ich fordere von dir nur das eine, daß du der Ketzerei entsagst und dich zum wahren Glauben bekennst.« Überwältigt von der Güte des Heiligen, tat er, wie ihm befohlen. Man erzählt sich auch, daß Gregor als Kind einen wundersamen Traum hatte, in dem ihm zwei Jungfrauen in langen weißen Gewändern erschienen. Die eine nannte sich Keuschheit, die andere Weisheit. Sie erklärten ihm, daß sie Begleiterinnen Jesu Christi und derjenigen seien, die, um ein Leben nach dem Willen Gottes zu führen, sich ganz der Reinheit weihten. Diese Erscheinung senkte sich tief in das Herz Gregors, und von da an lebte er keusch bis zu seinem Tod und diente der Weisheit mit all seiner Kraft.*

2. Januar

Makarius der Alexandriner

Die Kirche verehrt am 15. Januar Makarius den Älteren, der auch »der Große« oder »der Ägypter« genannt wird. Der 2. Januar ist der Festtag von Makarius dem Jüngeren, dem Alexandriner – um ihn geht es hier. Beide lebten als Eremiten in der gefürchteten Nitriawüste südlich von Alexandria →. Sie gehörten zu jenen Wüstenheiligen der frühen nachchristlichen Jahrhunderte, die von ihren Zeitgenossen wie auch von der Nachwelt teils als Heilige, teils als Narren bezeichnet wurden, weil sie der Welt den Rücken kehrten, um nach Christi Wort »vollkommen« zu werden. Gegen Ende des 4. Jahrhunderts lebten fünftausend Einsiedlermönche in den Wüsten des Oberen und Unteren Ägypten.

Das an Wundern reiche Leben des jüngeren Makarius hat uns dessen Schüler Palladius in der »Historia Lausiaca« beschrieben. Von ihm stammt auch jene gleichnishaft anmutende Beschreibung der Zellen, in denen Makarius lebte. Die Einsiedler pflegten sich ihre Behausungen in den Berg zu graben, manche hatten nicht einmal einen richtigen Eingang und konnten nur durch ein Loch erreicht werden, durch das sich der Büßer hinunterließ.

Makarius der Alexandriner war ein erfolgreicher Kaufmann, als er von Gott berufen wurde. Er verschenkte seinen gesamten Besitz und ging in die Wüste, wo er noch sechzig Jahre lebte. Er war bald der berühmteste unter allen Einsiedlern, denn seine Askese war erstaunlicher als die aller anderen Mönche. So setzte er sich zwanzig Tage und Nächte ungeschützt der unbarmherzigen Sonne des Tages und der eisigen Kälte der Nacht aus, weil er Schlaf, Hunger und Durst überwinden wollte. Seine extremen Entbehrungen, so berichtet sein Schüler, ließen seinen langen Bart, den Stolz der Anachoreten →, bis auf wenige Haare verkümmern – ein Beweis seiner Demut. Darüber hinaus war er ein wortgewandter Lehrer und vollbrachte große Wunder.

Gegen Ende seines Lebens erfuhr Makarius, daß sich im oberen Niltal Klöster gebildet hätten, wo die Mönche nach ganz anderen Regeln lebten als die Eremiten in der Wüste. Entsetzt fragte er sich, wie man ein Heiliger werden könnte, wenn man mit anderen zusammen lebte und sich nicht mehr freiwillig allen Kasteiungen unterziehen durfte? Um sich selbst davon zu überzeugen, machte er sich trotz seines hohen Alters auf den Weg und suchte das Kloster des hl. Pachomius auf. Makarius ließ sich in diese Gemeinschaft aufnehmen, ohne seinen Namen zu nennen, und lebte dort sieben Jahre. Die asketischen Übungen der Mönche waren für ihn ein Kinderspiel. Er erschreckte seine Mitbrüder, indem er sie in allem bei weitem überbot. Die Gegenwart dieses Menschen wurde den anderen Mönchen unheimlich, und sie beklagten sich beim Abt über ihn. Dieser ließ Makarius zu sich kommen und erfuhr zu seinem Erstaunen, daß er den großen Asketen der Nitrischen Wüste vor sich hatte, dessen Ruf bis zu ihm gedrungen war. Er dankte dem Heiligen für sein gutes Beispiel, das er seinen Mitbrüdern gegeben hatte, und entließ ihn voll Bewunderung für die Vollkommenheit seines Gotteseifers. Der bereits Hundertjährige kehrte zurück in die Wüste von Sketis und starb bald darauf um das Jahr 394 friedlich in seiner Höhle.

Geboren: um 294 in Alexandria (Ägypten)
Gestorben: um 394 in Alexandria
Berufung/Beiname: Priester, Klostergründer, Eremit
Wirkungsstätten: Sketische und Nitrische Wüste
Bedeutung des Namens: der Glückliche (griechisch)

Dargestellt wird Makarius als Eremit mit Laterne und Trauben. Um den Wüstenheiligen scharen sich wilde Tiere. Die Laterne symbolisiert Andacht, Verbindung mit Gott und geistige Wachsamkeit.

3. Januar

Die Traube als Attribut des Makarius geht auf eine Legende zurück, nach der der Wüstenheilige und seine Mitbrüder Trauben, die man ihnen geschenkt hatte, als Opfer auf dem Altar niederlegten, weil sie das Fasten nicht brechen wollten.

Legende Eines Tages saß Makarius in seiner Zelle. Da kam eine Hyäne zu ihm, die ihr Junges im Maul trug. Er war erstaunt und fragte: »Was willst du hier?« Sie hielt ihr Junges dem alten Manne hin und weinte. Makarius nahm das Junge in seine Hände und sah, daß es blind war. Da spuckte er ihm ins Gesicht und berührte es mit seinem Finger an den Augen. Sogleich sah das Junge der Hyäne. Es verlangte nach der Zitze der Mutter, sog an ihr, und beide verließen den Heiligen.

Am nächsten Tage kam die Hyäne wieder zu Makarius. Sie hielt in ihrem Maul ein Schaffell. Makarius sah die Hyäne und sagte zu ihr: »Wo bist du gewesen. Wo hast du das Schaffell gefunden, wenn du nicht auch ein Schaf gefressen hast? Was du mir da bringst, das nehme ich nicht an!«

Die Hyäne senkte ihren Kopf und beugte ihre Pfoten, als ob sie niederkniete, und wie bittend, es zu nehmen, legte sie das Fell zu seinen Füßen. Er sprach: »Ich nehme es nur, wenn du mir versprichst, daß du kein lebendes Wesen mehr töten wirst. Von heut an wirst du keine Beute fressen, wenn sie nicht tot ist. Wenn du nichts findest, komm hierher, und ich werde dir Brot geben.« Die Hyäne sah ihn an, als ob sie es ihm verspräche. Der Heilige nahm das Fell von der Hyäne, und sie verließ ihn.

3. Januar

Genoveva

Geboren: 422 in Nanterre (Frankreich)
Gestorben: 502 in Paris
Berufung/Beiname: Nonne
Wirkungsstätte: Frankreich
Bedeutung des Namens: das edelgeborene Weib, die Weberin (althochdeutsch)
Namensformen: Geni, Vevi
Patronat: Schutzheilige der Stadt Paris, Hirten, Hutmacher, Wachszieher, Winzer

Das Kind der armen Bauersleute Severus und Gerontia wurde 422 in Nanterre geboren, siedelte aber nach dem frühen Tod der Eltern nach Paris über. Dort führte die hl. Genoveva ein bescheidenes Leben in strengster Zurückgezogenheit. Bereits als Fünfzehnjährige trat sie mit Genehmigung des Bischofs von Paris in ein Kloster ein. Wie ein Engel der Barmherzigkeit tat die junge Nonne überall Gutes. Wo sie nur konnte, unterstützte sie die Armen, pflegte Kranke, Alte und tröstete alle, die in Not waren. Genoveva fastete täglich und verbrachte viele Nächte wach im frommen Gebet.

Als Paris – damals hieß es noch Lutetia – von einer Hungersnot heimgesucht wurde, erbettelte Genoveva Korn bei den Bauern der Umgebung und brachte es selbst auf Kähnen über die Seine zu den hungernden Menschen in die Stadt. Als eine Seuche ausbrach, pflegte sie ohne Rücksicht auf ihre eigene Gesundheit die Kranken. Obwohl sie vom Volk sehr verehrt wurde, blieb sie stets bescheiden. Auf Genoveva geht auch die Gründung der dem hl. Dionysius geweihten Kirche nahe dem Montmartre zurück. Bald nach ihrem Tod erhob Chlodwig, der Begründer des fränkischen Königtums, die gallisch-römische Lutetia zur Hauptstadt des Frankenreichs. In späteren Zeiten erbaute man zu Ehren Genovevas ein Gotteshaus. Dort steht heute das Panthéon. Die Heilige vollendete ihr demütiges und aufoperndes Leben im Jahre 512. Noch heute ist sie die Patronin von Paris, denn sie hat die Stadt vor dem Hunnenkönig Attila (gest. 453) bewahrt. Im Mittelalter und in der frühen Neuzeit war die hl. Genoveva in Frankreich eine der populärsten Heiligengestalten. Am 21. November 1793 wurden die Reliquien der Heiligen Genoveva öffentlich verbrannt und der Genovevaschrein wurde eingeschmolzen. Mittelpunkt der Genovevaverehrung ist heute die Kirche St. Etienne-du-Mont in Paris.

3. Januar

Legende Auf vielen Darstellungen in der Kunst trägt Genoveva als Attribut eine brennende Kerze in ihrer Hand. Dies geht auf die folgende Legende zurück: Eines Nachts, als sich Genoveva zum Gebet in die Kirche begab, begegnete ihr der Teufel und blies ihre brennende Kerze mit einem Blasebalg aus. Genoveva aber kniete sogleich nieder und betete inbrünstig zu Gott, und siehe da, plötzlich flammte ihre Kerze wieder auf, und die Macht des Teufels war damit gebrochen.

Später begab es sich, daß die grausamen Hunnen auch ins Frankenreich einfielen und sich der Stadt Paris näherten. In ihrer Not beschlossen die Bürger, ihre Stadt kampflos aufzugeben und vor den einstürmenden Hunnen zu fliehen. Genoveva beschwor sie aber, zu bleiben, Buße zu tun und zu Gott zu beten, denn dann würden Attila und die wilden Hunnen die Stadt nicht angreifen. Genoveva war nämlich von Gott in einer Vision geoffenbart worden, daß Paris von den Hunnen verschont bliebe. Und so geschah es tatsächlich: Attila und seine Soldaten umgingen Paris, um sich Orléans zuzuwenden, jener Stadt, in die sich ursprünglich die Bürger von Paris hatten in Sicherheit bringen wollen. In der blutigen Schlacht auf den Katalaunischen Feldern wurden wenig später Attila und seine Hunnen vernichtend geschlagen. Von nun an wurde Genoveva als die Retterin von Paris gefeiert; bis heute wird sie als Schutzpatronin der Stadt verehrt.

Genoveva wird meist dargestellt mit einem kleinen Teufel zu ihren Füßen. Der Teufel bläst mit einem Blasebalg die Kerzen während der nächtlichen Gebetsversammlung aus, die heilige Genoveva aber zündet sie ohne Zuhilfenahme eines Feuers wieder an.

»Genoveva hütet die Schafherde«, Gemälde des französischen Malers Charles Emile Champmartin von 1848.

Angela von Foligno

4. Januar

> **Geboren:** 1248 in Foligno (Italien)
> **Gestorben:** 1309 in Foligno
> **Berufung/Beiname:** Mystikerin, Ordensgründerin
> **Wirkungsstätte:** Umbrien
> **Bedeutung des Namens:** die Engelhafte (griechisch-lateinisch)
> **Namensformen:** Angi, Angel, Angelica, Angelika, Angelina, Gela, Geli

Eine der größten Mystikerinnen des Mittelalters war die sel. Angela. Sie befolgte den Rat ihres Beichtvaters und zeichnete ihre Visionen und Ekstasen auf. Angela war Zeitgenossin der hl. Maria von Cortona und stammte aus der gleichen Gegend in Italien. Beide waren zunächst einem verschwenderischen und ausschweifenden Leben sehr zugetan, änderten dann aber radikal ihren Lebensstil, bekehrten sich und wurden Terzianerinnen → des hl. Franziskus. Angela gründete in Foligno eine Gemeinschaft von Schwestern des Dritten Ordens, und man verlieh ihr später den Titel einer »theologorum magistra mystica«, einer mystischen Lehrerin der Theologen.

Foligno liegt bei Assisi. Dort wurde Angela 1248 geboren. Das schöne Mädchen aus angesehenem Hause heiratete einen wohlhabenden Bürger und bekam mehrere Kinder. Unbekümmert gab sich Angela weltlichen Genüssen hin, begünstigt durch das große Vermögen ihres Mannes. Von Zeit zu Zeit erwachte aber in ihr das schlechte Gewissen, und sie schrieb: »Unzufrieden mit mir, fing ich an, über meinen Lebenswandel nachzudenken. Ich zittere in großer Angst vor der ewigen Verdammnis.« In ihrer Not wandte sie sich im Gebet an den hl. Franziskus. Danach fand sie die Kraft, mit ihrem bisherigen Leben zu brechen und sich ganz dem Herrn zu weihen. Sie verkaufte ihren Besitz und schenkte den Erlös den Armen. Sie trat in den Dritten Orden → des hl. Franziskus ein und führte ein opfervolles und entbehrungsreiches Leben. Bald darauf starben ihre Mutter, ihr Mann und sogar ihre Kinder. In wunderbaren Visionen war Angela Gott nahe. Sie schrieb: »Ich sah Gott. Ich sah eine Fülle und Klarheit, die mich so erfüllte, daß ich nicht imstande bin, es auszudrücken. Willst du zu den höchsten Zinnen der Vollkommenheit gelangen, so bete! Bete immer wieder, denn der Heilige Geist kommt nur über die herab, die beten.«

Die fromme Büßerin starb am 4. Januar 1309. Ihr Leichnam liegt in der Franziskus-Kirche von Foligno begraben. 1369 wurde Angela seliggesprochen.

Die heilige Angela wird als Franziskanernonne dargestellt. Sie führt an einer Kette einen gefesselten Teufel als Zeichen ihrer Macht über das Böse mit sich.

Anstelle einer Legende *sei hier eines der vielen Visionserlebnisse der Heiligen erzählt: Eines Tages machte sich Angela mit einigen Begleiterinnen auf den Weg nach Assisi, um in der dortigen Kirche zu beten. Da vernahm sie plötzlich eine Stimme, die sprach: »Ich bin der Heilige Geist und will mit dir nach Assisi gehen, ohne daß es deine Gefährten bemerken. Liebe mich, meine Tochter, denn ich liebe dich unaussprechlich, mehr als du mich lieben kannst. Gott fordert nichts von einer Seele, als daß sie ihn liebe, weil er sie liebt und weil er die Liebe der Seele ist.« Sofort dachte Angela an ihre Sünden, schämte sich und erwiderte: »Wenn du der Heilige Geist wärest, würdest du nicht so zu mir sprechen und mich zur Eitelkeit verleiten.« Da entgegnete die Stimme: »Versuche es, und denke jetzt an irdische Dinge!« Angela versuchte, sich von den Schönheiten der Welt in den Bann schlagen zu lassen, aber was immer sie ansah, von überall her vernahm sie nur die gleichen Worte: »Betrachte dies alles, es ist das Werk meiner Hände.« Da fühlte sie, wie eine unbeschreibliche Wonne sie erfüllte, und sie ging nach Assisi weiter, ohne daß die Begleiterinnen etwas von ihrer inneren Veränderung bemerkten.*

5. Januar

Odilo von Cluny

Das berühmte Kloster Cluny → wurde um 910 gemäß einer Stiftung Herzog Wilhelms von Aquitanien → nördlich von Lyon gegründet. Von hier ging jene bedeutsame Reform aus, die das religiöse Leben der Klöster grundlegend erneuerte. Nicht weniger als fünf Heilige standen der Benediktiner-Abtei im Lauf der Jahrhunderte vor. Die cluniazensische Reform stellte die alten mönchischen Ideale des hl. Benedikt – Armut, Gehorsam, Keuschheit, Askese, Bußübungen und Betrachtung im Gebet – wieder in den Mittelpunkt des Klosterlebens. Hinzu kam noch eine Neuerung, die das Leben der Benediktiner bis heute bereichert hat, nämlich die Pflege von Musik und des Chorgesangs zur Ausgestaltung der Liturgie. Auch die Errichtung umfassender Bibliotheken als Grundlage für jedes Studium wurde neu eingeführt. Selbst das cluniazensische Bauprogramm war von einer ganz neuen geistigen Konzeption geprägt. Helmut Domke schreibt: »Es bleibt das historische Verdienst der Äbte von Cluny, dem Abendland ein neues Wertbewußtsein geschenkt zu haben, eine Aufgabe, die angesichts der Korruption und Verrohung der Zeit ungeheuer anmutet.«

Geboren: 962 in der Auvergne (Frankreich)
Gestorben: 1048 in Souvigny (Frankreich)
Berufung/Beiname: Abt
Wirkungsstätte: Frankreich
Bedeutung des Namens: der Stammgutbesitzer (althochdeutsch)
Namensformen: Odo, Dilo
Patronat: Arme Seelen im Fegefeuer; hilft bei Gelbsucht; schützt vor Glasbruch

Odilo wurde 962 auf Schloß Corrèze in der Auvergne als Sohn des Grafen von Mercœur geboren. Sein Adelsstand ermöglichte dem jungen Mann einen frühen Aufstieg in kirchliche Ämter. Als Domherr von St. Julien bei Le Puy führte er zunächst das damals übliche Leben eines reichen Kirchenfürsten. In dieser Zeit lernte er Abt Majolus kennen, der dem Kloster Cluny vorstand. Es war jedoch der Abt von St. Bénigne in Dijon, der ihn veranlaßte, 991 in das Kloster von Cluny einzutreten. Bereits zwei Jahre später wurde Odilo auf Grund seiner menschlichen und geistigen Qualitäten von Abt Majolus zu seiner Assistenz erkoren, und dieser war es auch, der ihn zu seinem Nachfolger erwählte. Nach dessen Tod im Jahre 994 leitete Odilo ganze vierundfünfzig Jahre lang die Geschicke des Klosters Cluny. Sein unerschütterlicher Glaube an die mönchische Berufung, seine Tatkraft und Geschicklichkeit im Umgang mit Menschen, die der eines klugen Staatsmannes gleichkam, sowie sein hervorragendes Organisationstalent machten diesen Heiligen zu einer der faszinierendsten Gestalten unter den Äbten der mächtigen Benediktinerabtei Cluny.

Die Abtei Cluny gelangte unter seiner Leitung zu Macht und Ansehen. Er verstand es, immer mehr Benediktinerklöster für die Reformideen Clunys zu gewinnen. Zum Schluß war deren Zahl auf 65 angewachsen. Nachdem Odilo in diesen Klöstern die Durchsetzung seiner Ideen erreicht hatte, wandte er sich nach außen. Unzählige Reisen führten den von Statur zarten, kleinen Mann zu Gesprächen mit Päpsten, Kaisern, Bischöfen und anderen Großen seiner Zeit. Oft wurde er als Schiedsrichter angerufen, und in den meisten Fällen gelang es ihm, Frieden und Verständigung unter den streitenden Parteien zu stiften. Die bedeutendste Wallfahrt des Mittelalters, die Pilgerfahrt zum Grab des Apostels Jakobus in Compostela, wurde von Odilo ins Leben gerufen. Sie galt ursprünglich dem besonderen Anliegen, Spanien vom Islam zu befreien. Noch heute ist Santiago de Compostela eines der beliebtesten Wallfahrtsziele.

Abt Odilo wird dargestellt mit Abtsstab und dem Fegefeuer neben sich, aus dem Engel die erlösten Seelen in den Himmel führen.

Odilo von Cluny führte als Abt seine Klostergemeinde nach der Regel: »Lieber will ich wegen Barmherzigkeit barmherzig gerichtet, als wegen Grausamkeit grausam verdammt werden«.

Odilo kümmerte sich darüber hinaus, ganz dem benediktinischen Gedanken verpflichtet, vor allem um die Bedürftigen und Armen. Wenn es keine andere Möglichkeit mehr gab, scheute er sich nicht, ihretwegen klösterliches Gut zu veräußern. Die großartigen karitativen Einrichtungen der Abtei, die jahrhundertelang in der von Odilo erdachten Ordnung bestanden, zeigen sein eigentliches Wesen auf, das getragen war von der Liebe zu den Mitmenschen. Er lebte stets so demütig und bescheiden wie der geringste seiner Mönche. »Archangelus Monachorum«, der Erzengel der Mönche, so bezeichneten ihn seine Zeitgenossen. Als er am Silvesterabend des Jahres 1048 starb – er befand sich gerade auf einer Inspektionsreise in Souvigny –, betrauerte das ganze Abendland seinen Tod. Odilo wurde schon 1063 heiliggesprochen.

Legende *Der hl. Petrus Damiani berichtet von den vielen Reisen, die Abt Odilo unternahm. Eines Tages kam er auch nach Sizilien. Da vernahm er, daß beim Berge Vulcanus häufig Stimmen zu hören wären, die dem Heulen von Teufeln glichen. Die Bewohner der Gegend sagten, es geschähe deshalb, weil den Teufeln durch Almosen und Gebete der Gläubigen die Seelen der Verstorbenen entrissen würden. Da gebot der heilige Abt, daß in seinen Klöstern am Tage nach dem Fest Allerheiligen von nun an das Gedächtnis der Seelen gefeiert werden solle, damit alle sich ihrer jährlich aufs neue erinnerten. Der Tag Allerseelen aber wurde später von der ganzen Christenheit gefeiert.*

5. Januar

Simeon der Stylit

Geboren: um 390 in Sîs (Kleinasien)
Gestorben: 459 in Tel-Neschin (Syrien)
Berufung/Beiname: Säulensteher, Stylit
Wirkungsstätte: Syrien
Bedeutung des Namens: der von Gott Erhörte (hebräisch)
Namensformen: Simon, Simone
Patronat: Hirten

Eine der bemerkenswertesten Erscheinungen unter den Wüstenheiligen ist bis heute Simeon der Stylit geblieben. Er war der erste der großen Asketen in der syrischen Wüste, der eine Säule bestieg, auf der er siebenunddreißig Jahre lang lebte, »um dem Himmel näher zu sein«. Wenn der hl. Simeon auch von vielen Menschen deswegen verlacht wurde, ist die Bedeutung dieses Säulenheiligen für die frühe Kirchengeschichte unbestreitbar. Sein Leben ist uns in vielen Einzelheiten von Augenzeugen überliefert worden.

Um 390 in Sîs in Cilicien → als Sohn christlicher Bauersleute geboren, war Simeon einige Jahre lang Hirte. Er verließ sein Elternhaus jedoch frühzeitig, um sich als Mönch ganz Gott zu weihen. Zehn Jahre verbrachte er in einer syrischen Klostergemeinschaft in Telada, die unter der geistigen Führung des Abtes Heliodor stand. Dort tat der junge Simeon sich durch so kräfteverzehrende Bußübungen hervor, daß man ihn schließlich bat, das Kloster zu verlassen. Er gehorchte und begab sich an eine der einsamsten Stellen des Gebirges, wo er in einen trockenen Brunnenschacht hinabstieg, um darin »aufrecht stehend Gott zu loben«. Nach fünf Tagen zogen ihn seine ehemaligen Mitbrüder entsetzt wieder hoch.

In der folgenden Fastenzeit ließ Simeon sich einmauern und blieb vierzig Tage lang ohne jede Nahrung – eine Übung, die er achtundzwanzig Jahre beibehielt. Wieder einige Zeit später bestieg der Asket den nach ihm benannten Berg »Kalat Siman« und ließ sich dort mit einer Kette am Felsen anschmieden, so daß er den von ihm gewählten Platz nicht verlassen konnte, »selbst wenn er gewollt

5. Januar

hätte«. Hier beschäftigte sich Simeon Tag und Nacht damit, »mit den Augen des Glaubens und des Geistes jene Dinge zu betrachten, die über dem Himmel sind«. Schon damals zog der Ruf seiner Heiligkeit eine große Menge von Pilgern an, die sich um den angeketteten Eremiten scharten.

Um der Bedrängnis und Ablenkung zu entgehen, ließ er sich von der Kette befreien, suchte eine andere Gegend auf und bestieg dort eine Säule. Nun konnten die Pilger und Schaulustigen ihn in seiner Gottsuche nicht mehr so unmittelbar stören. Die Säule hatte zunächst eine Höhe von fünf Metern, später ließ er sie immer mehr erhöhen, bis die kleine Plattform, auf der er fortan lebte, sich fast zwanzig Meter hoch über der Erde befand. Dreißig Jahre verbrachte er, meist aufrecht stehend, hinter der kleinen Balustrade, die seinen Lebensraum umschloß; hier verneigte er sich unzählige Male am Tage und in der Nacht zum Gebet, hier war sein Körper Hitze und Kälte ausgesetzt, hier ertrug er geduldig alle Schmerzen. Nur einmal in der Woche nahm der Säulenheilige Nahrung zu sich, die ihm in einem Almosenkorb gereicht wurde, den er zu sich heraufzog. Nur selten gönnte sich der strenge Büßer ein wenig Schlaf.

Uns heutigen Menschen scheint eine solche Lebensform unvorstellbar. Aber auch schon zu seiner Zeit erregte sie ungeheures Aufsehen, wie Theodoret, sein Biograph, berichtet. Theodoret hat die zahlreichen Pilger selbst gezählt, die sich an dem Anblick des Styliten – des Säulenstehers – erbauen wollten. Seiner Zählung nach waren es 1244. Sie kamen aus allen Himmelsrichtungen, so daß man von einem »Meer von Menschen« sprach, die sich tagsüber zu Füßen der Säule aufhielten. Sie alle lauschten den Predigten und Ermahnungen des Styliten. Selbst die Anachoreten → kamen aus der Wüste, weil sie Simeon für einen eitlen Schausteller hielten, mußten sich aber von seiner unantastbaren Redlichkeit überzeugen lassen. Bis nach Gallien und Spanien war der Ruf seiner Tugend und Weisheit gedrungen, so daß bald kirchliche und weltliche Würdenträger seine Ratschläge annahmen. Er schlichtete von seiner Säule herab Streitigkeiten und hörte sich die ihm vorgetragenen Nöte liebevoll an.

Als Simeon im Jahre 459 auf seiner Säule gestorben war, wurde das vom Volk drei Tage lang nicht bemerkt. Doch danach führte sein Tod zu ernsten Unruhen. Der römische Kaiser mußte sechshundert Soldaten aus Antiochia → schicken, damit der Körper des Heiligen von seinen Verehrern nicht in Stücke gerissen wurde. Die Christen brachten seine Reliquien nach Antiochia, wo sie in einer ihm zu Ehren erbauten Kirche beigesetzt wurden. Am Grab des hl. Simeon ereigneten sich viele Wunder. Die Ruinen dieser riesigen Anlage aus dem Ende des 5. Jahrhunderts beeindrucken den Betrachter noch heute.

Legende In der Antwerpener »Vitae Patrum«, die Joseph Bernhart seinem Text zugrunde legte, heißt es: »Simeon bestieg seine Säule und begann mit Wunderkraft zu wirken. Zu jener Zeit hauste nicht weit von ihm entfernt ein mächtiger Drache, dem ein Aststück ins Auge gefallen war und der dadurch erblindet war. Eines Tages kam der blinde Drache zu der Säule, auf der Simeon wohnte. Er rollte sich, wie um Verzeihung bittend, in sich zusammen und lag so mit geducktem Kopfe da. Simeon sah auf ihn herab, und sogleich fiel das Holz aus dem Auge des Drachens, und er konnte wieder sehen. Er entfernte sich zufrieden und fügte niemandem mehr Schaden zu.«

Dargestellt wird Simeon auf einer Säule stehend, die als Symbol für die geistige Erhebung des Menschen zu Gott gilt. Der Stumpf der Simeonssäule steht heute noch im Simeonskloster im syrischen Aleppo.

Simeons »Säulenstehen« stand ganz im Zeichen der Nachfolge Christi: Da der Menschensohn sein Haupt nirgends betten konnte, verbrachte auch der Stylit über 30 Jahre seines Lebens stehend. Er soll sogar im Stehen geschlafen haben und sich dabei mit einem Strick an der Säule festgebunden haben, um nicht umzufallen.

6. Januar

Die Heiligen Drei Könige

Geboren: unbekannt
Berufung/Beiname: Magier, Weise aus dem Morgenland
Wirkungsstätten: Persien, Mesopotamien
Bedeutung der Namen: Kaspar: der Schatzmeister (persisch); Melchior: König des Lichts (hebräisch); Balthasar: Gott schütze sein Leben (hebräisch)
Namensformen: Jasper, Gasparo; Melk, Melkior, Balz, Balt, Baltus
Patronat: Köln; Wallfahrer, Reisende, Kürschner, Spielkartenfabrikanten

An diesem Tag schreibt man mit geweihter Kreide die Jahreszahl und die drei Buchstaben C + M + B an die Haustür. Diese drei Buchstaben sind die Abkürzung für »Christus Mansionem Benedicat« – zu deutsch: Christus, segne diese Wohnung! Der Volksmund hat daraus im Lauf der Jahrhunderte die Anfangsbuchstaben der Heiligen Drei Könige Caspar, Melchior und Balthasar gemacht. Das Fest der Erscheinung des Herrn wird bereits seit dem 5. Jahrhundert gefeiert und gilt als eines der ältesten Feste der Christenheit.

Das Festgeheimnis des 6. Januar ist im Abendland die »Offenbarung an die Heidenwelt«. Die Hl. Drei Könige aus dem Morgenland stehen als die Erstberufenen aus der Heidenwelt an der Krippe des Herrn. Das Gotteskind tritt aus der Verborgenheit von Bethlehem heraus und läßt sich von den Hl. Drei Königen bzw. den Magiern huldigen. Könige im heutigen Sinne waren es sicher nicht, aber Weise, Erleuchtete, Magier, das heißt, sie gehörten einer hohen, gebildeten Priesterklasse an. Einer von ihnen wird als Mohr dargestellt, um auszudrücken, daß die Erlöserbotschaft Christi an alle Völker und Rassen gerichtet ist. Schon der Prophet Jesaja → hat auf dieses Ereignis hingewiesen: »Kamele in Fülle überfluten dich, Dromedare aus Madian und Epha; sie alle kommen von Saba mit Gaben von Gold und Weihrauch, laut kündend das Lob des Herrn.«

Auf den besonders schönen Malereien in den römischen Katakomben befinden sich meist vier Männer. Eine schlüssige Erklärung hierfür ist bis heute nicht gelungen. Seit dem 4. Jahrhundert sind meist nur drei Gestalten dargestellt. Die dunkle Hautfarbe eines Magiers, seine jugendliche Gestalt und seine auffallend orientalische Kleidung sind erst seit dem 15. Jahrhundert in der Kunst zu finden. Wohl im Hinblick auf die Dreizahl ihrer Gaben schloß man auf die gleiche Zahl der Könige. Die Geschenke, die sie nach morgenländischer Sitte dem Kinde mitbrachten, sind voll tiefer Symbolik. Mit dem Gold erkennen sie die Königswürde Jesu an, mit dem Weihrauch verherrlichen sie ihn als Gott und beten ihn an, mit der Myrrhe ehren sie seine sterbliche Menschheit. Getreu der Überlieferung nennen wir die Heiligen des heutigen Tages Caspar, Melchior und Balthasar – Namen, die sich aus dem Persischen und Hebräischen ableiten lassen und seit dem 9. Jahrhundert in der Kirche allgemein gebräuchlich sind, wenngleich anzunehmen ist, daß sie frei erfunden sind.

Später sollen die Hl. Drei Könige durch den Apostel Thomas in Persien die Taufe empfangen haben. Nach ihrem Tod kamen ihre Gebeine zunächst durch die Kaiserin Helena (257–336) nach Konstantinopel und dann durch Bischof Eustorgius nach Mailand, wo sie bis ins 12. Jahrhundert als ein heiliger Schatz bewahrt und verehrt wurden. In St. Eustorgio befindet sich heute noch ihr leeres Grab. Nach der Eroberung Mailands unter Kaiser Friedrich Barbarossa → (1122–1190) 1164 überführte dessen Kanzler Rainald von Dassel, Erzbischof von Köln, die Reliquien in abenteuerlicher Fahrt dorthin. Hier ruhen sie seither im Dom in jenem kostbaren Schrein, den die Werkstatt des Nikolaus von Verdun angefertigt hat. Seit dieser Zeit gelten die Hl. Drei Könige als die Stadtpatrone

Die Heiligen Drei Könige, hier in einem Gemälde von Bartholomeus Bruyn d. Ä., sind an ihren Geschenken zu erkennen: Kaspar an dem Myrrhegefäß, Melchior an der Weihrauchampel, der dunkelhäutige Balthasar an Gold und Geschmeide.

6. Januar

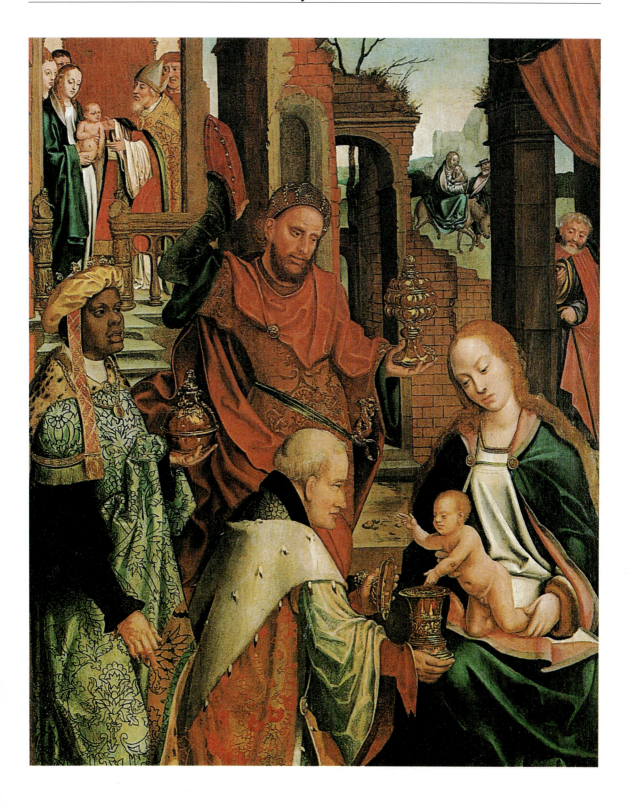

6. Januar

Im Kölner Raum gibt es wegen der Dreikönigswallfahrt besonders viele Darstellungen der Drei Könige.

Kölns. Rund 300 Jahre später malte der Kölner Künstler Stephan Lochner für die Ratskapelle der Stadt sein berühmtes Bild, auf dem die drei Könige das göttliche Kind auf dem Schoß der Gottesmutter anbeten: das heutige Dombild.

Untrennbar verbunden mit dem Einzug der Hl. Drei Könige in Köln ist der enorme Aufschwung der Stadt Köln im hohen Mittelalter. Durch die Reliquien der Hl. Drei Könige wurde Köln zu einem Mittelpunkt der damaligen Welt, und nicht umsonst führt die Stadt heute noch die drei Kronen im Wappen. Unzählige Kölner Bürger gedachten in ihren Testamenten der Hl. Drei Könige, und viele Könige und Fürsten hinterließen ihnen ansehnliche Schenkungen, die somit dem Gemeinwohl zugute kamen.

Die Bedeutung der Reliquien für das Ansehen Kölns erkannte die Bürgerschaft rasch, und man verfügte, daß die Gebeine der Heiligen die Stadt nie mehr verlassen dürften. Endlos war seitdem der Zug der Pilger, die zu ihnen Wallfahrten unternahmen. Und noch heute ist die Verehrung der Reliquien ein wichtiger Anziehungspunkt der Stadt Köln.

Auch heute noch halten Gasthäuser und Apotheken mit den Namen »Zu den Heiligen Drei Königen«, »Zum goldenen Stern«, »Zum Mohren« oder »Zur Krone« das Andenken an die drei Weisen aus dem Morgenland wach.

Legende Da uns die Geschichte von den Heiligen Drei Königen im zweiten Kapitel des Matthäus-Evangeliums überliefert ist und sie somit zu den offenbarten Wahrheiten gehört, soll an dieser Stelle statt einer Legende die abenteuerliche Überführung der Reliquien der Heiligen Drei Könige nach Köln beschrieben werden.

Friedrich Barbarossa → gab die Reliquien seinem Kanzler und Erzbischof von Köln, Rainald von Dassel, »zum Dank für unermeßliche und unvergleichliche Dienste«, weil dieser am tatkräftigsten zum Sieg über die unbotmäßige Stadt Mailand beigetragen hatte. Er sprach dazu den Wunsch aus, daß »durch sein Geschenk die heilige Kirche und die Stadt Köln auf das Glücklichste bereichert und auf ewige Zeiten gerühmt werden mögen«. Am 11. Juni 1164 teilte dann Kanzler und Erzbischof Rainald von Dassel »dem Klerus und den Bürgern der lieben Stadt Köln…« mit, er bringe solche Gaben heim, »daß sie mit nichts auf Erden verglichen werden könnten«.

Der Zug der Drei Könige nach Köln war voller großer Gefahren, so daß sich bald Legenden um die Reise bildeten. Rainald von Dassel, der sich verfolgt wußte, wandte sich zunächst nach Burgund. Dann ging es in eiligen Tag- und Nachtmärschen nach Norden. Überall wurden die Spuren aufs Sorgfältigste verwischt. Den Zugtieren schlug man die Eisen verkehrt herum an, und mitunter täuschte der Kölner Kanzler sogar eine Leichenüberführung in Italien gefallener Deutscher vor.

Es haben sich leider nur sehr spärliche Hinweise auf die eingeschlagene Route des Rainald von Dassel erhalten. In Estrabonne bei Besançon deuten eine wundertätige Dreikönigsquelle, eine Tagesreise weiter in Longueville ein Dreikönigstor und, weitab vom Weg, in Schwäbisch-Gmünd eine Hausinschrift darauf hin. In ihr heißt es: »Als man zalt nach Christi gepurt eilfhundertvierundsechzig jar waren die heilige drey könig geführt von Mailandt und lagen in diesem hausse uber nacht.«

Von Remagen aus sandte der Erzbischof schließlich Boten voraus, um in Köln die bevorstehende Ankunft zu melden. Am 23. Juli 1164 zog Rainald von Dassel mit dem Reliquienschatz ein und wurde prunkvoll empfangen, »vor allem wegen der Reliquien, die er zum ewigen Ruhme Deutschlands brachte«. Er beschrieb den Empfang mit den Worten: »Da ward ein solcher Andrang von Volk, Rittern, Damen und Pfaffen, daß etwas Ähnliches nie gesehen war und man dieses Fest alljährlich zu wiederholen gedachte.«

7. Januar

Raimund von Peñaforte

Die Arbeiten des bedeutenden Gelehrten Raimund von Peñaforte dienten 1917 bei der Neuherausgabe der kirchlichen Rechtsbücher als Quelle und Grundlage. Der hl. Raimund war mit großem persönlichen Einsatz für die Kirche tätig, führte Sünder auf den rechten Weg zurück und bekehrte viele Irrgläubige. Papst Klemens VIII. sprach ihn 1601 heilig.

Raimund wurde 1175 auf Schloß Peñaforte in Katalonien → geboren. Mit zwanzig Jahren galt er bereits als ein bedeutender Lehrer an der Universität Barcelona. Im Alter von dreißig Jahren ging er nach Italien an die angesehene Hochschule von Bologna, wo er Rechtswissenschaften studierte. Nachdem er die Doktorwürde erlangt hatte, hielt er für die Studenten unentgeltliche Vorlesungen. Im Jahre 1210 folgte er dem Ruf des Bischofs Berengar und kehrte nach Barcelona zurück. Dort empfing er die Priesterweihe und wurde schon kurze Zeit darauf Generalvikar. Raimund wurde nun zum Vorbild für die Geistlichkeit, vor allem aber liebten ihn die Armen und Bedürftigen, denen seine ganze Sorge galt und die er »seine Gläubiger« zu nennen pflegte.

In diese Zeit fällt auch das Auftreten des hl. Dominikus, dessen Predigerorden Raimund sich mit großer Begeisterung anschloß. Als Dominikanermönch übte er voll Eifer all jene Tugenden aus, die einen Ordensmann kennzeichnen. Der Ruf seiner hervorragenden Predigten veranlaßte Papst Gregor IX., ihn 1223 nach Rom zu holen, wo er Berater und Beichtvater des Papstes wurde.

Auch in Rom galt sein segensreiches Wirken vornehmlich den Armen. Um ihnen zu helfen, forderte der Heilige sogar den Papst auf, alle Bittschriften, die ihm überreicht würden, anzunehmen, zu lesen und ohne Verzug zu beantworten. In Rom verfaßte Raimund auf Geheiß des Papstes auch sein berühmtes Werk der »Dekretalien«. Im Jahr 1235 ernannte der Papst den verdienten Priester zum Erzbischof von Tarragona in Katalonien, aber Raimund verzichtete aus Bescheidenheit auf diese hohe Auszeichnung.

Stets war Raimund bestrebt, seinen Mitmenschen zu helfen, wo er nur konnte. Seine Demut und sein unermüdlicher Einsatz für die Belange des Seelenheils seiner Mitmenschen waren schließlich die Ursache dafür, daß seine Ordensbrüder ihn zu ihrem General wählten. Er nahm dieses Amt an und übte es zum Segen der Gemeinschaft bis zu seinem siebzigsten Lebensjahr aus. Danach lebte er wieder als einfacher Ordenspriester. Er kümmerte sich in besonderem Maße um die Bekehrung der Juden und Mauren in Spanien. Zu ihrer Unterweisung gründete er Schulen für die hebräische und arabische Sprache. Auf diese Weise gelang es ihm durch unermüdlichen Einsatz, Tausende für Christus zu gewinnen. Raimund gehörte auch zu den Mitbegründern des geistlichen Ritterordens der Merzedarier →, der dazu geschaffen worden war, den in die Sklaverei der Mohammedaner gefallenen Christen zu helfen. So stand sein ganzes Leben im Zeichen der Hilfe für seine Mitmenschen. An seinem Krankenbett besuchten ihn die Könige von Aragon und Kastilien und baten um seinen Segen. Ruhig und sanft verschied der Heilige in Barcelona am 6. Januar 1275.

Geboren: 1175 in der Nähe von Barcelona
Gestorben: 1275 in Barcelona
Berufung/Beiname: Dominikaner, Ordensstifter
Wirkungsstätten: Spanien, Italien, Nordafrika
Bedeutung des Namens: der Ratschützer (althochdeutsch)
Namensformen: Ray, Ramo, Ramón, Reimund
Patronat: Stadt Barcelona; Kirchenjuristen

Raimund gründete mehrere Sprachenschulen in Murcia und Tunis. Ihm gelang es dadurch, viele Menschen für den christlichen Glauben zu gewinnen. In die Geschichte der Dominikaner ging Raimund als dritter Ordensgeneral ein.

Der heilige Raimund wird als Dominikanermönch dargestellt, der auf seinem ausgebreiteten Mantel steht. Raimund soll der Legende nach nämlich auf seinem schwimmenden Mantel von Mallorca aus über das offene Meer nach Barcelona gelangt sein. Diese sagenumwobene Reise hat der italienische Künstler Ludovico Carracci in seinem Gemälde »Die wunderbare Meerfahrt« eingefangen.

Legende Der hl. Raimund wurde besonders von Jaime I., König von Aragon →, verehrt, der ihn zu seinem Beichtvater erwählte. Dieser König war zwar der Religion aufrichtig ergeben, aber in die Bande der Wollust verstrickt. Vergeblich mahnte ihn der Heilige immer wieder, von seinen verderblichen Leidenschaften zu lassen. Der König versprach es, hielt aber nicht Wort. Als nun Raimund eines Tages erfuhr, daß der König wieder unerlaubten Umgang mit einer Hofdame hatte, drang er in ihn, die Dame zu entlassen, was der König verweigerte. Da faßte der Heilige den Entschluß, den König zu verlassen. Der erließ jedoch den Befehl, daß kein Schiff Raimund fortbringen dürfe. Als sich dieser nun ans Meer begab, wo ein Schiff nach Barcelona bereitstand, weigerte sich der Kapitän, ihn mitzunehmen, und zeigte ihm den Befehl des Königs. Voll des Vertrauens auf Gott sprach der Heilige zu seinen Gefährten: »Ein König auf Erden versperrt uns die Abfahrt, allein der König des Himmels wird sich ins Mittel legen!« Mit diesen Worten breitete er seinen Mantel auf dem Wasser aus, nahm seinen Stab, bezeichnete sich mit dem Zeichen des Kreuzes, trat dann mutig auf den Mantel und überquerte auf ihm in sechs Stunden das 60 Meilen breite Meer. Vor den Augen einer großen Menge stieg er in Barcelona an Land, legte seinen Mantel, der nicht im geringsten naß geworden war, um die Schultern und ging mit dem Stab in der Hand seinem Kloster zu, und als er dort angekommen war, öffneten sich die Pforten ganz von selbst.

8. Januar

Severin von Norikum

Geboren: um 400
Gestorben: 482 in Göttweig (Österreich)
Berufung/Beiname: Mönch, Klostergründer
Wirkungsstätte: Österreich
Bedeutung des Namens: der Strenge (lateinisch)
Namensformen: Sören
Patronat: Österreich, die Stadt Wien, Leinweber, Winzer und Weinstöcke, Fürsprecher der Gefangenen; schützt vor Hungersnot

Zur Zeit der Völkerwanderung wirkte der hl. Severin in der römischen Provinz Norikum →, dem Land an der Donau zwischen Passau und Wien. Sein Einfluß reichte aber bis nach Salzburg, Tirol, Steiermark und Kärnten. So kann man ihn wohl als den Apostel des heutigen Österreichs bezeichnen; sein Andenken als Prediger und Wohltäter ist dort allenthalben bis heute lebendig geblieben. Um die Mitte des 5. Jahrhunderts war dieses Land eine entlegene Provinz des Römerreichs und dem Ansturm der Germanen fast schutzlos preisgegeben, denn das geschwächte Imperium Romanum konnte ihm nicht mehr zu Hilfe kommen. Die Lebensgeschichte des Apostels Severin verfaßte der Mönch Eugippius um das Jahr 511. Der etwa fünfzigjährige Severin kam 453 nach Favianis an der Donau, dem heutigen Mautern. Es war bald nach dem Tod des gefürchteten Hunnenkönigs Attila (gest. 453). Severin wurde dort zum geistlichen Führer der christlich-römischen Siedler. Bis heute weiß man nicht, woher Severin kam. Seine Einsiedler-Gründungen und sein asketisches Leben deuten darauf hin, daß er als Mönch im Orient gelebt hat. Seine Sprache läßt jedoch vermuten, daß er eine römische Erziehung genossen hat. Sein Biograph berichtet, daß Severin auf die Frage, woher er stamme, immer antwortete: »Unser Vaterland ist der Himmel, und nach dem Himmel wollen wir trachten!«

Bald war Severin hoch angesehen bei Römern und Germanen. Es gelang ihm, zwischen den arianischen und römischen Christen den völligen Glaubensfrieden herzustellen, so daß sie nun in Eintracht lebten, sogar dieselben Kirchen benutzten. Seine nachdrücklichen Ermahnungen zur Barmherzigkeit und Friedfertigkeit waren von Erfolg gekrönt. Oftmals wagte er sich allein und ungeschützt mitten in das Lager der feindlichen Soldaten, um die Freilassung von Gefangenen zu erreichen, und manche Ortschaft bewahrte er durch seinen persönlichen Einsatz vor Plünderung und Zerstörung. Die Macht seiner Persönlichkeit und seine prophetische Gabe waren so groß, daß sogar die Feinde Roms dem katholischen Priester Achtung und Ehrfurcht nicht versagten.

Am Ende seines Lebens zog sich Severin in seine Klostergründung Göttweig zurück, wo er am 8. Januar 482 starb und bestattet wurde. Als Norikum immer stärker dem Ansturm der Germanen ausgesetzt war, überführte man seinen Leichnam 488 nach Italien. Im Jahre 910 wurde er im Benediktinerkloster in Neapel beigesetzt. Es trägt noch heute den Namen San Severino. 1807 brachte man seine Gebeine in die Pfarrkirche von Frattamaggiore bei Neapel.

Legende *Severin kam einmal in die Ortschaft Kuchl. Dort hatten sich einige Einwohner noch nicht von ihrem früheren Glauben losgesagt. Der Heilige ließ die Bewohner alle zusammen in die Kirche kommen und forderte sie auf, unangezündete Wachskerzen mitzubringen. Dann warf er sich vor dem Altar nieder und betete. Und siehe, alsbald entzündeten sich die Kerzen der Gläubigen von selbst, während die der Ungetauften dunkel blieben. Da fürchteten diese sich sehr und bekehrten sich zu Christus dem Herrn.*

Der heilige Severin wird als Pilger mit Pilgerstab, einem Buch und einem Kreuz in der rechten Hand dargestellt. Severin von Norikum predigt zum Volk und betet manchmal auch auf einem Grabmal stehend.

8. Januar

Erhard von Regensburg

Er lebte in der Zeit nach der Völkerwanderung, etwa am Ende des 7. Jahrhunderts. Der hl. Erhard war einer jener frühen Wanderbischöfe, die das Land durchzogen und ihre Aufgabe in der Verkündigung des Christentums sahen. Auf ihn gehen viele Klostergründungen zurück, vor allem das berühmte Reichsstift Kloster Niedermünster bei Regensburg, das er einige Zeit als Abt leitete. Im ganzen soll er allein in Bayern vierzehn und in den Vogesen etwa sieben Klöster gegründet haben. Nach dem Martertod des hl. Emmeram wurde Erhard Bischof von Regensburg. Später wurde Regensburg dank der aufopfernden Tätigkeit dieses Heiligen eine der ersten Diözesen Deutschlands.

Erhard bereitete sich zunächst bei seinem Bruder Hidolf, Bischof von Trier, auf seinen Beruf vor. Als dieser starb, fürchtete er, zu dessen Nachfolger bestimmt zu werden. Er verließ deshalb die Stadt mit seinem anderen Bruder Albert, der ebenfalls ein christliches Leben führte. Die Brüder verkündeten nun auf ihren Wanderungen überall die christliche Lehre.

Als Erhard Nachfolger des hl. Emmeram als Bischof von Regensburg wurde, setzte er sich mit aller Kraft für diese Aufgabe ein. Das Amt eines Bischofs war zu jener Zeit mit Mühen und Drangsalen verbunden, weil ein großer Teil der Bevölkerung noch heidnisch war oder Irrlehren folgte. Durch seine Weisheit und Geduld gelang es Erhard jedoch, viele, die den Weg der Wahrheit verlassen hatten, wieder zur Kirche zurückzuführen. Seine Gebeine ruhen in der Niedermünsterkirche in Regensburg. Der mittlere der gotischen Altäre ist dem Heiligen geweiht. Eine schöne gotische Steinfigur, die den hl. Erhard darstellt, befindet sich im Museum von Regensburg.

Geboren: unbekannt
Gestorben: unbekannt
Berufung/Beiname: Bischof, Klostergründer
Wirkungsstätten: Deutschland, Frankreich
Bedeutung des Namens: an Ehre stark (althochdeutsch)
Namensformen: Hardy
Patronat: Schuhmacher, Vieh; gegen Augenleiden

Erhard von Regenburg wird als Bischof dargestellt, der ein Buch präsentiert, auf dem zwei Augäpfel liegen, weil er die blindgeborene Odilia durch die Taufe geheilt haben soll.

Legende Mitten in seiner Arbeit als Bischof von Regensburg fühlte der hl. Erhard sich eines Tages von Gottes Geist angetrieben, ins Elsaß zu ziehen, um einem Kind zu Hilfe zu kommen. Dort hatte Herzog Attichs Gemahlin ein blindes Mädchen geboren. Aufgebracht über eine solche »Entehrung« seines Hauses, wie er es empfand, befahl der Herzog, das Kind aus der Welt zu schaffen. Allein die fromme Mutter, die ihr Kind liebte, ließ es heimlich durch eine treue Dienerin aus dem Schloß bringen. Leider konnte sie das Kind nicht mehr taufen lassen. Sie mußte froh sein, daß sie sein Leben gerettet hatte. Die treue Magd pflegte das Kind und erzog es, so gut sie konnte.

Da zu befürchten war, daß der Herzog von der Existenz seiner Tochter erfahren könnte, ließ man das Kind zu einer guten Freundin, der Äbtissin des Klosters Palme, bringen. Unaufhörlich flehte die Äbtissin zu Gott um Hilfe für das Kind und fand schließlich Erhörung. Denn eines Tages erschien Bischof Erhard an der Pforte und begehrte, die Tochter des Herzogs vom Elsaß zu sehen. Die Äbtissin stellte dem Heiligen, den sie kannte, das Mädchen vor, das schon zu einer lieblichen Jungfrau herangewachsen war. Erhard segnete die junge Herzogstochter, unterrichtete sie selbst in der christlichen Religion und erteilte ihr dann feierlich die Taufe, wobei sie den Namen Odilia erhielt. In dem Augenblick, als Odilia mit dem Taufwasser besprengt wurde, erhielt sie wunderbarerweise auch das Licht ihrer Augen. Alle, die das Wunder sahen, staunten und lobten Gott. Ohnehin von der Welt verstoßen, nahm Odilia aus der Hand des hl. Bischofs den klösterlichen Schleier und weihte sich von nun an ganz dem Dienste Gottes.

9. Januar

Gudula

Geboren: um 650 in Brabant
Gestorben: 712 in Moorsel (Belgien)
Berufung/Beiname: Nonne, Büßerin, Eremitin
Wirkungsstätte: Belgien
Bedeutung des Namens: die Gottliebe (althochdeutsch)
Namensformen: Gudrun, Guda, Gudi,
Patronat: Belgien, Brüssel

Dieser Heiligen ist die weltbekannte Kathedrale in Brüssel geweiht. Auch in Deutschland wird sie verehrt. Gudula wurde um die Mitte des 7. Jahrhunderts als Kind des brabantischen Fürsten Witger und der aus einem fränkischen Geschlecht stammenden hl. Amalberga geboren. Zu jener Zeit stand der christliche Glaube im heutigen Belgien schon in Blüte, denn das fränkische Königshaus mühte sich nachhaltig um seine Verbreitung. Es entstanden zahlreiche Kirchen und Klöster. Gudulas Eltern müssen außerordentlich fromm gewesen sein, denn beide gingen später ins Kloster. Ihre Schwester, die hl. Nonne Reinhildis, starb als Märtyrerin, ihr Bruder Adalbert wurde Bischof von Arras und Cambray. Ihre Taufpatin war die hl. Gertrud (s. 17. März), die Gudula im Kloster von Nivelles in der christlichen Religion unterwiesen hat.

Nach dem Tod ihrer frommen Erzieherin kehrte Gudula auf die elterliche Burg zurück. Schon frühzeitig hatte sie sich Gott geweiht und führte ein für die damalige Zeit äußerst strenges Leben, das ganz im Zeichen der Nächstenliebe stand. Vor allem war es ungewöhnlich, daß sich die Tochter aus einem so edlen Haus persönlich um Arme und Kranke sorgte und dienend Barmherzigkeit an ihnen übte. Später entschloß sich Gudula, Inkluse zu werden, das heißt als Eremitin in einer geschlossenen Zelle zu leben. Als solche starb sie nach einem entbehrungsreichen, asketischen Leben im Jahr 712. Die zahlreichen Gebetserhörungen bewirkten, daß ihr Leichnam erhoben und später in der St.-Gudula-Kirche zu Brüssel bestattet wurde.

10. Januar

Legende Von der hl. Gudula erzählt man sich folgende Geschichte, die auch ihr Attribut erklärt: Alle Tage in der Frühe, noch vor Sonnenaufgang, begab sich die Heilige in die Kirche Saint-Sauveur in Moorsel zur Messe, von einer einzigen Dienerin begleitet, die ihr mit einem Licht voranleuchtete. An einem Morgen war es aber so windig, daß die Laterne trotz aller Vorsicht ausging. Es war, als hätte der Teufel selbst sie ausgeblasen. Die beiden Frauen standen nun in völliger Dunkelheit. Sie hatten nichts dabei, um das Licht wieder anzünden zu können. Gudula aber ließ sich nicht entmutigen, warf sich, wie einstmals die hl. Genoveva, auf die Knie nieder und bat Gott um Hilfe. Und siehe da, ihre Laterne wurde wunderbarerweise wieder hell, und die beiden Frauen konnten gefahrlos ihren Weg fortsetzen.

Die heilige Gudula wird dargestellt mit einem Buch und einer Kerze oder einer Laterne, an der sich ein kleiner Dämon festkrallt, der Gudula auf dem Weg zur Kirche das Licht ausbläst.

10. Januar

Papst Gregor X.

Mit bürgerlichem Namen hieß Papst Gregor X. Tedaldo Visconti. Er wurde im Jahre 1210 in Piacenza in Italien geboren. Ins Rampenlicht der Geschichte trat Gregor erst durch seine Wahl zum Papst am 1. September 1271. Zuvor hatte er das Amt eines Archidiakons von Lüttich → inne.

Die zur Papstwahl in Viterbo versammelten Geistlichen konnten sich lange nicht auf einen Kandidaten einigen. Endlich, nach fast drei Jahren, bestimmte das Kollegium Tedaldo Visconti zum neuen Papst, damit die Repressalien, denen die Versammlung inzwischen durch den Unmut der Bevölkerung ausgesetzt war, ein Ende hatten. Tedaldo erfuhr von seiner Berufung, als er sich gerade auf einer Pilgerreise im Heiligen Land befand. So konnte er erst ein halbes Jahr später, am 27. März 1273, in Rom feierlich zum Papst Gregor X. gekrönt werden. Doch der gleichsam als Notlösung gewählte Papst erwies sich als ein hervorragender Führer der Kirche. Er ließ sich von seinem tief religiösen Wesen leiten und wurde zu einer beispielhaften Persönlichkeit auf dem Stuhl Petri.

Bereits 1274 berief er das zweite Konzil zu Lyon ein, das er am 7. Mai feierlich eröffnete. Über 200 Konzilsteilnehmer, unter ihnen so berühmte Männer wie Bonaventura → und Albertus Magnus →, kamen nach Lyon. Durch seine eigenen Eindrücke im Heiligen Land geprägt, konnte Gregor die Versammlung dazu bewegen, einen erneuten Kreuzzug zu beschließen, damit endlich die Heiligen Stätten aus den Händen der Ungläubigen befreit würden.

Zu diesem Zweck erreichte der Papst, daß sich die Ostkirche wieder der weströmischen Kirche anschloß und sogar den Primat des römischen Stuhles anerkannte. Leider hatte die Einigung beider Kirchen keinen längeren Bestand, denn der griechische Klerus verweigerte sich den Beschlüssen aus Angst vor einer Vorherrschaft der römischen Kirche.

Gregor X. gelang auf dem zweiten Konzil zu Lyon aber eine grundlegende Reform der Papstwahl. Ihm war es schließlich zu verdanken, daß künftige Wahlen nicht mehr so lange hinausgezögert werden konnten wie bisher. Gregor bestimmte in seinem berühmten Dekret »ubi periculum«, daß zukünftig zur Wahl des Papstes ausschließlich Kardinäle befugt sind, die sich im »Konklave« versammeln müssen. Können sich die Teilnehmer des Konklaves nicht binnen acht

Geboren: 1210 in Piacenza (Italien)
Gestorben: 1276 in Arezzo (Italien)
Berufung/Beiname: Papst
Wirkungsstätten: Italien, Frankreich, Palästina
Bedeutung des Namens: der Wachsame (griechisch)
Namensformen: Cortico, Gork, Graves, Greger, Gregers, Gregorius, Gregory, Greg, Grigori
Patronat: Lausanne, Genf, Freiburg

Gregor X. war von 1271 bis 1276 Papst und wird auch als solcher mit den Insignien des Papstes, der Tiara und dem Kreuzstab, dargestellt.

Tagen auf einen gemeinsamen Kandidaten einigen, werden sie ab sofort nicht mehr so üppig von der Bevölkerung verköstigt wie bisher, sondern sie erhalten nur Wein, Wasser und Brot, bis sie endlich einen neuen Papst gewählt haben.

Papst Gregors Bestrebungen für einen neuen Kreuzzug waren leider nicht von Erfolg gekrönt, denn ehe es soweit war, starb er am 10. Januar 1276 in Arezzo.

Anstelle einer Legende Ende November 1268 war Papst Clemens IV. in Viterbo gestorben, und der Klerus kam, wie es vorgeschrieben war, am Sterbeort des bisherigen Papstes zusammen, um einen neuen Stellvertreter Christi zu wählen. Zunächst freuten sich die Bürger von Viterbo sehr darüber, daß der prächtige Papstpalast in ihrer Stadt wieder Schauplatz für dieses Ereignis wurde.

Wie es ihre Pflicht war, versorgten sie das geistliche Kollegium bestens mit Speis und Trank, denn sie hofften insgeheim, dadurch zu einer raschen Wahl beizutragen. Den Geistlichen jedoch gefiel das sorglose Leben, und sie hatten keine Eile mit der Wahl.

Nach drei Jahren waren es die Bürger Viterbos endlich überdrüssig, diese Kostgänger weiter zu versorgen. Unter der Führung ihres Stadthauptmanns Rainero Gatti zogen sie vor den Palast und entfernten im Sommer 1271 das Dach des Sitzungssaals, in dem die Geistlichen tagten. Als diese sich so schutzlos Wind und Wetter ausgesetzt sahen, einigten sie sich rasch auf einen gemeinsamen Kandidaten, den zukünftigen Papst Gregor X. Noch heute kann man den herrlichen Sitzungssaal bewundern, in dem sich diese denkwürdige Geschichte ereignet hat.

11. Januar

Theodosius

Geboren: um 425 zu Marissus (Kleinasien)
Gestorben: 529 in Palästina
Berufung/Beiname: Eremit, Klostergründer, Generalabt
Wirkungsstätten: Kleinasien, Palästina
Bedeutung des Namens: das Gottesgeschenk (griechisch)
Namensformen: Ted, Teddy, Theo, Theodos, Theodor
Patronat: Feilenhauer

Name und Andenken an diesen bedeutsamen Heiligen sind selten geworden. Dennoch sollte man ihn nicht vergessen, da er einer der ersten war, der die Betrachtung des Todes in das tägliche Leben mit einband. Auch zählt dieser große Cönobiarch – das heißt Führer zu gemeinsamem Mönchsleben – zu den Erzvätern des Mönchtums.

Theodosius wurde gegen 425 zu Marissus in Kappadokien → als Sohn frommer christlicher Eltern geboren. In seiner Jugend wurde er zum Lektor in der Kirche bestimmt. Diese Beschäftigung veranlaßte ihn, der Welt zu entsagen und in der Einsamkeit Gott zu dienen. Er begab sich in die Nähe von Jerusalem, führte fortan in einer auf einem Berg gelegenen Höhle ein äußerst strenges Büßerleben und ernährte sich von Dattelkernen und Kräutern. Dreißig Jahre lang fastete er und aß kein Brot. Von seinem ausgezeichneten Ruf angezogen, kamen wißbegierige junge Männer zu ihm, die der Heilige in seine Höhle aufnahm. Die Grundregel, die er seinen Schülern gab, war das beständige Betrachten des Todes. Die Zahl seiner Jünger nahm täglich zu, so daß Theodosius, dessen Höhle zu klein wurde, nahe bei Bethlehem das Kloster Dêr Dôsi erbaute. Dazu errichtete er Herbergen für Pilger und Weltleute, deren Zahl mit der Zeit so anstieg, daß oftmals über hundert Hungrige mit Speisen versorgt werden mußten.

Wegen seiner großen Verdienste ernannte Bischof Sallust von Jerusalem Theodosius im Jahr 493 zum Vorsteher aller Mönche in Palästina, seinen besten

Freund, den hl. Sabas, zum Vorsteher aller Einsiedler. Die Freunde sollten später das gleiche grausame Schicksal erleiden. Theodosius und Sabas wurden wegen ihrer unerschütterlichen Treue zur römisch-katholische Kirche verfolgt.

Kaiser Anastasius (491–518) hatte den bisherigen Patriarchen von Jerusalem abgesetzt und verbannt und einen ihm ergebenen, aber ketzerischen Mönch zum Patriarchen erhoben. Theodosius und Sabas weigerten sich jedoch, diesen anzuerkennen, und setzten sich furchtlos in aller Öffentlichkeit für den verbannten, aber rechtmäßigen Bischof ein. Der Kaiser drohte ihnen mit seiner Ungnade und versuchte, sie mit Geld zu bestechen. Theodosius nahm zwar das Geld an, verteilte aber alles unter die Armen. Der Heilige schrieb nun einen Brief an den Kaiser, in welchem er die Ketzerei einleuchtend widerlegte und erklärte, lieber mit all seinen Mitbrüdern den Tod erleiden zu wollen, als von der Wahrheit abzugehen. Daraufhin schickte der Kaiser den Heiligen in die Verbannung. Erst der Nachfolger des Anastasius rief Theodosius zurück. Elf Jahre verbrachte der Greis noch in dem von ihm gegründeten Kloster mit strenger Buße. Theodosius starb im Jahr 529 im biblischen Alter von 105 Jahren. Er wurde in seiner ersten Zelle begraben, und viele Wunder ereigneten sich nach seinem Tod an seinem Grab.

Theodosius wird mit Geldbörse und Stundenglas abgebildet, weil er unbestechlich war und sein Leben lang den Tod vor Augen hatte.

Da Theodosius ein strenges Büßerleben führte, wird er in der Kunst oft auch als Einsiedler mit Fesseln oder einem Eisenring um Hals und Arme dargestellt.

12. Januar

Marguerite Bourgeoys

Das großartige Sozialwerk, das Adolf Kolping und der hl. Don Bosco in Europa ins Leben gerufen haben, schuf die hl. Marguerite Bourgeoys bereits zwei Jahrhunderte früher im Jahre 1653 in Kanada. Die gründliche geistliche und praktische Erziehung der jungen Frauen sah Marguerite Bourgeoys als ihre Aufgabe an. Marguerite ist es zu verdanken, daß die französischen Siedler in Montréal und später in ganz Kanada hauswirtschaftlich gut ausgebildete und religiös gefestigte Frauen zum Heiraten vorfanden.

Marguerite wurde am 17. April 1620 im französischen Troyes geboren. Sie stammte aus einer kleinbürgerlichen Familie und wuchs zusammen mit acht Geschwistern auf. Als ihre Mutter starb, kümmerte sie sich um die ganze Familie. Marguerite war ausnehmend hübsch und wurde deshalb von den jungen Burschen umschwärmt. Das junge Mädchen fühlte sich geschmeichelt, und es fand Gefallen an einem unbeschwerten, zuweilen auch sehr ausgelassenen und lockeren Leben. Als sie jedoch am 7. Oktober 1640 an einer Prozession zu Ehren der Muttergottes im Rosenkranz teilnahm, veränderte sich ihr Leben vollständig. Marguerite beschloß, ihr Leben ganz dem Dienst der hl. Jungfrau zu widmen. Marguerite Bourgeoys trat einer marianischen Kongregation bei und wurde bald darauf zu deren Vorsteherin bestimmt.

Die entscheidende Wende trat aber 1653 mit dem Besuch des Gouverneurs von Montréal in Troyes ein. Der Gouverneur hörte von der frommen und tüchtigen jungen Frau, und er war sich bewußt, daß seine Kolonie gerade Frauen wie diese dringend benötigte. Nach einem Treffen entschloß sich Marguerite, dem

Geboren: 1620 in Troyes (Frankreich)
Gestorben: 1700 in Montréal (Kanada)
Berufung/Beiname: Nonne, Oberin, Ordensgründerin
Wirkungsstätte: Kanada
Bedeutung des Namens: die Perle (lateinisch)
Namensformen: Margaret(h)e, Marga, Meta, Rita, Grit, Gitta
Patronat: Schulkinder

Marguerite Bourgeoys machte sich in Kanada als Erzieherin in Mädcheninternaten verdient und gründete die Schwesternkongregation »Unserer Lieben Frau von Montréal«.

Gouverneur zu folgen und nach Kanada zu emigrieren. Am 16. November 1653 erreichte sie Montréal und begann ihr großartiges soziales Lebenswerk. Drei Jahre später gründete sie die »Marianische Kongregation unserer Lieben Frau zu Montréal«. Sie widmete sich vor allem der weiblichen Jugend. Sie gründete Schulen nicht nur für die Kinder der Siedler, sondern auch für die einheimischen Indianerkinder. Durch eine gezielte Ausbildung sowohl in allen hauswirtschaftlichen als auch in allgemeinbildenden und ethischen Fächern bereitete sie die Mädchen auf ihre zukünftige Aufgabe in der Familie vor. Für die damalige Zeit völlig neu war, daß sie die Mädchen nicht in geschlossenen Pensionaten fern der Stadt erzog, sondern ihre Schulen standen – für uns heute selbstverständlich – in den jeweiligen Wohnorten, so daß die Kinder nicht mehr von ihren Familien getrennt leben mußten.

Marguerite begleitete ihre Zöglinge über die Schule hinaus. Sie stand ihnen auch dann noch bei, als diese längst eigene Familien gegründet hatten. Ihre aufopfernde Hilfsbereitschaft galt besonders in Not geratenen Familien. Toleranz, Güte, Hilfsbereitschaft und die innige Liebe und Verehrung der hl. Gottesmutter zeichneten Marguerites Wirken aus. Nach einem erfüllten Leben starb sie am 12. Januar 1700 in Montréal. Ihre Kongregation breitete sich rasch von Kanada über ganz Amerika aus und zählt heute mehr als 900 Niederlassungen. Papst Pius XII. sprach Marguerite 1950 selig, und Papst Johannes Paul II. verkündete am 31. Oktober 1982 ihre Heiligsprechung.

13. Januar

Hilarius von Poitiers

Geboren: um 310 in Poitiers (Frankreich)
Gestorben: 367 in Poitiers (Frankreich)
Berufung/Beiname: Bischof, Kirchenlehrer
Wirkungsstätten: Frankreich, Kleinasien, Italien
Bedeutung des Namens: der Heitere (lateinisch)
Namensformen: Hilario, Hilaire
Patronat: La Rochelle, Poitiers; schützt vor Kinderkrankheiten

Der hl. Hilarius von Poitiers war ein bedeutender Kirchenlehrer. Sein rastloser Kampf gegen den arianischen Glauben zeichnete ihn aus. Augustinus → hat Hilarius als den »gewaltigen Verteidiger« der Kirche und Hieronymus → ihn als »ihre Posaune gegen die Häresie« gepriesen. Man kann ihn zweifelsohne als den ersten großen Dogmatiker der Kirche bezeichnen.

Hilarius wurde vermutlich um das Jahr 310 als Kind wohlhabender, heidnischer Eltern in Poitiers geboren. Er erhielt eine sorgfältige Ausbildung. Das gründliche Studium der Philosophie, des Alten und Neuen Testamentes und der Rhethorik überzeugten ihn vom Christentum. Hilarius ließ sich taufen, empfing die Priesterweihe, und 350 wurde er vom Volk zum Bischof seiner Vaterstadt gewählt. Hilarius setzte seine ganze Kraft zur Bekämpfung des Irrglaubens der Arianer ein, der, vom Orient ausgehend, die römische Kirche bedrohte. Im Jahre 355 erreichte er, daß sich die gallischen Bischöfe vom Führer der arianischen Bewegung in diesem Gebiet, nämlich von Saturnin von Arles, abwandten und wieder zur wahren christlichen Lehre zurückfanden.

Nachdem Hilarius in einem Schreiben an Kaiser Konstantius II. (337–361) mit sachlich begründeten Worten die Wahrheit verteidigt und den Irrglauben bloßgestellt hatte, verbannte der Kaiser, der selbst Arianer → war, den unbequemen Streiter nach Phrygien in Kleinasien. Trotz seiner Verbannung hielten Volk und Klerus von Gallien ihrem Bischof die Treue. Durch bedeutende Schriften – etwa seine zwölf Bücher »Über den Glauben oder die göttliche Dreifaltigkeit« (»De Trinitate«) – suchte er die Wahrheit der katholischen Lehre zu untermauern. In seinem Hauptwerk widerlegte er sämtliche vorgebrachten Argumente gegen die Gottheit Jesu Christi. Hilarius war bei aller Strenge zur wahren Lehre um einen Ausgleich zwischen der West- und der Ostkirche bemüht. Leider blieb ihm hierin der Erfolg verwehrt, zu weit waren inzwischen die theologischen Auffassungen auseinander, zu sehr die Fronten verhärtet.

Hilarius kehrte nach Poitiers zurück, bald danach kam Kaiser Julian (361–363) an die Regierung. Er gab der Kirche das Recht, ihre Angelegenheiten ohne staatliches Eingreifen selbst zu ordnen. Unter Kaiser Valentinian I., dem Nachfolger Julians, trat der mutige Bischof noch einmal gegen die Häresie → auf. Im Jahre 364 versuchte er auf der Synode von Mailand →, die Absetzung des arianischen Bischofs Auxentius zu erreichen. Dies gelang ihm zwar nicht, aber in seiner Streitschrift »Contra mauxentium« kritisierte er ein letztes Mal in besonders scharfem Ton die Einmischung des Kaisers in die religiösen Angelegenheiten der Kirche. Die eigentliche Neuordnung der Kirche auf der Grundlage des ersten Konzils von Nicea → glückte erst dem hl. Ambrosius, der die geistige Auseinandersetzung mit den Arianern zu Ende führte. Hilarius kann als sein Vorläufer und Wegbereiter bezeichnet werden.

Seine letzten Lebensjahre widmete Hilarius der Führung seines hohen Amtes und der Dichtung. Hilarius ergänzte die Liturgie durch den hymnischen Gesang und das Psalmengebet. Die von Hilarius praktizierte »vita communis« – das gemeinsame Leben mit dem Klerus – gab einen ersten Anstoß zu den später unter seinem Schüler, dem hl. Martin von Tours, entstehenden ältesten klösterlichen Gemeinschaften im gallischen Gebiet.

Der Bekennerbischof Hilarius starb um 367 in Poitiers. Ein Teil seiner Reliquien kam nach St. Denis bei Paris. Sein Grab befindet sich in der Krypta des Doms von Parma. Das »Lexikon für Theologie und Kirche« schreibt über den großen Kirchenlehrer: »Hilarius bringt die erste Gesamtdarstellung der Lehre der Schrift über Gott und den Gottessohn, in ständiger Auseinandersetzung mit deren Bestreitern oder Verfälschern; er verbindet östliche mit westlicher Theologie; er ist von der Verträglichkeit von Glaube und Vernunft überzeugt.«

Legende Als Hilarius sich auf Befehl des Kaisers auf den Weg zurück nach Poitiers machte, kam er zu der Insel Gallinaria, die ganz voll Schlangen war. Sie flohen aber allesamt, als er sich näherte. Da nahm er einen Pfahl, steckte ihn in die Mitte der Insel und gebot den Schlangen, diese Grenze nie mehr zu überschreiten. Und sie konnten fortan nicht darüber wegkommen, als sei der andere Teil der Insel Wasser und nicht Land.
Als Hilarius in die Stadt Poitiers zurückkehrte, war dort ein Kind ohne Taufe gestorben. Da warf sich der heilige Bischof in den Staub der Straße und betete lange und inbrünstig. Dann erhob er sich vom Gebet – und das Kind vom Tode.
Hilarius wirkte noch viele andere Wunder. Als er seinen Tod nahen fühlte und krank darniederlag, rief er den Priester Leontius zu sich, den er sehr liebte. Als dann seine Stunde gekommen war, da war auf einmal ein großes Licht um den Heiligen, dessen Klarheit der Priester nicht ertragen konnte, und als das Licht langsam wieder verschwand, war die Seele des Hilarius zum Himmel aufgefahren.

Der heilige Hilarius wird meist als Bischof dargestellt, der Schlangen oder Drachen niedertritt und mit dem Bischofsstab durchbohrt. Die Schlangen und Drachen sollen die Irrlehre der Arianer symbolisieren.

Im Kampf gegen den Arianismus scheute Hilarius keine Gefahr für Leib und Leben. Den Ängstlichen und den Zauderern pflegte er zu sagen: »Wir haben nicht den Geist der Furcht von Gott empfangen.«

13. Januar

Gottfried von Kappenberg

Geboren: um 1097 in Kappenberg (Westfalen)
Gestorben: 1127 in Ilbenstadt (Hessen)
Berufung/Beiname: Mönch, Klostergründer
Wirkungsstätte: Norddeutschland
Bedeutung des Namens: der Schützling Gottes (althochdeutsch)
Namensformen: Götz, Godo, Fred, Freddy

Eine Grabtafel des hl. Gottfried befindet sich in der Kirche von Kappenberg bei Dortmund in Westfalen. Auf dieser Tafel ist der heilige Gottfried von Kappenberg zusammen mit seinem Bruder, dem seligen Otto, abgebildet.

Gottfried wurde 1097 geboren. Er und sein Bruder wuchsen im väterlichen Schloß in Kappenberg auf. Das kurze Leben Gottfrieds – er starb schon mit dreißig Jahren – ist durch eine wunderbare Wandlung geprägt.

Aus dem reichen, jungen und kraftvollen westfälischen Ritter wurde ein Mönch. In der Fülle seiner Gesundheit und Kraft faßte Gottfried den Entschluß, der Welt zu entsagen. Wohl hatte er sich vorher schon durch einen ausgeprägten Gerechtigkeitssinn ausgezeichnet, denn der junge Burgherr enthielt sich jeder Grausamkeit und Willkür. Er ging zusammen mit seiner jungen Frau Jutta von Arnsberg in die ärmlichen Katen (westfälisch für: Hütten) seiner Untertanen und kümmerte sich um die Armen und Kranken.

Den Anstoß zu der großen Umkehr in seinem Leben gab eine Begegnung mit Norbert von Xanten, dem Begründer des Prämonstratenserordens →. Gottfried hörte dessen Predigten, die ihn so sehr beeindruckten, daß er den Entschluß faßte, sein Schloß Kappenberg in ein Kloster umzuwandeln. Sein Bruder sträubte sich zunächst mit aller Macht dagegen, den ganzen Besitz für Gott hinzugeben. Seine Frau war zutiefst über die bevorstehende Trennung von ihm betrübt. Erst die flammende Überzeugungskraft Norberts anläßlich eines Besuchs auf Kappenberg vermochte die ablehnende Haltung der Familie zu beenden. Gottfrieds Bruder Otto folgte seinem Beispiel und wurde ebenfalls Prämonstratensermönch. Jutta nahm freiwillig den Schleier und trat zusammen mit Gottfrieds Schwestern Beatrix und Gerberga in das von ihrem Gatten gegründete Chorfrauenstift ein. Am 15. August 1122 weihte der Bischof von Münster Schloß Kappenberg zum Kloster. Zunächst blieb Gottfried dort als Novize, aber bald berief Norbert ihn nach Prémontré ins Stammkloster. Als Norbert Erzbischof von Magdeburg wurde, holte er den Jüngeren, der sich im Mutterkloster inzwischen mit Feuereifer die Reformideen des Ordensstifters zu eigen gemacht hatte, zu sich nach Magdeburg. Bald darauf schon ernannte ihn Norbert zum Vorsteher über alle deutschen Prämonstratenserklöster. Der begeisterte junge Abt wandelte noch zwei weitere Schlösser aus seinem Besitz, Ilbenstadt bei Frankfurt am Main und Valar westlich von Münster, in Klöster seines Ordens um. Viel zu früh endete das Leben des Heiligen. Er starb 1127 im Kloster Ilbenstadt, wo seine Gebeine 1862 aufgefunden wurden.

Eine Grabtafel des hl. Gottfried befindet sich in der Kirche von Kappenberg. Darauf ist er zusammen mit seinem Bruder, dem sel. Otto, der in Kappenberg begraben ist, abgebildet. Die beiden Grafen sind in edler Haltung als Ritter dargestellt und halten das Modell jener Kirche empor, die sie gestiftet haben und die noch heute existiert. In der Steingadener Klosterkirche in Oberbayern zeigt ein schönes Fresko den hl. Gottfried, umgeben von anderen Heiligen des Prämonstratenserordens.

Gottfried von Kappenberg wird meist als Prämonstratensermönch im weißen Habit dargestellt; dabei trägt er eine Schüssel mit Broten oder auch die Kirchenmodelle der von ihm gestifteten Klöster. Man trifft auch auf Darstellungen, bei denen zu seinen Füßen ein Totenkopf und eine Krone als Zeichen für die Vergänglichkeit weltlicher Macht liegen.

14. Januar

Felix von Nola

Von der katholischen Kirche wird der hl. Felix von Nola als Bekenner im alten Sinn bezeichnet. Er gilt nicht als eigentlicher Märtyrer, denn er wurde vermutlich während der Christenverfolgung unter Kaiser Decius (248–251) zwar gepeinigt und eingekerkert, aber dann wieder auf wunderbare Weise befreit und also nicht als Blutzeuge Christi hingerichtet.

An seinem Grab ließ man in späteren Zeiten Angeklagte schwören, denn Felix von Nola ist der Patron gegen den Meineid. Auch erwies er sich als Helfer bei Augenkrankheiten, denn aus seinem Grab in Nola tropft eine Flüssigkeit, die sich gegen solche Krankheiten wirksam zeigte.

Felix wurde etwa gegen Ende des 2. oder Anfang des 3. Jahrhunderts zu Nola in Campanien als Sohn des reichen Syrers Hermias geboren, der sich dort angesiedelt hatte. Sein Vater stand in kaiserlichen Diensten. Nach dessen Tod verteilte Felix, der schon von Jugend an sehr mildtätig war, sein Erbe unter die Armen und trat in den Dienst der Kirche. Felix zeichnete sich durch sein beispielhaftes Leben und sein kluges Wesen aus, so daß er sich sehr bald die Liebe und das Vertrauen des alten Bischofs Maximus erwarb. Nach dem Tod des Bischofs wollte das Volk Felix als dessen Nachfolger, aber dieser lehnte die hohe Würde ab und blieb Zeit seines Lebens ein einfacher Priester.

Felix von Nola starb um das Jahr 260. Der größte Teil seiner Reliquien befindet sich in der Kathedrale von Nola, andere Teile sind in Rom und Benevent.

Legende Als unter Kaiser Decius Christenverfolgungen ausbrachen und der gefährdete Bischof Maximus sich durch die Flucht dem Zugriff entziehen konnte, ergriff man statt seiner den Diakon Felix. Er wurde mit Ruten geschlagen und, an Händen und Füßen gefesselt, in einen Kerker geworfen, dessen Boden mit Scherben bedeckt war. Da erschien ihm nachts ein leuchtender Engel, löste seine Bande, öffnete die Tür seines Gefängnisses und führte ihn zu seinem Bischof Maximus. Der greise Bischof war auf der Flucht vor seinen Verfolgern unterwegs halb verhungert liegen geblieben. Felix wollte ihm helfen, hatte aber selbst nichts Eßbares, das er dem Erschöpften hätte reichen können. So kniete er nieder und betete inbrünstig. Auf einmal erblickte Felix neben sich eine Traube an einem Dornenstrauch hängen. Er ließ den Saft der Beeren durch die bereits erblaßten Lippen des alten Mannes träufeln, der nun allmählich wieder zu sich kam. Dann trug er den völlig Entkräfteten auf seinen Schultern in das bischöfliche Haus zurück und übergab ihn der Pflege einer alten Frau.

Während einer neuen Verfolgungswelle geschah es, daß die Götzendiener, die die Kraft der begeisterten Predigten des Felix fürchteten, Felix anzeigten. Es gelang dem Priester, sich in einer verfallenen Höhle zu verstecken, deren Zugang alsbald von einem dichten Spinnengewebe überzogen wurde, so daß die Verfolger glaubten, dahinter könne niemand sein. So getäuscht, stellten sie ihre Nachforschungen schnell ein.

Daraufhin suchte Felix Zuflucht in einer einsamen Zisterne, wo ihn eine unbekannte Frau mit Speise versorgte. Dort blieb er sechs Monate lang. Als wieder Friede im Land eingezogen war, kehrte der Heilige zu seiner Gemeinde zurück.

Geboren: wahrscheinlich in Nola (Italien)
Gestorben: um 260 in Nola
Berufung/Beiname: Priester, Bekenner
Wirkungsstätte: Italien
Bedeutung des Namens: der Glückliche (lateinisch)
Namensformen: Felician
Patronat: Haustiere; hilft bei Augenleiden; schützt vor Meineid

An seinem Grab in der Kathedrale von Nola, das von vielen Pilgern aufgesucht wurde, ereigneten sich viele wundersame Krankenheilungen. Der hl. Felix von Nola wurde bereits in den ersten christlichen Jahrhunderten hoch verehrt. Seine Lebensgeschichte ist von Paulinus von Nola überliefert

In Anspielung auf seine Verfolgung unter dem römischen Kaiser Decius wird Felix als Priester in einer Höhle sitzend dargestellt; hinter einer Wand aus Spinnweben ist er vor Entdeckung geschützt.

15. Januar

Romedius

Geboren: wahrscheinlich in Thaur (Österreich)
Gestorben: unbekannt
Berufung/Beiname: Eremit
Wirkungsstätten: Südtirol, Oberitalien
Bedeutung des Namens: der Helfer (lateinisch)
Namensformen: Romedio, Medard
Patronat: gegen Fieber, hilft bei Zahnschmerzen und Beinleiden; hilft bei Seenot und Gefangenschaft; schützt vor Feuer, Hagel, Überschwemmung

In San Romedio errichtete man schon zur Zeit Kaiser Karls des Großen über dem Grab des Heiligen die erste Kapelle. Im Lauf der Jahrhunderte wurde sie immer schöner und reicher ausgestattet.
Das Andenken an den hl. Romedius hat sich in Südtirol und Bayern bis zum heutigen Tag erhalten.

Obwohl die Geschichte dieses Heiligen, der im 5. Jahrhundert lebte, historisch umstritten ist, soll er dennoch nicht unerwähnt bleiben, da seine Einsiedelei im Tal von Trient noch heute ein vielbesuchter Wallfahrtsort ist.

Nach der Legende war Romedius ein Graf von Thauer aus Hall im Inntal. Da Lesen und Schreiben zur damaligen Zeit vor allem den Gelehrten und Geistlichen vorbehalten war, auf jeden Fall nicht zur Ausbildung eines vornehmen Adeligen gehörte, blieb Romedius ein Analphabet. Deshalb holte er sich, was damals nicht üblich war, einen Geistlichen auf sein Schloß, damit er ihm aus den Evangelien und den Lebensbeschreibungen der Heiligen vorlas. Doch erst im hohen Alter entschloß er sich, den Rest seines Lebens ganz der Verbreitung und Sicherung des Christentums zu widmen. Er verschenkte seinen Besitz an die Armen, machte sein Schloss zu einer Art klösterlicher Niederlassung und begab sich mit zwei Begleitern namens David und Abraham auf Pilgerreise.

Die drei Pilger kamen schließlich nach Rom und baten den Papst um die Erlaubnis, sich als Einsiedler in Südtirol niederlassen zu dürfen. Der Heilige Vater erteilte Romedius aber noch den Auftrag zur Christianisierung des Trentino. Zusätzlich sollte er die Gebeine der drei Märtyrer Sisinus, Martyrus und Alexander suchen und ihnen am Ort ihres Martyriums eine würdige Grabstätte bereiten. Die drei Männer waren im Jahre 397 nahe Trient als Glaubenszeugen erschlagen worden. Romedius widmete sich sofort mit seinen beiden Begleitern den neuen Aufgaben. Mit Gottes Hilfe fanden sie die gesuchten Gebeine und bestatteten sie in San Zeno, einem kleinen Ort im Nonstal. Alsdann entdeckte Romedius zufällig eine wilde Schlucht in einem engen Bergtal. Einen steilen, fast hundert Meter hohen Felsen erwählte er als Ort für seine Zelle und errichtete auf dem steinernen Pfeiler eine Einsiedelei. Er gab sich dort mit seinen beiden Gefährten ganz der Buße und dem Gebet hin. Darüber hinaus halfen sie den Einwohnern der Gegend bei Krankheit und Not. Romedius starb dort um die Mitte des 5. Jahrhunderts. Ein Teil seiner Reliquien wurde nach Thauer überführt, ein Teil blieb in San Romedio.

Legende Als Romedius, vom Inntal kommend, den Campenpaß überschritten hatte und in der Gegend von Romeno, das zu jener Zeit noch römische Militärstation war, rastete, erschien ein wilder Bär aus den tiefen Wäldern und riß sein Pferd. Seine beiden Begleiter flohen voller Entsetzen. Der Graf aber ging unerschrocken auf den Bären zu, ergriff ihn am Ohr, zog ihn tüchtig daran und sagte zu dem Bären: »Du hast mir mein Pferd gerissen, nun musst du mir als Reittier dienen.« Dann rief Romedius seine Gefährten zurück, sagte zu ihnen, sie sollten dem wilden Tier den Sattel und seinen Pilgersack auflegen. Und siehe da, gehorsam ließ sich der mächtige Bär besteigen und trottete mit seiner Last nach Süden, bis die Gruppe schließlich Rom erreichte.
Heute noch hält man in San Romedio zum Andenken an diese Geschichte einen lebendigen Bären in einem Zwinger. Viele Darstellungen des heiligen Einsiedlers mit dem Bären zeugen von dieser Legende.

16. Januar

Arnold Janssen

Diesem bedeutenden Missionsgründer des 19. Jahrhunderts verdanken wir die drei Steyler Missionsgemeinschaften →, deren Mitglieder heute in vielen Ländern der Welt arbeiten.

Goch, der Heimatort von Arnold Janssen, liegt am Niederrhein unweit der holländischen Grenze. Arnold Janssen kam dort am 5. November 1837 als Sohn eines frommen Kleinbauern zur Welt. Arnold war ein fleißiger Schüler, machte das Abitur und studierte dann in Münster und Bonn vor allem naturwissenschaftliche und theologische Fächer, denn für ihn stand fest, daß er Priester und Pädagoge werden wollte. 1859 bestand er die Prüfungen für das Lehramt, und zwei Jahre später wurde er am 15. August 1861 in Münster zum Priester geweiht. In Bocholt trat er seine erste Stelle als Lehrer an. Janssen zeichnete sich durch seine tiefe Gläubigkeit aus. Für ihn hatte das Gebet eine zentrale Bedeutung im christlichen Leben. Aber er fühlte in sich immer stärker den Drang, Menschen für den christlichen Glauben zu gewinnen. Als 1872 das von Bismarck verfügte Schulaufsichtsgesetz der katholischen Kirche in Deutschland verbot, Schulen zu betreiben, gab Arnold Janssen seine Lehrtätigkeit auf, um sich ganz dem Missionsgedanken zu widmen.

Am 8. September 1875 war es soweit: Arnold Janssen gründete im holländischen Steyl seine »Gesellschaft des Göttlichen Wortes«, allgemein bekannt unter dem Namen »Steyler Missionare.« Ziel seiner Gründung war die Heranbildung von Priestern zu Missionaren, die den Glauben bei nichtchristlichen Völkern verkünden und gleichzeitig das Interesse im Heimatland für die Missionstätigkeit unterstützen sollten. Anfangs hatte Janssen sehr mit wirtschaftlichen Problemen zu kämpfen, denn die Gemeinschaft lebte von Spenden und dem Ertrag der von ihm herausgegebenen Zeitschrift »Kleiner Herz Jesu Bote«. Doch allmählich fand er immer mehr Mitstreiter. Seit 1877 nahm Janssen auch Laienbrüder auf, die sich vor allem der Bewältigung der praktischen Aufgaben des Missionshauses und der hauseigenen Druckerei widmeten.

Am 20. Mai 1879 erreichten seine ersten Missionare Anzer und Freinademetz Hongkong, um ihre Missionstätigkeit in der chinesischen Provinz Shantung aufzunehmen. Am 7. Dezember 1879 gründete Janssen den dritten Orden, die »Dienerinnen des Hl. Geistes,« denn er erkannte, daß Nonnen in den Missionsgebieten oft weniger Schwierigkeiten hatten, von der dortigen Bevölkerung akzepiert zu werden. Ab 1899 begann der Orden rasch zu wachsen. Arnold Janssen gründete in Rom ein Studienhaus, das den angehenden Missionaren alle Möglichkeiten einer umfassenden wissenschaftlichen Ausbildung an den Universitäten Roms bieten sollte. Seiner Meinung nach konnten Missionare nur dann erfolgreich wirken, wenn sie bestmöglich für ihre schwere Aufgabe vorbereitet waren. 1889 entstand in Mödling bei Wien das erste Missionshaus in Österreich, wenig später das zweite in Bischofshofen bei Salzburg.

Mit der Aussendung der ersten Steyler Patres nach Argentinien 1889 begann die Ausbreitung der Missionstätigkeit in großem Umfang. Weitere Stationen

---

Geboren: 1837 in Goch (Rheinland-Pfalz)
Gestorben: 1909 in Steyl (Niederlande)
Berufung/Beiname: Priester, Missionsgründer
Wirkungsstätten: Deutschland, Holland, Österreich, Italien
Bedeutung des Namens: der wie ein Adler Herrschende (deutsch)
Namensformen: Anno, Arne, Arno, Arend, Arnd(t)

Arnold Janssen hat früh die werbende Kraft des gedruckten Wortes erkannt und gründete deshalb eine hauseigene Druckerei. Er verstand es somit, auf seine Missionsbewegung aufmerksam zu machen und die Spendenbereitschaft der Bevölkerung zu wecken.

Arnold Janssen lebte dem biblischen Wort gemäß: »Suchet zuerst das Reich Gottes und seine Gerechtigkeit – alles andere wird euch zugegeben werden.«

wurden in Togo, Neuguinea und Brasilien eröffnet, wobei besonders darauf geachtet wurde, daß zu den jeweiligen Missionsstationen auch entsprechende soziale Einrichtungen wie Schulen, Krankenhäuser und handwerkliche Ausbildungsstätten für Jugendliche gehörten.

1892 konnte Janssen endlich das erste Ordenshaus in Deutschland in Neisse in Schlesien gründen. 1898 folge das zweite in St. Wendel an der Saar. 1909 faßten die Steyler Missionare in Chicago Fuß. Besonders hier hatte das Konzept der Missionare, nicht nur geistige, sondern vor allem praktische Hilfe durch die Gründung von Schulen und Ausbildungsstätten für die Jugend zu bieten, großen Erfolg. Um seinem Orden eine finanzielle Grundlage zu bieten, richtete Janssen schon frühzeitig eine Druckerei in Steyl ein, in der so bekannte Publikationen wie der »Michaelskalender« oder die Zeitschrift »Stadt Gottes« entstanden.

Ab November 1908 zog sich Arnold Janssen aus gesundheitlichen Gründen mehr und mehr aus der aktiven Tätigkeit für seinen Orden zurück. Seine Zuckerkrankheit schwächte ihn zunehmend, und am 15. Januar 1909 entschlief er im Alter von 71 Jahren. Papst Paul VI. sprach den großen Missionsgründer am 19. Oktober 1975 selig.

17. Januar

Antonius der Einsiedler

Geboren: um 251 in Komé (Ägypten)
Gestorben: um 356 in Tabenísi (Ägypten)
Berufung/Beiname: Eremit
Wirkungsstätte: Ägypten
Bedeutung des Namens: der Vorstehende (lateinisch)
Namensformen: Anton, Anthony, Toni
Patronat: Bauern, Metzger, Pächter, Weber; Haustiere, Schweine, schützt vor Feuer, Hautkrankheiten, Pest und Viehseuchen

Am Ende des 3. und zu Anfang des 4. nachchristlichen Jahrhunderts fühlten sich immer wieder Männer berufen, ihr bisheriges Leben aufzugeben und in die Wüste zu ziehen. Die ersten Eremiten, auch Anachoreten genannt (das griechische Wort »anachôrêsis« bedeutet Zurückgezogenheit), entsagten den weltlichen Freuden und unterwarfen sich vollkommener Kontemplation in der Nachfolge Christi. Sie lebten zunächst allein. Im Laufe der Zeit schlossen sich die Einsiedler der Wüste zu lockeren Gemeinschaften zusammen, und so entstand allmählich die Lebensform der Mönche in den Klöstern. Einer ihrer großen Lehrmeister war der hl. Antonius der Einsiedler (»éremos« heißt Wüste, Einsamkeit). Er führt den ehrenden Zusatz »der Große«.

Antonius, geboren um 251, stammte aus Komé (heute Keman) in der Gegend von Herakleopolis in Mittelägypten. Mit zwanzig Jahren folgte er dem Ruf Gottes. Er gab sein reiches Erbe auf, verteilte seine Güter unter die Armen und wandte sich der Thebaischen Wüste im oberen Niltal zu, in deren Höhlen die während der Verfolgungen unter Kaiser Decius (248–251) geflüchteten Christen ein frommes Leben führten.

Obwohl Antonius weder griechisch noch koptisch lesen oder schreiben konnte, drang der Gottsucher bald tief in Sinn und Wesen der Heiligen Schriften ein. Fünfzehn Jahre übte er sich, in einem Felsspalt lebend, in Askese und Gebet. Alles schien ihm mit Leichtigkeit zu gelingen, ein Minimum an Nahrung, Kleidung und Schlaf genügten dem Eifrigen. Um sich diesen geringen Lebensunterhalt erwerben zu können, knüpfte er, wie die anderen Einsiedler, Palmblätter zu Körben und Matten. Die Vollkommenheit, die er aus ganzem Herzen erstrebte, schien nahe. Doch dann kamen Rückschläge, Versuchungen suchten ihn heim.

Vorstellungen der Wollust ließen ihn nicht mehr los. Um allen Anfechtungen zu entgehen, zog sich Antonius noch tiefer in die Einsamkeit zurück. Er ließ sich in der Nähe einer Quelle in der großen Verlassenheit der Wüste von Pipir nieder. Athanasius von Alexandrien →, dem wir die Lebensbeschreibung des Heiligen verdanken, berichtet, daß Antonius sehr unter diesen Versuchungen des Teufels gelitten hat, aber er setzte seine ganze Kraft daran, um Gottes Widersacher, der ihn von seinem Wege abbringen wollte, zu besiegen.

Der Ruf seiner Vollkommenheit, seiner Weisheit und Tugend zog Scharen von Jüngern an, und obgleich er allein sein wollte, konnte er sich ihnen nicht entziehen. Im Jahre 312 ging Antonius nochmals in die Wüste am Fuß des Berges Kolzim zurück, nicht weit vom Roten Meer entfernt. Hier blieb er bis zum Ende seines Lebens. Ein neues Einsiedlerzentrum entstand um ihn herum. Auch weltliche Besucher stellten sich dort ein, teils aus Neugier, teils um den Rat des heiligen Mannes einzuholen. Gegen Ende seines Lebens führte Antonius einen lebhaften Briefwechsel mit Kaiser Konstantin (312–337), ein regelrechter Postverkehr mit Dromedaren wurde zum »Antoniusberg« eingerichtet.

Auf Bitten des Athanasius griff der Neunzigjährige schließlich dann noch in den Kampf gegen die gefährliche Lehre des Arius → ein. Antonius begab sich hierfür nach Alexandria und hielt eine mutige Predigt gegen die Häretiker →.

Bis zu seinem Tod um 356 erfreute sich Antonius bester Gesundheit. Der große Einsiedler erreichte ein biblisches Alter von hundertfünf Jahren. Als Erbe hinterließ er einen alten, zerschlissenen Mantel, zwei Tuniken in Sackform und eine von vielen Mönchen bewohnte Wüste.

Schon ein Jahr nach seinem Tod wurde seine von Athanasius verfaßte Biographie veröffentlicht. Dieses berühmte Werk spielte eine entscheidende Rolle bei der Ausbreitung des Mönchtums. Der Einfluß des Heiligen reicht bis weit ins Mittelalter hinein. Das Grab des Antonius befand sich zunächst auf dem Berg Kolzim, im Jahr 561 wurden seine Gebeine dann in Alexandria → beigesetzt.

Eine wunderbare Heilung, die im Jahre 1095 auf seine Anrufung hin in Frankreich geschah, gab Anlaß zur Gründung des Ordens der Antoniter →, die sich besonders der Krankenpflege widmeten. Zu den bekanntesten Antoniterklöstern des späten Mittelalters gehörte das Kloster in Isenheim bei Colmar im Elsaß. Für die dortige Klosterkirche schuf der geniale Maler Matthias Grünewald seinen berühmten Isenheimer Altar, auf dem Vita und Legende des hl. Antonius ausführlich dargestellt sind. Der Isenheimer Altar gehört zu den bedeutendsten Schöpfungen der Kunst überhaupt.

Legende Ein Schütze sah einmal den Antonius, der bereits zu Lebzeiten als Heiliger verehrt wurde, froh und munter mit seinen Brüdern zusammensitzen, und nahm daran Anstoß. Da rief ihm Antonius zu: »Nimm einen Pfeil und spanne deinen Bogen!« Das tat der Schütze, aber Antonius hieß ihn, den Bogen noch stärker zu spannen. Da erwiderte der Schütze: »Wenn ich den Bogen derart spannen soll, wird er am Ende zerreißen.« »Also ist es auch mit dem Dienst an Gott«, antwortete darauf Antonius. »Wollten wir uns anspannen über unser Maß hinaus, so wären wir bald zerbrochen. Darum ist es wichtig, daß wir manchmal von unserer Strenge ablassen.« So belehrt, ging der Schütze davon.

Dargestellt wird Antonius als Eremit mit Kreuzstab in T-Form – dem sogenannten Antoniuskreuz. Oft sind ihm auch ein Buch, ein Schwein und eine Bettlerglocke als Attribute beigegeben.

Niederländische Maler des 16. Jahrhunderts wie Hieronymus Bosch oder Pieter Breughel hat es besonders gereizt, die Visionen des hl. Antonius darzustellen: Auf diesen Bildern sieht man den Heiligen gequält von grauenvollen Teufelsfratzen, geneckt und gezaust von koboldartigen Wesen; Larven in Gestalt von Frauen locken ihn mit Speisen und Getränken – doch Antonius widersteht allen Versuchungen.

Theodolinde

18. Januar

Geboren: wahrscheinlich in Bayern
Gestorben: 627 oder 628
Berufung/Beiname: Wohltäterin, Kirchenstifterin
Wirkungsstätten: Österreich, Oberitalien
Bedeutung des Namens: die Schützerin des Volkes (althochdeutsch)
Namensformen: Dietlinde, Theodelinde, Linde, Thea, Odelinde, Olina
Patronat: Die Stadt Monza

Schon in jungen Jahren wurde die bayerische Prinzessin Theolinde, die Tochter des ersten Bayernherzogs Garibald, mit dem Langobardenkönig Authari vermählt. Für die als katholische Christin erzogene junge Prinzessin bedeutete die aus politischen Gründen zustande gekommene Heirat gewiß keine leichte Aufgabe, denn ihr Ehemann hing aufs leidenschaftlichste der arianischen Irrlehre → an. Theodolinde hatte einen schweren Stand. Obwohl sie ihrem Gemahl und dem Volk ein beispielhaftes Leben vorlebte, blieb Authari allen ihren Überredungsversuchen, mit dem Arianismus zu brechen und wie sie katholisch zu werden, unzugänglich. Bis zu seinem plötzlichen Tod im Jahre 590 verharrte er zu ihrem größten Schmerz im Irrglauben.

Agilulf, der Graf von Turin, bewarb sich nun um die Hand der Königin. Er zeigte sich ihren Missionsbestrebungen zugänglicher, und sie willigte in die Heirat ein. Agilulf, der nun König der Langobarden wurde, verbot auf ihre Bitte hin die Verfolgungen der rechtmäßigen Kirche, und fortan konnte sich das Christentum im Langobardenreich frei entfalten.

604 bekehrte sich der König zur katholischen Kirche, und ein großer Teil des Volkes folgte seinem Beispiel. Es begann eine Zeit des Friedens. Die Klöster konnten sich ungehindert entfalten und erhielten ihre geraubten Güter zurück. Die Bistümer wurden mit tüchtigen Bischöfen besetzt, die Irrlehre der Arianer wurde beseitigt. Zu dieser Zeit kam der aus Burgund vertriebene hl. Kolumban über die Alpen in das Reich des Agilulf und gründete dort das Kloster Bobbio, die spätere Reichsabtei. Dieses Kloster erfreute sich bald der besonderen Gunst und Unterstützung der Königin.

Mit großer Genugtuung verfolgte Papst Gregor der Große diese Entwicklung im Langobardenreich. Wie sein Handschreiben an die Königin Theodolinde zeigt, war sich der Heilige Vater bewußt, daß die günstigen Veränderungen auf ihren Einfluß zurückzuführen waren. Er sandte deshalb der königlichen Familie, die inzwischen nach Monza in Oberitalien übergesiedelt war, wertvolle Geschenke und zur Taufe des Thronerben Adalvard kostbare Taufgaben, darunter ein wertvolles Kreuz, das heute noch im Domschatz von Monza, dem sogenannten Theodolindenschatz, aufbewahrt wird. Theodolinde ließ in Monza diese herrliche Kirche zu Ehren des hl. Johannes des Täufers erbauen, der von da an auch der Schutzpatron der Langobarden wurde.

Nach dem Tode ihres zweiten Gatten führte die Herrscherin Theodolinde selber die Regentschaft mit großer Umsicht und staatsmännischer Klugheit. Unendliches Leid kam über sie, als ihr Sohn und Thronerbe starb. Ihre Untertanen verehrten die Königin zeit ihres Lebens wie eine Heilige, und als Theodolinde im Jahr 627 starb, trauerte das ganze Volk um sie.

Auch heute noch steht das Grab der Königin im Dom von Monza bei den Italienern sehr hoch in Ehren. Das Leben der Heiligen ist in einer Reihe von Fresken aus dem 15. Jahrhundert in derselben Kapelle dargestellt, in der auch die berühmte »Eiserne Krone« der Langobarden aufbewahrt wird.

In Anspielung auf ihr missionarisches Wirken wird Theodolinde als Königin dargestellt, die zwei Kinder unterrichtet. Fresken mit Szenen aus ihrem Leben schmücken die Theodolindenkapelle im Dom von Monza.

19. Januar

Legende Paulus Diaconus verfaßte zweihundert Jahre nach dem Tod der Königin die Schrift »De gestis langobadorum«. Dort steht zu lesen, daß Theodolinde nach dem Tode ihres zweiten Gatten in eine tiefe Meancholie verfiel. Alle Kräfte schienen sie verlassen zu haben, und sie trug sich bereits mit dem Gedanken, die Regierungsgeschäfte abzugeben. Doch als sie eines Tages, in trüben Gedanken versunken, über Land ritt, hörte sie plötzlich eine Stimme, die ihr zurief: »Theodolinde, fasse dich, und wende deine Gedanken wieder deinem Lande zu, das dich braucht! Sieh um dich, und du wirst erkennen, was du tun sollst.« Die Königin erschrak, denn die Stimme schien Papst Gregor zu gehören. Sie blickte auf und sah am Rand des Weges eine Henne, die ihren sieben Küken eifrig Futter suchte. Die Königin verstand die Mahnung, denn sieben Provinzen hatte ihr Reich, die ihrer bedurften. Von Stund an ergriff sie mit alter Tatkraft wieder die Zügel der Regierung. Zum Gedächtnis an dieses wunderbare Erlebnis ließ der Papst ihr von römischen Handwerkern jene kostbare Darstellung anfertigen, die dann später aus ihrem Grab geborgen wurde und sich heute im Domschatz in Monza befindet.

Auf dem Bogenfeld des Eingangsportals am Dom von Monza wird das Grab der Königin Theodolinde dargestellt: Vor dem geöffneten Sarkophag der Heiligen sind kostbare Grabbeigaben aufgereiht, die man bei der Öffnung des Sargs gefunden hat und die seither den berühmten Domschatz von Monza bilden.

19. Januar

Nikolaus Groß

Am 30. September 1889 wurde Nikolaus Groß in Niederwenigern bei Hattingen geboren. Mit 14 Jahren begann er als Arbeiter in einem Stahlwerk, sieben Jahre später trat er als Bergarbeiter in eine Zeche ein. Die schwere Arbeit unter Tage und die mißliche soziale Lage der Bergarbeiter veranlaßten ihn, 1917 in den »Gewerkverein christlicher Bergarbeiter Deutschlands« einzutreten. Abends besuchte er Kurse in Rhetorik und Sozialrecht, um sich erfolgreicher für die soziale Verbesserung der Arbeiterklasse einsetzen zu können. Sein Gewerkverein berief den jungen Mann 1920 zum Jugendsekretär des Bezirks. Bereits ein Jahr später wurde er Redakteur der Zeitschrift »Bergknappen« in Essen, und vier Jahre später nahm er in Mönchengladbach die Stelle eines Redakteurs der Westdeutschen Arbeiter-Zeitung an. Kurz darauf wurde er Chefredakteur dieses einflußreichsten Blattes der katholischen Arbeiterbewegung. Nikolaus Groß war nicht nur ein ausgezeichneter Journalist, sondern auch ein engagierter Redner für die sozialen Belange der Bergarbeiter.

Trotz aller beruflichen Inanspruchnahme war für ihn seine Familie – er hatte vier Kinder – der zentrale Punkt des Lebens. Im privaten Leben und vor allem im christlichen Glauben fand er die Kraft für seine anspruchsvollen Aufgaben.

Mit dem zunehmenden Einfluß der Nationalsozialisten begann eine schwere Zeit für den katholischen Journalisten. Schon seit Ende der zwanziger Jahre hatte Groß vor der braunen Gefahr gewarnt. Auch nach der Machtergreifung durch Hitler am 30. Januar 1933 vertrat er seinen bisherigen Standpunkt, wenn auch etwas vorsichtiger in der Ausdrucksweise. Aber auch diese Vorsichtsmaßnahmen nützten nichts. Im November 1938 erschien die Zeitung, inzwischen in »Ketteler Wacht« umbenannt, zum letzten Mal.

Groß blieb den Gedanken der katholischen Arbeiterbewegung und dem Grundsatz seines christlichen Lebens treu. Seit 1941 gehörte er der Widerstandsbewegung des Kreisauer Kreises an. Nikolaus Groß sollte nach dem Sturz

Geboren: 1889 in Niederwenigern (Nordrhein-Westfalen)
Gestorben: 1945 in Berlin-Plötzensee
Berufung/Beiname: Widerstandskämpfer
Wirkungsstätte: Deutschland
Bedeutung des Namens: der Überwinder des Volkes (griechisch)
Namensformen: , Colin, Klaus, Klas, Niccolo, Niko, Niklas, Nick, Nils, Nicolas, Nikolaj

20. Januar

Der Kreisauer Kreis, dem Nikolaus Groß angehörte, war eine Widerstandsgruppe, der bedeutende Persönlichkeiten unterschiedlicher Herkunft und politischer Richtung angehörten. Sie wollten Hitler beseitigen und die Rechtsstaatlichkeit in Deutschland wiederherstellen.

Hitlers die zu gründende Einheitsgewerkschaft führen. Als das Attentat auf Hitler am 20. Juli 1944 scheiterte, wurden alle seine Freunde, darunter auch Bernhard Letterhaus, verhaftet. Groß reiste in den Hundsrück zur Ehefrau seines Freundes Letterhaus, um ihr die Verhaftung ihres Mannes persönlich mitzuteilen. Zwar kehrte Nikolaus Groß unbehelligt in seine Wohnung in Köln zurück, aber am folgenden Tag verhaftete man auch ihn. Zunächst verhörte man ihn in der dortigen Gestapozentrale, verlegte ihn aber kurz darauf in die Polizeischule Drögen in Mecklenburg. Drögen gehörte zum Konzentrationslager Ravensbrück.

Am 30. September 1944 kam Groß ins Gefängnis nach Berlin-Tegel. Er durfte keinen Besuch empfangen, aber er konnte seiner geliebten Familie wöchentlich einen Brief schreiben. Diese Briefe charakterisieren Nikolaus Groß in ganz besonderem Maße. Sie sind erschütternde Zeugnisse seines unbeirrten christlichen Glaubens. Trotz seiner aussichtslosen Lage versuchte er, seiner Familie Trost und Kraft zu spenden. Gottergeben fügte er sich in sein Schicksal.

Am 23. Januar 1945 wurde Nikolaus Groß im Gefängnis Berlin-Plötzensee gehängt. Der Seligsprechungs-Prozeß ist seit 1988 eingeleitet.

20. Januar

Sebastian

Geboren: um 304 in Narbonne (Frankreich)
Gestorben: um 354 in Rom
Berufung/Beiname: Erzmärtyrer
Wirkungsstätte: Italien
Bedeutung des Namens: der Verehrungswürdige (griechisch)
Namensformen: Bastian, Basti, Wastl
Patronat: Gärtner, Kriegsinvaliden, Schützenvereine, Steinmetzen, Töpfer; gegen Religionsfeinde; schützt vor Verwundung und der Pest

Dieser Heilige aus dem 4. Jahrhundert gehört zu den berühmtesten und wohl am meisten dargestellten frühchristlichen Märtyrern. Er wurde seit dem 7. Jahrhundert als Patron gegen die Pest hochverehrt, weil man meinte, diese furchtbare Krankheit werde von Pestengeln oder von Dämonen verursacht. Erst im 14. Jahrhundert trat ihm der hl. Rochus (s. 16. August) als Pestpatron zur Seite.

Der hl. Sebastian gilt vor allem als Sinnbild aller soldatischen Tugenden. Die biographischen Angaben stammen aus dem 5. Jahrhundert und sind stark von Legenden durchsetzt. Er soll demnach in Narbonne in Frankreich geboren und in Mailand, woher seine Mutter stammte, aufgewachsen sein. Hier lernte er in frühester Jugend das Christentum kennen und wurde ein eifriger Anhänger der Lehre Christi. Sein Berufsideal war der Militärdienst, deshalb ging er nach Rom und wurde Soldat. Schon bald erhielt er den Posten eines Befehlshabers der Prätorianischen Leibwache des Kaisers.

Charakterlich bewährte sich der junge Offizier durch unbedingte Zuverlässigkeit mitten in einer Umgebung von Bestechlichkeit und Verrat. Allen Verführungen des Soldatenlebens trotzend, bewahrte er sich seine Integrität, und sein Glaube bestärkte ihn in seiner Verantwortung den sozial Schwachen gegenüber. So benützte er seine Stellung, die ihm den freien Zutritt zu allen Gefängnissen erlaubte, um gefangenen Christen zu helfen und beizustehen. Auch nahm er an den Versammlungen der Christengemeinde teil, obgleich dies für ihn Gefahr bedeutete, denn der Kaiser stand dem Christentum ablehnend gegenüber.

Als schließlich unter Kaiser Diokletian (284–305) eine neue Welle grausamster Christenverfolgung ausbrach, wurde auch dem Offizier Sebastian sofort wegen seines christlichen Glaubens der Prozeß gemacht. Man verurteilte Sebastian zum Tod durch Erschießen. Man band ihn an eine Säule, und Bogenschützen aus Numidien, dem heutigen Tunesien, beschossen ihn so lange mit ihren Pfeilen, bis Sebastian blutüberströmt zu Boden sank und wie tot liegenblieb.

Die fromme Witwe Irene, die ihn begraben wollte, fand ihn jedoch noch am Leben, brachte ihn in ihr Haus und pflegte ihn, bis er wieder genesen war. Danach hielt es Sebastian nicht lange in der sicheren Verborgenheit. Mutig begab er sich zum Kaiser und klagte ihn öffentlich wegen seines grausamen Vorgehens gegen die Christen an. Kaiser Diokletian ließ Sebastian erneut ergreifen und niederknüppeln wie einen Hund. Sein Leichnam wurde in die nächste Kloake geworfen. Der Heilige erschien der frommen Christin Lucina im Traum. Er zeigte ihr eine bestimmte Stelle an der Via Appia bei den Katakomben, »ad Catacumbas«, und dort begrub sie den Toten. Im Jahre 367 wurde über dem Grab des Heiligen eine Kirche erbaut. Sie trägt noch heute den Namen San Sebastiano ad catacumbas und wurde einer der sieben Hauptbasiliken Roms.

Das Fest des Märtyrers Sebastian wird seit dem Jahr 354 am 20. Januar gefeiert. In S. Pietro in Vincoli in Rom wird die Säule, an der er gelitten haben soll, als kostbarer Schatz aufbewahrt. Die Kirche in Ebersberg (Oberbayern) besitzt seit dem Jahre 931 eine bedeutsame Reliquie, nämlich die Hirnschale des Heiligen.

Sebastian wird meist als Jüngling dargestellt, der an einen Baumstumpf gefesselt ist und von Pfeilen durchbohrt wird. Manchmal erscheint der Heilige auch in einer Ritterrüstung mit Pfeilen in der Hand. Rochus, der Pestheilige, ist Sebastian häufig beigesellt.

Auf dem Mittelbild des Sebastiansaltars aus dem Dom zu Halle an der Saale ist das Martyrium des hl. Sebastian zu sehen. Das Gemälde von 1507 stammt von Hans Baldung, auch Grien, genannt. Die im Gemälde hinter dem Heiligen dargestellte Figur soll ein Selbstbildnis des Künstlers sein.

Maler und Bildhauer haben sich mit dem hl. Sebastian wiederholt auseinandergesetzt. Raffael z. B. stellt ihn auf einem Gemälde im Palazzo Pitti in Florenz als einen vornehm gekleideten Jüngling dar, der die auf ihn abgeschossenen Pfeile Gott zum Opfer darbringt.

Legende Die »Legenda aurea« berichtet: Einmal sollten zwei Brüder ihres Christenglaubens wegen enthauptet werden. Da eilten die Eltern der beiden – sie hießen Marcellianus und Marcus – in den Gerichtssaal, um sie zum Abfall vom Christentum zu bewegen. Die Mutter stand, aufgelöst vor Schmerz, vor ihren Söhnen und wies sie auf das Leid hin, das sie ihr mit ihrem Entschluß antäten, lieber zu sterben, als ihrem Glauben abzuschwören. Während sie mit bewegten Worten klagte und weinte, flehte der greise Vater, sie möchten sich seiner erbarmen und nicht willentlich in den Tod gehen. Als nun auch noch Freunde und andere Frauen herbeieilten, um die beiden umzustimmen, da wurden die beiden schwankend.

In diesem Augenblick trat Sebastian hinzu und erklärte: »Oh, ihr starken Ritter Christi, laßt euch nicht die ewige Krone rauben durch Bitten und süße Worte.« Zu den Eltern sprach er: »Fürchtet euch nicht, denn diese werden nicht von euch geschieden, sondern sie gehen hin, daß sie euch eine Wohnung bereiten im Himmel. Die Verfolgung, die wir hier leiden, die glühet heute und ist morgen verraucht. In einer Stunde nimmt sie ein Ende, aber die Feuer der ewigen Pein werden alle Zeit erneuert.« Nachdem der Heilige so gesprochen hatte, warf sich ihm eine fremde Frau, nämlich die stumme Zoe, zu Füßen. Sie winkte ihm, daß er sich ihrer erbarme. Da sprach Sebastian: »Bin ich Gottes Knecht und sind die Dinge wahr, die ich gesagt habe, so tue ihr der den Mund auf, der seinem Propheten Zacharias die Zunge löste.« Da rief das Weib: »Gesegnet seien deine Worte und gesegnet alle, die deinen Worten glauben; denn ich sah einen Engel bei dir stehen, der hielt dir ein Buch vor, darin waren alle die Worte geschrieben, die du gesprochen hast.« Da blieben Marcellianus und Marcus standhaft in der Marter durch die Kraft und Gnade, die Gott den Worten Sebastians verliehen hatte.

Geboren: in Rom
Gestorben: um 304 in Rom
Berufung/Beiname: Märtyrerin
Wirkungsstätte: Italien
Bedeutung des Namens: die Keusche, das Lamm (lateinisch)
Namensformen: Agna, Agneta, Agnete, Agenzia, Geli, Inés
Patronat: Gärtner, Jungfrauen; Trinitarierorden

21. Januar

Agnes

Eine der beeindruckendsten Heiligengestalten ist die frühchristliche Märtyrerin Agnes. Der Überlieferung nach entstammte sie einer vornehmen römischen Familie und war von Kindheit an Christin. Die übereinstimmenden Quellen sagen aus, daß sie ihr Martyrium, zu dem sie sich freiwillig stellte, bereits als junges Mädchen von zwölf oder dreizehn Jahren erlitten hat – höchstwahrscheinlich unter der Regentschaft des römischen Kaisers Domitian (81–96).

Sie wurde auf einem Grundstück ihrer Eltern an der Via Nomentana in Rom zur letzten Ruhe gebettet. Die Kirche Sant Agnese fuori le mura wurde im 7. Jahrhundert über ihrem Grab errichtet und ist noch heute ein beliebtes Wallfahrtsziel, an dem viele Menschen zu der jugendlichen Heiligen beten.

Wie die Berichte des hl. Ambrosius, des Papstes Damasus und des frühchristlichen Dichters Prudentius zeigen, erfreute sich die Jungfrau schon im 4. Jahrhundert allgemeiner Verehrung. Sie ist die Schutzpatronin der jungen Mädchen.

Über ihrem Hinrichtungsplatz im Stadion des Domitian, der heutigen Piazza Navona in Rom, erhebt sich jetzt die Kirche Sant' Agnese in Agone, die Carlo Rainaldi begann, Borromini seit 1653 weiterführte und der jüngere Rainaldi vollendete. In ihrem Inneren ist das Martyrium der Heiligen auf einem großen Marmorrelief dargestellt.

Legende Ambrosius berichtet: Der Sohn des Präfekten Symphronius erblickte eines Tages die hl. Agnes und verliebte sich auf der Stelle in sie. Er wurde von ihr aber abgewiesen. In seinem gekränkten Stolz wußte er nichts anderes zu tun, als Agnes wegen ihres Christenglaubens anzuzeigen.

Noch nie hatte ein so junges Mädchen in Rom vor dem Richter gestanden. Weder schmeichelnde Überredungskünste noch zornige Drohungen von seiten des Richters konnten das Mädchen einschüchtern. Agnes blieb stark und stand fest zu ihrem Glauben. Sogar die Drohungen des Richters, sie in ein öffentliches Freudenhaus zu verbannen, erschütterten sie nicht, war sie doch tief davon überzeugt, daß ihr himmlischer Bräutigam sie vor Entehrung schützen würde.

Und so geschah es auch, denn man ließ sie in ein großes Feuer werfen, aber das Feuer teilte sich, und Agnes blieb unversehrt. Nun wurde sie zum Tod durch das Schwert verurteilt. Ambrosius erzählt, daß Agnes das Todesurteil mit frohem Mut aufnahm und so heiter zum Richtplatz schritt, als sei es zu ihrer Hochzeit. Mit dem gleichen Mut bot sie ihren Hals dem Todesstreich dar. Während die Zuschauer vor Rührung weinten und sogar der Henker zitterte, blieb sie gefaßt.

Meist wird Agnes mit einem Lamm als Zeichen der Keuschheit dargestellt; man sieht sie aber auch mit einem Schwert, Dolch oder einem Palmzweig als Zeichen dafür, daß sie den Märtyrertod erlitten hat; manchmal wird Agnes mit einem Ring von Blut um den Hals als Symbol für ihre Enthauptung gezeigt.

21. Januar

Meinrad von Einsiedeln

Das Kloster Maria Einsiedeln in der Schweiz gehört heute zu den berühmtesten Wallfahrtsorten der Welt. Das mächtige Kloster entstand im 10. Jahrhundert um die Zelle des hl. Meinrad, eines Mönchs und Einsiedlers.

Der hl. Meinrad kam als Schüler in das Benediktinerkloster Reichenau am Bodensee und beschloß bereits in jungen Jahren, Mönch zu werden. Er verzichtete auf sein Erbteil und bat um Aufnahme in den Orden der Benediktiner. Nach einiger Zeit stellte er jedoch fest, daß er viel lieber einsam und in stiller Abgeschiedenheit als Einsiedler Gott dienen wollte.

Die benediktinische Regel aber befahl ihm den Verbleib im Mutterkloster. Bald darauf wurde Meinrad nach Bollingen am Zürichsee geschickt, um die Mönche dort zu unterrichten. Doch auch diese Tätigkeit ließ ihn seinen heimlichen Wunsch, Einsiedler zu werden, nicht vergessen.

Eines Tages bat er daher seinen Abt in Reichenau brieflich, ihn als Einsiedler in die Berge gehen zu lassen. Der Abt willigte schließlich ein, und Meinrad zog unverzüglich hinauf auf den Berg Etzel am Südufer des Zürichsees.

Fortan lebte er in einer einfachen Hütte in der Einsamkeit der Wälder. Er vertiefte sich so sehr in Gebet und Meditation, daß er darüber alle Nöte des täglichen Lebens vergaß. Doch auch hier sollte er nicht lange ungestört bleiben. Es hatte sich nämlich schnell herumgesprochen, daß ein frommer Klausner oben auf dem Berg hause, und bald wanderten die Bauern mit ihren Anliegen zu ihm hinauf in die Wildnis, um gemeinsam mit ihm zu beten.

Wiederum hatte ihn, der die Einsamkeit suchte, die Welt eingeholt und störte seine Stille. Meinrad brachte es aber nicht übers Herz, sich seinen Besuchern zu verweigern. So empfing er sie und hörte ihnen zu; getröstet und gestärkt schieden sie wieder von ihm. Damit sah Meinrad aber den Sinn seines Eremitentums

Geboren: um 797 im Sülchgau (Württemberg)
Gestorben: 861 in Einsiedeln (Schweiz)
Berufung/Beiname: Priester, Eremit
Wirkungsstätten: Schweiz
Bedeutung des Namens: der mächtige Ratgeber (althochdeutsch)
Namensformen: Meiner, Manhard, Meinhard
Patronat: Einsiedeln (Schweiz)

21. Januar

Johann Wolfgang von Goethe berichtet über das »Monasterium Eremitarium« in Einsiedeln: »Es muß ernste Betrachtungen erregen, daß ein einzelner Funke von Sittlichkeit und Gottesfurcht hier ein immer brennendes Flämmlein angezündet hat, zu welchem gläubige Scharen mit großer Beschwerlichkeit heranpilgern sollen, um an dieser heiligen Flamme auch ihr Kerzlein anzuzünden.«

bedroht, und so entschloß er sich schließlich, unterhalb der Mythenstöcke eine neue Wohnstätte zu bauen. Hier war er endlich wieder ganz allein mit Gott.

Nach Jahren wurde seine Zelle durch einen Zufall entdeckt, und sogleich pilgerten Menschenscharen aufs neue zu ihm. Doch diesmal entzog sich Meinrad ihnen nicht mehr. Sein innerer Gottesfrieden war inzwischen so gefestigt, daß keine irdische Störung ihn mehr erschüttern konnte. Die Äbtissin Hildegard vom Fraumünster in Zürich ließ in der Nähe seiner Zelle eine kleine Kapelle bauen und schenkte ihm ein altes, schönes Marienbild, heute die »Schwarze Muttergottes von Einsiedeln« genannt.

Die zahlreichen Geschenke, die man dem Eremiten aus Dankbarkeit für seine Hilfe brachte und die er stets zur Linderung von fremder Not und Armut verwendete, lockten eines Tages auch zwei Landstreicher an. Sie überfielen den alten Mann am 21. Januar 861, nachdem er sie gastfreundlich eingelassen hatte. Der Eremit hatte allerdings schon vorher während der hl. Messe seinen nahen Tod in einer Vision vorausgeschaut und ließ die beiden Burschen nicht im Unklaren darüber, daß er von ihren Plänen wußte.

Dennoch erschlugen die Burschen den wehrlosen Mann kaltblütig und raubten die wenigen Kostbarkeiten, die sie bei ihm fanden. Das böse Gewissen trieb die Mörder jedoch bald den Richtern in die Hände. Sie gestanden den Mord am hl. Meinrad und wurden schließlich für ihre Tat gerädert.

Es dauerte nicht lange, und die einstige unscheinbare Zelle des Heiligen wuchs zu einem berühmten Konvent heran, mit einer herrlichen, großen Stiftskirche und einer bedeutenden Klosterbibliothek.

Kloster Einsiedeln ist noch immer ein beliebter Wallfahrtsort. Die heutige barocke Klosteranlage wurde Anfang des 18. Jahrhunderts nach Plänen des Architekten Caspar Moosbrugger erbaut.

Legende *Über den Tod des hl. Meinrad durch zwei Landstreicher und wie der Tod auf wunderbare Weise gesühnt wurde, wird folgendes erzählt:*

Meinrad, der Einsiedler, saß oftmals vor seiner selbsterbauten Klause und seichte auf dem kristallblauen See. Eines Tages sah er in einer Tanne ein Nest, das ein Sperber bedrohlich umkreiste. Er verjagte den Raubvogel und fand im Nest zwei junge Raben, die er aufzog. Einmal, als die Raben bereits zu großen, schönen Vögeln herangewachsen waren, schlichen eines Tages zwei Räuber durch den Wald, die in der Hütte des Einsiedlers Schätze zu finden hofften. Als sie zu seiner Klause kamen, begrüßte sie der Eremit freundlich und bewirtete sie, so gut er es vermochte. Auf einmal aber stürzten sich die Räuber auf ihn und erschlugen ihn mit ihren Keulen.

Meinrad wird mit zwei Raben zur Seite dargestellt, die seine Mörder verfolgen und verraten. Die Keule verweist auf das Mordinstrument, Becher und Brot darauf, daß der Heilige die Mörder kurz vor seinem Tod bewirtet hat.

Die beiden Mordbuben erschraken allerdings sehr, als sie plötzlich von den zwei Raben, die alles mit angesehen hatten, laut krächzend umflattert wurden. Der Schrecken packte sie so sehr, daß sie entsetzt das Weite suchten. Hoch über ihren Köpfen flogen ihnen die schreienden Vögel nach, wohin sie auch liefen.

In panischem Entsetzen rannten die Mörder durch die Wälder zu Tal und bis in die Stadt Zürich. Dort glaubten sie sich in Sicherheit. Sie gingen in eine Wirtschaft, aber da schoß auch schon das Rabenpaar durchs offene Fenster auf sie los. Die anwesenden Gäste vermuteten sofort Schlimmes und ließen die beiden Männer festnehmen. Die Mörder gestanden ihre Untat und mußten auf dem Rad sterben.

22. Januar

Vinzenz

Zusammen mit Stephanus und Laurentius gehört der hl. Vinzenz zu den Erzmärtyrern. Der hl. Ambrosius sagte von ihm: »Er wurde gefoltert, gestoßen, gegeißelt und gebrannt, aber er blieb unbesiegt.«

Vinzenz soll in Huesca in Spanien geboren sein. Schon in sehr jungen Jahren wurde er wegen seiner Kenntnisse der Heiligen Schrift vom Bischof Valerius von Saragossa zum Diakon geweiht. Während der diokletianischen Verfolgungen 304 erlitt er den Märtyrertod in Valencia.

Seine Verehrung breitete sich schon bald nach seinem Tod über das ganze Abendland aus. Wie kaum ein anderer Märtyrer setzte sich »dieser Philosoph des Leidens mit den Naturelementen Erde, Wasser, Luft und Feuer auseinander«, die er, wie seine Legende erkennen läßt, alle bestand. Diesen Läuterungsgedanken hat später auch Mozart in seiner »Zauberflöte« wieder aufgenommen. Auch die Ostkirche feiert das Fest des hl. Vinzenz am 22. Januar. Dem Andenken dieses heiligen Märtyrers sind eine Vielzahl von Kirchen geweiht, drei Kirchen allein in Rom. Um die Mitte des 11. Jahrhunderts wurde ein Teil der Reliquien des Heiligen nach Breslau verbracht und im 12. Jahrhundert eine Kirche über dem Grab errichtet. Der Künstler Adrian de Vries schuf 1614 für diese Kirche ein schönes Relief, auf dem das Martyrium des hl. Vinzenz dargestellt ist.

Während Vinzenz in den Weinbaugebieten als Patron gefeiert wird, verehren ihn die Holzfäller im deutschsprachigen Alpenraum als ihren Schutzpatron.

Geboren: wahrscheinlich in Huesca (Spanien)
Gestorben: um 304 in Valencia (Spanien)
Berufung/Beiname: Erzmärtyrer
Wirkungsstätten: Spanien
Bedeutung des Namens: der Sieger (lateinisch)
Namensformen: Vincentius, Vincent, Vinz, Victor, Zenz
Patronat: Portugal, Dachdecker, Holzknechte, Seeleute, Töpfer, Winzer; hilft bei Magenkrankheiten und zur Wiederauffindung von Gegenständen

Legende Während der grausamen Christenverfolgungen im Jahre 304 unter Kaiser Diokletian wurde auch der greise Bischof Valerius zusammen mit Vinzenz in Valencia dem römischen Statthalter von Spanien, Dacianus, vorgeführt. Dieser ließ beide in den Kerker werfen und überantwortete sie so dem Hungertod. Als Dacianus glaubte, seine Gefangenen müßten wegen Hungers bereits bis aufs äußerste geschwächt sein, ließ er sie nochmals vor sich bringen. Zu seinem Erstaunen sah er die beiden Bekenner in voller körperlicher Kraft und Lebensfrische vor sich treten und erkannte, daß ihre Glaubensstärke keineswegs gebrochen war.

Mutig sprach Vinzenz: »Du, ein Priester des Todes, vermagst nur Götzen aus Stein anzubeten, wir aber beten den lebendigen Gott des Lichtes an und bekennen damit den allein wahren und einzigen Gott und seinen Sohn Jesus Christus.« Wutentbrannt schickte der Statthalter den hochbetagten Bischof Valerius in die Verbannung, Vinzenz indessen verurteilte er zur schrecklichsten Marter. Er ließ ihn auf die Folter spannen und an allen Gliedern zerren. Aber der Jüngling spottete und sprach: »Das habe ich mir immer schon gewünscht.« Da ließ man mit eisernen Zangen die Seiten des Heiligen aufreißen, so daß man seine Eingeweide sehen konnte. Von himmlischer Kraft beseelt, sprach Vinzenz: »Du irrst, wenn du mich zu quälen vermeinst, weil du meine Glieder, die sowieso einmal verfaulen, verstümmelst. In mir lebt einer, dem du nichts anhaben kannst.«

Als der Statthalter sah, daß er nichts ausrichten konnte, ließ er ihn auf einen glühenden Rost legen. Ruhig legte der Heilige sich auf dieses entsetzliche Bett. Die glühenden Stangen drangen tief in seinen Leib. Er aber hob die Augen zum Himmel und lächelte trotz

Vinzenz wird nicht nur in der westlichen Allerheiligenlitanei angerufen, auch die Ostkirche feiert sein Fest am 22. Januar.

22. Januar

Vinzenz wird als junger Diakon mit Palme und Buch, Kreuz oder Traube dargestellt. Ein Feuerrost, stählerne Haken, ein Mühlstein und Raben verweisen auf sein Martyrium.

aller Pein. Daraufhin ließ der Prokonsul ihn in einen dunklen feuchten Kerker sperren, dessen Boden mit Glasscherben und spitzen Steinen bedeckt war. Hier sollte er unter Schmerzen, ohne jeden Trost sterben. Aber Gott wollte es anders. Engel kamen und machten seine Pein zur Glorie. Sie vertrieben die Finsternis und verwandelten die spitzen Scherben in zarte Blumen.

Dacianus aber geriet außer sich vor Wut, als er davon hörte, und befahl, den Jüngling zu pflegen und auf ein weiches Bett zu legen, damit er gestärkt neuen Martern ausgesetzt werden konnte. Dacianus fürchtete nämlich, es würde den Ruhm des Märtyrers noch mehren, wenn er ihn in dem dunklen Gewölbe an seinen Wunden sterben ließe. Kaum hatte man Vinzenz jedoch auf das weiche Kissen gelegt, als er friedlich im Herrn entschlief. Sein Leichnam wurde auf das Feld hinausgefahren und den Vögeln und wilden Tieren zum Fraß vorgeworfen. Aber die Tiere wichen scheu zurück, und ein Rabe stellte sich vor den geschundenen Leib und verteidigte ihn sogar gegen einen gefräßigen Wolf. Als Dacianus das vernahm, rief er: »Kann ich ihn denn nicht einmal im Tode überwinden!« Und er ließ einen Mühlstein an den Leichnam binden und ihn draußen im Meere versenken. Aber der Korb mit den Steinen und dem Leichnam des Heiligen kam schwimmend wieder zurück ans Ufer. Christen fanden den Toten und bestatteten ihn.

»Die Verehrung des hl. Vinzenz« auf der Mitteltafel des Vinzenz-Altars von 1465 aus dem Museu National de Arte Antiga in Lissabon.

22. Januar

Vinzenz Pallotti

Papst Johannes XXIII. sprach am 20. Januar 1963 Vinzenz Palotti aus Rom heilig. Sein ganzes Leben hatte dieser fromme Mann ausschließlich der Verehrung der Gottesmutter Maria geweiht.

Vinzenz wurde am 21. April 1795 in Rom als Sohn einer tiefgläubigen Familie geboren. Nach dem Eintritt in die von den Jesuiten gegründete Jugendorganisation der »Marianischen Kongregation« begann für ihn die Verehrung der Jungfrau Maria. Am 16. Mai 1818 wurde Vinzenz zum Priester geweiht. Sein Wahlspruch lautete: »Beten wir zur Madonna! Sie wird helfen!«

Vinzenz entwickelte sich in den folgenden Jahren zu einem großen Volksmissionar und Seelsorger. Er kümmerte sich vor allem um die römische Jugend, aber auch Gefangene und Kranke betreute er in aufopfernder Weise.

1834 gründete Vinzenz die »Gesellschaft des Katholischen Apostolats«, weil er erkannt hatte, daß er für seine Aufgabe dringend die Hilfe gleichgesinnter Menschen brauchte. Ziel dieser Gemeinschaft war es, die Menschen wieder mehr zu Gott zurückzuführen. Im Rahmen dieser Gesellschaft entstanden der Orden der Pallottiner, ein Männerorden, in den nur Priester aufgenommen wurden, außerdem ein Frauenorden und eine eigene Gesellschaft, die für Laien zugänglich war. Vinzenz stellte seinen Orden unter den besonderen Schutz der von ihm über alles geliebten Gottesmutter, denn sie war für ihn Sinnbild und Triebfeder für alle seine Werke. Ihm ist es zu verdanken, daß in der katholischen Kirche die »Maiandacht« zu Ehren Mariens an jedem Tag im Mai stattfindet.

Vinzenz Pallotti starb nach einem erfüllten Leben im Dienste der Mitmenschen am 22. Januar 1850.

Geboren: 1795 in Rom
Gestorben: 1850 in Rom
Berufung/Beiname: Priester, Ordensgründer
Wirkungsstätten: Italien
Bedeutung des Namens: der Sieger (lateinisch)
Namensformen: Vincentius, Vincent, Vinz, Victor, Zenz

23. Januar

Heinrich Seuse

Den deutschen Mystiker Heinrich Seuse hat man mit dem hl. Franziskus verglichen und deshalb als den »Schwäbischen Franz« bezeichnet. Auch einen »Minnesänger Gottes« hat man ihn genannt, denn seine vielgelesenen Schriften zeigen dichterischen Schwung und sind in einem bezaubernden Deutsch geschrieben. Vor allem wurde Heinrich Seuse berühmt durch sein »Büchlein der ewigen Weisheit« (»Horologium sapientiae«), das er um 1327/28 verfaßte. Seine Verehrung wurde 1831 von Papst Gregor XVI. bestätigt.

Heinrich Seuse war der Sohn Heinrichs von Berg und seiner Ehefrau aus der Familie Seuse. Er wurde zu Konstanz am 21. März 1295 geboren. In jungen Jahren trat er in das dortige Kloster der Dominikaner → ein. Später ging er auf die Hochschule nach Köln, wo er Schüler des großen Mystikers und Theologen Meister Eckhart → wurde. Hier entstand sein »Büchlein der Wahrheit«. Nach dem Abschluß seiner Studien kehrte Heinrich Seuse 1326 in sein Mutterkloster nach Konstanz zurück und war dort viele Jahre als Dozent wissenschaftlich tätig.

Geboren: 1295 am Bodensee
Gestorben: 1366 in Ulm
Berufung/Beiname: Dominikanermönch, Mystiker
Wirkungsstätte: Baden-Württemberg
Bedeutung des Namens: der Herr seines Hauses (althochdeutsch)
Namensformen: Hein, Heini, Heino, Heinz, Hinz, Henner, Heiko, Hajo, Harry, Henry, Enrico

In Anspielung auf seine schöpferische Phantasie und dichterische Kraft wird Heinrich Seuse oft mit einem Baum im Hintergrund dargestellt, von dem das Jesuskind Blütenzweige auf ihn herabwirft. Manchmal wird der Mystiker auch mit einem Kranz von Rosen um den Kopf gezeigt, mit einem Schreibgriffel in der Hand, neben ihm ein Hund mit einem roten Tuch oder einer Lilie im Maul.

Schon seit seinem achtzehnten Lebensjahr unterwarf er sich insgeheim Bußübungen, die seiner zarten Gesundheit allerdings arg zusetzten. Er war ein glänzender Seelsorger und Prediger. Seine Predigten ergänzte er durch einfühlsame Mahn- und Trostbriefe, von denen 28 im »Großen Briefbuch« erhalten sind. Eine innige Freundschaft verband ihn mit seiner »geistlichen Tochter«, mit Elisabeth Stäglin, der wir seine Lebensgeschichte verdanken.

Heinrich Seuse war sein Leben lang mit Visionen und Wundern begnadet. Andererseits wurde er verleumdet und verfolgt und war lange Zeit sogar als Häretiker → verschrien. Er hat uns in seinen Visionen in unvergleichlicher Schönheit vom Trost und der Großzügigkeit Gottes berichtet. Trotzdem wurde er bis ins Alter mit übler Nachrede verfolgt, so daß er sein Kloster verlassen und nach Ulm ziehen mußte, wo er am 25. Januar 1366 starb. Sein Leichnam wurde im Dominikanerkloster zu Ulm beigesetzt.

Legende Das Vorwort zur deutschen Ausgabe seiner Lebensbeschreibung von 1512 enthält einige wahrscheinlich aus dem Ulmer Dominikanerkloster stammende wunderbare Einzelheiten: »Der würdige Vater und andächtige Liebhaber und Diener Gottes, Seuse oder lateinisch Suso genannt, hat je zwei Vor- und zwei Zunamen. Bei der Taufe erhielt er den Namen Heinrich, weil er durch das Sakrament der Taufe ein Christ wurde. Aber weil er voller Tugend und durch die Gnade Gottes ein vollkommener, geistlicher und Gott liebender, dem Himmel zugewandter Mensch war, geschah es, daß Gott ihm den ersten Namen Heinrich abnahm und den Namen ›amandus‹ – der Liebende – erteilte. Von diesem Namen wußte man aber bei seinen Lebzeiten nichts, weil er ihn aus Demut verschwiegen hat. Als er aber aus dieser Zeitlichkeit verschied, fand man in seinen heimlichen Offenbarungen, daß Gott ihm selbst den Namen Amandus gegeben hatte, weil er Gott so innig liebte. Und wenn es einmal durch Gottes Fügung dazu kommen sollte, daß man ihn aus päpstlicher Vollmacht in Ulm erheben würde, so geschähe das unter dem Namen Amandus und nicht Heinrich.«

24. Januar

Franz von Sales

Geboren: 1567 auf Schloß Sales (Savoyen)
Gestorben: 1622 in Lyon (Frankreich)
Berufung/Beiname: Bischof, Ordensstifter, Kirchenlehrer; »Doktor der Vollkommenheit«
Wirkungsstätten: Frankreich, Savoyen, Italien
Bedeutung des Namens: der Franke, der Freie (latinisierte Form von Frank)
Namensformen: Frank, Franziskus, Francis
Patronat: Schriftsteller; katholische Presse

Franziska von Chantal, die geistliche Tochter des hl. Franz von Sales und Mitbegründerin des Salesianerinnen-Ordens →, schrieb über diesen Heiligen der Gegenreformation: »Es scheint mir, daß mein Vater Franz ein lebendiges Bild war, in welchem die Züge unseres Herrn Jesus abgemalt waren; ich, und nicht nur ich, unzählige andere auch, die ihn sahen, glaubten unsern Herrn auf Erden zu sehen.« Diese Worte findet man bestätigt, wenn man die Lebensgeschichte des hl. Franz von Sales liest.

Franz von Sales wurde 1567 in Schloß Sales in Hochsavoyen geboren. Er erhielt eine sorgfältige Erziehung, studierte die Rechtswissenschaften in Annecy, Paris und an der Universität Padua. Trotz des starken Widerstandes seines Vaters entschied er sich jedoch, den geistlichen Beruf zu ergreifen. 1593 zum Priester geweiht, lehnte er die ihm aufgrund seiner Herkunft angetragenen Würden und Ämter ab und begab sich als Verkünder des Glaubens in die Gegend von

Chablais. Hier in Hochsavoyen südlich des Genfer Sees hatte der Kalvinismus → sehr viele Anhänger. Die Rückgewinnung dieser Menschen für den katholischen Glauben war keineswegs ungefährlich. Nur mit einem Sack ausgerüstet, in dem sich Bibel und Brevier befanden, wanderte der junge Idealist trotzdem in das ihm und seinem Glauben feindlich gesinnte Land. Vier Jahre zog Franz von Sales predigend unter unsäglichen Strapazen durch diese Gebirgslandschaft. Er redete überall mit den Menschen, wo sich auch Gelegenheit dazu bot, beseelt vom Geist der Liebe und vom Feuer der Überzeugung.

Franz erreichte viel: An die achttausend Abgefallene kehrten zum katholischen Glauben zurück. Er stellte sich den kalvinistischen Predigern in theologischen Streitgesprächen und ließ sich durch zwischenzeitliche Mißerfolge nicht abschrecken, auch nicht dadurch, daß man ihn dortzulande als Helfer des Papstes für den Antichristen hielt.

Im Jahre 1597 wurde er zum Koadjutor → des Bischofs von Genf ernannt, zu dessen Amtsnachfolger man ihn dann 1602 bestellte. Sogleich bemühte sich Franz von Sales um die Erneuerung und Reorganisation dieser recht schwierigen Diözese. Unermüdlich betätigte er sich weiterhin als Prediger. Er war der Überzeugung, daß derjenige, der sich die Liebe zur Grundlage seiner Predigten gemacht hatte, nicht umsonst predigte. Dabei war ihm die Sanftmut von der Natur keineswegs mitgegeben worden, denn seiner Veranlagung nach war er jähzornig. Er bemühte sich aber erfolgreich, alle Verleumdungen und Beschimpfungen seiner Person durch Güte und Liebe zu überwinden. Sein geduldiges Verzeihen kannte keine Grenzen. Er befolgte somit die Weisung, die Jesus in der Bergpredigt ausgesprochen hatte: »Selig sind die Sanftmütigen …«.

Über 20 000 Briefe hat der vielbeschäftigte Bischof während seiner anstrengenden Amtstätigkeit geschrieben, und neben seinen unzähligen Predigten, die er verfaßte und hielt, fand er auch noch die Zeit und Muße, um seine »Abhandlungen über die Liebe Gottes« herauszugeben und die »Philothea« zu schreiben, jene vorbildliche Anleitung zu einem frommen Leben, die sich durch eine äußerst elegante Sprache auszeichnet.

Einige Jahre nach der Übernahme des Bischofsamts hatte Franz die denkwürdige Begegnung mit Johanna Franziska von Chantal, mit der zusammen er dann später den Orden von der »Heimsuchung Mariens« → gründete, dessen Mitglieder auch Visitantinnen oder Salesianerinnen genannt werden.

Eine weitere bedeutsame Gründung geht auf ihn zurück: Dreißig Jahre, ehe die »Académie Française« → ins Leben gerufen wurde, gründete Franz von Sales in Annecy die »Académie Florimontane« zur Pflege der Wissenschaften, der Künste und der französischen Sprache.

Franz von Sales starb auf einer Reise in Lyon am 28. Dezember 1622. Die Salesianerinnen → von Annecy setzten ihn in ihrer Kirche bei. Dreiundvierzig Jahre später heiliggesprochen, wurde er 1877 zum Kirchenlehrer und 1923 durch Papst Pius XI. zum Patron der katholischen Schriftsteller ernannt. Der schönste Nachruf über den Heiligen stammt aus dem Mund eines kalvinistischen Beamten aus Genf, der von ihm sagte: »Wenn wir irgendeinen Menschen als Heiligen anerkennen würden, so weiß ich seit den Tagen der Apostel keinen, der würdiger wäre als dieser Mann.«

Von Franz von Sales, dem »Doktor der Vollkommenheit«, stammt folgender Satz: »Es ist mir eine solche Wonne, meine Feinde zu lieben, daß es mir, wenn es mir Gott verböte, schwerfallen würde, ihm zu gehorchen.«

25. Januar

Franz von Sales wird als Bischof dargestellt. In seiner Hand hält er ein durchbohrtes, mit einer Dornenkrone umwundenes Herz als Zeichen seiner Verehrung des göttlichen Herzens Jesu.

Legende Ein Edelmann haßte Franz von Sales ohne ersichtlichen Grund und verbreitete infame Verleumdungen über ihn. Der hl. Bischof aber blieb ganz ruhig und zeigte nicht die geringste Verbitterung. Dadurch noch mehr erbost, zog der Edelmann mehrere Nächte hindurch mit Hunden, Waldhörnern und einem Haufen von Jägern vor die Wohnung des Bischofs und veranstaltete einen höllischen Lärm. Aufgebracht wollten die Diener des Heiligen hinauslaufen und die Ruhestörer züchtigen, zumindest aber vertreiben. Er aber untersagte es ihnen strikt. Da nun der Edelmann auch auf diese Weise den Bischof nicht aus der Ruhe bringen konnte, ließ er alle Fenster des bischöflichen Hauses mit Steinen einwerfen. Als das bekannt wurde, kamen die Freunde des Heiligen und forderten ihn auf, den Edelmann zu verklagen. Er aber antwortete ihnen in aller Ruhe: »Ich werde mich hüten, das zu tun, denn dadurch würde ich ihn ja nur noch mehr in seiner Haltung bestärken, ich aber will ihn gewinnen!« Als der Edelmann diese Antwort vernahm, war er beschämt und gerührt, denn der unbegreifliche Sanftmut des heiligen Mannes hatte ihn zutiefst betroffen gemacht. Einige Tage danach begegnete er dem Bischof in der Stadt. Und was tat er? Er redete ihn mit großer Höflichkeit an, bat ihn um Verzeihung und umarmte ihn vor allen Leuten. Von da an war der Edelmann einer der treuesten Freunde des Bischofs.

25. Januar

Fest der Bekehrung Pauli

Am 25. Januar feiert die Kirche das Fest der Bekehrung des hl. Paulus. Ursprünglich hieß dieses Fest »Fest der Translatio«, also der Reliquienübertragung des hl. Paulus. Es war im 10. Jahrhundert unter fränkischem Einfluß entstanden, als man Kettenteile, an die der Heilige gebunden gewesen sein soll, nach Gallien gebracht hatte. Es war also aus dem Fest der »translatio« → ein solches der »conversio« →, der Umwandlung der inneren Überzeugung des Apostelfürsten, geworden. Die »Bekehrung Pauli« hat Ernest Hello so eindringlich geschildert, daß wir hier seiner Darstellung in verkürzter Form folgen wollen.

Aus der Apostelgeschichte ist die wunderbare Bekehrung des Paulus überliefert. Im Zuge der Reliquienverehrung des hl. Paulus entwickelte sich im frühen Mittelalter das Fest der »Bekehrung Pauli«.

Anstelle einer Legende Als der jüdische Schriftgelehrte Saulus auf dem Weg nach Damaskus war, da schien er für alles andere bereit als für seine Bekehrung. Er war nicht allein, seine Freunde umgaben ihn. Er, der Mann der Gewalt, wurde gewaltsam geweiht. Die Stimme von oben beginnt mit einem kurzen, strengen Vorwurf:
»Saulus, Saulus, was verfolgst du mich?« »Herr, wer bist du?« fragte dieser verwirrt, die Augen auf die strahlende Erscheinung am Himmel geheftet, denn Jesus Christus erschien ihm in seiner ganzen Herrlichkeit. »Ich bin Jesus von Nazareth, den du verfolgst.« »Herr, was willst du, daß ich tun soll?«
Ergriffen, überrascht, niedergeworfen und geblendet von dem Glanz der Herrlichkeit verliert er keine Sekunde. Er wird Jesus von Nazareth nicht mehr verfolgen. Saulus ist blind von diesem Augenblick an, aber er wartet nicht ab, bis seine Augen sich wieder öffnen. Er muß vom ersten Augenblick an seinen neuen Weg kennen.
Seine Reisegefährten hatten nur ein Licht wahrgenommen. Aber Saulus, von nun an zum Paulus geworden, erblickte die Erscheinung, nur er verstand die Worte, die in syrochaldäischer Sprache gesprochen worden waren, denn seine Begleiter waren griechische

Juden. Als er sich daraufhin erhob, war er erblindet. Man mußte ihn bei der Hand nehmen und führen. Dieser Einzug in Damaskus hatte sehr wenig Ähnlichkeit mit dem seiner früheren Vorstellung. Drei Tage lang sah er nichts mehr. Diese drei Tage in der Dunkelheit verbrachte er im Gebet versunken.

Inzwischen empfing Ananias den Befehl, Paulus das Augenlicht wiederzugeben. Ananias klopfte an die Tür eines Juden namens Judas, bei dem Saulus wohnte. Er trat ein und sprach: »Lieber Bruder Saul, der Herr Jesus, der dir auf dem Weg erschienen ist, hat mich zu dir gesandt, um dir das Augenlicht wiederzugeben und dich mit dem Heiligen Geist zu erfüllen.« Und Ananias legte die Hände auf Saul, und es fiel wie Schuppen von dessen Augen. Paulus stand auf und ließ sich taufen.

Die wohl ergreifendste Darstellung der Bekehrung des Saulus zum hl. Paulus stammt von Michelangelo. Sie befindet sich im Vatikan in der Cappella Paolina.

26. Januar

Paula von Rom

Dem altrömischen Hause der Gracchen entstammend, wurde die hl. Paula am 5. Mai 347 in Rom geboren und in Glanz und Reichtum erzogen. Sie und ihre Eltern waren zwar Christen, allerdings kümmerte man sich nicht sonderlich um die Weisungen Christi und lebte vergnügt ein weltliches Leben. Mit fünfzehn Jahren heiratete Paula den jungen römischen Senator Toxotius aus der Familie der Julier. Paula führte eine glückliche Ehe mit ihm und bekam fünf Kinder, die sie über alles liebte. Aber schon im Alter von dreiunddreißig Jahren starb ihr Mann. »Ihrem Gatten trauerte sie so heftig nach, daß sie beinahe selbst gestorben wäre«, schreibt der hl. Hieronymus →, der uns ihre ergreifende Lebensgeschichte übermittelt hat.

Zu dieser Zeit hatte sich in Rom eine neue asketische Bewegung um die Witwe Marcella gebildet. Um sie scharten sich junge Mädchen und Frauen, die dem Gesellschaftsleben Roms den Rücken gekehrt hatten, um sich ganz dem Wohlergehen notleidender Mitmenschen zu widmen. Sie führten ein fast klösterliches Leben. Hier fand Paula Zuflucht und Trost. Sie pflegte Kranke und Arme, verteilte Almosen und widmete sich der Erziehung ihrer Kinder. Die Nöte anderer Menschen ließen sie ihr eigenes Leid vergessen. In dieser Gesellschaft begegnete Paula Hieronymus und fand in dem gelehrten Gottesmann einen geistlichen Führer für ihr Leben.

Ihre älteste Tochter Blesilla wurde vom gleichen Schicksal heimgesucht, das Paula zu ertragen hatte: Blesiallas Mann starb plötzlich in jungen Jahren. Von da an lebte sie das gleiche asketische Leben wie ihre Mutter, das aber ihre ohnehin zarte Gesundheit bald zerstörte, so daß Paula abermals an einem Totenbett stand. Wiederum wurde sie von tiefempfundenem Schmerz mitgerissen.

Im Jahre 385 entschloß sie sich auf Anraten von Hieronymus, mit ihm Rom zu verlassen und ins Heilige Land zu pilgern. Sie wollte sich in Bethlehem, an der Stätte von Christi Geburt, ganz dem Dienste Gottes weihen. Von ihrer Tochter Eustochium begleitet, folgte sie ihrem Lehrer auf seiner ausgedehnten Reise durch Palästina. Der Abschied von ihren anderen Kindern war herzzerreißend, wie Hieronymus schreibt. In Bethlehem gründete Paula von Rom ein großes Frauenkloster mit dem restlichen Geld, das ihr von ihrem Reichtum noch übrig

Geboren: 347 in Rom
Gestorben: 404 in Bethlehem (Palästina)
Berufung/Beiname: Witwe, Klostervorsteherin und Klostergründerin
Wirkungsstätten: Italien, Palästina
Bedeutung des Namens: die Bescheidene (griechisch)
Namensformen: Paulina, Pauline, Paulette, Paola, Paule, Paula, Pava

27. Januar

Paula von Rom wird in der Kunst meistens als Pilgerin mit einem Pilgerstab, einer Kürbisflasche oder einer Geißel dargestellt.

geblieben war. Das Kloster lag auf der gleichen Anhöhe wie das Männerkloster, dessen Leitung der Kirchenlehrer Hieronymus selbst übernommen hatte.

Aber Gott forderte noch weitere Opfer von Paula: Alle Kinder Paulas starben vor ihr – bis auf jene Tochter Eustochium, die ihr gefolgt war. Und jedesmal wieder durchlitt Paula das unermeßliche Leid der liebenden Mutter. Aber danach wandte sie sich in tiefer Mütterlichkeit denen zu, die sich ihrer Führung anvertraut hatten. Noch zwanzig Jahre konnte sie ihrer klösterlichen Gemeinschaft vorstehen, mit deren Hilfe sie ein Spital und ein Pilgerhaus führte. Die Heilige starb lange vor ihrem geistlichen Führer Hieronymus am 26. Januar 404.

Das Begräbnis der Hl. Paula von Rom war wohl das größte, das die Stadt Bethlehem bis dahin gesehen hatte. Man setzte ihre sterbliche Hülle unter der Kirche bei, die über der Geburtshöhle Jesu Christi errichtet worden war.

Eustochium, die Tochter Paulas, die man unter dem 28. September in den Heiligenkalendern findet, führte das Werk ihrer Mutter in Bethlehem fort.

Anstelle einer Legende soll hier ein Auszug aus dem Bericht über Paula von Rom aus der Hand des hl. Hieronymus stehen. Hier steht über die Heilige geschrieben:
»Da sie nun in das Heilige Land kamen, sandte der Landpfleger von Palästina, der ein Freund ihres Hauses war, seine Diener, daß sie ihr in seinem Palast eine Wohnung bereiteten. Sie aber wählte eine armselige Hütte aus. Paula hatte kein weiches Bett, sondern nächtigte auf Tierhaaren, die auf den harten Boden gebreitet waren. Sie tat nichts anderes, als Tag und Nacht zu beten.
Über eine kleine Sünde weinte sie so sehr, daß man annehmen mußte, sie sei die größte Sünderin der Welt. So sprach sie: ›Dies Angesicht soll zerstört werden, das ich so oft wider Gottes Gebot geschminkt habe und gemalt, der Leib soll gepeinigt werden, der so viel Wollust hat gehabt, das viele Lachen will ich büßen mit ewigem Weinen, das weiche Linnen und die köstliche Seide müssen verwandelt sein in ein härenes Hemd; denn nun trachte ich allein nach Christi Wohlgefallen, da ich zuvor meinem Gemahl zu gefallen begehrte und der Welt.‹«

27. Januar

Angela Merici

Geboren: 1474 in Desenzano (Italien)
Gestorben: 1540 in Brescia (Italien)
Berufung/Beiname: Ordensgründerin, Oberin, Erzieherin
Wirkungsstätten: am Gardasee, Italien, Palästina
Bedeutung des Namens: der Engel (lateinisch)
Namensformen: Angelina, Angelica, Angelika, Gela, Geli

Angela Merici wurde am 21. März 1474 in Desenzano am Gardasee geboren. Sie war ein frommes Mädchen. Frühzeitig verlor sie ihre Eltern und wurde mit ihrer Schwester bei einem Onkel in Salo, am Westufer des Gardasees gelegen, aufgenommen. Die Geschwister steigerten sich in eine Art religiöser Begeisterung, die in ihnen den Wunsch nach Einsamkeit erweckte. So kamen sie auf die absonderliche Idee, in einer Felsenhöhle hausen zu wollen wie die Anachoreten → Ägyptens. Kaum hatten sie den Plan ausgeführt, holte man sie natürlich wieder zurück ins Haus des Onkels und verbot ihnen derartige Phantastereien. Beide Schwestern waren so herzlich miteinander verbunden, daß man sie scherzhaft die »zwei Turteltauben von Salo« nannte. Der frühe Tod ihrer Schwester bewog Angela, in den Orden der Franziskanerinnen einzutreten und nach Desenzano zurückzukehren.

27. Januar

Dort lebte Angela Merici zwanzig Jahre und widmete sich intensiv den Kindern. Sie unterrichtete die Kinder besonders in der Glaubenslehre. Ihr Beispiel bewirkte, daß andere Frauen sich ihr anschlossen. Angela kam nun auf den Gedanken, mit den religiösen Unterweisungen auch andere praktische Kenntnisse zu vermitteln, die besonders für Frauen im Alltag wichtig waren, wie z. B. Waschen, Nähen, Putzen, Kochen und Krankenpflege.

Ihr Ruf sprach sich rasch herum, und durch Vermittlung einer vermögenden, einflußreichen Familie aus Brescia kam sie in diese Stadt. Hier gründete sie Schulen und betreute zusammen mit ihren Gefährtinnen die Jugend Brescias. Angela erkannte, daß die neue Zeit neue Formen für das Ordensleben brauchte. In ihr wuchs immer stärker der Gedanke, eine geistliche Gesellschaft zu gründen, die sich der Erziehung der weiblichen Jugend widmen und die bedrohte Religiosität der Familien schützen sollte. Anläßlich einer Wallfahrt nach Jerusalem im Jahre 1524 führte sie ihr Weg über Rom, wo sie Papst Klemens VII. ihren Plan darlegte. Neun Jahre später, am 25. November 1535, rief die hl. Angela Merici in Brescia ihre »Compagnia di santa Orsola« – Gesellschaft der heiligen Ursula – ins Leben, die heute unter dem Namen »Ursulinen« → in der ganzen Welt als der größte und berühmteste Frauenorden für Erziehung und Unterricht bekannt ist. Bei der Gründung war Angela bereits 61 Jahre alt; sie war die erste Oberin.

Um ihrem Auftrag ungestört nachgehen zu können, waren die Schwestern nicht an Klausur und Gelübde gebunden, was für die damalige Zeit eine große Freiheit bedeutete. Ihr Werk machte rasche Fortschritte. Die Ordensschwestern waren nicht nur im Bereich Erziehung und Unterricht tätig, sondern arbeiteten auch in Spitälern und in Familien, ja sogar als Missionsschwestern.

Angela Merici starb fünf Jahre nach der Ordensgründung am 27. Januar 1540. Die gewaltige Ausbreitung, die ihr Werk in vielen Ländern fand, hat sie nicht mehr erlebt. Heute ist der Orden der Ursulinen einer der wichtigsten von denen, die Erziehung als ihren Hauptzweck festgelegt haben.

Das Grab der Ordensgründerin Angela Merici befindet sich in der Kirche der hl. Afra zu Brescia. Angela Merici wurde im Jahr 1768 selig- und im Jahr 1807 heiliggesprochen.

Fresken mit Szenen aus dem Leben dieser eindrucksvollen Heiligen befinden sich im Dom von Brescia.

Erzbischof Karl Borromäus holte 1568 die Ursulinen, die »Gesellschaft der heiligen Ursula«, die Angela Merici ins Leben gerufen hatte, in seine verwahrloste Diözese nach Mailand. Der Frauenorden der Ursulinen war seiner Meinung nach zur Reform der Diözesen bestens geeignet und sollte in allen Städten Oberitaliens eingeführt werden.

Dargestellt wird Angela als Oberin mit Kreuz in der Hand, Rosenkranz und offenem Buch, auf das sie weist, und mit Himmelsleiter, die auf ihre Vision zurückzuführen ist.

Legende Die Darstellung der hl. Angela Merici mit einer Himmelsleiter geht auf eine ihrer Visionen zurück, die Gott ihr schickte. Unablässig stellte sich Angela die Frage: »Herr, was willst du, daß ich tun soll?«
Sie erblickte ein himmliches Licht, klar, unirdisch, gleich leuchtenden Tönen, die sie umfluteten und von der Erde hoben wie auf Wellen von Flammen und Klängen. Dann sah sie eine Leiter zwischen Himmel und Erde, und weiße Jungfrauen stiegen singend auf und nieder, geschmückt mit strahlenden Kronen.
Aus der Schar trennte sich eine Jungfrau und sprach zu ihr: »Du sollst wissen, Angela, daß Gott dir dieses Bild zeigt, um dir zu sagen, daß du vor deinem Tod eine Gesellschaft (Compagnia) gründen wirst, die dieser gleicht.«
Damit wurde Angela Merici allmählich ihre Berufung als Ordensgründerin klar, und sie begann zu begreifen, was sie in ihrem Leben zu tun hatte.

28. Januar

Thomas von Aquin

Geboren: um 1224 Roccasecca (Italien)
Gestorben: 1274 in Fossanova (Italien)
Berufung/Beiname: Dominikanermönch, Ordensschulleiter, Kirchenlehrer
Wirkungsstätten: Italien, Deutschland, Frankreich
Bedeutung des Namens: der Zwilling (hebräisch)
Namensformen: Tom, Tommy, Tomaso, Thomé
Patronat: Buchhändler, katholische Hochschulen, Studierende, Bleistiftfabrikanten; für Keuschheit; gegen Blitz und Sturm

Thomas von Aquin wollte wie kein zweiter Theologe die natürliche und übernatürliche Wahrheit in Philosophie und Theologie erforschen. Seine größte geistesgeschichtliche Tat ist die Zusammenführung des augustinischen und aristotelischen Systems.

Der große Kirchenlehrer und Fürst der Scholastik → wurde um 1224 auf der Burg Roccasecca bei Aquino in der Nähe von Neapel geboren. Er stammte aus lombardischem Adelsgeschlecht und war ein Großneffe Kaiser Friedrichs I. Bei seiner Taufe stand Papst Honorius III. Pate. Erzogen wurde Thomas bei den Benediktinern in Monte Cassino →.

Die ehrgeizigen Eltern hätten ihren Sohn am liebsten als einflußreichen Abt dieses berühmten Klosters gesehen. Thomas jedoch äußerte den Wunsch, Dominikaner zu werden. Damals galt aber der arme und noch sehr junge Predigerorden als nicht standesgemäß, und so kam es, daß Thomas auf der Reise zum Studienseminar der Dominikaner in Paris von seinen Brüdern entführt wurde. Solch brutales Vorgehen war in der damaligen Zeit durchaus nicht ungewöhnlich. Während eines ganzen Jahres, in dem man ihn in Hausarrest hielt, versuchte seine Familie vergeblich, ihn von seinem Entschluß abzubringen. Im Juni oder Juli 1245 erlangte Thomas endlich seine Freiheit wieder. Unverzüglich begab er sich nach Paris.

Dort lernte er Albertus Magnus →, den großen Lehrer, kennen, der ihn mit Aristoteles und anderen griechischen Philosophen vertraut machte und sein ganzes späteres Werk beeinflussen sollte. Thomas folgte 1248 Albertus Magnus nach Köln. Die Mitstudenten hielten nicht viel von dem bescheidenen, immer schweigsamen Thomas. Sie gaben ihm den Namen »der stumme Ochse«. Albertus aber war schon damals von seinem Schüler überzeugt, was seine uns überlieferte Behauptung beweist. »Dieser stumme Ochse wird einst brüllen, daß die ganze Welt davon widerhallt.«

Thomas empfing die Priesterweihe und hielt alsbald auch seine ersten Vorlesungen. Kaum hatte der junge Professor sein wissenschaftliches Amt angetreten, als auch schon sein Ruf weit über die Grenzen von Köln hinaus die gläubige Welt in Staunen versetzte. Seine zahlreichen Schriftbetrachtungen und Aufsätze erregten das größte Aufsehen.

Unsterblich wurde Thomas aber durch sein großes Meisterwerk, die »Summa theologica«, in dem er das bis heute fortwirkende christlich-katholische Weltbild entwickelte, sowie durch seine »Summa contra gentiles«, die umfassendste mittelalterliche Auseinandersetzung mit der arabischen Philosophie. Darüber hinaus erfüllte er noch viele Aufgaben im Auftrag des Papstes und des Ordens. Ab 1265 leitete Thomas die Ordensschule in Rom. Später war er wieder in Paris (1269–1272) und zuletzt in Neapel (1272–1274) tätig.

Bei der Aufzählung seiner Werke darf man darum auch nicht die herrlichen Hymnen vergessen, die er im Auftrag Urbans IV. verfaßte und die noch heute in der ganzen katholischen Kirche beim Fronleichnamsfest gesungen und gebetet werden. Auch seine fünf Gottesbeweise, die »quinque viae«, werden noch heute an allen theologischen Hochschulen gelehrt.

Von Krankheit schwer gezeichnet, machte sich Thomas, knapp fünfzig Jahre alt, auf den Weg nach Lyon →. Auf Bitten des Papstes sollte Thomas dort auf dem Konzil zu Lyon die katholische Sache vertreten. Allerdings kam er dort nie an. Der hl. Thomas starb am 7. März 1274 im Zisterzienserkloster Fossanova, nördlich von Terracina. Die letzten Worte, die er vor seinem Tod beim Empfang der hl. Kommunion sprach, strahlen noch einmal seine ganze Gottesliebe und Treue zur Kirche aus: »Ich empfange Dich als Lösepreis meiner Seele, als Wegzehrung meiner Pilgerschaft. Dir zuliebe habe ich studiert, gewacht, gearbeitet, gepredigt, gelernt. Mit Wissen habe ich nie etwas gegen Dich gesagt. Sollte ich aber über dieses Sakrament oder über andere Gegenstände weniger gut gelehrt oder geschrieben haben, so unterstelle ich es dem verbessernden Urteil der heiligen römischen Kirche, in deren Gehorsam ich aus diesem Leben scheide.«

Als »Doctor communis« oder »angelicus« ging Thomas von Aquin in die Kirchengeschichte ein. Schon 1323 wurde er heiliggesprochen. Im Jahr 1567 verlieh ihm die Kirche den Ehrentitel eines Kirchenlehrers.

Am 4. August 1880 erhob schließlich Papst Leo XIII. Thomas von Aquin feierlich zum Patron der katholischen Schulen und Studierenden. Die Gebeine des Heiligen Thomas von Aquin ruhen in der Kirche S. Maria sopra Minerva in Rom, sein Schädel befindet sich heute in der Kirche Saint-Sernin in Toulouse.

Bereits die ersten theologischen Schriften des Thomas von Aquin bewiesen, mit welcher gedanklichen Schärfe er Wahrheit und Irrtum zu unterscheiden wußte.

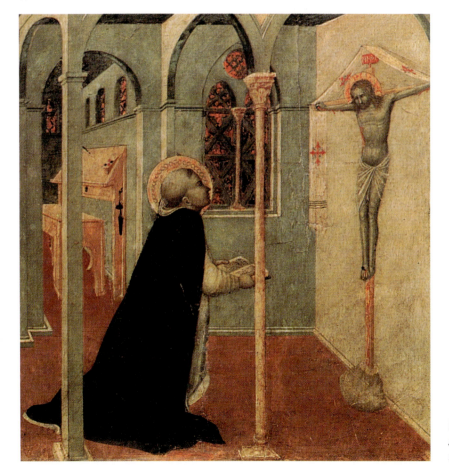

Die Visionen des hl. Thomas von Aquin«. Gemälde von Sassetta, um 1430.

Dargestellt wird Thomas als Dominikanermönch in weißem Habit mit Skapulier, Kapuze und einem schwarzen, offenen Mantel. Auf der Brust trägt er eine strahlende Sonne oder einen Stern, der symbolisch die Kirche erleuchten soll. Thomas trägt ein Buch und eine Schreibfeder, meist eine Monstranz oder einen Kelch und eine Taube, die seine Weisheit andeutet. Oft wird Thomas vor einem Kreuz betend gezeigt oder als Kirchenlehrer im Kreis hoher Herren.

Legende Man erzählt sich vom hl. Thomas folgendes: Einst war er von König Ludwig von Frankreich zur Tafel geladen worden, weil man wußte, daß er gerne aß. Bei Tisch machte er aber einen so abwesenden Eindruck, daß man im Zweifel war, ob er sich überhaupt bewußt war, welche köstlichen Gerichte er gerade genoß. Mit nach innen gekehrtem Blick saß er an der Tafel, ohne etwas zu sagen. Der König, der ein taktvoller Mann war, gab den Höflingen einen Wink, den großen Gelehrten keinesfalls zu stören. Plötzlich, ohne das geringste Zeichen vorhergehender Erregung, erhob sich der Heilige in seiner ganzen Fülle und ließ die geballte Faust mit großer Wucht auf die Tischplatte niedersausen. Unter dem Geklapper der Teller rief er mit zorngerötetem Gesicht den erschrockenen Höflingen die Worte zu: »Das wird die Häretiker erledigen!« – Er hatte das entscheidende Argument gefunden, um die Irrlehre der Manichäer zu widerlegen!

Thomas blieb immer bescheiden, demütig und vor allem gehorsam. Als er eines Tages im Refektorium des Klosters vorlas, rief ihm der Aufseher verächtlich zu, er solle eine Silbe anders aussprechen, als er sie gelesen hatte. Obgleich Thomas die Silbe richtig betont hatte, wiederholte er sie ohne Widerrede sofort. Als ihm die Mitbrüder nach dem Essen sagten, er hätte dies nicht tun sollen, weil er richtig gelesen hätte, gab er ihnen zur Antwort: »Es nützt uns allen wenig, ein Wort auf diese oder jene Art auszusprechen; aber dem Ordensmann nützt es, immer gehorsam und demütig zu sein.«

29. Januar

Martina

Geboren: in Rom
Gestorben: um 226 in Rom
Berufung/Beiname: Märtyrerin
Wirkungsstätten: Italien
Bedeutung des Namens: die Kriegerische (lateinisch)
Namensformen: Tina, Tini, Tine
Patronat: Rom

Martina lebte zur Zeit des Kaisers Alexander Severus (222–235) und starb etwa um das Jahr 226 den Martertod für Christus. Martina wurde schon im frühen Christentum hoch verehrt. Ihren außergewöhnlichen Bekennermut bewundern zahlreiche Gläubige noch heute. In der »Passio« → der hl. Martina vermischen sich Geschichtliches und Legendäres.

Die Kirche SS. Luca e Martina in Rom an der Via del Foro wurde im 8. Jahrhundert als Doppelkirche, nämlich mit Ober- und Unterkirche, gebaut und der hl. Martina, Bekennerin und Märtyrerin der Frühzeit, geweiht. Papst Sixtus V. (1585–1590) schenkte Gebäude und Platz der Lukasakademie, in der die Künstler Roms zusammengeschlossen waren. Nachdem Pietro da Cortona 1634 zum Vorsteher dieser Akademie ernannt worden war, erbaute er auf dem Grund einer eigenen Stiftung eine neue Oberkirche und bezog die Unterkirche dabei in die Neugestaltung ein. Der 1650 vollendete Bau erhielt dann den heutigen Namen SS. Luca e Martina. Die Urne der Heiligen steht noch heute auf dem von Pietro da Cortona geschaffenen Bronzealtar in der Unterkirche (A. Henze).

Derselbe Künstler schuf Bilder mit Szenen aus dem Leben der hl. Martina, die sich zum Teil im Pariser Louvre und im Pitti-Palast in Florenz befinden. Am bekanntesten sind die Gerichtsszene der hl. Martina vor Kaiser Alexander Severus (222–235), wo dieser sie auffordert, ihrem Glauben abzuschwören, und die im Louvre aufbewahrte Enthauptung der Heiligen. Cortona gilt als einer der bedeutendsten hochbarocken Künstler, die vornehmlich Heilige abbildeten. Papst Urban VIII. verfaßte zu Ehren Martinas, die zu den Schutzheiligen der Stadt Rom gehört, klassische Hymnen.

Legende Martina war die Tochter eines angesehenen Römers. In frühester Jugend verlor sie ihre Eltern. Da sie ganz erfüllt war von der Liebe zu Christus, verteilte sie ihr reiches Erbgut unter die Armen. Martina war ungewöhnlich schön und hatte deshalb viele Verehrer, darunter auch den Kaiser selbst, der sie sogar zur Frau begehrte. Aber sie schlug alle Bewerber aus, denn sie wollte ganz nach ihrer Überzeugung im Dienste Gottes und der Mitmenschen leben. Als Kaiser Alexander Severus erfuhr, daß Martina Christin und ihr Glaube der Grund ihrer Absage war, wurde er wütend.

Martina wurde nun vor Gericht gestellt und aufgefordert, ihrem Glauben abzuschwören. Die Jungfrau wandte sich in ihrer Not an Gott und bat um große Standhaftigkeit. Während sie betete, erschütterte ein Erdbeben die ganze Stadt. Das Standbild des Apoll und ein großer Teil des Tempels stürzten ein. Nun ärgerte sich der Kaiser derartig, daß er befahl, die schöne Christin den Folterknechten zu übergeben. Die Schergen quälten Martina bis zur völligen Erschöpfung. Aber das junge Mädchen bewies, was ein Mensch mit Gottes Hilfe aushalten kann, und blieb standhaft. Deshalb schleppte man Martina vor die Stadt und enthauptete sie dort.

Dargestellt wird Martina mit einer Märtyrerpalme und einem offenen Buch, manchmal mit einem Löwen, mit einem Blitz und einem Tempel, in den der Blitz eingeschlagen haben soll, als Martina gezwungen wurde, der römischen Göttin Diana zu opfern. Manchmal ist ihr auch ihr Marterwerkzeug, ein Haken oder eine Zange, als Attribut zugeordnet.

30. Januar

Maria Ward

Die Engländerin Mary Ward gehört zweifelsohne zu den größten Frauengestalten der neueren Kirchengeschichte. In seinen »Politischen Heiligen« schreibt G. Kranz, auf dessen Darstellung wir uns hier stützen: »Nie hat Maria Ward einen Menschen gefürchtet, unbeirrbar ist sie ihren Weg gegangen, nie hat sie sich zu einem Zugeständnis bequemt, das ihr dem Willen Gottes zuwiderzulaufen schien«. Man nannte Maria Ward halsstarrig und stolz, in Wirklichkeit besaß sie die Tugenden der Demut und des Gehorsams in vollkommener Weise; denn bei ihr standen diese wichtigen Tugenden in Harmonie mit den Tugenden der christlichen Selbständigkeit.

1703 hat Papst Klemens XI. das Institut der »Englischen Fräulein« → anerkannt, doch erst 1877 erlangte das »Institutum Beatae Mariae Virginis« die endgültige päpstliche Bestätigung. 1909 erklärte der hl. Papst Pius X. feierlich, es stehe jetzt nichts mehr im Weg, Maria Ward als Stifterin anzuerkennen; und Papst Pius XI. sprach zur Generaloberin des Ordens: »Beten Sie, daß ich sie selbst noch heiligsprechen darf.«

Daß es mehrere Jahrhunderte bedurfte, bis Marias Idee und Person uneingeschränkte Zustimmung fanden, beweist, wie sehr diese große Engländerin und Katholikin ihrer Zeit voraus war. Was sie damals forderte: Apostolat, Selbstregierung und Klausurfreiheit – das sind heute die selbstverständlichsten Grundsätze moderner Frauenkongregationen.

Maria Ward hat ähnlich wie der hl. Franz von Sales (s. 24. Januar), gegen den Kalvinismus →, gegen die Irrtümer der von Heinrich VIII. in England begründeten, von Rom abgefallenen Staatskirche gekämpft. Sie war die Stifterin der »Englischen Fräulein«, einer Ordenskongregation für Unterricht und Erziehung der weiblichen Jugend, die heute besonders in Bayern, Hessen, Österreich, aber auch mit kleinen Niederlassungen im europäischen Ausland verbreitet ist.

Geboren: 1585 in Mulwith (England)
Gestorben: 1645 in Hewarth (England)
Berufung/Beiname: Novizin, Institutsgründerin, Erzieherin
Wirkungsstätten: England, Belgien, Italien, Österreich, Deutschland, Frankreich
Bedeutung des Namens: umstritten; die Widerstrebende (wenn von hebräisch Miriam), die Schöne, die Gott Liebende, die von Gott Geliebte
Namensformen: Marlitt, Marita, Marisa, Marika, Maren, Manon

30. Januar

Wie sehr die Anglikaner den Einfluß Maria Wards in England fürchteten, zeigt die überlieferte Einschätzung, sie »schade der Staatskirche mehr als sechs Jesuiten«.

Maria Ward, aus heutiger Sicht eine Vorkämpferin für mehr Rechte der Frauen in der Kirche, schrieb: »Es gibt keine Wahrheit für Männer und für Frauen, sondern nur eine Wahrheit Gottes, und die vermögen wir ebensogut zu besitzen wie die Männer.«

Maria Ward wurde zur Zeit der Königin Elisabeth I. von England als Tochter einer frommen katholischen Grafenfamilie geboren. Gegen den Willen der Eltern trat sie mit einundzwanzig Jahren bei den Klarissinnen → in St. Omer in Belgien ein. Da die festgelegte Zahl der Klosterfrauen schon erreicht war, konnte Maria, das gebildete und verwöhnte Edelfräulein, nur als dienende Laienschwester Aufnahme finden. Sie hatte als solche schwere Magdarbeit zu leisten und mußte durch Bettelgänge in der Stadt für den Lebensunterhalt der Klosterinsassen sorgen. Auf Drängen des Generalvisitators des Klosters zog sie gehorsam das Novizenkleid aus und verließ den Orden.

Maria erkannte jedoch, daß die strengen klösterlichen Regeln keinen Anreiz für die Jugend in ihrem Heimatland darstellten, um in ein Kloster einzutreten. Es mußten neue, zeitgemäßere Formen gefunden werden. Gemeinsam mit fünf gleichgesinnten adeligen Frauen aus England kehrte Maria Ward nach St. Omer zurück und gründe ihre erste Schule. Die »Englischen Fräulein« erteilten den Kindern Schulunterricht und unterwiesen sie in den üblichen Hand- und Hausarbeiten. Sie trugen keine Ordenstracht, lebten aber in einer der klösterlichen Ordnung angepaßten Gemeinschaft nach den Ordensregeln der Jesuiten →. Der Gründung dieser ersten Erziehungsanstalt folgten bald weitere Häuser in Belgien, Italien und Deutschland. Sogar in England versuchte die mutige Pädagogin in größerem Umfang Fuß zu fassen. Trotz vieler Anfeindungen gelang es ihr, die Gemeinschaft zum raschen Aufblühen zu bringen. Die anglikanische Kirche → und damit auch die staatlichen Behörden verfolgten Maria Ward, weil sie in ihr eine Todfeindin sahen. Dreimal wurde sie wegen ihrer religiösen Betätigung in den Kerker geworfen und entging nur durch Vermittlung einflußreicher Verwandter dem Tod.

Jahrelang rang sie um die kirchliche Anerkennung ihrer Stiftung. 1621 reiste sie sogar persönlich nach Rom, aber die Kurie lehnte das Institut der »Englischen Fräulein« ab und ließ ihre neugegründeten Häuser in Italien schließen. Solange jedoch nicht ein offizielles päpstliches Verbot vorlag, gab Maria nicht auf. Kurfürst Maximilian von Bayern hatte die »Englischen Fräulein« nach München eingeladen. Doch auch hier wurde ihr Werk von allen Seiten angegriffen. Am 17. Februar 1631 wurde Maria Ward in München als »Ketzerin und Aufrührerin gegen die Kirche« verhaftet und, obgleich schwer krank, in einer armseligen Zelle des Angerklosters bei den Klarissen → gefangen gehalten. Als Maria Ward nach zwei Monaten die Freiheit zurückerhalten hatte, erließ Papst Urban VIII. am 21. Mai 1631 ein Verbot ihrer Gemeinschaft.

Die Entscheidung war gefallen. Ihr großes Ziel, einen weiblichen Orden zu gründen, war gescheitert. Fortan lebte Maria Ward mit einer kleinen Schar Schwestern in München. Mit Erlaubnis des Papstes durften später einige ihrer Häuser in veränderter Form als »Institut Englischer Fräulein« weiterbestehen. Im Frühjahr 1632 gelang es jedoch der tapferen Frau, das Vertrauen des Papstes zu erringen. Er erlaubte ihr, unter seiner Aufsicht eine neue Niederlassung in Rom zu gründen. Maria blieb bis 1637 zusammen mit ihren Schwestern in Rom.

Beim Abschied sprach der Papst: »Wir halten Maria Ward für eine heilige und große Dienerin Gottes.« Dieser Ausspruch bedeutete die Krönung ihres Werkes. Maria Ward starb als Sechzigjährige am 20. Januar 1645.

31. Januar

Johannes Bosco

Geboren wurde Johannes Bosco am 15. August 1815 in Becchi im Piemont als Sohn armer Bauersleute. Im Alter von neun Jahren hatte Johannes eine traumartige Vision, die sein Leben entscheidend bestimmte. Seit dieser Stunde wollte er Priester werden. Mit sechzehn Jahren konnte er endlich in das Gymnasium nach Chieri übersiedeln. »Warum willst du eigentlich Priester werden?« hatte ihn damals der Kaplan gefragt. »Um vielen Kameraden näher zu kommen und sie in der Religion zu unterweisen, denn sie sind nicht schlecht, aber sie werden es, wenn sich niemand ihrer annimmt«, war seine Antwort.

Im Seminar von Chieri übertraf Johannes alle durch seinen Studieneifer und seine Frömmigkeit. Am 6. Juni 1841 empfing er die Priesterweihe und ging in das Priesterkonvikt nach Turin. Verlockende Angebote wies er ab, denn er wollte sein Leben der Jugenderziehung widmen. Am 8. Dezember 1841 führte ihm Gott in der Sakristei der Franziskuskirche von Turin den ersten seiner Schützlinge zu: einen elternlosen, fünfzehnjährigen Maurerlehrling. Johannes nahm ihn gütig auf, gab ihm zu essen und zu trinken und forderte ihn auf, andere Kameraden mitzubringen. Am nächsten Sonntag waren es bereits sechs, nach drei Monaten schon fünfzig Buben, die sich Don Bosco anvertrauten. Er spielte mit ihnen, unterrichtete sie und feierte mit ihnen die Messe. Er zog mit ihnen von einem Spielplatz zum anderen, bis ihm schließlich ein alter Schuppen angeboten wurde, den er notdürftig zu seinem ersten Jugendheim ausbaute. Inzwischen war die Zahl der Buben auf über dreihundert angewachsen.

Die Hauptsorge Don Boscos war nicht so sehr die Schul- und Berufsausbildung der Jugendlichen, sondern die sittliche und religiöse Erziehung des ganzen Menschen. Dabei kamen ihm sein außergewöhnliches psychologisches Einfühlungsvermögen und das ständige persönliche Zusammenleben mit den Buben in Schule, Arbeit, Spiel und Freizeit zu Hilfe. Sport, Musik, Theater und Wandern waren wichtige Mittel bei seiner Jugendarbeit.

Als die Schar der von ihm Betreuten und die Fülle seiner Aufgaben immer mehr anwuchsen, wurde Don Bosco klar, daß er Helfer brauchte. So gründete er nach vielen Schwierigkeiten eine Gemeinschaft mit einfachen Gelübden, bestehend aus Klerikern und Laienbrüdern. Diese Gesellschaft wurde 1874 von Rom anerkannt und hat sich bis heute zu einem der größten Männerorden der Kirche entwickelt. Da er vom hl. Franz von Sales (s. 24. Januar) wertvolle Impulse empfangen hatte, nannte Don Bosco seine Gemeinschaft »Gesellschaft des hl. Franz von Sales«; heute ist sie allgemein bekannt unter dem Namen »Salesianer Don Boscos« →. Da Don Bosco auch Mädchen in sein Werk einschließen wollte, gründete er mit Schwester Maria Mazzarello eine weibliche Kongregation, die »Don Bosco-Schwestern«, die einen ähnlichen Aufstieg erlebte. Als eine Art Dritter Orden rief er schließlich die »Fromme Vereinigung der Salesianischen Mitarbeiter« ins Leben, die durch Gebet und Opfer das Werk mitträgt.

Der gewaltige Andrang der Jugendlichen auch in anderen Städten und Ländern machte es schließlich notwendig, immer mehr neue Heime, Schulen,

---

Geboren: 1815 in Becchi (Italien)
Gestorben: 1888 in Turin (Italien)
Berufung/Beiname: Priester, Erzieher, Ordensgründer
Wirkungsstätte: Italien
Bedeutung des Namens: der, an dem Gott gnädig gehandelt hat (hebräisch)
Namensformen: Hans, Hennes, Jens, Iwan, Ivan
Patronat: Verlage; katholische Jugend

»Wer war Don Bosco?« fragte die Dichterin Elisabeth Langgässer und beantwortete ihre Frage selbst: »Er war Kuhhirt und Winzer, Trapezkünstler, Lehrer und Tausendsassa, Pionier und Pfadfinder, Kaufmann und Priester, Sozialarbeiter und Jugendfreund, Gründer unzähliger Jugendheime in der alten und der neuen Welt, Kamerad und Vater von kleinen Dieben, von Räubern und Waisenkindern, Anführer ihrer Spiele und Tröster ihrer Leiden, Büßer und Beter für seine Jungenschar, die keiner mehr zählen kann, ein Baumeister, Spekulant und Träumer.«

Da sich Johannes Bosco um das körperliche Wohlergehen, die geistige Entwicklung sowie die sittliche und religiöse Erziehung von Heranwachsenden verdient gemacht hat, wird er meist von Kindern umringt dargestellt.

Werkstätten und Kirchen zu bauen. In Deutschland wurde das Don-Bosco-Werk mit einem bescheidenen Jugendheim im Jahr 1916 begonnen. Heute besitzt das Werk bereits viele Niederlassungen in Nord- und Süddeutschland.

Auch als Schriftsteller und Zeitungsverleger betätigte sich der Waisenvater aus Turin. Der Gesamtkatalog seiner Schriften umfaßt 135 Nummern. Sein Eintreten für Religion und Kirche trug ihm den Namen »Garibaldi des Vatikans« ein. Die Päpste, welche die Bedeutung der Salesianer rasch erkannten, vertrauten ihnen immer mehr Missionsgebiete an. Mit der Mahnung von Don Bosco: »Sucht Seelen und nicht Geld, Ehren oder Würden, und schenkt eure besondere Liebe den Kranken, den Kindern, den Alten und den Armen!« entließ Don Bosco seine Glaubensboten in alle Welt.

Johannes Bosco verstarb am 31. Januar 1888 in Turin, am 1. April des Jahres 1934 wurde er von Papst Pius XI. heiliggesprochen.

Legende Dem hl. Don Bosco stellte der Herr als ungewöhnlichen Wächter und Verteidiger den sogenannten »Grauen« zur Seite – einen riesigen, wolfsähnlichen Hund. Niemand wußte, woher er kam und wer sein eigentlicher Herr war. Eines Nachts ging Don Bosco über den Corso in Turin nach Hause, als ein Kerl aus allernächster Nähe plötzlich zwei Pistolenschüsse auf ihn abfeuerte. Da die Schüsse aus der Pistole beide fehlgingen, stürzte sich der Mörder auf den Priester, doch in diesem Augenblick war schon der »Graue« da, warf sich auf den Angreifer, trieb ihn in die Flucht und begleitete Don Bosco bis zum Oratorium (nach Joseph Bernart).

1. Februar

Maria Katharina Kasper

Geboren: 1820 in Dernbach (Westerwald)
Gestorben: 1878 in Dernbach (Westerwald)
Berufung/Beiname: Ordensgründerin
Wirkungsstätte: Westerwald
Bedeutung des Namens: die Widerstrebende (wenn von hebräisch Miriam), die Schöne, die Gott Liebende, die von Gott Geliebte
Namensformen: Marlitt, Marita, Marisa, Marika, Maren, Manon

Durch das Lebenswerk der sel. Maria Katharina Kasper wurde das kleine, unscheinbare Dorf Dernbach im Unterwesterwald bekannt. Dort gründete Maria Katharina ihre »Genossenschaft der armen Dienstmägde Jesu Christi«, der heute etwa 3500 Schwestern in Deutschland, Holland, Amerika und Mexiko angehören. Sie widmen sich in besonderer Weise Armen und Kranken, Waisenkindern und in Not geratenen Familien.

Am 26. Mai 1820 wurde Maria Katharina in Dernbach als Tochter einer Kleinbauernfamilie geboren. Zusammen mit ihren sieben Geschwistern wuchs sie in Armut auf. Als ihr Vater starb, mußte sie mit schwerer Feldarbeit zum Lebensunterhalt der Angehörigen beitragen. Die selbst erlebte bittere Not veranlaßte sie wohl, ihr weiteres Leben ganz in den Dienst für bedürftige Mimenschen zu stellen. 1848 war ein erster Anfang erreicht: Maria Katharina hatte mit gemeindlicher Unterstützung ein Haus errichtet, in das sie Kranke aufnehmen konnte, um sie zu pflegen. Ihr karitatives Wirken in der Folgezeit war so erfolgreich, daß sie bereits zwei Jahre später ihr Haus erweitern und am 15. August 1851 die Gründung eines eigenen Klosters realisieren konnte. Als »Dienstmägde Jesu Christi« sollten sich die Ordensmitglieder fühlen und in diesem Geist für die Bedürftigen sorgen, wobei sie darauf achtete, daß neben dem materiellen Wohl ihrer Schützlinge auch deren Erziehung im christlichen Sinn gewährleistet war.

Aus diesem Grund ließ Maria Katharina ab 1858 Schwestern zum Lehrberuf ausbilden, damit der Orden auch auf diesem Gebiet helfend tätig sein konnte. Maria Katharinas Genossenschaft, die ganz im franziskanischen Geist der Armut und Fürsorge wirkte, erhielt 1870 die kirchliche Bestätigung aus Rom. Der Orden war inzwischen so gewachsen, daß Maria Katharina nach Ausbruch des Deutsch-Französischen Krieges in der Lage war, ihre Schwestern in die zahlreichen Kriegslazarette zu entsenden.

Die segensreiche Tätigkeit des Ordens der »Dienstmägde Jesu Christi« erweckte nicht nur Bewunderung, sondern auch Neid, verbunden mit vielfältigen Anschuldigungen. Ausgerechnet der dem Orden zum geistlichen Berater bestimmte Priester verleumdete Maria Katharina beim zuständigen Bischof, der den Unterstellungen jedoch keinen Glauben schenkte und vom vorbildlichem Leben der Maria Katharina überzeugt war.

Weitere Sorgen stellten sich ein, als das preußische Gesetz vom 20. Juni 1875 klösterlichen Gemeinschaften jegliche Lehrtätigkeit verbot. Maria Katharina reagierte darauf mit der Entsendung ihrer Schwestern nach Holland, England und Amerika. Damit war der erste Schritt zu einer weltweiten Tätigkeit ihres Ordens getan. Im Todesjahr der Seligen versahen bereits nicht weniger als zweitausend Schwestern in 193 Klöstern ihren segensreichen Dienst. Maria Katharina Kasper starb in ihrem Heimatdorf Dernbach im Westerwald am 2. Februar 1878. Ihr Lebenswerk ist in ihrem Orden erhalten geblieben. Papst Paul VI. sprach sie am 16. April 1978 selig.

Maria Katharina Kasper und ihre Mitschwestern im Orden der »Dienstmägde Jesu Christi« setzten sich im Deutsch-Französischen Krieg von 1870/71 in den Lazaretten für Verwundete und Sterbende ein.

2. Februar

Ansgar

Das Leben des hl. Ansgar hat uns sein Schüler und Nachfolger, der hl. Rimbert, überliefert. Nach der Schrift des hl. Rimbert wurde Ansgar im Jahre 801 geboren. Über seine Herkunft ist wenig bekannt. Mit fünf Jahren verlor er seine sehr fromme Mutter. Wenig später brachte sein Vater ihn zur Ausbildung in die nordfranzösische Benediktinerabtei Corbie. Der lebhafte Knabe wurde von zwei Erlebnissen in frühester Jugend geprägt, die ihm seinen späteren Weg wiesen. Eine Erscheinung im Traum veranlaßte ihn, mehr Ernsthaftigkeit an den Tag zu legen. Einige Zeit später, als sein neu gewonnener religiöser Eifer wieder nachließ, »erschütterte ihn aufs tiefste der Tod Kaiser Karls am 28. Januar 814, den er selbst in all seiner Machtfülle gesehen hatte«, da der Kaiser auf seinen Reisen wiederholt in Corbie zu residieren pflegte. »Er ging in sich, wandte sich dem Dienst des Herrn zu und mühte sich in Gebet, Nachtwachen und Enthaltsamkeit.«

Nach der Gründung von Neucorbie → – Korvey an der Weser – im Jahre 822 wurde Ansgar dorthin versetzt. Er arbeitete als Lehrer und empfing die Priesterweihe. Als König Harald von Dänemark, der sich mit Frau, Sohn und Gefolge feierlich in der Albanskirche in Mainz hatte taufen lassen, den neuen Kaiser Ludwig den Frommen (813/14–840) um einen Missionar für sein Volk bat, schlug der Abt von Korvey Ansgar vor. Ansgar folgte dem Ruf ohne Zaudern und zog nach Dänemark. Aber schon bald mußte er dort zusammen mit dem König auf

Geboren: 801 bei Corbie (Frankreich)
Gestorben: 865 in Bremen
Berufung/Beiname: Benediktinermönch, Bischof; »Apostel des Nordens«
Wirkungsstätten: Nordwestfrankreich, West- und Norddeutschland, Dänemark, Schweden
Bedeutung des Namens: der Gottesspeer (althochdeutsch)
Namensformen: Oskar
Patronat: Hamburg, Bremen, Osnabrück, Dänemark

2. Februar

Dargestellt wird Ansgar im Bischofsgewand mit Pelzkragen und einem Kirchenmodell in den Händen. Meist wird er zusammen mit zwei Wikingern gezeigt, die seine zwei Missionsreisen nach Dänemark und nach Schweden symbolisieren sollen.

Mit der Märtyrerkrone wurde der hl. Ansgar sehr zu seinem Bedauern nicht geschmückt. Doch seine Freunde trösteten ihn damit, daß sein ganzes Leben ein unblutiges Martyrium gewesen sei.

Reichsgebiet zurückweichen, weil die Dänen nicht nur keinen Sinn für die friedenstiftende Botschaft Christi hatten, sondern sogar Mordgedanken hegten.

829 baten die Schweden den Kaiser um Missionare, und wiederum wurde Ansgar ausgewählt. Das Schiff, das ihn zu den Schweden bringen sollte, fiel allerdings in die Hände von räuberischen Wikingern, und Ansgar erreichte völlig ausgeplündert und somit mittellos zusammen mit dem Klosterbruder, der ihn begleitet hatte, die Stadt Birka. Trotz dieser vielen Mißgeschicke versuchte Ansgar aber sofort, seinen Auftrag zu verwirklichen. Doch der Erfolg seines missionarischen Wirkens bei den Dänen war wiederum äußerst gering. Nur wenige Bewohner des Landes ließen sich taufen. Immerhin war es ihm gelungen, eine kleine christliche Gemeinde ins Leben zu rufen.

im Jahr 831 reiste Ansgar zum Kaiser und berichtete ihm von seiner Mission. Kaiser Ludwig der Fromme beschloß nun, für die Missionierung der nördlichen Völker ein eigenes Bistum zu schaffen. Bischofsstadt wurde Hamburg, Ansgar wurde zum Erzbischof der neuen Diözese geweiht.

Er baute eine Domkirche und ein daran anschließendes Kloster, in das er Mönche aus Korvey holte. Außerdem gründete er eine Schule, in der junge Dänen zu Missionaren ausbilden werden sollten. Auch in Turholt gründete er eine Missionsschule, aus der dann sein Schüler und Biograph Rimbert hervorging. Aber seinem Lebenswerk wurden schwere Rückschläge zugefügt: Die Dänen fielen plündernd und brennend in Hamburg ein, 845 wurde die Stadt von ihnen gänzlich zerstört. Turholt ging durch die Reichsteilung nach dem Tod Ludwigs an dessen Sohn Karl den Kahlen (840/43–877). Damit verlor Ansgar die Einkünfte, mit denen er bisher seine Missionarsarbeit bestritten hatte. Hunger und Elend vertrieben viele Brüder. Auch Ansgar wußte nicht, wo er sich vorübergehend niederlassen sollte. Erst als 864 die Diözese Hamburg mit jener von Bremen auf Beschluß des Papstes Nikolaus I. zu einer Diözese vereinigt wurde, konnte Ansgar als Oberhirte von neuem mit seiner Arbeit beginnen.

Jedoch blieb ihm nur noch wenig Zeit. Eine lange, schwere Krankheit schwächte seine Kräfte immer mehr. Am Fest der Erscheinung des Herrn im Januar 865 fühlte er seinen Tod nahen. Er bereitete sich aufs sorgfältigste darauf vor, ordnete alle Angelegenheiten der ihm anvertrauten Menschen, erbat vom Kaiser in einem Schreiben die weitere Unterstützung der Mission und starb am 3. Februar des gleichen Jahres, umgeben von seinen Mönchen.

Legende Als Ansgar nach dem Tod Kaiser Karls des Großen als Mönch ganz in den Dienst Gottes getreten war, hatte er in der Pfingstnacht einen Traum. Er hörte die Stimme Gottes, die zu ihm sprach: »Gehe hin, und mit dem Martyrium gekrönt kehre zu mir zurück!« Dieses Erlebnis erschreckte und tröstete ihn zugleich. Er mühte sich von da an noch eifriger, die Nachfolge Christi zu verwirklichen, und er setzte seine ganze Hoffnung auf Gottes Erbarmen, daß er als Märtyrer sterben durfte.
Mit dem 2. Februar verbindet der Volksglaube das Fest »Maria Lichtmeß« mit seiner Lichterprozession und dem Brauch der Kerzenweihe. Seit der Liturgiereform von 1969 wird an diesem Tag wieder das ursprüngliche Fest der »Darstellung des Herrn« gefeiert. Die Kirche erinnert damit an das jüdische Gesetz, nach dem Maria verpflichtet war, ihren erstgeborenen Sohn im Tempel darzubringen.

3. Februar

Blasius

Seit dem 11. Jahrhundert wird jedes Jahr am 3. Februar in der Kirche der Blasiussegen erteilt. Der Priester hält dabei zwei gekreuzte Kerzen an den Hals des vor ihm Knienden und spricht dabei segnend: »Durch die Anrufung des hl. Bischofs und Märtyrers Blasius befreie und bewahre dich der Herr von allem Übel des Halses und jedem anderen Übel, im Namen des Vaters, des Sohnes und des Heiligen Geistes. Amen.«

Der hl. Blasius zählt als großer Wundertäter zu den Vierzehn Nothelfern. In Italien führt er den Namen San Biagio. Viele Klöster und Kirchen halten durch sein Patronat die Erinnerung an ihn wach. In Deutschland ist das Kloster St. Blasien im Schwarzwald am bekanntesten.

Von Blasius sind uns so gut wie keine authentischen Zeugnisse bekannt. Blasius war der Legende nach ein Arzt aus Sebaste in Armenien. Er soll im 3. Jahrhundert zur Zeit des Kaisers Diokletian (286–305) gelebt haben. In seiner Heimatstadt war er wegen seiner unermüdlichen Hilfsbereitschaft und Menschenliebe verehrt worden. Er machte keinen Unterschied zwischen arm und reich, zwischen Heiden und Christen. Jeden Kranken, der seine Hilfe erbat, behandelte er wie seinen Bruder. Aus diesen Gründen wählte ihn die junge Christengemeinde zu ihrem Oberhaupt. Er hatte sein Hirtenamt noch gar nicht lange ausgeübt, da setzten neue Christenverfolgungen ein. Auf heftiges Drängen seiner Gemeinde versteckte sich Blasius in einer Höhle in der Einöde des argeischen Gebirges. Dort lebte er in Frieden und Eintracht mit den Tieren der Wildnis. Fand er ein in eine Falle geratenes Tier, so soll er es sofort befreit haben und gepflegt haben, sofern dies erforderlich war. Kranken Tieren soll Blasius, soweit es möglich war, Schutz in seiner Höhle gewährt haben.

Legende Eines Tages geschah es, daß der Statthalter in den Wäldern eine große Jagd veranstaltete und die Jagdgesellschaft auch in die Gegend kam, in der sich Blasius verborgen hatte. Die Jäger und Treiber wunderten sich, daß alle Tiere, die sie aufscheuchten, erschreckt in die gleiche Richtung flohen. Die Jäger folgten den Spuren der fliehenden Tiere und entdeckten jene Höhle, in der der Heilige Zuflucht gefunden hatte.

Blasius wurde gefangengenommen und in den Kerker geworfen. Der Statthalter versuchte, ihn durch allerlei Versprechungen zur Abkehr von seinem Glauben zu bewegen. Aber Blasius blieb standhaft. Deshalb wurde er mit Knüppeln geschlagen und nach mannigfaltigen Foltern zum Tod verurteilt. Nachdem man den Heiligen gefoltert hatte, wurde er wieder vor den Statthalter geführt. Der fragte ihn: »Willst du nun endlich unsere Götter anbeten?« Da antwortete Blasius: »Ich fürchte dich nicht, tu, was du willst, aber ich werde meinem Herrn und Gott treu bleiben.« Da befahl der Statthalter, ihn in einen Teich zu werfen. Die Schergen packten ihn und schleuderten ihn in hohem Bogen hinaus auf das Wasser. Bevor Blasius aber das Wasser berührte, machte er ein Kreuzzeichen darüber. Da wurde es fest wie Erdreich unter seinen Füßen. Er rief seinen Peinigern zu: »Wenn eure Götter die wahren Götter sind, so will ich ihre Macht sehen. Geht her zu mir auf dem Wasser!« Das versuchten fünfundsechzig Männer, aber sie versanken alle.

Geboren: unbekannt
Gestorben: um 316 in Sebaste (Armenien)
Berufung/Beiname: Bischof, Märtyrer; Nothelfer
Wirkungsstätte: Armenien
Bedeutung des Namens: der Königliche (griechisch)
Namensformen: Biago, Blaise, Blazek
Patronat: Ärzte, Bauarbeiter, Bäcker, Schuhmacher, Steinmetzen, Schneider; Wetter; gegen Zahn-, Blasen- und Halsleiden, Pest

Ehe das Todesurteil gegen Blasius vollstreckt wurde, betete er zu Gott, er möge alle Menschen erhören und gesunden lassen, die ein Halsleiden oder eine andere Krankheit hätten. Blasius zählt zu den Vierzehn Nothelfern. Der Blasiussegen bezieht sich auf ihn.

4. Februar

Veronika

Geboren: unbekannt
Gestorben: unbekannt
Berufung/Beiname: im Freundeskreis um Jesus
Wirkungsstätte: unbekannt
Bedeutung des Namens: das wahre Bild (lateinisch)
Namensformen: Verena, Verona, Vroni, Frauke
Patronat: Leinenhändler, Wäscherinnen; hilft bei schweren Verletzungen

Die Verehrung der hl. Veronika geht bis ins 4. Jahrhundert zurück. Als die Kreuzwegandachten aufkamen, bei denen die Gläubigen stationsweise den Leidensweg Jesus nachvollziehen, wurde als sechste Station die Begegnung Jesu mit Veronika aufgenommen. Legende und christliche Überlieferung haben von Veronika im Lauf der Jahrhunderte ein Lebensbild gestaltet, das sich bis in unsere Tage hinein erhalten hat.

Es wird berichtet, daß Veronika zum Kreis der frommen Frauen um Jesus gehörte. Als ihr Jesus auf seinem Weg zur Richtstätte begegnete, reichte sie ihm ihr Kopftuch zum Abtrocknen seines Blutes und Schweißes. Und wunderbarerweise soll sich darin, wie man zahlreichen Darstellungen entnehmen kann, das wahre Abbild des Antlitzes Christi (vera icon) erhalten haben. Dieses Schweißtuch wurde von Veronika und später auch von der Kirche hoch verehrt und heilig gehalten. Veronika soll damit große Wunderheilungen vollbracht haben.

Der eigentliche »Vroni-Tag« wird am 9. Juli gefeiert. Es ist der Festtag der stigmatisierten und 1839 heiliggesprochenen Kapuzinernonne Veronika Giuliani (1660–1727) aus Umbrien, die den Namen jener frühchristlichen hl. Veronika bei der Taufe angenommen hatte.

Dargestellt wird Veronika in Anspielung auf ihre legendäre Begegnung mit Christus, der sein Kreuz nach Golgatha zur Kreuzigung schleppt. Veronika reicht Christus auf seinem Kreuzweg das Tuch, um sich Blut und Schweiß vom Gesicht zu wischen, oder sie präsentiert dem Gläubigen das aufgespannte Schweißtuch mit dem Abbild des wahren Antlitzes Christi.

Legende Von der Heilung des Kaisers Tiberius (14–37) durch Veronika erzählt die »Legenda aurea«: In Rom litt Kaiser Tiberius an einer schweren Krankheit. Da wurde ihm gesagt, daß zu Jerusalem ein Arzt lebte, der alles Siechtum durch sein bloßes Wort heilen könne. Er wußte nicht, daß Pontius Pilatus und die Juden seinen Tod veranlaßt hatten. So schickte der Kaiser seinen Diener Volusianus nach Jerusalem zu Pontius Pilatus, dem Landpfleger, um den Wunderarzt herbeizuholen. Volusianus, in Jerusalem angekommen, begegnete dort einer Frau, die Veronika hieß und mit Jesus befreundet gewesen war. Die fragte er, wo er Jesus Christus finden könne.
Da sprach Veronika zu dem Diener Volusianus: »Ach, das war mein Herr und mein Gott, den haben aber die Juden voller Haß in die Hände des Landpflegers Pontius Pilatus gegeben, und der hat ihn ans Kreuz schlagen lassen.«
Über diese Nachricht war der Bote des Kaisers Tiberius sehr bestürzt und sprach: »Wie konnte denn Pontius Pilatus einen solchen Mann zum Tod verurteilen?«
Da erzählte ihm Veronika vom Leiden und Sterben des Herrn und wie er sein Antlitz in ihr Tüchlein drückte. »Das Bild«, so versicherte sie, »ist so kräftig, daß derjenige, der es anschaut, ohne Zweifel gesund wird.« Sie versprach dem kaiserlichen Boten, mit ihm nach Rom zu fahren und das Bild dem kranken Kaiser zu zeigen. Und so geschah es. Veronika reiste mit Volusianus nach Rom zurück, breitete das Tuch mit dem Antlitz Christi vor dem Kaiser aus, und als dieser es angeschaut hatte, wurde er gesund.
Den Pontius Pilatus ließ der Kaiser gefangennehmen und nach Rom führen, wo er sich während der Kerkerhaft mit seinem eigenen Messer tötete. Seinen Leichnam aber wollte kein Fluß behalten. Aus diesem Grund brachte man ihn in das ferne Helvetien und warf ihn dort in einen tiefen Abgrund, wo ein großer, dunkler Berg liegt. Dieser wurde dann nach ihm »Pilatus« genannt.

Agatha von Catania

5. Februar

Im Meßkanon wird seit dem 5. Jahrhundert der Name dieser heiligen Märtyrerin täglich angerufen. An ihrem Festtag wird vielerorts das sogenannte Agathabrot geweiht. Wenn auch die aus dem Anfang des 6. Jahrhunderts stammenden Märtyrerakten historisch nicht beglaubigt sind, so scheint die lückenlose Tradition der Kirche sicher zu bezeugen, daß ihr Martyrium sich um die Mitte des 3. Jahrhunderts in Catania in Sizilien ereignet hat. Dort wurde die Schutzpatronin der Stadt schon in frühester Zeit verehrt. Ihr Kult hat sich dann rasch ausgebreitet, und ihrer Fürbitte werden große Wundertaten zugeschrieben. So bewahrte die hl. Agatha die Stadt Catania dem Volksglauben zufolge mehrmals vor der Vernichtung bei Ausbrüchen des Vulkans Ätna, vor allem auch bei dem großen Ätna-Ausbruch des Jahres 1674.

Ein Fresko in der Sakristei des Doms von Catania hält das wunderbare Geschehen anschaulich fest. Die Reliquien der Heiligen sowie ihr Schleier werden in einem kostbaren Schrein in einer Chorkapelle der Domkirche zu Catania aufbewahrt. Die Ereignisse ihres Lebens und Sterbens aber sind auf den Rückwänden des Chorgestühls in kunstvollen Holzschnitzereien abgebildet. Die furchtbaren Martern, mit denen man sie ihres Glaubens wegen quälte, vor allem das grausame Abschneiden ihrer Brüste haben sehr viele Maler zum Thema ihrer Bilder gewählt. Auch Künstler wie Tintoretto, Veronese, Tiepolo oder van Dyck schufen eindrucksvolle Szenen des Martyriums der hl. Agatha von Catania.

Geboren: um 225 in Catania (Sizilien)
Gestorben: um 250 auf Sizilien
Berufung/Beiname: Märtyrerin
Wirkungsstätte: Sizilien
Bedeutung des Namens: die Gute (griechisch)
Namensformen: Agathe, Agi, Agda
Patronat: Glockengießer, Weber, Hirtinnen; gegen Brustleiden; gegen Feuer, Unwetter und Erdbeben

Legende Aus der »Legenda aurea« entnehmen wir, daß die hl. Agatha eine Jungfrau war, edel von Geschlecht, schön von Angesicht, die Gott in großer Heiligkeit diente. Quintianus, der Landpfleger, stammte dagegen aus einer einfachen Familie, war ein Lebemann, habgierig und nicht getauft. Er wollte die Dienerin Gottes für sich gewinnen. Ihr Adel sollte seine geringere Herkunft überdecken, ihre Schätze sollten seine Habgier befriedigen. Und weil er weiterhin dem heidnischen Glauben anhing, wollte er sie bewegen, seinen Göttern zu opfern. Als er sie aber unwandelbar sah, übergab er sie einer Kupplerin namens Aphrodisia und deren Töchtern, die alle in der Sünde lebten. Dreißig Tage lang versuchten sie, bald mit süßen Worten, bald mit Drohungen, Agatha von ihrem Glauben abzubringen. Aber Agatha blieb ihrem Glauben treu. Da drohte Quintianus, er werde sie foltern lassen. Die Jungfrau sprach: »Lässest du wilde Tiere auf mich, so werden sie zahm, wenn sie den Namen Christi hören; drohst du mir mit Feuer, so werden die Engel mir helfen mit himmlischem Tau; willst du mich schlagen und mir andere Marter antun, des Hl. Geistes Macht läßt mich das alles für nichts erachten.«

Da ließ sie der Richter foltern, aber Agatha sprach: »Ich habe an dieser Pein große Freude. Denn der Weizen kann nicht in die Scheuer kommen, wenn die Hülse nicht kräftig gewalkt und zu Spreu geworden ist. Auch meine Seele kann nicht ins Paradies eingehen mit der Marterpalme, wenn du meinen Leib nicht zunichte machen läßt.« Da wurde Quintianus noch zorniger und ließ Agatha in einer grausamen Folter die Brüste abschneiden. Da sprach Agatha: »Du Gottloser, schämst du dich nicht, daß du an einem Weibe abschneiden läßt, was du selber an deiner Mutter gesogen hast?« Da hieß er sie

Obwohl die Märtyrerakten legendär sind, war Agatha von Catania mit Sicherheit eine der vielen jungen Christinnen, die um der Liebe und Treue zu Jesus Christus willen unsägliche Martern bis in den Tod erduldeten.

5. Februar

Als Hinweis auf ihr Martyrium trägt Agatha auf vielen Darstellungen ihre abgeschnittenen Brüste auf einer Schüssel. Sie wird zudem mit dem Horn eines Einhorns als Zeichen ihrer Jungfräulichkeit, mit Marterwerkzeugen und Fackeln, oder auf einem Scheiterhaufen liegend gezeigt.

wieder in den Kerker führen und gebot, daß kein Arzt zu ihr hineingehen dürfe. Aber siehe, um Mitternacht kam zu ihr ein alter Mann, der war mit mannigfaltigen Arzneien beladen und sprach: »Wisse, ich bin deines Herrn Apostel, er hat mich selber zu dir gesandt, daß ich dich in seinem Namen gesund mache.« Und Agatha spürte, daß sie in kurzer Zeit gesund war, kniete nieder und dankte Gott. Nach vier Tagen forderte Quintianus sie wiederum auf, den Göttern zu opfern. Da sprach Agatha: »Du willst, ich soll tote Steine anbeten und den Herrn des Himmels verleugnen, der mich geheilt hat?« Da sprach der Richter: »Nun will ich sehen, ob dich Christus nochmals gesund machen kann.« Und er ließ glühende Kohlen bereiten und darauf spitze Scherben werfen. Als man Agatha dieser Marter unterzog, erschütterte plötzlich ein Beben derart die Stadt, daß ein Teil davon zusammenstürzte. Da lief das Volk zusammen und schrie vor dem Richter, dieses Beben wäre über die Stadt gekommen, weil er Agatha gequält hätte. Da fürchtete sich Quintianus und ließ die Jungfrau wieder ins Gefängnis führen. Sie aber kniete nieder und betete: »Herr Jesu Christ, du hast mich erschaffen und mich von Kind auf behütet, du hast mir Kraft und Geduld gegeben, daß ich alle Martern überwinden konnte; so nimm meinen Geist auf und laß mich zu deiner Barmherzigkeit eingehen.« Nach diesem Gebet gab sie ihren Geist auf. Das geschah um das Jahr 253.

»Das Martyrium der hl. Agatha« von 1745/50, dargestellt von dem italienischen Künstler Giovanni Battista Tiepolo.

6. Februar

Dorothea

Die Geschichte dieser frühchristlichen Jungfrau und Märtyrerin hat viel Ähnlichkeit mit jener der hl. Agnes. Ihre legendäre Passio → erzählt, daß sie in Kappadokien (Kleinasien) unter Kaiser Diokletian (285–304) um 304 den Zeugentod erlitt. Als Gefährtinnen ihres Martyriums werden Chrysta und Callixta angeführt. Diokletian fühlte sich als Herrscher und Gott zugleich, neben ihm gab es nur Untergebene. Seine wichtigste innenpolitische Entscheidung war die gut organisierte Teilung des Reiches. Beide Reichshälften wurden nochmals unter zwei Caesaren aufgeteilt; diese sogenannte Tetrarchie, die viergeteilte Herrschaft, ermöglichte eine straffere Verwaltung. Um das Jahr 300 begann Kaiser Diokletian schließlich mit einer grausamen Christenverfolgung, der schätzungsweise mehrere hundert Menschen zum Opfer fielen. Dieser letzte Versuch, die unbequemen Christen auszuschalten, war trotz aller Konsequenz nicht erfolgreich. Das alte Wort erwies sich als richtig: »Das Blut der Märtyer ist die Aussaat der Christen« (»sanguis martyrum semen Christianorum«).

Dorothea war die Tochter des römischen Senators Dorus. Schon in jungen Jahren fiel sie durch ihre Schönheit und Anmut auf, und der Statthalter Spricius wollte sie zur Frau. Da er aber als staatlicher Würdenträger keine Christin heiraten durfte, versuchte er sie zum Glaubensabfall zu bewegen. Als alle Versprechungen und schließlich auch Drohungen bei Dorothea nichts fruchteten, ließ er sie aus Zorn grausam foltern und schließlich enthaupten.

Obgleich die Verehrung dieser Heiligen in der abendländischen Kirche sehr groß ist, wird sie im Heiligenkalender der Ostkirche nicht erwähnt. Dagegen hat die russisch-orthodoxe Kirche der hl. Dorothea einen festen Platz in ihrer Liturgie eingeräumt. Die Darstellung der Heiligen mit Blumen und Früchten in einem Körbchen und mit einem Kranz von Rosen um die Stirn geht auf die nachfolgende Legende zurück.

Legende Nachdem Dorothea um ihres christlichen Bekenntnisses willen aufs ärgste gequält und gefoltert worden war, führte man die zum Tod durch das Schwert Verurteilte hinaus auf den Richtplatz. Eine große Volksmenge hatte sich dort bereits versammelt, um dem Schauspiel zuzusehen. Da wandte sich die gemarterte Jungfrau den Menschen zu und sagte: »In dieser Welt ist es kalt. Ich bin froh, daß ich jetzt in ein Land gehen darf, in dem es keinen Winter und keinen Schnee gibt und wo die Sonne nie untergeht.« Ein junger Rechtsgelehrter namens Theophilus, der in der versammelten Menge auf dem Platz stand, rief Dorothea daraufhin spöttisch zu: »Nun, wenn du in dieses schöne Land kommst, dann schicke mir doch Rosen und Äpfel aus dem Garten deines Bräutigams.« Die Heilige versprach es ihm und senkte ihr Haupt zum Todesstreich.
Wie sehr aber erschrak darauf Theophilus, der junge Rechtsgelehrte, als eines Tages ein engelgleicher Knabe vor ihn hintrat und ihm im Auftrag von Dorothea ein Körbchen voll köstlicher Früchte und duftender Rosen überbrachte. Der heidnische Jüngling Theophilus war von dieser Begegnung so tief betroffen, daß er sich zu Christus bekehrte und später selbst den Martertod für Jesus Christus starb.

Geboren: um 290 in Cäsarea (Kleinasien)
Gestorben: um 304 in Cäsarea
Berufung/Beiname: Märtyrerin
Wirkungsstätte: Kappadokien
Bedeutung des Namens: das Gottesgeschenk (griechisch)
Namensformen: Doris, Dorle, Doritt, Dorte, Dörte, Dorothée, Thea
Patronat: Bierbrauer, Bräute, Wöchnerinnen, Blumengärtner

Im Martyrologium heißt es: »Zu Cäsarea in Kappadozien der Tod der heiligen Jungfrau und Märtyrerin Dorothea. Sie wurde unter Saprizius, dem Statthalter jener Provinz, auf die Folter gespannt, lange mißhandelt, endlich zum Tode durch das Schwert verurteilt.«

7. Februar

Francisco Febres Cordero

Geboren: 1854 in Cuenca (Ecuador)
Gestorben: 1910 in Premiá del Mar (Spanien)
Berufung/Beiname: Klosterbruder, Erzieher
Wirkungsstätten: Ecuador, Belgien
Bedeutung des Namens: der Franke, der Freie (latinisierte Form von Frank)
Namensformen: Frank, Francis, Franz, Franco

Es gibt eine große Zahl herausragender Persönlichkeiten aus anderen Erdteilen, die von der Kirche heiliggesprochen worden sind. Ein gutes Beispiel hierfür ist Francisco Febres Cordero. Sein ganzes Leben widmete er der Erziehung von Kindern und Jugendlichen in seiner südamerikanischen Heimat.

Francisco wurde am 7. November 1854 in Cuenca, einer Stadt im Süden von Ecuador, geboren. Mit neun Jahren brachten ihn seine Eltern in die neu gegründete katholische Schule der »Brüder der christlichen Schulen«. Diese Ordensgemeinschaft, die Johannes Baptiste de la Salle 1681 gegründet hatte, ist eine der größten Laienkongregationen für Erziehung und Unterricht. Die christliche Erziehung in dieser Schule prägte Francisco so nachhaltig, daß er beschloß, selbst in den Orden einzutreten. Am 24. März 1868 legte er die Gelübde ab. 35 Jahre wirkte er als »Schulbruder« in der equadorianischen Hauptstadt Quito.

Bruder Miguel, wie er seit seinem Ordenseintritt hieß, war nicht nur ein besonders tugendhafter Mann mit großer Ausstrahlung, sondern er zeichnete sich auch als befähigter Pädagoge aus. Seine Schüler verehrten ihn sehr, und nicht wenige von ihnen ließen sich ebenfalls in den Orden aufnehmen. Bruder Miguel war seinen Schülern in allem ein glänzendes Beispiel christlichen Lebens. Er schrieb neben vielen Schulbüchern einen beachtenswerten Katechismus. Sein Ruf als Pädagoge veranlaßte den Orden, ihn im Jahre 1907 nach Belgien in das Stammhaus der »christlichen Schulbrüder« zu entsenden, damit er dort ungestört seine pädagogisch-schriftstellerischen Fähigkeiten in den Dienst des Ordens stellen konnte. Das Klima in Belgien vertrug er jedoch nicht, und so schickte man ihn in die Stadt Premiá del Mar in Spanien. Doch das war bereits zu spät. Francisco erkrankte schwer und starb dort am 9. Februar 1910. Die großen Verdienste Franciscos würdigte Papst Paul II. 1984 mit der Heiligsprechung.

Dem hl. Francisco Febres Cordero wurde weltweit eine solche Verehrung zuteil, daß er bereits 25 Jahre nach seinem Tod selig- und am 21. Oktober 1984 von Papst Johannes Paul II. heiliggesprochen wurde.

8. Februar

Johannes von Matha

Geboren: 1160 in Faucon (Frankreich)
Gestorben: 1213 in Rom
Berufung/Beiname: Priester, Ordensgründer
Wirkungsstätten: Frankreich, Italien, Nordafrika
Bedeutung des Namens: der, an dem Gott gnädig gehandelt hat (hebräisch)
Namensformen: Hans, Hennes, Jens, Iwan, Ivan, Ivor
Patronat: Trinitarier

Wenn man in Rom, vom Quirinal kommend, zu der eigenartigen Kirche S. Carlo alle Quattro Fontane wandert, die kein Geringerer als der große Francesco Borromini im Jahre 1634 erbaut hat, so begegnet man dort sehr oft den Trinitariern →. Diese Mönche tragen auf dem weißen Ordenskleid ein auffallend großes, blaurotes Kreuz. Die Trinitarier gehören einem Orden an, den der hl. Johannes von Matha zusammen mit dem hl. Felix von Valois im 12. Jahrhundert »zum Freikauf bzw. zur Erlösung der Gefangenen« aus der Hand der Moslems gegründet hat. Die Mönche wurden früher auch »Eselsbrüder« genannt, weil sie, der Strenge des Ordens entsprechend, nur auf Eseln reiten durften. Der Ordensstifter hatte diesem Bettelorden die Augustinerregel → zugrundegelegt. Ihre weiteste Verbreitung erlebten die Trinitarier im 14. Jahrhundert mit achthundert Klöstern in allen damals bekannten Erdteilen. In späterer Zeit allerdings ging die Zahl

8. Februar

der Klöster zurück, und zu Beginn unseres Jahrhunderts waren es nur noch fünfhundert. Johannes von Matha wurde am 23. Juni 1160 zu Faucon in Südfrankreich geboren. Er studierte in Paris und wurde dort zum Priester geweiht. Eine Vision bei seiner Primiz bestimmte seinen weiteren Weg. Johannes verließ die Stadt und wanderte in die Gegend von Gandelu bei Meaux, um sich als Einsiedler auf seine Sendung vorzubereiten. Dort begegnete er Felix von Valois, der ihm ein verständnisvoller Freund und Bruder wurde. Eines Tages offenbarte er ihm seinen Wunsch, sich der Seelsorge und Befreiung der Christensklaven zu widmen. Felix erklärte sich sofort bereit, ihm zu helfen. Die beiden Eremiten begaben sich mit einem Empfehlungsschreiben des Bischofs von Meaux nach Rom, um dem Heiligen Vater ihr Anliegen vorzutragen.

Innozenz III. war zwar von der Idee der beiden Eremiten begeistert, aber er bat um Bedenkzeit. Da geschah es, daß der Papst während der heiligen Meßfeier die gleiche Vision erlebte, die Johannes von Matha bei seiner Primiz gehabt hatte. Somit tat Gott unmißverständlich seinen Willen kund. Die beiden frommen Männer erhielten den Segen des Papstes, der den Orden von der Hl. Dreifaltigkeit (Trinitarier) 1198 offiziell bestätigte.

Johannes und Felix kehrten nach Frankreich zurück, wo sie mit Hilfe von Spenden und Almosen ihr erstes Kloster errichteten. Es wurde von da an von vielen Seiten her großzügig unterstützt. Schon bald konnte der Ordensstifter seine ersten, gut geschulten Mönche nach Afrika aussenden. Dort versuchten diese zunächst, die Gefangenen zu trösten und seelsorgerisch zu betreuen. Schon auf der ersten Reise dieser Männer gelang es, eine stattliche Zahl von Gefangenen loszukaufen und sie in ihre Heimat zu bringen. Immerhin bewies der Erfolg, daß die Gnade Gottes mit den mutigen Männern war. Als die selbstlosen Taten dieser Mönche bekannt geworden waren, blühte der Orden kräftig auf. Es entstanden weitere Klostergründungen. Die Dankbarkeit der Geretteten und ihrer Angehörigen kannte keine Grenzen. Weitere Reisen nach Marokko und Tunesien wurden unternommen. Schon sehr bald stellten die Trinitarier fest, daß ihnen neben der Gefangenenbefreiung eine missionarische Aufgabe zugewachsen war: die Bekehrung der Mohammedaner zum Christentum.

Johannes von Matha soll sich mehrmals selbst nach Afrika begeben haben. Obowhl er oft in gefährliche Situationen geriet, verfolgte der Heilige unbeirrt seinen ihm von Gott gewiesenen Weg. Als seine schwindenden Kräfte ihm anstrengende Reisen nicht mehr erlaubten, betreute er in Rom die kranken Sklaven. Johannes von Matha starb am 17. Dezember 1213 in Rom; sein Grab befindet sich in Madrid. Er wurde 1694 kanonisiert.

Legende Während Johannes von Matha nach der Priesterweihe seine erste Messe zelebrierte, widerfuhr ihm etwas Wunderbares. Als er bei der Wandlung die heilige Hostie emporhob, erschien ihm über dem Altar ein Engel in Gestalt eines schönen Jünglings. Er war weiß gekleidet und trug ein blaurotes Kreuz auf der Brust. Links und rechts von ihm kniete je ein Sklave, an schwere Ketten gefesselt. Der eine schien ein Christ, der andere ein Heide zu sein. Verzückt schaute der junge Geistliche noch lange auf diese Erscheinung. Von da an bereitete er sich auf die Ausführung seines großen Werkes vor, zu dem der Himmel ihn ganz offensichtlich bestimmt hatte.

Auf seiner zweiten Tunisreise wäre Johannes von Matha beinahe ums Leben gekommen. Die Sarazenen, die Johannes gefangengenommen hatten, waren über seine Standhaftigkeit so erbost, daß sie über ihn herfielen und ihn niederschlugen.

Dargestellt wird Johannes von Matha als Trinitariermönch. Er hält zerbrochene Ketten in der Hand. Oft wird ein gefesselter Sklaven neben ihm gezeigt oder ein Hirsch, der ein Kreuz zwischen dem Geweih trägt.

9. Februar

Apollonia

Geboren: wahrscheinlich in Alexandria (Ägypten)
Gestorben: um 245 in Alexandria
Berufung/Beiname: Märtyrerin
Wirkungsstätte: Oberägypten
Bedeutung des Namens: die dem Apollo Geweihte (griechisch)
Namensformen: Loni, Polly
Patronat: Zahnärzte; gegen Zahnweh

Die Verehrung der hl. Apollonia reicht weit in die christliche Frühzeit zurück. Zahlreiche Künstler versuchten, dieser Heiligen in Holz oder Terrakotta Gestalt zu geben: Perugino, Guido Reni, Carlo Dolci, Peter Paul Rubens und viele andere malten die hl. Apollonia auf Fresken und Altarbildern.

Die hl. Apollonia lebte in der ersten Hälfte des 3. Jahrhunderts in Alexandria. Unter Kaiser Decius (248–251) hatte die Christenverfolgung ihren Höhepunkt erreicht. Im Jahr 249 verkündete ein Zauberer und Wahrsager den Bewohnern von Alexandria, der Stadt würde großes Unheil widerfahren, weil die Christen die alten Götter nicht anbeteten. Voller Wut drang daraufhin der aufgebrachte Pöbel in die Häuser der Christen ein und zerrte sie vor Gericht, wo sie zur Folter verurteilt wurden, wenn sie von ihrem christlichen Glauben nicht abfielen. Unter ihnen befand sich auch die fromme Christin Apollonia, die trotz ihrer Zurückgezogenheit ihren Mitmenschen bisher viel Gutes getan hatte.

»Die hl. Apollonia«, 1636 von dem Spanier Francisco de Zurbarán (1598-1664) gemalt.

Unerschrocken bekannte sie sich vor dem Richter zu Christus als dem wahren und einzigen Gott. Daraufhin behandelten sie die Schergen so brutal, daß sie alle Zähne verlor und ihr ganzer Körper mit blutunterlaufenen Stellen übersät war. Anschließend zerrte man die Gepeinigte auf den Richtplatz vor der Stadt Alexandria, wo man schon einen großen Holzstoß angezündet hatte, um die Christen zu verbrennen. Man drohte Apollonia dort, sie in das prasselnde Feuer zu werfen, wenn sie sich nicht doch noch von ihrem Christengott lossagte. Apollonia weigerte sich jedoch weiterhin entschieden, den heidnischen Göttern zu opfern und Christus zu entsagen. Sie bat aber um eine kleine Bedenkzeit, die ihr schließlich auch gewährt wurde. Von ihren Fesseln befreit, wandte sich die Heilige im Gebet an Gott und stürzte sich dann, wie von einer unwiderstehlichen Gewalt ergriffen, ins tödliche Feuer.

Der große lateinische Kirchenlehrer Augustinus sagte über diesen Märtyrertod, daß Apollonia auf besondere Eingebung des Himmels gehandelt habe. Ohne Zweifel wollte Gott den Heiden damit zeigen, wie man aus Liebe zu ihm sogar das eigene Leben freiwillig hingibt.

Apollonia wird meist einen Zahn in der Zange haltend dargestellt. Manchmal trägt sie auch als Hinweis auf ihr Martyrium einen Meißel, Schlegel oder die Märtyrerpalme und steht auf einem lodernden Scheiterhaufen.

10. Februar

Scholastika

Die »Dialoge« des Papstes Gregor des Großen berichten, daß Scholastika in ihren letzten Tagen von Gott erbeten hat, Schützerin vor Blitz und Dürre zu sein.

Scholastika war die Zwillingsschwester des großen Benedikt. Sie nahm an allem, was ihren großen Bruder bewegte, regen Anteil und wurde wie er von der Sehnsucht ergriffen, dem weltlichen Leben zu entfliehen. Zunächst lebte sie in einem Kloster bei Subiaco, das heute noch ihren Namen trägt.

Als der hl. Benedikt jedoch das Stammkloster seines Ordens auf dem Monte Cassino → gegründet hatte, flehte ihn seine fromme Schwester an, ihm dorthin folgen zu dürfen und ihr zu erlauben, nach seinen Regeln zu leben.

Benedikt richtete seiner Schwester Scholastika am Fuß des Monte Cassino eine bescheidene Klosteranlage ein. Als sich bald darauf weitere Frauen zu Scholastika gesellten, übertrug er ihr das Amt einer Äbtissin. Mit aller Umsicht leitete Scholastika ihr Kloster und ging in der Beachtung der benediktinischen Regeln den Schwestern, die sich um sie geschart hatten, mit gutem Beispiel voran. Mit besonderer Hingabe widmeten sich alle der Kranken- und Armenpflege.

Der hl. Benedikt hielt die Klosterregel, nach der kein weibliches Wesen je die Zellen eines Männerklosters betreten durfte, so gewissenhaft ein, daß er dies nicht einmal seiner eigenen Schwester Scholastika zugestand. So war es für Scholastika ein Festtag, wenn sie ihren Bruder einmal im Jahr sehen konnte.

Scholastika kann man mit Recht als die Frau bezeichnen, die den Anstoß dafür gab, daß nun zahlreiche Frauenklöster gegründet wurden, in denen man das Leben nach den Regeln des hl. Benedikt gestaltete. Sie hat auf diese Weise für die gesamte weibliche Ordenswelt völlig neue Maßstäbe gesetzt.

Die Heilige starb im Jahr 542 im Alter von sechzig Jahren. Ihre Gebeine wurden im Jahr 874 nach Juvigny-sur-Loison und Le Mans in Frankreich überführt.

Geboren: um 480 in Norica (Italien)
Gestorben: 542 bei Monte Cassino (Italien)
Berufung/Beiname: Benediktineräbtissin
Wirkungsstätte: Italien
Bedeutung des Namens: die Gelehrte (lateinisch)
Namensform: Scholastica
Patronat: Benediktinerinnen; für Regen; gegen Blitzschlag

10. Februar

Legende Papst Gregor der Große erzählt uns über die hl. Scholastika folgende Begebenheit: Scholastika hatte wie gewöhnlich mit Psalmengesang und heiligen Gesprächen den Tag mit ihrem Bruder zugebracht. Zusammen genossen sie das einfache Abendessen. Doch diesmal war es der Heiligen recht bang ums Herz. Sie konnte den Gedanken nicht von sich fernhalten, daß sie den Bruder in diesem irdischen Leben nicht mehr sehen würde. Sie fürchtete sich vor der Stunde der Trennung und bat ihn deshalb, er möge seine Abreise auf den kommenden Morgen verschieben und die Nacht mit ihr im Gespräch verbringen. Befremdet über eine solche ungewöhnliche Bitte wehrte der Heilige ab. »Meine Schwester, was verlangst Du von mir! Denke an unsere Ordensregel, die mir verbietet, die Nacht außerhalb meiner Klosterzelle zu verbringen!«
Obwohl sie wußte, daß er verpflichtet war, diese Regel einzuhalten, war sie dennoch tief betrübt und fing an, bitterlich zu weinen. Sie flehte zu Gott, daß er sich ihrer erbarmen und den Bruder zurückhalten möge. Da veränderte sich der Himmel schlagartig. Dunkle Wolken zogen auf, und unter Donner und Blitz prasselte ein heftiger Gewitterregen hernieder, wodurch es dem Bruder unmöglich wurde, das Haus, in dem sie sich getroffen hatten, zu verlassen. Ungehalten stellte er seinen Stab in die Ecke der Stube und blieb. Scholastika bemerkte sehr wohl seinen Zorn und sprach: »Ich habe von dir etwas begehrt, du aber hast es mir abgeschlagen. Da habe ich zum Herrn meine Zuflucht genommen, und er hat mich erhört.« Sie blieben die ganze Nacht wach und redeten von der Glückseligkeit im Himmel. Am frühen Morgen nahmen sie Abschied voneinander. Die Schwester empfand die Trennung von ihrem Bruder immer noch als sehr hart, denn sie ahnte, warum. Und in der Tat sahen sie sich auf Erden nicht wieder.
Es waren gerade drei Tage seit ihrem Zusammentreffen vergangen, da erblickte der hl. Benedikt eine Taube, die steil gen Himmel stieg, und er wußte sofort, dies war die Seele seiner verstorbenen Schwester. Deshalb war der Heilige nicht weiter bestürzt, als er wenig später erfuhr, daß Scholastika um diese Zeit ihr irdisches Leben beendet hatte.

Die hl. Scholastika wird als Äbtissin in schwarzer Ordenstracht dargestellt, meist mit Regelbuch und Taube, da ihr Bruder Benedikt ihre Seele bei ihrem Tod wie eine Taube in den Himmel aufsteigen sah.

11. Februar

Jordanus von Sachsen

Der kurz vor 1200 zu Borgeberge bei Dassel in Niedersachsen geborene Jordanus von Sachsen entstammte vermutlich einem vermögenden Adelsgeschlecht. Er studierte Philosophie und Theologie an der Universität Paris, wo er 1218 zum Magister artium promovierte. Hier lernte er Dominikus kennen und sogleich schätzen. Die Freundschaft mit dem gelehrten Ordensstifter bewog ihn, 1220 in den Dominikanerorden → einzutreten. Als Dominikus 1222 starb, bestimmte man Jordanus zu seinem Nachfolger. Unter seiner Leitung breitete sich dieser Orden rasch über ganz Deutschland bis nach Dänemark aus.

Jordanus war eine charismatische Gestalt und ein begnadeter Prediger, er besaß genausoviel Herz wie Verstand. Obgleich von Natur aus zu einem dynamischen und aktiven Leben veranlagt, fand er viel Freude an Kontemplation und Gebet. In seiner Chronik wird seine Hilfsbereitschaft gegenüber allen Leidenden besonders gepriesen. Jedem, der sich in einer körperlichen oder seelischen Notlage an ihn wandte, stand er mit all seinen Kräften bei. Seine unbeirrbare Begeisterung für die Ausbreitung des Ordens, sein umfassendes Wissen und die

Geboren: 1190 in Borgeberge (Niedersachsen)
Gestorben: 1237 in Syrien
Berufung/Beiname: Dominikaner, Ordensmeister
Wirkungsstätten: Europa, Palästina
Bedeutung des Namens: der Herabfließende (hebräisch)
Namensform: Jordan

Das Fresko aus der Kirche in Subiaco zeigt die hl. Scholastika und den hl. Benedikt beim gemeinsamen Mahl.

Dargestellt wird Jordanus in der Ordenstracht der Dominikaner mit einer Lilie in der Hand. Die Lilie ist ein Symbol der Jungfräulichkeit und Herzensreinheit.

geradezu ans Wunderbare grenzende Suggestivität seiner Persönlichkeit waren wohl entscheidende Gründe dafür, daß viele junge Männer um Aufnahme in seinen Orden baten. In seinen Predigten bevorzugte Jordanus Beispiele aus dem täglichen Leben, so daß auch in einfachen Menschen Verständnis für die Glaubenswahrheiten geweckt werden konnte. Als Jordanus im Jahre 1237 gerade die Dominikanerklöster in Palästina besucht hatte, zerschellte bei der Rückfahrt sein Schiff in der Nähe der syrischen Küste. Bei Akkon wurde sein Leichnam an Land gespült und in der Kapelle des dortigen Dominikanerklosters beigesetzt.

Legende Um das Leben des sel. Jordanus von Sachsen sind keine eigentlichen Legenden entstanden. Aber die Geschichten, die man sich von ihm erzählt, geben treffend das Wesen dieses frommen Mannes wieder. Zwei Beispiele mögen das hier verdeutlichen:
Ein Weltmann fragte einst Jordanus: »Meister, hat ein Vaterunser im Mund von uns Laien genausoviel Wert wie aus dem Mund der Geistlichen?« Nach kurzem Überlegen gab Jordanus zur Antwort: »Es hat den gleichen Wert, so wie ein Edelstein in der Hand des Nichtkenners denselben Wert besitzt wie in der Hand des Fachmanns.«
Ein andermal fragte ihn ein Bruder, was besser wäre, sich ganz dem Gebet zu widmen oder sich mit dem Studium der Hl. Schrift zu befassen. Die Antwort lautete: »Was ist besser, immer nur zu essen oder immer nur zu trinken? Wie man beim Essen und Trinken abwechseln muß, so auch beim Beten und Arbeiten.«

12. Februar

Eulalia

Geboren: 290 in Mérida (Spanien)
Gestorben: 304 in Mérida
Berufung/Beiname: Märtyrerin
Wirkungsstätte: Spanien
Bedeutung des Namens: die Beredte (griechisch)
Namensformen: Alea, Eulogia
Patronat: Reisende, Schwangere; gegen Unglück

Die meistgefeierte Märtyrerin Spaniens ist die hl. Eulalia, die im Jahr 304 für Christus litt und den Märtyrertod starb. Aller Wahrscheinlichkeit nach ist Eulalia identisch mit der gleichnamigen hl. Eulalia von Mérida.

Die hl. Eulalia stammte aus Barcelona, wo sie auf dem Landgut ihrer Eltern aufwuchs. Schon als kleines Mädchen hatte sie sich freudig Christus geweiht. Als sie vierzehn Jahre alt war, hörte sie von den Martern, mit denen der Statthalter Dacianus die standhaften Christen wegen ihres Glaubens quälte, um sie zum Abfall zu veranlassen. Dadurch erwachte in ihrer tapferen und opferbereiten Seele das Verlangen, auch für Christus zu leiden und zu sterben.

Heimlich verließ Eulalia das Landgut, eilte in die Stadt, trat vor den Statthalter und warf ihm mit scharfen Worten seine unmenschlichen Grausamkeiten gegen die Christen vor. Erstaunt über den Mut des jungen Mädchens fragte er, wie sie es wagen könnte, einem kaiserlichen Beamten derartige Vorwürfe zu machen, sie sollte bedenken, daß er die Macht hätte, sie auf der Stelle töten zu lassen. Da sprach Eulalia voller Bekennermut: »Ich selbst bin eine Christin, Dienerin meines Herrn, des Königs der Könige und des alleinigen wahren Gottes. Die Macht der Menschen währt nur eine sehr kurze Zeit. Aber die Macht Jesu Christi, unseres Herrn, nimmt niemals ein Ende.«

Voller Unmut über diese Worte befahl Dacianus, sie aufs schärfste zu geißeln. Aber das Mädchen rief ihren Peinigern standhaft zu: »Schlagt nur, so lange ihr wollt. Ich empfinde eure Streiche nicht, Gott ist mit mir, Gott stärkt mich.« Ihren zerschundenen Körper spannte man danach auf die Folter und quälte sie in unsagbarer Weise. Trotz ihrer entsetzlichen Schmerzen rief sie den Schergen unerschrocken zu: »Brennet, schneidet, zerreißet die aus Erde gebildeten Glieder! Der wütende Schmerz dringt nicht bis an den Geist, der Geist aber ist unzerstörbar. Ich leide für Jesus, Jesus stärkt mich, ich bleibe Ihm treu.«

Als der Richter sah, daß keine noch so furchtbare Pein die Standhaftigkeit dieses jungen Mädchens zu zerbrechen vermochte, verurteilte er sie zum Kreuzestod. Nach dem römischen Martyrologium → flog ihre Seele bei der Kreuzigung in Form einer Taube zum Himmel auf.

Die Verehrung der hl. Eulalia ist seit dem 7. Jahrhundert bezeugt. Sie ist nach dem Volksglauben eine mächtige Helferin in jedem Unglück. Der hl. Isidor, Erzbischof von Sevilla, der als der letzte abendländische Kirchenvater gilt und im Jahr 636 starb, bezeugte, daß Gott, der ihre Reinheit schützen wollte, bei ihrem Tod Schnee fallen ließ, von dem ihr Körper wie von einem weißen Schleier wunderbar eingehüllt wurde. Der spanische Künstler Francisco de Zurbarán hat die hl. Eulalia im 17. Jahrhundert abgebildet.

Eulalia wird mit verschiedenen Attributen dargestellt: mit eisernen Haken, als Gekreuzigte oder über einem brennenden Scheiterhaufen, während eine Taube, Symbol ihrer Seele, von ihr wegfliegt.

13. Februar

Adolf von Osnabrück

Um 1185 als Sohn des westfälischen Grafen Simon von Tecklenburg geboren, wurde Adolf bei den Mönchen des berühmten Klosters Camp am Niederrhein erzogen. Das Beispiel dieser Zisterzienser → und ihres gottgefälligen Lebens beeindruckte den jungen Grafensohn sehr. Er wäre am liebsten selber in den Orden eingetreten und hätte gern als einer der ihren mit ihnen gearbeitet und gebetet. Aber sein Vater widersetzte sich diesem Wunsch entschieden. Er mußte sich dann aber doch damit abfinden, daß sein Sohn Theologie studierte und auch die Priesterweihe empfing.

So sehr es auch Adolf sein ganzes Leben hindurch zu einem einfachen Leben in aller Verborgenheit hinzog, diese Sehnsucht mußte er seinem Entschluß, Priester zu werden, opfern. Er war nämlich für ein Leben in der Öffentlichkeit bestimmt. Schon sehr bald nach der Priesterweihe erhielt Adolf von Osnabrück eine Domherrnstelle an der Kölner Metropolitankirche. Im Jahre 1216 erging an ihn der Ruf, den Bischofsstuhl von Osnabrück zu besteigen. Wenn ihn nun auch die Mitra → schmückte, so blieb Adolf doch tief in seinem Herzen weiterhin der einfache Priester, der sich nicht als Herr seiner Herde, sondern stets als Freund und Vater der ihm Anvertrauten fühlte. Sein Haus stand jedem offen. Arme und Bedrängte fanden in ihm einen engagierten Helfer und Anwalt, und er war immer der gütige Tröster der Kranken.

Am 11. Februar des Jahres 1224 starb der allseits verehrte Bischof von Osnabrück. Sein Leichnam wurde in der Domkirche zu Osnabrück beigesetzt, und im Jahr 1651 wurde Adolf von Osnabrück von Bischof Franz Wilhelm zu den Ehren der Altäre heiliggesprochen. Das Andenken an diesen Mann voll mildtätiger Liebe, voll Verständnis für die Nöte der Armen und Kranken blieb durch alle Jahrhunderte hindurch im Volke lebendig.

Geboren: um 1185
Gestorben: 1224 in Osnabrück (Niedersachsen)
Berufung/Beiname: Bischof
Wirkungsstätten: West- und Norddeutschland
Bedeutung des Namens: der edle Wolf (althochdeutsch)
Namensformen: Adi, Alf, Ado, Dolf
Patronat: Pestkranke

Adolf von Osnabrück wird als Bischof dargestellt, der vor einem Pestkranken steht und ihn unter Hinweis auf den gekreuzigten Christus und das Leid, das er erlitten hat, tröstet.

Legende Der hl. Bischof pflegte jedesmal, wenn er nach Fürstenau kam, in die Kammer eines Aussätzigen zu treten. Er tröstete den Unglücklichen in seinem schweren Los und ermunterte ihn, es Gott zuliebe geduldig zu ertragen. Vielen Begleitern des Bischofs waren diese Besuche sehr unangenehm. Sie befürchteten eine Ansteckung. So ließen sie, ohne Wissen ihres Herrn, den kranken Menschen vor dem Besuch des Bischofs in Fürstenau an einen anderen Ort bringen. Wie erstaunt waren sie aber, als der Bischof bei seinem nächsten Besuch aus der Kammer des Kranken nicht gleich wieder herauskam. Minute um Minute verrann. Was mochte der Bischof in der leeren Kammer tun? Neugierig spähten sie hinein. Welch eine Überraschung! Der Aussätzige lag wieder auf seinem Strohbett und lauschte gerührt den tröstenden Worten des Bischofs. Ein Wunder hatte sich zugetragen. Gott schenkte dem Schwergeprüften nun die Gnade, in den Armen des heiligen Bischofs zu sterben. Tief beschämt und erschüttert gestanden die Begleiter reumütig dem Heiligen ihre verwerfliche Tat.

14. Februar

Cyrill und Methodus

Geboren: Cyrill: 820 in Thessalonike (Griechenland); Methodus: 815 in Thessalonike
Gestorben: Cyrill: 869 in Rom; Methodus: 885 in Staré Mesto (Mähren)
Berufung/Beiname: Cyrill: Missionar, »der Philosoph«; Methodus: Missionar,
Wirkungsstätten: Mähren, Pannonien, Südrußland
Bedeutung des Namens: Cyrill: der zum Herrn gehörende (griechisch); Methodus: das vernünftige Denken (griechisch)
Namensform: Cyrillus
Patronat: Europa; Böhmen, Mähren, Bulgarien; gegen Gewitter

Seit dem Bruderkuß, den Papst Paul VI. mit dem Oberhaupt der getrennten Ostkirche im Januar 1964 in Jerusalem ausgetauscht hat, nimmt auch die Bedeutung der beiden Slavenapostel Cyrill und Methodus im Bewußtsein der katholischen Kirche wieder zu. Bereits Papst Johannes XXIII. erkannte dies. Er segnete kurz vor seinem Tode im Konsistoriensaal des Vatikanpalastes den Grundstein für ein Institut, das den Namen der beiden Slavenapostel tragen sollte. Dies geschah, wie der Heilige Vater betonte, »anläßlich des hervorragenden Ereignisses der Elfhundertjahrfeier des Beginns ihrer Missionstätigkeit«. Das Schreiben des Papstes trägt das beziehungsreiche Datum des 11. Mai, dem Tage ihres Festes im byzantinischen Heiligenkalender.

In der Unterkirche von S. Clemente in Rom befindet sich ein Fresko, das die Überführung des Leichnams des hl. Cyrill vom Vatikan nach S. Clemente wiedergibt. Cyrill ist nicht nur der Schöpfer der kyrillischen Schrift, sondern auch der Übersetzer der Bibel in die slavische Sprache.

Cyrill und Methodus waren Brüder. Sie stammten aus Griechenland. Methodus wurde 815, Cyrill 820 in Thessalonike, dem heutigen Saloniki, geboren. Sie waren Söhne des Patriziers Leo und seiner Gattin Maria. Neben der griechischen beherrschten sie auch die slavische Sprache perfekt. Cyrill erhielt diesen Namen erst, als er 868 in ein Kloster eintrat und Mönch wurde. Sein Taufname lautete Konstantin. Wegen seines gründlichen Studiums der Philosophie und Theologie wurde er »der Philosoph« genannt. Nach der Priesterweihe betätigte er sich als Lehrer. Sein Bruder Methodus übernahm zunächst eine Tätigkeit im öffentlichen Leben. Er wurde Statthalter über die unter byzantinischer Herrschaft stehenden Slavengebiete.

Während dieser Zeit reifte auch in ihm wie in seinem Bruder der Wunsch, Mönch zu werden. Er schied daher aus dem Statthalterdienst aus und trat in ein Kloster ein. Auf Veranlassung der byzantinischen Kaiserin Theodora der Heiligen (497–548) wurde er zur Missionierung der heidnischen Chasaren ausgesandt. Die Chasaren waren ein Türkenvolk umstrittener Herkunft, das zwischen der Wolga und dem Don siedelte. Seinen Bruder forderte man auf, ihn zu begleiten. Die beiden Männer gingen mit Eifer an ihre Arbeit. Auf der Krim im Schwarzen Meer fanden sie in Chersones die Gebeine des hl. Papstes Clemens I., der dort in der Verbannung gestorben war. Im Jahre 862 sandte der oströmische Kaiser Michael III. (860–882) die Brüder nach Mähren, wo ihr Wirken wiederum Erfolg zeitigte. Die von Cyrill ins Slavische übersetzten Texte der Bibel und der liturgischen Bücher erwiesen sich hierbei als große Hilfe. Doch bald wurde ihre missionarische Tätigkeit vom Erzbistum Salzburg aus, in dessen Einflußbereich Mähren lag, gefährdet. Die beiden Brüder wurden hart kritisiert, weil sie anstelle des Lateinischen das Slavische als Kirchensprache verwendeten.

Daraufhin begaben sich Cyrill und Methodus im Jahr 867 zur Rechtfertigung nach Rom. Papst Hadrian II., der gerade als Nachfolger von Nikolaus I. die Tiara → empfangen hatte, erkannte jedoch die Liturgie in der slavischen Sprache an. Bei dieser Gelegenheit fanden auch die Reliquien des hl. Clemens, die Cyrill und Methodius nach Rom mitgebracht hatten, in der bereits bestehenden Kirche S. Clemente ihre Ruhestätte.

Während ihres Aufenthalts in Rom erkrankte Cyrill schwer. Seinen Tod vorausahnend, ließ er sich in ein Kloster bringen, in dem er am 14. Februar 869 starb. Papst Hadrian, der ihn zuerst in der Gruft hatte beisetzen lassen, die er für sich ausersehen hatte, ließ die sterblichen Überreste Cyrills später ebenfalls nach S. Clemente überführen.

Methodus wurde noch in Rom vom Papst zum Bischof geweiht und nach Mähren gesandt. Dort bekam er bei seiner Missionstätigkeit große Schwierigkeiten, weil der Erzbischof von Salzburg seine Ansprüche auf dieses Gebiet um jeden Preis durchsetzen wollte. Durch Beauftragte des Königs wurde der Heilige in Gewahrsam genommen. Die schnell einberufene bayerische Bischofssynode sprach ihn schuldig und ließ ihn wegen seiner angeblichen Verfehlungen einsperren. Erst nach zweieinhalb Jahren gelang es Papst Johannes VIII., seine Freilassung zu erwirken. Er setzte ihn, von jeder Schuld freigesprochen, in sein früheres Amt mit allen Rechten und Pflichten ein.

Methodus wirkte fortan noch eifriger und erfolgreicher als bisher in seinen Missionsgebieten. Seine Reisen führten ihn weit nach Osten bis in die Karpaten und in den Süden des heutigen Rußlands. Im Jahr 879 begab er sich wiederum nach Rom, weil er noch einmal seitens der bayerischen Bischöfe mit ihrem Anliegen, ihn zu entmachten, angeklagt worden war. Doch auch diesmal konnten sich die Bischöfe in Rom nicht durchsetzen.

In einer Bulle aus dem Jahr 880 bestätigte Papst Johannes VIII. die slavische Sprache erneut als mögliche Sprache der Liturgie. Methodus starb am 6. April des Jahres 885 in Staré Mesto. Er wurde in der dortigen Marienkirche beigesetzt.

Dem Wirken der beiden Slavenapostel ist es zu verdanken, daß in Rußland das kyrillische Alphabet und Slavisch als Sprache der Liturgie im Gottesdienst eingeführt wurden. Das kyrillische Alphabet ist ein im wesentlichen den griechischen Majuskeln nachgebildetes Alphabet, das durch Entlehnungen aus der älteren Glagoliza (= kaukasische Sprachform) dem Lautsystem des Altbulgarischen angepaßt wurde.

Zur Bibelübersetzung von Cyrill und Methodus in die slavische Sprache merkt Otto von Taube an, daß »dieses großartige Werk an sprachlicher Wucht und Pracht dem Vergleich mit der deutschen Bibelübersetzung Luthers standhält«.

Cyrill wird meist mit bekehrten Slaven neben sich dargestellt. Ein Engel reicht ihm während der Messe aus den Wolken zwei Tafeln mit den kyrillischen Schriftzeichen und dem Befehl, sie auf Pergament abschreiben zu lassen.

Methodus hält meist ein Bild des Jüngsten Gerichts in Händen, weil er durch den Anblick der darauf dargestellten Vorgänge den heidnischen König und die Slaven bekehrt haben soll.

15. Februar

Valentin

Geboren: unbekannt
Gestorben: unbekannt
Berufung/Beiname: Priester, Märtyrer
Wirkungsstätte: Italien
Bedeutung des Namens: der Starke (lateinisch)
Namensformen: Velten, Veltin, Valentinus
Patronat: Bienenzüchter, Brautleute, Reisende; gegen Viehseuchen; gegen Gicht, Ohnmacht, Epilepsie

Seit der Mitte des 4. Jahrhunderts gab es an der Flaminischen Pforte in Rom eine Kirche zu Ehren dieses Heiligen. Die Märtyrerakten berichten, daß der hl. Valentin an dieser Stelle hingerichtet und später die Kirche über seinem Märtyrergrab errichtet worden war. Hauptsächlich in angelsächsischen Ländern wird noch heute am Vorabend des Valentinstags jemand durch das Los bestimmt, der dann für ein Jahr Valentin oder Valentine ist. Dies gilt auch für diejenigen, die einander an diesem Tag zum ersten Mal begegnen. Die eigenartige Sitte soll auf die im Mittelalter verbreitete Ansicht zurückgehen, daß die Vögel sich am 14. Februar zu paaren beginnen.

Als Zeichen der gegenseitigen Zuneigung ist es bei uns auch heute noch Brauch, sich am Valentinstag Blumen zu schenken.

Das Patronat gegen die »Fallsucht«, gemeint ist Epilepsie, ging in späterer Zeit auch auf den bekannten gleichnamigen rätischen Bischof Valentin über, der in Passau beigesetzt worden ist und dessen Fest am 7. Januar gefeiert wird.

Das Fest des Märtyrers Valentin begeht die Kirche seit dem Jahr 350 am 14. Februar. In der deutschsprachigen Region galt dieser Tag lange als Schicksals-, Los- und Unglückstag.

Das Fest des Märtyrers Valentin begeht die Kirche seit dem Jahr 350 am 14. Februar. In der deutschsprachigen Region galt dieser Tag lange als Schicksals-, Los- und Unglückstag.

Valentin wird dargestellt mit einem Epileptiker zu seinen Füßen. Sein Patronat für die Epileptiker rührt vom Gleichklang von »fallen«, »hinfallende Krankheit«, und »Valentin« her.

Das Gemälde von Bartholomäus Zeitblom (1455-1515) zeigt die Heilung eines Epileptikers durch den hl. Valentin.

Legende Vom hl. Valentin, dem römischen Märtyrer, wird berichtet, daß er in Rom als Priester in der Zeit des Kaisers Claudius (41–54) wirkte und sich durch Weisheit und Tugend so auszeichnete, daß er bei Christen wie Heiden in gleicher Weise angesehen war. Auch Claudius hatte von diesem hochgeachteten Mann gehört und wollte ihn kennenlernen. Er ließ ihn deshalb vor sich bringen und sprach freundlich zu ihm: »Warum dienst du dem eitlen Aberglauben der Christen, da du doch so verständig bist? Ich möchte gern dein Freund sein, aber ich verlange von dir, daß du zu den alten Göttern Roms zurückkehrst.« Valentin antwortete dem Kaiser: »Du würdest das nicht von mir verlangen, wenn du etwas von der Herrlichkeit Gottes ahntest und daß Christus wahrhaftig sein Sohn ist.« Befragt, was er von den alten Göttern halte, sagte der greise Priester furchtlos: »Es sind Dämonen.« Alle Anwesenden waren empört und verlangten den Tod des Lästerers. Doch der Kaiser war tief beeindruckt von dem Mut Valentins und wollte sich noch weiter mit dem unerschrockenen Gottesmann unterhalten.

Dem Präfekten gefiel diese Wendung des Gesprächs nicht, und er erklärte, daß Valentin ein Zauberer sei und den Kaiser in seinen Bann schlagen wolle. Daraufhin ließ ihn der Kaiser dem Richter Asterius zuführen. Als Valentin vor diesem stand, sprach der Richter zu ihm: »Wenn dein Christus ein Licht ist, wie du sagst, so will ich sehen, ob er von seinem Licht meiner Tochter, die schon lange blind ist, zu geben vermag. Kann er das tun, so will auch ich an ihn glauben.«

Da betete Valentin: »Herr Jesus Christus, der Du das wahre Licht der Welt bist, erleuchte auch diese deine Dienerin.« Kaum waren diese Worte gesprochen, konnte die Tochter des Richters wieder sehen. Da knieten Asterius und seine Frau vor dem Heiligen nieder und ließen sich taufen. Als der Kaiser von den Ereignissen erfuhr, ließ er alle drei ins Gefängnis werfen, den greisen Priester Valentin aber sofort foltern und anschließend enthaupten.

15. Februar

16. Februar

Juliana

> **Geboren:** um 285 in Nikomedien (Kleinasien)
> **Gestorben:** um 303 in Nikomedien
> **Berufung/Beiname:** Märtyrerin
> **Wirkungsstätte:** Kleinasien
> **Bedeutung des Namens:** die Jugendliche (griechisch)
> **Namensformen:** Julia, Jule, Juliette, Julchen, Lia, Liane
> **Patronat:** Gebärende; gegen Infektionskrankheiten

Die Lebensgeschichte der heiligen Jungfrau und Märtyrerin Juliana ist, wie so oft bei Biographien aus frühchristlicher Zeit, so stark mit legendären Einzelheiten vermischt, daß man heute Vita und Legende nicht mehr genau trennen kann.

Juliana war die Tochter vornehmer Heiden aus Nikomedia im heutigen Kleinasien. Sie durfte schon als Kind an den heimlichen Versammlungen der Christen teilnehmen und bekannte sich, nachdem sie getauft war, bald öffentlich als Christin. Ihr Vater hatte sie bereits mit neun Jahren einem vornehmen Jüngling namens Eleusius zur Ehe versprochen. Als Juliana achtzehn Jahre alt geworden war, sollte die Ehe vollzogen werden. Aber die junge Frau erklärte, daß sie nicht heiraten wolle, es sei denn, der Bräutigam würde sich zu Christus bekennen.

Als der Verlobte, der inzwischen Statthalter geworden war, das hörte, ließ er Juliana zu sich bringen. Sie erklärte ihm: »Wenn du meinen Gott anbetest, so will ich deinen Willen tun, anders wirst du niemals mein Ehegatte sein können.« Eleusius antwortete: »Wenn ich das täte, so schlüge der Kaiser mir den Kopf ab.« Da entgegnete sie ihm: »Wenn du den irdischen Kaiser derart fürchtest, wie muß ich erst meinen himmlischen Richter und Kaiser fürchten.« Eleusius ließ nun seine Braut auspeitschen. Gott aber stärkte sie und gab ihr Kraft. Dann warf man die junge Frau ins Gefängnis. Der Mut der Heiligen machte großen Eindruck auf die Menschen, so daß viele sich bekehrten. Eleusius jedoch ließ sie aus Furcht vor dem Kaiser erneut foltern. Als auch das die Überzeugung der mutigen Bekennerin nicht brechen konnte, wurde sie enthauptet. Das geschah während der diokletianischen Verfolgung um das Jahr 303.

Juliana wird dargestellt mit der Märtyrerkrone, der Märtyrerpalme, einem Schwert als Hinweis auf ihre Enthauptung und Marterwerkzeugen.

17. Februar

Polykarp

> **Geboren:** um 70
> **Gestorben:** 156 in Smyrna (Kleinasien)
> **Berufung/Beiname:** Bischof, Märtyrer
> **Wirkungsstätten:** Kleinasien, Italien
> **Bedeutung des Namens:** der, der reiche Frucht bringt (griechisch)
> **Namensform:** Karpus
> **Patronat:** gegen Ohrenleiden

Die Kirche feiert das Fest des frühchristlichen Märtyrers Polykarp etwa seit dem Jahr 450. Dieser Heilige ist deshalb besonders interessant, weil es eine Niederschrift über sein Martyrium im Jahr 156 gibt, und dies ist bis heute der älteste ausführliche Bericht über ein Einzelmartyrium. Der Bericht ist im griechischen Original erhalten. Er ist somit das älteste Zeugnis einer jährlichen Gedächtnisfeier zum Todestag eines Märtyrers. Eusebius nannte Polykarp den »greisen Lehrer von Asien«. Er war Schüler des Apostels Johannes, der ihn um das Jahr 80 getauft und später zum Bischof von Smyrna, dem heutigen Izmir, geweiht haben soll. Polykarp verkörpert somit gleichsam die Brücke zwischen dem Apostel Johannes und der jungen Christengemeinde in Kleinasien.

Nachdem Polykarp bis ins hohe Alter mit Eifer und Umsicht sein Amt verwaltet hatte, erfreute er sich in ganz Kleinasien großen Ansehens. So ist nicht verwunderlich, daß Polykarp sich um das Jahr 155 persönlich nach Rom begab, um bei den Meinungsverschiedenheiten über den Zeitpunkt des Osterfestes den Standpunkt der Christen des Orients gegenüber dem davon abweichenden des

Okzidents zu vertreten. Kurz nach seiner Rückkehr nach Smyrna – Polykarp stand damals mitten in seinem achten Lebensjahrzehnt – brach eine neue Christenverfolgung aus, und die heidnische Bevölkerung von Smyrna sowie die Juden dieser Stadt verlangten den Tod des Oberhaupts der dortigen Christengemeinde. Einen ausführlichen Bericht darüber, wie Polykarp gefangengenommen und anläßlich der großen Festspiele zum Martyrium geführt wurde, enthält der ergreifende Brief, den die Gemeinde von Smyrna »an sämtliche Gemeinden der heiligen und katholischen Kirche an allen Orten« gerichtet hat.

Anstelle der Legende soll hier der Inhalt des erwähnten Briefes wiedergegeben werden. Er enthält die genaue Schilderung des Martyriums des hl. Bischofs Polykarp. Als Polykarp nach seiner Rückkehr aus Rom von der ihm drohenden Gefahr vernahm, wollte er in der Stadt ausharren. Doch ließ er sich überreden, vorsorglich auf einem nahe gelegenen Landgut Zuflucht zu suchen, wo er mehrere Tage verbrachte. Da hatte er des Nachts beim Beten eine Vision. Er sah sein Kopfpolster Feuer fangen und verbrennen. Das legte er so aus, daß ihm der Feuertod bestimmt war. Als die Häscher das Haus, in dem er sich aufhielt, umringt hatten, hätte er noch fliehen können, doch er sprach »Dein Wille geschehe«, ging zur Haustüre und öffnete seinen Häschern selbst. Er begrüßte sie freundlich, ließ ihnen Speise und Trank vorsetzen, so daß sie über seine Würde und Gelassenheit staunten. Nur erbat er sich von ihnen eine Frist, um noch in Ruhe beten zu können. Stehend betete er lange Zeit und so innig, daß sich die Soldaten schämten, einen so ehrwürdigen Greis dem Tode überliefern zu müssen.
Nachdem er geendet hatte, setzten sie den Heiligen auf einen Esel und führten ihn in die Stadt. Unterwegs begegneten ihnen der Friedensrichter und dessen Vater in einem Wagen. Die beiden luden Polykarp ein, in der Kutsche Platz zu nehmen, und versuchten jetzt, ihn zur Abkehr vom christlichen Glauben zu bewegen. Sie lockten mit Annehmlichkeiten des Lebens, sie drohten ihm mit qualvollen Strafen. Zunächst schwieg der Bischof. Als sie aber nicht abließen, erklärte er ihnen, er wäre nicht gewillt zu tun, was sie ihm rieten. Da wurden sie wütend, stießen ihn gewaltsam aus dem Wagen, so daß er auf die Erde fiel und sich das Schienbein verletzte. Polykarp aber achtete nicht darauf und setzte seinen Weg, bewacht von den Soldaten, zu Fuß fort. Das gemeinsame Ziel war das Stadion. Dort verlangte der Statthalter, Polykarp solle Christus lästern. Der Greis aber gab zur Antwort: »Sechsundachtzig Jahre diene ich Christus, und niemals hat er mir etwas zuleide getan. Wie kann ich meinen König, der mich erlöst hat, lästern?« Und er bekannte sich öffentlich als Christ. Jetzt drohte ihm der aufgebrachte Statthalter mit dem Scheiterhaufen. Polykarp aber sprach: »Du drohst mir mit einem Feuer, das nur eine Weile brennt und dann erlischt. Nicht aber kennst du das ewige Feuer, welches für die Gottlosen bestimmt ist.« Und sein Gesicht strahlte von Anmut. Als das versammelte Volk vernahm, daß er sich als Christ bekannt hatte, verlangte es, er solle lebendig verbrannt werden. Der Richter stimmte zu, und man holte Holz herbei, um es rings um Polykarp aufzuschichten. Als der Scheiterhaufen angezündet wurde, geschah ein Wunder. Das Feuer loderte zwar auf, doch rührte es den Heiligen nicht an, sondern machte einen Bogen um ihn. Nachdem das Feuer dem Heiligen nichts anhaben konnte, befahl der Richter, daß der Henker käme, um ihn zu töten, und veranlaßte, daß Polykarp verbrannt wurde. Als dies geschehen war, sammelten die Christen die unversehrt gebliebenen Gebeine aus der Asche, bestatteten sie und feierten von da an den Tag seines Martertodes.

In Anspielung auf sein Martyrium, das in einer ausführlichen Niederschrift in griechischer Sprache bezeugt ist, wird Polykarp mit Krone und Palme, Scheiterhaufen und Flammen sowie einem Schwert im Leib dargestellt.

Polykarp starb den Märtyrertod im Jahr 156. Sein Grab befindet sich auf dem Berg Mustasia bei Smyrna. Die Kirche Sant' Ambrogio della Massima in Rom verwahrt Reliquien von ihm.

18. Februar

Simon der Apostel und Bischof von Jerusalem

Geboren: unbekannt
Gestorben: um 107 in Jerusalem
Berufung/Beiname: Apostel, Bischof, Märtyrer; »der Eiferer«
Wirkungsstätte: Palästina
Bedeutung des Namens: der von Gott Erhörte (hebräisch)
Namensformen: Simeon, Sim, Siem, Simjon
Patronat: Färber, Gerber, Holzfäller, Lederarbeiter, Maurer, Weber

Der Apostel Simon, fast immer in Begleitung von Judas Thaddäus, wird entweder am Kreuz hängend oder mit einer Säge dargestellt, da er nach einer anderen Überlieferung den Märtyrertod durch Zersägen des Leibes erlitten haben soll.

Bei den Heiligen Simon der Apostel und Simeon, Bischof von Jerusalem, handelt es sich, wie neuere Forschungen ergeben haben, wahrscheinlich um ein und dieselbe Person. Der Apostel wird zusammen mit dem hl. Judas Thaddäus am 28. Oktober gefeiert, als Bischof von Jerusalem jedoch am 18. Februar. Simon der Apostel trägt den Beinamen Zelotes, der »Eiferer«. Er war ein Bruder von Jakobus dem Jüngeren. Nur wenige Jahre älter als Jesus, wurde er wegen seiner Verwandtschaft mit diesem auch »Herrenbruder« genannt. Seine Mutter Maria gehörte zu den heiligen Frauen, die den Heiland durch Galiläa begleiteten und ihm bis unter das Kreuz folgten. Sein Vater Kleophas war ein Bruder des hl. Joseph.

Nach Jesu Tod gesellte sich Simon zu den anderen Jüngern und ging dann mit Jakobus dem Jüngeren nach Jerusalem. Mit allem Eifer predigte er den Juden die Lehre Christi und war seiner Gemeinde ein gutes Vorbild.

Als der Apostel Jakobus der Ältere im Jahr 44 auf Befehl des Herodes den Märtyrertod erleiden mußte, prangerte Simon völlig unerschrocken diese Freveltat in aller Öffentlichkeit und in aller Strenge an.

Das furchtlose Auftreten dieses Gottesmannes und die nahe Verwandtschaft mit Christus mochten die Gemeinde von Jerusalem letztlich dazu bewogen haben, den Apostel Simon zu ihrem zweiten Bischof zu erwählen.

Von nun an kämpfte Simon mit großem Eifer um die Verbreitung des wahren Glaubens, denn schon damals begannen Irrlehrer, das Volk zu verwirren. Simon widersetzte sich der Häresie → mit der ganzen Autorität, die er als Bischof besaß.

Als während des Krieges der Römer gegen die Juden Kaiser Titus (79–81), der Sohn des Kaisers Vespasian (69–79), die Stadt Jerusalem belagerte, verließ Bischof Simon mit seiner Gemeinde Jerusalem, gewarnt durch die Weissagung Jesu vom Untergang der Stadt. Nach der Zerstörung Jerusalems kehrten die Christen mit ihrem Bischof Simon wieder in die Stadt zurück.

Unter Kaiser Trajan (98–117) brach eine heftige Christenverfolgung aus. Dieser Kaiser suchte vornehmlich, alle Nachkommen des Königs David auszurotten, weil er fürchtete, es könnte sich einer von ihnen zum verheißenen Messias ausrufen und neue Empörung unter den Juden anstiften. Das kam den von Bischof Simon so heftig bekämpften Irrlehrern äußerst gelegen, und sie zeigten den greisen Bischof Simon beim römischen Statthalter an.

Simon war nämlich nicht nur ein strenggläubiger Christ, sondern stammte außerdem noch aus dem Geschlecht Davids. Da der mutige Greis Simon seinem christlichen Glauben aber nicht abschwor, wurde er nach grausamen Martern ans Kreuz geschlagen wie vor ihm sein Herr und Meister Jesus Christus.

Der Märtyrertod des Apostels und Bischofs Simon von Jerusalem soll sich der Legende nach im Jahr 107 zugetragen haben, als der Apostel Simon in seinem hundertundzwanzigsten Lebensjahr stand. Die Reliquien des heiligen Apostels Simon befinden sich heute vor allem in Rom, in Köln und in Hersfeld.

19. Februar

Konrad der Einsiedler

Konrad, ein junger italienischer Adeliger, wurde im Jahr 1290 in der italienischen Stadt Piacenza in der Lombardei geboren. Nach seiner Soldatenzeit heiratete Konrad und lebte mit seiner Frau Euphrosina glücklich und zufrieden.

Gott aber griff nun auf recht seltsame Weise in sein Leben ein. Konrad liebte die Jagd leidenschaftlich, und eines Tages entschied sich auf der Jagd sein weiteres Schicksal. Ein Wild, dem er nachjagte, hatte sich in das Dickicht geflüchtet, so daß der junge Edelmann es nicht erwischen konnte. Um es daraus zu vertreiben, zündete er kurzentschlossen und ohne große Überlegung das dürre Gesträuch an. In seinem Jagdeifer hatte Konrad jedoch nicht bemerkt, daß inzwischen ein heftiger Wind eingesetzt hatte, von dem das Feuer so stark angefacht wurde, daß es bald den ganzen Wald erfaßte und niederbrannte.

Konrad war zunächst tief erschrocken, als er das bemerkte. Er wußte, ein solcher Frevel wurde sehr streng bestraft, denn der Wald galt in Italien als ein großer Reichtum. Deshalb schlich Konrad sich des Nachts heimlich in die Stadt Piacenza zurück, um unentdeckt zu bleiben.

Die Obrigkeit forschte sogleich nach dem Urheber der Tat, und der Verdacht fiel unglücklicherweise auf einen armen, einfältigen Mann, der in der Nähe des brennenden Waldes angetroffen worden war. Der arme Tölpel gestand auf der Folter alles, was man ihm vorsagte, und so wurde er zum Tod verurteilt.

Die Nachricht von der Verurteilung des armen Mannes drang auch zu Konrad. Jetzt erhoben sich in ihm schwerste Gewissensbisse, denn ein unschuldiger Mensch sollte an seiner Statt sterben.

Konrad ging zum Gericht und erklärte, daß er der Schuldige sei. Er versprach, allen Schaden zu ersetzen. In dem Prozeß, den man ihm nun machte, wurde er zwar milder behandelt als der arme Mann vorher, aber Konrad mußte all seine Güter und sein gesamtes Vermögen der Stadt überlassen.

Durch den Verlust seines Reichtums erkannte Konrad die Fragwürdigkeit eines Lebens, das so stark auf diese Welt mit ihren Vergnügungen ausgerichtet war, und er beschloß, in ein Kloster zu gehen. Seine fromme Frau billigte dies und trat selbst in den Klarissenorden ein. Konrad ließ sich in den Dritten Orden → des hl. Franziskus aufnehmen. Anschließend begab er sich nach Sizilien, wo er zunächst den Armen und Kranken diente.

Später ging Konrad in die Einsamkeit der unwirtlichen Berge und führte dort bis zu seinem Lebensende ein strenges Büßerleben. Wie die Legende erzählt, lebte er nur von den Almosen, die er einmal wöchentlich sammelte, von denen er aber wiederum die Hälfte den Armen gab. Konrad schlief auf der bloßen Erde, und seine einzige Freude war das Gebet. Nach dreißig Jahren Eremitenlebens starb er am 19. Februar 1351 in Noto.

Legende Gott hat die Einsicht dieses Heiligen und seine Umkehr mit der Gabe der Wunder belohnt. So erzählt man sich, daß Konrad ein schwächliches, verkrüppeltes Kind, das ihm begegnete, durch das Zeichen des Kreuzes augenblicklich geheilt hat.

Geboren: 1290 in Piacenza (Italien)
Gestorben: 1351 in Noto (Sizilien)
Berufung/Beiname: Franziskanerterziar, Eremit
Wirkungsstätten: Lombardei, Sizilien
Bedeutung des Namens: der kühne Ratgeber (althochdeutsch)
Namensformen: Kurz, Kurt, Kord, Korth, Kuno, Conny
Patronat: Jäger; gegen Bruchleiden

Konrad von Piacenza wird dargestellt im Ordenskleid des Franziskanerterziars, umgeben von singenden Vögeln, die ihm in der Einsamkeit des Waldes Gesellschaft leisten.

20. Februar

Jordan Mai

Geboren: 1866 in Gelsenkirchen-Buer (Nordrhein-Westfalen)
Gestorben: 1922 in Dortmund
Berufung/Beiname: Franziskanerbruder
Wirkungsstätten: Nordrhein-Westfalen
Bedeutung des Namens: der Herabfließende (hebräisch)
Namensformen: Jordanus, Jordy

»Hier erleben wir, wie der Mensch als Diener zur Größe gelangt ist, weil er nicht der Macht vertraut, sondern der Liebe gedient hat.« So charakterisierte Kardinal Jäger, Erzbischof von Paderborn, den Franziskanerbruder Jordan Mai.

Jordan Mai, der vor seinem Eintritt in den Orden den Vornamen Heinrich trug, wurde am 1. September 1866 in Gelsenkirchen-Buer geboren. Sein Vater war ein einfacher Sattlermeister, der neben seinem Handwerk auch noch eine kleine Landwirtschaft betrieb. Die familiären Verhältnisse waren recht bescheiden. Und so war es ganz normal, daß der junge Heinrich, nachdem er die Volksschule besucht hatte, beim Vater in der Handwerkskunst der Sattlerei und Gerberei unterwiesen wurde. Seine Mutter aber achtete besonders darauf, daß ihr Sohn im christlichen Sinne erzogen wurde. So ist es auch zu verstehen, daß Heinrich sich schon in jungen Jahren der Kolpingbewegung anschloß, die sich besonders um die soziale Fürsorge der Arbeiter kümmerte.

1895, Heinrich war gerade neunundzwanzig Jahre alt, trat er in den Franziskanerorden → ein, denn für den frommen jungen Mann schien diese Lebensform der materiellen Armut und der geistlichen Erbauung im Gebet der richtige Weg. Frater Jordan, wie er nun hieß, konnte sich nun ganz dem Dienste Gottes und der Mitmenschen widmen. Zunächst arbeitete er im Kloster als Koch und zuweilen auch als Pförtner. Nachdem er eine Zeitlang in verschiedenen Niederlassungen des Ordens tätig war, fand er im Franziskanerkonvent von Dortmund seine neue Wirkungsstätte. Obwohl Jordan inzwischen an einer äußerst heftigen Migräne litt, versah er seinen täglichen Dienst in der Küche, ohne zu klagen. Mehr und mehr fühlte sich der so gepeinigte Jordan dem karmelitischen Gedanken verpflichtet, für die Sünden seiner Mitmenschen und vor allem der von ihm so geliebten Arbeiter des Ruhrgebiets zu beten und zu sühnen. Viele Nächte opferte er für sie im Gebet. Frater Jordans frommes Leben blieb nicht unbekannt, und immer mehr Menschen kamen, um sich Rat bei ihm zu holen. Jordan half jedem und hatte für alle ein tröstendes, aufmunterndes Wort.

Als eines Tages der Tabernakel in der Dortmunder Franziskanerkirche aufgebrochen und entweiht wurde, war Jordan so erschüttert über diesen Frevel, daß er Gott als Sühne sein eigenes Leben anbot. Und am gleichen Tag sagte er voraus, daß er genau nach einem Monat sterben würde. Frater Jordan Mai verschied nach einem äußerst bemerkenswerten Gebets- und Bußleben tatsächlich einen Monat später, am 20. Februar 1922.

Jordan Mai hatte sich durch sein vorbildliches Leben bei der Bevölkerung ein solches Vertrauen erworben, daß die Menschen nun in großer Zahl zu seinem Grab pilgerten. Da der Besucherstrom ständig zunahm, entschloß man sich 1932, sein Grab zu öffnen, seine Gebeine zu konservieren und erneut beizusetzen. Weil zudem viele Bitten, welche die Gläubigen an Frater Jordan richteten, erhört wurden, leitete man 1934 die Vorbereitungen zum Seligsprechungsprozeß ein. Am 15. August 1950 schließlich wurde sein Grab erneut geöffnet, und man brachte seinen Sarg feierlich in die Dortmunder Franziskanerkirche.

Mehr als hunderttausend Gläubige ließen es sich nicht nehmen, 1950 bei der Überführung des Sarges von Jordan Mai in Dortmund dabeizusein. Der Seligsprechungsprozeß für Jordan Mai ist noch nicht abgeschlossen, aber die Chancen für eine baldige Seligsprechung werden als günstig eingeschätzt.

21. Februar

Petrus Damiani

Zwei Kirchenlehrer mit Namen Petrus werden von der Kirche als Heilige verehrt: Petrus Damiani, der um 1006 im oberitalienischen Ravenna das Licht der Welt erblickte, und Petrus Canisius, der 1925 kanonisierte Jesuit →. Petrus Damiani, der theologische Schriftsteller, Hymnendichter, der Gelehrte, Mönch, Bischof und Kardinal, lebte in einer Zeit religiösen Verfalls, zunehmender Sittenlosigkeit und vor allem der Simonie, das heißt des Erwerbs oder der Übertragung geistlicher Ämter gegen Geld oder sonstige materielle Vorteile.

Petrus Damiani war der jüngste Sohn einer armen Tagelöhnerfamilie. Seine Eltern starben früh, und ein verheirateter Bruder nahm ihn auf. In dessen Haus wurde der Junge zu schweren Arbeiten gezwungen, zuweilen sogar mißhandelt. Da erschien es Petrus wie eine wunderbare Befreiung, als ihn sein anderer Bruder Damianus, der als Priester in Ravenna tätig war, zu sich nahm. Dieser erkannte bald die Begabung des Jungen und ließ ihn studieren. Petrus vergaß nie, was Damianus ihm Gutes getan hatte, und nannte sich von nun an aus Dankbarkeit Petrus Damiani. Durch unermüdlichen Fleiß brachte er es so weit, daß er sich als Lehrer niederlassen und eine eigene Schule eröffnen konnte. Er hatte damit großen Erfolg und brachte es zu Wohlstand.

Aber all dies befriedigte den ernsten, jungen Mann nicht. Deshalb zog er sich 1035 in das Eremitenkloster Fonte Avellana bei Gubbio in Umbrien zurück und gab sich dort demütig und mit großem Eifer allen vorgeschriebenen Bußübungen hin. Sein außerordentliches Wissen erregte bald Aufsehen, so daß er auch von anderen Klöstern zu Predigten gerufen wurde. Petrus, inzwischen zum Prior ernannt, brandmarkte mit einem Freimut sondergleichen die Zuchtlosigkeit und Lauheit vieler Priester seiner Zeit.

Als nun der Herzogsohn und Abt von Monte Cassino →, Friedrich von Lothringen, unter dem Namen Stephan IX. 1057 den Papstthron bestieg, ernannte er den schlichten, bescheidenen Mönch gegen dessen Willen zum Kardinalbischof von Ostia und stellte ihn an die Spitze der Reformbewegung. Der Heilige wandte sich nun scharf gegen die Laieninvestitur → und gewann mit beeindruckenden Reden das Volk für seine Reformideen. Überall verteidigte er die Rechte und die Heiligkeit der Kirche. Im Auftrag von Papst Stephan und seiner Nachfolger führte er wichtige Reisen durch, an mehreren Synoden war er beteiligt.

Petrus Damiani verfaßte zahlreiche Schriften, die in eindringlicher Weise auf die Bedeutung der Glaubensquellen für die kirchliche Erneuerung und für die klösterliche Frömmigkeit hinwiesen.

Noch in seinen späten Lebensjahren konnte Petrus Damiani sich auf dem Reichstag zu Frankfurt im Jahr 1069 als päpstlicher Legat für den Frieden und die Rechte der Kirche einsetzen. Es waren ihm große Erfolge beschieden, aber immer mußte er sich auch harter Kritik erwehren. Müde und alt geworden, bat er Papst Alexander II., ihn zu entlassen, um sich in der stillen Zelle des Klosters auf sein Lebensende vorzubereiten. Kurz vor seinem Tode 1072 gelang ihm noch die Aussöhnung seiner Vaterstadt Ravenna mit dem Papst. Auf der Rückkehr in sein

---

Geboren: um 1006 in Ravenna (Italien)
Gestorben: 1072 in Faenza (Italien)
Berufung/Beiname: Benediktinermönch, Kardinalbischof, Kirchenlehrer
Wirkungsstätten: Italien, Deutschland
Bedeutung des Namens: der Fels (griechisch)
Namensformen: Peter, Pieter, Pit, Pitter, Peer, Peet, Pär, Pietro, Pedro, Pérez, Pierre, Pjotr
Patronat: gegen Kopfschmerzen

Kloster ereilte ihn in Faenza der Tod. Bestattet wurde Petrus Damiani in S. Maria in Faenza. Nach seinem Tod setzte die Verehrung dieses großen Heiligen ein, in dem man einen zweiten Hieronymus sah. Leo XII. erhob ihn 1828 wegen seiner Verdienste um die Kirche und wegen seiner Gelehrsamkeit zum Kirchenlehrer.

Legende *Auch wenn der Heilige stets bemüht war, mit unerbittlicher Härte und Zähigkeit vor allem seine eigenen Fehler zu besiegen, seine Neigung zu Zorn und Sinnlichkeit konnte er jedoch zeit seines Lebens nur schwer bändigen.*
So erzählt er in einer seiner Schriften von sich: »Ich kenne einen Bruder in Christi Namen, der ist sozusagen stets reisefertig. Überkommt ihn einmal eine Versuchung zur Sinnlichkeit, so sagt er stets zu seiner Seele: ›Komm, wir wollen spazierengehen.‹ Sofort durchwandert er im Geiste alle ihm bekannten Grabstätten und Friedhöfe. Während er bedenkt, daß alles Fleisch, das dort verwest ist, einst auch frisch und blühend war, so wird ihm bewußt, daß auch sein Leib bald sein wird, was jene schon sind. Er macht dann kurzen Prozeß mit dem Wunsch nach Lust. Denn wer sein Auge auf Moder gerichtet hat, dem vergeht der Wunsch nach Lust.«

Petrus Damiani wird als Kardinalbischof mit Mitra und Kardinalshut gezeigt. Die älteste Darstellung des Petrus Damiani befindet sich auf einem Fresko aus dem 13. Jahrhundert in der Kirche S. Giulana in Perugia.

22. Februar

Margareta von Cortona

Aus der Jugendzeit der hl. Margareta wissen wir nur, daß sie 1247 in dem italienischen Flecken Laviano als Bauernkind geboren wurde und schon mit sieben Jahren ihre Mutter verlor. Bereits als junges Mädchen geriet die ausnehmend schöne Margareta in schlechte Gesellschaft. Eines Tages wurde ein junger Adeliger auf sie aufmerksam. Der Mann hatte es nicht schwer, das schöne Mädchen zu überreden, ihm als Geliebte auf seine Burg zu folgen. Sie lebte neun Jahre lang mit den Burgbewohnern ausgelassen in den Tag hinein und gebar ihrem Liebhaber einen Sohn. Eines Tages aber geschah etwas Furchtbares: Ihr Geliebter kehrte von einer Reise nicht mehr zurück; er war unterwegs von Räubern erschlagen worden. Drei Tage danach erschien sein Hund bei Margareta und zog sie winselnd am Kleide. Die Ahnungslose folgte dem Tier und fand schließlich den Leichnam ihres Liebhabers.

Tief erschüttert, durchschaute sie jetzt die Fragwürdigkeit ihrer Situation. Eine tiefe Abscheu über ihr bisheriges Leben ergriff sie. Als sie wieder zu Hause war, nahm sie ihr Kind und verließ die Burg. In ihrer Ratlosgkeit und Verzweiflung suchte sie Zuflucht in ihrem Elternhaus, aber die Stiefmutter wies sie unbarmherzig von sich. In dieser Not geriet die schöne Frau noch einmal in Versuchung. Hatte sie nicht die Möglichkeit, sich andere Liebhaber zu suchen? Ihre innere Wandlung hatte jedoch schon tiefe Wurzeln geschlagen.

Sie verwarf diesen Gedanken und wandte sich in Cortona an die Franziskanerinnen →, die ihr zur Buße und Umkehr verhalfen, Margareta jedoch trotz ihres Sühneeifers die Aufnahme in den Orden zunächst verweigerten.

Drei harte Jahre mußte sich Margareta in Geduld üben. Durch Krankenpflege und harte einfache Dienstleistungen, die nur gering entlohnt wurden, verdiente sie sich ihren spärlichen Lebensunterhalt. Ihr außergewöhnlicher Bußeifer

Geboren: 1247 in Laviano (Italien)
Gestorben: 1297 in Cortona (Italien)
Berufung/Beiname: Franziskanerterziarin, Mystikerin
Wirkungsstätte: Italien
Bedeutung des Namens: die Perle (lateinisch)
Namensformen: Marga, Margot, Margret, Margit, Maggie, Maud, Meta, Gitta, Greta, Grete, Rita
Patronat: Büßer und Büßerinnen

Margareta, die große Sünderin und Büßerin, liegt in der Klosterkirche zu Cortona begraben. Große Künstler wie Guercino und Carlo Maratta haben die Heilige dargestellt.

läuterte sie mit der Zeit jedoch immer mehr. Endlich wurde sie bei den Franziskanerinnen aufgenommen. In geistigen Erleuchtungen und zahlreichen mystischen Verbindungen mit Gott wurde sie in ihrem Eifer gestärkt und zu einer Vollkommenheit geführt, die sich rasch weit herumsprach. Gott schenkte ihr zudem die Gabe der Weissagung und eine große Macht über die bösen Geister. Während ihres weiteren Lebens in Cortona gründete Margareta ein Spital und eine Gemeinschaft von Drittordensschwestern, wobei ihr hierbei ihre Kenntnisse in der Krankenpflege sehr zugute kamen.

Geschwächt durch ihre asketischen Bußübungen, starb die Fünfzigjährige am 22. Februar 1297. Als man ihren Leib nach vielen Jahren exhumierte, war er zum Erstaunen aller Anwesenden unversehrt. Die Kanonisierung der Margareta von Cortona erfolgte im Jahre 1728 durch Papst Benedikt XIII.

> **Margareta von Cortona** wird dargestellt als Franziskanerterziarin, mit Kreuz und Materwerkzeugen Christi in der Hand, Rosenkranz am Gürtel, mit Buch, Totenkopf und Geißel. Oft wird sie auch mit einem Hund gezeigt, der auf die Geschichte der Bekehrung Margaretas hinweisen soll.

22. Februar

Petri Stuhlfeier

Das Fest versinnbildlicht heute mit der Verehrung des »Heiligen Stuhls« den Primat des Papstes, sein oberstes Lehramt. Dieser Festtag hatte ursprünglich das Ziel, ein ehemals heidnisches Fest zu verdrängen, das die Römer zu Ehren ihrer verstorbenen Angehörigen feierten. Bei diesem römischen Totengedächtnis wurde ein Totenmahl gehalten, und durch Aufstellen eines leeren Stuhls sollten die Toten unmittelbar in das Geschehen mit einbezogen werden.

Analog hierzu ersetzte in der römischen Christengemeinde nun die »Cathedra Petri« den antiken Totenstuhl. In der »Legenda aurea« klingt bereits der neue Sinn von Petri Stuhlfeier an. Sie berichtet, wie der hl. Petrus zu Antiochia mit großen Ehren auf den bischöflichen Stuhl erhoben wurde.

> **Das Fest »Petri Stuhlfeier«** verweist darauf, daß das heranwachsende Christentum gegen die heidnische »Konkurrenz« schwer zu kämpfen hatte. Durch die »Besetzung« herkömmlicher Festtage mit eigenen kultischen Feiern und Gebräuchen gelang es in der frühchristlichen Zeit, die neue Religion auch im Alltag und im Bewußtsein der einfachen Leute zu verankern.

Legende Der hl. Petrus predigte im Lande Antiochien. Da sprach Theophilus, der Herr der Stadt, zu ihm: »Petrus, warum redest du zu meinem Volk?« Als ihm aber Petrus von Christus erzählte, ließ Theophilus ihn ohne Speise und Trank ins Gefängnis werfen. Der hl. Paulus erfuhr aber bald, daß Petrus gefangen lag. Er ging zu Theophilus und gab sich als ein Meister aus, der Holz schneiden und schnitzen konnte. Der Statthalter bat ihn zu bleiben. Nach einigen Tagen ging Paulus heimlich in den Kerker und sah, daß Petrus bereits dem Tod nahe war. Da gab er ihm zu essen und sprach: »O Petrus, lieber Bruder, empfange von meinem Kommen wieder Kraft.« Petrus erkannte Paulus, konnte aber vor Schwäche nicht sprechen. Dann ging Paulus zu Theophilus und sagte zu ihm: »Groß ist dein Ruhm. Aber warum hast du jenen Gottesdiener, der Petrus heißt, ins Gefängnis werfen lassen? Er könnte dir doch nützlich sein, denn ich habe gehört, daß er die Kranken gesund macht und die Toten lebendig.« Da antwortete Theophilus: »So geh hin und sage ihm, daß er meinen Sohn von den Toten erwecken soll. Tut er das, so will ich ihn freilassen.« Kurz darauf führte man Petrus aus dem Gefängnis und öffnete das Grab. Da sprach Petrus sein Gebet, und der Jüngling erstand vom Tod. Theophilus aber wurde gläubig und mit ihm alles Volk von Antiochien, und er baute eine schöne Kirche. Dahinein stellten sie einen hohen Stuhl und setzten den hl. Peter darauf, damit er von allen gehört und gesehen wurde.

23. Februar

Willigis von Mainz

Geboren: in Schöningen (Niedersachsen)
Gestorben: 1011 in Mainz
Berufung/Beiname: Hofkaplan, Bischof
Wirkungsstätte: Deutschland
Bedeutung des Namens: der im Kampf Willensstarke (althochdeutsch)
Namensformen: Willi, Willy
Patronat: Mainz, Trier; Wagner

Willigis wird mit einem Rad abgebildet, denn er war ein Kind einfacher Leute und wählte das Handwerkszeichen seines Vaters, eines Wagenmachers, zu seinem Wappen.

Im Jahr 1009 mußte Willigis eine herbe Enttäuschung erleben: Der Mainzer Dom, den er nach 30jähriger Bautätigkeit unter dem Jubel der Volksmenge endlich einweihen konnte, wurde noch am selben Tag durch ein Feuer bis auf die Grundmauern vernichtet.

Der Erzbischof von Mainz und Erzkanzler des Deutschen Reiches, Willigis, war eine der bedeutendsten Gestalten seiner Zeit. Er stammte aus einfachen Verhältnissen und wuchs in Schöningen bei Braunschweig auf. Sein Vater soll Wagnermeister gewesen sein. Um das Jahr 970 kam Willigis an den Hof Kaiser Ottos des Großen (936–973), der ihn zu seinem Kaplan machte. Sicherlich waren also schon zu dieser Zeit die Fähigkeiten und Kenntnisse des klugen und frommen Mannes nicht unentdeckt geblieben.

Bald wurde Willigis der vertraute Berater des Kaisers, der ihn 971 zu seinem Kanzler ernannte. Nach dessen Tod wählte man ihn zum Nachfolger des verstorbenen Mainzer Erzbischofs. Damit bekleidete er bis zu seinem Tod im Jahre 1011 eines der wichtigsten kirchlichen Ämter im Deutschen Reich. Nach dem Tod Ottos II. verwaltete Willigis für den minderjährigen Otto III. zusammen mit dessen Mutter, der Kaiserin Teophanu, und der Kaiserinwitwe Ottos I., Adelheid, bis zur Mündigkeitserklärung Ottos das ganze Reich mit größter Umsicht. Infolge seiner guten Beziehungen zu Rom hatte ihn Papst Benedikt VII. 976 zu seinem Stellvertreter für Deutschland bestellt.

996 führte Willigis den ersten deutschen Papst, Bruno von Kärnten, den hochgebildeten, strengen Urenkel Ottos I., als Gregor V. in Rom ein. Dieser Papst krönte den jungen Otto III. zum Kaiser. »In dem Bund dieser beiden Gestalten schien verwirklicht, was Otto I. in seiner Vorstellung einer umfassenden Erneuerung des Papsttums vergebens erträumt hatte.« (H. Kühner)

Nach dem allzu frühen Tode des jungen Kaisers Otto III. bewahrte der Kanzler das Reich vor gefährlichen Wirren durch sein sofortiges, kraftvolles Eintreten für den Bayernherzog Heinrich, den die Mächtigsten des Reiches auf seinen Rat hin zum deutschen König wählten. Er selbst salbte den Neugewählten und krönte das Herrscherpaar, das später heiliggesprochen wurde.

Fast vier Jahrzehnte lang war Willigis von Mainz einer der wichtigsten Träger des staatlichen und kirchlichen Lebens im Reich.

Seine Persönlichkeit prägte dem ganzen Zeitalter den Stempel auf. Willigis diente dem Vaterland wie der Kirche mit der gleichen pflichtbewußten Hingabe und selbstlosem Engangement. Aber nicht nur als Staatsmann ist Willigis späteren Geschlechtern ein leuchtendes Vorbild geworden. Auch als Bischof sorgte er sich aufopfernd um die ihm anvertraute Herde. Seiner Domschule, an der er gelegentlich selbst unterrichtete, verhalf er zu hohem Ansehen. Er betätigte sich auch als Förderer von Kunst und Wissenschaft. Im Jahr 979 legte er den Grundstein zum Mainzer Martinsdom, und im Jahr 990 veranlaßte er den Bau der prächtigen Stephanskirche. Fähige und würdige Männer verstand er zu Mitarbeitern heranzuziehen und besetzte mit ihnen frei werdende Bischofssitze. Darunter befanden sich der hl. Adalbert von Prag, Gothard von Hildesheim und Bernhard von Worms, die alle wie er selbst durch ein gottgefälliges Leben und Wirken zur Heiligkeit aufgestiegen sind. Seinen Anstrengungen ist es auch zu danken, daß sich das Christentum in Schleswig-Holstein und im Süden von

Skandinavien ausbreiten konnte. Nie vergaß der große Kirchenfürst das arme, einfache Volk, dem er selbst entstammte. Alle Chroniken heben hervor, daß Willigis von Mainz bescheiden und barmherzig blieb bis ans Ende seiner Tage.

Legende *Als Willigis zum Erzbischof von Mainz und Erzkanzler des Reiches gewählt worden war, soll er ein Rad an die Wand des Palastes gezeichnet – sein Vater war ja ein Wagnermeister gewesen – und den folgenden Reim darunter geschrieben haben:*
»Willigis, Willigis, Deine Herkunft nie vergiß!«
So wollte Willigis von Mainz sich vor Hochmut bewahren. Seither führt das Erzbistum Mainz das Rad des Mainzer Erzbischofs und Erzkanzlers Willigis in seinem Wappen.

24. Februar

Apostel Matthias

Wie man weiß, war die heilige Zahl der Apostel des Herrn, nämlich zwölf, durch den Verrat des Judas Ischariot zerstört worden. Nach der Himmelfahrt Christi versammelten sich die Apostel und Jünger in einem Haus in Jerusalem zum Gebet, als Petrus, den Christus zum Haupt der Apostel ernannt hatte, dazu kam und einen neuen Apostel unter den Jüngern Jesu auswählte.

In der Apostelgeschichte heißt es hierzu: In jenen Tagen trat Petrus unter die Jünger und wies sie auf das traurige Ende des Verräters hin, der wie sie alle ausgewählt worden war, als Apostel das Evangelium des Herrn zu verkünden. Judas Ischariot hatte sich bald nach dem Verrat selbst gerichtet, aber er hatte vorher zu ihnen gezählt und Anteil an diesem Amt. Gemäß den Worten des Psalmbuches aber sollte nun ein anderer von ihnen sein Amt erhalten »So muß denn«, erklärte Petrus, »einer der Männer, die mit uns zusammen waren all die Zeit über, da der Herr Jesus unter uns aus- und einging, mit uns Zeuge sein von seiner Auferstehung.«

Da schlugen die Apostel zwei von den Jüngern Jesu vor, den Barnabas mit dem Beinamen »der Gerechte« und Matthias, dessen Name »Geschenk Gottes« bedeutet. Durch das Los bestimmt, wurde Matthias nun unter die zwölf Apostel gezählt. Diese Wahl des neuen Apostels war die erste Handlung von Petrus als Führer der Jünger, also in seinem Amte als erster Papst.

Historisch ist uns von Matthias nichts weiter bezeugt. Der Tradition nach soll er zunächst in Judäa, dann in Äthiopien das Evangelium verkündet haben.

Nach großen Erfolgen wurde Matthias in Ausübung seines Missionsauftrags um das Jahr 63 von den Feinden des christlichen Glaubens halbtot gesteinigt und dann mit einem Beil erschlagen.

Die hl. Helena hat seine Reliquien nach Rom gebracht und dann zum größten Teil ihrer Lieblingsstadt Trier geschenkt. In der Benediktinerabtei St. Matthias in Trier werden die Reliquien verwahrt und verehrt. Die Abteikirche stammt aus dem 4. Jahrhundert, ein Neubau wurde Mitte des 12. Jahrhunderts anläßlich der Wiederentdeckung der Reliquien des hl. Apostels errichtet. Seitdem trägt die Kirche in Trier seinen Namen. Es ist das einzige Apostelgrab auf deutschem Boden. Das Haupt des hl. Matthias wird in S. Maria Maggiore zu Rom aufbewahrt.

Geboren: um Christi Geburt
Gestorben: um 63 in Äthiopien
Berufung/Beiname: Apostel, Märtyrer
Wirkungsstätten: Judäa, Äthiopien
Bedeutung des Namens: das Geschenk Gottes (hebräisch)
Namensformen: Matthäus, Mateo, Mathi, Matthes, Theis, Hias
Patronat: Bauhandwerker, Metzger, Tischler, Schmiede, Schneider, Zimmerleute, Zuckerbäcker; bei Unfruchtbarkeit

In Anspielung auf sein Martyrium wird Matthias mit Buch als Zeichen seiner Missionsarbeit, Beil, Hellebarde, Steinen und Schwert dargestellt.

Legende Die »Legenda aurea« erzählt, daß Matthias in Makedonien den Glauben predigte. Da gab man ihm eines Tages einen giftigen Trank zu trinken, von dem alle, die ihn bisher getrunken hatten, blind geworden waren. Er aber trank ihn ohne allen Schaden und machte durch Handauflegen zweihundertfünfzig Menschen sehend. Aber der Teufel erschien in Gestalt eines Kindes und riet dem Volk, Matthias zu töten. Rasch waren sie dazu entschlossen. Sie suchten ihn drei Tage, konnten ihn jedoch nicht finden, obwohl er mitten unter ihnen war. Am dritten Tag gab er sich ihnen zu erkennen und sprach: »Ich bin es, den ihr suchet.« Da banden sie ihm die Hände auf den Rücken, legten ein Seil um seinen Hals, schlugen ihn und warfen ihn ins Gefängnis. Da kam der Herr zu ihm und löste ihm die Fesseln, stärkte ihn und tat ihm die Türe des Gefängnisses auf. Matthias ging hinaus und predigte das Wort Gottes. Etliche, die ihn hörten, waren in ihren Sünden gefangen und widerstanden ihm. Er aber sprach: »Ich sage euch, ihr werdet lebendig zur Hölle fahren.« Und alsbald tat sich die Erde auf und verschlang sie. Da bekehrten sich alle anderen zum Herrn.

25. Februar

Walburga

Geboren: um 710 in Wimborne (England)
Gestorben: 779 in Heidenheim (Bayern)
Berufung/Beiname: Benediktineräbtissin
Wirkungsstätten: England, Süddeutschland
Bedeutung des Namens: die waltende Schirmherrin (althochdeutsch)
Namensformen: Waldburga, Walli, Burgel, Burga
Patronat: Bauern; Haustiere; bei Hundebissen und Husten; gegen Tollwut; für eine gute Ernte

Das schöne, altmodische Wort »Gnadengefäß«, das die Gläubigen vielfach für ihre Heiligen gebrauchen, trifft so recht auf die hl. Walburga zu. Ihre Reliquien befinden sich seit 871 in der ihr geweihten Kirche in Eichstätt, und seitdem unternehmen die Menschen Wallfahrten zu ihrem Grabe. Aus einem Stein, der ihre Gebeine umschließt, tritt das sogenannte »Walpurgisöl« aus, eine durchsichtige Flüssigkeit, die aufgefangen und in kleine Glasfläschchen gefüllt wird. Auf die Fürbitte der Heiligen sind mit Hilfe dieses Öls viele glaubhaft bezeugte Heilungen, besonders an kranken Kindern, geschehen.

Obwohl Walburga aus England stammte, ist sie in Bayern am bekanntesten, denn hier wirkte sie vor allem. Verehrt wird sie aber nicht nur in Deutschland, sondern auch in Belgien, Holland und Elsaß-Lothringen. Seit dem 9. Jahrhundert wird auch das Fest ihrer Übertragung am 1. Mai gefeiert, deshalb heißt die Nacht davor »Walpurgisnacht«. Diese Nacht galt als Freinacht für Hexenspuk, Liebeszauber und sonstigen Aberglauben.

Walburga war die Tochter des legendären angelsächsischen Königs Richard und die Schwester der fränkischen Heiligen Wunibald und Willibald. Geboren um 710, wurde sie in dem englischen Kloster Wimborne bei Bornemouth zusammen mit der hl. Lioba erzogen. Sie wurde Nonne und soll sogar einige Zeit als Benediktiner-Äbtissin in Essex tätig gewesen sein. Ihr Oheim, der hl. Bonifatius, rief zunächst nur Männer zur Unterstützung seiner Missionsarbeit nach Deutschland, darunter auch Walburgas Brüder Wunibald und Willibald. Später, als die Mission einigermaßen gefestigt schien, ließ der hl. Bonifatius auch fromme Frauen aus seiner Heimat nachkommen. Walburga folgte dem Ruf und reiste zusammen mit Lioba und Thekla über den Kanal. Zuerst wies Bonifatius den Frauen die Gegend um die heutige Stadt Tauberbischofsheim zu. Dort war bereits Wunibald missionarisch tätig. Er nahm seine Schwester freudig auf und machte sie zur Äbtissin eines Frauenklosters. Dann zog Wunibald nach Heiden-

25. Februar

heim in die Nähe seines Bruders Willibald und stiftete dort ein Doppelkloster, also jeweils eine Abtei für Mönche und eine für Nonnen. Seine Schwester ließ er um das Jahr 752 nachkommen. Nach Wunibalds Tod leitete Walburga ab dem Jahr 761 beide Klöster gemeinsam als Äbtissin. Sie bewies in ihrem neuen Amt ein hervorragendes Organisationstalent, zielstrebiges Handeln und vorzügliche Menschenkenntnis, so daß sie nicht nur all ihren Aufgaben, sondern auch den Erwartungen der Mönche und Nonnen gerecht werden konnte.

Sechzehn Jahre stand Walburga den Klöstern mit größter Umsicht als Äbtissin vor, ehe sie am 25. Februar des Jahres 779 starb. Zunächst in Heidenheim beigesetzt, überführte Bischof Otkar im Jahr 871 die Gebeine der Äbtissin Walburga nach Eichstätt, wo sie noch heute ruhen und verehrt werden.

Das Bistum Eichstätt feiert ihr Gedächtnis am 25. Februar besonders festlich. Die kostbare Reliquienbüste der hl. Walburga aus der Benediktinerinnenabtei St. Walburg in Eichstätt zeigt ein lebendiges, kräftiges Frauenantlitz, dem man gern Porträtähnlichkeit zuschreiben möchte. Das Kloster St. Walburg entsandte im Jahr 1852 die ersten Benediktinerinnen nach USA. Zwischen 1930 und 1938 wurden drei neue Priorate in den USA und eines in England gegründet.

Das Kloster Heidenheim bei Treuchtlingen südlich von Nürnberg, das Walburga als Äbtissin leitete, wurde nicht nur eine »Pflanzstätte« der christlichen Religion im Frankenland, sondern auch Mittelpunkt benediktinischer Kulturarbeit und Zuflucht für Arme und Kranke.

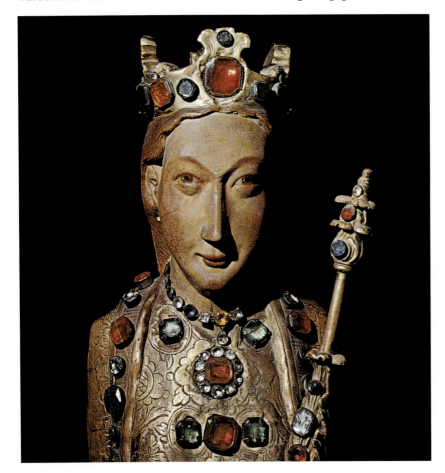

In St. Walburg in Eichstätt befindet sich eine kostbare Reliquienbüste der hl. Walburga aus dem 13. Jahrhundert.

Dargestellt wird Walburga als Äbtissin im Benediktinerhabit mit Stab, Regelbuch und Ölfläschchen und mit drei Ähren in der Hand, weil sie ein Kind vor dem Hungertod errettet hat. Hierauf geht auch alte die Bauernregel zurück: »Georgi (Georgstag am 23. April) gibt Walburga die Ähren in die Hand.«

Legende Nicht weit von Heidenheim entfernt lebte auf einem Schloß ein vornehmer Herr, dessen Tochter schwer krank war. Davon hörte die hl. Äbtissin Walburga. Sie machte sich sofort auf den Weg und begehrte Einlaß im Schloß. Auf ihr Klopfen hin wurden die Hunde im Hofe wach und stürzten sich wütend auf das Tor. Der Schloßherr eilte mit seinen Leuten herbei, um die Hunde zurückzuhalten. Walburga jedoch blieb ruhig stehen und sprach: »Fürchte nicht, daß deine Hunde mir etwas anhaben können. Ich stehe unter Christi Schutze und brauche nichts zu fürchten.« Da wichen die Hunde vor ihr zurück. Voll Ehrfurcht führte sie der Vater in das Zimmer des kranken Mädchens. Walburga sagte den Eltern, sie wäre gekommen, ihnen in ihrem Leid beizustehen, vielleicht könnte sie ihrer Tochter helfen, sie sollten nur Vertrauen auf Gott haben. Dann warf sie sich auf die Knie und flehte zu Jesus, er möge seine Macht an dem Mädchen zeigen und ihm die Gesundheit wieder schenken, auf daß die Eltern und mit ihnen die Bewohner der Gegend zum Christentum bekehrt würden. Sie betete die ganze Nacht, und der Herr erhörte ihr Flehen. Am Morgen war das Mädchen vollkommen gesund. Walburga öffnete die Türe und rief die Eltern. Als diese ihre Tochter gesund fanden, kannte ihre Freude keine Grenzen. Sie dankten Gott und boten Walburga kostbare Geschenke an. Allein sie nahm nichts davon, aber ermahnte alle Anwesenden, Gott von ganzem Herzen zu lieben und ihm zu dienen, und ging daraufhin wieder in ihr Kloster zurück.

26. Februar

Luigi Versiglia und Callisto Caravario

Geboren: Versiglia: 1873 in Gessi (Italien); Caravario: 1903 in Cuorgnè (Italien)
Gestorben: 1930 in China
Berufung/Beiname: Salesianer, Märtyrer
Wirkungsstätte: China
Bedeutung des Namens: Luigi (von Ludwig): der durch Kampf Berühmte (althochdeutsch); Callisto (von Kallist): der Schönste (griechisch)
Namensformen: Luigi: Ludwig, Ludi, Lutz, Wickerl, Wiggi, Louis; Callisto: Kallist, Calixtus

Am 15. Mai 1983 sprach Papst Johannes Paul II. die Salesianer Luigi Versiglia → und Callisto Caravario selig. Die beiden Italiener hatten ihr Leben in China geopfert, um drei Frauen vor der Vergewaltigung zu schützen. In eindringlichen Worten lobte Papst Johannes Paul II. dies mutige Tat der Salesianermissionare.

Luigi Versiglia wurde am 3. Juni 1873 in Oliva Gessi in Oberitalien geboren. Seine Schulausbildung absolvierte er im salesianischen Internat in Turin und studierte dann bis 1893 an der päpstlichen Universität in Rom. Zwei Jahre später erhielt er die Priesterweihe, und der Orden übertrug ihm die Leitung des römischen Salesianerhauses. Als sich der Orden entschloß, seinen Wirkungskreis über Europa und Amerika hinaus auch nach Asien auszudehnen, war Luigi Versiglia einer der ersten, der sich dieser Aufgabe stellte. 1906 reiste Luigi in die chinesische Provinz Macao und gründete dort eine Missionsstation. Er richtete ein Haus für die zahlreichen Waisenkinder sowie ein Schulzentrum ein. Damit die Kinder nach ihrer Schulzeit auch eine ausreichende Berufsausbildung erhalten konnten, baute er für sie Ausbildungsstätten.

Seine segensreiche Arbeit mußte Pater Luigi Versiglia 1910 allerdings aufgrund von politischen Unruhen für vier Jahre unterbrechen. In dieser Zeit war er in China als Missionar tätig. Nach seiner Rückkehr wurde der erfolgreiche und kluge Salesianerpater zum apostolischen Vikar für die chinesischen Gebiete um Shiuchow ernannt. Am 9. Januar 1921 erhielt er die Bischofweihe. Unter seiner Leitung entstanden nun zahlreiche Missionsstationen.

Regelmäßig besuchte Bischof Luigi auch seine Gemeinden. Eines Tages begab er sich aus diesem Grund nach Linchow. Dort lebte und arbeitete der junge, 1903 geborene Salesianerpater Callisto Caravario, der von seinem Orden zum Missionar ausgebildet worden war. Die Salesianer hatten den tüchtigen Callisto Caravario zunächst nach Shanghai und Timor geschickt. Nachdem er aber 1929 von Bischof Versiglia die Priesterweihe erhalten hatte, bekam Callisto Linchow als neue Wirkungsstätte zugewiesen.

Als der junge Missionar von dem bevorstehenden Besuch seines Bischofs erfahren hatte, begab er sich nach Shiuchow, um Luigi Versiglia persönlich nach Linchow zu begleiten. Gemeinsam mit drei Missionshelferinnen fuhren sie dann mit einem Flußboot zurück nach Linchow. Doch unterwegs wurde die Fahrt plötzlich von Freischärlern mit Waffengewalt gestoppt und ihr Boot gekapert. Als die Männer die drei Frauen sahen, wollten sie diese vergewaltigen. Bischof Versiglia und Callisto stellten sich mutig den Männern in den Weg, um die Frauen vor dieser Schandtat zu bewahren. Da zerrten die aufgebrachten Übeltäter die beiden Missionare ans Ufer und ermordeten sie kaltblütig. Diese schreckliche Greueltat ereignete sich am 25. Februar 1930.

Papst Johannes Paul bewertete das Verhalten der beiden Missionare in seiner Laudatio anläßlich der Seligsprechung folgendermaßen: »Die beiden Salesianermärtyrer haben ihr Leben für die Rettung und moralische Unversehrtheit der drei Frauen hingegeben. Sie gaben damit ein heroisches Zeugnis der Keuschheit, das auch der heutigen Gesellschaft den hohen Wert und Preis dieser Tugend in Erinnerung ruft.«

Die beiden Missionare Luigi Versiglia und Callisto Caravario werden in Salesianertracht mit der auch für andere Märtyrer typischen Palme als Zeichen des Sieges sowie mit einem Kelch dargestellt.

27. Februar

Baldomer

Baldomer war einer von den »stillen« Heiligen. Er bekleidete während seines Lebens weder das Amt eines Priesters noch das eines Bischofs. Wie der hl. Joseph als Zimmermann, so gehörte der hl. Baldomer dem arbeitenden Volk an.

Baldomer, ein Kind gottesfürchtiger Eltern, wuchs im 7. Jahrhundert in der heutigen französischen Provinz Franche-Comté heran und erlernte dort das Schlosserhandwerk. Schon von Jugend auf zeichnete Baldomer sich durch beständigen Fleiß, große Frömmigkeit und von Herzen kommende Nächstenliebe aus. Seinen Eltern diente er in liebevollem Gehorsam.

Nach deren Tod ging Baldomer nach Lyon →. Dort richtete er sich eine Werkstatt ein. Nach kurzer Zeit beschäftigte er bereits mehrere Gesellen und Lehrlinge. »Er betete täglich viel und war emsig in der geistlichen Lesung«, heißt es in einem alten Bericht über ihn. Er lebte nach einer ganz genauen Tageseinteilung, in der Gebet und Arbeit zu ihrem Recht kamen. Jeden Morgen besuchte er die hl. Messe. In seiner Werkstatt wurde nicht geschimpft, nicht geflucht und nicht geklatscht, und niemand gab Zoten zum besten. Niemals übervorteilte er seine Kunden und gab sich mit mäßigem Gewinn zufrieden. Zu Baldomers lieben Gewohnheiten gehörte es auch, seinen Wahlspruch zu jeder Arbeit zu sprechen: »Im Namen des Herrn, Gott sei allezeit gedankt!«

Geboren: um 600 in Lyon (Frankreich)
Gestorben: um 650 in Lyon (Frankreich)
Berufung/Beiname: Laienbruder, Subdiakon
Wirkungsstätte: Frankreich
Bedeutung des Namens: der durch Kühnheit Berühmte (althochdeutsch)
Namensformen: Baldomar, Baldemar, Balduin, Galmer, Garmier, Germier
Patronat: Handwerker, Schlosser, Schmiede

28. Februar

Baldomar wird dargestellt mit einem Schutzfell bekleidet, in der Hand Hammer und Zange. Die Zange ist bei Baldomer nur als Arbeitswerkzeug zu verstehen, sonst steht die Zange als Hinweis auf das Martyrium eines Heiligen.

Wie ein Vater nahm er sich der Lehrjungen und Gesellen an. Sein Chronist berichtet darüber: »Wie ein Seelsorger ermahnte Baldomer seine Hausgenossen, fortwährend Gott zu loben und zu danken. Er strafte nur dann, wenn er es für erforderlich hielt, aber nicht aus Zorn, sondern um Besserung zu erreichen.« Seine Untergebenen waren für ihn Menschen, die seiner Obhut anvertraut waren und über die einst Rechenschaft von ihm gefordert würde. Er sorgte deshalb für ihre Bedürfnisse, gab ihnen guten Lohn und ausreichende Kost und verlangte von ihnen nicht mehr, als was sie leisten konnten. Baldomers Haus war ein Haus des Friedens. Alle seine Hausgenossen liebten und verehrten deshalb ihren Meister, der ihnen stets ein Beispiel höchster christlicher Tugend gab. Da er sich der Keuschheit verschrieben hatte und unverheiratet blieb, sah er die Armen als seine Kinder an und half ihnen, wo er nur konnte.

In höherem Alter sehnte sich Baldomer danach, nur noch für Gott zu leben. Er verkaufte sein Geschäft und zog sich in das Kloster Sancti Justi bei Lyon zurück, wo er bald trotz seines Widerstrebens zum Subdiakon → geweiht wurde. Nach einem schlichten, wahrhaft christlichen Leben starb der gottesfürchtige Mann um 650. Seine Reliquien wurden durch manches Wunder verherrlicht. Sein Grab blieb fast tausend Jahre lang ein vielbesuchter Wallfahrtsort, bis es von Religionsfeinden im 17. Jahrhundert zerstört wurde.

Legende *Als Meister Baldomer schon ein ziemlich hohes Alter erreicht hatte, geschah es, daß ihn der Abt von Lyon, Viventius mit Namen, eines Tages in der Kirche beten sah. Die innige Andacht und Frömmigkeit, die aus dem Gesicht Baldomers leuchteten, machten ihn aufmerksam, und er ließ sich in ein Gespräch mit ihm ein. Bald merkte er, daß er einen echten Diener Gottes vor sich hatte, und bot ihm an, ihn in sein Kloster aufzunehmen. Der Meister freute sich darüber, verkaufte sein Hab und Gut und gab den Erlös den Armen. Im Kloster führte er ein ganz und gar Gott ergebenes Leben. Von seiner Güte gaben selbst die Vögel Zeugnis. So oft er aß, flogen sie herbei und nahmen ohne Scheu die Speise aus seiner Hand. Er entließ sie mit den Worten: »Ihr seid satt, nun singet auch dem Herrn des Himmels euren Lobgesang.«*

28. Februar

Roman von Condat

Geboren: 390 in Burgund
Gestorben: 463 oder 464 in Condat (Frankreich)
Berufung/Beiname: Eremit, Abt, Klostergründer
Wirkungsstätte: Frankreich
Bedeutung des Namens: der Römer (lateinisch)
Namensformen: Romeo, Romanus, Romerich
Patronat: Freiburg (Schweiz)

Der hl. Roman von Condat gehörte zu jenen Heiligen, die die christlichen Verhaltensweisen als eine unverzichtbare Grundlage und als eine selbstverständliche Übung in das tägliche Leben mit einbezogen haben.

Roman von Condat wurde im Jahre 390 in Burgund geboren. Schon als Jüngling beschloß er, Mönch zu werden. Da es aber damals in dieser Gegend keine Klöster gab, begab er sich zum Abt Sabian nach Lyon und ließ sich von ihm in den Regeln des Einsiedlerlebens unterweisen. Danach suchte er nach einem geeigneten Ort, um dort als Eremit zu leben. Schließlich fand er im wildzerklüfteten Juragebirge ein tief eingeschnittenes, entlegenes Tal. Dort wuchs ein großer Feigenbaum, der noch voller Früchte hing, und an seinem Fuß sprudelte eine klare Quelle. Als Schlafstelle suchte Roman eine Grotte.

28. Februar

Roman hatte sich zwei Bücher in die Einsamkeit mitgenommen, nämlich das »Leben der heiligen Kirchenväter« und eine Unterweisung für Einsiedler vom Abt Cassian. Darin las er nun zuweilen, betrachtete das Leben und Leiden des Herrn oder sang Psalmen. Den fruchtbaren Boden um den Baum herum bebaute er mit Gemüse. Da er sich strenges Fasten auferlegt hatte, kam er mit dem wenigen aus, was er erntete. Nach einiger Zeit gesellte sich zu ihm ein Bruder mit Namen Lupizinius. Obwohl Roman ein stilles, sanftes Gemüt hatte, Bruder Lupizinius dagegen aber rauh und streng war, entwickelte sich zwischen den beiden dennoch eine tiefe Freundschaft.

Bald verbreitete sich der Ruf von ihrem frommen Leben im Land, und dies führte ihnen eine große Zahl neuer Schüler zu. Um sie aber alle aufnehmen zu können, bauten sie ein Kloster, das später die berühmte Abtei Condat, das heutige St. Claude, westlich des Genfer Sees, wurde.

Roman wurde vom hl. Hilarius zum Priester geweiht und zum Abt des neuen Klosters bestellt. Da aber das Gebäude die vielen jungen Männer, die herbeiströmten, um Mönch zu werden, nach kurzer Zeit wiederum nicht fassen konnte, gründeten sie schließlich ein weiteres Kloster, dem dann Lupizinius als Abt vorstand, und später noch ein drittes Kloster.

In diesen Klöstern herrschte eine strenge Zucht. Niemand durfte Fleisch essen, nur den kranken Mönchen war der Genuß von Milch und Eiern erlaubt. Abt Roman selbst ließ nicht nach in seinen täglichen Bußandachten, denn auch die Ernennung zum Abt hatte seine Lebensmaxime »Tue Buße für die Sünden der Welt!« nicht im geringsten verändert. Den ihm unterstellten Mitbrüdern dagegen war er stets ein milder und nachsichtiger Abt.

Als sichtbares Zeichen seiner Gnade verlieh ihm Gott die Gabe, Kranke auf wunderbare Weise heilen zu können. So sind viele Wunderheilungen überliefert, die Roman von Condat angeblich vollbracht haben soll.

Der Heilige starb am 28. Februar des Jahres 463 oder 464. Die Reliquien des hl. Abtes Roman ruhen bis zum heutigen Tag in St. Romain-de-Roche.

Außer Roman von Condat gibt es noch mehrere Heiligen gleichen Namens. So feierte der römische Märtyrer Romanus, über den ein zeitgenössischer Bericht des Bischofs Eusebius aus Cäsarea vorliegt, sein Fest am 18. November.

Legende *Als Roman einst mit einem seiner Mitbrüder zum Grab des hl. Märtyrers Mauritius wallfahrte, begaben sie sich, von der Nacht überrascht, in eine einsame Berghöhle. Die Höhle diente aber bereits zwei ausgestoßenen Aussätzigen als Behausung. Als die zwei Wallfahrer die Berghöhle betraten, fanden sie diese allerdings leer vor. Die beiden Aussätzigen waren unterwegs, um Holz zu sammeln. Als sie zurückkehrten, staunten sie sehr, in ihrer Wohnhöhle zwei fremde Männer anzutreffen. Diese entdeckten sogleich ihre furchtbare Krankheit, aber wie sehr wunderten sie sich, daß einer der Mönche, anstatt vor ihnen zu fliehen, sie sogar umarmte und küßte.*

Die Nacht verbrachten die beiden Wallfahrer mit ihnen. Frühmorgens verließ der Heilige mit dem Bruder die Höhle, und sie machten sich auf den Weg. Sie waren aber noch nicht weit gekommen, als die beiden Ausssätzigen ihnen nachliefen und mit Freudentränen in den Augen dankten, denn sie waren von dem Aussatz, der sie zu Ausgestoßenen gemacht hatte, auf wunderbare Weise geheilt worden.

Große Heilige wie Roman von Condat zeichnet aus, daß sie gegen ihre Mitmenschen Milde walten ließen, während sie sich selbst Askese und strenge Bußübungen auferlegten.

Roman von Condat wird dargestellt als Mönch mit einer Handglocke und einem Brotkorb an einem Seil und einer Kette als Bußwerkzeug um den Leib. Manchmal wird der Heilige mit einem Teufel gezeigt, der ihn der Legende nach mit Steinen beworfen hat.

1. März

Suitbert

Geboren: wahrscheinlich in England
Gestorben: 713 in Kaiserswerth (Nordrhein-Westfalen)
Berufung/Beiname: Benediktinermönch, Wanderbischof, Klostergründer; »Apostel der Friesen«
Wirkungsstätten: Nordniederlande, Nordrhein-Westfalen
Bedeutung des Namens: der durch Tatkraft Glänzende (althochdeutsch)
Namensformen: Swindbert
Patronat: bei Halsleiden

Alljährlich am Gedenktag des Heiligen wird der kostbare Reliquienschrein in einer feierlichen Prozession durch die geschmückten Gassen der Rheininsel Kaiserswerth getragen.

Suitbert wird im Bischofsgewand mit Stab und Stern dargestellt. Der Stern verweist auf die Legende, nach der ein Stern der Mutter Suitberts voraussagte, daß ihr Sohn eine bedeutende Persönlichkeit werden würde.

Der als Graf von Nottingham geborene Suitbert gilt als Apostel der Friesen. Er hatte seine Ausbildung vom englischen Bischof Egbert erhalten, der in einem irischen Kloster Mönche für die Mission vorbereitete und Suitbert eigens zur Bekehrung der Friesen ausgewählt hatte. Um 690 erreichte Suitbert gemeinsam mit zwölf weiteren Missionaren das Festland. Sie ließen sich zunächst in Westfriesland nieder, etwa im heutigen Holland. Bald aber lockte Suitbert eine gefahrvollere Aufgabe, nämlich die Missionierung der Gebiete jenseits des Rheins. Mit dem Segen des Papstes ausgestattet, überquerte Suitbert den Rhein und wandte sich dem heidnischen Stamm der Brukterer → zu, die in dem Land zwischen Lippe und Ruhr ansässig waren. Man begegnete ihm zunächst mit Ablehnung und Feindschaft. Erst nachdem der kluge Gottesdiener diesen einfachen Menschen gezeigt hatte, wie man Land rodet und Korn anbaut, wurde er von ihnen akzeptiert. Sie hatten die Vorteile dieser neuen Errungenschaften erkannt und fragten ihn auch in anderen praktischen Dingen um Rat.

Der erste Schritt war auf diese Weise getan, so daß Suitbert dort den aufgeschlossener gewordenen Menschen von Jesus Christus erzählen und die Botschaft der christlichen Liebe predigen konnte.

Aber bald schon wurden die ersten Erfolge seiner Tätigkeit zunichte gemacht. Die angrenzenden Sachsen fielen in das nördliche Westfalen ein und besiegten die Brukterer in einer blutigen Schlacht. Suitbert geriet in Gefangenschaft und wurde so grausam behandelt, daß sein Leben ernsthaft bedroht war. Er konnte allerdings wie durch ein Wunder fliehen. Eine fränkische Burg auf der Rheininsel Kaiserswerth bei Düsseldorf bot ihm und den Missionsmönchen Zuflucht. 710 errichtete Suitbert dort ein Kloster. In ihm bildete er junge Mönche aus, die bereit waren, ihr Leben ganz in den Dienst der Ausbreitung des Christentums zu stellen. Zeit seines Lebens setzte sich Suitbert für die Christianisierung der Gebiete rechts des Rheins ein. Er starb im März 713 auf Kaiserswerth.

Legende *Man erzählt sich von dem hl. Suitbert, daß er die Gabe besessen habe, Ertrunkene wieder zum Leben zu erwecken. Längere Zeit, nachdem Suitbert bereits gestorben war, hat sich noch einmal ein solches Wunder ereignet.*
An einem stürmischen Tag war das Töchterchen eines Rheinschiffers über Bord gefallen und wurde erst mehrere Stunden später mit einem Schiffshaken auf dem Boden des Flusses aufgespürt. Der verzweifelte Vater nahm die Leiche des Kindes auf den Arm, trug sie in Suitberts Kirche und bat den Heiligen inständig, er möge bei Gott erwirken, daß seinem Kind geholfen werde. In einer plötzlichen Erscheinung sah der schmerzerfüllte Vater den hl. Suitbert, der ihn tröstend anlächelte und das Kind mit seiner Hand berührte. Sogleich regte sich das Mädchen und setzte sich verwundert auf. Der Heilige aber war schon den Blicken des Schiffers entschwunden.
Seitdem hängte neben diesem Altar viele Jahrhunderte der Schiffshaken, mit dem das Kind vom Grund des Rheins aufgefischt worden war und den der Vater zum bleibenden Gedenken an das Wunder in der Kirche zurückgelassen hatte.

2. März

Agnes von Böhmen

Als Tochter des böhmischen Königs Ottokar I. wurde die hl. Agnes am 21. Januar 1211 in Prag geboren. Aus dieser Familie sind auch die hl. Elisabeth von Thüringen, die hl. Hedwig und die hl. Margarete von Ungarn hervorgegangen.

Zur Vorbereitung auf ihr künftiges Leben an der Seite eines Regenten schickte man sie an den österreichichen Hof. Agnes, die bisher nur klösterlich frommes Leben kannte, wurde nun mit der Pracht des höfischen Lebens konfrontiert. Inmitten des sorglosen Treibens am Hof gelang es ihr jedoch, das bisherige fromme Leben fortzusetzen. Sie fastete täglich und betete, so oft sie konnte. 1225 löste Kaiser Friedrich II. die Verlobung seines Sohnes mit Agnes, denn er hatte eine geeignetere Gemahlin für den Thronerben gefunden.

Im Gegensatz zu ihrem Vater war Agnes über diese Entscheidung sehr erleichtert. Als Kaiser Friedrich II. nach dem Tod seiner Frau die böhmische Königstochter nun selbst heiraten wollte, lehnte sie ab, denn sie hatte sich für ein Leben als Nonne entschieden. 1233 gründete Agnes das Klarissenkloster und das Franziskus-Spital in Prag. Sie selbst wurde 1234 Klarissin und übernahm im gleichen Jahr dessen Leitung als Äbtissin. Fortan widmete sich Agnes ganz dem Wohl der Bedürftigen und der Pflege der Kranken im Franziskus-Spital. Mit der Ordensgründerin, der hl. Klara, pflegte sie Briefkontakt, von dem Briefe erhalten sind. Nach einem erfüllten Leben starb Agnes mit 77 Jahren am 2. März 1282. Obwohl sie ein so heiligmäßiges Leben geführt hatte, wurde sie erst nach 700 Jahren von Papst Johannes Paul II. am 1. November 1989 heiliggesprochen.

Geboren: 1211 in Prag
Gestorben: 1282 in Prag
Berufung/Beiname: Nonne, Klarissenäbtissin, Kloster- und Spitalsgründerin
Wirkungsstätten: Österreich, Böhmen
Bedeutung des Namens: die Keusche (griechisch), das Lamm (lateinisch)
Namensformen: Agi, Agna, Agneza, Agnezia, Agneta, Agnete

3. März

Kunigunde

Selten mag es unter den Trägern einer Kaiserkrone eine Ehe gegeben haben, die glücklicher war als die von Kaiser Heinrich II., dem Heiligen, und der hl. Kunigunde, deren Heiligsprechung im Jahre 1200 erfolgte. Im Dom von Bamberg ruht das Kaiserpaar nebeneinander in einem eindrucksvollen Grabmonument aus Rotmarmor, das der Bildhauer Tilmann Riemenschneider geschaffen hat.

Kunigunde war eine Tochter des Grafen Siegfried von Lützeburg (Luxemburg). Sie wurde um das Jahr 980 im väterlichen Schloß geboren und erhielt eine vorzügliche höfische Erziehung. Kunigunde muß schon als sehr junges Mädchen von tiefer Frömmigkeit durchdrungen gewesen sein, denn sie gelobte Jungfräulichkeit, als sie noch gar nicht erwachsen war. Die Werbung des bayerischen Herzogs Heinrich, des nachmaligen Königs und Kaisers Heinrich II., wirkte deshalb auf sie wohl eher befremdend. Indessen fügte sich Kunigunde gehorsam dem Wunsch ihrer Eltern, die diese Verbindung unterstützten.

Kunigunde soll in ihrer Seelennot vor der Hochzeit ihrem Verlobten freimütig von ihrem Gelübde erzählt und auch ihn zum gleichen Entschluß überredet haben. Ob die »Geschwisterliebe« zwischen Heinrich und Kunigunde tatsächlich

Geboren: um 980 in Luxemburg
Gestorben: um 1040 in Kaufungen (Hessen)
Berufung/Beiname: Benediktinernonne, Klosterstifterin
Wirkungsstätte: Süddeutschland
Bedeutung des Namens: die für die Sippe Kämpfende (althochdeutsch)
Namensformen: Gunda, Gundel, Gunta, Konne, Kuni
Patronat: schützt Kinder und Schwangere

bestanden hat oder nicht, ist nicht erwiesen. Jedenfalls blieb die Ehe kinderlos. Damals erwartete man den Weltuntergang für das Jahr 1000. Die Angst vor einem göttlichen Strafgericht war groß, und viele Menschen hofften, durch besondere, selbstlose Versprechungen vor Gottes Weltgericht bestehen zu können. In einer solchen Situation mag Heinrich seiner jungen Gattin Kunigunde durchaus Verständnis entgegengebracht haben. Politisch erlebte der Bayernherzog allerdings einen raschen Aufstieg zu höchster Würde: Im Jahr 1002 wurde er zum deutschen König gewählt und in Mainz gesalbt und gekrönt.

Im Bistum Bamberg erfreut sich Kunigunde seit jeher lebendiger Verehrung. Dem »Kunigundswasser« sprach man heilende Wirkung zu, aus »Kundigundskraut« (Thymian) flocht man früher kleine Kränze, denen ebenfalls Wirkkräfte nachgesagt wurden.

Wenig später erfolgte in Paderborn die Krönung Kunigundes. Im Jahr 1014 empfing Heinrich aus der Hand des Papstes die Kaiserkrone. Wie jedoch berichtet wird, veränderte sich Kunigundes frommes, zurückgezogenes Leben trotz der hohen Stellung ihres Gemahls nicht. Nur wenn es repräsentative Anlässe erforderten, erschien sie im prunkvollen königlichen Gewand an seiner Seite. Andererseits lenkte sie während der Abwesenheit Kaiser Heinrichs umsichtig und klug die Geschicke des Reiches. Werken der Mildtätigkeit und Liebe widmete sie sich aber immer. Aus eigenen Mitteln unterstützte sie großzügig die Armen- und Siechenhäuser und hatte immer Verständnis für die Nöte und Bedürfnisse ihres Volkes. In ganz besonderer Weise sorgte sie sich um das geistliche Leben im Lande. So veranlaßte sie, daß cluniazensische Ordensleute → eine Reform der deutschen Benediktiner-Klöster → vornahmen. Die von dem französischen Kloster Cluny → ausgehende Reformbewegung erfaßte nahezu das gesamte abendländische Mönchstum, allen voran die Benediktiner und Zisterzienser.

Durch Schenkungen ermöglichte die hl. Kunigunde schließlich die Gründung des Bistums Bamberg. Den Bau des Doms, der kaiserlichen Residenz, der Stefanskirche und des Klosters Sankt Michael verdankt Bamberg dem Kaiserpaar. Die Stadt wurde so zum politischen, religiösen und kulturellen Zentrum des Reiches. Auch die Gründung des Bistums Merseburg geht auf Heinrich und Kunigunde zurück. Das Herrscherpaar stellte seine ganze Kraft in den Dienst der Kirche, die sich unter dem Schutz des Kaisers besonders gut entfalten konnte. Es blieb allerdings nicht aus, daß die Fürstin allerlei Anfeindungen ausgesetzt war. Das ging so weit, daß man sie wegen Ehebruchs bei ihrem Gemahl verleumdete. Die Legende berichtet von einer Feuerprobe, der sich Kunigunde ohne Einwand sofort unterworfen hat. Schließlich besiegten jedoch ihr untadeliges Verhalten und das Vertrauen ihres Mannes alle Widersacher.

Kaiserin Kunigunde wird dargestellt in kaiserlichen Gewändern, mit Kaiserkrone und Kirchenmodell, mit Pflugschar (Anspielung auf die Feuerprobe) oder als Nonne mit Buch.

Nach dem Tod Heinrichs II. zog die Kaiserin mit ihrem Hofstaat in das von ihr gestiftete Benediktinerinnen-Kloster Kaufungen bei Kassel ein. Sie selbst entledigte sich all ihrer Würden und unterwarf sich fortan den Weisungen der Oberin sowie allen Pflichten, die ihr die Klosterregel auferlegte. Kunigunde führte dort bis zu ihrem Tod fünfzehn Jahre lang das Leben einer einfachen Nonne. Von schwerer Krankheit gezeichnet, starb Kunigunde am 3. März des Jahres 1040.

Auf ihren eigenen Wunsch hin wurde Kaiserin Kunigunde an der Seite ihres kaiserlichen Gemahls Heinrich II., »ihres Bruders und Herrn«, wie sie ihn selbst genannt hatte, im Dom zu Bamberg beigesetzt.

Die Liturgie feiert Kunigunde als Kaiserin und Jungfrau und nimmt damit die mittelalterliche Überlieferung auf, nach der die Heilige, die besonders Maria nachfolgte, als marianische Heilige verehrt wurde.

3. März

Legende Von der hl. Kunigunde wird erzählt, daß sie wegen ihrer großen Frömmigkeit und ihres keuschen Lebens oftmals angegriffen wurde. Die Verleumder bezichtigten sie sogar des sexuellen Umgangs mit anderen Männern. So geschah es, daß der Kaiser allmählich doch Argwohn gegen seine tugendhafte Gemahlin schöpfte. Zu Beginn all der üblen Verleumdungen hatte Kunigunde dazu geschwiegen und den tiefen Schmerz als eine ihr auferlegte Prüfung Gottes hingenommen. Als aber die ehrenrührigen Nachreden immer mehr zunahmen, erbot sich die Kaiserin, ihre Sache einem Gottesurteil zu unterwerfen. Sie wollte vor allem Volk die Feuerprobe bestehen.

In Gegenwart aller Edlen und Großen des Reiches und vor den versammelten Untertanen ließ die Kaiserin die glühenden Pflugscharen herbeibringen. Sie betete laut zu Gott, daß er ihre Unschuld bezeugen möge, bekreuzigte sich und ging dann mit bloßen Füßen über das glühende Eisen, ohne auch nur im mindesten verletzt zu werden.

Lautlos, aber voller Angst hatte das Volk die Feuerprobe der Kaiserin Kunigunde verfolgt. Als nun alle dieses unerhörte Wunder mit eigenen Augen gesehen hatten, brachen die Menschen in lauten Jubel aus und priesen Gott und die Kaiserin. Kunigunde aber kniete daraufhin demütig nieder. Sie dankte Gott, und sie umarmte ihren Gemahl Heinrich, der sie beschämt um Verzeihung für seine falschen Verdächtigungen bat.

Die Feuerprobe der Kaiserin Kunigunde hat der fränkische Künstler Tilmann Riemenschneider auf einem Relief des Kaisergrabs im Bamberger Dom dargestellt. Zu sehen ist dort auch die hl. Kunigunde, wie sie über glühenden Pflugscharen schreitet, ohne sich ihre Füße dabei zu verbrennen.

Am Hochaltar der Kirche von Rott am Inn befinden sich die von Ignaz Günther 1765 geschaffenen Figuren von Kaiser Heinrich II. und der hl. Kunigunde.

4. März

Kasimir

> **Geboren:** 1458 in Krakau (Polen)
> **Gestorben:** 1484 in Wilna (Litauen)
> **Berufung/Beiname:** Marienmystiker
> **Wirkungsstätten:** Polen und Litauen
> **Bedeutung des Namens:** der Friedensstifter (Polen)
> **Namensformen:** Kasi
> **Patronat:** Jugend; Keuschheit; Polen, Litauen; gegen Religionsfeinde, Pest

Prinz Kasimir von Polen war der zweite Sohn König Kasimirs IV. Geboren 1458 in Krakau, nahm ihn Johannes Dlugosz, geistlicher Lehrer und Geschichtsschreiber seines Landes, in erzieherische Obhut. Von ihm lernte der Knabe frühzeitig, in Demut alle christlichen Tugenden zu üben, denn seine tiefreligiöse Mutter, Elisabeth von Österreich, hatte in ihrem Sohn eine große Gottesliebe geweckt. Jeglicher dynastischer Ehrgeiz lag so dem jungen Prinzen fern. Sein Streben war allein auf religiöse Vervollkommnung gerichtet.

Deshalb widersetzte er sich allen Bestrebungen, die ihn im Jahre 1471 als Kronprätendenten auf den Thron von Ungarn erheben sollten. Weil Kasimir sich den Wünschen seines Vaters widersetzte, schickte der ihn zur Strafe für einige Monate in die Verbannung, die einer regelrechten Gefangenschaft gleichkam. Nach Krakau zurückgekehrt, mußte Kasimir während einer längeren Abwesenheit des Königs dessen Ämter übernehmen. Er gab dem Volk stets ein Beispiel eines echten Christen, ja eines vollendeten Heiligen. Er versammelte die Armen im Hof des Palastes, reichte ihnen selbst Speise und Almosen. Das polnische Volk verehrte Kasimir als seinen Helfer und Mittler, alle Bedrängten fanden in ihm eine starke Stütze. er setzt sich für alle ein, die seine Gerechtigkeit anflehten. Stets diktierte Friedensliebe sein Verhalten, das – von keinem persönlichen Interesse bestimmt – allein dem Heil des Volkes und der Kirche gewidmet war. Hierzu gehören auch seine Bemühungen, die Ruthenen zur katholischen Kirche zurückzuführen. Der fromme Prinz mag tiefe Erleichterung empfunden haben, als innenpolitische Gegensätze verhinderten, Kasimir zum Nachfolger seines königlichen Vaters zu küren.

1483 schlug er die angetragene Heirat mit einer Tochter Kaiser Friedrichs III. aus, weil er sein Gelübde der Keuschheit nicht brechen wollte. Nur vierundzwanzig Jahre alt, erlag der Prinz am 4. März 1482 einem schweren Leiden. Er wurde von allen Polen tief betrauert, die ihn schon zu Lebzeiten als einen Heiligen verehrt hatten. Kasimirs Grab im Dom zu Wilna wurde bald eine vielbesuchte Stätte. 1522 wurde er heiliggesprochen. Seit 1602 ist er der Schutzpatron von Polen und Litauen.

Legende Der vom polnischen Volk so sehr geliebte und tief verehrte Heilige hatte seinen Todestag vorausgesagt und sich mit allem Eifer darauf vorbereitet. Sterbend bat er die Umstehenden, ihm sein Mariengedicht mit einem Kruzifix zwischen die gefalteten Hände zu legen. Als seine Todesstunde kam, küßte er voll Inbrunst die Wunden des Gekreuzigten und empfahl seine Seele Gott. Als man hundertzwanzig Jahre nach seinem Tod sein Grab öffnete, war trotz der Feuchtigkeit in der Gruft sein Leib noch unverwest, und selbst die Tücher, in die er gehüllt worden war, fand man unversehrt vor.
Drei Tage lang entstieg dem Grab ein lieblicher Geruch, den die Menschen als Sinnbild seiner Reinheit empfanden, und der sie verwunderte und entzückte. Über Kasimirs Grabstätte ließ man eine prachtvolle Kapelle aus Marmor erbauen, in der seine Reliquien beigesetzt wurden.

Das polnische Volk verehrte Kasimir als seinen Helfer und Mittler. Alle Bedrängten fanden in ihm eine Stütze.

Dargestellt wird Kasimir in polnischer Tracht, mit Krone und Zepter als Insignien der Macht, mit einem Lilienzweig als Zeichen der Keuschheit in der Hand. Manchmal ist ihm auch Schmuck beigegeben.

5. März

Rosa von Viterbo

Die Heilige wurde um das Jahr 1233 als Tochter armer Eltern in Viterbo geboren. Mit 17 Jahren wurde sie Franziskanerterziarin →. Zu gerne wäre Rosa auch in das Klarissenkloster eingetreten, aber mehrmals wies man sie dort ab, weil sie selbst für dieses Kloster zu arm war.

Eines Tages verließ Rosa ihr Elternhaus und zog predigend und mahnend durch Viterbo. Ihr Anliegen war es, die Bürger wieder für eine von christlichen Grundsätzen geprägte Verhaltensweise zu gewinnen. Als Rosa aber im Streit zwischen Papst und Kaiser dazu aufrief, dem Papst die Treue zu halten, wurde sie vom Kaiser verbannt. Rosa kehrte erst nach dem Tod Kaiser Friedrichs II. in ihre Heimat zurück. Wenig später starb sie am 25. November 1252.

Auf Anordnung von Papst Alexander IV. wurde ihr Leichnam, der heute noch unverwest ist, sechs Jahre nach ihrem Tod, am 4. September 1258, in der Kirche des Klosters Santa Maria de Rosis in Viterbo beigesetzt. Selbst heute noch ist die ganze Stadt Viterbo auf den Beinen, wenn am 4. September ihre Translation in die Klosterkirche Santa Maria de Rosis mit einer Prozession gefeiert wird.

Geboren: um 1233 in Viterbo (Italien)
Gestorben: 6.3.1252 in Viterbo
Berufung/Beiname: Franziskanerterziarin
Wirkungsstätte: Italien
Bedeutung des Namens: die Rose (lateinisch)
Namensformen: Rosi, Rose, Rosel, Rosalie, Rosella, Rosalina, Rosine, Sali, Sina
Patronat: Viterbo; katholische Mädchen Italiens

6. März

Fridolin

Der vermutlich aus Irland stammende hl. Fridolin war Missionar der Alemannen und Gründer des ältesten Klosters im süddeutschen Raum, nämlich des Klosters Säckingen am Oberrhein. Im Jahre 522 gründete er hier eine Zelle. Vom Mittelalter bis zum Jahre 1806 war das Kloster ein adeliges Damenstift.

Seine Ausbildung soll Fridolin in dem vom hl. Kolumban gegründeten Kloster Luxeuil → erhalten haben. Jedenfalls hat er die Taufe des Frankenkönigs Chlodwig am Weihnachtstag des Jahres 496 nach der Schlacht von Zülpich miterlebt, die ihm die Gewißheit für den Sieg des Christentums unter den germanischen Völkern gab. Sein geistlicher Kampf galt zunächst dem in Gallien stark verbreiteten Arianismus →. Bei seinen Bestrebungen, diese Irrlehre zu widerlegen, wandte er jene Methode des öffentlichen Streitgesprächs an, die bereits der hl. Hilarius von Poitiers so erfolgreich ausgeübt hatte.

Hilarius kann deshalb als Vorbild und Lehrer Fridolins gelten. Sicherlich beweisen die vielen Hilariuskirchen, die Fridolin auf seiner Wanderschaft den Rhein entlang und später in der Schweiz gegründet hat, das gleiche. Eines Tages soll Fridolin der Überlieferung nach sogar persönlich nach Poitiers gepilgert sein, um am Grab seines verehrten Lehrers Hilarius zu beten.

Als er das dortige Kloster zerstört vorfand, setzte er sich sogleich für dessen Wiederaufbau ein, wobei ihn König Chlodwig großzügig unterstützte.

Beim Wiederaufbau dieser Hilariuskirche hatte Fridolin einmal eine nächtliche Vision. Es wurde ihm gezeigt, wo man den Sarg des hl. Hilarius versteckt hatte. Tatsächlich fand man anhand seiner genauen Angaben die sterblichen

Geboren: wahrscheinlich in Irland
Gestorben: 538 in Säckingen (Baden-Württemberg)
Berufung/Beiname: Missionar, Klostergründer
Wirkungsstätten: Irland, Frankreich, Deutschland, Schweiz
Bedeutung des Namens: der Friedliche, der Schützende (althochdeutsch)
Namensformen: Friedrich, Frido, Friedel, Frieder, Fritz, Freddi, Freddy
Patronat: Schneider; bei Arm- und Beinleiden; bei Hochwasser, Viehseuchen; für schönes Wetter

Überreste des hl. Hilarius. Die Gebeine wurden ausgegraben und in der Kirche feierlich beigesetzt. Fridolin nahm mehrere Partikel der kostbaren Reliquien an sich und stiftete die Reliquien den von ihm errichteten Hilariuskirchen.

Der Traum vom Hilariusgrab war nicht die einzige Vision, mit der Gott seinen eifrigen Diener beschenkte. Auch das eigentliche für ihn bestimmte Reiseziel zeigte ihm Gott zuerst im Traum. Es war jene kleine Rheininsel, auf der später das von ihm gegründete Kloster Säckingen stehen sollte.

So geschah es, daß Fridolin auf seinen Wanderungen über Trier die Mosel entlang zog und zum Rhein kam. Über Straßburg bis in die Schweiz lassen sich seine Spuren verfolgen. Vom Bodensee aus gelangte er endlich zum Oberrhein. Dort erreichte Fridolin die im Traum geschaute Insel, das heutige Bad Säckingen.

Die ihm feindlich gesinnten Anwohner des Landes vereitelten zunächst seine Klostergründung. Später konnte Fridolin jedoch, da er die Schenkungsurkunde des Königs in Händen hielt, den Widerstand der Bevölkerung Schritt für Schritt überwinden. Ja, sein freundliches und hilfsbereites Wesen soll Fridolin sogar Freunde in der Bevölkerung verschafft und seine pädagogischen Talente sollen Hilfskräfte herbeigerufen haben.

Unter Fridolins Leitung entstand ein Doppelkloster, das zu einer Bildungsstätte christlich-humanitären Verhaltens wurde. Die Mönche rodeten zudem das umliegende Land und pflanzten in dieser Gegend die ersten Obstbäume.

Die Verkündigung des Glaubens in den umliegenden alemannischen Gebieten betrachtete Fridolin bis zu seinem Lebensende als seine wichtigste Aufgabe. Er starb um das Jahr 538.

Fridolin wird als Abt mit Schenkungsurkunde oder als Wandermönch mit Pilgerstab und Tasche dargestellt. Häufig erscheint der hl. Fridolin auch mit einem Totengerippe zur Seite, das der Legende nach den vom Tode erweckten Grafen Urso darstellt.

Legende *Vom hl. Fridolin wird eine merkwürdige Geschichte erzählt, die sich in Rankweil bei Feldkirch zugetragen haben soll. Ein altes Bild in der Liebfrauenkirche, die sich auf dem Burgberg erhebt, erinnert noch heute daran.*
Eines Tages kam der Heilige zum Gaugericht. Er mußte sich gegen den habsüchtigen Grafen Landolf verteidigen. Dieser wollte nämlich eine Landschenkung, die sein Bruder Urso dem hl. Fridolin gemacht hatte, nicht anerkennen und beanspruchte deshalb die Güter für sich. Der Fall stand für den Heiligen nicht gut, denn er konnte keine Dokumente vorweisen, welche die Schenkung belegten. Da wandte er sich in seiner Not an Gott und flehte, im Wald eine ganze Nacht auf einem Stein kniend, ihn inbrünstig um Hilfe an. Nach der Überlieferung sollen dabei die Abdrücke seiner Knie in dem Felsbrocken zurückgeblieben sein, der noch heute in der kleinen Kapelle rechts vom Seitenaufgang der Kirche aufbewahrt wird.
Im Vertrauen auf Gottes wunderbare Hilfe begab sich also Fridolin sodann auf den Weg nach Glarus in der Schweiz zum Grab seines Bruders, des Grafen Urso. Aber als der Heilige sich dem Grab näherte, da öffnete sich das Grab plötzlich von selbst, und heraus schritt das dürre Gerippe des Toten. Das Gerippe begleitete sodann den Heiligen zum Gaugericht, um die Schenkung zu bezeugen.
Durch dieses Wunder erschüttert, erkannten die Richter dem hl. Fridolin das Recht auf die geschenkten Güter zu. Der erschrockene Graf Landolf aber ging in sich und vermachte dem Säckinger Kloster nun auch sein gesamtes Vermögen. Damit war die Grundlage geschaffen, daß sich das Kloster in der Folgezeit zu einem blühenden Mittelpunkt kirchlichen Lebens in den alemanischen Gebieten entwickeln konnte.

7. März

Perpetua und Felicitas

Die Leidengeschichte der Vivia Perpetua und ihrer Sklavin Felicitas, die während der Christenverfolgungen um das Jahr 203 in Karthago zusammen hingerichtet worden sind, mag auf die Menschen von heute noch genauso ergreifend und eindrucksvoll wirken wie auf die jungen Christengemeinden in Afrika, wo sie jahrhundertelang während der Festfeiern vorgelesen wurde.

Die beiden Frauen empfingen die Taufe, nachdem sie Unterricht in der christlichen Glaubenslehre erhalten hatten. Aber bald danach warf man sie wegen ihres Glaubens in den Kerker. Perpetua bezeichnete das Gefängnis als »ein finsteres, heißes Loch«, in das die vielen Gefangenen von den Soldaten hineingestoßen wurden. Da Perpetua kurz vor ihrer Verhaftung ein Kind bekommen hatte, brachten ihr ihre Eltern den Säugling, denn ohne die Muttermilch wäre er verhungert. In ihren Aufzeichnungen beschreibt Perpetua, wie ihr Vater versuchte, sie mit Drohungen und Bitten zum Abfall vom Glauben zu bringen, wie er ihr Kind emporhob und sie bei dessen Anblick beschwor, sich seiner zu erbarmen. Sie schildert das Verhör vor dem Prokonsul Hilarianus und wie ihr Vater nochmals eingriff und sie mit sich fortziehen wollte. Da Perpetua und ihre Dienerin Felicitas aber standhaft blieben und den Götzen nicht opferten, wurden sie verurteilt und den wilden Tieren in der Arena vorgeworfen. Noch einmal eilte Perpetuas Vater in das Gefängnis, warf sich vor ihr auf die Erde und sprach herzzerreißend auf sie ein. Hier enden die Aufzeichnungen von Perpetua.

Der unbekannte Berichterstatter hingegen erzählt uns von der Sklavin Felicitas, die hochschwanger war und Angst hatte, daß sie wegen ihres Zustands zurückbleiben müßte, weil nach römischem Gesetz schwangere Frauen nicht hingerichtet werden durften. Aber auf das innige Gebet der bereits verurteilten Christin hin begannen die Wehen. Und sie gebar ein Mädchen. Es wurde ihren Verwandten übergeben, die es wie eine Tochter aufzogen. Am nächsten Tag führte man die christlichen Frauen in das Amphitheater. Der Augenzeuge schildert dann ausführlich, wie sie wilden Kühen vorgeworfen und von diesen schwer verletzt wurden, wie sie voller Scham mitten in ihrer Todesnot ihr Gewand zusammenrafften und sich gegenseitig Hilfe leisteten und wie sie dann später den tödlichen Schwerthieb empfingen, ohne davor zu erschrecken.

Anstelle einer Legende Hier eine der eindrucksvollen Visionen der hl. Perpetua, von denen sie selber eine ausführliche Schilderung gegeben hat: »Als mein Bruder mich fragte, ich möge doch Gott bitten, mir in einem Gesichte zu zeigen, ob Rettung oder der Martertod mir zuteil werde, begab ich mich ins Gebet, und folgendes wurde mir angezeigt: Ich sah eine außerordentlich hohe Leiter von Gold, deren Ende in den Himmel reichte. An beiden Seiten waren Schwerter, Lanzenspitzen, Sicheln und Messer, so daß jeder, welcher unachtsam hinaufstiege, unfehlbar daran hängengeblieben wäre. Unter der Leiter lag ein großer Drache, der diejenigen zu verschlingen drohte, die hinaufsteigen wollten. Der erste, der hinaufstieg, war Saturus. Als er oben angekommen war, wandte er sich zu mir und sagte: ›Perpetua, ich erwarte dich, hab aber acht, daß der Drache dich nicht verletzt.‹

Geboren: unbekannt
Gestorben: 203 in Karthago
Berufung/Beiname: Märtyrerinnen
Wirkungsstätte: Nordafrika
Bedeutung des Namens: Perpetua: die Beständige (lateinisch); Felicitas: die Glückliche (lateinisch)
Namensformen: Felizitas, Felicie, Fee, Faye, Petua
Patronat: Gebärende (Felicitas)

Der Text ihrer Leidensgeschichte enthält Aufzeichnungen, die von Perpetua selbst stammen, aber auch Ergänzungen eines unbekannten Augenzeugen.

In Darstellungen sind Felicitas und Perpetua oft beim Abschiednehmen voneinander zu sehen. Meistens sind sie mit einer wilden Kuh abgebildet, manchmal hat Perpetua ein Kind auf dem Schoß sitzen.

›Er wird mir nichts antun‹, sagte ich. Und der Drache erhob, als hätte er Furcht vor mir, nur langsam den Kopf unter der Leiter; und da ich hinaufstieg, diente er mir sogar zur ersten Sprosse. Als ich das Ende der Leiter erreicht hatte, sah ich einen großen, schönen Garten und in der Mitte einen Mann von sehr großer Gestalt mit weißem Haar. Der Mann saß da und melkte die Schafe, um ihn herum standen viele Menschen mit schneeweißen Gewändern. Dieser Mann sah mich an und rief mir zu: ›Sei mir willkommen, meine Tochter!‹ Dann gab er mir ein wenig von der geronnenen Milch. Ich trank die Milch, die mir gericht wurde, und alle Umstehenden sagten: ›Amen!‹
Bei diesem Wort erwachte ich plötzlich aus meinem Traum und hatte noch etwas ganz Süßes im Mund. Ich erzählte meinem Bruder dieses Traumgesicht, und wir schlossen daraus, daß uns der Martertod bald bevorstände.«

8. März

Johannes von Gott

Geboren: 1495 in Montemór o Novo (Portugal)
Gestorben: 1550 in Granada (Spanien)
Berufung/Beiname: Spitalsgründer, Wohltäter; »der Bettler von Granada«
Wirkungsstätten: Spanien und Nordafrika
Bedeutung des Namens: der, an dem Gott gnädig gehandelt hat (hebräisch)
Namensformen: Hans, Hannes, Hennes, Iwan, Ivor, Ivan
Patronat: Kranke, Pflegepersonal, Buchdrucker, Buchhändler

Diesen merkwürdigen Namen trägt ein Heiliger, der auch »der Bettler von Granada« genannt wird. Er war ein großer Abenteurer, aus dem aber Gottes Gnade einen Heiligen machte. Seinen Namen erhielt er vom Bischof von Tuy, der ihn damit gleichsam geadelt hat, weil er immer »um Gottes Wollen« bat.

Ursprünglich hieß er Johannes Ciudad und wurde am 8. März 1495 als Sohn armer Leute zu Montemór o Novo bei Evora nahe Lissabon geboren. Als junger Mann entschloß er sich, Soldat zu werden. Das ungezügelte, wüste Treiben gefiel ihm zunächst sehr. Aber eines Tages stürzte er ungeschickt vom Pferd und wurde lebensgefährlich verletzt. Als er weitgehend geheilt war, kehrte er in die Heimat zurück. Doch als er erfuhr, daß seine Eltern aus Kummer über ihn gestorben waren, peinigten ihn schwere Gewissensbisse. Deshalb reiste er nun nach Afrika, um dort durch schwere Arbeit den von den Mohammedanern gefangenen Christensklaven beizustehen und für seine Sünden Buße zu tun.

Einige Jahre später ging Johannes nach Spanien und betrieb dort ein Devotionaliengeschäft mit religiösen Bildern und Büchern. Sein mühsam gefundenes inneres Gleichgewicht wurde jedoch erneut von Grund auf erschüttert, als er am 20. Januar des Jahres 1539 eine Predigt des berühmtesten Kanzelredners von Andalusien, des seligen Johannes von Avila, hörte. Die Reue über sein schuldbeladenes Leben wühlte ihn so sehr auf, daß er sich wie ein Besessener aufführte. Von heftigen Krämpfen geschüttelt, sich selbst verwünschend, zerstörte er wie ein Rasender sein mühsam aufgebautes Geschäft. Schließlich landete er in der Irrenanstalt. Dort versuchte man, ihm den vermeintlichen Irrsinn durch Schläge und Fußtritte auszutreiben, denn zu dieser Zeit glaubte man noch, daß ein Geistesgestörter vom Teufel besessen sei, den es zu vertreiben galt. Johannes von Avila, der von dem Vorfall gehört hatte, eilte herbei und riet seinem Namensbruder, ab sofort sein Leben in den Dienst der Nächstenliebe zu stellen.

Von da an hatte Johannes seinen Frieden gefunden. Ihn interessierte nur noch eines: durch Barmherzigkeit seinen leidenden Mitmenschen zu helfen. Er widmete fortan seine ganze Kraft dem Werk der Nächstenliebe. 1540 gründete er ein Spital. Den Unterhalt für die Kranken erwarb er mit seiner eigenen Hände Arbeit

Das Grab des Johannes, der 1690 heiliggesprochen wurde, befindet sich in der Kirche der »Barmherzigen Brüder« zu Granada.

und durch Erbetteln von Almosen. Für die Pflege der Kranken fand er bald gleichgesinnte Gefährten. Hieraus entwickelte sich der Orden der Barmherzigen Brüder →, der 1572 von Papst Pius V. bestätigt wurde. Für Johannes waren die leiblichen Dienste an den Kranken immer nur ein Mittel, um auch ihre Seelen zu heilen. Er fand sogar noch Wege, um käufliche Mädchen wieder in das christliche Leben zurückzuführen. Viel Spott und Hohn mußte der Heilige dabei erdulden. Er aber kümmerte sich nicht darum. Johannes richtete die ersten Obdachlosenasyle ein, in denen die Ärmsten des Volkes kostenlos Quartier und Kost fanden. Darüber hinaus sorgte er dafür, daß die Betreuung von Irren zu einem Sonderzweig der Krankenpflege ausgestaltet wurde.

Zwölf Jahre opferte sich der Heilige im Dienst der Nächstenliebe auf. Als er im Februar 1550 aus dem Hochwasser eines über die Ufer getretenen Flusses Treibholz bergen wollte, sah er einen Knaben in den tosenden Fluten treiben und mit dem Tod ringen. Sofort sprang der Heilige ihm nach, und es gelang ihm, das Kind zu retten. Er selbst erkrankte jedoch daraufhin an einem schweren Fieber. Am 8. März 1550 starb Johannes von Gott.

Johannes von Gott wird dargestellt, wie er Körbe auf dem Rücken trägt und zwei Töpfe um den Hals. Oft hält er auch das Jesuskind auf seinem Arm, das einen Granatapfel in der Hand hält als Hinweis auf die Stadt Granada, wo Jesus Johannes den Tod vorhergesagt haben soll.

9. März

Franziska von Rom

Die 1384 in Rom geborene hl. Franziska erlebte in ihrem Leben mehrere wunderbare Visionen. Die schönste war die von den drei Himmeln, dem Sternenhimmel, dem Kristallhimmel und schließlich dem Feuerhimmel. Ihr Dasein in dieser Welt war nur so etwas wie eine leichte und durchsichtige Schale für ein Leben, das sie in einer anderen Dimension führte.

Das 14. Jahrhundert war eine düstere Zeit für die Kirche. Das Papsttum war so sehr in Abhängigkeit von den französischen Königen geraten, daß die Päpste siebzig Jahre lang fern von Rom in Avignon residieren mußten. Die Stadt Rom war Zankapfel der mächtigen Adelsparteien geworden. Unbeherrschter Lebensgenuß und unersättliche Sinnlichkeit hatten sich breitgemacht. Mitten in diese dunkle Zeit stellte Gott als wegweisenden Leuchtturm das vollkommene Leben einer edlen Römerin, der hl. Franziska. Äußerlich verlief ihr Leben, wie es Tausenden von Frauen beschieden war und ist: Mädchen, Mutter, Witwe. Sie heiratete auf Wunsch ihrer Eltern den adligen Lorenzo Ponziani, obwohl sie eigentlich Nonne werden wollte. Dennoch war sie ihrem Gatten stets eine treue, opferbereite Ehefrau, die seinem gesellschaftlichen Leben den richtigen Rahmen gab und sich liebevoll um die Kinder kümmerte.

Aber dieses glanzvolle, gesellige Leben sollte nicht immer währen. Lorenzo wurde im Kampf gegen König Ladislaus von Neapel nicht nur schwer verwundet, sondern auch vom siegreichen König verbannt. Sein Besitz wurde konfisziert und der älteste Sohn als Geisel nach Neapel entführt. Des Unglücks nicht genug, verlor Franziska noch zwei Kinder durch die Pest. Zusammen mit anderen Frauen, die sie um sich versammelt hatte, widmete sie sich nun ganz dem Dienst am Nächsten. Am 15. August 1425, dem Fest Mariä Himmelfahrt, gründete sie die Gemeinschaft der »Benediktiner-Oblaten«.

Geboren: 1384 in Rom
Gestorben: 1440 in Rom
Berufung/Beiname: Ordensgründerin, Oberin, Mystikerin
Wirkungsstätte: Italien
Bedeutung des Namens: die Freie (althochdeutsch)
Namensformen: Fränze, Franzi, Fanny, Sis, Zissi
Patronat: Autofahrer, Frauen

Die hl. Franziska wurde in der Kirche S. Maria Nuova in Rom bestattet, die jetzt auch Francesca Romana heißt. Der hl. Franz von Sales hat sie später »eine der größten Heiligen« genannt.

Franziska von Rom wird dargestellt als Nonne im schwarzen Habit mit Gürtel, weißem Schleier und einem als Diakon gekleideten Schutzengel zur Seite. In älteren Darstellungen erscheint sie oft zusammen mit dem Jesuskind.

Nach dem Tod ihres Gatten folgte sie ihren Gefährtinnen in das Kloster Torre de Specchio. Hier lebte sie bis zum 3. März 1440. An diesem Tag rief man sie zu ihrem kranken Sohn Giovanni in den Palazzo Ponziani. Als sie abends ins Kloster zurückkehren wollte, kam sie nicht weit, weil ihr plötzlich die Füße versagten. Sie schleppte sich noch in den Palazzo zurück, wo sie am 9. März an einer Rippenfellentzündung starb.

Legende *Einmal, es war in der Nacht des 14. Oktobers 1434, befand sich Franziska in ihrem Betzimmer. Dort fiel sie in Verzückung und erblickte die Muttergottes, von der sie Anweisungen und Botschaften empfing, die sie dem Papst nach Bologna überbringen sollte. Am folgenden Tag ging Franziska zu ihrem Beichtvater und bat ihn, sich an ihrer Stelle nach Bologna zu begeben, um den Auftrag Mariens auszuführen. »Meine Reise wird genauso nutzlos sein«, erwiderte Don Giovanni, »denn der Papst wird uns nicht glauben. Euch wird man für eine Närrin halten und mich für einen Tropf.«*
Auf ihr erneutes Bitten hin entschloß sich der Priester, dennoch zu reisen. Der Papst empfing ihn jedoch mit großen Ehren, hörte ihm aufmerksam zu und erließ dann jene Anweisungen, die Franziska aus dem Mund Mariens vernommen hatte. Don Giovanni kehrte nach Hause zurück. Aber als er Franziska vom Erfolg seiner Sendung berichten wollte, unterbrach sie ihn und sagte: »Ich war im Geiste mit euch und weiß alles, was euch begegnet ist.«

10. März

John Ogilvie

Geboren: 1579 in Banffshire (Schottland)
Gestorben: 1615 in Glasgow (Schottland)
Berufung/Beiname: Jesuit, Missionar, Märtyrer
Wirkungsstätten: Schottland, Belgien, Mähren, Österreich
Bedeutung des Namens: der, an dem Gott gnädig gehandelt hat (von Johannes; hebräisch)
Namensformen: Hans, Hannes, Hennes, Jens, Iwan, Ivan, Ivor

Fast vierhundert Jahre dauerte es, bis Papst Paul VI. den mutigen schottischen Bekenner John Ogilvie am 17. Oktober 1976 heiligsprach.

Johannes wurde am 10. März 1579 im schottischen Banffshire geboren. Da seine Eltern einer kalvinistischen Adelsfamilie → angehörten, schickte man ihn in das protestantische Internat von Helmstedt. Trotz dieser Erziehung konvertierte er zum katholischen Glauben und studierte ab 1596 im schottischen Kolleg der katholischen Universität von Löwen, später in Olmütz. Mit 20 Jahren trat er in den Jesuitenorden ein und empfing nach der elf Jahre dauernden jesuitischen Ausbildung im Jahr 1610 die Priesterweihe.

Im Jahr 1613 ging Pater Johannes Ogilvie wieder nach Schottland, um seine Landsleute für den katholischen Glauben zurückzugewinnen. Diese Tätigkeit erforderte viel Mut, denn die kalvinistische Kirche bekämpfte den katholischen Glauben und seine Anhänger mit äußerster Härte. Seine Hilfe selbst für die Katholiken, die ihren Glauben nur im privaten Bereich ausübten, sowie sein Missionieren ganz allgemein waren aber so erfolgreich, daß sie den Kalvinisten schon nach kurzer Zeit nicht mehr verborgen bleiben konnten. So fand seine segensreiche Tätigkeit bereits nach einem Jahr ein jähes Ende.

Johannes wurde in Glasgow verhaftet. Im Gefängnis hatte er schwer unter der Folter zu leiden. Da er aber nicht bereit war, seinen katholischen Glauben zu verleugnen, wurde er wegen Hochverrats angeklagt und am 10. März 1615, am Tag seines sechsunddreißigsten Geburtstags, gehängt.

11. März

Euphrasia

Euphrasia oder Euphrosine (Rosine) wurde um das Jahr 380 in Konstantinopel → als Tochter des vermögenden Senators Antigonus geboren, der als Verwandter des Kaisers am Hof Theodosius des Jüngeren (408–450) eine angesehene Stellung innehatte. Das Mädchen wurde von ihren frommen Eltern christlich erzogen. Als der Vater plötzlich starb, verließ die Mutter mit ihrer Tochter Konstantinopel und reiste nach Ägypten, wo ihr große Ländereien gehörten. Dort wohnten sie in der Nähe eines großen Frauenklosters. Das Leben dieser frommen Frauen machte vor allem auf die junge Euphrasia einen so starken Eindruck, daß sie mit Zustimmung ihrer Mutter bereits als Siebenjährige in das Kloster eintrat und fortan das beschwerliche Klosterleben führte. Selbst ein Brief des Kaisers Theodosius, der sie mit einem Senator vermählen wollte, konnte sie später nicht mehr umstimmen. Sie wollte ihr Leben weiterhin im Kloster verbringen. Sie bat sogar den Kaiser, all ihr Vermögen, das sie geerbt hatte, an die Armen zu verteilen. Die Heilige starb, erst dreißig Jahre alt, im Jahre 410.

Legende Die hl. Jungfrau Euphrasia, die von kaiserlicher Abstammung war, verrichtete am liebsten die niedrigsten Arbeiten im Kloster. Die Oberin, die ihren großen Eifer und ihr Verlangen, immer vollkommener zu werden, sah, legte ihr strenge Prüfungen auf. So befahl sie ihr eines Tages, einen großen Steinhaufen von einem Ort zum anderen zu tragen. Ohne Widerrede gehorchte die Heilige. Sie fragte nicht nach dem Warum. Dreißig Tage leistete sie diese Schwerstarbeit und übte sich so in Demut und Gehorsam.

Geboren: um 380 in Konstantinopel (Kleinasien)
Gestorben: um 410 in Ägypten
Berufung/Beiname: hl. Jungfrau
Wirkungsstätte: Ägypten
Bedeutung des Namens: die Wohlsprechende (griechisch)
Namensformen: Sina, Rosine, Rosina

12. März

Fina

Im Jahre 1238 bekam in der türmereichen Stadt San Gimignano in der Toskana ein Ehepaar aus der Familie der Ciardei ein Mädchen, das bei der Taufe den Namen Fina erhielt. Dieser seltsame Name ist eine Abkürzung von Seraphina oder Josephina, und der poetische Klang der verkürzten Namensform und die Verwandtschaft mit dem Wort Fina – die Feine haben schon Giovanni del Coppo, dem ersten Biographen der hl. Fina, zu denken gegeben.

Bereits in frühester Kindheit zeigte Fina wenig Sinn für Spiel und Scherz. Als das ernste Mädchen zehn Jahre alt war, befiel sie eine schwere Lähmung aller Glieder. Sie konnte sich nicht mehr bewegen. Trotz ihrer Krankheit verschmähte sie eine weiche Lagerstätte und ließ sich auf ein hartes, schmales Eichenholzbrett betten. So verharrte sie über fünf Jahre lang.

Die kleine Dulderin ließ sich nichts von ihren Schmerzen anmerken. Sie zeigte stets ein fröhliches Gesicht und erbaute ihre Besucher durch die Unverzagtheit ihres Glaubens. Selbst als sich ihre Mutter beim Sturz über die Treppe das Genick brach und ihr Vater vor Kummer starb, kam ihre demütige Ergebenheit in Gottes Willen nicht ins Wanken. Aber mit der Zeit wurde es immer einsamer um

Geboren: 1238 in San Gimignano (Italien)
Gestorben: 1253 in San Gimignano
Berufung/Beiname: hl. Jungfrau
Wirkungsstätte: Toskana
Bedeutung des Namens: die Vermehrerin (von Josefine; hebräisch)
Namensformen: Josephina, Josepha, Seraphina, Sina
Patronat: San Gimignano

12. März

Die Darstellungen und die Verehrung der hl. Fina beschränken sich auf die oberitalienische Stadt San Gimignano. Dort sind die Vita und Legende der Heiligen im Dom und in der Kirche S. Agostino verewigt.

die Kranke. Einzig ihre alte Amme pflegte sie unermüdlich. Ab und zu bekam sie den Besuch eines kleinen, blinden Jungen, dem Fina vom lieben Gott und von den Schönheiten des himmlischen Paradiesgartens zu erzählen pflegte.

Nach ihrem Tod am 12. März 1253 wurde die hl. Fina im Dom von S. Gimignano beigesetzt. Zweihundert Jahre später, nach ihrer Heiligsprechung, haben Künstler aus Florenz ihre Grabstätte mit herrlichen Kunstwerken geschmückt, so daß man heute noch ihre Legende aus der beeindruckenden Bildfolge des Domenico Ghirlandaio wie aus einem Bilderbuch ablesen kann.

Legende Als die Heilige fünf Jahre in Qualen verbracht hatte, ohne sich je über ihre Schmerzen zu beklagen, hatte der Himmel mit ihr Erbarmen. Aus der harten Lagerstätte sprossen plötzlich Blumen hervor, veilchenartige, wunderbar duftende, rötliche Blumen, die das Brett wie mit einem weichen Polster immer mehr bedeckten.

Als sich die Seele des jungen Mädchens von ihrem Körper löste, da ließ der Teufel, weil er sah, daß er keine Macht über sie erlangt hatte, einen fürchterlichen Sturm und Regen über S. Gimignano niedergehen. Doch plötzlich begannen die Glocken von allen Türmen der Stadt zu läuten, ohne daß irgendein Mensch die Glockenseile gezogen hätte. Sie übertönten das Heulen des Sturms und brachten es zum Schweigen. Die erstaunten Einwohner der Stadt hatten aber kleine Engel von Turm zu Turm fliegen sehen, welche die Glocken zum Klingen gebracht hatten. Da liefen sie schnell nach dem Sterbehaus und trugen die Tote unter großen Feierlichkeiten zu der Domkirche, wo sie sie vor dem Portale aufbahrten. Nun sahen alle, daß das eichene Brett ihres Lagers über und über mit Blumen bedeckt war, und sie atmeten die Düfte, die den Blüten entströmten und den ganzen Platz erfüllten.

13. März

Leander

Geboren: um 540 in Cartagena (Spanien)
Gestorben: 600 in Sevilla (Spanien)
Berufung/Beiname: Benediktinermönch, Bischof
Wirkungsstätte: Spanien
Bedeutung des Namens: der gütige Mann (griechisch)
Namensformen: Anderl
Patronat: schützt vor Rheumatismus

Als Erzbischof von Sevilla wurde der hl. Leander zum Symbol der religiösen Einheit Spaniens. Seinem Wirken verdankt Spanien im 6. Jahrhundert die Rückkehr aus der arianischen Irrlehre zum katholischen Glauben. Leander wurde um 540 in der spanischen Stadt Cartagena geboren. Er stammte aus einer sehr frommen Familie. Seine Brüder Isidor und Fulgentius und seine Schwester Florentina wurden später ebenfalls heiliggesprochen.

Unter der Obhut der Benediktinermönche von Sevilla wuchs Leander heran, und so ist es nicht verwunderlich, daß er später selbst in diesen Orden eintrat. 577 holte ihn die Gemeinde von Sevilla aus der Stille des Klosters und wählte ihn zum Erzbischof. Damit begann das große Wirken des Heiligen. Unablässig predigte er mit viel Geschick und mit großer Überzeugungskraft gegen den Arianismus →, so daß weit über Sevilla hinaus sich viele Gläubige wieder vom Irrglauben abwandten. Er erreichte sogar, daß sich der arianische Königssohn Hermenegild bekehrte. Dies führte zum Konflikt mit dessen Vater Leovigild, der ein erbitterter Gegner der katholischen Kirche war. Hermenegild erhob sich gegen seinen Vater, wobei ihn Leander unterstützte. Doch der geplante Putsch scheiterte. Leovigild ließ seinen Sohn enthaupten und schickte Leander in die

Verbannung. Leander lebte einige Jahre in Konstantinopel, dem heutigen Istanbul, wo er sich mit dem späteren Papst Gregor dem Großen anfreundete.

Nach dem Tod Leovigilds kehrte Leander in seine Heimat zurück. Seinem Einfluß ist es schließlich zu verdanken, daß der neue König Rekkared im Jahr 587 katholisch wurde. Dies bedeutete die entscheidende Wende.

Bereits drei Jahre später konnte Leander das dritte Konzil von Toledo → einberufen. Unter Anteilnahme des Adels, der arianischen Bischöfe und Vertretern der Stände wurden die religiösen Konflikte beigelegt und der katholische Glaube als offizielle Religion in ganz Spanien anerkannt.

Leander konnte sich nun der Reform der spanischen Kirche und des Klerus widmen. Seine bedeutendste Neuerung war die Aufnahme des Glaubensbekenntnisses in die Meßfeier, das heute noch fester Bestandteil der Liturgie ist. Neben seinem Reformeifer glänzte Leander vor allem durch die große Zahl von theologischen Schriften, die er verfaßte. Der hl. Leander starb am 13. März des Jahres 600 in seiner geliebten Stadt Sevilla.

Dargestellt wird Leander im Bischofsgewand mit Buch und Schreibfeder, gelegentlich auch mit einem Herzen und in Begleitung seiner drei Geschwister.

14. März

Mathilde

Königin Mathilde, die Gemahlin Heinrichs des Voglers, ist eine der edelsten deutschen Frauengestalten des Mittelalters. Sie war eine sächsische Grafentochter, ihr Vater Dietrich stammte aus dem Geschlecht Widukinds. Mathilde kam um 895 in Enger (Westfalen) zur Welt. Ihre Eltern ließen sie im Kloster Herford erziehen, dessen Äbtissin ihre Großmutter war.

Schon früh muß sich Mathilde durch hervorragende Anmut und Klugheit ausgezeichnet haben, denn der Ruf ihrer Tugenden drang zu Herzog Heinrich, der um ihre Hand anhielt. Das junge Edelfräulein heiratete den Herzog, und als dieser zehn Jahre später zum deutschen König gewählt wurde, hatte Mathilde die verantwortungsvolle Stellung einer deutschen Königin zu übernehmen. Sie erfüllte dieses Amt mit Würde und weiblichem Geschick. Sie hielt ihre Untertanen stets zu emsigem Fleiß an und gab immer ein hervorragendes Beispiel.

Vor allem aber übte die Königin Barmherzigkeit und nahm sich der Armen und Kranken an. Ihr Eifer in wohltätigen Werken hatte auch einen großen Einfluß auf ihren Ehemann, der ihre Mildtätigkeit und ihre Schenkungen an die Kirche seinerseits unterstützte. Die mächtigen Klöster Quedlinburg, Pölde, Enger und Nordhausen gehen auf Stiftungen Mathildens zurück. Die Königin unterstützte ihre Kirche, wo immer es ihr möglich war.

Mathilde und Heinrich bekamen zwei Töchter und drei Söhne, darunter den späteren Kaiser Otto I. und den hl. Erzbischof Bruno von Köln. Zwei ihrer Söhne jedoch, Heinrich und Otto, sollten ihr großes Leid bereiten. Der Tod Heinrich des Voglers und die damit anstehende Nachfolge in der deutschen Königswürde wurden zum Anlaß eines häßlichen Zwists zwischen den Brüdern. Die fromme Königin flehte unaufhörlich zu Gott, er möge ihren Kindern Frieden und Eintracht bescheren. Endlich war der Streit beigelegt, Otto erhielt die Königswürde, Heinrich wurde Herzog in Bayern.

Geboren: um 895 in Enger (Westfalen)
Gestorben: 968 in Quedlinburg (Sachsen-Anhalt)
Berufung/Beiname: Klostergründerin
Wirkungsstätte: West- und Norddeutschland
Bedeutung des Namens: die mächtige Kämpferin (althochdeutsch)
Namensformen: Mechthild, Thilde, Meta, Matilda, Maud
Patronat: Fulda, Paderborn

14. März

Dargestellt wird Mathilde in königlichen Gewändern, mit einer Geißel als Zeichen der Selbstzüchtigung, mit einem Kirchenmodell und Almosen austeilend; manchmal erscheint die Heilige aber auch, wie in der Legende berichtet wird, mit einem Hahn oder einer Hirschkuh.

Aber für Mathilde begann erneut eine Zeit härtester Prüfungen. Die Brüder warfen ihr jetzt nämlich vor, daß sie ihr Hab und Gut an Unwürdige verschwendet hätte, und entzogen ihr allen Besitz und jegliche Einkünfte. Mathilde wurde sogar verbannt. Sie zog sich in das von ihr gegründete Stift Enger zurück. Gewiß war diese Zeit, in der sie von ihren Kindern nur Undank und Ablehnung erfuhr, die schwerste ihres Lebens. Aber geduldig trug sie auch dieses Leid.

Später wurde Mathilde wieder am Hof aufgenommen und in ihre Rechte eingesetzt. Die wenigen Jahre, die ihr noch blieben, nutzte sie dazu, ganz ihren frommen Werken zu leben. Sie speiste die Armen, pflegte Kranke, tröstete Sterbende und ermahnte alle zu gottgefälligem Leben. Mathilde starb nach längerer Krankheit im Kloster zu Quedlinburg (Bezirk Halle) am 14. März 968. Sie wurde in der Krypta des Quedlinburger Doms neben ihrem Gemahl beigesetzt.

Legende Die Legendenbücher berichten von keinen großen Wundern, die diese deutsche Königin vollbracht hat. Das entspricht auch ganz dem Stil ihrer Heiligkeit. Er war unauffällig, schlicht und maßvoll, wie es ihrem ganz aufs Weibliche ausgerichteten Wesen entsprach. Man erzählt sich, daß Kranke durch ihr Gebet gesund wurden und daß sie ihre Liebe nicht nur allen Menschen schenkte, sondern auch den Tieren, denn sie sah sie ebenfalls als Geschöpfe Gottes an. So verwandte Mathilde besondere Sorgfalt auf einen Hahn, weil er sie zuverlässig frühmorgens zum Gebet weckte.

Die Legende erzählt außerdem, daß Königin Mathilde innerhalb der Klostermauern eine Hirschkuh hielt. Diese verschluckte einmal ein Krüglein, in dem die Heilige den Wein für das Meßopfer verwahrte. Als sie aber ihre Hand an das Maul des Tieres legte und es eindringlich bat, ihr das Gefäß doch unversehrt zurückzugeben, siehe, da legte die Hirschkuh das Krüglein vorsichtig in ihre Hand hinein.

15. März

Luise von Marillac

Geboren: 1591 in Paris
Gestorben: 1660 in Paris
Berufung/Beiname: Ordensgründerin, Generaloberin
Wirkungsstätte: Frankreich
Bedeutung des Namens: die durch Kampf Berühmte (althochdeutsche Form von Ludwig)
Namensformen: Louise, Luisa, Ludovika
Patronat: Vinzentinerinnen, soziale Berufe

Die hl. Luise hinterließ folgendes Vermächtnis: »Liebet die Armen, die Kranken und die Kinder, und ehret sie wie unsern Herrn Jesus Christus selbst!«

Luise von Marillac verwirklichte in der Tat zeit ihres Lebens die wahre christliche Nächstenliebe. Sie war die Mitgründerin der Barmherzigen Schwestern →, die noch heute unter dem Namen Vinzentinerinnen → als tatkräftige Engel der Nächstenliebe aus den sozialen Einrichtungen unserer Zeit nicht wegzudenken sind. So bekannt das segensreiche Wirken der Schwestern mit der großen weißen Flügelhaube ist, so wenig wissen die meisten Menschen unseres Jahrhunderts jedoch von jener Frau, die diese christliche Vereinigung einst ins Leben gerufen hat – von der hl. Luise von Marillac. Sie wurde von der Kirche im Jahre 1934 heiliggesprochen.

Luise stammte aus vornehmem Haus. Sie wurde am 12. August 1591 in Paris geboren und nach dem frühen Tod ihrer Mutter im adeligen Töchterinstitut der Abtei Possey erzogen. Nach dem Tod ihres Vaters heiratete sie 1613 Anton Le Gras, den Sekretär der Königin Maria Medici. Le Gras hatte großes Verständnis für Luise, die sich zum Entsetzen der Hofgesellschaft schon während ihrer zwölfjährigen Ehe immer wieder karitativen Aufgaben zuwandte. So besuchte sie regelmäßig die verrufensten Armenviertel von Paris und verteilte Almosen an die Bedürftigen und Kranken. Mit dieser Tätigkeit brach Luise alle Tabus der damaligen höfischen Gesellschaft, die ja jeglichen Kontakt mit dem einfachen Volk vermied. Nur die starke Unterstützung ihres frommen Gatten ermöglichte es Luise, daß sie ihr Werk fortsetzen konnte.

Als im Jahre 1625 ihr Mann starb, hatte die junge Witwe mehr denn je den Wunsch, sich voll und ganz den Werken der Barmherzigkeit zu widmen.

Bald darauf gewann Luise von Marillac in dem hl. Vinzenz von Paul einen wunderbaren geistlichen Führer. Dieser hatte 1617 sein großes Caritaswerk begonnen, das sich besonders der Armen, Kranken und Notleidenden annahm. 1633 eröffnete Luise, tatkräftig von Vinzenz von Paul unterstützt, zusammen mit vier jungen Mädchen ihr erstes, noch recht bescheidenes Hospiz. Sie bildete die vier Helferinnen zu Krankenpflegerinnen und Fürsorgerinnen aus. Sie nannte ihre kleine Gemeinschaft zunächst »Töchter der christlichen Liebe«; die bäuerliche Kleidung der Frauen aus der Bretagne wurde zum Vorbild für die Ordenstracht. Später entwickelte Luise von Marillac eine fromme Regel für den immer größer werdenden Kreis ihrer Mitarbeiterinnen, die sie als Oberin anerkannten. Das völlig Neuartige an dieser Gemeinschaft war: Die Barmherzigen Schwestern lebten mitten in der Welt, ohne durch Klausur oder Gelübde gebunden zu sein.

Im Jahr 1655 erhielt ihre Kongregation zu ihrer größten Freude endlich die Bestätigung aus Rom. Dadurch wurden die Pflegeschwestern auch offiziell in den Status einer vollgültigen kirchlichen Gemeinschaft erhoben.

Die Barmherzigen Schwestern gründeten in rascher Folge Krankenhäuser, Waisenhäuser, Kindergärten, Behindertenheime, Häuser für Arme, Alte sowie Geisteskranke. Sie halfen in den Besserungsanstalten und in Gefängnissen, in Findelhäusern und Missionsanstalten. Galeerensträflinge, politische Flüchtlinge, Kriegs- und Revolutionsopfer fanden bei ihnen Zuflucht, Rat und Hilfe.

Die Schwestern richteten so etwas wie Volksküchen ein. Dort bekamen täglich mehr als tausend Hungrige zu essen. Schulen wurden von ihnen gegründet, Militärlazarette eingerichtet, Häuser für Gestrauchelte und Ausgestoßene erbaut. Dieses unglaubliche Werk der Barmherzigkeit und der aufopfernden Nächstenliebe begann sich rasch auszubreiten. Einerseits baten viele junge Frauen um die Aufnahme in die Kongregration, andererseits wurden die Vinzentinerinnen auch von überall her um Hilfe gebeten.

Luise von Marillac starb hoch geachtet und hoch verehrt einige Monate vor dem hl. Vinzenz von Paul, am 15. März 1660. Nach ihrem Tod kamen die Vinzentinerinnen sogar nach Polen und später nach Asien.

Im 18. und 19. Jahrhundert erfolgte zusätzlich eine Ausbreitung der »Töchter der christlichen Liebe« nach Amerika. Im Jahr 1817 gründete in der neuen Welt Anna Seton in Baltimore die christliche Gemeinschaft »Sisters of St. Joseph«, von denen sich ein starker Zweig später ebenfalls der großen Schwesterngenossenschaft der Vinzentinerinnen der Luise von Marillac anschloß.

Heute bilden die Vinzentinerinnen die größte religiöse Frauengenossenschaft in der ganzen Welt. Die Kongregation umfaßt knapp 50 000 Schwestern, die sich weltweit auf rund 4000 Niederlassungen verteilen.

Vinzenz von Paul war der geistliche Führer der Luise von Marillac und der Barmherzigen Schwestern. Er sagte den Schwestern: »Euer Kloster ist das Krankenzimmer, eure Zelle ein gemietetes Stüblein, euer Chor die Straße oder der Krankensaal eines Spitals, eure Klausur der Gehorsam, eure Speise die Furcht Gottes, euer Schleier die heilige Eingezogenheit.«

Luise von Marillac wird auf Darstellungen meistens in Witwenkleidung gezeigt, da sie schon in jungen Jahren ihren Mann Anton Le Gras verlor, gelegentlich wird sie aber auch in der Ordenstracht der Vinzentinerinnen dargestellt.

16. März

Heribert von Köln

Geboren: um 970 in Worms (Rheinland-Pfalz)
Gestorben: 1021 in Köln
Berufung/Beiname: Klostergründer, Bischof
Wirkungsstätten: Deutschland, Italien
Bedeutung des Namens: der glänzende Krieger (althochdeutsch)
Namensformen: Herbert, Herbart, Berti, Bertl
Patronat: Köln-Deutz; für Regen

Dargestellt wird Heribert meist als Bischof, der im Gebet um Regen fleht. Am Heribertschrein in der Deutzer Heribertkirche ist das Leben des Heiligen szenenreich erzählt.

Ein kunstvoller Schrein in der Kirche von Deutz bei Köln, der die Reliquien des Kanzlers und Erzbischofs Heribert birgt, zeigt die Gestalt des Heiligen, umrahmt von den beiden Figuren der hl. Caritas und der hl. Humilitas als Personifikation der Grundzüge seines Wesens. Das schriftliche Porträt des Bischofs findet sich in der berühmten Koehlhoffschen Chronik von 1499.

Heribert wurde um 970 als Sohn des Grafen Hugo von Worms geboren. Er besuchte zunächst die Domschule in seiner Vaterstadt, später die Schule des Benediktinerklosters Gorze in Lothringen. Nach Worms zurückgekehrt, erhielt er die Priesterweihe und wurde zum Dompropst ernannt. Heriberts große Fähigkeiten blieben dem jungen König Otto III. nicht verborgen. Deshalb ernannte er ihn zu seinem Ratgeber, 994 zum Kanzler für Italien und 998 zum Erzkanzler des gesamten Reiches. Als 999 der Erzbischof von Köln starb, wurde Heribert zu seinem Nachfolger gewählt. Er war Zeuge, als der junge Kaiser in Paterno in Italien 1002 allzu früh den Tod fand. Immer wieder in schwere Kämpfe verwickelt, geleitete der Erzbischof die Leiche seines Fürsten nebst den Reichsinsignien unversehrt nach Aachen. Der Nachfolger auf dem deutschen Königsthron, Heinrich II., begegnete ihm zunächst voller Mißtrauen. Das ging so weit, daß Heribert sogar einige Zeit gefangen genommen wurde. Aber bald mußte der neue Herrscher einsehen, daß der Erzbischof ihm genauso treu ergeben war wie seinem Vorgänger. Heinrich scheute sich daraufhin nicht, Heribert um Verzeihung zu bitten. Und er ernannte ihn anschließend zu seinem Ratgeber.

Wichtig war Heribert jedoch vor allem die Tätigkeit für seinen Kölner Sprengel. Er besuchte zahlreiche Gemeinden, nahm sich der Nöte und Bedürfnisse seiner Diözese an. Der Erzbischof gab seinem Klerus das beste Beispiel als Priester und Seelsorger. Die Klöster erfuhren seine tatkräftige Unterstützung. Auch machte er großzügige Stiftungen für den Bau und die Wiederherstellung von Kirchen. Mit besonderem Eifer förderte er den Neubau der Abtei in Deutz, die er im Mai 1019 feierlich einweihte. Ein großes Anliegen waren Heribert die Armen seiner Diözese. Sie unterstützte er in großzügiger Weise während einer Hungersnot. Der Erzbischof starb am 16. März 1021 in Köln. Beigesetzt wurde er in seiner geliebten Abtei in Deutz Vor seinem Tod vermachte Heribert ihnen sogar seinen gesamten persönlichen Besitz.

Legende Wie berichtet wird, erhielt der Heilige sein Patronat für Regen aufgrund folgender Begebenheit: Als einst eine schreckliche Dürre ausgebrochen war und darauf eine verheerende Hungersnot einsetzte, in deren Gefolge sogar die Pest durch das Land zog, suchte der gute Oberhirte mit allen seinen Kräften dem Elend entgegenzuwirken. Er teilte die letzten Vorräte an die Hungrigen aus. Als die Not am größten war, forderte er die Bewohner der Stadt Köln zu einem öffentlichen Bittgang auf. Sein Aufruf lautete: »Von Gott allein kommt alles Heil! Laßt uns Ihm nahen in der Demut des Herzens. Er wird gewißlich helfen!« Und so geschah es auch. Einige Zeit nach dem Bittgang fiel reichlicher Regen nieder und machte die ausgetrockneten Felder wieder fruchtbar.

17. März

Gertrud von Nivelles

Unter den heiligen Frauen, die den Namen Getrud tragen, sind zwei Heilige von besonderer Bedeutung, nämlich Gertrud von Helfta, die Große, deren Fest am 17. November gefeiert wird, und die hl. Gertrud, die erste Äbtissin von Nivelles bei Brüssel, die rund sechshundert Jahre früher gelebt hat.

Gertrud von Nivelles war die Tochter des älteren Pippin von Landen, des Majordomus → der merowingischen Könige und Stammvaters der Karolinger →. Ihre Mutter war die hl. Itta oder Iduberga. Gertrud, die um das Jahr 626 in Nivelles (Frankreich) geboren wurde, wuchs in einer außerordentlich frommen Familie auf. Schon mit zwölf Jahren entschloß sie sich, ihr Leben ganz in den Dienst Gottes zu stellen und das Keuschheitsgelübde abzulegen. Deshalb schlug sie eine ihr angetragene glänzende Heirat aus. Nach dem Tode ihres Vaters 639 führte sie zusammen mit ihrer Mutter ein völlig zurückgezogenes Leben.

Als auf Rat des Bischofs Amend von Utrecht Gertruds Mutter Itta in ihrem Haus in Nivelles ein Kloster gründete, wurde auch Gertrud Nonne. Nach Ittas Tod wurde sie 652 zur ersten Äbtissin ernannt. Die junge Oberin hielt ihre Mitschwestern besonders zu Spinn- und Webarbeiten an. In dieser Zeit entstanden viele prachtvolle Meßgewänder und äußerst fein gearbeitete Altartücher.

Die Äbtissin war vor allem um die Pflege von Bibel und Liturgie bemüht. Das »Lexikon für Theologie und Kirche« schreibt über die hl. Gertrud von Nivelles: »Sie war ausgezeichnet durch große Schriftkenntnis, Nächstenliebe und unermüdlichen Tugendeifer. Sie ließ Bücher, wahrscheinlich liturgische, aus Rom kommen und erbat aus Irland Mönche zur Erklärung der Heiligen Schrift.« Wie wir aus anderen Quellen wissen, interessierte sie sich persönlich besonders für die Reisen und das Schicksal des Apostels Paulus, der mehrere Briefe an die christlichen Gemeinden verfaßte und während seiner zweiten großen Missionsreise in Ephesus → von den römischen Soldaten ins Gefängnis geworfen wurde. Mit erheblichen Kosten begann Gertrud, im Kloster eine Bibliothek einzurichten. Da immer mehr Besucher zur Klosterkirche kamen, ließ sie daneben eine große Herberge für Wanderer und Pilger erbauen. Die Äbtissin war allen eine umsichtig sorgende Mutter. Die Mitschwestern begeisterte sie durch ihr Beispiel für ein Leben, das ganz Gott und dem Dienst am Nächsten gewidmet war. Sie saß selbst viele Stunden des Tages am Spinnrad oder Webstuhl. Die Nächte verbrachte Gertrud oftmals wach im Gebet.

Den großen Anforderungen, die sie selbst an sich stellte, hielt ihre zarte Gesundheit aber nicht lange stand. Gertrud erreichte nur ein Alter von dreiunddreißig Jahren und starb am 17. März des Jahres 659 während der heiligen Messe. Der schöne gotische Schrein, in dem ihre Reliquien aufbewahrt werden, befindet sich noch heute in der Kirche von Nivelles.

Die hl. Gertrud wird vor allem in Belgien, Holland, Frankreich sowie in Deutschland verehrt. In Norddeutschland und den Niederlanden wird sie häufig Gesine – in der altfriesischen Form – genannt. Im Volksglauben gehört sie zu den beliebtesten Frühlingsbotinnen und wird als »Sommerbraut« oder »erste

Geboren: um 626 in Nivelles (Frankreich)
Gestorben: 17.3.659 in Nivelles
Berufung/Beiname: Äbtissin
Wirkungsstätten: Belgien
Bedeutung des Namens: die mit dem Speer Vertraute (althochdeutsch)
Namensformen: Gertraud, Gerda, Gesa, Gesine, Gerti, Traudel, Trude, Trudi
Patronat: Gärtner, Handwerker, Reisende, Witwen; für gutes Wachstum der Feldfrüchte; gegen Fieber, Ratten- und Mäuseplage

In Tirol, wohin ihre Verehrung dank irischer Missionare gelangte, gibt es folgenden Spruch über Gertrud: »Gertraud/ führt die Kuh zum Kraut,/ das Roß zum Zug,/ die Bienen zum Flug.«

Gärtnerin« bezeichnet. Die hl. Gertrud nahm beim germanischen Volk Züge der spinnenden Frigga an. Die christliche Heilige segnet so nach dem Vorbild der germanischen Göttin den Beginn der Garten- und Feldarbeiten. Für den Gertrudentag gelten noch heute viele wunderliche Gärtner- und Bauernregeln.

Gertrud wird als Äbtissin mit Äbtissinnenstab dargestellt. Oft hält die Heilige eine Krone oder ein fürstliches Abzeichen in der Hand, oder sie wird mit einem Spinnrocken oder mit einer Katze abgebildet.

Legende Die meisten Legenden um die Gestalt dieser Heiligen sind stark mit alten germanischen Bildern durchsetzt. Eine Legende erzählt von ihr, daß sie einmal ihre Untergebenen in ein fernes Land entsandte, ihnen aber versprach, daß sie keinerlei Unglück erleiden würden. Als sich die Reisenden aber mitten auf dem Meer befanden, da erschien plötzlich ein schreckliches Seeungeheuer, das aber sofort verschwand, als die Gläubigen sich um Fürsprache an die hl. Gertrud wandten.

Zur Erinnerung an diese Begebenheit wurde es Brauch, daß Reisende beim Abschied die sogenannte »Gertrudenminne« tranken, um sich auf diese Weise den Schutz der Heiligen vor allen Gefahren des Leibes und der Seele zu erbitten.

Desgleichen besitzt die hl. Gertrud das Patronat für die »große Reise« oder die »gute Herberge« Verstorbener, weil angenommen wurde, daß sie die Verstorbenen in der ersten Nacht bei sich aufnahm, bevor sie die Reise in die Ewigkeit anzutreten hatten.

Nicht zuletzt wird diese Vorstellung in ihrem Namen »Speerträgerin« zu suchen sein – galten doch nach der nordischen Sage die speerbewehrten Töchter des Donnergotts als Geleiterinnen der Helden nach Walhall, wo sie ihnen dann den Ehrentrunk kredenzten.

18. März

Patricius

Geboren: um 385 in England
Gestorben: 461 in Irland
Berufung/Beiname: Mönch, Missionar, Bischof; »der Apostel Irlands«
Wirkungsstätten: England, Frankreich, Irland
Bedeutung des Namens: der Adelige (lateinisch)
Namensformen: Patrick, Pat, Patricia, Patty, Pady, Patrizius
Patronat: Irland; Bergleute, Böttcher, Friseure, Schmiede; Vieh

Der hl. Patricius aus England, zu deutsch »der Adelige«, ist der Apostel Irlands, der das Christentum auf die grüne Insel gebracht hat. Von dort aus trugen es dann unzählige Glaubensboten im Verlauf vieler Jahrhunderte zu den Germanen auf dem Festland. An seinem Festtag schmücken die Iren ihre Hüte mit Kleebüscheln. Das dreiblättrige Kleeblatt diente dem Heiligen als sichtbares Beispiel, um den heidnischen Germanen die Glaubensaussage der hl. Dreifaltigkeit zu veranschaulichen.

Zu den Attributen des Heiligen gehören auch die Schlangen, denn es heißt, daß Patricius sie aus Irland vertrieben hat. Sinnbildlich ist damit die Vertreibung des Heidentums in Gestalt der bösen Schlange gemeint. Im übrigen gibt es bis heute tatsächlich auf der Insel keine Amphibien.

Patricius kam um das Jahr 385 im westlichen Britannien auf die Welt. Damals stand die Insel zweihundert Jahre lang unter römischer Herrschaft, und ein Teil der keltischen Bevölkerung hatte das Christentum schon angenommen. Sein Vater war Ratsherr und gehörte als Diakon → dem geistlichen Stand an. Sein Großvater war Priester, denn damals galt im Nordwesten des Römischen Reiches das Gebot der Ehelosigkeit für die Priester noch nicht.

Eines Tages geschah es, daß der lebenslustige Patricius bei einem großen Plünderungszug der Iren im Jahr 401 gefangengenommen wurde und auf die Nachbarinsel verschleppt wurde. Als Sklave verkauft, mußte Patricius dort bei einem Druiden, einem Priester, als Hirte dienen. Die Iren waren zu dieser Zeit noch keine Christen. Sie opferten auf Steinaltären ihren Göttern, und den größten Einfluß auf das Volk übten die Priester aus, die Wahrsager und Weise waren.

Damals gab es in Irland eine alte Prophezeiung: Es wird ein Mann kommen mit kahlem Kopf und einem gebogenen Stab. Sein Mantel wird ein Loch für den Kopf haben. An seinem Tisch, der im Osten des Hauses steht, wird er unser (der Druiden) Unheil singen, und all die Seinen werden antworten: »Fiat, fiat!« (So soll es werden). Aber keiner der Priester hatte erkannt, daß es der junge Gefangene war, den die Prophezeiung meinte.

In seinem in fehlerhaftem Latein verfaßten Lebensbericht schildert Patricius diese schweren Jahre als Sklave des Druiden. Nach sechsjähriger Gefangenschaft konnte er endlich fliehen und begab sich auf die Wanderschaft. Vermutlich brachte er etliche Jahre als Mönch in Lérins in der Nähe von Cannes zu. Später erhielt er seine Ausbildung als Priester in Auxerre, wo er vom hl. Germanus zum Bischof geweiht wurde. Zwar war Patricius auch jetzt noch ein mittelmäßiger Schüler und weit entfernt von sprühender Geistesschärfe. – »Ich bin Patricius, ein Sünder, ganz ohne Bildung...« – aber er war von nun an fest davon überzeugt, daß er die Menschen in Irland bekehren mußte.

Er, der die Iren genau kennengelernt hatte, zog im Jahr 432 mit großem Gefolge aus und verhandelte vor allem mit den Königen und Stammesfürsten, weil er wußte, daß er ihre Untergebenen erst gewinnen konnte, wenn er die Obrigkeit bekehrt hatte. Feindlich gesinnt blieben ihm vor allem die Druiden, die ihm nun sogar nach dem Leben trachteten.

Das Betreiben der Druiden blieb allerdings ohne Erfolg, denn seine Mission stand unter dem Schutz Gottes. Sein Reden und Tun beeindruckten die Iren tief. Sobald er einen Stamm bekehrt hatte, halfen er und seine Leute, die erste Kirche aus Flechtwerk und Lehm bzw. aus Holz zu bauen. Neben der Ausbildung von Priestern betrieb Patricius systematisch die Gründung von Klöstern und Bistümern sowie den Aufbau der kirchlichen Organisation Irlands.

Um sich zu sammeln und neue Kraft im Gebet zu finden, zog Patricius sich, wann immer es ihm möglich war, in die Einsamkeit und Stille zurück. Zwei Orte werden genannt, wo er am häufigsten geweilt hat: ein Berg an der äußersten Westküste des Landes, »Croagh Patrick«, und ein See in der Abgeschiedenheit eines nördlichen Landesteils, »Lough Derg«.

Patricius wurde im Jahr 444 von Papst Leo I. als oberster Bischof der Iren bestätigt. Es ist in erster Linie das Verdienst dieses großen Missionars und Heiligen, ganz Irland für das Christentum gewonnen zu haben.

Die »Insel der Heiligen«, wie Irland auch wegen seiner vielen Heiligen, die dort geboren wurden, genannt wird, trat durch Patricius zum ersten Mal in der Geschichte in enge geistige Verbindung mit der christlichen Religion und Kultur.

Der hl. Patricius starb im Jahr 461 in Nordirland, wahrscheinlich südlich von Belfast, und wurde in Saul bei Downpatrick begraben.

Legende Der hl. Patricius predigte schon lange Zeit in einer bestimmten Gegend, hatte aber nur wenige Iren bekehren können. Da bat er Gott um ein Zeichen. Dieser wies ihm einen Ort und ließ ihn mit seinem Stab einen Kreis ziehen; die Erde öffnete sich plötzlich an dieser Stelle, und ein tiefer Abgrund tat sich auf. Eine Stimme sagte: »Dies ist das

---

Patricius gewann die Herzen der Vornehmen und des einfachen Volkes auch dadurch, daß er die überkommenen Bräuche und Gewohnheiten schonte, soweit sie sich irgendwie mit dem christlichen Glauben vereinbaren ließen.

Unter den Iren wurde Patricius selbst ein Ire. Einladungen seiner Verwandtschaft in die britische Heimat lehnte er entschieden ab: Dies wäre Untreue gegen Gott, der ihn zum Missionar der Grünen Insel berufen habe.

Patricius wird im Bischofsornat mit einem dreiblättrigen Kleeblatt dargestellt, mit dessen Hilfe er den Iren die Dreifaltigkeit erklärte, und mit Schlangen als Symbol des Heidentums.

Fegefeuer. Wer freiwillig hineingeht, der bedarf keiner anderen Buße und keines Fegefeuers mehr für seine Sünden. Viele werden zwar von dort nicht wiederkommen, aber diejenigen, die wiederkommen, die bleiben nur bis zum anderen Morgen dort.«

Da gingen in den grausigen Abgrund viele der Iren hinein, aber nur ganz wenige kamen wieder und sahen das Licht des Morgens. Noch heute gehört zu der schweren irischen Bußwallfahrt nach Lough Derg auch eine Nacht, in der der Pilger in der dunklen Basilika eingeschlossen bleibt.

19. März

Joseph

Geboren: wahrscheinlich in Nazareth
Gestorben: unbekannt
Berufung/Beiname: Bräutigam Marias, Ziehvater Jesu
Wirkungsstätte: unbekannt
Bedeutung des Namens: der Vermehrer (hebräisch)
Namensformen: Josef, Sepp, Peppi, Guiseppe, José, Josip, Ossip, Joe, Pepe, Peppo
Patronat: Arbeiter, Handwerker, Zimmerleute, Ingenieure, Reisende, Asylanten; Familie, Eheleute, Kinder, Jugendliche, Waisen; Ordensgemeinschaften, Vereine; in Ausweglosigkeit, Wohnungsnot; gegen Unkeuschheit

Die früheste Erwähnung des hl. Joseph findet sich im Martyrologium → von Reichenau um 850. Seit dem 9. Jahrhundert nahm seine liturgische und volkstümliche Verehrung immer mehr zu. Sie wurde besonders von seiten der Franziskaner → gefördert. 1479 führte der Franziskanerpapst Sixtus IV. das Fest des hl. Joseph in der Kirche ein. 1621 wurde der Josephstag gebotener Feiertag. 1729 kam sein Name in die Allerheiligenlitanei. Seit 1919 gibt es die Josephspräfation →. Papst Pius XII. führte 1956 das am 1. Mai zu feiernde Missalefest des hl. Joseph, des Werkmannes, für die Weltkirche ein. Dies soll eine Einladung an die moderne Gesellschaft sein, das zu vollbringen, was dem sozialen Frieden noch fehlt.

In der Heiligen Schrift finden wir nur wenig über Joseph. Sie sagt, daß er »gerecht« war (Matth. 1, 9), das heißt, daß Joseph ein rechtschaffener, tugendhafter Mann war. Die Evangelisten berichten, sein Vater hieß Jakob oder Heli, seine Braut war Maria, die spätere Mutter Jesu. Joseph stammte aus dem Geschlecht König Davids, doch war er selbst nur ein bescheidener Handwerker. Der scheinbare Gegensatz von äußerer Bedeutungslosigkeit und höchstem inneren Adel zeichnete Joseph aus und ließ ihn Vorbild für viele Heilige werden.

Er war tief bestürzt, als er erfuhr, daß seine Braut bereits schwanger war, wußte er doch zunächst nicht, daß sie durch die Kraft des Heiligen Geistes den Sohn Gottes empfangen hatte. Er wollte daraufhin sogar die Verlobung mit Maria lösen. Da erschien ihm ein Engel Gottes und sagte ihm die Wahrheit. Außerdem verlangte der Engel, daß er Maria zu sich nehmen sollte. Er gehorchte und wurde ihr Beschützer und schließlich der Nährvater des Erlösers.

Als der Erlaß des Kaisers Augustus ergangen war, alle Bewohner seines Reiches zu zählen und aufzuschreiben, gehorchte Joseph sofort. Er wanderte mit seiner schwangeren Frau in die Davidstadt Bethlehem. Er gehorchte wiederum, als mitten in der Nacht der Engel befahl: »Joseph, steh auf, nimm das Kind und seine Mutter, und flieh nach Ägypten!« – Es kam keine Frage, kein Wort des Erstaunens über seine Lippen. Immerhin wußte er ja, daß es ein göttliches Kind war, und für ihn stand sicherlich ohne jeden Zweifel fest, daß Gott dieses Kind vor Herodes auch in Judäa hätte beschützen können. Zwei Jahre später erscheint ihm in Ägypten der Engel und befiehlt ihm: »Joseph, zieh zurück in das Land Israel! Sie sind alle gestorben, die dem Kinde nach dem Leben trachteten.« Wiederum gehorchte er und unternahm mit Frau und Kind die weite Reise in die Heimat. Hiermit enden die Aufzeichnungen im Matthäus-Evangelium.

20. März

Legende Das Attribut des blühenden Stabes erklärt sich aus der legendären Überlieferung von der Verlobung Josephs mit Maria, die im Tempel Jungfräulichkeit gelobt hatte. Da der Hohepriester darüber im Zweifel war, ließ er Gott entscheiden. Er ordnete an: »Alle unverheirateten Männer vom Stamme Davids sollen jeder eine Rute zum Altar bringen, und der, dessen Rute blüht, soll der Jungfrau verlobt werden.« Darunter befand sich auch Joseph, der es unziemlich fand, daß er in seinem Alter die zarte Magd zur Frau nähme. Darum verbarg er seine Rute, während alle anderen sie darbrachten. Da ertönte eine Stimme. »Der dieser Jungfrau würdig ist, hat allein seine Rute nicht dargebracht.« So war Joseph verraten. Als er nun seine Rute vorzeigte, da blühte sie alsbald, und eine Taube kam vom Himmel herab und ließ sich auf der Spitze der Rute nieder. Da war allen offenbar, daß die Jungfrau mit ihm verlobt sein sollte.

Meist wird der hl. Joseph zusammen mit Maria und dem Jesuskind dargestellt. Oft hält er in der Hand einen Stab mit Lilienblüten. Beigegeben werden ihm auch Zimmermannswerkzeuge wie Axt, Säge, Beil oder Winkelmaß.

20. März

Clemens Maria Hofbauer

»Ich kann nicht begreifen, wie ein Mensch ohne Glauben sein kann.« Dieses Motto des hl. Clemens Maria Hofbauer war für das 18. Jahrhundert, die Zeit der Aufklärung, geradezu eine Provokation. Denn anerkannt wurde damals nur, was durch die Naturwissenschaft oder die Vernunft streng beweisbar war. Doch für Clemens war der Glaube das Fundament seines ganzen Lebens.

Clemens Maria Hofbauer wurde am 26. Dezember 1751 im mährischen Dorf Taßwitz bei Znaim geboren. Seine Eltern waren arm, und zu mehr als einem Volksschulabschluß und einer Bäckerlehre reichte es nicht. Als Geselle fand er Arbeit in der Bäckerei des Prämonstratenserstifts → in Klosterbruck. Seine Intelligenz fiel den Mönchen auf, und so ermöglichten sie ihm den Besuch des Gymnasiums. Im Jahr 1777 machte er dort seinen Abschluß.

Da Clemens aber keine Möglichkeit sah, Theologie zu studieren, pilgerte er mit einem Freund nach Rom und ließ sich in der Nähe von Tivoli als Einsiedler nieder. Zwei Jahre später begab er sich nach Wien, um sich dort zum Katecheten ausbilden zu lassen. Seinen Lebensunterhalt verdiente er sich wieder bei einem Bäcker. Durch glückliche Umstände fand er in Wien vermögende Wohltäter, die ihm das so sehnsüchtig gewünschte Priesterstudium ermöglichten. Nach vier Studienjahren endeten seine Bemühungen allerdings vorzeitig, denn ein inzwischen erlassenes Gesetz verbot kirchliche Universitäten.

Wieder wandte sich Clemens nach Rom, diesmal in Begleitung seines Freundes Hügl. Wenig später traten die beiden dem kurz zuvor gegründeten Orden der Redemptoristen → bei, einer Gemeinschaft, die sich besonders der Seelsorge für die ärmsten Volksschichten annahm.

Am 29. März 1785 wurde Clemens zum Priester geweiht. Er war endlich am Ziel seiner Wünsche angelangt. Der junge Redemptoristenpater verließ noch im gleichen Jahr Rom und ging nach Wien zurück, um von hier aus weitere Ordensniederlassungen zu gründen. Als ihm dies jedoch nicht gelang, zog er weiter nach Warschau, wo er die kleine Kirche St. Benno übernahm. Clemens richtete hier zunächst eine Schule für arme Knaben ein, der kurz darauf auch eine Schule für Mädchen folgte.

Geboren: 1751 in Taßwitz (Südmähren)
Gestorben: 1820 in Wien
Berufung/Beiname: Priester, Prediger, Seelenführer; »der Apostel Wiens«, »Vater der Armen«
Wirkungsstätten: Polen und Österreich
Bedeutung des Namens: der Milde (lateinisch)
Namensform: Klemens
Patronat: Linz, Wien; Gesellenvereine

Clemens Maria Hofbauer war im Volk so beliebt, daß er den Ehrentitel »Apostel von Wien« erhielt. War er für die Gläubigen ein großes Vorbild durch seine offene, ehrliche Sprache, so wurde er vom Staat zunehmend angefeindet. Dargestellt wird er mit schwarzem Talar und weißem Halskragen der Redemptoristen.

Sein segensreiches Wirken hatte ein jähes Ende, als Napoleon Warschau besetzte und Clemens 1808 durch das Ordensverbot gezwungen war, nach Wien zurückzukehren. Dort erwarb er sich bald so großes Ansehen, daß selbst die geistige Elite der Stadt bei seinen Predigten anwesend war. Clemens begnügte sich aber nicht mit dieser Tätigkeit. Getreu seinen Ordenszielen ging er in die Häuser seiner kranken und armen Schützlinge und brachte ihnen nicht nur Linderung von ihren Krankheiten, sondern er verband seine Besuche immer mit den Anliegen eines christlichen Seelsorgers. Leider erlebte er die Aufhebung des Ordensverbots nicht mehr. Franz I. unterschrieb am 19. April 1820 das Zulassungsdekret für den Redemptoristenorden in Österreich. Der Heilige war aber fünf Wochen vorher, am 15. März 1820, gestorben. Clemens Maria Hofbauer wurde 1888 selig- und am 20. Mai 1909 durch Pius X. heiliggesprochen.

21. März

Clemens Graf von Galen

Geboren: 1878 auf Burg Dinklage (Niedersachsen)
Gestorben: 1946 in Münster (Nordrhein-Westfalen)
Berufung/Beiname: Bischof, Kardinal; »der Löwe von Münster«
Wirkungsstätte: Deutschland
Bedeutung des Namens: der Milde (lateinisch)
Namensformen: Klemens

»Der Löwe von Münster«, so wurde Graf von Galen genannt, und mit diesem Namen wird er vor allem den Menschen in Deutschland in Erinnerung bleiben. Er war ein mutiger Streiter gegen den Nationalsozialismus, ein unbeugsamer Verteidiger der Grundrechte, der sich deshalb entschieden gegen alle Willkür und Menschenverachtung des Regimes im Dritten Reich wandte.

Graf von Galen wurde am 16. März 1878 auf Schloß Dinklage bei Vechta geboren. Er studierte Geschichte, Literatur und Philosophie, aber schon nach einem Jahr wandte er sich der Theologie zu und entschied sich für eine geistliche Laufbahn. Am 28. Mai 1904 wurde er in Münster zum Priester geweiht. 1906 ging er als junger Geistlicher nach Berlin, wo er dreiundzwanzig Jahre als Kaplan und dann als Pfarrer in der Gemeinde St. Matthias wirkte. 1929 folgte Clemens Graf von Galen dem Ruf zurück nach Münster und übernahm als Pfarrer die Stadt- und Marktkirche St. Lamberti. Nach siebenundzwanzig Jahren seelsorgerischer Arbeit wurde er 1933, dem Jahr der Machtübernahme durch die Nationalsozialisten, zum Bischof von Münster ernannt.

Von Anfang an widersetzte sich Bischof Clemens von Galen mutig der Politik des NS-Regimes, weil sie in entscheidenden Punkten den Forderungen Christi widersprach. In Predigten und Veröffentlichungen prangerte er die Gewaltmaßnahmen der Machthaber an. Er verurteilte die Rassentheorie und die Judenverfolgung, er kämpfte gegen die Euthanasie und die Verletzung der Menschenrechte, und er litt sehr darunter, daß sich die anderen Bischöfe nicht in gleicher Weise wie er engagierten. 1934 veröffentlichte Clemens von Galen eine »Studie zum Mythos des 20. Jahrhunderts«, in der er das Naziregime heftig angriff und dazu aufforderte, öffentlich eindeutig Stellung gegen Hitler zu beziehen.

1941, als das Gewaltregime die größten militärischen Erfolge erzielte, hielt Bischof Galen seine drei berühmtesten Predigten, wohl wissend, daß damit jetzt auch ihm Verhaftung und Vernichtung drohte. Bereits zu dieser Zeit sagte er den Untergang des Deutschen Reiches voraus, denn, so wörtlich: »Unser deutsches Volk und Vaterland wird an innerer Fäulnis und Verrottung zugrunde gehen.«

Diese Predigten hatten ein dermaßen positives Echo im Inland und auch im Ausland, daß die Nazis nicht wagten, gegen den Bischof vorzugehen.

Bald nach Kriegsende, am 23. Dezember 1945, teilte Papst Pius XII. mit, daß Bischof Clemens Graf von Galen ins Kardinalskollegium aufgenommen wurde. Am 21. Februar 1946 erhielt Galen in Rom die Kardinalsinsignien. Seine Rückkehr nach Münster gestaltete sich zu einem triumphalen Fest. Aber bereits einen Monat später, am 22. März, starb der Kardinal an einem Blinddarmdurchbruch. Er wurde im Paulusdom zu Münster beigesetzt. Im Oktober 1956 wurde sein Seligsprechungsprozeß eröffnet.

Den Kriegsgefangenen in Tarent hatte Clemens Graf von Galen kurz vor seinem Tod gesagt: »Meine Zeit ist bald vorbei, und wenn ich dort oben bin, wendet euch getrost an mich.«

22. März

Herlindis und Reinula

Die Lebensgeschichte dieser beiden frommen Äbtissinnen ist stark mit Legenden vermischt. Herlindis und Reinula waren Schwestern. Der Name Herlinde oder Gerlinde stammt aus dem Althochdeutschen und bedeutet »Heeresschild aus Lindenholz«, das heißt im übertragenen Sinn: die mit Tatkraft und Feingefühl das Heer führende Frau. Die beiden wurden um 700 in der Gegend von Maaseyck geboren. Sie wurden frühzeitig von ihren frommen Eltern in das Frauenkloster zu Valenciennes gebracht und dort in der Christenlehre, im Lesen und Schreiben, in Singen, Handarbeiten und anderen weiblichen Fertigkeiten unterrichtet.

Nach ihrer Ausbildung schenkte ihnen ihr Vater Adelhard einen kleinen, an der Mosel gelegenen Wald, wo sie ein Kloster errichteten. Es wird erzählt, die Schwestern hätten die Steine für den Bau selbst herbeigetragen. Als ihnen dabei einmal ihr Vater begegnete, der ihnen deswegen sicherlich Vorhaltungen gemacht hätte, verwandelten sich die Steine wunderbarerweise in Rosen.

Das Kloster erhielt den Namen Alden-Eyk. Die beiden Schwestern wurden vom hl. Willibrord und dem hl. Bonifatius als Äbtissinnen eingesetzt. Sie bildeten dort viele junge adelige Frauen, die sich ihnen angeschlossen hatten, zu Nonnen aus. Die frommen Damen waren handwerklich äußerst geschickt. Von ihnen stammen wunderschöne gestickte Kaseln (Meßgewänder) und herrliche Psalterbücher, mit farbenfrohen Bildern bemalt und mit prachtvollem Zierat ausgeschmückt. Während sie arbeiteten, wurden geistliche Lieder gesungen.

Die hl. Herlindis und ihre Schwester starben in der Mitte des 8. Jahrhunderts. Bald nach ihrem Tod begann ihre öffentliche Verehrung, zumal ihr Grab durch mehrere Wunder verherrlicht wurde. Bischof Franco von Lüttich ließ ihre Reliquien um das Jahr 850 erstmals erheben. Im darauffolgenden Jahrhundert wurde das Kloster Aldeneyck von den Normannen völlig verwüstet. Unter Bischof Richarius von Lüttich wurde es zwar wieder aufgebaut, später jedoch von den kalvinistischen Bilderstürmern erneut zerstört.

Die Übertragung der Reliquien der beiden hl. Äbtissinnen nach Maaseyck im heutigen Belgien erfolgte am 22. März 1571. In der dortigen Katharinenkirche werden sie noch immer von den Gläubigen hoch verehrt. Die Kirche feiert heute den Translationstag als Gedächtnistag.

Geboren: um 700 in Maaseyck (Belgien)
Gestorben: um 750 in Aldeneyck (Belgien)
Berufung/Beiname: Äbtissinnen
Wirkungsstätten: Nordfrankreich, Belgien
Bedeutung des Namens: Herlindis: die mit Tat und Feingefühl das Heer führende Frau (althochdeutsch); Reinula: die mit Rat und Klugheit Kämpfende (althochdeutsch)
Namensformen: Herlindis: Harlindis, Herlinde, Gerlind, Linda; Reinula: Relindis, Renildis, Reinhilde, Renhilde, Renula, Rendel, Reina
Patronat: Lüttich

23. März
Turibius von Peru

> **Geboren:** 1538 in Spanien
> **Gestorben:** 1606 in Lima (Peru)
> **Berufung/Beiname:** Bischof
> **Wirkungsstätten:** Spanien, Peru
> **Bedeutung des Namens:** der Weihrauch Opfernde (lateinisch)
> **Namensform:** Toribio

Dieser Heilige hat die Kirche und die Mission in Peru wieder neu organisiert. Gleichzeitig war er auch so etwas wie der Vorkämpfer gegen die Unterdrückung der Indios. Mit Klugheit und Strenge reformierte er seine verwahrloste Diözese. Die eigentliche Heimat des Heiligen war Spanien. Sein ursprünglicher Name, Alfonsius de Mongrovejo, deutet darauf hin. Den Namen Turibius, den er angenommen hatte, trug vor ihm der hl. Bischof von Astorga (gest. um 460). Turibius kam am 18. November 1538 als Sohn eines Adeligen zur Welt. Er studierte in Valladolid und Salamanca. Schon als Jüngling zeichnete er sich durch besondere Frömmigkeit aus. Er betete täglich den Rosenkranz und fastete jeden Samstag zur Ehre der Gottesmutter. An der Universität erwies er sich besonders armen Mitstudenten gegenüber als hilfsbereit. Einmal ersetzte er einer Frau, die ihre Geldbörse verloren hatte und ob des Verlustes heftig zu fluchen begann, den Schaden, nur weil er sie vor einer solchen Sünde bewahren wollte. Im Jahre 1570 wurde Turibius Mitglied des Gelehrtenkollegiums, und 1575 wurde er zum Präsidenten der Inquisition in Granada ernannt. Einige Jahre später erhob ihn König Philipp II. auf den erzbischöflichen Stuhl von Lima. 1581 begab sich der Gelehrte auf die große Schiffsreise nach Peru.

In Lima wurde er mit großem Jubel empfangen. Turibius hatte sein Bistum mit dem Vorsatz übernommen, die kirchliche Ordnung wiederherzustellen, denn zu jener Zeit waren die Verhältnisse dort alles andere als streng christlich. Um diese Aufgabe verwirklichen zu können, machte er ausgedehnte Visitationsreisen. Dabei nahm er sich der Unterdrückten in ganz besonderer Weise an, besuchte die Armen und Kranken, stiftete Spitäler, Gotteshäuser und Schulen sowie soziale Einrichtungen. Er scheute sich nicht, auch die abgelegensten Wohnsitze der Indianer aufzusuchen, um ihnen die Botschaft des Evangeliums zu bringen. Tatsächlich gelang es ihm, eine große Zahl von ihnen zu bekehren. Aufgerieben von den Strapazen der anstrengenden, aber erfolgreichen jahrzehntelangen Arbeit, erkrankte Turibius auf einer Reise schwer und starb am 23. März 1606.

Erzbischof Turibius war beim gläubigen Volk in Peru immer hochgeachtet. Er wurde 1679 selig- und bereits 1726 heiliggesprochen.

24. März
Katharina von Schweden

> **Geboren:** 1331 in Schweden
> **Gestorben:** 1381 in Vadstena (Schweden)
> **Berufung/Beiname:** Äbtissin
> **Wirkungsstätten:** Schweden, Italien, Palästina
> **Bedeutung des Namens:** die Reine (griechisch)
> **Namensformen:** Katrin, Käthe, Kathleen, Karen, Katja, Kate, Nina, Kathinka, Carina, Catalina, Cathérine
> **Patronat:** bei Früh- und Fehlgeburt, Hochwasser

Zusammen mit ihren sieben Geschwistern wuchs die im Jahre 1331 geborene hl. Katharina zunächst in Stockholm auf. Als ihre Mutter zur Hofmeisterin des jungen Schwedenkönigs Magnus Eriksson ernannt wurde, schickten sie ihre Eltern zur weiteren Erziehung in das Bernhardinerinnenkloster in Risaberg. Hier erhielt sie eine intensive religiöse Schulung, die für ihr weiteres Leben bestimmend wurde. Mit vierzig Jahren heiratete das bildschöne Mädchen den schwedischen Edelmann Eggard von Kyren. Beide führten eine von tiefer Religiosität geprägte Ehe. 1349 rief Papst Clemens VI. zu einer großen Pilgerfahrt nach Rom auf. Mutter und Tochter folgten dem Ruf und wallfahrten nach Rom. Als kurz

24. März

darauf Katharinas Ehemann starb, beschloß sie, künftig in Rom bei ihrer Mutter zu bleiben. 1372 erfüllten sich Katharina und Brigitta einen lang gehegten Wunsch: Sie pilgerten gemeinsam nach Jerusalem, um die heiligen Stätten zu besuchen. Nach Rom zurückgekehrt, verstarb Brigitta am 23. Juli 1373.

Katharina verließ Rom, um den Leichnam ihrer Mutter im heimatlichen Kloster Vadstena beizusetzen. Katharina, die bisher schon fast ein monastisches Leben geführt hatte, entschloß sich nun, als Nonne in das von ihrer Mutter gegründete Kloster einzutreten, um, unbeeinflußt vom weltlichen Geschehen, sich ganz dem Gebet zu widmen. Unter ihrer Leitung entwickelte sich das Kloster zu einem geistigen und kulturellen Zentrum. In der Schreibstube entstanden viele prachtvoll ausgeschmückte Handschriften und die erste Bibelübersetzung in die schwedische Sprache. Der Einfluß des Klosters Vadstena bestimmte lange Zeit die geistige Entwicklung ganz Skandinaviens. Katharinas unermüdlichen Bemühungen ist es zu danken, daß der von ihrer Mutter gegründete Orden 1378 die Bestätigung aus Rom erhielt und ihre Mutter heiliggesprochen wurde.

Am 24. März des Jahres 1381 verstarb Katharina in ihrem Kloster. Hundert Jahre später sprach Papst Innocenz VIII. die fromme Schwedin heilig.

Dargestellt wird Katharina von Schweden mit einer Hirschkuh (die der Legende nach ihre Jungfräulichkeit schützte), als Pilgerin mit Reliquienkästchen oder in Ordenstracht. In der rechten Hand hält sie oft eine Ampel, in der linken ein Buch.

Im Museum Altomünster befindet sich diese barocke Darstellung der hl. Katharina von Schweden, Tochter der Brigitta von Schweden.

25. März

Das Fest Mariä Verkündigung

Das Geheimnis des Festes der Verkündigung an Maria – die Menschwerdung des Sohnes Gottes im Schoß der Jungfrau Maria – hebt ganz klar hervor: Das irdische Dasein des Gottmenschen Jesus begann wie das von uns allen.

Schöner und ergreifender als uns der Evangelist Lukas die Verkündigungsgeschichte schildert, kann sie nicht erzählt werden. Deshalb soll sie hier auch mit seinen Worten wiedergegeben werden:

In jener Zeit ward der Engel Gabriel von Gott in eine Stadt Galiläas namens Nazareth zu einer Jungfrau gesandt. Sie war verlobt mit einem Manne namens Joseph aus dem Hause David, und der Name der Jungfrau war Maria. Der Engel trat bei ihr ein und sprach: »Gegrüßet seist du, voll der Gnade! Der Herr ist mit dir, du bist gebenedeit unter den Weibern!« – Als sie das hörte, erschrak sie über seine Worte und dachte nach, was dieser Gruß wohl bedeuten sollte. Der Engel aber sprach zu ihr: »Fürchte dich nicht, Maria, denn du hast Gnade gefunden bei Gott. Siehe, du wirst empfangen und einen Sohn gebären. Dem sollst du den Namen Jesus geben. Dieser wird groß sein und der Sohn des Allerhöchsten genannt werden. Gott der Herr wird ihm den Thron seines Vaters David geben. Er wird herrschen über das Haus Jakob in Ewigkeit, und seines Reiches wird kein Ende sein.« – Maria sprach zum Engel: »Wie wird dies geschehen, da ich keinen Mann erkenne?« – Der Engel antwortete ihr: »Der Heilige Geist wird über dich kommen, und die Kraft des Allerhöchsten wird dich überschatten. Darum wird auch das Heilige, das aus dir geboren wird, Sohn Gottes genannt werden. Siehe, auch deine Base Elisabeth hat noch in ihrem Alter einen Sohn empfangen, und dies ist schon der sechste Monat für sie, die als unfruchtbar galt. Denn bei Gott ist kein Ding unmöglich.« – Da sprach Maria: »Siehe, ich bin eine Magd des Herrn, mir geschehe nach deinem Worte.«

Gott hatte schon lange durch die Propheten auf dieses Ereignis hingewiesen. So hatte fünfhundert Jahre zuvor der Prophet Jesaja → vorausgesagt: »Siehe, die Jungfrau wird empfangen und einen Sohn gebären, und sein Name wird sein Emanuel, das heißt Gott mit uns.«

Das Fest wurde früher »Annuntiatio« oder »Conceptio Christi« genannt, war also ursprünglich ein Fest des Kyrios, des Herrn selbst. Im Orient ist es auf jeden Fall seit 431 bekannt, dem Jahr des Konzils von Ephesus →, das Maria als »Theotokos« →, als Gottesgebärin, lehramtlich verkündete. Mit Rücksicht auf das römische Weihnachtsfest wurde das Fest Mariä Verkündigung auf den 25. März gelegt, also genau neun Monate vor der Geburt Jesu. Im Abendland führte der aus Griechenland stammende Papst Sergius I. das Fest im Jahre 692 ein, zusammen mit den Festen Mariä Lichtmeß und Mariä Geburt.

Die Szene der Verkündigung durch den Erzengel Gabriel ist auch in der bildenden Kunst, vor allem seit dem Ende des Mittelalters, eines der beliebtesten Bildmotive. Der Einbruch des Göttlichen in die irdische Welt – der eigentliche Sinn des Verkündigungsfestes – hat die schöpferische Phantasie der Künstler immer wieder zu wunderbaren Werken angeregt.

Das Fest »Mariä Verkündigung« bezieht sich auf die im Lukasevangelium geschilderte Szene, nach der Maria der Erzengel Gabriel erschien, um ihr anzukündigen, daß sie den Sohn Gottes empfangen werde.

Auf dem Konzil von Ephesus wurde im Jahr 431 Maria zur »Gottesgebärerin« erklärt. Mit diesem Dogma wurde das Verständnis der göttlichen Natur Jesu Christi noch weiter vertieft.

1470/72 entstand »Die Verkündigung« des italienischen Malers Francesco del Cossa.

25. März

25. März

Die Menschen wurden durch den Ungehorsam Evas aus dem Paradies vertrieben und sind dem Tod verfallen. Doch die Menschen erhalten durch die demütige Hingabe Mariens an Gottes Willen bei der Verkündigung in ihr die zweite, bessere Eva. Nach der katholischen Lehre ist Maria als Mutter Jesu »Miterlöserin«.

Im hohen Mittelalter war mit diesem hohen Kirchenfest der Beginn des bürgerlichen Jahres verbunden, weil der »Neue Bund« mit ihm seinen Anfang nahm. In den Alpenländern heißt der Tag »Unser Frauen Tag im Pflanzen«.

Der Gruß des Engels wurde zum innigsten Muttergottesgebet der katholischen Kirche. Papst Urban II. verordnete im Jahre 1095, daß alle Tage dreimal mit der Glocke zum Gebet des Angelus Domini das Zeichen gegeben werden soll, um die Gottesmutter zu grüßen und den Schutz Marias herbeizurufen. Im Mittelalter knieten die Menschen, wo sie gerade gingen und standen, dreimal täglich bei diesem Zeichen nieder, um dem Ruf Folge zu leisten. Der »Englische Gruß« ist Hauptbestandteil des Rosenkranzgebets geworden, und seit 1650 wird er allgemein in Verbindung mit dem Vaterunser gebetet.

Legende Eine tiefsinnige Legende über die Bedeutung des »Englischen Grußes« erzählt uns die »Legenda aurea«: Es war ein edler, reicher Ritter, der wollte der Welt entsagen und trat in den Orden der Zisterzienser ein. Obwohl er nicht lesen und schreiben konnte, wollten ihn die Mönche doch nicht zu den Laienbrüdern zählen und gaben ihm einen Lehrmeister, damit er das Versäumte nachhole. Obgleich der Meister sich lange Zeit mit ihm abgemüht hatte, vermochte der Ritter nichts anderes zu behalten als die beiden Worte »Ave Maria«. Die aber behielt er so gut, daß er, wo er auch ging und stand, sie voller Andacht bei sich sprach.

Eines Tages starb der ehemalige Ritter und wurde auf dem Friedhof bei den anderen Mönchen begraben. Aber siehe, es wuchs eine schöne Lilie aus seinem Grab, und auf jedem Blatt der Lilie stand mit goldenen Buchstaben: »Ave Maria«. Da liefen die Mönche zusammen und legten das Grab frei. Als sie sahen, daß die Wurzel der Lilie aus dem Mund des Ritters kam, erkannten sie, mit welcher Andacht er die beiden Worte gesprochen und daß Gott so sehr sein Wohlgefallen daran hatte, daß er ein solches Wunder zuließ.

26. März

Ludger

Geboren: 742 in Zuylen (Holland)
Gestorben: 809 in Billerbeck (Westfalen)
Berufung/Beiname: Missionar, Klostergründer, Bischof
Wirkungsstätten: Friesland, England, Italien, West- und Norddeutschland
Bedeutung des Namens: der wehrhafte Mann (althochdeutsch)
Namensformen: Luitger, Luitgar, Luitgerus, Gero
Patronat: Münster, Essen

Die Ludgerikirchen in Niedersachsen und Westfalen erinnern an den Missionar der Friesen und Westfalen, den hl. Ludger. Die Menschen in diesen Gebieten hatten sich zusammen mit den Sachsen am längsten dem Christentum widersetzt. Erst Ludger war es gelungen, sie bleibend für das Christentum zu gewinnen. Ludger stammte aus einer der hervorragendsten Familien Frieslands. Dieses Geschlecht war christlich geworden, nachdem man sich in der Auseinandersetzung zwischen Friesen und Franken auf die Seite der letzteren gestellt hatte. Der hl. Ludger wurde im Jahr 742 vermutlich in Zuylen im heutigen Nordholland geboren. Frühzeitig lernte der begabte Knabe lesen und schreiben und erhielt seine Ausbildung für den Priesterberuf in der Klosterschule des Bischofs von Utrecht. Lutger wurde ein Schüler des berühmten Gelehrten Alkuin von York, der auch einer der Hauptmitarbeiter an den Erziehungsreformen Kaiser Karls des Großen war und später zum Abt von Saint-Martin in Tours erwählt wurde.

Ludger wurde im Jahr 777 zum Diakon geweiht, und bald darauf schickte man ihn als Missionar in seine Heimat Friesland. Auf Weisung des Bischofs Alberich begab sich Ludger in die Gegend von Dokkum, wo mehr als zwanzig Jahre vorher der hl. Bonifatius den Martertod gestorben war. In einfachem Pilgergewand zog er von nun an unermüdlich von Ort zu Ort. Unverdrossen predigte er, und viele ließen sich von ihm taufen.

Nach sieben Jahren harter Arbeit zerstörte 784 der Aufstand des Sachsenherzogs Widukind seine ganze Arbeit. Die Friesen stellten sich nämlich auf die Seite der Sachsen und wurden so wieder zu erbitterten Gegnern der christlichen Franken. Alle neu erbauten Kirchen wurden zerstört, die Missionare verfolgt. Ludger mußte fliehen. Da die Kämpfe in seinem Geburtsland anhielten, zog er sich in die Benediktinerabtei auf dem Monte Cassino → in Italien zurück. Erst nach der Unterwerfung und Taufe des Sachsenherzogs kehrte Ludger zurück. Karl der Große beauftragte ihn nun erneut mit der Missionierung der Friesen und Sachsen. Diesmal hatte Ludger großen Erfolg: Die Friesen nahmen aus seiner Hand das Christentum an. Nur die Bewohner einer Insel im Meer widerstanden ihm lange Zeit. Doch schließlich gelang es Ludger, auch diese Menschen zu bekehren. Die Insel Farsikland wurde in »heiliges Land«, in Helgoland, umbenannt.

Karl der Große ernannte Ludger im Jahre 804 zum ersten Bischof von Mimigardeford, dem späteren Münster. Dort errichtete der Heilige eine Kirche und ein Kloster und lebte bescheiden mit seinen Glaubensbrüdern in der Klosteranlage, dem Monasterium, das der späteren Stadt ihren heutigen Namen gab. Ludger war keine Kämpfernatur, kein Fanatiker. Sein Biograph schreibt über ihn: »Mit großem Verständnis und maßvoller Klugheit bot Ludger dem wilden Sachsenvolk die Heilslehre, um sie mit der Gnade des Herrn zum vollkommenen Glauben zu führen...« Vielleicht das schönste Zeugnis seines unermüdlichen Wirkens ist die altsächsische Evangeliendichtung »Heliand«, die noch zu seinen Lebzeiten entstand. Ludger ließ nicht nur Dom und Domstift in Münster errichten, er gründete auch das Frauenkloster Nottuln, die Benediktinerabteien Helmstedt und Werden und errichtete an die vierzig Pfarreien in seinem Bistum. Erschöpft von seinem unermüdlichen apostolischen Wirken starb der Heilige am 26. März 809 in Billerbeck. Auf seinen eigenen Wunsch hin wurde er in Werden beigesetzt. Sein Grab befindet sich in der Krypta der Abteikirche.

Legende Weil der hl. Bischof gegen die Notleidenden so freigiebig war, klagten ihn mißgünstige Menschen einst bei Kaiser Karl an, er verschwende die Güter der Kirche an Arme, vernachlässige dagegen die Ausschmückung der Gotteshäuser. Der Kaiser, der an prächtigen Kirchen besonderen Wohlgefallen hatte, befahl Ludger an seinen Hof. Als ihm ein Hofbediensteter diese Anordnung überbrachte, betete er gerade sein Brevier und gab zur Antwort, er werde erscheinen, sobald er sein Gebet beendet habe. Diese Worte des Bischofs übermittelte der Diener dem Kaiser. Dreimal schickte der Kaiser nach ihm, aber der Heilige war stets noch beim Beten. Als Ludger endlich erschien, fragte der erzürnte Herrscher, warum er ihn so lange habe warten lassen. Der Bischof antwortete ruhig: »Ich weiß, was ich Eurer Majestät schuldig bin, allein ich dachte, Sie würden es mir nicht übelnehmen, wenn ich Gott den Vorzug gebe. Wenn man bei Gott ist, muß man alles übrige vergessen.« Diese Antwort machte auf den Kaiser einen solchen Eindruck, daß er ihn mit größter Auszeichnung behandelte, die Widersacher des Heiligen aber die kaiserliche Ungnade zu spüren bekamen.

Karl der Große, der Ludger sehr schätzte, wollte ihn im Jahr 791 zunächst zum Bischof von Trier machen. Ludger aber weigerte sich standhaft, denn er wollte lieber als Missionar im Sachsenland tätig sein.

Ludger wird dargestellt als Bischof mit Kirchenmodell, sein Brevier betend, auch mit zwei Gänsen, weil er sein Missionsgebiet auf wunderbare Weise von einer Wildgänseplage befreit haben soll.

27. März

Rupert

Geboren: 696 in Worms (Rheinland-Pfalz)
Gestorben: 718 in Salzburg (Österreich)
Berufung/Beiname: Klostergründer, Bischof; »Apostel der Bayern«
Wirkungsstätten: Bayern, Österreich
Bedeutung des Namens: der Ruhmglänzende (althochdeutsch)
Namensformen: Ruprecht, Robert, Robby, Bob(by), Bert, Bertl
Patronat: Salzburg; Bergleute, Salzarbeiter; gegen Kinderkrämpfe, Rotlauf, tollwütige Hunde

Immer handelte der hl. Rupert nach seinem Grundsatz: »Alles raubt der Tod, nur was wir den Armen geben, bleibt uns im Himmel hinterlegt.«

Vor dem Dom von Salzburg steht eine Monumentalstatue des hl. Rupert. In seiner »Salzburgischen Chronik« aus dem Jahre 1666 berichtet Franciskus Dückher von Hasslaw von dem hl. Hruodperht oder Ruprecht, der zu Salzburg um das Jahr 718 starb und Begründer sowie erster Bischof dieser Stadt war. Der genannte Chronist erwähnt in seiner Schrift außerdem, daß der hl. Rupert aus »königlich-französischem und der Herzöge von Irland Geblüt geboren ist«. Man weiß, er war vorher Chorbischof von Worms am Rhein und kam im Jahr 696 von dort nach Bayern zu Herzog Theodo II., der in Regensburg residierte.

Rupert unterrichtete den Herzog im christlichen Glauben und taufte ihn in dem großen Turm auf dem Kornmarkt. Dann zog er donauabwärts, predigte in Lorch und gründete Seekirchen am Wallersee. Schließlich ließ er sich in der alten Römerfeste Juvavum nieder, deren günstige Lage ihn veranlaßte, den Ort zum Mittelpunkt seiner Missionsarbeit zu machen. Herzog Theodo schenkte ihm und den ihn begleitenden Mönchen das umliegende Land und einen Anteil an den Salinen des Reichenhaller Tals. Unter Rupert entwickelte sich Juvavum, das heutige Salzburg, zu einem Zentrum geistigen und kulturellen Schaffens.

Aufgrund seines enormen Wirkens, insbesondere in Bayern, erhielt er den Beinamen »Apostel der Bayern«. Er scheute keinen noch so beschwerlichen Weg durch die Täler und über steile Bergpässe zu den entferntesten Almsiedlungen. Er war immer bemüht, das Volk zu unterweisen und Unglauben und Aberglauben zu bekämpfen. Der Name »Rupertiwinkel« für die Gegend südöstlich des Chiemsees erinnert noch heute an den Wirkungskreis des Heiligen. Um das Auskommen der armen Bevölkerung zu verbessern, sorgte er dafür, daß die reichen Salzlager der Umgebung erschlossen wurden.

Am Ende seines Lebens konnte Rupert mit gutem Recht sagen, daß die Christianisierung des Salzburger Landes abgeschlossen war. Es wird angenommen, daß er am Ostersonntag, dem 27. März 718, starb. Seine Gebeine wurden vom hl. Virgilius im Jahre 774 in den neuen Hubertusdom in Salzburg übertragen, weshalb in Salzburg der 24. September als »Herbstruperti« (Translationsfest) gefeiert wird. Virgilius, Bischof von Salzburg und »Apostel von Kärnten«, hat später dank seiner Tatkraft das Werk des hl. Rupert fortgesetzt und die Einflußsphäre des Bistums Salzburg bis nach Ungarn und an die Drau erweitert. Seit 1969 wird nicht nur in Salzburg, sondern ganz allgemein in der Liturgie nicht mehr der Todestag des hl. Rupert, sondern der Tag der Überführung seiner Gebeine, der 24. September, als Festtag gefeiert.

Legende *Am Ostertag 718 stand am Sterbebett Ruperts auch seine fromme Nichte, die Äbtissin Erentrudis, und er sprach zu ihr: »Bete für mich, meine Schwester, mein Stündlein kommt!« In Tränen aufgelöst, kniete Erentrudis vor seinem Bett nieder und bat ihn, er möge im Himmel erflehen, daß auch sie bald sterben dürfe. Rupert versprach es. Und siehe, kurze Zeit, nachdem der Heilige verschieden war, hörte Erentrudis eine Stimme, die sie rief. Wenige Tage später entschlief auch sie im Herrn.*

28. März

Eustasius

Über das Leben des hl. Eustasius wird uns von Jonas von Bobbio berichtet, denn der Heilige war ein Schüler des hl. Kolumban. Eustasius stammte aus einer adeligen burgundischen Familie. Im Kloster Luxeuil → begegnete er dem irischen Glaubensboten Kolumban, der Gründer und erster Abt des Klosters war. Als Kolumban König Theuderich II. wegen seines unsittlichen Lebens öffentlich angeprangert hatte, mußte er im Jahr 610 Luxeuil verlassen. Den tüchtigen Prediger schickte der Frankenkönig nun hinaus in die anderen Provinzen des Landes, denn zu dieser Zeit gehörten neben Burgund auch Thüringen, die Provence und Bayern zum fränkischen Reich.

Eustasius begab sich mit seinen Freunden und Ordensbrüdern Agil und Agrestius, den Spuren Kolumbans folgend, nach Schwaben und Bayern, um dem christlichen Glauben dort endgültig zum Durchbruch zu verhelfen. Er gilt als der Gründer des berühmten Klosters Weltenburg an der Donau. Die feurigen Reden seines Glaubensboten unterstützte Gott durch Wunder, die er in seinem Namen vollbrachte. Eustasius konnte dadurch das Volk von der Richtigkeit seiner Worte überzeugen. In Scharen ließen sich die Menschen von ihm taufen. Seine ausgedehnten Reisen führten ihn auch zu den Waraskern in die Gegend des Flusses Doubs in Ostfrankreich, wo er erfolgreich die Irrlehren des Photinus und Bonosus bekämpfte, die die Gottheit Jesu Christi leugneten.

Nach dem Tod Kolumbans wurde Eustasius Abt von Luxeuil. Er errichtete nun noch mehrere andere Klöster, so daß die Schar seiner Mönche mit der Zeit auf 6000 anwuchs. Der Heilige starb um 625 oder 629 in Luxeuil. Im 13. Jahrhundert überführte man seinen Leichnam in das Benediktinerkloster Vergaville in Lothringen. Eustasius gehört mit zu der Schar der bedeutenden irofränkischen Missionare, die erfolgreich in Bayern missionierten.

Geboren: wahrscheinlich in Burgund (Frakreich)
Gestorben: um 625 oder 629 in Luxeuil (Frankreich)
Berufung/Beiname: Missionar, Klostergründer, Abt
Wirkungsstätten: Ostfrankreich, Schwaben, Bayern
Bedeutung des Namens: der Standhafte (griechisch)
Namensform: Staso
Patronat: Besessene, Geisteskranke

29. März

Ludolf von Ratzeburg

Die Quellen über diesen Heiligen sind äußerst lückenhaft. Ludolf war Mönch im Prämonstratenserorden →, den der hl. Norbert von Xanten im Jahr 1126 in Prémontré gegründet hatte. Nach dem erfolgreichen Kriegszug, den der hl. Bernhard von Clairvaux gegen die heidnischen Wenden veranlaßt hatte, begann das Christentum, auch in Westmecklenburg und im heutigen südöstlichen Schleswig-Holstein endgültig Fuß zu fassen.

Ludolf wurde 1236 zum Bischof des neugegründeten Bistums von Ratzeburg ernannt. Er war ein tatkräftiger und entschlossener Kirchenmann, der sich energisch für die Belange seines Bistums einsetzte. Er kümmerte sich vorrangig um die Errichtung und Organisation von neuen Pfarrgemeinden in seinem Bistum. Die Tatsache, einen Prämonstratensermönch zum Bischof geweiht zu haben, zeitigte die beabsichtigten Erfolge, denn die Prämonstratenser waren von ihrem

Geboren: wahrscheinlich in Sachsen
Gestorben: 1250 in Wismar (Mecklenburg-Vorpommern)
Berufung/Beiname: Prämonstratensermönch, Klostergründer, Bischof, Märtyrer
Wirkungsstätten: Norddeutschland
Bedeutung des Namens: der Ruhm, der Wolf (althochdeutsch)
Namensformen: Leuthold, Lüder, Olf
Patronat: Osnabrück

29. März

Ludolf von Ratzeburg wird in Prämonstratensertracht mit Mitra dargestellt. Neben den Bischöfen Evermod und Isfried wird am 17. Februar im Bistum Osnabrück auch sein Gedenktag gefeiert.

Ordensauftrag her verpflichtet, sich besonders dem Aufbau, der Pflege und Betreuung der einzelnen Pfarrgemeinden in den Bistümern zu widmen.

Ludolf pflegte aber nicht nur die christliche Erziehung der besiegten Wenden, eines Volksstamms der Slawen, sondern festigte den wirtschaftlichen und religiösen Aufschwung in seinem Bistum auch dadurch, daß er den Zuzug von christlichen Siedlern aus dem Westen förderte.

Mit viel Verhandlungsgeschick konnte er sogar den Fürsten Johann von Mecklenburg dazu bewegen, gemeinsam mit ihm ein neues Kloster für seinen Orden zu gründen. In Rehna bei Ratzeburg schenkte der Fürst dem Orden entsprechendes Land, und es entstand das erste Prämonstratenserkloster → für Frauen in dieser Region. Kloster und Bistum gediehen prächtig. Mit seinem wirtschaftlichen Wachstum gewann das Bistum auch politisch an Macht und Einfluß.

Dieser Erfolg weckte beim Landesherrn, dem Herzog von Sachsen-Lauenburg, Begehrlichkeiten, und immer dreister beschlagnahmte er Kirchengut für seine eigenen Zwecke. Ludolf versuchte sein Bistum unabhängig zu machen, das heißt es unmittelbar der Reichshoheit zu unterstellen, um so vor weiteren Übergriffen geschützt zu sein. Bei diesem Vorhaben stieß er auf erbitterten Widerstand, denn der Herzog wollte sich seine bequeme Einnahmequelle nicht nehmen lassen. Als Ludolf dem Landesherrn unerschrocken öffentlich entgegentrat und ihn des Kirchenraubs beschuldigte, wurde der aufrechte Kirchenmann festgenommen. Im Gefängnis erlitt er schreckliche Mißhandlungen, die ihm so zusetzten, daß er, obwohl er zwischenzeitlich wieder freigelassen worden war, am 29. März des Jahres 1250 in Wismar an den Folgen der Kerkerhaft starb.

Seine Gebeine befinden sich in der Pfarrkirche von Duisburg-Hamborn, dem ehemaligen Prämonstratenserkloster.

30. März

Liberat Weiß

Geboren: 1675 in Konnersreuth (Bayern)
Gestorben: 1716 in Gondar (Äthiopien)
Berufung/Beiname: Franziskanermönch, Missionar, Märtyrer
Wirkungsstätten: Österreich, Italien, Ägypten, Äthiopien
Bedeutung des Namens: der Befreite (lateinisch)
Namensformen: Bero, Bera, Liberate, Libero
Patronat: gegen Augenkrankheiten

Zwei Jahrhunderte vor dem II. Vatikanischen Konzil gab es bereits Bestrebungen, die vom katholischen Glauben abgespaltene christliche Kirche Äthiopiens wieder mit Rom zu vereinen. Eine herausragende Rolle hierbei spielte der Franziskanerpater Liberat Weiß, der für dieses Vorhaben dann aber den Märtyrertod zu erleiden hatte.

Johannes Laurentius, so hieß er bis zu seinem Ordenseintritt, kam im oberpfälzischen Konnersreuth, jenem Ort, der durch die Stigmatisation der seligen Therese Neumann weltweit bekannt geworden ist, am 4. Januar 1675 zur Welt. Trotz großer Armut ließen ihn seine Eltern die nahegelegene Klosterschule in Waldsassen besuchen. Offensichtlich unter dem Einfluß der Franziskaner →, die regelmäßig aus Österreich nach Konnersreuth kamen, um in der Gemeinde für die Mission zu werben, verließ Johannes Laurentius im Jahr 1693 die Heimat.

Johannes folgte den Mönchen und trat noch im gleichen Jahr in Graz dem Franziskanerorden bei. Sein Ordensnamen war von nun an Liberatus.

Am 14. September des Jahres 1698 empfing er die Priesterweihe. Zunächst im niederösterreichischen Langenlois tätig, wurde er 1703 Stadtpfarrer in Graz.

Kurz darauf erfuhr Pater Liberatus Weiß vom Schreiben seines Ordensoberen, der um Unterstützung für die Wiedervereinigung der abgefallenen äthiopischen Kirche mit der katholischen Kirche warb. Durch die geschickte Vermittlung des Franziskanerpaters Joseph von Jerusalem war es nämlich ein Jahr zuvor gelungen, den äthiopischen Kaiser Jaru für diese Idee zu gewinnen.

Liberatus Weiß folgte diesem Aufruf sofort und ließ sich zunächst in Rom zum Missionar ausbilden. Hierzu gehörte auch eine gründliche medizinische Schulung, die sich für ihn noch entscheidend auswirken sollte. Zusammen mit Pater Joseph, sechs weiteren Patres und drei Brüdern erreichte er im Jahr 1705 Karthoum. Hier wurde die Gruppe vom dortigen König festgehalten, der die Fähigkeiten der Missionare, insbesondere deren ärztliche Kenntnisse, nur für sich und seinen Hofstaat nutzen, nicht jedoch der notleidenden Bevölkerung seines Landes zugute kommen lassen wollte.

Im Jahr 1710 gelang es Liberatus zusammen mit Pater Michele Pio Fasoli, unter unsäglichen Strapazen den nächsten Franziskanerstützpunkt in Ahmim in Ägypten zu erreichen. Liberatus berichtete seinen Mißerfolg nach Rom und hoffte, daß man ihn daraufhin von dieser Aufgabe entbinden würde. Stattdessen erhielt er aus Rom den Auftrag, erneut nach Äthiopien zu reisen, diesmal jedoch auf dem Seeweg. Gesundheitlich durch ein Augenleiden schwer angeschlagen, aber dennoch gehorsam, erreichte Liberatus zusammen mit Pater Pio und Pater Samuele Marzorato 1712 die äthiopische Hauptstadt Gondar.

Der neue Kaiser Justos duldete zwar die Franziskaner, aber sie durften nicht öffentlich predigen. Liberatus und seine Gefährten gründeten deshalb ein Hospiz. Sie halfen den Kranken und predigten nur im Verborgenen. Beim Volk erwarben sie sich bald große Beliebtheit, ein Umstand, der die Berater des Kaisers mächtig störte, denn sie fürchteten um ihren Einfluß. Durch gehässige und falsche Anschuldigungen erreichten sie, daß der Kaiser die Franziskaner nach Nordäthiopien versetzen ließ. Im Jahr 1716 kam ein neuer Kaiser an die Macht. Er ließ die Mönche nach Gondar kommen und vor ein Gericht stellen. Am 2. März 1716 begann der Prozeß gegen die drei Patres. Ihnen wurde Volksverhetzung und Anfeindung der äthiopischen Kirche zur Last gelegt. Sie wurden aufgefordert, sich beschneiden zu lassen und die äthiopische Irrlehre des Monophysitismus anzuerkennen. Der Monophysitismus (von griechisch monos = eins, einzig; physis = Natur) ist eine in der alexandrinischen Theologie entstandene Lehre, derzufolge in Christus nicht zwei Naturen (die göttliche und die menschliche) verbunden seien, sondern nur die eine Natur des fleischgewordenen Wortes Gottes. Genaugenommen ging es den monophysitistischen Gruppen darum, die Gottheit Christi in Zweifel zu ziehen oder zu leugnen.

Nachdem alle drei Mönche dieses Ansinnen strikt abgelehnt hatten, verurteilte man sie zum Tod durch Steinigung. E. H. Ritter schreibt, daß Augenzeugen folgendes über die Hinrichtung am 3. März 1716 berichteten: »Pater Liberat starb im Steinhagel fast sofort, Pater Michele stand noch einmal auf und warf sich von neuem auf die Knie; Pater Samuele sah man dreimal sich erheben und wieder hinknien, ehe schließlich alle drei unter einem Berg von Steinen verschwanden.« Papst Johannes Paul II. sprach die drei Märtyrer am 20. November 1988 selig.

Liberat Weiß wird dargestellt im Ordensgewand der Franziskaner, mit einem Korb als Zeichen seiner missionarischen »Ernte« und Steinen als Hinweis auf seine Steinigung. Über ihm schwebt ein Engel mit der Märtyrerkrone.

31. März

Guido von Pomposa

Geboren: um 970 in Casamar (Italien)
Gestorben: 1046 in Borgo San Donnino (Italien)
Berufung/Beiname: Benediktinerabt
Wirkungsstätte: Italien
Bedeutung des Namens: der aus dem Wald (althochdeutsch)
Namensformen: Guide, Gilbert, Guilbert, Guy, Veit
Patronat: Speyer

Als Zeitgenosse des hl. Ulrich von Augsburg und des hl. Petrus Damiani wurde der hl. Guiodo von Pomposa um das Jahr 970 in Casamar bei Ravenna geboren. Der junge Mann verwarf den Rat seines Vaters, sich zu verheiraten, und wählte dafür den geistlichen Stand.

Zunächst wandte er sich nach Rom, kehrte aber nach Ravenna zurück, nachdem ihm in einer Vision diese Weisung zuteil geworden war. Guido begab sich nun zum hl. Einsiedler Martinus, bei dem er drei Jahre verbrachte. Dieser schickte ihn dann nach Pomposa zum Abt Guglielmus, der zu dieser Zeit dem Benediktinerkloster vorstand. Guido wurde in die Gemeinschaft aufgenommen. Als sich der Abt von Pomposa in die Einsamkeit zurückgezogen hatte und sein Nachfolger gestorben war, wählten die Mönche Guido zu ihrem Abt.

Guido leitete das Kloster 48 Jahre lang. Es gelangte unter ihm zu großer Blüte. Wegen des regen Zulaufs reichten die Räumlichkeiten bald nicht mehr aus, und es mußte ein weiteres Kloster gebaut werden. Auf Veranlassung Guidos hielt Petrus Damiani zwei Jahre lang Vorträge bei den Benediktinern Pomposas. Er widmete dem Abt, der viele Reformen in seinem Kloster durchgeführt hatte, seine Schrift »Von der Vollkommenheit der Mönche«.

Als Guido das Ende seines Lebens herannahen fühlte, zog er sich in die Einsamkeit zurück. Zu dieser Zeit kam Kaiser Heinrich III. nach Italien. Der Herrscher hatte viel von der Weisheit und Frömmigkeit des Abtes Guido gehört und bat ihn, nach Piacenza zu kommen. Nur ungern folgte der fromme Mann diesem Ruf. Ehe er sich auf den Weg machte, nahm er von seinen Brüdern Abschied. Er fühlte, daß er sie nicht wiedersehen würde. In Borgo San Donnino wurde Guido krank und starb dort am 31. März 1046.

Das Leben des hl. Guido fiel in eine Zeit großer kirchenpolitischer Wirren: Auf seinem Romzug im Jahr 1046 ließ der deutsche König Heinrich III. zunächst den Papst und seine beiden Gegenpäpste absetzen und auf Empfehlung des hl. Guido den vormaligen Bischof von Bamberg als Klemens II. zum neuen Papst wählen. Dieser krönte Heinrich am Weihnachtstag den Jahres 1046 zum Kaiser und ernannte ihn zum Patricius Roms. In der Folgezeit machte Kaiser Heinrich nacheinander drei deutsche Bischöfe zu Päpsten, um seine Stellung in Südeuropa zu festigen. Nebenbei gewann er das Papsttum für die Kirchenreform nach cluniazensischem Muster → und befreite es damit aus der verhängnisvollen Abhängigkeit von den römischen Adelsparteien.

Zunächst bestattete man Guidos Leichnam in Parma. Als aber an seinem Grab viele Wunderheilungen geschahen, wollte das Volk von Parma die Reliquien nicht wieder herausgeben. Kaiser Heinrich III. ließ trotzdem die sterblichen Überreste des Heiligen nach Verona in die Kirche des hl. Zeno bringen, überführte ihn dann jedoch nach Speyer, wo er feierlich beigesetzt wurde. Guido wurde in Speyer sehr bald große Verehrung zuteil. Nach der Französischen Revolution kamen seine Reliquien in die St.-Magdalenen-Kirche, ebenfalls in Speyer, wo sie sich heute noch befinden.

Guido von Pomposa wird entweder als Abt mit Stab oder an einem gedeckten Tisch sitzend dargestellt, weil er den Erbauern des Klosters einmal wundersam Essen besorgt haben soll. Manchmal wird Guido aber auch als betender Einsiedler mit einem Schiff abgebildet, das erschienen sein soll, als er Gott darum bat.

1. April

Hugo von Grenoble

Es gibt drei bedeutende Heilige dieses Namens: den hl. Hugo von Rouen, der im 8. Jahrhundert lebte (Fest 9. April), den hl. Hugo von Cluny, den Nachfolger des berühmten Abtes Odilo, der dieses bedeutsame Benediktinerkloster und seinen Einfluß auf ganz Europa einem Höhepunkt zuführte (Fest 28. April) und schließlich den hl. Hugo von Grenoble, der am 1. April des Jahres 1132 starb und schon im Jahr 1134 durch Papst Innozenz II. auf dem Konzil zu Pisa heiliggesprochen wurde. Von ihm soll hier die Rede sein.

Hugo von Grenoble wurde um 1053 in Châteauneuf an der Isère geboren. Nach seiner theologischen Ausbildung war er zunächst ein einfacher Kanonikus in Valence. Er zeichnete sich jedoch frühzeitig durch seinen frommen Eifer, sein Wissen und die Lauterkeit seines Wesens aus, so daß der päpstliche Legat, der sich gerade auf einer Visitationsreise in Südfrankreich befand, Hugo zu seinem Helfer bestimmte. Anläßlich des Konzils kam er nach Avignon, und dort übertrug man ihm das Amt des Bischofs von Grenoble. Zwar wehrte sich Hugo zunächst sehr dagegen, aber der päpstliche Legat konnte ihn zur Annahme des schweren Amtes überreden. Gemeinsam reisten sie nach Rom, und 1080 empfing Hugo dort aus der Hand des Papstes Gregor VII. die Bischofsweihe.

Tief bedrückte den jungen Kirchenfürsten die soziale Unordnung und religiöse Verwahrlosung, die er in seinem Bistum vorfand. Durch ein strenges, bußfertiges Leben erhoffte Hugo, die Gnade Gottes für die Besserung der ihm Anvertrauten zu erlangen. Doch trotz aller Anstrengungen blieb der ersehnte Erfolg aus. Mehrmals war er versucht, sein bischöfliches Amt niederzulegen. Einmal verließ er sogar sein Bistum ganz, um sich entmutigt in das Kloster Chaise Dieu zurückzuziehen. Papst Gregor indessen befahl ihm, seinen bischöflichen Pflichten umgehend nachzukommen. Gehorsam kehrte der Heilige nach Grenoble zurück und widmete sich wieder ganz der Arbeit als Prediger und Seelsorger.

Hugo durchwanderte im Lauf der Zeit sein ganzes Bistum. Überall verkündete er Gottes Wort, hörte Beichte und stiftete Frieden, wo er nur konnte. In Notzeiten half er großzügig den Hungernden.

Hugo von Grenoble war es auch, der 1084 dem hl. Bruno, dem Gründer des Kartäuserordens, erlaubt hatte, sich im Chartreuse-Tal anzusiedeln. Fortan förderte er diesen Orden, wo er nur konnte. Die Hilfe der Kartäuser erwies sich bei seinen Bemühungen, das Volk wieder für die religiösen Ideale zu begeistern, als sehr nützlich. Der Bischof liebte andererseits die Gesellschaft der schweigenden Mönche und suchte sie oftmals auf, um mit ihnen in der Stille die Nähe Gottes immer wieder neu zu erleben. Hugo von Grenoble nahm seine Aufgabe als Bischof sehr ernst. Er war ein eifriger Verfechter der Reformideen Gregors VII. Auf seine Veranlassung hin wurde auf der Synode von Vienne im Jahre 1112 die Exkommunikation Kaiser Heinrichs V. ausgesprochen.

Aufopfernd wirkte Hugo von Grenoble fünfzig Jahre lang in seinem Bistum, bis Gott den Achtzigjährigen, einen wahrhaft getreuen Diener des Herrn, zu sich rief. Der Leib des Heiligen wurde in der Marienkirche von Grenoble beigesetzt.

Geboren: um 1053 in Châteauneuf (Frankreich)
Gestorben: 1132 in Grenoble (Frankreich)
Berufung/Beiname: Benediktinernovize, Bischof
Wirkungsstätten: Frankreich, Italien
Bedeutung des Namens: der Kluge, der Denkende (althochdeutsch)
Namensformen: Hauke, Ugo, Hugh, Ugolino
Patronat: Grenoble; gegen Kopfschmerzen

Hugo von Grenoble wird dargestellt als Bischof im Kartäuserhabit, meist mit einem Schwan, weil er die Einsamkeit sehr geliebt hat, oft auch mit drei Blumen in der Hand und manchmal mit sieben Sternen, die den hl. Bruno und seine Gefährten bedeuten.

2. April

Maria von Ägypten

> **Geboren:** in Alexandria
> **Gestorben:** um 430
> **Berufung/Beiname:**
> Büßerin, Eremitin
> **Wirkungsstätten:** Ägypten und Palästina
> **Bedeutung des Namens:** umstritten; die Widerstrebende (wenn von hebräisch Miriam), die Schöne, die Gott Liebende, die von Gott Geliebte
> **Namensformen:** Marlitt, Marita, Marisa, Marika, Maren, Manon, Marion
> **Patronat:** Büßerinnen; gegen Fieber

In der Lebensgeschichte der hl. Büßerin Maria von Ägypten überwiegt eindeutig das Legendäre. Dennoch ist es zumindestens historisch gesichert, daß es eine hl. Einsiedlerin dieses Namens im 5. Jahrhundert in Palästina gegeben hat, zu deren Grab viele Gläubige pilgerten. Eine dunkelhäutige und ebenmäßige Gestalt wird mit dieser großen Sünderin verbunden, die in einem strengen Bußleben zur Heiligen herangewachsen ist. Maria von Ägypten und ihre bewegte Lebensgeschichte inspirierte viele Künstler. Im Campo Santo in Pisa ist dargestellt, wie Abt Zosimus der Eremitin die letzte hl. Kommunion reicht. Die gleiche Szene machte Giotto zum Gegenstand seines Bildes im Bargello in Florenz. In München hängt eine Darstellung ihres Todes von Barroccio, und auch Dürer verdanken wir einen eindrucksvollen Stich der Maria Aegyptiaca.

Die geheimnisvollste Darstellung aber hat Tintoretto für die Scuola di S. Rocco in Venedig gemalt. Das Marienbild des von Tizian und Michelangelo beeinflußten Venezianers Tintoretto zeichnet sich durch seine besondere Tiefenwirkung aus. Die ausdrucksstarken, kühn verkürzten Gestalten von Maria und dem Abt Zosimus fügen sich zu einer rhythmisch bewegten Komposition zusammen, die den Betrachter unweigerlich in den Bann zieht. Seine fahlbleiche Farbgebung unterstreicht eindrucksvoll die Legende der Wüstenheiligen und verleiht den dargestellten Figuren einen vergeistigten Ausdruck. Auch Maler des 20. Jahrhunderts hat ihre seltsame Geschichte beschäftigt. Zum Beispiel hat Emil Nolde um 1912 mehrere Szenen aus dem Leben der Maria Aegyptiaca gemalt.

Legende Die eindrucksvolle Geschichte der hl. Maria von Ägypten erfahren wir aus der »Legenda aurea«: Als der greise Abt Zosimus durch die Wüste zog, begegnete er eines Tages einer nackten, dunkelhäutigen Frau mit langem, weißem Haar. Die Büßerin wollte fliehen, als sie ihn sah. Als er ihr aber seinen Mantel umwarf, damit sie sich verhüllen konnte, sprach sie ihn mit seinem Namen an und erbat seinen Segen. Voller Erstaunen über dieses Wissen fragte er sie, wer sie denn sei.

Da begann Maria zu erzählen: »Ich bin in Ägypten geboren. Mit zwölf Jahren kam ich nach Alexandria und verdiente siebzehn Jahre lang als Hure meinen Lebensunterhalt. Als nun einstmals Wallfahrer nach Jerusalem aufbrachen, um dort das heilige Kreuz zu verehren, fuhr ich mit ihnen, denn ich glaubte, ich könnte mein schändliches Gewerbe auch dort ausüben. In Jerusalem wollte ich aber zuerst einmal mit den anderen Pilgern in die Kirche gehen, um das heilige Kreuz zu sehen. Doch eine unsichtbare Kraft hielt mich davor zurück, so daß ich nicht in die Kirche eintreten konnte. Als ich aber sah, daß alle anderen Menschen ungehindert hineingingen, verstand ich mit einem Mal, daß mein sündiges Leben daran schuld sein mußte. Ich gelobte also, Buße zu tun und fortan ein keusches Leben zu führen. Da empfand ich große Erleichterung und ging wieder zur Kirche. Jetzt konnte ich dort ungehindert hineingehen.

Als ich die Kirche verließ, hörte ich eine Stimme, die mir befahl, über den Jordan zu gehen. Ich kaufte drei Brote und machte mich auf den Weg über den Jordan in die Wüste. Hier lebe ich nun schon siebenundvierzig Jahre. Ich bereue meinen früheren Lebenswan-

Maria von Ägypten, die zahlreiche Künstler inspiriert hat, wird meist dargestellt als Büßerin, die von ihrem langen Haar wie von einem Gewand bedeckt wird. Oft wird sie auch als alte Frau mit drei Broten in der Hand gezeigt.

2. April

del und bete täglich zur Jungfrau Maria, sie möge mir, der großen Sünderin, verzeihen.« Meine Kleider sind inzwischen vom Leib gefault, Hitze und Kälte hatte ich zu ertragen, Hunger und Durst quälten mich. Siebzehn Jahre lang bin ich von fleischlichen Anfechtungen gepeinigt worden, aber ich habe sie mit Gottes Hilfe besiegt. Nun habe ich dir alles erzählt, du aber bitte nun Gott für mich um Gnade!«

Da fiel der Abt Zosimus vor der Büßerin auf die Knie und lobte den Herrn in seiner Dienerin Maria. Daraufhin flehte Maria ihn an, für sie zu beten und ihr im kommenden Jahr am Gründonnerstag die heilige Kommunion zu bringen.

Der Abt Zosimus verließ sie, kehrte aber noch am gleichen Tag mit der hl. Hostie zurück. Nachdem die Büßerin das hl. Abendmahl empfangen hatte, bat sie Zosimus, auch im nächsten Jahr zur gleichen Zeit wiederzukommen und ihr die hl. Kommunion zu bringen. Als nun aber Zosimus in der folgenden Fastenzeit wieder an den Ort kam, wo er sie das erste Mal angetroffen hatte, fand er die Büßerin tot daliegen. Bei ihrem Leichnam lag ein Zettel, auf dem stand, daß sie Maria heiße und ihn bat, er möchte ihren Leib begraben. Der Abt Zosimus war aber alt und schwach, deshalb bat er einen vorbeitrottenden Löwen um Hilfe. Der Löwe grub willig das Grab für die hl. Büßerin und verzog sich danach wieder. Zosimus aber kehrte daraufhin in sein Kloster zurück und lobte Gott.

Der spanische Maler Jusepe de Ribera gibt Maria von Ägypten in realistischer Manier wieder: als ausgemergelte alte Frau, nur dürftig mit einem Mantel verhüllt, neben ihr ein Totenschädel, doch mit einem schönen Ausdruck des Gesichts und inbrünstig ins Gebet vertieft.

Darstellung der Legenden der hl. Maria von Ägypten und des hl. Nikolaus auf einem gotischen Glasfenster in der Kathedrale St. Etienne in Bourges.

2. April

Franz von Paula

Geboren: 1436 in Paola (Italien)
Gestorben: 1507 in Pléssis-les-Tours (Frankreich)
Berufung/Beiname: Eremit, Ordensstifter, Klostergründer
Wirkungsstätten: Süditalien, Frankreich
Bedeutung des Namens: der Franke, der Freie (latinisierte Form von Frank)
Namensformen: Frank, Franco, Francesco, Francis, Francisek, Paco, Paquito
Patronat: Eremiten, italienische Seeleute; gegen Pest, Unfruchtbarkeit

Der heilige Eremit Franz von Paula war der Gründer der Minimen oder Mindesten Brüder, die auch Paulaner → genannt werden. Das Hauptkloster des Ordens befindet sich heute in Rom. Der hl. Franz stammte aus Kalabrien und wurde dort am 27. März 1436 in Paola geboren. Seinen Eltern war das Kind auf die Fürbitte des hl. Franziskus von Assisi hin nach langjähriger, kinderloser Ehe geschenkt worden. Deshalb gelobten sie auch aus Dankbarkeit, diesen Sohn schon bald ins Kloster der Franziskaner → zu geben.

Als Franz von Paula fünfzehn Jahre alt war, machte er zusammen mit seinen Eltern eine Wallfahrt nach Rom. Dieses eindrucksvolle Erlebnis einer prunkvollen Kirche Christi ließ seinen Entschluß reifen, künftig als Eremit ganz in der Einsamkeit zu leben. Er suchte eine einsame Höhle in den Bergen Kalabriens, wo er sich einem Leben verschrieb, das ganz erfüllt war von innigem Gebet und harter Buße. Sein Nachtlager war ein Stein, seine Nahrung waren die Kräuter des Waldes. Dennoch gesellten sich schon bald gleichgesinnte junge Männer zu ihm, so daß am Ort seiner bisherigen Abgeschiedenheit nach und nach Zelle um Zelle entstand. Franz schloß seine Anhänger nun zu einer Ordensgemeinschaft zusammen, die er »Minimi« – die Allergeringsten – nannte.

Kernpunkt seiner Ordensregel war, alles aus Liebe zu tun und gleichzeitig ein entbehrungsreiches, asketisches Leben zu führen. Trotz der strengen Ordensregel baten immer mehr Bußwillige um Aufnahme. Mit Genehmigung des Bischofs von Cosenza und mit der Hilfe von Wohltätern erbaute er 1454 sein erstes Kloster. Weitere Paulanerklöster entstanden an anderen Orten in Italien, bald aber auch in Frankreich, Spanien und Deutschland.

Franz von Paula besaß in hohem Maß die Gabe der Weissagung und konnte auf wundersame Weise Kranke auch von schwersten Gebrechen befreien. Durch die Kraft Gottes machte er Blinde sehend, gab Tauben das Gehör und erweckte sogar Tote zum Leben. Trotz der zahlreichen Wunder, die Franz von Paula vollbringen durfte, blieb er aber immer der schlichte, einfache Waldbruder, auch wenn Fürsten und Könige, ja sogar die Päpste seiner Zeit ihn um Rat fragten. Sogar bis zum französischen Hof drang sein Ruf.

Auch der todkranke König Ludwig XI. (1461–1483) bat ihn um Hilfe. Obwohl Franz wußte, daß die Sterbestunde des Königs gekommen war, er ihn also nicht mehr heilen konnte, reiste er zu dem Sterbenden, der ihm nach langem Sträuben seine Verfehlungen beichtete und bereute. Der Heilige verhalf dem französischen König auf diese Weise zu einem mit Gott ausgesöhnten Tod.

Auf Bitten von König Karl VIII. (1483–1498), dem Nachfolger von Ludwig XI., blieb Franz von nun an in Frankreich, wo ihm der neue Monarch in Pléssis-les-Tours und in Amboise Klöster errichten ließ. Noch über zwanzig Jahre konnte der Heilige durch Wort und Beispiel von dort aus seinen Einfluß ausüben. Er starb im siebzigsten Lebensjahr am 2. April 1507 und wurde 1519 von Papst Leo X. (1513–1521) heiliggesprochen. Sein Leichnam, der in der Kirche des Klosters Pléssis beigesetzt worden war, wurde 1562 von den Kalvinisten → verbrannt.

Legende Der kranke König Ludwig XI. versuchte den hl. Franz mit allen Mitteln zu bewegen, ihn zu heilen. Schließlich brachte der König ihm selbst eine Schüssel voll mit Golddukaten. Damit sollte Franz in seiner Heimat Neapel ein neues Kloster bauen. Er aber erwiderte: »Majestät, geben Sie dieses Geld Ihrem Volk zurück, von dem Sie es durch ungerechte Abgaben erpreßt haben. Es klebt das Blut der Armen daran, und ein solches Almosen ist ein Greuel vor unserem Herrn.« Sogleich zerbrach er einen Dukaten, und vor den Augen des staunenden Königs flossen einige Tropfen Blut heraus.

Einst mußte sich der Heilige nach Sizilien begeben. Gemeinsam mit einem Begleiter ging er ans Ufer des Meeres, um ein Schiff zu besteigen. Der Schiffskapitän aber weigerte sich, die beiden armen Männer mitzunehmen, denen man ansah, daß sie offensichtlich kein Geld hatten. Da fiel der Heilige auf seine Knie nieder und betete inbrünstig. Danach warf er seinen Mantel auf das Meer, den Mantel des Mitbruders aber befestigte er wie ein Segel an seinem Stabe, und beide stiegen getrost auf den auf dem Wasser liegenden Mantel wie auf die Planken eines Schiffes. Wellen und Wind führten sie sanft davon. Draußen auf dem Meer trafen sie das Schiff, das sie nicht betreten durften. Die Schiffsleute waren voll Verwunderung, als sie die beiden auf dem Mantel sahen, und baten sie nun inständig einzusteigen. So gelangte der Heilige wohlbehalten nach Sizilien.

Dargestellt wird Franz in schwarzem Ordenshabit, dessen Halskragen bis über den Gürtel reicht. Das Wort »Caritas« schwebt über ihm oder steht auf seinem Stab geschrieben. Manchmal wird Franz von Paula als Asket mit Geißel und Totenkopf gezeigt.

3. April

Richard von Chichester

Als Kind einer adeligen, aber nicht sonderlich reichen Familie wurde der hl. Richard de Wych im englischen Droitwich in Worcestershire um 1197 geboren. Zunächst studierte er in Oxford und Paris. Später setzte Richard sein Studium in Bologna fort. 1235 kehrte er nach Oxford zurück und wurde dort Kanzler der Universität. In dieser Eigenschaft kam er nach Canterbury, wo sein Freund, der hl. Edmund, zu dieser Zeit Erzbischof war. Später ging Richard nach Orléans, um dort bei den Dominikanern → Theologie zu studieren. Wieder in die Heimat zurückgekehrt, empfing er die Priesterweihe und wurde 1244 zum Bischof von Chichester gewählt. Der Heilige bemühte sich nun besonders um die Erneuerung des geistlichen Lebens im Klerus und um die würdige Ausgestaltung des Gottesdienstes. Er war von selbstaufopfernder Güte gegen die Armen. Als Kreuzzugsprediger kam er noch bis Dover am Ärmelkanal, wo ihn am 3. April 1253 der Tod ereilte. Der Leichnam des Bischofs wurde in der Kathedrale von Chichester beigesetzt. Aufgrund der zahlreichen Wunder an seinem Grab wurde er im Jahr 1262 von Papst Urban IV. (1261–1264) heiliggesprochen.

Geboren: um 1197 in Droitwich (England)
Gestorben: 1253 in Dover (England)
Berufung/Beiname: Bischof
Wirkungsstätten: England, Frankreich, Italien
Bedeutung des Namens: der starke Fürst (althochdeutsch)
Namensformen: Reichard, Reichert, Riccardo, Ricco, Riko, Ricky, Dicky, Dick
Patronat: Fuhrleute

Legende Der Heilige war bekannt für seine übergroße Freigebigkeit und Hilfsbereitschaft. Als ihm während einer Teuerung gemeldet wurde, daß alle Vorräte aufgezehrt und kein Geld mehr vorhanden sei, befahl er, die Pferde und alle bischöflichen Kostbarkeiten zu verkaufen und den Erlös zum Ankauf von Getreide für die Armen zu verwenden. So gab er alles dahin, was ihm gehörte, ja er ließ sogar das Silbergeschirr für die Armen verpfänden. Mit der Zeit staunte ein jeder, daß er bei so grenzenloser Wohltätigkeit immer noch etwas zum Austeilen hatte. Man betrachtete es schließlich als ein Wunder, daß ihm immer noch etwas zum Geben geblieben war.

4. April

Isidor von Sevilla

> **Geboren:** um 560 in Cartagena (Spanien)
> **Gestorben:** 636 in Sevilla (Spanien)
> **Berufung/Beiname:** Klostergründer, Bischof, Kirchenlehrer; »der große Schulmeister des Mittelalters«
> **Wirkungsstätte:** Spanien
> **Bedeutung des Namens:** das Geschenk der Isis (griechisch)
> **Namensformen:** Theodor, Darius, Dario, Dörries, Dori
> **Patronat:** Spanien (Nationalheiliger)

Der Nationalheilige Spaniens, der hl. Isidor von Sevilla, lebte im 7. Jahrhundert, heiliggesprochen wurde er aber erst 1598. Im Jahr 1722 wurde er von Papst Innozenz XII. (1261–1264) zum Kirchenlehrer erhoben, denn Isidor war einer der gelehrtesten Männer seiner Zeit. Sein Hauptwerk ist die zwanzigbändige »Etymologiae«, die er nach den sieben freien Künsten gliederte. Seine wichtigste theologische Schrift ist die dreibändige »Sententiae«, die als das erste lateinische Handbuch der Dogmatik und Moral angesehen werden kann. Außerdem verfaßte er mehrere Geschichtsbücher. Isidor wurde deshalb zu Recht als »der große Schulmeister des Mittelalters« bezeichnet, denn seine Werke waren jahrhundertelang die entscheidende Wissensgrundlage.

1598, im Jahre von Isidors Heiligsprechung, verfaßte der spanische Dichter Lopez de Vega ihm zu Ehren zahlreiche Gedichte. Vorher schon hatte Dante den Heiligen zusammen mit dem hl. Beda in seinem »Paradies« erwähnt. Juan de las Roelas malte ihn in der dem hl. Isidor geweihten Kirche in Sevilla, wie er, umgeben von Klerus und Volk, auf den Stufen des Altars stirbt, während Christus und Maria über den Wolken bereits Siegeskränze für ihn bereithalten. In der Kathedrale von Sevilla befindet sich zudem ein berühmtes Gemälde des spanischen Künstlers Murillo, das den hl. Isidor darstellt.

Isidor wurde um 560 in Cartagena in Spanien geboren. Seine Geschwister waren der hl. Leander, Erzbischof von Sevilla, Fulgentius, ebenfalls Bischof, und die hl. Florentina. In seine Jugendzeit fielen wichtige Entscheidungen der Kirche. Obgleich die Lehre der Arianer → schon auf dem Konzil von Nicea → verworfen worden war, kam der Arianismus → durch die Westgoten zu einer neuen Blüte in Spanien. Zwei Konzile beschäftigten sich erneut mit dieser Frage, weil sich König Leowigild (568–586) hartnäckig weigerte, seinen arianischen Glauben aufzugeben, und mit ihm die Mehrzahl der Westgoten Arianer geblieben waren. Es ist daher leicht verständlich, daß Leander, der Bischof von Sevilla, seinem jüngeren Bruder Isidor, der zur Erziehung im bischöflichen Hause weilte, eine besonders gründliche theologische Ausbildung zukommen lassen wollte. Schon bald entwickelte sich der junge Mann zu einem außergewöhnlichen Kenner der theologischen Wissenschaften. Zum Priester geweiht, bildete sein umfassendes Wissen die Grundlage für seinen Kampf gegen die arianische Lehre, gegen die er nun mutig öffentlich auftrat.

Nach dem Tod seines Bruders wurde Isidor von Sevilla zu dessen Nachfolger gewählt. Als Bischof förderte Isidor die Wissenschaften, gründete Schulen und Klöster und betätigte sich sogar auf literarischem Gebiete.

Zwei wichtige Bischofssynoden – die eine zu Sevilla im Jahr 619, die andere zu Toledo im Jahr 633 – dienten der Reform des spanischen Klerus. Das Hauptanliegen des heiligen Bischofs Isidor war aber, seine Priester so gut auszubilden, daß ihre Argumente denen der Arianer gewachsen waren. Einer der berühmtesten Schüler von Bischof Isidor war Ildefons, der später Erzbischof von Toledo wurde. Wichtig erscheint für das Wirken Isidors außerdem, daß er auch der

---

Isidors »Etymologiae«, eines der bedeutendsten Konversationslexika des Mittelalters, versucht das ganze Wissen der damaligen Zeit einzufangen: Grammatik, Rhetorik, Mathematik, Musik, Astronomie, Astrologie, Medizin, Philosophie, Theologie, Rechtswissenschaft, Agrikultur, Zoologie, Architektur, Theater, Kriegskunst, Schiffsbau.

4. April

Schöpfer der mozarabischen Liturgie → ist. Isidor waren fünfunddreißig Jahre segensreicher Tätigkeit in seinem Bistum vergönnt. Noch während seiner Lebenszeit wirkte er viele Wundertaten, dennoch blieb der hl. Bischof Isidor von Sevilla ein einfacher und bescheidener Diener Gottes.

Als Isidor seinen Tod nahen fühlte, ließ er sich, von zwei Diakonen gestützt, in die Kirche führen, wo er an den Stufen des Altars am 4. April des Jahres 636 Gott seine Seele zurückgab. Bischof Isidors Leichnam wurde schließlich im Dom von Sevilla neben den Gebeinen seiner Geschwister beigesetzt.

Im Jahr 1063 ließ König Ferdinand I. von Kastilien (1035–1065) die Reliquien des hl. Bischofs Isidor feierlich nach León übertragen und ihm zu Ehren über seinem Grab eine neue Kirche erbauen.

Als die Reliquien des hl. Isidor von Sevilla nach León überführt worden waren, wurde über den Reliquien des Heiligen eine Kirche erbaut.

Legende Von diesem gelehrten und einflußreichen Heiligen erzählt man sich eine liebenswerte, sehr bezeichnende Legende. Als der Erzbischof Leander seinen kleinen Bruder Isidor zum Studium der Wissenschaften zu sich nach Sevilla hatte kommen lassen, nahm er sich des Knaben eifrig an. Aber diesem fiel das Lernen sehr schwer, und bald wurde er dessen überdrüssig. Kurz entschlossen lief er einfach davon. Vom langen Laufen ermattet, setzte sich Isidor an den Rand eines Ziehbrunnens, um sich auszuruhen.

Da sah der Junge zu seinen Füßen einen Stein, der ganz durchlöchert war, und am Brunnen sah er eine Walze, welche von dem Seil, das beständig über die Wlaze lief, viele tiefe Einschnitte hatte. Der Junge sann nun hin und her, welches wohl die Ursache dieser Löcher im Stein und dieser Einschnitte in der Walze sei.

Während er so nachdachte, kam eine Frau, um Wasser zu schöpfen, und fragte den schönen Knaben verwundert, was er da mache und woher er komme? Isidor aber fragte dagegen die Frau, wie die Löcher in den Stein und die Einschnitte in die Walze gekommen seien. Sie erklärte ihm freundlich, daß nach und nach die herabfallenden Wassertropfen die Löcher ausgehöhlt und das Seil durch das Auf- und Abwinden in die Walze die Einschnitte gemacht habe. Der Knabe dachte nach, und plötzlich war es ihm, als sagte eine geheime Stimme in seinem Inneren zu ihm: »Wenn der harte Stein durch die fallenden Wassertropfen ausgehöhlt worden ist und die Walze diese Einschnitte durch das öftere Auf- und Abwinden erhalten hat, um wieviel mehr kann ich mir viele Kenntnisse sammeln, wenn ich an jedem Tag auch nur ein wenig und das gut lerne.« Dieser Gedanke gab dem jungen Isidor neuen Mut, und sogleich kehrte er wieder zu seinem Bruder nach Sevilla zurück, wo er nun mit beharrlichem Eifer in der Schule lernte und nach und nach die größten Fortschritte in den Wissenschaften erzielte.

Und noch eine weitere Legende wird vom hl. Bischof Isidor von Sevilla berichtet: Im Jahr 1063 sandte der spanische König Ferdinand I. die beiden Bischöfe Alvito von León und Ordoño von Astorga zusammen mit dem Grafen Muño nach Sevilla, um die Reliquien der hl. Justa zu holen, die sie jedoch nirgends finden konnten.

Wie eine alte Chronik nun erzählt, erschien darauf dem Alvito im Traum der hl. Isidor von Sevilla und forderte ihn auf, stattdessen seine Gebeine nach León zu überbringen. Der Kalif von Sevilla, der davon hörte, gab nicht nur sein Einverständnis zu dieser Übertragung, er warf vielmehr auch einen bestickten Seidenmantel über die Gebeine des großen Bischofs und Enzyklopädisten, wobei er in plötzlicher Erkenntnis der Gemeinsamkeit der Konfessionen, die schon sein Prophet Mohammed angedeutet hatte, den schönen Satz prägte: »Wisset, daß eure Sache auch die unsre ist!«

Dargestellt wird Isidor als Bischof im weißen Gewand mit Buch und Federkiel. Ein Namensvetter des hl. Isidor von Sevilla ist der hl. Isidor der Bauer.

5. April

Vinzenz Ferrer

Geboren: um 1350 in Valencia (Spanien)
Gestorben: 1419 in Vannes (Frankreich)
Berufung/Beiname: Dominikanermönch, Bußprediger; »Legat des Papstes Jesus«
Wirkungsstätten: Spanien, Frankreich, Oberitalien, Schweiz, Deutschland
Bedeutung des Namens: der Sieger (lateinisch)
Namensformen: Vincentius, Vincent, Vinz, Victor, Zenz
Patronat: Bleigießer, Dachdecker, Holzarbeiter; gegen Epilepsie, Fieber, Kopfschmerzen; für Fruchtbarkeit; für einen guten Tod

Vinzenz Ferrer kasteite sich bis an seine physischen Grenzen: Er aß nie Fleisch, 40 Jahre lang hielt er mit Ausnahme des Sonntags nur eine Mahlzeit täglich und schlief auf Stroh und Reblaub.

Unter den vielen Heiligen mit Namen Vincentius hat der Dominikaner Vinzenz Ferrer Weltberühmtheit erlangt. Der hl. Vinzenz Ferrer konnte wie kein anderer Priester in seiner Zeit die Zuhörer ganz in den Bann seiner Begeisterung weckenden Predigten ziehen. Sein unerschütterlicher Glaube an Christus und sein vorbildliches Leben vermochten viele von diesen Menschen zu bekehren. Besonders als Beichtvater des Papstes genoß Vinzenz Ferrer hohes Ansehen.

Geboren um das Jahr 1350 in Valencia, trat Vinzenz 1367 in den Dominikanerorden → ein, studierte Philosophie und Theologie und erwarb die Doktorwürde. Dann wurde er Lehrer an der Domschule von Valencia.

Seit 1379 setzte er sich öffentlich für das avignonesische Papsttum → ein. Früh schon hatte er Kardinal Pedro de Luna, den späteren Gegenpapst Benedikt XIII. (1724–1730), kennengelernt, der zu dieser Zeit am Hof Karls VI. als päpstlicher Legat lebte. Nachdem sich de Luna in Avignon als Nachfolger des schismatischen → Papstes Clemens VII. zum neuen Papst hatte krönen lassen, berief er den Heiligen an seinen Hof, wählte ihn auch gleich zu seinem Beichtvater und ernannte ihn im Jahr 1395 zum Magister des apostolischen Palastes.

Obwohl Vinzenz Ferrer damals noch ganz auf seiten der Partei von Avignon stand, bemühte er sich bereits eifrig, der großen Kirchenspaltung entgegenzuwirken. Während dieser Zeit wurde er eines Tages schwer krank und bat den Papst um Entlassung. Vinzenz Ferrer berief sich dabei auf eine Vision, in der Christus ihm den Auftrag erteilt hatte, nach seiner Genesung von dieser Krankheit eine große Missionsreise anzutreten. Seine Bitte wurde ihm erfüllt.

Nach seiner Genesung führte ihn die große Missionsreise von 1399 bis 1409 von Italien, Spanien, über Frankreich nach Oberitalien, in die Schweiz und bis nach Deutschland. Als einer der größten Bußprediger des Mittelalters zog Vinzenz Ferrer mahnend und warnend umher. Vinzenz Ferrer geißelte in sehr freimütiger Offenheit die Vergehen seiner Zeit, die von Lauheit und Sittenverderbnis geprägt waren. Vinzenz scheute sich dabei auch nicht, Fürsten und Geistliche genauso scharf zu tadeln wie das einfache Volk.

Besonders eindrucksvoll waren die Hinweise des Bußpredigers Vinzenz Ferrer auf die Schrecken des nahe bevorstehenden Weltendes, denn davon, daß das Ende der Welt wegen des Sittenverfalls der Menschheit in dieser Zeit kommen mußte, war Vinzenz Ferrer zutiefst überzeugt.

Durch unablässiges Fasten, das Vinzenz Ferrer ein ganzes Leben lang eisern befolgte, wollte er Buße tun für das sündige Leben seiner Mitmenschen. Vinzenz gönnte sich täglich nur etwa fünf Stunden Schlaf und verbrachte sehr viel Zeit im Gebet. Da auch das Konzil in Konstanz (1414–1418) die ersehnte Einheit der Kirche nicht wieder herstellen konnte, wandte sich Vinzenz Ferrer schließlich am 6. Januar des Jahres 1416 endgültig vom Gegenpapst Benedikt XIII. ab.

Der hl. Vinzenz Ferrer starb am 5. April des Jahres 1419 in Vannes in der Bretagne. Er wurde auch im dortigen Dom bestattet. Papst Calixtus III. (1455–1458) sprach ihn im Jahr 1455 heilig.

6. April

Legende Der Bußprediger Vinzenz Ferrer zog auf einem Esel durch die Lande. Oft lauschten seinen Predigten bis zu achtzigtausend Menschen. Viele, die ihn gehört hatten, wollten ihn nicht wieder verlassen, so daß ihm Tausende folgten. Und Vinzenz sorgte wie ein Vater für seine Zuhörer. Er wurde immer von vielen Priestern begleitet, die den Bekehrten die Beichte abnahmen. Auch hatte er Sänger und Orgeln bei sich für die würdige Gestaltung des Gottesdienstes, Notare und Schreiber, um bei Schlichtung von Streitigkeiten die Protokolle aufzunehmen, und Männer, die für Nahrung und Wohnung der Zuhörer sorgen mußten. Gewöhnlich predigte er täglich dreimal. Er hielt seine Predigten nur in spanischer Sprache. Dennoch verstanden ihn wunderbarerweise Franzosen, Italiener, Deutsche und Engländer, ja sogar Ungarn und Griechen. Zahllos sind die Wunder, die er wirkte. Er erweckte mehrere Tote zum Leben, vermehrte Brot und Mehl und heilte Kranke, indem er ihnen die Hand auflegte.

Dargestellt wird Vinzenz als predigender Ordensmann mit Buch, Kreuz oder brennendem Feuer, einer Sonne mit dem Monogramm Christi auf der Brust. Oft wird er von bekehrten Muslimen und Juden umringt oder als Engel der Apokalypse gezeigt, deren Schrecken er den Menschen ausgemalt hatte.

6. April

Kreszentia

Anna Höss wurde am 20. Oktober 1682 in Kaufbeuren als Tochter des armen und frommen Wollwebers Matthias Höss und seiner Frau Lucia geboren. Bereits mit sechs oder sieben Jahren wünschte sich das begabte Mädchen nichts sehnlicher, als in das Kloster der Franziskanerinnen → in Kaufbeuren eintreten zu dürfen. Dies war jedoch ein sehr armes Kloster, und weil das mittellose Mädchen keine Aussteuer besaß, verweigerte ihr die Oberin die Aufnahme. Erst nachdem sich der evangelische Bürgermeister des Ortes für die junge Frau eingesetzt hatte, durfte sie mit einundzwanzig Jahren endlich Nonne werden.

Schwester Maria Kreszentia, wie sie von da an hieß, hatte durch diese jahrelange Zurücksetzung aber erst eine Stufe ihres Leidensweges erklommen, denn die Oberin machte keinen Hehl aus ihrer Abneigung gegen das arme Mädchen, das man dem Kloster gleichsam aufgedrängt hatte.

In ihren Visionen erlebte Maria Kreszentia höchst merkwürdige Prüfungen. Langsam begann man schon, sie wegen ihrer manchmal seltsamen Zustände als Hexe anzusehen. Doch Kreszentia ertrug auch dies mit heiliger Gelassenheit. Sie blieb weiterhin fröhlich trotz aller Pein und demütig trotz aller Anfeindungen. Erst als die herrschsüchtige Oberin abgesetzt worden war, erkannten die Mitschwestern allmählich, daß Kreszentia von Gott mit besonderen Gnaden ausgezeichnet worden war. Kreszentia konnte sich nun auch der Menschen in der Stadt annehmen. Wie eine Seelsorgerin bemühte sie sich, Familien und Nachbarn zu versöhnen, die in Streit oder Feindschaft gelebt hatten.

Ihre Gegenwart wirkte sich zunehmend zum Segen für die ganze Klostergemeinschaft aus. Der Ruf der einst so verachteten Schwester als einer auserwählten Ordensfrau verbreitete sich im ganzen Land. Kardinäle und Bischöfe, Gelehrte und Fürsten – darunter auch Kaiser Karl VII. (1742–1744) und die Kaiserin Maria Theresia (1740–1780) – baten sie um ihren Rat. Sie wurde zur Novizenmeisterin des Klosters und später zu dessen Oberin gewählt.

Kreszentia starb in der Nacht vom 5. auf den 6. April 1744. Ihre Seligsprechung erfolgte durch Papst Leo XIII. am 7. Oktober 1900.

Geboren: 1682 in Kaufbeuren (Bayern)
Gestorben: 1744 in Kaufbeuren
Berufung/Beiname: Novizenmeisterin, Franziskaneroberin, Mystikerin
Wirkungsstätte: Bayern
Bedeutung des Namens: die Wachsende (lateinisch)
Namensformen: Crescentia, Zenzi, Senta
Patronat: Augsburg

6. April

Notker der Stammler

Geboren: um 840 in Heiligau (Schweiz)
Gestorben: 912 in St. Gallen (Schweiz)
Berufung/Beiname: Benediktinermönch
Wirkungsstätte: Schweiz
Bedeutung des Namens: der Speerschwinger (althochdeutsch)
Namensformen: Gerold, Gernot, Gerin, Gero, Gerald
Patronat: St. Gallen

Der sel. Notker Balbulus, wie sein Beiname »der Stammler« auf lateinisch heißt, wurde 840 in Heiligau nahe dem heutigen Winterthur in der Schweiz geboren. Er stammte aus hochadeligem Geschlecht. Sein Oheim, der Mönch Ekkehard I., veranlaßte schon frühzeitig, daß der aufgeweckte Junge in das Benediktinerkloster → St. Gallen eintrat. Er hatte allerdings einen Sprachfehler und bekam deshalb den Beinamen »der Stammler«. Sein Andenken wird in der Kirche unvergessen bleiben, aber auch die Musikwissenschaft wird seiner stets gedenken, denn Notker war der erste Komponist deutscher Abstammung.

Bekannt ist er außerdem als Verfasser eines Martyrologiums → und einer Geschichte Karls des Großen. Sein Interesse galt insbesondere der Lieder- und Sequenzdichtung. In die Literaturgeschichte ging sein Name vor allem deshalb ein, weil er zahlreiche sehr bedeutende Werke aus dem Lateinischen und Griechischen, darunter Schriften des Aristoteles und des Boöthius, ins Deutsche übersetzte. Dies trug ihm auch den Beinamen »der Deutsche« ein, denn durch ihn wurde unsere Muttersprache erstmals zur Kultursprache geformt.

Aber Notker war nicht nur ein überragender Musiker und Gelehrter, sondern auch ein frommer und gottesfürchtiger Mönch, der die christliche Nächstenliebe praktizierte. Saß er nicht über den Büchern oder war er nicht beim Chorgebet, so besuchte er die Kranken und linderte ihre Leiden durch aufopfernde Pflege. Seine Mitbrüder beschrieben ihn als »ein Gefäß des Heiligen Geistes, wie es damals in gleicher Fülle kein zweites gab«. Kaiser Karl der Dicke (867–887) brachte ihm großes Vertrauen entgegen und holte sich oft Rat bei dem gelehrten Mönch. Notker starb am 6. April 912. Er liegt in St. Gallen begraben.

Notker dem Stammler wird auch die Sequenz zu Ehren des Heiligen Geistes zugeschrieben, die in der Pfingstoktav gebetet wird.

7. April

Juliana von Lüttich

Geboren: 1193 in Rétienne (Belgien)
Gestorben: 1258 in Fosses (Belgien)
Berufung/Beiname: Augustinerchorfrau, Ordensgründerin, Mystikerin
Wirkungsstätte: Belgien
Bedeutung des Namens: die Glänzende (lateinisch)
Namensformen: Julia, Jule, Julie, Juliette, Giuliana, Janine, Jane, Lilia, Liane, Lia, Lya
Patronat: Lüttich

Ihren Namen erhielt Juliana von Lüttich nach der frühchristlichen Märtyrerin Juliana aus Nikomedia → . Außer ihr kennt die Kirche noch eine weitere Heilige dieses Namens, nämlich Juliana von Falconieri, die Begründerin der Serviten-Terziarschwestern. Juliana von Lüttich ist das Fronleichnamsfest zu danken, das Papst Urban IV. 1264 für die ganze Kirche angeordnet hat. Sie selbst hat die Einführung dieses Festes nicht mehr erlebt.

Juliana wurde 1193 in Rétienne bei Lüttich in Belgien geboren. Schon mit fünf Jahren verlor sie ihre Eltern. Die Waise kam daraufhin in das Kloster der Augustinerfrauen am Kornelienberg, dem Mont Cornillion. Zunächst in die Obhut einer Schwester auf dem Wirtschafshof gegeben, erhielt Juliana dort keineswegs einen geregelten Unterricht. Doch war sie geistig voller Beweglichkeit und Aufnahmebereitschaft, daß sie oft in die Klosterbibliothek schlüpfte und sich dort mit den alten Pergamentrollen abmühte. Tatsächlich lernte Juliana mit unermüdlichem Fleiß daraus lesen und schreiben, ja sie beherrschte sogar sehr bald die lateinische Sprache. Vor allem ergriffen das wißbegierige Mädchen die theologischen Schriften des hl. Augustinus und des hl. Bernhard. Voller Staunen sahen die Schwestern des Klosters auf das strebsame Kind. Im Jahr 1207 wurde Juliana schließlich auf ihren Wunsch hin in den Orden aufgenommen.

Ihre Lieblingsbetrachtung war das Altarsakrament. Stunden um Stunden kniete Juliana vor dem Tabernakel, und die ganze Welt versank dann um sie. Eines Tages, als die nunmehr sechzehnjährige Nonne ganz versunken betete, hatte sie eine Vision, die sie zutiefst bewegte. Ein leuchtender Mond, an einer Seite etwas dunkler, zeigte sich ihr. Christus offenbarte ihr, diese Erscheinung verkörpere das Kirchenjahr, denn ein Fest zu Ehren des Altarsakraments fehle noch immer. Juliana sei nun dazu auserkoren, dafür zu sorgen, daß dem Kirchenjahr dieses Fest hinzugefügt werde. Zusammen mit ihrer Freundin, der Mystikerin Eva von Lüttich, setzte sie sich von da an mit ihrer ganzen Kraft für die Einsetzung des neuen Festes ein. Die kirchlichen Behörden verhielten sich jedoch ablehnend, das Volk sah in Juliana eine schwärmerische Betschwester. Böswillige Verleumdungen trafen sie hart. Sie mußte das Kloster verlassen und führte nun ein unstetes Wanderleben. Nur ihr Beichtvater und Lütticher Erzdiakon Jakob von Troyes, der spätere Papst Urban IV., hielten weiterhin zu ihr. Juliana verbrachte ihre Tage in bitterster Armut, bis sie 1248 in einer Klause nahe der Kirche von Fosses Zuflucht fand. Hier starb die Heilige einsam und verlassen am 5. April 1258. Begraben wurde Juliana in der ehemaligen Zisterzienserabtei Villers-en-Brabant zwischen Brüssel und Namur.

Das Fronleichnamsfest wurde sechs Jahre nach dem Tod der hl. Juliana als Bestandteil des Kirchenjahres festgelegt, und zwar am Donnerstag nach dem Dreifaltigkeitsfeste.

Dargestellt wird Juliana als Nonne. Wegen der Stiftung des Fronleichnamsfestes trägt sie als Attribut eine Monstranz und als Hinweis auf ihre Vision einen Mond, dem noch ein Stück zum Vollmond fehlt.

8. April

Walter von Pontoise

Der hl. Walter von Pontoise stammt aus der Pikardie in Frankreich. Zunächst war Walter Lehrer der Philosophie und Rhetorik. Später zog er sich dann von dem weltlichen Ruhm völlig zurück und trat als Bruder bei den Benediktinern → des Klosters Rebais ein. Gegen seinen Willen erwählten ihn die Mönche zu ihrem Abt. Von dem innigsten Wunsch erfüllt, Gott in der Einsamkeit zu dienen, verließ er heimlich in der Nacht das Kloster und wandte sich nach Cluny. Aber die Mönche seines Klosters holten ihn zurück, sobald sie erfahren hatten, wo er sich befand.

Auch später versuchte Walter von Pontoise immer wieder, sich seines hohen, ihn aber belastenden Amtes zu entledigen.

Er wandte sich schließlich sogar an den Papst Gregor VII. (1073–1085) in Rom und bat ihn um die Bestätigung seines Verzichts. Aber auch Papst Gregor verweigerte Walter die Entlassung von seinem Amt als Abt des Benediktinerklosters und befahl ihm, unverzüglich wieder in das Kloster zurückzukehren, um dort seinen Amtspflichten nachzukommen.

Abt Walter gehorchte den Weisungen des Papstes zwar, aber seine scharfen Predigten gegen die Laster und Ausschweifungen des königlichen Hofes veranlaßten wenig später den französischen König, den sprachgewaltigen Kritiker Walter von Pontoise ins Gefängnis werfen zu lassen. Dort starb der hl. Walter am Karfreitag des Jahres 1099.

Geboren: um 1030 in Andainville (Picardie)
Gestorben: 1099
Berufung/Beiname: Benediktinermönch, Abt, Reformator
Wirkungsstätte: Frankreich
Bedeutung des Namens: der über das Heer Waltende (althochdeutsch)
Namensformen: Walther, Wolter, Gautier, Gualterus, Walz, Watt
Patronat: Kriegsgefangene, Winzer; gegen Augenleiden, rheumatische Erkrankungen

9. April
Waltraut

Geboren: in Frankreich **Gestorben:** 686 in Mons (Belgien) **Berufung/Beiname:** Benediktineräbtissin, Klostergründerin **Wirkungsstätten:** Belgien, Nordfrankreich **Bedeutung des Namens:** die kraftvolle Herrscherin (althochdeutsch) **Namensformen:** Waltrud, Walli, Wally, Traudl, Traute **Patronat:** Hennegau, Mons

Als Tochter des Grafen Walbert und der hl. Bertila war die hl. Waltraut ein Mitglied des merowinigischen Königshauses. Ihre Schwester war die hl. Adelgundis. Als Waltraut herangewachsen war, vermählte man sie mit Vinzenz Madelgar, dem Grafen von Hennegau. Er wurde später ebenfalls als Heiliger verehrt. Die Kinder von Waltraut, der hl. Landrich, Abt der Klöster zu Soignies und Hautmont in Nordfrankreich, ferner die hl. Madelberta, Äbtissin von Maubeuge, und der hl. Dentelin, der bereits im Alter von sieben Jahren gestorben ist, werden ebenfalls als Heilige verehrt.

Nachdem ihr Gemahl auf seinen ausdrücklichen Wunsch hin und mit ihrer Zustimmung in das von ihm gegründete Kloster Hautmont bei Maubeuge eingetreten war, blieb Waltraut noch zwei Jahre in der ihr vertrauten Umgebung und betätigte sich in Werken der Nächstenliebe und Barmherzigkeit für die Armen und Gefangenen. Nach dem Rat des hl. Gislenus, des Apostels des belgischen Hennegaus, gründete sie das belgische Nonnenkloster Mons. Diesem Kloster stand sie als Äbtissin vor. Waltraut starb dort nach einem wundertätigen Leben am 9. April des Jahres 686 oder 688. Beigesetzt wurde sie in der nach ihr benannten Kathedrale St. Vaudru in Mons.

Um das Jahr 656 wurde die hl. Waltraut Nonne, ermutigt von dem hl. Bischof Autbertus von Cambrai, einem bedeutenden Förderer der Mission und Mitbegründer mehrerer Klöster.

Legende *Ehe Waltraut ins Kloster ging, wurde sie von großer Gewissensangst befallen, weil sie glaubte, daß ihr der Eintritt ins Klosterr als Unrecht vorgeworfen werden könnte. Da aber hatte sie die Erscheinung eines Engels, der ihr Trost und Mut zusprach. Sie sollte, sagte er, die Sprühfünkchen der Verleumder nicht fürchten, welche schnell entzündet, aber mit Leichtigkeit gelöscht würden. Daraufhin wandelte sie den Weg zum ewigen Leben im Kloster mit solcher Treue und Standhaftigkeit, daß sich der Ruf ihrer Heiligkeit allenthalben verbreitete. Gott verlieh ihr die Gabe, Wunder zu wirken, was besonders kranken Kindern zugute kam.*

10. April
Magdalena von Canossa

Geboren: 1774 in Verona (Italien) **Gestorben:** 1835 in Verona **Berufung/Beiname:** Ordensgründerin **Wirkungsstätte:** Oberitalien **Bedeutung des Namens:** die aus Magdala Stammende (hebräisch) **Namensformen:** Magdalene, Madeleine, Madelon, Madlen, Madlon, Mädi, Magda, Magdelone, Marlene, Malina, Lena, Lene, Leni, Leli

»Wir sind hier arme, kleine Frauen, die Letztberufenen der Kirche Gottes, ungelehrt, ohne Ansehen, nur mit dem Namen Dienerinnen der Armen.« Gemäß diesen Worten stellte die vornehme veronesische Adelige ihre ganze Lebenskraft in den Dienst am Nächsten.

Magdalena, Gabriela von Canossa kam am 1. März 1774 als Tochter des Grafen Ottavio Canossa in Verona zur Welt. Nachdem sie schon als Kind ihre Eltern verloren hatte, nahm sie ihr Onkel Girolamo zu sich. Als sie schwer erkrankte, gelobte sie, auf ein standesgemäßes Leben in Reichtum und Sorglosigkeit zu verzichten und künftig ihr Leben ganz in den Dienst Gottes zu stellen. Und Magdalene wurde wieder gesund. Angesehene Männer aus adeligen Familien hielten bei ihrem Onkel Girolamo um die Hand der jungen Frau an. Aber sie wies sie

10. April

alle ab, denn sie fühlte sich bereits dem würdigsten Bräutigam vermählt: Jesus Christus. Um sich selbst zu prüfen, lebte sie nun mehrere Monate im Kloster der Karmeliterinnen → in ihrer Heimatstadt. Während dieser Zeit erkannte sie, daß sie zu einem Leben, das ausschließlich aus Gebet und harten Bußübungen bestand, nicht berufen war. Sie fühlte, daß Gott von ihr kein kontemplatives Leben, sondern den aktiven Dienst am Nächsten erwartete.

Magdalena blieb zunächst im Schloß der Familie, um den Haushalt zu führen und sich um die Erziehung ihrer jüngeren Schwester zu kümmern. Zu jener Zeit, war Napoleon mehrere Male im Palast Canossa in Verona zu Gast. Er schätze die junge Gräfin Magdalena wegen ihrer Güte und Sorge für alle Mitmenschen, denn sie machte keinen Unterschied zwischen der adeligen Familie und den Angestellten des Hauses.

Napoleon war es auch, der ihr, nachdem er 1804 zum Kaiser gekrönt worden war, das ehemalige Augustinerkloster in Verona zur Verfügung stellte. Magdalena errichtete dort ein Hospiz für die Armen der Stadt und begann so die Verwirklichung ihres Gelübdes. In einer Vision wies ihr die Jungfrau Maria die zukünftigen Aufgaben zu: Die Sorge für Kinder, vor allem deren Erziehung zum christlichen Glauben, und die Pflege von Kranken. Ihre besondere Sorge galt den verwahrlosten Straßenkindern ihrer Heimatstadt. Vornehmlich den Mädchen gab sie ein Heim und eine Schule. Das vorbildliche Leben Magdalenas, ihr zupackendes Wesen und ihre charismatische Ausstrahlung bewirkten, daß sie bald von einer ganzen Schar von Helferinnen umgeben war, die sie in ihrer Arbeit unterstützten.

1808 gab sie ihrer Gemeinschaft eine einheitliche Regel und nannte ihren Orden »Töchter der Liebe.« Magdalena widmete sich nicht nur ihrem eigenen Orden, sondern sie erreichte auch, daß der Priester Antonio Provolo nach ihrem Vorbild eine Ordensgemeinschaft, die »Söhne der Nächstenliebe«, gründete, die sich besonders um das Wohl und die Erziehung von Jungen und heranwachsenden Männern kümmerte. Eine dritte Ordensgemeinschaft, das »Institut für Taubstumme«, speziell für diese besonders benachteiligten Mitmenschen, ist ebenfalls ihrer Initiative zu verdanken. Sie alle fanden Aufnahme in den ehemaligen Klöstern in Verona, die ihr 1815 Kaiser Franz I. schenkte, der sie darüber hinaus großzügig unterstützte. Überall wurde Magdalena wegen ihrer Liebenswürdigkeit und Heiterkeit verehrt.

Trotz der Vielfalt ihrer Aufgaben und der großen körperlichen Anstrengungen, war sie zu jeder Zeit freundlich und geduldig. Sie war erfüllt von tiefer Demut und ihre Kraft und Ausstrahlung steigerte zugleich die Freude ihrer Mitschwestern an der Erfüllung ihrer selbstgestellten Pflichten.

Unermüdlich und selbstlos stellte sich Magdalena Tag für Tag den enormen Aufgaben, welche die Pflege der ihr anempfohlenen Menschen von ihr forderte. Der Heilige Stuhl in Rom belohnte ihre Mühen im Jahr 1828 mit der päpstlichen Anerkennung ihrer Ordensgemeinschaften. Noch sieben weitere Jahre konnte sie ihre caritative Arbeit erfüllen. Am 10. April 1835 starb Magdalena Gabriela von Canossa in ihrer Heimatstadt Verona.

Magdalena wurde im Jahr 1941 selig- und am 2. Oktober des Jahres 1988 heiliggesprochen.

Magdalena von Canossa, die als Nonne mit schwarzer, gerüschter Haube dargestellt wird, verstand ihre Lebensaufgabe so: »O Herr, um deinetwillen bin ich hier; denn du bist es ja, der sich unter den Lumpen der Armen verbirgt und mich um Speise und Kleidung bittet.«

11. April

Stanislaus von Krakau

Geboren: um 1030 in Szczepanów (Polen)
Gestorben: 1079 in Krakau (Polen)
Berufung/Beiname: Bischof, Märtyrer
Wirkungsstätte: Polen
Bedeutung des Namens: der durch Standhaftigkeit Berühmte (altslavisch)
Namensformen: Stanislav, Stanislao, Stenzel, Stenz, Stanz
Patronat: Krakau, Polen; bei Glaubenskämpfen

Stanislaus von Krakau wird als Bischof mit einem Schwert oder einem auferweckten Toten dargestellt.

»Der Tod des hl. Stanislaus«, Schutzpatron Polens, dargestellt auf einem ungarischen Tafelbild um 1490.

Um das Jahr 1030 wurde der hl. Stanislaus von Krakau in Szczepanów bei Krakau geboren. Sein Studium führte ihn ins Ausland. Nach sieben Jahren kehrte Stanislaus wieder in seine Heimat zurück. Seine stark mit Legendärem durchsetzte Lebensgeschichte berichtet, daß Stanislaus die Priesterweihe aus der Hand des Bischofs Lambert von Krakau empfangen hat.

Zunächst war er als einfacher Seelsorger in Czembosz tätig. Dann übernahm er das Amt eines Kanonikers in Krakau. Im Jahr 1072, nach Bischof Lamberts Tod, wurde Stanislaus trotz seiner Jugend zum Nachfolger des Bischofs gewählt. Stanislaus übte sein neues Amt stets gerecht und sehr gottesfürchtig aus.

Voll Eifer führte er in seinem Bistum tiefgreifende Reformen durch. Vor allem aber scheute sich der mutige Hirte nicht, auf das sittenwidrige Leben des Königs hinzuweisen. Boleslaw II. war ein ebenso jähzorniger wie wollüstiger Herrscher, und Bischof Stanislaus prangerte des Königs unmoralisches Tun unmißverständlich in aller Öffentlichkeit an. Weil der König die versprochene Besserung nicht einhielt, drohte ihm Stanislaus mit dem Kirchenbann. Der Bischof wußte, solange der Fürst selbst im Ehebruch lebte, war es schier unmöglich, von seinen Untergebenen eine christliche Eheführung zu verlangen. Anfangs beeindruckte Stanislaus den König zwar mit seiner Unerschrockenheit, indessen änderte er den ausschweifenden Lebensstil des Königs nicht. Da sprach der Bischof schließlich über den König die angedrohte Exkommunikation aus, ein in der damaligen Zeit für beide Seiten folgenschweres Vorgehen.

Obgleich Stanislaus von mehreren Seiten dringend geraten wurde, sich nun vor dem Zorn des Königs zu retten, blieb er in Krakau. Als er am 11. April 1079 in der vor der Stadt gelegenen St.-Michaels-Kirche den Gottesdienst feierte, wurde er vor dem Altar auf Befehl des Königs niedergestochen.

Seine Gebeine sind seit dem Jahr 1088 im Dom zu Krakau beigesetzt. Im Jahr 1253 wurde Stanislaus heiliggesprochen. Eine Darstellung in Ossiach in Kärnten zeigt ihn zusammen mit König Boleslaw in goldener Rüstung.

Legende Über den Märtyrertod des hl. Stanislaus berichtet die Legende, daß zwei Horden gedungener Mörder, die auf Befehl des Königs in die Kapelle traten, wo der Heilige die Messe las, bei seinem Anblick zurückschreckten und keiner von ihnen vermochte, Stanislaus zu töten. Schäumend vor Wut sei daraufhin der König selbst mit gezücktem Schwert bis an den Altar vorgedrungen und habe den Bischof dort mit eigener Hand ermordet. Die Soldaten hieben nun den Leichnam des Bischofs in kleine Stücke und streuten sie auf die Felder, den Raubvögeln und den wilden Tieren zum Fraß.
Doch vier mächtige Adler ließen sich bei den Leichenteilen nieder und verteidigten sie. In der Nacht erschienen helle Lichter zum Staunen des Volkes, das herbeigeeilt war, aber selbst nicht wagte, die Reliquien anzurühren. Da zogen die Geistlichen aus der Hauptkirche von Krakau herbei und sammelten die Körperteile ihres hl. Bischofs, trugen sie in die Kirche und begruben sie dort. Der gottlose Mörder jedoch wurde kurze Zeit später auf der Jagd von seinen eigenen Hunden zerrissen.

11. April

12. April

Zeno

Geboren: wahrscheinlich in Mauretanien
Gestorben: 371 in Verona (Italien)
Berufung/Beiname: Prediger, Bischof; »Vater des Vaterlandes«
Wirkungsstätte: Oberitalien
Bedeutung des Namens: der von Zeus Geschenkte (griechisch)
Namensform: Zenobius
Patronat: Verona; sprach- und sehbehinderte Kinder; gegen Überschwemmungen

Bischof Zeno verteidigte in seinen Predigten vehement die Gottessohnschaft Jesu und den Status der Gottesmutter Maria als »Gottgebärerin«.

In der Zeit von 362 bis etwa 371 war der hl. Zeno Bischof von Verona. Nach seinem Tod wurden nicht weniger als vierzig Kirchen, dazu etliche Klöster, viele Kapellen und Altäre seinem Gedächtnis geweiht. Auch auf alten Münzen von Verona findet man das Bild dieses Heiligen.

Der Bischof hatte schwere Glaubenskämpfe mit Heiden und Irrgläubigen zu bestehen, aber er belehrte sie alle »mit Sanftmut und Heiterkeit«. Das bestätigt auch der sogenannte »lachende Zeno«, eine Statue im Chor der nach ihm benannten romanischen Basilika S. Zeno Maggiore in Verona. Man wählte hierfür dunklen Marmor, weil der Heilige meistens als Mohr, das heißt mit dunklem Gesicht, dargestellt wird, denn es wurde allgemein angenommen, daß er aus Afrika stammte. Der Fisch, der von seinem Bischofsstab – oder von einer Angelrute – herabhängt, erinnert an eine Legende aus dem Leben des hl. Zeno, die auf einer der berühmten Bronzetüren aus dem 11. Jahrhundert am Portal der genannten Kirche in Verona bildlich festgehalten ist.

Der Ruf dieses beliebten Heiligen drang aber auch über die Alpen nach Norden. Die eindrucksvolle Kirche in Bad Reichenhall und die Kirche in Isen in Oberbayern sind ihm genauso geweiht wie die Kirche in Hafnerbach bei St. Pölten. Dort in der Nähe, auf Schloß Hoheneck, befindet sich auch der sogenannte »Zenostein«, eine Bildsäule, die den hl. Zeno als einen Pilger zeigt und im Jahr 1125 von dem Grafen Montecuccoli errichtet worden ist (nach Kreitner).

Der hl. Zeno stammte legendären Berichten zufolge aus Mauretanien, dem heutigen Marokko. Manche Forscher nehmen jedoch an, daß er in Griechenland oder gar in der Gegend von Verona geboren wurde. Im Jahre 362 wurde er jedenfalls zum Bischof von Verona gewählt. Er war ein eifriger Bekämpfer des heidnischen Aberglaubens und der Irrlehre des Arius →. Da sich der Bischof stets in aufopfernder Weise um das leibliche und geistige Wohl des Volkes kümmerte, erhielt er den Ehrentitel »Vater des Vaterlandes«. Seine Predigten fanden lebhaften Zulauf. Sein literarischer Nachlaß – wir besitzen noch einige seiner Predigten und Traktate – weist ihn als gewandten Rhetoriker aus.

Betrachtet man die Geschichte der Predigt, dann war Zeno einer, der nachweislich mit seinen Predigten darauf abzielte, die Irrlehre aus Glauben und Sitte auszumerzen und Mißstände zu bekämpfen. Deshalb waren auch die drei Hauptanliegen des Bischofs: der Kampf gegen den Arianismus →, die Verwirklichung der christlichen Tugend der Reinheit (Castitas) und der Barmherzigkeit (Caritas) sowie die würdige liturgische Gestaltung kirchlicher Feste.

Der hl. Zeno starb am 12. April des Jahres 371. Bestattet wurde Bischof Zeno in jener prächtigen Kirche, die er als Bischof in Verona hat erbauen lassen. Die Legende machte den hl. Zeno zu einem Märtyrer, was vermutlich den geschichtlichen Tatsachen aber gar nicht entspricht.

Aufgrund einiger Handschriften, die fast alle auf Verona weisen und von denen die älteste aus dem 8. Jahrhundert stammt, wird dem Heiligen eine umfangreiche Schriftsammlung zugeschrieben.

12. April

Legende Daß der hl. Bischof Zeno von Verona nicht nur – wie die Apostel – ein Seelenfischer war, sondern an der Etsch auch gern selbst auf »richtigen« Fischfang ging, wird uns in mehreren Berichten überliefert. So erzählt man sich auch die Legende, daß der Heilige einmal drei Männern, die zu ihm kamen, drei Fische von seinem reichen Fang schenkte, und zwar jedem von ihnen einen. Einer der Männer aber nahm sich heimlich einen vierten Fisch aus dem Korb.

Als die drei nun die Fische kochen wollten, sprang der vierte Fisch, der gestohlen war, munter im kochenden Wasser herum. Die Männer erschraken sehr, kehrten zu dem Heiligen zurück und baten ihn inständig um Verzeihung.

Eine andere Legende erzählt, daß die Tochter des römischen Kaisers Pudeius Licinius Egnatius Gallienus vom Teufel besessen war. Da schickte der Kaiser in seiner Not seine Boten den weiten Weg zu dem hl. Bischof nach Verona. Diese fanden den heiligen Mann bei seiner Lieblingsbeschäftigung, dem Fischfang. Der hl. Zeno aber brach sogleich auf und heilte durch sein Gebet die Tochter des Kaisers. Diese wunderbare Heilung machte auf den Kaiser einen so großen Eindruck, daß er dem Heiligen zum Dank seine kostbare Krone zum Geschenk machte (siehe Abbildung unten). Zeno jedoch nahm die Krone, zerbrach sie und verteilte die wertvollen Stücke unter die Armen.

Die Bronzereliefs auf der Tür der Basilika S. Zeno Maggiore in Verona stellen legendäre Begebenheiten aus dem Leben Zenos dar: Gesandte des Kaisers Gallienus treffen den Heiligen beim Fischen; Zeno heilt die Tochter des Kaisers von Besessenheit; Zeno rettet ein Ochsenfuhrwerk vor dem Sturz in die Etsch; Kaiser Gallienus übergibt Zeno zum Dank eine Krone (siehe Abbildung).

13. April

Hermengild

Geboren: wahrscheinlich in Spanien
Gestorben: 585 in Tarragona (Spanien)
Berufung/Beiname: Märtyrer
Wirkungsstätte: Spanien
Bedeutung des Namens: dem Gott der Heerscharen opfernd (althochdeutsch)
Namensformen: Ermingild, Irmingild

Der Heilige war der Sohn des arianischen → Westgotenkönigs Leovigild. Die Westgoten hatten nach der Eroberung Spaniens mit aller Härte den arianischen Irrglauben in diesem Land eingeführt. Unduldsam verfolgten sie alle, die sich nicht zur neuen Lehre bekennen wollten. Es kam zeitweise zu so grausamen Verfolgungen, wie sie auch die Christen unter den Römern erlitten hatten. König Leovigild sorgte natürlich dafür, daß seine beiden Söhne Hermengild und Rekkared streng nach der Lehre des Arius erzogen wurden.

Nachdem der ältere Sohn Hermengild einen Teil des Landes einschließlich der Regierungsgewalt übertragen bekommen hatte, vermählte ihn sein Vater 579 mit der ostfränkischen, jedoch katholischen Prinzessin Ingundis. Sie ließ sich trotz ihrer Heirat nicht von ihrem Glauben abbringen, im Gegenteil, sie hatte bald so großen Einfluß auf ihren Gatten, daß auch dieser zum katholischen Glauben übertrat. Kaum hatte sein Vater dies erfahren, drohte er Hermengild, ihm alle Güter, seine Gemahlin und sogar das Leben zu nehmen. Hermengild aber ließ sich dadurch nicht beirren. Er schrieb seinem Vater, daß er ihm in allen irdischen Dingen willig gehorchen werde und bereit sei, Krone und Herrschaft niederzulegen, aber von Christus, dem Gottessohn, lasse er nicht.

Leovigild zog sogleich mit großer Heeresmacht gegen ihn und belagerte den in Sevilla eingeschlossenen Sohn ein ganzes Jahr lang. Hermengild wandte sich in seiner Not an den Befehlshaber der römischen Armee in Spanien, in dessen Obhut er seine Gemahlin und sein Kind gegeben hatte. Dieser versprach ihm zunächst seinen Schutz, wurde aber zum Verräter und lieferte Ingundis und ihren Sohn an die Feinde des Prinzen aus. Daraufhin schloß Hermengild sich mit einigen Männern in der Stadt Osseto ein.

Auf der Nationalsynode von Toledo im Jahr 589 ließ sich Hermengild von Erzbischof Leander in die Kirche aufnehmen. Seinem Beispiel folgend, kehrte das Volk der Goten in Spanien zur wahren Kirche zurück.

Als sein Vater auch diese Stadt erobert hatte, floh Hermengild in höchster Not in die Kirche. Sein Vater scheute sich, ihn von dort mit Gewalt herauszuholen. Er sandte deshalb seinen zweiten Sohn zu ihm und ließ ihm durch diesen sagen, daß er ihm alles verzeihen wolle, wenn er sich freiwillig stellte. Hermengild glaubte seinem Vater, verließ die Kirche, warf sich ihm zu Füßen und bat ihn herzlich um Verzeihung. Aber zugleich erklärte er, daß er von seinem Glauben nicht lassen würde. Der Vater brach sein Wort. Er ließ Hermengild die königlichen Kleider wegnehmen und ihn in Ketten ins Gefängnis werfen. Um ihn endlich zum Abfall von seinem Glauben zu bringen, wurde der Prinz in seinem Kerker wiederholt mißhandelt. Aber er blieb trotz aller Leiden standhaft.

Hermengild wird meist in königlicher Kleidung mit Palme und Beil als Zeichen seines Martyriums dargestellt. Manchmal erscheint er auch in kriegerischem Gewand.

Als das Osterfest gekommen war, sandte sein Vater einen arianischen Bischof zu ihm ins Gefängnis, der ihm seine Begnadigung anbieten sollte, wenn er aus den Händen des Bischofs die hl. Kommunion empfinge. Hermengild lehnte dies als Zumutung ab, obwohl er wußte, daß das sein Todesurteil bedeuten würde. Als der König davon Kenntnis erhalten hatte, schickte er Soldaten ins Gefängnis, die seinen Sohn mit einer Axt enthaupteten. Das geschah in Tarragona am 13. April 585, einem Karsamstag. Beigesetzt wurde der Märtyrer in Sevilla. Kurz nach dem gewaltsamen Tod von Hermengild starb der grausame König.

14. April

Lidwina

Am 18. März des Jahres 1380 wurde Lidwina, oft auch Lydia genannt, in Schiedam in Holland geboren. Sie war wegen ihrer außergewöhnlichen Schönheit schon im Alter von zwölf Jahren sehr begehrt, wies aber alle Heiratsanträge ab, denn sie wollte jungfräulich bleiben. Sie flehte zum Herrn, er möge die Schönheit von ihr nehmen, damit sie unangefochten nur ihn lieben könne. Ihr Gebet wurde erhört: Christus schickte ihr eine Vielzahl schmerzvoller Krankheiten, und sie sollte bis an ihr Lebensende bitter leiden müssen.

Eines Tages ging die fünfzehnjährige Lydia mit anderen Mädchen zum Schlittschuhlaufen. Da wurde sie von einer Freundin aus Unachtsamkeit umgerannt, stürzte zu Boden und zog sich dabei eine schlimme Verletzung zu. Die Wunde eiterte, bösartige Geschwüre bildeten sich. Eine unheilbare Krankheit nahm ihren Verlauf, die Lidwina auf ein qualvolles Schmerzenslager niederstreckte, das sie ihr ganzes Leben nie mehr verlassen konnte. Niemand konnte ihr helfen. Auch die bedeutendsten Ärzte erklärten sie schließlich für unheilbar krank. Ein Arm blieb gelähmt, das rechte Auge erblindete ganz, das linke zur Hälfte. Unerträgliche Kopf- und Zahnschmerzen plagten sie. Nur Brot und Wein konnte sie als Nahrung zu sich nehmen. Wegen der offenen Wunden und Geschwüre lag sie nur auf Stroh und harten Brettern. Bald konnte sie außer der hl. Kommunion nichts mehr essen. Nur noch ganz selten kamen mitfühlende Menschen zu ihr, und Lydia erlitt das, was die Mystiker die »dunklen Nächte der Seele« nennen: Not und Angst in peinigender, qualvoller Verlassenheit.

In den ersten Jahren ihres Leidens klagte und weinte sie oft. Erst allmählich kämpfte sich die junge Frau zur demütigen Annahme des schweren Leidens durch. Trost und Stütze empfing sie von ihrem Beichtvater, der ihr riet, Hilfe in den Schmerzen des leidenden Erlösers zu suchen. Von da an trug sie all ihre Qualen mit großer Geduld, ihr Leidensmut wuchs zu heroischer Größe.

Gegen Ende ihres Lebens befiel sie auch noch die Pest. Am 14. April durfte Lidwina endlich sterben. Ihr Leichnam wurde auf dem Friedhof der Kirche zum hl. Johannes dem Täufer in Schiedam begraben. Ein Jahr später errichtete man ihr zu Ehren in dieser Pfarrkirche ein Grabmal. Die Reliquien der Heiligen kamen allerdings nach Brüssel in das Stift Sainte-Gudule. Im Jahr 1616 wurde ein Teil der Reliquien wieder in die Kirche ihres Geburtsorts nach Schiedam zurückgebracht, wo die Heilige noch heute verehrt wird.

Legende Als Lidwina starb, kamen die Hausbewohner und sahen sie in himmlischer Glorie. Ihr Gesicht war von einem wunderbaren, noch nie gesehenen Licht erhellt. Ihr Leib, vorher entstellt von Wunden und Geschwüren, war nun wieder völlig unversehrt. Ihr rechter Arm, bisher lahm, lag zusammen mit dem linken auf ihrer Brust. Niemand war in der Lage zu erklären, wie das geschehen hatte können. In die wollene Tracht des Dritten Ordens eingehüllt, in den Händen den Rosenkranz, den sie so oft gebetet hatte, ruhte ihr Haupt auf einem Säckchen, das mit den blutigen Tränen gefüllt war, die sie geweint und die sie »ihre Rosen« genannt hatte.

Geboren: 1380 in Schiedam (Holland)
Gestorben: 1433 in Schiedam (Holland)
Berufung/Beiname: Mystikerin
Wirkungsstätte: Holland
Bedeutung des Namens: die Freundin des Volkes (althochdeutsch)
Namensformen: Lydia, Lidda, Liddy, Ludwina, Wina
Patronat: Kranke; Altersheime, Schulen

Lidwina wird als junges Mädchen mit langen Haaren dargestellt. Die ihr beigegebenen Rosen gehen auf die Legende zurück, nach der sie sterben würde, wenn sich an einem bestimmten Rosenzweig alle Knospen geöffnet hätten.

15. April

Tiburtius, Valerian und Maximus

Am 15. April feiert die Kirche das Gedächtnis dreier frühchristlicher Märtyrer, nämlich das der hll. Tiburtius, Valerian und Maximus. Sie erlitten ihres christlichen Glaubens wegen um 200 den Tod. Nach dem Martyrologium → Hieronymianum ist ihr Fest seit etwa 450 im römisch-katholischen Meßbuch enthalten. Die legendäre Passio → berichtet, daß Tiburtius und Valerian, der Bräutigam der hl. Cäcilia, Brüder gewesen sind. Die Reliquien der Heiligen ruhen mit denen der hl. Cäcilia in der Titelkirche der Heiligen in Trastevere in Rom.

Tiburtius und Valerian wurden vor den Richter Almachius geführt, der sie zum Tod verurteilte. Sein Sekretär – sein Name war Maximus – war von dem Gottvertrauen der beiden Männer so beindruckt, daß er sich ebenfalls taufen ließ. Deshalb mußte auch er den Märtyrertod sterben.

Der Festtag des hl. Tiburtius und seiner Gefährten findet sich auch heute noch im Meßbuch, doch wird die Geschichte der frühchristlichen Märtyrer wohl nur wenigen Gläubigen bekannt sein. Ihre Lebens- und Leidensgeschichte ist aber eine Ergänzung zur Lebens- und Leidensgeschichte der hl. Cäcilia, die zu den bekanntesten Heiligengestalten in unserem Land gehört.

Geboren: wahrscheinlich in Rom
Gestorben: um 200 in Rom
Berufung/Beiname: Märtyrer
Wirkungsstätte: unbekannt
Bedeutung des Namens: Tiburtius: der Einwohner von Tiber (lateinisch); Valerian: der Starke (lateinisch); Maximus: der Größte (lateinisch)
Namensformen: Tiburtius: Tibor; Valerian: Valérien, Valens; Maximus: Maxim, Max
Patronat: gegen Sturm

Dargestellt werden Tiburtius, Valerian und Maximus als junge Männer mit einem Engel, neben sich Geißeln und andere Marterwerkzeuge. Ihr Patronat gegen Sturm rührt davon, daß während ihrer Hinrichtung ein Unwetter ausgebrochen sein soll.

Legende Nachdem die hl. Cäcilie ihren Bräutigam Valerian und dessen Bruder Tiburtius mit Hilfe des Engels bekehrt hatte, gaben die Jünglinge fleißig Almosen an die Armen und begruben die Leiber der Christen, die der Präfekt Almachius hatte töten lassen. Da ließ Almachius die beiden zu sich rufen und sagte, er hätte gehört, daß sie alle Freuden verschmähten und das begehrten, was den Freuden feind ist.
Valerian aber sagte: »So wie viele derer spotten, die im Winter auf dem Felde schaffen und sich abmühen, obgleich es kalt und dunkel ist, dann aber im Sommer die köstlichsten Früchte ernten dürfen, so daß ihre Spötter darüber vor Neid weinen, also werden jene, die ihr jetzt als töricht schmäht, weil sie Spott und Leid auf sich nehmen, künftig ewige Ehren und Lohn erhalten. Ihr dagegen, die ihr in diesem Leben nach vergänglichen Freuden trachtet, werdet nach diesem Leben ewige Trauer empfangen.« Über diese Antwort zornig, sprach Almachius: »Also sollen wir als unüberwindliche Herren ewig betrübt sein und ihr Verachteten die ewige Freude besitzen?« Als Valerian dies bejahte, übergab der Präfekt sie seinem Sekretär Maximus in Gewahrsam. Der sprach zu ihnen: »Warum eilt ihr so rasch dem Tode zu, als wäre er ein gutes Mahl?« Valerian aber antwortete: »Wenn du gelobst, daß du glauben willst, so sollst du die Glorie unserer Seelen nach unserem Tode mit deinen eigenen Augen schauen.« Maximus erwiderte: »Wenn das geschieht, werde ich mich zu dem einzigen Gott bekennen, den ihr anbetet.«
Am nächsten Tag führte man die Brüder vor die Stadt zum Tempel des Jupiter. Und weil sie nicht opfern wollten, wurden beide enthauptet. Maximus aber schwor, daß er lichte Engel gesehen hätte in der Stunde ihres Leidens. Als aber Almachius erfuhr, daß Maximus auch Christ geworden war, ließ er ihn so lange schlagen, bis er seinen Geist aufgab. Die hl. Cäcilie aber begrub seinen Leichnam neben denen des Valerian und Tiburtius.

16. April

Bernadette Soubirous

Jeder Katholik hat sicher schon einmal davon gehört, daß vor rund hundert Jahren die Gottesmutter einem kleinen französischen Landmädchen namens Bernadette zu Lourdes in der Grotte von Massabielle erschienen ist. Ebenso bekannt ist, daß Lourdes seitdem zu einem der berühmtesten Wallfahrtsorte der Welt wurde, an dem schon viele Menschen Gesundheit oder aber Ergebung in ihr Leiden gefunden haben. Die Mehrzahl der Gläubigen verläßt Lourdes voll Lebensmut und Zuversicht sowie in der Gewißheit, daß die Gottesmutter immer wieder, auch in unserer Zeit, große Wunder bewirkt hat und bewirken wird.

1925 wurde Bernadette selig- und 1933 durch Papst Pius XI. (1992–1939) heiliggesprochen. Pierre Claudel schreibt in seinem Buch »Das Mysterium von Lourdes«: »Die Wunder von Lourdes stellen die Verbindung her zwischen dem Mittelalter und der Gegenwart, sie vermitteln eine Art geistigen Austausch zwischen jenen Zeiten, als die Menschen noch im Besitz des echten, sagen wir ruhig naiven Glaubens waren, und unserem eigenen Jahrhundert, das allzu sehr an die unbegrenzten Möglichkeiten des Fortschritts glaubt.«

Bernadette Soubirous kam am 7. Januar 1844 in Lourdes in Südfrankreich zur Welt. Sie war die Tochter armer Tagelöhner. Als sie vierzehn Jahre alt war, erschien ihr ab 11. Februar 1858 immer wieder in der Grotte von Massabielle die Jungfrau Maria, insgesamt achtzehnmal. Bernadette konnte sogar mit der heiligen Madonna sprechen, die sich ihr als »die Unbefleckte Empfängnis« zu erkennen gab. Als die Madonna dem Mädchen das erste Mal erschienen war, verlangte sie von Bernadette, sie solle für die armen Sünder beten und veranlassen, daß eine Kirche am Ort gebaut werden würde, an dem sie ihr erschienen sei.

Später wies die himmlische Erscheinung das Kind an, mit den Händen ein Loch zu graben, und an dieser Stelle trat in der Grotte eine Quelle zutage, deren Wasser bis heute immer wieder wunderbare Krankenheilungen bewirkt.

Bernadette mußte ob dieser großen Gnade viele Verdächtigungen und Anfeindungen über sich ergehen lassen. Sie wurde von der Polizei vernommen, dann sollte sie sogar ins Irrenhaus gesperrt werden. Sie mußte sich der bischöflichen Untersuchungskommission stellen, von der sie vier Jahre lang aufs strengste geprüft wurde, ehe die Kirche dem Mädchen Glauben schenkte. Zeit ihres Lebens war Bernadette sehr krank, sie litt an schwerem Asthma. Ihr Los in dieser Welt war, wie die Gottesmutter es ihr gesagt hatte, Armut, Krankheit und Leiden, selbst später noch, nachdem sie auf Wunsch des Bischofs in das Kloster der Caritas- und Schulschwestern von St. Gildard in Nevers eingetreten war. Auch hier hatte sie Demütigungen und Verachtung zu erdulden. Man wollte wohl die »Seherin von Lourdes« vor Hochmut bewahren. Von Atemnot und Herzbeklemmungen gequält, erlag die erst Fünfunddreißigjährige am 16. April 1879 ihrem Leiden. Dreißig Jahre nach ihrem Tod, als man anläßlich des Seligsprechungsprozesses ihr Grab öffnete, fand man ihren Leichnam unversehrt.

So wie man sie damals ins Grab gelegt hatte, so ruht Bernadette Soubirous auch heute noch in der Klosterkapelle zu Nevers.

Geboren: 1844 in Lourdes (Frankreich)
Gestorben: 1879 in Nevers (Frankreich)
Berufung/Beiname: Nonne, Seherin
Wirkungsstätte: Frankreich
Bedeutung des Namens: die Bärengleiche (von Bernhard; althochdeutsch)
Namensformen: Berna, Bernadita, Bernhild, Berny, Bernharda, Dita
Patronat: Dresden-Meißen

Kurz vor ihrem Tod erklärte Bernadette Soubirous ihr Leben: »... meine Geschichte ist ganz einfach: Die Jungfrau hat sich meiner bedient, und dann hat man mich in die Ecke gestellt. Dort ist mein Platz, dort bin ich glücklich, und dort bleibe ich.«

Bernadette Soubirous wird dargestellt in der Erscheinungsgrotte von Lourdes, vor der Gottesmutter Maria kniend.

Anstelle einer Legende Über Bernadette gibt es keine Legenden. Das Wunderbare an ihr ist offensichtlich: Ein armes, unwissendes Bauernmädchen gab den Anstoß, daß die Verehrung der Gottesmutter in unserer Zeit wieder auflebte. Ein neuer Gnadenort erstand in Lourdes. Daß in Lourdes wiederholt Wunder geschehen sind, kann niemand mehr ernsthaft bezweifeln. Ihre Zahl besagt nicht viel; von Bedeutung ist nur, daß dieses Phänomen existiert und aus dem Rahmen des natürlich Erklärbaren herausfällt. Zweifellos sind auch die Wunder von Lourdes, wie alle Wunder, nur Zeichen, die in ganz auffälliger Weise über sich hinaus auf Gott verweisen. Denn das Wunder ist in Erstaunen versetzende Ausnahme – ist es immer gewesen und wird es immer bleiben.

17. April

Pauline von Mallinckrodt

Geboren: 1827 in Minden (Nordrhein-Westfalen)
Gestorben: 1881 in Paderborn (Nordrhein-Westfalen)
Berufung/Beiname: Ordensgründerin, Erzieherin
Wirkungsstätten: Deutschland, Belgien
Bedeutung des Namens: die ganz Kleine, die Niedrige (von Paulus; lateinisch)
Namensformen: Paulina, Paulette, Paula, Lina, Line

»Die Liebe zu den Kindern ist die beste Lehrmeisterin der Erziehung. Nur jemandem, der die Kinder liebt, darf man sie anvertrauen.« So lautete die pädagogische Richtlinie von Pauline. Und getreu dieser Maxime handelte sie ihr Leben lang und schuf ein bedeutendes Erziehungswerk für die Jugend ihrer Zeit.

Am 3. Juni 1827 erblickte Pauline in Minden das Licht der Welt. Ihr Vater war hoher Staatsbeamter und streng evangelisch, ihre Mutter hingegen eine gläubige Katholikin, die ihre Kinder auch in diesem Glauben erzog. Aus beruflichen Gründen siedelte die Familie 1824 nach Aachen um.

Pauline besuchte dort die Töchterschule St. Leonhard, an der die von ihr so geschätzte Lehrerin Luise Hensel unterrichtete, die großen Einfluß auf das geistlich-religiöse Leben ihrer Schülerin Pauline hatte.

Seit dem Tod der Mutter 1834 führte Pauline den Haushalt. Sie kümmerte sich nicht nur um ihre jüngeren Geschwister, sondern ermöglichte dem Vater sogar, daß er weiterhin in vollem Umfang den Repräsentationspflichten eines hohen Beamten nachkommen konnte. Trotzdem fand sie noch ausreichend Zeit, sich Armen und Kranken zu widmen. Als sie zweiundzwanzig Jahre alt war, zog die Familie wieder um, diesmal auf ein Gut in der Nähe Paderborns. Pauline trat dem »Frauenverein zur Pflege armer Kranker in ihren Häusern« bei und entschloß sich, ihr künftiges Leben ganz in den Dienst caritativer Hilfe zu stellen. 1840 eröffnete sie ein Heim für elternlose Kleinkinder, um sie vor der Verwahrlosung zu bewahren. Zwei Jahre später, nach dem Tod ihres Vaters, nahm sie auch blinde Kinder in die Schar ihrer Schützlinge auf. Noch im gleichen Jahr gründete sie die erste Blindenanstalt für Kinder. Zusammen mit vier Mitstreiterinnen bewältigte sie ihr aufopferndes Werk der Nächstenliebe.

Pauline hegte schon lange den Wunsch, ein richtiges klösterliches Leben mit einer entsprechenden Ordensregel zu führen, doch sie mochte sich keinem der ihr bekannten Orden anschließen. So gründete sie am 21. August 1849 selbst eine neue Gemeinschaft und nannte sie »Genossenschaft der Schwestern der christlichen Liebe«. Paulines Orden machte es sich zur Aufgabe, allen Hilfsbedürftigen, vor allem Kindern und Blinden, zu dienen. Sie verstand es meisterlich, ihre herzliche Liebe zu ihren Schützlingen und die tiefe Achtung vor jedem Menschen auch ihren Mitschwestern zu vermitteln. Gleichzeitig tat sie alles, um ihren Nonnen durch eine gute Ausbildung auch das notwendige Rüstzeug für ihren schweren Dienst mitzugeben. In den Folgejahren traten immer mehr Frauen in den Orden ein, so daß seine Einrichtungen bald über ganz Deutschland verstreut waren. 1871 erzwangen die preußischen Gesetze die Schließung ihrer Ordenshäuser in Deutschland. Selbst in dieser schwierigen Zeit verzagte Pauline nicht, sondern gründete von Belgien aus neue Niederlassungen außerhalb Deutschlands. Sie schickte ihre Schwestern sogar nach Chile und Nordamerika, die dort Kindergärten und Schulen einrichteten. Im Jahr vor ihrem Tod erlebte Pauline noch den Wiederaufbau ihrer Einrichtungen in Deutschland, nachdem neue Gesetze dies mittlerweile wieder erlaubten. Als Pauline am 30. April 1881 in Paderborn starb, hinterließ sie 45 Niederlassungen, in denen 492 Schwestern arbeiteten. 1888 bestätigte Rom den Orden, und fast hundert Jahre später, am 14. April 1985, sprach Papst Johannes Paul II. die fortschrittliche Ordensgründerin, die für die damalige Jugend Bahnbrechendes geleistet hat, selig.

Pauline von Mallinckrodt wird dargestellt mit Rosenkranz in den Händen. Bestattet wurde sie in der Conraduskapelle im Garten des Mutterhauses ihres Ordens in Paderborn.

18. April

Petrus Martyr

Der Dominikanermönch → mit Namen Petrus gilt als der populärste Heilige Oberitaliens. Er trägt wegen seines gewaltsamen Todes, den er für seinen Glauben erlitten hat, den Beinamen »der Märtyrer«. Schon ein Jahr nach seinem Tod wurde er heiliggesprochen. In Sant' Eustorgio in Mailand steht das gotische Grabmal des Heiligen. Das berühmteste Gemälde von ihm schuf Tizian für die Kirche SS. Giovanni e Paolo in Venedig.

Petrus wurde um 1205 in Verona in Oberitalien geboren. Seine Eltern waren Katharer →, jene Häretiker →, die der Dominikanerorden → vornehmlich bekämpfte. Seltsamerweise übergaben die Eltern ihren Sohn einem katholischen Lehrer zur Erziehung. Bereits mit fünfzehn Jahren kam Petrus an die Universität in Bologna. Dort lernte er den neuen Orden des hl. Dominikus kennen. Bald schon war er von diesem Orden so beeindruckt, daß er in das Kloster eintreten wollte. Der hl. Dominikus nahm ihn selbst in seinen Orden auf.

Nach seiner Priesterweihe wurde Petrus ein erfolgreicher Prediger. Seinen eindringlichen und mitreißenden Worten konnte kaum ein Zuhörer widerstehen. Mächtig rüttelte er die Herzen der Menschen wach, und die Zahl seiner Zuhörer stieg ständig, wo auch immer im Land der Dominkanermönch predigte. Petrus empfand es als seine Aufgabe, dem wahren Glauben besonders gegenüber der Irrlehre der Katharer → zum Sieg zu verhelfen. Hatte doch Gott selbst auf wunderbare Weise Petrus aus dieser Irrlehre heraus ins Licht der Wahrheit geführt. Seine Redegewalt wurde außerdem noch von seiner Fähigkeit, im Namen Gottes Wunder zu wirken, unterstützt.

Das Volk liebte und verehrte den Prediger Petrus. Die Irrlehrer dagegen haßten ihn und griffen ihn immer wieder mit verleumderischen Unterstellungen an.

Die Kirche erkannte, welch einen großen Verteidiger der wahren Lehre sie in ihm besaß, und machte Petrus von Verona 1251 zum Inquisitor für Oberitalien. Nun vermochte er noch schärfer gegen die Häresie → anzukämpfen. Im Gegen-

Geboren: um 1205 in Verona (Italien)
Gestorben: 1252 in Farga (Italien)
Berufung/Beiname: Dominikanermönch, Inquisitor, Prediger, Märtyrer; »der populärste Volksheilige Oberitaliens«
Wirkungsstätten: Ober- und Mittelitalien
Bedeutung des Namens: der Fels (griechisch)
Namensformen: Peter, Pieter, Pit, Pitter, Peer, Peet, Pär, Parvoo, Pietro, Pierre, Pedro, Pérez, Pjotr
Patronat: Dominikaner; Wöchnerinnen; gegen Kopfweh; gegen Blitz, Sturm und Gewitter

Petrus Martyr wird gewöhnlich in der Ordenstracht der Dominikaner dargestellt, mit dem Finger auf dem Mund als Zeichen des Schweigegebots, mit einer Palme und einem Buch. In Anspielung auf seine Ermordung steckt ein Hackmesser oder ein Schwert in seinem Kopf.

Petrus Martyrs Leben, Wirken und Tod haben viele Maler zu eindrucksvollen Bildern angeregt. Das berühmteste Gemälde von ihm, dessen verbranntes Original durch eine Kopie ersetzt wurde, schuf Tizian für die Kirche SS. Giovanni e Paolo in Venedig.

satz zu manchen Übertreibungen, die im Namen der Inquisition begangen worden sind, war er ein gütiger Richter und Erzieher. Petrus setzte sich vor allem für die Bekehrung der vom wahren christlichen Glauben Abgekommenen ein, nicht so sehr für ihre Bestrafung oder gar ihren Tod. Er verwandte viel Zeit und Mühe, um die Häretiker wieder zur katholischen Lehre zurückzuführen.

Sein Amt konnte Petrus nur sehr kurze Zeit ausüben. Die Katharer ließen ihn durch zwei gedungene Mörder in der Nähe von Mailand überfallen, und einer der Häscher spaltete ihm mit einem Beil den Kopf. Da Petrus aber daraufhin nicht sofort tot war, stieß man ihm noch einen Dolch in die Brust.

Sein Begleiter, der laut um Hilfe gerufen hatte, wurde von den Verbrechern ebenfalls brutal getötet. Sterbend schrieb der Heilige mit seinem eigenen Blut das Wort »Credo« (Ich glaube) in den Staub der Landstraße. Das alles geschah am 6. April des Jahres 1252.

Legenden Aus der »Legenda aurea« des Jacobus de Voragine können wir eine Fülle von wunderbaren Begebenheiten entnehmen, die mit dem hl. Petrus dem Märtyrer zu tun haben, sei es noch zu seinen Lebzeiten oder aber erst nach seinem Tode.

Es geschah einmal zu Mailand, daß man einen Ketzerbischof zum Verhör vor Petrus Martyr führte. Viele Menschen wohnten dem Verhör bei, das sich bis in die Mittagsstunden hinzog, so daß die heiße Sonne den Zuhörern sehr zusetzte.

Da sprach der Ketzer höhnisch zu Petrus: »Warum läßt du die Menschen vor Hitze sterben? Warum bittest du Gott nicht, daß er eine Wolke kommen läßt, damit das Volk in dieser Glut nicht verderbe?« Petrus aber fragte ihn nun, ob er dem Irrglauben abschwören würde, wenn er Gott bäte, das zu tun, was er gefordert hatte.

Die anwesenden Anhänger des Ketzerbischofs riefen: »Gelob es ihm, gelob es ihm!« — Denn sie glaubten, daß es unmöglich geschehen könne, weil sich nicht das kleinste Wölkchen am Himmel zeigte. Da sprach Petrus zu den Versammelten: »Zum Zeichen, daß der wahre Gott Herr ist über alles Sichtbare und Unsichtbare, bitte ich Gott, daß er eine Wolke am Himmel aufsteigen lassen möge, die das Volk vor der heißen Sonne schützt.« Dann machte er das Zeichen des Kreuzes, und gerade in diesem Augenblick zog eine Wolke herauf und spendete allen kühlenden Schatten.

Einmal saß ein Fremder mit anderen bei Tische und sprach abträglich über den Heiligen und seine Wunder. Zur Bekräftigung erklärte er auch noch, wenn er übel geredet habe, solle ihm der Bissen, den er soeben herunterschlucken wollte, im Halse steckenbleiben. Alsbald fühlte er, wie der Bissen in seinem Halse steckenblieb und er ihn nun weder herauf- noch hinunterwürgen konnte. Da bereute er alles, was er gesagt hatte. Aber schon wurde sein Gesicht dunkel, und es drohte ihm der Tod durch Ersticken. Da gelobte er in seiner Todesangst, er wolle dergleichen nie wieder sagen. Und alsbald kam der Bissen wieder aus dem Hals hervor, und er konnte wieder frei atmen.

Eines Tages kam ein Ketzer in die Dominikanerkirche zum Grab des hl. Petrus. Dort sah er zwei Geldmünzen liegen. Er nahm sie an sich und gedachte, das Geld zu vertrinken. Da überfiel ihn großes Zittern, und er konnte sich nicht mehr von der Stelle rühren. In seiner Not gelobte er, die Geldmünzen wieder zurückzulegen und sogar der Ketzerei abzuschwören, wenn er wieder gesund aus der Kirche gehen könne. Er erfüllte sein Gelöbnis, denn kaum hatte er das Geld zurückgelegt, da konnte er sich plötzlich wieder bewegen und ungehindert die Kirche verlassen.

19. April
Emma von Niedersachsen

Es gibt mehrere heilige Gestalten dieses Namens: Die Königin Hemma, Gemahlin Ludwigs des Deutschen, wird wegen ihrer Tugenden und frommen Stiftungen und wegen ihres mit unendlicher Geduld getragenen Leidens als Heilige verehrt. Sie starb am 31. Januar 874 und wurde im Kloster Obermünster beigesetzt, später nach Sankt Emmeran in Regensburg überführt, wo sie heute noch sehr verehrt wird. In Österreich wird vor allem die hl. Hemma oder Emma von Gurk verehrt, die um 1000 gelebt hat. Ihr Fest ist am 27. Juni. Sie ist die Stifterin des Klosters Gurk in Kärnten, wo sie in der Domkrypta beigesetzt wurde. Ihre Kanonisation → erfolgte erst 1938. Jene hl. Emma aber, deren eigentlicher Gedenktag der 19. April ist, war Emma von Niedersachsen, auch Emma von Lessum genannt. Sie stammte aus dem Geschlecht des Sachsenherzogs Widukind und war die Schwester des hl. Meinwerk, des tatkräftigen Bischofs von Paderborn. Das wenige, was wir von ihr wissen, wurde uns durch den Geschichtsschreiber der Hamburger Kirche, Adam von Bremen, übermittelt. Er schrieb vor allem über die Mutter der Heiligen, die unbeherrschte und leidenschaftliche Adela, deren Lebensgier vor nichts zurückschreckte. Um so erstaunlicher ist es daher, daß ihre von Gott erwählten Kinder Meinwerk und Emma dem nur diesseitsbezogenen Einfluß der Mutter nicht erlagen und sogar zu Heiligen wurden.

Frühzeitig schon wurde Emma von dem Grafen Luitger, der sie zur Gemahlin nahm, aus dem Elternhaus weggeführt. Sie gebar einen Sohn, den sie auf den Namen Imat taufen ließ. Nur kurz danach starb ihr noch junger Gemahl. Emma lebte fortan zurückgezogen und widmete sich ganz der Erziehung ihres Sohnes sowie Werken der Barmherzigkeit. Sie hatte später die Freude, ihren Sohn als Nachfolger Meinwerks auf dem Paderborner Bischofsstuhl zu sehen. An ihn erinnert noch heute die sogenannte Imat-Madonna im Paderborner Domschatz.

Sicherlich ist die reiche, junge Frau oftmals verlockt worden, sich wiederum zu verheiraten und dem weltlichen Leben zuzuwenden. Aber Emma blieb bis zu ihrem Tod in ihrem Witwenstand. Ihren Reichtum gab sie freigebig hin, um Bedürftigen zu helfen. Kirchen und Klöstern machte sie großzügige Stiftungen. Aus unserer Sicht gesehen, mag es sein, daß Emma durch ihre vielen guten Werke auch die Leichtlebigkeit und Verschwendungssucht ihrer Mutter sühnen wollte, doch in der Tiefe ihres Herzens war sie bei allem, was sie Gutes tat, beseelt von echter Nächstenliebe und tiefer Frömmigkeit.

Emma starb am 19. April 1040. Beigesetzt wurde sie in Bremen. Eine wertvolle Reliquie von ihr wurde noch lange Zeit im Kloster Werden an der Ruhr aufbewahrt, bis sie in den Kriegsereignissen späterer Jahrhunderte verlorenging.

Legende Als Jahrzehnte nach dem Tod der tugendreichen Gräfin und Witwe ihr Grab in Bremen geöffnet wurde, fand man, daß zwar ihr Leib zu Staub verfallen, aber wunderbarerweise ihre rechte Hand unversehrt geblieben war. Es war die Hand, mit der sie unzähligen Menschen Wohltaten erwiesen, geholfen und sie beschenkt hat. Welch ergreifender Hinweis Gottes darauf, daß unsere guten Werke niemals ausgelöscht werden!

Geboren: unbekannt
Gestorben: 1040 wahrscheinlich in Bremen
Berufung/Beiname: Wohltäterin
Wirkungsstätte: Norddeutschland
Bedeutung des Namens: die Große (althochdeutsch)
Namensformen: Henna, Irma, Erma, Emmi, Emilie, Emmeline, Melina, Melinda, Meline, Milla, Milli, Milly

An Emmas Sohn Imat, der Bischof von Paderborn war, erinnert die kostbare Imat-Madonna im Paderborner Domschatz.

20. April

Anselm von Canterbury

Geboren: 1033 in Aosta (Italien)
Gestorben: 1109 in Canterbury (England)
Berufung/Beiname: Benediktinermönch, Abt, Bischof, Kirchenlehrer; »Vorläufer« oder »Vater der Scholastik«
Wirkungsstätten: England, Frankreich, Italien
Bedeutung des Namens: der von Gott Beschützte (althochdeutsch)
Namensformen: Anser, Anselmo, Ansgar, Selmo

In der Person dieses hl. Erzbischofs waren geniale Spekulationsgabe, mystische Innigkeit und bezaubernde Liebenswürdigkeit vereint. Anselm wird der »Vorläufer« oder »Vater der Scholastik →« genannt, weil er einer der ersten theologischen Gelehrten war, die nach dem Grundsatz des hl. Augustinus dazu aufforderten, den Glauben mit dem Verstand zu durchdringen: Ich glaube, damit ich einsehe – credo, ut intelligam. Wegen der vielen Werke, die Anselm zum Ruhm der Kirche und zum Heil der Gläubigen in seinem Leben geschrieben hat, wurde der hl. Anselm im Jahr 1720 zum Kirchenlehrer ernannt.

Wer, durch den Namen irregeführt, in Anselm von Canterbury einen Engländer vermutet, der muß wissen, daß er vorher fünfzehn Jahre lang Prior und danach ebenso lange Abt des französischen Klosters Le Bec bei Rouen gewesen ist. Dabei war seine Heimat auch nicht Frankreich, sondern Italien. Anselm wurde im Jahre 1033 in Aosta in Savoyen als Sohn eines langobardischen Adeligen geboren. Über seine bewegte Lebensgeschichte sind wir durch seinen Biographen Eadmer sehr gut unterrichtet. Unsere Fassung der Lebensgeschichte des hl. Anselm stützt sich auf eine Darstellung von Joseph Pieper:

Anselm kehrte seinem elterlichen Haus schon frühzeitig den Rücken, zog über die Alpen nach Burgund und schließlich nach Le Bec in der Normandie, angezogen durch den Ruhm des gelehrten Priors Lanfranc. In der dortigen Benediktinerabtei studierte er Theologie und Philosophie und trat nach anfänglichem Zögern in das Kloster ein. Unter Lanfrancs Priorat war die Abtei zu einer der berühmtesten Schulen im westlichen Europa geworden.

Die Eroberung Englands durch die Normannenherzöge hatte eine planmäßige Besetzung aller führenden Stellungen in diesem Land mit Normannen zur Folge. Wilhelm der Eroberer berief deshalb den Juristen Lanfranc zum Erzbischof von Canterbury. Sein bisheriges Amt als Abt von Le Bec übernahm Anselm, der längst dessen geistiger Mittelpunkt geworden war. Er förderte vor allem die Klosterschule und führte dort neue Erziehungsprinzipien ein.

1093 mußte der bereits Sechzigjährige Abschied von seinem Kloster in Le Bec nehmen, weil er zum Nachfolger Lanfrancs auf den erzbischöflichen Stuhl von Canterbury berufen worden war. Während einer Englandreise in Angelegenheiten seines Klosters war Anselm auf Veranlassung des Königs in dieses Amt geradezu hineingezwungen worden. Anselm wäre viel lieber Abt in Le Bec geblieben. Aber man öffnete ihm gewaltsam die Hand, legte sie um den Bischofsstab, trug ihn in die Kirche und sang das Tedeum, während der auf solche Weise »Erwählte« sich heftig wehrte. Es folgten für Anselm anderthalb Jahrzehnte eines zermürbenden Kampfes mit den Normannenkönigen.

Als Bischof von Canterbury trat er entschieden für die kirchlichen Rechte und Freiheiten sowie für den engen Anschluß an Rom ein. Er fiel deshalb bald beim König in Ungnade, der entgegen seinen anfänglichen Versprechungen die Kirche weiterhin aufs ärgste unterdrückte. Der Erzbischof sah sich gezwungen, schon vier Jahre später nach Rom in die Verbannung zu ziehen.

Die Amtsführung Anselms als Abt von Le Bec erregte große Bewunderung. Er übte kluge Nachsicht gegen seine Mitbrüder und erwies sich als hervorragender Menschenkenner, der Lob und Tadel geschickt abzuwägen wußte.

20. April

Die Last des Amtes ist ihm dennoch nicht abgenommen worden. Unter dem neuen König Heinrich I. kehrte Anselm auf Wunsch des Papstes wieder nach England zurück, verweigerte aber auch diesem Herrscher das Recht auf Investitur – Vergebung kirchlicher Ämter durch Laien – und Lehenseid. Nun mußte Anselm abermals in die Verbannung ziehen, und diesmal wurden alle seine Güter beschlagnahmt.

Erst im Jahr 1106 wurden durch Vermittlung des Papstes im Vertrag zu Le Bec die strittigen Punkte beigelegt, und Anselm ging nach England zurück. Er wurde mit unbeschreiblichem Jubel empfangen, die Königin selbst zog ihm entgegen, und er erhielt seine Güter wieder. Der König verzichtete auf die Verleihung der bischöflichen und äbtlichen Würden und unterstellte sich dem Papst, Anselm hingegen leistete nun den Lehenseid.

Anselm erwarb sich dann so sehr das Vertrauen des Herrschers, daß dieser ihn während seiner Abwesenheit zum Verweser des Reiches einsetzte. Jedoch war Anselm durch all diese aufreibenden Kämpfe bereits so geschwächt worden, daß ihm nur noch wenige Jahre des Wirkens vergönnt waren. Mit fünfundsiebzig Jahren starb Anselm am 21. April des Jahres 1109. Begraben wurde Anselm in der Kathedrale von Canterbury.

Legenden *Eadmer, der treue Gefährte des Heiligen und sein Biograph, berichtet uns: Eines Tages unterhielt sich ein wegen seiner Frömmigkeit berühmter Abt mit dem hl. Anselm über die große Schwierigkeit, seine Schüler an die richtige Zucht des Klosters zu gewöhnen. »Sie sind verdorben und unverbesserlich«, sprach der Abt, »und obgleich ich nicht aufhöre, sie Tag und Nacht zu schlagen und zu maßregeln, werden sie doch mit jedem Tage schlechter.« »Was meint ihr«, entgegnete ihm darauf Anselm, »wird bei dieser Erziehung aus ihnen, wenn sie erwachsen sind?« »Dummköpfe, Narren«, erwiderte der Abt. »Was würdet Ihr wohl sagen, wenn Ihr in Eurem Garten einen jungen Baum immerfort niederdrückt und ihn daran hindert, seine Zweige zu entfalten?« fragte Anselm ihn weiter. Und ohne die Antwort des Abtes abzuwarten, fügte er hinzu: »Die Kinder sind Euch anvertraut, damit sie wachsen und Früchte tragen. Da nirgends um sie Liebe, Milde und Verstehen ist, gedeiht in ihrer Seele nur Haß, Trotz und Neid. Versucht es, fügt zur Strenge auch Freundlichkeit, die den Strafen die Bitterkeit nimmt und sie wie Öl mildert. Wenn ein Erzieher alle seine Zöglinge den gleichen Weg zu gehen zwingt, wenn er keinerlei Rücksicht nimmt auf eines jeden Leidenschaften und Neigungen, so wird er wenig nützen und viel verderben.«*

Mit diesen Worten schilderte er dem innerlich verbitterten Abt jene Erziehungskunst, die er selbst zur allseitigen Zufriedenheit in seinem Kloster praktizierte. Der Besucher erkannte seine Fehler alsbald und versprach, sich zu bessern.

Schon kurz nach Anselms Tod verherrlichte Gott seinen treuen Diener durch vielerlei Wunder, die auf seine Fürbitte hin geschahen. So ereignete sich beispielsweise auch folgendes Wunder: Ein Mönch namens Robert ging eines Tages über die Londoner Brücke, als sein Pferd, welches das Gepäck trug, in die Themse stürzte. Dem guten Mönch lag nun nichts mehr am Herzen als ein Buch, das aus der Feder Anselms stammte und das mit dem Pferd und allem Gepäck in den Fluten des Flusses verschwunden war. In seiner Besorgnis um dieses Buch rief er den Heiligen um Hilfe an. Und da gelangte das Pferd wieder ans Ufer, ohne etwas vom Gepäck oder gar das Buch verloren zu haben.

Anselms Werke, denen er sich oft nur in den Pausen seiner Amtstätigkeit widmen konnte, wurden immer wieder abgeschrieben und fanden in den Klöstern Westeuropas weite Verbreitung.

Dargestellt wird Anselm von Canterbury als Mönch, Abt oder Bischof. Er hält ein Buch, eine Feder oder ein kleines Schiff als Zeichen seiner Verbannung in der Hand. Auf Darstellungen späterer Zeit erscheint dem für die Freiheit der Kirche kämpfenden Bischof in einer Vision Maria mit dem Jesuskind.

21. April

Konrad von Parzham

Geboren: 1818 in Parzham (Bayern)
Gestorben: 1894 in Altötting (Bayern)
Berufung/Beiname: Kapuzinerbruder
Wirkungsstätte: Niederbayern
Bedeutung des Namens: der kühne Ratgeber (althochdeutsch)
Namensformen: Kurt, Curt, Curd, Kunz, Corrado
Patronat: Burschenvereine, katholische Landjugend, Seraphisches Liebeswerk; in Not

Eng ist der Name des Bruders Konrad mit dem berühmtesten bayerischen Wallfahrtsort Altötting verknüpft. In der uralten Kapelle aus karolingischer Zeit steht über dem silbernen Tabernakel das Gnadenbild der schwarzen Muttergottes. Links vom Altar kniet die Silberfigur des hl. Konrad von Parzham, rechts kniet andächtig mit geneigtem Haupt die lebensgroße Silberfigur des Kurprinzen Maximilian Joseph. In den Wandnischen stehen die Urnen mit den Herzen der Wittelsbacher. Der einfache Kapuzinerbruder → neben den bayerischen Fürsten!

In der Pfarrkirche hat der bayerische General Graf Tilly seine letzte Ruhestatt gefunden, in der St.-Anna-Kirche, die an dem gleichen weiten Platz um die Gnadenkapelle steht, wird der Bauernsohn Hans Birndorfer als hl. Konrad verehrt. Der schlichte, gottesfürchtige Mann lebte im 19. Jahrhundert und wurde 1930 selig- und 1934 heiliggesprochen.

Kaum ein deutscher Heiliger erfreut sich im Volk einer solchen Beliebtheit wie er. Sein Leben ist so einfach und schlicht, wie er selber war. Es enthält keine großen Ereignisse, keine wunderbaren Vorkommnisse. Hans, geboren am 22. Dezember 1818 in Parzham in Niederbayern, wuchs in einer religiösen Bauernfamilie als elftes Kind unter zwölf Geschwistern auf. Von frühester Jugend an unterschied er sich von den anderen Bauernkindern durch seine natürliche Frömmigkeit. Er betete den Rosenkranz auf dem Schulweg, stiftete Frieden unter seinen rauflustigen Spielkameraden und trug von klein auf eine innige Liebe zur Gottesmutter in seinem Herzen.

Als junger Mann nannten sie Konrad spottend den »Betbruder«, weil er im Gegensatz zu den Gepflogenheiten des Dorfes das Wirtshaus und die Mädchen mied und sich lieber, wenn er nicht arbeitete, in der Kirche aufhielt. Bereits sehr früh trat er dem Dritten Orden → und verschiedenen Bruderschaften bei. Nach und nach erwarb er sich aber dennoch die Achtung seiner Mitmenschen durch sein tugendhaftes Leben, das aus Arbeiten, Beten und Büßen bestand. Seine Eltern verlor er früh. Ein Leben in einer Bauernfamilie lockte ihn nicht.

Als Dreißigjähriger verließ Konrad den Hof und bat um Aufnahme bei den Kapuzinern in Altötting. 1852 legte er das ewige Gelübde ab. Man übertrug ihm das Pförtneramt im St.-Anna-Kloster, das er bis zu seinem Tod – einundvierzig Jahre lang – betreute. Täglich hatte er mit den verschiedenartigsten Menschen zu tun. Da stellten Wallfahrer und Schulkinder, Wandergesellen und Priester, Bettler und Arbeitsuchende Fragen und Bitten an ihn. Immer jedoch blieb Bruder Konrad geduldig, gleichmütig und freundlich. Durch nichts zu erschüttern waren seine Güte und Hilfsbereitschaft, so daß sich viele darüber verwunderten. Die Kraft für seine immer gleiche Liebenswürdigkeit und echte Anteilnahme schöpfte Bruder Konrad aus seinem innigen Gebet. Sein Lieblingsspruch lautete: »In Gottes Namen«. Aus Liebe zu Gott nahm er alle diese Mühen auf sich. Unablässig auf den Beinen, versah er dennoch voller Sanftmut sein Amt. Auffallend viele Gebetserhörungen wurden ihm zuteil, und durch die göttliche Gabe der Offenbarung wurden ihm zahlreiche zukünftige Ereignisse kundgetan.

Seinen Blick durchs Fenster auf den Muttergottesaltar des Gnadenbildes gerichtet, starb »der ewige Pförtner«, wie ihn Papst Johannes Paul II. genannt hat, am 21. April 1894. Sein Grab befindet sich in der Wallfahrtskapelle Altötting.

Konrad von Parzam wird dargestellt im braunen Bruderhabit der Franziskaner, mit weißem Bart und Kreuz. In der Altöttinger Wallfahrtskapelle sieht man ihn mit dem Kurprinzen Maximilian von Bayern vor dem Gnadenbild der Schwarzen Madonna kniend.

22. April

Adalbert von Prag

Der »Apostel Preußens«, der hl. Adalbert von Prag, erlitt im Jahre 997 bei der Ausübung seiner Missionstätigkeit im Weichseldelta den Märtyrertod.

Adalbert stammt aus dem mächtigen Fürstengeschlecht der Slávnik, das in Libice in Böhmen residierte. Er wurde im Jahre 956 geboren. Seine Eltern bestimmten ihn frühzeitig für den geistlichen Beruf, auf den er in der berühmten Domschule von Magdeburg vorbereitet wurde. Nach harten Jahren des Studiums empfing er 983 in Prag die Priesterweihe und wurde noch im gleichen Jahr zum Nachfolger des verstorbenen Prager Bischofs Diethmar gewählt.

Voll Eifer und jugendlicher Begeisterung widmete sich Adalbert der schwierigen Aufgabe, auch das böhmische Volk für das Christentum zu gewinnen. Zwar hatten die Großen des Landes das Christentum seit der Missionierung durch den hl. Wenzel angenommen, waren aber, da sich in ihrer praktischen Lebensweise nahezu nichts geändert hatte, keine nachahmenswerten Beispiele für das Volk geworden. Adalbert stieß deshalb überall auf erbitterten Widerstand. Seine Diözese war riesengroß. Zu ihr gehörten damals nicht nur Böhmen, sondern auch Schlesien, das südliche Polen und die heutige Slowakei.

Fünf Jahre angestrengtester Bemühung blieben fast ohne Erfolg. Das entmutigte ihn derart, daß er nach Rom ging, um den Papst um Enthebung von seinem Amt zu bitten. Dieser gewährte ihm aber nur eine kurze Ruhezeit, während der Adalbert als einfacher Mönch bei den Benediktinern → auf dem Aventin lebte. Da indessen der Kirche an der Bekehrung Böhmens sehr gelegen war, mußte Adalbert 992 auf Wunsch des Papstes nach Prag zurückkehren. Zur Unterstützung gab man ihm Benediktinermönche mit, für die das Kloster Brewnow bei Prag gegründet wurde. Auch dieser zweite Versuch scheiterte. Als der Bischof das sah, versuchte er, sich missionarisch in Ungarn zu betätigen. Doch auch dort blieb ihm der Erfolg versagt, wenn es vielleicht auch – historisch betrachtet – im Grunde seiner Arbeit zu danken ist, daß die Christianisierung Ungarns einen ersten Impuls empfing und später erfolgreich fortgesetzt werden konnte. Im Jahr 995 kehrte der zutiefst enttäuschte Adalbert wiederum nach Rom zurück.

Doch schon im darauffolgenden Jahr rief ihn Kaiser Otto III., dem er freundschaftlich verbunden war, in seine Diözese nach Prag zurück. Dort angekommen, erfuhr er, daß man zwischenzeitlich seine vier Brüder ermordet hatte. Jetzt verließ Adalbert Prag endgültig und wandte sich nach Polen.

Begleitet von Bruder Gaudentius und Bruder Bonifazius gelangte er bis in die Gegend von Danzig. Jedoch auch dort hatte er keinen Erfolg. Bereits nach der ersten Predigt kam es zu Mißhandlungen der Gottesboten. Kurze Zeit später, am 23. April 997, wurde Adalbert in Tenkitten am Frischen Haff von Preußen grausam ermordet. Der Leichnam durfte aber nach Gnesen überführt werden, wo er bestattet wurde. Im Jahr 999 erfolgte seine Kanonisation. Als Kaiser Otto III. (973–983) im Jahr 1000 nach Gnesen kam, stieg er vor der Stadt vom Pferde und ging barfuß zum Grab des hl. Adalbert. »So ehrte ein deutscher Kaiser den ersten Märtyrer der Preußen«, schreibt der Chronist darüber.

Geboren: 956 in Libice (Böhmen)
Gestorben: 997 bei Tenkitten (Polen)
Berufung/Beiname: Benediktinermönch, Bischof, Märtyrer; »der Apostel Preußens«
Wirkungsstätten: Böhmen, Italien, Polen, Ostpreußen
Bedeutung des Namens: der durch Adel Glänzende (althochdeutsch)
Namensformen: Albrecht, Albert, Bert, Berti,
Patronat: Preußen, Böhmen

Adalbert von Prag wird abgebildet im Bischofsornat mit einem Adler, der seinen Leichnam verteidigt, Keule oder Lanze tragend, Regen erflehend oder auch mit den sieben Spießen, von denen er durchbohrt wurde.

1639 wurden die Reliquien des Heiligen nach Prag gebracht und dort feierlich im Veitsdom beigesetzt.

23. April

Georg

Geboren: um 280 in Kappadokien (Kleinasien)
Gestorben: um 305 in Nikomedien (Kleinasien) oder Lydda-Diospolis (Palästina)
Berufung/Beiname: Märtyrer; Nothelfer, »der große Märtyrer«
Wirkungsstätte: Kleinasien
Bedeutung des Namens: der Bauer (griechisch)
Namensformen: Gerg, Girgel, Georges, Jürgen, Jörg, Jörn, Juri, Jurek, Jiri, Jorge, Joris, Joran, Schorsch
Patronat: Bauern, Pfadfinder, Büchsenmacher, Artisten, Soldaten, Gefangene, Reiter, Schützen; Pferde, Vieh; gegen Pest, Lepra, Schlangenbiß, Syphilis, Fieber

Um 1510 entstand das Gemälde »Der hl. Georg kämpft mit dem Drachen« von Lucas Cranach d. Ä., das sich heute in der Kunsthalle Hamburg befindet.

Bei den Griechen wurde er »Erzmärtyrer« genannt und im christlichen Altertum und im Mittelalter von allen Blutzeugen am meisten verehrt. Der hl. Georg gilt als das heroische Vorbild für alle Stände. Viele Wunder werden seiner Fürbitte zugeschrieben. Mag auch das Geschichtliche über ihn umstritten sein, so ist er doch zum Symbol christlicher Tapferkeit geworden.

Als stolzer Ritter hoch zu Roß, einen Drachen tötend, so kennt jeder seine bildliche Darstellung. Besonders in Süddeutschland und im benachbarten Österreich ist der Brauch der Georgiritte, bei denen die Pferde gesegnet werden, noch heute lebendig. Zahlreiche Kirchen und Altäre sind ihm geweiht. Eine der eindrucksvollsten Darstellungen des Drachentöters ist der Hochaltar des Klosters Weltenburg, den Egid Quirin Asam 1721 geschaffen hat. Berühmt geworden ist auch die St.-Georgs-Statuette in der Schatzkammer der Münchner Residenz. Herzog Wilhelm IV. (1508–1550) hatte sie bei Münchner Goldschmieden, zu denen auch Hans Reimers gehörte, in Auftrag gegeben. Dieses einzigartige Werk ist mit 2291 Diamanten, 406 Rubinen und 209 Perlen verziert.

Die Darstellung des Drachenkampfes kann ohne Zweifel als Symbol gedeutet werden, und zwar für den Kampf Christi, in Gestalt des hl. Georgs, gegen das Böse, symbolisiert durch die Schlange oder den Drachen. Andererseits darf man nicht übersehen, daß besonders der Drachentöter Georg auch das Ideal des Ritters im christlichen Mittelalter verkörpert.

Wenn man Historisches von der Legende trennt, so kann wohl angenommen werden, daß der hl. Georg unter dem römischen Kaiser Diokletian (284–305) ein furchtbares und in seiner grausamen Vielfalt ungeheuerliches Martyrium durchgestanden hat. Ebenso kann geschichtlich belegt werden, daß er aus Kappadokien → in Kleinasien stammte und ein höherer römischer Offizier gewesen ist.

Georg soll um das Jahr 280 in Kappadokien in Kleinasien geboren worden sein und schon in jungen Jahren das Waffenhandwerk zu seinem Beruf erwählt haben. Sehr bald erhielt er den hohen Rang eines Obersten und hatte als Tribun jederzeit Zutritt zum Kaiser, der seine große Tapferkeit schätzte.

Als die Christenverfolgungen unter Diokletioan erneut einsetzten, wagte es Georg, den Kaiser darauf hinzuweisen, daß dies ein Unrecht sei. Das ergrimmte den Kaiser so sehr, daß er den Wachen den Befehl gab, den jungen Offizier in Ketten zu legen. Obwohl Georg unendliche Qualen zu erdulden hatte, blieb er seinem Glauben an Christus treu. Georg erhielt den Namen »der große Märtyrer«, denn er erlitt tausend Tode nacheinander. Immer wieder erfand man neue Marterqualen, um den Jüngling zum Abfall von seinem Glauben zu bewegen. Aber nichts konnte seine christliche Überzeugung ins Wanken bringen. Schließlich ergriff man ihn von neuem und hieb ihm den Kopf ab.

Bei den Griechen gilt der hl. Georg noch heute zusammen mit dem hl. Demetrius und dem hl. Theodor als Soldatenheiliger und wird besonders verehrt. Zahlreiche Kirchen sind ihm geweiht und seine Darstellung auf Ikonen ist besonders in der orthodoxen Kirche weit verbreitet. In Rom wurde ihm eine eigene

23. April

23. April

Der hl. Georg wird dargestellt als junger Reiter ohne Bart, auf einem Schimmel sitzend; er trägt eine weiße Fahne mit einem roten Kreuz darauf und bekämpft den Drachen. Manchmal ist ihm auch ein Rad als Marterwerkzeug beigegeben.

Kirche geweiht, in Gallien verehrte man laut Gregor von Tours im 6. Jahrhundert Reliquien von ihm. Im neunten Jahrhundert wurde der hl. Georg vom deutschen Hochadel hoch in Ehren gehalten. Das Königsgeschlecht der Merowinger wollte sogar seinen Stammbaum auf ihn zurückführen. In den Bistümern Prag, Limburg und Bamberg entstanden besonders viele Georgskirchen. 1222 wurde Georg auf der Synode von Oxford Patron des englischen Königreiches. Von der Popularität des Heiligen in England zeugt heute noch der Hosenbandorden, der zu den höchsten Auszeichnungen Englands gehört. Sein Mut und seine Heldenhaftigkeit wurden in der Literatur immer als beispielhaft bezeichnet. Das mittelalterliche Georgslied, das um 888 im Kloster Reichenau entstanden sein soll, stellt eines der ältesten deutschen Heiligenlegenden dar. Doch allgemein bekannt wurde der hl. Georg besonders durch die »Legenda aurea«.

Sein Fest war seit jeher mit reichem Brauchtum umgeben. In Süddeutschland wird heute noch die Tradition des Georgsrittes gepflegt. Zu Ehren des Heiligen findet ein festlicher Umzug mit Pferden statt bei dem die Tiere alljährlich vom Priester gesegnet und unter den besonderen Schutz Georgs gestellt werden.

Um den hl. Georg rankt sich ein lebendiges Brauchtum. Am Sonntag, der auf den Georgstag folgt, segnet auch heute noch in Bayern und Österreich der Pfarrer die Pferde der Bauern und Reiter, woran sich ein festlicher Umritt, der Georgiritt, anschließt.

Legende Die Geschichte des hl. Georg als dem Drachentöter erzählt uns auch die »Legenda aurea« des Jakobus de Voragine, hier in der Fassung von Ernest Hello:
Es war in der Umgebung von Beirut. In einem See hauste ein ungeheurer Drache und machte Wasser und Land unsicher. Manchmal kam er bis vor die Tore der Stadt, wo er die Luft verpestete. Man beschloß, ihm täglich zwei Schafe als Opfergaben zu bringen. Aber bald gingen die Schafe aus. Man befragte das Orakel. Die Antwort lautete, man müsse dem Drachen Menschenopfer bringen und jene, die so dem Tode geweiht würden, durch das Los bestimmen. Eines Tages fiel in Beirut das Los auf Margarete, die Tochter des Königs. Der König verweigerte seine Tochter, aber das Volk geriet in Aufruhr und drohte, das Schloß in Brand zu stecken. Da gab der König nach. Er lieferte seine Tochter aus, allerdings mit Festkleidern geschmückt.
Man führte Margarete nun zu der Stätte, an der sich das Ungeheuer bisher immer die Menschenopfer geholt hatte. Margarete lehnte sich, in Tränen aufgelöst, an einen Felsen. Aber siehe, am Felsen vorüber kommt gerade der hl. Georg des Weges. Er sieht die weinende Jungfrau, tritt herzu und fragt sie nach dem Grund ihres Kummers. Sie erzählt ihm alles. Der heilige Held bleibt ihr zur Seite und beschützt sie.

Zu den berühmtesten Gemälden, die den hl. Georg darstellen, zählen »Der heilige Georg« von Albrecht Dürer, »Georg und Michael« von Raffael und »Georg beim Kampf mit dem Drachen« von Paul Rubens.

Plötzlich kocht das Wasser auf: Der Drache windet sich heraus, teilt die Wogen, schauerliches Zischen erfüllt die Luft, stinkende Gerüche vergiften sie. Das junge Mädchen stößt Schreie des Schreckens aus. »Fürchte dich nicht!« ruft der hl. Georg, steigt auf sein Pferd, befiehlt sich Gott, stürzt sich auf das gewaltige Ungeheuer, bringt ihm einen tiefen Stich mit der Lanze bei und zwingt es zu seinen Füßen. »Jetzt«, so sagt Georg zu dem jungen Mädchen, »nimm deinen Gürtel und lege ihn dem Tier um den Hals!«
Und Margarete führte das Ungeheuer in die Stadt, wo das versammelte Volk in Freudengeschrei und Dankesrufe ausbrach. Und Georg sprach zum Volke, wenn es an Gott glauben wolle, so werde er das Ungeheuer vollends töten. Da empfing der König die Taufe und zwanzigtausend Menschen ließen sich mit ihm taufen.
Der König wollte Georg nun mit Ehren überhäufen und seine Schätze mit ihm teilen. Aber Georg ließ alles an die Armen verteilen, was man ihm geben wollte, umarmte den König, empfahl ihm alle Unglücklichen und kehrte in sein Land zurück.

24. April

Fidelis Roy von Sigmaringen

Der hl. Fidelis von Sigmaringen hieß mit seinem bürgerlichen Namen Markus Roy und war der Sohn des Bürgermeisters von Sigmaringen. In dieser Stadt wurde er 1577 geboren. Er studierte Philosophie und die Rechtswissenschaften in Freiburg im Breisgau und promovierte 1611 zum Doktor beider Rechte. Während seines Studiums machte er als Begleiter junger Adeliger ausgedehnte Reisen durch Frankreich, Spanien, Italien und Deutschland. Sein äußerst sittsames und frommes Verhalten fiel damals bereits seinen Reisegenossen auf. Frühzeitig hatte er, durch das abstoßende Verhalten eines Betrunkenen angewidert, lebenslängliche Enthaltsamkeit von alkoholischen Getränken gelobt.

Nach diesen Reisen ließ sich Markus Roy in Ensisheim im Elsaß als Advokat nieder und erwarb sich recht bald beim Volk den Titel »Advokat der Armen«. Er setzte sich nämlich für sachlich zutreffende und gerechte Urteile ein, ohne dabei auf den Reichtum und das Ansehen der Angeklagten zu achten. Allen, denen Unrecht geschehen war, sollte geholfen werden.

Aber schon nach einem Jahr war ihm klargeworden, daß sich viele seiner Kollegen nur noch nach der Höhe des Honorars richteten, weil man mit Geld fast alles erkaufen konnte. Dies verleidete ihm seine Advokatentätigkeit, und er beschloß, bei den Kapuzinern → um Aufnahme zu bitten. Am 4. Oktober 1612 legte er als Pater »Fidelis« – der Getreue – die Ordensgelübde ab.

Im Jahr 1616 wurde ihm die Volksseelsorge in der schweizerisch-schwäbischen Kirchenprovinz übertragen. Später wurde er zum Guardian ernannt, zunächst in Rheinfelden und dann in Freiburg in der Schweiz. Im Jahr 1619 kam er nach Feldkirch in Vorarlberg. Durch seine ausgezeichneten Predigten bekehrte er eine große Anzahl von Protestanten. Fidelis verkündete das Wort Gottes, ohne zwischen Katholiken und Protestanten religiöse Streitfragen auszusparen. Er prangerte ohne Scheu die Laster der Bürger an, selbst wenn er damit seine eigene Sicherheit gefährdete. Fidelis verbrachte viele Nächte mit Gebet und Betrachtung vor dem Altar, widmete sich den Kranken, verteidigte weiter die Rechte der Armen und bekämpfte Unrecht, wo immer er es antraf. Bereits zu seinen Lebzeiten sah das Volk zu ihm wie zu einem Heiligen auf. Furchtlos betrat Pater Fidelis die Spitäler, in denen die Typhus- und Pestkranken lagen, und betreute sie liebevoll.

Die Kunde von seiner großartigen missionarischen und pastoralen Tätigkeit drang bis nach Rom. Daraufhin ernannte ihn die 1622 gegründete Propaganda Fide, das Amt zur Verbreitung des katholischen Glaubens, zum Vorstand der Mission in Rhätien. Dort hatte sich die kalvinistische Lehre sehr stark ausgebreitet. Mit den Worten »Ich will auch zu denen gehen, von denen ich weiß, daß sie nicht in Aufrichtigkeit wandeln und viel Arges in ihrem Herzen vorhaben« begann er in diesem Gebiet sofort mit seiner Missionsarbeit.

Doch die Kalvinisten → verstanden es, den Haß des Volkes gegen den katholischen Prediger im Prättigau derart zu schüren, daß Pater Fidelis nach einer Predigt in Seewies von einheimischen Bauern überfallen und erschlagen wurde. Sein Haupt ruht noch heute in der Kapuzinerkirche in Feldkirch.

Geboren: 1577 in Sigmaringen (Baden-Württemberg)
Gestorben: 1622 in Seewies (Schweiz)
Berufung/Beiname: Kapuzinermönch, Volksprediger, Märtyrer; »Advokat der Armen«, »Held der Treue gegenüber Gott und den Gottesgeboten«
Wirkungsstätten: Elsaß, Schweiz, Vorarlberg
Bedeutung des Namens: der Treue (lateinisch)
Namensformen: Fidel, Fidelius, Fide
Patronat: Land Hohenzollern, Freiburg i. Br., Feldkirch; Kapuziner, Jesuiten

Dargestellt wird Fidelis Roy im Ordenskleid der Kapuziner; in der Hand trägt er die Stachelkeule, mit der er erschlagen worden sein soll. Beigegeben ist ihm auch die Palme als Siegeszeichen des Märtyrers.

Reliquien von Fidelis Roy befinden sich auch im Dom zu Chur und in der Fideliskirche in Stuttgart. Er ist der erste Märtyrer des Kapuzinerordens. Im Jahr 1746 wurde Fidelis von Sigmaringen heiliggesprochen.

25. April

Evangelist Markus

Der hl. Markus ist einer der vier Evangelisten. Ihm verdanken wir das Markusevangelium des Neuen Testaments, das kürzeste unter den vier Evangelien. Das Markusevangelium enthält weder die Kindheitsgeschichte Jesu noch die Bergpredigt, sondern beginnt mit dem Bußprediger Johannes dem Täufer, der seine Stimme – wie ein Löwe – in der Wüste erschallen ließ. Was Jesus tat, weniger, was er lehrte, ist Gegenstand dieses Evangeliums.

Johannes Markus stammte aus Jerusalem. Im Haus seiner Mutter Maria pflegte sich die junge Christengemeinde zu versammeln. Er selbst soll beim ersten Pfingstfest durch die Predigt des hl. Petrus bekehrt worden sein. Als Verwandter des Barnabas begleitete Markus mit diesem zusammen den hl. Paulus auf dessen erster Missionsreise. Später schloß er sich dem hl. Apostel Petrus an und verfaßte im Anschluß an die Erzählungen und Predigten dieses Apostels sein Evangelium. Das war vermutlich in der Zeit zwischen den Jahren 55 und 59.

Markus war Begründer der Alexandrinischen → Kirche und fand dort als Bischof von Alexandria → den Märtyrertod, vermutlich im Jahre 67. Seine Reliquien wurden im Jahr 828 auf abenteuerliche Weise von Alexandria nach Venedig gebracht, wo sie seitdem im Markusdom verehrt werden. Tintoretto hat die Auffindung und Entführung seiner Gebeine in einem berühmten Gemälde (in der Brera in Mailand) geschildert.

Der hl. Markus ist bis heute der hochberühmte Schutzherr Venedigs geblieben. Die Bittprozession, die jedes Jahr am 25. April in Venedig stattfindet, hat keine Beziehung zu dem Heiligen. Sie nahm vielmehr, mit christlichem Inhalt erfüllt, die Stelle des am gleichen Tage abgehaltenen heidnischen Umzugs ein, der dem römischen Gott Robigus, dem Beschützer der wachsenden Saat, gewidmet war. Seit 830 befinden sich auch Reliquien des hl. Markus im Münster der Insel Reichenau im Bodensee.

Geboren: wahrscheinlich in Jerusalem
Gestorben: um 67 in Alexandria (Ägypten)
Berufung/Beiname: Evangelist, Märtyrer
Wirkungsstätten: Palästina, Kleinasien, Nordägypten
Bedeutung des Namens: der Mann, der dem römischen Kriegsgott Mars Geweihte (lateinisch); der Zarte (hebräisch)
Namensformen: Mark, Marc, Marco, Marx, Marek
Patronat: Bauarbeiter, Glaser, Glasmaler, Korbmacher, Schreiber, Notare; gegen Blitz, Hagel, plötzlichen Tod; für eine gute Ernte

Markus wird dargestellt mit einem geflügelten Löwen, aufgeschlagenem Buch und Feder; zusammen mit den anderen Evangelisten über den vier Strömen, die vom Baum des Lebens entspringen, wobei Markus den Platz über dem Nil einnimmt.

Legende Über den Tod des Evangelisten Markus berichtet uns die »Legenda aurea«: Als er wieder einmal von seinen Missionsfahrten nach Alexandrien zurückkehrte, planten die Götzenpriester, ihn zu töten. Wähtend der hl. Markus nun am Ostertag die Messe hielt, kamen die Gegner in großen Haufen, griffen ihn, warfen ein Seil um seinen Hals, zerrten ihn durch die Stadt und schrien dazu: »Wir ziehen den Ochsen zum Schlachthaus ...« Da blieb das Fleisch des hl. Bischofs an der Erde hängen, und die Straße wurde rot von seinem Blut. Anschließend warfen sie ihn in den Kerker. Und ein Engel kam und tröstete ihn. Danach kam Christus selbst und stärkte ihn. Am anderen Morgen warfen sie ihm wieder das Seil um den Hals und schleiften ihn abermals unter Geschrei durch die Stadt. Er aber dankte Gott in diesem Leiden und sprach: »Herr, in Deine Hände befehle ich meinen Geist!« Mit diesen Worten starb er. Nun wollten die Heiden seinen Leichnam verbrennen. Aber siehe, da rauschte es in den Lüften, und es fuhr Hagel hernieder, und der Donner rollte, und es zuckten die Blitze. Und alle flohen entsetzt und ließen ihn liegen. Da bestatteten die Christen ihn in ihrer Kirche.

Im Jahre 828 führten die Venetianer den Leichnam des Heiligen nach Venedig, wo sie

25. April

ihm zu Ehren eine Kirche von wunderbarer Schönheit erbauten. Die Legende der Überführung ist auf den Mosaiken im Markusdom anschaulich erzählt. Zwei venezianische Kaufleute raubten den Leichnam des Evangelisten im ägyptischen Alexandrien. Sie versteckten ihn in einem Korb unter Schweinefleisch, das den Mohammedanern ein Greuel ist, und brachten ihn auf einer gefahrvollen Schiffsreise in ihre Heimatstadt. Auf den Mosaikbildern ist zu sehen, wie die Kaufleute den heiligen Leib bergen, indem sie »manzir, manzir«, das heißt »Schweinefleisch« schreien. Man sieht die Muselmanen sich voller Ekel von dem unreinen Fleisch abwenden, ferner sieht man auch die Abfahrt des Schiffes, den Sturm auf dem Meer, die Ankunft und den feierlichen Empfang in Venedig. Dieser festliche Empfang ist zuverlässig bezeugt. Doge war zu dieser Zeit Giustinian Partecipazio. Sofort begann man mit dem Bau eines Gotteshauses, um die Reliquien an einem würdigen Ort verehren zu können. Schon 832 wurde das Heiligtum, der Vorgänger des heutigen Domes, geweiht. So erfüllte sich die Prophezeiung, als der hl. Markus, der Legende zufolge, die Laguneninseln besuchte. Es war ihm nämlich ein Engel erschienen und hatte zu ihm gesprochen: »Pax tibi, Marce, Evangelista meus« – Friede sei mit dir, Markus, mein Evangelist. Und ebendort fand sein Leib auch den Grabesfrieden. Venedig aber nannte sich von dieser Zeit an die Republik von San Marco. (E. Peterich).

In Venedig, wo Markus besondere Verehrung genießt, befindet sich im Museo Marciano eine der berühmtesten Darstellungen: »Die wundersame Auffindung des Leichnams des heiligen Markus in der Basilika San Marco« von Paolo Veneziano.

Darstellung des Evangelisten Markus, aus dem »Evangeliar des Vatikanischen Konzils«, einer italienischen Buchmalerei des 15. Jahrhunderts.

Zita

26. April

Geboren: 1212 in Bozzanello (Italien)
Gestorben: 1272 in Lucca (Italien)
Berufung/Beiname: Magd
Wirkungsstätte: Italien
Bedeutung des Namens: das Mädchen, die Jungfrau (italienisch)
Namensformen: Sita, Citta
Patronat: Lucca; Dienstboten, Hausangestellte

Die hl. Zita kam 1212 in Bozzanello zur Welt. Der Ort liegt am Abhang des Monte Sagrati nahe Lucca in Italien. Ihr Vater hieß Johannes Lombardo, ihre Mutter Bonissima. Die ganze Familie war sehr fromm; ein Bruder der Mutter, Graziano, lebte auf dem Monte Supeglia als Einsiedler und stand in so hoher Verehrung beim Volk, daß man diesen Berg nach ihm den Monte San Graziano genannt hat. Da die Familie sehr arm war, mußte Zita schon mit zwölf Jahren arbeiten, um zum Unterhalt beizutragen. Zita kam nach Lucca zu der reichen Familie Fatinelli als Magd. Dort diente sie achtundvierzig Jahre lang bis zu ihrem Tod. Obwohl Zita von dieser Familie äußerst schlecht behandelt wurde, erfüllte sie all ihre Pflichten mit großer Sorgfalt. Durch ihre immer gleichbleibende Liebenswürdigkeit erwarb sich Zita im Lauf der Jahre nicht nur die Achtung der Familie, sondern die der ganzen Stadt Lucca. Zita starb am 27. April 1272.

Aus den Steinen des kleinen Bauernhauses, in dem Zita geboren worden war, erbaute man auf dem Monte Sagrati eine Kapelle, und zahlreiche Wunder, die sich dort ereigneten, führten zu ihrer Heiligsprechung im Jahr 1696. In S. Frediano in Lucca liegt die Heilige begraben, und die Stadt Lucca hat ihr Bildnis als das ihrer Schutzheiligen in ihr Wappen aufgenommen.

»Als sie am 27. April 1272 verschied, ging ein Stern über Lucca auf, mitten im Sonnenlicht.« So schreibt ein Chronist, und von diesem Augenblick an verehrte das Volk Zita wie eine Heilige.

Legende Zita besuchte jeden Morgen die hl. Messe und empfing, so oft es möglich war, die Sakramente. Die Zeit dazu entzog sie dem Schlaf, nicht ihrem Dienst, denn, so sagte sie, eine Magd ist nicht fromm, wenn sie nicht arbeitsam ist. Solche Tugend brachte die anderen Dienstboten gegen sie auf. Sie verleumdeten Zita bei ihrer Dienstherrschaft mit der Behauptung, sie vernachlässige wegen ihrer Frömmigkeit und Kirchenlauferei die Arbeit. Ein Kirchenverbot für Zita war die Folge. In ihrer Bestürzung wandte sich die Gemaßregelte in ihrem Gebet an die Gottesmutter, und siehe da, die Madonna griff ein. Sie ermunterte die Bekümmerte, ihr frommes Leben wie bisher weiterzuführen und sich wegen der Fülle der Arbeit, die man gerade in den Kirchenstunden von ihr verlangte, keine Sorge zu machen. Voll Vertrauen ging Zita von da an wieder regelmäßig wie früher zur Kirche. Und wenn sie heimkam, fand sie wunderbarerweise alle Arbeit getan.

Als man sah, daß ihr die Arbeit spielend von der Hand ging, zog man sie auch bald zu feineren Dienstleistungen heran und vertraute ihr schließlich sogar die Küche an. Zum Erstaunen aller entwickelte sie hier, die doch aus einem ärmlichen Hause stammte, die größten Fähigkeiten. Die arme Magd schien prachtvolle Kochrezepte zu kennen, und die Zusammenstellung ihrer Gewürze überraschte auch die verwöhntesten Zungen.

Zita wird in schlichter Kleidung mit Schlüsselbund und Krug dargestellt; sie reicht Pilgern am Brunnen Wasser, bekleidet Bedürftige. Manchmal hat sie einen Stern zur Seite, da der Legende nach bei ihrem Tod ein Stern über Lucca aufgegangen sein soll.

Die Familie Fratinelli wußte sich ihre Kunst nicht zu erklären. Und da bekannt war, daß Zita zur Nachtzeit statt der Ruhe des Schlafs die Ruhe des Gebets und der Betrachtung suchte, spürte man ihr nach. Als man einmal durch einen Spalt in ihre Kammer sah, da erblickte man diese von einem überirdischen Schein erhellt, und man sah dort die Magd Zita auf den Knien im eifrigen Gespräch mit einer schönen Dame. Von da an stand es fest, daß ihre Kochkünste von himmlischer Herkunft waren.

Im Garfagnanatal nahe Lucca, wo man ganz besonders gut ißt, wirkt diese Überlieferung heute noch fort. Immer noch gibt es dort die »Rezepte der Madonna«.

27. April

Petrus Canisius

Einer der bedeutendsten Jesuiten →, der 1925 zur Ehre der Altäre erhoben wurde, ist der hl. Petrus Canisius. Er starb am 21. Dezember 1597. Aber entgegen der üblichen Regelung, daß sein Fest am Todestag gefeiert wird, entschied die Kirche 1925, im Jahr seiner Heiligsprechung, daß sein Festtag der 27. April sein sollte. Im Jahre 1897 wurde er zum »zweiten Apostel Deutschlands« ernannt. Er gilt außerdem als Apostel der Schweiz. Papst Pius XI. (1922–1939) erklärte ihn zum Kirchenlehrer. Seine Gebeine ruhen in der Kirche des ehemaligen Jesuitenkollegs St. Michael in Fribourg in der Schweiz.

Peter Canis wurde als ältester Sohn des Bürgermeisters von Nimwegen, Jakob Canis bzw. de Hondt, am 8. Mai 1521 geboren. Mit fünfzehn Jahren kam er an die Hochschule nach Köln, studierte Philosophie und Theologie und promovierte 1540. Die eigentliche Wende im Leben des Heiligen geschah, nachdem er 1543 in Mainz den berühmten Jesuitenprediger Peter Faber kennengelernt hatte. Faber war einer der ersten Schüler des hl. Ignatius von Loyola in Deutschland. Peter Canis entschloß sich noch im gleichen Jahr, unter dem Namen Petrus Canisius als erster Deutscher in die Gesellschaft Jesu einzutreten. Er war noch Novize, als er gemeinsam mit Peter Faber 1544 in Köln die erste Jesuitenniederlassung Deutschlands gründete. 1546 wurde Petrus Canisius zum Priester geweiht. Er entwickelte sich zum leidenschaftlichen Gegenreformator. Obwohl er stets kompromißlos für die katholische Lehre eintrat, versuchte er dennoch diplomatisch und mäßigend auf die zerstrittenen Glaubensparteien einzuwirken.

Auf seinen Missionsfahrten kam Petrus Canisius auch nach Rom. Dort wählte ihn der hl. Ignatius zu seinem vertrauten Mitarbeiter. Ab 1549 bekleidete er das Amt eines Theologieprofessors und Rektors in Ingolstadt. Von 1552 an wirkte er als Lehrer und Hofprediger König Ferdinands in Wien. Dort gründete er auch ein Studienkolleg. Den ihm dreimal angetragenen Bischofsstuhl von Wien dagegen lehnte er stets strikt ab.

1555 begleitete Petrus Canisius die ersten Jesuiten nach Prag. In Böhmen war er ganz besonders scharfen Anfeindungen ausgesetzt. Man bewarf ihn einmal sogar während der hl. Messe mit Steinen und lauerte ihm auf der Moldaubrücke auf, um ihn hinabzustürzen. Er entging jedoch allen Anschlägen. Schließlich gelang es ihm sogar, viele seiner Widersacher durch seine großartigen Predigten zur katholischen Kirche zurückzuführen. 1556 wurde Petrus Canisius zum ersten Provinzial der Oberdeutschen Ordensprovinz der Gesellschaft Jesu ernannt. Als Beauftragten des Papstes und des Kaisers entsandte man ihn auf verschiedene Reichstage. Er war entscheidend am Reformkonzil von Trient → beteiligt. Vom Jahr 1559 bis 1566 stand Petrus Canisius als Domprediger in Augsburg auf der Kanzel und verteidigte mit Erfolg die katholische Lehre gegen die Lehre Luthers. Als diese Stadt von der Pest heimgesucht wurde, führte er die öffentlichen Bittgänge wieder ein und half selbst in aufopfernder Weise den Kranken.

Seine Bestrebungen galten vor allem der Neuordnung des deutschen Schulwesens. Überall entstanden Ordenshäuser der Jesuiten, die sich vornehmlich der

Geboren: 1521 in Nimwegen (Niederlande)
Gestorben: 1597 in Fribourg (Schweiz)
Berufung/Beiname: Jesuit, Prediger, Provinzial, Gegenreformator, Kirchenlehrer; »zweiter Apostel Deutschlands«
Wirkungsstätten: Deutschland, Schweiz, Italien, Österreich, Böhmen
Bedeutung des Namens: der Fels (griechisch)
Namensformen: Peter, Pieter, Pit, Pitter, Peer, Peet, Pär, Pietro, Pierre, Pedro, Pérez, Pjotr
Patronat: Innsbruck, Brixen; katholische Schulorganisation Deutschlands

Petrus Canisius verfaßte in langjähriger Arbeit seinen berühmten Katechismus, der Jahrhunderte über Grundlage des Religionsunterrichts bildete und in viele Sprachen übersetzt wurde.

Petrus Canisius wird dargestellt mit Buch, Kruzifix und dem Totenkopf als Zeichen der irdischen Vergänglichkeit. Er trägt das Christusmonogramm IHS auf der Brust und kniet vor der Gottesmutter Maria. Das Wort »Caritas«, Nächstenliebe, halten Engel im Lichtglanz über ihm.

Jugenderziehung widmeten. Gymnasiasten und Studenten vereinigte er in der Marianischen Kongregation. Er verfaßte seinen berühmten Katechismuns, der jahrhundertelang die Grundlage des Religionsunterrichts bildete. Als Sechzigjähriger wurde er nach Freiburg in der Schweiz berufen. Es galt, den Kalvinismus zu bekämpfen, der aus der Schweiz eine Hochburg dieser protestantischen Glaubensbewegung gemacht hatte. Petrus Canisius verbrachte noch siebzehn arbeitsreiche Jahre in diesem Lande. Petrus Canisius starb im Alter von sechsundsiebzig Jahren. Obgleich Petrus Canisius als Ratgeber vieler Fürsten nicht zu unterschätzenden Einfluß ausübte, blieb er ein Mann von bewundernswerter Bescheidenheit und tief religiöser Innerlichkeit. Er predigte dem einfachen Volk ebenso klar und verständlich wie den Großen dieser Welt.

Legende Die Gattin des Grafen Markus Fugger in Augsburg war in einer anderen Konfession groß geworden. Sie haßte die katholische Kirche, am meisten aber die Jesuiten. Als sie einmal ruhig auf ihrem Bette schlief, glaubte sie den streitbaren Pater Canisius zu sehen, der sie ernstlich ermahnte, an ihr Seelenheil zu denken und zur Religion ihrer Väter zurückzukehren. Sie war darüber einerseits empört, andererseits aber auch tief erschrocken. Als sie erwachte, fühlte sie sich dennoch wie verwandelt. Sie wollte der Sache nun auf den Grund gehen und befahl ihrem Diener, Pater Canisius zu holen. Dieser erschien ohne Verzug, wurde aber von dem Gatten der Gräfin eine Zeitlang aufgehalten. Unterdessen gelangte sein Begleiter zufällig in das Zimmer der Gräfin. Als diese ihn erblickte, sagte sie: »Dies ist nicht der Mann, der mir im Traum erschien. Ich wünsche mit Vater Canisius selbst zu sprechen.« In diesem Augenblick trat er ein. Kaum hatte die Gräfin ihn gesehen, als sie ihn erkannte und ausrief: »Ja, diesen habe ich im Traum gesehen. Euch, Vater, hat unser Herr mir befohlen zuzuhören, Ihr sollt mir Eure Religion verständlich machen.« Canisius tat es, und bald war die Gräfin bekehrt und katholisch. Ihren Dank erwies sie dadurch, daß sie ihren Gemahl bat, in Augsburg ein Kollegium der Jesuiten zu gründen, das in der Folgezeit großen Segen verbreitete.

28. April

Wilfrid

Geboren: 634 in Northumberland (England)
Gestorben: 709 in Oundle (England)
Berufung/Beiname: Benediktinermönch, Missionar, Bischof
Wirkungsstätten: England, Frankreich, Italien
Bedeutung des Namens: der Friedenswillige (althochdeutsch)
Namensformen: Wilfert, Wilfred, Winfried, Winnie, Willi, Frid, Wunfrid

Der hl. Wilfrid wurde im Jahre 634 aus einem vornehmen angelsächsischen Geschlecht in Northumberland geboren. Die Königin Eanfleda schickte ihn in das Kloster Lindisfarne zur Erziehung. Seine weitere Ausbildung erhielt Wilfrid dann in Canterbury. Im Jahr 653 begab er sich nach Rom, um dort die römische Liturgie und die Ordensregeln des hl. Benedikt zu studieren. Daran schloß sich ein langjähriger Aufenthalt bei Bischof Dalwinus von Lyon an, der Wilfrid schließlich dann auf seine Bitte hin in den Bendiktinerorden aufnahm.

Im Jahr 661 kehrte Wilfrid nach England zurück. Dort wurde er an den Hof Alfrids gerufen und kurze Zeit später mit der Christianisierung des Volkes betraut. Vom König erhielt er Land, um das Kloster Ripon errichten zu können. Wilfrid begann nun, sein Lebensprogramm zu verwirklichen. Mit der Einführung der römischen Liturgie und der Benediktinerregel wollte er die keltischen Bräuche in Northumberland zurückdrängen. Im Jahr 664 setzte er in der Synode zu Whitby die römische Liturgie für ganz England durch. Im gleichen Jahr wurde er zum Bischof von York ernannt. Um die Bischofsweihe zu empfangen, mußte er jedoch nach Paris reisen und fand, als er zurückkehrte, seinen Bischofssitz vom Bischof Ceadda besetzt. Wilfrid ließ den als gottesfürchtig bekannten Geistlichen sein Amt ruhig weiter verwalten und zog sich in das Klosters Ripon zurück.

Erst im Jahr 670, nach dem Tod des Bischofs Ceadda, wurde Wilfrid feierlich inthronisiert. Sofort begann er mit dem Neubau der St.-Peters-Kathedrale in York. In dieser Zeit bekam Wilfrid jedoch große Schwierigkeiten mit König Egfried. Schließlich hatten diese Auseinandersetzungen so an Härte zugenommen, daß Wilfrid im Jahr 680 vom König gefangengesetzt wurde.

Nach seiner Freilassung begab sich Wilfrid unverzüglich nach Sussex, das noch heidnisch war, und später reiste er auf die Insel Wight. Er gründete dort die Klöster Salsea und Wessex, taufte den König Edilwalk und dessen ganzes Volk.

Nachdem König Egfrid im Kampf gegen die Pikten (römischer Name für keltische Stämme) gefallen war, kehrte Bischof Wilfrid 687 auf Wunsch des Erzbischofs Theodor nach York zurück. Der Heilige starb mit fünfundsiebzig Jahren am 24. April 709 in Oundle und wurde im Kloster Ripon beigesetzt.

Die Reliquien des hl. Wilfrid kamen am 12. Oktober des Jahres 1224 nach Canterbury, weshalb auch in England an diesem Tag seiner feierlich gedacht wird.

Dargestellt wird Wilfrid, wie er einen toten Mönch erweckt, oder er erscheint zusammen mit einer Frau, die ihm ihr Kind um seinen Segen bittend entgegenhält.

29. April

Katharina von Siena

»Die größte Frau des Christentums«, so nennen die Italiener Katharina von Siena. In der Tat ist sie eine der wunderbarsten Erscheinungen der Weltgeschichte. Katharina war eine der großen Mystikerinnen. Sie wurde zur allgemein anerkannten Friedensstifterin, zur Überwinderin von Streitigkeiten zwischen gewalttätigen Stadtfürsten, zur Richterin über Könige und Kardinäle, zur Beraterin von Päpsten, aber auch zur Beschützerin der Armen und Schwachen. Sie schrieb Briefe in alle Welt, unternahm große Reisen und trat Trägern der geistlichen und der weltlichen Macht mit schonungsloser Offenheit entgegen, wenn sie ihren Amtspflichten in großem Umfang nicht mehr nachkamen. Das Ende des »Babylonischen Exils« der Kirche zu Avignon ist Katharinas Verdienst. Sie setzte alles daran, um das Schisma → zu überwinden und aufzulösen.

Katharina war das fünfundzwanzigste Kind des Wollfärbers Benincasa und erblickte am 25. März 1347 in Siena das Licht der Welt. Es war ein Jahr vor dem Ausbruch der furchtbaren Pest, die in der Stadt und ihrer Umgebung an die achtzigtausend Menschen hinwegraffte. Nach ihrer ersten Vision im Alter von sieben Jahren beschloß sie, für immer jungfräulich zu bleiben und ihr Leben ganz in den Dienst Gottes zu stellen. Viele Jahre versuchten ihre Eltern, sie von dieser Idee abzubringen. Aber schließlich gaben sie nach, und Katharina durfte in den Dritten Orden → des hl. Dominikus eintreten.

1360 hörte sie eine göttliche Stimme, die ihr befahl, in die Welt hinauszugehen. Das gebrechliche und zarte Mädchen gehorchte. Sie suchte das Los der Armen zu erleichtern und nahm sich all derer an, die, in Bedrängnis geraten, sich ihr anvertrauten. 1374 pflegte sie mit Mitgliedern des Dritten Ordens die Pestkranken in Pisa, wobei sie selbst erkrankte. Obgleich ihr selbstloser Lebensstil

Geboren: 1347 in Siena (Italien)
Gestorben: 1380 in Rom
Berufung/Beiname: Dominikanerterziarin, Mystikerin, Kirchenlehrerin
Wirkungsstätten: Italien, Frankreich
Bedeutung des Namens: die Reine (griechisch)
Namensformen: Katrin, Käthe, Kathleen, Karen, Katja, Kate, Nina, Trine, Kathinka, Carina, Catalina, Cathérine
Patronat: Rom, Italien; Dominikanerinnen; Sterbende, Wäscherinnen; gegen Pest, gegen Kopfschmerzen

29. April

Der Kern der Lehre der hl. Katharina von Siena war der: Der Mensch muß in der Zelle der Selbsterkenntnis wohnen. Diese ist sein bethlehemischer Stall, in dem der Pilger aus der Zeit in die Ewigkeit hineingeboren werden soll.

Als Katharina einmal einem frierenden Bettler ihren Mantel reichte – damals galt es als anstößig, wenn eine geachtete Frau ohne Mantel auf der Straße ging –, entgegnete sie ihren Kritikern: »Ich will mich lieber ohne Mantel als ohne Liebe finden lassen.«

und ihre intellektuelle Redlichkeit immer wieder Ablehnung, ja sogar Widerspruch bei ihren Mitmenschen hervorgerufen hatten, bildete sich bald ein Kreis von Anhängern um sie. Es waren Mystiker und Fromme, Geistliche und Laien, Frauen und Männer, die sie alle als ihre geistige Führerin anerkannten.

Päpstliche Gesandte, weltliche und geistliche Fürsten wandten sich an Katharina um Rat. Sie diktierte Briefe an Könige, Fürsten sowie an die Herrscher von Stadtstaaten und stiftete Frieden. – Ihr erstes Wort lautete immer »pace«, Friede. Die Florentiner sandten sie als Botschafterin an den päpstlichen Hof nach Avignon, und sie selbst führte die Friedensverhandlungen. Die Rückkehr des Papstes nach Rom war ihr höchstes Ziel. Sie wollte vor allem eine grundlegende Reform des Klerus vorantreiben. »Wenn Ihr erwidert, mein Vater, die Welt liege so sehr im Argen, wie denn da noch Friede möglich sei, dann antworte ich Euch im Namen Christi des Gekreuzigten: Ihr müßt kraft Eurer Vollmacht vor allem drei Dinge tun: Rottet im Garten der heiligen Kirche die übelriechenden Blumen aus. Sie sind voll Unrat und Begierlichkeit und vom Stolze aufgeblasen. Ich meine die schlechten Hirten und Verwalter, die diesen Garten vergiften und ihn vermodern lassen.« So schrieb sie an den verbannten Papst Gregor XI. (1370–1378) (nach Tischler). Der schließlich nach Rom zurückgekehrte Papst starb allerdings zu früh, um eine solch tiefgreifende Reform noch durchführen zu können. Unter seinem Nachfolger Urban VI. (1378–1389) entstand dann das unselige Schisma, und wieder war es Katharina, die Briefe voll erschütternder Mahnungen an den Papst schrieb, denn diese Spaltung belastete sie unsagbar.

Auf Wunsch des Papstes eilte sie noch einmal nach Rom. Dort verschlechterte sich ihr körperlicher Zustand. Sie litt monatelang unter furchtbaren Schmerzen. Aber immer wieder raffte sie sich auf und arbeitete bis zum letzten Augenblick an der religiösen Erneuerung der Welt. Kaum dreiunddreißig Jahre alt, starb sie am 29. April 1380. Ihr Leichnam wurde in der Dominikanerkirche S. Maria sopra Minerva zu Rom unter dem Hochaltar beigesetzt.

Anstelle einer Legende Raymund von Capua, ihr Beichtvater und Biograph, berichtet von dem geheimnisvollen mystischen Leben und den bedeutungsvollen Visionen, mit denen Gott die hl. Katharina begnadet hatte und von denen sie selbst nur mit Zurückhaltung sprach. Ihre öffentliche Wirksamkeit ergab sich gewiß vor allem aus ihrer mystischen Vereinigung mit Christus. So schreibt ihr Biograph: Als sie etwa neunzehn Jahre alt war, erschien ihr Christus und sprach »Tu von nun an, meine Tochter, mannhaft und ohne zu wanken, was meine Vorsehung in deine Hände legen wird! Du bist mit der Kraft des Glaubens gestärkt worden. So wirst du alle meine Widersacher siegreich überwinden.« Raymund von Capua erzählt, daß Christus ihr bei seinem Erscheinen einen Ring hinterlassen hat, so daß sie sich ihm mystisch anverlobt fühlte. Ein anderes Mal hat er sein Herz mit dem ihren vertauscht und ihr dafür seine Wundmale eingedrückt. Dabei befahl ihr der Herr: »Von nun an wirst du deine Zelle verlassen, deine Stadt und dein Land. Ich werde bei dir sein, du sollst meine Botschaft aller Welt, Geistlichen und Laien, verkünden. Darum werde ich dir Weisheit und Sprachgewalt geben. Ich will dich zu den Bischöfen, zu den Lenkern der Kirche und der Christenheit führen, damit eine schwache Frau den Stolz der Starken beschäme.« Nach dieser Vision begann die große, weltgeschichtliche Tätigkeit der hl. Katharina. Wiederum ist ihr der Heiland erschienen mit

29. April

einer Dornenkrone und einer goldenen Krone in den Händen und hat ihr die Wahl überlassen. Sie entschied sich für die Dornenkrone und setzte sie sich selbst aufs Haupt.
Die Barmherzigkeit und Nächstenliebe dieser Frau waren ohne Grenzen. Ohne Bedenken riß sie das silberne Kreuz von ihrem Rosenkranz ab und gab es einem Hungernden, nahm ihren Ordensmantel von ihren Schultern und schenkte ihn einem Bettler, obwohl im 14. Jahrhundert keine ehrbare Frau ohne Mantel gehen durfte. Als man sie deswegen tadelte, sagte sie: »Ich will mich lieber ohne Mantel als ohne Liebe finden lassen.«
An den Papst schickte die Heilige einmal fünf eingemachte Pomeranzen und schrieb dazu: »Ich will von Euch alle Bitterkeit genommen sehen ..., wie es mit der Pomeranze, die an sich ganz bitter ist, geschehen mag: Man entfernt das Gröbliche und legt sie in kochendes Wasser, und siehe, ihr Aroma wird kräftig angenehm und ihr Äußeres ganz golden ... Feuer und Wasser ziehen die Bitterkeit heraus, nachdem zuvor das Gröbliche, nämlich die Eigenliebe, entfernt worden, und erfüllen die Seele mit einer Geduld, die vereint ist mit dem Honig tiefer Demut und Selbsterkenntnis ... Ist die Frucht wieder gefüllt und geschlossen, so erscheint sie außen als goldene Hülle..., dieses Gold gibt sich nach außen kund in wahrer Geduld gegen den Nächsten, ohne Laune, in Herzensmilde ... So, Heiliger Vater, werden wir süße Frucht bringen ohne falsche Erbitterung.«

Katharina von Siena erscheint in einem langen, weißen Kleid mit dunklem Mantel; sie trägt als Stigmatisierte die Wundmale Christi an den Händen. Häufige Attribute sind ein Buch, ein Herz, aus dem ein Kreuz herauswächst, und als Zeichen ihrer mystischen Vermählung mit Christus ein Ring. Auch als Fürsorgerin der Armen und Pestkranken wird sie dargestellt.

Die »Mystische Vermählung der hl. Katharina von Siena« (1587) von Otto van Veen.

Quirinus von Neuss

30. April

Geboren: wahrscheinlich in Rom
Gestorben: um 130 in Rom
Berufung/Beiname: Märtyrer
Wirkungsstätte: unbekannt
Bedeutung des Namens: der Lanzenschwingende (lateinisch)
Namensformen: Quirin
Patronat: Neuss; Pferde, Vieh

Ein am Niederrhein hoch verehrter Heiliger ist der hl. Quirinus von Neuss, dessen Reliquien Papst Leo IX. (1049–1054) seiner Schwester Gepa, der Äbtissin des Frauenstifts zu Neuss am Rhein, geschenkt hat. Sie wurden im Jahre 1050 feierlich von Rom dorthin übertragen. Über den Reliquien des Heiligen erhebt sich der in seiner heutigen Gestalt im 13. Jahrhundert erbaute Sankt-Quirins-Dom zu Neuss. Vom Vierungsturm des Doms aus schaut der kupfergetriebene Stadtheilige Quirinus weit in das rundum flache Land hinaus.

Mit dem hl. Antonius dem Einsiedler, dem hl. Kornelius und dem hl. Bischof Hubert gehört der hl. Quirinus zu den sogenannten »Vier heiligen Marschällen«, die im Mittelalter besonders in der Kirchenprovinz Köln als spezielle Nothelfer verehrt worden sind. In Anlehnung an das einflußreiche Hofamt des Marschalls und »wegen ihrer einzig dastehenden Verdienste und täglichen Hilfe« ernannte man sie zu Hofmarschällen Gottes und der Himmelsbürger. Die Zusammenstellung gerade dieser vier Heiligen erklärt sich aus den Wallfahrten, die man von einer ihrer Hauptkultstätten zur andern zu machen pflegte, also von den Antoniterklöstern in Wesel nach Cornelimünster in der Eifel, von dort nach St. Hubert in den Ardennen und zurück nach St. Quirin in Neuss. Quirinus von Neuss darf nicht mit dem gleichnamigen Bischof von Siscia, einem Märtyrer der diokletianischen Verfolgung, verwechselt werden, dessen Fest am 4. Juni gefeiert wird. Auch gibt es noch einen hl. Quirinus vom Tegernsee. Quirinus von Neuss soll ein römischer Tribun gewesen sein. Das Martyrium erlitt er in Rom um das Jahr 130 unter dem Kaiser Hadrian (117–138). Von seiner besonderen Verehrung zeugen heute noch die vielen Quirinsbrunnen.

Dargestellt wird Quirinus als Tribun mit Schild, der mit neun Kugeln besetzt ist, Lanze, Schwert und Palme, neben sich einen Habicht, dem man seine abgeschnittene Zunge vorgeworfen hat. Oft wird Quirinus auch zusammen mit seiner Tochter Balbina gezeigt.

Legende Die große Legendensammlung des Jacobus de Voragine enthält unter anderem auch die Legende des römischen Tribuns Quirinus und seiner Tochter Balbina. Deren Kirche befindet sich auf dem »Kleinen Aventin« in der Stadt Rom.
In dieser Legendensammlung heißt es: Der Tribun Quirinus hielt Papst Alexander und den römischen Stadtpräfekten Hermes wegen ihres Christenglaubens in strenger Kerkerhaft. Quirinus glaubte nicht an die Kraft des Christengottes. Er war sich seiner Sache so sicher, daß er zu Alexander sprach: »Meine Tochter Balbina ist krank, sie leidet an einem Kropf. Kannst du sie heilen, so gelobe ich, daß ich deinen Glauben annehmen will.« Alexander antwortete ihm, er solle eilends hingehen und sie in sein Gefängnis bringen. Da ging Quirinus davon und brachte seine Tochter in das Gefängnis zu Alexander.
Balbina küßte voller Andacht die Ketten, mit denen Alexander gefesselt war. Alexander aber sprach zu ihr: »Liebes Kind, nicht diese meine Ketten sollst du küssen, sondern du sollst hingehen und Sankt Peters Ketten suchen. Wenn du sie gefunden hast, so sollst du diese mit Andacht küssen, dann wirst du alsbald gesund werden.« Der Tribun aber ließ sogleich eifrig in dem Kerker suchen, in dem der hl. Petrus gefangen gelegen hatte. Und siehe, die Ketten wurden gefunden, und er gab sie seiner Tochter zum Kusse. Balbina wurde sofort gänzlich gesund. Quirinus aber bat Alexander um Verzeihung und führte ihn und Hermes aus dem Kerker. Danach empfing er in seinem Hause die Taufe.

1. Mai

Vitalis

Vitalis lebte am Anfang des 8. Jahrhunderts. Der Heilige bemühte sich besonders um die Christianisierung der Gegend um Zell am See. Seine Verehrung in Salzburg war vor allem im Mittelalter sehr lebendig. Das Todesjahr des Heiligen wird mit 730 angegeben.

Vitalis ist ein heiliger Märtyrer der christlichen Frühzeit. Ihm ist die berühmte, mosaikgeschmückte Basilika San Vitale in Ravenna geweiht. Reliquien von ihm werden in S. Vitale zu Venedig und in St. Maria im Kapitol in Köln aufbewahrt. Seine Söhne waren der Legende nach die hll. Gervasius und Protasius, die der Überlieferung zufolge in Mailand den Märtyrertod erlitten haben und bei den elf Märtyrern der Allerheiligenlitanei angerufen werden. Auch der hl. Vitalis selbst soll zur Zeit des Kaisers Nero (54–68) in Rom den Märtyrertod erlitten haben. Leider sind uns diesbezüglich keine historisch gesicherten Daten überliefert.

Ein weiterer bekannter Heiliger desselben Namens ist der hl. Vitalis, Bischof von Salzburg und Nachfolger des hl. Rupert. Sein Fest wird am 20. Oktober gefeiert, seine Reliquien werden in St. Peter zu Salzburg aufbewahrt.

Geboren: unbekannt
Gestorben: um 60
Berufung/Beiname: Märtyrer
Wirkungsstätte: Italien
Bedeutung des Namens: der Lebenskräftige (lateinisch)
Namensformen: Vital, Vitalin, Vita, Vitalij

Legende In der »Legenda aurea« des Jacobus de Voragine ist über den hl. Vitalis von Ravenna die folgende Begebenheit aufgezeichnet:
Als Vitalis einst auf Befehl des Kaisers mit dem Richter Paulinus nach Ravenna kam, da sah er einen Christen mit Namen Ursicinus, der ein Arzt war. Dieser befand sich in großer Furcht, weil er nach vielen Martern um seines Christenglaubens willen enthauptet werden sollte. Man führte den zum Tode Verurteilten gerade auf den Richtplatz. Als Ursicinus aber das Schwert des Henkers sah, wollte er aus Angst die Götzen anbeten.
Da sprach der hl. Vitalis zu ihm: »Mein lieber Bruder, du bist Arzt und hast andere Menschen gar oft vom Tod erlöst. Jetzt gilt es, dich selbst vom ewigen Tod zu erlösen. Du hast schon so viele Martern erlitten und die Märtyrerpalme schon fast errungen, so verliere nun in diesem Augenblick nicht den Mut, damit die Krone, die Gott dir zugedacht hat, dir auch mit Recht verliehen werden kann.«
Durch diese Worte gestärkt, verlor Ursicinus auf der Stelle alle seine Todesfurcht und erlitt willig den Tod durch das Schwert für seinen Herrn Jesus Christus. Und der hl. Vitalis begrub den Leichnam des Ursicinus daraufhin mit allen Ehren.
Nachdem Paulinus, Statthalter von Ravenna, erfahren hatte, daß Vitalis Christ war, befahl er auf Anraten eines heidnischen Priesters: »Führt ihn zu der Palme, und will er den Göttern nicht opfern, so macht eine Grube, die so tief wird, daß ihr auf Wasser trefft. Darin begrabt ihn lebendig und aufrecht.« Und alles geschah so. Weil aber Vitalis sich weiterhin weigerte, den Göttern zu opfern, da begruben sie ihn lebendig, warfen Steine und Sand auf ihn und ließen ihn qualvoll in der Erde ersticken.
Dies soll zur Zeit des römischen Kaisers Nero (54–68) geschehen sein. Der heidnische Priester, der dem Paulinus dies geraten hatte, wurde alsbald vom Teufel besessen, tobte sieben Tage lang an dem Orte, wo Vitalis gestorben war, und schrie dabei: »O heiliger Vitalis, wie brennst du mich so sehr!« Am siebten Tage zerrte ihn der Teufel in den Fluß, und er ertrank dort jämmerlich.

Manchmal wird Vitalis zusammen mit seiner legendären Frau Valeria dargestellt, beispielsweise auf einem Altarbild von Vittore Carpaccio in Venedig.

2. Mai

Athanasius

Zu den berühmtesten Kirchenlehrern des christlichen Altertums gehört ohne Zweifel Athanasius. Er erhielt deshalb den Beinamen »der Große«. Unter fünf Kaisern hatte er mehr als fünfzig Jahre lang wegen seines unerschütterlichen Eintretens für den wahren Glauben große Unannehmlichkeiten auf sich zu nehmen: Fünfmal wurde er verbannt, siebzehn Jahre mußte er im Exil verbringen. Als Flüchtling durchzog er das Abendland von Trier bis Rom.

Athanasius wurde um das Jahr 295 in Alexandria → in Ägypten geboren. Er wurde im Haus des Bischofs Alexander erzogen, begleitete seinen Lehrer auf Reisen – darunter auch im Jahr 325 auf das Konzil von Nicea → – und wurde im Jahr 328 zu dessen Nachfolger als Patriarch von Alexandrien → bestellt.

Das Glaubensbekenntnis von Nicea wurde zum Bekenntnis seines Lebens. Unerschrocken und unermüdlich verteidigte Athanasius die Gottheit Christi gegen die Irrlehre des Arius. Man nannte ihn deshalb »Vater der Orthodoxie« und »Säule der Kirche«. Sein ganzes Leben wurde geprägt von ständigen Auseinandersetzungen mit den verschiedensten Gegnern der Lehre Christi. Noch unter Kaiser Konstantin dem Großen (312–361) wurde der Bischof auf Betreiben seiner Verleumder im Jahre 335 nach Trier verbannt.

Athanasius, der in der Thebaischen Wüste, im heutigen Ägypten, den hl. Antonius den Einsiedler sowie den hl. Pachomius, den Begründer der cönobitischen, also der in Gemeinschaft lebenden, Mönche, aufgesucht und kennengelernt hatte, sorgte während seiner Verbannung dafür, daß das mönchische Einsiedlerleben auch in anderen Ländern bekannt wurde und dort erste Einsiedeleien entstanden. Die Anfänge des Mönchstums in Gallien und Germanien sind vornehmlich auf seinen Einfluß zurückzuführen.

Nach dem Tod Kaiser Konstantins des Großen kehrte Athanasius nach Alexandria zurück. Er wurde jedoch bald wieder von den Arianern → verfolgt, denn sie hatten bei dem jungen Kaiser Konstantius (337–361) Unterstützung gefunden. Athanasius wurde abgesetzt und zum zweiten Male verbannt. Diesmal nahm er Zuflucht in Rom, wo ihn Papst Julius I. (337–352) von der dorthin berufenen Synode rechtfertigen ließ. Aber erst nach sechs Jahren konnte Athanasius wieder nach Alexandria zurückkehren, nachdem eine weitere Synode, nämlich die von Sardica, alle gegen ihn erhobenen Anschuldigungen widerlegt hatte.

Die Gegner des Athanasius fanden sich damit allerdings noch nicht ab. Am 9. Februar des Jahres 356 versuchten die Truppen des Kaisers, ihn in seiner Kirche zu ergreifen. Aber der Patriarch konnte noch rechtzeitig fliehen. Er begab sich zu seinen Freunden, den Wüstenmönchen in Oberägypten. Trotz aller Gefahren kehrte Athanasius jedoch mehrmals heimlich in seine Bischofsstadt zurück, um dort die Gläubigen zu stärken.

Kaiser Julian Apostata (361–363) holte Athanasius erneut in die Bischofsstadt zurück – jedoch nur für kurze Zeit, denn die Verleumder und Feinde des Heiligen hatten wiederum erreicht, daß Athanasius nunmehr zum vierten Mal in die Verbannung geschickt wurde. Nachdem er unter Kaiser Valens (364–378) zum fünf-

Geboren: um 295 in Alexandria (Ägypten)
Gestorben: 373 in Alexandria
Berufung/Beiname: Patriarch, Kirchenlehrer; »der Große«, »Vater der Orthodoxie«, »Säule der Kirche«
Wirkungsstätten: Ägypten, Italien, Deutschland,
Bedeutung des Namens: der Unsterbliche (griechisch)
Namensformen: Athanasios; Athanasia
Patronat: gegen Kopfschmerzen

Bereits im Jahr 319 war Athanasius als junger Diakon mit seiner Doppelschrift »Gegen die Heiden« und »Über die Menschwerdung des Wortes Gottes« hervorgetreten. Seine spätere theologische Auseinandersetzung mit dem Arianismus zeichnete sich darin bereits ab.

ten Mal verbannt worden war, lebte er vier Monate im Verborgenen, bis er nach einem Aufruhr des Volkes, das ihn stürmisch zurückverlangt hatte, endlich unbehelligt in seinem Amt tätig sein konnte. Noch sieben Jahre durfte der Greis wirken bis er am 2. Mai des Jahres 373 von Gott abberufen wurde. Reliquien von ihm befinden sich heute in der Kirche S. Croce in Venedig.

Auf den kostbaren Fresken von Fra Angelico da Fiesole in der Laurentiuskapelle des Vatikans sieht man Athanasius zusammen mit dem hl. Basilius, mit Chrysostomus, Gregor von Nazianz und Cyrill von Alexandrien in reichen Pontifikalgewändern, aber ohne Mitra und Stab.

Ganze fünf Mal mußte Athanasius in die Verbannung ziehen, zehn Jahre verbrachte er in der Fremde, mehrmals entging er nur mit knapper Not seinen Häschern – doch an seinen Glaubensüberzeugungen hielt er unbeirrbar fest.

Legende Um den schweren Kampf für die Wahrtheit des Glaubens zu verdeutlichen, den der hl. Athanasius gegen die Irrlehre des Arius geführt hat, erzählt uns die Überlieferung vielerlei Begebenheiten aus dem Leben des großen Kirchenlehrers Athanasius. Eines Tages behaupteten die Arianer, Athanasius habe den Bischof Arsenius ermordet und gebrauche dessen abgeschnittene Glieder zur Zauberei. Ja, sie zeigten sogar eine Hand vor, von der sie behaupteten, sie sei die Hand des Arsenius, und sandten sie in einem Kästchen dem Kaiser. Zugleich beschuldigten sie Athanasius, er habe eine Jungfrau geschändet. Der Kaiser, betroffen von diesen schlimmen Beschuldigungen, die man seinem Bischof anlastete, wollte ein Gericht einberufen. Da wandte sich Athanasius schriftlich an den Kaiser und widerlegte diese Lügen. Doch die Ketzer ruhten nicht, bis eine Synode nach Tyrus einberufen wurde. Sie hatten es aber so eingerichtet, daß nur Bischöfe aus ihrem Lager zu Richtern gewählt worden waren. Obgleich Athanasius ihr Vorhaben durchschaut hatte, erschien er. Er war begleitet von neunundvierzig katholischen Bischöfen aus Ägypten. Als nun seine Ankläger die Frau, von der sie sagten, er habe sie geschändet, als Zeugin herbeibrachten, trat statt Athanasius der Bischof Timotheus ruhig in die Mitte und fragte sie, nachdem sie ihre Anklage vorgebracht hatten: »Habe ich je mit dir gesprochen? Bin ich in deinem Hause gewesen?« Sie aber schrie laut: »Ja, du bist's, du hast mir Gewalt angetan!« Und sie erzählte ausführlich allerlei unlautere Dinge von ihm. Nun gab Timotheus sich zu erkennen, und so wurde offenkundig, daß Athanasius die Frau noch nie gesehen hatte. Beschämt mußten die Arianer ihre falsche Zeugin fortschaffen. Wütend hierüber brachten sie die zweite Anklage vor, Athanasius habe den Bischof Arsenius ermordet. Ruhig fragte dieser, ob sie denn Arsenius gekannt hätten. »Ja«, war die Antwort. Nun winkte Athanasius: Ein Mönch mit verhülltem Gesicht trat herein. Athanasius schlug dessen Kapuze zurück, und entsetzt erkannten die schamlosen Verleumder, wer leibhaftig und lebendig vor ihren Augen stand und seine beiden Hände vorzeigte – es war Arsenius, und daraufhin verließ Athanasius die Versammlung und reiste zum Kaiser, um dessen Hilfe zu erbitten. Doch dieser sprach das Urteil der Verbannung über ihn aus, weil die Ketzer inzwischen weitere Beschuldigungen gegen den Bischof vorgebracht hatten. Seine Feinde glaubten nun für immer gesiegt zu haben und beschlossen, Arius in ihre Kirchengemeinschaft aufzunehmen. Konstantin war von ihnen betrogen worden, ohne es zu wissen, und ließ den Arius nach Konstantinopel kommen, um zu überprüfen, ob er glaube, was das Konzil von Nicea als Glaubenslehre festgelegt habe. Arius beteuerte, daß er alles glaube. Aber nun folgte das Gericht Gottes: Als die abtrünnigen Bischöfe Arius in die Kirche führen wollten, wurde dieser neben der Kirche tot aufgefunden. Er hatte geendet wie der Verräter Judas. Als der Kaiser davon erfuhr, gab er voller Reue den Befehl, Athanasius zurückzurufen.

Meist wird Athanasius als alter Mann im Ornat des griechischen Bischofs dargestellt, mit Glatze und langem Bart zwischen zwei Säulen stehend, ein Buch in der Hand. Seine vermutlich älteste Darstellung aus dem 8. Jahrhundert findet sich in der Kirche S. Maria Antiqua auf dem Forum in Rom.

3. Mai

Philippus

Geboren: wahrscheinlich in Galiläa
Gestorben: in Hierapolis (Phrygien)
Berufung/Beiname: Apostel, Märtyrer
Wirkungsstätten: Kleinasien, Skythien (Südrußland)
Bedeutung des Namens: der Pferdefreund (griechisch)
Namensformen: Philipp, Filippo, Felipe, Philo, Pippo
Patronat: Hutmacher, Krämer, Walker

Wie die Apostel Petrus und Paulus, so werden auch Philippus und Jakobus meistens zusammen genannt. Der hl. Apostel Philippus steht im Apostelverzeichnis an fünfter Stelle. Er stammte aus Bethsaida → in Galiläa → und wurde von Jesus selbst berufen. Der Überlieferung nach wirkte Philippus nach der Himmelfahrt Christi in einem Gebiet im heutigen Kleinasien und in Skythien, dem heutigen Südrußland. Dann kam er nach Pryghien, wo er in Hierapolis das Martyrium erlitt. Sein Todesjahr liegt zwischen den Jahren 54 und 90.
Neuere Forscher sind der Auffassung, daß möglicherweise eine Verwechslung mit einem gleichnamigen Diakon → vorliegen könnte, weil nur von diesem historisch bezeugt ist, daß er in Hierapolis lebte und starb.

Der hl. Philippus ist bekannt durch folgenden Dialog während der letzten Unterhaltung, die Jesus mit seinen Jüngern führte. Er fragte: »Herr, zeige uns den Vater!« Darauf Jesus: »Philippus, wer mich sieht, der sieht auch den Vater.«

Die Reliquien des Heiligen, die zunächst in Hierapolis → verehrt wurden, kamen später nach Konstantinopel → und Rom. Teile der Reliquien des Apostels befinden sich heute in Troyes, Köln, Prag, Andechs, Paris, Toulouse und anderen Orten. Das Grabmal des Kardinals Philipp von Alençon in S. Maria in Trastevere in Rom zeigt die Kreuzigung des hl. Philippus. Auf den Fresken von Filippino Lippi in S. Maria Novella in Florenz hauchen Götzen Pestdämpfe aus, und Kranke liegen neben Götzen. Das Bild bezieht sich auf das legendäre Ende des hl. Apostels, das in der »Legenda aurea« geschildert wird.

Legende *Der Apostel Philippus predigte bereits zwanzig Jahre lang im Land der Skythen. Da ergriffen ihn die Heiden und führten ihn vor ein riesiges Standbild des Gottes Mars, dem er opfern sollte. Kaum standen die Soldaten mit Philippus davor, kroch ein großer Drache unter dem Standbild hervor und tötete den Sohn des Priesters, der den Dienst beim Feuer tat, sowie die beiden Tribunen, deren Söldner Philippus ergriffen hatten. Darüber hinaus machte der Drache alle, die dabeistanden, durch seinen giftigen Atem krank. Der hl. Philippus aber sprach: »Glaubt mir, wenn ihr dieses Götzenbild zerbrecht und an seiner Stelle das Kreuz des Herrn anbetet, so werden eure Kranken gesund und eure Toten lebendig werden.« Da flehten ihn die Kranken an: »Hilf uns nur, daß wir gesund werden, dann wollen wir dieses Bild auch sogleich zerbrechen.« Nun gebot Philippus dem Drachen, daß er sich entferne. Und der Wurm erhob sich tatsächlich und wurde nie mehr gesehen. Danach heilte Philippus alle Kranken und gab den drei Toten das Leben wieder, und alle Anwesenden ließen sich taufen. Der Apostel Philippus aber blieb noch ein Jahr bei ihnen und setzte dort Priester und Diakone ein.*
Dann kam der hl. Apostel in die Stadt Hierapolis in Kleinasien. Dort predigte er gegen die Ketzer und führte viele von ihnen wieder zum wahren Glauben zurück. Sieben Tage vor seinem Tod rief der inzwischen schon siebenundachtzig Jahre alt gewordene Philippus alle Bischöfe und Priester zu sich, sagte ihnen seinen gewaltsamen Tod voraus und stärkte sie ein letztes Mal in ihrem Glauben. Und wirklich ergriffen ihn alsbald die Heiden und schlugen ihn ans Kreuz.

Dargestellt wird Philippus mit einem lateinischem Kreuz, dem Antoniuskreuz oder einem Kreuzstab. In einer Darstellung in S. Maria in Trastevere in Rom bändigt Philippus durch ein vorgehaltenes Kreuz Schlangen und stürzt Götzenbilder vom Altar.

3. Mai

Jakobus der Jüngere

Das Gedächtnis des hl. Jakobus des Jüngeren wird gemeinsam mit dem des hl. Philippus gefeiert. Jakobus war der Sohn des Alphäus und der Bruder des hl. Judas Thaddäus. Er soll Jesus im Aussehen sehr ähnlich gewesen sein.

Jakobus ist der Verfasser des berühmten Jakobusbriefes an die Judenchristen in der Diaspora. Er war nach Petrus der zweite Bischof der Gemeinde von Jerusalem und ein Hauptvertreter des jüdisch-gesetzlichen Christentums in Palästina. Er wurde »der Gerechte« genannt, weil er ein frommes und enthaltsames Leben führte, weder Wein noch Fleisch zu sich nahm und ehelos blieb. Eine »Säule der Kirche« nennt ihn Paulus in seinem Brief an die Galater. Auch Jakobus spielte durch seine maßvolle Haltung beim Apostelkonzil des Jahres 50 in Jerusalem eine entscheidende Rolle, wo er sich auf die Seite von Paulus stellte. Jakobus betrachtete die Kirche als Gemeinschaft, in der die Glaubensinhalte zwar auf vielfältige Weise gelebt werden konnten, die entscheidenden Grundüberzeugungen aber einheitlich sein mußten.

Weil Jakobus seinen Glauben weiterhin in aller Öffentlichkeit verkündete, anstatt, wie der Hohepriester von ihm verlangt hatte, zu widerrufen, wurde er vom Hohen Rat der Juden zum Tod durch Steinigung verurteilt. Das geschah ungefähr um das Jahr 62. Da er jedoch nach dieser Tortur nur schwer verletzt und ohnmächtig auf dem Richtplatz zusammengebrochen war, wurde er von einem Tuchwalker mit einer Stange erschlagen. Das Haupt des Heiligen wird heute im Dom von Ancona aufbewahrt.

Geboren: unbekannt
Gestorben: um 62 in Jerusalem
Berufung/Beiname: Apostel, Bischof, Märtyrer; »der Gerechte«, »Säule der Kirche«
Wirkungsstätte: Palästina
Bedeutung des Namens: der Fersenhalter, der Überlistende (hebräisch)
Namensformen: Jakob, Jack, Jackel, Jacki, Jascha, Jäggi, Jago, Diego, Giacomo, Jacopo, Jacques, James, Jim(my)
Patronat: Hutmacher, Konditoren, Krämer

Legende Jacobus de Voragine schildert den Märtyrertod des Heiligen wie folgt: Die Juden kamen zu Jakobus und sprachen: »Wir bitten dich, bekehre das Volk, das da glaubt, Jesus, der Gekreuzigte, sei Christus. Stehe auf am Ostertag, wenn alle versammelt sind, und rede vor ihnen über Jesus, denn dir werden alle gehorsam sein. Wenn du das tust, wollen wir alle bezeugen, daß du ein gerechter Mensch bist.« Und sie stellten ihn auf die Zinne des Tempels und riefen ihm zu: »O, du gerechter Mensch, auf den wir alle hören müssen, siehe, das Volk irrt, weil es an Jesus glaubt. Sage uns, was du von ihm hältst.« Da antwortete Jakobus mit lauter Stimme: »Was fragt ihr mich nach des Menschen Sohn? Wisset, er sitzt im Himmel zur Rechten des Vaters, von dannen er kommen wird, zu richten die Lebendigen und die Toten.« Als dies die Christen unter den Juden hörten, freuten sie sich. Aber die Pharisäer und Schriftgelehrten sprachen: »Es war falsch, zuzulassen, daß er solch ein Zeugnis von Jesus geben konnte. Drum laßt uns hinaufsteigen und ihn herabwerfen, damit das Volk erschrecke und nicht mehr an seine Worte glaubt.« Dann schrien sie mit lauter Stimme: »O, auch der Gerechte irrt!«, stiegen hinauf und stürzten ihn hinunter. Und sie riefen: »Laßt uns Jakobus, den Gerechten, steinigen!« Und sie warfen Steine auf ihn. Jakobus aber war noch nicht tot, sondern richtete sich auf und betete: »Herr, vergib ihnen, denn sie wissen nicht, was sie tun!« Da sprach einer von den Priestern: »Was tut ihr? Schonet ihn, denn seht, dieser Gerechte betet für euch, die ihr ihn steinigt!« Aber ein anderer kam, nahm die Stange eines Walkers und schlug sie mit aller Macht auf das Haupt des Jakobus. Unter dieser Marter starb der Heilige.

Dargestellt wird Jakobus mit einem Buch oder einer Schriftrolle als Apostelattributen; auf späteren Darstellungen ist er mit einer Keule zu sehen, da er mit einer solchen erschlagen worden sein soll, nachdem er von den Zinnen des Tempels herabgestürzt worden war.

4. Mai

Florian

Geboren: im heutigen Zeiselmauer (Österreich)
Gestorben: um 304 in Lorch (Österreich)
Berufung/Beiname: Märtyrer
Wirkungsstätte: Österreich
Bedeutung des Namens: der Blühende, der Glänzende (lateinisch)
Namensformen: Florin, Florinus, Flori, Flurin
Patronat: St. Pölten; Bierbrauer, Böttcher, Kaminkehrer, Schmiede, Feuerwehrleute; gegen Feuers- und Wassergefahr, Sturm, Dürre, Unfruchtbarkeit der Felder; bei Brandwunden

Der Märtyrer soll im 3. Jahrhundert in einem Dorf, das heute Zeiselmauer heißt und bei Wien liegt, geboren worden sein. Nach dem römischen Martyrologium lebte er als hoher römischer Beamter – und nicht, wie so oft dargestellt, als Soldat – in Cetium (St. Pölten). Zur Zeit der Christenverfolgung unter Kaiser Diokletian (284–305) ließ der Statthalter Aquilinus in der Provinz Norikum → die Christen gefangennehmen. Da die meisten nicht von ihrem Glauben abfallen wollten, warteten schon vierzig Gefangene, darunter Soldaten, in den Gefängnissen von Lauriacum (Lorch) auf den Märtyrertod. Florian hörte von der Einkerkerung der Soldaten und machte sich sofort auf, um ihnen beizustehen. Auf dem Weg dorthin stieß er auf Soldaten, die weitere Christen fangen und vor den Statthalter führen sollten. Florian bekannte sich ihnen gegenüber als Christ und ließ sich zu Aquilinus bringen. Dieser wollte mit dem hochrangigen römischen Beamten nichts zu schaffen haben und redete ihm zu, den Göttern zu opfern. Florian wies das jedoch von sich und entgegnete furchtlos, daß er bereit sei, jede Qual für Christus zu leiden. Als Aquilinus ihn verspottete, betete Florian laut zu Gott. Von Wut entbrannt, ließ der Statthalter Florian grausam foltern.

Als Aquilinus jedoch sah, daß keine noch so grausame Folter den Heiligen von seinem Glauben abbrachte, erteilte er den Befehl, ihn in den Fluten der Enns zu ertränken. Auf der Brücke wurde dem Heiligen ein Stein um den Hals gebunden. Und da ihm der Henker auf seine Bitte hin noch eine Frist zum Beten gewährt hatte, kniete Florian nieder und empfahl seine Seele Gott. Aber keiner der Soldaten wollte Florian in die Tiefe stoßen. Plötzlich drängte sich ein junger Mensch heran und gab dem Gefesselten einen Stoß, so daß er von der Brücke in den Fluß fiel. Doch als dieser Mann sich vom Erfolg seiner schändlichen Tat überzeugen wollte, war er plötzlich erblindet. Das geschah um das Jahr 304.

Die Christin Valeria barg die Leiche des Heiligen und beerdigte ihn. Heute steht über seinem Grab das berühmte Augustinerchorherrenstift → St. Florian bei Linz. Diese Kirche birgt einen Teil seiner Reliquien. Polen, das in Krakau einige Reliquien von ihm besitzt, und Wien verehren Florian als ihren Patron.

Den heiligen Florian sieht man an vielen Häusern als römischen Offizier mit Helm und Fahne, in der Hand ein Gefäß, um das Feuer eines brennenden Hauses zu löschen.

Als »Wasserkübelmann« ist Florian im Brauchtum bekannt: »Heiliger Sankt Florian, du Wasserkübelmann, verschon' mein Haus, zünd' andere an«.

Volkstümliche Darstellung des hl. Florian, der ein brennendes Haus löscht.

Legende *Wie die Legende berichtet, wurde die Leiche ans Ufer geschwemmt. Alsbald schwang sich dort ein Adler hernieder und verteidigte den Leichnam gegen die Heiden, die sich seiner bemächtigen wollten. In der Nacht erschien Florian einer Christin mit Namen Valeria und fordert sie auf, seinen Leib zu beerdigen. Sie war bereit, nahm einen Wagen, spannte Ochsen davor und begab sich an den Ort, den ihr der Heilige im Traum genannt hatte. Dort lud sie den Leichnam auf und fuhr mit der Last ihrem Landgut zu. Aber die Ochsen blieben nach einiger Zeit ermattet stehen. In ihrer Not flehte die Christin zu Gott. Und siehe da, plötzlich sprudelte eine Quelle Wassers aus dem Boden. Valeria gab den Ochsen davon zu trinken, und nun zogen sie den Wagen weiter. Auf dem Landgut angekommen, legte sie die Leiche in ein Grab, und Gott verherrlichte fortan seinen treuen Diener durch viele Wunder. Im »Floriansbrunnen« spendet diese Quelle heute noch Wanderern und Pilgern ihr frisches, erquickendes Wasser.*

4. Mai

5. Mai

Godehard von Hildesheim

Geboren: um 960 in Reichersdorf (Niederbayern)
Gestorben: 1038 in Hildesheim (Niedersachsen)
Berufung/Beiname: Benediktinermönch, Abt, Reformer, Kirchenerbauer, Bischof; »größter Baumeister des Frühmittelalters«
Wirkungsstätte: Deutschland
Bedeutung des Namens: der durch Gott Starke (althochdeutsch)
Namensformen: Gotthard, Godo, Gode
Patronat: Hildesheim; gegen Blitz, Hagel; bei Gicht, Kinderkrankheiten, Nierensteinen, Rheuma, hilft bei schwerer Geburt

Godehard, ein zutiefst bescheidener Mann und der Geselligkeit eher abgeneigt, weigerte sich zunächst, die Abtswürde anzunehmen, die ihm Herzog Heinrich von Bayern aufzwingen wollte. Um so entschlossener stellte er sich den schwierigen Aufgaben, als er erkannte hatte, daß ihm die Aufgaben nicht von Menschen, sondern von Gott übertragen waren.

Weit über die Grenzen von Bayern und Sachsen hinaus, in fast allen Staaten Europas von Schweden bis Italien, von Flandern bis Südslawien, wird der hl. Godehard auch heute noch von frommen Christen verehrt. Der St.-Gotthard-Paß in der Schweiz trägt beispielsweise auch seinen Namen.

Godehard wurde als Kind armer Bauersleute in Reichersdorf bei Niederaltaich in Niederbayern um das Jahr 960 geboren. Der junge Godehard, dessen Vater für das Kloster arbeitete, besuchte die Klosterschule. Er tat sich dort bald durch seinen erstaunlichen Lerneifer und seine vorzüglichen Charaktereigenschaften hervor. Der Erzbischof von Salzburg, der das Kloster oft besuchte, erkannte die Begabungen des Jünglings und nahm ihn mit nach Salzburg, wo er ihn weitere drei Jahre unterrichten ließ. Doch das muntere Leben und Treiben in der bischöflichen Stadt konnten Godehards Wunsch nach Stille und Beschaulichkeit nicht befriedigen. Er kehrte nach Niederaltaich zurück, um dort Benediktiner →zu werden. Die Priesterweihe empfing er im Jahr 993, und drei Jahre später ernannte man Godehard bereits zum Abt des Klosters.

Als energischer Vorkämpfer der cluniazensischen → Reformgedanken setzte Godehard nicht nur in Niederaltaich diese Reformen durch, sondern auch in den Klöstern Tegernsee in Oberbayern und Hersfeld an der Fulda. Überall führte er die strenge Ordensauffassung von Cluny → ein und pflegte Zucht und Gelehrsamkeit in den ihm unterstellten Abteien. Dies war eine harte und mit manchen Enttäuschungen verbundene Arbeit, da sich Lauheit und Sittenverfall seit Jahren in den Klöstern breitgemacht hatten.

Der Ruf seines zielstrebigen und erfolgreichen Arbeitens war bald auch bis zu Kaiser Heinrich (1002–1024) vorgedrungen. Und als der bischöfliche Stuhl durch den Tod des hl. Bernward von Hildesheim verwaist stand, wurde Godehard im Jahr 1022 vom Kaiser zum Bischof von Hildesheim erhoben.

Godehard kümmerte sich auch als Bischof vor allem um die Erziehung der jungen Geistlichen. Die Hildesheimer Domschule gedieh unter ihm zu neuer Blüte. Er stattete die Klöster mit besseren Einkünften aus, damit sie den notwendigen Nachwuchs ausbilden konnten. Bischof Godehard baute Kirchen und ließ die baufälligen im Bistum wiederherstellen. Er wird deshalb als »größter Baumeister des Frühmittelalters« bezeichnet. So vollendete er die St.-Michaels-Kirche in Hildesheim, stiftete dort auch ein Spital für die Armen und erbaute darüber hinaus die Klöster St. Moritz und St. Andreas.

Schon zu Lebzeiten durfte Godehard mit Gottes Hilfe zahlreiche Wunder wirken. So heilte er zum Beispiel während einer Bischofssynode in Mainz einen Besessenen und erweckte sogar Tote, damit diese ihre letzte, vor ihrem Sterben noch nicht abgelegte Beichte nachholen konnten.

Der hl. Bischof Godehard starb am 5. Mai 1038. Papst Innozenz II. (1130–1143) sprach ihn am 31. Oktober 1131 heilig und ließ ihm zu Ehren die herrliche Kirche St. Godehard in Hildesheim erbauen, in welcher bis heute die sterblichen Überreste des Heiligen in einem prachtvollen Sarg ruhen.

Legende Die Legenden erzählen, daß Godehard schon als Knabe mit Wundergaben ausgestattet war. So ist er, um sein Amt als Meßdiener ausüben zu können, trockenen Fußes von seinem Elternhaus aus über das Wasser der über die Ufer getretenen Donau geschritten. Ein anderes Mal trug er für das Weihrauchfaß glühende Kohlen unter seinem Chorhemd herbei, ohne daß er Schaden nahm.

Später zeigte der Heiland dem hl. Godehard in einem Traumgesicht sein künftiges Amt. Der Heilige war beim nächtlichen Chorgebet etwas eingeschlummert. Da sah er plötzlich im Klosterhof einen schönen Ölbaum stehen, dem sich kaiserliche Abgesandte näherten, ihm mit Äxten die Hauptwurzeln abhieben und ihn dann mit sich fortnahmen. Dafür trieben aber sogleich die kleinen, im Boden gebliebenen Wurzeln so viele junge, frische Bäume hervor, daß der ganze Hof davon angefüllt wurde. Godehard erkannte bald den wahren Sinn dieses Bildes. Nach dem Tod des alten Bischofs von Hildesheim verlangte zwar die gesamte Geistlichkeit, ihn als dessen Nachfolger bestellt zu sehen, jedoch wurden von dem Kloster aus, das er so lange geleitet hatte, viele neue Niederlassungen gegründet. Es entfalteten sich also neue Triebe voll jugendfrischer Kraft.

Godehard wird dargestellt in bischöflichem Gewand, einen Drachen zu seinen Füßen als Hinweis auf sein erfolgreiches missionarisches Wirken. Er trägt auch oft ein Kirchenmodell in der Hand. In einigen Darstellungen wird er bei der Auferweckung eines Toten gezeigt.

6. Mai

Jutta von Sangershausen

Die um das Jahr 1200 in Sangershausen in Thüringen geborene sel. Jutta heiratete den vornehmen Johannes Konopacki von Bielczna und war eine vorbildliche Mutter. Ihr Gemahl, mit dem sie eine glückliche Ehe führte, starb aber schon bald. Jutta verkaufte daraufhin all ihr Hab und Gut und verteilte den Erlös unter die Armen. Ihr Leben fristete sie mit Betteln, aber nicht für sich selbst, sondern für ihre Schützlinge, nämlich Blinde und Lahme.

Da sie mit manchen Wundergaben ausgestattet war, aber kein Aufsehen damit erregen wollte, wanderte sie auf eine Eingebung Gottes hin nach Preußen. Erst kurze Zeit vorher waren die Bewohner dieses abgelegenen Landes zum Christentum bekehrt worden. Jutta kam fremd und arm im Jahre 1260 bei Kulmsee, östlich von Bromberg, an. In der Ruine eines verlassenen Hauses an einem einsamen Weiher lebte sie. Ihr Wirken galt vornehmlich der Bekehrung der Heiden, sie vergaß darüber aber nicht die Sünder und Verbrecher. Die Aussätzigen versorgte sie in aller Demut und mit Heiterkeit.

Jutta von Sangershausen hatte oftmals auch mystische Visionen. So sah sie einst Christus in Gesellschaft seines Lieblingsjüngers Johannes. Da sie aber wissen wollte, ob diese Visionen wirklich von Gott kamen, erflehte sie ein beweisendes Zeichen. Gott gewährte ihr die Bitte, und sie erhielt plötzlich die Gabe, die hl. Schriften und ihre Geheimnisse in erstaunlicher Weise auszulegen bzw. erklären zu können, obwohl sie diese noch niemals intensiv gelesen hatte.

Einmal war sie vierzehn Tage ohne jede Nahrung. Da erschien ihr Christus und gab ihr das Versprechen der ewigen Seligkeit.

Nach vielen Jahren erkrankte Jutta an einem heftigen Fieber und starb am 5. Mai 1260. Auf ihren Wunsch hin wurde sie in Kulmsee bestattet. Fünfzehn Jahre nach ihrem Tod wurde der Prozeß ihrer Seligsprechung eingeleitet. Reliquien der sel. Jutta von Sangershausen wurden lange Zeit in Thorn aufbewahrt.

Geboren: um 1200 in Sangershausen (Thüringen)
Gestorben: 1260 bei Kulmsee (Polen)
Berufung/Beiname: Missionarin, Wohltäterin, Eremitin
Wirkungsstätten: Thüringen, Preußen, Polen
Bedeutung des Namens: die Bekennerin (hebräisch)
Namensformen: Judith, Ita, Yvette
Patronat: Preußen

7. Mai

Gisela

Geboren: um 985 bei Regensburg (Bayern)
Gestorben: 1060 in Passau (Bayern)
Berufung/Beiname: Benediktinernonne, Äbtissin
Wirkungsstätten: Bayern, Österreich, Ungarn
Bedeutung des Namens: die Geisel, Mädchen von edler Abstammung (althochdeutsch)
Namensformen: Gisel, Isela, Gisa, Gisi, Sela, Griseldis

Dargestellt wird Gisela in königlichen Gewändern mit Kirchenmodell und Rosenkranz. In der Kirche des Klosters Niedernburg in Passau, wo sie begraben liegt, gibt es eine große Skulptur der hl. Gisela.

In der Schatzkammer der Münchner Residenz wird das kostbare Gisela-Kreuz aufbewahrt, eine Goldschmiedearbeit aus dem 11. Jahrhundert.

Die Königin von Ungarn und spätere Äbtissin von Niedernburg, die sel. Gisela, wurde um 985 als Tochter des ehemaligen Bayernherzogs Heinrich des Zänkers und seiner Gemahlin Gisela von Burgund geboren. Sie war die jüngere Schwester des nachmaligen Kaisers Heinrichs II. (1002–1024), des Heiligen.

Ursprünglich wollte Gisela Nonne werden, aber als die Gesandten Geizas von Ungarn um ihre Hand für dessen Sohn Stephan anhielten, nahm sie auf Rat ihres Vaters die Werbung an und zog an den ungarischen Fürstenhof. Am Fest Mariä Himmelfahrt wurde Gisela zur ersten christlichen Ungarnkönigin gekrönt, zusammen mit König Stephan (997–1038), ihrem Gemahl. Sie wohnten in der Residenz in Preßburg. Gisela widmete fortan ihre Zeit ganz dem ungarischen Volke, das fast ein Jahrhundert lang der Schrecken der Christenheit war. Ihrem Einfluß ist es zu danken, daß König Stephan die Bekehrung seiner Untertanen mit als vordringlichste Aufgabe seiner Regentschaft betrachtete. Ohne die unermüdliche Mitarbeit der Königin wären seine Bemühungen nicht erfolgreich gewesen.

Gisela unterstützte den Bau und die Ausstattung der Kirchen. Sie ließ die Kathedrale von Veszprim erbauen, die sie mit reichen Einkünften versah. Bildhauer kamen sogar aus Griechenland. Diese wurden von ihr beauftragt, die Kirchen von Belgrad und Altbuda zu verschönern. Andererseits mußte die fromme Königin große Schicksalsschläge geduldig ertragen. Gott forderte von ihr den ersten Sohn, bald darauf eine Tochter. Zwei ihrer Töchter folgten ihren Männern ins Ausland, und sie sah sie nicht wieder. Schließlich entriß ihr der Tod ihren später heiliggesprochenen Sohn, den Thronfolger Emmerich. Am 15. August 1038, dem Feste Mariens, starb Stephan, ihr königlicher Gemahl. Er hatte der Mutter Gottes sein Land als »Patrona Hungaria« geweiht.

Nun war die Königinwitwe trotz der Versprechen der Großen des Landes, ihre Rechte nicht anzutasten, schwersten Anfeindungen seitens der radikalen Nationalpartei ausgesetzt. Man nahm ihr alle Güter und setzte sie gefangen, ja, sie soll sogar mißhandelt worden sein. Nach mehrjähriger Haft befreite sie Heinrich III. im Jahre 1042. Gisela kehrte nach Bayern zurück und bat bei den Benediktinerinnen → des Klosters Niedernburg bei Passau um Aufnahme. Kaiser Heinrich II. hatte 1010 dieses Kloster zur Reichsabtei erhoben. Dort blieben die erstaunlichen geistigen und sittlichen Vorzüge der klugen Frau nicht unbeachtet. Der Konvent wählte sie 1045 zur dritten Reichsäbtissin. Dieser Aufgabe widmete sie sich bis zu ihrem Lebensende am 7. Mai 1060. Die Nonnen setzten ihren Leichnam in der dortigen Klosterkirche, in der sogenannten Parzkapelle, bei.

Die Originalgrabplatte ist noch vorhanden. Darüber befindet sich heute allerdings ein gotisches Hochgrab. Im Jahre 1908 wurde das Giselagrab einer genauen Untersuchung unterzogen. Die archäologischen Forschungen ergaben, daß das Hochgrab um 1420, die Grabplatte um 1060 entstanden sein mußten und Grab und Leiche zusammengehörten. Durch diese Ergebnisse und durch die Inschrift auf der Grabplatte »Gisyla abbatissa, Non May« war der Beweis erbracht, daß die Gebeine der sel. Gisela gefunden worden waren.

8. Mai
Ulrika Franziska Nisch

»Kein Maß kennt die Liebe, und wir wollen nur in der Liebe und für die Liebe alles leiden und arbeiten.« Ulrika Franziskas Worte erklären am besten, wie die fromme Frau es schaffte, trotz großer seelischer und körperlicher Leiden immer fröhlich, demütig und bescheiden ihr Leben für Gott zu ertragen und gleichzeitig ihren Mitmenschen voller Hingabe zu dienen.

Ihr Vater war ein armer Roßknecht im kleinen Dorf Mittelbiberach in Baden-Württemberg. Weil er so arm war, durfte er vorerst seine Braut nicht heiraten, weshalb Ulrika am 18. September des Jahres 1882 als uneheliches Kind zur Welt kam. Um den üblichen Anfeindungen dieser Zeit zu entgehen, mußten die Eltern sogar in ein anderes Dorf ziehen. Ulrika wuchs bei ihrer Großmutter und bei einer Tante auf. Nach dem Schulabschluß arbeitete sie als Hilfe im Haushalt. Als Ulrika ab 1901 bei einer Lehrersfamilie in Rohrschach am Bodensee angestellt war, reifte in ihr der Entschluß, in ein Kloster einzutreten.

Der Ortspfarrer von Rohrschach half ihr dabei, und im Jahr 1904 nahm sie die Oberin des Ordens der Kreuzschwestern → in Hegne bei Konstanz ins Kloster auf. Hier wurde Ulrika Franziska für den Küchendienst eingeteilt.

Am 24. April 1907 legte sie ihre Profeß ab. Sie wurde nach Bühl versetzt, wo man ihr die Leitung der Küche im Ordensspital übertrug. Ein Jahr später schickte sie der Orden als Köchin in das St.-Vinzentius-Haus nach Baden-Baden. Ulrika Franziska erfüllte alle ihre Pflichten stets mit Heiterkeit und Demut, obwohl die harte Arbeit in vielen Fällen ihre Kräfte fast überstieg.

Über ihren Dienst hinaus half sie immer, wo sie Menschen in Not fand. Ihre Andachts- und Gebetspflichten erfüllte sie weit über das normale Maß hinaus. Stundenlang kniete Ulrika nach ihrer Arbeit in der Spitalskapelle und betete der Überlieferung zufolge dort mit ganzer Hingabe.

Ihre Andacht war so innig, daß sie, vor allem in den Jahren 1910 bis 1912, mit mystischen Visionen begnadet wurde, wie wir ihren Aufzeichnungen und später den bezeugten Äußerungen ihrer Mitschwestern und ihrer Oberin entnehmen können. Besonders häufig erschien ihr zunächst ihr Schutzengel, später sah sie in ihren mystischen Gesichten auch die Gottesmutter Maria.

Dann verschwanden diese Visionen mit einem Mal. Statt dessen bemächtigten sich ihrer immer stärker werdende Zweifel an ihren Erscheinungen. »Statt des Schutzengels kam jetzt der Teufel«, berichtete eine Schwester. Massive Ängste über die Rechtmäßigkeit ihrer Visionen begleiteten von nun an Ulrikas Andachten und erschütterten ihre Seele tief.

Aber trotzdem arbeitete sie gelassen und freundlich weiter und ließ sich nichts von ihren inneren Kämpfen anmerken, bis sie im Lauf des Jahres 1912 schwer erkrankte. Sie kehrte in die Niederlassung in Hegne zurück, um ihre inzwischen bedrohliche Tuberkulose behandeln zu lassen. Diese letzte Leidensphase, die sie wiederum beispielhaft tapfer ertrug, dauerte fast noch ein Jahr.

Am 8. Mai 1913 starb Schwester Ulrika Franziska. Papst Johannes Paul II. sprach sie am 1. November 1987 selig.

Geboren: 1882 in Mittelbiberach (Baden-Württemberg)
Gestorben: 1913 in Hegne (Baden-Württemberg)
Berufung/Beiname: Kreuzschwesternnonne
Wirkungsstätte: Baden-Württemberg
Bedeutung des Namens: die Herrscherin in ihrer Heimat (von Ulrich; althochdeutsch)
Namensformen: Ulrike, Ulla, Uli, Rike, Rika, Ricki

9. Mai

Maria Theresa Gerhardinger

Geboren: 1797 bei Regensburg (Bayern)
Gestorben: 1879 in München
Berufung/Beiname: Ordensgründerin, Erzieherin
Wirkungsstätten: Bayern, Böhmen, Westfalen, Württemberg, Schlesien, Österreich, England, Nordamerika
Bedeutung des Namens: Jägerin oder die aus Tarent Stammende (griechisch)
Namensformen: Theresia, Therese, Teresa, Teres, Thea, Resi, Tess, Tessa, Thessy

Karolina, so lautete ihr Taufnahme, kam am 20. Juli 1797 bei Regensburg zur Welt. Bereits mit fünfzehn Jahren war die begabte Schülerin selbst Lehrerin an ihrer Schule in Stadtamhof, nachdem sie zuvor gründlich mit Hilfe von Bischof Wittmann von Regensburg ausgebildet worden war. Mit pädagogischem Talent leitete sie die Schule und kümmerte sich mit besonderer Hingabe auch um die christliche Erziehung ihrer Schülerinnen. Karolina hatte damals schon für sich und ihre neugegründete Gemeinschaft von Lehrerinnen eine klosterähnliche Organisationsform entworfen, nach der die Frauen ihr Zusammenleben regelten. Bischof Wittmann, ihr kluger Ratgeber und Mentor, entwickelte daraus 1822 ein ausgereiftes Programm. Dieses Regelwerk beschrieb die Ziele und Aufgaben der Gemeinschaft. Er nannte es »Magdsein im Lehramt«.

Im Jahr 1833 starb Bischof Wittmann, und Karolina mußte ihre Schule schließen. Franz Sebastian Job, ein einflußreicher Geistlicher am österreichischen Hof in Wien und ein Freund des Verstorbenen, half ihr weiter, so daß sie in Neunburg vorm Wald noch im gleichen Jahr eine neue Schule eröffnen konnte. Sie gab ihr den Namen »Verein der Armen Schulschwestern → von Unserer Lieben Frau«. 1835 erhielt sie die kirchliche Bestätigung ihres Ordens. Als »Mutter Maria Theresia von Jesu« übernahm sie dessen Leitung. Sie entwarf ein für die damalige Zeit außergewöhnliches pädagogisches Konzept. Sie schuf Kindergärten, Volks,- Mittel-, höhere und berufsbezogene Schulen. Sie entwickelte aber nicht nur neue Formen des Schulwesens, sondern achtete stets darauf, daß vor allem ihre als Lehrerinnen tätigen Schwestern bestens ausgebildet waren. Durch ständige Fortbildung erreichte sie, daß die Lehrkräfte in der Lage waren, alle pädagogischen Neuerungen sofort umzusetzen.

Binnen kurzer Zeit hatte ihr Orden so großen Zulauf, daß Maria Theresa im Jahr 1843 ein Mutterhaus in München gründen konnte, nachdem ihr König Ludwig I. (1825–1848) das ehemalige Klarissenkloster → am Anger hierfür überlassen hatte. Nun blühte ihr Orden erst richtig auf. 1843 leitete sie insgesamt zweiundfünfzig Einrichtungen in Bayern, Böhmen, Westfalen, Württemberg, Schlesien, Österreich und England. 1847 reiste sie selbst zusammen mit fünf Schwestern nach Amerika und eröffnete sogar eine Niederlassung in Baltimore.

Die Amtskirche sah diesen Erfolg nicht gerne. Der damalige Münchner Erzbischof traute Maria Theresa nicht zu, daß sie als Frau fähig wäre, allein einen so großen Orden zu führen. Er wollte lieber die Leitung auf mehrere Mutterhäuser verteilen, denn so viel Machtkonzentration war ihm nicht geheuer. Kraft seines Amtes entließ der Erzbischof Maria Theresa als Leiterin ihrer Gemeinschaft. Sie ließ sich aber nicht entmutigen und erreichte 1854 die Beilegung des Konflikts durch eine vorläufige Anerkennung des Ordens aus Rom, dem 1865 die offizielle Bestätigung folgte. Sie durfte noch ganze vierzehn Jahre lang für ihr großes Lebenswerk tätig sein und starb am 9. Mai 1879 im Münchner Mutterhaus. Heute führen über 9.000 Schwestern weltweit ihr Vermächtnis weiter. Papst Johannes Paul II. sprach Theresa Gerhardinger am 17. November 1985 selig.

Daß Maria Theresa Gerhardinger durch den Münchner Erzbischof alle Machtbefugnisse genommen wurden, ist nur ein Beispiel von vielen für die Unterschätzung von Frauen in der Amtskirche. Ihre Seligsprechung durch Johannes Paul II. darf deshalb auch als nachträgliche »Wiedergutmachung« verstanden werden.

10. Mai

Isidor der Bauer

Obwohl er Spanier war, wird der hl. Isidor, der im 12. Jahrhundert lebte, noch heute von Bauern der deutschsprachigen Regionen als Standesheiliger verehrt.

Isidor der Bauer kam um 1070 in Madrid zur Welt. Seine Eltern waren sehr arm. Sie lebten vom Ertrag einiger gepachteter Felder und von Taglöhnerarbeit. Ihren Sohn erzogen sie ganz im christlichen Sinne. Nachdem Isidor zum Jüngling herangewachsen war, trat er in den Dienst eines adligen Herrn aus Madrid. Unermüdlich arbeitete er von morgens bis abends, Jahr für Jahr. Alles, was er tat, verrichtete er zur Ehre Gottes. Ihm widmete er all seine Arbeit und Mühe. Das vorher recht verlotterte Gut seines Herrn brachte bald wieder reichen Ertrag.

Johannes Vergas, sein Dienstherr, belohnte Isidors Eifer reichlich. Diese Bevorzugung erregte aber den Neid der übrigen Dienstleute, denn der stille, gottergebene Mann war ihnen schon immer unheimlich gewesen. Zunächst versuchten sie, Isidors fromme Ehefrau zu verleumden. Sie behaupteten, daß jene sich täglich, statt in der Kirche zu beten, mit einem anderen Hirten träfe. Aber Isidor kannte seine Frau und wußte, daß sie treu war.

Isidor lebte in so inniger Verbindung mit Gott, daß ihn dies Einssein mit dem Höchsten alle Last seines Berufes leicht ertragen ließ. Nie hörte man aus seinem Mund ein Schelt- oder Fluchwort. Auch vergaß er, der selber einmal arm gewesen war, nie diejenigen, die immer arm waren und blieben. Keinen wiesen er und seine fromme Frau unbeschenkt von ihrer Tür. Aber auch mit den Tieren fühlte sein gutes Herz. Nie ging Isidor brutal mit dem Vieh um wie die anderen Knechte. Der stets einfache Bauer Isidor lebte ein Gott wohlgefälliges, pflichtgetreues Leben bis ins hohes Alter.

Er starb in seinem sechzigsten Lebensjahr, am 15. Mai 1130. Seine Sterbestunde hatte er vorausgesagt. Als man vierzig Jahre nach Isidors Tod aufgrund einer Erscheinung sein Grab öffnete, fand man trotz großer Bodenfeuchtigkeit Leib und Kleidung des Heiligen noch ganz unversehrt. Sein Leichnam wurde nun in feierlicher Prozession in die Andreaskirche in Madrid überführt.

Im Jahr 1622 wurde er durch Papst Gregor XV. (1621–1623) heiliggesprochen.

Legende *Als man eines Tages den Dienstherrn gegen Isidor aufzuhetzen versuchte, wollte dieser sich selbst darüber vergewissern, ob Isidor seine Arbeit versäumte oder ob es sich lediglich um eine böswillige Verleumdung von Personen handelte, die Isidor feindlich gesinnt waren. So ging der Herr deswegen frühmorgens selbst aufs Feld hinaus. Isidor war zu dieser Zeit wirklich in der Kirche und blieb lange aus. Dafür aber sah der Herr, wie zwei Engel mit einem mit weißen Pferden bespannten Pflug ackerten und so für Isidor arbeiteten. Verwundert hierüber ging der Herr still nach Hause, innerlich ergriffen von größter Hochachtung für seinen frommen Knecht, dem der Himmel selbst beistand. Besonders bekannt war Isidors Liebe zu jeder Kreatur. Als er eines Tages zur strengen Winterszeit Getreide in die Mühle bringen wollte, da erblickte er eine Schar Vögel, die beinahe vor Hunger starben. Isidor besann sich nicht lange, öffnete seinen Getriedesack und warf den Vögeln so viel Getreide vor, daß sie sich ganz und gar sättigen konnten.*

Geboren: um 1070 in Madrid
Gestorben: 1130 bei Madrid
Berufung/Beiname: Knecht Gottes; »der Bauer«
Wirkungsstätte: Spanien
Bedeutung des Namens: Geschenk der Isis (griechisch)
Namensformen: Theodor, Theo, Dario, Darius, Dörries, Dori
Patronat: Madrid; Bauern, Geometer; gegen Dürre

Isidor hat in seinem Leben die Regel des »Bete und arbeite« auf einfache und bewundernswerte Weise beherzigt. Pflügend, säend und erntend ließ er seine Gedanken mit den Vögeln des Feldes zu Gott aufsteigen.

Isidor aus Madrid wird dargestellt in Bauerntracht mit landwirtschaftlichen Geräten oder mit zwei Engeln, die mit einem Pflug das Feld bearbeiten, während Isidor in das Gebet vertieft ist.

Ein anderer Bursche machte sich, als er dies sah, über den Einfall Isidors lustig. Aber siehe da, als beide Männer zur Mühle kamen, war der Sack des hl. Isidors schon wieder voll, und aus diesen Körnern wurde sogar die doppelte Menge Mehl gemahlen.
Auch das Grab des Isidor verherrlichte Gott durch bemerkenswerte Wunder, meist unerklärliche Heilungen. Als einst König Philipp III. von Spanien todkrank darniederlag und die Ärzte bereits alle Hoffnungen aufgegeben hatten, beschlossen die Geistlichen, die Reliquien des Heiligen in einer feierlichen Prozession in das Gemach des kranken Königs zu tragen. Kaum hatte der Schrein mit den Gebeinen Isidors die Kirche verlassen, wich das Fieber von dem Herrscher, und als er in sein Zimmer gestellt wurde, erlangte der Kranke alsbald wieder seine Gesundheit.

11. Mai

Mamertus

Drei Tage vor dem Fest Christi Himmelfahrt flehen auch heute noch in einigen deutschsprachigen Regionen die Gläubigen bei feierlichen Flutprozessionen zu Gott, er möge die verdienten Strafen für ihre Sünden von ihnen fernhalten und ihnen seinen Segen für das Gedeihen der Feldfrüchte geben. Die Einführung dieser Bittgänge geht ursprünglich auf den hl. Mamertus zurück. Mamertus bekleidete im 5. Jahrhundert, wohl in den Jahren 461 bis etwa 477, das Amt des Erzbischofs der Stadt Vienne in Ostfrankreich. In der Schweiz zählt man den hl. Mamertus bereits zu den Eisheiligen, die bei uns erst am 12. Mai mit dem hl. Pankratius beginnen.

Geboren: um 400 in Vienne (Frankreich)
Gestorben: um 475 in Vienne
Berufung/Beiname: Bischof; Eisheiliger
Wirkungsstätte: Ostfrankreich
Bedeutung des Namens: der Sohn des Mars (lateinisch)
Namensformen: Mertus, Ammo
Patronat: Ammen, Feuerwehrleute; gegen Fieber, gegen Dürre

Legende Zwei Provinzen Frankreichs, die Dauphiné und Savoyen, wurden in jener Zeit von vielen Erdbeben und Feuersbrünsten heimgesucht. In besonderem Maße war die Stadt Vienne davon betroffen. Als im Jahre 469, während das Volk mit seinem Bischof in der Kathedrale die Osternacht feierte, plötzlich ein großer Brand ausbrach, stürzten die Menschen aus der Kirche hinaus, um sich und, wo es noch möglich war, ihre Habe zu retten. Der Bischof jedoch blieb ruhig am Altar stehen.
Bald war er ganz allein in der großen Kathedrale. Auf Gottes Schutz vertrauend, kniete er nieder und flehte zu Gott, er möge sich der Menschen erbarmen und den vielen großen Drangsalen Einhalt gebieten. Die ganze Nacht verharrte der heilige Mann in der Kirche im Gebete, und siehe, kaum war der Tag angebrochen, da erlosch plötzlich der große Brand. Nun eilte das Volk voller Freude wieder in die Kirche zurück, um die Feier des Ostergottesdienstes fortzusetzen. Nachdem der Bischof die hl. Meßfeier vollendet hatte, wandte er sich an alle Gläubigen und forderte sie auf, Buße zu tun und ihren Lebenswandel zu ändern, damit sie wieder den Segen Gottes erhielten. Er berichtete seiner Gemeinde, daß er während der Nacht Gott versprochen habe, sich durch Fasten und reumütiges Sündenbekenntnis gemeinsam mit dem Volk darauf vorzubereiten.
Die Menschen in der Kirche pflichteten dem Bischof bei, und mit Zustimmung der Geistlichkeit wählte man die drei Tage vor Christi Himmelfahrt zur Erfüllung des Gelübdes. Wie sie versprochen hatten, fasteten und beteten alle drei Tage lang. Das bußfertige Flehen fand bei Gott sogleich Erhörung, die fortgesetzten Drangsale hörten auf, Friede und Ruhe kehrten wieder ein.

12. Mai

Pankratius

Der römische Märtyrerheilige Pankratius gilt als einer der »Eisheiligen«. Man nennt sie so, weil an ihren Festtagen zwischen dem 12. und 14. Mai erfahrungsgemäß ein Kälteeinbruch zu befürchten ist. Sie sind daher auch mächtige Patrone gegen Frostgefahr. Wahrscheinlich hat der hl. Pankratius den Tod für Christus während der Verfolgungszeit unter dem römischen Kaiser Diokletian (284–305) erlitten. Begraben ist er in der nach ihm benannten Titelkirche auf dem Gianicolo in Rom. Sein Haupt wird in der Lateransbasilika verehrt.

Der hl. Pankratius war erst vierzehn Jahre alt, als er hingerichtet wurde. Deshalb gilt er als Sinnbild der Unschuld. In Rom führte man am Weißen Sonntag die Neugetauften in seine Kirche, damit sie an seinem Grab das Taufversprechen leisteten. Der hl. Pankratius wurde aus diesem Grund der Schutzheilige der Erstkommunikanten und auch der Patron für die Einhaltung eines Schwures. Obgleich seine legendäre Leidensgeschichte erst später entstand, wurde er durch alle christlichen Jahrhunderte und bis heute verehrt.

Der Überlieferung nach war der hl. Pankratius der Sohn begüterter heidnischer Eltern aus Phrygien in Kleinasien. Nach dem frühen Tod seiner Eltern kam er mit seinem Onkel Dionysius nach Rom, wo er die Christen kennenlernte. Er wurde von einem gewissen Eusebius zu Papst Kajus geführt, der ihn auf seine Bitte hin unterrichtete und aus dessen Hand er auch die Taufe empfing. Nun setzte sich Pankratius mit seinem Reichtum für die notleidenden Christen ein. Beim Kaiser Diokletian als Christ angezeigt, versuchte dieser zunächst, ihn durch verlockende Versprechungen zum Abfall vom christlichen Glauben zu bewegen. Aber nichts konnte den Jüngling ins Wanken bringen, er blieb standhaft, ja, er verteidigte sogar voller Bekennermut seinen Glauben an Jesus Christus. Vor den Richter geführt, wurde Pankratius um das Jahr 304 zum Tod durch das Schwert verurteilt. Der hl. Pankratius soll der Überlieferung zufolge an der Via Aurelia von römischen Soldaten enthauptet worden sein.

Papst Symmachus ließ an dieser Stelle im Jahre 500 eine Basilika errichten, die heutige Titelkirche S. Pancrazio.

Legende Gregor von Tours berichtet uns eine Geschichte, die sich nach dem Tode des hl. Pankratius ereignet haben soll und auf die eines seiner Patronate zurückzuführen ist: Es geschah einst, daß zwischen zwei Menschen ein großer Streit entstand. Der Richter, den sie anriefen, wußte aber auch nach längeren Befragungen nicht, welcher von ihnen der Schuldige war. In seinem Eifer für das Recht führte der Richter beide an das Grab des hl. Pankratius und forderte sie auf, ihre Unschuldsbehauptungen zu beschwören. Gleichzeitig flehte er den Heiligen an, er möge durch ein Zeichen die Wahrheit kundtun. Als nun der bis jetzt unentdeckt gebliebene Schuldige seine Hand zur Bekräftigung seines Meineids auf das Grab gelegt hatte, vermochte er sie nicht mehr zurückzuziehen. Unmittelbar danach starb er noch am gleichen Ort, sei es aus Schreck oder weil er nicht mehr loskam. Daraus entwickelte sich der Brauch, daß man in schwierigen Fällen über den Gebeinen des hl. Pankratius schwören läßt.

Geboren: um 290 in Phrygien (Kleinasien)
Gestorben: um 304 in Rom
Berufung/Beiname: Wohltäter, Märtyrer; Eisheiliger
Wirkungsstätte: Italien
Bedeutung des Namens: der Allesbeherrschende (griechisch)
Namensform: Pankraz, Grätz
Patronat: Erstkommunikanten, Kinder, Ritter; gegen Frostgefahr; gegen Meineid; gegen Kopfschmerzen

Pankratius wird dargestellt als junger Römer, mal in bürgerlicher Kleidung, mal in ritterlicher Tracht. Beigegeben sind ihm Schwert, Märtyrerkrone, Palme oder ein Rosenkorb.

12. Mai

Nereus, Achilleus und Domitilla

Geboren: unbekannt
Gestorben: Nereus/Achilleus: um 304 in Rom; Domitilla: unbekannt
Berufung/Beiname: Märtyrer; Bekennerin
Wirkungsstätte: Italien
Bedeutung des Namens: Nereus: der Feuchte, der Nasse (griechisch); Achilleus: der Betrübte (griechisch); Domitilla: die Bändigerin (lateinisch)
Namensformen: Achilleus: Achill, Achilles

Nereus und Achilleus werden meist als Enthauptete mit Märtyrerattributen dargestellt. Peter Paul Rubens zeigt die Märtyrer in der Kirche S. Maria in Vallicella in Rom als ältere Männer.

Die Domitilla-Katakombe in Rom erinnert an die hl. Domitilla, deren Fest ursprünglich am 7. Mai war. Wegen der am 12. Mai erfolgten Überführung ihrer Reliquien zusammen mit denen von Nereus und Achilleus verlegte Papst Klemens VIII. ihr Fest ebenfalls auf den 12. Mai.

Vermutlich fanden die zwei frühchristlichen Märtyrer Nereus und Achilleus während der diokletianischen Verfolgung um das Jahr 304 den Tod. Die Inschriften auf den Grabplatten verherrlichen sie als zum Christentum bekehrte Soldaten. Eine legendäre Leidensgeschichte bringt diese beiden Märtyrer mit der hl. Domitilla in Verbindung, wohl infolge ihrer gemeinsamen Grabstätte (Kirsch). Das Fest der hll. Märtyrer geht auf das 5. Jahrhundert zurück und wurde seit dem 8. Jahrhundert allgemein gefeiert.

Domitilla Flavia war eine Enkelin des römischen Kaisers Vespasian (69–79) und Gemahlin des hl. Flavius Clemens, der unter Kaiser Domitian (81–96) seines christlichen Glaubens wegen getötet wurde. Obwohl Domitilla ein Mitglied der kaiserlichen Familie war, verbannte Kaiser Domitian sie wegen ihres Glaubens auf die Insel Ventotenere oder Ponza südlich von Terracina.

Auf Domitillas Grundstück an der Via Ardeatina in Rom befand sich die Grabstätte der flavischen Familie. Im Bereich dieses Begräbnisplatzes waren die Leiber der Märtyrer Nereus, Achilleus und Petronilla geborgen worden, über deren Gräbern gegen Ende des 4. Jahrhunderts eine unterirdische Basilika entstanden war. Auf der Tabernakelsäule ist im Relief das Martyrium der hll. Nereus und Achilleus abgebildet. An die Überführung der Gebeine der Heiligen erinnert heute noch die Kirche Santi Nereo e Achilleo.

Legende Die Legende macht Nereus und Achilleus zu Kämmerern der Jungfrau Domitilla. Hiernach wurde die Nichte des Kaisers Domitian einem Mann namens Aurelian zur Gattin versprochen. Nachdem man sie geschmückt hatte, traten ihre christlichen Diener Nereus und Achilleus auf sie zu und erzählten ihr von der Keuschheit um Christi willen und sagten, daß die Jungfräulichkeit den Menschen Gott nahe bringe, der Ehestand hingegen Sorgen und Leiden mit sich bringe. Sie malten ihr das Schicksal einer Ehefrau schrecklich aus und sagten, daß die Männer sich nur so lange sanftmütig zeigten, bis sie Ehemänner geworden seien. Mit diesen Worten wollten die Heiligen Domitilla bewegen, im Stand der Jungfräulichkeit zu bleiben. Hiervon zutiefst angerührt, gelobte Domitilla, ihre Jungfräulichkeit zu bewahren und sich Christus zu vermählen. Danach ließ sie ihrem Bräutigam sagen, daß sie eine Christin sei und ihn nicht zum Gemahl nehmen könne. Als Aurelian das hörte, wurde er wütend und bat den Kaiser, die Jungfrau nebst denen, die ihr dies geraten hatten, auf eine wilde Insel schicken zu dürfen, damit die Verbannung ihren Sinn veränderte. Nereus und Achilleus aber versprach er Geld und Gut, wenn sie die Jungfrau dazu brächten, ihn zu heiraten. Doch diese verschmähten seine Gaben und stärkten Domitilla noch mehr in ihrem Entschluß. Als man die beiden Männer zwingen wollte, einem Götzenbild zu opfern, sprachen sie: »Wir sind getauft auf den Namen unseres Herrn Jesus Christus und werden niemals den Abgöttern opfern.« Da befahl der Kaiser, alle drei zu enthaupten. Und ihre Leiber wurden an dem Ort beigesetzt, an dem sich das Grab der hl. Petronella befand.

13. Mai

Servatius

Zu den sogenannten »Eisheiligen« zählt der in West- und Südeuropa besonders während des Mittelalters sehr verehrte hl. Servatius von Tongern. Dieser Heilige, Bischof von Tongern, wurde nach den Aufzeichnungen eines Unbekannten aus dem 12. Jahrhundert in Armenien geboren und pilgerte nach Vollendung seiner Studien nach Palästina. Nach der Rückkehr in sein Heimatland hat er dann die Priesterweihe empfangen. Nachdem er eine Zeitlang Missionspriester in Gallien war, wurde er zum Bischof von Tongern ernannt. Auf der Synode von Sardica 343 kämpfte er erbittert gegen die arianische Lehre →. Dreimal begab sich der hl. Bischof nach Rom, um sich dort Kraft zu holen und um an den Apostelgräbern Hilfe für sein Volk zu erbitten. Denn in einer Offenbarung hatte er erfahren, daß die Hunnen zweiundzwanzig Jahre nach seinem Tod Gallien überfallen würden.

Seine mit vielen Legenden durchsetzte Lebensbeschreibung erwähnt ein Ereignis, das für die Darstellung dieses Heiligen bedeutsam geworden ist:

Geboren: in Armenien
Gestorben: 384 in Maastricht (Niederlande)
Berufung/Beiname: Missionar, Bischof; Eisheiliger
Wirkungsstätten: Armenien, Palästina, Europa
Bedeutung des Namens: der Gerettete (lateinisch)
Namensform: Servas
Patronat: Gelähmte; gegen Mäuse; gegen Frost;

Figur des hl. Servatius von 1524 am Hochaltar der Streichenkapelle bei Schleching im Chiemgau.

Als Servatius bei seinem letzten Besuch in Rom wieder einmal betend am Grab des hl. Petrus kniete und betete, da reichte ihm der hl. Petrus einen silbernen Schlüssel und fügte hinzu, damit könne er die Herzen der verstockten Sünder, ja sogar die der häretischen Arianer aufschließen. Der silberne Schlüssel wird noch heute im Kirchenschatz von Maastricht gezeigt.

In dieser Lebensbeschreibung heißt es weiter: Auf der Rückreise geriet der hl. Bischof Servatius in die Hände der Hunnen, die ihn gefangennahmen und schlecht behandelten. Nach kurzer Zeit wurde er jedoch auf wunderbare, unerklärliche Weise wieder befreit.

Servatius wird dargestellt mit Bischofsstab, Brille und einem Schlüssel, der auf die Legende der Schlüsselübergabe durch den hl. Petrus in Rom hinweist. Oft wird er auch mit einem Adler oder mit einem Drachen zu seinen Füßen als Symbol für die arianische Ketzerei, die er bekämpft hat, gezeigt.

Legende Als König Etzel mit seinen Reiterscharen durch die Lande zog und alles auf seinem Weg verwüstete, da befürchteten die Christen in Gallien Schlimmes. Mainz und Köln, Würzburg und Straßburg, Basel und Metz waren schon zerstört. Als aber die Hunnen in die Gegend von Maastricht kamen, da fanden sie die Stadt nicht, weil sie der hl. Servatius beschirmte und vor ihnen verbarg. Da zogen die Hunnen wieder ab. Als das Volk sah, daß der Heilige ihre Stadt gerettet hatte, gingen alle in großer Andacht mit Kreuzen zu seinem Münster und lobten Gott. Diese Wallfahrt wird seitdem an jedem Servatiustag wiederholt.

14. Mai

Pachomius

Am 14. Mai wird bei uns auch der Tag des Märtyrers Bonifatius aus Tarsus (Kleinasien) begangen. Er ist der letzte der sogenannten »Eisheiligen« (s. 12. und 13. Mai). Seine sonstige Passio ist rein legendär. Von ihm kann nur berichtet werden, daß er um 306 den Märtyrertod erlitten hat.

Vom hl. Pachomius, dessen Fest die Kirche am gleichen Tage feiert, wissen wir weit mehr. Er ist der Begründer der cönobitischen → Form des Mönchslebens, das heißt, er war der erste Vater jener Mönche, die in Gemeinschaft lebten.

Geboren: um 287 in Oberägypten
Gestorben: 346 in Tabennisi (Ägypten)
Berufung: Mönchsvater, Klostergründer
Wirkungsstätte: Ägypten
Bedeutung des Namens: der Falke (ägyptisch)
Namensform: Paum

Pachomius trägt den Beinamen »der Ältere« und wurde um 287 als Sohn heidnischer Bauern im oberen Ägypten geboren. Bereits in jungen Jahren wurde er zum Dienst bei den römischen Legionären angeworben und nach Alexandria → gebracht. Unterwegs wurden er und seine Kameraden von Christen versorgt. Den jungen Pachomius erstaunte das sehr. Er hatte bisher noch nie erlebt, daß man Gutes tat, ohne selbst einen Vorteil davon zu haben. Die Folge war, daß er sich für den Christengott zu interessieren begann und versuchte, zu ihm zu beten. Zudem gefiel ihm das rauhe Soldatenleben gar nicht, und er war froh, als nach Kaiser Konstantins (312–337) Sieg die Truppen entlassen wurden.

Pachomius faßte nun den Entschluß, Christ zu werden. Er bat um Unterricht, empfing die Taufe und wurde Schüler des hl. Palämon, eines außerordentlich strengen Einsiedlers. Durch Fasten, Arbeiten, Entbehren und vielstündiges Beten forderte sein Lehrer viel Opferbereitschaft und Selbstzucht.

Nach acht Jahren verließ Pachomius seinen Meister, denn er hatte erkannt, daß die Einsamkeit nicht für jeden Mönch die erstrebenswerte Form war, um Gott zu dienen. Langsam entwickelte sich bei ihm die Vorstellung eines gemeinschaftlichen Lebens von mehreren Asketen. Er begann, Gefährten um sich zu sammeln, und erbaute gegen 320 bei Tabennisi in der Nähe von Dendera am rechten Nilufer das erste christliche Mönchskloster. Im Laufe der Zeit entstand daraus ein Verband von neun großen Männerklöstern, in denen im 4. Jahrhundert bis zu 9000 Mönche lebten.

Die Mönche beteten, arbeiteten und aßen gemeinsam. Sie mußten schreiben und lesen lernen, um die hl. Schrift zu verstehen. Der Gehorsam als die wichtigste Mönchstugend bildete schon damals die Grundlage dieses Gemeinschaftslebens. Persönliches Eigentum gab es nicht. Alles, einschließlich des Klosters, war Gemeinbesitz. Wirtschaftlich waren die Klöster des Pachomius wahre Musterbetriebe. Die Einnahmen deckten den Eigenbedarf und dienten der Wohltätigkeit. Gewinne durften nicht erwirtschaftet werden, ganz im Gegensatz zu den Gepflogenheiten, die in den Heidentempeln gang und gäbe waren.

Der hl. Pachomius erlag am 14. Mai 346 der Pest. Er verschied so heiter und geduldig, wie er gelebt hatte. Zuvor hatte er für seine Klöster noch alles geregelt und auch seinen Nachfolger bestimmt. Sein Werk breitete sich nach seinem Tod rasch aus, und durch Basilius den Großen fand das Ideal der mönchischen Gemeinschaft auch Eingang im Abendland.

Pachomius wird dargestellt als Einsiedler mit Fellkleid ohne Ärmel, mit Gesetzestafeln, die ihm ein Engel reicht, weil er die erste Mönchsregel aufgestellt hat.

15. Mai

Sophie

Weil sich der Festtag der hl. Sophie an die der »Eisheiligen« anschließt und an diesem Tag sehr oft auch noch frostige Temperaturen anzutreffen sind, nennt man den Festtag der hl. Sophie auch im Volksmund die »kalte Sophie«.

Man kann wohl sagen, daß die Gestalt dieser Heiligen mehr eine allegorische Figur als eine geschichtliche Persönlichkeit ist. Aber ihre Verehrung reicht weit in die christliche Frühzeit zurück. Ihr Name findet sich nicht nur in der Kalixtuskatakombe an der Via Appia in Rom, sondern auch unter der Kirche S. Pancrazio an der Via Aurelia, hier in Verbindung mit ihren drei Töchtern. Die große Verehrung, die man überall der hl. Sophie entgegengebracht hat, drängte förmlich nach einer Namensgebung für ihre drei Töchter, »für die die mit der Weisheit verbundenen christlichen Tugenden Fides, Spes und Caritas, zu deutsch Glaube, Hoffnung und Liebe, maßgeblich wurden (Bigelmair)«.

Die Leidensgeschichte der frühchristlichen Witwe und Märtyrerin, mit der sie identifiziert wird, ist rein legendär. Sie soll eine vornehme Christin aus Mailand gewesen sein, die nach dem Tod ihres Gatten nach Rom gekommen war. Dort erlitt sie zur Zeit der Regierung Kaiser Hadrians (117–138) zusammen mit ihren Töchtern das Martyrium. Eine andere Überlieferung berichtet, die hl. Sophie sei eine Jungfrau gewesen und zusammen mit der hl. Quirilla in den diokletianischen Thermen ergriffen und nach unbeirrbarem Festhalten am christlichen Glauben getötet worden. Reliquien der hl. Sophie werden in S. Martino al Monte und in der Peterskirche in Rom verehrt. Ihr Kult wurde in Deutschland durch Berichte gefördert, wonach ihre Gebeine im 8. Jahrhundert in das Frauenkloster Eschau bei Straßburg im Elsaß übertragen worden sind.

Geboren: in Rom
Gestorben: um 305 in Rom
Berufung/Beiname:
Märtyrerin; Eisheilige
Wirkungsstätte: Italien
Bedeutung des Namens:
die Weisheit (griechisch)
Namensformen: Sophia, Sonja, Vicki, Vicky
Patronat: Witwen; gegen späte Fröste; für gutes Wachstum der Feldfrüchte

16. Mai

Johannes Nepomuk

Geboren: um 1350 in Pomuk (Böhmen)
Gestorben: 1393 in Prag
Berufung/Beiname: Seelsorger, Domherr, Generalvikar, Märtyrer
Wirkungsstätten: Böhmen, Oberitalien
Bedeutung des Namens: der, an dem Gott gnädig gehandelt hat (hebräisch)
Namensformen: Hans, Hennes, Jens, Iwan, Ivan, Ivor, Ivo
Patronat: Böhmen, Prag; Beichtväter, Priester, Müller, Flößer, Schiffer; Brücken; gegen Verleumdungen, für Verschwiegenheit; bei Hochwassergefahr

Das Grab des Johannes Nepomuk befindet sich im Prager St.-Veits-Dom. Als man seinen Sarkophag 1719 öffnete, war seine Zunge noch unverwest. Sie wird in einem kostbaren Reliquiar in der Domschatzkammer aufbewahrt.

Steinfigur des Brückenheiligen Johannes Nepomuk auf der berühmten Karlsbrücke in Prag.

Auf unzähligen Brücken von Österreich und Süddeutschland bis hinauf in den Norden steht die Figur des hl. Nepomuk, des sogenannten »Brückenheiligen«. Er ist einer der beliebtesten Heiligengestalten der Kirche, und seine Verehrung beim gläubigen Volk ist ungebrochen. Johannes Nepomuk gilt als Blutzeuge für die Unverletzlichkeit des Beichtgeheimnisses.

Johannes Welflin oder Wolfflin wurde um 1350 in Pomuk bei Pilsen geboren. Er studierte in Prag und Padua. Nachdem er 1370 die Priesterweihe empfangen hatte, war er zunächst als Pfarrer von St. Gallus in Prag und danach als Seelsorger der deutschen Kaufleute in Neustadt tätig. 1387 erwarb er sich den Doktorhut beider Rechte. Sein Fleiß und seine Gelehrsamkeit waren ebenso groß wie seine Sanftmut und Bescheidenheit. Wegen dieser Charaktereigenschaften und seiner wissenschaftlichen Kenntnisse ernannte ihn der Erzbischof von Prag zu seinem Privatsekretär. Dann wurde er Notar der bischöflichen Kanzlei und Prediger an der Teynkirche in der Prager Altstadt. Hier lenkte der hl. Nepomuk durch seine außergewöhnlichen Predigten bald die Aufmerksamkeit auf sich. 1389 wurde er Domherr und Generalvikar des Prager Erzbischofs Johann von Jenzenstein. Mit Geschick und Energie trat Nepomuk in seinem neuen Amt unerschrocken für die Belange der Kirche ein, aber einen leichten Stand hatte er dabei nicht. Zu jener Zeit gab es nämlich erhebliche Spannungen zwischen Hof und Domkapitel. Die Herrschenden führten meist ein willkürliches Regiment. Der Erzbischof und mit ihm das gesamte Domkapitel waren ständiger Spielball der Launen König Wenzels IV. (1378–1419).

Als gegen einige Höflinge die Exkommunikation ausgesprochen werden mußte, fiel Johannes Nepomuk für immer in Ungnade beim König. Dabei war der Heilige anfänglich in der Gunst des Königs gestanden. Wenzel hatte ihn zur Abhaltung von Adventspredigten an seinen Hof berufen und ihm einträgliche Ämter und Würden angeboten. Aber Johannes Nepomuk lehnte jede Auszeichnung ab, nur das Amt des Beichtvaters und stillen Beraters der Königin nahm er an. Ob hierin der eigentliche und entscheidende Grund lag, weshalb gerade er sich nunmehr den rasenden Haß des Königs zugezogen hatte?

Der Volksmund sagt, der König wollte durch den Geistlichen in Erfahrung bringen, was seine Frau ihm in der Beichte anvertraut hatte, um sein eigenes sittenloses Leben rechtfertigen zu können. Nepomuks standhafte Weigerung hat den König dann schließlich gegen ihn aufgebracht. Vielleicht aber war es auch einfach sein unerschrockenes Eintreten für die Rechte der Kirche, worin er seinen Erzbischof tatkräftig unterstützte. Bis heute ist diese Frage nicht endgültig geklärt worden. Jedenfalls hat sich die durch die Jahrhunderte überlieferte Annahme immer mehr durchgesetzt, daß das standhafte Schweigen des Heiligen, also die Wahrung des Beichtgeheimnisses, der Grund für die grausame Tat des Königs an dem frommen und beliebten Gottesmann gewesen ist.

Es wird noch von einer ganz anderen Ursache des gewaltsamen Todes des Heiligen gesprochen: Ein Koch sollte wegen einer schlechten Mahlzeit auf Be-

16. Mai

Johannes Nepomuk wird dargestellt als Brückenheiliger, als Priester mit Birett auf dem Kopf, das von fünf Sternen umgeben ist, weil in der Moldau fünf Lichter anzeigten, wo sein Leichnam lag, mit Kreuz oder Palme in der Hand; manchmal hat er auch den Zeigefinger auf den Mund gelegt, um auf die Wahrung des Beichtgeheimnisses hinzuweisen.

fehl des Königs sein Leben auf dem Scheiterhaufen verlieren. Nepomuk setzte sich für den armen Koch ein, und der König nahm das zum Anlaß, gegen den Heiligen vorzugehen. Nach grausamen Folterungen schleppte man den bereits schwerverletzten Gottesmann in der Nacht vom 20. März 1393 zur Moldaubrücke und stieß ihn gefesselt in den Fluß, wo er alsbald ertrank.

Die Gebeine des hl. Johannes Nepomuk ruhen in einem Kristallsarg im Prager St. Veitsdom. Johannes Nepomuk wurde 1729 heiliggesprochen. Eine rote Marmorplatte an der Prager Karlsbrücke zeigt noch heute die Stelle an, von der er in die Moldau gestoßen worden ist.

Legende *Als der hl. Märtyrer in den Wogen der Moldau versunken war, da erschien sein Leichnam bald wieder auf der Oberfläche des Wassers und war von hell leuchtenden Sternen umgeben. Von dem Glanz angezogen, der die Nacht erhellte, eilte eine Menge Volk herbei und sah verwundert den schwimmenden Leib ihres Priesters. Als sich der Leichnam dem Ufer näherte, lief man hinzu, zog ihn heraus und legte ihn behutsam auf die Uferböschung. Da es inzwischen Tag geworden war, strömte die ganze Stadt zusammen, um ihn zu sehen. Die Domherren trugen ihn in feierlichem Zug unter Wehklagen des Volkes in eine Kirche, die nicht weit vom Fluß entfernt lag. Der Zulauf der Leute war ungeheuer. Als Wenzel davon hörte, befahl er, den Heiligen an einem geheimen Ort zu begraben, denn er fürchtete einen Aufruhr. Doch das Volk hatte das Grab bald entdeckt – ein wunderbarer Duft soll davon aufgestiegen sein. Und da mittlerweile die Grabstätte, in welcher der Heilige in der Domkirche ruhen sollte, hergerichtet war, wurde sein Leib erhoben und in feierlicher Prozession dorthin gebracht.*

17. Mai

Paschalis Baylon

Geboren: 1540 in Torrehermosa (Spanien)
Gestorben: 1592 in Villareal (Spanien)
Berufung/Beiname: Franziskanerbruder
Wirkungsstätten: Spanien, Frankreich
Bedeutung des Namens: der Österliche (lateinisch)
Namensformen: Pascal, Pasquale, Pasquo, Paco
Patronat: eucharistische Vereine; Hirten, Köche

Das ganze Leben des einfachen spanischen Laienbruders Paschalis Baylon war Opfer und Hingabe an Gott. Er wurde am 16. Mai 1540 in Torrehermosa in der Nähe von Madrid geboren. Seine Eltern waren arme Leute, die sich mühsam ihr tägliches Brot durch harte Feldarbeit erwarben. Deshalb mußte sich Paschalis schon früh seinen Unterhalt selbst verdienen. Man schickte ihn als Hirten auf das Feld. Eine Schule konnte er nicht besuchen. Aber der aufgeweckte Junge nahm sich immer ein Buch mit hinaus auf die Weide und ließ sich von Vorübergehenden die Buchstaben erklären. Auf diese Weise lernte er mit der Zeit recht gut lesen und schreiben.

Später wurde er Schäfer bei einem Mann, der die Vorzüge des jungen Hirten bald erkannte und ihn deshalb mit seiner Tochter verheiraten und zum Erben einsetzen wollte. Aber Paschalis zog es vor, ein armer Schäfer zu bleiben. Wegen seiner Frömmigkeit und Einfalt nannte man ihn überall den »heiligen Schäfer«. Um nicht das geringste Versehen zu vergessen, das ihm aus menschlicher Schwäche unterlaufen war, machte er jedesmal einen Knoten in einen Strick, den er bei sich trug, und beichtete dann in tiefer Zerknirschung eine lange Reihe Sünden. Seine Kameraden wunderten sich sehr darüber, daß er immer so viel zu beichten hatte. Seine leidenschaftliche Gottesliebe ließ ihn jedoch die gering-

17. Mai

ste Unvollkommenheit erkennen, beweinen und meiden. Sein Hirtenstab, auf dem er ein kleines Marienbild und ein Kreuz angebracht hatte, diente ihm als Feldaltar, vor dem er seine Andachten verrichtete. Hierbei geriet er mitunter in Verzückung, und angeblich wurde er sogar dabei beobachtet, wie er zeitweise betend über dem Boden schwebte.

Nach und nach jedoch drängte es Paschalis, sich ganz aus der Welt zurückzuziehen. Er suchte nach einem armen Kloster und fand 1564 Aufnahme bei den Franziskanern → in Monteforte. Man wollte ihm dort die Möglichkeit geben, Theologie und Philosophie zu studieren und Priester zu werden, aber Paschalis hielt sich für unwürdig und blieb zeitlebens ein schlichter Laienbruder.

Mit peinlicher Gewissenhaftigkeit hielt er die Ordensregeln ein. Er war der Geringste in der Kleidung, der Bescheidenste bei der Speise, der Frömmste im Gebet, der Willigste bei der Arbeit. Um den Leib trug er als Bußwerkzeug eine schwere Eisenkette, mit der er auch nachts schlief. Vor dem Tabernakel empfing er die Kraft für sein pflichtbewußtes Ordensleben. Das hl. Altarsakrament übte stets eine unwiderstehliche Anziehungskraft auf ihn aus, und er suchte es auf, so oft sein Dienst es ihm erlaubte.

Im Jahr 1570 schickten die Oberen Paschalis mit einer wichtigen Botschaft an den Pater Provinzial nach Paris. Der Weg führte ihn durch Südfrankreich, wo zu dieser Zeit blutige Auseinandersetzungen zwischen Katholiken und Kalvinisten → tobten. Schläge, Fußtritte und Steinwürfe hatte er auf seinem Weg zu erdulden. Ein Steinwurf eines Kalvinisten traf Paschalis aber einmal so unglücklich, daß sein Arm danach für immer gelähmt war. Es war fast wie ein Wunder, daß Paschalis mit dem Leben davongekommen war.

Seine letzte Krankheit war kurz und heftig. Paschalis starb am Pfingstsonntag, dem 17. Mai 1592, mit zweiundfünfzig Jahren. Nach seinem Tod geschahen unzählige Wunder. Sein Grab befindet sich in der Klosterkirche von Villareal bei Valencia. 1660 wurde Paschalis heiliggesprochen.

Paschalis Baylon führte ein strenges Büßerleben: Er geißelte sich täglich, trug ein Unterkleid aus Roßhaaren und kniete auch im kältesten Winter des Nachts – er schlief nur drei Stunden lang – in der Kirche.

Paschalis Baylon wird dargestellt als Franziskaner mit Bußwerkzeug, mit Gartenschaufel oder Hirtenstab bzw. mit Speisekelch oder auch einer Monstranz als Zeichen seiner Verehrung der Eucharistie.

Legende Der hl. Paschalis hatte, wie man weiß, seinen Hirtenstab in seiner Einfalt in einen Altar umgewandelt. Gott schien daran großes Wohlgefallen zu haben, denn Paschalis fand, wohin er auch mit seinen Schafen wanderte, immer dort, wo er den Stab in die Erde stieß, frisches, klares Wasser – eine große Seltenheit in der trockenen spanischen Landschaft. Als ihm die anderen Hirten einst klagten, sie und ihre Herden müßten so viel Durst leiden, gab ihnen Paschalis den Rat, sie sollten nur ihre Stäbe in die Erde stecken, dann werde schon Wasser hervorsprudeln. Sie taten es, aber es kam kein Wasser. Darüber wunderte sich der fromme Hirte sehr, denn als er es ihnen mit seinem Stab vorführte, sprudelte sogleich eine Quelle hervor.

Als Franziskanerbruder im Kloster entwickelte sich Paschalis bald zu einem großen Fürbitter. Er nahm sich die Not des Nächsten so zu Herzen, daß Gott ihm keiner seiner inständig vorgetragenen Bitten abschlagen konnte. Als er einmal abends die Kirche schließen wollte, sagte ein armes Weib traurig: »Ich muß jetzt gehen, aber betet Ihr wenigstens noch etwas für mich, denn ich habe drei schwerkranke Kinder und fast kein Brot mehr.« »Ich will es tun«, antwortete der Heilige. Als die Frau zu Hause angekommen war und ihren Vorratsschrank öffnete, um ihr allerletztes Stücklein Brot herauszunehmen und an die Kinder zu verteilen, staunte sie sehr: Es lagen zwei schöne, große Brote darin.

18. Mai

Erik

> **Geboren:** in Schweden
> **Gestorben:** 1160 in Uppsala (Schweden)
> **Berufung/Beiname:** Wohltäter, Förderer der Missionsarbeit
> **Wirkungsstätte:** Schweden
> **Bedeutung des Namens:** der ehrenreiche Fürst (schwedisch)
> **Namensformen:** Erich, Eric
> **Patronat:** Schweden (Nationalheiliger)

Zwei Könige dieses Namens zählen zu den Heiligen der Kirche. Da ist einmal der 1216 geborene Erik, genannt Plovenning, König von Dänemark. Er erhielt seinen Namen, weil er eine Steuer (Pfenning) für jeden Pflug (Plov) verlangte, um damit einen Kreuzzug gegen Estland zu finanzieren. Sein Fest ist am 10. August. Zum anderen wird im ganzen Norden Europas Erik IX. Jedvardson, König von Schweden, als Heiliger verehrt.

König Erik IX. regierte etwa von 1150 bis 1160 und zeichnete sich durch große Gerechtigkeit aus. Als Anwalt der Unterdrückten tat er viel Gutes, unterstützte die Klöster und beschützte die Kirche. Er förderte die Christianisierung des eigenen Landes durch Kirchenbauten. Zweimal rief er zum Kreuzzug gegen die räuberischen Finnen auf. In Finnland selbst gründete er die christliche Stadt Abo. Der hl. Erik fiel am 18. Mai 1160 im Kampf gegen den dänischen Prinzen Magnus Henriksson. Der Legende nach wurde er während des Gottesdienstes in Uppsala ermordet. Seine Gebeine befinden sich im Dom von Uppsala.

Legende Als Erik sein Land befriedet und sein Volk unter gute Gesetze gestellt hatte, rüstete er zu einem Kreuzzug gegen die räuberischen Finnen. Er besiegte sie und zerstörte ihre heidnischen Kultstätten. Dann ließ er das unterworfene Volk taufen, schickte Bauern und Kaufleute ins Land, um Landwirtschaft und Handel zum Wohl aller Menschen wieder zu beleben. Missionare durchzogen das weite Seenland, errichteten Kirchen und predigten den christlichen Glauben.

Wenige Jahre nach seiner Rückkehr nach Schweden wurde der König in Uppsala während des Gottesdienstes erstochen. Beherzte Gläubige nahmen den Leichnam des Ermordeten auf und trugen ihn in das nächste Haus. Dort wohnte eine arme Witwe, die viele Jahre blind war. Sie trat hinzu, strich von dem Blut des toten Königs auf ihre Augen und konnte sogleich sehen.

19. Mai

Coelestin

> **Geboren:** 1215 in Isernia (Italien)
> **Gestorben:** 1296 bei Rom
> **Berufung/Beiname:** Benediktinermönch, Eremit, Ordensgründer, Papst
> **Wirkungsstätte:** Italien
> **Bedeutung des Namens:** der Himmlische (lateinisch)
> **Namensformen:** Zölestin; Cölestine, Coelestus, Zölestine
> **Patronat:** Buchbinder

Zwei hl. Päpste tragen diesen Namen. Papst Coelestin I. regierte von 422 bis 432. Unter ihm fand das Konzil von Ephesus → statt. Er erkannte den hl. Augustinus als den führenden Apologeten → seiner Zeit an. Sein Fest ist am 6. April.

Außerordentlich interessant ist aber auch die folgende Lebensgeschichte des hl. Papstes Coelestin V. Sein Leben ist ein Sinnbild für das berühmte Jesuswort von den »Armen im Geiste«, mit denen der Herr seine Seligpreisungen begann. Jesus meinte damit all jene Menschen, die sich ihrer geistigen Armut und Hilfsbedürftigkeit bewußt sind und sich demütig vor Gott beugen. Und wie treffend fügt sich doch hier auch die Schilderung des Biographen Hellos über den Papst Coelestin V. an: »Er ist der einzige in der Geschichte, der als ein einfältiger Mensch und Einsiedler ganz plötzlich auf den Stuhl des hl. Petrus gebracht wurde. Er ist der einzige in der Geschichte, der, als er den Stuhl des hl. Petrus innehatte, freiwillig dem Pontifikat entsagte, das ihm niemand streitig machte.«

Peter von Morrone wurde 1215 in Isernia in den Abruzzen als Sohn einer armen Bauernfamilie geboren. Der junge Benediktiner → ging zunächst als Einsiedler in die Berge und lebte drei Jahre in einer Höhle, in der er sich weder richtig ausstrecken noch aufrichten konnte. Wie er in der Niederschrift seiner Erkenntnisse erzählt, erhielt er ein paarmal, während er betete, den Besuch eines Heiligen, eines Engels und der hl. Jungfrau und wunderte sich nicht im geringsten darüber. Sein meditativer Umgang mit Gott, den Engeln und Heiligen war so intensiv, daß er solch ein Geschehen als ganz normal empfand.

Nachdem er in Rom zum Priester geweiht worden war, zog er sich wieder auf den Berg Morrone zurück. Je mehr Menschen versuchten, den rasch berühmt gewordenen Asketen aufzusuchen, um so tiefer verkroch er sich in die Einöde. Dorthin folgten ihm nach und nach zahlreiche Eremiten, die sich seiner Leitung unterstellten. Ein Kloster entstand, man baute eine Kirche. Peter nannte die Einsiedler »Brüder vom Heiligen Geist«. Später, als Papst, gab er dieser Vereinigung den Namen »Coelestiner« →. Zur Zeit seiner Papstwahl waren es 18 Klöster und viele Niederlassungen, in denen insgesamt 600 Coelestiner lebten.

Selten nur wohnte Peter in den Klöstern seiner Mönche, die meiste Zeit verbrachte er in seiner winzigen, noch heute erhaltenen Zelle am Berg Morrone. Er bemühte sich, dem Ideal der ersten Mönche in der Wüste nachzueifern und mit größtmöglicher Abtötung aller weltbezogenen Bedürfnisse Gott zu dienen. Er schlief sogar auf der nackten Erde, sein Kopfkissen war ein Stein, seine rauhe, selbstgefertigte Kleidung schürfte immer wieder seine Haut auf, so daß sich schmerzhafte Wunden bildeten.

Über achtzig Jahre war Peter alt, da wählten die Kardinäle, wohl unter dem Einfluß Karls II. von Anjou (1265–1285), den büßenden Einsiedler der Abruzzen zum Papst. Verband der König mit dieser Wahl vielleicht politische Pläne, so erblickten die sich damals stark entfaltenden Franziskaner → und mit ihnen ein großer Teil der Christenheit in dem weltabgeschiedenen Einsiedler den in alten Weissagungen verkündeten Engelpapst der Endzeit. Jedenfalls sind selten von verschiedenen Seiten auf einen Papst so große Hoffnungen gesetzt worden – aber auch selten wurden sie so bitter enttäuscht.

Am 25. Juli des Jahres 1294 zog der Papst in Aquila ein, auf seinen eigenen Wunsch auf einem Esel reitend, den die beiden Könige Karl von Anjou und Karl Martell (714–741) am Zügel führten. Die Tiara → empfing er im Angesicht von Tausenden von Gläubigen. Er wählte den Namen Coelestin V. Er war sich seiner Unzulänglichkeit vollauf bewußt, und so mußte es zu Spannungen zwischen dem Eremiten und den auch weltmännisch geschulten Mitgliedern der Kurie kommen. Was sollte er tun? Konnte ein Papst abdanken? Petrus Coelestin entschied sich bereits am 13. Dezember zum Rücktritt. »In Erkenntnis meiner Unfähigkeit und Schwäche, in Ansehung der Bosheit der Menschen und meiner eigenen Gebrechlichkeit ... entsage ich freiwillig dem höchsten Pontifikat und lege Würde und Amt nieder ...«. Seine Abdankungsurkunde erhielt den Namen »Der große Verzicht«. Zu seinem Nachfolger wurde Gaètani als Bonifaz VIII. gewählt. Da die Papst Bonifaz feindlich gesinnten Kardinäle den Amtsverzicht

Um Peter von Morrone, der das karge Einsiedlerleben bevorzugte dazu zu bewegen, die Wahl zum Papst anzunehmen, ließ König Karl in seinem Palast eine genaue Nachbildung der Mönchszelle von Morrone errichten, um es ihm dort so angenehm als möglich zu gestalten.

Papst Bonifaz VIII. ließ seinen Vorgänger Coelestin in das Schloß Fumone bringen, wo dieser zwar streng bewacht, aber würdig behandelt wurde. »Eine Zelle habe ich begehrt«, betete er, »eine Zelle habe ich nun, wie es deiner Güte gefiel, o Herr, mein Gott.«

Dargestellt wird der hl. Coelestin als Papst. Teufel umringen ihn, die ihn stören wollen. Oft wird er auch als Ordensstifter in weißer Kutte mit weißem Gürtel, schwarzem Skapulier und schwarzer Kapuze gezeigt, mit einer Taube als Symbol der Hl. Geistes, die ihm Eingebungen ins Ohr flüstert.

Coelestins nicht anerkennen wollten, fürchtete nun der neugewählte Papst Bonifaz eine Spaltung der Kirche, bei der sein Vorgänger Coelestin die Rolle des Gegenpapstes spielen könnte. Indessen hatte Coelestin keinen anderen Wunsch mehr, als in seine ruhige Einsiedelei zurückzukehren.

In dieser Zelle starb Coelestin am 19. Mai 1296. Papst Klemens V. (1305–1314) sprach ihn im Jahr 1313 heilig. 1327 wurde sein Leichnam nach S. Maria di Collemaggio bei Aquila überführt. Das Abruzzenvolk verehrt Peter von Morrone auch heute noch als seinen größten Heiligen.

Legende Ernest Hello berichtet von dem Heiligen eine schöne Legende: Seit dem Jahre 1274 tagte das zweite Konzil von Lyon. Man sprach davon, gewisse religiöse Orden aufzuheben. Da manche Leute glaubten, daß auch die Coelestiner bedroht seien, begab sich Peter von Morrone zum Konzil und verteidigte dort in Gegenwart des Papstes Gregor X. seine Satzung. Nicht Worte, sondern ein Wunder entschieden über Coelestins Orden. Als Petrus Coelestin sich anschickte, die Messe zu lesen, kamen ihm die einfachen Meßgewänder in den Sinn, die er in seiner Einsamkeit trug, und im selben Augenblick geschah das Wunder, daß er sie in Händen hielt. Als er darauf das prachtvolle Gewand ablegte, das man ihm gereicht hatte, um das anzulegen, das die Engel ihm gebracht hatten, schwebte das reichverzierte Kleidungsstück, das er auszog, während der Messe in der Luft, ohne daß es durch eine sichtbare Kraft gehalten wurde.

20. Mai

Bernhardin von Siena

Der gewaltigste Prediger des 15. Jahrhunderts war der hl. Bernhardin von Siena. Er wurde bereits sechs Jahre nach seinem Tode heiliggesprochen. Der hl. Vinzenz Ferrer sagte in einer Predigt auf wunderbare Weise voraus, sein Mantel werde auf einen seiner Zuhörer herabgleiten, dem er fortan die Heilspredigt in Italien überlassen könne: Es war der junge Bernhardin von Siena.

Am 8. September 1380, dem Fest Mariä Geburt, wurde der Senese Bernardino Albizzeschi, der »Apostel Italiens«, geboren. Er kam in einem vornehmen Palast in Massa-Carrara bei Siena zur Welt. Schon früh verlor er seine Eltern, aber seine Verwandten ermöglichten ihm eine standesgemäße Erziehung. Schon von Kind auf trug er eine besondere Verehrung des Namens Jesu und der Gottesmutter in seinem Herzen. Als junger Theologiestudent trat Bernhardin der Marienbruderschaft zur freiwilligen Pflege von Kranken bei.

Im Pestjahr 1400, in dem die entsetzliche Krankheit auch in Siena grausam wütete, stand Bernhardin zusammen mit einer kleinen Gruppe von Helferinnen und Helfern unerschrocken den Pestkranken bei.

In dieser Zeit reifte in ihm der Entschluß, fortan Gott als Mönch zu dienen. Am 8. September 1402 trat er in den Franziskanerorden → ein, zwei Jahre später erhielt er die Priesterweihe. Bernhardin wandte sich der strengsten Richtung des Ordens zu, den Franziskanern → von der Observanz. Bernhardin gründete schließlich im Jahr 1405 in der Einsamkeit von S. Onofrio ein kleines Kloster für sie. Auf dem Hügel von Fiesole bei Florenz verbrachte er dort etwa zehn Jahre.

Geboren: 1380 in Massa-Carrara (Italien)
Gestorben: 1444 in Aquila (Italien)
Berufung/Beiname: Franziskaner, Klostergründer, Prediger; »Apostel Italiens«
Wirkungsstätte: Italien
Bedeutung des Namens: der kleine Bernhard (althochdeutsch)
Namensformen: Bernhard, Bernardo, Bernd, Bernt
Patronat: Siena; Wollweber; gegen Blutungen

20. Mai

Als Generalvikar sorgte er emsig für die Ausbreitung des Ordens in ganz Italien. Als er starb, war die Anzahl der Observanten von 130 auf 4000 angewachsen.

Von 1417 an zog der Heilige bis zu seinem Tod lehrend und predigend durch Italien und »reinigte«, wie sein Biograph schreibt, »das Land von den Sünden, von denen es überfloß, und die Reumütigen strömten wie Ameisen zur hl. Beichte«. Bernhardin besaß alle Eigenschaften, die ihn für seine Aufgabe befähigten: Er war klug und geistreich, heiter und liebenswürdig im Umgang mit Menschen, gewinnend in seinem Auftreten, klar und überzeugend in der Sprache. Rasch breitete sich der Ruf des Sienesen überall aus. Die Kirchen konnten die Menge der Menschen oftmals nicht fassen, wenn der hagere Franziskaner die Kanzel betrat. Immer am Ende seiner Predigten ließ der Heilige eine Tafel mit den Initialen Jesu (JHS) aufstellen, um den Namen des Gottessohnes besonders zu ehren. Die starke Kraft seiner Predigten bewirkte, daß sich sogar feindliche Städte versöhnten, zerstrittene Familien wieder zusammenfanden und viele Gläubige erneut zum christlichen Lebenswandel zurückkehrten.

Auf dem Konzil zu Florenz im Jahr 1439 machte sich Bernhardin von Siena um die Union mit den Gläubigen in Griechenland verdient. Auf wunderbare Weise

Bernhardin von Siena wird meist als barfüßiger Franziskaner mit bartlosem, hageren Gesicht dargestellt, eine Tafel oder einen Stab mit dem von goldenen Strahlen umgebenen Christusmonogramm mit den Buchstaben IHS in der Hand.

»Der Heilige Bernhardin von Siena« auf einem Mosaik aus dem 15. Jahrhundert in S. Marco in Venedig.

verstanden ihn die Griechen, als habe er in ihrer eigenen Sprache zu ihnen gesprochen. Der Papst bot Bernhardin mehrere Bischofsstühle an. Doch Bernhardin lehnte dies ab. »Denn«, so sagte er, »ganz Italien ist meine Diözese.«

Während einer Reise nach Neapel kam der große Missionsprediger krank nach Aquila in den Abruzzen, ließ sich dort wie der hl. Franziskus auf die nackte Erde legen und starb am 20. Mai 1444. Sein Leib ruht in der nach ihm benannten Kirche in Aquila. Sein prachtvolles Grabmal schuf Silvestro dell'Aquila. Seine Totenmaske verwahrt das Museum zu Aquila.

Berühmt ist die Bildfolge aus dem Leben des hl. Bernhardin von Siena im Museum von Perugia, die der junge Perugino schuf.

Legende *Als der Heilige zum Prediger bestimmt wurde, fügte er sich demütig. Er war jedoch wegen seiner schwachen, heiseren Stimme besorgt, wie er diese Aufgabe bewältigen könnte. In seiner Not wandte er sich im Gebet an die Jungfrau Maria. Sogleich zischte eine feurige Kugel durch seinen Hals, die eine Geschwulst, die seine Stimme behindert hatte, hinwegbrannte, so daß die Heiserkeit wich. Gleichzeitig empfing er eine solche Erleuchtung, daß er die Menschenherzen durchschauen und die Mittel finden konnte, sie von ihren Sünden loszureißen und zu Gott zu führen.*

Als junger Mann besuchte Berhardin öfter seine Base in Siena. Gelegentlich verabschiedete er sich von ihr mit den Worten: »Behüte Dich Gott, ich muß jetzt zu meiner Liebsten.« Auf ihre Frage, wer diese sei, lobte er sie sehr ob ihrer Schönheit und ihres bezaubernden Wesens. Mehr verriet er nicht. Da wollte die Base sich selbst überzeugen. Heimlich schlich sie ihm nach und fand ihn, in einer Kapelle innig vor dem Gnadenbild Mariens betend. Da verstand sie ihn und gratulierte Bernhardin zu seiner guten Wahl.

21. Mai

Hermann Joseph

Geboren: um 1150 in Köln
Gestorben: 1241 in Hoven (Nordrhein-Westfalen)
Berufung/Beiname: Prämonstratensermönch, Mystiker
Wirkungsstätte: Eifel
Bedeutung des Namens: der Heeresmann (althochdeutsch)
Namensformen: Harmen, Haro, Harry, Hermin, Armin
Patronat: Kinder, Mütter, Uhrmacher

Hermann Joseph gilt als einer der liebenswürdigsten Mystiker des späten Mittelalters. Der hl. Hermann mit dem Beinamen Joseph, den er wegen seiner besonderen Liebe zu Maria und ihrer unbefleckten Reinheit erhalten hat, wurde um das Jahr 1150 in Köln geboren. Der sensible Junge war von seinem siebten Lebensjahr an mit Visionen begnadet. Schon früh betete er täglich mit kindlicher Andacht zur Gottesmutter, der er sich während seines ganzen Lebens stark verbunden fühlte. Er kam als Schüler in das Prämonstratenserkloster Steinfeld in der Eifel →. Als er erwachsen war, nahm er dieses Ordensgewand, wurde Sakristan → und empfing einige Jahre später die Priesterweihe. Aber auch seinen Mitmenschen gehörte seine tätige Liebe. Obwohl er sich lieber ganz einem beschaulichen Leben und dem Gebet gewidmet hätte, war Hermann Joseph doch voller Hingabe, wenn es galt, seinen Mitbrüdern behilflich zu sein.

Seine große Liebe zur Gottesmutter begeisterte ihn zur Abfassung schöner Hymnen, darunter befindet sich auch das Herz-Jesu-Lied. Trotz seiner ausgeprägten Keuschheit hatte Hermann Joseph schwere Versuchungen zu bestehen, die er aber immer wieder mit Hilfe seiner großen Marienverehrung besiegen konnte. Oft geriet er in Verzückung, so daß er mehr und mehr seiner Umgebung entrückte. In der Schule seiner körperlichen und seelischen Leiden reifte er zu herzgewinnender Demut heran. Sein letztes Amt im Kloster war die Betreuung seiner Beichtkinder und der Kranken in den Nachbardörfern. Als der über Neunzigjährige für die Zisterzienserinnen →von Hoven bei Zülpich wieder einmal den Karwochengottesdienst hielt, ereilte ihn der Tod. In der Abteikirche Steinfeld fand Hermann Joseph seine letzte Ruhestätte. Seine Reliquien befinden sich heute noch dort. Als sein Todesjahr wird in der Literatur 1241 angegeben.

Legende Eines Tages hatte Hermann Joseph einen besonders schönen, roten Apfel. Er rannte damit zum Marienbild in der Kirche, kniete nieder, streckte den Apfel dem Jesuskind entgegen und sprach: »Liebes Jesuskind, sieh, ich schenk dir diesen schönen Apfel.« Und das Jesuskind streckte tatsächlich seine Hand aus und nahm den Apfel an.
Ein anderes Mal, so erzählt man sich, erschien ihm die Himmelskönigin leibhaftig, umstrahlt von hellem Glanz, als er wieder einmal zu seiner lieben Mutter Maria in die Kirche ging. Neben ihr stand der hl. Johannes in Knabengestalt und spielte mit dem kleinen Jesus. Da winkte die Gottesmutter den verwunderten Hermann zu sich. Die Türe zum Chor, wo die himmlischen Gestalten standen, war aber durch das eiserne Gitter versperrt. Doch Maria befahl ihm, über die Türe zu steigen, und versprach ihm, dabei zu helfen. Hermann machte sich sogleich daran, die Schranke zu überwinden. Als ihn seine Kräfte verlassen wollten, reichte ihm die hl. Jungfrau die Hand und zog ihn empor.

Hermann Joseph wird meist dargestellt als Schüler mit Schreibzeug oder als junger Prämonstratensermönch mit Schüsseln und einem Kelch, aus dem Rosen hervorsprießen. Der flämische Maler Anthonis van Dyck hat Bernhardins mystische Vermählung mit der Muttergottes gemalt.

22. Mai

Rita von Cascia

Der Geist der hl. Rita von Cascia wirkt in der karitativen Genossenschaft der »Rita-Schwestern« noch immer fort. Nach ihrem Tode ereigneten sich bis heute so viele Wunder, daß sie am 24. Mai 1900 vom Papst heiliggesprochen wurde.

Rita kam um das Jahr 1380 in Roccaporena in Umbrien zur Welt. Sie wurde sechsundsiebzig Jahre alt. Schon als Kind zog sie sich sehr oft zum Gebet zurück. Doch als sie eines Tages den Wunsch äußerte, bei den Augustiner-Eremitinnen →in Cascia einzutreten, wollten die Eltern ihr Kind nicht hergeben. Um es nicht an die geistliche Welt zu verlieren, verheirateten sie das Mädchen schleunigst. Gehorsam willigte Rita ein, aber die Wahl ihrer Eltern war auf einen jähzornigen und gewaltsamen Mann gefallen. Achtzehn Jahre hindurch ertrug Rita alle Demütigungen ihres Mannes. Als ihr Gemahl schließlich eines Tages getötet wurde, wollten ihre beiden Söhne an dem Mörder ihres Vaters Rache nehmen. In ihrer Not flehte Rita zu Gott, er möge diese Blutrache verhindern und damit wenigstens das Seelenheil ihrer Kinder retten. Gott erhörte ihre Bitte, denn beide Söhne starben kurz hintereinander an einer Seuche.

Rita hielt nun nichts mehr davor zurück, ihren Jugendwunsch zu erfüllen. Nach anfänglichen Ablehnungen wurde sie endlich ins Kloster aufgenommen. Ihr letzter Lebensabschnitt gehörte ganz der Sühne und Buße. Sie bemühte sich mit allen Kräften, den Ordensgelübden und den Ordensregeln gerecht zu werden. Sie fastete und schlief auf dem blanken Fußboden. Als Zeichen ganz besonderer Gnade erhielt Rita für ihre innige Verehrung der Passion Christi mit sechzig Jahren das Stigma der Dornenkrönung in Gestalt einer offenen Wunde am Kopf. Rita starb am 22. Mai 1457 in Cascia bei Spoleto.

Geboren: um 1380 in Roccaporena (Italien)
Gestorben: 1457 in Cascia (Italien)
Berufung/Beiname: Augustinernonne, Mystikerin
Wirkungsstätte: Italien
Bedeutung des Namens: die Perle (von Margaretha; griechisch)
Namensformen: Margarit, Margit, Margot, Margret
Patronat: Rita-Schwestern, Rita-Caritaswerk; in Examensnöten, bei scheinbar aussichtslosen Anliegen

Die hl. Rita von Cascia wird als Augustinernonne dargestellt, die betend vor dem gekreuzigten Christus kniet. Von Chrsiti Dornenkrone springt ein Dorn ab und verletzt die Heilige an der Stirn – ein Hinweis auf Ritas Stigmatisierung. In manchen Darstellungen überreicht Maria der hl. Rita eine Rosenkrone.

Legende Das Patronat der hl. Rita von Cascia als Helferin für scheinbar Unmögliches wurde aus folgender Geschichte abgeleitet: Einige Jahre vor ihrem Tod erhielt Rita eines Tages den Besuch ihrer Verwandten. Es war mitten im Winter, und Rita litt an einer schweren Krankheit. Als ihre Gäste sie nach einem besonderen Wunsch fragten, dachte die Heilige still nach und sagte dann, daß sie eine Rose aus dem Garten ihrer Eltern haben möchte. Man glaubte, sie habe den Verstand verloren, denn wie sollte man ihr mitten im Winter eine Rose bringen können? Um ihr den Wunsch scheinbar zu erfüllen, ging einer ihrer Verwandten nach Roccaporena, und siehe da, er brachte eine frische Rose mit zurück. An diese Legende erinnert noch heute der Brauch der Rosenweihe am 22. Mai. Einmal bat die Heilige vor dem Bild des Gekreuzigten Herrn, ihr einen Dorn aus seiner Krone zu schenken, damit auch sie für ihn leiden könne. Da sprang ein Dorn ab, traf ihre Stirn und hinterließ eine blutende Wunde, die bis zu ihrem Tod zu sehen war.

23. Mai

Renata

Geboren: 1544 in Lothringen (Frankreich)
Gestorben: 1602 in München
Berufung/Beiname: Wohltäterin, Hospitalsgründerin
Wirkungsstätte: Bayern
Bedeutung des Namens: die Wiedergeborene (lateinisch)
Namensformen: Renate, Rena, Reni, Renée

Die fromme Herzogin Renata von Bayern ist von der Kirche zwar noch nicht kanonisiert worden, aber im Volk wird sie schon lange als Heilige verehrt.

Renata wurde am 20. April 1544 als Tochter Franz I. von Lothringen und dessen Gemahlin Christine geboren. Als Kind durch Anrufung der Gottesmutter von einer tödlichen Krankheit wunderbar geheilt, verehrte sie Maria zeitlebens ganz besonders. Ihre Vermählung mit Herzog Wilhelm V., mit dem Beinamen »der Fromme«, im Jahre 1568 wurde von Massimo di Trojano beschrieben und besungen. Das Paar war in Gott geeint, »ein Herz und eine Seele«, berichtet der Chronist. Der Herzog selbst war der Inbegriff eines christlichen Fürsten und hatte in Renata eine gleichgesinnte Frau gefunden. Viele Talente und große Frömmigkeit zeichneten die junge Landesmutter aus, so daß sie rasch vom Volk verehrt und geliebt wurde. Alles, was sie tat, geschah aber zur Ehre Gottes. So versuchte sie, jegliche Not, von der sie Kenntnis erhielt, zu lindern, ohne dabei an sich oder ihren Vorteil zu denken. Sie unterstützte Arme und Kranke, unermüdlich ging sie den Weg der Nächstenliebe und half überall mit Rat und Tat.

Renata gebar zehn Kinder, darunter den späteren Kurfürsten Maximilian I., den Führer der Katholischen Liga und großen Streiter im Dreißigjährigen Krieg. Als Herzog Wilhelm im Jahr 1597 abdankte, gelobte das Herzogspaar, das Leben von nun an ganz im Geiste Gottes zu verbringen. Die sel. Renata empfing jede Woche die hl. Kommunion, was zur damaligen Zeit eine ungewöhnliche Ausnahme war, und widmete sich dem Gebet und der Betrachtung. Renata gründete aus eigenen Mitteln das Elisabethenhospital und unterstützte den Herzog beim Bau des Herzogspitals. Die Stiftungen existieren in München noch heute.

Renatas strenge Fastenübungen waren sehr beeindruckend, denn sie nahm, wie berichtet wird, täglich nur etwa eine Eierschale voll Nahrung zu sich. Die Herzogin Renata besuchte die Krankenhäuser und die Stätten des Elends mit größerem Eifer als ihr Hofstaat die prunkvollen, fürstlichen Vergnügungen.

Am 20. April 1602 unternahm Renata zusammen mit ihrem Gatten eine Wallfahrt, die ihre letzte sein sollte. Zunächst besuchte das Herzogspaar Ebersberg, um dort den hl. Sebastian zu verehren. Von dort reiste das Herzogspaar weiter zur Muttergottes von Altötting. Hier befahl die Herzogin Renata ihr Land dem besonderen Schutz der hl. Jungfrau – und hier erkrankte sie. Renata, die sofort wußte, daß sie diese Krankheit nicht überleben würde, traf, sobald das Paar nach München zurückgekehrt war, alle Vorbereitungen für ihren Tod.

Renata wurde am 23. Mai in St. Michael in München, in der von Herzog Wilhelm erbauten Jesuitenkirche, feierlich beigesetzt. In der Gruft unter dem Hochaltar dieser Kirche fand sie ihre letzte Ruhestätte.

Kurz bevor die sel. Renata am 22. Mai 1602 starb, betete sie zu Gott: »Ich bin schwach vor lauter Liebe, ziehe mich zu Dir, o Herr!«

24. Mai

Magdalena Sophie Barat

Eine der bedeutendsten Frauen des letzten Jahrhunderts ist die 1925 heiliggesprochene Sophie Madeleine Barat. Sie ist die Gründerin der »Gesellschaft der Ordensfrauen vom heiligen Herzen Jesu«, der »Dames du Sacré Coeur«, einer für die Kirche wohl ähnlich wichtigen Gemeinschaft zur Erziehung der weiblichen Jugend wie die Ursulinen →, deren Gründerin die hl. Angela Merici war.

Magdalena wurde am 13. Dezember 1779 in Joigny/Yonne in Burgund als Tochter eines Winzers geboren. Erzogen wurde sie von ihrem älteren Bruder Louis, dem sie ihre ausgezeichnete Bildung verdankte. Magdalena mußte miterleben, wie ihre Altersgenossinnen, vornehmlich die durch die Französische Revolution ihrer Eltern beraubten adligen Töchter, ohne jegliche Erziehung und moralischen Halt aufwuchsen. Diese Erkenntnis veranlaßte sie am 21. November 1800 zur Gründung der Gesellschaft der »Dames du Sacré Coeur«, die sich die Erziehung der weiblichen Jugend zur Aufgabe machte.

Die Ordensregeln der Damen vom heiligen Herz Jesu folgen weitgehend denen der Jesuiten →, was sicher auf den Einfluß ihres geistlichen Freundes, des Jesuitenpaters Varim, zurückgeht. Von Amiens aus, der ersten der von ihr betreuten Jugendanstalten, breitete sich der Orden schnell weit über Europas Grenzen hinaus aus, wozu sicher auch die ausgezeichneten Fremdsprachenkenntnisse Magdalenas beigetragen haben dürften.

Drei Jahre nach der Ordensgründung wurde Mutter Magdalena Sophie Barat zur ersten Generaloberin des neuen Ordens gewählt – ein Amt, das sie zweiundsechzig Jahre lang verantwortungsvoll innehatte. So ist es auch nicht verwunderlich, daß gerade der Hochadel dem jungen Orden vom heiligen Herzen Jesu mit besonderer Vorliebe seine Töchter zur Erziehung anvertraute.

Mutter Magdalenas großes Werk verlangte von ihr selbst schier übermenschliche Kräfte und unendliches Gottvertrauen, daneben aber auch Zuversicht und Klugheit. Damit ihre ehemaligen Zöglinge auch nach ihrer Entlassung aus dem Institut weiterhin in ihrer religiösen Einstellung bestärkt wurden, gründete sie den Bund der »Marienkinder«, denn Magdalena Sophie Barat ging davon aus, daß jede Frau besonders in ihrer Familie imstande sein mußte, ihre apostolische Aufgabe als Hüterin und Missionarin des Glaubens zu erfüllen.

Alle seelischen Enttäuschungen, die ihr widerfuhren, alle körperlichen Leiden, die ihr auferlegt wurden, ertrug sie stets ohne Klage. Für ihre Mitschwe-

Geboren: 1799 in Joigny/Yonne (Frankreich)
Gestorben: 1865 in Paris
Berufung/Beiname: Ordensgründerin, Generaloberin
Wirkungsstätte: Frankreich
Bedeutung des Namens: die aus Magdala Stammende (hebräisch)
Namensformen: Magdalene, Madeleine, Madelon, Madlen, Madlon, Magda, Lena
Patronat: Lausanne, Genf, Straßburg

Magdalena Sophie Barat wird in ihrer schwarzen Ordenstracht mit weißer Rüschenhaube, langem, schwarzen Schleier und silbernem Brustkreuz dargestellt.

stern und die Schülerinnen sorgte die Generaloberin Magdalena mit wahrhaft mütterlicher Liebe und Umsicht, aber sie verlangte ebenso die genaueste Einhaltung der Regel und war dabei selbst ein Beispiel vollkommenster Disziplin. Die Generaloberin Magdalena Sophie Barat durfte noch miterleben, daß ihre bescheidenen Anfänge reiche Frucht trugen, denn bis zu ihrem Tod waren fünfundachtzig Niederlassungen mit über 4000 Ordensfrauen entstanden. Magdalena Sophie Barat starb am 25. Mai 1865 im Alter von fünfundachtzig Jahren in Paris. Beigesetzt wurde sie in Jette-Saint-Pierre bei Brüssel.

Heute tragen die Sacré-Cœur-Schwestern statt ihrer traditionellen Ordenstracht ganz normale, weltliche Kleidung.

25. Mai

Beda Venerabilis

Geboren: um 673 in Nordengland
Gestorben: 735 in Jarrow (England)
Berufung/Beiname: Benediktinermönch, Kirchenlehrer; »der Ehrwürdige«, »Vater der englischen Geschichtsschreibung«
Wirkungsstätte: England
Bedeutung des Namens: der ehrwürdige Kämpfer (angelsächsisch)
Namensformen: Bata, Batu

Beda der Ehrwürdige ist der erste Theologe des Mittelalters, der in unserem Sinne wissenschaftlich arbeitete. Erst seit 1899 zählt er zu den Kirchenlehrern. Sein wissenschaftliches Arbeiten blieb aber nicht nur auf theologische Themen beschränkt. Bedeutende Werke zur Naturwissenschaft, zur Geschichtsschreibung und zur Deutung der Antike gehören zu seinen schriftstellerischen Leistungen. Beda Venerabilis verfaßte für seine Schüler das erste englische Lehrbuch für Grammatik und Rechtschreibung. Beda mit dem Beinamen »Der Ehrwürdige« gilt als ein Vorläufer der Scholastik und wird als »Vater der englischen Geschichtsschreibung« bezeichnet. Er hat auch die erste Klostergeschichte des Abendlandes verfaßt, und zwar über das Kloster Wearmouth in England.

Das Martyrologium → des Beda Venerabilis, das erste »historische«, wurde Vorbild für alle folgenden Martyrologien. Seine Schriften beeinflußten lang und nachhaltig die theologische und historische Wissenschaft des Abendlandes.

Beda wurde um 673 in Northumberland geboren. Wie es damals üblich war, kam er schon als Schüler in die Benediktinerabtei St. Paul zu Wearmouth. Später wurde Beda Benediktinermönch im neugegründeten Kloster Jarrow in Nordengland, wo er bis zu seinem Tod blieb. Mit dreißig Jahren empfing der gelehrte Benediktinermönch die Priesterweihe. Nun widmete er sich vor allem der Exegese, das heißt der Auslegung der Heiligen Schrift. Er wurde ein so bedeutender Wissenschaftler und Lehrer, daß zahlreiche Schüler sich im Kloster Jarrow um ihn scharten. Einflußreiche und gelehrte Männer gingen aus seinem Schülerkreis hervor. Groß war auch der Einfluß, den der so stille und weise Mönch von seiner Zelle aus auf das ganze Land ausübte. Sogar der englische König Geolwulf holte sich in wichtigen Fragen bei ihm Rat.

Darstellungen von Beda Venerabilis gibt es fast nur in England. Er erscheint meist im Ordenskleid der Benediktiner mit Federkiel und Lineal, ein Buch lesend.

Beda, der Ehrwürdige, verschliß bei seinem unermüdlichen Arbeitseifer seine Kräfte frühzeitig. Es stellten sich bei ihm schon in jungen Jahren quälende Leiden ein, die ihn aber in seiner wissenschaftlichen Tätigkeit nicht allzu sehr zu hemmen vermochten. Beda arbeitete trotz Krankheit, so gut es noch ging, bis zum letzten Tage, ja, wie berichtet wird, bis zur letzten Stunde seines Lebens. Der große Benediktiner starb am 26. Mai des Jahres 735. Sein Grab befindet sich in der Kathedrale von Durham in der Nähe von Jarrow.

Legende Weil der gelehrte Mönch im Alter erblindet war, mußte er einen Begleiter haben, der ihn auf seinen Wegen führte. Nun geschah es einmal, daß sie durch ein einsames Tal zogen, das mit großen Gesteinsbrocken übersät war. Da ergriffen seinen Begleiter Übermut und Spottlust, und er sagte zu dem blinden Beda: »Hier ist viel Volk versammelt, das andächtig und in Schweigen deiner Worte harrt.« Alsbald fing Beda mit Inbrunst an zu predigen. Als er zu Ende gekommen war, sprach er: »In Ewigkeit…« Und »Amen, ehrwürdiger Vater«, antworteten die Steine mit lauter Stimme. Aufgrund dieses Ereignisses soll ihm der Name »der Ehrwürdige« gegeben worden sein.

26. Mai

Philippus Neri

Reinhard Raffalt schreibt: » Die Gestalt dieses Heiligen hat ihr geistliches Licht mit heiterer und zwingender Kraft über das Rom des 16. Jahrhunderts geworfen. Dieser außerordentliche Mann, der so ernsthaft demütig war, daß er gegen Ende seines Lebens äußerte, nun sei es wirklich an der Zeit für ihn, endlich mit dem Gutsein und dem rechten Lebenswandel anzufangen, hat in Rom ein neues Element in die Frömmigkeit eingeführt, das bis dahin beinahe als blasphemisch gegolten hatte: den Humor. Er ist der lachende Heilige, der seinen begeisterten jugendlichen Zuhörern die merkwürdigsten Witze erzählt, der sich, sobald es um ihn und seine mystische Gottnähe ernst wurde, in die verfallenen Schlupfwinkel der Katakomben verkroch, aus denen er dann wieder strahlend, lebensfreudig und von schallendem Gelächter begleitet, hervorkam. Diesem berühmten Mann verdanken wir es, daß in der katholischen Welt, auch nach den Erschütterungen der Reformation, die Freude an der Schöpfung und am Heiligen Geist durch die Erfahrung menschlicher Trübsal und Sündhaftigkeit keine Einbuße erlitt.«

Philipp Neri, der »fröhliche Narr«, wie man ihn auch nannte, wurde am 23. Juli 1515 in Florenz geboren. Die Dominkaner → von S. Marco verstanden es bestens, den aufgeweckten und begabten Jungen für Theologie und Wissenschaft zu begeistern. Später sagte er in Rom: »Was ich seit meiner Jugendzeit Gutes an mir gehabt habe, das verdanke ich den Patres von San Marco.«

Die Familie schickte ihn zu seinem Onkel Philipp nach S. Germano bei Montecassino in die Kaufmannslehre. Der Onkel hatte keine Kinder, aber ein gutgehendes Geschäft, das Philippus Neri einmal erben sollte. Für den gab es jedoch wichtigere Dinge als Geld und Besitz. Er ging nach Rom, und da er völlig mittellos war, begann er sofort, eine Arbeit zu suchen. Er traf einen florentinischen Adligen, den Baron Caccia, der ihm die Erziehung seiner Kinder anvertraute.

Gleichzeitig begann für ihn eine Zeit der geistigen Vorbereitung für ein Leben, das Rom und die katholische Kirche verwandeln sollte. Philippus pflegte Kranke in den Spitälern, er unterhielt sich mit dem einfachen Volk und traf sich mit der Straßenjugend. Seine reformierende Arbeit praktizierte er unaufdringlich und geduldig, eingebettet in seine unwiderstehliche Fröhlichkeit und Güte.

Als Philippus Neri sechsunddreißig Jahre alt war, erreichte sein Beichtvater endlich, daß er sich zum Priester weihen ließ. Zur Pflege von Rompilgern und der Genesenden gründete Philippus daraufhin die Bruderschaft zur Heiligen

> **Geboren:** 1515 in Florenz (Italien)
> **Gestorben:** 1595 in Rom
> **Berufung/Beiname:** Ordensgründer, Mystiker; »der fröhliche Narr«
> **Wirkungsstätte:** Italien
> **Bedeutung des Namens:** der Pferdefreund (griechisch)
> **Namensformen:** Philipp, Philippe, Filippo, Pippo, Felipe
> **Patronat:** Mantua, Neapel, Rom; Humoristen; gegen Rheuma; gegen Erdbeben

Über ein Bild im Palazzo Doria in Rom, das den hl. Philippus Neri als Knaben darstellt, äußerte Goethe: »Man wüßte sich keinen gesünderen, geradsinnigeren Knaben zu denken.«

26. Mai

Der hl. Philippus Neri wird meistens in der Tracht der Kongregation der Oratorianer dargestellt, mit Stab und Rosenkranz und flammendem Herzen.

Der französische Gesandte de Brosse berichtet, daß einmal ein Besucher von S. Maria in Vallicella, der Kirche, in der der Heilige täglich viele Stunden im Beichtstuhl verbrachte, zu seiner größten Verwunderung vor dem Altar einen schwebenden Menschen erblickte. Einen Laienbruder, der die Kirche putzte, schien das nicht zu berühren, denn er kehrte unbekümmert mit seinem Besen unter dem Beter her. Auf die erstaunte Frage des Besuchers, was sich denn hier Wunderbares ereigne, antwortete er, als sei dies die selbstverständlichste Sache der Welt: »Gar nichts! Vater Philippus ist nur in Verzückung.«

Dreifaltigkeit. Seine segensreiche Tätigkeit im Beichtstuhl von S. Maria in Vallicella begann. Schon nach kurzer Zeit war es, als hätte sich ganz Rom ihn zum Beichtvater erwählt, denn der Zustrom zu ihm war unbeschreiblich. Andererseits verstand sich Philippus als Apostel des römischen Volkes und hielt ihm flammende Predigten. Bald bildete sich um ihn herum eine Gemeinde, die sich regelmäßig zu Gebet und geistlichem Gespräch in S. Girolamo zusammenfand. Er gab diesen Versammlungen die Bezeichnung »Oratorium«, und hieraus entwickelte sich die Kongregation gleichen Namens.

Diese ungewöhnliche Missionsmethode stieß jedoch auch auf Widerstand. Spott, Schimpf und Verleumdung mußte er von nun an abwechselnd ertragen. Die Anschuldigungen waren zuweilen so schwerwiegend, daß man ihm sogar verbot, die Messe zu lesen und Beichte zu hören. Philippus ertrug das alles mit Demut und sprach: »O, wie gütig ist Gott, daß er mich demütigt!« Man hob diese Maßregelungen aber bald wieder auf, und einer seiner Hauptspötter, der sich von der Untadeligkeit des Philippus Neri hatte überzeugen lassen, bat ihn ausdrücklich um Verzeihung und wurde später einer seiner eifrigsten Schüler.

Alle Ehrenerweise sowie hohe kirchliche Ämter schlug Philippus aus. Als er bemerkte, daß er ein vielbeachteter Mann geworden war, bediente er sich einer merkwürdigen Waffe zur Abwehr: Er machte sich zum Narren. Er begann mit den abenteuerlichsten Streichen, um sich selber der Lächerlichkeit preiszugeben. So sah man ihn mit halbrasiertem Bart durch die Straßen wandern oder wie einen ABC-Schützen in einem großen Buch buchstabieren. Dann wieder ging er in einem kostbaren Pelz aus, um den Ruf seiner Armut zu zerstören, oder er zeigte sich den Leuten, indem er wie ein Geck an einem Ginsterstrauch roch. Eines Tages erschien er in einem knallroten Hemd, damit die Leute an seiner unpassenden priesterlichen Kleidung Anstoß nehmen sollten. Doch fast niemand glaubte ihm diese Possen, und er blieb der bestaunte Prediger, ja, seine Anhängerschaft wurde nur noch größer. Sogar der hl. Ignatius und Karl Borromäus sollen sich unter seine Zuhörer gemischt haben. Die von ihm gegründeten Oratorianer →, zu denen man sich zumal aus gelehrten Kreisen drängte, wurden zu einer Gemeinschaft mit tiefer religiöser Bildung. Philippus starb als Achtzigjähriger am Abend des Fronleichnamstages im Jahre 1595. Sein Grab befindet sich in der von ihm begründeten Chiesa Nuova. Er wurde 1622 heiliggesprochen

Legende Über Philippus Neri schreibt Goethe in seiner »Italienischen Reise«: »Als Philippus Neri die Kongregation der Padri dell'Oratorio gestiftet hatte, die sich bald ein großes Ansehen erwarb und gar vielen den Wunsch einflößte, Mitglied derselben zu werden, kam ein junger römischer Prinz, um Aufnahme bittend, welchem denn auch das Noviziat und die demselben angewiesene Kleidung zugestanden wurde. Da er aber nach einiger Zeit um endgültigen Eintritt nachsuchte, hieß es, daß vorher noch einige Prüfungen zu bestehen seien, wozu er sich denn auch bereit erklärte. Da brachte Neri einen langen Fuchsschwanz hervor und forderte, der Prinz solle diesen sich hinten an das lange Röckchen anheften lassen und ganz ernsthaft durch alle Straßen von Rom gehen. Der junge Mann sagte, er habe sich gemeldet, nicht um Schande, sondern um Ehre zu erlangen. Da meinte Vater Neri, dies sei von ihrem Kreise nicht zu erwarten, wo die höchste Entsagung das erste Gesetz bleibe. Worauf denn der Jüngling seinen Abschied nahm.«

27. Mai

Blandina

Von den Blutzeugen, die während der Christenverfolgung im Jahr 177 unter dem römischen Kaiser Marc Aurel (161–180) in Lyon den Tod zu erleiden hatten, haben wir genaue zeitgenössische Kunde. Die Gemeinde von Lyon verfaßte nämlich darüber einen Bericht, der als Brief an die Gemeinden von Kleinasien und Phrygien gesandt wurde. Überbringer des Berichts war der Priester Irenäus aus Lyon. Eusebius von Cäsarea nahm den Bericht in seine Kirchengeschichte auf.

Hauptargument der aufgebrachten heidnischen Obrigkeit für die verhängte Hinrichtung war die Behauptung, die Christen töteten bei ihrem Meßopfer ein Kind, sie würden das geopferte Fleisch essen und dessen Blut trinken.

Diese absurde Annahme erklärt sich aus dem für die damaligen Heiden noch zu wenig bekannten Ritus der christlichen Meßfeier. Sie konnten sich eine Opferfeier, bei der Wein in Christi Blut verwandelt wurde, nicht vorstellen. Die aus dem Zusammenhang gerissenen Wandlungsworte der hl. Eucharistie taten ein übriges, um sie in ihrer falschen Überzeugung zu bestärken. Ein weiterer, schwerwiegender Anklagepunkt war die angebliche Blutschande unter den Christen. Dieser Irrtum beruhte vor allem auf der frühchristlichen Bezeichnung der Gemeindemitglieder untereinander, die sich mit »Bruder« und »Schwester« anredeten und oft unter einem Dach in Gemeinschaft zusammenlebten.

Dieser für uns unvorstellbaren Taten, die auch nach damaligem Recht zu den Kapitalverbrechen zählten, bezichtigte man nun auch die hl. Blandina. Zusammen mit Ponthius, dem Bischof von Lyon, dem Diakon Sanctus von Vienne →, mit Maturus und dem erst aus Kleinasien zugezogenen Attalus saß die Christin Blandina im Gefängnis und wartete auf ihren Tod.

Blandina war schwächlich von ihrer Konstitution her, und die Folterknechte glaubten deshalb, gerade die junge Frau durch Foltern zum Glaubensabfall bewegen zu können. Das gelang ihnen jedoch nicht. Deshalb führte man sie anschließend in die Arena und band sie an einen Pfahl, auf daß die wehrlose Christin von den hungrigen Löwen zerfleischt würde. Aber die Löwen waren wie gebannt, legten sich ihr sogar zu Füßen und leckten ihre Wunden. Um sie trotzdem zum Glaubensabfall zu veranlassen, wurde Blandina nun gezwungen mitanzusehen, wie verurteilte Christen vor ihren Augen grausam gefoltert und von den wilden Tieren schließlich zerrissen wurden.

Als alles nichts nutzte, geißelte man die tapfere Christin, wickelte sie danach in ein Netz ein und gab sie einem rasenden Stier preis. Ihr langes Martyrium ist ausführlich im sogenannten »Brief der Kirche von Lyon und Vienne« beschrieben und ist nachzulesen beim antiken christlichen Schriftsteller Eusebios.

Doch es sollte ganz anders kommen. Wider Erwarten ging das gereizte Tier nicht auf Blandina los, sonder ließ sie unversehrt. Um das Todesurteil an ihr zu vollstrecken ließ man sie durch einen Soldaten enthaupten.

In Poitiers in Frankreich wurde in späterer Zeit zu Ehren der hl. Märtyrerin Blandina der Blandinenverein → gegründet, der sich ganz besonders weiblicher Dienstboten annimmt.

Geboren: wahrscheinlich in Lyon (Frankreich)
Gestorben: 177 in Lyon
Berufung/Beiname: Märtyrerin
Wirkungsstätte: Frankreich
Bedeutung des Namens: die Schmeichlerin (lateinisch)
Namensformen: Blanda, Dina, Ina
Patronat: Lyon; Dienstmädchen, Jungfrauen

Blandina wird dargestellt mit einem Stier neben sich und einem Netz in der Hand, weil sie den wilden Tieren angeblich im Netz vorgeworfen wurde. Als weiteres Marterwerkzeug ist ihr ein Rost beigegeben.

28. Mai

Germanus von Paris

Geboren: 496 bei Autun (Frankreich)
Gestorben: 576 in Paris
Berufung/Beiname: Eremit, Abt, Bischof
Wirkungsstätte: Frankreich
Bedeutung des Namens: der leibliche Bruder (lateinisch)
Namensformen: German, Germain
Patronat: Gefangene; Musik; gegen Feuer und Fieber

Dargestellt wird Germanus als Bischof mit Ketten und Schlüssel in der Hand, weil er für die Gefangenen zu Gott gebetet hat, und ein Haus, das in Flammen steht, neben sich, da der Heilige der Legende nach den Brand durch sein Gebet löschen konnte.

Eine alte Chronik erzählt die mit Legendärem vermischte Geschichte des hl. Germanus von Paris folgendermaßen: »Germanus verdankte schon sein Dasein dem Schutze Gottes, denn seine Mutter kam wegen der vielen Kinder, die sie hatte, auf den Gedanken, ihn vor seiner Geburt zu töten. Allein alle Mittel, die sie anwendete, halfen nichts: Germanus erblickte gesund und kräftig das Licht der Welt. Eine zweite Gefahr überstand er ebenfalls glücklich. Seine Tante, die selbst einen Sohn hatte, wollte Germanus um der Erbschaft willen aus dem Weg räumen. Sie füllte zwei Gläser mit Wein, in das eine hatte sie Gift gemischt. Dann befahl sie der Magd, die Getränke den beiden Jungen zu bringen. Diese verwechselte die Gläser, und der andere trank das Gift; Germanus war gerettet.«

Im Jahre 496 kam in der Nähe von Autun in Frankreich der hl. Germanus zur Welt. Seine geistliche Erziehung erhielt er von seinem Vetter, der ein frommer Priester war und ihn liebevoll als seinen Schüler aufnahm.

Fünfzehn Jahre lang lebte Germanus bei seinem Vetter. Der sel. Agrippinus, Bischof von Autun, hörte von seiner großen Frömmigkeit und bestimmte ihn zum Abte des Klosters St. Symphorian, nachdem er ihm die Priesterweihe gespendet hatte. Das geschah um das Jahr 540. Germanus aber blieb auch in dieser gehobenen Position frei von jeder Überheblichkeit. Trotz seines verantwortungsvollen Amtes hielt er sich stets für den Geringsten unter seinen Mitbrüdern. Seine größte Freude war, den Armen, die er beherbergte, Gutes zu tun, und jene, die bedürftig waren, mit Speisen und Kleidung zu versorgen.

Als der Bischof von Paris starb, wurde Germanus zu dessen Nachfolger gewählt. Vier Jahre zuvor hatte ihm Gott in einer Traumvision schon jene bedeutsame Entwicklung angedeutet. Es war ihm ein ehrwürdiger Greis erschienen, der ihm die Schlüssel der Tore der Stadt Paris mit den Worten übergab: »Ich gebe dir diese Schlüssel, damit du die Einwohner von Paris vor dem Untergang rettest.« Das Leben des neuen Bischofs blieb aber weiterhin nach seinem bisherigen klösterlichen Lebensstil ausgerichtet. Denn fast die ganze Nacht widmete er dem Gebet, sommers und winters trug er dieselbe ärmliche Kleidung. Er speiste meist zusammen mit mehreren Armen, die er selbst bediente. Jede Stunde des Tages war er für Unglückliche und Notleidende zu sprechen. Germanus predigte mit dem größten Eifer, und bald war die Stadt Paris wie umgewandelt. Alle fühlten sich durch den Prediger zu einem christlichen Leben aufgerufen. Sogar der französische König Childebert I. begann, immer mehr die Barmherzigkeit Jesu bei seinen Staatsgeschäften zu berücksichtigen.

Germanus hatte besonders großes Mitleid mit allen Gefangenen, die damals meist sehr grausam behandelt wurden. Gebet, Fürbitten und Geld wendete er auf, um sie zu befreien. Daher bekam er auch das Patronat der Gefangenen.

Am 28. Mai 576 starb Germanus nach einem entbehrungsreichen, aber ausgefüllten Leben. Er wurde in dem von ihm gegründeten Kloster St. Germain-des-Prés in Paris begraben. Seine Reliquien sind jedoch während der Französischen Revolution verschwunden.

Mechthild von Dießen

29. Mai

Aus dem mächtigen Geschlecht der Grafen von Dießen-Andechs-Meran gingen zahlreiche Heilige und Selige hervor. Eine davon war die sel. Mechthild von Dießen. Das vorzüglich erhaltene Deckenfresko im Altarraum der heutigen Stiftskirche in Dießen am Ammersee zeigt insgesamt achtundzwanzig Heilige und Selige aus diesem Grafengeschlecht. Neben der sel. Mechthild sind die bekanntesten Heiligen der hl. Rasso, Begründer des Wallfahrtsortes Andechs, die hl. Hedwig von Schlesien und die hl. Elisabeth von Thüringen.

Die sel. Mechthild war die Tochter des Grafen Berthold II. Sie wurde im Jahr 1125 geboren. Im Kanonissenstift St. Stephan in Dießen am Ammersee erhielt sie ihre ausgezeichnete Erziehung. Danach entschloß sie sich ohne Zögern, als Chorfrau in das Augustinerchorherrenstift → Dießen einzutreten.

Mit tiefem Ernst versuchte sie, ihren neuen Verpflichtungen gerecht zu werden. Um sich in der christlichen Tugend der Demut zu üben, unterwarf sie sich den niedrigsten Arbeiten. Man übertrug ihr jedoch bald schon wichtigere Aufgaben. Neben der Verwaltung des Stifts wurde sie mit der Leitung der Stiftsschule betraut. Alten Berichten zufolge muß Mechthild über ein ausgesprochenes pädagogisches Talent verfügt haben. Mit ihrem jungen, frischen Wesen und ihrer stets gleichbleibenden Bescheidenheit eroberte sich Mechthild schnell das Vertrauen ihrer Untergebenen und die Liebe ihrer Schülerinnen.

Im Alter von achtundzwanzig Jahren befahl ihr der Bischof von Augsburg, die Wahl zur Äbtissin des Klosters Edelstetten bei Krumbach in Schwaben anzunehmen. Das Frauenstift war zu dieser Zeit sehr heruntergewirtschaftet. Mechthild erreichte zwar, daß sich die wirtschaftliche Lage des Klosters besserte, aber es gelang ihr nicht, eine grundlegende Veränderung im Kloster herbeizuführen – trotz mancher eingeleiteter Reformen und der liebevollen Güte, mit der sie um das Wohl der ihr anvertrauten Schwestern besorgt war. Müde und enttäuscht kehrte sie nach einigen Jahren wieder in ihr geliebtes Kanonissenstift nach Dießen zurück. Sie war in dieser Zeit trotz ihrer Jugend bereits zu einer leidenden Frau geworden. Zu Ostern des Jahres 1160 wurde sie ernstlich krank, und am 31. Mai desselben Jahres schließlich starb sie in den Armen ihrer Schwestern.

Mechthilds Fähigkeit, im Namen Gottes Wunder vollbringen zu können, wird in der Heiligenliteratur immer wieder hervorgehoben. Man berichtet unter anderem, daß sie Besessene geheilt, Stummen die Sprache und einer am Auge schwer verletzten Schwester durch bloße Berührung mit der Hand das Augenlicht wiedergegeben hat. Auch geriet die sel. Mechthild oftmals in Verzückung. Daß ihre Gebeine bei ihrer Erhebung im Jahr 1468 »unverdorben« aufgefunden wurden, kann ebenfalls ein Wunder genannt werden.

Als die jetzige, prachtvolle Kirche in Dießen entstand (1728–1755), wurden ihre Reliquien in einem Glasschrein auf dem St.-Magdalenen-Altar geborgen. Dort werden sie bis heute verehrt. Ein schönes Barockbild der hl. Mechthild aus dem 18. Jahrhundert wird in der Sakristei der Stiftskirche zusammen mit einem Bild des hl. Rasso aufbewahrt.

Geboren: 1125 in Andechs (Bayern)
Gestorben: 1160 in Dießen (Bayern)
Berufung/Beiname: Augustinerchorfrau, Äbtissin, Reformerin
Wirkungsstätte: Bayern
Bedeutung des Namens: die machtvolle Kämpferin (althochdeutsch)
Namensformen: Mechta, Meta, Mete, Hilda, Hilde
Patronat: gegen Gewitterschäden; gegen Augenleiden und Kopfschmmerzen

Dargestellt wird Mechthild als Nonne mit Äbtissinnenstab und einem Kelch mit Hostien in der Hand. Ein alter Stich zeigt sie, wie sie die kranken Augen einer Mitschwester berührt und dadurch heilt.

30. Mai

Johanna von Orléans

Geboren: 1412 in Domrémy (Frankreich)
Gestorben: 1431 in Rouen (Frankreich)
Berufung/Beiname: Seherin
Wirkungsstättn: Frankreich
Bedeutung des Namens: die, an der Gott gnädig gehandelt hat (von Johannes; hebräisch)
Namensformen: Hanna, Hanne, Giovanna, Juana, Janet, Jenny
Patronat: Frankreich (Nationalheilige), Orléans, Rouen; Politikerinnen

Das Elternhaus Johannas ist im ursprünglichen Zustand erhalten, auch die Dorfkirche, in der sie getauft wurde und die Erstkommunion empfing, und die Einsiedelei Bermont mit der Marienstatue, vor der sie kniete, erinnern heute noch an die Nationalheilige Frankreichs.

Jeanne d'Arc, die Nationalheldin und Nationalheilige Frankreichs, ist weltbekannt. Ihre Geschichte hat zu allen Zeiten Dichter und Historiker beschäftigt. Schiller und Shaw behandelten ihr Leben in berühmten Theaterstücken. Die Gestalt dieser kühnen Jungfrau ist trotz ihrer Heiligsprechung durch die Kirche am 16. Mai 1920 weiterhin umstritten. Dabei sind gerade in ihren Selig- und Heiligsprechungsprozessen die notwendigen Untersuchungen mit einer so großen Gründlichkeit betrieben worden, die keinen Zweifel mehr an der Integrität dieses frommen Mädchens aufkommen lassen. Papst Benedikt XV. (1914–1922) hat bei ihrer Heiligsprechung ausdrücklich erklärt, daß über ihre prophetische Gabe, ihre katholische Gesinnung, die Unsträflichkeit ihrer Sitten sowie ihre unbefleckte Jungfrauenschaft keinerlei Zweifel bestehen.

Johannas Auftreten in der Öffentlichkeit umfaßt nur eine ganz kurze Zeitspanne. Als siebzehnjähriges Mädchen zog sie aus, um das von den Engländern besetzte Frankreich zurückzuerobern, und als Neunzehnjährige starb sie bereits auf dem Scheiterhaufen. Im Jahr 1849 wurden die noch vollständig erhaltenen Prozeßakten veröffentlicht. Aus ihnen erfahren wir ihr Leben, bei dessen Darstellung wir im wesentlichen dem Text von G. Kranz auszugsweise folgen.

Jeanne d'Arc wurde um 1412 als Bauerntochter im Dorf Domrémy in Lothringen geboren. Von früher Kindheit an mußte sie auf dem Hof der Eltern mitarbeiten. Sie konnte weder lesen noch schreiben. Sie war ohne jede Überspanntheit, aber auf eine ganz natürliche Weise fromm. Zeugen gaben später zu Protokoll, sie sei weder abergläubisch gewesen, noch habe sie einen Hang zum Übernatürlichen gehabt. Eines Tages jedoch, Johanna war gerade dreizehn Jahre alt, vernahm sie im Garten ihres Elternhauses plötzlich eine helle Stimme, und ein strahlendes Licht blendete ihre Augen. Voll tiefen Erschreckens erkannte sie dann eine überirdische Gestalt, die sich ihr als der gewaltige Erzengel Michael offenbarte. Michael verkündete ihr, daß die hl. Katharina und die hl. Margaretha ihr erscheinen würden. Und tatsächlich besuchten diese himmlischen Gestalten das arme Dorfmädchen bald darauf und sprachen mit ihr. »Alles, was ich getan habe, habe ich auf Befehl der Stimmen getan«, beteuerte Johanna in den Verhören später vor den Richtern. »Ich habe sie mit den Augen meines Leibes gesehen, geradeso gut wie ich Euch jetzt vor mir sehe!«

Unablässig forderten sie die »Stimmen«, wie sie sie nannte, auf, daß sie dem König von Frankreich zu Hilfe eilen und das bedrängte Vaterland retten müsse. Frankreich befand sich bereits seit neunzig Jahren in dem schwersten Krieg seiner Geschichte und schien unaufhaltsam zum Vasallenstaat Englands erniedrigt zu werden. Hungersnöte und Seuchen hatten sich ausgebreitet, der König war nicht einmal gekrönt, seine legitime Geburt wurde angezweifelt. Der Feind stand direkt vor Orléans. Erschreckt lehnte die Halbwüchsige vorerst die an sie gestellte Forderung ab. Wie sollte sie das vom Untergang bedrohte Vaterland retten können? »Ich bin ja nur ein armes Mädchen und verstehe nichts vom Reiten und Kriegführen.« Nachdem die himmlischen Mächte sie immer dringender

30. Mai

zum Handeln gemahnt hatten, verließ sie Vater und Mutter und machte sich auf Befehl ihrer Stimmen an ihr schweres Werk. »Gott hatte ja Befehl dazu gegeben. So war es nicht mehr als recht, daß ich es tat.« Die Stimmen wiesen sie nach Vaucouleur und Chinon, wo sie sich beim Dauphin melden ließ. Endlich vorgelassen, »trat sie in großer Demut und Einfachheit vor den König« und sagte: »Ich werde die Jungfrau genannt und bin von Gott gesandt, um dem Königreich und Euch Hilfe zu bringen.« Aber mit tausend Bedenken hielt der Unentschlossene die Wagemutige noch hin. Zunächst mußte sie sich auf ihre Unberührtheit untersuchen lassen, dann ein theologisches Examen bestehen, wobei sie ihre Antworten mit Witz, Freimut und Unerschrockenheit erteilte. Man fand nichts Verdächtiges an ihr. Nun endlich konnte Johanna mit Karls Genehmigung zu den Truppen ins Lager zu Blois gehen. Sie hatte sofort großen Einfluß auf die Soldaten, denn sie weckte eine neue, auf religiösen Voraussetzungen beruhende Begeisterung beim französischen Heer. Am 25. April brach das Heer nach Orléans auf. Mit Schwert und Banner zog die Jungfrau, auf einem weißen Pferde sitzend, in die bedrängte Stadt ein. Ein Hauch von Hoheit umgab das Mädchen. Das Volk geriet in einen wahren Begeisterungstaumel. Die Feldherren dagegen begegne-

Johanna von Orléans wird hauptsächlich in Frankreich dargestellt – in Rüstung auf einem Pferd mit Schwert und Banner. Eines der berühmtesten Standbilder der hl. Johanna ist in der Kathedrale von Reims zu sehen.

Ein Porträt der hl. Johanna von Orléans, der Nationalheldin Frankreichs. Unbekannter Maler der französisch-flämischen Schule, um 1420.

30. Mai

Am 30. Mai 1431 in der Morgenfrühe wurde die hl. Johanna auf dem Marktplatz von Rouen hingerichtet. Es wird berichtet, daß der Sekretär des englischen Königs ausrief: »Wir sind alle verloren, denn wir haben eine Heilige verbrannt!«

ten ihr mit Respekt und sichtlicher Zurückhaltung. Ohne jegliche militärische Erziehung und ohne strategische Kenntnisse brachte Johanna ihre gewaltige Leistung zustande. Für sie war es ein heiliger Krieg, der im Auftrag des Höchsten unternommen wurde und deshalb notwendig war.

Es gelang der Jungfrau, die besetzte Stadt Orléans zu befreien. Nur mit einer kleinen Schar Freiwilliger eroberte sie die festen Stellungen der Engländer an der Loire und befreite einen ansehnlichen Teil des Landes. Danach führte sie ihren König nach Reims, um ihn dort krönen zu lassen. Damit waren ihre Hauptziele erreicht. Nie flehte die Heilige Gottes Zorn auf ihre Feinde herab. Sie verabscheute Blutvergießen. Sie weinte Ströme von Tränen über die Toten, die ohne Sakrament gestorben waren. Ein verwundeter Engländer starb, von ihr getröstet, das Haupt in ihrem Schoß. Sie hat den Krieg nicht geliebt und führte ihn nur als eine Aufgabe, die ihr vom Himmel gestellt worden war.

Wen Gott auserwählt hat, den pflegt er nicht zu verwöhnen. Nach Reims begann ihr schmerzensreicher Niedergang. Nach dem mißglückten Sturm auf Paris, der entgegen ihrem Willen zu lange hinausgezögert worden war, sah sich die Jungfrau verraten und von ihren Freunden verlassen. Im Frühjahr 1430 wurde sie vom Herzog von Burgund gefangengenommen und den Engländern ausgeliefert. Sie hatte ihr weiteres Schicksal vorausgesehen: »Als ich vor den Gräben von Melun stand, wurde mir durch die Stimmen verraten, daß ich noch vor dem Johannistag gefangen genommen werde. Es müsse so kommen. Ich solle das alles willig annehmen, denn Gott würde mir beistehen ...«

Die Engländer wandten sich an den Bischof von Beauvais, Cauchon, der zu ihnen hielt. Er erklärte, das Mädchen gehöre als Ketzerin und Hexe vor den Richterstuhl. Als Johanna das erfuhr, stürzte sie sich in einem selbstmörderischen Fluchtversuch von der Zinne eines zwanzig Meter hohen Turms hinab. Sie kam mit dem Leben davon. Später bereute sie die Tat. Die Stimmen, die sie gehört hatte, hatten ihr den Sprung verboten. Dieses einzige Mal hatte sie ihnen nicht gehorcht. In einen Eisenkäfig gesperrt, an Händen und Füßen gefesselt, mußte Johanna daraufhin Furchtbares erdulden. Um ihr politisches Ziel zu erreichen und die Befreierin Frankreichs als Hexe zu abzustempeln, forderten die Engländer ein kirchliches Inquisitionsgericht ein, das am 21. Februar 1431 begann und drei Monate dauerte. »Ein groß aufgemachter Schauprozeß ..., dessen Ausgang eine ausgemachte Sache war.« Vergebens versuchte man, Johanna der Zauberei und des Aberglaubens zu überführen. Alle ihre Antworten bezeugten eindrucksvoll das Gegenteil. In ihrer unerschütterlichen Haltung vor dem Gericht bewies sie eine noch erstaunlichere Tapferkeit als im Feld vor dem Feind. Ihr Geständnis, eine Hexe zu sein, erpreßt im Angesicht des Scheiterhaufens, widerrief sie, wieder in den Kerker geführt, mit lauter Stimme. Damit war ihr Schicksal endgültig besiegelt. Wie die Jungfrau es vorausgesagt hatte, wurden die Engländer nach ihrem Tod aus Frankreich vertrieben. Karl VII. (1742–1745) bemühte sich, ihre Ehre wiederherzustellen. Papst Nikolaus V. (1328–1330) verordnete 1452 eine Untersuchung über den Prozeß. Das Revisionsverfahren erwies klar, daß Johanna ganz bewußt einem Justizmord zum Opfer gefallen war, und die Kirche hat inzwischen der verantwortungsbewußten und untadeligen Haltung der Jeanne d´Arc durch die Heiligsprechung vorbildhaften Charakter zuerkannt.

Ferdinand von Kastilien

Zwei Heilige aus königlichem Geschlecht hatten diesen Namen. Es waren dies der sel. Ferdinand, Sohn König Johanns I. von Portugal, nach dem Calderonschen Theaterstück, das sein Leben behandelt, »der standhafte Prinz« genannt. Sein Fest wird am 5. Juni gefeiert. Der zweite ist der hl. Ferdinand von Kastilien. Dieser bemühte sich während seines ganzen Lebens, seine Pflichten als Christ mit denen seines königlichen Amtes in Einklang zu bringen.

Ferdinand, König von Kastilien und Léon, war der älteste Sohn König Alphons' IX. von Léon. Durch seinen Großvater mütterlicherseits und den frühen Tod seines Onkels zum König von Kastilien geworden, vereinigte er die beiden Länder 1230 endgültig auf friedliche Weise zu einem unteilbaren Reich. Auf Rat seiner Mutter heiratete Ferdinand Beatrix, die Tochter des deutschen Kaisers Philipp von Schwaben. Das Ehepaar bekam sieben Söhne und drei Töchter.

Zu dieser Zeit war ganz Südspanien noch von den Mauren → besetzt. Die alten Kathedralen und Heiligtümer Andalusiens – aber auch das Grab des hl. Jakobus in Compostela im Norden des Landes – befanden sich in ihren Händen. Denn die Fürsten des Nordens hatten sich bis zur Thronbesteigung Ferdinands untereinander befehdet, ohne sich um die Mauren und die daraus entstehenden Gefahren für das Christentum zu kümmern. Erst der junge christliche König erkannte, welche Aufgaben sich ihm hier stellten. Sicherlich hat die Erziehung seiner frommen Mutter dieses Vorhaben zur Tat reifen lassen.

Nachdem der junge Herrscher das Land befriedet und die aufrührerischen Adeligen besiegt hatte, begann er mit seinem Lebenswerk, dem Kampf gegen die Sarazenen →. Sein Ziel war es, den Islam aus ganz Spanien zu vertreiben, was ihm nach und nach beinahe gelang. 1236 eroberte er Cordoba, 1246 Granada, und 1248 fiel Sevilla in seine Hände. Ferdinand enthielt sich bei seinen Siegen jeder Grausamkeit. Er sorgte dafür, daß die Mauren ihre Güter zu angemessenen Preisen verkaufen konnten und gewährte ihnen freien Abzug. Seine Erfolge machten ihn nicht hochmütig, sondern eher demütig. Er schrieb sie der Hilfe Gottes und der hl. Jungfrau zu. Raubzüge waren ihm zuwider, er hatte nur ein Ziel, seine Untertanen glücklich zu wissen. Der Islam, dessen Macht schließlich in fast ganz Spanien gebrochen war, wurde bis nach Granada zurückgedrängt. Zum Dank für seine Siege erbaute Ferdinand die Kathedrale von Burgos.

1243 erweiterte er die weltbekannte Universität Salamanca. Ein besonderes Verdienst dieses gerechten Königs war die Verbesserung der Gerichtsbarkeit in seinem Land. Er führte ein oberstes Gericht ein, an das jeder appellieren konnte, wenn er sich in seinem Recht verletzt fühlte. Auch ließ er ein neues Gesetzbuch verfassen, das allen Beamten von nun an zur Richtschnur zu dienen hatte.

Sein Wunsch, die Mauren bis zur afrikanischen Küste zurückzuschlagen, kam nicht mehr zur Ausführung. Als er in Sevilla die Vorbereitungen für diese Expedition traf, erkrankte der Monarch tödlich. Am 30. Mai 1252 starb Ferdinand. Er erhielt den Titel »Schützer und Verteidiger« der Kirche. Einen treffenderen Beinamen hätte man ihm nicht geben können.

Geboren: 1199 in Spanien
Gestorben: 1252 in Sevilla (Spanien)
Berufung/Beiname: Kirchenerbauer; »Schützer und Verteidiger der Kirche«
Wirkungsstätte: Spanien
Bedeutung des Namens: der Schützende (althochdeutsch)
Namensformen: Fernand(o), Fernandel, Fred, Fredo
Patronat: Arme, Gefangene

Der hl. Ferdinand wurde in der Kathedrale von Sevilla beigesetzt. Im Kreuzgang der Kathedrale von Burgos ist er als Büste mit dem Teufel in Gestalt eines Hundes, der zu seinen Füßen liegt, zu sehen. Der Spanier Murillo malte ihn mit Schwert und Weltkugel und den Zeichen der Königswürde.

1. Juni

Justinus Martyr

Geboren: um 105 in Flavia-Neapolis (Palästina)
Gestorben: um 165 in Rom
Berufung/Beiname: Philosoph, Wanderlehrer, Märtyrer
Wirkungsstätten: Palästina, Kleinasien, Griechenland, Italien
Bedeutung des Namens: der Gerechte (lateinisch)
Namensformen: Joost, Juste, Justus, Justin, Justine, Justinian
Patronat: Philosophen

Zu den frühen Märtyrern der Kirche zählt der hl. Justinus, »der Gerechte«. Er ist der erste große Apologet → der Kirche, der sich in seinen zahlreichen philosophischen Schriften durch eine klare und mutige Verteidigung der christlichen Lehre gegen die Heiden, Juden und Irrlehren ausgezeichnet hat.

Justinus wurde um das Jahr 105 in Sichem, dem heutigen Nablus in Palästina, in einer heidnisch-griechischen Familie geboren. Schon in seiner Jugend war er besonders an der Erkenntnis der Wahrheit interessiert. Im Studium befaßte er sich intensiv mit allen damals bekannten philosophischen Systemen, aber keine Lehre konnte ihn wirklich überzeugen. Eines Tages stieß Justinus auf die Schriften der jüdischen Propheten sowie die Lehre des Alten und Neuen Testaments, und er fand bald Zugang zur Lehre Christi. Er bekehrte sich daraufhin zum Christentum, weil er erkannt hatte, daß er hier »die allein zuverlässige und brauchbare Philosophie« gefunden hatte, wie er in seinen Schriften erkkärt.

Justinus wurde in der Folgezeit aber nicht Priester, sondern blieb ein Wanderlehrer, der überall die erkannte Wahrheit verkündete. Sein Weg führte ihn auch nach Rom, in das Zentrum des christlichen Glaubens. Hier gründete er eine Philosophenschule, die bald regen Zulauf fand. Leider sind uns seine zahlreichen Schriften im Original nicht erhalten. Die Abschriften des Hochmittelalters lassen aber noch ganz klar jenes präzise philosophische Gedankengebäude erkennen, das ihn unter den frühen Lehrern der christlichen Philosophie auszeichnete.

Nachdem er zwei seiner Schriften zur Rechtfertigung des Christentums den Kaisern Antoninus Pius (138–161) und Marc Aurel (161–180) sowie dem hohen Römischen Rat hatte überreichen lassen, wurde er verhaftet und mit mehreren seiner Gefährten zum Tod verurteilt. Justinus wurde um das Jahr 165 enthauptet, weil er sich geweigert hatte, am Tempelkult der Römer teilzunehmen und den Kaisern als Göttern zu huldigen.

Wegen der ausgedehnten Wanderlehrerschaft und seinen mutigen Verteidigungsschriften wird Justin mit einem Philosophenmantel bekleidet dargestellt; als erster großer Apologet der Kirche hält er das Buch der Apologie in der Hand.

Legende Auf der Suche nach der Wahrheit hatte sich der hl. Justinus wieder einmal in die Einsamkeit zurückgezogen, als ihm ein ehrwürdiger Greis entgegentrat und zu ihm sagte: »Ich habe vergeblich bei den berühmtesten Weisen auf der ganzen Welt nach der Wahrheit gesucht, weil diese selbst in Irrtum verstrickt sind.«
Als Justinus nun begierig fragte, wie er dann die Wahrheit finden könnte, antwortete der Greis: »Lange vor euren Weisen gab es in der Welt gerechte Männer, Freunde Gottes, die Propheten genannt wurden. Sie lehren den Glauben an den einen Gott, den Vater und Schöpfer der Menschen und aller Dinge und an seinen einzigen Sohn, Jesus Christus, den er in die Welt gesandt hat, damit er die Menschen erlöse. Fange an, innig zu beten, daß er dir den Weg zum ewigen Leben öffnen möge, denn diese Dinge können nicht begriffen werden, es sei denn durch die Gnade des Glaubens.«
Nach diesen Worten verließ ihn der Greis. Seine Rede aber hatte den wißbegierigen Philosophen tief beeindruckt. Justinus las daraufhin die heiligen Schriften, er betete inbrünstig, und bald wurde ihm klar, daß nur im innigen Glauben an Jesus Christus die Wahrheit und das Heil zu finden sind.

Magdalena von Rottenburg

1. Juni

Blättert man in alten Kirchenberichten der Stadtgeschichte Münchens aus dem 16. Jahrhundert, so stößt man immer wieder auf das »Riedlersche Haus«, das nahe der Residenz am Odeonsplatz liegt. Mit diesem Haus ist auch der Name der frommen Magdalena von Rottenburg verbunden. Im Jahr 1295 stiftete ein gottesfürchtiger Münchner Bürger mit Namen Heinrich Riedler sein Haus frommen Damen zur Aufnahme von Pilgern und zur Pflege Kranker und Bedürftiger. Diese Frauen gaben sich die Klosterregel des hl. Franz von Asissi und widmeten sich ganz ihrer wohltätigen Aufgabe.

Zu Beginn des 16. Jahrhunderts lebte im »Riedlerschen Haus« zu München auch die hl. Magdalena von Rottenburg. Sie war einst eine vermögende Frau, die nach dem Tod ihres Gatten in das Kloster im Riedlerhaus eingetreten war. Ihr Schwiegersohn, der sie auf dem Weg dorthin begleitet hatte, empfahl sie der Oberin mit den Worten: »Hier übergebe ich Euch meine Schwiegermutter. Sie braucht nicht erst das geistliche Leben anzufangen, denn sie hat schon seit Jahren ganz geistlich wie eine Klosterfrau gelebt.«

Nach ihrer Aufnahme vermachte Magdalena ihr gesamtes Hab und Gut dem Kloster. Trotzdem war die Gemeinschaft sehr arm, und die Schwestern lebten äußerst bescheiden. Wenn es ihnen an täglicher Nahrung fehlte, priesen sie der Überlieferung zufolge Gott, daß er sie durch Fasten frei mache für die geistige Nahrung. Von den in dieser Zeit einsetzenden Bauernunruhen und den Wirren der beginnenden Reformation bekamen die Schwestern aber in der Abgeschiedenheit ihres Klosters praktisch nichts mit.

Da Magdalena dem Gelübde der Armut in ganz besonderer Weise nachkommen wollte, verrichtete sie auch die niedrigsten Arbeiten mit besonderer Freude. Keiner konnte in ihr mehr die ehemalige Herrin aus begütertem Haus erkennen. Ihr selbstloses, demütiges Handeln und ihre Frömmigkeit waren beispielhaft für ihre Mitschwestern. Bis zum Fürstenhaus verbreitete sich der Ruf von der gottesfürchtigen Frau, und gern beschenkte man das Kloster reichlich, so daß die Schwestern imstande waren, immer mehr Bedürftige in der Stadt zu versorgen.

Schwester Magdalena lebte in frommer Hingabe, ganz erfüllt von ihrer Aufgabe, bis sie der Herr im Jahre 1534 zu sich rief.

Legende Als Magdalena eines Tages herbergsuchend durch Münchens Gassen irrte und nicht ein noch aus wußte, betete sie zu Gott, er möge ihr eine Übernachtungsmöglichkeit zeigen. Und wie sie so einherging, gesellte sich plötzlich ein kleiner Junge zu ihr. Sie betrachtete das Kind, es mag wohl sieben oder acht Jahre alt gewesen sein, und fragte es, ob es nicht eine Herberge wisse, in keiner Männer, sondern nur Frauen lebten. Der Junge gab ihr zur Antwort, daß er eine solche kenne, und führte sie dorthin. Vor dem »Riedlerschen Haus« angelangt, läutete er und sagte zu ihr: »Hier wohnen nur fromme Frauen, Ihr werdet Euch hier wohlfühlen.« Magdalena war zutiefst erfreut und wollte sich bei dem hilfreichen Knaben bedanken. Doch er war auf wunderbare Weise verschwunden, und sie stand allein vor der Pforte.

Geboren: unbekannt
Gestorben: 1534 in München
Berufung/Beiname: Nonne
Wirkungsstätte: Bayern
Bedeutung des Namens: die aus Magdala Stammende (hebräisch)
Namensformen: Magdalene, Madeleine, Madelon, Madlen, Madlon, Mädi, Magda, Magdelone, Lena, Leni

Magdalena von Rottenburg war sich nicht zu schade, auf den Knien den Fußboden zu säubern, das Geschirr zu waschen, das Feuer zu schüren und in mühseliger Handarbeit Brennholz zu schneiden. Vor ihrem Eintritt in das Kloster war sie eine begüterte Frau gewesen; sie entschied sich aber für das Gelübde der Armut.

2. Juni

Erasmus

Geboren: in Antiochia
Gestorben: um 303 in Formia (Italien)
Berufung/Beiname: Bischof, Märtyrer; Nothelfer
Wirkungsstätten: Syrien, Balkan, Italien
Bedeutung des Namens: der Liebenswürdige (griechisch)
Namensformen: Asmus, Asam, Elms, Rasmus
Patronat: Drechsler, Seeleute, Weber; Haustiere

Am 2. Juni feiert die Kirche die Feste mehrerer frühchristlicher Märtyrer, nämlich das der hll. Marcellinus, Petrus und jenes des Nothelfers Erasmus. Sie gaben alle drei um 303 ihr Leben für Christus hin. Die hll. Marcellinus und Petrus, die unter Kaiser Diokletian (285–304) in Rom enthauptet worden sind, werden im Kanon der lateinischen Messe angerufen. Kaiser Konstantin (312–337) erbaute über ihren Gräbern in Rom eine Basilika. Ihrer legendären Leidensgeschichte zufolge war Marcellinus Priester und Petrus Exorzist. Beide gehörten somit der römischen Geistlichkeit an. Diese Heiligen wurden in Rom schon frühzeitig verehrt. Seit dem 8. Jahrhundert wird ihr Fest am 2. Juni gefeiert. Der hl. Erasmus zählt seit dem 14. Jahrhundert zu den Vierzehn Nothelfern, an die sich die Menschen gern in besonderer Bedrängnis wenden. Nach der Überlieferung stammte der hl. Erasmus aus Asien und war Patriarch und Bischof von Antiochia →. Sieben Jahre lang lebte der hl. Erasmus in der Einsamkeit im Libanongebirge. Als

Das Gemälde »Erasmus und Mauritius« schuf Matthias Grünewald 1524 für Kardinal Albrecht von Brandenburg.

sein Versteck entdeckt wurde, überantwortete man ihn dem Richter, der ihn auf grausame Weise martern ließ. Der Heilige blieb aber seinem Glauben treu, und die Folterknechte warfen ihn schließlich in den Kerker. Die Legende sagt, daß ihn ein Engel aus dem Gefägnis hinausführte und ins Abendland geleitete.

Erasmus predigte daraufhin in Sirmium und Lugridum, dem heutigen Jugoslawien, und wirkte dort viele Wunder. Aber auch hier wurde er bald wegen seines Bekenntnisses zu Christus gefangengenommen und nach Formia – das liegt zwischen Rom und Neapel – gebracht, wo er um 303 den Märtyrertod erlitt.

Die elektrischen Strahlenbündel, die bei Gewitter zuweilen an Schiffsmasten auftreten, wurden nach dem Heiligen »Sankt Elmsfeuer« genannt. Nach der Legende soll er einst bei einem heftigen Gewitter gepredigt haben, und während ringsum die Blitze niederzuckten, blieb der Himmel über ihm und seinen Zuhörern klar, vom Gewitter war nichts zu bemerken.

Die berühmteste Darstellung des hl. Erasmus stammt von Matthias Grünewald. Das Gemälde, das den Heiligen zusammen mit dem hl. Mauritius zeigt, wurde für das Neue Stift St. Moritz und St. Maria Magdalena in Halle an der Saale gemalt. Stifter des großartigen Kunstwerks war der Erzbischof von Mainz und Magdeburg, Albrecht von Brandenburg, der sich hier in der Gestalt des hl. Erasmus hat darstellen lassen.

Die Reliquien des hl. Erasmus befinden sich in Gaèta bei Neapel und in Seligenstadt bei Würzburg.

Dargestellt wird Erasmus als Bischof mit Mitra, Stab und Marterwerkzeugen: mit einem dreibeinigen Kessel, worin er in Pech gesotten wurde, oder mit Pfriemen oder Nägeln, die man dem Märtyrer unter die Fingernägel trieb.

3. Juni

Klothilde

Um das Jahr 474 wurde in Lyon die Tochter des burgundischen Königs Chilperich II., Klothilde, geboren. Das Königskind wuchs am Hof ihres grausamen Onkels in Genf auf, der, um die Herrschaft an sich zu reißen, ihre Eltern umgebracht hatte. Ihre Erziehung oblag einer gottesfürchtigen Hofmeisterin, die sie im christlichen Glauben unterrichtete. Klothilde war sehr schön und voller Anmut, weshalb König Chlodwig I. sie zur Frau nehmen wollte. Da sie jedoch wußte, daß der König ein Heide war, lehnte sie zunächst seinen Antrag ab. Der König schickte einen Gesandten, der ihr versicherte, daß sie ihren Glauben jedoch frei ausüben könne. Da willigte sie ein, und die Vermählung mit dem Frankenkönig wurde im Jahre 493 nach Belieben vollzogen.

Chlodwig legte den religiösen Übungen seiner Gattin zwar nichts in den Weg, aber ihre Bemühungen, ihn zu bekehren, scheiterten vorerst. Indessen erlaubte ihr der König, ihre Kinder christlich taufen zu lassen. Als jedoch der erste Sohn bereits im Kindesalter starb und der zweite schwer erkrankte, überschüttete er Klothilde mit Vorwürfen und gab ihrem Christengott die Schuld daran. Trotz allem verzagte Klothilde nicht. Sie trug das Kind vertrauensvoll in die Kirche und erflehte mit innigsten Gebeten vom Himmel seine Genesung. Tatsächlich wurde der Junge bald darauf wieder gesund. Der König war dadurch zwar etwas besänftigt worden, ließ sich jedoch noch immer nicht bekehren und taufen.

Erst als König Chlodwig in der Schlacht von Zülpich vor den übermächtigen Alemannen weichen mußte und befürchten mußte, in die Hände der grausamen Feinde zu geraten, da erinnerte er sich an die Mahnungen seiner frommen Frau.

Geboren: um 474 in Lyon (Frankreich)
Gestorben: 545 in Tours (Frankreich)
Berufung/Beiname: Kirchen- und Klostergründerin, Wohltäterin
Wirkungsstätte: Frankreich
Bedeutung des Namens: die Kämpferin für den Ruhm (althochdeutsch)
Namensformen: Chlothilde, Clodo, Hilda, Hilde, Thilde
Patronat: Frauen, Lahme, Notare; für die Bekehrung des Ehemanns

3. Juni

Als Chlodwig sich an Weihnachten des Jahres 496 zusammen mit 300 Stammesfürsten taufen ließ, sprach Bischof Remigius: »Beuge dein Haupt, stolzer Sugambrer; verbrenne, was du angebetet hast, und bete an, was du verbrannt hast.«

Er gelobte, sich öffentlich zu Christus zu bekennen, wenn er gerettet würde. Kaum hatte der König das versprochen, wandte sich die Schlacht gegen die Alemannen zu seinen Gunsten. Seine fränkischen Krieger errangen den Sieg.

Nach der Rückkehr König Chlodwigs wurden feierliche Dankgottesdienste abgehalten. Der König ließ sich im Jahr 496 von Bischof Remigius von Reims taufen. Nach der Legende trug dabei ein Engel Gottes ein Ölfläschchen vom Himmel zu seiner Taufe herbei, und die drei Kröten im königlichen Wappen verwandelten sich in drei Lilien. Fast der gesamte Hofstaat folgte dem Beispiel des Herrschers, und auch ein großer Teil seines Volkes wollte getauft werden.

Vielleicht war dieses Weihnachtsfest des Jahres 496 die eigentliche Geburtsstunde des christlichen Mittelalters. Auf Anregung der hl. Klothilde ließ König Chlodwig in Paris bald darauf eine mächtige Kirche erbauen, die in späterer Zeit der hl. Genoveva geweiht wurde. Chlodwig machte dem Papst verschiedene kostbare Geschenke, außerdem stiftete er mehrere Klöster zur Ehre Gottes.

Nach dem frühen Tod des Königs im Jahr 551 hatte die hl. Klothilde viel Ungemach zu erleiden. Die Streitigkeiten zwischen den Franken und Burgundern um die Macht führten zu grausamen Kämpfen. Sie mußte mit ansehen, wie ihr Sohn Chlodomir im Jahr 524 vom König von Burgund getötet wurde. Ihre drei verwaisten Enkel nahm sie zu sich, aber sie konnte nicht verhindern, daß die Kinder in dieser Familienfehde von ihren anderen Söhnen Childebert und Chlotar getötet wurden, weil diese die Herrschaft über die Stadt Orléans anstrebten.

Wie durch ein Wunder entkam als einziger Klothildes Enkel Chlodewald den Häschern. Er wurde Einsiedler und Priester in Nogent bei Paris, gründete dort um das Jahr 555 das seit dem 9. Jahrhundert nach ihm benannte Kloster Chlodewald. Er starb im Jahr 560. Sein Fest wird am 7. September begangen. Chlodewald, der Klothildes Enkel, ist Patron der Schmiede.

Zutiefst erschüttert über die Bluttaten ihrer eigenen Söhne, zog sich Klothilde schließlich nach Tours zum Grabe des hl. Martin zurück. Sie gründete verschiedene Kirchen und Klöster und verbrachte den Rest ihres Lebens mit strengem Fasten, Nachtwachen und der Pflege von Armen und Kranken. Ein heftiges Fieber setzte ihrem Leben am 3. Juni 545 ein Ende.

An den Namen der frommen Königin Klothilde, die ihrem Ehemann den christlichen Glauben nahebrachte, knüpft sich nicht nur die Bekehrung der Franken, sondern genaugenommen auch die des ganzen germanischen Reiches.

In der Kunst wird die Heilige mit Krone, Szepter und Schleier dargestellt, während sie Almosen an Bedürftige austeilt und ein Kirchenmodell auf Händen trägt. Meist steht ein Engel neben ihr, der ein Wappenschild mit drei Lilien hält. Klothilde soll dem Volksglauben nach selbst hoffnungslos zerstrittene Eheleute versöhnen. Sie wird aber auch bei Fieber und Kinderkrankheiten angerufen.

Legende Klothildes Ziel war es, das Volk der Germanen zu missionieren. Deshalb ließ sie aus eigenen Mitteln Kirchen und Klöster erbauen. Eines Tages wollten die Arbeiter beim Bau der Kirche in Andelys ihre Geräte niederlegen, weil die Hitze so groß war und der Durst sie quälte. Da kam die Königin und verwandelte durch die Wunderkraft des Gebetes das Wasser einer spärlich fließenden, trüben Quelle in edlen Wein, mit dem die Männer sich stärkten, um mit neuen Kräften das Werk zur Ehre Gottes zu vollenden.

4. Juni

Meinwerk von Paderborn

Paderborn in Westfalen wird auch die Stadt der Kirchen genannt. Die berühmte Bartholomäuskapelle ist ein Bauwerk aus der Zeit des hl. Meinwerk. Damals begann die große Epoche der ottonischen Baukunst in Westfalen. Eine Darstellung des hl. Meinwerk befindet sich auf dem Deckel eines romanischen Tragaltars, der in der Schatzkammer des Paderborner Doms aufbewahrt wird.

Von 1009 bis 1036 entwickelte sich Paderborn zu einem der einflußreichsten Bistümer Deutschlands. Meinwerk, 970 geboren, war Sohn des Grafen Imad und der niedersächsischen Gräfin Adela. Zunächst besuchte er die Domschule in Halberstadt, dann die in Hildesheim, die damals schon hochberühmt war.

Zum Priester geweiht, erhielt Meinwerk eine Domherrenstelle in Halberstadt. Danach wirkte er einige Zeit am Aachener Münster; kurz darauf wurde er als Verwandter des sächsischen Kaiserhauses von Kaiser Otto III. (983–1002) als Hofkaplan nach Goslar berufen. Der Kaiser schätzte Meinwerk bald als klugen Berater. Nach dem frühen Tod des Kaisers Otto III. kam Heinrich II. (1002–1024) an die Macht, der dem jungen Meinwerk ebenfalls sehr gewogen war. Er hatte sich nämlich in der Zwischenzeit unbestechliche Urteilskraft, klaren Weitblick und besonderes Verhandlungsgeschick erworben.

Nach dem Tod des Bischofs Rethar weihte der ehrwürdige Mainzer Erzbischof Willigis Meinwerk zum Bischof, und er begann seine Tätigkeit mit großzügigen Schenkungen an die Paderborner Kirche. Auch Kaiser Heinrich II. unterstützte das Paderborner Bistum durch reiche Schenkungen. Der neue Bischof Meinwerk war auch ein begeisterter und sachkundiger Bauherr und ließ in den folgenden zwei Jahrzehnten mehrere Kirchenbauten in Paderborn errichten.

Die Domschule geht ebenfalls auf eine Stiftung von ihm zurück. Bischof Meinwerk erfreute sich alle Zeit unverminderter Zuneigung des Kaisers. Stets war er bereit, sich den Staatsgeschäften zu widmen, die damals zu den Pflichten eines Bischofs gehörten, denn als Lehensträger war er gleichzeitig auch weltlicher Herrscher. Hierüber vernachlässigte er jedoch keineswegs sein Bistum. Wo er Not antraf, half er ohne Zögern, wo er dagegen Übelstände vorfand, strafte er unerbittlich, aber gerecht. Immer galt seine besondere Sorge seinem Volk. Meinwerk starb am 5. Juni 1036.

Legende *Auf einem bischöflichen Gut traf Meinwerk einmal die Pächtersfrau in Samt und Seide an, während der Gemüsegarten von Unkraut und Nesseln überwuchert war. Da ließ sie der Bischof kurzerhand von seinen Knechten so lang durch die Nesseln ziehen, bis alles Unkraut niedergedrückt war. Einmal kam er unversehens in das Kloster Abdinghof. Der Bischof ging in die Küche, nahm ein Stück Brot und tunkte es in die Töpfe, die über dem Feuer hingen. Er fand eine geschmacklose Kost vor, ohne Würze und Fett zubereitet. Als er dem Abt Vorwürfe machte, wollte sich dieser auf die mönchische Enthaltsamkeit hinausreden. Da sprach der Bischof: »Verzichte du, soviel du willst. Aber gegen Untergebene sei mild und gütig. Damit es in Zukunft bei euch nicht mangele, sollen meine Pächter eurer Küche statt der meinigen jährlich zwei Schweine liefern.«*

Geboren: um 970 in Sachsen
Gestorben: 1036 in Paderborn (Nordrhein-Westfalen)
Berufung/Beiname: Kirchen- und Klosterstifter, Bischof
Wirkungsstätte: Deutschland
Bedeutung des Namens: der gewaltig Schaffende (althochdeutsch)
Namensformen: Meinrad, Meiner, Meinold, Einar

Zwischen 1015 und 1036 entstanden unter Bischof Meinwerk von Paderborn der dritte Dombau, die Klosterkirche Abdinghof, die Busdorfkirche, die Alexiuskapelle und die Bartholomäuskapelle.

Meinwerk von Paderborn wird als Bischof mit einem Kirchenmodell auf einem romanischen Tragaltar, der sich heute in der Schatzkammer des Paderborner Doms befindet, dargestellt.

5. Juni

Bonifatius

Geboren: 672 oder 673 in Wessex (England)
Gestorben: 754 in Dokkum (Niederlande)
Berufung/Beiname: Benediktinermönch, Missionar, Bischof, Märtyrer; »Apostel Deutschlands«, »Apostel der abendländischen Kulturgemeinschaft«
Wirkungsstätten: England, Deutschland, Italien
Bedeutung des Namens: der Wohltäter (lateinisch)
Namensformen: Bonifaz
Patronat: Bierbrauer, Schneider

Kaum war das Christentum in England heimisch geworden, brachen die ersten Missionare auf, um die Germanenstämme auf dem Festland für das Christentum zu gewinnen. Bonifatius (Winfried) war der bedeutendste der angelsächsischer Glaubensboten.

Seit dem 9. Jahrhundert verehrt man ihn als den »Apostel der Deutschen«. Das englische Konzil von 756 zählte ihn zu den Schutzpatronen seiner angelsächsischen Heimat. Das Grab des großen Heiligen befindet sich in der Krypta des Domes von Fulda, wo sich alljährlich die deutschen Bischöfe zu ihren gemeinsamen Beratungen versammeln.

Ursprünglich hieß der Heilige Winfried und kam 672 oder 673 im südenglischen Wessex zur Welt. Er entstammte einer edlen angelsächsischen Familie. Seinen ersten Unterricht erhielt er in der Klosterschule von Exeter. Gegen den Willen seines Vaters wurde Winfried Benediktinermönch und später Vorsteher der Klosterschule zu Nhutscelle (heute Nursling). Nachdem er mit dreißig Jahren zum Priester geweiht worden war, entschied er sich für die Missionsarbeit. Er wollte die Sachsen bekehren, die noch nie etwas von Christus gehört hatten. Im Jahr 716 brach er mit einigen Begleitern zu seiner Missionsarbeit auf.

Nach Überquerung des Ärmelkanals predigte er aber zunächst den stammverwandten Friesen. Der Zeitpunkt war allerdings höchst unglücklich gewählt, denn der heidnische Friesenkönig Ratbod hatte gerade die Franken geschlagen, Missionare vertrieben und Kirchen zerstört. Winfrieds Bemühungen blieben also ohne jeden Erfolg. Nach England zurückgekehrt, wählte man ihn zum Abt von Nursling. Bald danach begab er sich nach Rom, wo ihm Papst Gregor II. (715–731) einen schriftlichen Missionsauftrag für die Germanenstämme erteilte. Der Westsachse Winfried erhielt als Symbol seiner römischen Sendung den Namen Bonifatius – aus dem Lateinischen: »der Wohltäter« – nach dem Tagesheiligen des 14. Mai, dem römischen Märtyrer und »Eisheiligen« Bonifatius.

Zunächst war Bonifatius in Thüringen tätig. Dort hatten sich die Bewohner bisher nur sehr zögerlich zum Christentum bekehren lassen. Bonifatius war auch dort kein größerer Erfolg beschieden. Nach dem Tod des Friesenkönigs Radbot im Jahr 719 versuchte Bonifatius erneut, die Menschen in Friesland vom wahren Glauben zu überzeugen. Als der Bischof von Utrecht ihn zu seinem Nachfolger ernennen wollte, lehnte Bonifatius jedoch ab. Er wandte sich noch einmal einem neuen Missionsgebiet zu und begab sich nach Hessen, wo er endlich Erfolg hatte und viele Menschen bekehren konnte.

Daraufhin berief ihn der Papst wieder nach Rom und weihte ihn zum Bischof. Mit etlichen Empfehlungsschreiben ausgestattet, setzte Bonifatius sein Bekehrungswerk erfolgreich fort. Bonifatius ließ aus seiner Heimat eine große Anzahl von missionseifrigen Mönchen und Nonnen nachkommen, die ihn bei seiner Arbeit unterstützen sollten. Für ihr Wirken gibt uns der Brief eines Priesters, der mit zahlreichen Missionaren aus England gekommen war, ein anschauliches Zeugnis von der historischen Gestalt des hl. Bischofs Bonifatius. Er schreibt:

Die Bedeutung des hl. Bonifatius bewertet Gisbert Kranz so: »Die Christianisierung der Angelsachsen hatte schon nach wenigen Jahrzehnten ein blühendes religiöses und geistiges Leben hervorgerufen. Das Inselvolk am Rande Europas war die geistig führende Macht des Westens geworden, und von allen Angelsachsen hat Bonifatius das meiste für Europa getan.«

5. Juni

»Gepriesen sei Gott! Er hat uns nach seinem Willen hierher geführt, in das Grenzland der Hessen und Sachsen. Glücklich ging die Reise über Land und Meer. Als Erzbischof Bonifatius von unserm Nahen vernommen hatte, eilte er uns eine weite Strecke Wegs entgegen und nahm uns äußerst gütig auf. Unsere Arbeit im Herrn ist nicht vergeblich, sondern bringt reichen Gewinn. Allerdings ist sie höchst gefährlich und mühsam, denn sie fordert ein Leben unter Hunger, Durst und Kälte und unter Überfällen der Heiden. Daher betet für uns, daß der Herr uns Kraft der Rede verleihe, Ausdauer im Werke und Frucht der Arbeit...«

Im Jahr 731 hatte Papst Gregor III. (731–741) Bonifatius zum Erzbischof und päpstlichen Vikar des deutschen Missionsgebiets ernannt. Der Erfolg, die Sachsen bekehrt zu haben, blieb ihm jedoch versagt. Bis 737 befand sich der große Glaubensbote wieder bei den Hessen, 738/39 war er zum dritten Mal in Rom. Danach begann seine kirchenorganisatorische Tätigkeit mit der Gründung und Neuordnung der Bistümer Passau, Regensburg, Salzburg, Freising, Eichstätt, Buraburg, Würzburg und Erfurt. Im Jahre 742 erhielt Bonifatius die Erzbischofswürde auch für das östliche Frankenland, und Papst Zacharias (741–752) ernannte ihn zum päpstlichen Legaten des ganzen Frankenreichs.

Von Bonifatius sind zahlreiche Briefe erhalten, aus denen die Sorge spricht, ob sein Missionswerk gelingen und Bestand haben werde. Dabei war er sich auch dessen bewußt, daß die großen Gegensätze unter den Völkern beachtliche Schwierigkeiten mit sich brachten.

»Der Märtyrertod des hl. Bonifatius«, Buchmalerei aus einem um 975 in Fulda entstandenem Sakramentar.

5. Juni

Bonifatius rieb sich auf im Kampf gegen Mißbräuche, die den christlichen Namen in Verruf brachten. Gegen Ende seines Lebens sah Bonifatius sich zu einem schärferen Vorgehen veranlaßt.

Im Jahr 744 gründete Bonifatius sein Lieblingskloster Fulda. Den Höhepunkt seines organisatorischen Wirkens und seiner Reform der fränkischen Kirche bildeten die von ihm geleiteten Synoden von 745 und 747. Bonifatius war zwar Erzbischof, hatte aber noch kein Erzbistum. Seine Feinde vereitelten den Plan, Köln zu seinem Sitz zu machen. 747 erhielt er zwar Mainz als Metropolitansitz, aber nicht als Bistum; er blieb Missions-Erzbischof. Erst sein Nachfolger Lullus wurde Mainzer Erzbischof und deutscher Primas. 751 salbte Bonifatius Pippin (714/15–768), der das ganze Frankenreich vereint hatte, zum König.

Als Achtzigjähriger entschloß sich Bonifatius, die Missionstätigkeit in Friesland, die seit dem Tod von Bischof Willibrord ins Stocken geraten war, wieder aufzunehmen. Den Winter 753/754 verbrachte er in Utrecht. Im Frühjahr zog der Unermüdliche nach Norden. Bei Dokkum wurde er am Pfingstfest 754 zusammen mit zweiundfünfzig Gefährten, darunter dem hl. Eoban, von den Heiden, die ihm schon lange nachstellten, erschlagen.

Legende In Hessen, wohin der hl. Bonifatius gezogen war, verehrten die Heiden ihre Götter aus tiefem Herzen. Dort stand auch eine mächtige Eiche, ihrem Gott Donar geweiht. Der heilige Bischof wollte die Menschen diesem Aberglauben entreißen und beschloß, den Baum zu fällen. Mit einer Axt versehen, umgeben von seinen Priestern, das Kreuz an der Spitze des kleinen Zuges, näherte er sich dem Baum. Dort aber standen die Heiden in großer Zahl mit Schwertern und Lanzen, um ihre verehrte Eiche zu verteidigen. Der hl. Bonifatius schob die verdutzten Menschen einfach auf die Seite und schwang die Axt. Schon auf den ersten Hieb hin fiel die Eiche zum Entsetzen der Heiden krachend nieder. Als aber nichts geschah, warfen sich die Heiden auf die Knie, lobten den starken Christengott, durch den der heilige Mann dies Wunder bewirkt hatte, und halfen Bonifatius, aus dem Holze der Eiche eine Kapelle zu Ehren des hl. Petrus zu erbauen.

Der hl. Bonifatius wird als Bischof mit einem Beil dargestellt, mit dem er eine Eiche gefällt hat, die zu seinen Füßen liegt, oder mit einem Evangelienbuch, das von einem Schwert durchstoßen wird. Manchmal erscheint auch eine Quelle unter seinem Stab, oder er hat Fuchs und Raben neben sich.

Der Märtyrertod des Heiligen wird wie folgt überliefert: Als der Greis sich entschlossen hatte, trotz seines hohen Alters nochmals ins Land der Friesen zu ziehen, nahm er feierlich Abschied von seinen Freunden. Dann zog er mit anderen Missionaren nach Utrecht und verkündete dort das Evangelium. Im Frühjahr wanderte er weiter und war zu Pfingsten in Dokkum, wo er den Neubekehrten das Sakrament der Firmung spenden wollte. Er ließ am Fluß Burda Zelte aufschlagen und erwartete betend die Neugetauften. Aber statt ihrer stürzte ein Haufen wilder Friesen, mit Lanzen und Beilen bewaffnet, hervor und drang in das Lager ein. Seine Gefährten wollten sich zwar verteidigen, doch Bonifatius verbot es ihnen. Mit dem Evangelienbuch in der Hand trat der greise Erzbischof aus seinem Zelt und sprach: »Kinder, lasset ab vom Kampf, und denkt an das Wort der Schrift, Böses mit Gutem zu vergelten. Nach diesem Tag habe ich mich schon lange gesehnt, jetzt ist die Stunde meiner Befreiung gekommen ...« Ergeben in Gottes Willen erwartete er die wütenden Heiden und empfing, mit verklärtem Angesichte das Evangelienbuch über sein Haupt haltend, den Todesstreich. Mit ihm starben alle seine Gefährten. Das geschah am 5. Juni 754. Nachdem der Mord vollbracht war, stürzten die Heiden zu den Zelten, um sie zu plündern. Aber statt des Goldes, das sie rauben wollten, fanden sie nur Bücher und Reliquien. Voll Zorn darüber gerieten sie in Streit und töteten sich gegenseitig. Als die Neugetauften endlich kamen, fanden sie den blutigen Leichnam des Heiligen und daneben sein Evangelienbuch, durch das das Schwert gedrungen war. Dieses Buch kam mit dem Leichnam nach Fulda, wo man es heute noch sehen kann.

6. Juni

Norbert

Der aus Xanten am Niederrhein stammende hl. Norbert von Magdeburg – so genannt, weil er zuletzt Erzbischof dieser Stadt war – ist der Gründer des Prämonstratenserordens →. Er wird auf vielen berühmten Gemälden dargestellt, so zum Beispiel auf einem Werk von Pierre Subleyras, das sich in der Alten Pinakothek in München befindet. Es zeigt den hl. Norbert, wie er ein totes Kind erweckt.

Norbert wurde um 1080 als Sohn Heriberts von Gennep und Hadewigs von Guise in Xanten geboren. Er führte in seiner Jugend ein durchaus weltzugewandtes Leben. Rasch brachte er es zu hohen Ämtern. Das glänzende Leben am Hof Kaiser Heinrichs V. (1106–1125) gefiel ihm zunächst sehr. Ein Gewitter, bei dem er durch einen nahen Blitzeinschlag beinahe ums Leben gekommen wäre, veränderte aber sein Leben. Ihm wurde die Sinnlosigkeit seines bisher so oberflächlichen Daseins bewußt. Er begab sich deshalb ins Benediktinerkloster Siegburg und verbrachte dort harte Zeiten der Buße und Reue. 1115 ließ er sich zum Priester weihen. Er gab all seinen Besitz den Armen und las nach vierzigtägiger Einsamkeit seine erste Messe in Xanten. Norbert predigte an diesem Tag mit solcher Kraft über die Eitelkeiten der Welt und die Kürze des menschlichen Lebens, daß alle, die ihn hörten, tief erschüttert waren.

Der Heilige blieb nicht nur in Xanten, sondern durchwanderte barfuß das Land und ließ überall seinen Ruf zur Buße erschallen. Der Bischof von Lyon wollte ihn an seine Diözese binden und bot ihm ein Stück Land an, damit dort ein Kloster gegründet werden konnte. Norbert wählte aber einen öden, abgelegenen Ort in einem Waldgebiet, Prémontré genannt, und gründete dort 1121 einen Reformorden der Augustinerchorherren → nach dem Vorbild der Zisterzienser →. Von hier aus zog er nun als gewaltiger Prediger durch Frankreich, Belgien und Deutschland. Norbert gelang es, die Irrlehre überall überzeugend zu widerlegen und die Einwohner des Landes zur Kirche zurückzuführen.

Der Orden der Prämonstratenser oder Norbertiner →, der rasche Ausbreitung fand, erhielt 1126 die päpstliche Bestätigung durch Honorius II. Im gleichen Jahre wurde Norbert vom Reichstag zu Speyer gegen seinen Willen zum Erzbischof von Magdeburg erhoben. In dieser Stadt hatte er anfänglich große Schwierigkeiten zu überwinden. Seine strengen Reformideen, die vor allem auch den Klerus betrafen, stießen auf erheblichen Widerstand. Nach drei Jahren unausgesetzter Arbeit und strengen, aber gerechten Wirkens gelang es ihm, die größten Mißstände zu beseitigen. Das Ansehen Norberts wuchs mehr und mehr. Kaiser Lothar ernannte ihn schließlich sogar zum Kanzler von Italien.

Nach achtjähriger Tätigkeit erlag der knapp Fünfzigjährige einer längeren Krankheit. Er starb am 6. Juni 1134 in Magdeburg. Seine Heiligsprechung erfolgte 1582. Ein Teil seiner Reliquien befindet sich seit 1627 in der Prämonstratenserabtei Strahow bei Prag. Über das Leben des hl. Norbert kann man seinen eigenen Ausspruch setzen: »Ich war am Hofe, ich lebte im Kloster, ich stand in hohen Ehrenämtern der Kirche, und ich habe überall gelernt, daß es nichts Besseres gibt, als sich ganz an Gott hinzugeben.«

Geboren: um 1080 in Xanten (Nordrhein-Westfalen)
Gestorben: 1134 in Magdeburg (Sachsen-Anhalt)
Berufung/Beiname: Mönch, Ordensgründer, Prediger, Bischof
Wirkungsstätten: Deutschland, Frankreich, Belgien, Italien
Bedeutung des Namens: der im Norden Berühmte (althochdeutsch)
Namensformen: Bert, Berti
Patronat: Wöchnerinnen, Prämonstratenserorden

Der niederländische Maler Barend van Orley stellt den Heiligen als Prämonstratensermönch mit Monstranz und einem Kelch mit Spinne dar, wie er leidenschaftlich die wahre Lehre Christi verteidigt.

7. Juni

Norbert, der zum »Amtsantritt« als Bischof barfuß in Magdeburg einzog, machte sich mit seinen mönchisch geprägten Reformen rasch Feinde, die vor Mordanschlägen nicht zurückschreckten und sogar einen öffentlichen Aufruhr gegen den Bischof anzettelten.

Legende Als Gleichnis für das Gottvertrauen und die große Selbstbeherrschung des hl. Norbert mag die folgende Legende gelten, die auch eines seiner Attribute erklärt: Als der Heilige einmal die hl. Messe feierte, fiel genau in dem Augenblick, als er den verwandelten Wein trinken wollte, eine giftige Spinne in den Kelch. Der Heilige ließ sich jedoch davon nicht beirren und trank das Blut des Herrn, wobei er die Spinne mit verschluckte. Doch kurze Zeit später schon kam die giftige Spinne wieder aus seinem Nasenloch hervor. Die Spinne hatte ihm nicht im geringsten geschadet.

Sein Ruf als guter Hirte wird durch folgende Geschichte deutlich gemacht: Einem Jungen, der die Schafe hüten mußte, gab der Heilige auf seine Frage, was er tun sollte, wenn der Wolf eines seiner Schafe reißen wollte, scherzhaft die Antwort, er sollte halt in seinem Namen dem Wolf befehlen, daß er sich ja nicht unterstünde, es zu verletzen oder gar fortzutragen. Kurze Zeit darauf geschah es: Ein Wolf packte ein Schaf und versuchte es fortzuschleppen. Als der Junge dies von weitem erblickte, rief er laut: »Wohin fliehst du, nichtswürdiger Räuber. Leg das Schaf hin, und tu ihm nichts! Das befehl ich dir im Namen meines Meisters Norbert.« Und wirklich, der Wolf gehorchte, legte sanftmütig das Schaf hin und verzog sich.

7. Juni

Gottlieb

Geboren: in Bayern
Gestorben: um 832 in Herrieden (Bayern)
Berufung/Beiname: Benediktinerabt
Wirkungsstätte: Bayern
Bedeutung des Namens: Gott ist wohlgesinnt (althochdeutsch)
Namensformen: Deokar, Ottlieb
Patronat: Nürnberg; gegen Augenleiden

Auf dem sogenannten Deokarusaltar in der Lorenzkirche in Nürnberg wird das Leben des hl. Gottlieb (lateinisch: Deokar) geschildert. Er war der erste Abt des Klosters Herrieden bei Ansbach, das er von 798 bis 832 leitete. Als Beichtvater Karls des Großen (768–814) stand er beim Kaiser in hohem Ansehen. Er wurde öfter als Königsbote entsandt und mit wichtigen Missionen betraut.

Gottlieb erfreute sich besonders im frühen Mittelalter großer Verehrung. Karl der Große ernannte ihn zum Abt des Klosters Herrieden. Als Mönch und Abt führte Gottlieb ein streng asketisches Leben. Seinen Mitbrüdern war Gottlieb stets ein leuchtendes Vorbild. Gleich bei der Übernahme seiner Abtwürde hatte er im Kloster die Benediktinerregel eingeführt.

Gottliebs Ruf drang bald auch weit ins Land hinaus, und viele Menschen kamen, um dem klugen und mahnenden Wort des heiligmäßigen Mannes zu lauschen. Viele junge Männer baten um Aufnahme in die Abtei. So entwickelte sich das Kloster bald zu einer ansehnlichen Niederlassung. Später wandelte Bischof Eichenbald das Kloster in ein Chorherrenstift um.

Gottlieb geleitete auch im Jahr 819 den Leichnam des hl. Bischofs Bonifatius in die neuerbaute Kirche von Fulda, wo sich bis heute alljährlich die deutschen Bischöfe versammeln, um zu tagen.

Um das Jahr 832 starb Gottlieb. Wie die Chronik meldet, trugen sich an seinem Grab viele Heilungen zu. Unter Kaiser Ludwig dem Bayern wurde das Grab 1316 geöffnet. Man legte die Gebeine in einen Marmorsarg und überführte sie in die Kirche. In Nürnberg, das einen Teil seiner Reliquien bekam, hielt man bis zur Reformation jedes Jahr am Fest des Heiligen eine feierliche Prozession ab. Ein anderer Teil der Gebeine kam 1845 nach Eichstätt. Hier liegen sie neben denen der berühmten Patronatsheiligen Willibald, Wunibald und Walburga.

8. Juni

Medardus

Noch heute wird das Andenken an den hl. Bischof Medardus vor allem in Frankreich von den Gläubigen hoch geehrt. Der hl. Medardus wurde um das Jahr 500 in Salency bei Valenciennes als Sohn vermögender Eltern geboren.

Sein Entschluß, Geistlicher zu werden, stand von früher Jungend an fest. Seine Eltern willigten ein und gaben ihn zur Vorbereitung auf seinen Beruf in die Obhut des Bischofs von Vermandois, der ihn später auch zum Priester weihte.

Die reichlichen Einkünfte aus den Landgütern, die ihm seine Eltern vererbt hatten, verwendete Medardus als Almosen für die Armen und Kranken. Als der Oberhirte von Vermandois starb, wurde Medardus zu seinem Nachfolger gewählt. Der hl. Remigius weihte 545 den Heiligen zum neuen Bischof von Noyon.

Auch in seinem neuen Amt führte Medardus seine frühere Lebensweise fort. Medardus durchzog voller Eifer zu Fuß alle Orte seines Bistums, festigte den Glauben der Christen dort und bekehrte viele Heiden. In dieser Zeit erteilte er der hl. Radegunde auch die Diakonissenweihe.

Bald verbreitete sich sein Ruf weit über die Grenzen seines Bistums hinaus, so daß die Gemeinde von Tournay nach dem Tod ihres Bischofs mit Erfolg durchsetzen konnte, ebenfalls dem hl. Medardus unterstellt zu werden. Fortan hatte er also zwei Bistümer zu verwalten, die übrigens bis zum Jahr 1146 vereint blieben. Ein Teil der neuen Diözese jedoch war noch heidnisch.

Sogleich machte sich Medardus auf, obwohl damals schon hochbetagt, um die Menschen in diesen Gegenden zu christianisieren. Allerdings fand er heftigen Widerstand bei den heidnischen Priestern, die ihm sogar nach dem Leben trachteten. Aber Medardus überwand alle Gefahren und konnte viele Heiden von der Lehre Christi überzeugen. Er starb um 560 und wurde in Saint-Médard in Soissons beigesetzt.

Geboren: um 500 in Salency (Frankreich)
Gestorben: um 560 in Noyon (Frankreich)
Berufung/Beiname: Bischof
Wirkungsstätte: Frankreich
Bedeutung des Namens: der Starke (althochdeutsch)
Namensformen: Medarus, Megin, Meiner
Patronat: Bauern, Brauer, Winzer, Gefangene; gegen Geisteskrankheiten; gegen Dürre, schlechte Heuernte

Legende Einem Fremden war eines Tages von einem Straßenräuber sein Pferd gestohlen worden. Als Medardus das hörte, da holte er in seinem Mitleid ein Pferd aus dem Stall seines Vaters und schenkte es dem Mann. Vom Vater zur Rede gestellt, antwortete er, daß Gott die gute Tat sicher reichlich belohnen werde. Und am anderen Morgen fanden die Knechte an der Stelle des hergeschenkten Pferdes ein anderes, viel besseres vor, von dem niemand wußte, wie es in den Stall gekommen war.

Eines Tages schlich sich ein Dieb in den Weinberg, der dem Heiligen gehörte, stahl eine Menge Trauben und schnitt wohl aus Bosheit mehrere Rebstöcke ab. Als sich der Dieb heimlich wieder davonmachen wollte, fand er zu seinem Schrecken den Ausgang nicht mehr und mußte wider Willen im Weinberg bleiben. Hier fanden ihn die Arbeiter und führten ihn zu Medardus. Dieser gab ihm eine ernste Mahnung, verzieh ihm seine böse Tat und schenkte ihm die abgeschnittenen Trauben.

Ein anderer Dieb, der sich über die Bienenstöcke des Heiligen hergemacht hatte und Honig und Wachs stehlen wollte, wurde von den Bienen so lange verfolgt, bis er zu Medardus lief und ihm seinen geplanten Diebstahl gestand. Als er von dem Heiligen Verzeihung erhalten hatte, kehrten die Bienen ruhig in ihre Körbe zurück.

Medardus wird dargestellt im Bischofsgewand, über sich drei Tauben, die sich aus seinem Grab erhoben haben sollen, manchmal mit einem Adler, der ihn mit seinen ausgebreiteten Schwingen vor Regen schützte, oder seine Fußstapfen in einen Stein drückend, da er einen Grenzstreit schlichtete.

9. Juni

Ephrem der Syrer

Geboren: um 306 in Nisibis (Mesopotamien)
Gestorben: 373 in Edessa (Kleinasien)
Berufung/Beiname: Priester, Prediger, Diakon, Kirchenlehrer; »die Zither des Hl. Geistes«
Wirkungsstätten: Mesopotamien, Kleinasien, Palästina
Bedeutung des Namens: die doppelte Fruchtbarkeit (hebräisch)
Namensformen: Ephraim

Dargestellt wird Ephrem mit Buch oder Schriftrolle, während ihm eine Feuersäule am Himmel erscheint. Die byzantinische Kunst stellt Ephrem auch als Eremiten dar.

Das älteste Zeugnis, das wir über das Leben der Einsiedler besitzen, stammt vom hl. Ephrem, dem großen syrischen Dichter. Es ist jedoch nicht nachgewiesen, ob er tatsächlich selbst als Einsiedler in der Wüste gelebt hat, wie es die Überlieferung behauptet.

Über das Leben von Ephrem dem Syrer ist nicht viel bekannt. Er wurde um 306 in Nisibis in Mesopotamien → geboren. Einen Teil seines reichen theologischen Schrifttums, das er meist in eine poetische Form gekleidet hat, kennen wir heute noch. Seine Hymnen auf die makellose, jungfräuliche Gottesmutter und ihren göttlichen Sohn sind berühmte christliche Zeugnisse der Antike. Aber auch auf anderen Geistesgebieten zeichnete sich der Syrer aus. So tat er sich als ausgezeichneter Exeget ebenso hervor wie als geschulter Prediger und scharfer Polemiker gegen die Irrlehrer.

Mit achtzehn Jahren empfing Ephrem die Taufe, und 338 wurde er zum Priester geweiht. Bischof Jacob von Nisibis erkannte die besonderen Fähigkeiten dieses tiefreligösen, begabten jungen Mannes und bestimmte ihn als Lehrer für den jungen Klerikernachwuchs. Nach der Eroberung von Nisibis im Jahre 363 durch den Perserkönig Schapur II. ließ sich Ephrem mit vielen anderen Christen auf römischem Gebiet nieder, und zwar in Edessa →. Auch hier betätigte er sich als angesehener Lehrer. Den zu dieser Zeit stark verbreiteten Irrlehren trat er mit einer solchen Schärfe und Überzeugungskraft entgegen, daß er zeitweilig vor den Nachstellungen seiner Feinde flüchten mußte. Bei dieser Gelegenheit soll er den hl. Basilius, den Bischof von Cäsarea →, aufgesucht haben. Die Legende berichtet, daß diese Begegnung ihm vorher geweissagt worden war. Historisch ist die Bekanntschaft mit Basilius nicht erwiesen, aber vorstellbar.

Als Ephrem in hohem Alter nach Edessa zurückkehrte, herrschte dort eine große Hungersnot. Sofort widmete er sich mit all seiner Kraft dem Dienst am Nächsten und half so weit wie möglich den Leidenden. Seine Kräfte waren aber diesen Anstrengungen nicht mehr gewachsen, und er verstarb am 9. Juni 373.

Ephrem ist der einzige syrische Kirchenlehrer der katholischen Kirche. Seine schriftstellerische Leistung ist einzigartig.

Legende Die »Legenda aurea« erzählt von der Begegnung des hl. Ephrem mit Basilius dem Großen. Da heißt es: Ephrem sah einmal in einer Verzückung eine feurige Säule, die so groß war, daß sie bis an den Himmel reichte, und eine Stimme sprach zu ihm: »Genau so groß und heilig wie diese Feuersäule, die du siehst, ist Basilius.«
Um dies nachzuprüfen, machte Ephrem sich auf, um Basilius zu besuchen. Am Tag des Festes Epiphanias gelangte er in die große Stadt, fand Bruder Basilius, der gerade, angetan mit den bischöflichen Gewändern und umgeben von seinem Klerus, in feierlicher Prozession einherschritt. Das gefiel dem Eremiten gar nicht, und er sprach bei sich: »Ich bin umsonst gekommen, denn wer mit solcher Pracht herrscht, der soll eine feurige Säule der Heiligkeit sein?« Der hl. Basilius sah, daß Ephrem Anstoß an seinem Prunk nahm, und er lud ihn in seinen Palast zum Gespräch ein. Als sie beieinandersaßen und Gott lobten, sah Ephrem, daß eine feurige Zunge aus dem Mund des Bischofs kam, wenn er redete. Da erkannte er, daß Basilius ein heiliger Mann war, und sprach: »Dieser da ist wahrlich der große Basilius, er ist wahrlich die feurige Säule, denn der Heilige Geist redet durch seinen Mund.«

Anna Maria Taigi

10. Juni

Der bei uns so geläufige Name Annemarie wird am Gedenktag der sel. Anna Maria Taigi aus Siena gefeiert. Ihre Seligsprechung fand im Jahr 1920 statt.

Geht man allein von den wunderbaren, sagenumwobenen Heiligengeschichten des christlichen Altertums und Mittelalters aus, dann können wir uns meist nicht so recht vorstellen, wie denn das Leben einer einfachen Frau, die nur christliche Gattin und Mutter war, für eine gelungene Nachfolge Christi in unserer Zeit ein leuchtendes Beispiel sein kann.

Die ursprüngliche Heimat der römischen Familienmutter Anna Maria Taigi war die Stadt Siena. Dort wurde sie am 29. Mai 1769 als Tochter des Apothekers Gianetti geboren. Schon als Sechsjährige kam Anna Maria mit ihrem Vater nach Rom, der hoffte, dort eine neue Stellung zu finden, um seine Familie ernähren zu können. Die kleine Anna bekämpfte schon als Kind die Schwächen ihrer Natur mit Erfolg. Sie entsagte aller Eitelkeit und gab sich mit großem Eifer religiösen Übungen hin. In Rom bei den Ordensfrauen der »Maestre Pie« erhielt die junge Frau eine gründliche religiöse Erziehung.

Sehr früh schon heiratete sie einen Bedienten des Fürsten Chigi namens Domenico Taigi, einen einfachen Mann. Sie bekam sieben Kinder, und Schwierigkeiten und Sorgen waren von da an in der großen Familie an der Tagesordnung. Ihr Mann sagte über sie: »Sie hätte mir die Schuhriemen gelöst, wenn ich das geduldet hätte. Kurz, sie war mein und jedermanns Trost.«

Obwohl sich Anna Maria mit großem Eifer den religiösen Übungen hingab, vernachlässigte sie ihre Pflichten als Ehefrau, Mutter und Hausfrau zu keiner Zeit. Im Gegenteil, sie ertrug voller Heiterkeit und Geduld alle Mühen, auch den Unfrieden, den eine zänkische Schwiegertochter verursachte. Ihre freundliche Klugheit übte auf alle Menschen ihrer Umgebung einen wohltuenden Einfluß aus. Im Jahr 1790 trat sie als weltliche Terziarin → in den Trinitarierorden → ein.

Anna Maria war reich beschenkt mit mystischen Erlebnissen. Deshalb kamen viele Ratsuchende und drängten sich in die kleine Wohnung, unter ihnen sogar mehrere Päpste. Im Lauf der Zeit galt sie in Rom als heilige Familienmutter.

Anna Maria starb nach langer Krankheit am 9. Juni 1837. Ihr Grab ist in der Kirche S. Crisogono in Trastevere in Rom.

Legende Anna Maria Taigi hatte siebenundvierzig Jahre lang eine geheimnisvolle Erscheinung, die sich sonst nirgends in der Geschichte der Heiligen findet. Sie erblickte eine geheimnisvoll strahlende Sonne. Ihre Größe kam der natürlichen Sonne gleich. An ihrem äußeren Strahlenkranz schien sie von einer geflochtenen Dornenkrone umrahmt. Diese Sonne vermittelte der Seligen die Erkenntnis der Absichten Gottes mit der Welt und den Menschen. Sie schaute in ihr die Ereignisse fremder Länder und die Lösung der Fragen, die man an sie stellte. Als schwarze Pünktchen oder gleichsam als Schatten, die in der Strahlenscheibe umherschwammen, zeigten sich ihr alle ihre Sünden und Fehler. Es war, als sei ihr in dieser Vision die ständige Gegenwart Gottes als mahnende Gewißheit vor Augen gehalten worden.

Geboren: 1769 in Siena (Italien)
Gestorben: 1837 in Rom
Berufung/Beiname: Trinitariernonne, Mystikerin
Wirkungsstätte: Italien
Bedeutung des Namens: die Gnade Gottes (hebräisch)
Namensformen: Annemarie, Annamirl, Annemirl, Annemie

Geplagt von Sorgen, Arbeit und täglichen Mühen, führte Anna Maria Taigi ein Gott wohlgefälliges Leben. Überwältigt von seiner Gnade, rief sie aus: »Laß mich gehen, o Herr, laß mich gehen! Ich bin nur eine Hausfrau.«

11. Juni

Barnabas

Geboren: auf Zypern
Gestorben: um 63 bei Famagusta (Zypern)
Berufung/Beiname: Apostel, Märtyrer
Wirkungsstätten: Palästina, Syrien, Pamphylien, Zypern
Bedeutung des Namens: der Sohn des Trostes (aramäisch)
Namensformen: Barnes, Varvas
Patronat: Böttcher, Weber; gegen Trübsinnigkeit; gegen Hagel

Der hl. Barnabas wird dargestellt mit dem Evangelium in der Hand, mit dem er Kranke und Besessene heilt, und mit einem Stein als Marterwerkzeug. Sein Grab, das im Jahr 482 wiederentdeckt wurde, befindet sich auf Zypern.

Der eigentliche Name des hl. Barnabas war Josef. Er gehörte zum Stamme Levi und wurde von jüdischen Eltern auf Zypern geboren. Seine Ausbildung erhielt er in Jerusalem. Barnabas wurde zu einem ausgezeichneten Kenner des Alten Testaments. Dadurch mag in ihm, wie bei so vielen Juden, die große Sehnsucht nach dem Kommen des Messias gewachsen sein. Als nun Jesus wirklich auf Erden erschienen war und sich als der wahre Erlöser erwiesen hatte, gesellte sich Barnabas zu dessen Jüngern. Nach dem Tod des Herrn wandelten die Apostel seinen früheren Namen Josef in Barnabas um.

Barnabas verkaufte das elterliche Erbe und brachte den Erlös den Aposteln zur Verteilung an die Armen. Aufgrund seines großen Wissens und seiner Weisheit erwählten die Ältesten ihn zur Verkündigung des Evangeliums. Man entsandte Barnabas nach Antiochia →, wo schon eine kleine Gemeinde gegründet worden war, damit er die Bekehrten im Glauben stärke und die junge Gemeinde ordne, was er mit heiligem Eifer ausführte. Die Gemeinde vergrößerte sich unter seiner Führung zusehends. Als er erfahren hatte, daß sich Paulus in Tarsus (Kleinasien) aufhielt, begab er sich dorthin und bat Paulus, ihm nach Antiochia zu folgen. Von nun an predigten beide gemeinsam und spendeten die Sakramente. Barnabas erkannte bald die Bedeutung des hl. Paulus als Verkünder der Lehre Christi. Immer größer wurde die Gemeinde, deren Mitglieder hier zum ersten Mal den Namen »Christen« erhielten.

Nachdem sie lange Zeit als »Propheten und Lehrer« in Antiochia gewirkt hatten, offenbarte ihnen der Heilige Geist, daß sie berufen waren, den Heiden in Zypern das Evangelium zu verkünden. Daraufhin reisten die beiden Männer nach Seleukia →. Johannes Markus, ein Verwandter des Barnabas, begleitete sie. Von dort schifften sie sich nach Zypern ein und landeten in Salamis. Sie predigten überall furchtlos den Glauben, obwohl sie, vor allem von den Juden, heftig verfolgt wurden. Nachdem sie in Zypern viele Heiden zum Christentum bekehrt hatten, wandten sie sich nach Pamphylien →. Zu ihrer großen Enttäuschung trennte sich Markus von ihnen. Barnabas jedoch blieb auf der ganzen ersten Missionsreise ein treuer Gefährte des hl. Paulus. Als die Juden die großen Scharen sahen, die den beiden Predigern zuhörten, wurden sie von Eifersucht erfüllt und erhoben ihre Stimme gegen die Glaubensboten. Sie konnten aber nicht verhindern, daß sich viele Heiden taufen ließen. Schließlich kehrten Barnabas und Paulus, etwa im Jahre 49, wieder nach Antiochia zurück. Später nahmen sie am Apostelkonzil in Jerusalem teil und beeinflußten die Entscheidung, daß Heiden vor ihrer Taufe nicht beschnitten werden müßten. Mit einem apostolischen Schreiben ausgerüstet, kehrten sie nach Antiochia zurück. Bevor Paulus zu seiner zweiten Missionsreise aufbrach, trennte sich Barnabas von ihm.

Barnabas fuhr nach Zypern, um seine Missionstätigkeit in der Heimat wieder aufzunehmen. Diesmal war wieder Markus sein Begleiter. Nach der Legende wurde Barnabas in Salamis von den Juden gesteinigt und starb den Märtyrertod etwa um das Jahr 63 unter Kaiser Nero (54–68).

12. Juni

Onuphrius

In der Thebaischen Wüste lebten in den ersten christlichen Jahrhunderten viele Einsiedler. Einer von ihnen war der hl. Paphnutius, der den hl. Onuphrius kurz vor dessen Tod in der Wüste traf. Diese Begegnung schilderte Paphnutius so:

Eines Tages ging ich in die Wüste, um dort die hl. Einsiedler zu besuchen und von ihnen zu lernen, wie man Gott vollkommen dienen könne. Da begegnete ich einem seltsamen Mann mit langen Haaren. Ich fürchtete mich zuerst, aber er sprach zu mir: »Mein lieber Bruder, ich heiße Onuphrius und bin eines Hirtenfürsten Sohn aus Abessinien →. Erzogen wurde ich im Kloster Hermopolis in Ägypten, wo die guten Mönche in meinem Herzen feurige Liebe zu Gott einpflanzten. Aber eines Tages beschloß ich, fern von der Welt in der Einsamkeit Gott zu dienen. Ich verließ das Kloster und schritt, vertrauend auf Gottes Hilfe, getrost der Wüste zu. Da sah ich plötzlich ein hellglänzendes Licht. Aus den Strahlen trat ein Mann hervor von schöner Gestalt und sprach: »Fürchte dich nicht, denn ich bin dein Schutzengel. Gott hat mir aufgetragen, dich zu geleiten. Sei also unbesorgt, wandle demütig vor dem Herrn, arbeite mit Lust, und verharre in guten Werken!« Dieses redend, ging der Engel vor mir her.

Nach vielen Stunden kamen wir schließlich zu einer kleinen Hütte, die unter einem Dattelbaum stand. Er sagte: »Hier ist die Stätte, welche Gott zu deiner Wohnung bestimmt hat.« Von nun an lebte ich ganz verlassen in der Wildnis. Hart waren die Prüfungen, die Gott mir auferlegte. Ich hatte oftmals Stunden, wo ich vor Betrübnis dem Tod nahe war. Des Tages litt ich unter der unerträglichen Hitze, des Nachts zitterte ich naß von Tau und Reif, gequält von Hunger und Durst. Nun vernimm, wie der Herr mich zur Zeit der Prüfungen getröstet hat. Ein Engel des Herrn brachte mir nämlich Brot und Wasser, und der Baum neben meiner Hütte spendete mir süße Datteln. Befleißige dich darum, mein Bruder Paphnutius, nicht bekümmert zu sein um des Leibes Nahrung, sondern suche vor allem zuerst das Reich Gottes, und alles wird dir gegeben werden!

Die Nacht durchwachten wir beim Lobe Gottes. Eine Stunde nach dem Morgengebet sah ich sein Gesicht plötzlich erbleichen. Und er sprach: »Sei getrost, mein Bruder, denn der allmächtige Gott hat dich zu mir geführt, damit Du meinen Leichnam begraben kannst. Schon siebzig Jahre lebe ich hier, und nun ist die Stunde da, wo meine Seele zu ihrem Schöpfer heimkehren darf. Gedenke meiner im Gebete.« Nach diesen Worten stand er auf und betete unter vielen Tränen: »Herr, in Deine Hände befehle ich meinen Geist!« Plötzlich ward sein Leib von einem hellen Licht umgeben, und er hauchte seine Seele aus.

Die Kunde vom hl. Onuphrius kam mit den Kreuzfahreren ins Abendland. Es gibt eine Überlieferung, wonach der bayerische Herzog Heinrich der Löwe (1139–1180) im Jahre 1171 das Heilige Land und die Stätten der Einsiedeleien in der ägyptischen Wüste besuchte. Dabei erfuhr er von dem wunderbaren Leben dieses Heiligen und von seiner mächtigen Fürbitte bei Gott. Er erwählte ihn zu seinem Schutzpatron und erbat sich von den Mönchen des Klosters einen Teil seiner Reliquien, die er nach München brachte.

Geboren: in Ägypten
Gestorben: um 400 in Ägypten
Berufung/Beiname: Eremit
Wirkungsstätte: Ägypten
Bedeutung des Namens: der Sohn des Osiris (ägyptisch)
Namensformen: Onofrio, Onufrio, Frio, Ono
Patronat: Weber, Vieh

Onuphrius wird meist dargestellt als alter Mann mit langem Haar und Bart, mit Palmblättern gegürtet oder ganz mit Haaren bedeckt. Er hält ein Kreuz mit drei Querbalken in der einen, einen Knotenstock in der anderen Hand, trägt eine Krone auf dem Kopf, manchmal reicht ihm ein Engel die Hostie.

13. Juni

Antonius von Padua

Geboren: um 1195 in Lissabon (Portugal)
Gestorben: 1231 in Arcella (Italien)
Berufung/Beiname: Franziskanermönch, Prediger, Kirchenlehrer
Wirkungsstätten: Portugal, Frankreich, Italien
Bedeutung des Namens: der, der vorne steht (griechisch)
Namensformen: Ante, Anton, Antonie, Toni, Tonnies, Tony, Tünnes
Patronat: Padua, Lissabon; Bergleute, Bäcker, Reisende, Liebende; Haustiere; gegen Fieber, Unfruchtbarkeit; bei Viehseuchen, Katastrophen

Das Gemälde von Alonso Cano aus dem Jahr 1645 zeigt die Vision des hl. Antonius. Es befindet sich in der Alten Pinakothek in München.

Die Italiener nennen den hl. Antonius einfach »il Santo«, denn er ist für sie der Heilige schlechthin. Er genießt bis heute eine Beliebtheit, die jener der Gottesmutter kaum nachsteht. Das katholische Volk hat ein unbegrenztes Vertrauen zu seiner Fürbitte. Aber er steht auch in dem Ruf, daß er nichts umsonst tut. Der Bittende muß für seine Hilfe ein Opfer bringen, und am liebsten ist ihm eine Geldspende für die Armen. Seine oftmals etwas süßliche Darstellung als Jüngling in Franziskanertracht, in der Rechten eine Lilie, auf dem linken Arm das Jesuskind tragend, bezeichnet das Volk als »Kindltoni«. Vom hl. Antonius von Padua gibt es unzählige Darstellungen der bildenden Kunst, auch mit anderen Heiligen zusammen, oder solche, die Einzelheiten aus den vielen Legenden wiedergeben, die sich um seine Person ranken.

Antonius war nicht Italiener, sondern Portugiese. Er wurde um das Jahr 1195 in Lissabon geboren. Ursprünglich hieß er Fernando Bullone und stammte aus dem Geschlecht Gottfrieds von Bouillon, des ersten Eroberers des Heiligen Grabes. Mit fünfzehn Jahren trat er in den Orden der Augustinerchorherren → ein. Zehn Jahre lang studierte er hier die Heilige Schrift.

Als fünf Franziskanermönche, die auf ihrer Missionsreise in Marokko als Märtyrer starben, nach Coimbra überführt wurden, befand sich Fernando mitten in der ergriffenen Menge. Dieses Ereignis veränderte sein Leben. Er faßte den Entschluß, den Bettelmönchen beizutreten, um ebenfalls den Heiden zu predigen. Mit fünfundzwanzig Jahren trat Fernando 1220 in das Franziskanerkloster in Coimbra ein und änderte gleichzeitig seinen Namen. Von nun an hieß er Antonius. Auf seine inständige Bitte hin erlaubte man dem neuen »Minderbruder«, noch im gleichen Jahr als Missionar nach Marokko zu reisen. Schon bald nachdem er jedoch das afrikanische Ufer erreichte, wurde der junge Mönch sterbenskrank. Körperlich und seelisch geschwächt, mußte er sich schweren Herzens entschließen, in die Heimat zurückzukehren.

Auf einer Zwischenstation in Messina → vernahm er, daß Franziskus einen Aufruf zur Versammlung aller Mitglieder des Ordens in Assisi erlassen hatte. Sofort machte er sich auf den Weg dorthin. Aber unter den vielen Franziskanermönchen, die dort im Jahre 1221 zusammengekommen waren, blieb er ziemlich allein. Schließlich nahm sich der Provinzial von Norditalien seiner an.

Von nun an lebte Antonius wie einer von den Geringsten im einsamen Bergkloster bei Forli. Er verbrachte ein stilles Dasein ganz in Demut und Buße. Den schweigsamen Bruder hielt man deshalb manchmal sogar für schwachsinnig.

Durch Zufall wurde seine große Rednergabe offenbar. Als anläßlich einer Primizfeier keiner der anwesenden Patres unvorbereitet eine Rede halten konnte oder wollte, wies einer scherzend auf Bruder Antonius, daß dieser es doch versuchen solle. Wie groß war die Verwunderung der Mitbrüder, als der sonst so stille Mönch mit solcher Kraft und Begeisterung sprach. Er verfügte über so überzeugende und ergreifende Worte, daß man ihn sofort als einen Meister der Rede erkannte. Als der hl. Franziskus hiervon hörte, ernannte er den bis dahin

13. Juni

13. Juni

Antonius schöpfte aus dem Bilderschatz der Gleichnisse, die sich den einfachen Menschen unauslöschlich einprägten.

Die Predigten des Antonius, die bis zu 30000 Menschen angezogen haben sollen, hatten beträchtliche Wirkung auf die Politik, und einige oberitalienische Stadtstaaten dämmten auf die Predigten hin durch strenge Vorschriften Ausbeutung und Wucher ein.

Manchmal ist Antonius, wie an der Bronzestatue des Donatello in S. Antonio in Padua, anstelle der Lilie ein flammendes Herz als Attribut beigegeben, das auf seine »flammenden« Predigten hinweisen soll.

Unbeachteten zum ersten Lektor der Franziskaner für Theologie und berief ihn zum Prediger auf die Kanzeln der Städte. Sein Ruf verbreitete sich in Windeseile, und das Volk strömte zu Tausenden herbei, um den Prediger hören zu können.

In den Jahren 1222 bis 1230 verkündete Antonius von Padua das Evangelium in ganz Italien und Südfrankreich. Schon zur Nachtzeit versammelten sich die Hörer und warteten geduldig, bis er am nächsten Morgen die Kanzel bestieg. Großartig waren die Kraft und der Erfolg seiner Predigten. Zwei Predigtsammlungen von Antonius sind uns erhalten geblieben. Sie bedeuten ein unvergängliches Zeugnis seiner Weisheit und Gottesliebe.

Die eindringlichen Predigten des hl. Antonius waren eine Hauptwaffe zur Bekämpfung der Katharer →, einer Sekte, die damals besonders in Oberitalien viele Anhänger gewonnen hatte. Antonius war ihnen durch seine gründliche Schulung überlegen. Er konnte sich ihnen in öffentlichen Streitgesprächen stellen, und dabei hatte er so viel Erfolg, daß man ihm den Beinamen »Hammer der Ketzer« gab. Ähnlich erfolgreich wirkte er in Toulouse, das zeitweise eine Hochburg der ketzerischen Albigenser → war.

Der hl. Antonius wurde später zum Provinzialoberen der Romagna ernannt, ein Amt, das er nur ungerne annahm, da er seine Gabe des Predigens nutzen wollte. Einmal suchte Antonius sogar den wilden Ezzelin in Verona auf und sprach zu ihm: »Das Maß deiner Greuel ist voll. Wenn du nicht Buße tust, wird dich der Zorn Gottes zermalmen.« Entgegen aller Erwartung war Ezzelin so beeindruckt, daß er fortan abließ von seinen grauenvollen Taten.

In der Fastenzeit des Jahres 1231 fühlte Antonius sein Ende nahen. Schonungslos gegen sich selbst, gänzlich verbraucht und erschöpft, brach er zusammen. Man brachte ihn in das kleine Klarissenkloster Acella →, wo er am gleichen Tag, erst sechsunddreißigjährig, starb. Seine letzten Worte waren: »Ich sehe meinen Herrn Jesus Christus!« Der Heilige von Padua war viel zu früh von dieser Welt gegangen.

Legende Eines Tages predigte Antonius unter freiem Himmel. Da zog ein Unwetter herauf, und die Menge begann zu flüchten. »Bleibt!« rief Antonius. »Niemand wird naß werden.« Überall in der Umgebung ging der Regen in Strömen nieder, aber keiner von denen, die dem Wort des Heiligen gehorchten, bekam einen Tropfen Wasser ab.
Einzigartig ist auch folgende Geschichte aus dem Leben des Heiligen: Ein reicher Mann hatte sein Vermögen durch Wucher ungeheuer vermehrt. Als er starb, bat seine Familie den hl. Antonius, die Leichenrede zu halten. Der hl Antonius von Padua predigte über das Wort des Evangeliums »Wo euer Schatz ist, da ist auch euer Herz«. Nach der Predigt wandte er sich an die Verwandten des Toten und sprach: »Geht jetzt hin und durchsucht alle Kästen des Verstorbenen, ich will euch sagen, was ihr zwischen dem Gold und dem Silber finden werdet: Ihr werdet sein Herz finden.«
Sie gingen und suchten, und mitten in dem Goldhaufen fanden sie ein menschliches Herz. Sie berührten es mit ihren Händen, das Herz war noch warm.
In Toulouse erklärte ein Ketzer dem hl. Antonius, nur ein Wunder könne ihn dazu bringen, an die Allgegenwart Gottes zu glauben. »Ich will«, fügte der Mann hinzu, »meiner Eselin drei Tage lang kein Futter geben. Nach diesen Fasttagen werde ich ihr Heu und Hafer vorlegen; wenn sie das Futter verschmäht, um die geweihte Hostie anzubeten, so

will ich an die Allgegenwart Gottes glauben.« Der Heilige nahm den Vorschlag an. Als die drei Tage verstrichen waren, nahm er die Hostie in seine Hände, und der Ketzer brachte seiner ausgehungerten Eselin Heu und Hafer. Aber das Tier wandte sich von ihm ab und dem heiligen Sakrament zu. Daraufhin bekehrte sich der Ketzer.

Die Darstellung des hl. Antonius mit dem Jesuskind geht auf folgende Geschichte zurück: Als der Heilige kurz vor seinem Tod von den Anstrengungen und seiner Krankheit sehr geschwächt war, gab er den Bitten seiner Mitbrüder nach und folgte der Einladung eines Freundes, des Grafen Tiso, nach Schloß Camposampiero. Eines Abends besuchte der Graf ihn wie gewöhnlich in seinem Zimmer. Die Türe stand halb offen. Ein auffallend heller Lichtschein fiel heraus. Der Graf, der einen Brand befürchtete, öffnete rasch die Türe, doch blieb er gebannt auf der Schwelle stehen. Antonius kniete in dem hellerleuchteten Raum und hielt in den Armen ein Kind, das in Strahlen gehüllt war und von dem die große Helligkeit ausging. Als das kleine Zimmer wieder in Dunkelheit versunken war, stand der Graf noch ganz unter dem Eindruck dieses Wunders. Antonius ging lächelnd auf ihn zu und bat ihn, niemandem etwas davon zu erzählen. Erst nach dem Tod des Heiligen brach der Graf sein Schweigen.

Antonius wird oft dargestellt, wie er den Fischen predigt. Als er in Rimini den Ketzern eine Predigt halten wollte, aber keiner der Ketzer erschien, da soll Antonius sich an die Fische gewandt haben, die daraufhin ihre Köpfe aus dem Wasser streckten. Dies habe später manche zum wahren Glauben zurückgeführt.

14. Juni

Eleonora

Obwohl von einer Selig- oder Heiligsprechung der englischen Königin Eleonora nichts bekannt ist, wird sie in manchen Gegenden Deutschlands und vor allem in England als eine Volksheilige verehrt. Die hl. Eleonora von England wurde im Jahr 1222 als Tochter des Grafen Raimund IV. von der Provence geboren.

Im Jahr 1236 heiratete die junge Eleonora König Heinrich III. von England. Sie beriet ihren Gatten bei seinen Regierungsgeschäften während dieser unruhevollen Jahre in England und half ihm, die Ordnung durch den Erlaß guter Gesetze wieder herzustellen. Eleonora förderte den Bau von Kirchen und Klöstern und steuerte ihr eigenes Vermögen bei, damit Lehrer und Missionare gründlich ausgebildet werden konnten. Sie teilte sogar selbst Brot und Suppe an die Armen und Kranken aus, förderte zudem auch Literatur und Wissenschaften und richtete eine öffentliche Bibliothek ein.

Nach dem Tod des Königs Heinrich III. im Jahr 1273 trat Königin Eleonora schließlich in das Benediktinerinnenkloster in Amesbury ein. Sie starb dort nach einem frommen Leben als einfache Klosterfrau im Jahr 1291.

Mit Namen Eleonora sei hier neben der hl. Königin Eleonora von England noch eine weiter Selige erwähnt, nämlich Margareta Eleonora de Justamont, die mit ihrer Schwester Magdalena Franziska als Zisterzienserronne während der Französischen Revolution in Südfrankreich das Martyrium erlitt. Margareta Eleonora de Justamont, die den sehr ungewöhnlichen Ordensnamen Maria vom hl. Heinrich trug, starb am 12. Juli des Jahres 1794 durch die Guillotine.

Sie wurde 1925 zusammen mit einer Gruppe von zweiunddreißig Klosterfrauen seliggesprochen, die vom 6. bis 26. Juli 1794 in Orange von den Revolutionären hingerichtet worden waren, weil sie den Eid auf die Französische Revolution verweigert hatten. Ihr Fest wird von der Kirche am 9. Juli begangen.

Geboren: 1222 in Frankreich
Gestorben: 1291 in Amesbury (England)
Berufung/Beiname: Benediktinernonne
Wirkungsstätte: England
Bedeutung des Namens: Gott ist mein Licht (arabisch)
Namensformen: Ellinor, Ella, Elly, Ellen, Nora, Nelly, Lore, Leonore

15. Juni

Veit

Geboren: um 297 auf Sizilien
Gestorben: um 304 in Rom
Berufung/Beiname:
Märtyrer; Nothelfer
Wirkungsstätte: Italien
Bedeutung des Namens:
der Willige (lateinisch)
Namensformen: Vitus
Patronat: Sizilien, Prag; Apotheker, Kupferschmiede, Winzer, Tänzer, Schauspieler, Jugend; gegen Epilepsie, Tollwut, Schlangenbiß, Bettnässen; gegen Unwetter

Der hl. Jüngling Veit oder Vitus gehört zu den Gestalten der frühen christlichen Märtyrer. Er ist auch einer der 14 Nothelfer. Ganz besonders wurde der Heilige im 13. und 14. Jahrhundert verehrt. Der hl. Veit ist ein Fürsprecher in vielerlei Anliegen. Er hat eine große Zahl von Patronaten, so wird er vor allem angerufen bei Epilepsie, Tollwut, Schlangenbiß, Bettnässen, Feuergefahr und Unwettern. Unter anderem ist er der Schutzpatron der Apotheker, Schmiede, Tänzer und Schauspieler. Im Jahre 1355 wurden seine Gebeine durch Kaiser Karl IV. (1346 bis 1378) nach Prag gebracht, wo zur Aufbewahrung seiner Reliquien der berühmte St.-Veits-Dom errichtet wurde. Viele Altäre und Kapellen sind dem Heiligen geweiht, unzählige Orte nach ihm benannt. Acht Tafelgemälde aus der Schule Michael Wohlgemuts in Klagenfurt schildern seine Legende. Auch Albrecht Altdorfer hat Bilder mit diesem Thema geschaffen.

Leider sind vom Leben des hl. Veit so gut wie keine historischen Fakten überliefert, die die Legenden, die sich gebildet haben, untermauern könnten. Das Leben dieses Heiligen ist rein legendär. Es enthält indessen viele wunderbare Begebenheiten, die ihrem inneren Gehalt nach über die Jahrhunderte hin ihre Wahrheit erwiesen.

Legende *Der Junge Veit oder Vitus stammte von heidnischen Eltern aus Sizilien. Seine Erziehung übernahmen die Amme Crescentia und deren Mann Modestus. Sie waren beide fromme Christen und erzogen den Knaben in ihrem Glauben. Als der Vater das erfuhr, wollte er seinen Sohn zwingen, der christlichen Lehre abzuschwören. Doch gelang es ihm nicht. Auch Schmeicheleien und Versprechungen brachten keinen Erfolg. Da übergab der grausame Vater seinen Sohn dem Präfekten Valerian, der ihn züchtigen sollte, um ihn gefügig zu machen.*
Doch als die Knechte ihre Peitschen erhoben, wurden ihre Arme alsbald gelähmt. Als sie dies beklagten, sprach das Kind: »Geht zu euren Göttern, und bittet sie, daß sie euch helfen mögen.« Da fragten sie ihn, ob er das nicht auch könne. Hierauf sagte der Junge: »Wenn ihr glauben wollt an Jesus Christus, den einzigen Gott, so werdet ihr durch ihn gesund werden.« Und er betete für sie, und sie wurden gesund.
Indessen erschien dem Modestus ein Engel und befahl ihm, Vitus in ein fremdes Land wegzuführen. Und alle drei – mit ihnen war Crescentia – flohen nun nach Lukanien. Dort predigte der Knabe vor den Menschen von Christus und wirkte mancherlei Wunder. Ein Adler brachte ihnen täglich Brot als Speise. Zu der Zeit geschah es, daß des Kaisers Sohn in Rom von der Besessenheit befallen wurde. Niemand konnte ihn heilen. Als nun der Kaiser von den Wundern des jungen Vitus hörte, ließ er ihn herbringen, damit er seinen Sohn heilte. Der Kaiser fragte ihn: »Mein liebes Kind, vermagst du wohl, meinen Sohn gesund zu machen?« Da antwortete ihm der hl. Vitus: »Nicht ich kann dies, aber mein Herr vermag es ganz sicherlich zu tun.« Damit legte er die Hand auf den Besessenen, und alsbald fuhr der böse Geist aus, und der Sohn des Kaisers war wieder gesund.
Doch obgleich der hl. Veit dem Kaiser hiermit Gutes getan hatte, verlangte man sogleich von ihm, daß er seinem Glauben abschwören und die Heidengötter anbeten solle.

Der Name für den Veitstanz, eine Nervenstörung mit Muskelzuckungen und Krämpfen, geht auf den hl. Veit zurück, den Patron der Epileptiker und an Tollwut Erkrankten.

15. Juni

Aber da der Heilige im Angesicht des Kaisers von Rom standhaft blieb, wurde er zusammen mit Modestus in den Kerker gesteckt und mit Eisenketten gefesselt. Doch in der Nacht fielen die Ketten von ihnen ab, und das Gefängnis war von einem hellen Licht erleuchtet. Das wurde dem Kaiser sofort gemeldet. Der ließ die beiden Männer nun in einen Kessel mit siedendem Pech werfen, damit sie darin verbrennen sollten. Doch wunderbarerweise entstiegen Modestus und Veit unversehrt dem glühenden Gefäß. Nun ließ der Kaiser den hl. Veit in der Arena den hungrigen Löwen vorwerfen. Als dieser aber in den Zwinger kam, legten sich die Löwen nieder, leckten ihm die Füße und taten ihm nichts zuleide. Zuletzt wurde Veit mitsamt seinem Lehrer Modestus und seiner Amme Crescentia gefoltert. In der gleichen Stunde erhob sich ein furchtbares Unwetter, die Erde erbebte, und die Tempel der Götter fielen in tausend Stücke. Das Volk aber, das in Scharen gekommen war, um der Folterung zuzuschauen, zerstob angstvoll in alle Richtungen, und auch der Kaiser floh und rief: »Weh mir, ein Kind hat mich überwunden!«

Die beiden Märtyrer wurden von einem Engel aus dem Gefängnis befreit. Der Engel führte sie an das Ufer eines lieblichen Flusses, wo sie ausruhten und beteten. Ihre Seelen aber kehrten nun heim zu Gott. Ihr Martyrium geschah zur Zeit des römischen Kaisers Diokletian, der im Jahr 284 die Herrschaft im römischen Reich übernommen hatte.

Dargestellt wird der hl. Veit meist, wie er in einem Kessel mit siedendem Pech steht. Oft hält der Heilige auch einen kleinen Kessel als Hinweis auf sein Martyrium in der Hand.

Das Gemälde von 1385 aus der Veitskapelle von Mühlhausen bei Stuttgart zeigt den hl. Wenzel, den hl. Veit (Mitte) und den hl. Sigismund.

15. Juni

Gebhard

Geboren: um 1010 in Schwaben
Gestorben: 1088 in Werfen (Österreich)
Berufung/Beiname: Klostergründer, Bischof
Wirkungsstätten: Deutschland, Österreich, Griechenland
Bedeutung des Namens: der Freigiebige (althochdeutsch)
Namensformen: Gebert, Geert, Gebi

Der sel. Gebhard war Erzbischof von Salzburg und stammte aus dem schwäbischen Grafengeschlecht von Helfenstein. Unter Kaiser Heinrich III. hatte er von 1057–1059 das Amt des Reichskanzlers inne. Im Jahr 1060 wählte man ihn zum Bischof von Salzburg. Gebhard gründete im Jahr 1072 das Bistum Gurk in Kärnten sowie 1074 die Benediktinerabtei Admont in der Steiermark, wo er auf seinen Wunsch hin auch seine letzte Ruhestätte fand. Der sel. Gebhard zeichnete sich insbesondere dadurch aus, daß er im Investiturstreit → zwischen Kaiser Heinrich IV. (1056–1106) und dem Papst Gregor VII. (1073–1085) unerschütterlich auf seiten des Papstes stand. Der Erzbischof Gebhard zog sich dadurch natürlich die Feindschaft des Kaisers zu und wurde von ihm verbannt. Neun Jahre lang lebte er im Exil in Schwaben, Sachsen und Dänemark. Gebhard starb am 15. Juni des Jahres 1088 auf Schloß Werfen an der Salzach.

16. Juni

Benno von Meißen

Geboren: 1010 in Hildesheim (Sachsen)
Gestorben: 1106 in Meißen (Sachsen)
Berufung/Beiname: Benediktinermönch, Abt, Bischof; »Apostel der Wenden«
Wirkungsstätte: Deutschland
Bedeutung des Namens: der Mühselige, der Geplagte (althochdeutsch)
Namensformen: Bernhard, Bernard, Bernadin, Bernd, Benito, Hardel, Bernward
Patronat: München, Altbayern, Meißen; Fischer, Tuchmacher; für Regen

Obwohl der hl. Benno erst vier Jahrhunderte nach seinem Tod in Bayern bekannt wurde, ehrt die Stadt München diesen Heiligen auf besondere Weise, denn er ist ihr Stadtpatron. Benno wurde 1010 in Hildesheim geboren. Schon von früher Kindheit an erhielt er im dortigen Kloster seine Erziehung. Mit achtzehn Jahren trat er in den Benediktinerorden von St. Michael in Hildesheim ein, und mit dreißig Jahren wurde er zum Priester geweiht. Bereits zwei Jahre später war Benno der Abt dieses Klosters. Aber schon nach drei Monaten legte er sein Amt nieder, weil er sich in seiner Bescheidenheit nicht tauglich fand, der Mönchsgemeinschaft als Abt vorzustehen. Abt Benno zog sich in die Stille seiner Zelle zurück und versank dort viele Stunden im Gebet. Allerdings blieb ihm keine lange Ruhezeit vergönnt, denn Kaiser Heinrich III. (1059–1056) hatte große Pläne mit dem bescheidenen Abt Benno.

Der Kaiser berief ihn bald darauf zum Kanonikus → an das neugegründete Stift Goslar, wo er siebzehn Jahre lang blieb. Benno war mit Anno, dem späteren Erzbischof von Köln, sehr befreundet. Anno war es auch, der sich dafür einsetzte, daß Benno im Jahr 1066 zum Bischof von Meißen gewählt wurde. Umsichtig und klug, gerecht und barmherzig übte Benno sein neues, schweres Amt aus. Sein besonderes Augenmerk galt der würdigen Meßgestaltung. Beispielsweise ließ er in Meißen erstmals feierliche Choralgesänge während der Meßfeier singen. Alle Jahre bereiste Bischof Benno sein Bistum und gab fast alle seine Einkünfte den Armen und Kranken.

Doch die segensreiche Tätigkeit Bennos wurde durch das Machtstreben des neuen Königs, Heinrichs IV., empfindlich gestört. Er unterjochte die Bewohner Sachsens so grausam, daß sie sich gegen ihn auflehnten. König Heinrich IV. ließ daraufhin die Stadt Meißen erobern und das Land verwüsten. Benno verhielt sich als Bischof von Meißen bei diesen Auseinandersetzungen zwar neutral, um seine Missionstätigkeit vor allem in den slawischen Gebieten nicht zu gefährden, wurde aber trotzdem im Jahr 1075 vorübergehend gefangengenommen.

In jener Zeit begann dann auch der unselige Investiturstreit → zwischen dem Kaiser und Papst Gregor VII. Heinrich versuchte auf der Synode von Worms, den Papst abzusetzen. Benno war eigentlich verpflichtet, daran teilzunehmen. Er reiste jedoch nach Rom und bezog damit eindeutig Stellung gegen den Kaiser. Benno berichtete dem Kollegium von den Ereignissen in Deutschland, und man beschloß, Kaiser Heinrich IV. mit dem Bann zu belegen. Kaiser Heinrich rächte sich sofort an Bischof Benno. Er enthob ihn seines Amtes und übergab das Bistum Meißen einem Bischof, der auf der Seite des Kaisers stand.

Erst nach mehreren Jahren war Kaiser Heinrich IV. bereit einzulenken. Im Jahr 1088 durfte Benno wieder in sein geliebtes Bistum Meißen zurückkehren. Groß war der Jubel der Gläubigen, als er dort ankam. Unverzüglich nahm er seine Arbeit wieder auf und predigte mit Erfolg die wahre Lehre Christi.

Mit sechsundneunzig Jahren zog er sich nach Naumburg zurück, um sich auf den Tod vorzubereiten. Der hl. Benno starb am 16. Juni des Jahres 1106. Seine Gebeine wurden im Meißener Dom beigesetzt. Erst vier Jahrhunderte später, nämlich im Jahr 1523, sprach ihn Papst Hadrian VI. (1522–1523) heilig.

Als Sachsen und damit auch Meißen nach der Reformationszeit zum protestantischen Glauben übergetreten waren, hatte die Kirche begründete Angst um die Gebeine des hl. Benno, die im Dom zu Meißen ruhten.

Gerade noch rechtzeitig, bevor sein Grabmal durch Bilderstürmer zerstört wurde, konnten die Reliquien des Heiligen nach München überbracht werden. Im Jahr 1576 ließ sie Herzog Albrecht V. von Bayern in die herzogliche Hofkapelle bringen. Vier Jahre später fanden die Reliquien in der Münchner Frauenkirche ihre Ruhestätte, wo sie bis heute aufbewahrt werden.

Legende Ehe Benno, Bischof von Meißen, über die Alpen zum Papst nach Rom reiste, übergab er zweien seiner Domherren die Schlüssel des Doms mit dem Befehl, dieselben in die Elbe zu werfen, sobald sie erführen, daß der Kaiser vom Papst mit dem Bann belegt worden sei. Damit wollte Benno erreichen, daß dem Kaiser der Zugang zum Dom in Meißen verwehrt würde. Und so geschah es auch.
Nach der Einigung von Papst und Kaiser kehrte Benno wieder nach Meißen zurück. Unerkannt stieg er in einem Gasthaus ab. Bei dem Mahl, das er dort zu sich nahm, wurde auch ein großer Fisch aufgetragen. Als man diesen aufschnitt und teilte, fanden sich in seinem Rachen wunderbarerweise die Schlüssel des Doms zu Meißen. Man erkannte nun in dem unbekannten Reisenden den Bischof Benno. Unter allgemeinem Jubel kehrte er in seinen Dom zurück.
Bereits hochbetagt wanderte Benno von Dorf zu Dorf und rief zur Buße und Bekehrung auf. In großer Zahl eilten die Menschen herbei. Sie ertrugen Hunger und Durst, nur um ihn zu hören. Bei glühender Hitze war einmal eine große Menge Heiden um den Heiligen versammelt, ringsum war kein Wasser, und viele waren nahe daran, vor Durst ohnmächtig zu werden. Da stieß der hl. Benno ganz im Vertrauen auf Gottes Hilfe mit seinem Hirtenstab auf die Erde, und sogleich strömte dort eine Quelle frischen Wassers hervor, um den Durst der Menschen zu stillen.

Benno von Meißen wird dargestellt in bischöflichem Gewand mit einem Fisch in der Hand, der zwei Kirchenschlüssel im Maul trägt. Der Fisch spielt auf die Legende von der wundersamen Wiederauffindung der Domschlüssel an.

Dargestellt ist der hl. Benno gleich mehrfach in der Münchner Frauenkirche, wo auch seine Reliquien seit dem 16. Jahrhundert verwahrt werden.

17. Juni

Leutfred

Geboren: um 660 in Neustrien (Frankreich)
Gestorben: um 738 bei Evreux (Frankreich)
Berufung/Beiname: Klostergründer, Benediktinerabt
Wirkungsstätte: Frankreich
Bedeutung des Namens: der Schützer des Volkes (althochdeutsch)
Namensformen: Fred, Freddy, Leutfels,
Patronat: gegen Kinderkrankheiten

Wir folgen bei der Darstellung des Heiligen im wesentlichen den Ausführungen von Ernest Hello. Die handschriftliche Lebensbeschreibung über den hl. Abt Leutfred wurde lange Zeit in Saint-Germain-des-Prés bei Paris aufbewahrt.

Der Heilige wurde um das Jahr 660 in Neustrien in der Provinz Gallien geboren. Gegen den Willen seiner Eltern wollte er Priester werden. Aus seiner Berufung zum Priestertum wurde allmählich die Berufung zum klösterlichen Leben. Und so trat er als Benediktiner in das Kloster St. Pierre in Rouen ein.

Um das Jahr 690 gründete Leutfred dann die Benediktinerabtei Sainte-Croix bei Evreux in der Normandie, die er vierzig Jahre lang als Abt leitete.

Der hl. Leutfred besaß brennenden Eifer für die Sache Gottes und ein großes Gerechtigkeitsgefühl, aber noch stärker glühte das Erbarmen in ihm. Wenn er zürnte, war er dem alttestamentarischen Geist des Elias verwandt, aber der Zorn entzündete in ihm die Flamme der christlichen Liebe. Gewaltig war er, wenn er fluchte, und gewaltig, wenn er liebte, groß in seiner Liebe für die Armen und groß in seinem Haß gegen die Ungerechtigkeit.

Als der hl. Leutfred sein Ende nahen fühlte, ließ er ein Spital für die Armen erbauen und schickte in alle Häuser der Nachbarschaft ansehnliche Geschenke. Diese sollten dafür sorgen, daß sich die Empfänger lange Zeit seiner erinnerten und ihn in ihre Gebete einschlossen. Seine Schüler versammelte er der Überlieferung zufolge um sich, gab ihnen abschließende Unterweisungen und verbrachte die letzte Nacht seines irdischen Lebens im Gebet.

Sein Leichnam wurde zunächst in einer Kirche beigesetzt, die er zu Ehren des hl. Paulus hatte erbauen lassen. Ein Jahrhundert später überführte man ihn in die Kirche Sainte-Croix, die dann seinen Namen, Saint-Leufroy, erhielt. Um den Leichnam vor Plünderung und Schändung während des Einfalls der Normannen zu schützen, brachte man ihn schließlich nach Paris und setzte ihn in Saint-Germain-des-Prés bei.

Leutfred, von dem behauptet wird, er habe auch Wunder gewirkt, wird dargestellt als Abt im Ordenskleid der Benediktiner, Kinder unterweisend.

Legende Eines Tages bestahl ein Mann das Kloster Leutfreds um mehrere Posten Heu. Leutfred verzichtete auf eine Anzeige, verlangte aber Ersatz. Anstatt Ersatz zu leisten, erging sich jedoch der Dieb in aller Öffentlichkeit in wütenden Ausfällen gegen den Heiligen. Er nannte ihn einen Lügner und Verleumder. Da sprach Leutfred: »Gott soll Richter sein zwischen dir und mir.« Und alsbald wurde der Dieb von grausamen Schmerzen am Kiefer befallen, die Zähne fielen ihm aus vor allen Leuten, und auch seine ganze Nachkommenschaft verlor die Zähne.

Wieder einmal begab sich Leutfred zu Karl Martell, um Angelegenheiten seines Klosters zu regeln. Als er schon auf der Heimreise war, holte ihn ein Bote des Fürsten ein. Der Sohn Karl Martells war erkrankt, und der Vater ließ in seiner Not Leutfred holen, in der Hoffnung, daß dieser helfen könne. Der Abt kehrte um, besprengte die Kleider des kranken Kindes mit Weihwasser und gab ihm die heiligen Kommunion. Bald darauf wurde der Sohn Karl Martells wieder gesund. Dieses Wunder ist wohl der Grund für das Patronat Leutfreds gegen Kinderkrankheiten.

18. Juni

Eustachius Kugler

Dieser Gottesmann unserer Zeit litt sein Leben lang unter körperlichen Behinderungen und schmerzhaften Krankheiten. Eustachius Kugler wurde aber trotzdem Ordensprovinzial der Barmherzigen Brüder → und unternahm dann alles in seiner Macht Stehende, um anderen Kranken und Behinderten zu helfen.

Am 13. Januar 1867 kam Eustachius Kugler in Nittenau in der Oberpfalz zur Welt. Er wurde auf den Namen Josef getauft. Sein Vater Michael Kugler betrieb eine Hufschmiede und eine kleine Landwirtschaft. Josef, der aufgeweckte und intelligente Bub, mußte nach der Schule einen Handwerksberuf erlernen, denn zum Studium fehlte das Geld. Er ging nach München, wo ihm seine Schwester Katharina, die hier als Hausangestellte arbeitete, in einer Kunstschlosserei eine Lehrstelle verschafft hatte. Eines Tages, seine Ausbildung war noch nicht abgeschlossen, fiel er von einem Gerüst und verletzte sich so schwer am Bein, daß er seinen Beruf nicht mehr ausüben konnte. In dieser Not nahm ihn wiederum seine Schwester Katharina auf, die inzwischen in Reichenbach lebte und mit einem Schlosser verheiratet war. Josef half seinem Schwager bei der Arbeit, so gut es eben ging. Viele Aufträge kamen von der nahegelegenen Pflegeanstalt der Barmherzigen Brüder. Josef lernte dadurch den Orden kennen, und 1893 entschloß er sich, in dieses Kloster einzutreten. Fünf Jahre später legte er die ewigen Gelübde ab und erhielt den Ordensnamen Eustachius.

Von Anfang an sah Bruder Eustachius seine neue Aufgabe klar vor sich. Gerade weil er selbst körperlich behindert war, setzte er seine ganze Kraft für die Unterstützung der Behinderten, Kranken und geistig Verwirrten ein, die er gemeinsam mit seinen Ordensbrüdern in Reichenbach pflegte. Eustachius zeichnete sich dabei vor allem durch seinen umsichtigen und geschickten Umgang sowohl mit den Patienten als auch mit seinen Mitbrüdern aus. Trotz aller Erfolge blieb er dabei jedoch stets bescheiden und fromm. Seine eigenen Leistungen bewertete er als gering. Seine Vorgesetzten erkannten bald die Qualitäten des neuen Ordensmitglieds und übertrugen ihm 1905 die Leitung der Anstalt in Straubing. 1914 übernahm er für acht Jahre die Anstalt in Gremsdorf und war dann weitere drei Jahre als Prior in Neuburg an der Donau tätig. Von 1925 bis zu seinem Tod leitete er den Orden als bayerischer Provinzial. In diese Zeit fiel auch die Gründung der beiden großen Kliniken in Regensburg, die auf seine Initiative hin errichtet worden waren.

In der Zeit des Dritten Reiches war der von den Nationalsozialisten besonders angefeindete Ordensmann ein besonnener Führer seiner Gemeinschaft. Er setzte sich rückhaltlos für seine Brüder und vor allem auch für seine Patienten ein. Nach Ende des Krieges konnte er noch den Wiederaufbau der teilweise zerstörten Anstalten veranlassen. Am 10. Juni 1946 starb Eustachius Kugler an Krebs.

Bald danach setzte eine große Verehrung für diesen frommen Mann ein, oft wurde er als Fürbitter angerufen. Die Akten für seine Seligsprechung sind abgeschlossen, sie liegen im Rom zur letzten Prüfung bereit. Somit kann es nicht mehr lange dauern, bis Eustachius seliggesprochen wird.

Geboren: 1867 in Nittenau (Bayern)
Gestorben: 1946 in Regensburg (Bayern)
Berufung/Beiname: Wohltäter, Prior, Provinzial
Wirkungsstätte: Bayern
Bedeutung des Namens: der Fruchtbare (griechisch)
Namensformen: Eustasius, Staso, Stacho

Eustachius Kugler erkennt man an der Ordenstracht der Barmherzigen Brüder. Er hält ein Buch in der Hand.

Im Jahr 1929 wurde auf Initiative von Eustachius Kugler an der Prüfeninger Straße in Regensburg das Krankenhaus der Barmherzigen Brüder erbaut, für die damalige Zeit ein ungewöhnliches Großprojekt, das auch auf Kritik stieß.

19. Juni

Romuald

Geboren: um 952 bei Ravenna (Italien)
Gestorben: 1027 in Val di Castro (Italien)
Berufung/Beiname: Ordensstifter, Eremit, Abt
Wirkungsstätten: Italien
Bedeutung des Namens: der berühmte Herrscher (althochdeutsch)
Namensformen: Roald, Romo, Ronald
Patronat: Kamaldulenser

Der hl. Romuald sagte: »Gott hat den Menschen nicht zu Elend und Qual geschaffen, sondern zu einer Freude, die von christlicher Gesinnung und Tugend erfüllt ist.«

Romuald war der Stifter des strengen Männerordens der Kamaldulenser →, eines Eremitenordens auf der Grundlage der benediktinischen Regel. Fünfzehn Jahre nach seinem Tod verfaßte sein berühmter Schüler, der hl. Petrus Damiani, die Lebensbeschreibung des Heiligen.

Romuald wurde Mitte des 10. Jahrhunderts in Ravenna in Norditalien geboren. Er stammte vermutlich aus dem langobardischen Herzogsgeschlecht der Onesti. Die geistige und vor allem religiöse Erziehung des Heranwachsenden wurde vollkommen vernachlässigt. Der junge Mann sollte ja vor allem zum Ritter erzogen werden und Gefallen finden an einem höfischen Leben, ausgefüllt mit überschäumender Lustbarkeit. Romuald genoß diesen ausschweifenden Lebenswandel. Aber irgendwann müssen auch ihm Zweifel darüber gekommen sein, ob diese Art des Daseins für immer ausreichend sein kann. Es bedurfte jedoch noch eines äußeren Anlasses, um die Umkehr zu vollziehen. Eines Tages hatte sein jähzorniger Vater Sergius Streit mit einem Verwandten und forderte ihn zum Zweikampf. Sergius tötete seinen Gegner. Romuald, der das mit ansah, wurde von Entsetzen über das rachsüchtige Verhalten seines Vaters ergriffen und nahm anstelle seines Vaters die damals übliche vierzigtägige Buße auf sich.

In der Einsamkeit des Klosters S. Apollinare in Classe entsagte er der Welt und verbrachte sieben Jahre in einer klösterlichen Gemeinschaft. Romuald, der seine Ordensbrüder öfters scharf zurechtgewiesen hatte, weil sie die Regeln des Klosters nicht in strenger Weise befolgten, zog sich bald deren Unwillen und Haß zu. Auf seine Bitte hin erteilte ihm der Abt die Erlaubnis, das Kloster zu verlassen, um unter der Leitung des Einsiedlers Marin nahe bei Venedig die von ihm gewünschte Ausbildung zu erlangen.

Nachdem er dort viele Jahre verbracht hatte, fühlte sich Romuald berufen, als Kämpfer gegen die in der Welt und den Klöstern um sich greifende Sittenlosigkeit aufzutreten. Mit Begeisterung zog er predigend und mahnend durchs Land. Seine Predigten zeitigten rasch große Erfolge, sogar sein eigener Vater bekehrte sich. Romuald gründete nun mehrere Einsiedeleien in Südfrankreich und Oberitalien. In Camaldoli auf den Höhen des Apennins zimmerte er sich selbst eine kleine Zelle. Das war sein liebster Aufenthaltsort. Der Einsiedlerorden, den der Heilige 1012 ins Leben rief, erhielt seinen Namen von diesem Ort. Von Anfang an waren die besonderen Kennzeichen der Ordensmitglieder außergewöhnlicher Bußeifer und völliges, lebenslängliches Schweigen.

Romuald wurde jetzt von allen Seiten große Verehrung zuteil. Der Markgraf von Toscana, Kaiser Otto III. und Kaiser Heinrich II. holten sich bei ihm Rat und erfüllten die von ihm geforderten Bußübungen. Bei aller Weltflucht predigte Romuald aber keinen Welthaß. Als der Heilige sein Ende herannahen fühlte, zog er sich in die Klause Val di Castro zurück und erwartete dort in Schweigen und Gebet seinen Tod. Er starb am 19. Juni 1027. Als man 1481 die Translation → seiner Gebeine in das Blasiuskloster von Fabiano vornehmen wollte, fand man seinen Leib unversehrt und ohne Merkmale der Verwesung.

Anstelle einer Legende Oftmals sieht man den Heiligen mit einer Himmelsleiter abgebildet. Romuald hatte einst eine Vision, die ihm als Gleichnis der höheren geistigen Bildung erschien. Die Geschichte dieser Vision hat auch den Manieristen Andrea Sacchi zu seinem Meisterwerk inspiriert. Im Vordergrund des Bildes sitzt der Heilige und weist seine Schüler auf jene symbolische Leiter hin, auf der die weißen Mönche langsam Stufe für Stufe zum Himmel emporsteigen, je nach dem Grad der Tugend, den sie erlangt haben.

Dargestellt wird Romuald als bärtiger Eremit im weißen Gewand des Kamaldulenserordens. Meist trägt er die Bibel in den Händen, oft auch die Himmelsleiter.

20. Juni

Achaz und die zehntausend Märtyrer

Der hl. Achaz gehört zu den Vierzehn Nothelfern. In geschichtlichen Quellen ist sein Leben bis heute nicht nachweisbar, aber die Legende vom hl. Achaz und den zehntausend Märtyrern stammt auf jeden Fall aus dem 12. Jahrhundert. In das römische Martyrologium → wurden die zehntausend Märtyrer vom Berge Ararat erst von Gregor XIII. (1572–1585) aufgenommen. Es kann vermutet werden, daß diese Legende im 12. Jahrhundert entstanden ist, um den Kreuzfahrern, die nach Palästina oder Kleinasien aufbrachen, Motivation und Mut zu vermitteln. Bekannt wurde die Legende allerdings erst, nachdem Achaz in den Kreis der Nothelfer aufgenommen worden war. Seither wird er besonders in Österreich, Bayern und Böhmen als Schutzpatron verehrt.

Geboren: unbekannt
Gestorben: unbekannt
Berufung/Beiname: Märtyrer; Nothelfer
Wirkungsstätte: Armenien
Bedeutung des Namens: der Unschuldige (griechisch)
Namensformen: Achatius, Akazius
Patronat: in schweren Krankheiten und in Todesangst; gegen Zweifel, Verfolgung

Legende Der hl. Achaz bzw. Achatius war Primicerius, das heißt Anführer eines kaiserlichen Heeres von 9000 Soldaten, das gegen Aufständische im Gebiet Armeniens ausgesandt worden war. Den kaiserlichen Truppen stand jedoch eine zehnfache Übermacht gegenüber, so daß ein Kampf aussichtslos erschien. Da erschien dem Achatius ein Engel des Herrn, der ihn aufforderte, Jesus Christus anzubeten, den einzigen und wahren Gott. Er würde ihm und seinem Heer zum erhofften Sieg verhelfen. Achatius sagte seinen Soldaten, daß er eine Offenbarung erhalten hätte, nach der sie den Sieg erringen könnten, wenn sie sich zuvor zum Christentum bekehrten. Sie hörten auf ihren Anführer und bekehrten sich alle zu Jesus Christus. Und es geschah so, wie es ihnen der Engel vorausgesagt hatte: Sie besiegten den Feind mit der Hilfe Gottes. Nach dem Kampf führte der Engel die Soldaten auf einen hohen Berg mit Namen Ararat.

Als Kaiser Hadrian hörte, daß seine Soldaten Christen geworden waren, wurde er sehr zornig und entsandte sieben Barbarenkönige mit ihren Heeren, die sie zum Abfall von ihrem Glauben bringen sollten. Sie versuchten es erst durch Zureden und dann durch Foltern. Aber sie hatten keinen Erfolg. Da wollte man die christlichen Soldaten steinigen, aber die Steine flogen zurück auf jene, die sie geschleudert hatten. Dann wollte man sie geißeln, aber die Hände derer, die die Geißeln hielten, erstarrten. Schließlich befahl Hadrian, daß sie genau so leiden sollten wie der Gekreuzigte, den sie nun anbeteten.

Da krönte man sie mit scharfen Dornen und durchbohrte ihre Seiten mit spitzen Ästen. Von den heidnischen Soldaten, die das mit ansahen, wechselten weitere tausend aus ihren Reihen zu den Märtyrern und bekehrten sich zu Christus, so daß es nun zehntausend Christen waren. Dann schlug man sie alle auf dem Berg Ararat an Kreuze.

21. Juni

Aloysius

Geboren: 1568 in Castiglione (Italien)
Gestorben: 1591 in Rom
Berufung/Beiname: Jesuit
Wirkungsstätte: Italien
Bedeutung des Namens: der alles Wissende, der sehr Erfahrene (althochdeutsch)
Namensformen: Aloisius, Alois, Aloys, Lois, Luis, Luigi
Patronat: Mantua; Jugend, Studenten; Berufswahl; gegen Augenleiden, Pest

Der »engelreine« Heilige aus dem Fürstenhause Gonzaga begann sein kurzes Erdenleben am 9. März 1568. Aloysius war der älteste Sohn des Markgrafen Ferdinand von Gonzaga und wuchs in Schloß Castiglione bei Mantua auf. Schon früh war er allen religiösen Dingen gegenüber sehr aufgeschlossen. Sein Vater wollte davon jedoch nichts wissen. Deshalb schickte er Aloysius zusammen mit seinem Bruder an verschiedene Fürstenhöfe, damit ihnen eine standesgemäße Erziehung zuteil wurde. Am berühmten Hof der Medici in Florenz und später beim Herzog von Mantua lernten die beiden Kinder aber auch das ausschweifende Leben des damaligen Adels kennen. Aloysius fand allerdings keinen Gefallen daran, im Gegenteil. Bereits als Zehnjähriger beschloß er, sein ganzes Leben lang ehelos zu bleiben. Diesen Vorsatz gab er auch nicht auf, als sein Vater ihn als Pagen an den Hof Philipps II. nach Madrid schickte, wo er bei der Königin Maria von Österreich Dienst tun mußte. In Madrid faßte Aloysius sogar den Entschluß, dem Jesuitenorden → beizutreten. Sein Vater versuchte mit allen Mitteln, seinen Sohn von dieser Idee abzubringen. Aloysius war der Erstgeborene und hatte deshalb die Erbfolge als Markgraf anzutreten.

Es dauerte zwei Jahre, bis Aloysius endlich auf das Recht des Erstgeborenen verzichten durfte und damit die Erlaubnis bekam, Mönch zu werden. Noch im gleichen Jahr 1585 reiste Aloysius nach Rom und trat dort am 25. November sein Noviziat an. Trotz seiner adeligen Herkunft verrichtete er im Kloster freudig die niedrigsten Dienste. Er kehrte Zellen und Gänge, reinigte in der Küche das Geschirr, machte die Betten und versuchte jedem, auch dem geringsten Bruder, zu dienen. Gleichzeitig widmete er sich aber intensiv seinem Theologiestudium. Viele Stunden kniete Aloysius außerdem vor dem Kreuz, wobei er öfter in einen Zustand der Ekstase geriet.

Im Jahr 1591 griff die Pest verheerend um sich. Aloysius widmete sich sofort mit seiner ganzen Kraft der Versorgung der Schwerkranken. Er trug sie auf seinem Rücken ins Spital und betreute sie ohne Scheu vor Ansteckung. Drei Monate lang konnte sein jugendlicher Körper die kräftezehrende Belastung ertragen, dann raffte die Pest auch ihn hinweg. Aloysius starb am 21. Juni 1591. Papst Benedikt XIII. (1724–1730) erhob ihn 1726 zu den Ehren der Altäre. In Italien verehrt man ihn unter dem Namen Luigi von Gonzaga.

Meist wird Aloysius als Jesuit im Gebet vor einem Kreuz und einem Totenschädel als Symbol der Vergänglichkeit gezeigt. Als Sinnbild der Reinheit ist ihm eine Lilie beigegeben.

Der Altar in S. Ignazio in Rom, der dem Heiligen geweiht ist, wurde von Andrea Pozzo entworfen. Er hat für diese Arbeit die kostbarsten Materialien verwendet. Als man dieses Grabmal errichtete, wurde der 1591 verstorbene Aloysius bereits als Seliger verehrt.

Legende Aloysius war durch seinen besonderen Bußeifer bekannt. Als er einmal in Florenz eine Lebensbeichte ablegen wollte, wurde er beim Aufzählen seiner Sünden, die er begangen zu haben meinte, so sehr von Reue ergriffen, daß er in Ohnmacht fiel und von seinem Hofmeister nach Hause geführt werden mußte.
Aloysius leistete einst Prinz Jacob, dem Sohn Philipps II. von Spanien, Gesellschaft. Draußen stürmte es gewaltig, und Prinz Jacob sah hinaus und sprach: »Höre, du Wind, ich befehle dir, uns nicht länger zu belästigen!« Da entgegnete Aloysius: »Dir gehorchen zwar die Menschen auf deinen Befehl, aber die Elemete gehorchen alleine dem Schöpfer, und ihm mußt du dich unterordnen.«

22. Juni

Eberhard von Salzburg

Es gibt mehrere heilige Männer mit dem Namen Eberhard, derer die Kirche in Verehrung gedenkt. Darunter ist der hl. Hirte Eberhard aus Tuntenhausen bei Freising in Bayern, dessen Gedächtnis am 12. September gefeiert wird. Ferner wird, vor allem in der Schweiz, der sel. Eberhard von Einsiedeln verehrt. Er ließ über der Zelle des hl. Meinrad einen Klosterbau errichten und leitete die später so berühmte Abtei als erster Abt. Die Reliquien des sel. Eberhard von Einsiedeln ruhen in der dortigen Sakristei, sein Fest ist am 14. August.

Der hl. Eberhard von Sittling-Biburg, um den es hier geht, wurde um 1087 in Sittling an der Donau geboren. Den Grabstein seiner Mutter, deren geistiges Vermächtnis auf den Heiligen großen Einfluß hatte, kann man heute noch in der St.-Eberhards-Kirche in Biburg (Hallertau) sehen. Der Einfluß des hl. Eberhard auf die Kirche seiner Zeit kann als sehr groß bezeichnet werden.

Eberhard erhielt seine Erziehung als sogenannter Knabenkanoniker in Bamberg. Später ging er in Begleitung seines Lehrers zum weiteren Studium nach Paris. Zurückgekehrt, erhielt er als wissenschaftlich hochgebildeter Kanoniker das Amt eines Domscholastikers unter dem hl. Bischof Otto von Bamberg, der bereits 1109 das erste Reformkloster in Bayern gegründet hatte. In diese Abtei, Prüfening bei Regensburg, die von den Benediktinern → aus Hirsau betreut wurde, trat Eberhard 1130 als Mönch ein.

Als dann seine Brüder im Jahr 1132 in Biburg ebenfalls ein Kloster der Hirsauer Observanz gegründet hatten, wurden als erste Mönche Benediktiner aus dem Kloster Prüfening unter Führung von Eberhard dorthin berufen. Vierzehn Jahre lang wirkte der hl. Eberhard in Biburg als Abt. Nach der Überlieferung war er den Mönchen seines Klosters stets ein vorbildlicher Vorsteher. In dieser Zeit ließ er auch die dortige Kirche errichten, die später seinen Namen erhielt.

1147 berief man den tatkräftigen, frommen Abt von Biburg auf den erzbischöflichen Stuhl von Salzburg. In der dann folgenden Zeit innerkirchlicher Wirren, das heißt der Zeit mit Papst und Gegenpapst, war Eberhard ein entschiedener und einflußreicher Parteigänger von Papst Alexander III., der von der großen Mehrheit der Kardinäle in das Amt des hl. Petrus gewählt worden war. Während seiner erfolgreichen Tätigkeit als Erzbischof (1147–1164) vernachlässigte Eberhard jedoch trotz seiner bedeutenden kirchenpolitischen Stellung niemals die seelsorgerischen Pflichten.

Erzbischof Eberhard gründete das Chorherrenstift Vorau in der Steiermark, nahe der ungarischen Grenze, das rasch zum Mittelpunkt des dortigen religiösen Lebens wurde. Er hielt zwei Synoden ab, eine in Salzburg, eine in Regensburg. Unablässig bemühte er sich, Streitigkeiten zwischen den Menschen zu schlichten und allerorten Frieden zu stiften.

Das rastlose Wirken Eberhards für sein Bistum erschöpfte aber auch unaufhaltsam seine körperlichen Kräfte. Schwerkrank brachte man ihn eines Tages in das Stift Rein bei Graz. Dort starb er am 22. Juni 1164, umgeben von den von ihm so hochgeschätzten Zisterziensermönchen.

Geboren: um 1087 in Sittling (Bayern)
Gestorben: 1164 in Rein (Österreich)
Berufung/Beiname: Benediktinermönch, Abt, Bischof
Wirkungsstätte: Bayern, Frankreich, Österreich
Bedeutung des Namens: der Starke (althochdeutsch)
Namensformen: Ebert, Hardel, Hardy, Bert
Patronat: Salzburg

Als der hl. Eberhard einmal in einem Streit vermitteln wollte und ihm die Aussichtslosigkeit seines Unterfangens vorgehalten wurde, erwiderte er: »Ich gestehe, daß es meine untrügliche Hoffnung ist, bei einem Friedenswerke zu sterben oder ein solches wenigstens anbahnen zu können.«

Dargestellt wird Eberhard von Salzburg, wie er Arme bei Tisch bedient. Auf einem 1957 in Salzburg wieder aufgefundenen Siegelstock erscheint Eberhard sitzend in bischöflichen Gewändern, einen Hirtenstab in der einen, ein aufgeschlagenes Buch in der anderen Hand.

Legende Der Markgraf Ottokar von der Steiermark war einst mit dem Schloßhauptmann von Leibnitz in Streit geraten. Als dann der Markgraf den Präfekten auf der erzbischöflichen Burg, dem heutigen Schloß Seckau, belagerte, hätte der Kirchenfürst allen Grund gehabt, mit seinen Mannen auszuziehen und dem Schloßhauptmann zu Hilfe zu eilen. Indes ging er trotz Altersschwäche und Krankheit einzig und allein als Apostel des Friedens in die Steiermark. Volle drei Tage verhandelte das Diözesanoberhaupt vergebens mit dem Landesherrn. Markgraf Ottokar wollte sich um keinen Preis der Welt von der Belagerung und Verfolgung des Stadtpräfekten abbringen lassen. Da erklärte der greise Kirchenfürst: »Schaut nur, ich werde jetzt zu meiner Burg hinaufsteigen und will sehen, wer mich daran hindert.« In der Tat getraute sich niemand, an den Heiligen Hand anzulegen. Mitten durch die Belagerer kam er unbehelligt zu den Eingeschlossenen, die bisher ebenfalls starrköpfig auf ihrem Standpunkt beharrt hatten. Jetzt aber wurden alle von Staunen ergriffen, und die Kampfstimmung legte sich auf beiden verfeindeten Seiten. Der Markgraf befahl, von der Belagerung abzulassen, ja, er stellte nun nicht einmal mehr Bedingungen. Der Erzbischof verlangte dagegen von dem Befehlshaber seiner Burg, die ursprünglich gestellten Bedingungen zu erfüllen.

23. Juni

Edeltraut

Geboren: unbekannt
Gestorben: 679 in Ely (England)
Berufung/Beiname: Nonne, Äbtissin
Wirkungsstätte: England
Bedeutung des Namens: die Kämpferin für den Adel
Namensformen: Edith, Eda, Adel, Edelgund, Irmi, Traudl, Traute

Die hl. Nonne Edeltraut oder Edeltrudis entstammte königlichem Geschlecht. Sie lebte im 7. Jahrhundert und war eine Tochter des Königs von Ostangeln (germanischer Volksstamm). Ihre Schwestern Sexburga, Ethelburga und Withburga werden ebenfalls als hl. Klosterfrauen verehrt.

Edeltraut wurde in Ermynga in der Grafschaft Suffolk geboren und legte frühzeitig das Keuschheitsgelübde ab. Kaum war sie herangewachsen, bewarben sich jedoch viele Freier um die außerordentlich schöne Frau. Ihre Eltern wünschten, sie mit Tonbert, dem Fürsten der Grivier, zu verheiraten. Edeltraut gab erst nach langem Drängen nach, machte jedoch zur Bedingung, mit Tonbert in jungfräulicher Ehe zu leben. Nach drei Jahren starb ihr Gemahl. Daraufhin zog sie sich auf die Insel Ely zurück, wo sie ganz für Gott leben wollte.

Von ihren Eltern erneut zur Ehe gedrängt, vermählte sie sich mit dem jungen König Egfrid von Northumberland. An seiner Seite lebte sie zwölf Jahre. Aber dann ging sie endgültig ins Kloster. Edeltraut ließ sich in dem von ihr mitgegründeten Kloster Coldingham einkleiden. Dort war zu der Zeit die hl. Ebba, eine Verwandte ihres Gemahls, Äbtissin. Im Jahre 672 verließ Edeltraut Coldingham jedoch und stiftete in den Sümpfen auf der Insel Ely ein Doppelkloster. Auch als Äbtissin führte sie weiterhin ein frommes und demütiges Leben. Sie ging ihren Ordensschwestern in allen Bereichen mit bestem Beispiel voran. Unterstützt wurde Edeltraut dabei durch die Gnade der Wundergabe, mit der Gott sie ausgezeichnet hatte. So verfügte sie beispielsweise über die erstaunliche Fähigkeit, Besessene zu heilen.

Nach einer schmerzhaften Krankheit starb die Heilige am 23. Juni 679 in Ely. Als man ihren Leichnam sechzehn Jahre später erhob, war er noch unversehrt. Ihre Reliquien wurden 1541 vernichtet.

24. Juni

Johannes der Täufer

Jesus nannte ihn den »Größten unter den vom Weibe Geborenen« (Mt. 11,11). Von der Kirche wird der hl. Johannes der Täufer seit dem 5. Jahrhundert sogar mit einem eigenen Fest zu seinem Geburtstag gefeiert. Darüber hinaus wird dieser Heilige, wie sonst üblich, an seinem Todestag, dem 29. August, verehrt. Die verschiedenen Bräuche um das Johannesfest, wie die Sonnenwendfeiern und das Johannisfeuer, sind jedoch heidnischen Ursprungs.

Die große Verehrung, die diesem Heiligen in der Kirche zukommt, zeigen nicht nur seine vielen Patronate, sondern auch die Tatsache, daß er in jeder Heiligen Messe mehrmals angerufen wird. Im Meßbuch steht über ihn: »Groß ist der hl. Johannes wegen der Wunder, die seine Empfängnis und Geburt begleiten, groß in seiner Berufung als Vorläufer Christi, groß in seinem Martertod.« Johannes war der Sohn des jüdischen Priesters Zacharias und seiner Frau Elisabeth. Er wurde etwa sechs Monate vor Jesus in einer Gebirgsstadt von Juda, wahrschein-

> **Geboren:** kurz vor Christi Geburt in Ain Karim (Juda)
> **Gestorben:** 50 in Jerusalem
> **Berufung/Beiname:** Prophet, Märtyrer
> **Wirkungsstätte:** Palästina
> **Bedeutung des Namens:** der, an dem Gott gnädig gehandelt hat (hebräisch)
> **Namensformen:** Hans, Hannes, Hennes, Jan, Jannis, Jean, Jens, John, Iwan, Ivan, Ivor,
> **Patronat:** Bauern, Gastwirte, Kaminkehrer, Maurer, Mönche, Schneider; gegen Kinderkrankheiten

Das berühmte Gemälde von Andrea del Verrocchio von 1470 zeigt die Taufe Christi durch den hl. Johannes.

Johannes der Täufer wird meist in Verbindung mit der Taufe Jesu dargestellt, aber auch als Bußprediger in Fellkleidung, mit Kreuzstab und dem Spruchband »Ecce Agnus Dei« (Sehet das Lamm Gottes). Hierbei trägt er das Lamm als Zeichen für Christus auf dem Arm. In einigen Darstellungen wird Johannes als Knabe zusammen mit dem Jesuskind gezeigt, oder es wird von Salome der abgeschlagene Kopf des Johannes auf einer Schüssel präsentiert.

lich in Ain Karim, geboren. Seine Mutter galt bis dahin als unfruchtbar und befand sich schon in hohem Alter, als der Engel Gabriel dem greisen Zacharias die Geburt des Sohnes verkündete. Zacharias wollte die Botschaft des Engels zuerst nicht glauben. Darum bestrafte ihn der Engel für diesen Zweifel, und Zacharias wurde stumm. Erst nach der Geburt des Kindes erhielt Zacharias seine Sprache auf wunderbare Weise wieder zurück, und fortan lobte er Gott von ganzem Herzen. Der Evangelist Lukas faßt sich über das Weitere kurz: »Der Knabe wuchs heran und erstarkte im Geiste. Er war dann in der Einöde bis zum Tage seines öffentlichen Auftretens vor Israel« (Lk. 1,80).

Mit dreißig Jahren trat der »Vorläufer« als Prophet auf und verkündigte dem Volk die Ankunft des Messias. Schonungslos rief er zur Buße auf: »Bekehret euch, denn nahe ist das Himmelreich« (Mt. 3,2). Immer mehr Menschen zogen zu ihm hinaus in die Wüste, bekannten ihre Sünden und ließen sich von ihm die Bußtaufe spenden. Die Schar seiner Anhänger wurde größer und größer, aber er verwies stets auf den, der nach ihm kommen sollte, der stärker sein werde als er: »Ich bin nicht wert, ihm die Schuhriemen zu lösen« (Joh. 1,27). Unmißverständlich deutete er dann später auf Jesus, als dieser zum Jordan kam, um sich von ihm taufen zu lassen: »Seht das Lamm Gottes, das hinwegnimmt die Sünde der Welt« (Joh. 1, 29). Und er taufte Jesus im Jordan. Von der Stunde an verließen ihn seine Jünger und folgten »dem Größeren«.

Dann verschwand Johannes in der Dunkelheit seines Martertodes. Sein Werk war getan. Mit dem hl. Johannes ging, wie ein anderer großer Heiliger einmal sagte, die mosaische Verkündigung zu Ende. Der Schleier zerriß – es begann die messianische Verkündigung.

25. Juni

Wilhelm von Vercelli

Geboren: um 1085 in Vercelli (Italien)
Gestorben: 1142 in S. Salvatore di Goleto (Italien)
Berufung/Beiname: Ordensstifter, Klostergründer, Benediktinereremit
Wirkungsstätten: Italien, Spanien, Palästina
Bedeutung des Namens: der willensstarke Beschützer (althochdeutsch)
Namensformen: Wille, Willem, Wilke, Wilm, Willy, Wim, Helm, William, Billy, Guillaume

Es gibt mehrere Heilige, die den Namen Wilhelm tragen: Einer davon war Wilhelm der Große von Maleval, ein Einsiedler, der im Jahr 1155 bei Pisa in einem öden und steinigen Tal (Mallavalle) starb. Dieser Heilige wird als Ritter mit Panzer und Helm dargestellt. Sein Fest ist am 10. Februar.

Ein anderer Heiliger mit Namen Wilhelm war Wilhelm von Aquitanien. Er starb um das Jahr 812. Sein Gedenktag ist der 28. Mai. Wilhelm von Aquitanien ist die Leitfigur der altfranzösischen Heldensage. Wolfram von Eschenbach hat diesen literarischen Stoff seinem Epos »Willehalm« zugrundegelegt.

Wilhelm von Vercelli, dessen Gedenktag die Kirche seit 1785 am 25. Juni feiert, wurde um das Jahr 1085 in Vercelli in Oberitalien geboren. Er stammte aus einer edlen Familie. Als er vierzehn Jahre alt war, starben seine Eltern. Er verzichtete jedoch auf das väterliche Erbe und entschloß sich, ins Heilige Land zu ziehen. Zunächst führte ihn sein Weg auf der Pilgerstraße nach Santiago di Compostela in Spanien an das Grab des Apostels Jacobus, von wo aus er auf dem Seeweg ins Heilige Land gelangte. Bei seiner Rückkehr aus Palästina traf Wilhelm in der Nähe von Neapel einen Einsiedler namens Petrus. Dieser Mann, der ein streng asketisches Leben führte, machte auf ihn einen so starken Eindruck, daß er nun bei dem Eremiten blieb. Beide wetteiferten miteinander in den Werken der christlichen Nächstenliebe, in der Entsagung von allen weltlichen Freuden und im Bestreben nach vollkommener Hingabe an Gott. Als Wilhelm zwei Jahre später noch einmal ins Heilige Land pilgern wollte, wurde er von Räubern überfallen und schwer verletzt. Dieses Ereignis deutete Wilhelm als Zeichen Gottes. Er war sich von nun an sicher, daß es seine Berufung war, weiterhin das Leben eines Eremiten zu führen. Und so zog er sich auf einen hohen Berg bei Avellino zurück und gründete dort das später so berühmt gewordene Marienheiligtum. Seither heißt dieser Berg Monte Vergine.

Der Ruf seines gottesfürchtigen und asketischen Lebenswandels drang bald weit ins Land hinaus. Viele junge Männer kamen zu ihm und schlossen sich ihm an. In kurzer Zeit entstand eine richtige Klosteranlage. Später gründete Wilhelm noch an anderen Orten Klöster sowohl für Männer als auch für Frauen. Alle unterstellte er aber der benediktinischen Regel. So wurde er der Stifter der Benediktinereinsiedler oder Wilhelmiten →.

Legende Von dem hl. Ordensstifter wird berichtet, daß er es recht schwer hatte, das Baumaterial für seine Klosteranlage auf den Monte Vergine hinaufzuschaffen. Er scheute sich nicht, selbst mit anzupacken. So führte er zum Beispiel die mit zugehauenen Steinen beladenen Esel auf dem steilen und zuweilen ausgesetzten Weg hinauf. Einmal jedoch, während er betete, schlich sich ein Wolf heran und zerriß einen Esel. Da kam der Heilige herbei und befahl dem Wolf, sich mit der gleichen Last beladen zu lassen, die vorher der Esel getragen hatte. Und der Wolf wurde lammfromm und fügte sich bereitwillig den Anordnungen des Heiligen.

Nach einem vorbehaltlosen Leben im Dienste Gottes und der Mitmenschen starb Wilhelm von Vercelli in dem Kloster S. Salvatore di Goleto am 25. Juni 1142.

Wilhelm von Vercelli wird entweder zusammen mit dem hl. Benedikt dargestellt, der ihm das Ordenskleid reicht, oder als Pilger, der in der einen Hand ein Buch mit der Ordensregel hält, in der anderen den Kreuzstab, während er auf einen Teufel tritt.

26. Juni

Johannes und Paulus

In Rom gibt es auf dem Coelius einen Platz, an dem die Kirche SS. Giovanni e Paolo steht. Diese Kirche, die den beiden Heiligen geweiht ist, wurde über der Ruine des Hauses erbaut, in dem sie gewohnt hatten. Seit dem 5. Jahrhundert wird bezeugt, daß sie hier auch den Märyrertod erlitten haben. Ihre Reliquien ruhen in der Kirche, die der Überlieferung nach im Jahr 398 gegründet worden ist. Umgebaut hat sie im 12. Jahrhundert Papst Hadrian IV. (1522–1523). Man kann in das 1887 freigelegte Haus der Heiligen hinabsteigen, und man erkennt gleich, daß dies ein christliches Haus gewesen sein muß, denn die Wände sind außer mit heidnisch-mythologischen Bildern mit zahlreichen christlichen Symbolen geschmückt. Ein Fresko zeigt Christus mit den Heiligen Johannes und Paulus. Es gilt als die älteste erhaltene Darstellung eines Martyriums. Der Ort, an dem die hll. Johannes und Paulus gelitten haben und wo sie begraben worden sind, »wurde gewissermaßen zur geschichtlichen Garantie für ihre ewige Ruhmestat, und nur hier hielt man den Kult der Heiligen ab. Man stellte sich die Heiligen in ihrer himmlischen Existenz gleichsam ortsgebunden vor, und die Möglichkeit ihres hilfreichen Eingreifens in den Gang der Welt schien in erster Linie an dem Grabe wirksam zu werden, wo ihre Überreste lagen« (R. Raffalt).

Geboren und gestorben: wahrscheinlich in Rom
Beiname: Märtyrer, Wetterherren
Wirkungsstätte: unbekannt
Bedeutung des Namens: Johannes: der, an dem Gott gnädig gehandelt hat (hebräisch); Paulus: der Kleine (lateinisch)
Namensformen: Giovanni, Johannes: Hans, Hannes, Hennes, Jan, Janin, Jean, Jens, John, Iwan, Ivan; Paulus: Paul, Pablo, Paolo, Pawel
Patronat: gegen Blitz, Hagel, Gewitter, Regen; gegen Pest

27. Juni

Johannes und Paulus aus Rom werden wegen des zeitlichen Zusammentreffens ihres Fests mit der Sommersonnwende auch »Wetterherren« genannt. Ihr Gedenktag wird seit dem fünften Jahrhundert am 26. Juni gefeiert. Dargestellt werden sie als römische Ritter: Johannes mit Palme und Schwert, Paulus mit Lanze und Blitz. Als Wetterheilige sind sie durch eine Garbe gekennzeichnet.

Legende Unter den Christen, die Kaiser Julian Apostata (361–363) in seinem Haß gegen den auferstandenen Herrn hinrichten ließ, waren auch die vornehmen Brüder Johannes und Paulus. Kaiser Julian war den beiden Männern anfangs allerdings sehr zugetan. Er wollte sie zu sich an seinen Hof berufen. Doch weigerten sie sich, von ihm Amt und Würden anzunehmen, weil er ein Heide war und darüber hinaus die Christen erbittert bekämpfte. Als Julian von ihrer Ablehnung hörte, ließ er ihnen sagen, daß sie sich innerhalb von zehn Tagen sein Angebot überlegen sollten, und wenn sie sich dann immer noch weigerten, hätten sie mit ihrer Hinrichtung zu rechnen.

Am zehnten Tage wurde der Hauptmann Terentianus vom Kaiser zu ihnen gesandt, um sie zu fragen, ob sie nun dem Wunsch des Kaisers Folge leisten wollten. Johannes und Paulus aber erklärten standhaft, sie würden lieber sterben als den heidnischen Göttern zu opfern. Terentianus, der einen Aufruhr des Volkes fürchtete, wenn er sie öffentlich würde hinrichten lassen, ließ sie nun heimlich in ihrem eigenen Hause enthaupten und darin auch bestatten. Am anderen Tage verkündete er, Johannes und Paulus wären in die Verbannung geschickt worden.

Kurze Zeit danach geschah es aber, daß der Sohn des Terentianus vom Teufel besessen wurde. Er lief schreiend zu dem Haus, in dem die beiden für Christus gestorben waren. Da erkannte der Vater seine Schandtat und bereute, daß er die edlen Brüder hatte hinrichten lassen. Als er seinen Sohn an das Grab der Märtyrer brachte, wurde dieser sogleich von dem bösen Geist befreit. Daraufhin wurde Terentianus ein Christ, und er ließ sich und seinen Sohn taufen.

27. Juni

Vigilius

Geboren: um 360 in Rom
Gestorben: 405 in Trient (Italien)
Berufung/Beiname: Bischof, Märtyrer
Wirkungsstätten: Oberitalien, Griechenland
Bedeutung des Namens: der Wachsame (lateinisch)
Namensformen: Vigo, Vigil, Vico
Patronat: Trient, Brixen, Bozen; Bergwerke

Einer der ersten Bischöfe von Trient war der hl. Vigilius. Er vollendete die Christianisierung des südlichen Alpenlandes und baute in Trient eine Kirche, die den hll. Gervasius und Protasius geweiht ist. Der Leichnam des hl. Vigilius wurde dort beigesetzt. Heute erhebt sich an der gleichen Stelle der mächtige Dom, der in seiner jetzigen Gestalt im Mittelalter entstand.

Vigilius stammte aus einer altrömischen Familie. Er studierte in Athen Philosophie und in Rom Theologie, wurde zum Priester geweiht und kam etwa um das Jahr 380 nach Trient. Von hier aus wollte er das Land christianisieren. Trotz seiner Jugend wurde er von der bereits bestehenden kleinen Christengemeinde zu ihrem Bischof gewählt. Der hl. Ambrosius soll ihn selbst geweiht haben. Er war es auch, der Vigilius in einem Brief, der uns noch erhalten ist, Ratschläge gab, wie er sein verantwortungsvolles Amt zum Ruhm Gottes und zum Wohl der Menschen am besten führen konnte.

Tatsächlich gelang es dem neuen Bischof durch die begeisternde Kraft seiner Predigten, durch seine liebevollen Ermahnungen, sein tatkräftiges Wirken und sein unermüdliches Gebet, Trient in kurzer Zeit für die christliche Lehre zu gewinnen. Daraufhin begann der Heilige, auch den Menschen in der weiteren Umgebung das Evangelium zu verkünden. Er scheute keine mühsame Wanderung zu den abgelegensten Bergorten und in die entferntesten Täler, und so konnte er sehr rasch neue christliche Gemeinden errichten.

Als der hl. Ambrosius von dem erfolgreichen missionarischen Wirken des Vigilius gehört hatte, stellte er ihm drei ausgezeichnete Mitarbeiter zur Seite, nämlich Sisinus, Martyrus und Alexander. Mit diesen furchtlosen und opferbereiten Männern zog der Bischof nun in die wilden Gebiete nördlich von Trient. Auch dort konnten sie trotz zahlreicher Anfeindungen viele Heiden bekehren. In Anagne, dem heutigen Nonsberg, erbauten sie ein Kirchlein. Als Vigilius nach Trient zurückkehrte, ließ er seine Gefährten in Anagne zurück. Große Trauer erfüllte ihn, als er erfuhr, daß seine drei Mitstreiter 397 von den Heiden erschlagen worden waren. Ihre sterblichen Überreste ließ er nach Trient überführen.

Trotz allem predigte Vigilius weiterhin unermüdlich in allen abgelegenen Tälern, und überall konnte er viele Menschen von der christlichen Lehre überzeugen. Wie unerschrocken sich Bischof Vigilius bei seinen Missionsreisen auch größten Gefährdungen aussetzte, wenn er sich dadurch für die Sache Christi einen Gewinn versprach, zeigt folgendes Ereignis: Im schwer zugänglichen Redenatal (nahe dem heutigen Skiort Madonna di Campiglio) befand sich ein heidnisches Heiligtum des Saturn. Vigilius machte sich dorthin auf, zerschlug mit eigenen Händen das Götzenbild und warf die Trümmer in die Schlucht. Dann stellte er sich auf den Sockel des Götzenbildes und predigte von dem einzig wahren Gott, der um unserer Erlösung willen Mensch geworden war. Die aufgebrachten Heiden versammelten sich daraufhin und bewarfen den Heiligen mit Steinen und Schmutz. Da die Steinwürfe den erhofften Erfolg nicht sofort zeitigten, ergriffen sie in ihrer Wut ihre Holzschuhe und erschlugen ihn damit. Das geschah am 26. Juni um das Jahr 405. Der Leichnam des heiligen Märtyrers wurde von den Christen nach Trient gebracht und dort in der von Vigilius erbauten Kirche begraben.

Legende Eines Tages predigte Vigilius das Evangelium bei den heidnischen Bergvölkern. Aber die Menschen waren so erbost über die neue Kunde, daß er vor ihnen fliehen mußte. Vigilius rannte das steinige Tal hinab in Richtung Trient. Doch am Ende des Tals stellten sich ihm hohe Felswände wie unüberwindbare Mauern entgegen, so daß er nicht mehr aus noch ein wußte. Da breitete er im Vertrauen auf Gottes Hilfe seine großen Hände aus, als wollte er die Felsenmauern beiseite schieben.
Der starre Stein wich tatsächlich zurück und machte dem Heiligen Platz, so daß er wie durch ein Tor hindurchschlüpfen und sich im Sarcatal in Sicherheit bringen konnte. Noch heute läßt die Landschaft jenes Felsentor bei Trient erkennen.

Vigilius wird dargestellt mit Bischofsstab und Holzschuh als Marterwerkzeug. Eine bildliche Darstellung seines Martyriums von Joseph Schöpf befindet sich als Deckenfresko in der Kirche von Kaltern am See in Südtirol. Die Gebeine des hl. Vigilius werden im Dom zu Trient aufbewahrt.

27. Juni
Cyrillus

Am heutigen Tag feiert die Kirche auch das Gedächtnis des hl. Cyrillus, des Kirchenlehrers und Patriarchen von Alexandrien →. Er war im Jahr 431 der Vorsitzende beim Konzil von Ephesus →, auf dem die Lehre des Nestorius →, Maria sei nicht wahre Gottesgebärerin, als Irrlehre verworfen wurde. Cyrillus starb am 27. Juni 444. Der Heilige wurde bekannt durch seine zahlreichen theologischen Schriften, die die Denkweise der Kirche lange Zeit fundamental beeinflußten.

28. Juni

Irenäus

Geboren: um 130 in Griechenland
Gestorben: um 202
Berufung/Beiname: Missionar, Bischof, Apologet, Kirchenvater; »Vater der katholischen Dogmatik«
Wirkungsstätten: Griechenland, Kleinasien, Italien, Frankreich
Bedeutung des Namens: der Friedfertige (griechisch)
Namensformen: Irenus
Patronat: Lyon

Der Leitsatz des Irenäus von Lyon, der als Bischof mit Schwert dargestellt wird, lautete: »Mit der römischen Kirche muß um ihrer höheren Autorität wegen jede andere Kirche übereinstimmen.«

Der hl. Bischof Irenäus wurde um das Jahr 130 in Griechenland geboren. Er verfügte über die umfassende Bildung eines vornehmen Griechen, denn er hatte die Philosophen und Dichter seines Landes studiert und war ein Meister der freien Rede. Als Schüler des hl. Polykarp wurde er schon in jungen Jahren mit der Lehre Christi vertraut gemacht. Und so ist es nicht verwunderlich, daß er, der bedeutendste Theologe des zweiten nachchristlichen Jahrhunderts, auch Berater mehrerer Päpste wurde. Bischof Irenäus war einer der wichtigsten Exegeten und Verteidiger der Lehre Christi. Seines großen und richtungsweisenden Einflusses wegen wird er auch »Vater der katholischen Dogmatik« genannt. Von ihm stammt die früheste Papstliste, die mit dem aus Griechenland stammenden Papst Eleutherius (175–189) endet.

Schon in jungen Jahren begab sich Irenäus nach Rom. Von dort aus führte ihn sein Weg nach Gallien, wo er zur Zeit der Christenverfolgungen unter Kaiser Marc Aurel (162–180) Priester in Lyon wurde. Der greise Bischof von Lyon, Pothinus, sandte Irenäus um 177 zu Papst Eleutherius nach Rom, um ihm eine Botschaft zu überbringen. Nach seiner Rückkehr fand Irenäus die Gemeinde ohne ihren Oberhirten vor. Pothinus und mit ihm viele Christen waren inzwischen der grausamen Verfolgung zum Opfer gefallen.

Auf Wunsch der jungen Christengemeinde übernahm Irenäus 178 das Bischofsamt in Lyon. Sofort setzte er seine ganze Kraft ein, um die Häretiker → zu bekämpfen, die viele Christengemeinden durch ihre falschen Lehren in Verwirrung gestürzt hatten. Bei diesen Auseinandersetzungen kam Irenäus zugute, daß er ein ebenso kluger wie gewandter Redner war. Mit bewundernswerter Argumentation entlarvte er die Einseitigkeiten und Übertreibungen der Häretiker und zeigte unmißverständlich deren grundlegenden Widerspruch zur wahren Glaubenslehre auf. Die von Irenäus verfaßten Schriften gegen die Häretiker bewiesen stets seine gründlichen philosophischen und theologischen Kenntnisse. Sein fünfbändiges, uns heute noch erhaltenes Hauptwerk »Gegen die Irrlehren« erwies sich bereits damals als machtvolle Waffe gegen die falsche Glaubensaussage. Er stellte darin den Häretikern das kirchliche Autoritäts- und Traditionsprinzip entgegen und sprach sich engagiert für den römischen Primat aus. Von den zahlreichen Schriften, die aus seiner Feder stammten, sind im Laufe der Zeit leider viele verlorengegangen. Wir wissen von ihnen allerdings aus Zitaten in Werken anderer christlicher Schriftsteller.

Eine entscheidende Vermittlerrolle kam Irenäus im sogenannten Osterfeststreit zu, einem Streit, der schon unter Papst Anicet begonnen hatte. Es ging dabei um die zeitliche Festlegung des Osterfestes. Nachdem die Ostkirche die Einführung des Gregorianischen Kalenders → nicht anerkannt hatte, ergab sich eine Zeitdifferenz. Papst Viktor I. (189–199) drohte den Christen Kleinasiens sogar mit dem Kirchenbann, weil sie den römischen Ostertermin nicht annehmen wollten. Irenäus ist es zu verdanken, daß der Papst schließlich einlenkte und damit diesen langjährigen Streit beendete. Irenäus starb um das Jahr 202.

29. Juni

Apostel Petrus

Der älteste liturgische Kalender von 354 bezeugt für den 29. Juni einen Gottesdienst zu Ehren des hl. Petrus und einen zu Ehren des hl. Paulus. Begründet wird die Wahl des 29. Juni für die Gedächtnisfeier der Apostelfürsten durch folgende Annahme: 258 wurden ihre Leiber am 29. Juni heimlich aus ihren Gräbern geholt und »ad Catacumbas« an der Via Appia überführt. In diesem Jahre wurden nämlich die christlichen Begräbnisstätten durch Kaiser Valerian (253–260) aufgelöst, und es drohte die Gefahr, daß Grabräuber die aufgelassenen Gedenkstätten zu plündern suchten. Deshalb versteckte man die hl. Gebeine. Dies wiederum entfachte bei den Gläubigen eine so große Begeisterung für die Apostel, daß das Datum der Überführung bald das Datum des ersten Begräbnisses vergessen ließ, obwohl man wenige Jahre später die sterblichen Überreste in die ursprünglichen Gräber zurückbringen konnte. Das Datum des 29. Juni wurde schließlich durch den Einfluß der Päpste im ganzen Abend- und Morgenland angenommen. Die Vigilfeier wird seit dem 8. Jahrhundert allgemein begangen.

Simon Petrus wurde in Bethsaida → am Nordufer des Sees Genezareth als Sohn des Jonas einige Jahre vor Christus geboren. Er war Fischer in Kapharnaum →. Von seinem älteren Bruder Andreas zu Jesus dem Messias geführt, gab ihm dieser den neuen Beinamen Petrus – das bedeutet »der Fels« (Joh. 1, 42).

Petrus schloß sich vorbehaltlos dem Herrn für immer an. »Siehe, wir haben alles verlassen und sind dir gefolgt« (Mt. 19, 27). Petrus war es, der in Jesus als erster den Gottessohn erkannte: »Du bist der Messias, der Sohn des lebendigen Gottes« (Mt. 16,16). Daraufhin wurde ihm vom Herrn die sogenannte Primatsverheißung zuteil, das heißt die Ankündigung, daß die Kirche Christi auf ihn als dem Fundament gegründet sein würde. Im Matthäus-Evangelium (16, 18-19) heißt es dazu: »Du bist Petrus, und auf diesen Felsen will ich meine Kirche bauen, und die Pforten der Hölle sollen sie nicht überwältigen. Ich will dir die Schlüssel des Himmelreichs geben. Was du auf Erden lösen wirst, wird auch im Himmel gelöst sein.« Die Ernennung des Petrus zum ersten Papst, zum obersten Lehrer und Hirten der Gesamtkirche, erfolgte allerdings erst nach der Auferstehung Jesu am See Tiberias. Obgleich Petrus in seiner menschlichen Fehlbarkeit Jesus im Hof des Hohenpriesters dreimal verleugnet hatte, setzte nun Jesus diesen Petrus nach dreimaligem Reue- und Liebesbekenntnis in sein Amt ein, indem er dreimal wiederholte: »Weide meine Schafe« (Joh. 21, 15-17).

Auch im Lukas-Evangelium ist diese Vorrangstellung des Petrus bezeugt. »Ich habe für dich gebetet, daß dein Glaube nicht versage«, heißt es dort. »Du aber stärke dereinst nach deiner Umkehr deine Brüder!« Der Blick Jesu ist hier vor allem auf die zukünftige Glaubensgemeinde gerichtet. Sie soll Petrus nach dem Willen Jesu, sobald er selbst – am Ostertag – innerlich wieder zum vollen Glauben zurückgekehrt ist, stärken und ihm Halt verleihen. Damit erhält Petrus im Kreis der Apostel eine Funktion, die ihn als Haupt und Führer hervorhebt. Es ist nicht verwunderlich, daß Petrus sogleich nach der Himmelfahrt Christi als Wortführer der Jünger in Erscheinung tritt. Aus der Apostelgeschichte geht hervor,

Geboren: um Christi Geburt in Bethsaida (Galiläa)
Gestorben: 64 oder 67 in Rom
Berufung/Beiname: Apostel, Märtyrer
Wirkungsstätten: Palästina, Antiochia, Kleinasien, Italien
Bedeutung des Namens: der Fels (griechisch)
Namensformen: Peter, Piet, Pitter, Peer, Paavo, Pär, Pietro, Pedro, Pérez, Pierre, Pjotr
Patronat: Brückenbauer, Eisenhändler, Fischer, Glaser, Maurer, Metzger, Schiffer, Schlosser, Schmiede, Schreiner, Steinmetze, Töpfer, Uhrmacher, Weber; Beichtende, Büßer; gegen Besessenheit, Fieber, Fußkrankheiten, Schlangenbiß, Tollwut, Diebe

Petrus unternahm Missionsreisen durch Palästina und Samaria sowie nach Kleinasien. Nach Zeugnissen wirkte er auch in Antiochien als Bischof. Von König Herodes in den Kerker geworfen, soll er auf wunderbare Weise durch einen Engel befreit worden sein.

daß er »als erster kommt«. Er leitet die Wahl des Apostels Matthias, er heilt einen Lahmgeborenen, er nimmt die ersten Heiden in die Kirche auf. So groß war die Wunderkraft, die ihm Gott verliehen hatte, daß die Kranken durch seinen bloßen Schatten gesund wurden. Unter seiner Führung fand das erste Apostelkonzil in Jerusalem statt.

Nachgewiesen ist die Tatsache, daß sich der hl. Petrus jahrelang als Vorsteher der christlichen Gemeinde in Rom aufhielt, wenngleich er häufig auch außerhalb wirkte. Er weihte in Rom die erste Kirche, nämlich das Haus des Pudentius, in dem die Christen sich versammelten. In Rom, wo er zusammen mit dem hl. Paulus gefangen war, kam er durch die Bekehrung der Wärter wiederum frei.

Der hl. Petrus erlitt zusammen mit dem hl. Paulus den Märtyrertod im Jahre 67 oder 64 unter Kaiser Nero (54–68). Die Hinrichtung fand im Zirkus oder in den Gärten des Nero auf dem heutigen Vatikanischen Hügel statt. Wie Eusebius berichtet, wurde Petrus mit dem Kopf nach unten gekreuzigt, weil er sich für unwürdig hielt, in gleicher Weise den Tod wie sein Meister zu erleiden.

Papst Anaklet soll ein kleines Bethäuschen über dem Grab des hl. Petrus errichtet haben, an dessen Stelle dann unter Kaiser Konstantin (312–337) eine große Basilika zu Ehren des Apostelfürsten erbaut wurde. Nach ihrem Verfall wurde sie im 16. Jahrhundert durch den Bau des heutigen Petersdoms ersetzt. Die sogenannte »Navicella«, das berühmte Mosaik von Giotto in der Vorhalle, stammt noch aus der alten Kirche. Es zeigt den Herrn, auf dem Wasser wandelnd und im Schiff – dem Sinnbild der Kirche – die staunenden Apostel. Auch die ehrwürdige und hochverehrte Statue des sitzenden Apostelfürsten befand sich schon in der alten Basilika. Das Grab des hl. Apostels Petrus liegt unter der heutigen »Confessio« der Peterskirche. Durch seinen in Rom erlittenen Märtyrertod hat Petrus seine »Cathedra«, den Apostolischen Stuhl, an Rom gebunden.

Von Petrus sind uns zwei Briefe erhalten, die in den Kanon des Neuen Testaments ihre Aufnahme gefunden haben.

Ein Teil der Ketten, mit denen er im Kerker gefesselt worden sein soll, befindet sich in S. Pietro in Vincoli in Rom. Der Hirtenstab wird je zu einer Hälfte in Köln und Trier aufbewahrt, und ein Teil seines Mantels wird in Prag verehrt. Das Schwert, mit dem er dem Diener Malchus am Ölberg das Ohr abhieb, befindet sich in Konstantinopel →. Über fünfhundert Heilige tragen seinen Namen.

Legende *Über den hl. Petrus finden wir viele Geschichten in der »Legenda aurea« aufgezeichnet. Eine davon ist jene, die ausführlich von dem Sieg des Petrus über Simon den Magier berichtet. Inhaltlich stützt sie sich auf die Quellen der Päpste Leo des Großen und Linus sowie auf Eusebius. Wir können sie hier nur im Auszug wiedergeben:*
Zu jener Zeit, als der hl. Petrus lehrte, trat in Jerusalem ein Zauberer mit Namen Simon auf, der allen, die an ihn glaubten, die Unsterblichkeit versprach. Der Zauberer Simon verlangte, man solle ihn öffentlich anbeten, und er erzählte, daß er alles könne, was er nur wollte. So hätte seine Mutter ihn auch einst aufs Feld geschickt, um Korn zu schneiden. Als er aber die Sichel habe liegen sehen, habe er der Sichel befohlen, von alleine zu mähen, was sie auch tat, und es war zehnmal mehr als durch die Hand des Menschen. Nun wollte er aber Petrus herausfordern, um zu beweisen, daß er Gott war. Und Petrus kam und sagte zu den Versammelten: »Friede sei mit euch, liebe Brüder!«

Die Apostel Petrus und Paulus auf einem italienischen Gemälde des 15. Jahrhunderts.

29. Juni

29. Juni

Petrus trägt auf den meisten Darstellungen einen rundgeschnittenen Bart und krauses Haupthaar und zeigt drei erhobene Finger. Wenn er mit dem hl. Paulus zusammen dargestellt wird, steht Petrus auf der linken, nämlich der Evangelienseite.

Da sprach Simon: »Wir brauchen deinen Frieden nicht, denn wenn Friede und Eintracht ist, werden wir die Wahrheit nimmermehr finden. Wenn zwei kämpfen, so ist erst Frieden, wenn einer von ihnen überwunden ist.« Petrus antwortete: »Aus der Sünde kommt der Streit, und wo keine Sünde ist, da ist Frieden. Im Disputieren aber findet man Wahrheit.« Simon sagte darauf: »Deine Worte überzeugen mich nicht. Ich will dir zeigen, was ich kann, damit du niederfällst und mich anbetest. Ich kann durch die Luft fliegen, ich kann neue Bäume machen und Steine in Brot verwandeln. Alles, was ich will, das vermag ich.« Da begann Petrus, den Zauberer und seine Lügen zu entlarven. Als Simon sah, daß er unterliegen würde, verließ er Samaria und zog weiter nach Rom, damit sie ihn wenigstens dort für einen Gott halten sollten. Als Petrus das vernahm, folgte er ihm ebenfalls nach Rom, predigte ohne Unterlaß, bekehrte viele zum Glauben und machte viele Kranke gesund.

Simon der Magier stand aber bald bei Kaiser Nero in solcher Gunst, daß man ihn wie einen Hüter über des Kaisers Leben und das Wohl der Stadt verehrte. Man erzählte sich, daß sich das Antlitz Simons, als er eines Tages vor dem Kaiser stand, unversehens verwandelte, daß es bald alt, bald jung erschien und Nero danach fest glaubte, daß er Gottes Sohn sei. Simon aber sprach zu Nero: »Damit du weißt, daß ich wirklich Gottes Sohn bin, so lasse mir das Haupt abschlagen, und ich will am dritten Tage auferstehen.« Da befahl Nero dem Henker, Simon zu enthaupten. Während jedoch der Henker glaubte, er habe den Simon enthauptet, hatte er tatsächlich nur einem Widder den Kopf abgeschlagen. Simon der Magier blieb durch seine Kunst heil und hielt sich drei Tage verborgen. Am dritten Tag zeigte er sich triumphierend dem Kaiser. Als Nero das sah, wunderte er sich sehr und glaubte noch mehr an ihn. Leo aber erzählt weiter, daß Petrus und Paulus alsbald zu Nero gingen und vor diesem die Zauberei des Simon aufdeckten. Petrus sprach dazu: »So wie in Christus zwei Wesen, nämlich Gottheit und Menschheit, sind, sind auch in diesem Zauberer zwei Wesen, ein Mensch und ein Teufel.«

Eusebius und Linus berichten nun, wie Simon sich anmaßte, er könne auch Tote erwecken. Da geschah es, daß ein junger Mann starb. Das Volk rief Petrus und Simon herbei, und man beschloß, denjenigen zu töten, der den Toten nicht erwecken konnte. Sofort machte Simon seine Beschwörungen über dem Toten, und es dünkte denen, die dabeistanden, daß der Tote das Haupt bewegte. Schon wollte das Volk den Petrus steinigen. Der aber brachte sie zum Schweigen und rief: »Wenn der Tote wirklich lebt, so soll er aufstehen, wandeln und sprechen.« Petrus aber betete: »Im Namen Jesu Christi des Gekreuzigten, Jüngling, stehe auf und wandle!« Da stand der junge Mann alsbald auf und wandelte vor aller Augen. Das Volk wollte Simon, den Magier steinigen, aber Petrus sprach abermals: »Es ist Strafe genug, daß er in seinen Künsten überwunden worden ist. Unser Herr aber hat geboten, daß wir Böses mit Gutem vergelten sollen.« Da ließen sie ihn gehen. Und der Zauberer zeigte sich ein ganzes Jahr lang nicht mehr in der Stadt. Einige Zeit später rief Simon das Volk zusammen und sagte, die Galiläer hätten ihn so gekränkt, daß er die Stadt, die bis dahin unter seinem Schutz gestanden habe, nun verlassen wolle. Er würde einen Tag bestimmen, an dem er gen Himmel fahre. Am festgesetzten Tag aber stieg er mit Lorbeer bekränzt auf einen hohen Turm, schwang sich über die Brüstung und fing an zu fliegen. Da rief Petrus: »Ich beschwöre euch, ihr Engel des Satans, die ihr ihn in der Luft tragt, bei unserm Herrn Jesus Christus, haltet ihn nicht mehr, sondern laßt ihn fallen!« Sofort ließen die bösen Geister ihn los, und er fiel herab, so daß sein Haupt zerschmettert wurde und er seinen Geist aufgab.

29. Juni

Apostel Paulus

Das Fest des Martyriums des hl. Paulus wird seit 258 zusammen mit dem des hl. Petrus am 29. Juni gefeiert. Ursprünglich hatte man in Rom gleich im Anschluß an den Gottesdienst zu Ehren des hl. Petrus, der in S. Pietro in Vaticano abgehalten wurde, den Gottesdienst in S. Paolo fuori le mura gehalten. Ein weiteres eigenes Fest ist außerdem »Pauli Bekehrung«.

Paulus wurde unter dem jüdischen Namen Saulus in Tarsus in Kleinasien etwa um das Jahr 10 geboren. Er gehörte mit seiner Familie zum Stamme Benjamin. Er erbte von seinem Vater das römische Bürgerrecht, erlernte in seinem Elternhause die griechische und die aramäische Sprache und war von Jugend an vertraut mit der hebräischen Bibelsprache. Neben seiner wissenschaftlich-theologischen Ausbildung wurde er gleichzeitig im Handwerk der Zelttuchweber unterwiesen. Saulus studierte um das Jahr 30 an der Tempelakademie in Jerusalem bei dem berühmten jüdischen Lehrer Gamaliel mit dem Ziel, ein Rabbi, das heißt ein Bibeltheologe, zu werden.

Die Bekehrung des hl. Paulus geschah zwischen 33 und 35. Auf dem Weg nach Damaskus, wohin der junge, streng orthodoxe Eiferer aufgebrochen war, um die dortige Christengemeinde zu vernichten, erschien ihm der auferstandene Christus, und aus dem Christushasser Saulus wurde der leidenschaftlichste und treueste Anhänger Christi, der Völkerlehrer und Apostel Paulus. Weil er den Juden nach seiner Bekehrung sogleich die Lehre Christi predigte, in ihren Augen also ein schlimmer Verräter war, wollten diese ihn töten. Aber die Jünger Jesu ließen den Bekehrten nachts in einem Korb über die Stadtmauer von Damaskus hinab und retteten ihn so vor seinen Verfolgern.

Nach seiner Bekehrung ging Paulus in seine Heimat nach Tarsus zurück und predigte dort, bis er von Barnabas als Missionsgehilfe nach Antiochia → geholt wurde. Von hier aus unternahm der Völkerlehrer seine drei großen Missionsreisen, und zwar die erste zwischen 45 und 48 nach Zypern und Kleinasien, die zweite zwischen 49 und 53 nach Mazedonien und Griechenland. Auf dieser Reise gelangte er auch nach Athen und Korinth. Die dritte Reise zwischen 52 und 57 führte ihn nach Ephesus in die Metropole der damaligen römischen Provinz Asia. Überall, wohin er kam, gründete Paulus christliche Gemeinden. An eine ganze Reihe von ihnen richtete er dann später seine apostolischen Briefe. Von Ephesus → aus reiste er 57/58 mit einer großen Geldspende nach Jerusalem, um die dortige Not zu lindern, wurde aber bei einem gegen ihn geschürten Volksaufstand in römischen Gewahrsam genommen und zwei Jahre lang in Cäsarea in schwerer Haft gehalten. Da er auf sein römisches Bürgerrecht pochte und verlangte, seinen Fall dem Kaiser zur Prüfung vorlegen zu dürfen, wurde er nach Rom gebracht, wo seine Strafe vom Kaiser in eine mildere Militärbewachung umgewandelt wurde, während der er sich frei bewegen konnte. In dieser Zeit war Paulus rastlos für die Ausbreitung des Christentums tätig. Wiederum nach zwei Jahren wurde er auf freien Fuß gesetzt. Nach altkirchlicher Überlieferung soll er dann in Spanien und im Osten missioniert haben.

Geboren: um 10 bis 5 v. Chr. in Tarsus (Kleinasien)
Gestorben: 64 oder 67 in Rom
Berufung/Beiname: Apostel, Märtyrer
Wirkungsstätten: Palästina, Syrien, Kleinasien, Griechenland, Italien
Bedeutung des Namens: der Kleine (lateinisch)
Namensformen: Paul, Pablo, Pole, Paolo, Pawel
Patronat: Arbeiterinnen, Korbmacher, Ritter, Sattler, Seiler, Teppichmacher, Weber; Theologen, katholische Presse; Tauben; gegen Blitz, Hagel; gegen Furcht, Krampf, Schlangenbiß; für Regen und Fruchtbarkeit

---

Nach seiner Taufe kehrte Paulus nach Jerusalem zurück und wurde von Barnabas zu den Aposteln Petrus und Jakobus geführt, die nach anfänglichem Mißtrauen seine Berufung erkannten und ihn in ihre Mitte aufnahmen.

30. Juni

In seinem zweiten Brief an die Korinther zählt Paulus die Mühen auf, die er für Christus auf sich genommen hatte, spricht aber auch von den Gnadengaben, mit denen ihn der Herr immer wieder tröstete und stärkte. Seine Überzeugung aus dem Glauben heraus lautete dann: »Ich vermag alles in dem, der mich stark macht.«

Im ersten Korintherbrief preist Paulus die Liebe in den höchsten Tönen: »Die Liebe übt Nachsicht, in Güte handelt die Liebe. Sie eifert nicht; die Liebe macht sich nicht groß, sie bläht sich nicht auf. Sie benimmt sich nicht ungehörig; sie sucht nicht das Ihre; sie läßt sich nicht erbittern; sie rechnet das Böse nicht an. Sie hat nicht Freude am Unrecht, freut sich jedoch an der Wahrheit. Sie erträgt alles, sie glaubt alles, sie hofft alles, sie duldet alles«.

Paulus kehrte nach Rom zurück, wo der hl. Petrus bereits als Bischof wirkte. Sie arbeiteten nun vereint mit aller Kraft an der Verbreitung der Lehre Christi, bis schließlich Kaiser Nero (54–68) die beiden Apostel zum Tode verurteilen ließ. Neun Monate soll Paulus unter großen Entbehrungen und Leiden im Mamertinischen Kerker zugebracht haben, bis man ihn zur Hinrichtung führte. Als römischer Bürger wurde er an der Straße nach Ostia durch Enthaupten mit dem Schwert hingerichtet, im Gegensatz zu Petrus, der gekreuzigt wurde.

Nach allgemeiner Annahme erlitt Paulus den Martertod im Jahre 67. Sein Leib wurde in der nahegelegenen Villa der vornehmen Römerin Luzina begraben. An dieser Stelle ließ Kaiser Konstantin der Große (312–337) später eine herrliche Basilika errichten. Die Hälfte des Körpers des Heiligen ruht heute in Sankt Peter, die andere in S. Paolo fuori le mura, sein Haupt im Lateran. In der Kirche S. Paolo alla Regola, die an der Stelle, wo er in Rom gewohnt hat, steht, befindet sich ein Arm. Ein Teil der Kette, mit der er in Cäsarea gefesselt war, wird in S. Paolo, ein Stück des Tuches, mit dem man ihm die Augen vor der Enthauptung verbunden hatte, in Sant' Agnese auf der Piazza Navona aufbewahrt. In der Kirche Tre Fontane, am Ort seiner Enthauptung, zeigt man noch den Steinblock, auf dem der Apostel Paulus getötet worden sein soll.

Bei gemeinsamer Darstellung steht Paulus rechts von Petrus, das heißt auf der Epistelseite, also als »der Lehrende«. Bilddarstellungen des hl. Paulus kommen so häufig vor, daß sie hier nur eine allgemeine Erwähnung finden können. Sein und des hl. Petrus Bildnis finden sich bereits auf Urnen, Sarkophagen und Mosaiken aus der Frühzeit des Christentums. In der Callistuskatakombe entdeckte man ihre Porträts in Bronze. Seitdem hat sich die bildende Kunst bis ins 19. Jahrhundert hinein immer wieder mit Darstellungen der Person des Völkerlehrers und mit Szenen aus seinem Leben beschäftigt. Fast alle großen Meister der europäischen Malerei und Bildhauerei sind von dieser faszinierenden Person zu bedeutenden Werken angeregt worden.

Legende *Als Paulus eines Tages in Rom von einem Söller aus zum Volk predigte, stieg ein gutaussehender junger Mann, der ein Günstling des Kaisers war, in ein Fenster, um ihn besser sehen zu können. Aber er verstand seine Worte nicht und schlief darüber ein. Da stürzte er im Schlaf herab und war tot. Der Kaiser war darüber sehr betrübt. Paulus befahl jedoch den Umstehenden, daß sie ihm den toten Burschen brächten. Er erweckte ihn mit Gottes Hilfe zum Leben und schickte ihn zum Kaiser zurück. Nero fragte ihn: »Wer hat dich lebendig gemacht?« Der Jüngling antwortete: »Jesus Christus, der Herr und König der Ewigkeit.« Da wurde Nero zornig und ließ nach den Christen fahnden, um sie zu foltern. Unter den Verhafteten war auch Paulus, der gefesselt vor Nero geführt wurde. Der Kaiser sprach zu ihm: »Warum nimmst du mir meine Krieger und machst sie zu Knechten deines großen Königs?« Paulus antwortete: »Ich sammle sie nicht allein aus deinem Volk, sondern aus der ganzen Welt, denn unser König gibt ihnen einen Lohn, der niemals vergeht, so daß sie nimmermehr Armut leiden. Willst du Ihm untertan sein, so bist du gerettet. Er wird mit Macht kommen als Richter der Welt und wird die Gestalt dieser Welt mit Feuer auflösen.« Als Kaiser Nero das hörte, wurde er noch wütender und befahl, alle Christen im Feuer zu verbrennen, Paulus aber zu enthaupten. »Schlagt ihm das Haupt ab, damit er sieht, daß ich mächtiger bin als sein König, und* ich will sehen, ob er ewig leben wird.« Da sprach Paulus: »Damit du weißt, daß ich nach meinem Tod ewig lebe, will ich dir lebend erscheinen, wenn man mir das Haupt abgeschlagen hat, auf daß du erkennst, daß Jesus Christus ein Gott des Lebens und nicht des Todes ist.« Danach führte man Paulus hinaus zur Richtstätte.

Als sie an die Stätte seines Leidens kamen, da breitete Paulus die Arme aus, hob die Hände gen Himmel, betete lange und dankte Gott. Dann nahm er Abschied von den Umstehenden, kniete nieder und bot sein Haupt dem Henker dar. Als aber das Haupt von seinem Leibe getrennt war, sprang es fort und rief mit klarer Stimme auf hebräisch: »Jesus Christus!« Dreimal schlug es auf, und jedesmal, wenn es den Boden berührte, entsprang eine Quelle, aus der Wasser hervorsprudelte. Als Kaiser Nero hörte, was geschehen war, versammelte er seine Weisen um sich und hielt Rat. Und als sie noch miteinander redeten, da kam der hl. Paulus mitten durch die verschlossenen Türen, stand vor dem Kaiser und sprach: »Kaiser, hier bin ich, Paulus, der Ritter des ewigen, unüberwindlichen Königs. So glaube Du nun, daß ich nicht tot bin, sondern daß ich lebe! Aber du Elender wirst ewigen Tod leiden, weil du die Heiligen Gottes gegen jedes Recht hast töten lassen.« Nachdem Paulus das gesagt hatte, verschwand er. Kaiser Nero aber wurde von so großem Schreck erfüllt, daß sich seine Sinne dadurch verwirrten.

Der hl. Apostel Paulus wird dargestellt mit langem Philosophenbart, mit Buch, mit Schwert – auch mit zwei Schwertern, wobei das eine seine Geistesschärfe und seine Beredsamkeit, das andere sein Martyrium bedeutet; andere Darstellungen zeigen ihn mit drei sprudelnden Quellen neben sich, die auf die beziehungsreiche Legende über seinen Tod hinweisen.

Darstellung des Apostels Paulus in einer Initiale der Bible historiale des französischen Buchmalers Pierre le Mangeur aus dem 14. Jahrhundert.

1. Juli

Theobald von Thann

Geboren: 1033 in Provins (Frankreich)
Gestorben: 1066 in Salanigo (Italien)
Berufung/Beiname: Eremit, Kamaldulensermönch; »großer Nothelfer«
Wirkungsstätten: Frankreich, Luxemburg, Spanien, Italien
Bedeutung des Namens: der Kühne im Volk (althochdeutsch)
Namensformen: Thibault, Tibaldo, Tibo, Theo, Balduin, Balder
Patronat: Gerber, Schumacher, Winzer; gegen Augenkrankheiten, Fieber

Theobald von Thann wird dargestellt als Ritter, Einsiedler, durch Verwechslung mit seinem Onkel Theobald fälschlicherweise auch als Bischof mit Buch; in Baden wird Theobald auch als Bauernheiliger mit Ackergeräten gezeigt.

Es gibt zwei Heilige mit dem Namen Theobald: Der eine Heilige ist der Erzbischof Theobald von Vienne in Ostfrankreich, der im Jahr 1001 starb und dessen Fest am 21. Mai gefeiert wird. Bei dem anderen Heiligen handelt es sich um seinen Neffen Theobald von Thann oder von Provins, der von Papst Alexander II. im Jahr 1073 heiliggesprochen wurde.

Theobald von Thann wird in Luxemburg, Belgien, Frankreich und Italien sehr verehrt, besonders aber im Theobaldheiligtum in Thann im Oberelsaß. Die Thanner Wallfahrt zu der Fingerreliquie des »großen Nothelfers« konnte man im Spätmittelalter beinahe mit der Wallfahrt zum hl. Jakobus nach Santiago di Compostela vergleichen. Theobald entstammt der Grafenfamilie von Champagne und wurde im Jahr 1033 zu Provins, östlich von Paris, geboren. Er erhielt eine standesgemäße Erziehung. Aber eines Tages verließ er heimlich sein Elternhaus, verzichtete auf Reichtum und Ansehen und zog sich als Einsiedler in die Nähe des Dorfes Pettingen in Luxemburg zurück. Von dort aus unternahm er Wallfahrten nach Rom und Santiago. Das waren zu jener Zeit mühevolle Reisen, die den Pilgern große Opfer und Anstrengungen abverlangten.

Danach setzte der hl. Theobald sein Eremitenleben mit doppelter Strenge fort. Schließlich brach er erneut zu einer Pilgerfahrt auf, die ihn diesmal ins Heilige Land bringen sollte. Aber in Italien verließen ihn bereits seine Kräfte, deshalb blieb er in Salanigo in Oberitalien und führte dort sein Einsiedlerleben fort. Er unterstellte sich dem Kamaldulenserabt Petrus, der dem in der Nähe gelegenen Kloster Vangadizza vorstand. Im Jahr 1065 trat Theobald in diesen Orden ein.

Bald danach wurde Theobald zum Priester geweiht, durfte jedoch trotzdem sein Eremitendasein fortsetzen. Er lebte ganz für Gott und zum Wohle seiner Mitmenschen, die sich bald in Scharen mit ihren Sorgen und Anliegen an ihn wandten. Theobald starb am 30. Juni des Jahres 1066 und wurde in einer Seitenkapelle des Domes von Vicenza beigesetzt.

Legende Die Legende vom hl. Theobald, von der die »Legenda aurea« berichtet, muß allerdings mit dem am Anfang der Vita erwähnten Erzbischof von Vienne in Zusammenhang stehen; trotzdem wollen wir diese Legende hier wiedergeben.
Als die Fischer einmal im Herbst statt eines Fisches ein großes Stück Eis aus dem Fluß gezogen hatten, brachten sie es dem Bischof, damit er Kühlung für seine schmerzenden Füße bekäme. Da hörte der Bischof eine menschliche Stimme aus dem Eis sprechen: »Ich bin eine arme Seele und muß hier für meine Sünden büßen. Doch kann ich erlöst werden, wenn du ohne Unterlaß dreißig Messen in dreißig Tagen für mich liest.« Der Bischof willigte ein, doch mußte er die Aufeinanderfolge der Messen zweimal unterbrechen, einmal, weil der Teufel heftige Streitereien unter dem Volk angezettelt hatte, und ein zweites Mal, weil die Stadt von einem großen Heer belagert wurde. Als der Bischof gerade die letzte Messe lesen wollte, stand sein Haus in Flammen. Er aber sprach: »Und sollte die ganze Stadt verbrennen, ich werde die Messe trotzdem lesen.« Nach Abschluß der Messe schmolz das Eis, und auch das Feuer verging wie ein Trugbild.

2. Juli

Otto von Bamberg

Die alte fränkische Bischofsstadt Bamberg war einst von der hl. Kunigunde gegründet worden, um den neuen slawischen Christengemeinden im Osten des Reiches den notwendigen organisatorischen Zusammenhalt zu geben. Der bedeutendste Heilige der Bischofsstadt ist Otto von Bamberg.

Geboren wurde der Heilige um 1062 oder 1063; er stammte aus einem schwäbischen oder mittelfränkischen Adelsgeschlecht. Die Eltern ließen dem Jungen schon früh klösterlichen Unterricht zuteil werden, damit er gemäß seinen Neigungen die geistlichen Wissenschaften erlernte. Er studierte in Regensburg, wo er bald nach Beendigung seiner Ausbildung zum Kaplan der Schwester Kaiser Heinrichs IV. berufen wurde. Etwa um das Jahr 1090 trat Otto in die Dienste des Kaisers. Der Kirchenmann stand während seines ganzen Lebens überzeugt auf der Seite des Papstes, vermochte jedoch durch sein friedliebendes und ausgleichendes Wesen in dem Investiturstreit zwischen Kaiser und Papst zu vermitteln. Kaiser Heinrich IV. schätzte Otto so hoch, daß er ihn zehn Jahre lang in seiner nächsten Umgebung behielt. Er betraute ihn 1090 mit der Bauleitung des Doms von Speyer und machte ihn im Jahr 1101 zu seinem Kanzler. Das Wormser Konkordat → des Jahres 1122 war weitgehend Ottos Werk.

Seine Tätigkeit als Bischof war äußerst segensreich für Bamberg. Otto brachte die Domschule zur Blüte, gründete und baute zahlreiche Klöster und Kirchen – zwanzig bedeutende Klöster im süddeutschen Raum gehen auf ihn zurück – und vollendete und weihte den Dom von Bamberg im Jahr 1111. Wenngleich der Bischof als Fürst glanzvoll aufzutreten wußte, führte er persönlich ein streng asketisches Leben. Er war hart gegen sich selbst und widmete alle Kraft dem Wohl seiner Diözese. Auch förderte er die Hirsauer Reform → und die neu entstandenen Zisterzienser- → und Prämonstratenserorden →.

Großen Verdienst erwarb sich der Heilige als »Apostel der Pommern«. Aus politischen Erwägungen und teilweise auch aus echtem Glaubenseifer heraus wollte der Polenherzog Boleslaw III. Pommern dem Christentum zuführen. Das Land selbst hatte er erneut der Hoheit Polens unterstellt und betraute nun den Bamberger Bischof mit der Aufgabe, diesem Volk die Botschaft Christi zu verkünden. Im Frühjahr 1124 nahm Otto den Auftrag an. »Von Gott erweckt«, schreibt der Chronist, »faßte der über sechzigjährige Bischof den Entschluß, das schwere Werk zu vollführen.« Ganz gegen seine sonstige Gepflogenheit umgab sich Otto mit zahlreichem Gefolge, prächtigen liturgischen Geräten und Gewändern. Er führte reiche Geschenke mit sich, da er wußte, daß er nur so bei der Wesensart der zu Bekehrenden etwas ausrichten konnte. Ganz besonders kam ihm nun zugute, daß er die Landessprache schon seit früher Jugend beherrschte. Nachdem er die Missionsgenehmigung des Papstes eingeholt und sich der Zustimmung Kaiser Lothars versichert hatte, trat er die beschwerliche Fahrt ins unwirtliche Pommern an. Über Böhmen und Schlesien gelangte er nach Gnesen, wo ihm der mächtige Boleslaw III. barfuß entgegenging und ihn zu den Reliquien des hl. Adalbert in den Dom führte.

Geboren: um 1061 in Franken
Gestorben: 1139 in Bamberg (Bayern)
Berufung/Beiname: Kloster- und Kirchengründer, Missionar, Bischof; »Apostel der Pommern«
Wirkungsstätten: Deutschland, Böhmen, Schlesien, Polen, Pommern
Bedeutung des Namens: der Begüterte (althochdeutsch)
Namensformen: Ott, Odo, Odilo, Udo
Patronat: Bamberg; gegen Fieber, Tollwut

Bei seiner Missionsreise zu den Pommern war Otto von Bamberg großen Gefahren ausgesetzt. In Wollin mußte er sich dem Haß des Volkes durch Flucht entziehen. Mit der politischen Entspannung in den Missionsgebieten trug auch die Christianisierung zusehends Früchte.

2. Juli

Am Grab des hl. Otto in Bamberg geschahen auf seine Fürbitte hin viele Wunder. Fünfzig Jahre nach seinem Tode wurde Otto von Papst Clemens III. heilig gesprochen. Noch heute wallfahren Gläubige zum Grab Ottos.

Otto begann seine Arbeit in Pyritz und Kammin. Bereits vom ersten Tag an wurde deutlich, was eine Predigt in der Sprache der Landesbewohner vermochte. Viele seiner Zuhörer drängten sich zur Taufe. Später zog er weiter nach Stettin, wo er den Pommernherzog Wratislaw I. bekehren konnte – und mit ihm viele seiner Untertanen. Rasch gelang auch die Christianisierung von Wollin, Juli und Kolberg. Nach der Gründung mehrerer Kirchen reiste Otto zurück in seine Diözese. Am Ostertag 1125 traf er wieder glücklich in Bamberg ein.

Am 19. April des Jahres 1128 unternahm der greise Bischof nochmals eine beschwerliche Missionsreise. Diesmal missionierte Otto in Havelberg, Usedom, Groswien, Demin, Loiz, Wolgast und Gyzkov. Otto versöhnte dabei auch den Pommernherzog mit seinem Lehensherrn, dem Herzog von Polen, und kehrte, nachdem sein Missionwerk vollendet war, in die Stadt Bamberg zurück.

Zunächst konnte Pommern nicht als selbständiges Bistum regiert und verwaltet werden. Deshalb stellte Otto das Land unter den Schutz des Bistums Gnesen. Erst im Jahr 1140 wurde der erste Bischof von Pommern in sein Amt eingeführt. Otto von Bamberg starb nach einer qualvoller Krankheit am 30. Juni des Jahres 1139. Sein Leib wurde auf dem St.-Michaels-Berg in Bamberg beigesetzt.

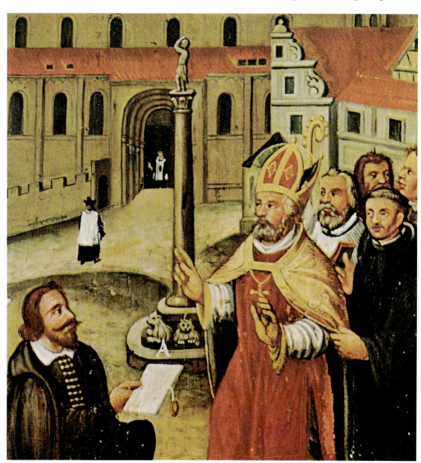

Szene aus dem Leben des hl. Otto von Bamberg. Dargestellt ist der Heilige, wie er Herzog Poleslaus von Posen, der ihn bittet, das heidnische Pommern zum christlichen Glauben zu bekehren, in Bamberg empfängt.

Legende Als der hl. Bischof Otto, der sich zeit seines Lebens eigentlich guter Gesundheit erfreute, im Jahre 1150 eine Zeitlang ernstlich krank geworden war, hatte ein Mönch vom St.-Michaels-Berg in Bamberg einen merkwürdigen Traum. Er sah nach Osten zu einen wunderschönen Berg und beobachtete dort viele Menschen, die damit beschäftigt waren, kostbares Baumaterial sowie besonders wertvolle Edelsteine auf den Gipfel zu schaffen. Ein Greis, den er befragte, gab ihm zur Antwort: »Wir haben alle sehr viele Wohltaten von Bischof Otto empfangen, deshalb bauen wir ihm dort oben aus Dankbarkeit eine kostbare Wohnstatt.« Der Mönch, neugierig geworden, fragte weiter: »Und wann wird dieses herrliche Haus vollendet sein?« Da befahl ihm der Greis, zu schweigen, und sagte leise zu ihm: »Nach fünf Jahren.« Und wirklich starb Bischof Otto auf den Tag genau fünf Jahre später.

Otto von Bamberg wird dargestellt als Bischof mit einem oder mehreren Pfeilen, da der Bischof Otto der Legende nach aus Pfeilen Nägel für das Kirchendach schmiedete, mit einem Kirchenmodell, zu seinen Füßen ein Löwe als Hinweis auf seine mutige Tätigkeit als Missionar.

3. Juli
Apostel Thomas

Der Apostel Thomas war vor seiner Berufung ein einfacher Fischer in Galiläa wie die meisten Jünger Jesu. Er wird im Johannes-Evangelium als der große Zweifler charakterisiert (20, 24-29) und erhielt aus diesem Grund den Beinamen »ungläubiger Thomas«. Wie das Neue Testament berichtet, wollte Thomas nicht glauben, was er von den Jüngern gehört hatte, nämlich daß Christus am Abend des Ostertages als Auferstandener bei ihnen gewesen war. Erst wenn er seinen Finger in die Wundmale des Herrn legen könnte, würde er es glauben, versicherte er. Als dann acht Tage später Christus wieder den Jüngern erschien, war Thomas bei ihnen. Und er wurde vom auferstandenen Herrn aufgefordert, seinen Finger in die Wundmale zu legen, damit auch er an ihn glaube. Überwältigt von diesem Geschehen, sagte er zu Christus: »Mein Herr und mein Gott!«

Die uralte geschichtliche Überlieferung berichtet von seinem Wirken in Indien und seinem Martertod in Mailapur (bei Madras in Südindien). Er soll dort um das Jahr 67 durch das Schwert getötet worden sein. In der Nähe von Madras wird noch der Felsen gezeigt, auf dem er das Martyrium erlitten hat. Sicher ist, daß Thomas sich auf seiner Missionsreise nach Osten gewandt hat. So wurde er der Patron Asiens. Außerdem hat er, wie überliefert ist, seinen Schüler Judas Thaddäus in die alte mesopotamische Stadt Edessa entsandt.

Auch er selbst soll dort gewirkt haben, denn die Bewohner dieser Stadt baten die indischen Könige durch Vermittlung des Kaisers Alexander Severus (222–235) um die Überlassung der Gebeine des Heiligen, auf die sie einen besonderen Anspruch hätten. Tatsächlich ist Edessa in der Nähe von Urfa in der Türkei außergewöhnlich früh christlich geworden. Die Spuren einer im Jahr 201 durch Hochwasser zerstörten Kirche, des ältesten christlichen Kultgebäudes der Welt, bezeugen dies bis auf den heutigen Tag. Im Jahre 232 wurden die Gebeine des hl. Thomas von Indien feierlich nach Edessa überführt. Im 13. Jahrhundert brachte man sie von Edessa auf die Insel Chios im Agäischen Meer, und von dort nach Ortona an der Adria, wo sie heute noch ruhen. In der Kirche S. Croce in Gerusalemme in Rom birgt die Reliquienkapelle den Finger, den der hl. Thomas in die Seitenwunde Christi gelegt hat.

Geboren: um Christi Geburt in Galiläa
Gestorben: um 67 in Mailapur (Südindien)
Berufung/Beiname: Apostel, Märtyrer; »der Ungläubige«
Wirkungsstätten: Palästina, Persien, Indien
Bedeutung des Namens: der Zwilling (hebräisch)
Namensformen: Tom, Tomaso, Maso, Tommy
Patronat: Architekten, Bauarbeiter, Feldmesser, Geometer, Maurer, Steinhauer, Zimmerleute

Seit dem 5. Jahrhundert wird der hl. Thomas in den Apostelverzeichnissen als Missionar vieler asiatischer Völker erwähnt. In ganz Asien gehen die Feste, die man dem Heiligen zu Ehren feierte, bis in die älteste christliche Zeit zurück. In die Legenden, die sich um den Apostel Thomas ranken, sind Geschichten eingestreut, die buddhistischer Herkunft sein könnten. Die Kirche von Indien bezeichnet Thomas als ihren Gründer. In Malabar besteht eine bedeutende christliche Gemeinde, die den Namen Thomas-Kirche führt.

Im Jahr 1952 feierte man in Indien die neunzehnhundertste Wiederkehr des Tages, an dem der Apostel Thomas das Land betreten hat. Eine riesige Kathedrale wurde zu seinen Ehren erbaut, und der Kardinal von Bombay brachte aus Rom Reliquien des Apostels als Geschenk des Papstes nach Indien zurück, um sie in dem Altar des neuen Thomas-Heiligtums beizusetzen.

Das Fest des Apostels Thomas am 21. Dezember – dem Translationstag seiner Gebeine nach Edessa – verschob man 1969 auf den 3. Juli. Das alte Datum ist jedoch noch fest im Brauchtum verankert. Die Thomasnacht am 21. Dezember, die dem kürzesten Tag des Jahres folgt, soll Glück verheißen und alles Unglück bannen.

Legende Als Thomas sich in Cäsarea aufhielt, erschien ihm der Herr und sprach zu ihm: »Der König von Indien, Gundaphar, hat seinen Verwalter ausgesandt, um den besten Baumeister der Welt zu finden. Darum steh auf, ich will dich zu ihm senden.« Thomas aber sprach: »Herr, sende mich, wohin Du willst, aber sende mich nicht nach Indien.« Jesus antwortete: »Thomas, geh hin, und fürchte dich nicht! Ich werde dein Hüter sein. Und wenn du die Inder bekehrt hast, so wirst du zu mir kommen, geschmückt mit der Märtyrerpalme.« Thomas antwortete: »Du bist mein Herr, ich bin Dein Knecht, Dein Wille geschehe.« Thomas traf dann den Verwalter und sagte zu ihm: »Ich bin ein Meister der Baukunst.« Also stiegen sie in ein Schiff und segelten nach Indien.

Dort angekommen, zeichnete Thomas für den König von Indien einen herrlichen Palast, den er für ihn bauen wollte. Der König übergab ihm daraufhin einen großen Goldschatz, mit dem Thomas das Baumaterial und die Handwerker bezahlen sollte. Dann reiste der König in ein anderes Land. Während der Zeit, da der König abwesend war, teilte Thomas aber den Schatz unter den Armen aus, predigte dem Volk und bekehrte unzählige zum Christenglauben. Als der König zurückkam und hörte, wie Thomas mit seinem Gold umgegangen war, warf er ihn in den Kerker.

Zu dieser Zeit starb der eine Bruder des Königs. Am vierten Tage nach dem Begräbnis aber erstand der Tote auf, und alle erschraken über diesen Anblick. Der Tote aber wandte sich zu seinem Bruder, dem König, und sprach zu ihm: »Wisse, im Kerker schmachtet ein Mensch, den Gott liebt. Im Paradies zeigten mir die Engel einen Palast aus Gold und Edelsteinen. Und sie sagten mir: ›Dies ist der Palast, den Thomas deinem Bruder gebaut hat.‹ Ich aber sagte, daß ich gern in diesem Palast wohnen würde. Sie antworteten mir: ›Dein Bruder ist nicht mehr würdig, darin zu wohnen, darum, wenn du willst, wollen wir Gott bitten, daß er dir das Leben wiedergibt, damit du deinem Bruder seinen Palast abkaufst, er also das Geld wieder erhält, das er glaubt, verloren zu haben.‹«

Da lief der Bruder des Königs sofort zum Kerker, er löste die Fesseln des Gefangenen und bat den Apostel Thomas auf Knien inständig, er möge seinem Bruder, dem König, seine Tat verzeihen. Als nun Thomas aus dem Kerker ging, da kam ihm der König bereits entgegen, warf sich ihm zu Füßen und bat ihn um Gnade.

Der Apostel Thomas wird meist dargestellt mit einer Lanze als Zeichen seines Martyriums und einem Winkelmaß (Legende). Er ist der ungläubige Apostel und berührt die Wundmale Christi. Ein häufig vorkommendes Bildmotiv ist die sogenannte Gürtelmadonna: Nach ihrer Himmelfahrt soll die Muttergottes dem Apostel Thomas erschienen sein und ihm ihren Gürtel zugeworfen haben.

Der Apostel Thomas sagte ihm: »Hat Gott euch nicht eine besondere Gnade erwiesen, indem Er euch dies alles offenbart hat? Darum glaubt an Ihn und lasst euch taufen, damit ihr teilhaftig werdet des ewigen Reiches.« Da bekehrten sich König Gundaphar sowie sein Bruder und mit ihnen ein großer Teil des Volkes.

4. Juli

Ulrich von Augsburg

Bereits zwanzig Jahre nach seinem Tod wurde einer der beliebtesten Heiligen des Mittelalters, nämlich der hl. Bischof Ulrich von Augsburg, heiliggesprochen. Viele Kirchen, Orte und Brunnen tragen noch heute seinen Namen, und der an seinem Festtag gereichte Wein, die »Ulrichsminne«, hält ebenfalls die Erinnerung an diesen außergewöhnlichen Heiligen wach.

Ulrich oder Udalrich stammte aus dem alemannischen Geschlecht der späteren Grafen von Dillingen und wurde um das Jahr 890 in Augsburg geboren. Seine Mutter Dietpirch war eine Herzogstochter. Ulrich wurde in der Klosterschule von St. Gallen erzogen und auf den geistlichen Beruf vorbereitet. Im Jahr 907 kam er als Kleriker an den Hof seines Onkels Adalbero, des Bischofs von Augsburg, und erhielt das Amt eines Kämmerers. Nach Adalberos Tod zog sich Ulrich auf seinen Familienstammsitz zurück, denn er wollte mit dem Nachfolger, Bischof Hiltin, nicht zusammenarbeiten. In dieser Zeit war die Stadt Augsburg durch die Eroberungszüge der Ungarn großen Verwüstungen ausgesetzt, denen unter anderem der Dom und die Kirche der hl. Afra zum Opfer gefallen waren. Als Hiltin gestorben war, übertrug König Heinrich I. im Jahr 923 Ulrich die Augsburger Bischofswürde. Dieser fand eine weitgehend zerstörte Stadt vor und machte sich deshalb sofort an den Wiederaufbau. Er war angesehen und beliebt bei seinem Volk, vornehmlich wegen seiner großen Mildtätigkeit und seiner eigenen asketischen Lebensführung. Ulrich befestigte die Stadt mit einem steinernen Ringwall, ließ die zerstörten Kirchen wieder aufbauen, erneuerte die Afrakirche und errichtete Dom und Domschule. Er gründete mehrere Klöster sowie das Kanonissenstift St. Stephan. Auch förderte er die feierliche Ausgestaltung der Liturgie. Als Reichsfürst und Vertrauter Heinrichs I. und Ottos I. leistete Ulrich sowohl dem Reich als auch der Kirche wertvolle Dienste.

Vor allem aber ist der Heilige berühmt geworden durch die Verteidigung der Stadt gegen die anstürmenden Ungarn. Als diese im Jahr 955 Augsburg belagerten, stärkte Ulrich durch seine Ruhe und Sicherheit die Bürger. Er rief die Männer zum Widerstand auf, und, ohne Helm und Harnisch reitend, aber mit umgehängter Stola als Zeichen seines Priestertums, verteidigte er tatkräftig die Stadt. Seinem persönlichen Mut war es zu verdanken, daß das schwach besetzte Augsburg der Übermacht des Feindes so lange standhielt, bis der herbeigerufene Kaiser Otto mit seinem Heer anrückte und die Ungarn am 10. August des Jahres 955 auf dem Lechfeld vernichtend schlug.

Ulrich wohnte mehreren Synoden bei, so im Jahr 961 der Reichssynode von Regensburg und zwei Jahre später der Synode von Mainz. Am Ende seines Lebens unternahm im Jahr 971 noch einmal eine Reise nach Rom. Weil er sich auf seinen Tod vorbereiten wollte, empfahl er Kaiser Otto I. seinen Neffen Adalbero zu seinem Nachfolger auf dem Bischofsstuhl. Die Synode von Ingelheim erhob jedoch dagegen Einspruch, und so mußte der Greis noch zwei Jahre bis zu seinem Tod am 4. Juli des Jahres 973 im Amt bleiben. Sein Grab findet man in der heutigen Kirche St. Ulrich und Afra in Ausburg.

Geboren: um 890 in Augsburg (Bayern)
Gestorben: 973 in Augsburg
Berufung/Beiname: Kirchen- und Klostergründer, Wohltäter, Bischof
Wirkungsstätten: Schweiz, Bayern
Bedeutung des Namens: der Stammgutsherr (althochdeutsch)
Namensformen: Udo, Uhde, Ul(l)i, Urs
Patronat: Augsburg; Sterbende, Weber; gegen Mäuse, Ratten; gegen Krankheit, Fieber, Tollwut, Unglück

Es gibt viele Kunstwerke mit Darstellungen des hl. Ulrich. In der Schatzkammer seiner Kirche in Augsburg bewahrt man beispielsweise eine byzantinische Dalmatika auf, die man nach dem Brand der St. Ulrichskirche im Jahr 1183 in seinem Grabe fand. Wie es in einer Chronik von 1483 heißt, war »sant Ulrich in seinem Meßgewand unversehrt im Grabe«.

Auf seinen Wunsch hin wurde der hl. Ulrich in der Afrakirche in Augsburg beigesetzt, die nach seiner Heiligsprechung den Namen St. Ulrich und Afra erhielt.

Legende Eines Nachts, als der hl. Ulrich schlief, sah er im Traum die hl. Afra. Sie führte ihn hinaus vor die Stadt auf das Lechfeld. Sie sagte ihm, daß den Christen von den Ungläubigen noch viel Leid geschehen werde, und er solle den Kaiser ermahnen, feste Schlösser gegen den Feind zu bauen, aber zuletzt würde der Sieg durch Gottes Beistand den Christen geschenkt werden. Danach verschwand die Erscheinung.

Einstmals bekam der Heilige Besuch von seinem Freund, dem frommen Bischof von Konstanz. Beide aßen an einem Donnerstag zusammen zu Abend und führten dabei so eifrig geistliche Gespräche über die göttlichen Geheimnisse, daß sie ganz das Essen vergaßen und der Freitagmorgen anbrach, während sie noch bei Tisch saßen. Da trat ein Bote des Herzogs von Bayern in den Raum und überreichte dem Bischof einen Brief seines Herrn. Dieser gab dem Boten zum Lohn ein Stück Fleisch, das noch auf dem Tisch lag. Der Bote aber eilte sogleich zum Herzog, um ihm zu sagen, daß Ulrich ein arger Heuchler wäre, weil er am Freitag Fleisch äße und ihn selbst damit beschenkt habe. Als der Verleumder seinem Herrn zum Beweis das Stück Fleisch zeigen wollte, war es zu seiner großen Beschämung in einen Fisch verwandelt worden. So rettete Gott durch ein Wunder das Ansehen seines aufrichtigen Dieners.

5. Juli

Johannes Gualbertus

Johannes stammte aus der Familie der Gualberti und wurde um 995 in Florenz geboren. Als Adeliger führte er anfangs ein recht unbeschwertes Leben, bis sich eines Tages etwas Ungewöhnliches ereignete. Der hl. Capistran hat sehr genau beschrieben, durch welches Ereignis das Leben des hl. Johannes Gualbertus verändert worden ist. Er berichtet: Johannes begegnete an einem Karfreitag auf dem Wege zum Kloster San Minato einem jungen Mann, den er als den Mörder seines Bruders erkannte. Johannes wollte trotz allen Zorns seine eigenen Hände nicht mit Blut beflecken, andererseits aber den Bösewicht nicht ungestraft entkommen lassen. Deshalb überwältigte er ihn, um ihn vor den Richter zu bringen. Der Mörder aber bat um Gnade und sagte: »Laßt uns gemeinsam das Kreuz in San Miniato befragen!« So geschah es. Johannes kniete zusammen mit dem Mörder vor dem Kreuz nieder und erflehte vom Gekreuzigten ein Zeichen. Da löste sich das gemalte Bildnis von dem Holz und neigte sich zu ihm hin. Viele Andächtige, die ebenfalls in der Kirche waren, sahen es. Erschüttert umarmte Johannes den Mörder seines Bruders, und beide gingen zur Klosterpforte. Als sie vor dem Abt standen, baten sie ihn um Aufnahme in den Konvent.

Weil Johannes unter einem neuen Abt das Klosterleben nicht streng genug erschien, begab er sich um 1030 in die Einöde des Schattentals. Es liegt östlich von Florenz und wurde später Vallombrosa genannt. Hier gründete er mit zwei Eremiten, die sich zu ihm gesellt hatten, den Orden der »Grauen Väter«. Sie lebten als Einsiedler streng nach der Regel des hl. Benedikt. Es dauerte nicht lange, da wollten zahlreiche junge Männer ihre Schüler werden. Ehe Gualbertus sie aber aufnahm, forderte er harte Proben der Selbstverleugnung von ihnen. Neue Gründungen waren trotzdem bald erforderlich. Durch den Anschluß weiterer Klöster wurde daraus allmählich der Vallombrosanerorden →.

Geboren: um 995 in Florenz (Italien)
Gestorben: 1073 in Passignano (Italien)
Berufung/Beiname: Abt, Ordensgründer, Klostergründer
Wirkungsstätte: Italien
Bedeutung des Namens: der, an dem Gott gnädig gehandelt hat (hebräisch)
Namensformen: Hans, Hannes, Hennes, Jens, Iwan, Ivan

Der hl. Johannes stiftete in seinen letzten Lebensjahren über zwölf Klöster. Im Jahr 1073 starb er mit 77 Jahren an einem Fieber. Begraben wurde Johannes in Passignano bei Siena.

6. Juli

Goar

Dieser einfältig gläubige Priester war ein Zeitgenosse des Frankenkönigs Childebert I. und stammte aus Aquitanien. Auf seiner Wanderschaft, die ihn an den Rhein geführt hatte, gründete er die nach ihm benannte Zelle St. Goar unterhalb des heutigen Oberwesel, wo er bis zu seinem Tod am 6. Juli 575 als Missionar wirkte. Seine Lebensgeschichte ist rein legendär.

Man könnte den hl. Goar als einen Christophorus des Rheins bezeichnen. Hilfreich wies er den Schiffersleuten dort den Weg. Manch ein Schiffbrüchiger fand Zuflucht und Nachtlager in seiner Klause. Der fromme Mann bekämpfte, wo es nur möglich war, Aberglauben und Abgötterei in dem vielfach noch heidnischen Land, predigte das Evangelium und heilte Kranke. Und allen Menschen verkündete er, daß der Vater im Himmel ein Gott der Liebe ist. Er pflegte die Gastfreundschaft. Deshalb wurde seine Einsiedelei von Pilgern und Reisenden gern besucht. Nach der Messe lud er sie an seinen Tisch. Er aß mit ihnen und belehrte sie bei heiterem Gespräch besser als andere von der Kanzel herab. Eine Armreliquie Goars wird in der St. Castorkirche in Koblenz aufbewahrt.

Legende Seine Gastlichkeit wurde einst zum Anlaß, daß ihn zwei Geistliche beim Bischof in Trier der Völlerei bezichtigten. Der Bischof entsandte die beiden zu dem Einsiedler, die Sache zu untersuchen und ihn mit nach Trier zu bringen, um sich bei seinem Bischof zu verantworten. Als sie nun zu dem Heiligen kamen, setzte er auch ihnen wie allen seinen Besuchern arglos ein reichliches Mahl und kühlen Wein vor. Heuchlerisch lehnten die beiden jedoch die guten Gaben ab, statt dessen geboten sie ihm streng, ihnen zum Bischof zu folgen. Die größeren Reisen dauerten zu jener Zeit sehr lang, und man war den Witterungsunbilden viel stärker als heute ausgesetzt. So kam es, daß seine Begleiter bald unter Hitze, Hunger und Durst litten und nichts mehr zum Essen und zum Trinken hatten. Goar hatte allerdings reichlich Proviant eingepackt. Und als er nun sah, daß sie so erschöpft waren, da bot er ihnen Stärkung an, und diesmal widersetzten sie sich nicht. Man erzählt sich, er habe sie außerdem mit der Milch von drei Hirschkühen erfrischt, die aus dem Walde traten, als sie gerade des Wegs kamen und auf sein Wort hin stehenblieben, so daß er sie melken konnte.

Nachdem seine Verleumder wieder zu Kräften gekommen waren, setzten sie ihre Reise gemeinsam fort. Als sie dann in Trier angekommen waren, begab sich der Heilige sogleich in eine Kirche, um zu beten. Unterdessen eilten die beiden Geistlichen zum Bischof, und dieser staunte sehr, als er diejenigen, die er als Ankläger Goars hatte abreisen sehen, nun als Bewunderer des Einsiedlers ihn preisen hörte. Er befahl aber trotzdem, Goar möge in den Beratungssaal kommen, wo die ganze Geistlichkeit versammelt war. Der Heilige war inzwischen im bischöflichen Palast eingetroffen. Als er sich umsah, wo er seinen Mantel aufhängen könnte, fiel ein heller Sonnenstrahl durch einen Spalt im geschlossenen Fensterladen. Verwundert sahen die Umstehenden, wie der hl. Goar, der den Strahl wohl für eine vergoldete Stange hielt, seinen Mantel daran festmachte und der Mantel vor aller Augen tatsächlich hängenblieb. Von diesem wunderbaren Ereignis beeindruckt, entließ der Bischof Sankt Goar mit seinem besonderen Segen.

Geboren: um 495 in Frankreich
Gestorben: 508 in St. Goar (Rheinland-Pfalz)
Berufung/Beiname: Eremit, Missionar
Wirkungsstätte: Rheinland-Pfalz
Bedeutung des Namens: der auf Gott Vertrauende (althochdeutsch)
Namensformen: Gos, Gass
Patronat: Gastwirte, Schiffsleute, Töpfer, Winzer; für einen guten Ruf

Dargestellt wird Goar als Einsiedler, einen Topf in der Hand und drei Hirschkühe neben sich, weil er mit deren Milch Verdurstende getränkt haben soll. Er trägt einen kleinen Teufel auf seinen Schultern, weil er – zu Unrecht – der Zauberei bezichtigt wurde.

7. Juli

Willibald

Geboren: 700 in England
Gestorben: 787 in Eichstätt (Bayern)
Berufung/Beiname: Benediktinermönch, Missionar, Bischof
Wirkungsstätten: England, Italien, Palästina, Bayern
Bedeutung des Namens: der Willensstarke (althochdeutsch)
Namensformen: Wilbert, Willi, Waldl, Balduin, Balder
Patronat: Eichstätt; Gittermacher

Die Bevölkerung im Gebiet um Eichstätt war im 8. Jahrhundert noch vorwiegend heidnisch. Der Wotanskult erwies sich als Haupthindernis gegen die Einführung des christlichen Glaubens. Aber Willibald ließ sich nicht entmutigen.

Das ungewöhnlich bewegte und mit Abenteuern aller Art reichlich ausgefüllte Leben dieses Heiligen ist uns in einer Urkunde überliefert, welche die Nonne Hugebuc aus dem fränkischen Kloster Heidenheim nach dem Diktat des hl. Willibald aufgezeichnet hat. Willibald stammte aus einer frommen Adelsfamilie im Königreich Wessex. Die berühmten Heiligen Wunibald und Walburga waren seine Geschwister. Er war wie sie ein Verwandter des großen Angelsachsen Winfried Bonifatius, mit dessen missionarischer Tätigkeit seine Arbeit und sein Ruhm als erster Bischof von Eichstätt eng verknüpft sind.

Willibald wurde am 22. Oktober 700 geboren. Im Benediktinerkloster Waltham (heute Bishop´s bei Winchester) genoß er eine hervorragende Erziehung. Als junger Mann veranlaßte er seinen Vater, zusammen mit ihm und seinem Bruder Wunibald eine Pilgerfahrt zu den Apostelgräbern in Rom zu unternehmen. Im Jahr 721 traten sie gemeinsam mit einigen anderen angelsächsischen Edelleuten die beschwerliche Reise an. Am 11. November erreichten sie Rom. Willibald zog 723 mit einigen Gleichgesinnten weiter in Richtung Osten, während Wunibald in Rom zurückblieb. Nach großen Entbehrungen und körperlichen Strapazen betrat Willibald schließlich mit seinen Begleitern den ersehnten Boden des Heiligen Landes. Endlich war er am Ziel seiner mühevollen Pilgerfahrt, endlich war er an dem geweihten Ort des Grabes Christi in Jerusalem!

Nachdem sie dort andächtig gebetet hatten, durchzogen Willibald und seine Begleiter das Land Palästina →. Sie suchten alle Orte auf, an denen Jesus gepredigt und gewirkt hatte. Sein Rückweg nach Europa führte ihn nach Konstantinopel →, wo er sich zwei Jahre lang aufhielt. 729 kehrte er nach Italien zurück und begab sich in das Benediktinerkloster Monte Cassino →. Damals waren dort nur noch wenige Mönche. Willibald trat in den Orden ein, lebte von da an zehn Jahre lang in dieser Klostergemeinschaft, und mit seiner Mitwirkung wurde Monte Cassino, dieses Erzkloster des hl. Benedikt, innerhalb weniger Jahre wieder zu einem geistigen Zentrum klösterlichen Lebens.

Inzwischen hatte der hl. Bonifatius zusammen mit Willibalds Bruder Wunibald mit der Missionsarbeit begonnen und das Evangelium in deutschen Landen verkündet. Bonifatius, der seine englischen Landsleute als Glaubensboten bevorzugt hatte, bat nun auch Willibald, sich an dieser Aufgabe zu beteiligen. Willibald verließ 740 das Kloster Monte Cassino und reiste zu Papst Gregor III. nach Rom, um sich von ihm den Missionsauftrag erteilen zu lassen. Er wurde zum Priester geweiht, und Bonifatius beauftragte ihn, die Menschen in dem Gebiet um Eichstätt zu bekehren. Die dortige Bevölkerung war noch vorwiegend heidnisch. Willibald rief Benediktinermönche zu Hilfe. Gemeinsam rodeten sie Waldstücke, machten den Boden urbar, bebauten das Land und teilten das Gebiet in Gemeinden ein. 745 weihte Bonifatius Willibald zum Bischof und setzte ihn als Oberhirten im Bistum Eichstätt ein. Mit großzügiger Hilfe von Herzog Odilo von Bayern und Suitger, dem Grafen von Hirschberg, konnte er in Eichstätt ein Kloster und die Domkirche errichten. Gut geschulte Priester mußten unter seiner Leitung die Jugend im christlichen Glauben unterweisen. 750/52 gründete Willibald das große Doppelkloster Heidenheim und setzte 761 seinen Bruder Wunibald als Abt und seine tatkräftige Schwester Walburga als Äbtissin ein. Bei ihr holte er sich immer wieder neue Kraft für die vielen Aufgaben, die auf ihn als Lenker und Leiter seiner Diözese warteten. Dabei pflegte er den Nonnen wiederholt aus seinem Leben zu erzählen, vornehmlich von seinen großen Pilgerreisen. Und hier wurde auch, wie eingangs erwähnt, sein Lebensbericht niedergeschrieben. Willibald überlebte seine Geschwister um viele Jahre. Er wurde siebenundachtzig Jahre alt und beschloß seine irdische Pilgerfahrt am 7. Juli 787 in Eichstätt, wo er auch begraben liegt. In der Kirche, die einer seiner Nachfolger 1270 zu seiner Ehre erbaute, ruhen seine Reliquien.

Dargestellt wird der hl. Willibald als Bischof, einen Schild auf der Brust oder mit Schultertuch, darauf die Worte »Fides, Spes, Caritas« (Glaube, Hoffnung, Liebe). Meist trägt er ein offenes Buch und zwei Pfeile in der Hand.

8. Juli

Kilian

Bis heute ist das Andenken an den hl. Bischof Kilian nicht erloschen. Er wirkte im Frankenland und war einer der ersten Missionare Bayerns. Kilian, der im 7. Jahrhundert lebte, war edler irischer Abstammung und wurde in einem Kloster erzogen. Später wurde er auf seinen Wunsch hin als Missionar ausgebildet und zum Priester geweiht. Die Bewohner dieses fruchtbaren Landes waren hauptsächlich Anhänger des Dianakultes. Ehe sich Kilian schließlich an die große Missionsaufgabe machte, reiste er mit seinen Gefährten nach Rom. Der Heilige Vater weihte ihn zum Bischof und entließ ihn mit dem missionarischen Auftrag und seinem päpstlichen Segen.

Nach Franken zurückgekehrt, erlernte Kilian dort zunächst die deutsche Sprache. Sein liebenswürdiges Wesen, seine hilfsbereite Güte, seine Begeisterung weckenden Predigten machten bald einen so großen Eindruck auf die Bewohner des Landes, daß viele zum Christentum übertraten.

Auch Herzog Gozberg ließ sich öffentlich mit zahlreichen Edelleuten seines Hofes taufen. Der Herzog hatte, nach alter Sitte, die Witwe seines Bruders geheiratet. Eine solche Ehe galt damals nach christlicher Auffassung als Blutschande und war nicht erlaubt. Kilian stellte dies dem Herzog so eindringlich vor Augen, bis dieser sich schließlich schweren Herzens entschloß, sich von seiner Frau Geilana zu trennen. Als die Herzogin das hörte, plante sie sofort, die verhaßten Mönche töten zu lassen. Während sich ihr Mann auf einem Feldzug befand, nahm sie zwei Männer auf, die den hl. Kilian und seine zwei Begleiter in ihrem Betsaal mit dem Schwert töteten. Um alle Spuren dieser Tat zu verwischen, befahl Geilana, die Leichen in der Erde unter dem Betsaal zu verscharren und den Betsaal in einen Pferdestall umzuwandeln. Als der Herzog aus dem Krieg zurückgekommen war und die Missionare nicht mehr antraf, versicherte Geilana, die Fremden hätten auf eigenen Wunsch hin das Land verlassen.

Erst Jahrzehnte später, und zwar im Jahre 752, fand Bischof Burckhard die Gebeine der Märtyrer zusammen mit ihren Büchern, Kelchen und Geräten in der Erde unter dem ehemaligen Betsaal. Die Reliquien wurden in der Domkirche von Würzburg, die Bischof Burckhard hatte erbauen lassen, feierlich beigesetzt.

Geboren: in Mullagh (Irland)
Gestorben: 689 in Würzburg (Bayern)
Berufung/Beiname: Missionar, Bischof, Märtyrer; »Apostel der Franken«
Wirkungsstätten: Irland, Deutschland, Italien
Bedeutung des Namens: der Kirchenmann (keltisch)
Namensformen: Anian, Killi
Patronat: Würzburg; gegen Gicht, Rheumatismus

8. Juli

Legende Eine edle Witwe mit Namen Buargunda, die Kilian bekehrt und getauft hatte, hielt sich seitdem in einer kleinen Kammer nahe dem Betsaal der Mönche auf. Es war an jenem Morgen, als der heilige Bischof mit seinen Gehilfen ermordet werden sollte. Zuerst hörte Buargunda die hl. Männer im Betsaal singen. Dann plötzlich war es totenstill. Sogleich nahm sie an, daß etwas Schreckliches geschehen sein mußte und ging hinüber in den Betsaal der Mönche. Dort fand sie aber nur noch einige frische Blutstropfen an den Wänden. Buargunda wurde nun klar, daß man die Mönche ermordet hatte. Sie trocknete das Blut mit einem weißen Tüchlein auf und ging tief betrübt in ihre Kammer zurück, getraute sich aber nicht, den anderen etwas von der schrecklichen Tat zu sagen, aus Furcht vor der Herzogin Geilana, deren Rachsucht und Haß auf die Mönche sie kannte.
Doch die Mörder der frommen Mönche fanden keine Ruhe. Der eine lief, von Gewissensbissen gepeinigt, durch die Straßen der Stadt und rief jammernd: »O Kilian, o Kilian, wie sehr verfolgst du mich! Immer sehe ich das Schwert vor meinen Augen, das von deinem Blute trieft!« Er zerbiß sich die Zunge und starb eines grauenvollen Todes.
Der andere stürzte sich voller Verzweiflung in sein eigenes Schwert, mit dem er den Heiligen getötet hatte.
Die Herzogin Geilana aber wurde wahnsinnig und schrie laut: »Ach Kilian, wie schrecklich verfolgst du mich! Ach Koloman, du zündest mir das Feuer an! Ach Totnam, du trägst das Holz dazu! Laßt ab, laßt ab, ich anerkenne euch als Sieger!« Schließlich starb die Herzogin Geilana in ihrer Raserei.
Unter den Christen sprach sich schnell das Gerücht herum, daß die Gebeine der Heiligen unter dem Pferdestall im Schloß lägen, bis der Bischof Burckhard nachgraben ließ, und sie dort tatsächlich entdeckte.

Kilian wird als Bischof mit Stab und Buch oder mit Stab und Schwert dargestellt. Häufig erscheint er auch mit seinen Missionsgefährten, dem hl. Kolonat und dem hl. Totnan.

9. Juli
Leopold Mandic

Dieser Heilige war kein Märtyrer, er war auch kein Ordensgründer, er war nur ein einfacher Kapuzinerpater, und dennoch wurde Pater Leopold Mandic bereits vierunddreißig Jahre nach seinem Tode selig- und nach weiteren sieben Jahren, am 16. Oktober 1983, vom Papst heiliggesprochen.
Wie alle Augenzeugen berichteten, war er eine besonders charismatische Persönlichkeit, auf dessen Fürbitten hin bereits zu seinen Lebzeiten und erst recht nach seinem Tod viele wunderbare Gebeteserhörungen erfolgt sind.
Am 12. Mai 1866 wurde er als zwölftes Kind einer kroatischen Familie in Cattaro in Dalmatien geboren und auf den Namen Bogdan getauft. Nach der Schule ging er 1882 zur weiteren Ausbildung nach Udine in das dortige Kapuzinerseminar, denn er wollte Geistlicher werden.
1884 entschloß Leopold Mandic sich, dem Orden beizutreten. Er wurde Novize in Bassano del Grappa, legte nach zwei Jahren die ewigen Gelübde ab und erhielt den Ordensnamen Leopold.
Nachdem er 1890 zum Priester geweiht worden war, schickte ihn der Ordensobere nach Venedig, wo er im dortigen Kapuzinerkloster als Beichtvater eine neue Aufgabe fand. Von 1897 bis 1900 leitete er das Kloster Zadar in Dalmatien. Im Jahr 1909 zog Pater Leopold nach Padua, wo er bis zu seinem Tod blieb.

Geboren: 1866 in Cattaro (Dalmatien)
Gestorben: 1942 in Padua (Italien)
Berufung/Beiname: Kapuzinermönch, Mystiker
Wirkungsstätten: Dalmatien, Italien, Frankreich
Bedeutung des Namens: der Kühne im Volk (althochdeutsch)
Namensformen: Luis, Leo, Luitpold, Poldi

Deckenfresko von 1882 in St. Kilian in Bad Heilbrunn, Kreis Bad Tölz-Wolfratshausen. Dargestellt ist das Martyrium des hl. Kilian.

Man erkennt Leopold Mandic an der Ordenstracht der Kapuzinermönche. Dargestellt wird er meist, wie er die Beichte hört.

Er war von sehr kleiner Gestalt und hatte einen leichten Sprachfehler. Dies hat ihn vielleicht auch dazu bewogen, nicht in der Öffentlichkeit zu wirken oder auf der Kanzel zu predigen, sondern eher, wie auch schon in Venedig, in der stillen Atmosphäre des Beichtstuhls seinem seelsorgerischen Auftrag nachzukommen. In einer kleinen Zelle, eingezwängt zwischen Kirche und Konvent, entfaltete sich nun die begnadende Kraft dieses ungewöhnlichen Kapuzinerpaters. Tagein, tagaus saß er hier, um Tausenden von Menschen im Lauf seines Lebens die Beichte abzunehmen und sie von ihren Sünden loszusprechen. Die Gläubigen kamen nicht nur aus Padua, sondern oft auch von weit her, um sich diesem verständnisvollen Geistlichen anzuvertrauen. Selbst der spätere Papst Johannes Paul I. kam zu ihm. Die Gläubigen vertrauten ihm, weil sie bei ihm einfühlsames und ehrliches Verständnis für ihre Verfehlungen fanden. Seine Ratschläge und Ermahnungen waren weise und trafen den Kern der Probleme, mit denen die Ratsuchenden sich an ihn wandten.

Pater Leopold hatte in der Regel für alle Fragen eine Antwort, denn er vermittelte seinen Beichtkindern persönlich und sachlich stets das Gefühl, von ihm angenommen und verstanden worden zu sein.

Neben seiner charismatischen Ausstrahlung auf die Gläubigen zeichnete Pater Leopold seine besondere Liebe zur Gottesmutter Maria aus. Leopold glaubte fest daran, daß Maria als leiderfahrene Mutter Christi die größte Fürsprecherin der Menschen bei Gott ist. »Ich erwarte alles von der mächtigen Fürbitterin, Unserer Lieben Frau, von ihrem Mutterherzen«, wie er selbst einmal sagte. Deshalb wandte er sich in seinem Gebet stets an Maria. Es war für ihn eine ganz besondere Freude, als er als Seelsorger 1934 eine Pilgergruppe nach Lourdes begleiten durfte. Nach dreiunddreißig Jahren als Beichtvater in Padua starb der fromme Kapuzinerpater am 30. Juli 1942.

10. Juli

Knut

Geboren: um 1040 in Dänemark
Gestorben: 1086 in Odense (Dänemark)
Berufung/Beiname: Kirchengründer, Märtyrer
Wirkungsstätte: Dänemark
Bedeutung des Namens: der Waghalsige (althochdeutsch)
Namensformen: Knud, Udo
Patronat: Dänemark (Nationalheiliger)

Knut IV. war von 1080 bis 1086 König von Dänemark. Er kam um das Jahr 1040 zur Welt und erhielt eine christliche Erziehung, die sein ganzes Leben entscheidend prägte. Schon als junger Mann setzte er sich tatkräftig gegen alles Unrecht ein und bekämpfte das Unwesen der Seeräuberei. Andererseits war er aber stets bereit, jedem die Hand zur dauerhaften Versöhnung zu reichen, sobald dieser glaubhaft zu erkennen gab, von nun an das geltende Recht zu respektieren und seinen Beitrag zum Wohl des Landes zu leisten.

Wegen seines tapferen Einstehens für Recht und Gerechtigkeit, seines erstaunlichen Gespürs für Strenge und Nachsicht den Mitmenschen gegenüber, wurde Knut zum König gewählt. Als König übte er stets ein strenges, aber gerechtes Regiment und bestrafte selbst die Großen seines Landes, wenn sie Unrecht begangen hatten. Außerdem erkannte er sehr bald, daß es eine seiner wichtigsten Aufgaben war, sein Volk dem christlichen Glauben zuzuführen. Er holte deshalb Missionare ins Land, damit sie die Lehre Christi verkündeten. Er ließ Gotteshäuser erbauen und stattete sie großzügig aus.

Die Nachbarstämme, die mit räuberischen Überfällen immer wieder sein Land heimsuchten, besiegte Knut nach und nach. Doch er verlangte er von ihnen keinen Schadensersatz und keine demütigende Unterwerfung, er forderte die Nachbarstämme lediglich auf, den Glauben an Jesus Christus anzunehmen. Und so geschah es auch. Trotz dieser Siege blieb Knut aber weiterhin der fromme, gottesfürchtige König. Nach jeder gewonnenen Schlacht suchte er unverzüglich eine Kirche auf. Dort legte er seine Königskrone zu Füßen des Gekreuzigten nieder. König Knut war nämlich zutiefst davon überzeugt, daß er diese großen Erfolge eigentlich nur dem gekreuzigten König Jesus Christus verdankte. Später vermachte Knut diese Siegeskrone der Kirche in Roskilde zum Geschenk.

König Knut heiratete Adelheid, die Tochter des christlichen Grafen Robert von Flandern. Die Ehe des Königspaares wurde mit mehreren Kindern gesegnet, eines von ihnen war der nachmalige sel. Karl der Gute von Flandern. Köng Knut war seinen Kinder ein vorbildlicher Vater. Er sorgte aufs beste für sie und verlangte von seiner Frau und seinen Kindern nur das, wozu er selbst bereit gewesen war, nämlich pflichtbewußtes Eintreten für Jesus Christus und die Mitmenschen sowie aktive Teilnahme am kirchlichen Leben.

Die von ihm durchgesetzten Neuerungen im Königreich machten allerdings so manchen Mächtigen im Land unzufrieden. Sie spürten, daß ihre bisherige Unabhängigkeit dadurch empfindlich beschnitten worden war. Unter diesen Unzufriedenen befand sich auch der Bruder des Königs, der die Herrschaft im Reich gerne an sich gerissen hätte.

Als König Knut eine Zeit lang außer Landes war, nutzten diese Unzufriedenen die Gelegenheit und wiegelten das Volk gegen den König auf. Kaum hatte Knut hiervon Kunde erhalten, sammelte er die Getreuen seiner Untertanen um sich und stellte sich zum Kampf.

Da die Aufständischen seine Tapferkeit aber fürchteten, benützten sie eine Arglist. Sie täuschten dem König vor, das Volk wäre wieder einsichtig geworden und stünde auf seiner Seite. König Knut ließ sich davon täuschen und reiste mit nur wenigen Begleitern in die Stadt Odense. Dort überfielen die Schergen des Bruders König Knut in der St.-Albans-Kirche, als er gerade der hl. Messe beiwohnte, und töteten ihn kaltblütig. Dies geschah am 10. Juli 1086.

Im Jahr 1101 wurde Knut heiliggesprochen und vom Papst zum ersten Märtyrer Dänemarks erklärt. Sein Fest wird seit 1670 allgemein gefeiert.

Anstelle einer Legende Als der König sich in Odense von den gedungenen Schergen umzingelt sah und erkannte, daß ein Entkommen nicht mehr möglich war, begab er sich gottergeben, ruhig und gefaßt in die Kirche und hörte voll Andacht die heilige Messe. Dann warf er sich vor dem Altar nieder und empfing, nachdem er seinen Feinden aufrichtig verziehen hatte, andächtig die heiligen Sakramente.

Währenddessen bemühte sich die kleine Zahl seiner getreuen Begleiter darum, der Überzahl der anstürmenden Schergen an den Kirchentüren zu widerstehen. Einige aus der Menge erstiegen die Kirchenfenster von außen und schossen ihre Pfeile auf Knut ab oder versuchten, den betenden König mit ihren Wurfspießen zu treffen. Vor dem Altare knieend wurde der Heilige schon bald von einem Pfeil tödlich getroffen und von einem Wurfspieß durchbohrt. So starb König Knut, der Diener Gottes.

Knut von Dänemark wird mit königlichen Insignien dargestellt; oft mit Lanze und Pfeil. Sein Profil ist auf einer Münze zu erkennen, die im Nationalmuseum in Kopenhagen aufbewahrt wird.

Knut übte ein strenges, aber gerechtes Regiment und kannte dabei keinerlei Ansehen der Person. Einen Statthalter, der auf dem Meer Schiffe ausraubte, um seinem verschwenderischen Lebensstil frönen zu können, ließ er beispielsweise vor Gericht stellen, verurteilen und an einem Baum aufhängen.

10. Juli

Amalia und Amalberga

Geboren: Amalia: in Brabant (Belgien); Amalberga: um 740 in Rodin (Flandern)
Gestorben: Amalia: um 690 in Maubeuge (Belgien); Amalberga: um 772
Berufung/Beiname: Amalia: Nonne (?); Amalberga: Benediktinernonne, Mystikerin
Wirkungsstätten: Amalia: Nordfrankreich, Belgien; Amalberga: Flandern, Münster-Bilsen (nördlich von Lüttich)
Bedeutung des Namens: die Schützerin der Arbeit (althochdeutsch)
Namensformen: Alma, Amely, Emmy, Milly, Berta, Mali, Lia
Patronat: Amalberga: Bauern, Seeleute; gegen Fieber, Hagel

Am 10. Juli wird das Gedächtnis zweier hl. Klosterfrauen gefeiert, die beide am gleichen Tag – wenn auch nicht im gleichen Jahr – gestorben sind.

Die ältere Amalia, Witwe und Nonne, wird von der Legende als Mutter der hll. Geschwister Emebert, Gudula und Reineldis genannt. Sie entstammte dem fränkischen Königshaus und heiratete den lothringischen Herzog Witger, einen frommen, tugendhaften Mann, dem sie mehrere Kinder schenkte. Amalia war eine vorbildliche Mutter. Sie führte ein strenges, entsagungsreiches Leben und vollbrachte viele Werke der Barmherzigkeit. Mit einem Lächeln auf den Lippen starb die Heilige um das Jahr 690. Begraben wurde sie in Lobbes, südlich von Brüssel. Reliquien der hl. Amalia werden in Bingen aufbewahrt.

Die Berichte über die andere Amalia oder auch Amalberga, die heilige Jungfrau und Nonne, sind äußerst legendär. Sicher ist nur, daß sie im 8. Jahrhundert gelebt hat. Sie stammte aus einem fränkischen Adelsgeschlecht und war verwandt mit König Pipin. Geboren wurde sie um das Jahr 740 in Rodin in Flandern. Karl Martell wollte sie, wie die Legende berichtet, um jeden Preis zur Frau nehmen, weil sie ungewöhnlich schön war. Da Amalberga jedoch ewige Keuschheit gelobt hatte, entfloh sie und verbarg sich in einer abgelegenen Gegend. Als sie jedoch von den Bediensteten des Fürsten dort entdeckt wurde, eilte der Fürst sofort zu ihr und riß sie mit einer solchen Leidenschaft an sich, daß er ihr dabei den Arm brach und die Schulter verrenkte.

Auf wunderbare Weise wurde Amalia jedoch sogleich wieder geheilt. Hieraus erklären sich auch ihre Patronate. Danach trat die junge Frau sofort in das Benediktinerinnenkloster Münster-Bilsen ein, wo sie sich vor dem leidenschaftlichen Werben des Fürsten sicher fühlte. Viele Jahre führte Amalia in dem Kloster ein Leben äußerster Strenge und Enthaltsamkeit. Die Heilige starb um das Jahr 772 und wurde in Münster-Bilsen bei Lüttich begraben. Ihre Gebeine wurden im Jahr 870 nach Gent auf den Blandinenberg überführt. Im 16. Jahrhundert sind ihre Reliquien von Kalvinisten vernichtet worden.

Amalberga wird dargestellt als Klosterfrau mit Palme und Buch, mit Fischen und Wildgänsen, einen Brunnen im Hintergrund, mit Sieb, den Fuß auf einen gekrönten Mann setzend, weil Amalberga der Legende nach den Heiratsantrag des Karl Martell ausschlug.

Legende Die hl. Amalia soll einst Wasser mit einem Sieb geschöpft haben, da sie kein passendes Gefäß zur Hand hatte, aber trotzdem um jeden Preis helfen wollte. Und ihr gelang es, dieses Wasser, ohne daß ein Tropfen verloren ging, an einen Ort zu tragen, der berüchtigt war für seine Dürre und Trockenheit. Dort habe sie das Wasser ausgeschüttet, und alsbald sei eine Quelle hervorgesprudelt, die man in einen Brunnen faßte.

Ein andermal hat die Heilige durch ihre Fürbitte von Gott erlangt, daß eine besondere Gegend, die alljährlich durch Scharen von Wildgänsen großen Schaden an den Feldfrüchten hinnehmen mußte, künftig von der Wildgänseplage verschont blieb, weil die Wildgänse nun eine andere Flugrichtung eingeschlagen hatten.

Nach ihrem Tod brachte man Amalias Leichnam auf ein Boot, bei dem die Ruderblätter aber noch nicht eingelegt worden waren. Als das Boot durch die Strömung abgetrieben wurde, sammelten sich sogleich große Fische und schoben es so gekonnt an, daß es genau an dem Ort wieder das Ufer berührte, wo die Heilige begraben werden wollte.

Benedikt von Nursia

11. Juli

»Ora et labora« – bete und arbeite – diese genial einfache und doch allumfassende Ordensregel, die der hl. Benedikt von Nursia aufstellte, begründet zu Recht seinen Ruf als »Vater des abendländischen Mönchtums«.

Kein einziger seiner Zeitgenossen hielt Benedikts Namen in einem Dokument fest. Erst fünfundvierzig Jahre später erwähnte Gregor I. in seinen »Dialogen« etwas über das Leben des großen Heiligen.

Benedikt wurde um 480 geboren. Er stammte aus Nursia, dem heutigen Norcia in Umbrien. Seine Schwester war die berühmte hl. Scholastika. Die Eltern gehörten zum vornehmen Landadel. Bereits in jungen Jahren schickten sie Benedikt nach Rom, wo er die Rechtswissenschaften studieren sollte. Aber schon nach kurzer Zeit brach er die Studien wieder ab, denn das laute Leben in der Weltstadt war ihm zutiefst zuwider. Enttäuscht kehrte er zurück in die Einsamkeit und Stille seiner Heimat. Zunächst hielt er sich in Enfide auf, wo er in einem Kreis von Asketen ein ganz auf Gott ausgerichtetes Leben führte.

Auf der Suche nach einer Stätte, wo er – nach dem Beispiel der morgenländischen Wüsten-Einsiedler – völlig ungestört mit Gott allein sein konnte, fand er im Aniotal östlich von Rom eine fast unzugängliche Höhle und zog sich dorthin für drei Jahre zurück. Leicht fiel ihm diese völlige Abgeschiedenheit aber nicht. Er empfand es zuweilen nahezu unerträglich, auf jeden menschlichen Kontakt verzichten zu müssen. Um diesen Wunsch zu besiegen, warf er sich einmal sogar nackt in ein dichtes Gestrüpp von Dornen und Nesseln. Der körperliche Schmerz half ihm, seine Wünsche nach menschlicher Nähe zu besiegen.

Der Ruf des noch jungen, aber bereits beispielhaften Eremiten war auch zu den Mönchen des nahegelegenen Klosters Vicovaro gedrungen, die ihn deshalb für würdig hielten, Nachfolger ihres verstorbenen Abtes zu werden. Nur sehr zögernd ließ Benedikt sich dazu überreden, dieses Amt zu übernehmen.

Die Insassen des Klosters hatten sich bisher an keine Ordensregeln gehalten, und sie widersetzten sich deshalb schon sehr bald der strengen Ordnung, die Benedikt bei ihnen einführen wollte. Sie bekämpften seine Vorschläge mit allen Mitteln, und als sie ihn eines Tages sogar vergiften wollten, verließ Benedikt das Kloster und kehrte enttäuscht in seine einsame Eremitenhöhle zurück.

Diese schlimmen Erfahrungen machten Benedikt klar, wie dringend notwendig eine Neugestaltung des Mönchtums war. Eine neue, zeitgemäße Form des mönchischen Lebens mußte gefunden werden. Benedikt erarbeitete seine berühmte Regula »ora et labora«, die von nun an zum Gesetzesbuch für das abendländische Mönchtum werden sollte. Vom 9. bis 13. Jahrhundert hatte sie in fast allen Klöstern Geltung. Der hl. Benedikt wurde auf diese Weise zum Organisator des Klosterlebens überhaupt. Seinen Regeln hatten sich alle jungen Männer, die sich ihm anschließen wollten, bedingungslos zu unterwerfen. So entstand in der Einöde von Subiaco eine erste Gemeinschaft auf einer ganz neuen Grundlage. Die ehrwürdige Stätte seines ersten Wirkens ist heute noch unter dem Namen »Sacro Speco« ein besonders beliebter Wallfahrtsort.

Geboren: um 480 in Nursia (Italien)
Gestorben: 547 in Monte Cassino (Italien)
Berufung/Beiname: Eremit, Ordensgründer, Klostergründer; »Vater des abendländischen Mönchtums«
Wirkungsstätte: Italien
Bedeutung des Namens: der Gesegnete (lateinisch)
Namensformen: Benedetto, Bennet, Benoît, Bene, Beneš, Dito
Patronat: Europa, Monte Cassino; Höhlenforscher, Kupferschmiede, Schulkinder, Sterbende; gegen Entzündungen, Fieber, Nierensteine, Vergiftungen

11. Juli

Am 24. Oktober 1964 erklärte Papst Paul VI. anläßlich der Kirchenweihe der wiederaufgebauten Abtei Monte Cassino den hl. Benedikt zum Schutzpatron Europas.

Benedikt von Nursia wird dargestellt in schwarzem Habit, daneben einen Becher mit einer Schlange als Anspielung auf den Giftanschlag der Mönche; mit einem Raben, der ein Brot im Schnabel trägt; mit einer feurigen Kugel und einem Kruzifix in der Hand. Oft erscheint Benedikt auch in Begleitung anderer Heiliger, besonders seiner Schwester Scholastika.

Im Jahre 529 begab sich Benedikt zusammen mit seinen Schülern nach Monte Cassino →. Dort, auf dem steilen Berg zwischen Rom und Neapel, entstand über den Ruinen eines Apollotempels für die junge Mönchsgemeinschaft ein neues Kloster. Mit eigenen Händen und ohne fremde Hilfe errichteten sie ihre neue Heimstatt. Denn nach ihrer Überzeugung hieß wirkliches Mönchsein, von seiner eigenen Hände Arbeit zu leben. »Geht an die Arbeit, und seid nicht traurig!« Benedikt hat wohl kaum voraussehen können, daß dem Orden seiner schwarzen Mönche, den Benediktinern →, für die ganze Kirchen- und Kulturgeschichte des Abendlandes eine so herausragende Bedeutung zukommen sollte.

Benedikt starb nach einem erfüllten Leben in seinem Oratorium am 21. März des Jahres 547. Ein Teil seiner Gebeine ruht heute noch in der wiederaufgebauten Klosterkirche von Monte Cassino. Seine Grabstätte allein widerstand der totalen Zerstörung des Klosters im Zweiten Weltkrieg. Seine anderen Reliquien befinden sich seit 673 in der Abtei Fleury à Saint-Benoît-sur-Loire bei Orléans in Frankreich. Neben Monte Cassino gründete Benedikt noch die Klöster Subiaco und Terracino. Sein Fest wird seit dem 9. Jahrhundert gefeiert.

Legende Einst bekam der hl. Benedikt zwei Flaschen Wein geschenkt. Der Bote übergab dem Heiligen aber nur eine Flasche, die andere behielt er für sich. Benedikt bedankte sich für das Geschenk und sprach zu ihm: »Gib acht, und trinke nicht aus der Weinflasche, die du versteckt hast!« Voll Scham entfernte sich der Bote. Als er aber anschließend neugierig die Flasche öffnete, erschrak er sehr, denn es kam eine Schlange daraus hervor. Der Heilige besaß noch aus seinen Jahren als Einsiedler einige gezähmte Raben, die nun mit den Mönchen im Kloster lebten. Als Florentinus, ein Priester, der dem Heiligen nach dem Leben trachtete, ein vergiftetes Brot sandte, nahm es Benedikt dankend an. Er gab das Brot jedoch einem seiner Raben, der aus seiner Hand zu fressen pflegte, und sprach: »Im Namen Christi, nimm das Brot und trage es an einen Ort, wo es kein Mensch finden kann!« Da sperrte der Rabe seinen Schnabel auf, breitete seine Flügel aus und fing an, um das Brot herumzuhüpfen und zu krächzen, als könnte er dem Gebot nicht Folge leisten. Aber der Heilige befahl es ihm zum zweiten und zum dritten Male und sprach: »Sei ohne Furcht, und trage es, wohin ich dir gesagt habe!« Da nahm der Rabe das Brot in seinen Schnabel und trug es fort, ohne dadurch Schaden zu erleiden.

Eines Tages wollten die Mönche beim Bau des neuen Klosters einen großen Stein an der geplanten Stelle einpassen. Zu ihrer Verwunderung war der jedoch so schwer, daß es ihnen nicht gelang. Da eilte ihnen eine große Schar Männer zu Hilfe, aber auch gemeinsam mit ihnen vermochten sie es nicht. Zufällig kam der Heilige des Weges, machte ein Kreuzzeichen über dem Stein – und siehe, sie konnten ihn nunmehr ganz leicht bewegen. Allen war sofort klar, der Teufel hatte auf dem Stein gesessen, deshalb ließ er sich vorher nicht von der Stelle rücken.

An dem Tag, als Sankt Benedikt von dieser Welt schied, hatten zwei seiner Mönche unabhängig von einander die gleiche Vision. Beide sahen eine mit köstlichen Teppichen bedeckte und mit unzähligen Lichtern geschmückte Straße, die von der Zelle des Heiligen empor zum Himmel führte. Auf der Straße sahen sie einen Greis mit klarem Angesicht, der sprach zu ihnen: »Wißt ihr, was die Straße ist, die ihr schaut?« Sie antworteten, sie wüßten es nicht. Da sprach der Greis: »Dies ist die Straße, auf der der auserwählte Freund Sankt Benedikt in den Himmel fahren soll.«

12. Juli

Sigisbert und Placidus

In der Schweiz gehören der hl. Sigisbert und der hl. Placidus zu den am meisten verehrten Heiligen. Ihr Kult ist seit dem 10. Jahrhundert nachweisbar und wurde im Jahre 1905 von der Kirche in feierlicher Form neu bestätigt. Die beiden Heiligen Sigisbert und Placidus sind die Patrone des Bündner Oberlandes.

Der hl. Sigisbert lebte im 8. Jahrhundert. Er gilt als Stifter des Klosters von Disentis. Von dort aus verbreiteten er und seine Schüler die Lehre Christi in die Täler und Hochlagen von Graubünden. Nach der Überlieferung war Sigisbert ein Schüler des hl. Columban, in dessen Begleitung er über Gallien und Luxeuil nach Bregenz am Bodensee gekommen war. Von dort aus schickte ihn Columban als Missionar nach Uri, und Sigisbert gründete unweit Andermatt eine christliche Niederlassung. Nach einiger Zeit wagte er sich durch das obere Rheintal hinauf in die von Wäldern und Felsen umschlossene Wildnis von Disentis, wo er ein Kirchlein zu Ehren der Muttergottes erbaute und daneben eine kleine Zelle für sich selbst. So weit ins rauhe Gebirgsland war bisher keiner der christlichen Glaubensboten vorgedrungen. Einer der ersten, der sich von ihm bekehren ließ, war Placidus aus rätischem Geschlecht. Dieser hatte durch seine reichen Schenkungen an der Erweiterung und der nachfolgenden Blütezeit des Klosters Disentis regen Anteil. Auf Befehl des Präses Viktor von Chur wurde Placidus am 11. Juli 720 ermordet. Er wird als Märtyrer verehrt.

Der hl. Sigisbert wirkte mit großem Eifer und erfolgreich als Abt des Klosters Disentis bis zu seinem Tod im Jahre 736. Er wurde neben seinem Gönner und Gefährten, dem hl. Placidus, in der Kirche des Klosters beigesetzt.

Legende Nach dem legendären Bericht über den Tod des Heiligen schenkte Placidus nach seiner Bekehrung dem Kloster Disentis ein beachtliches Vermögen. Der fränkische Statthalter Graf Viktor von Chur, der immer wieder durch seine Ungerechtigkeiten und sein wüstes Leben Grund zu Ärgernis gegeben hatte, versuchte dies zu verhindern, um sich selbst in den Besitz der Schenkung zu bringen. Als sich nun Placidus auf Anordnung des Abtes Sigisbert zu dem Grafen nach Chur begab, um diesen wegen seiner ständigen Verfehlungen zur Rede zu stellen und ihn ernstlich zu ermahnen, befahl der Graf zweien seiner Dienstleute, angestachelt von seiner Konkubine, den hl. Mann auf dem Heimweg zu töten. Sie überfielen Placidus und ließen ihn, der ohne Bewußtsein war, auf dem Weg liegen. Als Placidus aus der Ohnmacht wieder erwacht war, setzte er unter großen Schmerzen seinen Weg zurück ins Kloster fort. Um sein blutendes Haupt hatte er ein Leintuch gewickelt, das er sich von einer Wäscherin erbeten hatte. Er kam noch bis in seine Zelle im Kloster Disentis, dann brach er zusammen und starb. Der Leichnam des Placidus wurde durch den hl. Sigisbert ehrenvoll in einem Steinsarg beigesetzt. Den Tyrannen in Chur aber ereilte bald darauf die wohlverdiente Strafe. Er brach mit seinen Pferden auf der Rheinbrücke durch und ertrank in den Fluten.
Ein im Jahr 1786 aufgefundener Steinsarkophag, auf welchem die Marterszene des hl. Placidus in schönen Reliefs bildlich dargestellt ist, kann als Beweis für die geschichtliche Grundlage dieser Legende gelten.

Geboren: unbekannt
Gestorben: 736 in Disentis (Schweiz)
Berufung/Beiname: Klostergründer, Benediktinerabt
Wirkungsstätten: Frankreich, Schweiz
Bedeutung des Namens: der Siegglänzende (althochdeutsch)
Namensformen: Sigisbert: Siegbert, Seib, Sitt, Bert, Berti, Siggi; Placidus: Placido, Plaze, Placid
Patronat: Chur, Bündner Oberland

Der hl. Sigisbert wird als Benediktinermönch mit Wanderstab, Pilgertasche und Buch dargestellt, während der hl. Placidus, »der Sanfte«, als Adeliger mit Kirchenmodell, Schwert und Palme erscheint, seinen Kopf in den Händen tragend, als Anspielung auf seinen Märtyrertod.

13. Juli

Kaiser Heinrich II.

Neben dem sel. »Bruder Heinrich«, dessen Gedächtnis am 12. April gefeiert wird, und dem sel. Heinrich Suso wird von der Kirche vor allem der deutsche Kaiser Heinrich II. der Heilige verehrt, der seine letzte Ruhestätte neben seiner Gemahlin, der hl. Kunigunde, im Bamberger Dom gefunden hat. Heinrich II. wurde im Jahr 1146 von Papst Eugen III. heiliggesprochen.

Heinrich II. wurde am 6. Mai des Jahres 973 in Abbach bei Kelheim geboren. Er war der Sohn Heinrichs des Zänkers, des Herzogs von Bayern, und seiner Gemahlin Gisela, einer Tochter König Konrads I. von Burgund. Heinrich besuchte die Domschule in Hildesheim, anschließend sorgten der hl. Bischof Wolfgang in Regensburg und der Abt Ramwold von St. Emmeram für seine weitere Erziehung. Diese beiden Lehrer waren Benediktinermönche.

Im Jahr 995 übernahm Heinrich als Herzog von Bayern das Erbe seines Vaters. Im Jahr 1002 trat er dann die Herrschaft im deutschen und 1004 im italienischen Königreich an. Die Krönung mit der eisernen Krone der Langobarden war ein Höhepunkt seines Lebens. König Heinrich heiratete Kunigunde, die Tochter des Grafen Siegfried von Luxemburg. Die Ehe blieb jedoch kinderlos.

Als Heinrich die Regierung übernahm, war das Land in katastophalem Zustand, in das es am Ende der Regierungszeit seines Vetters, Kaiser Ottos III., geraten war. Der junge König sorgte zuerst einmal für Frieden im Land und für die Wiederherstellung der Königsgewalt.

Im Jahr 1007 stiftete er das Bistum Bamberg zur Missionierung der Slaven. Außerdem war Heinrich der Gründer vieler Kirchen und Klöster.

Papst Benedikt VIII. salbte und krönte ihn in Anwesenheit seiner Gemahlin am 14. Februar des Jahres 1014 in der Peterskirche zu Rom feierlich zum Kaiser. Kaiser Heinrich II. starb am 13. Juli 1024 in Grona bei Göttingen.

Wieso, so fragt man sich vielleicht, wurde eine Persönlichkeit, deren Leben, von außen her gesehen, in großem Umfang der Politik gehörte, unter die Heiligen aufgenommen? Heinrichs Wesen war von tiefer, echter Frömmigkeit geprägt. Er war der heilige Kaiser schlechthin. Heinrich regierte in dem Bewußtsein, Herrscher von Gottes Gnaden zu sein. Es war ihm zeit seines Lebens klar, daß er die Last seines Amtes nur tragen konnte, wenn Christus, die Heiligen und die himmlischen Mächte ihn bei seinen Vorhaben unterstützten.

Kaiser Heinrich II. war insgesamt ein äußerst realistischer Politiker. Er beschränkte sich stets auf das Erreichbare und regierte im Sinne des Auftrags, den er bei seiner liturgischen Königskrönung erhalten hatte: »Das Zerstörte wieder herzustellen, das Wiederhergestellte zu erhalten. Die Willkür des übermächtigen Adels durch Gesetz und Recht zu regeln und zu steuern, der Unterdrückung des niederen Volkes zu wehren, das Königtum als schützende Macht über alle und alles zu erhöhen. Das ist der große politische Gedanke, der sich von seinem ersten bis zum letzten Regierungsjahre verfolgen läßt.« (Giesebrecht).

Mit seiner Gemahlin verband Heinrich eine innige Gemeinschaft. Er mag unter seiner Kinderlosigkeit schwer gelitten haben, nahm sie aber hin als ein von

Geboren: 973 in Bad Abbach (Bayern)
Gestorben: 1024 in Grona (Nordrhein-Westfalen)
Berufung/Beiname: Kirchen- und Klosterstifter, Reformer
Wirkungsstätte: Deutschland
Bedeutung des Namens: der Herr seines Hauses (althochdeutsch)
Namensformen: Hein, Heini, Heino, Heinz, Hinz, Henner, Heiko, Hajo, Harry, Henry, Enrico
Patronat: Bamberg, Basel

Kaiser Heinrich II. war fest davon überzeugt, daß das Wohl oder Wehe des Volkes entscheidend vom Klerus abhänge. Deshalb drängte er auf die sittliche und geistliche Erneuerung des Mönchtums.

Gott gefügtes Geschick. Nichts vermochte das Kaiserpaar zu entzweien. Helfend und beratend stand Kunigunde allezeit an der Seite ihres geliebten Gemahls.

Kaiser Heinrich hat nicht nur das Reich wiederhergestellt, sondern auch die Kirche. Er ist zu einem der bedeutendsten Reformatoren der Kirchengeschichte geworden. Er vergab die kirchlichen Ämter an fähigere Geistliche und erwählte die besten zu Oberhirten der Bistümer. Viele bedeutende Persönlichkeiten wirkten unter Heinrich an der Erneuerung der Kirche.

Nicht nur in den Bistümern führte er seine Reformen durch, sondern auch in den Klöstern. Seine oft einschneidenden Maßnahmen entzogen den Konventen allzu reiche Pfründe. Wo es ihm erforderlich erschien, setzte er kraft seines Amtes neue, fähigere Äbte ein und bekämpfte das oftmals recht bequeme und üppige Leben so mancher Klostergemeinschaft. Das, was er dem einen Kloster wegnahm, gab er indessen der Kirche in anderer Form wieder zurück.

Seine größte Stiftung war das Bistum Bamberg. In Bamberg ließ er den Dom erbauen, zu dessen Weihe 1020 Papst Benedikt VIII. eigens aus Rom kam. Die Stephanskirche und die Abtei Michelsberg in Bamberg sowie das Basler Münster, all das sind bedeutsame Stiftungen Kaiser Heinrichs.

Er erneuerte im Jahr 1004 das Bistum Merseburg, erhob die Abtei Bobbio in Italien zum Bistum und machte der Kirche noch viele andere namhafte Schenkungen. Ganz besonders förderte der Kaiser Kunst und Wissenschaft. Unter anderem stattete er Bamberg mit einer reichen Bibliothek aus, für die er viele Bücher schreiben und mit königlicher Pracht ausstatten ließ.

Den wohl tiefsten Beweggrund für all sein Tun kann man den Worten des Kaisers entnehmen, die uns Thietmar von Merseburg überliefert hat: »Da mir keine Hoffnung auf leibliche Nachkommen mehr bleibt, habe ich für künftigen Lohn Christus zu meinem Erben erkoren. Ihm brachte ich meine beste Habe zum Opfer dar: mich selbst, meine Besitzungen und was ich noch je erwerben werde...«

Heinrichs beste Ratgeber waren Äbte und Bischöfe. Mit Odilo von Cluny, Gotthard von Hildesheim, Meinwerk von Paderborn und Willigis von Mainz pflegte er freundschaftlichen Kontakt.

Legende Als der Kaiser Heinrich II. gestorben war, kam eine große Schar von Teufeln an der Zelle eines Einsiedlers vorüber. Dieser fragte den letzten von ihnen, wer sie seien und was sie wollten. Er bekam die Antwort: »Wir sind Dämonen, die zum Tod Kaiser Heinrichs eilen. Vielleicht finden wir dort etwas für uns.«
Als sie wieder zurückkehrten, gestand jener Teufel dem Einsiedler, daß sie bei der Suche leer ausgegangen wären. Er sagte: »Als die Sünden des Kaisers auf der einen Waagschale aufgehäuft waren und wir schon frohlocken wollten, kam mit einem Mal der hl. Laurentius hinzu und legte in die andere Waagschale einen schweren goldenen Krug, so daß sie sank und unsere Seite in die Höhe gehoben wurde. Vor lauter Wut brach ich von dem Krug einen Henkel ab und nahm ihn mit mir.«
Was aber der Teufel einen Krug genannt hatte, das war ein Kelch, den der Kaiser der Kirche von Eichstätt zu Ehren des hl. Laurentius gestiftet hatte, weil er diesen besonders verehrte. Nach dem Tode des Kaisers stellte man fest, daß einer von den zwei Henkeln des Kelches tatsächlich abgebrochen war und fehlte.
Diese Geschichte hat Tilmann Riemenschneider auf einem der Reliefs am Grabmal Kaiser Heinrichs im Bamberger Dom dargestellt. Man sieht darauf, wie der hl. Michael die Waage hält, deren linke Schale drei Teufel mit aller Gewalt herunterziehen wollen, doch wiegt der Henkelkelch, den St. Laurentius auf die rechte Schale legt, weit schwerer.

14. Juli

Eugen

Geboren: unbekannt
Gestorben: 505 in Albi (Frankreich)
Berufung/Beiname: Apologet, Missionar, Bischof
Wirkungsstätten: Nordafrika, Spanien, Frankreich
Bedeutung des Namens: der Wohlgeborene (griechisch)
Namensformen: Eugène, Eugenio, Jewgenij

Am 13. Juli wird das Fest des hl. Eugen, des Bischofs von Karthago gefeiert, der sich dadurch auszeichnete, daß er trotz fortgesetzter Verfolgungen unerschütterlich seine Pflicht tat. Der Bischofsstuhl von Karthago war nach dem Tod des letzten Bischofs Deogratias lange unbesetzt geblieben, weil die Arianer → eine neue Wahl verhindert hatten. Unter König Hunnerich wurde nun der hl. Eugen zum Bischof gewählt, weil er sich allgemeiner Beliebtheit, sogar bei den Arianern, erfreute. Er hatte dieses Amt von etwa 480 bis 505 inne.

Der Heilige konnte viele der arianischen Vandalen zum wahren Glauben zurückführen. Als Hunnerich, der Arianer war, daraufhin seinem Volk die Rückkehr zur katholischen Kirche untersagte, setzte sich Eugen dagegen zur Wehr. Zusammen mit fünftausend Katholiken wurde er deshalb in die afrikanische Wüste verbannt. 484 holte man ihn zu einem Streitgespräch mit den Arianern wieder nach Karthago zurück. Doch Eugen wankte nicht in seiner Glaubensüberzeugung, er überreichte König Hunnerich sogar das katholische Glaubensbekenntnis, worauf er neuerdings verbannt wurde – und alle übrigen Bischöfe mit ihm. Erst im Jahr 487 wurde er von dem Vandalenkönig Gunthamund zurückgerufen und konnte endlich seine Missionstätigkeit wieder aufnehmen.

Im Jahre 498 schickte ihn der Nachfolger Gunthamunds, Thrasamund, abermals in die Verbannung. Im Reich der Vandalen wurde erneut nur die Lehre des Arius → geduldet. Eugen begab sich enttäuscht in das Kloster Albi in Gallien. Dort starb er am 13. Juli 505.

14. Juli

Kamillus von Lellis

Geboren: 1550 in Bucchiano (Italien)
Gestorben: 1614 in Rom
Berufung/Beiname: Ordensgründer, Priester, Wohltäter
Wirkungsstätte: Italien
Bedeutung des Namens: der Altardiener (lateinisch)
Namensformen: Camillo, Camille, Milo
Patronat: Kranke, Sterbende; Krankenhäuser

Neben dem hl. Eugen wird heute auch noch das Gedächtnis des hl. Kamillus von Lellis gefeiert. Dieser wurde 1550 in Mittelitalien geboren und war der Sohn eines Offiziers, der im Dienst Kaiser Karls V. stand. Kamillus von Lellis starb am 14. Juli 1614 in Rom und wurde 1746 heiliggesprochen. Er reformierte die gesamte Organisation der Krankenpflege und bereitete den Einsatz der Barmherzigen Schwestern vor. Gemeinsam mit dem hl. Philippus Neri gründete er um 1583 eine religiöse Gemeinschaft von Krankenpflegern, aus der sich 1591 der Orden der Kamillianer →, der »Regularkleriker vom Krankendienst«, entwickelte, auch »Väter vom guten Tod« genannt. Die Kamillianer sind der einzige karitative Priesterorden der Kirche. Die Patres und Brüder arbeiten in den Missionsgebieten Ostasiens, Afrikas und Südamerikas. Neben der Krankenpflege und der Hilfe für Arme, Alte und Gefangene steht bei ihnen vor allem die Krankenseelsorge im Vordergrund, worin der Heilige seiner Zeit weit voraus war.

Das Grab des Kamillus von Lellis befindet sich unter dem Hochaltar der Kirche S. Maddalena in Rom, der einzigen Rokokokirche der Stadt. Eine Statue des hl. Kamillus wurde in der Peterskirche im linken Seitenschiff aufgestellt.

Bonaventura

15. Juli

Nach dem hl. Franziskus ist der hl. Bonaventura einer der am meisten verehrten Heiligen des Franziskanerordens →. Bereits als kleines Kind erlebte Bonaventura seinen ersten Kontakt mit diesem damals noch sehr jungen Orden. Als nämlich seine Mutter Maria Ritelli den 1221 in Bagnoreggio bei Viterbo geborenen, jedoch kränklichen Knaben voller Betrübnis zu Franziskus, dem »Poverello«, trug und ihn bat, er möge Gott bitten, daß ihr Kind wieder zu Kräften käme, da wurde Franziskus von Mitleid gerührt, erhob die Augen zum Himmel und betete. Der Knabe, der zu der Zeit noch den Namen Johannes Fidanza trug, wurde bald darauf von allen Leiden geheilt. Als Franziskus einige Jahre später im Sterben lag, brachte die Frau ihren Sohn nochmals zu ihm, denn er hatte das Kind inzwischen liebgewonnen. Da rief Franziskus aus: »O buono ventura!« Von da an nannte man den Knaben nur noch »Bonaventura«. Seine fromme Mutter hatte ihren Sohn nach seiner wunderbaren Heilung zum Dank Gott geweiht und für

Geboren: 1221 in Bagnoreggio (Italien)
Gestorben: 1274 in Lyon (Frankreich)
Berufung/Beiname: Kardinalbischof, Kirchenlehrer
Wirkungsstätten: Italien, Frankreich
Bedeutung des Namens: der Gutes verheißt (lateinisch)
Namensform: Venturo
Patronat: Franziskaner, Theologen

Der hl. Bonaventura mit der Dornenkrone Christi in einer Darstellung aus dem 14. Jahrhundert.

15. Juli

Den Abschluß des Konzils von Lyon hat Bonaventura nicht mehr erlebt. Er erkrankte und starb, nachdem er von Papst Gregor X. die Letzte Ölung empfangen hatte, am 15. Juli 1274. Im Jahr 1482 wurde Bonaventura heiliggesprochen.

Dargestellt wird Bonaventura im Ordensgewand der Franziskaner, manchmal mit Kardinalshut. Häufig ist er an einem Schreibpult zu sehen, mit Kruzifix und Buch. Bonaventura erscheint auch in Begleitung anderer Heiliger des Franziskanerordens, beispielsweise mit dem hl. Antonius von Padua.

den Orden der Minderbrüder bestimmt. Sie sorgte auch dafür, daß er die entsprechende Erziehung erhielt. Mit zweiundzwanzig Jahren trat Bonaventura schließlich in den Franziskanerorden ein. Er studierte daraufhin in Paris Theologie und wurde anschließend an der dortigen Universität Dozent.

Er war gerade sechsunddreißig Jahre alt, da wählten die Franziskaner den jungen Gelehrten zu ihrem General. Bonaventura leitete die Geschicke des Ordens von 1257 bis 1273 und führte ihn mit großer Weisheit und Umsicht. Er vollendete die Ordensverfassung und baute die Organisation der Gemeinschaft der Franziskaner aus. Da Bonaventura eine große Liebe zur Gottesmutter Maria hegte, stellte er den ganzen Orden unter ihren Schutz. Trotz der Arbeitsfülle, die ihm aus seinem Amt als General zugewachsen war, setzte er seine schriftstellerische Tätigkeit als führender Gelehrter der Theologie fort. Papst Gregor X., zu dessen Wahl Bonaventura viel beigetragen hatte, ernannte ihn zum Kardinalbischof von Albano bei Rom. Er betraute den engagierten Franziskaner mit der Vorbereitung und Leitung des Zweiten Konzils von Lyon. Dort verwirklichte Bonaventura unter anderem die Wiedervereinigung der griechischen mit der katholischen Kirche, die jedoch leider nicht lange hielt. Aus der Feder des Schriftführers dieses Konzils von Lyon stammt die folgende Charakterisierung des hl. Bonaventura. Die letzten Worte in seinem Bericht über diesen bedeutsamen Kirchenmann lauten: »Der Herr hatte ihm eine so bezaubernde Liebenswürdigkeit gegeben, daß jeder, der ihn sah, sofort im Herzen von Liebe ergriffen wurde.«

Der hl. Bonaventura wird neben dem hl. Thomas von Aquin, mit dem er eng befreundet war, als der größte Theologe der Scholastik → bezeichnet. Es wurde ihm der Titel »Doctor seraphicus« verliehen, denn er war wirklich sein ganzes Leben lang der »glühende, von heißer Liebe erfüllte Lehrer«. »Thomas ist der Lehrer der Schule, Bonaventura des praktischen Lebens; Thomas erleuchtet den Verstand, Bonaventura erwärmt das Herz; Thomas ist Analytiker, Bonaventura der treue Schüler des hl. Augustinus«, so formulierte es L. Lemmers. Papst Leo XIII. nannte ihn »Fürst unter allen Mystikern«.

Legende Die große Bescheidenheit und Demut dieses bedeutenden Franziskaners kann der folgenden Geschichte entnommen werden, die man sich über Bonaventura erzählt: Bonaventura wußte noch nicht, daß ihn Papst Gregor X. mit der Kardinalswürde ausgezeichnet hatte. Zwei Gesandte, die ihm den Kardinalshut bringen sollten, fanden Bonaventura in der Klosterküche, wo er gerade mit dem Abspülen des Geschirrs beschäftigt war. Als er von den zwei Männern erfahren hatte, weshalb sie gekommen waren, bat er sie, den Hut so lange an einen Baum zu hängen, bis er mit seiner Arbeit fertig sei. Dann erst nahm er den Kardinalshut und die neue Würde entgegen.

Bonaventura hielt sich immer für den schlimmsten aller Sünder. Deshalb getraute er sich oft nicht, die heilige Kommunion zu empfangen. Er glaubte, er wäre solch einer Gnade nicht würdig. Um seine Bedenken für immer zu zerstreuen, wirkte Gott ein Wunder. Als er sich wiederum mehrere Tage der heiligen Kommunion enthalten hatte und während der Messe in die Betrachtung der Leiden Jesu vertieft war, nahte sich ihm ein Engel und legte ihm einen Teil der geweihten Hostie, die der Priester gerade in der Hand hielt, auf die Zunge. Der Heilige erschrak, war aber vor Freude hierüber außer sich. Und von diesem Tage an empfing er die heilige Kommunion wieder regelmäßig.

16. Juli

Irmgard vom Chiemsee

Diese Selige fand ihre Ruhestätte im alten Münster der Insel Frauenwörth im Chiemsee. Sie leitete als Äbtissin das Benediktinerinnenkloster, das Herzog Tassilo III. von Bayern 770 gegründet hatte und das bis auf den heutigen Tag besteht. Über tausend Jahre schon genießt sie die Verehrung der Gläubigen, die auch heute noch Jahr für Jahr diese Gnadenstätte aufsuchen. Viele Votiv- und Dankestafeln rund um ihr Grab bezeugen die Hilfe in mancherlei Nöten, die der Fürbitte der Seligen zugeschrieben wurde. Irmgard war die Tochter König Ludwigs des Deutschen und der hl. Hemma. Nicht nur sie, auch ihre Schwestern Hildegard, Gisla und Berta gingen ins Kloster.

Irmgard wird in der Familienchronik der Karolinger allerdings nur kurz erwähnt. Ihr Geburtsjahr liegt um das Jahr 833. Als Königstochter wurde sie in allem erzogen, was in damaliger Zeit zur Bildung einer Frau von fürstlichem Rang gehörte. In welchem Jahr Irmgard Nonne wurde und nach Frauenwörth kam, steht nicht fest. Vermutlich war es erst nach 857. Historisch nachweisbar ist aber, daß Irmgard im Kloster Frauenwörth von Anfang an wie eine Heilige lebte, daß die Nonnen des Klosters sie zu ihrer Mutter wählten und daß Irmgard bereits mit zweiunddreißig oder dreiunddreißig Jahren starb.

Diese wenigen Daten aus ihrem Leben sind auf einer alten Holztafel verzeichnet. Unter Anspielung auf das Gleichnis von den zehn Jungfrauen (Mt. 25, 1-13) ist das Leben der sel. Irmgard in einem handschriftlichen Gebetbuch aus dem Jahr 1711, dem sogenannten »Kränzlein«, geschildert, das sich heute in der Klosterbibliothek befindet. Da heißt es: »Das Himmelreich ist gleich zehn Jungfrauen, die ihre Lampen nahmen und dem Bräutigam entgegengingen; und als der Bräutigam kam, gingen sie mit ihm ein zur Hochzeit. Unter diesen seligen Jungfrauen bist auch du eine gewesen, du heilige und königliche Jungfrau Irmengard. Du hast die brennende Lampe des wahren Glaubens und der göttlichen Liebe in deinem Herzen getragen. Aus fernem Lande bist du in dies rauhe Gebirge gekommen. Du wurdest zu unserer getreuen geistlichen Mutter und Äbtissin erwählt. Dies Kloster hast du sehr wohl regiert, mit Ehre und Habe begabt, so daß du mit Recht für unsere fromme und getreue Stifterin gehalten werden kannst.«

Irmgard wird seit 1004 als Selige anerkannt. In dem Frauenwörth benachbarten Kloster Seeon lebte zu jener Zeit der berühmte Abt Gerhard, ein hochgebildeter Mann. Er hatte von den Wundern gehört, die sich auf der Fraueninsel nach dem Tod der sel. Äbtissin Irmengard zugetragen hatten. Er ließ deshalb ihren Leichnam erheben und in einem Marmorsarg beisetzen.

Eine zweite Grabesöffnung und Übertragung fand 1631 unter der Äbtissin Magdalena Haidenbucher statt. Hierbei wurden die Gebeine in einen neuen, kleinen Zinnsarg gelegt und in der Apostelkapelle beigesetzt. Da die Heilige aber um das Jahr 1640 einigen der Nonnen erschienen war und ihnen bedeutet hatte, daß man sie in ein »trockenes« Grab legen sollte, wurden die Gebeine am 28. August 1641 wieder in das alte Grab gebracht. Und tatsächlich hatten sie im Grundwasser gelegen, das man nicht ableiten konnte.

Geboren: um 833
Gestorben: 866 in Frauenchiemsee (Bayern)
Berufung/Beiname: Benediktineräbtissin
Wirkungsstätte: Bayern
Bedeutung des Namens: die Schützende (althochdeutsch)
Namensformen: Irmingard, Armgard, Irma, Irmi
Patronat: München-Freising

Seit 1922 ruhen die Reliquien der Seligen in der Irmengardkapelle im Kloster Frauenwörth unter der Altarmensa. Ihr Haupt ist in einem kostbaren Reliquiar zur Verehrung für die Gläubigen ausgestellt.

Irmgard wird dargestellt als Benediktinernonne mit Abtsstab und manchmal auch mit einem flammenden Herzen. Abbildungen von ihr gibt es fast nur auf der Insel Frauenchiemsee.

17. Juli

Alexius

Geboren: in Rom
Gestorben: in Edessa (Mesopotamien)
Berufung/Beiname: Asket, Bekenner; »Gottesmann«
Wirkungsstätten: Italien, Mesopotamien
Bedeutung des Namens: der Verteidiger (griechisch)
Namensformen: Alex, Alejo, Axel, Alexis, Alec
Patronat: Bettler, Obdachlose, Pilger

Alexius wird dargestellt als Bettler mit Pilgerstab, der unter einer Treppe liegt, weil er der Legende zufolge 17 Jahre lang unerkannt unter der Stiege in seinem Elternhaus lebte.

Die sehr seltsame, aber ausführliche Legende über das Leben des hl. Alexius hat ihren Vorläufer in der antiken Sage von Odysseus, der, nach langen Irrfahrten heimgekehrt, inmitten seiner eigenen Familie unerkannt als Bettler lebte und den nur sein Hund erkannt hatte. Genauso erging es dem Gottesmann aus Rom. Mag die Geschichte, wie einige annehmen, nichts anderes sein als ein »religiöser Roman«, so liegen ihr doch recht tiefsinnige Wahrheiten zugrunde. Daß der Heilige nach langem Umherirren – auf Meeren und in Wüsten – Sieger über die vielen menschlichen Schwächen geblieben ist und deshalb innerlich gewandelt zurückkehrte – solch eine Auseinandersetzung mit sich und der Welt ist stets von zentraler Bedeutung im Leben eines Heiligen. Der Asket Alexius lebte im 5. Jahrhundert. Den Namen Alexius hat er allerdings erst später aufgrund einer Fassung seiner Lebensgeschichte in griechischer Sprache erhalten. Sein Kult kam im 10. Jahrhundert vom Orient nach Rom, wo ihm zu Ehren über seinem Grab die Kirche S. Alessio erbaut wurde. In ihrem Inneren kann man noch heute jene hölzerne Treppe sehen, unter welcher der Heilige im elterlichen Hause siebzehn Jahre lang bis zu seinem Tode unerkannt gelebt hat.

Legende Alexius war der Sohn des reichen Ratsherrn Euphemianus. Er mußte, dem Wunsch seiner Eltern folgend, die vermögende Römerin Sabina heiraten. Noch in der Hochzeitsnacht verließ er sie, um die nächsten siebzehn Jahre in Edessa in der heutigen Türkei als Asket zu leben. Als sein außergewöhnliches Leben bei immer mehr Gläubigen bekannt wurde und diese anlockte, entfloh er und kehrte nach Rom zurück. Auf dem Marktplatz angekommen, sah er seinen Vater, lief hinter ihm her, redete ihn aber wie ein Bettler an: »Edler Herr, laßt mich armen Fremdling in eurem Haus wohnen und essen von den Brosamen, die von eurem Tisch fallen. Gott wird euch eure Barmherzigkeit lohnen.« Kaum hatte Alexius dies gesagt, da gedachte Euphemianus seines verschwundenen Sohnes, und er befahl seinen Dienern, dem Pilger zu essen und zu trinken und eine Kammer zum Schlafen herzurichten.

Alexius wählte sich einen engen Verschlag unter der Treppe und nahm vorlieb mit der einfachsten Kost. Als er seinen Tod nahen fühlte, ließ Alexius sich Pergament und Tinte geben und schrieb darauf, wer er eigentlich war. Nun geschah es, als der Papst, der Kaiser und Euphemianus in der Kirche weilten, daß eine Stimme vom Himmel rief: »Suchet den Menschen Gottes, und ehrt ihn, damit er bitte für die Stadt Rom!« Und weiter: »Suchet ihn im Haus des Euphemianus!« Euphemianus aber sagte, er wisse von keinem Heiligen in seinem Haus. Da lief einer seiner Diener herbei und sprach: »Herr, vielleicht ist der arme Bettler unter der Stiege gemeint, denn er führt ein gar geduldiges und frommes Leben.« Und als sie hingingen, um nachzusehen, da fanden sie den Bettler auf seinem ärmlichen Strohlager tot, und in seiner Hand hielt er das beschriebene Pergament. Aber als Euphemianus es nehmen wollte, ließ der Tote es nicht los. Nun trat der Papst hinzu und griff nach dem Pergament, und siehe, er konnte es ohne Schwierigkeiten nehmen. Als Euphemianus hörte, daß der arme Bettler niemand anderer war als sein Sohn, da fiel er in großem Schmerze ohnmächtig zu Boden.

18. Juli

Rosalia

Als Schutzpatronin von Palermo wird die hl. Rosalia in ganz Sizilien verehrt. Sie lebte im 12. Jahrhundert. Ihr Todesjahr wird mit 1160 angegeben. Ihre Gebeine entdeckte man erst am 15. Juli 1624 in einer Höhle auf dem Monte Pelegrino. Als gleichzeitig mit der Überführung ihrer Gebeine in den Dom von Palermo die in der Stadt wütende Pest endete, verbreitete sich die Verehrung Rosalias. Im Hafen von Palermo begrüßt eine Statue der hl. Rosalia den vom Meere Ankommenden mit ausgebreiteten Armen.

Das nahe Stadttor ist oben nicht geschlossen, damit der turmhohe Wagen der Heiligen an ihrem Fest hindurchfahren kann. Denn alljährlich zieht das Volk von Palermo in feierlicher Prozession an ihrem Erhebungstag, dem 15. Juli, durch die Straßen der Stadt. Besondere Verehrung aber erfährt die Höhle auf dem Monte Pelegrino bei Palermo, in der die hl. Rosalia Jesus zuliebe auf die Annehmlichkeiten des Hofes verzichtete, um sie gegen ein Leben strengster Einsamkeit und Buße einzutauschen.

Das »Lexikon für Theologie und Kirche« schreibt über die hl. Rosalia und ihre angebliche adelige Herkunft: »40 Tage, nachdem man Rosalias Gebeine in einer Höhle auf dem Monte Pelegrino bei Palermo fand, wurde in einer anderen Grotte bei Palermo eine angeblich autobiographische Inschrift gefunden, die Rosalia als die Tochter des sizilianischen Grafen Sinibaldi, der zur Zeit des Königs Roger II. von Sizilien lebte, ausweist.«

Geboren: um 1100 auf Sizilien
Gestorben: um 1160 auf dem Monte Pellegrino (Sizilien)
Berufung/Beiname: Eremitin, Basilianernonne
Wirkungsstätte: Sizilien
Bedeutung des Namens: die Rosige (lateinisch)
Namensformen: Rosa, Rosi, Rose, Rosella
Patronat: Palermo; gegen Pest

Legende Ihre Lebensgeschichte ist legendär. Danach wurde Rosalia um das Jahr 1150 in einem Marmorpalast nahe Palermo geboren. Die spätere Einsiedlerin wuchs inmitten feenhafter Gärten auf, die ihrem Vater Sinibaldi, dem Herrn von Quisquina und Rosa, gehörten. Durch die Verwandtschaft mit dem königlichen Hof verbunden, nahm ihre Mutter die junge Rosalia oftmals mit dorthin, so daß der heranwachsenden jungen Frau die Welt mit all ihrer Pracht und Lust offenstand.

Aber Rosalia erkannte frühzeitig die Vergänglichkeit aller Erdengüter, und die Hohlheit der Vergnügungen des Hofes stießen sie immer mehr ab. In stiller Zurückgezogenheit wollte Rosalia dem göttlichen Heiland dienen, dem sie sich geweiht hatte. Da sie wohl begriff, daß sie ihren Entschluß inmitten des Hoflebens nicht ausführen konnte, zumal man ihr eine glänzende Heirat angetragen hatte, verließ sie unbemerkt ihr Elternhaus und floh in eine dunkle Höhle auf der Anhöhe von Quisquina nahe der Stadt Palermo. Hier in der Verborgenheit dieser armseligen Behausung wollte sie ganz Jesus dienen, wie die Inschrift es bezeugt, die über dem Eingang gefunden wurde: »Ich, Rosalia, eine Tochter Sinibaldis, Herrn von Montreal und Roses, habe aus Liebe zu Jesus Christus, meinem Heilande, in dieser Höhle zu wohnen beschlossen.«

Unermeßlich groß muß der Schmerz der Eltern gewesen sein, als sie Rosalias Flucht entdeckten. Man sandte Boten aus, die Tochter zu suchen, jedoch vergeblich. Rosalia lebte in ihrer Höhle nur für das Gebet; eine kleine Quelle löschte ihren Durst, Waldfrüchte waren ihre Nahrung. Sie blieb dort bis zu ihrem Tode. Der Stein, auf dem sie schlief, wurde zu ihrem Sarg, die Höhle zu ihrem Grab.

Rosalia wird dargestellt als Eremitin mit braunem Gewand und aufgelöstem Haar; auf dem Kopf trägt sie einen Kranz von weißen Rosen, in den Händen hält sie ein Kruzifix oder einen Totenkopf, um den Leib hat sie eine Kette geschlungen.

19. Juli

Hilfe oder Kümmernis

Gedenktag: 20 Juli
Namensform: Wilgefortis
So erkennt man sie: bärtige junge Frau in langem Gewand am Kreuz, Krone auf dem Kopf

Wie bei der hl. Sophia handelt es sich bei der hl. Kümmernis oder Wilgefortis, auch Liberata genannt, um eine sinnbildliche Heiligengestalt, deren Legende sich im ausgehenden Mittelalter gebildet hat. Hier zeigt sich, wie Willy Andreas schreibt, »daß sich leicht auch die sonderbarsten Mißverständnisse in das Walten der Volksphantasie einschleichen konnten«. In Norddeutschland kannte man die hl. Wilgefortis, wie sie im römischen Martyrologium → seit 1506 hieß, unter dem Namen »Sankt Hulpe« – die heilige Hilfe –, in den Niederlanden als »Sankt Ontkommer«, das heißt die vom Kummer befreiende oder aus dem Kummer heraushelfende Jungfrau. Sie hat die Gestalt einer bärtigen, mit langem Gewand bekleideten und gekrönten Jungfrau am Kreuz und wird als Volksheilige namentlich in Tirol, aber auch in Süd- und Mitteldeutschland, in Schlesien und am Niederrhein verehrt.

Wie man heute weiß, geht ihre merkwürdige Darstellung auf umgedeutete und mißverstandene Nachbildungen jener älteren Kruzifixe zurück, auf denen Christus nicht als bartloser, wundenbedeckter Schmerzensmann erscheint, den nur ein Lendentuch bedeckt, sondern als großgewachsener, kostbar gekleideter und gekrönter Himmelskönig mit Bart vom Kreuzesholz triumphierend herunterschaut. Das berühmteste unter ihnen ist das riesige, in ein langes Kleid gehüllte Schnitzbild des »Volto Santo« im Dom von Lucca. So wurde aus dem triumphierenden, noch byzantinisch aufgefaßten Salvator am Kreuz in der unverstandenen Übertragung eine bärtige Jungfrau.

Bei der hl. Kümmernis oder Wilgefortis, auch Liberata, »die Befreite«, genannt, handelt es sich um eine sinnbildliche Heiligengestalt, die auf eine mittelalterliche Legende zurückgeht.

Das Bildnis der neuen Heiligen findet sich unter anderem auf der festlichen Ordenstracht der Ritter vom Goldenen Vlies. Eine in Holz geschnitzte Figur der hl. Kümmernis kann man in der Filialkirche St. Nikolaus auf der Ilkahöhe über dem Starnberger See sehen.

Legende Im Volksmund erzählt man sich von der hl. Wilgefortis oder Kümmernis die folgende legendäre Geschichte: Wilgefortis war eines heidnischen Königs Tochter. Weil sie sehr schön und weise war, hielten viele vornehme heidnische Männer um ihre Hand an. Die Jungfrau aber wies alle ab, denn sie hatte Gott lieb und sich Christus als Bräutigam auserwählt. Darüber aber war ihr Vater sehr erzürnt und ließ seine Tochter Wilgefortis zur Strafe für ihre Verweigerung in ein Gefängnis einsperren.

Wilgefortis rief nun Gott aufs innigste an, er möge ihr doch zu Hilfe kommen. Und sie begehrte von ihm, daß er sie verwandle und ihr eine solche Gestalt gäbe, daß sie keinem Manne mehr auf Erden gefiele. Gott erhörte die Bitte der Jungfrau und machte sie sich gleich und gab ihr einen Bart und ein langes Kleid.

Als ihr Vater sie aber so erblickte, da erschrak er und fragte, wer sie so verwandelt habe. Da sagte Wilgefortis, daß es der Gemahl gewesen sei, den sie sich auserwählt habe und daß sie keinen anderen haben wolle als den gekreuzigten Gott. Da wurde ihr Vater sehr böse und sprach: »So sollst du deinem Auserwählten auch darin gleichen, daß du wie er am Kreuz sterben mußt.« Die Jungfrau aber fügte sich willig darein und gab ihr Leben am Kreuz für Jesus Christus hin.

Margareta

20. Juli

Die hl. Jungfrau und Märtyrerin Margareta von Antiochia → gilt als eine der mächtigsten Fürsprecherinnen in der Gruppe der Vierzehn Nothelfer. Margareta wurde in die Nothelfergruppe aufgenommen, weil sie unmittelbar vor ihrem Martertod Gott angefleht hatte, allen Müttern, die sich in ihrer schweren Stunde später einmal an sie um Fürbitte wenden sollten, zu helfen. Reliquien der Heiligen befinden sich in Montefiascone bei Bolsena nördlich von Rom. Der Künstler Michele Sanmicheli hat den der hl. Margareta geweihten Dom in dem einzigartig gelegenen Bergort im Jahre 1519 errichtet. Der Dom S. Margherita an der Piazza S. Margherita besticht durch seinen großartigen achteckigen Innenraum, der von einer mächtigen Kuppel überwölbt ist.

Als Drachenbekämpferin ist Margareta zusammen mit dem hl. Georg eine der beliebtesten und angesehensten Heiligengestalten. Historische Quellen über ihr Leben sind nicht vorhanden. Ihr Martyrium wird der Verfolgungszeit unter Kaiser Diokletian (284–305) zugeordnet, ihr Todesjahr mit 307 angegeben.

Einige sehen in Margareta sogar jene Königstochter, die der hl. Georg in seinem Kampf mit dem Drachen befreit hat. Sicherlich hat zu dieser Annahme beigetragen, daß es der Legende nach Margareta nicht erspart blieb, selbst einen Drachen besiegen zu müssen. Viele andere heilige und selige Frauen haben später ihren Namen getragen, zum Beispiel Margareta von Cortona, Margarita von Schottland, Margareta Maria Alacoque.

Es gab kaum einen großen Künstler, den das Schicksal dieser heldenhaften Jungfrau nicht zur Darstellung angeregt hätte. Man denke nur an Raffael, Palma, Tizian, Lucas Cranach, Guercino, Le Suer und Poussin.

Legende Margareta war die Tochter eines heidnischen Priesters in Antiochia. Nach dem frühen Tod ihrer Mutter übernahm eine Amme die Obhut über das Mädchen und erzog es heimlich im Christenglauben. Als Margareta erwachsen geworden war, bekannte sie ihrem Vater, daß sie Christin sei. Dieser überschüttete sie nun mit Vorwürfen, vermochte aber weder mit Bitten noch mit Drohungen, sie von ihrem Glauben abzubringen. Deshalb schickte er Margareta zur Strafe in die Verbannung.
Eines Tages wurde der Präfekt Olybrius auf die schöne junge Frau aufmerksam. Er sprach zu seinen Knechten: »Gehet und holt mir die Jungfrau. Ist sie von edler Geburt, so will ich sie zur Ehe nehmen, ist sie eine Magd, so soll sie meine Beischläferin sein.«
Also wurde Margareta vor ihn gebracht, und er fragte sie nach ihrem Namen und ihrer Herkunft. Sie antwortete ihm, daß sie Margareta heiße, aus einem edlen Geschlecht stamme und Christin sei. Da drängte sie Olybrius, sie solle ihrem Christenglauben abschwören. Margareta aber sagte ihm, daß sie Christus niemals verleugnen werde. Als sich Olybrius mit seiner Werbung abgewiesen sah, befahl er, sie ins Gefängnis zu werfen, und er ließ sie dort aufs grausamste foltern. Sie wurde mit Ruten geschlagen, und man riß ihr mit eisernen Kämmen die Haut vom Leib. Aber Margareta erlitt all die schrecklichen Qualen ohne Wanken. Nun stand ihr aber noch ein weiterer, lebensgefährlicher Kampf bevor. Ein greulicher Drache drohte sie zu verschlingen. Aber Margareta schlug

Geboren: wahrscheinlich in Antiochia (Syrien)
Gestorben: um 307 in Antiochia
Berufung/Beiname: Märtyrerin; Nothelferin
Wirkungsstätten: Kleinasien, Syrien
Bedeutung des Namens: die Perle (griechisch)
Namensformen: Margit, Margot, Margret, Marguerite, Marina, Marita, Greta, Grete, Grita, Meta, Maggie, Maud, Peggy
Patronat: Bauern, Gebärende, Jungfrauen; gegen Unfruchtbarkeit

Margareta von Antiochien wird dargestellt als Königstochter mit Diadem, auf einem Drachen oder Teufel stehend, den sie mit dem Kreuzstab besiegt.

Manchmal wird Margareta auch mit anderen hl. Jungfrauen dargestellt, etwa mit Katharina oder Barbara – so auch auf dem Flügelaltar von Altdorfer in der Stiftskirche von St. Florian (Österreich).

mit letzter Kraft das Kreuzzeichen über das Untier, und sofort ließ der Drache von ihr ab. Der in dem Drachen verborgene Teufel aber schrie laut: »Weh mir, nun bin ich von einer schwachen Jungfrau überwunden worden!« Nach diesen Worten verschwand er.

Als Margareta am nächsten Tag dem Präfekten wieder vorgeführt wurde, sah sie dieser zu seiner größten Verwunderung körperlich unversehrt vor sich stehen. Aber dennoch forderte er sie wieder auf, den Göttern zu opfern, und auch dieses Mal widersetzte sie sich standhaft. Da befahl er, Margareta mit glühenden Fackeln zu brennen und anschließend in ein Faß mit kaltem Wasser zu werfen. Alle, die diesem Schauspiel zuschauten, staunten, daß eine so zarte Frau so große Qualen aushalten konnte. Aber plötzlich erbebte die Erde, und Margareta stieg auch diesmal wieder unversehrt aus dem Faß heraus. Als das Volk von diesem Wunder hörte, lobten viele Menschen den Christengott und bekehrten sich zum christlichen Glauben. Da ließ der Richter Margareta in aller Eile auf den Richtplatz führen, um sie nun öffentlich mit dem Schwert töten zu lassen.

Am Richtplatz angelangt, bat Margareta jedoch ihre Henker noch um eine kurze Frist. Sie kniete nieder und bat Gott inständig um Gnade für ihre Verfolger und betete für alle jene, die später einmal ihr Gedächtnis feiern und ihren Namen in persönlichen Nöten anrufen würden. Dann bot sie dem Henker mutig ihren Nacken dar.

»Die heilige Margareta« von 1520 aus der Werkstatt von Raffael (1483-1520).

21. Juli

Apollinaris

In Ravenna werden Italienreisende an einen frühchristlichen Bischof erinnert, an den hl. Apollinaris. Ihm ist eine der schönsten und zugleich schlichtesten Kirchen geweiht, die sich aus der Zeit des frühen Christentums erhalten hat, die bekannte Basilika Sant' Apollinare in Classe. Sie wurde über dem Grab des heroischen Gottesdieners errichtet, der nach der Legende um das Jahr 75 den Martertod erlitten hat. Auf dem Apsismosaik dieser Kirche ist die großartige Gestalt des Heiligen zu sehen, der in einer herrlichen Landschaft seine Schafe weidet. Das Mosaik ist eines der eindrucksvollsten Bildwerke Italiens. Das Fest des hl. Apollinaris wird seit dem 8. Jahrhundert gefeiert.

Apollinaris war der erste Bischof von Ravenna und soll der Legende nach vom hl. Petrus selbst in die von Kaiser Augustus (30 v. Chr. – 14 n. Chr.) ausgebaute Hafenstadt Ravenna gesandt worden sein, um dort die Lehre Christi zu verkünden. Auch in Deutschland gibt es viele dem hl. Apollinaris geweihte Kirchen. Besonders bekannt ist die St.-Apollinaris-Kirche in Remagen. Der Überlieferung nach überführte man im Jahre 1146 die Gebeine des Heiligen dorthin, die sich seither in der Krypta der Kirche befinden. Die Gläubigen der Erzdiözese Köln feiern ihn besonders am 23. Juli. Noch bekannter als seine Grabstätte ist heute die dortige Heilquelle, die seinen Namen trägt.

Geboren: unbekannt
Gestorben: um 75 in Ravenna (Italien)
Berufung/Beiname: Bischof, Märtyrer
Wirkungsstätte: Italien
Bedeutung des Namens: der dem Apollo Geweihte (lateinisch)
Namensformen: Apollonius
Patronat: Köln; gegen Geschlechtskrankheiten, Stein- und Nierenleiden

Legende Das an Martern und vielerlei Pein reiche Leben dieses Heiligen ist uns in der »Legenda aurea« nach alten Quellen überliefert. Demnach war Apollinaris ein Jünger des hl. Petrus und mit diesem von Antiochia nach Rom gekommen. Von dort aus schickte der Apostelfürst ihn nach Ravenna. Zunächst heilte er die Frau eines römischen Tribunen und taufte sie mitsamt ihrem Mann und ihrem ganzen Gesinde. Als die Priester davon hörten, ließen sie Apollinaris kommen, damit er vor ihren Augen im Jupitertempel opfere. Da sprach er ruhig, es wäre besser, daß man das Gold und Silber, aus dem die Götterfiguren gemacht seien, den Armen gäbe, als daß man bösen Geistern Opfer brächte. Daraufhin schlugen sie ihn so lange mit Knüppeln, bis er halbtot war. Seine Jünger aber hoben ihn auf und pflegten ihn gesund.

Danach begab sich Apollinaris nach Classe zu einem Edelmann, der stumm war. Der Heilige machte über ihn das Kreuzzeichen, bat um Gottes Hilfe und heilte ihn. Durch dieses Wunder ließen sich über fünfhundert Personen taufen. Nun fielen die Heiden wieder über ihn her und schlugen ihn. Als sie aber sahen, daß sie dadurch auch diesmal nichts ausrichten konnten, jagten sie ihn aus der Stadt.

Der Heilige predigte weiter standhaft und verkündete das Wort des Herrn. Eines Tages kehrte er auch wieder nach Ravenna zurück. Man nahm ihn erneut gefangen und führte ihn vor einen anderen Richter. Weil Apollinaris dessen Sohn aber das Augenlicht wiedergegeben hatte, wurde der Richter gläubig und verbarg den Verfolgten auf seinem Landgut etwa vier Jahre lang. Aber das ungläubige Volk entdeckte ihn schließlich auch dort, ergriff ihn und schlug ihn so lange, bis er nach Meinung der wütenden Menge tot war. Apollinaris lebte aber noch sieben Tage, bevor er endgültig seinen Geist aufgab. Die Christen begruben ihn mit großen Ehren.

Apollinaris wird als Bischof in weißem Gewand dargestellt, mit schwarzem Kreuz, mit Ähren, weil er eine Hungersnot abgewendet hat, mit Keule, weil er erschlagen wurde, und manchmal auch auf einer Wolke stehend.

22. Juli

Maria Magdalena

Geboren: um Christi Geburt
Gestorben: unbekannt
Berufung/Beiname: Begleiterin Jesu
Wirkungsstätte: Palästina
Bedeutung des Namens: die aus Magdala Stammende (hebräisch)
Namensformen: Magdalene, Madeleine, Madelon, Madlen, Madlon, Magda, Magdelone, Lena, Leni
Patronat: Büßerinnen, Frauen, Verführte; Friseure, Gärtner, Gefangene, Handschuhmacher, Parfümfabrikanten, Weinhändler, Wollweber; gegen Augenkrankheiten, Ungeziefer, Gewitter

Maria Magdalena wird dargestellt, wie sie Christus die Füße salbt, unter dem Kreuz stehend oder den Kreuzesstamm umklammernd; beim Begräbnis Jesu; als Büßerin mit aufgelöstem Haar in einer Höhle mit Buch, Kruzifix, Geißel und Totenkopf.

In der abendländischen Heiligenverehrung feiert man seit Augustinus und Gregor dem Großen drei große Frauengestalten gemeinsam am 22. Juli. Es sind dies Maria Magdalena, die Sünderin, die dem Herrn die Füße salbte, des weiteren Maria, die Schwester des Lazarus und der Martha, und schließlich Maria von Magdala, die von Jesus geheilt worden war und die – wie im Lukas-Evangelium erwähnt – als erste Frau den Gottessohn begleitet hat.

Eine klare Trennung der Lebensgeschichten und vor allem der Legenden, die sich um diese drei Mariengestalten im Lauf der Jahrhunderte gebildet haben, ist heute nicht mehr möglich. Eines kann aber auf jeden Fall mit Sicherheit gesagt werden: Maria Magdalena war eine Frau, die Jesus wohl sehr nahestand, war sie doch diejenige, die im Auftrag des auferstandenen Herrn die frohe Osterbotschaft den Aposteln zu überbringen hatte.

Nach griechischer Überlieferung befand sich das Grab der hl. Maria Magdalena anfangs in Ephesus →. Von dort wurden ihre Reliquien im Jahre 899 nach Konstantinopel → überführt. Eine andere Überlieferung berichtet, ihre Gebeine seien im 9. Jahrhundert nach Frankreich gebracht worden. In Sainte Madeleine, der herrlichen Kirche von Vézelay in Burgund, sind im Chor die Reliquien zu sehen.

Welche der Überlieferungen die historischen Tatsachen zuverlässiger wiedergibt, kann aus heutiger Sicht nicht mehr eindeutig entschieden werden. Die Legende hat allerdings das Leben der Maria Magdalena eindeutig mit Gallien, dem späteren Frankreich, in Verbindung gebracht. Sie erzählt, daß Maria Magdalena zusammen mit ihrem Bruder Lazarus und mit den ersten Christen als Missionarin nach Südfrankreich gekommen ist und lange Zeit als Büßerin in einsamer Wildnis bei St. Baume in der Provence gelebt hat.

Vielleicht sollte man das Suchen nach historischer Zuverlässigkeit hier ganz beiseitelassen und den Blick wieder freimachen für das Entscheidende, das bereits in den knappen Andeutungen des Evangeliums spürbar wird, das heißt für die Frage: Was soll uns durch diese Frau glaubhaft sichtbar gemacht werden? Der fromme Kornelius a Lapide faßte das so zusammen: »Gott wollte Magdalena als ein lebendiges Beispiel der Buße für alle Sünder aufstellen, damit keiner ob der Größe seiner Missetaten verzweifle, sondern, auf die unendliche Barmherzigkeit Gottes vertrauend, Vergebung erhoffe.«

Legende Jakobus de Voragine hat die Heilige in seiner »Legenda aurea« beschrieben: Maria Magdalena stammte aus einer vornehmen Familie aus Magdala am See Genezareth. Sie war eine große Sünderin, denn sie lebte in Unzucht. Im Hause Simons des Aussätzigen begegenete sie Jesus. Aber sie wagte sich als Sünderin nicht unter die Gerechten, darum kniete sie vor Jesus nieder, wusch seine Füße mit ihren Tränen, trocknete sie mit ihrem Haar. Jesus erbarmte sich ihrer und vergab ihr alle ihre Sünden. Er trieb sieben böse Geister aus ihr aus, und fortan war sie eine treue Begleiterin des Herrn. Aus Liebe zu ihr erweckte der Herr ihren Bruder Lazarus von den Toten und heilte ihre Schwester Martha vom Blutfluß.

Zur Zeit Karls des Großen war ein frommer Herzog in Burgund mit Namen Gerhardus, der besonders den Armen half und viele Kirchen und Klöster erbauen ließ. Als er das Kloster Vézelay gegründet hatte, sandte er einen Mönch aus, der die Reliquien der hl. Maria Magdalena aus ihrem Grab in Ephesus holen sollte. Der Mönch fand die Stadt zerstört, aber ein Marmorgrab und ein Bildwerk bewiesen ihm, daß darin Maria Magdalenas Leichnam lag. Da machte er das Grab auf und nahm die Reliquien an sich, obwohl er wußte, daß er damit die Ruhe der Toten störe. Die Heilige aber erschien ihm in der Nacht und sagte, er solle sich nicht fürchten und das Werk zu Ende führen. So machte er sich auf den Heimweg. Als er aber nur noch eine halbe Meile von seinem Kloster entfernt war, konnte er die Reliquien nicht mehr von der Stelle bringen, bis der Abt in feierlicher Prozession mit den Mönchen ihm entgegengekommen war und sie nun die Reliquien in großen Ehren heimführten.

Zu jeder Zeit haben Künstler Maria Magdalena gemalt. Eine der eindrucksvollsten Darstellungen am Isenheimer Altar in Colmar (»Maria Magdalena zu Füßen von Jesus«) stammt von Matthias Grünewald.

23. Juli

Brigitta von Schweden

Zwei heilige Frauen tragen diesen Namen: nämlich Brigitta von Kildare, die Gründerin des ersten irischen Nonnenklosters, sie starb um das Jahr 523, ihr Fest wird am 1. Februar gefeiert; und Brigitta von Schweden, die im Jahr 1373 in Rom verstorben ist. Ihren Tod betrauerte damals die ganze Christenheit, denn sie galt als Prophetin, die Gott gesandt hatte, um die Kirche und das christliche Abendland zu reformieren. Brigittas Sammlung von »Offenbarungen und Visionen« übten viele Jahrhunderte lang entscheidenden Einfluß auf die Kunst und Literatur des späten Mittelalters aus.

Dem Lebensbild der hl. Brigitta von Schweden legen wir die Ausführungen von G. Kranz zugrunde. Brigitta wurde im Jahr 1302 als Tochter des Landvogts Birger Pederson und der Ingeborg Bengtsdotter aus dem edlen Geschlecht der Folkunger geboren. Sie wuchs auf dem elterlichen Landsitz Finstad bei Uppsala auf und wurde schon als Dreizehnjährige von ihrem Vater mit Ulf Gudmarsson verheiratet. Während ihrer glücklichen Ehe gebar sie vier Söhne und vier Töchter. Die Sorge um das Wohl ihrer Familie und der ihr anvertrauten Menschen gestattete ihr nicht viel Muße. Sie war aber freigiebig und gastlich, unterstützte Schulen, Klöster und Kirchen und half, wo immer es nötig war. Doch sie liebte auch schöne Gewänder und Prachtentfaltung. Deshalb flehte sie zu Gott, er möge sie von Hoffart und Freude an einer prunkvollen Welt befreien. Mit allen Kräften kämpfte sie gegen diese Schwächen an. Sie nahm sich in strenge Zucht, härtete ihren Körper ab und gewöhnte sich an Entbehrungen.

1335 wurde Brigitta an den Hof König Magnus' II. Erikson, ihres sehr viel jüngeren Vetters, berufen. Der König führte ein recht ausschweifendes Leben. Brigitta mißfiel das sehr, und sie wagte es durchaus, dem Herrscher ihre ehrliche Meinung darüber zu sagen. Aber ihr Einfluß reichte nicht aus, um an der Einstellung des Königs Entscheidendes zu verändern. Deshalb verließ sie den Hof wieder und begab sich 1341 mit ihrem Gatten auf eine Wallfahrt nach Santiago di Compostela. Auf dem Rückweg erkrankte Ulf Gudmarsson und starb 1344 im Zisterzienserkloster → Alvastra.

Geboren: 1302 in Finstadt (Schweden)
Gestorben: 1373 in Rom
Berufung/Beiname: Ordensgründerin, Mystikerin
Wirkungsstätten: Schweden, Spanien, Italien, Palästina
Bedeutung des Namens: die Kräftige, die Tugendstarke (altirisch)
Namensformen: Birgit, Brigitta, Britta, Brit(t), Gita, Gitte
Patronat: Schweden (Nationalheilige); Pilger, Sterbende

Brigitta steht selbst im evangelischen Schweden in hohem Ansehen. Alljährlich wird das Fest der Brigittenminne gefeiert. Brigitta von Schweden wurde am 7. Oktober 1391 von Bonifaz IX. heiliggesprochen.

23. Juli

Das größte Anliegen der hl. Brigitta von Schweden war es, die Päpste Clemens VI., Innozenz VI. und Urban V. zur Rückkehr von Avignon nach Rom zu bewegen. Papst Urban folgte schließlich ihrem Drängen, wenn auch nur vorübergehend.

Dargestellt wird Brigitta von Schweden mit Pilgerhut, Stab und Kürbisflasche; schreibend mit Feder und Tintenfaß; als Nonne, mit Jerusalemkreuz in der Hand; mit Kreuz auf einem in der Hand gehaltenen Herzen, weil man nach ihrem Tod in ihrem Herzen ein Kreuz gefunden haben soll.

Brigitta blieb vorerst in Alvastra. 1346 erhielt sie in einer Vision den Auftrag, einen neuen Orden zu gründen. Die Regel wurde ihr bis in alle Einzelheiten geoffenbart. Das erste Kloster sollte zu Vadstena in Schweden errichtet werden. Brigitta gründete zwar dieses Kloster dort, aber sie hat Vadstena und die Heimat nie wiedergesehen. Die letzten vierundzwanzig Jahre ihres Lebens verbrachte Brigitta nämlich in Rom, wo sie eine rege politische Tätigkeit entfaltete, die das ganze Abendland umspannte. Ihre Ziele waren: die Eintracht der sozialen Stände, der Friede zwischen den Völkern, die Wiedervereinigung der Ost- und Westkirche und die Versöhnung von Papst und Kaiser.

Im Frühjahr 1372 schiffte sich die fast Siebzigjährige zu ihrer letzten Wallfahrt nach Jerusalem ein. Auf der Heimreise hielt sie in Zypern eine gewaltige Rede und drohte den Bewohnern den Untergang der Insel an, weil zu jener Zeit dort ein besonders zügelloses und sündiges Leben geführt wurde. Geändert hat sich dadurch am Lebenswandel der Inselbewohner nichts, aber im folgenden Jahr wurde die Insel von Genuesern erobert, später von den Türken eingenommen und verwüstet. Immer wieder erfüllten sich in den folgenden Jahren solche Schreckensprophezeiungen der Heiligen. Als der Frühling des Jahres 1373 ins Land zog, spürte Brigitta ihr Ende nahen. Mit den Worten: »Vater, in deine Hände befehle ich meinen Geist!« verschied sie am 23. Juli 1373.

Ihr Leichnam wurde im Triumph von Rom nach Vadstena überführt. Brigittas Tochter erlangte die Bestätigung der brigittischen Regel und wurde die erste Vorsteherin des Klosters Vadstena. Der Orden breitete sich rasch in allen Ländern Europas aus. Im 15. Jahrhundert zählte er bereits dreißig Klöster. Bis zur Zeit Gustav Wasas war Vadstena Hauptort der Kultur des Nordens. Das Kloster besaß die bedeutendste Bibliothek Schwedens, und dort wurde zum ersten Mal die Bibel ins Schwedische übersetzt. Von dem Kloster stehen heute nur noch kümmerliche Reste, aber die »Blaukirche« birgt immer noch den Schrein mit Brigittas Gebeinen, zu dem auch heute noch die Gläubigen pilgern.

23. Juli

Liborius

> **Geboren:** unbekannt
> **Gestorben:** 397 in Le Mans (Frankreich)
> **Berufung/Beiname:** Bischof
> **Wirkungsstätte:** Frankreich
> **Bedeutung des Namens:** der Bereitwillige (lateinisch)
> **Namensformen:** Borries, Bors, Beres
> **Patronat:** Paderborn; gegen Steinleiden, Fieber, Kolik

Dieser Heilige lebte im 4. Jahrhundert und war Bischof von Le Mans. Nach seinem Tod am 9. Juni 397 wurde er von keinem Geringeren als dem hl. Martin von Tours feierlich bestattet. Der hl. Liborius ist aber nicht nur mit der Geschichte von Le Mans, sondern vor allem mit der von Paderborn verbunden. Nachdem Bischof Badurad die Gebeine des Heiligen 836 nach Paderborn überführt hatte, machte die Christianisierung in Sachsen große Fortschritte.

Im Mittelalter war Paderborn eine sehr bedeutende Stadt. Man kann sie ohne Übertreibung als die Lieblingsstadt der deutschen Könige bezeichnen. Kaiser Heinrich II. tauschte hier, sozusagen im Angesicht des hl. Liborius, mit Kunigunde die Ringe. Auch heute noch ist die ehemalige Kaiserstadt mit ihrem herrlichen Dom Ziel vieler Besucher. Alljährlich kommen sie zum Liboritag, um ihren Heiligen feierlich zu ehren. Der Schrein, in dem die Reliquien des Heiligen ruhen, ist ein Meisterwerk des Goldschmieds Hans Krako (1622).

24. Juli

Christophorus

Geschichtlich steht nur fest, daß Christophorus in Kleinasien, wahrscheinlich unter Kaiser Decius (248–251), um 250 den Martertod erlitten hat. Er gehört zu den Märtyrern, von denen berichtet wird, daß man auf mancherlei Art versuchte, sie zu Tode zu bringen, und die erst dem Schwert des Richters erlagen.

Das berühmte Gebet des sterbenden Christophorus ist das ganze Mittelalter hindurch lebendig gehalten worden. Er betete damals bereits für alle jene, die eines Tages das göttliche Erbarmen durch seine Fürbitte zu erlangen hofften, und bat Gott, daß sie es nicht vergeblich tun möchten.

Das Fest des hl. Christophorus ist schon um das Jahr 450 im Martyrologium → Hieronymianum erwähnt. Allgemein gefeiert wird es seit dem 9. Jahrhundert. Die Betrachtung seines Bildes am Morgen gilt als Schutz für die Bewahrung der Lebenskraft bis zum Abend. Darum wurde früher sein Bild möglichst groß beim Kircheneingang und an den belebtesten Punkten in Stadt und Land an Türme und Häuser gemalt. Der Name Christophorus ist in neuester Zeit wieder sehr volkstümlich geworden. Viele Autofahrer befestigen noch heute eine Medaille mit seinem Bild in ihrem Wagen.

Legende Nach der »Legenda aurea« soll Christophorus Kanaaniter → gewesen sein, das heißt der Nachkomme eines verfluchten Stammes. Sein Name lautete ursprünglich Reprobus, das heißt der Verdammte. Eines Tages beschloß er, nur mehr dem mächtigsten Herrscher dienen zu wollen. Als er von einem König hörte, der angeblich der mächtigste war, begab er sich zu ihm und blieb bei ihm. Da kam eines Tages ein Gaukler zu diesem König und zeigte ihm seine Künste. Er sang Lieder, in denen vom Teufel die Rede war. Als beim Singen der Name des Teufels fiel, machte der König das Kreuzzeichen. Christophorus verlangte nun vom König zu erfahren, was dies zu bedeuten habe. Da sagte der König: »Wenn ich den Teufel nennen höre, mache ich das Kreuzzeichen, um ihm die Macht zu nehmen, mir zu schaden.«

»Wie?« entgegnete Christophorus. »Du hast Furcht vor dem Teufel? So ist er mächtiger als du! Ich Tor glaubte, dem mächtigsten Herrn zu dienen! Ich verlasse dich.«

Und er ging fort und suchte den Teufel, denn offenbar war dieser der Stärkste. Als Christopherus auf seiner Wanderung einmal durch eine Wüste kam, sah er eine schreckenerregende Gestalt auf sich zukommen. Als die Gestalt vor ihm stand, redete sie ihn an: »Wen suchst du?« »Ich suche den Herrn Teufel«, antwortete Christophorus, »denn er soll im Besitz aller Macht sein.« »Ich bin es, den du suchst«, erwiderte die Gestalt. Und Christopherus trat in die Dienste des Teufels.

Eines Tages, als sie wieder zusammen wanderten, sahen sie unvermutet ein Kreuz vor sich. Da machte der Teufel einen Umweg. Christopherus, darüber erstaunt, fragte ihn: »Was bedeutet das? Warum meidest du das Kreuz?« Der Teufel gestand ihm, daß er das Kreuz fürchtete, seitdem Jesus Christus daran gestorben war. »Ach, du hast Angst! Du bist also nicht der Mächtigste. Leb wohl, ich werde wandern, bis ich Jesus Christus finde.« Und er wandte sich vom Teufel ab, um zu Jesus Christus zu gelangen.

»Suche den Einsiedler auf, dort hinten in der Wüste!« antwortete ihm ein Vorüber-

Geboren: in Kanaan oder Lykien (Kleinasien)
Gestorben: um 250 in Lykien
Berufung/Beiname: Märtyrer; Nothelfer
Wirkungsstätte: Kleinasien
Bedeutung des Namens: Christusträger (lateinisch)
Namensformen: Christoph, Chris, Christel, Stoffel, Cristobál, Kryszlof
Patronat: Autofahrer, Gärtner, Kinder, Pilger, Reisende, Schiffsleute; Brücken; gegen Feuer, Unwetter; gegen Fieber, Seuchen, plötzlichen Tod, Zahnschmerzen

Im Brauchtum heißt es, wenn man morgens ein Christopherusbild betrachte, verleihe dies den ganzen Tag Schutz vor einem plötzlichen Tod. Deshalb wurden früher Bilder des Heiligen übergroß an Kirchenportale und an belebten Plätzen des Ortes gemalt.

24. Juli

Christophorus wird als Hüne dargestellt, der das Jesuskind auf den Schultern durchs Wasser trägt. Auf einer Legende beruht auch seine Darstellung mit einem großen Baum in der Hand.

gehender auf seine Frage, wo Jesus Christus sei. Als Christopherus beim Einsiedler angelangt war, fragte er ihn: »Was muß ich tun, um Jesus Christus zu sehen?« »Du mußt fasten«, entgegnete der Einsiedler. »Fasten?« fragte Christopherus. »Das kann ich nicht.« Der Einsiedler nannte ihm nun andere asketische Übungen. »Unmöglich«, sagte Christophorus sehr traurig, »dazu bin ich nicht in der Lage.« »Höre!« begann der Einsiedler da wieder. »Siehst du den gefährlichen Fluß da unten? Viele Leute, die ihn überqueren müssen, verlieren ihr Leben dabei. Laß dich an seinem Ufer nieder und trage die Reisenden sicher von einem Ufer zum andern. Sei jedermanns Diener, so wirst du einst auch den König der Könige, Jesus Christus, sehen.«

»Ja«, erwiderte Christophorus erfreut, »das kann und will ich tun.« Und so geschah es, daß Christopherus eines Tages tatsächlich das Jesuskind über den Fluß tragen durfte.

Die Legende schließt damit, daß Christophorus, zutiefst erschöpft, das Kind am anderen Ufer niedersetzt und zu ihm sagt: »Ich glaubte zu sterben. Es war, als wenn ich die ganze Welt auf den Schultern getragen hätte. Ich hätte es beinahe nicht mehr länger ausgehalten.« »Christophorus«, antwortete das Kind, »du hast mehr getragen als die Welt, du hast den Schöpfer der Welt getragen: Ich bin der König Jesus Christus.« Und seitdem trägt der Heilige den Namen Christophorus, das heißt zu deutsch Christusträger.

Der hl. Christophorus auf einer volkstümlichen Darstellung der 14 Nothelfer. Hinterglasbild des 19. Jahrhunderts aus dem Bayerischen Wald.

25. Juli

Apostel Jakobus Major

Der hl. Jakobus der Ältere, der zu den bevorzugten Jüngern des Herrn gehörte und im Kreis der Apostel eine besondere Rolle einnahm, war ein Sohn des Fischers Zebedäus und der Salome. Mit seinem Bruder, dem späteren Evangelisten Johannes, lebte er als strenggläubiger Jude am See Genezareth in Galiläa. Dort verdiente sich Jakobus als Fischer seinen Lebensunterhalt. Als Jesus eines Tages zu diesem See kam, besserten die beiden Brüder gerade mit ihrem Vater im Boot die Netze aus. Und als Jesus zu ihnen sagte: »Folget mir, ich will euch zu Menschenfischern machen!« vermerkt das Matthäus-Evangelium ganz knapp: »Auf der Stelle verließen sie das Boot und ihren Vater und folgten ihm nach« (Mt. 4, 21-22). Jesus nahm sie auf und gab ihnen den Beinamen »Boanerges«, was soviel wie Donnersöhne heißt. Die Brüder müssen also furchtlos und von energischem, impulsivem Charakter gewesen sein.

Jakobus nahm an allen Ereignissen des Lebens Jesu regen Anteil. Er erlebte auf dem Berg Tabor die Verklärung Jesu, und er verbrachte mit ihm die letzte Nacht vor seinem Tod auf dem Ölberg, wo der Herr Todesangst litt.

Dann verstummen die Nachrichten über Jakobus in den Evangelien. Nach der Auferstehung Jesu bis hin zum Pfingstfest hat sich ihm wie allen anderen Aposteln die Bedeutung des von Jesus verkündeten Gottesreiches in seiner ganzen Klarheit erschlossen. Und er predigte und bezeugte von nun an unerschütterlich die christliche Lehre. Zu dieser Zeit versuchte König Herodes Agrippa, das alte Reich seines Großvaters wieder zu vereinen. Jakobus muß in diesen Jahren bereits eine bedeutende Stellung in Jerusalem eingenommen haben, sonst hätte Herodes, für den der Kampf gegen die Christen ein Akt der Festigung seiner eigenen Herrschaft war, ihn nicht noch vor Petrus verhaften lassen. Die Hinrichtung des hl. Jakobus erfolgte sofort. Sie wurde um Ostern 44 durch das Schwert vollstreckt. Das Schwert hat der Apostel bis heute als Attribut beibehalten.

Der hl. Jakobus major ist der erste Märtyrer aus dem Kreise der Apostel. Den Namen »der Ältere« erhielt er im Unterschied zu Jakobus dem Jüngeren, der später von Jesus berufen worden ist. Die Überlieferung, daß Jakobus als Verkünder des Evangeliums in Spanien gewirkt hat, ist historisch nicht nachgewiesen. Seine Gebeine wurden im 7. Jahrhundert nach Santiago di Compostela in Nordspanien gebracht. Seither pilgern die Menschen aus allen Ländern der Erde dorthin. Auf der berühmten Pilgerstraße nach Santiago, die von vielen Kapellen, Kirchen und Rasthäusern gesäumt ist, zogen schon große Heilige und bedeutende Könige zum Grab dieses Apostels. Und viele Pilger traten den Orden bei, die unter dem Patronat des hl. Jakobus gegründet worden waren.

Der Heilige war zeitweilig unbestritten der volkstümlichste unter den Aposteln. Santiago de Compostela ist neben Rom und Jerusalem immer noch der beliebteste Wallfahrtsort der Christen in der westlichen Welt.

Ursprünglich wurde das Fest des hl. Jakobus mit dem seines Bruders Johannes gemeinsam am 27. Dezember gefeiert, später dann am 1. Mai, bis es endgültig auf den 25. Juli – den Translationstag – festgesetzt wurde.

Geboren: um Christi Geburt
Gestorben: um 44 in Jerusalem
Berufung/Beiname: Apostel, Märtyrer; »der Ältere«
Wirkungsstätte: Palästina
Bedeutung des Namens: der Fersenhalter (hebräisch)
Namensformen: Jakob, Jackel, Jack(i), Jascha, Jäggi, Jago, Diego, Giacomo, Jakopo, Jacques, James, Jim(my)
Patronat: Spanien (Nationalheiliger), Santiago di Compostela; Arbeiter, Apotheker, Drogisten, Hutmacher, Pilger, Ritter, Soldaten, Wachszieher, Waisenkinder; gegen Rheuma; gegen schlechte Apfelernte

Dargestellt wird Jakobus der Ältere als Apostel mit Buch oder Schriftrolle, seit dem 12. Jahrhundert mit Pilgermuschel, langem Stab, Reisetasche und Kürbisflasche; manchmal auch auf einem weißen Pferd, weil er dem spanischen König gegen die Sarazenen zu Hilfe gekommen sein soll.

25. Juli

Unter den zahlreichen Darstellungen sei hier besonders der kostbare Silberaltar im Dom von Pistoia erwähnt. Das Mittelstück des Altars zeigt die Sitzfigur des hl. Jakobus, während seine Geschichte auf Silberreliefs geschildert wird.

Legende Um den hl. Jakobus den Älteren ranken sich unzählige Legenden. So wird im äthiopischen Martyrologium auch die folgende Geschichte über den Apostel erzählt:
»Eines Tages ließ Herodes den furchtlosen Jakobus vor sich zitieren, um mit ihm ein theologisches Gespräch zu führen. Jakobus aber, der sich nicht zum Diskutieren, sondern zum Verkünden berufen fühlte, erklärte ganz einfach: »Wenn Herodes nicht glauben will, so wird er schon sehen, wie furchtbar Christus ihn und den Kaiser Nero wegen ihrer himmelschreienden Sünden strafen wird.« Als Herodes davon hörte, war er darüber so erzürnt, daß er dem Apostel Jakobus sogleich das Haupt abschlagen ließ.
Nach einer anderen Legende hat der Apostel Jakobus nach der Christianisierung Spaniens in Jerusalem das Martyrium erlitten. Auf wunderbare Weise kehrte der Leichnam des Märtyrers aber wieder ins Land seines Wirkens zurück. Gegen das Jahr 830 fand der Bischof von Iria den an der Küste von Galicia gestrandeten Sarkophag des Heiligen. Den Ort, an dem der kostbare Sarkophag gefunden worden war, nannte man von nun an »Campus Stellae« oder »Compostela« – zu deutsch das Sternenfeld.
Die Auffindung der Gebeine des hl. Jakobus des Älteren zog die Verlegung des Bischofssitzes nach Compostela, dem Ort der Entdeckung der Gebeine, nach sich. So steht es im »Liber Sancti Jacobi« aus dem Jahre 1140 geschrieben, das heute noch existiert.

Jakobus (rechts) und Johannes auf einem Wandbehang aus dem 15. Jahrhundert.

26. Juli

Anna

Von der Lebensgeschichte der hl. Anna, der Mutter der Gottesmutter Maria, wissen wir recht wenig. In alten syrischen Schriften wird ihr ursprünglicher Name mit »Dina« angegeben. Erst nach der Geburt Mariens heißt Anna »Hanna« (die Begnadete). Im Neuen Testament wird diese Frau überhaupt nicht erwähnt. Lediglich die außerbiblischen Apokryphen, vor allem das sogenannte Jakobus-Evangelium, das um die Mitte des 2. Jahrhunderts geschrieben wurde, und das Evangelium des Pseudo-Matthäus, vermitteln über die Mutter Marias einige Informationen. Dabei ist jedoch zu beachten, daß in dieser Überlieferung die geschichtliche Wahrheit über die Gestalt der Mutter Marias durch Legendenbildung und Dichtungen kräftig überwuchert ist.

Aus diesem Überlieferungsmaterial läßt sich allerdings herauslesen, daß Anna zusammen mit ihrem bereits greisen Mann Joachim zu jenen Menschen gehörte, die in naher Zukunft die Ankunft des Messias erwarteten.

Anna symbolisierte die ungebrochene messianische Hoffnung im Volk Israel. In ihr erschließt Gottes Gnade den Menschen eine Zukunft, indem er ihr die Tochter Maria schenkt. Durch alle Jahrhunderte hindurch schenkten die Christen dieser Frau ein schier unbegrenztes Vertrauen. Sie spürten wohl das Besondere an ihrem Erwähltsein, die Wichtigkeit gerade ihrer Mutterschaft. Die Verehrung der hl. Anna, der Mutter Marias, geht auf eine sehr alte Tradition zurück.

Bereits im Jahre 550 wurde in Konstantinopel Anna zu Ehren eine Kirche erbaut. Im Jahre 1623 wurde ihr Fest für die ganze Kirche vorgeschrieben. Sie ist zum Inbegriff der Mütterlichkeit geworden, und wir sehen sie in unzähligen Darstellungen zusammen mit der Gottesmutter Maria und dem Kind Jesu in der Darstellung der sogenannten »Anna Selbdritt« vereint, wobei wir nicht einmal wissen, ob die Großmutter Anna ihren Enkel, das göttliche Kind, überhaupt jemals gesehen, geschweige denn gekannt hat.

Bruderschaften nannten sich nach ihr. Die hl. Anna wurde im Lauf der Jahrhunderte zu einer Lieblingsheiligen des katholischen Volkes. Die Schwestern des Ordens der hl. Anna arbeiten in der Krankenpflege, sie helfen Müttern und Wöchnerinnen und betreuen Kinderheime und Waisenhäuser.

Joachim und Anna, die Eltern der Gottesmutter, stammten beide aus dem königlichen Geschlecht Davids, dem der Messias verheißen worden war. Gleich nach ihrer Hochzeit teilten sie ihre nicht unbeträchtliche Habe in drei Teile auf: einen für den Tempel, einen für die Armen und den Rest für ihren Unterhalt.

Die Eheleute führten ein gottesfürchtiges, gerechtes Leben, aber Gott hatte ihnen das versagt, wonach sie sich am meisten sehnten: ein Kind.

Das machte Anna sehr traurig, denn in Israel galt zu der Zeit Unfruchtbarkeit als eine große Schande. So beteten Anna und Joachim unablässig zum Herrn, er möge sie mit einem Kind segnen, hoffte zudem doch jede jüdische Frau, daß gerade sie den erwarteten Messias gebären würde. Schließlich gelobten sie beide, daß sie, wenn Gott ihnen ein Kind schenken würde, es ihm weihen wollten. Aber alle Bitten waren umsonst. Als zwanzig Jahre inbrünstigen Gebets und ver-

Geboren: unbekannt
Gestorben: unbekannt
Berufung/Beiname: Mutter Mariens
Wirkungsstätte: unbekannt
Bedeutung des Namens: Jahwe hat sich erbarmt (hebräisch), die Gnade
Namensformen: Ann(i)e, Annelie, Annchen, Annina, Antje, Anja, Anka, Anke, Annette, Anita, Annuschka
Patronat: Bretagne; Ammen, Arbeiterinnen, Arme, Bergleute, Dienstboten, Goldschmiede, Müller, Mütter, Näherinnen, Schneider, Seeleute, Weber, Witwen, Eheleute; für Kindersegen

Vor allem die Kapuziner, Karmeliter, Benediktiner und Augustinerchorherren machten sich um die Förderung des Annakults verdient. Er breitete sich um so mehr aus, als Reliquien der Mutter Mariens in Umlauf kamen.

26. Juli

Anna wird sehr häufig zusammen mit ihrer Tochter Maria und dem Jesuskind vereint als »Anna Selbdritt« dargestellt, wobei allerdings nicht nachgewiesen ist, ob Jesus seine Großmutter überhaupt gekannt hat.

geblichen Wartens vergangen waren, da erschien Joachim, der sich zu diesem Zeitpunkt in der Wüste aufhielt, und Anna, die in ihrem Hause war, zur gleichen Stunde ein Engel mit der frohen Botschaft, daß sie ein Kind bekommen würden. In ihrer großen Freude eilten die Gatten Anna und Joachim zum Tempel und trafen einander an der sogenannten »Goldenen Pforte«, um Gott für das empfangene Kind zu danken. Und daraufhin wurde ihre Tochter Maria geboren.

Drei kurze Jahre durften die beglückten Eltern sich an ihrer Tochter Maria freuen. In Erfüllung ihres Gelübdes brachten Anna und Joachim schließlich ihre Tochter Maria, als sie drei Jahre alt geworden war, in den Tempel nach Jerusalem, damit das Mädchen dort zum Dienste Gottes erzogen werden konnte.

Zacharias, ein Verwandter und der Vater von Johannes dem Täufers, empfing die kleine Maria, welche die viel zu hohen Tempelstufen freudig und ohne jede Hilfe hinaufstieg, und sich dem himmlischen Vater zum Opfer brachte. Das Fest Mariä Opferung erinnert noch heute an dieses Ereignis aus dem Leben der Gottesmutter. Von diesem Augenblick, in dem die Opferung ihrer Tochter Maria beschrieben wird, schweigt der Bericht über die Mutter Marias. Wir wissen daher nicht, wie lange Anna noch gelebt hat und wann sie gestorben ist.

Das Gemälde »Die hl. Anna Selbdritt« von Massaccio und Masolino entstand um 1425 und befindet sich heute in den Uffizien in Florenz.

27. Juli

Pantaleon

Als Leibarzt des Kaisers Maximian (286–305) starb der hl. Pantaleon um 305 als Märtyrer in Nikomedia →. Der Legende nach band man ihm die Hände über dem Kopf zusammen und schlug einen Nagel durch die Hände in den Schädel. In der Ostkirche, wo er auch Pantelemon heißt, gehört er seit dem 4. Jahrhundert zu den »Großmärtyrern und Wundertätern« und wird den »Hagioi an argyroi«, das heißt jenen Heiligen zugezählt, die unentgeltlich Hilfe vermitteln.

Nach dem 8. Jahrhundert kam sein Fest unter dem 27. Juli in den römischen Kalender. In den Alpenländern heißt er »Dreiärztetag«. In Bari, Konstantinopel, Ravello bei Amalfi, Lucca und Venedig werden Glasgefäße, die sogenannten Pantaleonsampullen, aufbewahrt, die das Blut des Märtyrers enthalten, das an seinem Festtag flüssig wird, ähnlich dem Blutwunder des hl. Januarius in Neapel. Erzbischof Bruno erbaute im 10. Jahrhundert eine ihm geweihte Kirche.

Legende Wir wollen die Geschichte dieses mutigen Märtyrer-Arztes in der Form wiedergeben, wie sie in den alten deutschen »Passionalien« aus dem Jahre 1471 erzählt wird:
Als Diokletian und Maximian herrschten, war ein Senator in der Stadt Nistodonia (heute Izmid bei Konstantinopel), der hatte ein Kind, das hieß Pantaleon. Seine Mutter soll eine Dienerin Christi gewesen sein. Der Vater ließ seinen Sohn bestens erziehen. Er gab ihn einem weisen Arzt zur Ausbildung.
Pantaleon lernte mit Fleiß und viel Erfolg. Nun mußte er oftmals durch ein Haus gehen, worin ein heiliger Mann wohnte, der Hermelius hieß. Der gewann das Kind sehr lieb. Und eines Tages sagte der Mann: »Du solltest dich taufen lassen.« Kurz darauf ging Pantaleon spazieren. Da sah er ein Kind am Weg liegen, das von einer Natter getötet worden war. Da erschrak er, dachte aber an das, was ihm Hermelius früher einmal gesagt hatte. Wer Gottes Diener sei und ihn um was auch immer bitte, das werde ihm gewährt werden. Und so sprach er bei sich: »Begehret Gott mich zu seinem Diener, so möge er das Kind lebendig machen.« Gleich danach wurde das Kind lebendig und sagte: »Du hast gnädig an mir getan.« Und es brach die Natter auseinander. Da sprach Pantaleon: »Wir sollten zu Hermelius gehen und uns taufen lassen.« Und sie gingen zu dem heiligen Mann, und beide empfingen die Taufe.
Pantaleon wurde ein aufrechter Christ und ein guter Arzt. Er wollte nun auch seinen Vater dazu bringen, an Christus zu glauben. Aber der hielt an seinem römischen Götterglauben fest. Einmal ging er mit seinem Vater aus, da sahen sie einen blinden Mann. Pantaleon sagte zu dem Blinden: »Willst du an unseren Herrn Jesus Christus glauben, so werde ich dir das Augenlicht schenken.« Da sprach der Blinde zu ihm: »Sollte ich wirklich das Licht des Tages wiedersehen, so will ich an Jesus Christus glauben.« Da legte Pantaleon seine Hände auf die Augen des Blinden und sprach: »Lieber Herr, gib dem Mann sein Augenlicht wieder durch meine Fürbitte.«
In diesem Augenblick konnte der Mann wieder sehen, er ließ sich darauf taufen, und all sein Gesinde mit ihm. Durch dieses Wunder hatten sich nun auch die »blinden Augen« von Pantaleons Vater aufgetan. Er erkannte nun den Wert der christlichen Lehre, ließ sich taufen, und von nun an glaubte auch er an Christus.

Geboren: wahrscheinlich in Nikomedia (Kleinasien)
Gestorben: um 305 in Nikomedia
Berufung/Beiname: Märtyrer; Nothelfer
Wirkungsstätte: Kleinasien
Bedeutung des Namens: der Löwenstarke (griechisch)
Namensformen: Leon
Patronat: Ärzte, Hebammen; gegen Kopfschmerzen, Erschöpfung; gegen Heuschrecken, Viehkrankheiten

Dargestellt wird Pantaleon mit einem Arzneifläschchen in der Hand als Anspielung auf seinen Beruf, oder er erscheint in einem langen Mantel an einen Ölbaum angebunden, wobei ihm die Hände wie bei seinem Martyrium auf den Kopf genagelt sind.

Christina von Bolsena

28. Juli

Geboren: wahrscheinlich in Bolsena (Italien)
Gestorben: um 304 in Bolsena
Berufung/Beiname: Märtyrerin
Wirkungsstätte: Italien
Bedeutung des Namens: die Christin (lateinisch)
Namensformen: Christine, Christiane, Christa, Chresta, Christel, Tina, Tini, Chrissie, Kristin, Stina, Sina
Patronat: Bolsena; Bogenschützen, Müller, Seeleute

Christina von Bolsena wird mit ihren Marterwerkzeugen dargestellt: Messer, Zange, Armbrust, Mühlstein, Pfeile, Schlangen, die sie in der Hand hält oder um sich hat. Oft wird das Schiff, von dem aus sie ins Meer geworfen wurde, gezeigt.

Die Reliquien dieser Märtyrerin liegen in der aus dem 11. Jahrhundert stammenden, bemerkenswerten Kirche Santa Cristina in Bolsena (nordwestlich von Rom) begraben. Ihr Martyrium hat Paolo Veronese auf sechs Tafeln in der Akademie in Venedig dargestellt. Entsetzlich waren die Folterungen, denen man Christina ausgesetzt hatte. Sie starb wahrscheinlich bei den Christenverfolgungen unter Kaiser Diokletian (284–305), ist aber wohl identisch mit der Märtyrerin von Tyrus, von der eine im frühen Mittelalter entstandene Legende berichtet.

Die Kollegiatskirche S. Cristina in Bolsena birgt in der sogenannten Wunderkapelle mehrere Marmorplatten, die bei dem berühmten »Wunder von Bolsena« mit Blut bedeckt waren. Unter dem Altar der Kirche liegt jener Stein, den der grausame Vater seiner christlichen Tochter um den Hals binden ließ, bevor man sie gefesselt vom Schiff aus ins Meer stürzte. Er zeigt außerdem noch die Fußspuren der Heiligen.

Legende Christina stammte von edlen Eltern aus Tyrus. Nach deren Willen sollte sie Priesterin der Götter werden. Deshalb schloß sie ihr Vater zusammen mit zwölf Dienerinnen in einen Turm ein und gab ihr silberne und goldene Götterstatuen mit. Eine ihrer Dienerinnen, die bereits Christin war, unterrichtete nun alle anderen im wahren Glauben, und sie weigerten sich von da an, den Göttern zu opfern. Christina zerbrach sogar die goldenen Götterstatuen und schenkte das Gold den Armen, nachdem sie und ihre Begleiterinnen den Turm wieder verlassen hatten.
Als der Vater davon gehört hatte, ließ er sie zunächst mit Ruten schlagen und anschließend mit den schrecklichsten Martern quälen, damit sie auf jeden Fall seinen Göttern opferte. Aber alle Quälerei hatte keinen Erfolg. Christinas Leib war nach der schrecklichen Folterung auf wunderbare Weise sogar wieder unversehrt. Als der Vater das sah, meinte er, es wäre allein durch Zauberei geschehen, und er ließ sie auf ein Schiff bringen. Als man auf hoher See war, wurde dem Mädchen ein schwerer Mühlstein an den Hals gebunden und sie ins Meer gestoßen. Aber es kamen Engel, hielten Christina über Wasser und brachten sie auf wundersame Weise wieder an Land. Danach ließ der Vater seine Tochter in einen glühenden Ofen werfen, doch auch diesem entstieg sie unbeschadet. Den todbringenden Bogenschützen konnte sie zuletzt nicht mehr entkommen. Zwei Pfeile durchbohrten ihren Körper, und Christina verschied.
Am 11. August 1263 zelebrierte ein durchreisender Priester in der Kirche von Bolsena die heilige Messe. Aber er vollzog diese Handlung nicht im rechten Geist, weil er tief in seinem Herzen an der Wahrheit der Wandlung von Brot und Wein in Fleisch und Blut Christi zweifelte. Da sah er plötzlich, wie die von ihm geweihte Hostie blutete und das Blut über das Korporale, auf die Altartücher und von dort auf die Marmorplatten des Fußbodens floß, und seine Zweifel an der Wahrheit waren zerstoben. Das Korporale und die Altartücher wurden später in einer feierlichen Prozession zu Papst Urban IV. gebracht. Ein Jahr später ließ er jene Bulle veröffentlichen, in der er das Fronleichnamsfest für die ganze Kirche verbindlich vorschrieb. Das alte deutsche Wort »Fronleichnam« besagt ja nichts anderes als »lebendiger Leib«.

29. Juli

Martha

»Sechs Tage vor dem Osterfest kam Jesus nach Bethanien, wo Lazarus wohnte, den Jesus von den Toten auferweckt hatte. Dort bereitete man Jesus ein Gastmahl. Eine Frau mit dem Namen Martha wartete dort auf Jesus.«

Das schreibt Johannes in seinem Evangelium über die hl. Martha. Sie war eine vielseitige, fleißige und gastfreundliche Frau, in deren Elternhaus Jesus oftmals aufgenommen worden ist. Martha war die Schwester des Lazarus und der Maria. Sie wurde zur Personifikation des tätigen Lebens im Gegensatz zu ihrer Schwester, die mehr das kontemplative Leben verkörpert. Denn Maria war bei jenem Gastmahl ihrer Schwester nicht zur Hand gegangen, sondern bei Jesus geblieben und hatte seinen Reden zugehört.

Die Fürsprache der hl. Martha bei Blutfluß geht nach einem Bericht des hl. Ambrosius darauf zurück, daß sie jene im Neuen Testament erwähnte Blutflüssige war, die der Herr geheilt hat. Als die Stadt Tarascon in Südfrankreich auf ihre Fürsprache hin im Jahre 1630 von der Pest verschont blieb, wurde die Heilige deshalb neben den hll. Rochus und Sebastian unter anderem zu einer wirksamen Helferin auch in dieser Not.

Viele große Meister haben Themen aus dem Leben der hl. Martha behandelt. Eine der bekanntesten Darstellungen zeigt sie zusammen mit ihrer Schwester. Martha bedient den Heiland, während Maria ihm aufmerksam zuhört. Andere Bilder zeigen sie bei der Auferweckung ihres Bruders Lazarus.

In Tarascon in der Provence wird in der Krypta der der hl. Martha geweihten Kirche Sainte-Marthe das Grabmonument der Heiligen gezeigt. Ihr Fest findet sich seit dem 11. Jahrhundert im Meßbuch. Nach dem Tod der hl. Martha wurden ihr zu Ehren mehrere Ordensgenossenschaften gegründet, unter anderem auch die »Sisters of St. Martha« in Kanada. Sie versehen ihren Dienst in der Jugenderziehung sowie in der Kranken- und Altenpflege.

Legende Die Heilige Schrift erwähnt Martha ein letztes Mal, als sie den Herrn vor seinem Einzug in Jerusalem aufnahm. Die Legende aber spinnt die Geschichte von Martha weiter: Aufgebrachte Juden setzten die hl. Martha zusammen mit Maria Jakobäa und Maria Salome auf eine Barke ohne Steuermann und Segel, damit sie dem Tod entgegenfahren sollten. Nun aber geschah das Wunder: Der Odem des Herrn trieb das kleine Boot an die Küste Frankreichs, und die hl. Frauen landeten unbeschadet im Delta, das die Rhônemündung bei Marseille bildet. An dem Ort ihrer Landung steht heute noch die Kirche Les Saintes-Maries-de-la-Mer.

Mit der Kraft ihres Vertrauens besiegte Martha den schrecklichen Drachen Tarascus, der der Sage nach bereits schon viele Menschen verschlungen hatte. Martha begoß das Untier einfach mit geweihtem Wasser und hielt ihm das Kreuz entgegen. Da wurde der Drache ganz lammfromm und ließ sich von Martha an einer Kette mitführen, so daß das Volk ihn mit Speeren und Steinen erschlagen konnte. Von nun an lebte die hl. Martha in einer abgelegenen und bescheidenen Behausung an dem Orte, der später im Gedenken an sie Tarascon genannt wurde.

Geboren: um Christi Geburt
Gestorben: unbekannt
Berufung/Beiname: Jüngerin Jesu
Wirkungsstätte: Palästina
Bedeutung des Namens: die Herrin (hebräisch)
Namensformen: Marthe, Marita, Marfa
Patronat: Bildhauer, Hausangestellte, Hausfrauen, Hoteliers, Köchinnen, Maler, Waschfrauen; gegen Blutungen, Pest; gegen einen plötzlichen Tod

Auf den bekanntesten Darstellungen erscheint Martha in Begleitung ihrer Schwester: Sie bedient Jesus. Auch mit Kochlöffel und Schlüsselbund sieht man sie. Ebenso wird sie bei der Auferweckung ihres toten Bruders Lazarus dargestellt. Ihre Attribute, der Drache und der Weihwasserkessel, gehen auf ihre Legende zurück.

30. Juli

Olav

Geboren: 995 in Norwegen **Gestorben:** 1030 in Sticklestad (Norwegen) **Berufung/Beiname:** Missionsförderer, Reformer **Wirkungsstätten:** Norwegen, Finnland, Schweden, England, Spanien, Frankreich **Bedeutung des Namens:** der Sohn edler Ahnen (altnordisch) **Namensformen:** Olaf, Ulf, Arnulf **Patronat:** Norwegen (Nationalheiliger)

Eine schöne Statue aus dem Jahre 1470 im Museum zu Lübeck zeigt den Patron der Norweger, König Olav II. den Heiligen. Er steht auf einem Drachen. Diese Darstellung versinnbildlicht den Sieg Olavs über das Heidentum im hohen Norden. Sein entsagungsreiches, zuweilen auch sehr kriegerisches Leben stand ganz im Dienst für Christus. Sein Leichnam ruht im Dom von Trondheim.

Olav stammte aus einem edlen Wikingergeschlecht. 1007 unternahm der junge Mann seine erste Wikingerfahrt nach Schweden. Weitere Raubzüge führten ihn nach Finnland und England. Auf einer Rückreise von Gibraltar blieb er noch einige Monate in Rouen. Tief beeindruckt von der Frömmigkeit der dortigen Christen empfing der junge Fürst in dieser Stadt die Taufe.

Im Jahr 1015 kehrte er wieder in sein Land zurück und versuchte von da an, alle Wikingerstämme zu vereinen, um ein großes Reich zu schaffen, das unter seiner Führung stehen sollte. Nach jahrelangen, erbitterten Kämpfen gelang es ihm, das Land von der Fremdherrschaft der Dänen zu befreien. Im Jahre 1020 waren endlich auch alle Stämme unter Olavs Szepter geeint. Nun führte er die schon unter Olav I. begonnene Christianisierung seines Landes fort. Er erließ strenge, aber weise Gesetze und holte viele Priester zur christlichen Erziehung seines Volkes nach Norwegen. Wiederstand gegen seine Anordnungen und Reformen duldete er nicht, und er scheute zuweilen in seinem Eifer selbst vor Gewaltanwendung nicht zurück. Seine oft um jeden Preis durchgesetzten Maßnahmen stießen bei den starrköpfigen Bauern dennoch weiterhin auf großen Widerstand. Auch manche Adeligen wollten ihm nun nicht mehr länger Gehorsam leisten. Sie hetzten weitere Kreise der Bevölkerung gegen den König Olav auf und baten schließlich sogar den Dänenkönig Knut um Hilfe.

Olav sah sich jetzt nach fünfzehnjähriger Regierung von den Seinen verlassen und mußte fliehen. Als die Menschen aber erkannten, daß sie unter dem strengen Dänenkönig Knut noch mehr ihrer Freiheiten beraubt wurden und das Joch der Fremdherrschaft anfing, sie immer empfindlicher zu drücken, da besannen sie sich auf ihren König Olav und riefen ihn wieder in die Heimat zurück.

Dort angekommen, stellte Olav ein neues Heer auf, aber die Übermacht seiner Gegner war zu groß. Am 29. Juli des Jahres 1030 wurde Olavs Heer vernichtend geschlagen, er selbst fand bei dieser Schlacht den Tod.

Da erkannte das Volk, welch einen herben Verlust es hatte hinnehmen müssen, und endlich wurde ihm die Größe und Bedeutung des verstorbenen Königs bewußt. König Olavs Leichnam wurde mit hohen Ehren bestattet, und schon bald geschahen an seinem Grab viele Wundertaten.

Olav von Norwegen trägt auf Darstellungen meistens eine Kriegerrüstung, dazu die Insignien königlicher Würde; manchmal ist ihm ein Humpen beigegeben. Die Streitaxt spielt auf seine Todesart an, der Drachen unter seinen Füßen auf den Sieg über das Heidentum.

Legende Als König Olav das Reich der Norweger erobern wollte, ließ er die Schiffe ganz nahe an die Klippen heransegeln. Sobald sie ganz nahe am felsigen Ufer waren, schlug er das Kreuz, und die Felswände taten sich auf, so daß sie hindurchfahren konnten. Und immer wieder öffneten sie sich vor diesem Zeichen, so lange, bis alle Schiffe des Königs Olav ans Ziel gelangt waren – und sie blieben hinter ihnen offen bis auf den heutigen Tag.

31. Juli

Ignatius von Loyola

Dieser Heilige ist der Gründer des Jesuitenordens →, der Gesellschaft Jesu – der »Compañia de Jesù« –, wie er seinen Orden nannte. Ignatius wurde in der nordspanischen Provinz Guipuzcoa auf Schloß Loyola am 31. März 1491 geboren. Er stammte aus einer hochadeligen spanischen Familie und war der jüngste von vielen Geschwistern. Getauft wurde er auf den Namen Iñigo, den er selbst später in Ignazio umwandelte, weil er ein besonderer Verehrer des hl. Ignatius von Antiochia → war. Früh kam der junge Iñigo als Page an den Hof König Ferdinands V. von Spanien. Danach wurde er Soldat, brachte es schnell zum Hauptmann und hatte eine glänzende militärische Karriere vor sich. Seine Aussichten erfuhren jedoch ein jähes Ende, denn bei der Belagerung von Pamplona 1551 traf eine Kanonenkugel sein Bein und machte ihn zum Krüppel. Er war bisher ein ehrgeiziger und temperamentvoller junger Mann gewesen. Deshalb erschien ihm dieser Schicksalsschlag als das größte Unglück. Wochenlang ans Bett gefesselt, weil er nicht transportfähig war, verbrachte er die Zeit mit Lesen. Aber in der Schloßbibliothek gab es keine große Auswahl, nur die Geschichte Jesu und Heiligenlegenden waren vorhanden. Um wenigstens eine kleine Ablenkung zu haben, fing Ignatius schließlich an, sich für die Heiligen und das Leben Jesu zu interesssieren. Und nach und nach wurde er so stark davon beeindruckt, daß er sich innerlich zu wandeln begann. Sehr bald faßte Ignatius den Enschluß, sein Leben ganz dem Dienst Gottes zu weihen.

Nach seiner Genesung zog er sich 1522 zunächst in das Kloster Montserrat zurück. Danach begab er sich in die Einsamkeit nach Manresa, wo er nach dem Vorbild des hl. Franziskus ein Jahr in einer feuchten Höhle hauste. In beinahe selbstmörderischer Askese kasteite sich Ignatius in kräftezehrender Bußfertigkeit. Dabei wurde er nicht von quälenden Gewissensnöten verschont, aber es siegte sein Bestreben, fortan alles zur größeren Ehre Gottes zu tun. »Omnia ad maiorem Dei gloriam« – dieser Leitsatz wurde bestimmend für sein weiteres Leben. Ignatius nahm sich vor, die Welt für die Kirche und damit für Gott zu erobern. Er beschloß, eine religiöse Gesellschaft zu gründen. Sein in Manresa entstandenes, weltberühmtes Exerzitienbüchlein, das später zur Grundlage der berühmten jesuitischen Überzeugungsschulung werden sollte, machte ihn zum Schöpfer aller neuzeitlichen geistlichen Übungen.

Ignatius pilgerte dann ins Heilige Land, und nachdem er von dort zurückgekehrt war, besuchte er die Hochschulen von Barcelona, Alcala und Salamanca. Zuletzt ließ er sich an der Universität Paris einschreiben, um dort seine Studien fortzuführen. In Paris gründete er 1534 mit einigen Freunden »Ad maiorem Dei gloriam« – zur größeren Ehre Gottes – den Jesuitenorden.

Die ersten Gefährten – Studenten wie er – waren Petrus Faber, Franz Xaver, Jakob Laynez, Alfons Salmeron, Simon Rodriguez und Nikolaus Bobadilla. Um ihrem Bund festen Halt zu geben, legten die sieben Männer gemeinsam in der Kirche Saint-Denis auf dem Montmartre die Gelübde der Armut und Keuschheit ab. Der Orden wurde 1540 durch Papst Paul III. bestätigt.

Geboren: 1491 in Loyola (Spanien)
Gestorben: 1556 in Rom
Berufung/Beiname: Ordensgründer, Ordensgeneral der Jesuiten, Mystiker
Wirkungsstätten: Spanien, Frankreich, Italien, Palästina
Bedeutung des Namens: der Feurige (lateinisch)
Namensformen: Ignaz, Ignacio, Inigo
Patronat: Jesuiten; Exerzitienhäuser; Kinder, gegen Fieber, Gewissensbisse, Totgeburten; gegen Wölfe

Nach seiner Priesterweihe wurde Ignatius von Loyola 1541 einstimmig zum Generaloberen der Gesellschaft Jesu gewählt.

Mit den »Konstitutionen« gab Ignatius von Loyola seinem Orden eine Verfassung, die um die Balance von Freiheit und Bindung bemüht war. Wichtige Themen waren dabei Studium, Arbeitsweise, straffe Führung, Selbstverantwortlichkeit des Schaffens, umfassende Ausbildung, Bewährung in der Praxis.

Der hl. Ignatius war der erste Ordensstifter, der die bisher gewohnten Ordenseinrichtungen, wie Chorgebet und Ordenstracht, aufgab, um ganz dem Apostolat dienen zu können, durch das er die Menschen zu einem echt christlichen Denken und Leben führen wollte. Neu ist auch eine andere Ordensregel, nämlich der absolute Gehorsam gegenüber dem Papst. Der Erziehung der Jugend, der Pflege der Wissenschaft und Forschung sowie der Missionstätigkeit maß Ignatius die größte Bedeutung bei. Die Jesuiten haben bei der Erschließung der Neuen Welt tatkräftig mitgewirkt, unter ihnen waren Erfinder und Gelehrte, Maler, Baumeister und Dichter. Auf allen Gebieten waren sie erfolgreich tätig. Und trotz aller Anfeindungen, die sogar zur vorübergehenden Auflösung des Ordens in verschiedenen Ländern führten, hat die Gesellschaft Jesu die Jahrhunderte überdauert, und sie ist auch heute noch lebendige Wirklichkeit.

Ignatius leitete seinen Orden von Rom aus sechzehn Jahre lang und brachte ihn dank seiner erstaunlichen Organisationsgabe zu rascher Blüte. Nachdem er in Rom das Collegium Germanicum → gegründet hatte, aus dem immer neuer Nachwuchs an eifrigen, vorzüglich geschulten Priestern hervorging, sandte er seine Jünger nach Deutschland, wo damals die Lehre Luthers eine rasch zunehmende Anhängerschaft gefunden hatte. Denn Seelen zu retten war seine ganze Leidenschaft. »Wenn ich sterben könnte, wollte ich tausendmal den Tod leiden um einer einzigen Seele willen«, soll er einmal geäußert haben. Deshalb schickte Ignatius seine Jesuiten hinaus in die Welt, und sie predigten das Wort Gottes in Afrika wie in Brasilien und Asien. Er entsandte beispielsweise einen seiner engsten Freunde, Franz Xaver, nach Indien, um auch dort die Missionsarbeit voranzutreiben und den Glauben zu verbreiten. In Rom vollzog sich die letzte innere Wandlung des einstigen draufgängerischen Offiziers: Er reifte vom ichbezogenen Fanatiker zum überpersönlichen, einsichtigen, gütigen Heiligen. Man gehorchte ihm jetzt nicht mehr so sehr aus Bewunderung und Anerkennung, sondern aus Zuneigung und Liebe. Stets war er aber gegen die Anwendung von Gewalt. Auch Ketzern gegenüber lehnte er physische oder psychische Gewaltmittel ab. »Nie durfte später ein Jesuit Mitglied eines Inquisitionsgerichtes sein« (Nigg). Ignatius wollte nicht unterdrücken, sondern überzeugen, und zwar durch die Kraft seines persönlichen Beispiels. Ignatius starb am 31. Juli 1556.

Als Ignatius, der erste Ordensgeneral, am 31. Juli 1556 starb, zählte der Orden bereits 1000 Mitglieder und besaß über hundert Niederlassungen. Ignatius fand sein Grab in der Kirche Il Gesù in Rom. Er wurde 1622 heiliggesprochen.

Ignatius von Loyola wird dargestellt im schwarzen Ordenskleid der Jesuiten oder mit dem Monogramm Christi auf der Brust; Teufel austreibend, Drachen als Symbol der Ketzerei zu seinen Füßen, ein Kreuz in der Ferne erschauend (Vision).

Anstelle einer Legende *Die Liebe des hl. Ignatius zur Gottesmutter war besonders groß. Eines Tages begegenete ihm auf einer Reise ein Maure. Da beide den gleichen Weg hatten, ritten sie gemeinsam dahin und unterhielten sich über Maria, die Mutter Jesu. Der Maure meinte, für ihn sei die Jungfräulichkeit Mariens nicht glaubhaft, denn ohne einen Mann könne er sich die Geburt eines Kindes nicht vorstellen. Und nach der Geburt noch von ihrer Jungfräulichkeit zu sprechen, sei somit unmöglich, ja absurd.*
Ignatius bemühte sich, den Mauren mit seinen Argumenten zu überzeugen, aber vergeblich. Dem Mauren dauerte die Rede des Ignatius inzwischen auch zu lange, und so gab er seinem Maultier die Sporen und ritt davon. Ignatius war verärgert, daß er den Mann nicht hatte überzeugen können, ja er meinte sogar, daß der Maure hierdurch die Gottesmutter gelästert habe. Dieser Gedanke erboste ihn nachträglich so sehr, daß er dem Widersacher am liebsten gefolgt wäre, um ihn so lange festzuhalten, bis er von der Wahrheit überzeugt wäre.

1. August

Alphons Maria di Liguori

Der Stifter des Redemptoristenordens →, der seine wichtigste Aufgabe in der Verbreitung des Christentums beim einfachen Volk erblickte, war der hl. Alphons. Im Jahre 1871 bekam er den Titel »Doctor zelantissimus« – der von größtem Eifer erfüllte Lehrer. Alphons verfaßte über hundert bedeutende Werke über Asketik, Dogmatik und Pastoraltheologie. Der Heilige gilt außerdem als der Systembegründer der Moraltheologie.

Alphons Maria war der älteste Sohn des Edelmannes de Liguori. Er wurde am 27. September 1696 in Marianella bei Neapel geboren und erhielt eine ausgezeichnete Erziehung. Mit siebzehn Jahren promovierte er zum Doktor der Rechte, und mit neunzehn Jahren hatte er sich bereits den Ruf eines glänzenden Anwalts erworben. Nachdem er mehrere Jahre diese Tätigkeit ausgeübt hatte, erkannte er im Verlauf eines großen Prozesses, daß er, ohne es vorher auch nur zu ahnen, auf der Seite des Unrechts gestanden hatte. Mit einem Mal durchschaute er die Nichtigkeit und Fragwürdigkeit seines juristischen Wissens und Könnens. Mit klarem Verstand fällte er seine lebensverändernden Entscheidungen. Er verzichtete auf sein Erbe und legte das geistliche Kleid an.

1726 empfing Alphons die Priesterweihe. Von nun an verbrachte er seine Tage in Gebet und geistlichem Studium, viel Zeit verwendete er auch für den Dienst am Nächsten. Er trat einer Vereinigung von Priestern bei, die auf dem Land predigten und den Menschen dort den Katechismus lehrten. Am 9. November 1732 gründete Alphons die »Kongregation des allerheiligsten Erlösers«, die Redemptoristen →. Er wollte mit dieser Gemeinschaft der religiösen Unwissenheit entgegentreten, die noch immer beim einfachen Volk herrschte, und er wollte den Armen und Verlassenen mit geistlicher Hilfe beistehen.

Kaum hatte er jedoch seine Idee in die Tat umgesetzt, als er sich heftigsten Widerständen ausgesetzt sah. Seinen Gegnern waren alle Mittel recht, um ihm und seiner Sache Schaden zuzufügen. Heimlich und offen versuchte man, ihn selbst bei König und Papst in Mißkredit zu bringen. Schließlich konnte Alphons den Bischof von Salerno von seinen lauteren Absichten überzeugen. Er bekam ein kleines Haus in Scala bei Amalfi angewiesen, wo er mit einigen Gefährten die Urzelle seines Ordens schuf. Noch heute kann man an diesem Ort die Redemptoristen-Väter finden.

Von hier aus verbreitete sich der Orden über viele Länder, sogar bis nach Amerika. Als großer Verehrer der Gottesmutter stellte der hl. Alphons seinen Orden unter ihren ganz besonderen Schutz. Im Jahr 1749 bestätigte schließlich Papst Benedikt XIV. (1675–1758) die Ordensregel der Redemptoristen. Alphons Maria di Liguor wurde zum obersten Leiter seines jungen Ordens ernannt. Dorfkanzel und Beichtstuhl wurden fortan zum Hauptaufenthaltsort des Heiligen.

1762 zum Bischof geweiht, führte er an allen Orten seines Bistums die tägliche Betrachtung und den Besuch des allerheiligsten Altarsakraments ein, gründete zur Behebung der Sittenlosigkeit fromme Vereine und Bruderschaften, suchte Frieden zu stiften und half, wo immer er nur konnte.

Geboren: 1696 in Marianella (Italien)
Gestorben: 1787 in Pagani (Italien)
Berufung/Beiname: Ordensgründer, Missionar, Bischof, Kirchenlehrer; »Doctor zelantissimus«
Wirkungsstätte: Italien
Bedeutung des Namens: der Willige (althochdeutsch)
Namensformen: Alfons, Alf, Alfonso, Alonso
Patronat: Beichtväter, Moraltheologen

1762 wurde Alphons zum Bischof von St. Agata im Königreich Neapel geweiht. Mit den Worten »Gott will, daß ich Bischof sei, gut! Ich will es sein!« packte er die neuen Aufgaben an.

Alphons Maria di Liguor wird dargestellt im Priestergewand oder im Ordenskleid der Redemptoristen, oft als alter Mann in gebückter Haltung; beigegeben sind ihm Missionskreuz und Rosenkranz. Manchmal hält ihm ein Engel den Bischofsstab.

Der hl. Alphons starb im Alter von 91 Jahren am 1. August 1787. Er wurde in der Klosterkirche von Nocera beigesetzt. Im Jahr 1839 wurde Alphons Maria di Liguor heiliggesprochen.

Die vielen seelischen Erschütterungen, die aufreibende Missionsarbeit, seine literarische Tätigkeit, die Leitung seiner von vielen Seiten stark angefeindeten Kongregation hatten aber seine Kräfte verbraucht und seine Gesundheit untergraben. Eine Lähmung der Nackenwirbel bereitete ihm unendliche Qualen, zumal er dadurch nicht mehr in der Lage war, das Meßopfer zu feiern. Taub und fast blind, von Gicht gekrümmt, bat Alphons im Alter von achtzig Jahren um Enthebung von seinem Amt als Oberhirte und zog sich in das Kloster Nocera dei Pagani zurück. Er starb am 1. August 1787.

Legende Am Morgen des 21. September des Jahres 1774 ruhte der hl. Alphons in seinem Lehnstuhl. Er hatte bereits die Messe gelesen und versank in tiefes Schweigen. Ohne sich zu bewegen blieb er so den ganzen Tag und die folgende Nacht sitzen. Er aß nichts, und die Diener, die immer wieder nach ihm schauten, glaubten, er sei in Verzückung und getrauten sich nicht, ihn zu stören.
Am Morgen des 22. September – es war um die Stunde, in der Papst Klemens starb – gab Alphons endlich ein Zeichen von sich. Er wollte die hl. Messe lesen. Alle, die im Haus waren, liefen herbei. Verwundert fragte der Heilige, warum denn so viele kämen. Und als man ihm sagte, daß er so lange Zeit kein Lebenszeichen mehr von sich gegeben hatte, erwiderte er: »Das mag sein, denn ihr wißt nicht, daß ich dem Papst beistehen mußte, der soeben gestorben ist.« Alle glaubten, der Heilige habe das Ganze geträumt. Aber bald darauf kam die Nachricht, daß der Papst tatsächlich gestorben war. Der hl. Alphons war also auf wunderbare Weise bei dem Sterbenden gewesen, um ihm bei seinem Weggang aus unserer Welt beizustehen.

2. August

Eusebius

Geboren: um 283 auf Sardinien
Gestorben: 371 in Vercelli (Italien)
Berufung/Beiname: Apologet, Bischof
Wirkungsstätten: Italien, Palästina, Kleinasien, Ägypten
Bedeutung des Namens: der Fromme (griechisch)
Namensformen: Eusebio
Patronat: Augustiner Chorherren

Der erste Bischof von Vercelli in Oberitalien, Eusebius, wurde um 283 auf der Insel Sardinien geboren. Als Priester übte er einige Zeit das Amt eines Lektors → des römischen Klerus aus. 340 wurde er zum Bischof von Vercelli in Piemont ernannt. Sein Leben war geprägt vom fortwährenden Kampf gegen den arianischen Irrglauben →, den er mit der ganzen Glut seines sardischen Temperaments ausfocht. Hierin glich er dem hl. Hilarius von Poitiers, der ein Zeitgenosse von ihm war. Wie dieser wurde auch Eusebius aufgrund seiner machtvollen Verteidigung der Gottheit Christi in die Verbannung geschickt. Er wandte sich nach Palästina, Kappadokien und Kleinasien und hielt sich einige Zeit in der ägyptischen Thebais auf, das oberägyptische Gebiet um Theben.

Während seiner Amtszeit als Bischof von Vercelli mußte Eusebius so viel Gehässigkeit in Kauf nehmen, daß ihm der Ehrenname »Confessor« – Bekenner – verliehen wurde. Eusebius war der erste Bischof des Abendlandes, der die »vita communis«-Regel, das heißt das gemeinsame Leben der Geistlichen, einführte. Er wurde zum hochgeschätzten Vorbild des hl. Augustinus.

Die Legende erzählt uns, daß Bischof Eusebius von den Arianern → gesteinigt worden ist. In Wirklichkeit starb Eusebius jedoch im Alter von achtundachtzig Jahren eines natürlichen Todes.

3. August

Petri Kettenfeier

Bis 1960 beging die Kirche am 1. August das Fest »Petri Kettenfeier« bzw. die Befreiung Petri aus dem Kerker. In der Kirche San Pietro in Vincoli auf dem Esquillin in Rom befinden sich seit dem 5. Jahrhundert die Ketten Petri. Die Kaiserin Eudoxia (430–439) machte sie einst Papst Leo dem Großen zum Geschenk.

In der Apostelgeschichte (12, 1-11) wird das Ereignis, bei dem die Ketten des Petrus eine so bedeutsame Rolle spielten, anschaulich dargestellt: Herodes Agrippa, König in Jerusalem, war damals bei den Juden nicht beliebt. Um sich bei ihnen einzuschmeicheln, ließ er zuerst Jakobus enthaupten, und als er merkte, daß dies dem Volke gefiel, befahl er auch die Ergreifung des Petrus.

Nach dem Osterfest wollte er ihn dann dem Volk vorführen, um über ihn zu richten. Bis dahin sollte er allerdings in sicherem Gewahrsam gehalten werden. Petrus wurde mit Ketten gefesselt und ins Gefängnis geworfen.

Als dies aber die junge Christengemeinde vernommen hatte, betete sie Tag und Nacht inbrünstig zu Gott, er möge ihren Oberhirten retten. Und tatsächlich fand das Gebet der Gemeinde im Himmel Erhörung.

In der Nacht vor dem Tag, an dem man ihn Herodes vorführen wollte, lag Petrus, an Hals und an den Händen mit eisernen Ketten gefesselt, im Gefängnis. Sechzehn Soldaten bewachten den Gefangenen. Um Mitternacht wurde es im Kerker plötzlich taghell. Ein Engel stand an der Seite des Apostels. Er berührte ihn und sprach: »Stehe eilends auf, bekleide dich und folge mir!« Bei diesen Worten fielen plötzlich die Ketten von Petrus ab, und er war frei.

Er stand auf und folgte dem Engel, der ihn mitten durch die Wachen brachte, ohne daß einer der Soldaten es bemerkte. Die eiserne Tür, die auf die Straße führte, öffnete sich von selbst. Der Engel begleitete den Apostel noch eine Weile, dann verschwand er. Petrus hatte bisher alles wie im Traum erlebt. Jetzt aber wurde ihm bewußt, daß er auf wunderbare Weise befreit worden war. Er dankte Gott, daß er ihn der Hand des Herodes und aller Erwartung des Judenvolkes entrissen hatte.

Legende Die Ketten, mit denen Petrus im Kerker gefesselt worden war, überreichten die Soldaten des Gefängnisses später den Christen in Jerusalem. Diese hüteten sie sehr sorgsam, bis im Jahre 436 die Kaiserin Eudoxia die Ketten von Jerusalem nach Konstantinopel brachte. Einen kleinen Teil davon behielt Kaiserin Eudoxia selbst, alle andere Teile schickte sie mit einem Boten nach Rom.

Dort besaß man schon ein Stück von jener Kette, mit welcher der hl. Petrus gefesselt worden war, als er unter Kaiser Nero (54–68) den Martertod erlitt. Als nun die Ketten aus Jerusalem in Rom angekommen waren, da wollte Papst Leo sie mit jener aus der Zeit Kaiser Neros vergleichen. Kaum aber hatte der Papst Leo die beiden Ketten in die Hände genommen und aneinandergefügt, als sie sich sofort miteinander vereinten, als wären sie von Anfang an eine einzige Kette gewesen.

Zur Erinnerung an dieses Wunder schenkte der Papst die Ketten jener Kirche in Rom, die seitdem San Pietro in Vincoli, zu deutsch »St. Peter in den Ketten«, heißt.

Das Fest »Petri Kettenfeier« wurde in der Kirche seit dem 8. Jahrhundert gefeiert. Am 1. August versammelten sich die Gläubigen in der Kirche San Pietro in Vincoli in Rom, um die ehrwürdigen Ketten zu sehen, die der Apostel Petrus getragen haben soll.

Dargestellt wird das Fest durch einen Engel, der Petrus aus dem Kerker befreit.

Am 1. August gedachte die Kirche auch der sieben makkabäischen Brüder, vorchristlicher Märtyrer im Kampf gegen die Hellenisierung des Judentums, deren Reliquien unter dem Altar der Kirche San Pietro in Vincoli in Rom beigesetzt wurden.

4. August

Johannes-Maria-Baptist Vianny

> **Geboren:** 1786 in Dardilly (Frankreich)
> **Gestorben:** 1859 in Ars (Frankreich)
> **Berufung/Beiname:** Asket, Seelsorger; »Pfarrer von Ars«
> **Wirkungsstätte:** Frankreich
> **Bedeutung des Namens:** Baptist: der Getaufte (griechisch)
> **Namensformen:** Baptiste, Giambattista
> **Patronat:** Priester

Wenn man vom »Pfarrer von Ars« spricht, meint man Johannes-Maria-Baptist Vianny. Er wurde am 8. Mai 1786 in Dardilly bei Lyon geboren. Seine Eltern waren Kleinbauern und hatten sechs Kinder. Drei Jahre nach seiner Geburt brach die Französische Revolution aus. Während dieser Zeit wurden nicht nur viele Adelige getötet, sondern man ermordete auch viele Geistliche. Die Priester setzten damals ihr Leben aufs Spiel, wenn sie die heilige Messe feierten. Als Johannes-Maria-Baptist die erste hl. Kommunion empfing, fand deshalb die Feier bei ihm zu Hause und bei fest geschlossenen Fensterläden statt. Der Junge war von Natur aus fromm. Größte Freude bereitete ihm das, was er »Kirche spielen« nannte. Bis zu seinem neunzehnten Lebensjahr half er seinem Vater als Knecht auf dem Hof. Unter der Regierung von Napoleon wurde er zum Militär einberufen. Nach einer Reihe von Mißgeschicken desertierte er, mußte sich verstecken, und erst 1811 – nach der allgemeinen Amnestie – konnte er sich wieder frei bewegen.

Jetzt endlich konnte er seinen lange gehegten Wunsch verwirklichen, Geistlicher zu werden. 1812 zog er ins Vorbereitungsseminar nach Verrières. Er war dort, obwohl der Älteste, mit Abstand der schlechteste Student, denn er hatte große Lernschwierigkeiten. Im Seminar Saint-Ireneé in Lyon schnitt er bei seinen theologischen Studien so schlecht ab, daß man ihn sogar aufforderte, die Schule zu verlassen. Aber sein erster Lehrer, M. Balley, glaubte an ihn und half ihm, alle Prüfungen letzten Endes zu bestehen. 1815 wurde Johannes-Maria-Baptist zum Diakon und kurze Zeit darauf zum Priester geweiht.

Zunächst teilte man ihn seinem Lehrer M. Balley in Ecully als Kaplan zu. Obwohl der junge Priester, wie seine Schwester berichtete, nicht sehr redegewandt war, strömten die Gläubigen herbei, wenn er predigte. Sein Beichtstuhl war ständig belagert. Nach dem Tod seines Lehrers wünschte sich die Gemeinde Johannes-Maria-Baptist als Nachfolger. Die Kirchenbehörde schickte ihn jedoch nach Ars, nördlich von Lyon, in eine Gemeinde, die schon längere Zeit ohne Pfarrer gewesen war. Am Abend des 9. Februar 1818 erreichte er Ars und ging geradewegs in die Kirche. Sie war völlig verwahrlost, das Ewige Licht erloschen, der Tabernakel stand leer, der Glockenturm war eingestürzt.

Johannes-Maria-Baptist war überzeugt, daß es nur zwei Wege gab, die Bewohner des Dorfes zu Gott zurückzuführen, nämlich durch ständige Ermahnung und durch harte Buße, die er selbst für seine Gemeinde auf sich nehmen wollte. Er schlief auf dem Fußboden im Keller mit einem Holzklotz als Kopfkissen, und er geißelte sich mit einer Eisenkette.

Johannes-Maria-Baptist selbst trug seine Soutane so lange, bis sie ihm buchstäblich vom Leib fiel, erstand aber mit Unterstützung der Schloßherrin die schönsten Meßgewänder. Er schaffte von seinen schmalen Ersparnissen einen neuen Hochaltar an. Er selbst hielt sich für einen schlechten Prediger, aber er erreichte mit seinen einfachen Worten die Herzen der Zuhörer. Nur wenn die Pflicht ihn fortrief, verließ er die Kirche, und alles, was er besaß oder geschenkt bekam, gab er bereitwillig den Armen.

Manchmal fastete Johannes-Maria-Baptist mehrere Tage hintereinander bis zur völligen körperlichen Erschöpfung. Täglich stand er kurz nach Mitternacht auf und verharrte kniend in der Kirche, bis es Zeit war, die Messe zu lesen.

Johannes-Maria-Baptist Vianny ist auf Bildern als betender Priester im Chorrock mit Stola zu sehen. Seine bescheidenen Räumlichkeiten, in denen er lebte, sind bis heute authentisch erhalten.

Bald verbreitete sich die Kunde von diesem außergewöhnlichen Pfarrer in der näheren Umgebung. Immer mehr Leute kamen, um ihn zu hören. Er wurde gebeten, in den Nachbardörfern zu predigen. Eines Tages, als ein Priester zum Bischof sagte, man würde den Pfarrer von Ars für einen reichlich ungebildeten Mann halten, antwortete dieser: »Ich weiß nicht, ob er gebildet ist oder nicht, aber ich weiß, daß der Heilige Geist Wert darauf legt, ihn zu erleuchten.«

Im Lauf der Zeit kamen immer mehr Menschen, um beim Pfarrer von Ars zu beichten und aus seiner Hand die hl. Kommunion zu empfangen. 1827 begannen regelrechte Pilgerfahrten. In den Jahren von 1830 bis 1859 kamen täglich an die vierhundert Fremde nach Ars. 1855 gab es einen täglichen Dienst von zwei Pferdewagen zwischen Lyon und Ars. Geistliche, Mönche und Nonnen, Aristokraten, Arbeiter, Intellektuelle und Bauern suchten Rat bei einem Mann, der sich selbst als sehr gering einschätzte. Er bezeichnete sich als einen »unbedeutenden Priester in der Diözese Belley«. Lange Warteschlangen bildeten sich vor dem Beichtstuhl des Pfarrers, die Menschen knieten in den Seitenkapellen und hinter dem Hochaltar oder harrten gar auf den Stufen der Kirche aus.

In den letzten Monaten seines Lebens kamen hunderttausend Pilger nach Ars. Nur mit Mühe vermochte Johannes-Maria-Baptist noch zu sprechen. Seine Worte wurden immer wieder unterbrochen von Hustenanfällen und Tränen. In der Zeit war er bereits zu krank, um noch zu fasten. Dann sagte er sogar noch voraus, daß sein Tod Anfang August 1859 eintreten würde. Am 30. Juli brach er in seinem Zimmer zusammen. »Es ist mein armes Ende«, sagte er. »Geht und holt einen Pfarrer!« Demütig beichtete er und empfing die letzte hl. Kommunion. Dreiundsiebzg Jahre alt, starb er am 4. August 1859. Er wurde am 8. Januar 1905 selig- und am 31. Mai 1925 heiliggesprochen.

Oft saß der Pfarrer 16 bis 18 Stunden im Beichtstuhl. Er hörte sich geduldig die Geschichten menschlicher Schwächen an. Viermal machte er den Versuch, einem kontemplativen Orden beizutreten. Jedes Mal kehrte er jedoch zu seinen seelsorgerischen Pflichten nach Ars zurück.

5. August

Oswald

Der Kult des schon in der Frühzeit des Christentums verehrten hl. Oswald wurde von den schottischen Mönchen auf dem europäischen Festland verbreitet. Besonders in Kärnten und in der Steiermark wird der Heilige heute noch sehr verehrt. Viele Ortschaften tragen dort seinen Namen. Auch in der Schweiz wird sein Andenken in Ehren gehalten. Die Stiftskirche in Solothurn besitzt eine Armreliquie des hl. Oswald. Er wird vielfach den vierzehn Nothelfern zugerechnet und in Tirol und Oberbayern als »Wetterherr« bezeichnet.

Oswald wurde um das Jahr 605 als Sohn des Königs Ethelfrids geboren. Seine Schwester war die hl. Ebba, die in dem von ihm gegründeten Kloster Coldingham als Äbtissin lebte. Nach dem Tod seines Vaters 617 floh der junge Fürst zu den Schottenmönchen nach Iona, wo er im christlichen Glauben unterrichtet wurde und die Taufe empfing. Im Jahr 634 schlug Oswald den heidnischen König Cadwalla bei Hexham. Es gelang ihm, die Bretonen zu vertreiben und sein Land zurückzuerobern. Fortan war Oswald vor allem um die Einführung und Festigung des Christentums in seinem Land bemüht. Er ließ den hl. Mönch Aidan aus dem irischen Kloster Iona kommen und sandte ihn als Missionar aus, um

Geboren: um 605 in England
Gestorben: 642 in Maserfield (England)
Berufung/Beiname: Klostergründer, Missionsförderer; Nothelfer
Wirkungsstätten: England, Schottland
Bedeutung des Namens: der Freund der Götter (althochdeutsch)
Namensformen: Oskar, Ossi, Otto
Patronat: Kreuzfahrer; Vieh

5. August

seine Untertanen zum wahren Glauben zu bekehren. Oswald verlobte sich mit der Tochter des heidnischen Königs von Wessex und brachte seinen künftigen Schwiegervater dazu, sich ebenfalls taufen zu lassen und sein Land zu christianisieren. Nach und nach gewann Oswald eine Art Oberherrschaft über fast ganz England. Er ließ viele Kirchen und Klöster erbauen und zeichnete sich durch ein demütiges Leben und Wohltätigkeit gegenüber den Armen aus.

Oswald verlor sein Leben in der Schlacht bei Maserfield am 5. August 642. Er wurde von König Penda von Mercien geschlagen, der mit großer Übermacht angerückt war, um dem alten heidnischen Glauben wieder zu neuem Leben zu verhelfen. Nach der Schlacht ließ König Penda Oswalds Haupt und Hände zur Abschreckung abschlagen und an Pfähle annageln. Den Leichnam des Königs und später auch die Hände sowie das Haupt bestatteten die Christen in Bardney in Lincolnshire in der Klosterkirche.

Als Zeichen dafür, daß Oswald heilig sein müsse, galt den Menschen, daß seine rechte Hand unverwest blieb. Am Grab des hl. Oswald ereigneten sich bald auch viele wundersame Krankenheilungen.

Legende *Oswald war ein christlicher Fürst. Als man ihn zum König salben wollte, zerbrach das Gefäß mit dem kostbaren Salböl. Da flog ein Rabe vom Himmel und brachte eine goldene Büchse mit Chrysam im Schnabel, und damit konnte Oswald nun zum König gesalbt werden. Den Raben aber hielt der Gekrönte in Ehren. Als Oswald ans Heiraten dachte, erschien bei ihm ein Einsiedler, der sagte ihm, daß ein heidnischer König mit Namen Gaudon eine schöne Tochter habe, ihr Name sei Pia, die sollte er bekehren und zu seiner Frau machen. Weil aber der Heidenkönig bisher alle hatte töten lassen, die um seine Tochter warben, riet der Einsiedler dem König, er solle seinen Raben als Werber aussenden. Da schrieb Oswald die zwölf Sätze des christlichen Glaubens auf ein Blatt Papier, legte ein goldenes Ringlein dazu und nähte den Brief dem Raben unter sein Gefieder. Dann sandte er ihn zu der heidnischen Jungfrau.*

Der Rabe fand die schöne Jungfrau und brachte ihr die Botschaft. Als sie den Brief gelesen hatte, wurde ihr warm ums Herz, und sie schrieb König Oswald eine Antwort, legte einen goldenen Ring dazu und nähte ebenfalls den Brief unter das Gefieder des Raben. »Bring das deinem Herrn«, sprach sie, »und sag ihm dazu, daß ich keinen Menschen lieber zum Gemahl nehmen will als ihn. Er soll mich holen mit zweiundsiebzig Schiffen, von denen jedes tausend tapfere Ritter an Bord trägt.«

Der Rabe kehrte schnell zu seinem Herrn zurück und bestellte alles, wie es ihm gesagt worden war. Da ließ Oswald auf der Stelle zweiundsiebzig herrliche Schiffe bauen und nahm auch die von der Jungfrau verlangte Zahl von Rittern mit auf die Reise.

Der hl. Oswald wird in königlichen Gewändern mit Zepter und Prunkgefäß dargestellt; neben sich einen Raben, der einen Ring oder Brief im Schnabel hält, weil bei der Weihe Oswalds zum König das Ölgefäß zerbrochen sein soll, woraufhin ein Rabe mit Chrysam und Brief erschien.

Als der Vater der Jungfrau das große Heer der Christen sah, sprach er: »Warum seid ihr in mein Land gekommen? Wisset, ich lasse keinen Christen leben.« Oswald hatte aber einen goldenen Hirsch mitgebracht, der war schneller als der Wind. Als der heidnische König nun den Hirsch erblickte, hatte er sofort den dringenden Wunsch, dieses schöne Tier zu besitzen. Er befahl seinem Gefolge, den goldenen Hirsch mit ihm zu jagen. Und so folgten sie alle dem davoneilenden Tier bis tief in den Wald hinein. Als die Jungfrau das von der Burg aus sah, wo sie der König vorsorglich eingesperrt hatte, legte sie Männerkleider an und betete: »Maria, himmlische Königin, hilf mir, daß ich eine gute Christin werde und zu dem lieben Herrn Oswald komme!« Da zersprangen die Riegel. Die Tore der Burg taten sich auf, und sie ging zu König Oswald. Der empfing sie freundlich und sprach: »Nun wohl, auf ihr Herren! Ich habe eine junge Königin. Lasset alles andere stehen!« Und er ging mit seinem Heer und seiner Königin davon.

Berta von Biburg

6. August

Der Name Berta bedeutet »die Glänzende, Prächtige«. Die Kirche kennt eine ganze Reihe von heiligen Frauen mit dem Namen Berta. Da ist am 1. Mai das Fest der hl. Berta von Avenay, die in dem von ihr gegründeten Kloster Avenay an der Marne als Äbtissin wirkte und Ende des 7. Jahrhunderts starb. Der Legende nach wurde sie heimtückisch von ihren Stiefsöhnen ermordet und wird deshalb als Märtyrerin verehrt. Sie ist Fürsprecherin bei Verrücktheit.

Am 15. Mai wird das Fest der hl. Berta von Lothringen begangen, und am 4. Juli feiert die Kirche das Gedächtnis der hl. Berta von Blangy, der Tochter des Grafen Rigobert und Erbauerin des Klosters Blangy bei Arras in Frankreich. Berta trat mit ihren beiden Töchtern in dieses Kloster ein und starb dort als Äbtissin um das Jahr 725. Die Reliquien der hl. Berta von Blangy wurden um 895 nach Erstein im Elsaß überführt, kehrten aber Ende des 11. Jahrhunderts fast vollständig wieder in das Kloster Blangy zurück, wo sie heute noch verehrt werden.

Am 12. Juli wird auch die Mutter Kaiser Karls des Großen verehrt, die ebenfalls Berta hieß und allgemein als Volksheilige bekannt ist.

Eine weitere hl. Äbtissin und Zisterziensernonne dieses Namens war die sel. Berta von Marbais. Sie starb 1247 in dem von ihrer Familie gestifteten Frauenkloster Marquette bei Namur in Belgien. Ihr Festtag wird am 18. Juli gefeiert.

Schließlich ist in diesem Zusammenhang aber noch Berta von Biburg zu nennen, die aufgrund der Verehrung durch das Volk auch zu den Heiligen gerechnet wird. Berta war die einzige Tochter des Grafen Heinrich von Hiltpoltstein. Sie wurde gottesfürchtig erzogen. Als sie zur jungen Frau herangewachsen war, starben ihre Eltern. Die zahlreichen Güter wurden unter die Kinder verteilt. Berta und ihr Bruder Konrad erhielten Schloß Biburg mit allen dazugehörigen Ländereien. Beide waren mit dem hl. Otto, dem Bischof von Bamberg, befreundet. Auf Rat ihres Freundes stiftete Berta das Schloß Biburg dem Benediktinerorden und ließ zusätzlich dazu ein Spital für arme und kranke Wanderer errichten.

Gräfin Berta half persönlich beim Bau der Klosterkirche, andere Frauen des Dorfes standen ihr dabei zur Seite, bis das Gotteshaus nach siebenjähriger Bauzeit fertig war. Nun zog sich Berta von Biburg in die Einsamkeit zurück und vollbrachte viele Werke der christlichen Nächstenliebe.

Kein Armer ging unbeschenkt von Berta fort, kein Kranker blieb ungetröstet. Die hl. Berta wurde mit ihren vielen guten Werken für die Mönche, die in das Kloster eingezogen waren, zu einer wahren Seelsorgehilfe. Selbst im hohen Alter, das sie mit allerlei schmerzlichen Beschwerden quälte, ließ die fromme Gräfin Berta nicht nach in ihrem segensreichen Tun für die Menschen und trug ihr Leiden mit großer Geduld, bis sie im Jahr 1151 starb.

Die Frauen mit dem Namen Berta zeigen auf, daß Heilige nicht immer nur große Taten vollbringen, sondern auch in der Stille das Heil Gottes wirken und dennoch zu seinen Erwählten zählen können. Sie mögen hier für die vielen anderen Frauen stehen, die gleiches taten und deren Namen nicht in den Heiligenkalender eingegangen sind, weil sie unerkannt blieben.

Geboren: unbekannt
Gestorben: 1151
Berufung/Beiname: Klosterstifterin, Wohltäterin
Wirkungsstätte: Bayern
Bedeutung des Namens: die Glänzende (althochdeutsch)
Namensformen: Bertha, Bertilia, Berthild

Berta von Biburg wird dargestellt in der Ordenstracht der Benediktinerinnen mit einem Buch, die Hand zum Segensgruß erhoben; über ihrem Kopf erscheint die segnende Hand Gottes.

7. August

Kajetan

Geboren: 1480 in Vicenza (Italien)
Gestorben: 1547 in Neapel (Italien)
Berufung/Beiname: Ordensgründer, Seelsorger
Wirkungsstätte: Italien
Bedeutung des Namens: der aus Gaeta (Italien) Stammende (lateinisch)
Namensformen: Gaetano, Gaeto, Kajo
Patronat: Bayern; gegen Pest

Die meisten Menschen, die in München an der schönen Fassade der golden leuchtenden Theatinerkirche vorübereilen, wissen nicht, daß dieses große Gotteshaus St. Kajetan heißt, benannt nach dem Begründer des Theatinerordens →, dem hl. Kajetan. Der eigentliche Name des Heiligen war Gaetano von Thiene. Gaetano von Thiene wurde im Jahr 1480 in Vicenza in Italien geboren und stammte aus einem venezianischen Grafengeschlecht. Schon als Kind nannte man ihn »den Heiligen«, weil er sich durch große Sanftmut und Demut auszeichnete. Kajetan studierte die Rechtswissenschaften und promovierte im Jahr 1505 in Padua. Er begab sich nach Rom, wo ihn Papst Julius II. zu seinem Geheimsekretär ernannte. Im Jahr 1516 wurde Kajetan, der sich inzwischen ganz dem geistlichen Beruf zugewandt hatte, zum Priester geweiht.

Kajetan kehrte einige Jahre später wieder in seine Heimatstadt Vicenza zurück und trat dort der frommen Bruderschaft des hl. Hieronymus bei, deren Mitglieder sich der Pflege von Armen und Kranken widmeten. Kajetan machte es sich dort vor allem zur Aufgabe, die unheilbar Kranken zu betreuen. Bald darauf gründete er in Venedig ein Spital für diese hoffnungslosen Fälle.

Im Jahr 1521 ging Kajetan auf Rat seines Beichtvaters wieder nach Rom. Er hatte erkannt, daß der gesamte Klerus dringend der Reform bedurfte. Er fühlte sich berufen, die Geistlichen wieder zum rechten priesterlichen Leben zurückzuführen. In Verbindung mit Peter Caraffa, dem späteren Papst Paul IV., und zwei anderen Priestern gründete er eine Gemeinschaft, die er unter eine strenge Mönchsregel stellte. Den Namen »Theatiner« → erhielten sie durch Caraffa, der zu dieser Zeit Bischof von Theate war und ihr erster Oberer wurde. Grundgedanke der Kongregation waren die Hebung der priesterlichen Bildung sowie des religiösen Lebens des Volkes. Als oberstes Prinzip galt für die Mitglieder die vollkommene Armut, an der Kajetan sein ganzes Leben lang festhielt.

Der Orden gedieh, und durch seinen Einfluß wurden bedeutende Reformen des kirchlichen Lebens durchgeführt. Das beispielhafte Leben seiner Priester-Mitglieder machte auf die Weltgeistlichkeit großen Eindruck. Im Jahr 1524 bestätigte Papst Clemens VII. die Regel des Ordens, und in den folgenden furchtbaren Pestjahren verwirklichten die Theatiner in selbstloser Weise das, wozu ihre Ordensregel sie verpflichtete. Sie wurden deshalb wegen ihrer aufopfernden Krankenpflege vom Volk in ganz besonderer Weise geschätzt.

Kajetan und seine Gefährten erlebten in Rom den »Sacco di Roma«, jene unvergeßliche und furchtbare Heimsuchung der Ewigen Stadt durch deutsche und spanische Söldner unter Kaiser Karl V. Auch das Haus der Theatiner in Rom wurde dabei geplündert und zerstört. Kajetan und seine Gefährten flüchteten nach Venedig, wo sie gastfreundliche Aufnahme fanden. Hier setzten sich die Theatiner wieder mit allen Kräften bei der Bekämpfung und Linderung der Pest ein, die gerade zu dieser Zeit Venedig heimgesucht hatte. Sie betreuten die verängstigten Menschen ohne Rücksicht auf ihre eigene Gesundheit. Peter Caraffa, der spätere Papst Paul IV., entsandte nun Kajetan nach Neapel, um auch dort eine

An seine Verwandten, denen er sein väterliches Erbe schenkte, schrieb Kajetan: »Ich sehe Christus arm und mich reich, ihn verachtet und mich geehrt. Ich will ihm um einen Schritt näher kommen und habe beschlossen, alles aufzugeben, was ich noch an zeitlichen Gütern besitze.«

7. August

Niederlassung des Ordens zu gründen. Kajetans apostolischer Eifer rüttelte in Neapel selbst die Zweifler auf, denn seine Predigten waren von der Glut des Heiligen Geistes erfüllt. Das Volk nannte ihn bald den »seraphischen Seelenjäger«. Mittelpunkt seines Lebens bildete das Gebet. In stundenlangen nächtlichen Betrachtungen holte sich der Heilige Kraft und Erleuchtung im Zwiegespräch mit Gott. Der Gründer des Theatinerordens starb am 7. August 1547 in Neapel und wurde 1671 von Papst Clemens X. heiliggesprochen. Seine Reliquien befinden sich in der Kirche S. Paolo Maggiore in Neapel. Nach seinem Tode verbreitete sich der von Kajetan gegründete Orden der Theatiner schnell über ganz Italien und die Grenzen des Landes. So kam er nach München, Salzburg und Prag.

Legende Oft wurde der hl. Kajetan während seines Gebets von der Erde entrückt und geriet in Verzückung. Dann lag die Zukunft unverhüllt vor seinen Augen. Als er an einem hl. Weihnachtsabend einmal in die Kirche Santa Maria Maggiore ging, um dort die ganze Nacht im Gebet vor der Krippe des Herrn zuzubringen, da geschah es, daß ihm die göttliche Mutter Maria mit dem Jesuskind erschien und ihm das Kind in die Arme legte. Ein himmlisches Entzücken und glühende Liebe erfüllten dann sein Herz.

Kajetan wird dargestellt als Kleriker im schwarzen Talar, das Jesuskind auf den Händen, oft auch mit Lilie und Buch, ein geflügeltes Herz tragend, oder mit Rosenkranz und Totenkopf.

Das barocke Deckenfresko der Kirche S. Nicolo da Tolentino in Venedig zeigt die »Glorie des hl. Kajetan«.

7. August

Narzissus und Afra

Geboren: Narzissus: unbekannt; Afra: auf Zypern
Gestorben: Narzissus: um 307 in Gerona (Spanien); Afra: 304 in Augsburg
Berufung/Beiname: Narzissus: Bischof, Märtyrer; Afra: Märtyrerin
Wirkungsstätten: Narzissus: Spanien, Augsburg; Afra: Italien, Augsburg
Bedeutung des Namens: Narzissus: die Narzisse (griechisch); Afra: die Afrikanerin (lateinisch)
Namensformen: Narzissus: Narzissos, Narziß
Patronat: Narzissus: Augsburg; Afra: Augsburg, Büßerinnen

Der hl. Narzissus wird dargestellt als Bischof mit Drachen, Schwert und Stechmücken.

Die hl. Afra wird als junge Frau dargestellt, die an einen Baum gebunden ist und von Flammen umgeben wird oder auf einem Scheiterhaufen steht.

Die Geschicke dieser beiden Heiligengestalten sind so eng miteinander verknüpft, daß es sinnvoll ist, ihre Geschichte auch in der schicksalhaften Verflechtung wiederzugeben. Allerdings läßt sich schwer sagen, was von ihrer Lebensbeschreibung wirklich historisch und was vorwiegend legendenhaft ist. Zwei Dinge hebt die Überlieferung hervor: die bedeutungsvolle Begegnung beider in Augsburg und den Märtyrertod, den beide erlitten.

Narzissus war Bischof von Gerona in Spanien. Als im Jahr 303 die heftigen Christenverfolgungen unter dem römischen Kaiser Diokletian (284–305) einsetzten, floh der Bischof mit seinem Diakon Felix. Er kam dabei auch in das römische Kastell »Augusta Vindelicorum«, das heutige Augsburg.

Als sich die beiden Wanderer nach einer Herberge erkundigten, wies man sie in das Haus der Hure Afra. Sie führte eine Schenke, die von römischen Offizieren und Soldaten der in der Stadt stationierten Legionen besucht wurde. Afra nahm die beiden Wanderer freundlich auf und bewirtete sie. Wie sehr erstaunte sie aber, als sie sah, daß sich der Bischof vor der Mahlzeit niederkniete, betete und dann die Speisen segnete. Afra muß davon zutiefst beeindruckt gewesen sein, denn sie fragte den Bischof am nächsten Tage, was dies alles bedeutet habe. Narzissus sagte, daß er Christ sei, und erklärte ihr die Glaubenswahrheiten. Erschüttert warf sich Afra ihm zu Füßen und gestand ihm, daß er sich unter dem Dach der sündigsten Frau der Stadt befinde. Aber Narzissus wich nicht etwa erschrocken vor ihr zurück, sondern belehrte sie, daß Christus gerade den größten Sündern Vergebung versprochen habe, sobald sie ihr Tun bereuten. Wenn also Afra ihren Lebenswandel aus innerer Überzeugung heraus änderte, könnte sie gerettet werden. Da bat ihn Afra inständig, sie, ihre Mutter, ihre Mägde und ihren Onkel Dionysius in der Lehre Christi zu unterweisen. Und alle empfingen bald danach die Taufe aus der Hand des Bischofs. Ihr Haus aber ließ Afra von Narzissus zur ersten christlichen Kirche in Augsburg weihen.

Neun Monate predigte Narzissus das Evangelium in der Stadt, dann verließ er Augsburg. Vorher hatte er Dionysius zum ersten Bischof der jungen Christengemeinde eingesetzt. Narzissus kehrte nach Gerona zurück. Dort leitete er noch drei Jahre seine Gemeinde voller Eifer. Dann wurde er wegen seines Glaubens verhaftet. Vor dem Richter bekannte er sich standhaft zu Christus und erlitt den Martertod durch das Schwert. Das geschah um das Jahr 307.

Der Gesinnungswandel Afras und ihrer Mutter Hilaria erregte allgemeines Aufsehen in der Stadt Augsburg. Sehr bald schon wurden sie als Christen angeklagt. Als Afra auf das Gebot des Richters hin den Göttern nicht opferte, wurde sie zum Feuertod bei lebendigem Leib verurteilt. Auf einer Insel im Lech wurde der Holzstoß errichtet. Man band sie an einen Pfahl und entfachte den Scheiterhaufen. Afra aber fing an, laut zu beten und Gott in Lobgesängen zu preisen. Dann gab sie, erstickt vom Rauch, ihren Geist auf, indessen die Flammen ihren Leib unversehrt ließen. Heute befinden sich ihre Reliquien unter dem Afraaltar, den man später im Ulrichsmünster in Augsburg aufstellte.

Edith Stein

8. August

»Zustand meiner Seele vor der Konversion: Rettung rein durch Gottes Barmherzigkeit, ohne eigenes Verdienst. Dies oft erwägen, um demütig zu werden.« Elf Monate vor ihrem Tod im KZ Auschwitz notierte Edith Stein diese Worte.

Am 12. Oktober 1891 wurde Edith Stein als jüngstes von elf Kindern geboren. Nach dem Abitur studierte sie Germanistik, Geschichte und Psychologie in Breslau und Göttingen. Erste Berührungen mit dem Christentum machten die Jüdin nachdenklich, aber noch war der Weg weit, der sie schließlich zum katholischen Glauben führte. Im Ersten Weltkrieg meldete sich Edith Stein als Krankenpflegerin. 1916 wurde sie dann Assistentin an der Universität in Freiburg, und im gleichen Jahr promovierte sie summa cum laude zum Doktor der Philosophie. Nach dem Krieg kehrte Edith Stein wieder heim nach Breslau, um ihre wissenschaftlichen Arbeiten fortzuführen. Aber immer mehr trat bei ihr die Suche nach dem wahren Glauben in den Vordergrund ihres Denkens.

Bei einem Besuch einer Freundin in Bergzabern fiel ihr die Selbstbiographie der Theresa von Avila in die Hand, und sie entdeckte in dieser Lebensgeschichte ihr eigenes Schicksal wieder. Edith Stein sah nun die Wahrheit vor sich: »Gott ist nicht die Wissenschaft, nein, Gott ist die Liebe!« Am 1. Januar 1922 empfing Edith feierlich die Taufe, und gleichzeitig entschloß sie sich, ihr künftiges Leben ganz Gott zu weihen. Selbst die jüdische Mutter erkannte schmerzlich, daß ihre Tochter den Weisungen Gottes folgen mußte.

Edith Stein fand als Lehrerin eine Stelle bei den Dominikanerinnen → in Speyer. Sie erfüllte ihren erlernten Beruf mit Freude, und dort ersetzte sie jungen Menschen, denen das Elternhaus fehlte, die mütterliche Liebe. Gleichzeitig übersetzte sie unter anderem Schriften von Thomas von Aquin ins Deutsche.

Immer dringender wurde aber ihr Wunsch, in den Karmel einzutreten. Allerdings wurde ihre Bewerbung immer wieder abgelehnt.

Als ihr Seelenführer, Prälat Schwind, starb, wandte sich Edith Stein mit ihrem Anliegen, in den Karmeliterorden einzutreten, an den Erzabt Raphael Walzer OSB von Beuron, aber auch er verweigerte ihr den Eintritt in den Karmel, weil er überzeugt war, daß sie Großes im weltlichen Leben leisten würde. Er übernahm allerdings ihre geistliche Führung, und Kloster Beuron wurde von da an für Edith Stein zur seelischen Heimat. Sie schrieb: »Was man von dort mitbringt, ist dauerhaft. Und in zwölf Tagen kann man dort einen Schatz sammeln, der lange währt und alles verdauen hilft, was von außen kommt.«

Edith Stein begann nun eine Vortragstätigkeit als Fachreferentin für Frauenfragen. Anschließend folgte sie dem Ruf an die Pädagogische Akademie in Münster. Mit zweiundvierzig Jahren durfte sie in den Karmel von Köln-Lindenthal eintreten. Demütig beugte sie sich allen Forderungen des Ordenslebens. Bei der Einkleidung am 15. April 1934 durfte sie, ihrem eigenen Wunsch folgend, den Namen Teresia Benedicta a cruce – die vom Kreuz gesegnete Theresia – übernehmen. Mit diesem Namen bezeugte sie ihre Dankbarkeit gegenüber den Benediktinerinnen → von Beuron.

Geboren: 1891 in Breslau (Schlesien)
Gestorben: 1942 in Auschwitz (Polen)
Berufung/Beiname: Konvertitin, Karmeliternonne, Märtyrerin
Wirkungsstätten: Deutschland, Holland, Polen
Bedeutung des Namens: die für den Besitz Kämpfende (angelsächsisch)
Namensformen: Editha, Dita, Eda, Edda

»Kreuzeswissenschaft«, eine Abhandlung über Johannes vom Kreuz, hieß das letzte größere Werk Edith Steins. Sie übertrug auch den »Geistlichen Gesang«, spanische Liebesgedichte in der Tradition des Hohen Liedes, ins Deutsche.

Die Karmeliternonne
Edith Stein wurde von Papst Johannes Paul II. am 11. Oktober 1998 heiliggesprochen.

Kurz nachdem sie ihr großes, wissenschaftliches Werk »Endliches und ewiges Sein« abgeschlossen hatte, legte Edith Stein ihre zeitlichen Gelübde 1935 ab, und am 21. April 1938 die ewigen Gelübde.

Mit wachem und kritischem Verstand hatte Edith Stein all die Jahre den wachsenden Antisemitismus beobachtet. Sie wußte, jetzt brach das Unheil in voller Wucht über alle Juden in Deutschland herein. Schwester Benedicta, wie Edith im Karmel genannt wurde, brachte man zu ihrer Sicherheit in den Karmel nach Echt in Holland. Bereits am 9. Juni 1939 schrieb sie ihr Testament: »Ich bitte den Herrn, daß er mein Leben und Sterben annehmen möchte zu seiner Ehre und Verherrlichung. Für alle Anliegen der Heiligen Herzen Jesu und Mariae und der heiligen Kirche, insbesonders für die Erhaltung, Heiligung und Vollendung unseres heiligen Ordens, namentlich des Kölner und des Echter Karmels, zur Sühne für den Unglauben des jüdischen Volkes und damit der Herr von den Seinen aufgenommen werde und Sein Reich komme in Herrlichkeit, für die Rettung Deutschlands und den Frieden der Welt.«

Mit der Besetzung Hollands durch die Deutschen begann die Zeit des Schreckens auch für Schwester Benedicta. Am 2. August 1942 wurde sie von der SS abgeholt und zusammen mit ihrer Schwester, die ebenfalls Aufnahme im Karmel von Echt gefunden hatte, verschleppt. Beim Verlassen des Klosters faßte Edith Stein ihre Schwester bei der Hand und sagte: »Komm, wir gehen für unser Volk!« Sie wurden nach Auschwitz-Birkenau gebracht. Rasch folgte das Ende ihres Kreuzweges. Als Todesdatum wird der 9. August 1942 genannt.

8. August

Dominikus

Geboren: um 1170 in Caleruega (Spanien)
Gestorben: 1221 in Bologna (Italien)
Berufung/Beiname: Domkapitular, Ordensgründer, Wanderprediger
Wirkungsstätten: Europa
Bedeutung des Namens: der, der dem Herrn gehört (lateinisch)
Namensformen: Dominik, Domenico, Domingo
Patronat: Bologna, Cordoba, Palermo; Schneider

Das Grab des Ordensgründers der Dominikaner → oder, wie sie auch genannt werden, der Predigerbrüder, befindet sich in San Domenico in Bologna. Man findet es dort im rechten Seitenschiff. An der »Arca« – so nennt man dieses Monument – haben mehrere bedeutende Künstler gearbeitet. Die Reliefs auf der großen Urne mit den Szenen aus dem Leben des Heiligen schufen 1267 Nicolò Pisano und Fra Guglielmo, der Aufbau darüber mit den Statuen der Patrone von Bologna stammt von Nicolò da Bari. Der Engel auf der rechten Seite sowie die Statuen des hl. Petronius und des hl. Proculus sind Arbeiten des jungen Michelangelo. Unter dem Altar der Kapelle befindet sich ein gotisches Reliquiar. Es enthält das Haupt des hl. Dominikus. Dieses Grab erfuhr zu allen Zeiten eine große Verehrung. Unter der Vielzahl von Gläubigen befand sich auch Kaiser Karl V. In dem Dominikanerkloster neben der Kirche zeigen die Mönche die Zelle, die der hl. Dominikus mit einem Mitbruder teilte und in der er gestorben ist.

Die Gestalt des hl. Dominikus hat viele Künstler zu Darstellungen angeregt, so beispielsweise Fra Angelico, Lucas van Leyden, Raffael und Perugino.

Nördlich der Alpen hat vor allem Hans Holbein d. Ä. die Geschichte der Dominikaner in berühmten Gemälden für das Dominikanerkloster in Frankfurt am Main festgehalten. Ihr italienisches Gegenstück bildet der Freskenzyklus in der Spanischen Kapelle des Kreuzgangs von S. Maria Novella in Florenz. Hier findet sich auch die Wiedergabe der Dominikaner als »domini cani«, das heißt als die Wachhunde des Herrn, denn sie sind hier in Hundegestalt abgebildet.

Der hl. Dominikus stammte aus dem altspanischen Geschlecht der Guzman und

8. August

wurde um 1170 in Caleruega in Kastilien geboren. Er studierte zehn Jahre Theologie und Philosophie in Palenzia. 1199 wurde er Domkapitular im Chorherrenstift Osma. Da er sein Leben während der ganzen Zeit so vorbildlich gestaltet hatte, daß er »in der Demut des Herzens der Letzte, an Heiligkeit der Erste war«, wie sein Biograph schreibt, wurde er bald zum Subprior ernannt. Er half dem Bischof bei der Leitung der Diözese und bei Reformen innerhalb des Domkapitels. Anläßlich einer großen Reise, die sein bischöflicher Freund Diego auf Befehl des Königs als Brautwerber in die Marken und im Anschluß daran nach Rom machen mußte und auf der er diesen zu begleiten hatte, bekam Dominikus Einblick in das Treiben der Albigenser →, einer neuen Irrlehre, die bereits eine folgenschwere Verwirrung unter den Christen angerichtet hatte.

Hatte Franziskus vor allem die christliche Armut zum Dreh- und Angelpunkt seines Ordens erhoben, so rückte nun Dominikus darüber hinaus die zeitgemäße Verkündigung in den Mittelpunkt seines Wirkens, denn er hatte erkannt, daß etwas falsch sein mußte an der Art und Weise, wie man sich bisher mit den häretischen Albigensern auseinandergesetzt hatte. Zusammen mit Bischof Diego gründete er in Prouille Languedoc sein erstes Missionszentrum

Dominikus ließ sich auch durch Morddrohungen und Tätlichkeiten der Albigenser nicht einschüchtern. Er zwang sie, ihm Rede und Antwort zu stehen. Ein öffentlicher Meinungsaustausch zog sich manchmal 14 Tage hin.

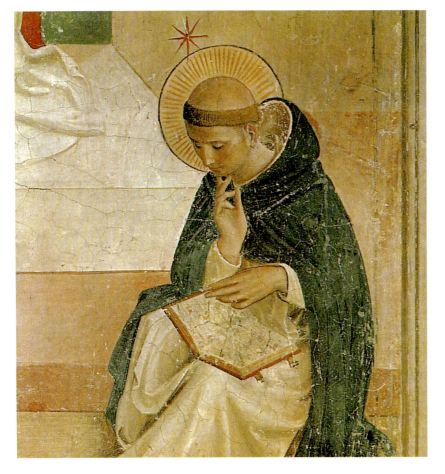

Der hl. Dominikus auf einem Fresko von 1440 in der Kirche S. Marco in Florenz.

Dominikus wird dargestellt in weißem Habit, Skapulier, Kapuze und schwarzem, offenen Mantel, mit Buch; auch mit schwarzweiß geflecktem Hund, der eine Fackel im Maul trägt, mit Rosenkranz, dessen Stifter er ist, mit Lilie als Sinnbild der Reinheit, mit Sperling als Sinnbild der Armut, mit Stern über dem Kopf oder auf der Brust.

auf der Grundlage von Armut, Studium und Predigt. Es handelte sich um ein Haus zur Aufnahme bekehrter Albigenserinnen. Man kann es ohne weiteres als das erste Dominikanerinnenkloster bezeichnen. Ganz auf sich allein gestellt, ohne materielle Unterstützung, nur von Almosen lebend, begann nun Dominikus, sich mit den Albigensern in Wort und Tat auseinanderzusetzen. Als Wanderprediger stellte er sich in öffentlichen Diskussionen seinen Gegnern. Um den falschen Lehren noch nachhaltiger entgegenwirken zu können, gründete Dominikus 1215 einen eigenen Predigerorden, dessen Aufgabe vor allem darin bestand, durch das gesprochene Wort und ein vorbildliches Leben die Irrgläubigen zu bekehren. In seiner Gemeinschaft sorgte er für theologisch gebildete und rhetorisch geschulte Männer, die er gemäß ihrer Zielsetzung in die Welt hinaussenden konnte. Er gab seinem Orden die Regel des hl. Augustinus, die er durch einige strenge Bestimmungen, darunter den völligen Verzicht auf Eigentum, ergänzte. Der Orden wurde 1216 von Papst Honorius III. bestätigt. Schon ein Jahr nach der Gründung existierten sechzig Dominikanerklöster. Dominikus sandte seine Brüder nach Rom, Madrid und Paris. Es entstanden Niederlassungen in Ungarn, Deutschland und England. Die Dominikaner wurden neben den Franziskanern → zum wichtigsten Orden des Mittelalters. Aus ihm sollten später so bedeutende Männer wie Albertus Magnus, Thomas von Aquin, Katharina von Siena, Heinrich Suso, Fra Angelico und Petrus Martyr hervorgehen.

Dominikus blieb nach den Jahren seines missionarischen Wirkens nur noch wenig Zeit, um Organisation und Ausbreitung seines Ordens persönlich voranzutreiben. Er starb nach der Abhaltung des zweiten Generalkapitels in Bologna im einundfünfzigsten Lebensjahr. Sein Vermächtnis an seine Brüder war die Aufforderung zu Liebe, Demut und Armut. Heiliggesprochen wurde er 1234. Dem Heiligen schreibt man die Einführung des Rosenkranzgebets zu.

Legende *So hatte die Mutter des hl. Dominikus vor seiner Geburt einen Traum, der auf die spätere Bedeutung des Kindes hinwies. Sie träumte, daß sie einen Hund im Leibe trüge, der eine brennende Fackel im Maul hatte. Und als er ihrem Leibe entstieg, da entzündete dieses Hündlein die ganze Welt mit seiner Fackel. Während er in Palenzia studierte, brach eine große Hungersnot aus; da verkaufte Dominikus all sein Hab und Gut, darunter auch die für ihn so notwendigen kostbaren Bücher, um von dem Erlös die Armen zu speisen. Und als man ihm dies vorwarf, sprach er:»Wie könnte ich wohl in diesen toten Büchern studieren, wenn ich weiß, daß lebende Menschen vor Hunger sterben.«*

Bei einem der Streitgespräche, die Dominikus mit den Ketzern führte, geschah es, daß diese ihm einmal eine eigene Schrift vorlegten, in welcher sie ihre Lehre aufs ausführlichste dargestellt hatten. Da verfaßte Bruder Dominikus sogleich eine andere, in welcher er mit aller Gründlichkeit die Organisation der katholischen Kirche und die Wahrheit ihrer Lehre verteidigte. Als danach die Ketzer sich entscheiden sollten, welche der beiden Schriften richtig sei, da verfielen sie auf den Gedanken, die beiden Schriften ins Feuer zu werfen, damit diejenige, die vom Feuer verschont bliebe, offenbare, daß in ihr die rechte Glaubensweise vorgetragen worden war. Man zündete also ein großes Feuer an, warf beide Schriften hinein, und siehe, die der Ketzer verbrannte sofort in den Flammen, während jene des Bruders Dominikus nicht nur völlig unversehrt blieb. Ein junger Mann, der von der Beredsamkeit des Dominikus hingerissen war, fragte ihn, welches bedeut-

same Buch er denn studiert hätte. »Mein Sohn«, antwortete dieser, »in dem Buch der Liebe steht mehr als in jedem anderen, denn dieses lehrt alles.« Als der Ordensmeister seinen Tod nahen fühlte, rief er zwölf seiner Brüder zu sich und begann, sie zu ermahnen. »Seht«, sagte er, »bis zu dieser Stunde hat mich die göttliche Barmherzigkeit in der Unversehrtheit des Fleisches bewahrt. Jedoch bekenne ich euch, dieser einen Unvollkommenheit nicht entgangen zu sein, daß die Gespräche mit jungen Frauen mein Herz mehr angeregt haben als die Anreden der alten.«

9. August

Cyriakus

Von der Lebensgeschichte des hl. Cyriakus wissen wir nur wenig. Sein Fest wird seit dem Jahr 354 am 8. August gefeiert. Er gehört zu den frühchristlichen Märtyrern und starb um das Jahr 309, wahrscheinlich während der diokletianischen oder maximianischen Christenverfolgungen. Der hl. Cyriakus gehört zu den vierzehn Nothelfern, weil er in hohem Maße wundertätig war.

Der Heilige wurde zusammen mit anderen christlichen Märtyrern, nämlich den hll. Largus und Smaragdus, die meist mit ihm zusammen genannt werden, an der Via Ostiense bei Rom begraben. Papst Honoris I. ließ über der Grabstätte eine Kirche errichten. Kaiser Otto I. brachte später einen Arm des hl. Cyriakus nach Bamberg. Das Kollegiatsstift Neuhausen bei Worms besitzt seit 847 eine Reliquie des Heiligen. Dort gab es auch den sogenannten Cyriakus-Brunnen und eine Cyriakus-Waage, auf der man nach alter Sitte die Kinder wog und entsprechend ihrem Gewicht Weizen für die Armen opferte. In der Abtei Altdorf im Elsaß befindet sich eine der viel besuchten Reliquien des Heiligen.

Die uns bekannte Lebens- und Leidensgeschichte des hl. Cyriakus stammt aus dem 6. Jahrhundert und hat rein legendären Charakter. Darin heißt es: Cyriacus half den Christen, die als Zwangsarbeiter beim Bau der diokletianischen Thermen zu schwerster körperlicher Arbeit verurteilt worden waren. Er unterstützte sie mit Lebensmitteln und stand ihnen stets hilfreich zur Seite. Da seine Tätigkeit nicht unentdeckt blieb, mußte auch er zur Strafe diesen Frondienst leisten. Als man ihn zwingen wollte, den Götzen zu opfern, blieb er trotz grausamer Folterung standhaft. Als selbst das Übergießen mit siedendem Pech nicht zu seinem Tod führte, wurde er um 305 enthauptet.

Geboren: unbekannt
Gestorben: um 305 in Rom
Berufung/Beiname: Märtyrer; Nothelfer
Wirkungsstätten: Italien
Bedeutung des Namens: der, der dem Herrn gehört (griechisch)
Namensformen: Kyriakus, Cyriak, Ciro, Cyrus
Patronat: Zwangsarbeiter; gegen Versuchungen; gegen böse Krankheiten

Legende Nun geschah es aber, daß die Tochter des Kaisers Diokletian (284–305) von einem bösen Geist besessen war. Als Diokletian von dem Wunder hörte, das Cyriakus an einem Blinden vollbracht hatte, ließ der Kaiser den Diakon in seinen Palast kommen, damit auch das Mädchen von ihm geheilt würde. Cyriakus kam, hörte, was der Kaiser verlangte, und vertiefte sich ins Gebet. Er gebot dem Teufel, das Mädchen zu verlassen. Da rief das Mädchen mit lauter Stimme: »Ich glaube an Jesus Christus, den Sohn des allmächtigen Gottes!« Daraufhin taufte sie Cyriakus. Der Kaiser, der das Wunder miterlebt hatte und in seinem Herzen vor Verwunderung tief ergriffen war, verschloß sich dennoch dem Licht des Glaubens. Aber wenigstens ließ er Cyriakus mit seinen Gefährten in Frieden leben.

Dargestellt wird Cyriakus als Diakon mit einem gefesseltem Dämon. Er wird in szenischen Darstellungen oft gezeigt, wie er einem Besessenen den Teufel austreibt oder Armen Almosen gibt. Manchmal wird er auch mit dem Mädchen Artemia abgebildet, das er der Legende nach geheilt hat.

10. August

Laurentius

Zu den sieben Pilgerkirchen Roms gehört auch die Basilika S. Lorenzo fuori le mura, die unter Kaiser Konstantin (312–337) um das Jahr 330 über dem Grab des hl. Märtyrers Laurentius errichtet wurde. Sie ist die größte unter den dem hl. Laurentius geweihten Kirchen. Die Krypta birgt den antiken Sarkophag mit den Gebeinen des Heiligen. Sein Fest wurde schon vor 354 am 10. August gefeiert.

Laurentius stammte aus Spanien. Er wird in den geschichtlichen Quellen stets zusammen mit Papst Sixtus II. erwähnt. Zu seinen Aufgaben gehörte es, Almosen an die Armen zu verteilen. Als Papst Sixtus am 6. August 258 in den Katakomben von den Römern enthauptet wurde, ergriff man auch Laurentius, um den vermeintlich großen Goldschatz der Kirche beschlagnahmen zu können. Als man erkannte, daß hier nichts zu holen war, wurde Laurentius auf einem glühenden Rost grausam gefoltert. Er starb am 10. August 258 den Märtyrertod und wurde auf dem Campus Veranus an der Via Tiburtina begraben.

Es gibt zahllose berühmte Darstellungen des Heiligen, so von Ghirlandaio, Tizian und Stephan Lochner. Im Vatikan befinden sich Fresken mit sechs Episoden aus dem Leben des Heiligen von dem Maler Fra Angelico. Auch auf dem großartigen Jüngsten Gericht von Michelangelo in der Sixtinischen Kapelle nimmt die eindrucksvolle Figur dieses Heiligen direkt unter dem Weltenrichter Christus einen hervorragenden Platz ein.

Geboren: um 230 in Spanien
Gestorben: 258 in Rom
Berufung/Beiname:
Diakon, Märtyrer
Wirkungsstätte: Italien
Bedeutung des Namens:
der mit Lorbeer Geschmückte (lateinisch)
Namensformen: Lorenz, Loris, Lenz, Lars, Larry, Laurent, Laurence, Lawrence, Lorenzo
Patronat: Arme, Bäcker, Bibliothekare, Glaser, Feuerwehrleute, Köche, Wäscherinnen, Winzer, Wirte; gegen Brandwunden, Fieber, Rückenschmerzen; gegen die Qualen des Fegefeuers

Legende Als der römische Kaiser Valerian vernommen hatte, die Kirche Jesu Christi besäße unvorstellbar wertvolle Schätze, wollte er sich diese um jeden Preis aneignen. Also ließ er Laurentius, von dem es hieß, er wäre der Verwalter dieses Reichtums, von seinen Häschern ergreifen, um von ihm zu erfahren, wo sich das Gold befände.
Der Kaiser versprach ihm Leben und Freiheit, wenn er ihm den Schatz ausliefern würde. »Wohl besitzt die Kirche einen kostbaren Schatz«, gab daraufhin Laurentius zur Antwort. »Und dieser Reichtum ist von solchem Glanz, wie ihn der Kaiser noch nie gesehen hat. Gib mir drei Tage Zeit, so will ich vor dir ausbreiten, was wir Christen als unser kostbarstes Gut erkennen. Und nicht ein Stück soll dir verborgen bleiben.«
Kaiser Valerian ließ nun Laurentius wieder frei und wartete auf den erhofften Schatz. Laurentius aber schenkte indes das wenige, was die Kirche noch an Gütern besaß, den Bedürftigen. Am dritten Tage aber sammelte er um sich alle die Armen und Verachteten, denen er mit der Lehre Jesu Christi Trost und Zuversicht gebracht hatte.
Mit ihnen zog Laurentius nun vor den römischen Kaiser Valerian und rief: »Siehe, das ist der unvergängliche Schatz unserer Kirche! Achte ihn nicht gering! Heller als Gold und Diamanten strahlt in ihren Herzen der Glanz des Glaubens.« Der Kaiser aber, der sich in seinen Hoffnungen betrogen sah, schrie: »Fügst du zum Betrug auch noch den Hohn?« Als die Folterknechte den Laurentius daraufhin zwingen wollten, seinem Christenglauben abzuschwören und die Götzenbilder anzubeten, da fragte der hl. Laurentius den Kaiser lächelnd: »Sagt, wen soll man anbeten, den Schöpfer oder das Geschöpf?«
Da konnte der Kaiser seinen Zorn nicht mehr bändigen. Er ließ einen eisernen Rost herbeitragen, auf den fesselte man Laurentius und briet ihn bei lebendigem Leib.

Der hl. Laurentius war der von der West- und Ostkirche am meisten verehrte Märtyrer. Er wird dargestellt als Diakon, mit rechteckigem Rost als Marterwerkzeug, Evangelienbuch, Kreuz und Märtyrerpalme.

11. August
Klara

Im Jahr 1194 wurde Klara in der Stadt Assisi geboren. Ihre Eltern gehörten der mächtigen Adelsfamilie der Offreducci Favarone an. Als Kind stand Klara unter dem Einfluß ihrer frommen Mutter Hortulana. Schon als kleines Mädchen trug sie unter ihren kostbaren seidenen Kleidern ein rauhes Büßerhemd. Täglich verbrachte sie viel Zeit mit Gebeten, deren Abfolge sie mittels kleiner Steinchen festlegte, da es so etwas wie den Rosenkranz noch nicht gab.

Nachdem sie den hl. Franziskus von Assisi gesehen und gehört hatte, wünschte sich das heranwachsende Mädchen nur noch eines, nämlich es ihm nachzutun. Franziskus war von Klaras lauterem Wesen tief beeindruckt und riet ihr, wohl zu überlegen und das für sie Richtige zu wählen.

Auf der einen Seite stehe die laute Welt mit all ihren Eitelkeiten, dazu eine glanzvolle Heirat mit der Aussicht auf eine glückliche Ehe, auf der anderen Seite die ganz stille, einfache Welt hier auf Erden mit Christus. Da zögerte Klara nicht mehr lange, ihr Entschluß war rasch gefaßt. Sie wollte allein für Christus leben. Weil ihre Familie diesen Wunsch aber nicht billigte, floh Klara in der Nacht des 10. März 1212 aus dem Elternhaus in Assisi.

Die Franziskaner → empfingen das junge Mädchen im Kirchlein Portiunkula in Assisi. Klara vertauschte ihre kostbaren Kleider mit einer Kutte aus Sackleinwand und legte vor dem Altar als die arme Schwester Klara die Gelübde ab. Franziskus brachte sie zunächst in einem Benediktinerinnenkloster unter.

Als Klaras Flucht entdeckt worden war, drang man in das Kloster ein, um sie gewaltsam zurückzuholen. Doch Klara eilte in die Kirche. Mit der einen Hand den Altar umklammernd, in der anderen ihre abgeschnittenen Haare haltend, rief sie: »Ihr sollt wissen, daß ich keinen anderen Bräutigam verlange als Jesus Christus. Freiwillig habe ich ihn erwählt, und nie werde ich ihn verlassen!« Hierauf zogen sich ihre Verfolger betroffen zurück.

Als dann jedoch auch noch Agnes, Klaras jüngere Schwester, ihrem Beispiel nachfolgte, da versuchte die Familie erneut, die beiden Geschwister aus dem Kloster zu entführen. Aber Klaras inständige Gebete und ihre Überzeugungskraft bewirkten letzten Endes doch, daß man beide in Ruhe gewähren ließ. Später folgte auch noch ihre Schwester Beatrix nach und kam zu Klara in das Kloster, und als der Vater gestorben war, kam sogar die Mutter Hortulana.

Nun gelang es Franziskus mit Hilfe gesammelter Almosen, das kleine Kloster San Damiano zu kaufen. Und dort fanden die ersten Klarissinnen → ihr Heim. Einundvierzig Jahre verbrachte Klara in der klösterlichen Gemeinschaft von San Damiano. Nach dem Beispiel ihres Seelenführers Franziskus lebte sie mit ihren Gefährtinnen in vollkommener Armut. Sie duldete kein Eigentum, alle sollten nur von der Mildtätigkeit frommer Gaben und dem, was sie sich selbst erarbeiteten, leben. Klara unterwies die Schwestern durch Wort und Beispiel.

Die Gemeinschaft wurde immer größer, obwohl Klara von sich und ihren Mitschwestern mehr an Verzicht und Strenge verlangte, als sonst in Frauenklöstern üblich war. Franz hatte diese Regel, die durch Papst Innozenz III. bestätigt wur-

Geboren: 1194 in Assisi (Italien)
Gestorben: 1253 in San Damiano (Italien)
Berufung/Beiname: Äbtissin, Ordensgründerin
Wirkungsstätte: Italien
Bedeutung des Namens: die Reine, die Glänzende (lateinisch)
Namensformen: Clara, Clarissa, Claire, Chiara
Patronat: Sticker, Vergolder, Wäscherinnen; Fernsehen; gegen Augenleiden, Fieber; gegen schlechtes Wetter

Der Name »Klara« hat eine Vorgeschichte. Klaras Mutter soll bei ihrer Niederkunft, als sie Gott um Beistand anflehte, folgende Worte vernommen haben: »Fürchte dich nicht, du wirst ein Licht gebären, welches mit seinem Glanz die arme Welt erleuchten wird.«

11. August

Klara lebte als Büßerin in vollkommener Armut. Sie soll die Gabe gehabt haben, Kranke durch ihr Gebet zu heilen. Legendär ist der Bericht, wonach sie ihre Vaterstadt Assisi vor den Sarazenen rettete, indem sie diesen mit der Monstranz entgegentrat.

de, für den Konvent ausgearbeitet. Er ernannte Klara zur Äbtissin des Klosters. Als der Papst ihr Grundstücke und Einkünfte für ihr Kloster anbot, weigerte sich Klara beharrlich, diese anzunehmen, und der Papst mußte auf Klaras Bitte hin dem Orden jenes merkwürdige und bisher völlig unbekannte Privileg verleihen, das den Schwestern das Recht vollkommener Armut zusicherte – und zwar dadurch, daß sie das Recht hatten, Schenkungen auszuschlagen.

Solange der hl. Franziskus von Assisi lebte, stand Klara mit ihm in regem gedanklichen Austausch. Bei ihm holte sich die Ordenfrau in allen Fragen und Nöten Rat. Klaras Mitschwestern freuten sich immer wieder, wenn der hl. Franziskus ihrer Einladung folgte und das kleine Kloster besuchte.

Klara führte in San Damiano stets ein ungewöhnlich bußfertiges Leben. Sie schlief auf einem Bündel Stroh, als Kopfkissen diente ihr ein Holzklotz. Sie fastete so streng, daß Franziskus eingreifen mußte und ihr auferlegte, an jedem Tag wenigstens einmal etwas Nahrung zu sich zu nehmen. Den größten Teil der Nacht verbrachte Klara im Gebet, immer ging sie mit bloßen Füßen. Sie pflegte die Kranken voller Aufopferung, und bei Tisch bediente sie ihre Mitschwestern. Auch in schweren Prüfungen – dreißig Jahre lang wurde sie von einer schmerzhaften Krankheit heimgesucht – blieb Klara stets geduldig und heiter. Tiefes Leid empfand sie, als am 3. Oktober des Jahres 1226 ihr großer geistiger Bruder Franziskus von Assisi in der kleinen Kirche Portiunkula starb.

Klara gönnte sich jedoch auch weiterhin keine Ruhe. Sie führte ihr hartes und von strenger Selbstzucht geprägtes Leben ohne Klagen fort. Ihre Sorge galt ihren Mitschwestern. Ihre Kraft schöpfte sie unablässig aus ihrem tiefen Gebet. Klara starb am Morgen des 11. August im Jahr 1253. Ihr Leichnam ruht noch heute in der nach ihr benannten Klosterkirche S. Chiara in Assisi.

Das kleine Klösterchen San Damiano existiert heute noch fast unverändert, und dem Besucher wird in dem winzigen Refektorium → Klaras ehemaliger Platz am Tisch gezeigt, den stets ein frischer Blumenstrauß schmückt.

Klara wird dargestellt in schwarzem oder braunem Wollgewand, mit Strick gegürtet, mit Kreuz, Lilie, Regelbuch, Äbtissinnenstab, mit Monstranz oder einer brennenden Lampe.

Legende Besonders bekannt ist das Wunder, durch welches die hl. Klara das Kloster San Damiano vor den Sarazenen rettete. Diese hatten damals die Festung Nocera besetzt und unternahmen von dort aus Raubzüge in die nähere Umgebung. Eines Tages drangen sie auch in das Tal von Spoleto ein und kamen sengend und plündernd bis an die Tore von Assisi, umstellten das Kloster San Damiano und drohten den Frauen, sie umzubringen. Die hl. Klara lag auf ihrem Krankenlager, als die Schwestern in ihre Zelle stürzten, um Schutz bei ihr zu suchen. Klara erhob sich, nahm aus dem Tabernakel die Monstranz mit der geweihten Hostie, stellte sie im Angesicht der Feinde auf die Schwelle des geöffneten Klosterportals, warf sich zu Boden und betete. Da hörte sie die Stimme eines kleinen Kindes, das zu ihr sagte: »Ich werde euch beschützen.«

Und so geschah es auch. Die Sarazenen flohen aus dem Tal, als sie die hl. Monstranz in den Händen Klaras erblickten, und diejenigen, die schon die Mauern des Klosters erklommen hatten, sahen plötzlich nichts mehr und stürzten herab. Zum Andenken an dieses Wunder wird die Heilige nun mit der Monstranz als Attribut dargestellt.

Für Klara bedeutete strikte Armut stets eine unverzichtbare Voraussetzung für das Zusammenleben der Schwestern im Kloster. Eine noch so bescheidene Vorratsplanung war ihr zuwider. Wenn die Mitschwestern sich vor einer drohenden Notlage ängstigten,

11. August

war die hl. Klara immer noch bereit, der Vorsehung Gottes zu vertrauen. Gott würde dem, der ihn ehrlich sucht, alles geben was ihm zum Leben im Augenblick fehlt, und wäre es auf noch so ungewöhnliche Weise. Das war Klaras feste Überzeugung.

So war einst im Kloster nichts mehr als ein Laib Brot zu finden. Als die Stunde der Mahlzeit gekommen war, setzten sich fünfzig Personen zu Tische. Klara segnete das Brot, und siehe da, es wurden alle satt, denn Gottes Hand hatte es vermehrt. Einmal fand sich kein Öl mehr im Kloster. Da nahm Klara ein leeres Gefäß, wusch es, und plötzlich war es mit Öl gefüllt. Wegen ihrer glühenden Gottesliebe und ihrer selbstlosen Anteilnahme am Leid der Mitmenschen verlieh ihr Gott zuweilen wunderbare Kräfte: Einer Schwester verhalf sie wieder zur Sprache, die diese verloren hatte, einen Wahnsinnigen machte sie gesund. Wenn sie die heiligen Sakramente empfing, so hatten Anwesende öfter den Eindruck, als schwebte sie über dem Boden. Als der Tag ihres Todes nahte, sagte sie zu ihrer Schwester Agnes: »Siehst du nicht den König der Herrlichkeit, meine Tochter?« Worauf Agnes einen großen Zug weißgekleideter Jungfrauen mit Kronen auf dem Haupt eintreten sah. Eine von ihnen erschien als die schönste, strahlendste, denn sie trug eine kaiserliche Krone mit funkelnden Perlen, und von ihrem Angesicht ergoß sich ein glänzendes Licht. Diese näherte sich der Heiligen und küßte sie. Am nächsten Tag starb Klara.

Klara wird auch zusammen mit anderen Heiligen abgebildet, etwa mit Thomas von Aquin, Norbert und den Kirchenvätern. Die Darstellungen mit ihrem Bruder Franziskus sind weitgehend auf die Region um die Stadt Assisi beschränkt.

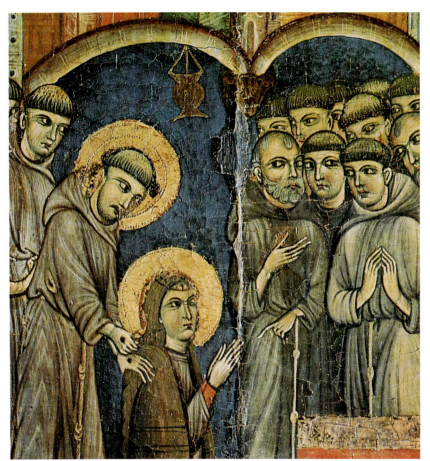

Auf einem Tafelbild der Portiunkula-Kapelle in der Kirche S. Chiara in Assisi wird die Einkleidung der hl. Klara durch Franziskus dargestellt.

12. August

Radegunde von Thüringen

Geboren: um 518 in Thüringen
Gestorben: 587 in Poitiers (Frankreich)
Berufung/Beiname: Wohltäterin, Nonne, Klostergründerin
Wirkungsstätte: Frankreich
Bedeutung des Namens: die Kampfberaterin (althochdeutsch)
Namensformen: Radegonde, Rada, Rata
Patronat: Poitiers; Töpfer, Weber; gegen Aussatz, Geschwüre, Krätze

Radegunde starb mit 69 Jahren am 13. August des Jahres 587. Ihr Grab in Sainte-Radegonde ist auch heute noch ein beliebter Wallfahrtsort.

Die hl. Radegunde wird als Äbtissin dargestellt. Die Königskrone liegt zu ihren Füßen, zwei Wölfe stehen neben ihr, weil der Heiligen diese wilden Tiere gehorchten. Manchmal sieht man die Heilige, wie sie Arme und Kranke bedient.

Der Dichter-Bischof von Poitiers, Venantius Fortunatus, hatte bereits im 6. Jahrhundert einen Bericht über das Leben der hl. Radegunde verfaßt. Sie war die Tochter des thüringischen Königs Berthachar und wurde um 518 geboren. Chlothar I., ein Sohn von Chlodwig, eroberte und zerstörte das thüringische Königreich und brachte die damals dreizehnjährige Radegunde zusammen mit ihrem Bruder als Geiseln nach Athies bei Soissons. Dort ließ er sie sehr sorgfältig erziehen und ausbilden, und dort wurde sie auch getauft. Er beabichtigte wohl von vornherein, das Mädchen zu heiraten.

Im Jahre 536 mußte das aufgeschlossene und hochgebildete Mädchen König Chlothar heiraten. Im Gegensatz zu ihr war Chlothar ein rauher Charakter. Aber Radegunde ertrug alles mit Geduld. Sie führte schon als Königin ein denkbar einfaches Leben, das eher dem einer Nonne glich. Radegundes Wohltätigkeit kannte keine Grenzen. Die Königin ließ in Athies ein Hospital für Arme bauen. Dort badete sie selbst die gebrechlichen Frauen und bediente die Kranken. Chlothar dürfte wohl die von ihr ausgehende Kraft gespürt haben, denn er wagte es nie, ihr diese Tätigkeiten zu verbieten.

Die kinderlose Ehe währte immerhin volle sechs Jahre. Da ließ Chlothar Radegundes jüngeren Bruder ermorden, den sie über alles liebte. Das war zuviel für die Königin. Sie entschloß sich, ihren Gemahl Chlothar zu verlassen und ihrer geistlichen Berufung zu folgen. Radegunde begab deshalb sich nach Noyon, und der hl. Bischof Medardus weihte sie dort zur Diakonissin.

Zunächst lebte Radegunde nun auf ihrem Gut Saix. Hier pflegte sie die Armen, reinigte ihre Wunden und gab ihnen saubere Kleidung. Dann errichtete Radegunde in der Nähe von Poitiers ein Frauenkloster.

Mit der Zeit schlossen sich ihr an die zweihundert Frauen an, viele davon stammten aus vornehmen Familien. In diesem Kloster bei Poitiers verbrachte Radegunde dreißig Jahre ihres Lebens mit Gebet, Buße und mit der Ausübung praktischer Nächstenliebe. Dabei vernachlässigte sie ihre Bildung nicht.

Legende Radegunde, die damals bereits getrennt von ihrem Mann in Saix lebte, erfuhr eines Tages, daß ihr Gemahl Chlothar unterwegs war, um sie zurückzuholen. Nur von zwei Schwestern begleitet, begab sie sich auf die Flucht. Nach einem Bericht aus dem 14. Jahrhundert ereignete sich nun das Wunder des Hafers. Sie begegnete nämlich einem Bauern, der gerade Hafer säte. Sie befahl ihm, falls man ihn fragte, zu antworten, daß er noch niemanden gesehen habe, der an ihm vorbeigegangen sei.

Auf den Willen Gottes hin wuchs der Hafer noch in der gleichen Stunde so hoch, daß die Heilige sich mit ihren beiden Gefährtinnen darin verstecken konnte. Als nun König Chlothar zu dem genannten Ort gekommen war und den Bauern tatsächlich fragte, ob er jemanden habe vorübergehen sehen, da antwortete dieser guten Gewissens: »Nein Herr, seit ich den Hafer gesät habe, ist niemand vorbeigekommen.« Als der König dies vernommen hatte, kehrte er mit seinem Gefolge um. Und da er nun in die falsche Richtung ritt, fand er seine Königin nicht mehr.

12. August

Karl Leisner

Am 28. Februar 1915 wurde Karl Leisner als Sohn eines Beamten in Rees geboren. Seine Eltern führten ein harmonisches, christliches Familienleben. Nach dem Ersten Weltkrieg wohnte die Familie in Kleve, wo Karl die Schule absolvierte. Als Zwölfjähriger gründete er eine Jugendgruppe, deren Programm eine gute Mischung aus sportlicher Kameradschaft und ernst gemeintem christlichen Leben enthielt. Als geistlichen Schirmherrn der Gruppe gewann er seinen Religionslehrer, der es wie kein anderer verstand, die Jugendlichen für christliche Themen zu begeistern. Mit dem raschen Anwachsen seiner Gemeinschaft entwickelte sich auch Karl Leisners besondere Fähigkeit, Jugendliche zu führen, so daß er während seines Theologiestudiums von Bischof August Graf von Galen zum Diözesanleiter der katholischen Jugend ernannt wurde.

Als Theologiestudent absolvierte Karl Leisner bereits zwei Semester außerhalb des Priesterseminars seiner Diözese. Er ging nach Freiburg und verdiente seinen Lebensunterhalt als Hauslehrer bei der Familie Ruby. Aus seinen Tagebüchern erfahren wir, daß er sich während dieser Zeit in die Tochter des Hauses verliebte und daß er zwei Jahre lang in Zweifel geriet, ob er bei seiner Entscheidung, Priester zu werden, bleiben sollte. Nach schweren Gewissenskämpfen empfing er jedoch am 25. März 1939 die Weihe zum Diakon →, und sein weiterer Weg schien vorgezeichnet. Aber bald darauf mußte er wegen einer Lungentuberkulose seine Ausbildung unterbrechen und in ein Sanatorium nach St. Blasien im Schwarzwald gehen. Dort erfuhr er von dem Anschlag auf Hitler am 9. November 1939. Als er das Mißlingen des Anschlages gegenüber Mitpatienten bedauerte, wurde er denunziert und noch am gleichen Tag verhaftet.

Zunächst im Gefängnis in Freiburg interniert, brachte man ihn am 16. März des Jahres 1940 in das KZ Sachsenhausen. Am 14. Dezember überstellte man ihn zusammen mit den übrigen inhaftierten Geistlichen in das KZ Dachau. Die Geistlichen genossen dort zwar einige Sonderprivilegien, hatten aber wie alle anderen Lagerinsassen unter der Willkür des Wachpersonals zu leiden. Karl Leisner half, wo er konnte, und tröstete Mitgefangene aufopfernd. Sein Gesundheitszustand verschlechterte sich aber so, daß er ab 1942 im Krankenhaus lebte.

Am 6. September 1944 internierte die SS auch Gabriel Piquet, den französischen Bischof von Clermont-Ferrand, im KZ Dachau. Als Karl davon erfuhr und nachdem er den Bischof bereits öfter getroffen hatte, fragte er, ob er bereit sei, ihn im KZ unter diesen außergewöhnlichen Umständen zum Priester zu weihen. Der Bischof war einverstanden. Mit Unterstützung der übrigen Priester, die für diese Feier ein Meßgewand, einen Bischofsring sowie eine Mitra → anfertigten und die notwendigen heiligen Öle beschafften, wurde Karl Leisner am Sonntag, dem 17. Dezember 1944, zum Priester geweiht.

Als die Amerikaner am 25. April 1945 das Lager befreiten, konnte Karl Leisner sich nicht mehr an dem Jubel beteiligen, weil er bereits zu schwach war. Er wurde noch in ein Sanatorium bei München gebracht, aber es war zu spät. Karl Leisner starb am 12. August 1945.

Geboren: 1915 in Rees (Nordrhein-Westfalen)
Gestorben: 1945 im KZ in Dachau (Bayern)
Berufung/Beiname: Priester
Wirkungsstätte: Deutschland
Bedeutung des Namens: der Kerl, der Held, der Mann (althochdeutsch)
Namensformen: Charles, Carl, Carlo, Carlos, Karel

»**Segne auch, Höchster, meine Feinde**« – diese Worte schrieb Karl Leisner kurz vor seinem Tod ins Tagebuch. Sein Leidensweg hatte mit der Denunziation durch einen Mitpatienten im Sanatorium begonnen.

Karl Leisners Leichnam wurde in der Märtyrerkrypta des Doms von Xanten beigesetzt. Papst Johannes Paul II. sprach ihn am 23. Juli 1996 selig.

13. August

Kassian

Geboren: unbekannt
Gestorben: um 304 in Imola (Italien)
Berufung/Beiname: Märtyrer
Wirkungsstätte: Italien
Bedeutung des Namens: der Arme (lateinisch)
Namensformen: Cassian
Patronat: Bozen-Brixen; Lehrer, Schüler, Stenographen

Vermutlich starb der hl. Kassian unter der Regentschaft des römischen Kaisers Diokletian (284–305) im Jahre 304 den Märtyrertod in Imola, wo sich auch sein Grab befindet. Nach dem Bericht des größten altchristlichen, abendländischen Dichters Prudentius war Kassian ein Lehrer, der auf grausame Weise von seinen heidnischen Schülern mit eisernen Stiften zu Tode gequält worden ist.

Die Verehrung dieses Heiligen ist nach wie vor lebendig. Heute erinnert an ihn noch im Kloster Säben in Südtirol der sogenannte Kassiansturm, in dem er gefangengehalten worden ist. Die Stadt Regensburg besitzt eine Kassianskirche. Das »Cassianeum« in Donauwörth zur Förderung der katholischen Erziehung trägt seinen Namen. Im Dom von Brixen sind Fresken des Malers Paul Troger mit Szenen aus dem Leben des Heiligen sowie ein ihm geweihter Altar zu sehen. Eine monumentale Darstellung als Bischof und Lehrer von Michael Pacher befindet sich über dem Portal des Doms von Innichen im Pustertal.

14. August

Susanna

Geboren: in Rom
Gestorben: um 304 in Rom
Berufung/Beiname: Märtyrerin
Wirkungsstätte: Italien
Bedeutung des Namens: die Lilie (hebräisch)
Namensformen: Susanne, Sanna, Susa, Susi, Susette, Susan, Suzanne, Suzon
Patronat: Rom; gegen Verleumdung und Unwetter

In vorchristlicher Zeit lebte in Babylon → in einem vornehmen jüdischen Haus eine junge, schöne Frau mit Namen Susanna. Nach Auffassung der christlichen Überlieferung gilt sie als Vorbild Mariens und versinnbildlicht den Gegensatz zur sündigen Eva. Es war diese Susanna, die in der darstellenden Kunst als Vorlage für das so häufig wiedergegebene Bild »Susanna im Bade« diente. Zwei lüsterne, ältere Männer hatten Susanne beim Baden im Garten beobachtet. Als sie trotz schwerer Androhungen es ablehnte, sich ihnen hinzugeben, wurde sie von ihnen verleumdet. Das weise Verhör des jungen Daniel rettete Susanna aber vor dem Tod durch Steinigung. Ihr Gedenktag ist der 19. Dezember.

Die hl. Susanna, deren Fest am 11. August gefeiert wird, lebte im 3. Jahrhundert. Sie soll eine Nichte des Papstes Cajus und die Tochter des hl. Gabinus gewesen sein. Da sie aus Liebe zu Christus das Gelübde ewiger Jungfräulichkeit abgelegt hatte, weigerte sie sich, den Adoptivsohn des römischen Kaisers Diokletian (284–305) zu heiraten. Weil sie sich als Christin bekannte, wurde sie zum Tod verurteilt. Sie starb um das Jahr 304 den Martertod. Ihre Reliquien befinden sich in der gleichnamigen Titelkirche auf dem Quirinal in Rom.

Anstelle einer Legende wird hier die Geschichte der »Ur-Susanna«, der keuschen Gattin des reichen Joachim, wiedergegeben: Joachim war sehr wohlhabend; er besaß neben seinem Haus einen Baumgarten. In seinem Haus pflegten die Juden zusammenzukommen, weil er unter allen als der Angesehenste galt. Nun waren in jenem Jahr zwei Älteste aus dem Volk als Richter aufgestellt, die oft in sein Haus kamen, um dort Rechtsstreitigkeiten auszuhandeln. Nachdem um die Mittagszeit alle Besucher heimgegangen waren, pflegte Susanna in den Baumgarten ihres Mannes zu gehen und zu baden. Dies wußten die Ältesten, und sie entbrannten vor böser Begierde nach ihr. Eines Tages begab sich Susanna, wie gewöhnlich nur von zwei Mädchen begleitet, in den Garten, um zu baden. Die zwei Ältesten beobachteten sie aus einem Versteck. Nachdem nun die Mädchen gegangen waren, erhoben sich die Ältesten, liefen zu ihr hin und sprachen: »Siehe, die Türe des Gartens ist geschlossen, und niemand sieht uns; darum sei uns zu Willen und sündige mit uns. Tust du das nicht, so werden wir gegen dich bezeugen, daß ein Jüngling bei dir war und du nur deshalb die Mädchen weggeschickt hast.« Nun rief Susanna mit lauter Stimme um Hilfe. Als die Diener des Hauses das Geschrei im Garten hörten, eilten sie durch eine Seitentüre herbei, um zu sehen, was geschehen war. Und die Ältesten bezichtigten Susanna der Unzucht mit einem Jüngling. Der Vorwurf war so unglaublich, daß es schon am nächsten Tag zur Verhandlung kam. Die Ältesten wiederholten ihre Anschuldigung und bezeugten, sie hätten gesehen, wie Susanna mit einem Jüngling Ehebruch beging. Da die beiden Männer als Älteste und Richter in hohem Ansehen standen, glaubte ihnen das Volk, und man verurteilte Susanna zum Tode. Susanna aber rief mit lauter Stimme und sprach: »O ewiger Gott, Du kennst das Verborgene und weißt, daß sie falsches Zeugnis wider mich abgelegt haben. Siehe, ich sterbe, obwohl ich unschuldig bin.« Und der Herr erhörte ihr Flehen. Denn als man sie zur Hinrichtung führte, trat

An der Stelle in Rom, an der Susanna den Märtyrertod erlitt, soll später die Kirche S. Susanna erbaut worden sein. In der Kirche gleichen Namens auf dem Quirinal in Rom werden ihre Reliquien verehrt.

»Susanna im Bade und die Steinigung der Alten« auf einem Gemälde von Albrecht Altdorfer aus dem Jahr 1526, das sich heute in der Alten Pinakothek in München befindet.

Dargestellt wird Susanna in vornehmen römischen Gewändern. Als Attribute sind ihr Palme, Buch und Schwert beigegeben. Bekannt sind die Darstellung der Szene der »Susanna im Bade« und das Martyrium der Heiligen.

ein junger Mann namens Daniel hervor und rief mit lauter Stimme: »Ich bin unschuldig an ihrem Blute.« Da wandte sich das ganze Volk nach ihm um und sprach: »Was soll das bedeuten, was du da sagst?« Er trat in ihre Mitte und sprach: »Wie seid ihr so töricht und wollt, ohne euch über die Wahrheit Gewißheit zu verschaffen, eine Tochter Israels verurteilen? Kehrt noch einmal zurück in das Gerichtshaus; denn jene haben falsches Zeugnis wider sie abgelegt.« Da kehrte das Volk eilends zurück. Und Daniel sprach zu ihnen: »Trennt jene voneinander, so will ich sie richten.« Als sie nun voneinander getrennt waren, rief er den einen von ihnen zu sich und sprach zu ihm: »Wenn du diese hier wirklich gesehen hast, so sage, unter was für einem Baum hast du sie zusammen gesehen?« Er antwortete: »Unter einem Mastixbaum.« Dann befahl er, den anderen vorzuführen. Er sprach zu ihm: »Sage mir also, unter was für einem Baum hast du sie miteinander gefunden?« Er antwortete: »Unter einer Steineiche.« Nun erkannte das Volk, daß die beiden Ältesten gelogen hatten. Und anstatt an Susanna vollstreckte man nun an den beiden Ältesten das Todesurteil.

14. August

Maximilian Kolbe

Geboren: 1894 in Pabianice (Polen)
Gestorben: 1941 im KZ in Auschwitz (Polen)
Berufung/Beiname: Franziskanerminorit, Priester, Märtyrer
Wirkungsstätten: Polen, Italien, Rußland, China, Vietnam, Japan, Indien
Bedeutung des Namens: der größte Nacheiferer (lateinisch)
Namensformen: Max, Maximus, Maximin

Zahllos sind die Tragödien, die sich in den Konzentrationslagern der Nazizeit abgespielt haben. Und wenn für einen Häftling einmal ein Licht der Hoffnung aufleuchtete, dann mußte ein anderer dafür bitter bezahlen. Maximilian Kolbe opferte im Konzentrationslager Auschwitz freiwillig sein Leben, damit das eines anderen Häftlings gerettet werden konnte. Dieser Tod beendete ein Leben, das erfüllt war von innigster Hingabe an die jungfräuliche Gottesmutter Maria.

Am 7. Januar 1894 kam Raymund Kolbe in Pabianice in Polen zur Welt. Lesen und Schreiben lernte er von seinen Eltern. Sie waren arm und konnten das Schulgeld nur für den älteren Bruder aufbringen. Der Apotheker des Ortes erkannte aber die Fähigkeiten des kleinen Raymund und wurde ein großzügiger Förderer des aufgeweckten Kindes. Zusammen mit seinem älteren Bruder Franz wurde Raymund 1907 in das Franziskaner-Knabenseminar in Lemberg aufgenommen, als Novize erhielt er den Namen Frater Maximilian.

Auch hier wurden seine Begabungen schnell erkannt. Man schickte ihn deshalb auch zum Studium nach Rom. Im Jahr 1914 legte Maximilian dort als Franziskaner das ewige Gelübde ab. Seine Studien schloß er mit dem Doktor der Philosophie und dem Doktor der Theologie ab.

Im Jahr 1918 wurde Maximilian in Rom zum Priester geweiht. Bald darauf erkrankte er an Tuberkulose. Als er erleben mußte, daß die Freimaurer → immer unverfrorener gegen den Papst und die katholische Kirche auftraten, gründete er eine Vereinigung mit folgenden Zielen: 1. Selbstheilung, 2. Bekehrung der Sünder, 3. Rückführung der durch Häresie → Abtrünningen und 4. Kampf gegen die Freimaurer. Dies alles sollte geschehen unter dem Schutz und mit Hilfe der Maria Immaculata. Er nannte seine Vereinigung »Militia Immaculatae«.

Im Juli 1919 wurde Maximilian nach Polen zurückbeordert. Er wurde Lehrer im Franziskanerkloster Krakau. Vor allem wollte er endlich seine immer wieder aufflackernde TBC gründlich ausheilen. Dazu nahm er sich aber zu wenig Zeit. Es

Maximilian Kolbe hat einmal gesagt: »So verschieden die Blumen auf einer Wiese, so verschieden sind die Werke des Herrn in seiner Kirche…« Dieser Satz trifft auf ihn selbst und sein Lebenswerk zu, das die Grenzen des Klosterdaseins weit überschritt.

14. August

drängte ihn, seine Mitmenschen zur gleichen Marienliebe zu führen, die er selbst in sich fühlte. Er bettelte um Geld, was ihm ganz besonders schwerfiel. Aber er erreichte sein Ziel, nämlich die Herausgabe einer Zeitung für seine Vereinigung Militia Immaculatae. Die Zeitschrift gedieh, obwohl Maximilian seine Arbeit immer wieder unterbrechen mußte, um wegen seiner Krankheit ein Sanatorium aufzusuchen. Im Kloster von Grodno fand die Druckerei größere Räume, aber auch hier wurde es bald zu eng. Darüber hinaus kamen immer mehr Laienbrüder, die bei Maximilians Werk mitarbeiten wollten, so daß bald eine neue Klostergründung erforderlich war.

Pater Maximilian fand ein geeignetes Grundstück, und mit Hilfe vieler Gönner und viel eigenem Arbeitseinsatz konnten 1927 die neuen Räume bezogen werden. Man nannte die Neugründung Niepokalanow. Die Zeitschrift »Ritter der Immaculata« hatte einen ungeahnten Erfolg, die Auflagen stiegen unaufhörlich. 1930 bekam Pater Maximilian den Auftrag, eine ähnliche Zeitschrift in Japan ins Leben zu rufen. Er gründete eine Niederlassung in Nagasaki. Auch dort konnte er einen beachtlichen Erfolg für seine Arbeit erringen. Seine Bescheidenheit und sein inniges Beten hatten viele Menschen überzeugt.

1936 mußte Pater Maximilian auf Anordnung des Provinzials nach Polen zurückkehren. Er wurde Guardian von Niepokalanow. Diese Rückkehr fiel ihm sehr schwer, aber er gehorchte ohne Widerspruch. Aus allen Weisungen seiner Oberen vernahm er die Stimme seiner über alles geliebten Immaculata.

Am 1. September 1939 wurde Polen von der deutschen Wehrmacht überfallen. Bereits am 19. September 1939 nahm die Gestapo Kolbe zusammen mit seinen Mitbrüdern fest. Nach drei Monaten jedoch durfte Maximilian Kolbe wieder nach Niepokalanow zurückkehren, wo er unverzüglich seine Arbeit für die Zeitschrift »Ritter der Immaculata« aufnahm.

Am 28. Mai 1941 wurde er erneut festgenommen und nach Auschwitz gebracht. Geschwächt durch ständige von der TBC verursachte Fieberwellen, wies man ihn in eine Abteilung für leichtere Arbeiten ein. Aus diesem Block 14 konnte ein Häftling entfliehen. Zur Strafe sollten deshalb, wie immer in solchen Fällen, zehn andere Häftlinge sofort hingerichtet werden. Franz Gajowniczek, der Frau und Kinder hatte, war einer von denen, die das Los getroffen hatte. Da meldete sich Pater Maximilian und bot sein Leben für das des Familienvaters an. Sein Tauschangebot wurde angenommen, und zusammen mit neun Mithäftlingen kam er in den Todesbunker. Gestärkt durch seinen unerschütterlichen Glauben an Christus und seine Liebe zur Gottesmutter tröstete er seine Leidensgenossen und bereitete sie und sich auf das Sterben vor. Am 14. August 1941 wurden er und die anderen hingerichtet.

Anstelle einer Legende *Der zehnjährige Raymund Kolbe betete nach einer Rüge seiner Mutter zu Maria. Da erschien ihm die Gottesmutter im Traum und hielt in der einen Hand einen weißen Kranz, der bedeutete, daß er die Reinheit bewahren würde, und in der anderen einen roten Kranz, der bedeutete, daß er als Märtyrer zu sterben hätte. Die Jungfrau fragte ihn nun, welchen er haben wollte, und er antwortete im Traum, daß er beide wählen möchte. Da lächelte Maria und verschwand – Maximilian Kolbe hat tatsächlich beide Kränze in seinem Leben gewählt.*

Papst Johannes Paul II. sprach Pater Maximilian Kolbe am 10. Oktober 1982 heilig. Den Opfertod des hl. Maximilian würdigte er mit den Worten aus dem Johannes-Evangelium: »Es gibt keine größere Liebe, als wenn einer sein Leben für seine Freunde hingibt.«

15. August

Mariä Himmelfahrt

Anlaß für die Fixierung des 15. August als Fest der Himmelfahrt Mariä und dessen Anerkennung als staatlicher Feiertag durch Kaiser Mauritius soll ein schon lange im Orient am gleichen Tag gefeiertes Naturfest, das Fest der Weinlese, gewesen sein. Dieses Fest erlangte durch die kaiserliche Verfügung nunmehr einen religiösen Charakter, ähnlich wie die Festsetzung des Weihnachtsfestes auf den 25. Dezember.

Außer dem Fest Mariä Himmelfahrt feiert die Kirche auch noch Mariä Verkündigung, Mariä Geburt und Mariä Unbefleckte Empfängnis. Das Fest Mariä Himmelfahrt weist darauf hin, daß Maria nach ihrem Tod sofort mit Leib und Seele in den Himmel aufgenommen und dort zur Himmelskönigin gekrönt worden ist. Papst Pius XII. brachte das Festgeheimnis der »leiblichen Aufnahme« Mariens in den Himmel durch das am 1. November 1950 verkündigte Dogma klar zum Ausdruck. Die Annahme, daß die sündenlose jungfräuliche Mutter samt ihrem Leib in den Himmel aufgenommen wurde – eine ununterbrochene Überlieferung der Kirche –, ist damit zum feierlich verkündeten Lehrsatz geworden. Die demütige Jungfrau erhielt die herrlichste Himmelskrone, bestieg den höchsten Ehrenthron und wurde zur Königin der Engel und Heiligen, aber auch die mächtige und barmherzige Fürbitterin und Schützerin der Menschen auf Erden.

Nach alter Tradition gilt als Ort des Hinscheidens Mariens die »Dormitio Mariae« in nächster Nähe des Abendmahlssaales auf dem Zionsberg zu Jerusalem und als Begräbnisstätte das Felsengrab beim Garten Gethsemane im Kidrontal.

Schon in frühchristlicher Zeit waren der Tod der sel. Jungfrau Maria und ihre leibliche Aufnahme in den Himmel, die sogenannte »Assumptio«, die entscheidenden Bestandteile dieses großen Marienfestes.

Aufgekommen ist das Fest der Assumptio Mariae in Kleinasien, bald nach dem entscheidenden Konzil von Ephesus im Jahr 431, auf dem Maria als die Mutter Christi zur Gottgebärerin erklärt wurde →. Der oströmische Kaiser Mauritius (588–602) verfügte dann, daß dieses Fest am 15. August zu begehen sei, allerdings noch unter dem Namen »Tag der Gottgebärerin«.

In den liturgischen Büchern der Stadt Rom des 7. Jahrhunderts zeichnet sich ganz klar eine Änderung bei der Betrachtungsweise dieses Marienfestes ab. Dort wurde es nämlich seit dieser Zeit unter dem Namen »Natale sanctae Mariae« – Geburtsfest der hl. Maria für den Himmel – gefeiert.

Aus der fast unübersehbaren Menge der Darstellungen in der bildenden Kunst seien hier die folgenden Bildmotive herausgegriffen: Der »Tod Mariens«, die »Himmelfahrt Mariens« und »Das Gürtelwunder«, sowie die Szene, in der die Apostel um das leere Mariengrab stehen und trauern. In der abendländischen Kirche wurde im Zusammenhang mit der Gottesmutter Maria schon frühzeitig der Ausdruck »Hinscheiden« – also Tod – durch die dogmatisierte Formulierung »leibliche Aufnahme in den Himmel« ersetzt. Papst Sergius I. (687–701) führte am Fest Mariä Himmelfahrt die nächtliche Lichterprozession ein.

Das Fest Mariä Himmelfahrt ist besonders im katholischen Bayern ein hoher Feiertag. In vielen Kirchen dieser Region findet am 15. August die »Kräuterweihe« statt, die sich auf Maria als die »Blume des Feldes«, die »Lilie der Täler« bezieht. Bei der Weihe der Kräuter und Blumen wird um die Wohlfahrt des Leibes und der Seele und um Schutz vor widrigen Einflüssen gebetet. Der Kräuterbuschen und die Kräuterweihe sind im Brauchtum Hauptbestandteil des Festes, denn an diesem Tag soll ein besonderer Segen auf Kräutern und Wurzeln liegen.

Die berühmteste Himmelfahrtsdarstellung ist wohl die Assunta des Malers Tizian aus den Jahren 1516/18 in der Kirche S. Maria Gloriosa dei Frari in Venedig.

15. August

Anstelle einer Legende Es mag im ersten Augenblick verwirrend erscheinen, wenn dasselbe Fest mit so unterschiedlichen Bezeichnungen wie »Tag der Gottesgebärerin« und »Mariä Himmelfahrt« angegeben wird. Aber das ist nur der erste, vordergründige Eindruck. Denn so wie zu jeder einzelnen Münze stets zwei verschiedene Seiten gehören, so wird hier durch die zwei unterschiedlichen Aussagen nur das sprachlich formuliert, was der Sache nach untrennbar miteinander verbunden ist: Maria ist die wahre Gottesgebärerin. Das war das feierliche Bekenntnis des Konzils von Ephesus im Jahr 431. Und da der Sohn Gottes in ihrem Schoß gelebt hat, war sie vom ersten Augenblick ihrer Empfängnis an durch die Gnade des Erlösers ohne Erbschuld und infolge eines besonderen göttlichen Gnadenprivilegs auch zeitlebens frei von persönlichen Sünden. Und weil das wiederum so war, galt der Fluch des Paradieses nicht für Maria, das heißt, ihr Leib mußte nach ihrem Tode nicht bis zum Jüngsten Gericht im Grab ausharren, um dann erst die Auferstehung des Fleisches, wie es das Glaubensbekenntnis verkündet, zu erleben.

Im Glaubensbewußtsein der Kirche haben diese Zusammenhänge natürlich erst im Lauf der Zeit klare Konturen angenommen. Im Jahre 431 in Ephesus lag das Schwergewicht der theologischen Auseinandersetzung beim Thema Gottesgebärerin. Arius hatte das geleugnet und Maria nur eine Menschengebärerin genannt. Als 1946 das gesamte Episkopat auf eine Anfrage des Papstes hin fast einstimmig die Lehrverkündigung der leiblichen Aufnahme Mariens in den Himmel bejaht und sie gewünscht hatte, bestätigte Pius XII. im Jahre 1950 »die einmütige Lehre des ordentlichen kirchlichen Lehramtes und den einmütigen Glauben des christlichen Volkes« in einer feierlichen Definition. Damit wurden die letzten Folgerungen aus der Erwählung Mariens zur Mutter des Herrn ins Zentrum der Verkündigung gerückt (J.Hirn).

16. August

Stephan von Ungarn

Geboren: 969 in Gran (Ungarn)
Gestorben: 1038 in Ungarn
Berufung/Beiname: Bistumsgründer, Missionsförderer; »Apostel der Ungarn«
Wirkungsstätte: Ungarn
Bedeutung des Namens: der Kranz, die Krone (griechisch)
Namensformen: Stefan, Steffen, Stefano, Steven, Steve, Estevan
Patronat: Ungarn (Nationalheiliger)

Außer dem Erzmärtyrer Stephanus feiert die Kirche vor allem den hl. Stephan, den ersten König von Ungarn, in ganz besonderer Weise. Mit seiner Gemahlin, der sel. Gisela, führte er den christlichen Glauben in seinem Land ein. Er wurde mit seinem Sohne, dem hl. Emerich, 1083 von Papst Gregor VII. heiliggesprochen. In Ungarn wird sein Begräbnistag, der 20. August, als Nationalfeiertag begangen. Stets verehrten die Ungarn König Stephan auch als ihren Nationalheiligen. Er hat das Christentum zur alleinigen Religion in seinem Land gemacht, weswegen er auch »Apostel der Ungarn« genannt wird. Seine rechte Hand, die unverwest geblieben ist, wird in der Burgkapelle von Budapest aufbewahrt.

Stephan wurde im Jahre 969 als Sohn des Arpadenfürsten Géza geboren. Sein Vater akzeptierte zwar das Christentum bereits neben den heidnischen Götterkulturen, blieb selbst aber noch tief im Heidentum verwurzelt. Trotzdem ließ er seinen Sohn vom hl. Adalbert von Prag christlich erziehen und schließlich auch taufen. 995 vermählte sich Stephan mit Gisela von Bayern, einer Schwester Kaiser Heinrichs II., des Heiligen. Durch diese Heirat wurde der junge Fürst aus dem östlichen Kultureinfluß gelöst, und er wandte sich noch mehr den Idealen und dem Lebensstil des christlichen Abendlandes zu. Seine Gattin wurde für ihn in der Tat so etwas wie die Beraterin und Helferin beim Aufbau eines christlichen Ungarnreiches. Nach dem Tod seines Vaters (997) war Stephan zunächst Herzog und dann vom Jahre 1000 bis zu seinem Tod König von Ungarn. Papst Silvester II. sandte zu seiner Krönung in Gran eine von ihm selbst geweihte Krone. Es handelt sich dabei um die heute noch vorhandene Stephanskrone.

Stephan erwies sich als ein tatkräftiger und gerechter Herrscher. Er vereinte den zerstrittenen ungarischen Adel unter seinem Szepter, bekämpfte die immer wieder sichtbar werdenden heidnischen Einflüsse und gab seinem Reich eine christliche Verfassung. Mehrere Aufstände schlug er mit Erfolg nieder.

Zur Festigung des Christentums holte König Stephan bedeutende Kirchenmänner in sein Land. Unter ihnen war zum Beispiel der hl. Gerard von Sagredo, Abt von S. Giorgio Maggiore in Venedig, der ihm mit Rat und Tat zur Seite stand.

Überall im Land entstanden während der Regentschaft von Stephan zahlreiche Kirchen und Klöster, Domstifte und Schulen. Die große Abtei von Pannonhalma geht ebenfalls auf eine Gründung des hl. Stephan von Ungarn zurück.

König Stephan starb am 15. August des Jahres 1038 und wurde in Stuhlweißenburg beigesetzt.

Legende Als Kaiser Konrad II. im Jahre 1030 mit einer großen Streitmacht in das Land des ungarischen Königs einbrach, empörte das Stephans friedliebendes Wesen. Stephan, der schon in vielen Schlachten bewiesen hatte, daß er kriegerische Auseinandersetzungen zu seinen Gunsten entscheiden konnte, wollte diesmal einen Waffengang vermeiden – waren es doch Christen, die auf beiden Seiten standen! In der Hoffnung, Gott werde deshalb dieses blutige Ringen nicht zulassen, wandte er sich in innigem Gebet an die Jungfrau Maria. Und siehe da, der Kaiser zog sich ganz plötzlich ohne einen Schwertstreich mit seinem Heer aus Ungarn zurück. Er tat dies so eilig, daß jeder glaubte, er hätte die Schlacht verloren. Stephan aber dankte Maria ob ihrer Fürbitte.

Stephan errichtete zwei Erzbistümer. Dadurch wurde die organisatorische Selbständigkeit der ungarischen Kirche geschaffen. Bayerische Oberhirten waren für diese Kirchengebiete damit nicht mehr zuständig.

Dargestellt wird Stephan von Ungarn in königlichen Gewändern mit Krone und Zepter, Marienfahne und Doppelkreuz.

17. August

Hyazinth von Polen

Der Apostel von Polen, der hl. Hyazinth, stammte aus dem adeligen Geschlecht der Odrovaz. Er wurde vor dem Jahre 1200 auf einem Schloß bei Oppeln geboren und studierte in Krakau, Prag, Bologna und Paris. Nach seiner Rückkehr in die Heimat ernannte ihn Vinzenz, der Bischof von Krakau, zum Kanonikus an der Domkirche. Als er eines Tages zusammen mit seinem Bruder in Rom weilte, wurden beide Mitglieder des jungen Dominikanerordens →.

Im Jahr 1219 sandte Dominikus die Brüder als Missionare zurück in ihre Heimat. Auf dem Weg dorthin gründete der hl. Hyazinth im Jahr 1221 das erste deutsche Dominikanerkloster in Friesach in Kärnten.

Nach Polen zurückgekehrt, ging Hyazinth mit Feuereifer daran, den Auftrag des Dominikus auszuführen, und gründete in Krakau ein weiteres Dominikanerkloster. Zahlreiche junge Männer traten bald dem neuen Orden bei. Hyazinth wurde zum Vorsteher der polnischen Ordensprovinz ernannt. Von Krakau aus missionierte der Orden nun ganz Osteuropa. Hyazinth gründete Klöster in Riga, Lemberg und Kiew (1223) sowie in Danzig (1227) und Sandomir.

Geboren: wahrscheinlich bei Oppeln (Schlesien)
Gestorben: 1257 in Krakau (Polen)
Berufung/Beiname: Dominikanermönch, Klostergründer, Missionar
Wirkungsstätten: Deutschland, Frankreich, Italien, Polen, Österreich, Rußland
Bedeutung des Namens: die Hyazinthe, der Edelstein (griechisch)
Namensformen: Hyas, Jacinto
Patronat: Polen; Dominikaner; Gebärende und Ertrinkende

Der hl. Hyazinth und sein Bruder sind in der Kirche S. Sabina in Rom auf einem Wandgemälde aus dem 13. Jahrhundert dargestellt, wie sie dem hl. Dominikus das Ordenskleid reichen.

Seine ausgedehnten Missionsreisen führten ihn nach Pommern, Preußen, Dänemark, Schweden, Norwegen und Rußland. Vom hl. Hyazinth wird berichtet, daß er eine Vielzahl großartiger Wunder vollbrachte. Deshalb wurde er auch als der Wundertäter seines Jahrhunderts bezeichnet. Der Heilige starb am 15. August des Jahres 1257. Begraben liegt er in der Dominikanerkirche in Krakau.

Legende Als die Tataren in das Land eingebrochen waren, erstürmten sie auch die Stadt Kiew und brandschatzten sie. Während des Ansturms der Feinde befand sich der hl. Hyazinth gerade in der Kapelle seines Klosters. Furchtlos nahm er trotz der lebensbedrohlichen Lage den Hostienkelch aus dem Tabernakel und befahl den Brüdern, ihm zu folgen. Doch als er die Kirche verlassen wollte, hielt er plötzlich inne, denn die schöne Muttergottesstatue, vor der er so oft gebetet hatte, rief ihm zu: »Mein Sohn, du fliehst, und mich läßt du allein zurück? Nimm mich mit, überlasse mich nicht den Händen meiner Feinde!« Da ergriff der Heilige die schwere Figur, und siehe, sie erschien ihm leicht wie ein Schilfrohr. In der einen Hand das heiligste Sakrament, mit der anderen die Marienstatue tragend, eilte er nun mit den Seinen unbehelligt mitten durch den tobenden Haufen der wilden Mongolen. Am Dnjepr angelangt, breitete er kurz entschlossen seinen Mantel über das Wasser, und sie glitten sicher ans andere Ufer. Wohlbehalten kamen sie alle nach Krakau, wo er das Marienbild in der Klosterkirche aufstellte.

17. August

Johanna vom Kreuz

Geboren: 1666 in Saumur (Frankreich)
Gestorben: 1736 in Saumur
Berufung/Beiname: Institutsgründerin, Wohltäterin
Wirkungsstätte: Frankreich
Bedeutung des Namens: die, an der Gott gnädig gehandelt hat (hebräisch)
Namensformen: Hanna, Hanne, Giovanna, Juana, Janet, Jenny

Am 18. Juli 1666 wurde Jeanne Delanoue in Saumur in Frankreich geboren. Sie erlernte den Beruf ihres Vaters, eines Kaufmanns, und wurde eine erfolgreiche Geschäftsfrau. Eine Begegnung mit der charismatischen Francisca Souchet öffnete ihr die Augen für die sozialen Probleme ihrer Umgebung. Die vermögende Kauffrau, die bisher nur an ihren Gewinn gedacht hatte, faßte den Entschluß, sich zukünftig nur noch all denen zu widmen, die in Not geraten waren. Johanna ging in die Armenviertel ihrer Stadt um die Bewohner mit Lebensmitteln und Kleidung zu versorgen. Um 1700 gründete sie zunächst ein Waisenhaus, drei Jahre später konnte sie zusammen mit einigen Helferinnen weitere Armenhäuser eröffnen. Für das Zusammenleben ihrer Helferinnen schuf sie ein klösterliches Regelwerk, das 1709 kirchlich anerkannt wurde. Von nun an nannte sie sich »Mutter Johanna vom Kreuz«, ihrer Gemeinschaft gab sie den Namen »Kongregation der hl. Anna von der Vorsehung«. Johanna kümmerte sich von da an nicht nur um die Armen, Obdachlosen und Kranken, sie richtete auch Schulen für ihre Waisenkinder ein, damit diese einen Beruf erlernen und sich später selbst ernähren konnten. Die Tätigkeit ihres Ordens entwickelte sich mehr und mehr zu einer umfassenden Sozialeinrichtung, die sich erfolgreich der Verbesserung des Loses der Armen annahm. Neben ihrer karitativen Tätigkeit verbrachte Johanna viele Stunden in tiefer Andacht, denn aus dem Gebet schöpfte sie ihre ganze Kraft. Nach vierzig Jahren segensreicher Tätigkeit starb sie am 17. August 1736 in ihrer Heimatstadt Saumur. Papst Johannes Paul II. sprach die bereits zu Lebzeiten hoch verehrte Klosterfrau am 31. Oktober 1982 heilig.

18. August

Helena

Flavia Julia Helena, geboren um 255, später römische Kaiserin und Mutter Konstantins des Großen (312–337), war Tochter eines Gastwirts in Drepanum in Bithynien →. Dort hatte Konstantinus Chlorus (305–316) die bildschöne Frau zum ersten Mal erblickt, sich sofort in sie verliebt, und lebte fortan mit ihr zusammen. Trotz der hohen Stellung, die sie nun einnahm, blieb Helena weiterhin voller Bescheidenheit. 285 gebar sie ihren Sohn Konstantin, der als der spätere Kaiser Konstantin in die Weltgeschichte eingehen sollte. Es war eine glückliche Zeit für Helena. Doch als Maximian (286–305), der damalige Kaiser des weströmischen Reiches, Konstantius Chlorus zum Mitregenten der Provinzen Gallien und England ernannt hatte, begann für Helena eine Zeit großen Kummers. Auf Geheiß des Kaisers wurde sie nämlich verstoßen, denn Konstantius Chlorus mußte die Stieftochter Kaiser Maximians heiraten, und ihr Sohn Konstantin kam an den Hof des oströmischen Kaisers Diokletian (284–305).

Von nun an lebte die Kaiserin, die inzwischen Christin geworden war, ganz aus ihrer christlichen Glaubensüberzeugung heraus. Sie kümmerte sich um die Armen und setzte sich voller Eifer und Hingabe für die Kirche Christi ein. Die Erbauung vieler Kirchen geht auf sie zurück, so zum Beispiel in Trier, Bonn, Xanten und Köln. Mit fast siebzig Jahren unternahm Helena um 324 eine Wallfahrt nach Jerusalem, sie wollte die Grabstätte Christi aufsuchen. Auf ihre Veranlassung hin begann man mit dem Bau der Grabeskirche in Jerusalem, die sie, wie die Kirchen auf dem Ölberg und in Bethlehem, reich beschenkte.

Kurz nach dieser großen Wallfahrt ins Heilige Land endete allerdings ihre irdische Pilgerschaft. Helena starb in Nikomedien → bei Konstantinopel → im August des Jahres 329. Beigesetzt wurde sie in Rom. Später wurden ihre Gebeine nach Hautevillers in der Diözese Reims überführt. Ihre Kopfreliquie wird im Dom von Trier verehrt. Der Name der hl. Helena ist in der Kirche mit der Verehrung des hl. Kreuzes verbunden. Der Legende nach hat sie das Kreuz, an dem Jesus gestorben ist, gesucht und dann auch gefunden.

Geboren: um 255 in Bithynien (Keinasien)
Gestorben: 329 in Nikomedia (Kleinasien)
Berufung/Beiname: Kirchengründerin, Wohltäterin
Wirkungsstätten: Kleinasien, Italien, Palästina
Bedeutung des Namens: die Strahlende (griechisch)
Namensformen: Helene, Hella, Ella, Ellen, Elena, Lena, Ilona, Nelly
Patronat: Färber, Nagelschmiede; Bergwerke; gegen Blitz- und Feuersgefahr; für die Entdeckung von Diebstählen

Legende Während ihres Aufenthalts im Heiligen Land soll die hl. Kaiserin Helena das echte Kreuz, an dem Christus gekreuzigt wurde, gesucht und gefunden haben.
Als die Heilige fast dreihundert Jahre nach dem Tod Jesu in Jerusalem weilte, ließ sie die Weisen der Juden zu sich kommen. Die Juden aber erschraken sehr, als sie hörten, die Kaiserin wolle wissen, wo das Holz des Kreuzes geblieben war, an dem Christus gelitten hatte. Nur einer unter ihnen – er hieß Judas – kannte den Ort. Der wollte sein Geheimnis nicht verraten, denn sein Großvater hatte ihm gesagt: »Wenn man dereinst das Kreuz Christi suchen wird, alsdann nimmt der Juden Reich ein Ende, und fortan werden die regieren, die den Gekreuzigten anbeten.« Schließlich führte man die Kaiserin zu Judas, weil keiner der übrigen Juden etwas mit der Sache zu tun haben wollte. Judas sagte zur Kaiserin, als sie ihm ihre Frage gestellt hatte: »O Herrin, wie kann ich den Ort wissen, da seit der Zeit mehr als zweihundert Jahre vergangen sind!« Helena schickte alle fort und sagte zu Judas:

Nach dem Tod des Kaisers Konstantius Chlorus wurde Helenas Sohn Konstantin zum Kaiser gewählt, und das Christentum im Staat wurde anerkannt. Konstantin nahm seine Mutter zu sich an den Hof, verlieh ihr 327 den Titel »Augusta« und ließ Münzen mit ihrem Bild prägen.

18. August

Helena wird dargestellt mit Kaiserkrone, Kirchenmodell, Kreuz und Nägeln. Der Renaissancekünstler Piero della Francesca hat die legendäre Auffindung des hl. Kreuzes durch die Kaiserin Helena auf Wandgemälden in S. Francesco in Arezzo festgehalten.

»Ich schwöre dir bei dem Gekreuzigten, daß ich dich verhungern lassen werde, wenn du mir nicht die Wahrheit sagst.« Und sie ließ ihn, als er wiederum schwieg, in einen trockenen Brunnen werfen. Da lag Judas nun mehrere Tage lang und litt Hunger und Durst. Schließlich bat er, man möge ihn herausziehen, er wolle jetzt der Kaiserin die Stätte des Kreuzes weisen. Und so geschah es. Er führte die Kaiserin und ihr Gefolge an den betreffenden Ort, und Helena betete dort in großer Innigkeit. Da bewegte sich die Erde an der Stelle, wo sie kniete, und beim Graben fanden sie unter der Erde drei Kreuze liegen. Aber sie konnten das Kreuz Christi nicht von den Kreuzen der beiden Schächer unterscheiden. Darum legten sie die Kreuze mitten in die Heilige Stadt und warteten geduldig, bis der Herr seine Macht beweisen und ihnen ein sicheres Zeichen geben würde.

Und siehe, man trug einen toten Jüngling vorüber. Da hielt Judas die Bahre an und legte das erste und das zweite Kreuz über den Toten – aber ohne Erfolg. Als man aber das dritte Kreuz über ihn legte, wurde der Jüngling alsbald wieder lebendig, stand auf und lobte Gott. Da wurde Judas gläubig und empfing die Taufe. Kaiserin Helena aber brachte voller Freude das hl. Kreuz Christi nach Konstantinopel. Vor ihrem Tod teilte sie das Holz und hinterließ es den drei Söhnen Konstantins. Diese Stücke des hl. Kreuzes werden in der Kirche S. Croce in Gerusalemme in Rom noch heute aufbewahrt.

Die »Auffindung des hl. Kreuzes durch die hl. Helena« auf einem Gemälde von Simon Marmion, um 1460.

330

19. August

Sebaldus

Der Legende nach soll der hl. Sebaldus aus dem Norden, vermutlich aus Dänemark, nach Nürnberg und in das Land zwischen Regnitz und Pegnitz gekommen sein. Genaueres weiß man aber nicht. Zuverlässig können wir weder den Ort seiner Geburt noch die Zeit, in der er gelebt hat, angeben. Einige historische Quellen erwähnen, daß er im 11. Jahrhundert eingewandert ist. Nach der Überlieferung hauste er als frommer Einsiedler in einem Wald bei Nürnberg und wirkte von dort aus als Glaubensprediger. Nach anderen Angaben soll er ein Mitarbeiter der hll. Willibald und Wunibald gewesen sein. Somit muß er im 8. Jahrhundert gelebt haben. Eines ist aber geschichtlich eindeutig belegbar: Schon im Jahre 1072 war sein Grab in dem kleinen Peterskirchlein am Fuß des Nürberger Burgfelsens wegen der zahlreichen Wunder, sie sich hier bereits ereignet hatten, Ziel vieler Wallfahrer. Im 13. und 14. Jahrhundert wurde dann an dieser Stelle die schöne gotische Sebalduskirche erbaut, die auch heute noch das Grab des Heiligen birgt. Seine Reliquien ruhen in einem kostbaren, rechteckigen Schrein aus dem Jahre 1397, der mit gestanztem Silberblech überzogen ist. An den Langseiten ist der Unterbau mit vier Reliefdarstellungen aus der Legende des hl. Sebaldus, darunter das »Strahlenwunder«, geschmückt.

Geboren: unbekannt
Gestorben: unbekannt
Berufung/Beiname: Eremit, Prediger
Wirkungsstätte: Bayern
Bedeutung des Namens: der Kühne, der See-Starke (althochdeutsch)
Namensformen: Sebald, Baldus, Balder, Balduin, Sebo
Patronat: Nürnberg; gegen Kälte

Legende Eines Abends kam ein Bauer, von Angst und Sorge geplagt, zu der Zelle des Einsiedlers. Er erzählte dem Heiligen, daß er seine Ochsen vermißte, die sich offenbar verlaufen hätten. Nun aber komme die Nacht, und er sei völlig ratlos, hoffe aber, daß Sebaldus ihm helfen würde. Der Einsiedler sprach dem Bauern Mut zu und riet ihm weiterzusuchen, denn er werde seine Ochsen bestimmt wiederfinden. Der Bauer war verwundert ob dieses Ratschlags, denn er hielt es für sinnlos, den Wald in der Dunkelheit weiter zu durchforschen. Noch mehr erstaunt war er, als Sebaldus ihn aufforderte, bei diesem nächtlichen Suchen die Hände in die Höhe zu heben. Trotz aller Verwunderung gehorchte der Bauer aber dem heiligen Mann. Doch wie groß war dann seine Verblüffung, als er sah, daß seine hochgestreckten Hände einen solchen Glanz ausstrahlten, daß alles um ihn herum hell erleuchtet wurde. Versehen mit diesem wunderbaren Licht, durchstreifte er den Wald, und bald darauf fand er seine Ochsen wieder.

Als der hl. Sebaldus sein Ende kommen fühlte, bat er eine Frau, sie sollte nach seinem Tod ihre beiden Ochsen vor einen Karren spannen, seinen Leichnam darauf legen und abwarten, wohin sie ihn trügen, dort nämlich wolle er begraben sein. Tatsächlich geschah es so. Die Ochsen blieben an einer bestimmten Stelle stehen. Es war der Platz, an dem später die Sebalduskirche in Nürnberg erbaut wurde.

Nach dem Tod des Heiligen wachten Mönche an seinem Leichnam. Unter ihnen war auch einer, der den Heiligen schon immer nicht gemocht hatte und nun voller Spott zum toten Sebaldus sprach: »Jetzt kannst du die Menschen mit deinen sogenannten Wundern hinters Licht führen. Wenn ich dich aber zu Unrecht verdächtigte, so laß es mich wissen.« Da beugte sich Sebaldus vor und gab dem Mönch eine so feste Ohrfeige, daß er sein Augenlicht verlor. Sogleich bereute der Mönch seine Tat und bat den Heiligen um Vergebung. Und der tote Sebaldus schenkte dem Mönch das Augenlicht wieder.

Peter Vischer schuf Anfang des 16. Jahrhunderts für die Sebalduskirche in Nürnberg das weit über Deutschlands Grenzen hinaus berühmte erzgegossene Sebaldusgrabmal, einen ins Monumentale erhobenen Baldachinaltar mit reichen figuralen und ornamentalen Verzierungen.

Sebaldus wird meist als Einsiedler oder Pilger dargestellt, mit Pilgermuscheln am Hut, mit langem Stab und Tasche, das Modell der zweitürmigen Nürnberger Sebalduskirche in der Hand, manchmal auch mit Ochsen zur Seite.

20. August

Bernhard von Clairvaux

Geboren: 1091 in Fontaines-lès-Dijon (Frankreich)
Gestorben: 1153 in Clairvaux (Frankreich)
Berufung/Beiname: Zisterzienserabt, Klostergründer, Kreuzzugsprediger, Reformer, Mystiker, Kirchenlehrer; »zweiter Stifter des Zisterzienserordens«
Wirkungsstätte: Europa
Bedeutung des Namens: der Bärenstarke (althochdeutsch)
Namensformen: Bernard, Bernd(t), Barnard, Bernardin
Patronat: Burgund, Gibraltar, Ligurien; Imker, Wachszieher; gegen Besessenheit; gegen Unwetter, Tierplagen

Bernhard von Clairvaux hat viele Beinamen wie »Doctor mellifluus« (honigfließender Lehrer), »größter lateinischer Prediger des Mittelalters«, »ungekrönter Papst und Kaiser«.

Er selbst bezeichnete sich als Chimäre, also als ein Zwitterwesen, nicht ganz Mönch, nicht ganz Ritter. Der hl. Bernhard von Clairvaux prägte seine Zeit so sehr, daß man heute sogar vom »Bernhardinischen Zeitalter« spricht. Als Berater war er gleichermaßen bei Päpsten wie bei Fürsten seiner Zeit beliebt. 497 authentische Briefe von ihm sind uns erhalten geblieben. Bernhard war der »ungekrönte Papst und Kaiser seines Jahrhunderts«.

Bernhard war der Sproß eines altadeligen, burgundischen Geschlechts. Seinem Vater, dem Ritter Teszellin, gehörte das Schloß Fontaines bei Dijon, wo der Knabe 1091 geboren wurde. Besonders innig war er mit seiner frommen Mutter Aletha verbunden. Der frühreife und sehr begabte Junge, mehr zum Nachdenklichen als zum Streitbaren neigend, wurde in der Stiftsschule von St. Vorles erzogen. Als er dreizehn Jahre alt war, starb seine Mutter. Dieser Schicksalsschlag traf ihn schwer, und er beschloß, sich von nun an ganz Gott zu widmen. Vergeblich versuchte sein Vater, ihn von seinem Plan, Mönch zu werden, abzuhalten.

Bernhard verfolgte unbeirrt den einmal eingeschlagenen Weg. Ja, er brachte es sogar durch die Überzeugungskraft seiner Beredsamkeit so weit, daß seine vier Brüder und einige andere befreundete junge Männer aus edlen Familien mit ihm zusammen das Ordenskleid nahmen. Sie gingen 1112 in das Zisterzienserkloster Citeaux →, eine junge, besonders streng geführte Gründung. Drei Jahre später zog der fünfundzwanzigjährige Bernhard, inzwischen zum Abt berufen, nach Clairvaux, um dort jenes Kloster zu gründen, das später zu einem der bedeutendsten des Abendlandes werden sollte.

Bernhard konnte zwar streng gegen sich selbst und mit seinen Brüdern sein, aber er war auch sensibel, wenn es um seine glühende Marienverehrung ging. Zu Ehren der Muttergottes dichtete er wunderbare neue Lieder im Stil der Minnesänger. In diese Zeit seines Lebens fallen die zahlreichen Marienvisionen des Heiligen, die den Hintergrund für viele Legenden bilden und als Motive für berühmte Kunstwerke dienten. Fast alle großen Maler des 15. Jahrhunderts haben Szenen daraus geschildert. Im Mittelpunkt seiner glühenden Gottesliebe stand vor allem Jesus selbst.

Der Reformator und Mystiker Bernhard wuchs nun immer mehr zu einem Prediger heran, dem Gott eine außergewöhnliche Redegewalt geschenkt hatte. Als die ersten schweren Jahre der Klostergründung vorüber waren, zog er auf Befehl seines Bischofs hinaus in die Welt. Er predigte an vielen Orten, und zwar so eindringlich, daß immer mehr Männer Aufnahme in sein Kloster begehrten. Bernhard war damals durch seine überaus strengen Bußübungen schon sehr krank. Aber in seinem geschwächten Leib lebte weiterhin ein kraftvoller Geist. Schon zählte sein Kloster siebenhundert Brüder, und in vielen anderen Gegenden Frankreichs, Hollands, Deutschlands und Italiens waren Tochterklöster entstanden, die der Heilige regelmäßig besuchte. Zu dieser Zeit galt der hl. Bernhard als der Prophet seiner Zeit. Fürsten, Bischöfe und Gelehrte fragten ihn um Rat. Trotz seiner körperlichen Hinfälligkeit versuchte er unentwegt, allen Anforderungen gerecht zu werden. Er schreckte vor nichts zurück, sagte jedem die Wahrheit und kümmerte sich auch nicht um Verleumdungen und Anfeindungen. Er wollte die Kirche aus ihrer Unentschlossenheit erwecken, die Geistlichen und Hochgestellten aus der Sittenverderbnis auf den Weg der Buße führen.

Sein Eifer trug bald wunderbare Frucht. Auf sein Wort hin bekehrten sich viele, darunter der berühmte Abt Suger, die Bischöfe von Paris und Sens und die Herzogin von Lothringen. Dem unheilvollen Schisma → unter Innozenz II. und dem Gegenpapst Anaklet II. machte Bernhard ein Ende. Mutig trat der Heilige stets für die wahren Interessen der Kirche ein, aber er geißelte auch ohne Rücksicht die Prunksucht der römischen Kurie.

Nach langen Reisen durch viele Länder Europas kehrte er immer wieder gern in seine stille Klause zurück, verfaßte seine berühmten Schriften, lebte der Betrachtung und übte sein Amt als Abt aus. Als er von den gefährlichen Irrtümern hörte, die der gelehrte Abaelard an der Hochschule von Paris vortrug, machte er sich auf, um bei der Synode von Sens öffentlich mit ihm zu streiten. Bernhard, der mit Feuereifer für die Sache Gottes focht, überwand den gelehrten Gegner, der daraufhin Buße tat und sich vor seinem Tod mit Bernhard versöhnte.

In dieser Zeit wurde die Christenheit von den Sarazenen → aufs äußerste bedroht. Schon war ihnen Edessa →, das Bollwerk für Jerusalem, in die Hände gefallen, das Grab des Erlösers war somit in größter Gefahr. Papst Eugen folgte dem Mahnruf des Heiligen, rief zum Kreuzzug auf und ernannte Bernhard zum Kreuzzugsprediger. Obgleich schon vierundfünfzig Jahre alt und nahezu völlig entkräftet, vermochte die gebeugte Gestalt des Heiligen die christlichen Völker für den Gedanken eines zweiten Kreuzzugs zu begeistern.

Im Jahr 1147 zogen die vereinten Heere König Ludwigs VII. von Frankreich und Kaiser Konrads III. aus, um das Heilige Grab in Palästina gegen die Ungläubigen zu verteidigen. Die große Bewegung endete aber mit einer bitteren Enttäuschung. Zwietracht unter den Fürsten, Bestechlichkeit unter den Rittern, Verrat der Griechen, die, statt den Pilgern beizustehen, sie in die Hand der Feinde geführt hatten – all das führte schließlich zu den großen Niederlagen. Der Mißerfolg »seines« Kreuzzugs traf den heiligen Bernhard zutiefst.

Der Kummer über diesen Fehlschlag beschleunigte den Verlauf seiner Krankheit. Tief betrauert von den Brüdern ist er am 20. August 1153 sanft entschlafen. In der Domkirche von Troyes birgt ein Schrein sein Haupt, die übrigen Reliquien sind in der Kirche von Ville sous la Fertére in der Nähe von Clairvaux aufbewahrt.

Legende Als Bernhard einmal in der Domkirche von Frankfurt predigte, drängte sich eine unübersehbar große Menge um den Heiligen. Alle wollten den berühmten Mann, den die ganze Stadt sehr verehrte und der gerade einen lahmen Greis geheilt hatte, aus der Nähe sehen. Der Ansturm des Volkes war so groß, daß der Heilige, von allen Seiten umringt, beinahe erdrückt worden wäre. Da nahm der Kaiser, der sich ebenfalls unter der Menge befand, seinen Mantel ab, hob den hl. Bernhard mit seinen kräftigen Armen empor und trug ihn in die nahegelegene Marienkapelle. Dort setzte er ihn vor dem wundertätigen Gnadenbild der Muttergottes nieder. In diesem Augenblick hörte man vom Bild herab eine liebliche Stimme: »Willkommen, mein Bruder Bernhard!« Und der Heilige antwortete: »Großen Dank, meine Gebieterin!«

Heute können wir kaum noch ermessen, welch ungeheure Arbeitsleistung Bernhard von Clairvaux, auf den rund 70 Klostergründungen zurückgeführt werden, vollbracht hat: 18 Stunden täglich körperliche Anstrengung, in bitterster Armut, und zusätzlich dazu strenge Bußübungen.

Bernhard von Clairvaux wird dargestellt als Zisterzienserabt oder als weißer Mönch mit Kreuz; betend vor einem Kreuz oder die Umarmung des Gekreuzigten empfangend. Wegen seiner großen Marienverehrung erscheint er auch zusammen mit der Gottesmutter Maria.

21. August

Pius X.

> **Geboren:** 1835 in Riese (Italien)
> **Gestorben:** 1914 in Rom
> **Berufung/Beiname:** Reformer, Bischof, Papst
> **Wirkungsstätte:** Italien
> **Bedeutung des Namens:** der Fromme (lateinisch)
> **Namensformen:** Pio
> **Patronat:** Esperantisten; Päpstliches Werk der Hl. Kindheit

Die Kirche verehrt drei hl. Päpste mit diesem Namen. Da ist zunächst Papst Pius I. Er führte die junge Kirche etwa von 142 bis 155. Es war die Zeit der Christenverfolgungen unter dem römischen Kaiser Hadrian (117–138). Zusätzlich mußte Pius sich gegen die damals auftretenden Gnostiker → – Irrlehrer – wehren. Sein Fest wurde nach dem 13. Jahrhundert auf den 11. Juli festgesetzt.

Der 1712 heiliggesprochene Papst Pius V., geboren 1504, leitete die Kirche von 1566 bis 1572. Er war ursprünglich Dominikaner →, wurde im Jahr 1556 zum Bischof geweiht und ein Jahr später zum Kardinal ernannt. Er war der erste große Reformpapst der Neuzeit, der die auf dem Konzil von Trient beschlossene katholische Kirchenreform durchsetzte. Er erneuerte beispielsweise die Kurie durch die Ernennung reformeifriger Kardinäle. Er bekämpfte die Vetternwirtschaft am päpstlichen Hof und die Verweltlichung des geistlichen Standes. Obwohl er stets ein unbeirrbarer Kämpfer gegen alle ketzerischen Umtriebe war, blieb er immer darauf bedacht, gegen die Irrenden selbst Gerechtigkeit und Milde walten zu lassen. Dieser Papst hat die Glaubenseinheit in den italienischen Gebieten gerettet und das Land vor Zwiespalt und Bürgerkriegen bewahrt. Zum Dank für den Sieg des christlichen Heeres über die Türken bei Lepanto führte er das Rosenkranzfest ein. Er starb am 1. Mai des Jahres 1572. Seine Reliquien wurden nach S. Maria Maggiore in Rom übertragen, wo sich sein prachtvolles, von Papst Sixtus V. gestiftetes Grabmal befindet. Sein Fest ist am 30. April. Dargestellt wird Pius mit der Tiara und geöffnetem Buch.

Papst Pius X. wurde schon zu seinen Lebzeiten von der italienischen Bevölkerung »Il Papa Santo« – heiliger Vater – genannt. Guiseppe Melchiore Sarto, wie Pius mit bürgerlichem Namen hieß, wurde am 2. Juni des Jahres 1835 als Sohn eines armen Kleinbauern in dem Dorf Riese bei Treviso geboren. Er war noch ein Kind, als er bereits den innigsten Wunsch äußerte, Priester zu werden. Trotz ihrer Armut sandten die Eltern den wißbegierigen Knaben auf die Lateinschule nach Castelfranco. Später ermöglichte der Patriarch von Venedig dem frommen und fleißigen Schüler mit einem Stipendium das Studium der Theologie in Padua. Im Jahr 1858 empfing Guiseppe Melchiore Sarto die Priesterweihe, wurde dann Kaplan in Tombolo, 1867 Pfarrer in Salzano, 1875 Domherr in Treviso und schließlich Bischof von Mantua. Als er von dieser Ernennung erfuhr, war der schlichte Mann davon überwältigt. »Der alte Bauernpfarrer taugt nicht zum Bischof«, meinte er damals und wollte sogar ablehnen.

Aber der ausdrückliche Wunsch von Papst Leo XIII. bewog ihn dann doch, das bischöfliche Amt anzunehmen. Neun Jahre später, 1893, wurde der ehemalige Bauernjunge mit der Würde eines Patriarchen von Venedig ausgezeichnet. Als er nach dem Tod Leos XIII. in seiner Eigenschaft als Kardinal zum Konklave nach Rom reiste, kam er bestimmt nicht auf den Gedanken, daß gerade er daraus als Papst hervorgehen sollte. Nachdem die Wahl des Kardinalskollegiums auf ihn gefallen war, gab er erst nach langen Überlegungen seine Zustimmung mit den Worten: »Ich nehme das Kreuz an.«

Auf der Marmorplatte in der Krypta des Petersdoms in Rom, wo Papst Pius X. begraben liegt, steht geschrieben: »Papst Pius X./ arm und doch reich/ sanft, demütig von Herzen/ unbesiegbarer Verteidiger des katholischen Glaubens/ bestrebt, alles in Christo zu erneuern/fromm dahingeschieden am 20. August A. D. 1914.«

Der hl. Papst Pius X. setzte sich ganz besonders für eine innerkirchliche Erneuerung ein. Bezeichnend hierfür sind auch seine beiden Enzykliken über den Katechismus und die Kinderkommunion. Pius X. war der größte Reformpapst seit Pius V. Unter seinem Pontifikat wurden das Brevier, die Kirchenmusik, das sakramentale Leben und das Kirchenrecht erneuert. Darüber hinaus sorgte er auch für eine Neugestaltung der Ausbildung der Priester und der Bibelstudien. Der gesamte Klerus und selbst die römische Kurie wurden reformiert. Im Jahr 1907 erschien schließlich die sehr umstrittene Enzyklika »Pascendi« von Papst Pius X gegen den Modernismus, das heißt gegen die zeitgenössischen Irrlehren wie Historismus und Evolutionismus.

Als oberster Lehrer der gesamten Christenheit stellte Pius X. das Christuswort »Wer nicht für mich ist, ist gegen mich« als Losung für seine Dekrete auf. Papst Pius X. setzte sich stark für die Rechte der Arbeiterschaft ein, er förderte auch die Katholische Aktion Italiens mit praktischen Lösungen der sozialen Probleme, und er kümmerte sich um die Missionen in allen Ländern.

In Papst Pius X. fanden sich viele Eigenschaften eines Heiligen wie Güte, Milde und persönliche Armut. Über letztere, seine persönliche Armut, werden erstaunliche Tatsachen berichtet, denn seine Hilfsbereitschaft kannte keine Grenzen. Bereits zu seinen Lebzeiten traten seine übernatürlichen Kräfte vielfältig in Erscheinung, und die dadurch gewirkten Wunder sind bei seiner Heiligsprechung von zahllosen Zeugen bestätigt worden. Die persönliche Integrität und menschliche Größe von Papst Pius X. fanden bei seinem Tod auch die uneingeschränkte Anerkennung der ganzen Weltpresse.

Dieser Papst, dessen tiefstes Wesen Liebe für die Menschheit war, erlebte noch den Ausbruch des Ersten Weltkriegs. All seine Bemühungen, ihn zu verhindern, waren fehlgeschlagen. Er hatte die Menschheit zu einem Gebetskreuzzug aufgefordert, um das Unheil aufzuhalten, aber seine Bitten waren ungehört verhallt. Wenige Wochen nach Kriegsausbruch starb Pius X. am 20. August 1914. Den ihm in der Frauenkirche in München geweihten Altar schmückte Sepp Frank mit einem Mosaikbildnis.

Anstelle einer Legende *Auf einer Reise stieg der gerade erst zum Bischof von Mantua ernannte Guiseppe Melchiore Sarto mit seinem Begleiter in ein Eisenbahnabteil, wo sich zwei Männer gerade sehr abfällig über den neuen Bischof unterhielten. Dieser stimmte den beiden Männern zu und äußerte seine Vorstellungen, welche Fähigkeiten der neue Bischof für sein Amt eigentlich mitbringen müßte.*
Bevor die beiden Männer ausstiegen, erkundigten sie sich aber noch beim Begleiter des Bischofs nach der Person ihres so klugen Gesprächspartners. Und zu ihrem Erstaunen erfuhren sie beschämt, daß sie gerade mit jenem neuen Bischof von Mantua ins Gespräch gekommen waren, den sie erst so scharf kritisiert hatten.
Der hl. Pius verschenkte zeit seines Lebens alles, was er besaß, an die Armen. In seiner unbegrenzten Freigiebigkeit verzichtete er sogar auf jede persönliche Anschaffung, um seine ganzen Einnahmen an Bedürftige zu verteilen. Ja, er holte sogar das Fleisch aus dem Topf, seine Wäsche aus dem Schrank, um sie den Armen zu geben. Die Kriegsmeldung vom 15. August 1914 brach dem hl. Vater der Christenheit das Herz: Pius X. starb am 20. August 1914 aus Kummer.

Als sich 1903 bei der Versammlung der Bischöfe in Rom abzuzeichnen begann, daß die Wahl auf Guiseppe Melchiore Sarto fallen würde, soll dieser seine Amtsbrüder unter Tränen angefleht haben, einen Würdigeren als ihn zum neuen Oberhaupt der katholischen Kirche zu bestimmen. Vergebens: Der Sohn eines Briefträgers mußte sich dem Entscheid fügen.

Papst Pius X. wird in weißem Papsttalar mit Brustkreuz dargestellt. Eine Gedenktafel über der Tür seines Geburtshauses im venetischen Riese erinnert noch heute an ihn.

22. August

Rochus

Geboren: um 1295 in Montpellier (Fankreich)
Gestorben: 1327 in Montpellier
Berufung/Beiname: Wohltäter; Nothelfer
Wirkungsstätten: Frankreich, Italien
Bedeutung des Namens: der Umsichtige (althochdeutsch)
Namensformen: Rocco,
Patronat: Apotheker, Ärzte, Chirurgen; gegen Pest

Einer der volkstümlichsten Heiligen ist der hl. Rochus. Er gilt neben dem hl. Sebastian als der eigentliche Pestpatron. In einigen Gegenden wird er unter die Vierzehn Nothelfer gezählt. Seine Verehrung fand überall weite Verbreitung. Bruderschaften führen seinen Namen, auf Bittgängen wird er um Hilfe angerufen, viele Male wich auf seine Anrufung hin die gefürchtete Pestseuche.

Ein Teil der Reliquien des hl. Rochus wurde aus dem französischen Montpellier, wo er 1327 starb, im Jahr 1485 nach Venedig übertragen. Nachdem auf dem Konzil von Konstanz sein Kult offiziell von der Kirche anerkannt worden war, entstanden überall im Land seinem Namen geweihte Kirchen, Klöster, Wallfahrtskapellen, Bildsäulen und Spitäler. Besonders berühmt ist die seit dem Jahr 1666 bestehende Wallfahrt auf den Rochusberg bei Bingen. Zuverlässige Quellen über die Lebensgeschichte des hl. Rochus existieren nicht. Seine auf einer alten Überlieferung beruhende Legende entstand im 15. Jahrhundert

Der Rochusaltars des Malers Schäufelein aus der Zeit um 1530 zeigt Szenen aus der Legende des hl. Rochus. Hier wird die wundersame Genesung des Heiligen von der Pest dargestellt.

22. August

Legende Rochus wurde um 1295 in Montpellier in Südfrankreich als Sohn des reichen Herrn Johannes geboren. Als Rochus zwanzig Jahre alt geworden war, starben seine Eltern. Sein Vater hatte ihn auf dem Totenbett noch ermahnt, er solle sein Herz niemals an das Geld hängen, das er ihm hinterlassen würde, sondern allezeit auf jene Menschen sehen, die der Unterstützung bedurften und ihnen im Namen Jesu helfen.

Rochus befolgte des Vaters Rat in radikaler Weise. Er verteilte sein gesamtes Erbe an die Armen, bis ihm nichts geblieben war als ein schlichter Rock, ein Pilgerstab und ein Sack. Den nahm Rochus auf die Schultern und zog als einfacher Pilger durch das Land, denn er wollte an den Gräbern der hl. Apostel in Rom beten. Als Rochus die ewige Stadt Rom erreicht hatte, wütete dort gerade die Pest. Rochus war tief betroffen von der großen Not, die er antraf, und wandte sich sogleich denen zu, die seiner Hilfe bedurften.

Auf dem Rückweg gelangte er in die Stadt Piacenza. Da auch dort die Seuche wütete, blieb er, um die Pestkranken zu pflegen. Nun wurde er selbst vom Pestpfeil getroffen, aber es fand sich niemand, der ihn pflegen wollte. Um keinen anzustecken, schlich sich Rochus aus der Stadt und schleppte sich mühsam in eine einsam gelegene Holzhütte mitten im Wald. Dort legte er sich nieder und empfahl sich Gott. Doch siehe, es trat ein Engel zu ihm, der seine Wunden pflegte, und an jedem Tage kam ein fremder Jagdhund zu ihm, der ihm ein Brot im Maul brachte, wovon sich Rochus nährte. Der Junker aber, dem der Hund gehörte, wurde durch das seltsame Verhalten des Tieres auf den Kranken in der Hütte aufmerksam. Er ging zu ihm und versorgte Rochus so lange, bis er ganz genesen war. Danach begaben sich die beiden Männer in die Stadt zurück und heilten dort viele Menschen, bis die Macht der Pest gebrochen war.

Rochus machte sich nun wieder auf den Weg in seine Heimatstadt. Aber die überstandene Krankheit mit ihren entsetzlichen Strapazen hatte ihn so verunstaltet, daß ihn zu Hause keiner mehr erkannte. Wegen der Kriegswirren hielt man ihn sogar für einen Spion und warf ihn ins Gefängnis. Rochus mußte fünf Jahre im Kerker zubringen. Als er merkte, daß sein Ende nahe war, bat er um den Beistand eines Priesters. Der Priester staunte sehr, als er das finstere Loch von einem hellstrahlenden Licht erfüllt fand. Erschrocken eilte er, nachdem er dem Heiligen die letzten Tröstungen gespendet hatte, zum Stadtrichter und erzählte ihm alles, was er gesehen hatte. Als dies in der Stadt bekannt wurde, liefen alle zum Turm. Aber als sie ankamen, war der Heilige bereits gestorben.

Rochus wird meist mit dem hl. Sebastian dargestellt. Er trägt ein Pilgerkleid mit Pilgerstab und Kürbisflasche und zeigt auf seine Pestbeule am entblößten Oberschenkel, neben sich einen Hund mit Brot im Maul; Man sieht den hl. Rochus auch oft abgebildet, wie er Pestkranke heilt.

22. August
Philippus Benitius

Der 1233 in Florenz geborene Philippus Benitius stammte aus der vornehmen Adelsfamilie der Benizi und studierte Philosophie und Medizin in Paris und Padua. Im Alter von zwanzig Jahren entschloß er sich jedoch, Laienbruder bei den »Dienern Mariens«, dem Servitenorden →, zu werden. Zunächst verbrachte er einige Zeit in einer Felsenhöhle auf dem Monte Senario in der Nähe von Florenz. Doch bald schon erkannten seine Oberen die große Bildung und Tugend des jungen Mannes und ließen ihn im Jahr 1259 zum Priester weihen.

Steil empor führte nun die Leiter seines Erfolges. Zuerst wurde er Novizenmeister in Siena. Bald darauf wählte man ihn zum Prior des noch jungen Ordens der Serviten. Er verfaßte einen systematischen Ausbildungslehrplan für die jun-

Geboren: 1233 in Florenz (Italien)
Gestorben: 1285 in Todi (Italien)
Berufung/Beiname: Ordensgründer, Generalprior, Wohltäter
Wirkungsstätten: Italien, Frankreich, Deutschland, Ungarn
Bedeutung des Namens: der Pferdefreund (griechisch)
Namensformen: Philipp, Filippo, Felipe, Philo, Pip, Pippo
Patronat: Serviten; Kinder; gegen Epilepsie

Philippus Benitius wird dargestellt im schwarzen Ordenskleid mit Mantel, Kruzifix in der Hand, mit Lilie oder Totenkopf. Die älteste Darstellung des Heiligen befindet sich in der Kirche S. Maria dei Servi in Siena.

gen Novizen und gab der späteren Ordensregel ihre endgültige Form. Im Jahr 1267 wurde Philippus Benitius dann einstimmig zum Ordensgeneral bestimmt.

Philippus bemühte sich nach Kräften um die Verbreitung des Ordens nach außen und seine Festigung nach innen. Außerdem fügte er den weiblichen Zweig der Servitinnen → an. Viele Reisen führten ihn als Prediger durch fast ganz Italien, nach Frankreich und Deutschland, bis hinauf nach Friesland und ins ferne Ungarn. Er übte vor allem einen großen Einfluß auf den Kaiser Rudolph von Habsburg aus.

Auf seinen Missionsreisen war er oftmals großen Anfeindungen ausgesetzt. In der Stadt Forlì zum Beispiel riß man ihm die Kleider vom Leib und schlug grausam auf den frommen Mann ein. Philippus aber blieb dabei so ruhig und heiter, daß einer seiner Angreifer von seinem Tun abließ und Philippus erschüttert nacheilte, sich ihm zu Füßen warf und um Aufnahme in den Orden bat. Seine schier unüberwindliche Sanftmut und die offensichtliche Gabe der Wunder, mit der er begnadet war, unterstützten seinen eindringlichen Ruf nach Umkehr und Buße, so daß Philippus in der dunklen Zeit der unablässigen Kämpfe zwischen den einzelnen Stadtstaaten einem Licht glich, durch das Gott den Menschen Trost und Hoffnung zukommen lassen wollte.

Philippus war erst knapp über fünfzig Jahre alt, als ihn die Kräfte verließen. Seinen nahen Tod vorausahnend, eilte er noch von Florenz nach Perugia, um von dem dort zum Oberhaupt der Christenheit gewählten Papst Honorius IV. Privilegien und den päpstlichen Segen für seinen Orden zu erbitten. Auf dem Rückweg kam er nur noch bis Todi. Hier erlag er am 22. August 1285 einem heftigen Fieber. Sein Grab befindet sich noch heute in der dortigen Servitenkirche.

23. August

Rosa von Lima

Geboren: 1586 in Lima (Peru)
Gestorben: 24.08.1617 in Lima (Peru)
Berufung/Beiname: Büßerin, Dominikanerterziarin; »die erste Blume der Heiligkeit Südamerikas«
Wirkungsstätte: Peru
Bedeutung des Namens: die Rose (lateinisch)
Namensformen: Rosi, Rose, Rosel, Rosalie, Rosella, Rosalina, Rosine, Sali, Sina
Patronat: Südamerika, Indien; Blumengärtner, reuige Sünder; gegen Ausschlag; gegen Familienstreitigkeiten; für eine gute Geburt

Die fromme Dominikanerterziarin → Rosa von Lima wird als »die erste Blume der Heiligkeit Südamerikas« bezeichnet. Sie ist auch die erste in Amerika geborene Frau, die heiliggesprochen wurde. Rosa kam am 20. April 1586 in Lima in Peru zur Welt und war spanischer Abkunft. Sie erhielt zuerst den Namen Isabella. Als jedoch ihre Mutter über der Wiege des Kindes eine wunderbare Rose schweben sah, wurde sie Rosa genannt. Später nahm sie auf eigenen Wunsch den Zunamen »a Santa Maria« – von der Mutter Gottes – an. Schon als Kind erduldete Rosa vielerlei Leiden. Um ihre Eltern, die sehr arm waren, beim Erwerb des täglichen Brotes zu unterstützen, arbeitete sie als Näherin oder verkaufte Blumen, die sie in ihrem Garten gezogen hatte. In der Zeit, in der sie nicht angestrengt arbeitete, kniete das Mädchen oft stundenlang ins Gebet versunken, wobei sie oft himmlische Visionen hatte.

Ihr Vorbild war die hl. Katharina von Siena. Wie diese trat sie mit sechzehn Jahren in den Dritten → Orden des hl. Dominikus ein. Sie bezog eine armselige Holzhütte im Garten ihres Elternhauses und führte dort ein strenges Bußleben. Auf ihrem Kopf trug sie einen harten Reifen, der innen mit scharfen Stacheln versehen war, um sich stets an die Leiden des Herrn zu erinnern. Auch geißelte

23. August

sie sich, und schließlich nahm sie nur mehr Wasser und Brot zu sich. Als Bett diente ihr ein mit klobigen Holzstücken belegter Tisch. Die Zwischenräume waren mit Scherben ausgefüllt. Auf diesem Lager ruhte sie fünfzehn Jahre lang. In ihrer Schule des Leidens und der Buße hat die Heilige alle Stadien der inneren Not durchlaufen. Sie fühlte sich wiederholt einer totalen Verlassenheit ausgesetzt, und oftmals konnte sie keinen Trost mehr finden. Aber Rosa schwieg und verbarg ihr Sühneleiden sehr sorgfältig vor allen Menschen.

Die letzten vier Monate ihres Lebens befiel die bereits Schwergeprüfte eine weitere schmerzhafte Krankheit. Vergebens versuchten die Ärzte, wenigstens eine Linderung der Qualen zu erreichen. Aber Gott erfüllte ihre Bitte, bis zuletzt im Besitz ihres klaren Bewußtseins bleiben zu können. Sie betete: »Herr, vermehre meine Leiden, aber vermehre auch Deine Liebe in meinem Herzen!« Nach einem langen Todeskampf starb die hl. Rosa am 24. August 1617 ohne Zeichen von Furcht mit den Worten: »Jesus, Jesus, Jesus, sei mit mir!« Zahlreiche Wunder, darunter auch zwei Totenerweckungen, werden ihr zugeschrieben.

In Rom ist der frühvollendeten Büßerin in der Kirche S. Maria sopra Minerva eine besondere Kapelle geweiht; Murillo, Carlo Dolci und Rubens haben sie

Rosa von Lima wird meist dargestellt als junge Frau in schwarzem Ordensgewand; auf dem Kopf trägt sie einen Kranz von Rosen (womit sie sich marterte und zu entstellen versuchte); auch mit Anker und Jesuskind auf einer Rose.

In der Sakristei der Kirche SS. Giovanni e Paolo in Venedig befindet sich ein Gemälde von Francesco Montebasso (1709 bis 1768), das die Geburt der hl. Rosa von Lima zeigt.

ausgemalt. In Venedig ist die hl. Rosa von Lima auf einem Bild von Tiepolo zu Füßen der Gottesmutter zu sehen. Rosa steht zwischen der hl. Katharina von Siena und der hl. Agnes von Montepulciano und hält das Jesuskind auf dem Arm, das mit einer Rose spielt.

Legende Als Rosa schon entschlossen war, sich einem Orden anzuschließen, machte sie sich an einem Sonntag mit ihrem Bruder auf, um bei den Augustinerinnen um Aufnahme zu bitten. Unterwegs aber ging sie in eine Dominikanerkirche, um sich den Segen der heiligen Jungfrau zu erflehen. Als sie ihr Gebet beendet hatte, fühlte sie sich plötzlich am Boden wie festgenagelt, unfähig sich zu rühren. Rosa war am Boden angewachsen wie ein Fels. Da erkannte sie, daß Gott ihren Eintritt bei den Augustinerinnen nicht für richtig hielt, und kaum hatte sie ihre Augen zur Muttergottes erhoben und das Versprechen abgelegt, im väterlichen Hause zu bleiben, als sie sogleich federleicht und ohne jede Hilfe aufstand und nach Hause ging. Rosas große Liebe zu Gott wurde dadurch deutlich, daß sie sogar die kleinen und wenig geachteten Geschöpfe Gottes zur Lobpreisung des Herrn zu bringen vermochte. An den Wänden ihrer Zelle hielten sich Scharen von gefährlichen Mücken auf. Ein Moskitostich ist in heißen Ländern auch heute noch wegen der Malaria sehr gefürchtet. Aber die Heilige blieb von ihnen verschont. Wenn aber eine andere Person ihre Klause betrat, fielen die Insekten sogleich über sie her und stachen zu. Rosa, befragt, wie sie das aushielte, gab zur Antwort: »Als ich mich hier niederließ, habe ich einen Freundschaftsbund mit diesen Tierchen geschlossen, und so bewohnen wir diesen Ort in aller Eintracht, ja, sie helfen mir sogar, das Lob Gottes zu singen.« Sooft die Heilige nämlich ihre Zelle betrat, rief sie den Mücken zu: »Eia Freunde, auf zum Lobe Gottes!« – und sogleich begann ein wunderbares Singen, Surren und Summen. Abends machten sie es auf den Ruf der Heiligen hin ebenso. Doch sobald sie ihnen zu schweigen befahl, hörten sie sofort auf zu singen und flogen ruhig ein und aus.

Im letzten Jahr ihres Lebens kam täglich bei Sonnenuntergang eine kleine Nachtigall zu Rosa geflogen, setzte sich auf einen nahen Baum und fing an, mit wunderlieblicher Stimme zu singen, sobald die Heilige sie dazu aufgefordert hatte. War sie damit fertig, begann Rosa mit leiser Stimme mit ihrem Gesang zum Lobe Gottes. Solange Rosa sang, verhielt sich der Vogel ganz still; hörte sie auf, so begann er sogleich, als hätte er seinen Einsatz bekommen. Und so hielten sie es jeden Tag um die gleiche Stunde.

24. August

Bartholomäus

Wer kennt nicht die kleine Wallfahrtskirche Sankt Bartholomä am Königssee, zu der alljährlich die Pilger am 24. August mit dem Boot hinüberfahren, um den hl. Bartholomäus zu ehren! Im Lukas-Evangelium wird von ihm berichtet: »In jenen Tagen begab sich Jesus auf den Berg, um zu beten, und er betete die Nacht über zu Gott. Als es Tag wurde, rief er seine Jünger herbei und wählte zwölf von ihnen aus, die er Apostel nannte« (Lk. 6,14). In den dann folgenden Versen des Evangeliums werden alle zwölf Apostel mit Namen genannt, unter ihnen auch der hl. Bartholomäus. Jesus wählte schlichte und einfache Menschen für dieses hohe Amt aus, Fischer, Zöllner und Handwerker. Aus ihnen formte er jene Män-

---

Geboren: wahrscheinlich in Kana (Galiläa)
Gestorben: in Syrien
Berufung/Beiname: Apostel, Märtyrer
Wirkungsstätten: Palästina, Mesopotamien, Kleinasien, Parthien, Armenien, Indien
Bedeutung des Namens: der Sohn des Furchenziehers (hebräisch)
Namensformen: Barthel, Berthel, Mewes, Mies, Bartolomeo, Bartolo, Bartosz
Patronat: Bergleute, Buchbinder, Metzger, Schneider, Schuhmacher, Winzer; gegen Hautkrankheiten, Nervenleiden, Zuckerkrankheit

ner, die er aussandte, um seine Lehre zu verkünden. Vermutlich ist Bartholomäus identisch mit jenem Fischer Nathanael aus Kana in Galiläa →, dessen Berufung im ersten Kapitel des Johannes-Evangeliums erwähnt wird: »Philippus traf den Nathanael und sagte zu ihm: ›Wir haben denjenigen gefunden, von dem Moses im Gesetz und die Propheten geschrieben haben, es ist Jesus, der Sohn Josephs aus Nazareth.‹ Nathanael sprach zu ihm: ›Kann denn aus Nazareth etwas Gutes kommen?‹ Philippus aber erwiderte ihm: ›Komm und sieh!‹ – Als Jesus den Nathanael auf sich zukommen sah, sagte er über ihn: ›Das ist ein echter Israelit, an dem kein Makel ist!‹ Nathanael sprach zu ihm: ›Woher kennst du mich?‹ Jesus gab ihm zur Antwort: ›Ehe dich Philippus rief, sah ich dich, als du unter dem Feigenbaume warst.‹ Da erwiderte ihm Nathanael: ›Rabbi, du bist der Sohn Gottes, du bist der König Israels!‹« Und dann folgte er ihm nach und blieb während Jesu ganzen irdischen Lebens sein treuer Begleiter.

Nach der Überlieferung predigte Bartholomäus die Heilsbotschaft in Indien, Mesopotamien→, Parthien →, Lykaonien → und Armenien →. Die Kirchenväter berichten, daß Pantenus, als er zu Beginn des 3. Jahrhunderts nach Indien kam, noch zahlreiche christliche Gemeinden antraf, die von dem Apostel Bartholomäus gegründet worden waren. Er fand auch eine Aufzeichnung des Matthäus-Evangeliums, die nur Bartholomäus dorthin gebracht haben konnte.

Der Heilige starb den Märtyrertod in Albanopolis in Armenien, wo ihm auf Befehl des Königs Astyages die Haut bei lebendigem Leib abgezogen worden war, bevor man ihn enthauptete. Im 6. Jahrhundert kamen die Gebeine des hl. Bartholomäus von Albanopolis auf die Insel Lipari.

Im 9. Jahrhundert wurden sie nach Benevent übertragen. Im Jahre 983 ließ Kaiser Otto III. die kostbaren Reliquien in das von ihm gestiftete Kloster auf der Tiberinsel in Rom bringen, wo sie in der Kirche S. Bartholomeo dell'Isola unter dem Hochaltar eine Ruhestätte gefunden haben.

Die Hirnschale des hl. Bartholomäus befindet sich seit 1238 im St.-Bartholomäus-Dom in Frankfurt am Main. Eine reiche Fülle von Volksbräuchen, Bauernregeln, Redensarten sowie verschiedene Familiennamen zeugen bis heute von der großen Beliebtheit des Heiligen im Volk.

Einer der bekanntesten Bräuche anläßlich des Bartholomäustages ist die Almer-Wallfahrt: Die Bewohner des österreichischen Alm pilgern an diesem Tag nach St. Bartholomä am Königssee, um den Schutz des Heiligen für ihr Vieh zu erbitten.

Bartholomäus wird dargestellt mit kurzem Haupt- und Barthaar, in der rechten Hand ein Messer, in der Linken ein Buch; auch seine abgezogene Haut in Händen tragend.

Legende *In Armenien wollte Bartholomäus dem König zeigen, daß seine Götzen nichts als Dämonen seien und der Macht des wahren Christengottes weichen müßten. Um dem König dies zu beweisen, ging er mit ihm in den Tempel und sprach: »Im Namen Christi, wer bist du, Astaroth?« Darauf bekannte dieser Dämon laut, daß nur der Apostel den wahren Gott verkünde. Hierauf verschwand der Dämon aus dem Tempel, und alle Götzenbilder zerbrachen in Stücke.*

Als Kaiser Friedrich Benevent eroberte, ließ er auch alle Kirchen zerstören. Und plötzlich sah ein Ritter eine Gruppe von Männern in hellen Gewändern heftig miteinander reden. Der Ritter trat zu ihnen und fragte nach ihren Namen. Da sprach einer aus der Gruppe: »Dies ist der hl. Barholomäus mit all den Heiligen, deren Kirchen zerstört worden sind. Und sie haben sich gerade über die Strafe beraten, die der bekommen muß, der die Zerstörung ihrer Kirchen befohlen hatte. Und sie haben seinen baldigen Tod beschlossen.« So kam es auch, denn bald darauf starb der Kaiser.

25. August

Ludwig der Heilige

Geboren: 1219 in Poissy (Frankreich)
Gestorben: 1270 bei Tunis (Tunesien)
Berufung/Beiname: Klostergründer, Kirchenerbauer, Wohltäter, Glaubensförderer
Wirkungsstätten: Frankreich, Italien, Ägypten, Palästina, Nordafrika
Bedeutung des Namens: der berühmte Kämpfer (althochdeutsch)
Namensformen: Lutz, Lewis, Ludovico, Luigi, Louis, Lovis
Patronat: Bäcker, Bauarbeiter, Blinde, Buchbinder, Drucker, Fischer, Friseure, Gerichtsdiener, Juweliere, Pilger, Reisende, Steinhauer, Stukkateure; Wissenschaft; gegen Pest

Dieser illustre Heilige verkörperte das Idealbild eines mittelalterlichen Herrschers. Im Jahr 1214 geboren, erzog ihn seine Mutter Blanca von Kastilien im christlichen Glauben. König Ludwig vermählte sich im Jahr 1234 mit Margarete von der Provence. Mit dieser Heirat wurde der Süden mit dem Norden Frankreichs geeint, und es gab von da an nur mehr ein Frankreich. Die Ehe war mit elf Kindern gesegnet. Wenige Könige mögen ihr Herrscheramt so ernstgenommen haben wie Ludwig. Deshalb verwunderte es niemand, daß er die beiden Orden der Franziskaner → und Dominikaner → tatkräftig unterstützte, lebte er doch selbst nach ihrem Geiste. Ludwig speiste die Armen an seinem Tisch, gründete Spitäler und wurde nie müde, Gutes zu tun.

Da König Ludwig ein unbestechliches Gefühl für Recht und Unrecht besaß, ordnete er mit Weitsicht das Rechtswesen und saß nicht selten selbst zu Gericht. Besorgt um die Reinerhaltung des Glaubens und das Wohl der Kirche, baute er mehrere Dome und Abteien, gründete er die Universität Toulouse und die im Mittelalter so berühmt gewordene Universität Sorbonne in Paris. Als Balduin II. von Konstantinopel → die kostbare Dornenkrone Christi, die einst die Kaiserin Helena vor der Vernichtung bewahrt hatte, in Venedig zum Kauf anbot, erwarb sie König Ludwig außerdem zu einem sehr hohen Preis und ließ sie in feierlicher Prozession nach Paris bringen. Zu Ehren der kostbarsten Reliquie ließ Ludwig außerdem die bezaubernde Kirche Sainte-Chapelle errichten.

Die Eroberung Jerusalems im Jahr 1244 durch die Sarazenen → veranlaßte König Ludwig, einen Kreuzzug zur Befreiung Jerusalems auszurichten, zu dem er im Jahr 1248 aufbrach. Nach der Überwinterung des Heeres in Zypern gelang die Landung in Ägypten im Mai 1249. Die Sarazenen räumten Damiette ohne größeren Kampf, so überrascht waren sie von der Ankunft der Kreuzfahrer.

Bei El Mansur stießen die Christen 1250 allerdings auf heftigen Wiederstand. Das durch Anstrengungen, Fieber und Hunger geschwächte Heer scheiterte, geriet in Gefangenschaft – und mit ihm der König von Frankreich. Ludwig gelang es jedoch, gegen ein hohes Lösegeld die Freiheit zu erhalten, und so konnte er im Jahr 1254 nach Paris zurückkehren.

Die Vorstellung, das Heilige Land in den Händen der Andersgläubigen zu wissen, ließ Ludwig nicht ruhen. Im Jahr 1267 organisierte er erneut einen Kreuzzug. Die Flotte des Königs ging in Aigues-Mortes in Südfrankreich unter Segel und landete schließlich in Tunis. Hier sollte Ludwig Unterstützung von Karl von Anjou und dessen Streitmacht bekommen.

Doch die ersehnte Hilfe blieb während der ganzen Belagerung von Tunis aus. Schließlich brach im Lager eine große Seuche aus, an der viele Krieger starben, und schließlich erlag auch König Ludwig am 25. August des Jahres 1270 der schlimmen Krankheit. An eine Weiterführung des Kreuzzugs war daraufhin nicht mehr zu denken, und so kehrten die Reste des Heeres mit dem Leichnam des Königs nach Frankreich zurück. Das Haupt Ludwigs des Heiligen ist seitdem in Paris in der Sainte-Chapelle nahe Notre Dame beigesetzt.

Legende Ludwig begab sich einmal auf eine Pilgerfahrt, um die heiligen Stätten in Rom zu besuchen. Als aber der außergewöhnliche Ruf von der Heiligkeit des Bruders Egidius, einem der ersten Jünger des hl. Franziskus, auch zu ihm gedrungen war, beschloß er, diesen persönlich aufzusuchen. Wie ein armer Pilger, unerkannt und mit nur wenigen Begleitern, begab sich Ludwig in Perugia an die Pforte des Klosters und fragte sehr dringend nach dem Bruder Egidius, wobei er sich dem Torhüter allerdings nicht zu erkennen gab. Dieser ging also nichts wissend weg und sagte dem Bruder Egidius, daß da ein Pilger vor dem Tor stehe, der nach ihm verlange. Von Gott aber wurde es Egidius eingegeben daß es der König von Frankreich war, der ihn zu sehen wünschte. Eilends verließ er seine Zelle und lief zur Pforte. Ohne sich zuvor jemals gesehen zu haben, knieten beide in gegenseitiger Ehrfurcht voreinander nieder und umarmten sich mit solcher Herzlichkeit, als ob sie schon lange die besten Freunde gewesen seien. Nach geraumer Zeit, während derer sie in herzlicher Umarmung verblieben waren, ohne ein Wort zu wechseln, schieden sie voneinander. Der hl. Ludwig setzte seine Fahrt fort, und Bruder Egidius kehrte in seine Zelle zurück.

Ludwig der Heilige wird mit Fürstenmantel, Krone und Zepter dargestellt. Meist trägt er die Dornenkrone Christi in der Hand. Als weitere Attribute sind ihm Kreuzstab, Schwert, Lanze, Lilie, Buch, Geißel, Jagdvogel und Ring beigegeben.

26. August

Gebhard von Konstanz

Auf halber Höhe des Gebhardberges bei Bregenz steht die Wallfahrtskirche, die diesem Heiligen geweiht ist. Von dort aus hat man einen weiten Blick über den Bodensee, bis hinüber nach Konstanz, der Wirkungsstätte des hl. Gebhard.

Er wurde im Jahre 949 als Sohn des Grafen Ulrich von Bregenz geboren. Seine Mutter starb bei seiner Geburt. In der Konstanzer Domschule wurde er erzogen, und neben anderen war auch der hl. Bischof Konrad sein Lehrer. Sicher ist es dessen Einfluß zuzuschreiben, daß auch Gebhard den geistlichen Beruf wählte. Der Bischof betraute ihn mit einer Domherrnstelle. König Otto II. ließ ihn im Jahre 980 unter allgemeiner Zustimmung des gesamten Klerus zum Nachfolger Konrads weihen. Das Volk nahm die Wahl dieses tadellosen Mannes freudig auf und jubelte seinem neuen Bischof begeistert zu.

Gebhard zeichnete sich vor allem durch vorbildliche Lebensführung aus. Er ging allen mit gutem Beispiel voran, und bald hatte er im ganzen Alemannenland den Ruf eines guten Oberhirten. Kaiser Otto II. schätzte den Konstanzer Bischof sehr. Auch die Päpste suchten seine Freundschaft.

Als der Heilige im Jahr 983 von seinem geerbten Vermögen die Benediktinerabtei Petershausen gegenüber von Konstanz gründete und in Rom um Bestätigung nachsuchte, wurde ihm diese von Johannes XV. sofort gewährt.

Als besondere Auszeichnung schenkte ihm der Papst für die neue Klosterkirche eine kostbare Reliquie, das Haupt des hl. Gregor. Gebhard reiste persönlich nach Rom, um das Kleinod über die Alpen an den Bodensee zu holen.

Das von ihm gegründete Kloster entwickelte sich bald zu einem Hort des Friedens und der Barmherzigkeit. Fünfzehn Jahre leitete Gebhard seine Diözese mit Umsicht und Güte. Er war noch keine fünfzig Jahre alt, als er am 27. August 995 starb. Die Mönche von Petershausen setzten ihn in ihrer Klosterkirche bei. Sein Grab war bis zur Auflösung des Klosters ein vielbesuchter Wallfahrtsort.

Geboren: 949 bei Bregenz (Österreich)
Gestorben: 995 bei Konstanz (Baden-Württemberg)
Berufung/Beiname: Klostergründer, Bischof
Wirkungsstätten: Baden-Württemberg, Italien
Bedeutung des Namens: der Freigiebige (althochdeutsch)
Namensformen: Gebert, Gevaert, Gebi
Patronat: gegen Halskrankheiten; für eine gute Geburt

27. August

Monika

Geboren: um 332 in Tagaste (Numidien)
Gestorben: 387 in Ostia (Italien)
Berufung/Beiname: Mutter des Augustinus
Wirkungsstätten: Nordafrika, Italien
Bedeutung des Namens: die Mahnerin (lateinisch)
Namensformen: Monica, Mona, Moni
Patronat: Frauen, Mütter; christliche Müttervereine

Eine der anziehendsten Frauengestalten, die von der Kirche und den Gläubigen verehrt wird, ist die hl. Monika, die Mutter des großen Kirchenlehrers Augustinus. Ihr Sohn, um den sie so viel gelitten hat, setzte ihr in seinen »Bekenntnissen« ein unvergängliches Denkmal kindlicher Dankbarkeit und Liebe.

Monika wurde im Jahr 332 von gottesfürchtigen Eltern geboren. Sie verlebte ihre Jugend in Tagaste an der nordafrikanischen Küste. Mehr noch als die Eltern hielt eine alte Amme sie frühzeitig zu kluger Besonnenheit und Mäßigung an. Und sie war es auch, die dem Kind eine innige Liebe zu Gott vermittelte. Von Augustinus erfahren wir eine kleine Geschichte aus dieser Zeit, die ihm sicherlich seine Mutter selbst erzählt hat. Sie soll wiedergegeben werden, denn sie zeigt bereits klar die Lebenseinstellung dieses Mädchens: Monika wurde öfter in den Keller geschickt, um den Tischwein heraufzuholen. Und, wie jedes Kind in solchen Situationen, nippte sie ein ganz klein wenig an dem Wein. Die Magd, mit der sie stets den Wein holte, nannte sie eines Tages »Trunkenbold«. Da war Monika so tief beschämt, daß sie von da an den Wein nicht mehr probierte.

Sie war gerade achtzehn Jahre alt, da verheirateten sie ihre Eltern mit Patricius, einem jähzornigen und unbeherrschten Mann, der zu allem Unglück auch noch ein Heide war. Die junge Frau mußte nicht nur seine ehebrecherischen Beziehungen ertragen, sondern auch seine zahllosen unflätigen Beschimpfungen über sich ergehen lassen. Der Zorn riß ihn zuweilen sogar soweit hin, daß er seine stille und demütige Gattin schlug. Monika ließ es geschehen. Aber wenn sein Zorn vorüber war, redete sie mit ihrem Ehemann und versuchte auf sanfte Weise, ihm sein Benehmen vor Augen zu führen. Dabei war Monika aber stets bemüht, den Frieden in der Ehe zu wahren.

Sie gebar zwei Söhne, Aurelius Augustinus und Navigius, sowie ein Mädchen namens Perpetua. Mit inniger Liebe erteilte sie ihren Kindern eine christliche Erziehung. Augustinus, der Erstgeborene, war sehr intelligent, zeigte aber schon frühzeitig einen Hang zu Eigensinn und Leichtlebigkeit. Je älter er wurde, desto mehr nahm sein leidenschaftliches Naturell zu, das er vom Vater geerbt hatte. Große Freude dagegen hatte der Knabe an den Wissenschaften. Monika bereitete Augustinus für die Taufe vor, aber sie schob den Tag immer wieder hinaus. Der Grund ihres Zögerns war sicherlich der Einfluß ihres Gatten, aber auch das Verhalten des Knaben selbst. Monika mußte zu ihrem Schmerz feststellen, daß er sie hinterging. Als er mit siebzehn Jahren auf die Universität nach Karthago zog, bemerkte sie, daß Augustinus sich immer tiefer in ein ausschweifendes Leben verstrickte. Monika weinte und flehte, mahnte und litt. Aber der heißgeliebte Sohn wandte sich nicht nur von ihr ab, sondern schloß sich zu ihrem Entsetzen auch noch der Irrlehre der Manichäer → an. Augustinus erzählte später selbst aus dieser Zeit seines Lebens: »Was bot die betrübte Mutter alles auf, um ihren Sohn auf bessere Wege zu bringen! Sie griff selbst zu dem, was für eine Mutter das Schwerste ist: zur Strenge. Sie befahl ihrem Sohn, ihr Haus zu verlassen und es nicht mehr zu betreten.«

Ein Bischof, an den sich Monika in ihrem Schmerz um den auf Abwege geratenen Sohn wandte und den sie bat, er möge ihn zur Wahrheit zurückführen, prophezeite ihr: »Es ist unmöglich, daß ein Sohn solcher Tränen für immer verloren sein kann.«

27. August

Augustinus lebte fortan in Karthago zusammen mit seiner Geliebten, die ihm auch einen Sohn gebar. Monika hörte dennoch nicht auf, für ihren Sohn zu beten, und immer wieder suchte sie Augustinus auf und erteilte ihm strenge Ermahnungen. Um den ständigen Vorwürfen der Mutter für immer zu entfliehen, bestieg er eines Tages ein Schiff und fuhr nach Rom. In großer Sorge reiste Monika ihm aber nach, ohne daß der Sohn davon wußte.

Der hl. Augustinus hatte inzwischen in Mailand eine Professur angenommen. Dort lehrte auch der große Kirchenlehrer Ambrosius. Dieser bedeutende Kirchenlehrer erlangte nun entscheidenden Einfluß auf Augustinus.

Monikas Gebete wurden endlich erhört. Nach vierzehnjährigem Beharren in der Irrlehre fand Augustinus zur Wahrheit Christi zurück und ließ sich von Ambrosius taufen. Augustinus erkannte, welche Fehler er begangen hatte und wie tief er in der Schuld seiner Mutter stand. Von nun an wollte er sie immer in seiner Nähe behalten. Aber jetzt, da Monika wußte, daß sich ihr Sohn auf dem richtigen, christlichen Weg befand, sehnte sie sich danach, in ihre nordafrikanische Heimat zurückzukehren. Augustinus begleitete seine Mutter nach Ostia, von wo aus sie wieder nach Nordafrika reisen wollte. In Ostia jedoch wurde sie schwer krank und starb schon nach wenigen Tagen.

Augustinus hat ihren Tod und ihre letzten Gespräche mit erschütternden Worten beschrieben. Auf die Frage, ob es ihr nicht Kummer bereite, in einem fremden Land zu sterben und begraben zu werden, antwortete sie lächelnd: »Nichts ist fern von Gott, und ich fürchte nicht, daß er am Ende der Tage nicht wissen sollte, wo er mich aufwecken will.« Sie starb im Oktober 387.

Der Leichnam der hl. Monika ruht in Sant' Agostino in Rom. Kurz vor ihrem Tod führte die hl. Monika noch ein Gespräch mit ihrem Sohn Augustinus, in dem sie sagte: »Mein Sohn, eines habe ich, solange ich leben darf, gewünscht: vor meinem Tod dich als katholischen Christen zu sehen. Überreich hat mein Gott mir dies verliehen« (Bekenntnisse, 9. Buch, Kap. 10-13).

Der Abschied des Augustinus von seiner Mutter Monika ist oft gemalt worden. Besonders eindrucksvoll wurden diese Szenen auf den Fresken in der Kirche S. Agostino in San Gimignano von Benozzo Gozzoli wiedergegeben.

Anstelle einer Legende Als die hl. Monika, die Mutter des hl. Augustinus, von dem unseligen Entschluß ihres Sohnes gehört hatte, der Gemeinschaft der Manichäer beizutreten, da weinte und betete sie Tag und Nacht für ihr in die Irre gegangenes Kind.
Da sandte Gott ihr einen tröstlichen Traum. Es war ihr, als stehe sie auf einem Richtscheit und es erscheine ihr ein freundlich lächelnder junger Mann. Dieser fragte Monika: »Warum läßt du dich vom Kummer verzehren?« Als sie erwiderte, daß sie den Glaubensirrtum ihres Sohnes beweine, sprach er: »Sei getrost, und schaue dich um, denn wo du stehst, da steht ja auch dein Sohn!« – Und als sie sich umblickte, sah sie ihren Sohn Augustinus auf dem nämlichen Platze stehen.
Als Monika diesen Traum ihrem Sohne Augustinus erzählte, wollte er denselben dahin deuten, daß auch seine Mutter zu der Sekte der Manichäer übertreten würde; sie aber antwortete schnell: »Nein, der Engel sagte nicht, wo er, da auch du, sondern wo du, da auch er.« Diese Worte machten einen großen Eindruck auf Augustinus, und sie waren vielleicht das erste Samenkorn zu seiner späteren Bekehrung.

Das Brevier des hl. Benedikts findet die richtigen Worte für die Lebensleistung der hl. Monika: Es bezeichnet sie als »Sankt Monika, in doppeltem Sinn die Mutter Sankt Augustins; denn sie hat ihn der Welt und dem Himmel geboren«.

Monika wird dargestellt als alte Frau mit Witwenschleier, im Gespräch mit ihrem Sohn Augustinus; mit Rosenkranz und Buch.

28. August

Augustinus

Geboren: 354 in Tagaste (Numidien)
Gestorben: 430 in Hippo (Numidien)
Berufung/Beiname: Apologet, Seelsorger, Geschichtsphilosoph, Bischof, Kirchenlehrer; »Doctor gratiae«, »Genie des Herzens«, »größter Prediger der abendländischen Kirche«
Wirkungsstätten: Nordafrika, Italien
Bedeutung des Namens: der Erhabene (lateinisch)
Namensformen: Augustin, August, Austin, Gust, Gustav, Stinnes
Patronat: Theologen; Bierbrauer, Buchdrucker; für gute Augen

Augustinus gilt als der fruchtbarste katholische Literat. Seine »Bekenntnisse«, eine große, erschütternde Lebensbeichte, wurden als »eindrucksvollste Autobiographie der Weltliteratur« bezeichnet.

Augustinus war wohl der größte Philosoph, der genialste Denker und einflußreichste Theologe der noch jungen Kirche. Er wird nicht ohne Grund »doctor gratiae«, das heißt der Gnadenlehrer, das »Genie des Herzens«, genannt. Man bezeichnet ihn als den größten unter den vier bedeutenden abendländischen Kirchenvätern des christlichen Altertums.

Zu seinen Lebzeiten vollzog sich der Untergang des römischen Weltreiches. Vor diesem Hintergrund spielte sich das Leben des hl. Augustinus ab. Seine Kindheit fiel in die letzten Phasen der römischen Weltherrschaft. Der gereifte Mann sah erschüttert, wie Rom am 24. August 410 von den anstürmenden Westgoten erobert wurde. Im Meditieren über den Sturz dieser zivilisierten Weltstadt entstand eines seiner Meisterwerke. Es sind dies die zweiundzwanzig Bücher über den Gottesstaat – »De civitate Dei«.

Augustinus war so zum Zeugen des Untergangs der römischen Weltherrschaft geworden. Aber mit der Bekehrung Kaiser Konstantins des Großen (312–337) war das Reich bereits christlich geworden, hatte die neue Religion endgültig Fuß gefaßt. Wenn auch das Heidentum noch eine Zeitlang Widerstand leistete, wenn auch Irrlehren und Spaltungen die junge Kirche erschütterten, das augustinische Jahrhundert wurde ein Jahrhundert des sozialen, geistlichen und intellektuellen Aufblühens des Christentums. Es war das goldene Zeitalter der Kirchenväter und ihrer großen Denker.

Augustinus war ein afrikanischer Römer. Er wurde am 13. November 354 in Tagaste im heutigen Algerien geboren. Sein Vater Patricius bekehrte sich erst kurz vor seinem Tod zum Christentum. Seine Mutter, die hl. Monika, war Christin. Über sein Leben hat der Heilige uns in den »Bekenntnissen«, den »Confessiones«, der wohl eindrucksvollsten Autobiographie der Weltliteratur, Rechenschaft gegeben. Die Mutter unterwies den Knaben von klein auf in der christlichen Lehre. Die Taufe hat er allerdings erst sehr viel später, als reifer Mann, empfangen. Die Grundschule besuchte er in seiner Geburtsstadt, die höhere Schule in Madaura, sein Hochschulstudium beendete er in Karthago, der größten Stadt des damaligen römischen Afrika. Augustinus empfing eine durch und durch aufs Literarische, wir würden heute sagen humanistische, ausgerichtete Bildung. Seine leidenschaftliche Schönheitsliebe und sein ungezügeltes Temperament trieben ihn in diesen Jahren aber manchen Ausschweifungen entgegen. In seinen »Bekenntnissen« geißelte er später selbst aufs härteste sein damaliges Leben. Schon um 375 wurde er in Karthago Lehrer der Rhetorik und machte bald von sich reden. Seit seinem achtzehnten Lebensjahr lebte er in wilder Ehe mit einer Frau, die ihm einen Sohn gebar, der den frommen Namen Adeoatus – der von Gott Gegebene – erhielt.

Augustinus erzählt uns in seinen Bekenntnissen, wie die Lektüre des »Hortensius« von Cicero in ihm jene »glühende Liebe zur Weisheit« geweckt hat, jene Suche nach Selbsterkenntnis und Wahrheit, die ihn sein ganzes Leben erfüllen sollte. Diese Sehnsucht lenkte ihn, zum großen Schmerz seiner frommen

28. August

Mutter, zunächst auf einen Irrweg, nämlich in die Arme der Manichäer →, einer christlichen Sekte. 383 siedelte Augustinus heimlich und gegen den Willen seiner inzwischen verwitweten Mutter nach Rom über. Auch dort als Lehrer für Rhetorik bald allgemein bewundert, wurde er wegen seiner hervorragenden Begabung und Gelehrsamkeit vom Stadtpräfekten Symmachus nach Mailand empfohlen. Monika war ihrem Sohn nach Rom gefolgt. 384 zogen beide nach Mailand. Hier geschah die große Wende. Augustinus las Plato. Dessen Ausführungen über die Unsterblichkeit der Seele und das Gericht, über das Jenseits und das Weiterleben nach dem Tod, beschäftigten ihn von da an zutiefst. Die Entdeckung der übersinnlichen Welt und ihrer unleugbaren Realität machten seine früheren materialistischen Abirrungen zunichte. Es ist das Verdienst von Augustinus, daß diese hellenistischen Lehren in die geistigen Vorstellungen des Christentums eingeschmolzen worden sind (O. v. Taube). Jedoch noch wesentlicher als die Lektüre des Plato wurde für ihn die Begegnung mit dem hl. Ambrosius, der damals Bischof von Mailand war. Augustinus besuchte die Predigten des großen Lehrers der Kirche, und sie beeindruckten ihn tief. Selbst die bisher von ihm wegen ihrer Alltagssprache verachtete Bibel erschloß sich ihm jetzt allmählich. Er begann, sie zu lesen und zu erforschen, und zwar nicht mehr wie ein Stück Literatur, sondern nach ihrem Gehalt. Jedoch immer noch sträubte sich in Augustinus alles gegen eine innere Umkehr, noch quälten ihn Zweifel.

Schließlich gab ein von ihm selbst geschildertes Erlebnis den letzten Anstoß zur Entscheidung. Er meditierte im Garten seines Hauses in Mailand in der Nähe seines Freundes Alypius. Da hörte er die Stimme eines Kindes, die zu singen schien: »Tolle, lege« – zu deutsch: nimm und lies! Augustinus schlug das Buch des hl. Paulus auf, das er zu dieser Zeit immer bei sich trug, und stieß auf die Stelle im Römerbrief (13, 13): »Nicht in Eß- und Trinkgelagen, nicht in Ausschweifungen, nicht in Zank und Streit sucht euer Heil, sondern zieht an den Herrn Jesus Christus und pflegt das Fleisch nicht zur Erregung eurer Lüste.«

Die Entscheidung war gefallen! Sie hieß: ein neues Leben beginnen, in die Kirche eintreten, auf die Ausschweifungen der Welt verzichten. Von der Mutter seines Sohnes hatte er sich schon getrennt, seine zweite Geliebte verließ er nunmehr, sein Verlöbnis mit einer Frau, die er zu heiraten beabsichtigt hatte, löste er. Um kein Aufsehen zu erregen, blieb er bis zum Beginn der Ferien noch in seinem Lehramt, das er dann still niederlegte. In den Ferien bereitete er sich auf dem Landgut Cassiciacum auf die Taufe vor. Einige christliche Freunde und Monika waren bei ihm. Am Ostersamstag 387 empfing Augustinus zusammen mit seinem Sohn und seinem Freund Alypius aus der Hand des hl. Ambrosius in Mailand die Taufe. Innerlich zur Ruhe gekommen, verfaßte er nun seine philosophischen Dialoge und führte jenes Leben der Einkehr, des Gebets und des Studiums, in dem er hinfort sein Ideal sah. Seine Mutter Monika starb plötzlich in Ostia in dem Augenblick, als Augustinus sich mit ihr nach Afrika einschiffen wollte. Er brachte noch ein Jahr in Rom zu, dann begab er sich nach Tagaste, verkaufte seine väterlichen Besitzungen und verteilte das Geld an die Armen. Anschließend versammelte er seine treuesten Freunde um sich und baute eine Art Klostergemeinschaft auf, in der er den Rest seiner Tage zu verbringen hoffte. Diese glückliche Zeit dauerte indessen kaum drei Jahre (388–391).

Augustinus schrieb über den hl. Ambrosius: »Allmählich kamen mit den Worten auch die Sachen, die ich vernachlässigte, in meinen Geist, und während ich darauf aufmerkte, wie beredt er sprach, prägte sich mir auch ein, wie wahr er sprach.«

28. August

Augustinus wird dargestellt als Bischof mit Chormantel, Mitra und Krummstab oder als Gelehrter. Oft wird er zusammen mit einem Engel oder dem Jesuskind gezeigt. Seine typischen Attribute sind ein Buch, Schreibfeder und Kirchenmodell. Ein brennendes oder mit Pfeilen durchbohrtes Herz verweist auf seine Unruhe des Herzens, »bis es ruht in Gott«.

Die älteste Darstellung des hl. Augustinus findet sich in der Lateransbasilika in Rom. Ein Freskenzyklus aus dem 15. Jahrhundert schildert an den Wänden der Kirche Sant' Agostino in San Gimignano in der Toskana die Lebensgeschichte des Heiligen.

Der greise Bischof Valerius von Hippo war nämlich inzwischen auf den Gottesmann aufmerksam geworden. Er entriß ihn seiner Stille und erteilte ihm trotz seines Widerstrebens die Priesterweihe. 392 trat Augustinus seine Tätigkeit als Prediger an, fünf Jahre später wurde er zum Hilfsbischof des Valerius und 396 zu dessen Nachfolger ernannt. Fast vierzig Jahre blieb er der Kirche von Hippo Regius verbunden. Eifrig und liebevoll war er für die Gemeinde tätig, mit der ganzen Hingabe seines Herzens übte er seinen geistlichen Beruf aus. Im Kontakt mit dem Volksglauben lernte er jetzt die verschiedenen Formen der Frömmigkeit verstehen, wie Märtyrerkult, Reliquienverehrung und Wunder, an denen sich die Ansprüche seiner reinen, streng verstandesmäßigen Philosophie früher gestoßen hatten. Augustinus begründete in seinem Haus eine Art klösterliches Zusammenleben mit Priestern, woraus sich später die Augustinerchorherren und Augustinereremiten entwickelten. Er verfaßte eine Menge von Schriften, denn mehr noch als das Heidentum machten dem Bischof die Sekten und Ketzer zu schaffen, gegen die er erfolgreich als Schriftsteller und Prediger auftrat. Da waren neben den Manichäern → die Pelagianer → und Semipelagianer, die Arianer → und Donatisten → sowie andere Irrlehrer, die das Volk an sich zu ziehen versuchten. Augustinus wirkte als der größte Prediger der abendländischen Kirche, als Kämpfer für den rechten Glauben, als der bischöfliche Seelsorger, der in seinen Schriften die ganze Fülle der christlichen Lehre aufzugreifen versuchte, um sie allen nach Gott suchenden Menschen bewußt zu machen. Er hielt Synoden ab, stand mit allen bedeutenden Männern seiner Zeit in Briefwechsel, leitete die katechetische Unterweisung der Bekehrten, kümmerte sich um die karitativen Werke, verteidigte Arme und Unterdrückte gegen die Obrigkeit, setzte sich für Verurteilte ein, verwaltete das Kirchengut. Augustinus mußte Recht sprechen, Reisen unternehmen, Verhandlungen und Dispute führen und vieles mehr.

Die Abfassung des umfangreichen Werkes zog sich über Jahre hin. Es besteht aus hundertdreizehn Schriften, zweihundertachzehn Briefen und fünfhundert Predigten. Allein am »Gottesstaat« arbeitete der Heilige zweiundzwanzig Jahre. Er beeinflußte nicht nur Philosophie, Dogmatik, Moraltheologie und Mystik, sondern auch Soziallehre, Kirchenpolitik und Staatsrecht. Augustinus wurde der Mitgestalter der abendländischen Kultur des Mittelalters, ohne ihn hätte das Abendland das große Erbe der Antike wohl nicht vermittelt bekommen.

Augustinus starb am 28. August 430 in Hippo, westlich von Karthago. Nach seinem Tod hatten flüchtende Christen die Asche des hl. Kirchenvaters 496 nach Sardinien gebracht. Von da holte sie der Langobardenkönig Luitprand 723 nach Pavia und ließ sie in der Kirche S. Pietro in Ciel d'Oro beisetzen. Das seltsam anmutende Grabmal stammt aus dem 14. Jahrhundert.

Legende Einst ging Augustinus am Ufer des Meeres auf und nieder und dachte nach, wie er das Geheimnis des Dreifaltigen Gottes gedanklich erfassen könne. Da traf er ein Kind am Ufer, das schöpfte Wasser mit einer Muschel aus dem Meer und goß es in eine kleine Sandgrube, die es gegraben hatte. »Was tust du da?« fragte Augustinus. »Ich schöpfe das Meer aus«, sagte das Kind ganz ernsthaft und in sein Tun vertieft. »Und meinst du, es wird dir gelingen?« fragte der Weise lächelnd. »Eher gewiß, als es dir gelingen wird, das Wesen Gottes zu erfassen«, gab das Kind zur Antwort und verschwand.

29. August

Enthauptung Johannes des Täufers

Am 29. August begeht die Kirche ein Fest zur Erinnerung an die Enthauptung des hl. Johannes des Täufers. Mit Ausnahme der Gottesmutter Maria ist der hl. Johannes der einzige unter den Heiligen, bei dem nicht allein sein Todestag, sondern auch seine Geburt mit einem eigenen Festtag begangen wird.

Die Geschichte seines Martertodes steht im 6. Kapitel des Markus-Evangeliums. Dort heißt es: In jener Zeit ließ Herodes Antipas, Vierfürst von Galiläa → und Paräa, den Johannes ergreifen und gefesselt in den Kerker werfen. Veranlassung war Herodias, die Frau seines Bruders Philippus, die er zur Frau genommen hatte. Johannes hatte nämlich dem Herodes gesagt: »Es ist dir nicht erlaubt, das Weib deines Bruders zu haben.« Deshalb haßte Herodias den Johannes. Herodes aber hatte Scheu vor Johannes, weil er wußte, daß er ein gerechter und heiliger Mann war, und suchte ihn zu schützen. Er hielt ihn zwar in Gewahrsam in seiner Burg Machärus, tat aber vieles auf seinen Rat hin.

Eines Tages gab Herodes zu seinem Geburtsfest den Großen und Vornehmen von Galiläa ein Gastmahl. Da trat die Tochter der Herodias herein und tanzte. Sie gefiel dem Herodes wie auch denen, die mit ihm zu Tisch waren. »Verlange von mir, was du willst, und ich werde es dir geben«, sagte er zu dem Mädchen. Und er schwor sogar: »Alles, was immer du von mir begehrst, werde ich dir geben, und wäre es die Hälfte meines Reiches.«

Da ging sie hinaus und fragte ihre Mutter: »Was soll ich mir erbitten?« Diese antwortete sofort: »Das Haupt Johannes des Täufers.« Sogleich eilte die Tochter zum König hinein und forderte also: »Ich will, daß du mir sofort auf einer Schüssel das Haupt Johannes des Täufers reichst.« Da wurde der König traurig, aber wegen des Schwurs und der Gäste wollte er sie nicht abweisen. Er schickte einen seiner Leibwächter hin mit dem Auftrag, das Haupt auf einer Schüssel zu bringen. Jener ging hin, enthauptete den Johannes im Gefängnis, brachte das Haupt des Johannes auf einer Schüssel und gab es dem Mädchen. Das Mädchen aber gab es seiner Mutter. Als die Jünger des Johannes von dieser Missetat erfuhren, holten sie den Leichnam und bestatteten ihn in einem Grab.

Das Haupt des Heiligen, das sich in der Burg des Herodes befunden haben soll, kam später nach Sizilien und um das Jahr 290 nach Konstantinopel →. Danach wurde es nach Emesa, Comana und dann wieder nach Konstantinopel gebracht. Endlich gelangte die Kopfreliquie nach Amiens in Frankreich, wo sich viele wunderbare Begebenheiten ereigneten. Das Grab des hl. Johannes in Samaria wurde im Jahre 362 durch die Heiden zerstört. Indessen befinden sich Reliquien des Heiligen in S. Giovanni in Laterano in Rom und wohl auch in mancher anderen Johanneskirche. Die »Legenda aurea« erwähnt insbesondere seinen Finger, mit dem er auf Christus am Jordan gewiesen hatte. Die hl. Thekla hat ihn von Mönchen erhalten und über die Alpen gebracht. So gelangte er in die Normandie, wo nun eine Johanneskirche den kostbaren Schatz aufbewahrt.

Die von so ungewöhnlichen Umständen begleitete Geschichte seines Todes hat vielen Künstlern als Motiv gedient. Aber nicht nur die bildende Kunst hat sich ihrer bemächtigt, auch in Literatur und Musik ist sie verewigt worden. In unserem Jahrhundert schuf der Dichter Oskar Wilde das Drama »Salome«, zu dem Richard Strauß die Musik geschrieben hat.

Die Enthauptung Johannes des Täufers ist in der bildenden Kunst vielfach dargestellt worden: Salome hält das abgeschlagene Haupt des Propheten oder trägt es auf einer Schale.

30. August

Sabina

> **Geboren:** in Rom
> **Gestorben:** um 126 in Umbrien (Italien) oder Rom
> **Berufung/Beiname:** Märtyrerin
> **Wirkungsstätte:** Italien
> **Bedeutung des Namens:** die Sabinerin (lateinisch)
> **Namensformen:** Sabine, Sabrina, Bina, Bine
> **Patronat:** Hausfrauen, Kinder, die schwer gehen können; gegen Blutungen; gegen Regen

Am 29. und 30. August wird die hl. Märtyrerin Sabina in der gleichnamigen Titelkirche auf dem Aventin in Rom gefeiert. Die heutige Kirche wurde im 5. Jahrhundert auf den Grundmauern einer antiken Titularkirche errichtet. Das Mosaik der Eingangswand berichtet in einer Inschrift von der Erbauung der Kirche durch Petrus von Illyrien. Links und rechts stehen in dunklem Purpur die judenchristliche und die heidenchristliche Kirche in Gestalt römischer Matronen. Obwohl die hl. Sabina schon in frühester Zeit verehrt wurde, sind Akten von historischem Wert über sie nicht vorhanden. Nach der Legende soll die Märtyrerin mit ihrer Dienerin, der hl. Serapia, am 29. August um das Jahr 126 in Umbrien oder Rom enthauptet worden sein.

Legende Die hl. Sabina war die Gattin eines vornehmen Römers. Als ihr Mann gestorben war, zog sie sich auf ein Landgut in Umbrien zurück und führte dort ein standesgemäßes, luxuriöses Leben. Sklaven bedeuteten ihr nichts, auch wenn sie jene nicht mißhandelte. Eine ihrer Sklavinnen hatte sogar ihr Vertrauen gewonnen. Serapia, so hieß die Sklavin, stammte aus Syrien und war eine Christin. Bald schon, nachdem sie in das Haus der Sabina gekommen war, erregte ihr Benehmen die Aufmerksamkeit ihrer Herrin. Sie war nämlich nicht leichtsinnig wie die übrigen, sie verschmähte Eitelkeit und war zufrieden mit ihrem schlichten Gewand. Wenn Sabina ihr ein altes Kleid schenkte, so sah man gewiß darin bald ein armes Mädchen hübsch bekleidet. Serapia schmeichelte ihrer Herrin nie, wie die anderen es taten, und tat nie etwas, was gegen ihre christliche Überzeugung war. Sie erzählte ihrer Herrin von den wunderbaren Geheimnissen der christlichen Religion. Und auf Sabinas Bitte hin, Serapia in die Versammlungen begleiten zu dürfen, stiegen sie eines Nachts gemeinsam hinab in die Katakomben, wo die Christen heimlich ihren Gottesdienst feierten. Was sie da sah und hörte, verwunderte Sabina noch mehr. Solche Liebe kannte das Heidentum nicht. Sie widerstand nun nicht länger der Gnade, ließ sich unterrichten und empfing die christliche Taufe. Jetzt war Serapia nicht mehr ihre Sklavin, sondern ihre geliebte Schwester. Sabina schenkte sogleich allen ihren Sklaven die Freiheit, ihr Vermögen gehörte fortan den Armen.

Unterdessen brach unter Kaiser Hadrian eine große Verfolgung aller Christen aus. Schon viele waren hingerichtet worden, als der Statthalter auch Serapia, die treue Magd, ergreifen ließ. Diese war Tag und Nacht den Verfolgten beigestanden und hatte sich dadurch bei den Häschern verdächtig gemacht. Kaum hatte Sabina von der Verhaftung ihrer Freundin gehört, da eilte sie zum Statthalter und bat darum, mit Serapia für Christus sterben zu dürfen. Der Statthalter aber, dem ihre edle Geburt und ihr großes Ansehen bekannt waren, hielt sie für verrückt und ließ sie unter Spott aus dem Gerichtssaal führen. Serapia aber, die vor dem Gericht standhaft ihren Glauben bekannte, wurde der rohen Soldateska preisgegeben. Auf der Richtstätte schlug man sie mit Knüppeln tot. Sabina beweinte den Tod ihrer geliebten Schwester in Christo bitterlich. Ihr einziges Verlangen war, mit Serapia in der Herrlichkeit des Himmels wieder vereint zu werden. Nach einem Jahr wurde ihre Sehnsucht erfüllt. Sie wurde erneut gefangengenommen und nach kurzem Verhör ihres Glaubens an Jesus Christus wegen enthauptet.

Das Martyrium Sabinas ist von Malern immer wieder gestaltet worden. Sie wird in jugendlichem Alter dargestellt mit den entsprechenden Attributen Palme und Krone. Manchmal beschenkt sie einen Kranken.

31. August

Verena

In Zurzach, einem hübschen Städtchen am Ufer des Oberrheins, lebte um das Jahr 300 die hl. Verena. Die Stiftskirche aus dem 14. Jahrhundert enthält in der gotischen Krypta das Grab der hl. Verena, deren Name in jedem Schweizer »Vreneli« noch heute fortlebt. Die hl. Verena wird in der ganzen Schweiz verehrt, insbesonders jedoch in Zurzach und in Solothurn an der Aare.

Vermutlich kam sie mit der Thebaischen Legion nach Mailand und ins Rhonetal und gelangte schließlich nach Solothurn. Dort ist heute noch die in den Felsen gehauene Höhle zu sehen, in der die Heilige lange Zeit gelebt hat und die dann in eine Kapelle umgewandelt worden ist. Später errichtete die hl. Verena am Zusammenfluß von Aare, Reuß und Limat eine Klause, die nach ihr benannte »Verenazelle«. Zuletzt siedelte die heilige Einsiedlerin dann nach Zurzach über. Dort pflegte Verena zusammen mit einer Gruppe anderer junger, gottgefälliger Frauen kranke und aussätzige Mitmenschen aus der Umgebung.

Die hl. Verena trug durch ihr christliches Leben wesentlich zur Ausbreitung des Christentums bei den Alemannen bei. Sie starb um das Jahr 350 in Zurzach, wo sie auch beigesetzt wurde. Unter Herzog Rudolf IV. von Österreich kam ein Teil ihrer Reliquien in die Stephanskirche nach Wien. Ein Wandgemälde in der Stiftskirche in Zurzach und ein Bild im Historischen Museum in Basel geben die hl. Verena mit ihren Heiligenattributen Brot, Krug, Kamm und Fisch wieder.

Im Zusammenhang mit der Verehrung der hl. Verena steht auch ihr Bräutigam, der hl. Märtyrer Viktor, dessen Fest zusammen mit dem seines Gefährten, des hl. Ursus, am 30. September begangen wird. Der hl. Viktor fand seine Ruhestätte in der ehemaligen Viktorsbasilika in Genf, während der hl. Ursus in der über seinem Grab erbauten Kirche in Solothurn bestattet liegt. Die beiden Krieger gehörten der Thebaischen Legion an und hatten sich vor dem römischen Kaiser Maximian nach Solothurn geflüchtet. Nachdem man sie aufgegriffen hatte, wurden sie gefoltert und enthauptet.

Legende Die Legende der hl. Verena, die hier berichtet wird, stammt aus dem 11. Jahrhundert; die Verehrung der Heiligen geht allerdings auf eine viel ältere Tradition zurück: Einige junge Frauen hatten sich zu Verena gesellt. Sie wollten ihr in ihrem frommen und Gott wohlgefälligen Leben nacheifern. Sie lebten alle von ihrer Hände Arbeit und schenkten, was sie erübrigen konnten, den Armen. Als aber ein Hungerjahr ins Land kam, da hatten auch die frommen Frauen kein Stücklein Brot mehr.
In dieser Not rief Verena vertrauensvoll die Hilfe des Herrn an. Und kaum hatte sie ihr Gebet geendet, da sahen sie vierzig Säcke mit Mehl vor dem Felsen liegen, der ihre Zelle umschloß. Nun machten sie Brot aus dem Mehl, verteilten es unter die Bedürftigen und sättigten sich selbst. Als Verena vor dem römischen Landpfleger, der sie wegen ihres christlichen Glaubens angeklagt hatte, erscheinen sollte, wurde dieser von einer schweren Krankheit befallen, obgleich er vorher ganz gesund war. Voll Angst erblickte er darin eine Strafe des Christengottes und bat voll Reue die Jungfrau, sie möge bei Gott für ihn eintreten, damit er gesund werde. Verena sprach ihr Gebet, und er wurde gesund und bekehrte sich.

Geboren: um 300 in Ägypten
Gestorben: um 350 in Zurzach (Schweiz)
Berufung/Beiname: Eremitin, Missionarin, Wohltäterin
Wirkungsstätten: Ägypten, Italien, Frankreich, Schweiz
Bedeutung des Namens: die Zurückhaltende (lateinisch)
Namensformen: Vera, Vreni, Vérène
Patronat: Fischer, Haushälterinnen, Müller

Dargestellt wird Verena als Eremitin oder Nonne mit Wasser- oder Weinkrug und Brot; auch mit zweireihigem Kamm oder Fisch. Ein Wandgemälde in der Stiftskirche in Zurzach und ein Bild im Historischen Museum in Basel zeigen die Heilige mit ihren Attributen.

1. September

Ägidius

Geboren: in Frankreich
Gestorben: 720 in St. Gilles (Frankreich)
Berufung/Beiname: Klostergründer, Benediktinerabt; Nothelfer
Wirkungsstätte: Frankreich
Bedeutung des Namens: der Schildträger (griechisch)
Namensformen: Ägid, Egid, Gide, Gilles, Gilgen, Till, Jill
Patronat: Bettler, Hirten, Jäger, stillende Mütter; Vieh; gegen Epilepsie, Krebs, Pest

Über das Leben des hl. Ägidius ist nicht viel bekannt. Er hat vermutlich zu Beginn des 8. Jahrhunderts gelebt. Nach der Legende stammte er aus Athen und war von königlichem Geschlecht. Es ist jedoch zu vermuten, daß er in Frankreich geboren wurde, denn er lebte als Einsiedler in einer Höhle im Rhônedelta. Im Städtchen Saint-Gilles südlich von Nîmes in der Provence, gründete er ein Kloster, das er der Benediktinerregel unterstellte und dem er dann als Abt vorstand. Die Anfänge dieser Abtei verlieren sich im Dunkel der Geschichte.

Der eigentliche Ruhm des Klosters begann erst lange nach dem Tod des Heiligen. Zu Beginn des 12. Jahrhunderts wurde die heute noch gut erhaltene, dem hl. Ägidius geweihte Kirche erbaut. In der Krypta steht der schlichte Steinsarkophag, in den die Gebeine des Heiligen gebettet waren. Jetzt ruhen seine Reliquien in Saint-Sernin in Toulouse. An der Fassade der Kirche von St. Gilles haben die berühmtesten Künstler der damaligen Zeit gearbeitet. Für das gläubige Volk

Initiale mit dem hl. Abt Ägidius aus einer Buchmalerei des Bartolomeo di Fruosino, der in der Ersten Hälfte des 15. Jahrhunderts in Florenz tätig war.

ist dort die Heilsgeschichte, der unablässige Kampf zwischen Himmel und Hölle, in allen Einzelheiten dargestellt. Ganz anschaulich wird die Macht des Bösen geschildert, darüber thront Christus als der Überwinder der teuflischen Mächte, von denen die Welt erfüllt ist. Der Ort mit der Begräbnisstätte des Heiligen wurde somit zu einer Art Belehrung für die Gläubigen, die hier der Gnadenfülle des Glaubens und dem Triumph des Erlösers begegneten.

Legende Der hl. Ägidius lebte als Einsiedler in einer Höhle im Rhônedelta. Er ernährte sich von Kräutern und Beeren, und ab und zu kam eine Hirschkuh zu ihm und labte ihn mit ihrer Milch. Eines Tages kam die Jagdgesellschaft des Flavius, des Königs der Goten, in diese Gegend. Sie sahen auch die Hirschkuh und verfolgten sie sofort. Gehetzt von der Hundemeute, floh das Tier in das Dickicht, das um die Höhle des Ägidius gewachsen war, um bei ihm Schutz zu finden. Ägidius betete zu Gott und bat um Schutz für die Hirschkuh, die sich beruhigt neben den Heiligen gelagert hatte. Als die Hundemeute vor der Höhle auftauchte, blieb sie wie gebannt in einiger Entfernung stehen und kehrte dann unverrichteter Dinge zur Jagdgesellschaft zurück. Anderntags wiederholte sich das Schauspiel, und wiederum kehrten die Hunde zurück, ohne die Hirschkuh gestellt zu haben. König Flavius und der Bischof von Nimes, der ebenfalls zu der Jagdgesellschaft zählte, erfuhren von diesem Vorfall, und sie begaben sich zu der Höhle des Einsiedlers, um sich selbst davon zu überzeugen. Ein besonders eifriger Jäger schoß seinen Pfeil in das Dickicht und traf unglücklicherweise den Heiligen. Sie bahnten sich nun den Weg durch das Gestrüpp und fanden den Verletzten, bei dem sich auch die Hirschkuh befand. König und Bischof ließen sich den ganzen Hergang berichten und waren sehr beeindruckt von der Wirkung, die das Gebet des Einsiedler erzielt hatte. Sie baten Ägidius um Verzeihung für die Verletzung, die ihm zugefügt worden war, und boten ihm ärztliche Hilfe und reiche Geschenke als Entschädigung an. Doch Ägidius lehnte beides ab, und er verabschiedete die beiden mit seinem Segen.

Im 12. Jahrhundert pilgerten immer mehr Menschen zum Grab des Heiligen. St. Gilles wurde ein Wallfahrtsort und zugleich zum Zentrum des Widerstandes gegen die schismatischen und häretischen Strömungen der Zeit. Der hl. Ägidius wird auch in England sehr verehrt. Dort gibt es über 160 Kirchen, die seinen Namen tragen.

Dargestellt wird Ägidius meist als Abt oder Einsiedler mit einer Hirschkuh, die zu seinen Füßen liegt.

2. September

Irmgard von Köln

Diese Heilige wird vornehmlich in der Gegend des Niederrheins und in Köln verehrt. Sie wurde um das Jahr 1000 als Gräfin von Aspel geboren. Unter dem Namen Irmgard von Süchteln ist die Heilige ebenfalls in der Region bekannt. In Rees, ehemals Zentrum der ausgedehnten Grafschaft Aspel, gründete die hl. Jungfrau ein Kollegiatsstift und eine Kirche. Diese Stiftskirche wurde mehrmals umgebaut und schließlich im 19. Jahrhundert abgerissen.

Irmgard bedachte auch das Kloster St. Pantaleon in Köln, das ihr Bruder als Abt leitete, mit reichen Stiftungen. In Süchteln, wo die Heilige einige Zeit als Klausnerin lebte, befindet sich die vielbesuchte Irmingardiskapelle.

Auf einer ihrer ausgedehnten Reisen soll die Heilige Teile des Kopfreliquiars vom hl. Papst Silvester I. mitgebracht und dem Kölner Domkapitel geschenkt haben. Die hl. Irmgard starb zwischen 1082 und 1089 und wurde im Dom zu Köln in der Agneskapelle beigesetzt. Ihre Lebensgeschichte ist so stark mit Legendärem durchsetzt, daß sie bis heute nicht restlos aufgeklärt werden konnte.

Geboren: um 1020 auf Burg Aspel (Nordrhein-Westfalen)
Gestorben: 1085 in Köln
Berufung/Beiname: Eremitin, Kirchen- und Klostergründerin, Wohltäterin
Wirkungsstätten: Westdeutschland, Italien
Bedeutung des Namens: die Schützende (althochdeutsch)
Namensformen: Irmingard, Armgard, Irma, Irmi
Patronat: gegen Krankheiten, Viehseuchen

3. September

Gregor der Große

Geboren: um 540 in Rom
Gestorben: 604 in Rom
Berufung/Beiname: Benediktinermönch, Klosterstifter, Papst, Kirchenlehrer; »der Große«
Wirkungsstätten: Italien, Kleinasien
Bedeutung des Namens: der Wachsame, der Muntere (griechisch)
Namensformen: Gregor, Gore, Gorius, Görres, Gregory, Grischa
Patronat: Gelehrte, Lehrer, Maurer, Musiker, Sänger, Schüler, Studenten; gegen Gicht, Pest

Von Gregor dem Großen sind über 800 Briefe erhalten. Sie zeichnen ein eindrucksvolles Bild der geistigen Beweglichkeit, Umsicht, Vielseitigkeit, Liebe und Regierungsweisheit dieses Mannes.

Das Elternhaus dieses heiligen Papstes und des letzten großen Kirchenvaters des Abendlands lag in Rom auf dem Monte Celio am Clivus Scauri. Heute befindet sich an dieser Stelle die dem Heiligen geweihte Kirche S. Gregorio Magno. Gregor I. stammte aus einer sehr vornehmen und reichen römischen Familie. Er war in den Jahren 572/73 Stadtpräfekt von Rom, ein Amt, dem er sich erfolgreich und mit großer Umsicht widmete, da er ein hervorragender Jurist war. Als sein Vater starb, änderte Gregor seine Lebensweise. Er verkaufte sein ganzes Hab und Gut und schenkte den Erlös den Armen. Den elterlichen Palast verwandelte er in ein Kloster, in dem er selbst mir zwölf Mönchen ein streng asketisches Leben nach der benediktinischen Regel führte. In Sizilien, wo er reiche Latifundien → besaß, stiftete er sechs Klöster. Papst Pelagius II. schickte ihn als Gesandten nach Konstantinopel →. Dort wirkte er von 579 bis 585 unter sehr schwierigen Verhältnissen. Nach Rom zurückgekehrt, wurde er zum Papst gewählt. Nur ungern nahm er diese Würde an und bat Kaiser Mauritius vergebens, ihn abzulehnen. Auch ein Fluchtversuch mißlang.

Gregor der Große war vielleicht der genialste und einflußreichste Papst des 1. christlichen Jahrtausends. Als echt römisches Organisationsgenie ordnete er den päpstlichen Besitz und baute die soziale Fürsorge und Armenpflege auf. Die Juden fanden in Gregor einen Hüter ihrer Rechte.

Durch diplomatische Beziehungen zu den Langobarden, Franken und Westgoten steigerte Gregor der Große die politische Machtstellung des Papstes gewaltig und leitete die Christianisierung dieser Völker ein. Besonderen Dank schulden ihm die Engländer, die er durch den hl. Augustin von Canterbury bekehren ließ. Der hl. Gregor zeigte sowohl maßvolle Weisheit als auch kluge Weitherzigkeit in der Bewertung nationaler Eigenarten und heidnischer Gebräuche. Wesentlich war auch seine seelsorgerische Tätigkeit. So regelte er die Liturgie, indem er beispielsweise den Meßkanon endgültig festlegte.

»In den Mauern seines Klosters wurde vielleicht zuerst der Gedanke geboren, dem liturgischen Gesang eine verbindliche Form zu geben. Was der Gregorianische Choral für das Abendland bedeutete, kann hier nur andeutungsweise gesagt werden. Das Mittelalter hat auf der geistigen Grundlage dieser Musik aufgebaut, und in der Renaissance haben sich die großen Polyphoniker des Gregorianischen Chorals als eines unausschöpflichen Themenmaterials bedient, ja noch Bach hat aus diesem Geiste heraus seine Musik gestaltet.« (R. Raffalt)

Gregor war auch ein bedeutender Schriftsteller. Er übte mit seinen Schriften »Liber regulae pastoralis«, »Moralia«, »Evangelienhomilien« im Mittelalter großen Einfluß aus. Dabei nannte er sich bescheiden »Servus servorum Dei« – Diener der Diener Gottes – ein Titel, den nach ihm alle Päpste übernommen haben. Er führte auch die gregorianischen Messen ein, die zum Andenken an Verstorbene an dreißig aufeinanderfolgenden Tagen gelesen werden und besonderen Ablaß der Sünden für die Verstorbenen versprechen. Gregor starb am 12. März 604. Sein Grab befindet sich in Sankt Peter zu Rom.

3. September

Legende Die erste Tat, die Gregor als neugewählter Papst ausführte, war eine Bittprozession, in der das Volk um Beendigung der Pest flehen sollte, die damals in Rom wütete. Papst Pelagius war ihr erlegen, und des Sterbens war kein Ende. Als sich die Prozession auf das Grabmal des Kaisers Hadrian zubewegte, da schwebte der Erzengel Michael hernieder und steckte sein blutiges Schwert in die Scheide. Und alsbald erlosch die Pest. Auch heute noch steht die große Plastik in Gestalt des hl. Erzengels über der »Engelsburg«, wie sie nach dieser wunderbaren Begebenheit genannt wurde.

Die folgende Legende erklärt, weshalb der Südtiroler Künstler Michael Pacher auf seinem berühmten »Kirchenväteraltar« in der Münchner Pinakothek den großen Kirchenlehrer Gregorius dargestellt hat, als er gerade Kaiser Trajan aus der Hölle zieht:

Als der römische Kaiser Trajan schon lange Zeit gestorben war, da geschah es, daß der hl. Gregor über den Trajansmarkt in Rom ging und darüber nachdachte, daß jener Kaiser zwar milde und gerecht war, jedoch den rechten Glauben noch nicht hatte. Je mehr er darüber nachdachte, um so trauriger wurde er. Als er in der Kirche des hl. Petrus weilte, weinte er dort bitterlich über des Kaisers Unglauben. Und siehe da, eine Stimme vom Himmel sprach: »Dein Gebet ist erhört worden, ich habe Trajan die ewige Pein erlassen. Aber hüte dich, hinfort für einen anderen Verdammten zu bitten.«

Dargestellt wird Gregor der Große als Papst mit Buch und Federkiel, eine Taube auf der Schulter, oder wie er Arme an seinem Tisch speisen läßt und sie bedient. Die wohl früheste Darstellung zeigt Gregor zusammen mit seinen Eltern.

Darstellung des hl. Gregor in einer mittelalterlichen Buchmalerei.

4. September

Ida von Herzfeld

Geboren: um 775
Gestorben: 825 in Herzfeld (Westfalen)
Berufung/Beiname: Kirchenstifterin, Wohltäterin
Wirkungsstätte: Westfalen
Bedeutung des Namens: die Vortreffliche (altnordisch)
Namensformen: Ide, Ita, Ite
Patronat: Schwangere

Es gibt mehrere heilige Frauen dieses Namens. Besonders verehrt wird Ida von Herzfeld. Jedes Jahr aufs neue pilgern westfälische Mütter am 4. September nach Herzfeld, um den »Idasegen« zu empfangen. Die hl. Ida war eine Schwester der hll. Äbte Adalhard und Wala. Ihre Mutter Theodorada, eine Base des Kaisers Karl des Großen, ließ das Mädchen streng katholisch erziehen.
Später heiratete Ida den sächsischen Grafen Egbert. Sie folgte ihrem Gatten in das unwirtliche Westfalen, wo die Menschen trotz der Missionsarbeit des hl. Ludger noch tief im Heidentum verwurzelt waren. Sogleich erkannte Ida, daß sie eine Sendbotin Christi sein mußte: »Hier schickt dich Gottes Wille auf ein Missionsfeld, dich junges, unerfahrenes Weib, das keinen Bischofsstab trägt und keine Weihen empfangen hat, das nur ein Herz hat zum Beten und zwei Hände zum Geben!« Das junge Paar lebte in Hofstadt bei Soest.

Ida ließ in Herzfeld eine Kirche erbauen und stellte sie unter das Patronat der Muttergottes. Bald wurde diese Kirche der religiöse Mittelpunkt des Landes. Das Beispiel des frommen Paares, die Wohltätigkeit und Liebe, die Ida allen Kranken und Armen entgegenbrachte, überwanden in zunehmendem Maße das trotzige Festhalten der Bevölkerung an den alten germanischen Göttern. Immer mehr Menschen schlossen sich dem Christentum an. Als Graf Egbert ihr frühzeitig durch den Tod entrissen wurde, zog sich Ida von der Welt zurück. Um sich den Tod unablässig vor Augen zu halten, ließ sie in ihrer Zelle einen steinernen Sarg aufstellen, der ihr nachts als hartes Lager diente, am Tag jedoch zweimal mit Lebensmitteln, Wolle und Linnen gefüllt wurde, was sie alles an die Armen austeilen ließ (Kreitner). Obgleich sie häufig an Krankheit und Schmerzen litt, blieb Ida geduldig bis zu ihrem Tod am 4. September 825. 980 wurde ihre Heiligkeit von der Kirche bestätigt.

5. September

Mutter Teresa

Geboren: 1910 in Skopje (Mazedonien)
Gestorben: 1997 in Kalkutta (Indien)
Berufung/Beiname: Ordensgründerin, Wohltäterin
Wirkungsstätten: weltweit
Bedeutung des Namens: Jägerin oder die aus Tarent Stammende (griechisch)
Namensformen: Theresia, Theresita, Therese, Thea, Resi, Thessy, Tessa, Tess

Auch wenn Mutter Teresa noch nicht seliggesprochen wurde, so darf sie, die in unserer Zeit so viel bewirkt hat, in diesem Heiligenbuch nicht fehlen. In jedem Armen die Gestalt Christi zu sehen und ihm zu dienen, darin sah Mutter Teresa den entscheidenden Auftrag, den sie selbstlos während ihres Lebens verwirklichte und zu dem sie ihre Ordensmitglieder verpflichtete.

Am 26. August 1910 wurde Agnes Gonxha Bojaxhiu in Skopje im heutigen Mazedonien geboren. Ihre katholischen Eltern schickten sie auf das Gymnasium, und bereits dort trat sie der Marianischen Kongregation, der Jugendbewegung der Jesuiten →, bei. Sie las die Berichte von Jesuiten, die als Missionare in Indien tätig waren. Ihr Interesse für dieses Land und für die Tätigkeit der Missionare wurde geweckt. Als Achtzehnjährige ging sie nach Irland, um in den Orden der Loreto-Schwestern einzutreten, denn dieser Orden war für seine Indienmission

5. September

bekannt. 1929 kam sie bereits nach Indien und wurde Lehrerin an der High-Scool St. Mary, einer Klosterschule ihres Ordens. Am 24. Mai 1931 legte sie dort ihre Profeß ab und bekam den Ordensnamen Teresa. Dreizehn Jahre lang unterrichtete sie die Töchter der wohlhabenden indischen Familien in Geographie und Religion. 1944 übernahm sie die Leitung dieser Schule.

Zwei Jahre später, auf einer Reise nach Darjeeling, wurde ihr Klarheit über ihren weiteren und eigentlichen Auftrag zuteil. Sie wollte sich nicht mehr länger um Kinder aus reichen Familien kümmern, sondern sie sah nun ihre Berufung darin, sich des unübersehbaren Elends in Kalkutta anzunehmen.

Im Januar 1948 erlaubte die Oberin Teresa, allein und außerhalb des Klosters in den Slums von Kalkutta zu leben und sich dort der Pflege der Ärmsten der Armen zu widmen. Bald darauf erhielt Schwester Teresa von Papst Pius XII. die Erlaubnis, den Orden zu verlassen. Am 18. August 1948 legte Teresa die Kleider des Ordens ab. Sie trug von da an nur noch einen weißen Sari mit blauer Borte, dies ist die Kleidung der niedrigsten Kaste der Bengalen.

Bereits am 21. Dezember des gleichen Jahres eröffnete sie ihr erstes Haus, Moti Jheel. Nach drei Monaten bekam Mutter Teresa ein Grundstück geschenkt, auf dem bald das Mutterhaus ihres neuen Ordens stand. Sie nannte ihn »Missionarinnen der Nächstenliebe.« Obwohl alle Novizinnen eine bis zu acht Jahren dauernde Ausbildung erwartete, wuchs Teresas Orden rasch.

Bereits am 7. Oktober 1950 erhielt Teresa schließlich die offizielle Anerkennung ihrer Gemeinschaft aus Rom. Im Jahr 1965 standen schon fünfundzwanzig Häuser für notleidende Menschen in Indien zur Verfügung.

Sie wollte dabei ihre Hilfe nicht nur auf die materiell Armen beschränken. Ihr Gedanke war, allen Benachteiligten und Ausgestoßenen Beistand zu leisten. Es bestand für sie kein Unterschied, ob ein Mensch als Waise, als Sterbender, als Aidskranker, als Obdachloser oder als Drogensüchtiger der Hilfe bedurfte.

Im Jahr 1966 gründete Mutter Teresa auch einen männlichen Ordenszweig. Sie beschränkte schon seit längerer Zeit ihre Arbeit nicht mehr nur auf Indien, sondern kümmerte sich weltweit an allen Brennpunkten der Not um Hilfsmaßnahmen für Arme und Bedürftige. So entstanden beispielsweise ein Heim in den Armenvierteln Roms und ein Haus für Aidskranke in New York.

Mutter Teresa verstand es meisterhaft, zahlreiche Mitstreiter für ihr großes Werk zu finden. Ein erfolgreiches Mittel ihres weltweit operierenden Hilfswerks war auch die Gründung einer Kongregation, in die Laien aufgenommen wurden, die ihre Kräfte entweder ganz oder teilweise dem Orden zur Verfügung stellen wollten. Im Gegensatz zu allen bisherigen Ordensgemeinschaften und Kongregationen, die es in der katholischen Kirche gibt, hatte Mutter Teresa sogar die Möglichkeit geschaffen, daß Bewerber aus anderen Religionsgemeinschaften Mitglieder in ihrer Gemeinschaft werden konnten.

Mit der Verleihung des Friedensnobelpreises 1979 erfuhr ihre Arbeit erstmals eine bedeutsame öffentliche Anerkennung. In den Folgejahren breitete sich ihr Werk der Nächstenliebe immer mehr aus. Heute bestehen ungefähr hundertsechzig Häuser, in denen mehr als viertausend Ordensleute ihre Kraft in den Dienst am Nächsten stellen und das Lebenswerk Mutter Teresas weiterführen. Sie starb am 5. September 1997 in Kalkutta.

Das Engagement Mutter Teresas für notleidende und gesellschaftlich geächtete Menschen fand über konfessionelle Grenzen hinweg weltweit Anerkennung. Nicht nur Papst Johannes Paul II. verehrte sie tief.

Mutter Teresa sah in jedem Menschen die Gestalt Christi, dem allein zu dienen sie sich und ihrem Orden als Aufgabe gesetzt hatte.

6. September

Magnus

> **Geboren:** um 699 bei St. Gallen (Schweiz)
> **Gestorben:** 772 in Füssen (Bayern)
> **Berufung/Beiname:** Benediktinermönch, Missionar; »Apostel des Allgäus«
> **Wirkungsstätten:** Schweiz, Süddeutschland
> **Bedeutung des Namens:** der Große (lateinisch)
> **Namensformen:** Mang, Maginold, Manes
> **Patronat:** Vieh; gegen Mäuse, Schädlinge, Schlangen, Ungeziefer

Im Volksmund wird der hl. Magnus auch Sankt Mang genannt. Ursprünglich hatte er wohl den Namen Maginold oder Magnoald. Magnus war Mönch im Kloster St. Gallen in der Schweiz, wahrscheinlich unter dem hl. Abt Othmar. Als Bischof Wikterp von Augsburg Mönche zur Missionierung des oberen Lechtals anforderte, wurde unter anderem auch Magnus ausgesandt.

Zunächst gründeten Magnus und seine Gefährten Theodor und Tozzo eine christliche Gemeinde in Kempten. Magnus zog aber bald weiter nach Waltenhofen und Füssen. Dort blieb er fünfundzwanzig Jahre lang bis zu seinem Tod. Er gründete ein Benediktinerkloster, das von König Pippin reich beschenkt wurde. Neben seiner Tätigkeit als Mönch und geistlicher Ratgeber unterwies er die einheimische Bevölkerung auch im Abbau des Erzvorkommens am Säuling und verhalf ihr somit zu zusätzlichen Einkünften.

Nach einem rastlos tätigen Leben, das der Ausbreitung des Glaubens ebenso diente wie der kulturellen Förderung des Allgäuer Bergvolks, starb der Heilige am 6. September 772 in Füssen. Er wurde in dem dort von ihm erbauten Oratorium → beigesetzt. Reliquien des hl. Magnus befinden sich in Füssen und Wangen, in Württemberg und St. Gallen.

Sein nachträglich in Silber gefaßter Reisestab wird in Füssen aufbewahrt und zuweilen in Prozessionen mitgeführt. Bei diesen Prozessionen wird seine Fürbitte gegen Feldschädlinge gebetet. In der romanischen Krypta der ehemaligen Benediktinerkirche St. Mang in Füssen, die nach ihm benannt ist, wurde der Heilige bestattet. Sein Grab war jahrhundertelang das Wallfahrtsziel zahlreicher Pilger. Über den romanischen Fundamenten der Kirche erhebt sich der heutige Bau aus dem 18. Jahrhundert, dessen Freskenschmuck Szenen aus dem Leben des Kirchenpatrons zeigt.

Magnus wird dargestellt mit Abtsstab und Drachen, dem er das Kreuz entgegenhält; um ihn scharen sich wilde Tiere, als Sinnbilder des Heidentums, das er bekämpfte. Auf einem Fresko in der Füssener Kirche St. Mang erscheint der hl. Magnus zusammen mit dem hl. Gallus.

Legende *Während der Wanderschaft des hl. Magnus mit seinen Gefährten geschah es, daß sie wieder einmal nicht wußten, wo sie sich Nahrung beschaffen sollten. Da erblickte Magnus einen Bären unter einem Baum, der die herabgefallenen Äpfel fraß. Der Heilige befahl ihm nun, er solle die guten Früchte liegen lassen, und eilte davon, um seine Gefährten zu holen. Als sie zurückkamen, stand der Bär immer noch unter dem Baum, aber er hatte des Heiligen Gebot treulich befolgt und keinen Apfel mehr angerührt. Nun sammelten sie die Früchte für sich und konnten so ihren Hunger stillen.*
Auch später geschah es noch einmal, daß ein Bär dem Heiligen behilflich war. Das wilde Tier zeigte ihm nämlich einen Baum, den es mitsamt den Wurzeln aus der Erde scharrte. Der Heilige grub sogleich an der Stelle weiter, und siehe, er fand eine Erzader, die bald darauf vielen Menschen zu Arbeit und Brot verhelfen sollte.
Ein anderes Mal bezwang der hl. Magnus eine Schlange: Er bekreuzigte sich, ging auf das Ungeheuer zu und hielt ihm sein Kreuz entgegen. Staunen und Schrecken erfüllte seine Begleiter, als sie sahen, daß die Schlange wie vom Blitz getroffen in den Abhang stürzte. Der Legende nach geschahen auch viele Wunder am Grab des hl. Magnus durch Berührung seines Stabes und seiner Kleidung.

7. September

Regina

Die Lebensgeschichte der hl. Regina ist untrennbar mit ihrer Legende verschmolzen. Authentische Akten über ihr Martyrium fehlen gänzlich. Regina stammte der Legende nach aus Burgund und wurde in einer heidnischen Familie erzogen. Eine christliche Amme brachte sie jedoch zur Taufe, und Regina wurde wegen ihres christlichen Glaubens von ihrem Vater verstoßen. Regina soll unter dem römischen Kaiser Maximianus Herkuleus (286–305) um 300 bei Alise in Frankreich gemartert und enthauptet worden sein. Im Jahre 864 übertrug man ihre Reliquien in den Ort Flavigny-sur-Ozerain.

Diesen Ort in Burgund, in dem die Reliquien der Heiligen aufbewahrt werden, hat Helmut Domke folgendermaßen beschrieben: »Über romantische Sträßchen in tausend Spitzkehren, durch einsame Wiesengründe, gelegentlich ein Bauerndorf im Gewirr von Bäumen und Wiesen. Es kommt das Tal der Oze. Im Tälchen nebenan fließt der Ozerain. Hier duftet der Anis. In den Resten einer Abtei aus dem 8. Jahrhundert nistet eine Bonbonfabrik. Die hl. Regina soll, wie es der Volksmund überlieferte, im 3. Jahrhundert in einem Turm in der Nähe der Kirche von Flavigny geschmachtet haben.«

Von dieser ehemaligen Abteikirche in Flavigny aus dem 8. Jahrhundert sind nur noch die Krypta, Teile der Vierungspfeiler mit Bandornamenten sowie einzelne Säulen erhalten. Seit dem 7. Jahrhundert bis weit in das Mittelalter hinein bestand erst in Alise-Ste-Reine und später in der Benediktinerabtei Flavigny eine Wallfahrt zu Ehren der hl. Regina.

Legende Regina kam als Tochter eines angesehenen Heiden in Alise zur Welt. Ihre Mutter starb bei der Geburt, und so wuchs sie bei einer Amme auf, die sie christlich erzog. Als Regina erwachsen geoworden war, geschah es, daß der römische Statthalter das schöne Mädchen erblickte und sie von ihrem Vater zur Gattin verlangte.
Dieser wandte alle Mittel an, um seine Tochter Regina vom christlichen Glauben wieder abzubringen und zu bewegen, den hohen römischen Beamten zu heiraten. Als er jedoch sah, daß Regina sich unbeirrt weigerte, sperrte er sie in ein finsteres Verlies.
Zurückgekehrt von einer Reise, ließ der Statthalter die junge Frau zu sich bringen und versuchte nun selbst, sie für sich zu gewinnen. Aber auch er hatte keinen Erfolg. Wutentbrannt ließ er die schöne Regina nun auf grausame Weise martern.
Die tapfere Bekennerin verbrachte die ganze Nacht im Gebet, Gott stand ihr tröstend bei. Sie erblickte in einer Vision ein hellstrahlendes Kreuz, das von der Erde bis zum Himmel reichte, und darauf saß oben eine weiße Taube. Dabei vernahm Regina die Worte: »Hab Mut, geliebte Braut Jesu Christi! Dein Kreuz ist eine Leiter zum Himmel, dein Leiden wird dir die Krone bringen.« Und plötzlich fühlte sich Regina von allen Wunden und aller Pein geheilt, lobte und pries Gott, bis der Morgen anbrach und man sie erneut vor den Statthalter führte. Dieser erblaßte jedoch vor Staunen, als er Regina unversehrt und ohne jede Angst vor sich treten sah, und er herrschte sie an, sie solle sofort den Göttern opfern oder sie müßte sterben. Regina aber blieb standhaft wie zuvor. Voll Wut befahl der Tyrann, Regina zu enthaupten.

Geboren: Alise in Frankreich
Gestorben: um 300 in Alise
Berufung/Beiname: Märtyrerin
Wirkungsstätte: Frankreich
Bedeutung des Namens: die Königin (lateinisch)
Namensformen: Regine, Reine, Raina, Gina, Ina
Patronat: Zimmerleute; gegen Haut- und Geschlechtskrankheiten

Die hl. Regina wird dargestellt als Hirtin, die zum Himmel aufblickt oder in einem lodernden Feuer steht, mit Schwert, über ihr ein strahlendes Kreuz mit weißer Taube.

8. September

Mariä Geburt und Mariä Namen

Wie auf die Geburt des Herrn das Fest seines hl. Namens, so folgt auf die Geburt Mariä ihr Namensfest. Das Fest Mariä Namen wird seit Papst Pius X. vier Tage nach Mariä Geburt, am 12. September, begangen.

Die große Verehrung der Gottesmutter Maria äußert sich nicht nur in der Vielzahl von Marienfesten, sondern findet auch in den vielen Marienliedern ihren Ausdruck.

Die Gottesmutter Maria und ihre Feste sind im regionalen Brauchtum fest verwurzelt. Eine alte Bauernregel lautet: »An Mariä Geburt/fliegen die Schwalben furt.«

Am 8. September feiert die Kirche das Fest der Geburt der seligsten Jungfrau Maria aus dem königlichen Stamme Davids. Maria wird manchmal als die aufsteigende Morgenröte am Himmel der Erlösung und Gnade bezeichnet. Weil sie dazu berufen war, die Mutter Gottes zu werden, war sie vom ersten Augenblick ihres Lebens an ohne Erbschuld. Unter allen Heiligen teilt nur der hl. Johannes der Täufer mit ihr die Ehre der kirchlichen Feier der Geburt.

Der Überlieferung zufolge ist die St.-Annen-Kirche innerhalb des Marientors in Jerusalem als die Geburtsstätte der Gottesmutter anzusehen. Ihr Geburtsfest, das im Orient entstanden ist, führte Papst Sergius I. (687–701) auch im Abendland ein. Er schrieb eine Lichterprozession als Vigilfeier → vor. Der Weihetag einer Marienkirche in Jerusalem soll für die Festsetzung dieses Festtags ausschlaggebend gewesen sein. In den Alpenländern wird der Tag »Kleiner Frauentag« und »Unsere Frau im Haberschnitt« genannt. Die Geschichte der Geburt Mariens als der Tochter von Joachim und Anna haben wir am Festtage der hl. Anna wiedergegeben. In den Evangelien ist darüber nichts verzeichnet. Die Nachrichten über Joachim und Anna und die Geburt ihres Kindes Maria stammen aus dem apokryphen Protoevangelium des Jakobus (um 150). Die Feste zu Ehren ihrer Eltern sind erst seit dem 16. Jahrhundert allgemein bezeugt.

Das Bildthema der Geburt Mariens wurde von vielen Künstlern gewählt. Die interessanteste Darstellung stammt von Albrecht Altdorfer und befindet sich in der Pinakothek in München; er verlegte die Geburtsszene in einen Kirchenraum.

Wie auf die Geburt des Herrn das Fest seines hl. Namens folgt, so schließt sich an die Geburt Mariens ihr Namensfest an. Es wird seit Pius X. vier Tage nach Mariä Geburt, also am 12. September, begangen. Zunächst war es seit 1513 der spanischen Diözese Cuenca vorbehalten. Erst nachdem unter Anrufung des Namens Maria vor Wien am 12. September 1683 der Sieg über die Türken erfochten worden war, schrieb Papst Innozenz XI. zum Dank für die Befreiung aus der Türkengefahr und zum bleibenden Gedächtnis dieses weltgeschichtlichen Ereignisses in der Oktav vor Mariä Geburt das Fest für die ganze Kirche vor.

»Der erhabene Name Maria, welcher der Gottesmutter erteilt wurde«, schreibt der hl. Hieronymus, »ward weder auf Erden erfunden noch von Menschen gegeben und gewählt. Er kam vom Himmel herab und ward ihr auf Befehl des Herrn erteilt.« Der Name Maria ist abgeleitet von dem hebräischen Mirjam. Mehr als sechzig Erklärungsversuche soll es für ihn geben: Frau, Herrin, Fürstin, aber auch Meer und Meeresstern sind die bekanntesten Deutungen. »Meer« heißt Maria wegen der Fülle und Tiefe der bitteren Schmerzen, welche sie erdulden mußte; »Frau und Herrin« heißt sie, weil sie den Herrn des Himmels und der Erde geboren hat. »Meeresstern« wird sie genannt, weil hell wie der Stern über den Wellen des Meeres ihre Tugenden leuchten und ihr Beispiel der ganzen Welt den Weg durch die Stürme, Wogen und Klippen dieser Erde zum Himmel weist.

8. September

Auf dem Konzil von Ephesus im Jahr 431 → wurde Maria, der Mutter Jesu Christi von der Kirche feierlich der Titel »Gottesgebärerin« – »Theotókos« zuerkannt.

Maria ist die am meisten verehrte christliche Heilige. Keine andere Wallfahrt ist so im Volk verankert wie die zahlreichen Marienwallfahrten in den einzelnen Ländern, und ihr wurde die größte Zahl der Kirchen geweiht. Maria ist weltweit unbestritten der häufigste christliche Vorname. Sie ist die himmlische Mutter und Fürsprecherin der Menschheit bei ihrem Sohn Jesus Christus. Ihr Patronat ist die gesamte gläubige Welt.

Legende Der Tag der Geburt der hl. Jungfrau war der Christenheit lange Zeit unbekannt. Da geschah es, daß ein heiliger Mann jedes Jahr, wenn er betete, am 8. September große Freude und Jubel der Engel vernahm. Er bat mit großer Andacht, daß ihm geoffenbart würde, warum er gerade an diesem Tag und an keinem anderen derartiges erfahre. Da wurde ihm von Gott kundgetan, daß Maria an diesem Tage geboren sei; das solle er den Gläubigen kundtun. Der heilige Mann sagte es also dem Papst. Der setzte fest, daß die Christenheit diesen Tag überall zur Ehre der Geburt der hl. Jungfrau begehen sollte.
Ein Mönch des Zisterzienserordens, der Maria besonders verehrte, geriet einmal in Verzückung und konnte die Heilige im Himmel schauen. Er sah dort die Engel, die Patriarchen, die Propheten, die Apostel, die Märtyrer, die Bekenner und die Mitglieder der Ordensgemeinschaften. Aber die Zisterzienser konnte er nicht entdecken. Nun schaute er traurig die seligste Gottesmutter an und sprach: »Wie ist das, allerheiligste Herrin, daß ich hier niemanden aus dem Zisterzienserorden sehe? Weshalb sind deine Diener, die fromm dich ehren, von der Gemeinschaft solcher Seligkeit ausgeschlossen?« Als die Königin des Himmels ihn so in Unruhe sah, antwortete sie: »So lieb und vertraut sind mir die, die im Zisterzienserorden sind, daß ich sie unter meinen Armen hege.« Und sie öffnete den weiten Mantel und zeigte ihm eine unzählige Menge von Mönchen, Laienbrüdern und Nonnen. Da freute er sich gar gewaltig.
In einem Kloster lebte eine Jungfrau mit Namen Beatrix als Pförtnerin. Sie war besonders schön und fromm. Ihr höchstes Glück war es, zur Muttergottes zu beten. Doch ein Mann wurde auf sie aufmerksam und begann, um sie zu werben. Zuerst verschmähte sie ihn, aber jener bedrängte sie um so ungestümer, und schließlich begann auch sie ihn zu lieben. Da trat sie an den Altar Mariens und sprach: »Herrin, ich habe dir so fromm gedient, wie ich konnte. Jetzt laß ich dir die Schlüssel, ich kann der Versuchung des Fleisches nicht mehr widerstehen.« Und sie legte die Schlüssel auf den Altar und entfloh heimlich. Der Mann aber verließ sie bald, nachdem er seine Lust mit ihr gehabt hatte, und sie hatte nichts, wovon sie leben konnte. Da sie sich schämte, ins Kloster zurückzukehren, wurde sie eine Dirne. Als sie dieses Lasterleben fünfzehn Jahre geführt hatte, kam sie eines Tages an die Pforte des Klosters. Als sie den Pförtner fragte: »Kennst du Beatrix, die einst die Küsterin dieses Gotteshauses war?«, antwortete er: »Gar wohl kenne ich sie. Denn sie ist eine ehrbare und heilige Frau und hat ohne Tadel von der Kindheit bis auf diesen Tag im Kloster geweilt.« Sie hörte die Worte des Mannes, verstand sie aber nicht und wollte schon wieder fortgehen. Da erschien ihr die Mutter der Barmherzigkeit, wie sie ihr vom Bild her bekannt war, und sprach zu ihr: »Ich habe durch die fünfzehn Jahre deines Fortseins dein Amt versehen; kehre nun an deinen Platz zurück und tue Buße, denn kein Mensch kennt deinen Wandel.« In ihrer Gestalt und in ihrem Gewand hatte die Gottesmutter das Amt der Küsterin ausgeübt.

Ihre Altäre und Bilder sind mit Blumen geschmückt, ihr erklingen die schönsten Kirchenlieder, ihr ist der Wonnemonat Mai geweiht, ihren Namen tragen unzählige Frauen und Männer, ihre Wallfahrtsstätten sind alljährlich das Ziel von Millionen von Gläubigen. Die Leidenden richten ihre Bitten an sie, der Dank für ihre Hilfe ist in zahllosen Votivgaben ausgedrückt. Es gibt wohl kein hehreres Leitbild eines Menschen als Maria, die Gottesmutter.

Bernhard von Clairvaux schwärmt: »Man kann dich, o große, o barmherzige, o liebenswürdige Maria, nicht nennen, ohne von einer heiligen Freude und innerlichen Fröhlichkeit ergriffen zu werden.«

9. September

Adrian

Geboren: wahrscheinlich in Nikomedia (Kleinasien)
Gestorben: um 303 in Nikomedia
Berufung/Beiname: Märtyrer
Wirkungsstätte: Kleinasien
Bedeutung des Namens: der aus Adria Stammende (lateinisch)
Namensformen: Arian, Adrien, Hadrian
Patronat: Bierbrauer, Boten, Gefängniswärter, Henker, Metzger, Postbeamte, Schmiede, Soldaten; gegen Kinderlosigkeit, Pest und einen plötzlichen Tod

Der hl. Adrian oder Hadrian von Nikomedia → wurde als Märtyrer unter Kaiser Diokletian (284–300) um 303 zusammen mit dreiundzwanzig anderen Christen hingerichtet. Seine Gattin, die hl. Natalie, deren Gedächtnis im Heiligenkalender unter dem 1. Dezember verzeichnet ist, war bei dem Martyrium anwesend. Adrian ist der Schutzheilige der Schmiede. Er hat den Amboß als Attribut und wird als Ritter dargestellt, auch mit abgehauener Hand und Beil. Seine Lebensgeschichte ist legendär, sein Fest seit dem 7. Jahrhundert allgemein.

Unter Papst Honorius I. (625–638) wurde die »Curia Julia«, das Sitzungsgebäude des römischen Senats beim Forum, in die Kirche S. Adriano umgewandelt. Der 8. September gilt als »Kirchweihfest« dieser dem hl. Märtyrer geweihten römischen Kirche. Der Heilige wurde zunächst besonders in Byzanz verehrt, wohin sein Leichnam gebracht worden war. Von dort verbreitete sich sein Kult nach Rom, später auch nach Ostfrankreich, Flandern, in die Picardie, die Normandie und die Champagne. Besonders die Soldaten dieser Gegend erwählten ihn neben dem hl. Georg zu ihrem Beschützer. Während der Pestzeit sollen auf seine Fürbitte hin in Lissabon viele Kranke geheilt worden sein.

Das Martyrium Adrians wird häufig dargestellt. Der Heilige erscheint dabei mit seinem Marterwerkzeug, dem Beil, mit dem ihm auf einem Amboß die Glieder abgehauen worden sein sollen, wie dies auf einem spätmittelalterlichen Altarflügel im Landesmuseum Hannover zu sehen ist.

Legende *Während der Christenverfolgungen des Tetrarchen Maximian in der Stadt Nikomedia konnte sich Adrianus, der Hauptmann der Folterknechte, die Standhaftigkeit der Christen nicht erklären, und er fragte sie, welchen Lohn sie für ihre Martern erhielten. Da antworteten die Christen: »Noch kein menschliches Auge hat das erblickt, noch kein Ohr je gehört und noch kein Mensch hat dieses Glück erfahren, was unser Gott denen schenkt, die diese Martern um seinetwillen erdulden.« Da rief Adrianus: »Ab jetzt zählt auch mich zu euch Christen!«*

Nun wurde auch Adrianus ergriffen, in den Kerker geworfen und zum Tod verurteilt. Als Natalie, seine junge Frau, hörte, daß er im Kerker saß, zerriß sie ihre Kleider und weinte sehr. Als sie erfuhr, daß er um seines Glaubens willen gefangen war, lief sie zum Kerker und küßte seine Fesseln. Und als der Tag der Hinrichtung gekommen war, begleitete ihn Natalie, die schon lange heimlich als Christin lebte, und sprach zu ihm: »Habe keine Angst, mein geliebter Mann, die Leiden sind nur von kurzer Dauer, denn danach wird die Freude im Kreise der Engel ewig währen.« Als man Adrian auf der Folterbank festgebunden hatte, hielt sie seinen Kopf und sprach zu ihm. »Selig bist du, der du für Christus leidest, der bereits für dich gelitten hat. Bitte für mich, daß Gott auch mich bald abberufen möge.«

Als man nun Adrian auf dem Amboß die Füße abschlug und die Hand abtrennte, gab er seinen Geist auf und verschied. Seine Gemahlin Natalie aber hatte die abgeschlagene Hand Adrians an sich genommen und verbarg sie unter ihrem Gewand. Auf Befehl des Kaisers zündete man daraufhin ein Feuer an, um Adrians Leiche zu verbrennen. Da fing es plötzlich an, furchtbar zu regnen. Das Feuer ging aber sofort wieder aus, und der Leichnam blieb unversehrt, so daß ihn die Christen nach Byzanz überführen und dort feierlich beisetzen konnten, bis die Zeit der Christenverfolgung zu Ende sein würde. Einige Zeit später erschien Adrian seiner Frau und verkündete ihr ihren nahen Tod.

10. September

Petrus Claver

Petrus Claver, aus vornehmem spanischen Haus stammend, kam 1580 in Verdú in Nordostspanien zur Welt. Seine Eltern erzogen ihn zu einem frommen Christen und ermöglichten ihm eine gute Ausbildung. Früh schon zeichnete sich seine Berufung zum Geistlichen ab. 1602 bat er seine Eltern, in den Jesuitenorden → eintreten zu dürfen. Nach anfänglichem Zögern stimmten sie zu. Petrus begann sein Noviziat in Tarragona und führte es zwei Jahre später im Jesuitenkolleg von Gerona in Katalonien fort. 1605 ging er für drei Jahre nach Mallorca in das dortige Kloster Montesión in Palma, um Philosophie zu studieren.

Weit wichtiger als diese wissenschaftlichen Studien sollte aber für den jungen Jesuiten die Begegnung mit Frater Alphons Rodríguez werden, der dort als Pförtner tätig war. Petrus Claver war von dem vorbildlichen Gehorsam, der Demut, der hohen Spiritualität und der charismatischen Ausstrahlung dieses Mannes tief beeindruckt. Rodríguez war es auch, der den jungen Jesuiten für die Missionierung der schwarzen Sklaven in Südamerika begeisterte. In den Jahren 1608 bis 1610 studierte Petrus in Barcelona Theologie und erhielt die Erlaubnis, nach Südamerika zu gehen, um dort als Missionar zu wirken. Bereits auf der Überfahrt kümmerte er sich aufopfernd um die schwarzen Sklaven, die eingepfercht wie Tiere an Bord leben mußten. In Südamerika angekommen, lebte er zunächst in Bogotá als Laienbruder. Nach seiner Priesterweihe am 16. März 1616 nahm er seine große Missionstätigkeit in Cartagena auf. Die Stadt, 1533 von den Spaniern gegründet, war Zentrum des südamerikanischen Sklavenhandels. Hier kamen die Schiffe aus Spanien und Afrika mit den Sklaven an, und von hier aus wurden sie weiterverkauft. Zusammen mit seinem Ordensbruder Alonso de Sandoval setzte sich Petrus Claver für diese Entrechteten ein. Da er nichts Grundsätzliches gegen diesen unchristlichen Menschenhandel tun konnte, wollte er zumindest mit seinem Samariterdienst den hilflos der Willkür ihrer Herren ausgesetzten Menschen helfen, wo dies möglich war. Petrus Claver bemühte sich vor allem um die Kranken unter ihnen. Er beherbergte und pflegte sie und gab ihnen seinen geistlichen Beistand.

Es gelang Petrus Claver während seiner achtunddreißigjährigen Seelsorgetätgkeit, etwa dreihunderttausend Schwarze zu taufen. Im Jahr 1654 erkrankte Petrus an der Pest und starb am 9. September des gleichen Jahres. Petrus Claver wurde 1851 selig- und im Jahr 1888 heiliggesprochen. Papst Leo XIII. ernannte den Heiligen 1896 zum Patron der Mission Afrikas.

Im Jahr 1894 gründete die Gräfin Maria Theodora Ledochowska die Petrus-Claver-Sodalität. Die Missionsschwestern vom hl. Petrus Claver unterstützten die afrikanische Mission durch Gebet, Almosen, Druckerzeugnisse, liturgische Gegenstände, Kleider, Arzneien und dergleichen.

Bis 1990 wurden etwa zehn Millionen Bücher in zweihundertzwölf afrikanischen Sprachen gedruckt. Derzeit zählt die Petrus-Claver-Sodalität knapp dreihundert Missionsschwestern sowie fünftausend Förderinnen und Förderer. Zeitschriften: Echo aus Afrika, Junge Afrikaner.

Geboren: 1580 in Verdú (Spanien)
Gestorben: 1654 in Cartagena (Kolumbien)
Berufung/Beiname: Jesuit, Missionar;
Wirkungsstätten: Spanien, Südamerika
Bedeutung des Namens: der Fels (griechisch)
Namensformen: Peter, Pieter, Pit, Pitter, Peer, Peet, Pär, Pietro, Pedro, Pérez, Pierre, Pjotr

Dargestellt wird Petrus Claver, der oft als Apostel der kolumbianischen Stadt Cartagena bezeichnet wird, inmitten einer Schar von schwarzen Sklaven; bekleidet ist der hl. Missionar mit einem einfachen Priestergewand.

11. September

Maternus

Geboren: unbekannt
Gestorben: unbekannt
Berufung/Beiname: Missionar, Bischof
Wirkungsstätte: Deutschland
Bedeutung des Namens: der Mütterliche (lateinisch)
Namensformen: Dern, Ternes, Matern
Patronat: Köln; gegen Fieber, Infektionskrankheiten; für Wachstum der Reben

Der hl. Maternus war der erste Bischof von Köln, über den uns heute geschichtlich beglaubigte Nachrichten vorliegen. Die Quellen erwähnen seinen Namen bereits zu Beginn des 4. Jahrhunderts in den Bischofslisten. Bischof Maternus soll gleichzeitig mit Köln auch Bischof von Trier und Tongern gewesen sein.

Die im 9. Jahrhundert entstandene Legende sagt über den Bischof: Maternus war ein Sohn der Witwe von Naim, den Jesus auferweckt hat. Danach wurde Maternus ein Schüler des hl. Apostels Petrus. Von diesem wurde er zusammen mit dem hl. Eucharius, dem ersten Bischof von Trier, und dem hl. Valerius, dem zweiten Bischof von Trier, zur Missionierung an den Rhein gesandt. Die Reliquien des hl. Maternus ruhen heute im Dom zu Trier.

Legende Nachdem der Apostelfürst Petrus selbst den Maternus und zwei Gefährten mit Namen Eucharius und Valerius ausgesandt hatte, damit sie den heidnischen Germanen am Rhein das Evangelium verkündeten, gelangten sie unter vielerlei Entbehrungen ins heutige Elsaß. Durch Mißerfolge und Strapazen erschöpft, erkrankte Maternus und starb. Seine Gefährten aber zogen verzweifelt wieder nach Rom, um dem hl. Petrus vom Scheitern ihrer Mission zu berichten. Petrus kam mit den beiden zurück, berührte mit seinem Stab den Maternus, und im selben Augenblick stand er auf. Wegen dieses Wunders kamen viele Leute in Scharen herbei und ließen sich taufen.

Nach dem Tod des hl. Maternus entstand zwischen den drei Städten Köln, Trier und Tongern ein Streit, wer von ihnen den Leichnam dieses wahrhaft guten Hirten in den eigenen Mauern bewahren durfte. Da sie sich nicht einigen konnten, ließen die Kölner auf Befehl eines Engels, der ihnen in Gestalt eines alten Mannes erschienen war, ein Boot zu Wasser und betteten die sterbliche Hülle ihres Bischofs hinein. Und siehe da, das Boot schwamm zum Erstaunen aller von dort aus gegen den Strom. Damit bekundete Gott, daß sein treuer Diener rheinaufwärts begraben werden wollte. Da jubelten die Trierer, nahmen die kostbaren Reliquien mit sich fort in ihre Stadt und setzten sie in dem gleichen Grab bei, in dem auch Eucharius und Valerius lagen, so daß die drei zusammen Ausgesandten im Tod wieder vereint waren. Da harren sie nun zusammen des Tages ihrer Auferstehung. An dem Ort aber in der Stadt Köln, von dem aus das Boot seine eigenwillige Fahrt angetreten hatte, erbauten die Kölner Bürger trauernd eine Kirche und nannten sie Ruwenkirchen oder Rodenkirchen. Dort findet man auch heute noch dicht am Rheinufer das alte Kirchlein St. Maternus.

Die kostbare Hülle des Petrusstabes findet man noch heute in der Schatzkammer des Trier Doms, während der Stab selbst im Dom von Köln aufbewahrt wird. Maternus, den Eucharius zum Priester geweiht hatte, wirkte erst in Trier und ging dann nach Köln. Dort predigte der hl. Bischof Maternus das Evangelium so überzeugend, daß das Volk die heidnischen Tempel einriß. Anstelle des Tempels errichtete Maternus zwei Kirchen: die eine dem hl. Petrus zu Ehren vor der Stadt; aus ihr entstand der alte Kölner Dom, die andere Kirche inmitten der Stadt weihte er der Gottesmutter Maria; an dieser Stelle erhebt sich heute die Kirche St. Cäcilien. Während der Umbauten im 19. Jahrhundert wurde hier auch die alte Krypta mit dem Maternusaltar freigelegt.

Maternus wird dargestellt mit drei Mitren oder einem dreitürmigen Kirchenmodell als Anspielung auf seine drei Bischofstitel. Weitere Attribute des Heiligen sind der Pilgerstab, ein großer Schlüssel als Hinweis auf Petrus und eine Weintraube weil zur Zeit des Festtages des hl. Maternus die Weinlese beginnt.

12. September

Paphnutius

Am 11. September feiert die byzantinische, am 24. September die römische Kirche das Fest des hl. Bischofs und Märtyrers Paphnutius aus dem oberen Ägypten. Um sein Leben rankt sich ein Kranz von Legenden. Der hl. Paphnutius war ein Schüler des großen Makarius und der letzte der frommen Einsiedler, die in der thebaischen Wüste rings um die Stadt Heraklea lebten.

Der Bericht des »Menologion« Basileios II. teilt mit, daß Paphnutius die Welt verließ, den größten Teil seines Lebens in der Einöde zubrachte und viele Griechen zu Christus führte. Weiter ist darin zu lesen, daß er auf Befehl des Statthalters von Ägypten an einem Baum aufgehängt und mit Eisen gepeinigt, jedoch durch die Hilfe eines Engels in wunderbarer Weise geheilt wurde. Nach einem anderen Bericht wurde ihm das rechte Auge ausgestoßen und die linke Kniekehle durchschnitten, dann sei er zu den Bergwerken verurteilt worden. Zusammen mit vielen Gläubigen habe man ihn später zu Kaiser Diokletian (284–305) gebracht, auf dessen Befehl er an einer Palme gekreuzigt wurde. So ist er auch dargestellt auf der kostbaren Bildseite des »Menologion« Kaiser Basileios II. aus dem 10. Jahrhundert, einer byzantinischen Handschrift, die sich heute im Vatikan befindet. Nach anderen Zeugnissen stand Paphnutius in großer Gunst bei Kaiser Konstantin (312–337) und starb um 356. Außerdem heißt es dort auch, daß er unter Kaiser Maximinus Daja (307–312) gelitten und sich im Jahre 311 dem hl. Antonius als Mönch angeschlossen habe. Schließlich sei er zum Bischof geweiht und in der oberen Thebais → mit diesem Amt betraut worden. Als Oberhirte habe er im Jahr 325 auch am Konzil von Nicea → teilgenommen. Der Heilige war während seines ganzes Lebens ein eifriger Bekämpfer des arianischen Irrglaubens →. Paphnutius verdanken wir die Lebensgeschichte des hl. Onuphrius, dem er in der Wüste begegnet ist.

Geboren: in Ägypten
Gestorben: um 356 in Ägypten
Berufung/Beiname: Apologet, Bischof, Märtyrer
Wirkungsstätten: Ägypten, Kleinasien
Bedeutung des Namens: der Weißhaarige (griechisch)
Namensformen: Papunius
Patronat: Bergleute

Legende Ernest Hello erzählt unter den vielen Geschichten, die er über den hl. Paphnutius gesammelt hat, auch die seltsame Bekehrung der Buhlerin Thaïs. Unter den Jüngern des hl. Antonius war ein gewisser Paul der eifrigste und schlichteste. In einer Nacht beständigen Betens geschah es, daß der Herr dem Paul die Augen öffnete, und er sah den Himmel offen und ein prächtiges Bett im Himmel. Um das Bett standen drei Jungfrauen mit strahlendem Antlitz, und heller Glanz ging von ihnen aus. Paul glaubte, er erblicke hier den Lohn, der den hl. Antonius im Himmel erwartet. Aber er wurde in seiner Entrückung vom Himmel anders belehrt. »Dieses Bett ist nicht für deinen Vater Antonius bestimmt.« »Für wen denn?« fragte Paul bestürzt. »Für welchen Heiligen oder Märtyrer?« »Dies Bett ist für die Sünderin Thaïs bestimmt«, erklärte eine Stimme.
Paphnutius, dem Antonius die Vision seines Schülers erzählte und der über das Leben der Thaïs und das allgemeine Ärgernis, das sie gab, unterrichtet war, nahm Geld, legte ein weltliches Gewand an und begab sich in die Stadt, wo die Sünderin wohnte. Er suchte sie auf und sprach zu ihr: »Ohne Zweifel ist dein Gemach abgelegen und versteckt. Doch ist es nicht vollkommen nach meinem Wunsch. Es müßte noch abgelegener und versteckter sein.« »Ich versichere dir«, erwiderte Thaïs, »daß wir hier völlig geborgen sind

Paphnutius wird meist im Bischofsornat mit der Bibel in den Händen dargestellt. Oft wird der Heilige auch gezeigt, wie er in einem Steinbruch arbeitet, einen Engel neben sich.

vor den Blicken der Menschen.« »Sicherlich«, sagte Paphnutius, »aber das genügt mir nicht. Ich bitte dich, mich in ein Gemach zu führen, wo wir vor den Blicken Gottes verborgen sind.« Da wurde Thaïs verwirrt bis in den Grund ihrer Seele. Das Gespräch nahm seinen Fortgang. Die Macht seiner Beredsamkeit, die Gewalt seiner Worte wurden zuletzt schließlich so groß, daß Thaïs ihr Gemach nicht verlassen wollte, es sei denn, er gewähre ihr Vergebung und lege ihr Buße auf.

Sodann ging Thaïs hinaus, nahm alles Gut und alle Gegenstände, die sie als Preis für ihre Liebesdienste erhalten hatte, ließ sie auf einen öffentlichen Platz bringen, verbrannte sie vor allem Volk und tat öffentlich ihre Reue und ihre Bekehrung kund. Hierauf begab sie sich an den Ort, an dem Paphnutius sie erwartete.

Paphnutius genoß schon zu Lebzeiten als Bischof hohes Ansehen und wurde in der Bevölkerung verehrt. Heute begeht die koptische Kirche am 9. Februar und am 1. Mai seinen Festtag.

Der Heilige brachte sie in ein Kloster, schloß sie in eine kleine Zelle ein, versiegelte den Eingang mit Blei und ließ nur ein kleines Fenster offen, durch welches die Schwestern ihr alltäglich Brot und Wasser reichen konnten. »Wie soll ich beten?« fragte Thaïs nun den Paphnutius, als er fortgehen wollte. Paphnutius antwortete: »Du bist nicht würdig, den Namen Gottes auszusprechen, und ich verbiete dir, die Arme zum Himmel zu erheben. Sprich nur immer die Worte: ›Du, der mich erschaffen hat, erbarme Dich meiner.‹« Und das war drei Jahre lang das einzige Gebet der Thaïs.

Nach drei Jahren begab sich Paphnutius zu dem Nonnenkloster und öffnete die Zelle, in der Thaïs eingeschlossen war. Er gedachte dabei der Vision jenes Paulus, von der er durch den hl. Antonius wußte. Aber Thaïs wollte die Zelle nicht verlassen. »Komm heraus!« sprach Paphnutius. »Deine Sünden sind dir vergeben.« »Seitdem ich hier bin«, antwortete Thaïs, »habe ich sie mir vor Augen gehalten wie einen Haufen Unrat und habe nicht aufgehört, sie zu betrachten.« »Um dieser Betrachtung willen hat Gott dir vergeben und nicht um der äußeren und körperlichen Buße willen«, sagte Paphnutius. Thaïs verließ die Zelle und starb zwei Wochen danach.

13. September

Johannes Chrysostomus

Geboren: um 354 in Antiochia (Syrien)
Gestorben: 407 in Komana (Kleinasien)
Berufung/Beiname: Eremit, Mönch, Patriarch, Kirchenlehrer; »Goldmund«
Wirkungsstätten: Syrien, Kleinasien, Armenien
Bedeutung des Namens: der, an dem Gott gnädig gehandelt hat (hebräisch)
Namensformen: Hans, Hennes, Jens, Iwan, Ivan
Patronat: Konstantinopel; Prediger

Er ist einer der vier großen Kirchenlehrer der Ostkirche und wird dort auch heute noch von den Gläubigen sehr verehrt. Im besten Sinn volkstümlich, erhielt der hl. Johannes, Patriarch von Konstantinopel →, im 6. Jahrhundert den Beinamen »Chrysostomus«, was zu deutsch soviel wie »Goldmund« bedeutet, weil Johannes durch seine überragende rednerische Begabung ausgezeichnet war. Viele der Predigten, Briefe und Schriften des Heiligen sind uns überliefert.

Die asketisch-moralischen Abhandlungen des hl. Johannes Chrysostomus bilden die älteste »asketische Handbibliothek« für die verschiedenen christlichen Stände. Als bedeutendstes Werk gilt seine sechsbändige Schrift über das Priestertum. Sein Leichnam, der zunächst in der Apostelkirche in Konstantinopel beigesetzt worden war, kam später nach St. Peter in Rom.

Johannes stammte aus Antiochia →. Er wurde um 344 geboren. Seine Mutter erzog ihn im christlichen Glauben. Doch die Taufe erhielt Johannes, wie es damals üblich war, erst als Erwachsener. Nach Abschluß seiner hellenistischen Ausbildung wandte er sich der geistlichen Laufbahn zu. Er wurde 375 zum Lektor geweiht. Aber nach dem Tod seiner Mutter suchte er sich eine Höhle und

13. September

wurde Eremit. Mit großer Hingabe widmete er sich jahrelang asketischen Übungen und vernachlässigte dabei dennoch das theologische Studium nicht. Da seine schwächliche Konstitution unter den übergroßen Entbehrungen stark gelitten hatte, kehrte Johannes im Winter des Jahres 380/81 in die Stadt zurück.

Er wurde Diakon → und empfing die Priesterweihe. Zwölf Jahre arbeitete er seelsorgerisch für seine Gemeinde. Daneben betätigte er sich auch literarisch. Bald schon tat sich Johannes als glänzender Prediger hervor. Köstlich sind die Beispiele in seinen Predigten, die in witziger Form immer aufs praktisch Durchführbare zielen. Dafür ein Beispiel: »Nichts hindert eine Frau, während sie am Spinnrocken sitzt oder ihre Leinwand aufzieht, ihre Gedanken auf den Himmel zu richten und Gott mit Inbrunst anzurufen. Nichts hindert einen Mann, aufmerksam zu beten. Und wenn er etwa in seinem Laden sitzt und Felle näht, so kann er doch gleichzeitig dem Herrn sein Herz darbringen.«

Ganz wider seinen Willen erhob man den einfachen Priester im Jahre 398 auf den erzbischöflichen Stuhl von Konstantinopel. Theophil, der Patriarch von Alexandrien →, der sich auch um diesen Posten bemüht hatte, mußte auf Befehl des Kaisers die Weihe vornehmen. Von nun an hatten die von Johannes gehaltenen Gottesdienste noch mehr Zulauf. Sogleich wandte er sich den Aufgaben zu, die mit dem neuen Amt verbunden waren. Da ihm die Damen des Hofes reichliche Mittel zur Verfügung stellten, vermochte er eine wohlorganisierte Fürsorge für die Armen seiner Diözese einzurichten. Es entstanden Spitäler und Wohlfahrtshäuser. Vordringlich erschien dem neuen Erzbischof aber die Abschaffung der lockeren Sitten beim Klerus und bei der Obrigkeit. Er enthob unwürdige Priester unnachgiebig ihrer Ämter, und in offener Rede tadelte er die Mißstände am Hofe. Überall, wo er Sittenlosigkeit und Verwahrlosung antraf, setzte er seine strenge Neuordnung durch. Das Volk bewunderte und liebte Johannes, aber seine Sparsamkeit mißfiel dem an Luxus gewöhnten Kaiserhof sehr.

Seinen Gegnern, denen sich auch die Kaiserin Eudoxia anschloß, gelang es im Jahr 403 auf der sogenannten »Eichensynode«, Johannes abzusetzen und nach kaiserlichem Beschluß in die Verbannung zu schicken.

Das Volk geriet daraufhin in Aufruhr, und man holte ihn eilends zurück. Lange ließ man jedoch den unbequemen Mahner nicht ungeschoren. Um ihn loszuwerden, bezichtigte man ihn erneut schwerwiegender Anschuldigungen gegen den Hof, vornehmlich gegen die Kaiserin. Der Kaiser unterzeichnete einen neuerlichen Verbannungsbefehl, und der Heilige wurde ein zweites Mal nach Kukusus in Armenien gebracht. Unterwegs verfaßte er zahlreiche Briefe, die seine Freunde und seine verlassenen Gemeinden über sein Schicksal trösten und beruhigen sollten. Endlich am Bestimmungsort angelangt, fand er eine Zeitlang Ruhe. Aber Botschaften an die zurückgebliebenen Glaubensbrüder sandte er weiterhin regelmäßig. Um seinen starken Einfluß auch aus der Ferne endgültig zu unterbinden, brachte man Johannes Chrysostomus an einen entfernteren Ort. Auch dorthin folgten ihm viele, die ihn sehen, sprechen und hören wollten. Nun schickte Konstantinopel den Befehl, den unbequemen Gottesmann an die äußersten Grenzen des Reiches, nach Pityus am Schwarzen Meer zu bringen. Diesen beschwerlichen Fußmarsch überlebte der Heilige nicht mehr. Unweit von Komana erlag er den Strapazen am 14. September 407.

Ernest Hello schreibt über Johannes Chrysostomus: »Man spürt immer die Absicht, daß seine Hörer, das einfache Volk, seine Lehren und Auslegungen begreifen sollten, immer benutzt er praktische Beispiele, behandelt seine Themen in konkret faßbarer Weise, anstatt sich in theoretischer Gelehrsamkeit zu verlieren.«

Chrysostomus, der sich nicht darauf verstand, den Damen bei Hofe zu schmeicheln, und ohne Ansehen der Person gegen Verschwendungssucht und Verwilderung der Sitten predigte, geriet mit Kaiserin Eudoxia wiederholt in Streit. Eudoxia war maßgeblich daran beteiligt, daß er in die Verbannung gehen mußte.

14. September

Johannes Chrysostomus wird dargestellt als griechischer Bischof mit einem Evangelienbuch, einem Bienenkorb als Sinnbild für seine Gelehrtheit und Beredsamkeit, mit einem Engel und mit einer Taube als Symbol des Hl. Geistes.

Legende Einmal sandte der Barbar Gainas, ein armenischer Ketzer, seine Soldaten zum Königspalast, um ihn anzuzünden. Da aber erschien den Kriegern eine große Schar Engel und schlug sie in die Flucht. Als sie das ihrem Herrn meldeten, wunderte dieser sich sehr, denn er wußte, daß des Kaisers Heer im Augenblick an einem anderen Ort lag. In der nächsten Nacht sandte Gainas seine Leute wieder aus. Da wurden sie abermals von der Engelserscheinung geschlagen. Zuletzt ging er selber hin, sah das Wunder und floh. In seiner Wut ob des vereitelten Anschlags sammelte Gainas ein großes Heer und verwüstete alles Land. Da bat der Kaiser den hl. Johannes Chrysostomus, er solle als Bote und Gesandter den Feind versöhnen. Der Heilige machte sich ohne Furcht auf. Als Gainas das sah, lenkte er ein und zog ihm entgegen. Er nahm die Hand des Chrysostomus und befahl seinen Soldaten, dessen Knie zu küssen.

14. September

Notburga

Die hl. Notburg ist Patronin aller Dienenden. Sie wird ganz besonders von den Gläubigen in Tirol verehrt. Die hl. Notburga hat den Menschen vorgelebt, daß alle Berufe und alle Arbeiten, wenn sie nur aus der rechten Liebe heraus verrichtet werden, vor Gott in der gleichen Weise gewürdigt werden.

Die hl. Notburga wurde um 1265 in Rattenberg am Inn geboren. Ihr Geburtshaus mit dem schlanken Erker steht noch heute an der Hauptstraße des kleinen Städtchens. Sie war ein braves und frommes Mädchen, das sein Leben als Magd in fremden Diensten verbrachte. Schon mit achtzehn Jahren kam Notburga in den Dienst des Herrn von Rottenburg. Die mildtätige und freundliche Herrschaft erlaubte dem Mädchen, Armen und Kranken zu helfen, denn wegen ihrer Tüchtigkeit hatte man ihr bald das Amt der Wirtschafterin übertragen. Doch nach dem Tod der Herrin zog ihre Schwiegertochter ein, eine herrische, unduldsame Dame, die Notburga streng verbot, weiterhin Almosen zu geben. Mit ihr endete auch das religiöse Leben auf der Burg. Heimlich trug die Magd das Essen aus der Burg, das sie sich selbst vom Mund abgespart hatte, und verteilte es an die Bedürftigen. Auch diese Gänge der Liebe suchte ihr die harte Herrin durch Beschimpfungen, Bosheiten und Verdächtigungen zu verleiden.

Schließlich blieb Notburga nichts mehr anderes übrig, als ihre Stelle auf dem Schloß aufzugeben. Sie trat bei einem Bauern in Eben am Achensee als Haus- und Stallmagd in Dienst. Beim Antritt stellte sie nur eine Bedingung: Beim Gebetläuten sollte sie die Arbeit niederlegen dürfen, um sich in Andacht innerlich sammeln zu können. Das wurde ihr gestattet.

Auf Schloß Rottenburg war seit Notburgas Weggang kein rechtes Glück mehr. Als Notburga davon hörte, daß ihre frühere Herrin schwer erkrankt darniederlag, vergaß sie alles Böse und bat ihren Dienstherrn um Entlassung, um der Gräfin beizustehen. Unter ihrer aufopfernden Pflege wurde diese wieder gesund und änderte ihr bisheriges, hartherziges Verhalten. Sie bekannte sich aufrichtig zu Gott und starb später als reuige Büßerin. Nun herrschten wieder Friede und Segen im Schloß, und kein Bedürftiger wurde mehr von der Türe gewiesen. Notburga lebte dort noch fast zwei Jahrzehnte. Sie starb am 14. September 1313.

Geboren: um 1265 in Rattenberg am Inn (Österreich)
Gestorben: 1313 in Rottenburg (Österreich)
Berufung/Beiname: Wohltäterin; Nothelferin
Wirkungsstätte: Österreich
Bedeutung des Namens: die Nothelferin (althochdeutsch)
Namensformen: Burga, Burgel,
Patronat: Tirol; bäuerliche Hilfskräfte; Arbeitsruhe, Landwirtschaft; Haustiere; gegen Viehkrankheiten; für eine gute Geburt

Dargestellt wird Notburga als Dienstmagd mit Milchkrug und Brot in der Schürze als Zeichen ihrer Mildtätigkeit, mit Getreidegarbe und freischwebender Sichel. Die Lebensgeschichte der Heiligen erzählen die Deckenfresken in der Notburgakirche in Eben.

Ihre letzte Ruhestätte fand die hl. Notburga in der von ihr so geliebten Rupertikapelle. Später errichtete man über dem Grab der Notburga eine größere Kirche, zu deren Bau die Bevölkerung aus ganz Tirol Spenden beigesteuert hat.

Im Jahr 1718 wurde die Heilige exhumiert, und heute steht ihr Skelett, in ein schönes weißes Brokatgewand gekleidet, in der Mitte des Hochaltars der reich stukkierten Kirche, deren Deckenbilder uns heute das Leben der populären Tiroler Volksheiligen schildern.

Legende *Eines Tages befahl der Bauer, bei dem Notburga als Magd arbeitete, trotz des gerade einsetzenden Aveläutens mit der Arbeit fortzufahren, um die Ernte noch rechtzeitig vor einem Unwetter einzubringen. Notburga, im Zweifel, was sie tun sollte, bat Gott um Rat, warf ihre Sichel gen Himmel und rief: »Diese Sichel soll bezeugen, daß mein Verlangen zu Recht besteht.« Zum staunenden Schrecken aller blieb die Sichel aber wie aufgehängt in der Luft schweben. Von nun an wagte der Bauer nicht mehr, seine fromme Magd vom andächtigen Beten abzuhalten.*
Notburga hatte gebetet, daß nach ihrem Tod ihr Leichnam auf einen mit zwei Ochsen bespannten Wagen gelegt würde. Dann sollte man die Ochsen laufen lassen und sie dort, wo sie stehenblieben, begraben. Und so geschah es. Schnurstracks gingen die Ochsen zum Inn hinunter, dessen Wasser sich teilte, zogen die jenseitige Paßstraße hinauf, von der aus das Tal sich in weiten Kulissen und im Glanz seiner schneebedeckten Berge dem Blicke öffnet, und hielten erst an, als sie vor der Rupertikapelle in Eben standen, wo die Heilige so oft gebetet hatte und wo sie nun bestattet wurde.

15. September

Ludmilla

Vier berühmte geistige Persönlichkeiten, die in Böhmen gewirkt haben, waren für das slavische Volk und seine kulturelle Entwicklung von ausschlaggebender Bedeutung. Es waren dies der hl. Wenzel, die sel. Agnes von Böhmen, der hl. Prokop und schließlich auch die hl. Ludmilla, von der hier die Rede sein soll.

Die hl. Ludmilla war zunächst keine Christin. Die Legende erzählt, daß sie und ihr Gatte Herzog Boriwoj durch den hl. Methodius bekehrt wurden. Boriwoj war somit der erste christliche Herzog der Böhmen. Ludmilla wurde von ihm mit der Erziehung ihres ältesten Enkels Wenzeslaus zum christlichen Herrscher betraut. Ihr frommer Einfluß legte in dem jungen Prinzen die Wurzel zu jener tief christlichen Gläubigkeit, die ihn später zu einem Heiligen werden ließ.

Ludmilla ist es auch zu verdanken, daß Böhmen den endgültigen Wandel vom Heidentum zum Christentum vollzog. Ihre heidnische Schwiegertochter Drahomira dagegen hegte wegen des Eifers, mit dem Ludmilla das Christentum im Land verbreitete, einen tödlichen Haß gegen die Fürstin.

Als nach dem Tod Herzog Boriwojs sein Sohn Wratislaw an die Regierung kam, zog sich Ludmilla vom Hofe zurück und lebte ganz den Werken christlicher Nächstenliebe. Doch nach dem frühen Tod von Drahomiras Gemahl Wratislaw entschloß sich Ludmilla, trotz ihres hohen Alters nochmals die Führung des Landes für ihren Enkel Wenzeslaus zu übernehmen. Aber der machtsüchtigen

Geboren: um 860 in Böhmen
Gestorben: 921 in Tetin (Böhmen)
Berufung/Beiname: Missionsförderin, Wohltäterin
Wirkungsstätte: Böhmen
Bedeutung des Namens: die beim Volk Beliebte (slavisch)
Namensformen: Lida, Lu, Lulu, Milena, Milina, Milka
Patronat: Böhmen

16. September

Ludmilla wird in Anspielung auf ihren gewaltsamen Tod mit einem Tuch oder Strick um den Hals dargestellt. Im St.-Veits-Dom in Prag befindet sich eine Silberbüste von ihr.

Schwiegertochter Drahomira gelang es, einen Teil des böhmischen Adels auf ihre Seite zu ziehen, so daß sich, auf ihr böses Anstiften hin, zwei böhmische Edelleute fanden, die die hl. Ludmilla auf ihrem Witwensitz Tetin, südwestlich von Prag, am 15. September 921 mit ihrem eigenen Schleier erdrosselten.

Der Leichnam der Heiligen wurde auf ihrem Witwensitz Tetin begraben, unter der Regentschaft von Herzog Wenzel jedoch wurden ihre Reliquien später in die St.-Georgs-Kirche auf der Prager Burg übertragen, wo sie heute noch ruhen und verehrt werden. Im Rudolphinum in Prag ist die hl. Ludmilla zusammen mit den übrigen Patronen Böhmens dargestellt.

Legende Nach der Ermordung der Heiligen bemerkte das Volk zu seiner Verwunderung einen seltsamen Lichtschein, der von ihrem Grab in Tetin ausging. Als nun Drahomira, die Anstifterin zu dem Mord, hiervon hörte, ließ sie rasch eine Kirche über dem Grab errichten, die auf ihre Anordnung hin dem hl. Michael geweiht werden mußte, denn auf diese Weise hoffte sie, die beunruhigende Erscheinung auf den Engel zurückführen zu können. Doch weiterhin strahlte über dem Grab das wunderbare Licht.
Nachdem nun Wenzel zum Herzog der Böhmen gewählt worden war, befahl er, den Leichnam seiner Großmutter zu erheben. Allerdings knüpfte Wenzel daran die Bedingung, wenn er verwest und zerfallen wäre, sollte er an dem Ort bleiben, wo er lag. Wäre er aber unversehrt, so sollte er nach Prag gebracht und dort feierlich beigesetzt werden. Und siehe da, als man das Grab öffnete, fand man die Heilige noch unversehrt vor. Darauf überführte Wenzel selbst unter dem Geleit des ganzen Volkes den Leib der hl. Ludmilla in die Georgskirche nach Prag.

16. September

Kornelius

Geboren: wahrscheinlich in Rom (Italien)
Gestorben: 253 in Civitavecchia (Italien)
Berufung/Beiname: Papst, Märtyrer
Wirkungsstätte: Italien
Bedeutung des Namens: der Hornfeste, der Dauernde (lateinisch)
Namensformen: Corell, Kornell, Nelles, Nils
Patronat: Hornvieh; gegen Epilepsie, Fieber, Ohrenschmerzen

In der Mitte des dritten Jahrhundert blieb der heilige Stuhl in Rom durch die Verfolgung des Decius fünfzehn Monate unbesetzt. Erst 251 wurde Kornelius zum neuen Papst gewählt. Die wichtigste Aufgabe des neuen Papstes war die Beendigung des Streites zwischen dem angesehenen Presbyter Novatian und der Kirche. Novatian und seine Anhänger vertraten nämlich die Meinung, daß Christen, die aus Furcht vor Verfolgungen vom Glauben abgefallen waren, nicht mehr in die Kirche zurückkehren durften. Kornelius hingegen erlaubte ihnen nach einer entsprechenden Bußezeit die Wiederaufnahme in die christliche Gemeinschaft. Kornelius setzte sich aber auf der Synode von Rom durch und schloß Novatian und seine Anhänger von der Kirche aus. Das Pontifikat des hl. Kornelius, der ursprünglich nur ein einfacher römischer Priester war, ist ein anschaulicher Beweis dafür, daß die päpstliche Autorität von allen Gläubigen einmütig anerkannt wurde. Dieser Primat, den nun der hl. Kornelius als Papst innehatte, wurde ausdrücklich in den Briefen des hl. Cyprian von Karthago bestätigt, der ein unermüdlicher Kämpfer gegen alle Sektierer und Irrlehrer war.

Unter Kaiser Gallus wurde Kornelius nach Civitavecchia verbannt, wo er am 14. September des Jahres 253 starb. Kornelius gilt als Märtyrer. Sein Grab befindet sich in der Kalixtuskatakombe in Rom.

17. September
Robert Bellarmin

Die Kirche kennt mehrere Heilige mit Namen Robert: Da ist Robert von Molesme (1027–1111), Benediktinerabt und Gründer der Abtei Molesme in Frankreich sowie des Stammklosters der Zisterzienser → von Citeaux. Sein Fest ist am 29. April. Ferner der englische Benediktinermönch Robert (1100–1159), der erste Abt von Newminster, das durch ihn berühmt geworden ist und wo er auch begraben liegt. Sein Fest ist am 7. Juni. Schließlich der Kirchenlehrer Robert Bellarmin, ein Jesuit und gelehrter Theologe von europäischem Rang. Er liegt in S. Ignazio in Rom begraben.

Robert Bellarmin ist eine streng geschichtliche Persönlichkeit, die ihrem ganzen Wesen nach zur Legendenbildung keinen Anlaß gegeben hat. Geboren wurde Robert Bellarmin am 4. Oktober 1542 in Montepulciano bei Siena in Italien. Er stammte aus einem alten Adelsgeschlecht und war mütterlicherseits ein Neffe des Papstes Marcellus II. Erzogen wurde Robert Bellarmin bei den Jesuiten in seinem Heimatort. Der überaus begabte junge Mann entschloß sich im Jahr 1560 dazu, in die Gesellschaft Jesu einzutreten. Er studierte in Rom, Padua und Löwen. Dort trat er auch seine erste Dozentur an. Robert Bellarmin wurde im Jahr 1570 zum Priester geweiht.

1576 berief ihn Papst Gregor XIII. als Kontroverstheologen nach Rom, wo er Vorlesungen hauptsächlich über die Glaubensinhalte der beiden Konfessionen zu halten hatte. Danach war er Lehrer und Erzieher des Ordensnachwuchses am Römischen Kolleg. Großes Aufsehen erregte sein dreibändiges Werk »Controversiae«, das 1586-93 erschien und von den Protestanten erbittert bekämpft wurde. 1594 wurde er mit der Leitung der Ordensprovinz Neapel betraut.

1597 nach Rom zurückberufen, verfaßte Robert Bellarmin seinen bis in unsere Zeit gültigen Katechismus und wurde Berater der Kurie. 1599 erhob ihn Papst Clemens VIII. zum Kardinal. Aufgrund seines enormen Wissens einerseits und seines besonnenen, klugen und stets gütigen Wesens andererseits fand sich Robert bald in die Rolle des Prinzeps inter pares, also des Vorsitzenden unter Gleichberechtigten, innerhalb des Kardinalskollegiums.

Von 1602 bis 1605 war er Erzbischof von Capua. Im Jahr 1605 wieder in Rom, tat er sich hier als Gelehrter und Berater des Apostolischen Stuhls hervor. Er war ein Freund vieler Heiliger, so zum Beispiel von Philippus Neri, Bernhardin Realino und Franz von Sales. Oft geschmäht von den Gegnern der Jesuiten, blieb Robert Bellarmin Zeit seines Lebens bescheiden und demütig.

Als Robert das Nahen seines Todes fühlte, zog er sich im Jahr 1621 in die Einsamkeit des Römischen Kollegs am Quirinal zurück. Er starb am 17. September des gleichen Jahres. Sein Leben war gekennzeichnet durch stete Demut und durch aufopfernde Nächstenliebe.

Von seinen hervorragenden Schriften sind besonders seine Katechismen bekannt, die oft aufgelegt und in sechzig Sprachen übersetzt wurden, sowie sein asketisches Werk über »Die Kunst, selig zu sterben«. Der berühmte Prediger und Kirchenlehrer aus der Gesellschaft Jesu wurde erst 1930 heiliggesprochen.

Geboren: 1542 in Montepulciano (Italien)
Gestorben: 1621 in Rom
Berufung/Beiname: Jesuit, Apologet, Prediger, Bischof, Kardinal, Kirchenlehrer; »Fürst der Apologeten«
Wirkungsstätten: Belgien, Italien
Bedeutung des Namens: der von Ruhm Glänzende (althochdeutsch)
Namensformen: Bert, Bob, Rob, Robby

Robert Bellarmin, der an den kirchlichen Prozessen gegen Giordano Bruno und Galileo Galilei mitwirkte, wird dargestellt im Ordenskleid der Jesuiten oder mit den Insignien des Kardinals. Beigegeben sind ihm Kreuz und Buch als Zeichen seiner Gelehrtheit.

17. September

Hildegard von Bingen

Geboren: 1098 in Germersheim (Rheinland-Pfalz)
Gestorben: 1179 auf dem Rupertsberg bei Bingen (Rheinland-Pfalz)
Berufung/Beiname: Benediktineräbtissin, Predigerin, Mystikerin; »Seherin vom Rhein«, »Posaune Gottes«
Wirkungsstätte: Deutschland
Bedeutung des Namens: durch Kampf Schützende (althochdeutsch)
Namensformen: Hilda, Hilde, Hiltrud, Hilla, Hillu, Hillary, Hilke, Hildegund, Hildegundis, Ilka, Grimhild, Ruthild
Patronat: Natur-, Sprachforscher

Hildegard von Bingen kann man als eine frühe Vertreterin der heute postulierten »Ganzheitlichkeit« bezeichnen: Sie sah das körperliche Wohlbefinden in einem engen Zusammenhang mit der seelischen Gesundheit und mit der Bindung an Gott.

Auf dem Rupertsberg bei Bingen ist in den Ruinen noch der Wunderbrunnen zu finden, den die hl. Hildegard einst gegraben hat. Zu dem Kloster, das hier stand, kamen damals täglich aus allen Gegenden Deutschlands viele Menschen, um von dieser Frau Antwort auf ihre Fragen zu erhalten. Auch Päpste, Kaiser, Bischöfe und Äbte schickten ihre Boten, um von der Nonne Hildegard, die Gott mit seinem Geist erfüllt und zur Verkündigerin seines heiligen Willens ausersehen hatte, Rat zu holen. Sie war die überragende Gestalt der damaligen Zeit und hat ihr Jahrhundert wie sonst niemand geistig geprägt.

Hildegard war die Tochter des Grafen Hildebert von Germersheim. Sie wurde im Jahre 1098 auf Burg Böckelheim geboren. Von Hildegard, der »Wundertäterin Deutschlands«, der »Seherin vom Rhein«, stammt eine Bilderschau tief empfundener religiöser Gedanken. Aber sie ist auch die Verfasserin des Buches »Von den Göttlichen Werken«, ferner von Dichtungen und Hymnen, Mysterienspielen und naturkundlichen sowie medizinischen Schriften.

Hildegard besaß nicht nur ein fundiertes Wissen in den Fachbereichen Theologie und Mystik, sie war auch in Medizin, Mineralogie, Botanik, Physik und Astronomie ausgezeichnet bewandert. Sie dichtete und komponierte. Sie war ein universeller Geist und eine begnadete Frau, wie sie in der Menschheitsgeschichte nur selten in Erscheinung tritt. Schon als kleines Kind hatte Hildegard Visionen, aber erst mit dreiundvierzig Jahren überwand die Nonne ihre Scheu, anderen ihre inneren Gesichter mitzuteilen.

Schon frühzeitig hatten die Eltern ihr kränkliches, in sich gekehrtes Mädchen zu einer Tante, der Äbtissin Jutta von Sponheim, auf den Diesibodenberg gebracht. Diese Tante lebte dort mit einigen Schülerinnen in einer klösterlichen Gemeinschaft. Bei ihr wurde Hildegard in den Anfangsgründen der lateinischen Sprache unterwiesen, hier lernte sie Handarbeiten und die Pflege der Musik.

Der fromme Ort entwickelte sich bald zu einem Benediktinerinnenkloster. Hildegard empfing aus den Händen des hl. Otto von Bamberg die Weihe zur Benediktinerin. Als Gräfin Jutta starb, wählten die Nonnen Hildegard zu ihrer neuen Äbtissin. Unter ihrer Leitung gewann das Kloster rasch an Bedeutung. Die bisherigen Gebäude wurden zu klein, und so wurde im Jahr 1147 die Verlegung des Klosters auf den Rupertsberg erforderlich.

Hildegard übte ihr Amt als Äbtissin und kluge Ordensfrau mit Umsicht und Tatkraft aus. Sie kümmerte sich um Klosterbau und Güterverwaltung und galt außerdem als die größte Ärztin ihres Jahrhunderts. Tausende kamen zu ihr und baten sie um Hilfe in ihrer Not. Mit seltenem Freimut erhob die Seherin ihre Stimme und rief zu Umkehr und Besserung auf. Alle ihre Ermahnungen enthalten tiefe Weisheit, alle sind von großer Kühnheit geprägt. Unzähligen enthüllte sie die Zukunft und die drohenden Gerichte Gottes, und viele nahmen sich ihre Worte zu Herzen und bekehrten sich. Die Sorge um das Reich Gottes veranlaßte Hildegard von Bingen, große Missionsreisen nach Franken und ins Rheinland, insbesondere in die Städte Würzburg, Bamberg und Köln, zu unternehmen.

Überall predigte sie mit flammender Rede und Überzeugung. In unerhört offener Sprache geißelte Hildegard alle Mißstände, vor allem die allgemein herrschende Zuchtlosigkeit, und forderte die Menschen auf, immer wieder Buße zu üben. Da Hildegard nicht ausreichend gut lateinisch schreiben konnte, diktierte sie die meisten ihrer Briefe und Visionen. Daneben widmete sie sich aber mit größtem Fleiß ihrer sonstigen schriftstellerischen Tätigkeit.

Über vierzig Jahre leitete Hildegard von Bingen mit erstaunlichem Geschick ihr Kloster. Ungeachtet ihrer vielen körperlichen Leiden, ihrer unablässigen Arbeit, ihrer strengen Buße und Askese erreichte Hildegard das gesegnete Alter von einundachtzig Jahren. Christus hatte ihr den Tag ihres Todes geoffenbart, und so starb sie wohlvorbereitet am 17. September des Jahres 1179.

Der Leichnam der Heiligen wurde im Chor der Kirche vor dem Hochaltar begraben und blieb dort bis zum Jahre 1632. Die Grabstätte wurde durch zahlreiche Wunder verherrlicht. Da später die Schweden Kloster und Kirche auf dem Rupertsberg brandschatzten und zerstörten, brachte man die Reliquien der hl. Hildegard nach Eibingen im Bistum Limburg, wo sie heute noch ruhen. Die Stätte, die durch ihr Lebenswerk geheiligt worden war, blieb jedoch zerstört.

Hildegard von Bingen hat sich auch mit Astrologie und dem möglichen Einfluß des Mondes auf den Charakter des Menschen beschäftigt.

Darstellung einer der Visionen der hl. Hildegard in einer mittelalterlichen Buchmalerei.

Hildegard von Bingen wird meist als Nonne dargestellt, die Almosen verteilt oder einem Boten einen Brief übergibt. Eine berühmte Miniatur zeigt die Ordensfrau, wie sie ihre Visionen diktiert, während um ihren Kopf Flammen züngeln.

Anstelle einer Legende Die hl. Hildegard erzählt: »Da ich drei Jahre alt geworden war, erzitterte meine Seele vor einem hellen Licht, das mir erschien. Damals wußte ich nicht, wie ich von diesen Erscheinungen reden sollte, die sich bis zum Alter von fünfzehn Jahren stets wiederholten. Zitternd schrieb ich mehrere dieser Dinge auf, denn ich glaubte, bisweilen mit den Augen zu sehen, was ich nur innerlich gesehen hatte. Und wenn ich meine Amme fragte, ob sie auch dergleichen Dinge sehe, antwortete sie »nein«. Ich war also in großer Verlegenheit und durfte niemandem von diesen Geschichten erzählen.«

Und weiter berichtet sie: »Ich war zweiundvierzig Jahre und sieben Monate alt, als plötzlich ein mit blendendem Glanz vom Himmel herabkommender leuchtender Strahl meinen Körper durchbohrte. Der Glanz entzündete meine ganze Seele, durchrieselte Brust und Gehirn und verzehrte mich sanft, ohne mich zu brennen, oder brannte mich vielmehr sanft, ohne mich zu verzehren. Alsbald fühlte ich mich mit neuer Einsicht begabt. Ich verstand die heiligen Schriften. Das Verständnis der Psalmen, der Evangelien und übrigen Bücher des Alten Testaments ward mir gegeben.«

An Kaiser Barbarossa schrieb sie: »Der höchste Richter läßt Dir sagen: Ein König stand auf einem hohen Berg und sah, was sich unten in den Tälern alles abspielte. Er hielt eine Rute in der Hand und ordnete alles aufs beste. Einmal schloß er seine Augen, und siehe da, ein schwarzer Nebel kam und bedeckte die Täler. Auch Raben kamen und andere Vögel und verzehrten die umliegende Beute. Deshalb, o König, öffne Deine Augen und schaue sorgfältig umher, denn alle Länder sind beschattet von Betrügern, die mit ihren Sünden die Gerechtigkeit verdrängen. Räuber und Irrgeister zerstören den Weg des Herrn. Und Du, o König, regiere die wilden Sitten mit dem Szepter der Barmherzigkeit! Denke nach, wie der höchste Richter Dir zusieht, damit Du nicht einst angeklagt wirst, als hättest Du die Pflicht Deines Amtes nicht wahrgenommen.«

18. September

Lambert

Geboren: um 625 in Maastricht (Niederlande)
Gestorben: 705 in Lüttich (Belgien)
Berufung/Beiname: Mönch, Bischof, Märtyrer
Wirkungsstätten: Niederlande, Belgien
Bedeutung des Namens: der im Land Glänzende (althochdeutsch)
Namensformen: Lamprecht, Lampe, Lenz, Bert
Patronat: Bandagisten, Bauern, Chirurgen, Zahnärzte; gegen Augen- und Nierenleiden

Lambert wurde in Maastricht um 625 als Sohn reicher Eltern geboren. Erzogen wurde er zunächst vom hl. Landoald, später vom hl. Bischof Theodard von Maastricht-Tongern. Lambert führte stets ein vorbildliches Leben und war ein äußerst kluger und gebildeter Mann. Nach dem Tod Theodards wählten Geistlichkeit und Volk Lambert einstimmig zu dessen Nachfolger. Er wurde jedoch schon drei oder vier Jahre später von seinem Bischofssitz vertrieben, und zwar durch den Tyrannen Ebroin, der König Childerich hatte ermorden lassen. Lamberts Diözese wurde an einen Günstling Ebroins vergeben.

Bei den Benediktinern von Stablo fand Lambert Zuflucht. Dort führte er sieben Jahre das Leben eines einfachen Mönchs. Als Pippin der Mittlere anstelle Ebroins, der ebenfalls ermordet worden war, die Herrschaft übernommen hatte, wurde Lambert 682 aus der Verbannung zurückgerufen, und er machte sich daran, die verworrenen kirchlichen Verhältnisse, die er vorfand, zu ordnen.

Die Umstände, die zu seinem Tod führten, sind bis heute unklar geblieben. Fest steht jedoch, daß Lambert am 17. September 705 ermordet wurde. Seitdem wird er allgemein als Märtyrer verehrt. Am Ort seiner Ermordung begann man später eine Kirche zu bauen. Man sagt, daß Lüttich hier seinen Ursprung hat.

19. September

Legende Als Lambert noch ein Jüngling war, tat er fleißig Dienst am Altar. Nun geschah es einmal, daß er das Rauchfaß nicht vorfand, mit dem er während der heiligen Messe Weihrauch darbringen sollte. Um den Ablauf der heiligen Handlung nicht zu stören, barg er geschwind die glühenden Kohlen in seinem Chorhemd und trug sie darin zum Altar. Und siehe, weder er selbst noch sein Chorhemd wurden angesengt, und das Opfer des Weihrauchs stieg alsbald ungehindert zum Himmel auf.

Dargestellt wird Lambert als Bischof, der von einer Lanze oder einem Spieß durchbohrt wird; unter Anspielung auf seinen Namen manchmal auch mit Lampe.

19. September

Januarius

In Pozzuoli bei Neapel befinden sich die Ruinen jenes mächtigen antiken Amphitheaters, in dem im Jahre 305 der hl. Januarius, Bischof von Benevent, zusammen mit mehreren seiner Glaubensgenossen hingerichtet wurde.

Januarius war im 3. Jahrhundert Bischof von Benevent. Als während der Christenverfolgungen unter Kaiser Diokletian sein Freund, der hl. Sosius, Diakon der Kirche von Misenum, gemeinsam mit anderen Gleichgesinnten seines Glaubens wegen in den Kerker geworfen worden war, begab sich der Bischof von Benevent, Januarius, nach Neapel, um die Christen in ihrer Glaubenstreue zu stärken. Bei dieser Gelegenheit ließ der Statthalter Thimoteus auch ihn festnehmen und verurteilte ihn dazu, in einem glühenden Ofen zu sterben. Aber Gott bewahrte den Heiligen vor dem Feuer, und er entstieg dem Ofen, ohne Schaden genommen zu haben. Am nächsten Tag führte man ihn mit mehreren anderen christlichen Bekennern in das Amphitheater. Die wilden Tiere, die aus ihren unter dem Theater gelegenen Käfigen mittels Kran in die plötzliche Helle des Schauplatzes gehoben wurden und dort meistens sofort wütend über die zum Tod Verurteilten herfielen, legten sich zum Erstaunen aller dem Januarius zu Füßen und taten ihm nichts zuleide. Daraufhin wurde Januarius zusammen mit seinen sechs Gefährten am 19. September des Jahres 305 enthauptet.

Geboren: wahrscheinlich in Neapel (Italien)
Gestorben: 305 in Neapel
Berufung/Beiname: Bischof, Märtyrer
Wirkungsstätte: Italien
Bedeutung des Namens: der dem Gott Janus Geweihte (lateinisch)
Namensformen: Gennaro, Janvier, Jan
Patronat: Neapel; Goldschmiede

Die Reliquien dieses hl. Märtyrers werden seit dem 5. Jahrhundert in Neapel verehrt, von wo aus sich sein Kult weithin verbreitete. In einer Seitenkapelle des heutigen Domes, die während der Pest von 1526 bis 1529 dem Heiligen versprochen und 1608 gebaut worden war, steht die Silberbüste des hl. Januarius. Sie enthält den Schädel des Märtyrers. In einem Schrein werden die Ampullen mit seinem Blut aufbewahrt. Das Blut des hl. Januarius hat sich auf wunderbare Weise zum ersten Mal verflüssigt, als der Leichnam des Märtyrers von Pozzuoli nach Neapel gebracht wurde. Seitdem wiederholt sich dieses Wunder zweimal im Jahr, im Mai und im September. Zu diesem »Blutwunder von Neapel« strömen die Pilger auch heute noch in Scharen herbei.

Der Leichnam des Heiligen wurde zuerst in den sogenannten Januarius-Katakomben, später in Benevent und dann im Kloster Montevergine beigesetzt. Im Jahr 1497 wurden seine Reliquien in den Dom von Neapel überführt.

Die Januariuskapelle im Dom ist das Heiligtum der Stadt. Über dem Eingang ist in lateinischer Sprache zu lesen: »Dem heiligen Januarius, durch das Wunder seines Blutes vor Hunger, Krieg, Pest und dem Feuer des Vesuvs gerettet, Neapel, seinem Mitbürger, Patron, Beschützer.«

Dargestellt wird Januarius als Bischof mit einem Schwert, von wilden Tieren umgeben oder in einem lodernden Feuer oder Ofen stehend und betend.

Anstelle einer Legende Am 1. Mai und am 15. September ist die Domkirche der Stadt Neapel von Neugierigen und Andächtigen bis auf den letzten Platz gefüllt. An diesen Tagen werden Haupt- und Blutreliquien des wundertätigen Stadtpatrons den Gläubigen gezeigt. Auf der Evangelienseite des Altars steht die Silberbüste mit dem Haupt des Heiligen und auf der Epistelseite das einstmals von einer Frau bei seiner Enthauptung aufgefangene Blut in zwei alten Glasgefäßen.

Sobald die Glasgefäße in die Nähe des Hauptes des Heiligen gebracht werden, fängt das vertrocknete und zum Teil am Glas klebende Blut an, wieder flüssig zu werden und zu wallen. Rückt man die Fläschchen dann aus der Nähe des Hauptes wieder weg, wird es augenblicklich wieder dick und fest. Obwohl an dem Altar auch eine Menge Wachskerzen brennen, bleibt doch das Glas der Gefäße immer kalt, zudem ereignet sich das Flüssigwerden des Blutes bei den verschiedensten Temperaturen.

Viele Gelehrte aus aller Welt haben dieses Wunder, das sich seit mehr als tausend Jahren immer wiederholt hat, untersucht und müssen gestehen, daß es sich um einen naturwissenschaftlich unerklärlichen Vorgang handelt. Die kostbaren Reliquien werden getrennt voneinander aufbewahrt. Es gibt zwei Schlösser und zwei verschiedene Schlüssel, von denen zwei der Erzbischof, die beiden anderen ein Mann aus der sogenannten »Deputation des Schatzes« in Verwahrung haben. Zudem sind die Fläschchen versiegelt – es sind also alle Vorsichtsmaßnahmen getroffen, damit kein Betrug vorkommen kann.

20. September

Eustachius

Geboren: in Rom
Gestorben: um 120 in Rom
Berufung/Beiname: Märtyrer; Nothelfer
Wirkungsstätte: Italien
Bedeutung des Namens: der Fruchtbare (griechisch)
Namensformen: Eustach, Stach(i), Stachus
Patronat: Förster, Jäger, Krämer, Klempner, Tuchhändler; gegen Trauer, Verzweiflung; gegen schädliche Insekten

Der Heilige gehört zusammen mit dem hl. Hubertus zu den Schutzheiligen der Jäger. Eustachius ist mit Hubertus oftmals verwechselt worden. Sogar sein Fest wurde fälschlicherweise mitunter erst am Festtage des hl. Hubertus begangen. Der Kult des hl. Eustachius ist aus dem Orient eingeführt worden. Eustachius ist im Abendland erst seit dem 4. Jahrhundert, in Rom spätestens Anfang des 8. Jahrhunderts nachweisbar.

Eustachius soll um das Jahr 120 den Märtyrertod unter dem römischen Kaiser Hadrian (76–138) gestorben sein. Oft wird der Heilige so dargestellt, als würde er im Körper eines Stiers sitzen. Diese Darstellung geht auf die Art seines Märtyrertodes zurück. Eustachius soll nämlich zusammen mit anderen Christen in einem Ofen verbrannt worden sein, der die Form eines Stiers hatte.

Der hl. Eustachius bleibt aber besonders als jener Märtyrer im Gedächtnis haften, dessen Gestalt mit einem Hirschen zusammen dargestellt wird. Dieser Hirsch trägt ein strahlendes Kruzifix zwischen seinen Geweihstangen.

Die Darstellung des Eustachius mit dem Hirschen geht auf eine Legende zurück, der zufolge der Heilige nach einer wundersamen Begegnung auf der Jagd mit einem Hirschen sich und seine Familie taufen ließ. So ist Eustachius allenthalben bekannt und in der Kunst viele Male dargestellt worden. Auf dreiunddreißig farbigen Glasgemälden in den gotischen Kathedralen von Chartres und von Tours wird seine Geschichte und die seiner Kinder detailreich erzählt. Ein berühmter Holzschnitt von Albrecht Dürer zeigt den Heiligen zusammen mit der Erscheinung des Wunderhirsches.

21. September

Apostel Matthäus

Dem hl. Apostel und Evangelisten Matthäus verdanken wir die erste, leider nicht mehr erhaltene Niederschrift des Lebens und Leidens Jesu Christi. Nach Papias von Hierapolis verfaßte sie Matthäus in aramäischer Sprache, damit sie auch von den Judenchristen in ihrer Muttersprache verstanden werden konnte. Das erste von vier Evangelien im Neuen Testament, das sogenannte Matthäus-Evangelium, wurde erst nach der Zerstörung Jerusalems im Jahre 70 in Griechisch geschrieben und ist mit dem aramäischen Original dem Inhalt nach identisch. Matthäus war, wie wir aus der Bibel wissen, ein Zöllner in Kapharnaum. Ob Levi, wie er damals noch genannt wurde, schon vor seiner Berufung zum Jünger Jesu ein gerechter Mann war, der nicht wie seine Amtsgenossen seine Stellung zur Selbstbereicherung ausnützte, wissen wir nicht. Auf jeden Fall gehörte der spätere Apostel Matthäus wie alle Zöllner und Finanzbeamte zu einem Stand des jüdischen Volkes, der sehr verachtet war.

Matthäus wurde von Jesus selbst in den Kreis der zwölf Apostel aufgenommen. Vermutlich hatte er als Zöllner schon vieles über Jesus gehört, ehe dieser ihm von Angesicht zu Angesicht gegenüberstand. Aber niemals wäre er wohl auf den Gedanken gekommen, daß Jesus gerade ihn, der zu den Geächteten gehörte, zu seinen Jüngern zählen wollte. Jesus predigte zu dieser Zeit oft in Kapharnaum. Als er eines Tages an der Zollstätte vorbeikam, sah er dort Levi sitzen und sprach zu ihm: »Folge mir!« (Mt. 9.9) Der Zöllner Levi war sehr verwundert, aber er schloß sich dem Meister Jesus und seinen Jüngern sofort an, um mit ihnen den beschwerlichen Weg zu gehen, der vor ihnen lag. Von da an nannte er sich Matthäus, das heißt soviel wie »Gottesgeschenk«.

Kirchenväter, wie der hl. Beda, haben uns darüber berichtet: »Matthäus besann sich nicht lange, er zögerte nicht; er sprach nicht: nun ist noch dies oder das zu tun. Er überlegte nicht, was werden die Leute sagen. Er stand auf und verließ alles, ohne zu bedenken, was daraus werden würde ...«

Nach Jesu Tod, Auferstehung und Himmelfahrt sah Matthäus keine wichtigere Aufgabe als den Meister vor seinem eigenen Volk zu verherrlichen. Seine Landsleute sollten einsehen, daß Jesus in der Tat der verheißene Messias war, den sie verkannt und in den schimpflichsten Tod gestürzt hatten. Seine Niederschrift war auch als Ehrenrettung seines Meisters gedacht. Demütig bezeichnet er sich selbst darin nur als »den Zöllner«. Später, als er wie die anderen Jünger gemäß dem Sendungsbefehl des Herrn aufbrach, um die frohe Botschaft zu verkünden, wurde Afrika sein Missionsgebiet. Er soll nach Äthiopien gewandert sein, wo er wohl um das Jahr 69 für Christus den Tod erlitten hat.

Seine Gebeine ruhen in der Krypta des Domes von Salerno. Die dortige Bevölkerung begeht sein Fest am 6. Mai, dem Tag der Übertragung der Reliquien. Das Grab des hl. Apostels Matthäus ist das Ziel vieler Pilgerzüge.

Die Geschichte seiner Berufung und seines Martyriums hat Caravaggio in einem großartigen Gemäldezyklus festgehalten, der sich in einer Seitenkapelle der Kirche S. Luigi dei Francesi in Rom befindet.

Geboren: unbekannt
Gestorben: wahrscheinlich in Äthiopien oder Persien
Berufung/Beiname: Apostel, Evangelist, Märtyrer; »der Zöllner«
Wirkungsstätten: Palästina, Äthiopien, Persien
Bedeutung des Namens: das Geschenk Gottes (hebräisch)
Namensformen: Mattes, Matz, Hias, Hies, Teus, Tewes, Theiß, Tigges, Matteo, Mathieu, Mathew
Patronat: Buchhalter, Finanz- und Steuerbeamte, Wechsler, Zöllner

Um die Gestalt des Apostels Matthäus ranken sich viele Bräuche. Früher galt den Bauern der Matthäustag am 21. September als Winteranfang; deshalb wird dieser Tag auch heute noch mancherorts in den Niederlanden und in Belgien »Wintertag« genannt.

Der Apostel Matthäus wird meist dargestellt mit einem Buch als Sinnbild für das 1. Evangelium, mit einem Schwert, einer Hellebarde oder einer Lanze als seinen Marterwerkzeugen. Man sieht ihn aber auch mit einem Geldbeutel oder einem Zahlbrett als den Kennzeichen seines ehemaligen Zöllner-Berufs.

Legende Iphigenia, eine Tochter des äthiopischen Königs Egippus, war eine Prinzessin von seltener Schönheit. Aber die junge Frau starb nach einer kurzen Krankheit. Zur gleichen Zeit kam Matthäus zum König, der tiefen Schmerz über den Tod seiner Tochter empfand. Matthäus beugte sich über die tote Prinzessin, vertiefte sich ins Gebet und befahl ihr, sich im Namen Jesu zu erheben. Und siehe da, sogleich stand sie auf und war gesund. Dieses Wunder bewirkte, daß der König und die Seinen die heilige Taufe empfingen. Iphigenia aber faßte den Entschluß, immer im jungfräulichen Stande zu leben. Hirtakus, der Bruder des Königs, war in Liebe zu der Jungfrau entbrannt und wollte sie, nachdem er nach dem Tod ihres Vaters sich des Thrones bemächtigt hatte, zur Frau. Sie aber weigerte sich standhaft, und der hl. Matthäus bestärkte sie in ihrem Entschluß. Als Hirtakus dies erfahren hatte, gab er voller Wut den Befehl, den Apostel während des heiligen Opfers am Altar zu töten. Ein Lanzenstich beendete sein Leben.

22. September

Emmeram

Geboren: um 600 in Poitiers (Frankreich)
Gestorben: um 652 in Kleinhelfendorf (Bayern)
Berufung/Beiname: Missionar, Bischof, Märtyrer; »Apostel der Bayern«
Wirkungsstätten: Frankreich, Bayern
Bedeutung des Namens: das Heim, der Rabe (althochdeutsch)
Namensformen: Heimeran, Emmo
Patronat: Bayern, Regensburg

Neben den hll. Rupert und Korbinian gilt der hl. Emmeram als Apostel Bayerns. Es wird angenommen, daß Emmeram um das Jahr 652 das Martyrium erlitt. Die Geschichte des Regensburger Heiligen wurde uns von Bischof Arbeo von Freising übermittelt, der sie um das Jahr 668 aufgezeichnet hat.

Der Überlieferung nach stammte der hl. Emmeram aus Aquitanien, aus der Gegend von Poitiers. Als Wanderbischof gelangte er nach Regensburg. Er befand sich auf dem Weg nach Pannonien (Ungarn), wo er die Avaren bekehren wollte. Herzog Theodo von Bayern veranlaßte ihn jedoch, in seinem Land zu bleiben, da es an Priestern mangelte. Dieses Land zu missionieren war eine mühsame Aufgabe, denn es galt, den wiedererstandenen Aberglauben auszurotten und falsche Lehren richtigzustellen. Emmeram war in der Donaugegend tätig und stand bald in hoher Achtung bei Fürst und Volk. Vermutlich gründete er am Ort des herzoglichen Hoflagers schon eine Art klösterliche Gemeinschaft, die ihm als Ausgangspunkt für seine Missionsarbeit diente.

Die Wiedergabe seines grausamen Martertodes enthielt aber von Anfang an etwas Rätselhaftes, was selbst durch den Bericht Arbeos und andere alte Deutungen nicht restlos geklärt werden konnte. Die historische Realität seiner Person und sein segensreiches Wirken dagegen sind unbestreitbar.

Alexander von Reitzenstein schildert in seiner »Geschichte der Umgebung Münchens« das Ende des Heiligen so anschaulich, daß wir uns auf ihn stützen wollen. Da heißt es, daß Ota, die Tochter des Herzogs Theodo, sich mit dem Sohn eines Vornehmen eingelassen hatte. Sie war schwanger, und es stand zu befürchten, daß ihr Zustand in Kürze entdeckt werden würde. Sie begab sich nun zusammen mit ihrem Liebhaber zu dem ehrwürdigen Bischof und erzählte ihm ihr Geheimnis. Was sie dazu veranlaßt hatte, war freilich weit weniger die Angst vor der Strafe des Himmels als vielmehr die zu erwartende Ächtung. Da erbarmte sich der Heilige der jungen Sünder. Der Ausweg, auf den er verfiel, war seltsam genug. Seit längerem plante Emmeram, eine Reise nach Rom zu unternehmen, um sich den Segen des Papstes für seine Missionsarbeit zu holen.

Die Emmeramskrypta aus dem 8. Jahrhundert in der heutigen Pfarrkirche in Regensburg, wo der Reliquienschrein des Heiligen aufbewahrt ist, war lange verschollen. Erst im Jahr 1894 wurde sie wieder entdeckt.

22. September

Emmeram nahm nun raschen Abschied vom Herzog und wandte sich südwärts den Alpen zu. Drei Tagereisen hatte er bereits zurückgelegt da kam das Unheil über seine Schützlinge. Das Mädchen konnte ihre Schwangerschaft nicht mehr länger verbergen. Der ergrimmte herzogliche Vater wurde nur mit Mühe davon abgehalten, die Ehrlose mit eigener Hand niederzustoßen. Der Zorn seines Sohnes Landpert aber richtete sich gegen den, der von Ota als der Schuldige genannt worden war, nämlich gegen Emmeram, den die Herzogstochter weit genug wähnen mochte, um der Rache ihrer Familie zu entgehen. Unverzüglich nahm der Prinz jedoch mit seinen Bewaffneten die Verfolgung Emmerams auf und erreichte ihn in Kleinhelfendorf unweit von Aibling. Hier hatte Emmeram Station gemacht, denn er wußte – immer laut Arbeo –, was ihm bevorstand. Um für andere Sühne zu leisten, wollte er sein Martyrium auf sich nehmen.

Da erdröhnte der Hufschlag der herzoglichen Reiter. Der Herzogssohn sprang vom Pferd, stellte sich inmitten des Hofes auf einen großen Stein und nahm als Zeichen des Gerichtes den Stab zur Hand. »Sei gegrüßt, Bischof und Schwager«, höhnte er den Unschuldigen. Das Verfahren war kurz. Die Reisigen entkleideten den Heiligen, schleppten ihn in eine Getreidescheuer, banden ihn auf eine Leiter, marterten, entmannten und verstümmelten ihn. Dann ließen sie ihn in seinem Blut liegen. Nun endlich wagten sich Emmerams Begleiter, die sich voll Angst versteckt hatten, wieder hervor. Sie luden den Sterbenden auf einen Ochsenkarren, viel mitleidiges Volk sammelte sich um den verblutenden Bischof und gab ihm auf der Straße nach Aschheim das Geleit. Bereits nach neun Meilen Wegs starb der Heilige, wie Arbeo berichtet. Man führte seinen Leichnam nach Aschheim und begrub ihn dort in dem Sankt-Petri-Kirchlein. Bezeugt wird dies durch eine spätgotische Steinplatte, die in dem jetzigen Bau – einer neuen Kirche – in die Südwand des Schiffes eingelassen ist. Sie zeigt das Reliefbild des Bischofs Emmeram. Im 18. Jahrhundert deckte sie noch einen frei in der Kirche stehenden Steinsarg. Die Randinschrift kündet, daß hier der »heilige Bischof Sant Heimram begraben gewesen vierzig Tage und vierzig Nächte«.

Die schönsten Darstellungen des hl. Emmeram finden sich in der Emmerams-Kirche in Regensburg. Schon seit dem 8. Jahrhundert wird dort dem Heiligen in einer Wallfahrt gedacht. In Helfendorf erbaute man am Ort seines Martyriums eine kleine Kapelle.

Legende Als der hl. Märtyrer in Aschheim zur Ruhe gebracht worden war, schickte der Himmel vierzig Tage und vierzig Nächte lang Regen. Damit tat er kund, daß der Heilige dort nicht begraben sein wollte und noch im Tode ein anderes Ziel hatte. Herzog Theodo empfand tiefe Reue über seine Unbeherrschtheit und die schreckliche Rache seines Sohnes an dem heiligen Mann, zumal dessen Unschuld bald erwiesen ward. Auf sein Geheiß hin wurde der Leib des Heiligen nun feierlich nach Regensburg geleitet. Das Schiff war ohne den Gebrauch der Ruder, wie von Engeln angetrieben, die Isar hinab bis nach Deggendorf und dann die Donau aufwärts gefahren bis Regensburg, wo es von selbst vor der Stadt anhielt. Dort wurde der Heilige in der damals schon mit dem Kloster des hl. Emmeram verbundenen Georgikirche vor den Mauern der römischen Stadteinfriedung beigesetzt. In der Nähe seines Grabes entstand bald darauf das berühmte benediktinische Sankt Emmeramsstift, aus dem so viele heilige Männer hervorgegangen sind.

Der hl. Emmeram wird dargestellt als Bischof mit einer Leiter oder Lanze als Anspielung auf sein Martyrium. Auf einigen Abbildungen ist der Heilige bei seiner Enthauptung zu sehen: Gott reicht ihm aus dem Himmel eine Leiter herab.

23. September

Thekla

Geboren: wahrscheinlich in Ikonium (Kleinasien)
Gestorben: in Ikonium
Berufung/Beiname: Schülerin des Paulus, Märtyrerin
Wirkungsstätte: unbekannt
Bedeutung des Namens: die durch Gott Berühmte (griechisch)
Namensformen: Thea, Thecla
Patronat: Sterbende; gegen Augenleiden, Pest; gegen Feuersgefahr

In der westlichen Kunst wird Thekla dargestellt als Jungfrau mit Kruzifix und Märtyrerpalme. Oft sind ihr als Attribut auch ein Löwe, ein Stier oder Schlangen beigegeben, die sich um ihre Arme winden. Sie wird in der Arena oder auf einem Scheiterhaufen dargestellt, bisweilen auch zusammen mit dem Apostel Paulus.

Die hl. Thekla war der Überlieferung nach eine der Schülerinnen des hl. Apostels Paulus und zugleich auch eine Erzmärtyrerin. Von den Vätern der syrischen Kirche wird sie auch als Protomärtyrerin und Apostelgleiche bezeichnet. Seit dem 4. Jahrhundert wird die Heilige vor allem in Seleukia in Cilicien verehrt. In den Sterbegebeten der Kirche wird sie auf besondere Weise erwähnt.

Die sogenannten Paulus- und Thekla-Akten wurden von der abendländischen Kirche als Legenden ohne jede historische Basis schon frühzeitig verworfen, und zwar durch Tertullian, Hieronymus und das Decretum Gelasianum. Trotzdem sind der hl. Thekla viele bedeutende Kirchen geweiht, darunter zum Beispiel auch der Mailänder Dom und der Dom von Tarragona.

Legende *Thekla wurde in Ikonium in Kleinasien geboren. Sie hatte heidnische Eltern und wurde von großen Gelehrten unterrichtet. Schön, beredt und weise, galt sie als die Zierde des Elternhauses. Da traf es sich, daß der Völkerapostel Paulus auf seinen ausgedehnten Reisen auch nach Ikonium in Kleinasien kam, um dort den Juden und Heiden das heilige Evangelium zu verkünden. Die junge Frau hörte ihn und fühlte sich durch die beeindruckenden Predigten des Glaubensboten wie umgewandelt. Thekla beschloß daher, Christin zu werden. Und nachdem sie die Taufe empfangen hatte, gelobte sie, Christus als Jungfrau bis zu ihrem Tod anzugehören.*

Sie war aber von ihren Eltern schon einem reichen, vornehmen Mann zur Ehe versprochen worden. Um sich der geplanten Eheschließung zu entziehen, verließ sie ihr Elternhaus und suchte den hl. Paulus auf. Bald wurde sie seine lernbegierigste Schülerin, lebte zurückgezogen von der Welt ganz für Christus. Als man Thekla eines Tages bei Paulus entdeckte, nahm man sie gefangen. Und noch am gleichen Tage schleppte man sie vor den Richterstuhl und forderte sie auf, ihrem Glauben abzuschwören. Sie weigerte sich jedoch standhaft, und deshalb wurde sie sogleich den wilden Tieren vorgeworfen. Aber die Löwen wichen vor der zarten Frau zurück, legten sich ihr zu Füßen und leckten sie wie sanfte Schoßhunde. Als alle erkannten, daß ihr die Bestien nichts anhaben wollten, verurteilte der Prokonsul sie zum Feuertod auf dem Scheiterhaufen. Aber der Scheiterhaufen brannte nicht, denn vom Himmel fiel plötzlich ein so heftiger Regen, daß das Feuer sofort wieder erlosch, sobald man es neu entzündet hatte. Nun warf man Thekla in einen scheußlichen, dunklen Kerker voll von giftigen Schlangen. Aber siehe da, es fuhr ein Blitzstrahl vom Himmel und tötete die Schlangen, Thekla aber blieb unversehrt.

Nachdem sie so zum dritten Mal durch Gottes Gnade alle todbringenden Gefahren überstanden hatte, da rief der Prokonsul sie voller Schrecken zu sich und fragte Thekla: »Wer bist du, daß alle diese Schrecknisse dir nichts anhaben können?« Da antwortete sie: »Ich bin eine Dienerin Gottes. Um seinetwillen bin ich von allen Qualen verschont geblieben. Denn er allein ist der Herr über Leben und Tod. Er ist das sichere Bollwerk für alle, die an ihn glauben!« Als der Prokonsul das gehört hatte, da begriff er, daß Thekla unter göttlichem Schutz stand, und daraufhin ließ er sie endlich frei. Thekla aber begab sich unverzüglich zum hl. Paulus nach Myra und kam dann nach Seleukia in Isaurien, wo sie in Frieden entschlief.

24. September

Mauritius

Der hl. Mauritius war Anführer der sogenannten Thebaischen Legion, die vorwiegend aus Christen aus dem oberen Ägypten, aus der Gegend des heutigen Luxor, bestand. Das in den Jahren um 300 erfolgte Martyrium der drei Anführer Mauritius, Exsuperius und Candidus sowie zahlreicher Gefährten unter dem Tetrarchen Maximian Herkuleus kann durchaus als historisch gelten.

Der hl. Mauritius soll ein Mohr gewesen sein. Die von ihm befehligte Legion war von den römischen Herrschern aus Afrika gerufen und über die Alpen geschickt worden, um in Gallien eine Revolte zu unterdrücken. Wie das damals üblich war, wurden vor Beginn einer Schlacht den heidnischen Göttern Opfer dargebracht. Die christlichen Soldaten in der römischen Legion weigerten sich aber, an der Zeremonie teilzunehmen. Da man das Kriegsglück aber nicht durch sie gefährden wollte, wurden daraufhin viele von ihnen zur Abschreckung hingerichtet. Als alle anderen christlichen Soldaten trotzdem geschlossen bei ihrer Weigerung blieben, wurden sie allesamt getötet. Unter denen, die den Tod um Christi willen erlitten, waren auch der Anführer Mauritius, ferner Excuperius, Candidus, Vitalis, zwei mit Namen Viktor, Alexander und Gereon.

In Agaunum im Wallis, dem heutigen St. Maurice im Rhônetal, wo sich ihr Opfertod zutrug, wurde ihnen zu Ehren (etwa 369–391) eine Basilika erbaut, die einen Teil der Reliquien aufnahm. Es sei dahingestellt, ob die ganze Legion – 6600 Mann – sich aus Christen zusammensetzte und ob alle den Tod fanden. Mit Sicherheit ist eine sehr große Anzahl der Soldaten hingerichtet worden, was Anlaß zu der späteren Form der Passio gab. Die Legende, die wie immer die Wirklichkeit überhöht, nahm hier sozusagen den Teil für das Ganze. Wesentlich ist, daß aus der soldatischen Haltung der Märtyrer ihr Opfertod wie ein »Dienst am höchsten Befehlshaber« aufgefaßt worden ist. Davon zeugt besonders jener in der Legende wiedergegebene Brief, in dem Mauritius versucht, dem Vierfürsten Maximian sein und seiner Untergebenen Verhalten zu erklären.

Der spanische Maler El Greco hat das Martyrium des Heiligen und seiner Gefährten auf einem Gemälde, das er im Auftrage des spanischen Königs Philipp II. schuf, für den Escorial bei Madrid gemalt. Besonders eindrucksvoll ist auch das Gemälde von Matthias Grünewald in der Alten Pinakothek in München, auf dem Mauritius als Mohr in Ritterrüstung dargestellt ist.

Anstelle einer Legende Nachdem schon viele Soldaten der Thebaischen Legion hingerichtet worden waren, schrieb der hl. Mauritius den folgenden Brief an den römischen Kaiser Maximianus Herkuleus: »Wir sind deine Soldaten, o Kaiser. Doch wir sind auch Soldaten Christi. Du bezahlst uns die Mühen des Kriegsdienstes, doch Er gab uns das Geschenk des Lebens. Niemals also, o Kaiser, können wir dir gehorchen, wenn Er uns zu gehorchen verbietet. Zu allem übrigen sind wir bereit.
Zeige uns den Feind, und du wirst uns am Werke sehen. Unsere Arme sind nicht Arme von Henkersknechten, sondern die Arme von Soldaten. Sie verstehen es wohl, die Feinde des Reiches zu bekämpfen, doch können sie nicht Unschuldige und Bürger töten. Was

Geboren: in Ägypten
Gestorben: um 300 in Agaunum (Schweiz)
Berufung/Beiname: Märtyrer
Wirkungsstätten: Ägypten, Frankreich, Schweiz
Bedeutung des Namens: der Mohr (lateinisch)
Namensformen: Moritz, Morris, Maurus, Maurice
Patronat: Wallis; Färber, Glasmacher, Kaufleute, Messer- und Waffenschmiede, Soldaten, Tuchweber, Wäscher; Rebstöcke; gegen Religionsfeinde; gegen Epilepsie, Gicht, Ohrenkrankheiten, Pferdekrankheiten

Historisch ist umstritten, ob eine ganze Legion den Märtyrertod fand, denn die erste Kunde von dem grausigen Blutbad taucht erst 100 Jahre später auf, während es in den zeitgenössischen christlichen und heidnischen Quellen keine Erwähnung findet.

24. September

Mauritius wird dargestellt als Ritter in Rüstung zu Fuß, mit Fahne, die zuweilen mit sieben Sternen oder Wappen geschmückt ist. Auch im gewöhnlichen Soldatengewand ist er zu sehen.

hält uns denn unter den Fahnen? Der Eid, den wir geschworen. Was würdest du denn sagen, wenn wir jenen Eid, der uns an Gott bindet, verletzen würden? Jesus Christus haben wir unseren ersten Eid geschworen. Seine Soldaten waren wir eher als die deinigen. Unseren zweiten Eid haben wir dir, o Kaiser, geleistet. Und nun, wenn wir die Gott gemachten Eide brechen, was bindet uns dann, jene zu bewahren, die wir den Menschen geschworen? Um uns sehen wir unsere Kameraden fallen, aber wir beweinen sie nicht. Im Gegenteil, wir freuen uns für sie und beneiden sie, daß Gott sie für würdig befunden hat, für ihn zu leiden und zu sterben.

Wir sind bereit, den Tod für Jesus Christus zu sterben. Wir haben wohl Waffen, doch werden wir sie nicht gebrauchen, nie werden unsere Schwerter dem Beile deiner Henker begegnen. Wir lassen sie in der Scheide. Tue, was du willst mit uns! Wirf Feuer in unsere Zelte, schicke eine ganze Armee Henkersknechte, um uns zu foltern! Lasse uns Mann für Mann töten! Wir werden uns nicht einmal regen. Kurz, wir sind Christen. Niemals werden wir den heidnischen Göttern opfern...«

Als der Kaiser diesen Brief des Primicerius Mauritius gelesen hatte, da sah er ein, daß er diese tapferen Streiter des Herrn nicht abtrünnig machen könne. Der Kaiser blieb dennoch ungerührt und verurteilte die ganze Thebaische Legion zum Tod.

Der Venezianer Francesco Zugno (1709-1787) stellt in einem barocken Gemälde das »Martyrium des hl. Mauritius und der thebäischen Legion unter Kaiser Maximian« dar.

25. September

Nikolaus von der Flüe

Der Schweizer Einsiedler und Mystiker Bruder Klaus wurde erst im Jahr 1947 von Papst Pius XII. zur Ehre der Altäre erhoben. Aber bereits zu seinen Lebzeiten hat das Volk den Einsiedler als »lebenden Heiligen« angesehen, und seine Verehrung hat nie nachgelassen. Daß sein Standbild – eine hagere, hohe Gestalt im rauhen Einsiedlergewand – zudem im Bundesgebäude in Bern aufgestellt ist, zeigt, daß er nicht nur als Heiliger verehrt wird, sondern zu den größten Söhnen seines Vaterlandes zählt. Nikolaus von der Flüe ist der Hauptpatron der Schweiz. Sein Grab in der Pfarrkirche von Sachseln im Kanton Unterwalden wurde zu einer vielbesuchten Wallfahrtsstätte.

Der hl. Nikolaus von der Flüe wurde im Jahr 1417 als Sohn des Heinrich Löwenbrugger oder Leonpontini, da die Familie italienischen Ursprungs war, im Flüeli bei Sachseln geboren. Heute noch findet man unterhalb des Flüeli, einem großen Felsstock, ein baufälliges Holzhaus – es ist das Elternhaus von Bruder Klaus, wie Nikolaus von der Flüe auch genannt wird. Sein späteres Wohnhaus, wo er viele Jahre mit Frau und Kindern gelebt hat, steht unweit des Ranfttobels.

Bis zu seinem fünfzigsten Lebensjahr hatte Nikolaus als Bauer gearbeitet. Er hatte geheiratet, wurde Vater von zehn Kindern und übte das Amt eines Ratsherrn und Richters aus. An allen öffentlichen Angelegenheiten seines Heimatkantons beteiligte er sich mit großem Interesse. Im Züricher Krieg (1436–1446) hatte er tapfer und redlich seinen Mann gestanden, im Feldzug der Eidgenossen gegen Österreich wurde er mit einer Goldmedaille ausgezeichnet, und er bewahrte das Kloster Catharinental vor der Zerstörung.

Nikolaus von der Flüe tat sich im Züricher Krieg als Soldat so hervor, daß er bald zum Offizier befördert wurde. Im ganzen Kanton schätzte man ihn als besonnenen, klugen Kopf sowie als aufrichtigen Patrioten.

Im Herbst des Jahres 1467 kam für Nikolaus von der Flüe die große Wende in seinem Leben. Mit dem ausdrücklichen Einverständnis seiner Frau Dorothea verließ er die Familie, nachdem er vorher für deren Auskommen gesorgt hatte. Er wollte von nun an nur noch als asketischer Einsiedler leben.

Er wanderte zuerst nach Lothringen, kehrte aber bald wieder in seine Heimat zurück, nachdem ihm in einer Vision kundgetan worden war, er solle nicht außer Landes gehen. Zunächst hauste er auf einer ihm gehörenden Alpe, »Klüster« genannt. Schnell sprach sich die Nachricht davon herum, und eine immer größere Zahl von Pilgern kam zu ihm, um ihn um Rat zu fragen. Deshalb wollte Nikolaus sich noch weiter in die Einsamkeit zurückziehen. Und wieder wies ihm eine Vision Gottes die Stätte, wo er sich eine Klause bauen sollte: Nikolaus sah nämlich im Traum vier glitzernde Strahlen vom Himmel in den vor ihm liegenden, unwirtlichen Ranfttobel leuchten, und er deutete dieses Zeichen als einen sicheren Hinweis Gottes, daß er sich an diesem Ort niederlassen sollte. Ohne Zögern stieg Nikolaus sogleich hinab in die düstere und einsame Schlucht.

Hier lebte Bruder Nikolaus beinahe zwanzig Jahre in großer Abgeschiedenheit. Zuerst hauste er in einer kleinen, selbstgebauten Hütte, bis ihm fromme

---

Geboren: 1417 im Flüeli bei Sachseln (Schweiz)
Gestorben: 1487 bei Sachseln
Berufung/Beiname: Eremit, Mystiker
Wirkungsstätten: Lothringen, Schweiz
Bedeutung des Namens: der Überwinder des Volkes (griechisch)
Namensformen: Klaus, Klas, Niko, Niklas, Nick, Nils, Niccolo, Nicolas, Nikolaj, Colin
Patronat: Schweiz (Nationalheiliger)

Walter Nigg schreibt über Nikolaus von der Flüe: »Er empfand es als Gnade, endlich die Zustimmung seiner Gattin erlangt zu haben, und wurde nie mehr von dem Verlangen ergriffen, zu Weib und Kindern zurückzukehren. Für seine Frau Dorothea aber war es der schwerste Verzicht, unter dem sie ihr ganzes Leben gelitten hat.«

25. September

Nikolaus von der Flüe wird dargestellt als bärtiger Einsiedler mit Krückstock und Rosenkranz. Man sieht ihn auch mit einem Holzbecher an einem Bach stehend oder neben einem Dornbusch, denn in einen solchen Busch soll ihn der Teufel der Legende nach geworfen haben.

Wallfahrer eine kleine Klause errichteten. Später besuchte ihn täglich ein Priester, der ihm die heilige Messe las und die heilige Kommunion reichte, die bis zum Tod seine einzige Speise blieb. Sein außerordentliches Fasten ist urkundlich verbürgt und wird selbst von Gegnern der Kirche nicht ernsthaft angezweifelt. Er selbst hat von seinem Fasten niemals Aufhebens gemacht.

Viele Besucher kamen in seine Einsamkeit, allenthalben sprach man über sein Wunderfasten und seine Weisheit, besaß er doch »eine weit über seine Bildung hinausgehende Unterscheidungsgabe«. Nikolaus wurde ein Tröster der Betrübten und Hilfesuchenden, ein Helfer in Not und Gefahr durch Wunder und Gebet, ein Vater und Ratgeber der Menschen, ein Vorbild christlicher Tugend. Als es im Jahr 1481 wegen der Aufnahme bzw. Ablehnung der Städte Freiburg und Solothurn in die Eidgenossenschaft fast zum Bürgerkrieg gekommen wäre, übermittelte Nikolaus der Tagessatzung zu Stans seinen Einigungsvorschlag, der schließlich angenommen wurde und zur Versöhnung der entzweiten Eidgenossen führte. Bis zu seinem Tod war Nikolaus der anerkannte Vater des Landes und wurde mehrmals zum Retter der Eidgenossenschaft. Der hl. Nikolaus starb nach schwerer Krankheit am 21. März 1487 im Alter von siebzig Jahren.

Der hl. Nikolaus von der Flüe. Detail eines Flügelaltars von 1492 in der Wallfahrtskirche Sachseln in der Schweiz.

26. September

Kosmas und Damian

Schon zu Beginn des 5. Jahrhunderts standen die beiden hll. Märtyrerärzte Kosmas und Damian im Orient in hohen Ehren, was als Beweis für ihre historische Existenz genommen werden kann, wenngleich exakte geschichtliche Nachrichten über ihr Leben und die Art ihres Martyriums nicht vorhanden sind. Im Westen wird ihr Gedächtnis seit dem 7. Jahrhundert gefeiert. Die Legende machte aus ihnen Zwillingsbrüder, die aus Arabien stammten und sich als Ärzte in der Stadt Aigai in Cilicien betätigten. Sie behandelten dort viele mittellose Kranke unentgeltlich, weswegen sie den Beinamen »Anagyrier«, das heißt »die Geldlosen«, erhielten. Ehe sie den Märtyrertod erlitten, bekehrten sie viele Heiden zum Christentum. Die beiden Heiligen starben um das Jahr 300 während der diokletianischen Christenverfolgungen unter dem Präfekten Lysias.

In der den beiden Heiligen geweihten Kirche SS. Cosma e Damiano in Rom sind Kosmas und Damian auf einem großartigen Mosaikbild zu sehen.

Am 24. Mai 1924 wurden unter dem Altar der Krypta zwei Särge aus orientalischem Holz gefunden, die die Reliquien der beiden Heiligen enthielten.

Zu Ehren der hll. Kosmas und Damian ließ Papst Felix III. (526–530) eine Kirche erbauen, die in zwei antike Gebäude des Vespasiansforums eingefügt wurde. Bald wurde bekannt, daß am Ort ihres Gedenkens zahlreiche Wunder geschahen. Die Menschen pilgerten deshalb in Scharen dorthin, und viele fanden im Gebet auf wunderbare Weise die erhoffte Heilung. Am Festtag der beiden Heiligen wurde früher eine Salbe geweiht, die man gegen die Pest und andere Krankheiten verwendete. Am Donnerstag nach dem dritten Fastensonntag wird auch noch heute in dieser Kirche in Rom mit dem Evangelium der Krankenheilung Stationsgottesdienst gehalten.

Geboren: in Syrien
Gestorben: um 300 in Cyrrhus (Syrien)
Berufung/Beiname: Märtyrer
Wirkungsstätten: Kleinasien, Syrien
Bedeutung des Namens: Kosmas: der Geschmückte (griechisch); Damian: der Bezwinger (griechisch)
Namensformen: Cosimo, Damiano, Damasus, Damaszen
Patronat: Apotheker, Arme, Ärzte, Drogisten, Friseure, Krämer, Physiker, Zahnärzte, Zuckerbäcker; gegen Drüsenleiden, Epidemien, Geschwüre

Legende Einstmals diente in der Kirche ein Mann, dem hatte der Krebs bereits eines seiner Beine zerfressen. Nun geschah es, daß er eines Tages in der Kirche eingeschlafen war. Da erschienen ihm die beiden heiligen Ärzte im Traum. Die Ärzte trugen Salben und allerlei ärztliches Werkzeug mit sich. Da fragte der eine den anderen: »Wo sollen wir aber frisches Fleisch hernehmen, um das Loch dann zu füllen, weil wir das faule Fleisch ja herausschneiden müssen?« Da erwiderte der andere: »Auf dem Friedhof von Sankt Peter in Rom ist heute ein Mohr begraben worden, der war erst kurz vorher gestorben. Von dem hole ich, was wir für diesen brauchen.«
Also lief der eine zu dem Friedhof und brachte des Mohren Bein. Danach schnitten sie dem Kranken den vom Krebs zerfressenen Schenkel ab, ersetzten diesen Teil durch den gesunden Schenkel des Mohren und salbten die Wunde mit Sorgfalt.
Was sie aber von dem Kranken entfernt hatten, das legten sie in das Grab des Mohren zu dessen Leichnam. Als der Mann erwachte, war sein plötzlich Bein wieder völlig gesund, er hatte keine Schmerzen mehr und konnte sich bewegen wie früher.
Voll Freude sprang er auf und erzählte allen Menschen, was er im Traum erlebt hatte. Und als sie nun zum Grab des Mohren liefen, da fanden sie tatsächlich den zerfressenen Schenkel des Mannes.

Die Ärzte Kosmas und Damian werden als junge Männer mit Arzneigefäßen, Mörser, Stößel, Salbenbüchse und dem Schlangenstab dargestellt. Auf ihr Martyrium weisen Attribute wie ein Scheiterhaufen oder Steine hin.

27. September

Vinzenz von Paul

Geboren: 1581 in Ranquine (Frankreich)
Gestorben: 1660 in Paris
Berufung/Beiname: Ordensstifter, Salesianerinnenoberer, Wohltäter
Wirkungsstätten: Frankreich, Nordafrika
Bedeutung des Namens: der Sieger (lateinisch)
Namensformen: Vincentius, Vincent, Vinz, Victor, Zenz
Patronat: Klerus; Gefangene, Waisen; Krankenhäuser, karitative Gemeinschaften; für das Auffinden verlorener Gegenstände

Einer der größten Wohltäter Frankreichs, dessen Einrichtungen noch heute überall in der Welt segensreich wirken, war Vinzenz von Paul. Der Heilige lebte in einer Zeit sittlicher Verrohung und tiefer religiöser Unwissenheit. Wegen seines Mitgefühls für alle Bedürftigen und seiner nie endenden Hilfsbereitschaft nannte man ihn bald den Vater der Armen. Selten ist ein Mensch bei seinem Hinscheiden so tief betrauert worden wie er. Vinzenz war unter anderem auch der Begründer jenes Vinzentinerinnenordens, dessen Nonnen seither als Krankenschwestern auf der ganzen Welt tätig sind.

Vinzenz wurde im Jahre 1581 als drittes Kind einer einfachen Bauernfamilie in Pony in der Gascogne geboren. Schon früh entwickelte er ein Gefühl der Hilfsbereitschaft für seine Mitmenschen. Der Vater ermöglichte ihm das Studium der Theologie durch den Verkauf zweier Ochsen. Vinzenz wurde im Jahr 1600 zum Priester geweiht. Im Jahr 1604 schloß er sein Theologiestudium in Toulouse mit der Doktorwürde ab. Ungesicherten Quellen zufolge soll er anschließend zwei Jahre in tunesischer Gefangenschaft verbracht haben. Sicher ist hingegen aber, daß Vinzenz ab 1608 in Paris lebte.

Im Jahr 1612 übernahm Vinzenz auf Wunsch seines Beichtvaters eine Pfarrei in Clichy in der Umgebung von Paris. 1613 wurde er Hausgeistlicher und Hauslehrer bei dem General Graf Gondi, in dessen Haus er mit Unterbrechungen bis 1625 blieb. In der Gräfin fand er eine große Förderin seiner karitativen Bestrebungen. 1617 gründete Vinzenz sein erstes Caritaswerk für weibliche Laienkräfte. Die »Dienerinnen der Armen«, wie er sie nannte, waren ein konkregationsmäßig geordneter Frauenverein zur Betreuung von Kranken und Kindern. Ihm stellte Vinzenz im Jahr 1620 als zweites Werk der Nächstenliebe einen Verband für männliche Laienhelfer an die Seite, die »Helfer der Armen«, die besonders für die Obdachlosen und Bettler zu sorgen hatten.

Im Jahr 1619 wurde Vinzenz von Paul durch den Grafen Gondi, dem das Galeerenwesen in Frankreich unterstand, zum obersten Seelsorger der Galeerensträflinge ernannt. Vinzenz nutzte dieses Amt, um Verbesserungen bei der Behandlung der Strafgefangenen durchzusetzen. Im Jahr 1625 stiftete er schließlich auch eine Bruderschaft von Priestern, die nach ihrem Kolleg Saint-Lazare den Namen »Lazaristen« erhielten. Diese beschäftigten sich vornehmlich mit der Volksmission und der Ausbildung von Geistlichen. Die Lazaristen schickte Vinzenz auch ins Ausland als Missionare.

Seine letzte und wohl bedeutendste Gründung war ein regelrechter Frauenorden, die »Töchter der christlichen Liebe«. Hieraus bildete sich ein eigener Krankenpflegeorden, die »Barmherzigen Schwestern« (Vinzentinerinnen). Bei dieser Stiftung fand er in der hl. Luise von Marillac eine tatkräftige Helferin.

Vinzenz von Paul erkannte immer und überall sogleich, wo Hilfe am nötigsten war. Deshalb richtete er sein Augenmerk auch auf die Findelkinder. Durch wohltätige Stiftungen gelang es ihm, Waisenhäuser zu gründen. Vinzenz kümmerte sich um Flüchtlinge und organisierte Suppenküchen. Ferner rief er Altersheime,

Für Vinzenz von Paul waren Nächstenliebe und Seelsorge untrennbar miteinander verbunden. Half er einem Armen aus der Not, war es für ihn selbstverständlich, daß er sich auch um sein geistliches Wohl kümmerte.

27. September

Irrenhäuser, Pilgerhäuser und ein Spital für Strafgefangene in Marseille ins Leben. Auch versuchte er mit Erfolg, das Unwesen der Duelle zu bekämpfen, das zu dieser Zeit gang und gäbe war. Viele Jahre war Vinzenz der Seelenberater der hl. Johanna Franziska von Chantal, der ersten Oberin der Salesianerinnen.

Dennoch wurde Vinzenz von vielen Seiten angegriffen. Für seine aufopfernde Mühe erntete er oft nur Undank und Spott. Nach dem Tod König Ludwigs XIII., der ihn sehr unterstützt hatte, fiel Vinzenz bei der Königin und ihrem Berater, dem Kardinal Mazarin, wegen seiner mutigen Weigerung, deren Günstlingen zu Bischofssitzen zu verhelfen, in Ungnade und mußte deshalb die Stadt Paris sogar einige Zeit verlassen. Nach seiner Rückkehr widmete er sich jedoch sofort wieder seiner Arbeit im Dienst der Nächstenliebe.

Der Heilige starb am 27. September 1660 in Paris. Sein Leichnam ruht in einem silbernen Sarg in der Kirche Saint-Lazare. Im Jahre 1737 wurde Vinzenz von Paul von Papst Clemens XII. heiliggesprochen.

Legende Vinzenz von Paul war ein solch »wirklicher« Heiliger, ein solch sichtbarer Befolger von Gottes Gebot der Nächstenliebe, daß alle Geschichten, die über ihn erzählt werden, des Legendären offensichtlich entbehren, denn sie könnten zu jeder Zeit vor den Augen der Menschen geschehen sein. Hier einige Begebenheiten: Vinzenz war einst in der Nacht in den Straßen von Paris unterwegs. Da hörte er die verzweifelten Schreie einer Frau. Er ging sofort zu ihr hin und fragte, was es denn gebe. Die Frau gestand ihm, daß sie durch große Not gezwungen war, ihr Kind auszusetzen. Nun habe sie aber gehört, daß eine Frau mit Namen Landry, die diese ausgesetzten Kinder aufnahm, sie jetzt um einiger Pfennige wegen verkaufe. Sie habe ihr Kind zurückgefordert, aber diese Frau weigere sich. Vinzenz ließ sich von der Weinenden den Weg zu jener Frau Landry zeigen, wo er durch strenge Nachforschungen erfuhr, daß alles der Wahrheit entsprach. Vinzenz gelang es, das Kind, um das die Mutter so geweint hatte, loszukaufen.

Aber weil Vinzenz von Paul bei der Geschäftemacherin noch mehrere kleine, gänzlich verwahrloste Kinder angetroffen hatte, tat er das Gelübde, diesen unglücklichen Findlingen zu helfen. Das erste Findelhaus in Paris wurde gegründet, und die Barmherzigen Schwestern wurden mit der Pflege dieser Kinder betraut.

Als Vinzenz das Amt eines Oberpfarrers der Galeerensträflinge übernommen hatte, wollte er sich selbst von den Zuständen auf den Schiffen überzeugen. Er reiste nach Marseille und sah, daß die Gefangenen schlimmer als Tiere gehalten wurden. Da erblickte er unter ihnen einen Mann von edlem Aussehen, der sich trotz heftigster Züchtigungen weigerte zu arbeiten. Vinzenz trat hinzu und bat den Aufseher, mit seinen Schlägen innezuhalten. Dann erkundigte er sich nach dem Schicksal des Sträflings. Er erfuhr, daß dieser wegen unüberlegter Teilnahme an einem Betrug so grausam bestraft worden war, daß er Weib und Kinder hatte und der Verzweiflung nahe war. Von Mitleid erfüllt, eilte er zu dem Aufseher und ließ nicht nach mit der Forderung, man solle den Mann endlich freigeben und ihn statt seiner die Ketten tragen lassen.

Der Sträfling wurde daraufhin tatsächlich entlassen, und Vinzenz lebte nun wie ein Galeerensträfling auf dem Schiff. Lange Zeit forschte man in Paris nach ihm. Keiner wußte, wo er geblieben war. Schließlich fand der Bruder der Gräfin Gondi den Priester auf dem Schiff, an der Ruderbank angeschmiedet. Da eilte der Befehlshaber Gondi selbst herbei und befreite, tief erschüttert, seinen Geistlichen von den Ketten.

Vinzenz von Paul, von seinen Mitbrüdern ermahnt, sich anderer Leute wegen nicht in Schulden zu stürzen, soll geantwortet haben: »Wenn wir alles für unseren Herrn hergeschenkt haben und nichts mehr zu schenken übrigbleibt, dann legen wir den Schlüssel unter die Tür und wandern still davon.«

Vinzenz von Paul wird dargestellt als Weltpriester, ein Findelkind auf den Armen, Galeerensklaven oder andere Gefangene neben sich. Er erscheint auch mit einem flammenden Herzen in der Hand.

28. September

Lioba

Geboren: um 710 in England
Gestorben: 782 in Schornsheim (Rheinland-Pfalz)
Berufung/Beiname: Benediktineräbtissin, Missionarin
Wirkungsstätten: England, Deutschland
Bedeutung des Namens: die Liebe Gebende (althochdeutsch)
Namensformen: Lia
Patronat: Fulda, Würzburg

Lioba, eine Verwandte des hl. Bonifatius, wurde von ihm zur weiteren Christianisierung der germanischen Völker von der irischen Insel aufs Festland geholt. Viele Jahre war sie Äbtissin von Tauberbischofsheim bei Würzburg. Begraben wurde die Heilige auf dem Petersberg bei Fulda, so daß sie auch nach dessen Tod dem hl. Bonifatius, ihrem Lehrer und väterlichen Freund, nahebleiben konnte, denn mit ihm war sie zeit ihres Lebens durch ein zartes Band der Zuneigung verbunden. Diese Freundschaft stellt eine der reizvollsten Episoden innerhalb der Kirchengeschichte dar. Einige ihrer Briefe an den großen Apostel Deutschlands, die das bezeugen, sind heute noch vorhanden.

Lioba, um das Jahr 710 geboren, stammte aus einer vornehmen angelsächsischen Familie. Ihr eigentlicher Name war »Gottesgabe«, denn ihre Eltern hatten lange Zeit warten müssen, bis ihnen ein Kind geschenkt worden war. Ihre Mutter Ebba, durch die sie mit dem hl. Bonifatius verwandt war, gab ihr den Beinamen Lioba, weil sie ihr besonders »lieb« war. Lioba erhielt eine klösterliche Erziehung in dem berühmten Benediktinerinnenkloster Wimborne in Dorsetshire. Dort wurde Lioba auch als Nonne eingekleidet.

Sie folgte bald dem Ruf des hl. Bonifatius, der zur Mitarbeit bei seiner Missionierung der germanischen Völker Klosterfrauen aus seiner Heimat nachkommen ließ. Neben Lioba befand sich unter diesen Nonnen auch die hl. Walburga, die ebenfalls in Wimborne erzogen worden war.

Lioba sollte aber nicht mehr nach England zurückkehren. An ihrer neuen Wirkungsstätte gab sie sich den ihr gestellten Aufgaben mit allen Kräften hin. Bonifatius ernannte sie bald zur Äbtissin von Tauberbischofsheim und vertraute ihr die Oberaufsicht über die von dort aus gegründeten Tochterklöster an. »Lioba regierte ihr Kloster im wahren Geiste des hl. Benedikt mit Bescheidenheit und Freundlichkeit und hielt ihre Nonnen gleicherweise zur Handarbeit wie zum Studium an«, sagte ihr Biograph. Sie war frei von Stolz, liebenswürdig, umsichtig und geduldig und besaß neben ihrem klaren Verstand ein zutiefst heiteres Wesen. Als bedeutende Lehrerin und Erzieherin erfreute sie sich der Zuneigung ihrer Nonnen. Auch am Hof Karls des Großen war Lioba gern gesehen.

Die hl. Lioba wird als Benediktineräbtissin mit einem Buch, auf dem eine Glocke liegt, dargestellt.

Ehe Bonifatius zu seiner letzten Missionsreise nach Friesland aufbrach, ließ er Lioba nach Mainz kommen und empfahl sie dem Schutz Lullus, des Erzbischofs von Mainz, denn er fühlte, daß sein Tod nicht mehr weit war. Nach seinem Märtyrertod wirkte Lioba als Äbtissin noch lange in seinem Sinne. Im Alter zog sie sich auf das königliche Gut Schornsheim bei Mainz zurück. Sie starb am 28. September des Jahres 782.

Legende Bekannt ist die Legende, weshalb die hl. Lioba auf ihrem Buch eine Glocke trägt. Ihre Mutter nämlich wähnte, als sie das sehnsüchtig gewünschte Kind erwartete, eines Nachts im Traume, sie gebäre eine Glocke, deren Schall über die ganze Erde töne. In diesem schönen Bild zeigte Gott ihr im voraus, für welche Aufgaben er ihre Tochter ausgewählt hatte.

28. September

Wenzeslaus

Der hl. Wenzeslaus, Herzog der Böhmen, wurde 905 als ältester Sohn des Herzogs Wratislaw aus dem Hause der Premisliden geboren. Seine Großmutter, die hl. Ludmilla, sorgte für seine Erziehung und unterwies ihn in der christlichen Lehre. Im Gegensatz zu ihm hegten seine Mutter Drahomira und sein jüngerer Bruder Boleslav zeit ihres Lebens einen unerklärlichen Haß gegen alles Christliche. Drahomira übernahm nach dem frühen Tod ihres Gatten die Regentschaft, und damit wurde das im Land der Böhmen noch junge Christentum wieder zurückgedrängt. Kirchen wurden niedergerissen, Priester vertrieben, die höchsten Ämter mit Männern heidnischen Glaubens besetzt. Drahomira soll es auch gewesen sein, die ihre Schwiegermutter Ludmilla von böhmischen Adeligen hat ermorden lassen. Während ihrer Regierungszeit gewann die heidnische Partei des Landes an Boden. Wenzeslaus, der voller Abscheu über die Bluttat an seiner von ihm so sehr verehrten Großmutter war, hegte jedoch nie Rachegedanken. Diese Haltung zeigt die wahrhaft christliche Gesinnung des jungen Prinzen.

Als sich das Volk nun gegen Drahomira empörte und Wenzeslaus als Herzog forderte, setzte dieser seine Mutter ab, fand seinen Bruder mit einem Teil des Landes ab und bestieg selbst den Thron. Auf geduldige und milde, aber trotzdem zielbewußte Weise stellte er sich dem Heidentum entgegen, beschützte die christlichen Priester und förderte das Wirken der Kirche. Vor allem suchte er auch die Situation der untergeordneten Volksschichten gegenüber der Willkür der Großen zu bessern. Als einmal Truppen aus deutschen Gebieten bis vor die Tore Prags kamen, um die Mißhandlung der Gesandten Thankmars, eines Sohnes Heinrichs I., durch böhmische Nationalisten zu rächen, vermochte Wenzel durch sein Eingreifen jedes Blutvergießen zu vermeiden. Ja, Wenzel bemühte sich, durch Anschluß an deutsche Gebiete und die abendländisch-christliche Welt das Volk der Böhmen in seinem religiösen und kulturellen Leben zu heben. Wenzel kümmerte sich als Regent auch um die Armen im Land und suchte Bedürftige sogar persönlich auf, tröstete und unterstützte sie, was für einen slavischen Fürsten in dieser Zeit völlig ungewöhnlich war.

Die große Frömmigkeit des Böhmenherzogs und seine deutschfreundliche Politik waren für Drahomira willkommener Anlaß, Herzog Wenzeslaus, ihren eigenen Sohn, endlich zu beseitigen. Unter dem Vorwand eines Familienfestes lockte sie den Arglosen in die Burg seines Bruders Boleslav, dessen Ehrgeiz, die Herzogswürde an sich zu bringen, die Mutter aufgestachelt hatte. Als der Heilige wie gewöhnlich am frühen Morgen zur Messe ging, traf ihn an der Kirchentür der tödliche Lanzenstich des eigenen Bruders. Diese Bluttat geschah am 28. September 929 (nach anderen Quellen 935) in Altbunzlau nördlich von Prag.

Der hl. Wenzeslaus wurde gleich nach seinem Tod vom Volk als Märtyrer hoch verehrt. Nachdem an seinem Grab auffallende Wunder geschehen waren, sah Boleslav sich gezwungen, den Leichnam seines Bruders zu erheben und feierlich im St.-Veits-Dom in Prag beizusetzen. Nach ihm wurde später der größte Platz in Prag »Wenzelsplatz« benannt.

Geboren: 905 in Wratislaw (Böhmen)
Gestorben: 929 oder 935 in Wratislaw
Berufung/Beiname: Missionsförderer, Wohltäter, Märtyrer
Wirkungsstätte: Böhmen
Bedeutung des Namens: der Ruhmgekrönte (polnisch)
Namensformen: Wenzel, Vaclav, Ceslaus
Patronat: Tschechien (Nationalheiliger)

Wenzeslaus wird als Herzog dargestellt, mit einem Schild, der mit einem einköpfigen Adler geschmückt ist, einer grünen Fahne, mit einem Schwert oder einer Lanze als Anspielung auf seine Ermordung. Im Prager St.-Veits-Dom ist seine Lebensgeschichte in eindrucksvollen Fresken festgehalten.

29. September

Erzengel Michael

Beiname: »der große Fürst«, »Fürstengel«
Bedeutung des Namens: Wer ist wie Gott (hebräisch)
Namensformen: Micha, Michel, Michele, Miguel, Mick, Mike, Michal, Mikka
Patronat: katholische Kirche; Apotheker, Bankkaufleute, Glaser, Maler, Metallgießer, Ritter, Schneider, Soldaten, Vergolder, Verstorbene, Waffenmeister, Wagenmacher; Friedhöfe; gegen Blitz, Unwetter; gegen Pest und plötzlichen Tod

Viele Länder und Städte haben den Erzengel Michael zu ihrem Schutzheiligen erkoren: England, Frankreich, Portugal, Spanien, Ungarn, Bayern; Amsterdam, Benevent, Brüssel, Florenz, Jena.

»Der Erzengel Michael wiegt eine Seele ab«. Gemälde von Juan de la Abadia, um 1490. Barcelona, Museo de Arte Antiguo.

Der hl. Erzengel Michael ist »der große Fürst« der himmlischen Heerscharen. Jeden Tag ruft die Kirche den Erzengel im Confiteor an. Der Erzengel Michael, der zur Rechten des Altars steht, segnet auf die Bitte des Priesters hin den Opferweihrauch und trägt die Opfergaben vor den Thron Gottes.

Wir finden sein Bild, das eines ritterlichen Jünglings mit dem Flammenschwert, der mit einem Fuß auf dem besiegten Drachen steht, in unzähligen Kirchen und Kapellen. Auf den Weltgerichtsbildern erscheint er als Seelenwäger, manchmal auch mit dem offenen Buch des Lebens und des Todes, als Kennzeichen der Teilnahme am letzten Gerichtstag.

Michael bestand den Kampf gegen Luzifer und blieb als Schutzherr des Gottesvolks der Führer und Streiter gegen die Mächte der Finsternis. Michael ist der Bannerträger Christi. Besonders Deutschland verehrt in ihm seinen himmlischen Schirmer, dessen Bild einst die deutsche Reichsfahne zierte.

Sein Fest, das Weihefest seiner Kirche in Rom, wird seit Papst Leo dem Großen am 29. September gefeiert. Das Fest der »Erscheinung Michaels« ist seit dem 11. Jahrhundert am 8. Mai. Es hat sich aus der örtlichen Feier der Michaelskirche auf dem Monte Sant' Angelo bei Siponto in Süditalien entwickelt, wo der hl. Erzengel um 490 auf dem Garganogebirge erschienen ist. An diesem Ort hat der Engel zum ersten Mal im Abendland kundgetan, daß ihm ein Heiligtum errichtet werden sollte. Darauf gehen alle Michaelsheiligtümer in Europa zurück. Besonders bekannt ist der Wallfahrtsort Mont San Michel in der Normandie.

Anstelle einer Legende soll hier von den Erscheinungen des Erzengel Michaels berichtet werden. Wir folgen dabei im Auszug der Darstellung von Alfons Rosenberg. Die »Erscheinung« (Epiphanie) ist ein wesentlicher Begriff im religiösen Leben der Menschen zu allen Zeiten. Die ersten Erscheinungen des großen Engelsfürsten Sankt Michael ereigneten sich im byzantinischen Orient. Die Legende verlegt sie in die Zeit des ersten christlichen Kaisers Konstantin. Dieser hat in Byzanz drei eherne Kreuze aufgestellt, und dreimal im Jahr ließ sich der Erzengel aus Himmelshöhen herab, um jene Kreuze mit dem Gesang eines Hymnus zu umwandeln. Konstantin erbaute dem Engel zu Ehren eine Kirche, das sogenannte Michaeleion. Am berühmtesten war seine Erscheinung in Chonae bei Colossae, wo eine heilkräftige Quelle seit den Tagen der Apostel Johannes und Philippus mit dem Wirken des Erzengels in Verbindung gebracht wird. Von dort aus erhob sich der Erzengel zu seinem Flug übers Meer ins Abendland. Dreimal erschien er in den Jahren zwischen 450 und 495 auf dem Monte Gargano.

Die erste Erscheinung des Erzengels Michael im Jahre 450 auf dem Monte Gargano war von seltsamen Umständen begleitet. Am 4. Mai stieg ein Herdenbesitzer aus Siponto mit seinen Hirten den steilen Abhang des Gebirges empor, um den schönsten Stier seiner Herde zu suchen, der ihm entlaufen war. Nach langem, ergebnislosen Umherstreifen wollte er gerade die Suche aufgeben, da erblickte er den weißen Stier vor dem Eingang einer von dichtem Buschwald überwucherten Höhle. Ein blendendes Licht erschien über dem Tier und seiner Zufluchtsstätte, verschwand aber sogleich wieder. So erfreut die

29. September

29. September

Der Erzengel Michael ist der Pestengel des Mittelalters. Darstellungen wie das Fresko in der Kirche S. Vincolo in Rom erinnern noch heute daran.

Hirten über den Anblick des Wiedergefundenen waren, so enttäuscht waren sie gleichzeitig – es bestand nämlich keine Aussicht, das Tier einzufangen. Das Gewirr des Unterholzes verhinderte jede Annäherung. Der erzürnte Besitzer, der den Stier verloren geben mußte, schoß in seinem Zorn einen Pfeil gegen das Tier, um es zu töten. Der Pfeil wurde aber wie von unsichtbarer Hand im Flug zurückgehalten und durchbohrte, auf den Schützen zurückfliegend, eines seiner Augen. Entsetzt brachten die Hirten ihren Herrn in die Stadt zurück und berichteten dort das rätselhafte Ereignis dem Bischof.

Dieser ordnete, tief beunruhigt, zunächst eine dreitägige Fasten- und Bußzeit an, während er selbst in der Bischofskirche S. Maria Maggiore in Siponto im Gebet verharrte, hoffend, von Gott Aufklärung über den Vorgang zu erhalten.

Da erschien ihm in der Morgendämmerung des 8. Mai, an einem Donnerstag, der große Engel und sprach zu ihm: »Ich, der Erzengel Michael, habe diesen Stier unter meinen Schutz gestellt. Dies Zeichen soll anzeigen, daß jene Höhle ein heiliger Ort ist, deren Hüter und Wächter ich bin. Wenn ihr mich dort verehrt, werdet ihr Heil erfahren.« Sogleich rief der Bischof seine Gemeinde zusammen und zog mit Priestern und Volk auf mühsamen Wegen zu dieser Höhle des Engels. Aber niemand, selbst der Bischof nicht, wagte in dieselbe einzutreten, denn geisterhafte Stimmen ertönten beständig aus der dunklen Grotte hervor: »Hier wird Gott angebetet, hier ist der Ort der Verehrung Gottes.« Papst Felix, der von dem wunderbaren Ereignis unterrichtet wurde, ließ dieses überall verkünden. Kaiser Zeno von Byzanz aber sandte, tief beeindruckt, dem Bischof von Siponto Weihegeschenke zu Ehren des Großen Engels.

Die letzte Erscheinung Sankt Michaels fand im Jahre 1656 statt. Da wütete in ganz Unteritalien eine furchtbare Pestepidemie. Angesichts der menschlichen Ohnmacht ließ der damalige Bischof von Siponto ein strenges dreitägiges Fasten ausrufen. Er zog dann an der Spitze aller seiner Kleriker, gefolgt von einer ungeheuren Menge Volkes, zu der Höhle hinauf, mit Stricken um den Hals, Psalmen und Litaneien singend. Doch erst nachdem Bischof und Volk drei Tage lang ihren ehrlichen Willen zur Umkehr und Buße gezeigt hatten, erschien ihnen der Engel.

Mit dem Festtag des Erzengels Michael, zu dem der deutsche »Michel« eine besondere Beziehung hat, sind vielerorts Bräuche verknüpft. Sehr bekannt ist beispielsweise der Dürkheimer Michaelismarkt, den die Einheimischen auch »Wurstmarkt« nennen.

An einem Freitag, dem 22. September, eine Woche vor dem Festtag des Engels, erwachte der Bischof, wie er in einem Brief an Papst Alexander VII. aus dem Jahre 1658 berichtete, »um fünf Uhr morgens durch ein schreckenerregendes Geräusch, das von einem Erdbeben herzurühren schien«. Da sah er im Osten ein mächtiges Licht gleich einem sonnenleuchtenden Kristall, und er hörte eine Stimme, die sprach: »Wisse, o Hirt dieser Herde, daß ich von dem Dreifaltigen Gott erlangt habe, daß ein jeder, der einen Stein von den Wänden meiner Höhle bricht und ihn in frommer Gesinnung bei sich trägt, von der Pest befreit wird. Ja, alle Häuser, Orte und Städte, wo ein solcher Stein bewahrt wird, sollen von der Pest verschont bleiben. Künde allen diese Gnade des Herrn. Wenn du aber auf mein Geheiß die Steine segnest, so grabe in sie das Zeichen des heiligen Kreuzes ein und dazu meinen Namen. So wird der Gotteszorn abgewendet werden.«

Überglücklich und voller Dank fiel der Bischof auf seine Knie. Dann rief er seine Diener herbei und berichtete ihnen die Verheißung des Engels. Am nächsten Tage, dem 25. September, verkündete er dem ganzen Volk, daß es sich nicht mehr vor der Pest zu fürchten brauchte. Er befahl, die Steine aus den Wänden der Höhle herauszubrechen, ließ in sie das Monogramm »S + M« eingraben und segnete sie mit einer eigenen Benediktionsformel. Nachdem er nun die Steine unter das Volk hatte verteilen lassen, erlosch die Pest innerhalb weniger Tage im ganzen Land.

29. September

Erzengel Raphael

Raphael ist einer der vier Erzengel. In allen Gemälden und Skulpturen wird er stets zusammen mit Gabriel, Michael und Uriel dargestellt. Ihm untersteht eines der Engelheere. Gott befahl ihm: »Heile die Erde, die durch die bösen Engel verderbt wurde, und verkünde der Erde Heilung, auf daß ihre Leiden gewendet werden!« (Henoch, 6. Kap.) Wie kein anderer Engel hatte Raphael Umgang mit den Menschen. Er ist nach dem großen Bericht des Tobiasbuches viele Monate lang mit dem Jüngling Tobias, ihn vor Gefahren bewahrend, auf den Straßen des Mederreiches gewandert. Der St. Raphaelsverein wurde 1917 zum Schutze deutscher Auswanderer gegründet.

Beiname: »Engel, der vor der Herrlichkeit Gottes steht«
Bedeutung des Namens: Gott heilt (hebräisch)
Namensformen: Rafael, Rafi
Patronat: Apotheker, Bergleute, Dachdecker, Eheleute, Pilger, Reisende, Schiffsleute; gegen Augenleiden, Pest

Anstelle einer Legende In Ninive lebte ein frommer Diener Gottes mit Namen Tobit. Obgleich er sein ganzes Vermögen verloren hatte, ließ er nicht ab, die Hungrigen zu nähren, die Nackten zu kleiden und vor allem die bei der Verfolgung Getöteten heimlich und oft unter Lebensgefahr zu begraben. Bei einer solchen Liebestat fiel dem alten Mann Vogelkot in die Augen, und er erblindete. Da erinnerte er sich, daß sein Vetter in Rages noch Geld von ihm in Verwahrung hatte. Er hätte gern seinen jungen Sohn Tobias ausgesandt, um es zu holen. Doch fürchtete er die Räuber und die große Unsicherheit im Land und bat ihn, sich für die gefahrvolle Reise einen Begleiter gegen guten Lohn zu suchen. Nachdem der junge Tobias einen Fremdling, mit Namen Azarias, gefunden hatte, der sich ihm als Reisegefährte angeboten hatte, entließ ihn sein Vater. In der Gestalt des Azarias aber verbarg sich ein Engel, den Gott ihm zu seiner Hilfe gesandt hatte.
Sie zogen zusammen ihres Wegs und gelangten an den Tigris-Fluß. Tobias stieg hinab, um zu baden. Da schnellte aus dem Wasser ein Riesenfisch und schnappte nach dem Jüngling. Der Engel aber half ihm, den Fisch zu fangen. Sie töteten und zerlegten ihn, dann brieten sie sein Fleisch und aßen es. Der Reisegefährte jedoch gebot dem Tobias, Herz, Galle und Leber des Fisches sorgfältig aufzubewahren.
Als sie sich dem medischen Ekbatana näherten, erzählte der Engel dem Tobias von seinem Verwandten Raguel, der eine sehr schöne Tochter mit Namen Sara habe, um deren Hand er anhalten solle. Tobias aber fürchtete sich, weil er wußte, daß die sieben Männer, mit denen sie verlobt gewesen war, alle im Brautgemach von dem Dämon Asmodi getötet worden waren. Azarias aber versprach dem Tobias seinen Schutz, wenn er nach seinen Anweisungen handeln werde. Tobias willigte ein und bewarb sich bei Raguel um Sara, und bald fand die Hochzeit statt. Azarias hatte aber dem Tobias geraten, sich drei Nächte lang seiner Braut nicht zu nähern, sondern in diesen Nächten nur mit ihr zu beten und dabei Herz und Leber des Fisches zu verbrennen, damit würde der böse Geist gebannt. In der Tat entmachtete Raphael auf diese Weise den Dämon.
Azarias forderte Tobias nun auf, mit der Galle des Fisches, die er noch aufbewahrt hatte, die blinden Augen seines Vaters zu bestreichen. »Da lösten sich die weißen Flecken, und er erblickte seinen Sohn und fiel ihm um den Hals.« Als sich nun Raphal zu erkennen gab, fürchteten sich Tobias und seine Eltern sehr. Doch der Engel sprach zu ihnen: »Fürchtet euch nicht, der Friede sei mit euch. Lobpreiset Gott und danket ihm in Ewigkeit.« Und er entschwand.

Der Erzengel Raphael wird mit den typischen Attributen des Pilgers, dem Stab und der Kürbisflasche, dargestellt. Er erscheint auch zusammen mit Tobias, wie er einen Fisch aus dem Wasser holt und mit der Fischleber den blinden Tobias wieder sehend macht.

29. September

Erzengel Gabriel

Beiname: »oberster Engel nach dem Fürstengel Michael«
Bedeutung des Namens: der Mann Gottes (hebräisch)
Namensformen: Gabor, Gabi, Gaby,
Patronat: Boten, Briefmarkensammler, Postbeamte, Zeitungsträger; gegen Unfruchtbarkeit

Gabriel ist der Engel des Anfangs und der Verkündigung. Im Kirchenraum wird er im Unterschied zu Michael, dem Engel des Letzten Gerichts und des Endes, der an der Westseite dargestellt wird, im Ostchor gezeigt, denn Gabriel gilt als Lebensbringer. Das Fest des Erzengels Gabriel wurde 1921 von Papst Benedikt XV. für die Kirche vorgeschrieben. Seit 1969 feiert man die Erzengel Gabriel, Michael und Raphael gemeinsam am 29. September. Gabriel verkündete dem Propheten Daniel den Zeitpunkt des Erscheinens Christi, dem Zacharias die Geburt Johannes des Täufers und der Jungfrau Maria die Geburt des Erlösers. Im Buche Daniel wird er als »gewaltige Erscheinung« geschildert: »Da stand ein Mann, in Linnen gekleidet und die Lenden mit Gold und Ophir gegürtet. Sein Leib war wie Chrysolith, und sein Antlitz leuchtete wie Blitzesschein. Seine Augen brannten wie Feuerfackeln, seine Arme und Beine funkelten wie poliertes Erz, und der Schall seiner Worte war wie das Tosen einer großen Volksmenge.«

Der Erzengel Gabriel aus der Verkündigungsszene des Isenheimer Altars von Matthias Grünewald, um 1515.

Hieronymus

30. September

Der große Künstler Albrecht Dürer hat auf seinem Stich »Der hl. Hieronymus im Gehäus« den Heiligen als einen beschaulichen Greis dargestellt, ganz versunken in das Studium eines Buches, also als ein Sinnbild des inneren Friedens.

So ausschließlich darf man den hl. Hieronymus aber nicht sehen. Er war zwar ein großer Gelehrter und lebte in jungen Jahren sogar einige Zeit als Einsiedler. Aber trotz seines asketischen Eifers hat Hieronymus niemals der Welt wirklich den Rücken gekehrt. Sein ungeheurer Wissensdurst, seine leidenschaftliche, nach Widerhall verlangende Natur, seine Sehnsucht nach literarischer Unsterblichkeit ließen ihn immer wieder Teilnahme und Echo in der Welt suchen, auch dann, wenn er sie mit Hohn bedachte und zu verachten schien. Sein hitziges Temperament kannte keine dauerhafte Zurückgezogenheit, als feuriger Kämpfer gegen Mißstände, als gefürchteter Polemiker voll beißender Schärfe bot er seinen Neidern viele Angriffspunkte und machte sich viele zu Feinden. Bis ins hohe Alter quälten Hieronymus Versuchungen, behielt er seine streitbare Natur, gegen die er im inbrünstigen Verlangen, ein Heiliger Gottes zu werden, sein Leben lang angekämpft hatte. Hieronymus stellt unter den Heiligen deutlich denjenigen Typ dar, der aufzeigt, daß Heiligkeit nicht etwas Fertiges ist, kein reines Gnadengeschenk des Himmels, sondern daß sie in lebenslangem Ringen hart erworben werden muß. Ebensosehr, wie viele seiner Zeitgenossen ihn schmähten und ihm wütend nachstellten, so priesen ihn spätere Geschlechter. Als er hochbetagt am 30. September des Jahres 420 starb, war er längst »der Ratgeber der ganzen Christenheit« geworden.

Hieronymus wurde um das Jahr 347 in Stridon, einer längst untergegangenen Stadt in Dalmatien, geboren. Seine Eltern waren wohlhabende römische Christen. Sie schickten ihren Sohn nach Rom, wo er Grammatik, Rhetorik und Philosophie studierte. Hieronymus war von Jugend an ein fleißiger, unermüdlicher Leser der klassischen Literatur. Er besaß ein erstaunliches Gedächtnis und war ein großes Sprachgenie. Rom blieb für ihn allezeit Lebenszentrum, auch wenn er anderswo lebte. Er schrieb für »römische Ohren« und damit für den ganzen lateinischen Westen. In Rom empfing er auch die Taufe. Dennoch beklagte er später sein damaliges sündiges und eitles Jugendleben.

367 machte er sich zu einer ersten längeren Reise auf, die ihn nach Trier führte. Nach ersten Kontakten mit asketischen Mönchen beschloß Hieronymus, es jenen gleichzutun und als Mönch und Theologe zu leben. Im Jahr 370 begab er sich nach Aquileja, wo er seinen Freund Rufinus und einen Kreis von Gleichgesinnten traf. Man erörterte theologische Probleme, übte sich in Askese, verzichtete dabei aber nicht auf den geistigen Austausch mit frommen Frauen. Immer sollte Hieronymus diese Funktion, Ratgeber gottsuchender Frauen zu sein, beibehalten. 372-74 pilgerte er nach Antiochia. Dort erlernte Hieronymus die griechische Sprache. Jetzt nahm Hieronymus auch Kontakt zu den Mönchen in der syrischen Wüste auf, die damals im besonderen Ruf der Vollkommenheit standen. Er rang sich dazu durch, als Mönch das Leben der Eremiten zu teilen. In der

Geboren: um 347 in Stridon (Dalmatien)
Gestorben: 419 oder 420 in Bethlehem
Berufung/Beiname: Eremit, Mönch, Klostergründer, Kirchenlehrer; »der Ratgeber der ganzen Christenheit«
Wirkungsstätten: Kleinasien, Syrien, Palästina, Italien, Westdeutschland
Bedeutung des Namens: der Mann mit geheiligtem Namen (griechisch)
Namensformen: Jero, Jérôme, Jeronimo, Girolamo
Patronat: Asketen, Gelehrte, Lehrer, Schüler, Studenten, Theologen, Übersetzer; Bibelwissenschaften

Der hl. Hieronymus begann im Jahr 403, von Papst Damasus I. dazu beauftragt, mit der Revision des lateinischen Bibeltextes. Er griff dabei auf hebräische und griechische Urtexte zurück.

30. September

Um Frömmigkeit und Sittlichkeit zu fördern, hatte Hieronymus eigene pädagogische Vorstellungen: »Musik ist verboten; das Kind soll gar nicht wissen, wozu Flöten, Leiern und Zithern da sind. Lesen lernen soll es an den Namen der Apostel und Propheten und am Stammbaum Christi ...«

Einsamkeit seiner Felsenhöhle bei Chalcis aber »litt er viel um Christi willen«, wie es in der »Legenda aurea« heißt, denn diese Form des mönchischen Daseins fiel dem jungen Gelehrten Hieronymus ganz besonders schwer.

Er berichtete darüber in seiner Chronik: »Ach, wie oft versetzte ich mich in Gedanken nach Rom und zu den Herrlichkeiten, die ich dort genossen hatte, in dieser öden, einsamen Wüste, die, ausgebrannt von der Glut der Sonne, den Mönchen eine gar fürchterliche Heimstatt bot. Meine Glieder staken in häßlichem Sacktuch, meine Haut war dunkel von Schmutz wie die eines Negers. Tagtäglich mußte ich weinen und seufzen, und wenn ich gegen meinen Willen einmal in Schlaf gesunken war, drückte das dürre Erdreich gegen meine abgemagerten Knochen. Von Essen und Trinken gar nicht erst zu reden, da ja auch die kranken Einsiedler nur kaltes Wasser genießen und ein gekochtes Gericht schon als Ausschweifung galt... Obgleich Geselle der wilden Tiere, war ich doch im Geiste oftmals umgeben von einem Reigen schöner Jungfrauen, und in dem kalten Leib tobte noch das Feuer sündhafter Begier...«

Indessen versuchte Hieronymus, das körperliche Fasten durch geistige Arbeit auszugleichen. Er ließ sich Bücher bringen, machte Abschriften, verfaßte Briefe, schrieb die bezaubernde Geschichte des hl. Eremiten Paulus, und hier, mitten in der Wüste, lernte er Hebräisch. Nach zwei oder drei Jahren aber führte ihn seine Sehnsucht nach Kontakt und geistiger Anregung wieder zurück in die Welt der Menschen. Er begründete diesen Schritt mit seiner persönlichen Unzulänglichkeit und dem geistigen Hochmut seiner Mitbrüder in der Wüste, die ihm dieses mönchische Leben verleidet hätten.

In Antiochien erhielt er die Priesterweihe. In Konstantinopel begegnete Hieronymus dem großen Gregor von Nazianz und gewann ihn zeitlebens als Freund und Lehrer. Von nun an beschäftigte er sich als Übersetzer der Bibel, eine Tätigkeit, die ihn berühmt machen sollte. Nach Rom zurückgekehrt, wurde Hieronymus von 382 bis 385 Sekretär und vertrauter Berater von Papst Damasus I. Dieser betraute ihn mit der Revision und Neuübersetzung der lateinischen Bibelausgabe, der »Vulgata«. Dieses Riesenwerk sollte Hieronymus Jahrzehnte beschäftigen. Es machte seinen Namen als Gelehrter in der ganzen abendländischen Kirche unsterblich. Auch beim Kampf gegen Sekten erwiesen sich die gewandte Feder und das allumfassende Wissen des »Polyhistor« – des Vielwissers – als nützlich. In Rom scharten sich vornehme Frauen um ihn, die dem christlichen Ideal der Askese nachstrebten und für die er zum bedeutsamen Führer wurde. Darunter befand sich neben der reichen Marzella, in deren Palast sie sich zu versammeln pflegten, auch die hl. Paula und ihre Tochter Eustochium. Der unbedingte Ernst seiner Forderungen schenkte deren Leben neuen Inhalt. Sie fühlten sich der neuen asketischen Bewegung so eng verbunden, daß sie Hieronymus später sogar nach Palästina folgten.

Nach dem Tod des Papstes nämlich hatten sich die Gegner des Hieronymus in offener Feindschaft gegen ihn erhoben. Sie waren es wahrscheinlich auch, die seine Wahl zum Papst verhinderten. Der neue Papst Siricius hatte für Hieronymus' wissenschaftliche Arbeiten wenig übrig. Da wandte Hieronymus sich kurzentschlossen nach Palästina und ließ sich 386, nach einem wiederholter Versuch in der Einsiedlerwelt der ägyptischen Wüste, endgültig in Bethlehem nieder. Hier gründete die hl. Paula unter seiner Leitung drei große Frauenklöster. Er selbst stand einem kleineren Männerkloster vor, an das sich Pilgerherbergen und eine Schule, in der er selbst unterrichtete, anschlossen. Vierunddreißig Jahre lebte er im kleinen Bethlehem in strengster Askese ganz seinen Wissenschaften. Hier verfaßte er seine bedeutendsten theologischen Schriften und beendete seine gewaltige Bibelübersetzung. Sein Werk »Berühmte Männer« trug ihm besonderen Ruhm ein. Hieronymus führte mit zahlreichen Persönlichkeiten in aller Welt lebhafte Korrespondenz. Zuletzt machte ihm ein Augenleiden das Lesen sehr schwer, aber immer noch diktierte und schrieb der Gelehrte, bis ihm schließlich der Tod selbst die Schreibfeder aus der Hand nahm. Seine Gebeine wurden nach Rom übertragen und ruhen in S. Maria Maggiore. Sein Missalefest besteht seit dem 8. Jahrhundert.

Die Darstellung des hl. Hieronymus mit rotem Kardinalshut beruht auf einer mittelalterlichen Legende. Viele Ordensgemeinschaften und Bibelgesellschaften tragen seinen Namen. Oftmals ist er – wegen seines besonderen Verhältnisses zur Jungfräulichkeit und Keuschheit – in Gemeinschaft mit der Gottesmutter dargestellt, so zum Beispiel in Correggios Bildern und Fresken in Parma.

Hieronymus wird dargestellt als Gelehrter am Schreibpult oder mit einem Löwen, dem er einen Dorn aus der Tatze zieht. Manchmal erscheint Hieronymus auch als nur dürftig bekleideter Büßer, der mit Kruzifix und Totenkopf vor einer Höhle kniet.

Der hl. Hieronymus von Francesco Squarcione. Padua, Museo Civico.

30. September

Fra Filippo Lippi hat den sterbenden Hieronymus am Boden liegend gemalt. Berühmt ist auch das Motiv »Hieronymus im Gehäuse«, das vor allem durch den Kupferstich von Albrecht Dürer bekannt wurde.

Legende In der klassischen Legendensammlung über die Heiligen, der »Legenda aurea«, heißt es: In jungen Jahren las Hieronymus ausschließlich die klassischen Schriften des Plato und Tullius, denn die ungeschliffene Sprache des Alten Testaments gefiel ihm nicht. Da bekam er eines Tages ein starkes Fieber und hatte folgenden Traum: Er stand vor dem Thron des heiligen Richters, und dieser fragte ihn, welchen Glauben er habe. Er antwortete: »Ich bin ein Christ.« Da sprach der Richter: »Du lügst, du bist kein Christ, du bist Ciceronianer. Denn wo dein Schatz ist, da ist auch dein Herz.« Und der Richter ließ ihn hart schlagen. Da versprach Hieronymus: »Herr, wenn ich je wieder heidnische Bücher lese, so würde das bedeuten, daß ich Dich verleugne. Nie mehr werde ich dies tun!« Als er dies Versprechen abgegeben hatte, kam er wieder zu sich und sah, daß seine Schultern voll blauer Flecken waren. Und von diesem Tage an las er die Heilige Schrift mit demselben Fleiß, mit dem er zuvor die Bücher der Heiden gelesen hatte.

Einstmals saß Hieronymus mit seinen Mitbrüdern beisammen, um die Heilige Schrift zu lesen. Da kam ein Löwe hinkend ins Kloster. Die Mitbrüder flohen, Hieronymus hingegen ging auf ihn zu und begrüßte ihn wie einen Gast. Der Löwe zeigte ihm seinen wunden Fuß. Hieronymus rief sogleich die Brüder und gebot ihnen, den Fuß zu waschen und nach der Wunde zu suchen. Das taten sie und fanden einen Dorn. Sie zogen ihn heraus und pflegten den Löwen, und der wurde so zahm und heimisch, daß er im Kloster lebte wie ein Haustier. Da begriff Hieronymus, daß der Herr ihn nicht allein wegen der Heilung der Pfote zu ihnen gesandt hatte, sondern zum Nutzen des Klosters. Und er trug ihm das Amt auf, daß er den Esel auf die Weide führen und in der Zeit bewachen sollte, wenn die Brüder Holz aus dem Wald holten. Also ging der Löwe wie ein braver Hirte täglich mit dem Esel hinaus auf die Weide.

Nun geschah es einmal, daß der Löwe, während er den Esel hütete, einschlief. Da kamen Kaufleute mit Kamelen des Weges, und weil sie den Esel allein wähnten, raubten sie ihn. Als der Löwe erwachte und seinen Gesellen nicht mehr vorfand, lief er brüllend hinterher, aber er konnte die Karawane nicht mehr einholen. Da kam er traurig zurück an die Klostertür. Als die Brüder sahen, daß er später kam als sonst und dazu noch ohne Esel, glaubten sie, er habe den Esel gefressen, und wollten ihm deshalb sein gewohntes Futter nicht geben. Sie meldeten es ihrem Abt Hieronymus, und dieser riet ihnen, sie sollten dem Löwen das Amt des Esels auferlegen. Also beluden sie ihn mit dem Holz, das sie geschlagen hatten. Und der Löwe trug es geduldig auf seinem Rücken. Er hielt dabei aber immer Ausschau nach seinem alten Gefährten. Und als er eines Tages wieder auf dem Feld war, erblickte er von weitem Kaufleute mit beladenen Kamelen, und vor ihnen her lief ein Esel. Sogleich erkannte der Löwe, daß es sein Esel war, und er stürzte mit lautem Gebrüll auf die Kaufleute zu, so daß sie allesamt flohen. Dann trieb er die erschrockenen Kamele mit ihrer Last vor sich her bis in das Kloster. Anschließend lief er fröhlich wie ehedem durch das Kloster und streckte sich vor jedem Bruder nieder und wedelte mit seinem Schweif, als ob er um Gnade für seine Missetat bäte, obgleich er doch damals gar nicht schuldig geworden war. Hieronymus aber erkannte sogleich, was geschehen war, und wies die Brüder an, sich auf Gäste vorzubereiten. Während er noch sprach, kam ein Bote, der meldete, es seien Gäste vor der Türe, die den Abt sehen wollten. Da ging der Heilige hinaus zu ihnen, und sie fielen ihm zu Füßen, gestanden den Diebstahl des Esels und baten ihn um Verzeihung. Hieronymus sagte, sie sollten sich erheben, das Ihre nehmen und hinfort kein fremdes Gut mehr rauben. Daraufhin schenkten sie dem Kloster beschämt die Hälfte ihrer Ware als Sühne für den Diebstahl.

1. Oktober

Remigius

Der hl. Remigius hat König Chlodwig (456–511), den ersten König der Franken, getauft. Mit dieser Taufe des Heiden Chlodwig im Jahr 498 setzte der große Wendepunkt in der Geschichte Europas ein: Die Franken wurden nun zu Christen, und es entstand das »Allerchristlichste Königtum Frankreich«.

Der hl. Remigius wird als »Apostel der Franken« bezeichnet. Dieser durch Wunderkraft, Wissen und Weisheit ausgezeichnete Gottesmann war von 459 bis 533 Bischof von Reims. In dieser Stadt, deren Schutzheiliger er bis heute ist, ruhen seine Reliquien in der ihm geweihten Kirche Saint-Rémy.

Remigius wurde um 436, während der unruhigen Völkerwanderungszeit, in Laon geboren und stammte aus einer gallo-romanischen Familie edler Herkunft. Als er im Jahre 459 den Bischofsstuhl von Reims bestieg, hatten die heidnischen Franken die Herrschaft im Land an sich gerissen, und der christliche Glaube war stark bedroht. Unermüdlich kämpfte der Bischof für die Ausbreitung und Reinerhaltung der Lehre Christi. Er trat als glänzender Redner gegen Heiden und Arianer → auf und wirkte viele Wunder mit Gottes Hilfe. Groß war die Macht seiner Persönlichkeit, mit der er schließlich selbst den Frankenkönig für das Christentum gewinnen konnte. Hierbei half ihm dessen Gattin, die hl. Klothilde.

Auch wenn es noch Jahrhunderte dauerte, bis mit der Krönung Karls des Großen zum römischen Kaiser deutscher Nation der Sieg des Christentums in Europa vollendet wurde, so bleibt es dennoch das unvergängliche Verdienst des hl. Remigius, hierzu die entscheidenden Weichen gestellt zu haben. Als Berater des Königs bekämpfte er den von den Burgundern und Goten ins Land gebrachten Arianismus und förderte die reine Glaubenslehre mit all seinen Kräften. Über siebzig Jahre lang hatte er sein kirchliches Amt als Oberhirte ausgeübt, als er am 13. Januar 533 starb. Er wurde hundert Jahre alt.

In der Kathedrale von Reims befinden sich schöne Tapisserien von Solimena mit Darstellungen aus dem Leben des Heiligen und eine Skulptur des hl. Remigius aus dem 13. Jahrhundert. Eine Statue in der Halle von Saint-Germain-des-Prés in Paris zeigt ihn mit einem Ungeheuer zu Füßen, das einen Menschenkopf trägt, als Symbol für die Überwindung des Heidentums.

Geboren: um 436 in Laon (Frankreich)
Gestorben: 533 in Reims (Frankreich)
Berufung/Beiname: Apologet, Missionar, Bischof; »Apostel der Franken«
Wirkungsstätte: Frankreich
Bedeutung des Namens: der Ruderer (lateinisch)
Namensformen: Remo, Reiny, Romey, Remi
Patronat: Reims; gegen Angst, Epidemien, Fieber, Halsweh; gegen Schlangen

Legende *Chlodwig, der König der Franken, war noch immer ein Heide. Er hatte zwar eine fromme christliche Gemahlin, doch vermochte sie nicht, ihn zu bekehren. Als nun die Alemannen ins Land einfielen, gelobte der König, Christ zu werden, wenn der Christengott ihm helfen würde, diese wichtige Schlacht zu gewinnen. Und sein Wunsch ging in Erfüllung. Da begab er sich sogleich nach Reims zum hl. Remigius, um sich von ihm taufen zu lassen. Doch es war kein geweihtes Öl zur Hand, um den König zu salben. Da kam plötzlich eine Taube vom Himmel herab, die trug in ihrem Schnabel ein Gläschen mit geweihtem Öl, daraus der hl. Bischof den König salbte. Das Gläschen aber, die sogenannte »heilige Ampulle«, wurde bis zur Französischen Revolution in der berühmten Abtei Saint-Rémy aufbewahrt und ist viele Jahrhunderte hindurch bei der Krönung der französischen Könige benutzt worden.*

Dargestellt wird Remigius in bischöflichem Gewand, eine Taube mit Ölfläschchen über ihm (da der Legende zufolge zur Taufsalbung des Königs Chlodwig eine Taube das Tauföl brachte), Teufel aus Reims austreibend.

1. Oktober

Therese von Lisieux

> **Geboren:** 1873 in Alençon (Frankreich)
> **Gestorben:** 1897 in Lisieux (Frankreich)
> **Berufung/Beiname:** Karmeliternonne, Mystikerin; »die Kleine«
> **Wirkungsstätte:** Frankreich
> **Bedeutung des Namens:** Jägerin oder die aus Tarent Stammende (griechisch)
> **Namensformen:** Theresia, Teresa, Thea, Resi, Thessy
> **Patronat:** Frankreich; Missionen; bei körperlichen Leiden, in seelischer Not

Therese von Lisieux wird dargestellt als Karmeliternonne mit braunem Habit, weißem Mantel und weißem Schleier; sie streut Rosen vom Himmel auf die Erde.

Zwei berühmte Frauen mit Namen Therese hat die Kirche heiliggesprochen. Beide sind allen Gläubigen bekannt, die eine unter dem Zusatz »die Große«, nämlich Teresa von Avila, die andere als »die Kleine«, nämlich Therese vom Kinde Jesu und vom heiligsten Antlitz. Beide waren Dienerinnen des Karmel →, jenes Frauenordens, der nach dem hl. Berg Karmel in Palästina benannt ist. Dieser Orden entstand aus den frommen Einsiedeleien in der Wüste. Die »unbeschuhten Karmeliterinnen« unterwarfen sich der strengsten Regel, verbunden mit beständigem Stillschweigen und harten Bußwerken.

Die »kleine« Therese ist eine der rührendsten und zartesten Heiligengestalten. Sie war eine Heilige aus jüngerer Zeit und starb am 30. September 1897 mit erst vierundzwanzig Jahren. Sie hinterließ uns in ihrem Buch »Geschichte einer Seele« die minutiöse Schilderung ihres »kleinen Weges« zur Vollkommenheit. Sie war schüchtern und konnte niemandem ihre Probleme offenbaren. Keine ihrer Mitschwestern wußte von dem mystischen Opferleben der Heiligen, niemand ahnte, welche Leiden und Kämpfe sie freudig aus Gottes Hand annahm. Schon als Fünfzehnjährige hatte sie bei ihrer Aufnahme in den Orden, nach dem Grund ihres Eintritts gefragt, erklärt: »Ich bin gekommen, Seelen zu retten.« Man hielt Therese allgemein für eine harmonische und ausgeglichene Persönlichkeit, für eine junge Frau, die das »Kindsein vor Gott« einzigartig vorlebte und von einer so glühenden Gottesliebe und einem derart großen Vertrauen zu Gott durchdrungen war, daß sie kurz vor ihrem Tod so kühne Worte wie diese aussprechen konnte: »Ja, jetzt weiß ich es, alle meine Hoffnungen werden überreich erfüllt werden, der Herr wird Wunder für mich tun, die mein unermeßliches Verlangen noch unendlich übersteigen!«

Marie Françoise Thérèse Martin wurde am 2. Januar 1873 in Alencon in der Normandie geboren. Schon als Kind wünschte sich Therese sehnlichst, in das Kloster von Lisieux eintreten zu dürfen. Ihre ältere Schwester Pauline hatte nach dem frühen Tod der Mutter deren Platz im Haushalt eingenommen. Als Pauline die Familie verließ und in den Karmel aufgenommen wurde, empfand Therese einen so tiefen Schmerz, daß sie schwer krank wurde. Nur mit Hilfe ihrer inständigen Gebete zur Gottesmutter Maria überwand sie diese Krankheit. Als Vierzehnjährige bat sie selbst um Aufnahme in den gleichen Karmeliterinnenorden. Nach anfänglichen Schwierigkeiten durfte sie 1890 endlich Nonne werden. Nur neun Jahre verbrachte das zarte Mädchen, das den Keim ihrer Todeskrankheit wohl schon beim Eintritt in den Orden in sich getragen hatte, bei den Karmeliterinnen. Dann nahm Gott sie nach einem langen, schmerzensreichen, mit schweigender Geduld ertragenen Krankenlager zu sich.

Das Klosterleben war ihr keineswegs leicht gefallen. Mit übertriebener Strenge, Rügen, Strafen und Demütigungen versuchte die Oberin, das sanfte, stille Anderssein der jungen Novizin zu brechen. Vielleicht hatte die Oberin ursprünglich vermutet, Therese sei hochmütig. Aber die junge Nonne war nur besonders in sich gekehrt und versuchte trotz aller unverdienten Härte, jede Auflehnung zu vermeiden, was ihr keineswegs mit Leichtigkeit gelang. Außerdem hatte ihr Gehorsam nichts mit innerer Unfreiheit zu tun. Als sie sich wegen des häufigeren Empfangs der hl. Kommunion in Gegensatz zur Meinung ihrer Priorin stellte, setzte sie sich zwar durch, fand aber kein Verständnis dafür. »Mutter, wenn ich gestorben bin, werde ich Sie überzeugen«, erklärte sie der Priorin gegenüber. Acht Jahre später hat Papst Pius X. (1903–1914) in seinem Dekret den Wunsch Thereses, täglich die hl. Kommunion empfangen zu können, offiziell erlaubt. Ihr hölzernes Grabkreuz auf dem kleinen Stadtfriedhof von Lisieux bekam als Inschrift ihren eigenen Ausspruch: »Ich werde meinen Aufenthalt im Himmel damit verbringen, Gutes auf Erden zu wirken.«

Die Karmeliterinnen sind heute mit weit mehr als 10 000 Mitgliedern der größte kontemplative Orden der Kirche. Auch in Deutschland widmen sich die Nonnen der Sühne für die Sünden der Menschen. Beispielhaft sei hier das Sühnekloster Heilig Blut im ehemaligen Konzentrationslager Dachau genannt.

2. Oktober
Fest der heiligen Engel

Außer den Festen, welche die Kirche den Erzengeln Gabriel, Michael und Raphael am 29. September vorbehalten hat, feiert sie am 2. Oktober das Fest aller heiligen Engel. Es wurde durch Paul V. (1605–1621) eingeführt. Klemens IX. (1667–1669) bestimmte 1667 den ersten kirchlichen Sonntag im September als »Schutzengelsonntag«. Klemens X. (1670–1676) hat 1670 das Fest für die ganze Kirche auf den 2. Oktober festgesetzt. Da auf diesen Tag öfter das Rosenkranzfest fällt, wird es mancherorts weiterhin am ersten Septembersonntag gefeiert.

Die Engelshierarchie hat ihre festgelegte Ordnung. Danach sind die drei obersten Chöre bei Gott selbst. Die Seraphine → haben die höchste Liebe inne, deshalb werden sie die brennenden oder Feuerengel genannt. Die Cherubine → besitzen die vollkommene Erkenntnis, weshalb sie »Fülle der Weisheit« heißen. Die Throne → verfügen über ein immerwährendes Erfassen und Genießen, darum haben sie das Wohlgefallen Gottes in besonderer Weise, indem er sie in sich selbst ruhen läßt. Der mittleren Ordnung gehören die Engel an, die über den Menschen herrschen. Die Herrschaften → oder Dominationes gebieten und befehlen, sie leiten die Menschen gemäß den göttlichen Absichten an.

Die Kräfte → oder Virtutes sind die Engel des Wirkens, sie haben die Aufgabe, alles zu vollbringen, was befohlen ist, denn nichts ist ihnen unmöglich, darum vermögen sie auch Wunder zu tun. Die Gewalten → oder Potestates sind die Engel des Hemmens und Verbietens. Sie besitzen die Kraft, alles Negative zu bezwingen. Die drei Ordnungen der untersten Stufe stehen dem Menschen am nächsten. Sie umfassen die Fürsten → oder Principates, die ganze Völker regieren, ferner die Erzengel →, die über eine bestimmte Menge wie über eine Stadt herrschen, und die Schutzengel →, die – wie es heißt – nur »kleine Dinge melden«, die den einzelnen Menschen angehen im Gegensatz zu den Erzengeln, die »große Dinge melden«, weil das Heil von vielen hier im Mittelpunkt steht, nicht das des einzelnen.

Bedeutung des Namens: der Bote (griechisch)
Namensformen: Angela, Angelo, Angelika, Angeliko, Angelina, Engelbert, Engelhard
So erkennt man sie: Cherubim/Seraphim: menschliche Wesen mit vier gekreuzten Flügeln, auf denen viele Augen sichtbar sind; Schutzengel: junge Menschen in langem Diakonkleid, mit 2 Flügeln, Kranz auf dem Kopf, Kind an der Hand

2. Oktober

Schon König David besingt in seinen Psalmen die Engel: »Seinen Engeln hat Gott empfohlen, dich zu behüten auf all deinen Wegen. Auf den Händen werden sie dich tragen, daß dein Fuß nicht an einem Stein sich stoße.«

Viele Heilige haben sich mit den Engeln beschäftigt, u. a. Basilius, Hilarius, Hieronymus, Augustinus, Bernhard von Clairvaux, Thomas von Aquin. Auch Dichter wie Dante und Rilke machten sich Gedanken über die Existenz und das Wesen der Engel.

»Engelschor«. Detail aus dem linken Seitenflügel des Genter Altars von Jan und Hubert van Eyck. Öl auf Holz, 1432.

Die Engel sind Boten des himmlischen Lichts. Sie stehen neben jedem einzelnen Menschen als Welt- wie als Schutzengel. Sie sind nicht erfaßbar, denn ihre Zahl ist, wie der hl. Thomas von Aquin lehrt, »für uns unbegrenzt und nur für Gott begrenzt«. Die römische Kirche ehrt mit dem Schutzengelfest vornehmlich jene sel. Geister, die Gott dem Menschen auf seinem Weg zum Heil als Schutz und Hilfe beigesellt hat und die ihn von frühester Kindheit an bis zum Tod begleiten. Daß es seit der Erschaffung der Welt die Engel gibt, die allezeit und in der Geschichte fast aller Völker von den Menschen verehrt wurden, bezeugt für den Christen die Heilige Schrift.

An die Stelle einer von uns nicht erreichbaren Erkenntnis dieser reinen Geister haben deshalb die Menschen Bilder gestellt, um sich dem Unvorstellbaren durch eine Art Schau zu nähern. Solche Bildvorstellungen von den Engeln sind sehr alt. Die frühesten uns bekannten stammen aus Mesopotamien, wo nach dem biblischen Bericht der Genesis zum erstenmal ein Engel den Menschen begegnete. Immer wieder versuchten die Künstler, das Bild der ganz andersartigen Geistwesen zu schaffen. Bei den Griechen findet man sie als geflügelte Götterboten. Bei den Römern begegnet man ihnen als Genien, bei den Etruskern sind sie die Todesdämonen, bei den Germanen die Walküren. In der christlichen Frühzeit ist ihr Bild streng und ernst, hoheitsvoll und gebieterisch, wie es ihnen, zugehörig zur Hierarchie des himmlischen Hofstaats, zukommt, als Seraphine und Cherubine hingegen geheimnisvoll und unkörperlich. Im Mittelalter, als die Engel noch voll und ganz hineingehörten in das erlebbare Umfeld des Menschen, stehen die Engel beim Jüngsten Gericht → als Bevollmächtigte Gottes auf der rechten Seite und führen die Guten hinauf ins Licht, die Bösen aber weisen sie in die dunkle Gottesferne der Hölle.

In der Vorstellung der Menschen änderte sich selbstverständlich das Bild der Engel im Verlauf der Jahrhunderte bis in unsere Tage. Zu Anfang der Neuzeit bevölkerten sie noch Himmel und Erde. Sie besaßen zwar menschliche Gestalt, trugen aber als Zeichen dafür, daß sie nicht von unserer Erde stammten, große Flügel und hatten ein strahlendes Antlitz. Diese majestätischen jungen Männer wandelten sich dann langsam zu lieblichen Mädchengestalten, bis ihr Bild, immer blasser werdend, schließlich nur noch zu einer süßlichen Hohlform herabgemindert, nur noch dazu diente, Kinderzimmer und Weihnachtskrippen zu schmücken. In unserer Zeit wird es, aufs neue sich wandelnd, zum »Engelszeichen«, ohne jegliche Verbrämungen, ohne wogenden Faltenwurf, klar wie der reine Gedanke, unstofflich und transzendent.

Ihre Macht und ihr Anderssein im Vergleich zu uns Menschen sollen damit wieder klar hervorgehoben werden. Denn wenn in der Bibel vom Erscheinen eines Engels die Rede ist, dann löst das zuerst einmal auf seiten des Menschen Furcht und Schrecken aus. Die ersten Worte des Engels zu den Hirten auf den Weiden bei Bethlehem lauteten deshalb auch: »Fürchtet euch nicht!«

Der Engelssturz und das Jüngste Gericht beschäftigten die Künstler aller Jahrhunderte. Wir wollen an drei Darstellungen erinnern, die besonders herausragen, nämlich das Jüngste Gericht von Michelangelo in der Sixtinischen Kapelle, der Engelssturz von P. P. Rubens in der Alten Pinakothek in München sowie die Schutzengelgruppe von Ignaz Günther in der Bürgersaalkirche in München.

2. Oktober

3. Oktober

Gerhard von Brogne

Geboren: in Namur (Belgien)
Gestorben: 959 in Brogne
Berufung/Beiname: Priester, Reformer
Wirkungsstätte: Belgien, Frankreich
Bedeutung des Namens: der mit dem Speer Tapfere (althochdeutsch)
Namensformen: Gerd, Gert, Geert, Gérard, Geribald, Gero, Gerke, Gerrit, Gertie, Gard, Girard, Gary, Gerold

Der Heilige wurde in der Grafschaft Namur, dem heutigen Südbelgien, als Sohn vornehmer Eltern geboren. Am Hof des Grafen Berengar war er vielfältigen Versuchungen des weltlichen Treibens ausgesetzt, blieb aber seinen christlichen Tugenden treu. Als er einmal in politischer Mission nach Paris geschickt wurde, nützte er die Gelegenheit und blieb dort in der Benediktinerabtei St. Denis.

In diesem Kloster widmete sich Gerhard nun ganz dem Studium der Heiligen Schrift und unterwarf sich den härtesten Bußübungen. Nach zehn Jahren kehrte er, ausgestattet mit den priesterlichen Weihen, nach Brogne zurück und erneuerte das dortige Chorherrenstift. Die erhoffte rechte Ruhe war ihm aber nicht vergönnt. Dem Ruf Gottes folgend, begann er die benediktinische Regel klösterlichen Lebens in Flandern, Lothringen und in der Champagne zu verkünden. Seine Reformideen griffen bis auf englische Klöster über. Mehr als zwanzig Jahre diente Gerhard seinem Orden. Von der Wanderschaft müde, zog er sich in eine kleine Zelle zurück, wo ihn Gott am 3. Oktober 959 zu sich rief.

Legende Gerhard von Brogne begleitete eines Tages den Grafen Berengar auf die Jagd. Nach Beendigung der erfolgreichen Hatz bat er Berengar, noch eine Weile alleinbleiben zu dürfen. Der Graf erlaubte es, und Gerhard ritt zur Kapelle nahe seines Ahnenschlosses Brogne. In tiefe Andacht versunken, hatte er ein Gesicht, das ihm auftrug, die Kirche zu erneuern und mit den Reliquien des hl. Eugenius zu schmücken.
Einige Zeit später, in der Kirche von St. Denis, hörte er im Meßkanon den Namen Eugenius, dessen Gebeine sich dort befanden. Gerhard erinnerte sich zwar an die Vision, die er gehabt hatte, fand aber keine Antwort auf die Frage, wie er wohl diese Aufgabe erfüllen könne. Da erhielt er von Gott die Antwort in einem zweiten Gesicht: Um keinen irdischen, sondern nur um einen himmlischen Preis könne er die Gebeine des hl. Märtyrers Eugenius erlangen. Gerhard verstand die Vision. Er wurde Mönch und überführte tatsächlich nach zehn Jahren klösterlichen Lebens die Gebeine des Heiligen nach Brogne.

3. Oktober

Gerhard von Sagredo

Geboren: in Venedig
Gestorben: 1046 in Budapest (Ungarn)
Berufung/Beiname: Benediktinerabt, Bischof, Märtyrer
Wirkungsstätten: Italien, Palästina, Ungarn
Bedeutung des Namens: der mit dem Speer Tapfere (althochdeutsch)
Namensformen: Gerd, Gert, Geert, Gérard, Geribald, Gero, Gerke, Gerrit, Gertie, Gard, Girard, Gary, Gerold
Patronat: Erzieher

Der Name Gerhard kommt aus dem Althochdeutschen und bedeutet der »Ger-Starke«, das heißt der mit dem Speer Tapfere. Die Chronik der Heiligen weist mehrere Heilige dieses Namens auf, darunter auch den hl. Gerhard von Sagredo. Dieser war Mönch und Abt des Benediktinerklosters S. Giorgio in seiner Geburtsstadt Venedig. Auf der Insel Murano nahe der Lagunenstadt Venedig befinden sich heute noch einige Reliquien des Heiligen.

Auf einer Pilgerfahrt kam der fromme Abt nach Ungarn. Dort bestimmte ihn König Stephan (1000–1038) zum Erzieher seines Sohnes Emerich. 1035 wurde Gerhard zum ersten Bischof von Csanád bestellt. Seinem unermüdlichen und segensreichen Wirken ist die Bekehrung vieler Ungarn zu verdanken.

Von ihnen wird er unter dem Namen Sankt Collert verehrt. Nach dem Tod König Stephans, seines Gönners, fielen aufgewiegelte heidnische Fanatiker über Gerhard her. Mit Steinwürfen und Lanzenstichen ermordeten sie ihn brutal am 24. September des Jahres 1046. Die Ermordung des hl. Gerhard geschah bei dem nach ihm benannten Gerhardsberg in der Nähe der heutigen Stadt Budapest. Beigesetzt wurde der Heilige in Csanád, östlich von Szegedin.

Legende Nach König Stephans Tod verjagten heidnische Gegner seinen legitimen Nachfolger Peter. Der neue König Abba, der sich die Krone unrechtmäßig angeeignet hatte, führte ein grausames Regime. Am Ostertag sollte Abba in der Kirche von Csanád von Bischof Gerhard gekrönt werden.
Der Bischof aber weigerte sich, ihn zu krönen und sprach zu Abba: »Die Fastenzeit ist den Sündern zur Sühne eingesetzt. Du aber, Abba, hast sie durch Mord entweiht und die Gnade Gottes verwirkt. Da ich für Christus jederzeit zu sterben bereit bin, so schweigt meine Zunge nicht. Dir verkünde ich: In drei Jahren wird das Schwert dir die durch List und Gewalt erlangte Herrschaft und dein eigenes Leben nehmen.«
Und es kam, wie es der Heilige geweissagt hatte.

3. Oktober

Gerhard von Majella

»Engel der Mütter«, so wird der hl. Gerhard von Majella auch genannt, weil er bevorzugt von Frauen um Hilfe angerufen wird.

Der Heilige war ein Mann des einfachen Volkes. Er wurde am 23. April 1726 in Muro Lucano bei Neapel geboren. Zunächst arbeitete er als Schneidergeselle. Er fühlte sich jedoch bereits damals zum klösterlichen Leben berufen, hatte aber vergeblich versucht, in den Orden der Kapuziner aufgenommen zu werden. In seinem Dorf erklärte man ihn daraufhin für verrückt, weil er nun danach trachtete, auch außerhalb eines Ordens ein mönchähnliches Dasein zu führen. Aber schließlich errang er sich durch sein untadeliges Leben doch die Anerkennung seiner Dorfgenossen. Überglücklich verließ er alles Weltliche, als er endlich in den Orden der Redemptoristen aufgenommen wurde. Dort übertrug man ihm die niedrigsten Arbeiten. Gerhard erfüllte seine Aufträge in uneingeschränktem Gehorsam und wurde bald zur großen Hilfe seiner Mitbrüder.

Gerhard war stets mit seinen Gedanken bei Gott. Ungezählte Nächte wachte und betete er in der Nähe des Tabernakels, und Gott segnete seine mystischen Andachten mit wunderbaren Visionen.

Wo Gerhard auch weilte, freute man sich über sein Erscheinen, und die Menschen holten sich sehr gern Rat bei dem heiligen Bruder. Nichts blieb ihm verborgen. Mit sichtbarer Gnade ausgezeichnet, vermochte er auch die verstocktesten Gottesverächter zum Herrn zurückzuführen. Das unspektakuläre, einfache Leben des hl. Gerhard ist reich an höchst wunderbaren Geschehnissen.

Bis zum letzten Atemzug diente er voller Demut dem Orden. Auf offener Straße zusammengebrochen, verschied der Heilige wenig später am 16. Oktober 1755. Er wurde im Kloster Caposele bei Neapel bestattet.

Geboren: 1726 in Muro Lucano (Italien)
Gestorben: 1755 in Caposele (Italien)
Berufung/Beiname: Redemptoristenbruder, Mystiker
Wirkungsstätte: Italien
Bedeutung des Namens: der mit dem Speer Tapfere (althochdeutsch)
Namensformen: Gerd, Gert, Geert, Gérard, Geribald, Gero, Gerold

4. Oktober

Franziskus von Assisi

Geboren: 1182 in Assisi (Italien)
Gestorben: 1226 in Assisi
Berufung/Beiname: Ordensgründer, Mönch, Prediger, Reformer, Mystiker; »der seraphische Heilige«, »Bruder Immerfroh«
Wirkungsstätten: Italien, Frankreich, Spanien, Ägypten
Bedeutung des Namens: der Franke, der Freie (latinisierte Form von Frank)
Namensformen: Frank, Franz, Francis, Franco, Frantisek, Faco
Patronat: Italien (Hauptpatron); Flachshändler, Kaufleute, Schneider, Tapetenhändler, Weber; Armut; gegen Kopfschmerzen, Pest

Der hl. Franziskus von Assisi erschien wie ein Apostel des Friedens und der Liebe in einer Welt, in der Unrecht, Gewinnsucht und Gewalt herrschten. Es war die Zeit, in der Papst und Kaiser miteinander haderten, Bürger sich gegen die Adeligen erhoben. Der »franziskanische Frieden« ist die Frucht des beharrlichen Wirkens eines einzigen Menschen. Als sich der Franziskus, der »Poverello«, blind und dem Tod nah auf seiner Bahre aufrichtete, um ein letztes Mal seine Stadt Assisi zu segnen, da flehte er den Frieden auf sie herab als sicherstes Unterpfand seiner Liebe. Gott hat diesen Wunsch in Erfüllung gehen lassen.

Die Heimat des hl. Franziskus ist Assisi in Umbrien. Hier wurde er 1182 als Sohn des reichen Tuchhändlers Pietro Bernadone geboren. Auf den Namen Johannes getauft, nannte man ihn erst später Franziskus. Als Kind aus reichem Haus lernte er Latein und Französisch, und er genoß sein luxuriöses Leben, das ihm der Reichtum seines Vaters ermöglichte. Weil er schon von Jugend an eine frohe und heitere Wesensart besaß, wollte er, daß sich die Menschen, mit denen er zu tun hatte, freuen konnten wie er. Deshalb unterstützte er nicht nur seine ärmeren adeligen Freunde, sondern teilte auch Almosen an Bedürftige aus. Franz war ein einfühlsamer und poetisch veranlagter Mensch, und er wollte sein künftiges Leben als Ritter gestalten. Doch seine diesbezüglichen Versuche scheiterten ziemlich jämmerlich. Im Jahr 1204 erkrankte er schwer. Im Krankenbett zwangsläufig zur Ruhe verurteilt, erkannte er, wie oberflächlich sein bisheriges Leben verlaufen war, denn es war eigentlich nur der fröhlichen Geselligkeit, den Tafelfreuden und der Liebe gewidmet. In dieser tiefen Krise beschloß Franziskus, sein Leben radikal zu ändern und sich ab sofort nur noch der Barmherzigkeit den Mitmenschen gegenüber zu widmen.

Ausgestoßen und verlacht von Freunden und Verwandten, lebte er von nun an in dem verfallenen, kleinen Kloster S. Damiano. Wie der Geringsten einer erbettelte er Geld und legte selbst Hand mit an, um das Kirchlein wiederaufzubauen. Franziskus, der bisher Schönheit und Makellosigkeit geliebt hatte, pflegte jetzt Aussätzige und diente Armen und Kranken. Sein Vater war mit dieser Lebensweise seines Sohnes nicht einverstanden. Es kam zum Streit. Franziskus verzichtete öffentlich auf sein Erbteil und trennte sich von seiner Familie.

Er wählte Portiunkula zu seinem weiteren Aufenthaltsort, ein kleines Stück Land, das einer Benediktinerabtei gehörte. Hier stieß er eines Tages in der Kapelle S. Maria degli Angeli auf das Wort der Schrift: »So gehe hin, verkaufe, was du hast, und gib es den Armen, und komm und folge mir nach!« (Mt. 19,21) Am 24. Februar 1209 las Franziskus während der Messe den für ihn entscheidenden Text des Lukas-Evangeliums: »Ihr sollt nichts mit euch nehmen auf dem Weg, weder Stab noch Tasche, noch Brot noch Geld.« (Lk. 9,3) Franziskus, tief davon getroffen, rief aus: »Das will ich tun!« Er vertauschte seine Kleider mit der rauhen Kutte der Berghirten, gürtete sich mit einem Strick, zog auf nackten Füßen hinaus in die Welt und predigte Buße. Bald schon gesellten sich Gefährten zu ihm. Der Heilige sammelte sie um sich und gab ihnen in dem Wäldchen von

Franziskus predigt den Tieren. Fresko von Cimabue, um 1278, im rechten Querschiff der Unterkirche von S. Francesco in Assisi.

4. Oktober

4. Oktober

Durch sein Ideal äußerster Armut geriet Franziskus in Konflikt mit kirchlichen Würdenträgern, die dem Prunk und der Verschwendungssucht frönten. Bei der berühmten Begegnung mit Papst Innozenz III. gelang es ihm jedoch, den Papst für seine Reformideen zu gewinnen.

Portiunkula einen Ort, wo sie ein gemeinsames, kontemplatives Leben führten und von wo aus sie ins Land zogen, um das Evangelium der Liebe und Armut zu predigen. Um sich ihr Brot zu verdienen, arbeiteten die Brüder bei den Bauern, ließen sich aber nur Naturalien als Lohn geben. Darüber hinaus pflegten sie Kranke und Aussätzige. Hingebungsvolle Liebe zu Mensch und Tier sowie strikte Armut waren die Kernpunkte der Ordensregeln, die Franziskus seiner Gemeinschaft abverlangte.

Papst Innozenz III. (1198–1216), an den sich der Heilige um Bestätigung seiner Ordensgemeinschaft gewandt hatte, weigerte sich zunächst, die ihm allzu streng erscheinenden Regeln zu bestätigen. In der Nacht nach der Audienz aber hatte der Papst einen Traum: Die Lateranskirche schwankte in ihren Fundamenten und drohte einzustürzen, als ein unscheinbarer Mann hinzutrat und den Bau stützte. Der Papst erkannte in dem Helfer das Haupt des Franziskus. Daraufhin gab er seine Zustimmung zur Ordensregel, erteilte dem Büßer die Tonsur, und Franziskus und seine Begleiter kehrten frohgemut zurück nach Assisi. Dies geschah im Frühjahr 1209. Der Orden gedieh, und viele junge Männer schlossen sich ihm an. Nach einigen Jahren umfaßte er schon fünftausend Brüder.

Um auch Frauen in eine Gemeinschaft aufnehmen zu können, gründete Franziskus 1212 unter der Leitung der hl. Klara den Orden der Clarissinnen →. Einige Jahre später folgte die Gründung eines dritten, der für alle Laienmitglieder bestimmt war. Die Schwere und Härte mönchischer Askese sollten in seinen Ordensgemeinschaften nicht Einzug halten. Franziskus ersetzte sie durch eine demütige und zugleich großherzige Annahme von allem, was zum Wesen des Menschen gehört und die Gegebenheiten der uns umgebenden Natur ausmacht. Froh und heiter, demütig und hilfsbereit gegen Mensch und Kreatur, so wollte er leben, und das verlangte er auch von den Ordensmitgliedern.

Indessen erlebte der Heilige viele Enttäuschungen. Seine Regeln wurden angefochten, die meisten Brüder vermochten ihm auf dem steilen Weg zur Höhe seiner Ideale nicht zu folgen. Nachdem die ursprüngliche Stiftung unter dem Einfluß mehr praktisch gesinnter Mitbrüder und unter Mitwirkung des Kardinals Ugolino, des späteren Papstes Gregor IX. (1227–1241), in eine feste Organisation umgewandelt worden war, zog sich Franziskus 1224 von der Leitung des Ordens zurück und begab sich in die Einsamkeit.

In der Nähe von La Verna in Norditalien ließ er sich eine einfache Hütte bauen, um künftig hier zu leben. Hier war es auch, wo Franz die Stigmata →, die Wundmale Christi, empfing. Der hl. Bonaventura, der Augenzeuge war, hat eine ausführliche Schilderung davon gegeben: Das Leben des hl. Franziskus war schon längere Zeit von heftigen Schmerzen begleitet. Mehr und mehr verlor er das Augenlicht, und grausame Gliederschmerzen ließen ihn immer unbeweglicher werden. Dennoch klagte er nicht, sondern nannte die Krankheiten »meine lieben Schwestern« und den nahenden Tod »meinen Bruder«.

Durch die Nacht des Leidens brach noch einmal die Liebe des sanften Heiligen zu Gesang und Dichtung durch. Franziskus stimmte seinen berühmten »Sonnengesang« an, einen einzigartigem Lobeshymnus, dem Schöpfer und der gesamten Schöpfung geweiht. Als er den Tod nahen fühlte, brachte man den Sterbenden zurück nach Assisi. Der Apostel der Freude und des Gebets starb am

3. Oktober 1226 auf dem blanken Fußboden seiner Zelle in Portiunkula. Die Beisetzung fand in der Kirche S. Giorgio statt. Fortan ereigneten sich zahlreiche Wunder an seiner Grabstätte. Schon zwei Jahre nach seinem Tod verkündete Papst Gregor IX. am 16. Juli des Jahres 1228 vor einer großen Volksmenge, vor Kardinälen und Königen, daß der »Poverello« in die Zahl der Heiligen aufgenommen wurde. Seinen Leichnam überführte man in die mächtige, von Bruder Elias zu seinen Ehren erbaute Kirche S. Francesco in Assisi.

Von den vielen Darstellungen des hl. Franziskus ist am bedeutendsten der Zyklus von Wandgemälden, die Giotto vom Leben des Heiligen in der Kirche S. Francesco in Assisi gemalt hat.

Der hl. Franziskus wird dargestellt in dunkelbrauner Kutte, mit den fünf Wundmalen Christi, die Erdkugel zu Füßen oder darauf tretend, mit Totenkopf, Kruzifix, Geißel, Rosenkranz; den Vögeln predigend.

Legende Einst begab sich Franziskus in das von ihm wiederaufgebaute Kirchlein S. Damiano. In der Unsicherheit seines Herzens, was er tun sollte, um Gott so zu dienen, wie dieser es von ihm erwartete, kniete Franziskus in der dunklen Kapelle vor dem großen byzantinischen Kreuz nieder und betete inbrünstig: »Herr, ich bitte Dich, verscheuche die Finsternis aus meiner Seele!« Da kam vom Kruzifix sanft und gütig die Antwort: »Geh hin, Franziskus, mein Sohn, baue mein Haus auf, das einzustürzen droht!«
Von dieser Stunde an zerschmolz ihm sein Herz, und er ging hin und tat, wie der Herr es ihm geheißen hatte. Der Heilige ermahnte alle Kreaturen zur Liebe zu ihrem Schöpfer. Berühmt ist die Predigt des hl. Franziskus an die Vögel, die ihm zuhörten und sich von ihm streicheln ließen. Als er eimal predigte, störten ihn die Schwalben durch ihr lautes Zwitschern, doch schwiegen sie sofort, als er sie darum bat.
Giotto stellte auf seinen Fresken folgende schöne Geschichte aus dem Leben des Heiligen dar: Der hl. Franziskus kam einmal zu der Stadt Arezzo, wo ein Bürgerkrieg entbrannt war. Da sah er über dem Land die Teufel in der Luft tanzen. Und er sprach zu seinem Gefährten Silvester: »Gehe hin und gebiete den Teufeln im Namen Gottes des Allmächtigen, daß sie aus der Stadt fahren!« Da lief der Bruder an das Tor und rief mit lauter Stimme: »Im Namen Gottes des Allmächtigen und auf das Gebot unseres Vaters Franziskus, weichet von hinnen!« Worauf alsbald wieder Friede unter den Bürgern herrschte.

5. Oktober

Anna Schäffer

In einem kleinen Dorf in der Nähe von Ingolstadt in Oberbayern wurde Anna Schäffer am 18. Februar 1882 geboren. Ihr Vater war Schreiner und verdiente gerade so viel, daß die zehnköpfige Familie nicht hungern mußte. Nach dem Volksschulabschluß wollte Anna Schäffer Missionsschwester werden, aber ohne Aussteuer war ihr die Aufnahme in einen Orden versagt. Um sich das erforderliche Geld für diese Aussteuer zu verdienen, nahm Anna Schäffer erst in Regensburg und ab 1896 in Landshut eine Stelle als Haushaltshilfe an.

Im Juni 1898 sah Anna Schäffer in einem »Traum«, wie sie sagte, ihre schwere Leidenszeit voraus. Dieses merkwürdige Traumerlebnis wühlte die junge Frau innerlich so sehr auf, daß sie ihre Stellung aufgab, sich nach Hause flüchtete und erst nach einiger Zeit im nahegelegenen Forsthaus in Stammham wieder einen neuen Dienst als Haushaltshilfe antrat. Hier erlitt Anna Schäffer bald darauf

Geboren: 1882 in Mindelstetten (Bayern)
Gestorben: 1925 in Mindelstetten
Berufung/Beiname: Franziskanernonne, Mystikerin
Wirkungsstätte: Bayern
Bedeutung des Namens: die, an der Gott gnädig gehandelt hat (von Johannes; hebräisch)
Namensformen: Anne, Anni, Ännchen, Antje, Annte, Anke, Anita, Annina, Anja

5. Oktober

Am letzten Tag ihres Lebens empfing Anna Schäffer noch einmal die hl. Eucharistie, machte unter größten Anstrengungen das Kreuzzeichen und betete: »Jesus, dir leb' ich.«

einen folgenschweren Unfall. Am 4. Februar 1901 fiel sie in den mit kochender Seifenlauge gefüllten Waschkessel, nachdem sie versucht hatte, das Ofenrohr, das sich oberhalb des Kessels aus der Öffnung in der Wand gelöst hatte, wieder hineinzuschieben. Vergeblich bemühten sich nun die Klinikärzte in Kösching und Erlangen, die schweren Verbrennungswunden an Anna Schäfers Beinen zu heilen. Dreiunddreißig Operationen, in denen man immer wieder versuchte, das Faulen des Wundfleisches zum Stillstand zu bringen, brachten statt Besserung nur zusätzliche Schmerzen. Als die Krankenkasse ihre Zahlungen einstellte, nahm die Mutter ihre Tochter wieder zu Hause auf und pflegte sie.

Wie jeder Mensch, dem großes Leid widerfährt, fragte sich anfänglich auch Anna Schäffer, womit gerade sie es verdient hatte, ein so schmerzvolles Schicksal ertragen zu müssen. Als gläubige Katholikin nahm Anna in ihrer Verzweiflung Zuflucht zum inständigen Gebet.

Die Gedanken an Christus, der unschuldig so viel für uns Menschen erlitten hatte, halfen ihr allmählich, ihr Schicksal anzunehmen. Sie begriff ihr Leiden als Sühneopfer, das ihr Gott auferlegt hatte, und sie war nun bereit, sich dem Willen Gottes unterzuordnen. Anna ertrug von da an ihre Schmerzen, ohne zu klagen, und gottergeben, wie ihr Beichtvater bezeugte.

Nachdem sie bereits acht Jahre die schweren Folgen ihres Unfalls erduldet hatte, wurde Anna mit mystischen Erlebnissen begnadet. In ihren Visionen sah sie den hl. Franziskus und andere Heilige. Gleichzeitig bekam sie, wie die sel. Teresa von Konnersreuth, an ihrem Körper die Wundmale Christi. Doch diese Vorkommnisse waren nur ihrem engsten Umkreis bekannt. Erst durch ihre Aufzeichnungen und die beglaubigten Berichte des Dorfpfarrers erfuhr auch die Öffentlichkeit einige Zeit später von Anna Schäffers Visionen.

Gleichsam als Anerkennung ihres tief religiösen Lebens nahm sie nun der Orden der Franziskanerinnen als Nonne auf. Annas außergewöhnliches Dulden und ihre tiefe Frömmigkeit blieben der Allgemeinheit nicht verborgen.

Kam die Dorfbevölkerung zunächst zu ihr, um sie zu trösten, so war es am Ende doch Anna, die durch das geduldige Ertragen ihres Schicksals und ihr stets offenes Ohr für die Sorgen ihrer Mitmenschen die Besucher getröstet und innerlich gestärkt wieder verabschiedete. So entwickelte sich Anna Schäffer bald zu einer großen Fürsprecherin für die Nöte der Menschen ihrer Umgebung und darüber hinaus auch für die vielen anderen Menschen, denen sie in ihren zahlreichen Antwortbriefen Verständnis und Zuspruch schenkte.

Die Akten ihres Seligsprechungsprozesses belegen, daß schon zu Lebzeiten Anna Schäffers zahlreiche Gebetserhörungen stattgefunden haben. Im Frühjahr 1925 verschlechterte sich Annas Gesundheitszustand noch mehr, und sie verfiel zusehends körperlich. Sie starb am 5. Oktober 1925.

Anna Schäffer hat den Menschen gezeigt, wie man schier unerträgliches körperliches Leid annehmen und aus dem christlichem Verständnis heraus in ein von Gott gewolltes Sühneopfer umwandeln kann.

Deshalb wird Anna Schäffer heute auch in neunzehn europäischen Staaten als Fürsprecherin verehrt. Ihr Seligsprechungsprozeß ist seit 1977 abgeschlossen, und man rechnet damit, daß 1999 die offizielle Bestätigung ihrer Seligsprechung von Rom erfolgt.

Anna Schäffer wird dargestellt als junge Frau im Krankenbett.

6. Oktober

Bruno der Kartäuser

Die Kirche kennt drei große Heilige dieses Namens: Bruno von Querfurt, den Einsiedler und Mönch; er war Schüler des hl. Romuald und setzte als zweiter Apostel der Preußen die Missionsarbeit des hl. Adalbert fort. 1009 erlitt er bei Danzig den Märtyrertod. Sein Gedenktag ist am 3. März. Bruno von Köln, der jüngste Sohn Kaiser Heinrichs I. (919–936) und der hl. Mathilde, war Erzbischof von Köln und starb im Jahr 965 in Reims. Begraben liegt er in St. Pantaleon in Köln. Sein Festtag wird am 11. Oktober begangen.

Der bedeutendste Heilige mit Namen Bruno ist der Stifter des Kartäuserordens, dessen Fest seit 1623 am 6. Oktober begangen wird. Er gründete diesen strengen Büßerorden um 1084 in der Gebirgswildnis von Grande Chartreuse bei Grenoble. Nach diesem Ort werden die kleinen Einzelklöster Kartausen genannt. Die Mönche des Ordens der Kartäuser bewahren strengstes Stillschweigen und unterwerfen sich den härtesten Bußübungen. Jeder von ihnen bewohnt ein kleines, alleinstehendes Häuschen. Dort verbringt er den größten Teil seines Lebens im Gebet und mit dem Studium der geistlichen Schriften. Die sonstigen Arbeiten des täglichen Lebens sollen letzten Endes ebenfalls zum Lob Gottes geschehen. Nur einen Teil des täglichen Stundengebets, die Sonntagsmahlzeiten und einen beschränkten Wochenspaziergang verbringen die Mönche gemeinsam. Sie tragen ein weißes Ordenskleid mit Kapuze.

Die großzügige Anlage eines solchen Klosters kann man in der weltberühmten Certosa bei Pavia sehen, die allerdings von den Mönchen verlassen worden ist. Da die Kartäuserregel die strengste Regel aller Orden ist, finden sich meist nur wenige junge Männer, die sich diesem Orden anschließen. Die meisten Kartausen sind deshalb heute verwaist.

Der hl. Bruno entstammte der alten Kölner Familie derer von der harten Faust (Hardefust). Um das Jahr 1030 geboren, war ihm ein kometengleicher Aufstieg beschieden. Er besuchte die Schule in Köln, studierte in Reims und Paris und wurde, nach Köln zurückgekehrt, zum Priester geweiht.

Er übernahm den Posten eines Kanonikers an der Kirche St. Kunibert. Im Jahr 1057 holte ihn Erzbischof Gervasius wieder zurück nach Reims und übertrug ihm als Domscholastiker die Leitung der dortigen Domschule.

Bruno war ein hervorragender Lehrer. So unterrichtete er seine immer zahlreicher werdende Zuhörerschaft nicht nur in Theologie, sondern auch in Philosophie, und er lehrte die alten Sprachen Latein und Griechisch. Darüber hinaus vermittelte Bruno seinen Schülern viel Wissen aus den bildenden Künsten. Sein Unterricht war die ideale Synthese aus religiösem und humanistischem Gedankengut. Er übte sein Amt fast zwanzig Jahre lang aus.

Im Jahr 1075 berief der neue Erzbischof von Reims den hl. Bruno zu seinem Kanzler. Aber bereits nach einem Jahr wurde Bruno dieses Amtes wieder enthoben, nachdem er den Erzbischof von Reims wegen seiner gewalttätigen Herrschaft und seines sittenlosen Lebenswandels scharf angegangen hatte. Nach kurzem Aufenthalt in der Benediktinerabtei Molesme begab sich Bruno mit

Geboren: um 1030 in Köln
Gestorben: 1101 in La Torre (Italien)
Berufung/Beiname: Benediktinermönch, Eremit, Ordensgründer
Wirkungsstätten: Deutschland, Frankreich, Schweiz, Italien
Bedeutung des Namens: der Braune (althochdeutsch)
Namensformen: Brunold, Brunolf
Patronat: gegen Pest

Der Kartäuserorden, den Bruno gründete, gilt als der strengste Mönchsorden überhaupt. Zu den drei üblichen Mönchsgelübden Armut, Gehorsam, Keuschheit treten hier noch das ewige Stillschweigen und die Einsamkeit hinzu.

Die Certosa di Pavia, südlich von Pavia gelegen, ist eines der imposantesten Kartäuserklöster Europas. Im Chiostro Grande kann der Besucher die Zellen der Mönche besichtigen.

Bruno wird dargestellt in weißer Kartäuserkutte, einen Stern auf der Brust. Er kniet vor einem Kreuz mit Totenkopf. Manchmal steht er mit einem Fuß auf der Weltkugel oder legt den Finger auf die Lippen als Hinweis auf sein Schweigegebot. Beigegeben sind ihm auch Lilie, Buch, Zepter und Olivenzweig.

sechs Mitbrüdern zu dem hl. Abt Hugo von Grenoble. Dieser überließ Bruno auf seine Bitte hin das wilde Felsental La Grande Chartreuse. Dorthin zogen sich die frommen Männer zurück. Sie errichteten zunächst um ein Bethaus herum einige einfache Hütten aus Holz. Ihre Tage verbrachten sie in immerwährendem Schweigen. Sie verständigten sich untereinander, wenn es unvermeidbar war, nur durch Zeichen. Aus diesen Anfängen heraus entwickelte sich nach und nach der Eremitenorden der Kartäuser.

In der abgeschiedenen Wildnis von Chartreuse konnte Bruno nur sechs Jahre nach seiner eigenen Ordensregel leben, denn Papst Urban II. rief ihn 1090 zu sich nach Rom. Nur der Gehorsam gegenüber dem Papst konnte den Einsiedlerabt dazu bewegen, seine Einöde und seine Mönche zu verlassen, um künftig als Berater Urbans tätig zu sein. Das sehr anspruchsvolle und geschäftige Leben am päpstlichen Hof wurde ihm langsam zur Qual. Er sehnte sich zurück nach dem majestätischen Schweigen seiner Bergeinsamkeit, wo er ungestört Zwiesprache mit Gott gehalten hatte. Das angesehene Erzbistum Reggio, mit dem ihn der Papst entschädigen wollte, schlug er aus.

Während eines gemeinsamen Aufenthalts mit Papst Urban II. im Süden des Landes erlaubte ihm dieser schließlich, in La Torre, einer Einöde in Kalabrien, eine neue Kartause zu gründen. Hier führte Bruno wiederum das gleiche strenge Büßerleben wie in seiner ersten Gründung von Chartreuse. Und auch hier konnte Bruno bald eine Schar gleichgesinnter Männer gewinnen, die mit ihm das Ödland rodeten und die zum gemeinsamen Leben notwendigen Arbeiten verrichteten. Darüber hinaus beschäftigten sie sich vor allem mit dem kunstvollen Abschreiben wertvoller geistlicher Bücher.

Noch zehn Jahre lebte Bruno in der neuen Kartause als Abt. Am 6. Oktober des Jahres 1101 starb er in La Torre, wo er auch begraben wurde. Nach mehr als 400 Jahren fand man seinen Leichnam unversehrt vor. Heute ruht er in der Kirche S. Stefano de Bosco in La Torre.

Legende *Die Legende versuchte, den für die Menschen so unverständlichen Verzicht des hl. Bruno auf seine hohen Ämter durch ein unheimliches Erlebnis auszulegen, das ihm die Welt verleidet haben soll. Es heißt, der Heilige sei bei den Trauerfeierlichkeiten eines berühmten Hochschullehrers zugegen gewesen, als sich dort ein Wunder ereignete. Am offenen Sarg wurde gerade das Totenamt zelebriert. Bei den Worten des Lektors »Reponde mihi!« - »Antworte mir!« richtete sich der Tote plötzlich auf und rief mit lauter Stimme: »Ich bin gerufen zum gerechten Gerichte Gottes!« Leblos sank er darauf wieder zurück in den Sarg, und die Menge stob entsetzt auseinander. Am nächsten Tag begann man von neuem mit der Feier der Totenmesse. Aber siehe, bei den Worten »Reponde mihi!« hob der Tote abermals sein Haupt und rief laut auf: »Ich bin gerichtet im gerechten Gerichte Gottes!« Und wiederum flüchteten alle Anwesenden. Am dritten Tag, als sich eine ungeheure Menge Volkes versammelt hatte, die schaudernd von dem Wunder gehört hatte, richtete sich der Tote nochmals bei den gleichen Worten des Lektors auf und sagte verzweifelt: »Ich bin verdammt im gerechten Gerichte Gottes!«*

Nach diesem Erlebnis entsagte der hl. Bruno alsbald der Welt und floh in die schweigende Abgeschiedenheit der Einöde, fortan bestrebt, sich allein dem Lob Gottes und dem Gebet für andere zu widmen.

7. Oktober

Eduard

Eduard der Bekenner wurde als Sohn Ethelreds II. um das Jahr 1003 geboren. Er war der letzte angelsächsische König. Im Volksmund hieß er von Anfang an »der gute König Edward.« Als junger Königssohn mußte er in die Normandie fliehen, wo seine Mutter Emma, eine Tochter des Normannenkönigs Richard, mit ihren Kindern Zuflucht gefunden hatte, nachdem die Dänen das Land überfallen hatten. Vom englischen Volk jedoch auf den Thron berufen, wurde Eduard im Jahr 1042 zum König gekrönt. Eduard war bestrebt, das Ideal eines christlichen Herrschers zu verwirklichen. Als wahrer Vater seiner Landeskinder sorgte er in großzügiger Weise für die Armen, er baute die zerstörten Klöster und Kirchen wieder auf, förderte überall im Land das kirchliche sowie monastische Leben und regierte mit großer Klugheit und Umsicht. Eine besondere Aufgabe sah er auch in der Betreuung der Kranken und der Armen.

Der König hatte eine Pilgerfahrt nach Rom gelobt, weil er die Apostel Petrus und Paulus sehr verehrte. Seine Räte drängten den Herrscher jedoch, hiervon Abstand zu nehmen, damit die wiederhergestellte Ruhe und Ordnung im Land nicht während seiner Abwesenheit gefährdet werde. Daraufhin gelobte Eduard stattdessen den Wiederaufbau von Westminster Abbey, womit in der Tat noch während seiner Regierungszeit begonnen wurde.

Nachdem Eduard seinen Todestag vorausgesagt hatte, starb der König tatsächlich am 5. Januar des Jahres 1066. Er wurde im Jahr 1161 von Papst Alexander III. (1159–1181) heiliggesprochen, und bereits zwei Jahre später, am 13. Oktober 1163, übertrug Thomas Becket, der Erzbischof von Canterbury, den völlig unversehrt gebliebenen Leichnam des Heiligen feierlich in die Westminsterabtei. Seit dieser Zeit ist das Grab König Eduards ein Nationalheiligtum Englands. Eindrucksvoll geschilderte Szenen aus seinem Leben enthält ein Reliefzyklus aus dem 15. Jahrhundert in der Grabkapelle.

Legende Weil König Eduard den Evangelisten Johannes besonders verehrte, hatte er ein Gelübde abgelegt, daß er niemandem etwas abschlagen würde, wenn man ihn im Namen dieses Heiligen um etwas bäte. Nun trat aber einmal dem König ein Fremdling in den Weg und bat ihn im Namen des hl. Evangelisten Johannes um eine milde Gabe. Der König hatte gerade nichts bei sich, aber er wollte den Armen nicht leer ausgehen lassen, eingedenk seines Gelübdes. Da zog er einen kostbaren Ring von seinem Finger und schenkte ihn dem Bettler anstatt eines Almosens.

Nach zwei Tagen erschien der hl. Johannes in Gestalt eines ehrwürdigen Greises zwei Pilgern, die nach Jerusalem reisen wollten, und sprach zu ihnen: »Ich, Johannes, bin der Apostel Christi, der euren guten König ganz besonders lieb hat. Tragt diesen Ring zurück, den er mir geschenkt hat, als ich mich ihm in Gestalt eines Bettlers nahte, und sagt ihm, daß der Tag seines Hingangs nahe ist. In sechs Monaten werde ich kommen und ihn abholen zu den ewigen Freuden.« Als der König das vernommen hatte, bereitete er sich mit größter Sorgfalt auf seinen Tod vor und verschied sechs Monate später in seinem vierundsechzigsten Lebensjahr.

Geboren: um 1003 in England
Gestorben: 1066 in England
Berufung/Beiname: Bekenner, Kirchen- und Klostergründer; »der gute König Edward«
Wirkungsstätten: England, Frankreich
Bedeutung des Namens: der Besitzhüter (althochdeutsch)
Namensformen: Eduardo, Edvard, Edvardo, Edward
Patronat: England; englische Könige

Eduard wird dargestellt als König, auf dem Zepter sitzt als Zeichen der Friedfertigkeit des Heiligen eine Taube; Oft wird Eduard gezeigt, wie er einen Kranken trägt oder seinen Ring einem Bettler schenkt.

8. Oktober

Demetrius

Geboren: unbekannt
Gestorben: um 300 in Sirmium (Serbien)
Berufung/Beiname: Märtyrer
Wirkungsstätte: Griechenland
Bedeutung des Namens: der Göttin Demeter gehörend, der Ernährende (griechisch)
Namensformen: Demetrio
Patronat: Soldaten

Der hl. Demetrius wird in der westlichen wie in der östlichen Kirche gleichermaßen verehrt. Die Ostkirche feiert das Fest des »Megalomartyr«, des Großmärtyrers, am 26. Oktober. Die intensive Wertschätzung dieses Heiligen belegen allein schon die über zweihundert ihm geweihten Kirchen in Griechenland. Aber auch in Rußland wurde die Verehrung des hl. Demetrius zusammen mit dem byzantinisch-orthodoxen Ritus eingeführt.

Der hl. Demetrius wurde vermutlich um das Jahr 300 unter Kaiser Maximian (245–310) in Sirmium in der römischen Provinz Illyrium hingerichtet. Sein Kult gelangte mit einem Teil seiner Reliquien nach Thessaloniki. Die dort im 5. Jahrhundert zu seinen Ehren erbaute, prachtvolle Basilika wurde zum eigentlichen Zentrum seiner Verehrung. Später haben Kreuzfahrer seine Verehrung im westlichen Abendland verbreitet. Die Bevölkerung der Stadt Saloniki ist allerdings der Überzeugung, im Besitz der wahren Reliquien des Heiligen zu sein. Sein Grab in der Demetriuskirche war im Mittelalter das Ziel zahlreicher Wallfahrer. Auch heute noch, wenn die Bewohner in feierlicher Prozession zu seiner Ehre durch die Stadt ziehen, ist das Fest ein Höhepunkt des gesamten Kirchenjahres.

Legende Demetrius stammte aus einer vornehmen Familie. Seiner besonderen Umsicht und Klugheit wegen zum Prokonsul und später zum Konsul von Hellas ernannt, scheute er sich dennoch nicht, weiterhin seinen Glauben an den einen wahren Gott der Christen zu bekennen. Als sich nun Maximian in Thessaloniki aufhielt und dort ebenfalls die Christen verfolgen ließ, nahm man auch Demetrius gefangen.

Demetrius wurde vor den Kaiser geführt, der sich gerade im Stadion befand, um sich die Gladiatorenspiele anzusehen. Maximian war jedoch derart von dem Schauspiel gefesselt, daß er den christlichen Konsul vorerst in die neben dem Stadion gelegenen Bäder einschließen ließ. Das Interesse des Kaisers galt vornehmlich einem berühmten Gladiator mit Namen Lyaeus. Der Kaiser hatte sogar einen Preis für denjenigen ausgesetzt, der seinen Favoriten zu schlagen vermochte. Es meldete sich ein junger Mann namens Nestor. Der Kaiser versuchte diesem auszureden, sich mit einem derart kampferprobten und starken Gegner einzulassen. Nestor bestand jedoch auf seinem Vorhaben.

Während sich Lyaeus auf den Kampf vorbereitete, begab sich Nestor zu Demetrius, mit dem er befreundet war, und bat um seine geistige Hilfe für den Kampf. Der Heilige segnete seinen Freund und sagte ihm den Sieg über Lyaeus voraus. Nestor empfahl sich Gott und besiegte tatsächlich den berühmten und von seinen Gegnern gefürchteten Gladiator. Der nun über den Tod seines Lieblings aufgebrachte Kaiser beschuldigte den Sieger sogleich, daß ihm dies nur durch Zauberei gelungen sein könne. Und sofort lenkte man den Verdacht auf Demetrius. In seiner Wut befahl der Kaiser, den christlichen Konsul unverzüglich hinzurichten, was auch geschah. Demetrius wurde durch Lanzenstiche getötet und sein Körper an der Stätte der Hinrichtung verscharrt. Lupus, ein Diener des Demetrius, aber barg den blutgetränkten Mantel des Heiligen. Dort, wo man diesen Mantel wie einen kostbaren Schatz verwahrte, geschahen alsbald nach Anrufung des Demetrius mehrere Wunder.

Die Attribute des Heiligen sind Speer oder Lanze, Pfeile und ein Schild mit fünf Rosen. Ein frühchristliches Relief, das angeblich aus der Hagia Sophia in Konstantinopel stammt, zeigt Demetrius als jungen Mann im langen Gewand: Der Heilige hält ein Kreuz vor seiner Brust und trägt einen Heiligenschein.

Gunther

Der thüringische Gaugraf Gunther war ursprünglich eine recht kämpferische und unruhige Natur. Erst nach langem Ringen und mehreren Rückfällen wurde aus dem kampferprobten Ritter durch Gottes Gnade eine der größten deutschen Büßergestalten des 11. Jahrhunderts. Der sogenannte Guntharibrunnen an seinem Sterbeort im Böhmerwald ist noch heute ein gernbesuchter Wallfahrtsort.

Gunther, der ein Vetter Kaiser Heinrichs II. (973–1024) und naher Verwandter König Stephans von Ungarn (1000–1038) war, wurde 955 geboren. Er führte lange Zeit das Leben eines wohlhabenden Fürsten. Erst durch den Einfluß des hl. Abtes Gotthart änderte er seine Ansichten und seinen Lebensstil. Nach langer Bedenkzeit entschloß sich Gunther, um Aufnahme als Laienbruder in den Benediktinerorden Hersfeld zu bitten, dem Gotthart als Abt vorstand. Aber der damit verbundene völlige Verzicht auf seine bisherigen Lebensgewohnheiten fiel ihm so schwer, daß seine Profeß → immer wieder verschoben werden mußte.

Eines Tages begleitete Gunther den hl. Gotthart zum Kloster Niederaltaich in Bayern. Dort fand er Gefallen am Leben als Laienbruder. Er arbeitete nun mit Eifer und Hingabe an seiner geistigen Vervollkommnung und erlangte endlich die innere Festigkeit, um das ganz andersartige Leben eines vorbildlichen Klosterbruders führen zu können. Mit Erlaubnis seiner Oberen begab er sich im Jahre 1008 in eine unbewohnte Gegend des Böhmischen Waldes. Im einsamen Tal der Rinchnach ließ er sich nieder, zimmerte sich eine Zelle und erbaute daneben eine Kapelle. Dort führte er das an Entbehrungen reiche Dasein eines Einsiedlers, ernährte sich von Beeren, Pilzen und Kräutern und unterwarf sich harten Bußübungen. Lange blieb er allerdings nicht allein, denn es fanden sich immer mehr junge Männer ein, die sein frommes Leben mit ihm teilen wollten. In rastloser Arbeit rodeten sie die dichten Wälder und wandelten das Land in fruchtbare Äcker und Wiesen um. So entstand aus der Einsiedlerhütte eine Klosterniederlassung, die 1019 von Bischof Berengar von Passau geweiht und mit Niederaltaich vereinigt wurde.

Der Ruf des frommen Mannes drang nun bis zu Kaiser Heinrich II. (1002–1024), der bald darauf das Grundstück des Klosters Niederaltaich und die umliegenden Landstriche großzügig der Abtei vermachte. Kaiser Konrad II. (um 990–1039) bestätigte 1029 die Schenkung und erweiterte seinerseits den Klosterbesitz beträchtlich. An die Glanzzeit des Klosters erinnert heute noch die von Johann Michael Fischer erbaute Rokokokirche.

Im Jahr 1040 wählte Gunther erneut die Einsamkeit, weil er sich durch die ständig wachsende Zahl junger Mönche in seiner Beschaulichkeit gestört fühlte. In einer Einsiedelei tief im Nordwald wollte er sich in aller Stille auf den Tod vorbereiten. Als die Mönche des Klosters Brevnov ihn zu ihrem Abt machen wollten, lehnte er ab und zog sich noch weiter zurück auf den nach ihm benannten Günthersberg bei Gutwasser. Dort starb er 1045 mit neunzig Jahren. Er wurde in der Benediktinerkirche St. Margaretha in Brevnov bei Prag beigesetzt. Sein Grab wurde 1420 von den Hussiten zerstört.

Geboren: 955 in Schwarzburg (Thüringen)
Gestorben: 1045 bei Hartmanitz (Böhmen)
Berufung/Beiname: Benediktinerbruder, Eremit
Wirkungsstätten: Thüringen, Bayern, Böhmen
Bedeutung des Namens: der Kriegsherr, der Kämpfer (althochdeutsch)
Namensformen: Gunter, Günt(h)er, Gunni, Gunold

Der hl. Gunther wird meistens in der Einsiedelei dargestellt; auch, wie ihm der Bischof von Prag die Kommunion reicht, während ihm der bömische Herzog zur Seite steht.

10. Oktober

Gereon

Geboren: unbekannt
Gestorben: um 304 bei Köln
Berufung/Beiname:
Märtyrer
Wirkungsstätten:
Deutschland
Bedeutung des Namens:
der Älteste, der Greis
(griechisch)
Namensformen: Gero,
Gery, Gary, Gerold
Patronat: gegen Kopfweh

Gereon wird dargestellt als römischer Krieger, ein Kreuz auf dem Panzer, mit Kreuzfahne und Schwert, mit dem er einen Drachen als Sinnbild des Heidentums bezwingt. Auf späteren Darstellungen trägt Gereon manchmal ein Barett.

»Ad sanctos aureos« – zu den goldenen Märtyrern – nannte man die Kirche in Köln, die für den hl. Gereon und seine Gefährten im 4. Jahrhundert errichtet und mit prachtvollen Goldmosaiken ausgeschmückt worden war. Nach mehrmaliger Zerstörung, zuletzt durch die Normannen im 9. Jahrhundert, erhielt sie ihre heutige Gestalt mit dem Bau, der zwischen dem 11. und 14. Jahrhundert entstand.

Lange Zeit nach dem Martyrium Gereons und seiner Gefährten wurden die Reste ihrer Gebeine auf einem Feld bei Köln am Ort Mechtern – ad martyres – gefunden. Sie wurden dann gesammelt und in der Krypta der zu ihren Ehren erbauten Kirche beigesetzt. Die Passio des hl. Gereon und seiner 318 Gefährten ist in ihrem Kern historisch. Sie gehörten zur Thebaischen Legion → und wurden wegen ihres Glaubens an Christus um 304 enthauptet.

Im Dom von Köln befindet sich eine Darstellung des hl. Gereon zusammen mit der hl. Ursula und den elftausend Jungfrauen. Es ist ein Gemälde, das Stefan Lochner auf einem Seitenflügel des berühmten Dombildes »Anbetung der drei Könige« meisterlich geschaffen hat.

Legende *Gereon und seine Gefährten gehörten zur Thebaischen Legion, die unter ihrem Anführer, dem hl. Mauritius, im Wallis um ihres Glaubens willen das Martyrium erlitt. Einige Kohorten aber waren vorher bereits in das Land der Treverer und Ubier geschickt worden. Eine Gruppe marschierte unter Thyrsus nach Trier, eine weitere kam unter Cassius, Florentius und Pius nach Bonn, eine dritte Schar, nämlich dreihundertachtzehn Mann unter Führung Gereons sowie eine maurische Kohorte von dreihundertsechzig Leuten unter Gregorius, ging nach Köln, das sie am Abend des 9. Oktober 286 erreichte. Die Mitglieder der Thebaischen Legion unterschieden sich deutlich von den übrigen römischen Soldaten. Sie hattten andere Zeichen an Kleidung und Waffen, und ihre Führer gingen freundschaftlich mit den Soldaten um.*

Als sich am nächsten Morgen die thebaischen Legionäre auf Befehl des Lagerkommandanten versammelten, wurde ihnen der Befehl erteilt, sofort nach Xanten weiterzumarschieren. Zuvor aber sollten sie auf Anordnung des Kaisers Maximian den Göttern für den glücklichen Ausgang des Feldzugs opfern. Der Kommandant verkündete ihnen, daß ihre Kameraden in Bonn, Trier und Octodurum hingerichtet worden seien, weil sie sich geweigert hätten, die römischen Götter zu ehren. Die Soldaten wurden nun, sofern sie Christen waren, aufgefordert, sofort ihrem Glauben abzuschwören, wollten sie nicht das gleiche Schicksal erleiden. Da trat Gereon, ihr Anführer, vor ihre Reihen und erklärte in ihrer aller Namen, sie wollten gerne als treue Soldaten jeden Befehl des Herrschers ausführen, doch als treue Christen nicht den römischen Göttern opfern. Mit der Zuversicht des wahren Glaubens gewappnet, standen die Helden unerschütterlich, als auf Befehl des Kommandanten die Marter über sie verhängt wurde. Einer ermutigte den andern bis in den Tod, dem heiligen Glauben treu zu bleiben. So gaben der edle Gereon und seine Gefährten ihr Leben für Gott hin als ein frohes Opfer, und die Henker schleiften die heiligen Leichname über das Feld und warfen sie in einen tiefen Brunnen. Die Kaiserin Helena aber entdeckte ihre Gebeine und ließ sie auf geweihter Erde beisetzen.

11. Oktober

Dionysius von Paris

Der Name Dionysius bedeutet »der dem Dionysos Geweihte«, der Name des griechischen Weingottes »Himmel- und Lichtstrom«. Es ist merkwürdig, daß die Heiligenverzeichnisse eine ganze Reihe von Personen enthalten, die diesen heidnischen Namen tragen, unter ihnen der hl. Dionysius von Alexandrien, Patriarch und Kirchengelehrter, dessen Fest am 17. November ist.

Am 9. Oktober wird das liturgische Fest des hl. Dionysius von Paris – in Frankreich Saint-Denis – gefeiert, über den der hl. Gregor von Tours berichtet hat. Das Fest wird seit dem 9. Jahrhundert zusammen mit dem des hl. Dionysius von Athen begangen, da er fälschlicherweise bis ins 19. Jahrhundert – und auch heute noch sehr häufig – mit dem Paulusschüler aus Athen identifiziert und daher auch als Verfasser der pseudo-areopagitischen Schriften angesehen wird. Hingegen ist – nach Joseph Pieper – der wahre Name jener rätselhaften Gelehrtenfigur, über die sich ein Jahrtausend getäuscht hat, bis heute unbekannt.

Geboren: in Italien
Gestorben: um 285 in Paris
Berufung/Beiname: Bischof, Märtyrer; Nothelfer
Wirkungsstätten: Italien, Frankreich
Bedeutung des Namens: der dem Weingott Dionysos Geweihte (griechisch)
Namensformen: Dionys, Den(n)is. Dionysos
Patronat: Frankreich, Paris; Schützen; gegen Kopfschmerzen, Tollwut

»Der hl. Bischof Dionysius von Paris« auf einem der Nebenaltäre der Stiftskirche St. Martin in Meßkirch aus dem 16. Jahrhundert, der sich heute in der Staatsgalerie Stuttgart befindet.

Dargestellt wird Dionysius als Bischof, der seinen abgeschlagenen Kopf in der Hand hält. Dionysius soll der Legende nach mit seinem abgeschlagenen Kopf in den Händen noch bis zu der Stelle gegangen sein, wo später die heutige Kirche Saint-Denis gebaut wurde.

Das Martyrium des Dionysius wurde in der Kunst vielfach dargestellt, beispielsweise auf dem Fresko von Léon Bonnat im Pariser Pantheon. Dionysius erscheint auch zusammen mit anderen Heiligen, besonders mit dem hl. Emmeram.

Der Name »Dionysius Areopagita« stammt, wie man weiß, aus dem Neuen Testament. Als der hl. Paulus auf dem Areopag in Athen seine Ansprache über den »Unbekannten Gott« gehalten hatte, schlossen sich einige Athener ihm an und wurden gläubig, unter ihnen war auch das Mitglied des Areopags, Dionysius (Apg. 17, 34). Die unter diesem Pseudonym überlieferten Schriften haben im Abendland über tausend Jahre lang einen mächtigen und unabschätzbaren Einfluß ausgeübt, weil sie »der fast schon kanonischen Autorität des Paulusschülers Dionysius von Athen zugeschrieben worden sind«.

Die neueren Forschungen haben jedoch einwandfrei geklärt, daß es sich bei dem Heiligen, dessen liturgisches Fest am 9. Oktober gefeiert wird, um jenen Märtyrer Dionysius handelt, der um das Jahr 250 von Papst Fabian (236–250) zusammen mit mehreren anderen Bischöfen nach Gallien entsandt worden war und dort den Tod erlitten hat. Dionysius hat in Paris auf der Seine-Insel die erste christliche Kirche errichten lassen, und er war auch verantwortlich für den Bau der Kirchen in Chartres und Senlis. Während der Christenverfolgungen um das Jahr 285 wurde Dionysius zusammen mit dem Priester Rustikus und dem Diakon Eleutherius auf dem heutigen Montmartre enthauptet.

König Dagobert ließ seine Reliquien in die Kirche der Benediktinerabtei Saint-Denis übertragen, die dadurch zum größten Heiligtum Galliens und später zu einer Art Nationalmausoleum wurde, da dort fast alle Könige Frankreichs ihre Grabstätte fanden. Die Kirchenfahne von Saint-Denis erlangte unter dem Namen »Oriflamme« als Siegesfahne der französischen Könige Berühmtheit.

Legende Die wunderbaren Geschichten, die in den Legendenbüchern über den Heiligen aufgezeichnet sind, wurden, da man Dionysius von Athen, den Paulusschüler, und Dionysius, den ersten Bischof von Paris, für ein und denselben hielt, aus alledem zusammengestellt, was über den einen wie den anderen überliefert war.

Einige Legenden berichten, daß er wegen seines großen Glaubenseifers von den Heiden gehaßt und verfolgt und im Jahre 117 öffentlich verbrannt worden sei. Eine andere Fassung erzählt, daß er nach dem Tod der hll. Apostel Petrus und Paulus nach Rom kam, von wo er vom Papst als Missionar nach Gallien geschickt wurde.

In Paris hat der Heilige viele Menschen zum christlichen Glauben bekehrt. Oft geschah es, wenn wieder einmal eine Gruppe aufgehetzter Heiden loszog, um ihn zu töten, daß sie ihre Aufgebrachtheit ablegten, sobald sie nur sein frohes, Güte ausstrahlendes Gesicht sahen. Der Teufel aber, der voll Neid erkannte, daß Dionysius der Kirche so viele Seelen zuführte, veranlaßte den römischen Präfekten, daß dieser Dionysius gefangennehmen ließ.

Zusammen mit seinen Gefährten Rustikus und Eleutherius wurde er gefoltert, und dann schlug man allen dreien, weil sie sich immer wieder laut zur Dreieinigkeit bekannt hatten, die Köpfe ab. Dionysius aber erhob sich alsbald, nahm sein Haupt in die Hände und trug es, von einem Engel geführt und von himmlischem Licht umgeben, zwei Meilen hinweg von dem Ort, der »Mons Martyrium« genannt wird, zu der Stätte, wo er nach seiner Wahl und Gottes Willen ruhen wollte. Katulla, eine fromme Frau, die der Heilige bekehrt hatte, eilte ihm entgegen, nahm das Haupt und bestattete es zusammen mit dem Leichnam des Heiligen ehrenvoll. Über seinem Grab wurde von den Gläubigen eine hölzerne Kapelle errichtet. Später erbaute die hl. Genoveva auf dem Platz mit der inzwischen verfallenen Kapelle eine neue Kirche.

12. Oktober

Maximilian

Am Festtag des hl. Maximilian von Celeia, dem Namenspatron so vieler bayrischer und österreichischer Fürstenfamilien, versammeln sich die Andächtigen im Dom von Passau, um dort das Gedächtnis des seit mehr als einem Jahrtausend verehrten Heiligen zu begehen. Schon im 8. Jahrhundert förderte der hl. Rupert von Salzburg die Verehrung des als »Apostel von Norikum →« geltenden Heiligen. Zu seinen Ehren erbaute Rupert über dem Grab von Maximilian in Bischofshofen im Pongau eine Kirche. Von dort aus brachte König Karlmann die Gebeine des Heiligen nach Altötting. Im 10. Jahrhundert wurde ein Teil der Reliquien nach Passau übertragen, wodurch Dom und Bistum neben dem hl. Valentin einen zweiten Patron erhielten.

Der hl. Maximilian stammte aus Celeia in der Steiermark, das heutige Celje in Jugoslawien. Er lebte im 3. Jahrhundert. Alten Berichten zufolge soll er als Märtyrer in Celeia gestorben sein. Die Akten über ihn stammen jedoch erst aus dem 13. Jahrhundert. Historisch sicher ist, daß er von Papst Sixtus II. (257-258) zur Verkündigung des Evangeliums nach Pannonien → gesandt wurde. Er war ein eifriger Missionar, der auch im Pongau wirkte und seinen Einfluß bis nach Freising ausübte. Ebenfalls geschichtlich beglaubigt ist, daß Maximilian die Kirche von Lorch (Laureacum) bei Enns gründete, als deren Bischof er bezeichnet wird.

Legende Maximilian stammte von angesehenen Eltern und wurde im Gebiet der heutigen Steiermark geboren. Er war ein lerneifriger Junge, der von dem frommen Priester Oranius unterrichtet und im Glauben unterwiesen wurde. Demut, Keuschheit und Sanftmut zeichneten ihn aus. Nach dem Tod der Eltern schenkte er sein Vermögen den Armen und entließ alle Sklaven.
Dann ging Maximilian nach Laureacum, wo er zum Priester geweiht wurde. Von nun an bemühte er sich verstärkt, seine Mitmenschen durch Wort und Beispiel für Christus zu gewinnen. Allgemein wegen seiner großen Herzensgüte geliebt und ob seines frommen Wandels verehrt, wählte man ihn zum Bischof. Bevor er jedoch sein Amt antrat, pilgerte er nach Rom, um von Papst Sixtus II. die Bestätigung und den apostolischen Segen zu empfangen. Zurückgekehrt, übte er sein verantwortungsvolles Amt mit großem Eifer aus und verkündete überall mutig das Wort Gottes. Bischof Maximilian konnte viele Menschen für den christlichen Glauben gewinnen. Als einer der ersten Glaubensboten wanderte er auch nach Bayern und kam bis in die Gegend des heutigen Freising, wo er der Himmelskönigin Maria zu Ehren ein Kirchlein erbaute.
Zu dieser Zeit wurden aber die kleinen christlichen Gemeinden vom römischen Kaiser unbarmherzig verfolgt. Besonders Kaiser Numerian versuchte, das allerorts wachsende Christentum zu vernichten. Deshalb begab sich Maximilian wieder in seine Heimat Celeia zurück. Er predigte dem verunsicherten Volk von Jesus Christus und seiner Lehre der Liebe und Vergebung. Das machte einen so großen Eindruck auf die Verängstigten, daß sie wieder Mut und Kraft zur Standhaftigkeit schöpften. Der kaiserliche Beamte aber verurteilte den Heiligen zum Tode durch das Schwert. Am 12. Oktober des Jahres 284 wurde Maximilian enthauptet.

Geboren: in Kroatien oder Österreich
Gestorben: um 284 in Celeia (Österreich)
Berufung/Beiname: Missionar, Bischof, Märtyrer; »Apostel von Norikum«
Wirkungsstätte: Österreich
Bedeutung des Namens: der größte Nacheiferer (lateinisch)
Namensformen: Max, Maxim

Maximilian von Celeia wird als Missionsbischof im Chormantel dargestellt, mit einem Kreuz in der Hand, manchmal auch mit einem Schwert, wie in der Stiftskirche auf dem Nonnberg in Salzburg.

13. Oktober

Koloman

Geboren: in Irland oder Schottland
Gestorben: 1012 in Stockerau (Österreich)
Berufung/Beiname: Pilger, Märtyrer
Wirkungsstätte: Österreich
Bedeutung des Namens: der behelmte Mann (altnordisch)
Namensformen: Coloman, Colon, Colman
Patronat: Melk; zum Tod durch Strang Verurteilte, Reisende; Vieh; gegen Krankheiten; gegen Ratten- und Mäuseplage, Feuersgefahr, Unwetter

Koloman, der von der Amtskirche nie heiliggesprochen wurde, wird vor allem in Bayern und Österreich verehrt. Mancherorts finden am Kolomanstag Pferdeumritte statt; der Kolomanssegen soll vor Feuer schützen.

Am 13. Oktober 1014 ließ Markgraf Heinrich I. von Österreich die Gebeine des hl. Koloman ins Benediktinerkloster Melk an der Donau überführen. Deshalb wurde sein Fest auf diesen Tag festgesetzt. Die Reliquien des Heiligen ruhen in der Stiftskirche unter dem Seitenaltar des nördlichen Kreuzarmes. Seither wird der hl. Koloman in Österreich und Bayern als Volksheiliger verehrt.

Matthäus Merian schrieb 1677: »Anno 1012 ist Sanct Colomanus, von königlichem Geschlecht aus Schottland gebürtig, als er nach Jerusalem durch Österreich reisen wollte, zu Stockerau von dem Landvolk für einen Verräter und Kundschafter gefangen und an einem Baum aufgehenkt worden. Zur Anzeigung seiner Unschuld ist sein Leib anderthalb Jahr gantz unversehrt hangen blieben. Wie dann einer allda, mit Namen Rumaldus, für seinen Sohn, zur Vertreibung des Podagra, welches auch geholfen, ein Stück Fleisch von ihm geschnitten, ist alsbald frisches Blut heraus gerunnen, als wann er erst denselben Tag gestorben wäre. Zu diesen hat auch die Witten (Holunderbaum), an welcher er gehangen, angefangen zu grünen. Dieser wunderbarlichen Thaten halber ist der heilige Leib herab genommen, und in einer nächst bey Stockerau gelegenen Kirche ehrlich begraben worden. Folgendes Jahr hat sich die Donau über die Maßen ausgossen, also, daß die Kirchen meistentheils in dem Wasser gestanden, ist gleichwohl durch sonderliche Schickung Gottes nichts hinein gerunnen...«

Überall in Bayern und Österreich gibt es Kapellen und kleine Kirchen, die dem hl. Koloman geweiht sind. Sie befinden sich meist alleinstehend auf Anhöhen oder inmitten ausgedehnter Wiesen. In Oberbayern sei besonders ein gotischer Hochaltar aus dem Jahre 1515 in St. Koloman bei Tengling erwähnt. Dort wird der Heilige als Pilger mit einem Pilgerstab in der rechten Hand und einem Kreuz in der linken Hand neben der Muttergottes dargestellt. Im Dom von Passau steht eine Holzplastik des Heiligen aus dem 15. Jahrhundert, im Stift Melk auf der Klosterterrasse eine Steinstatue aus dem 18. Jahrhundert. Bekannt ist auch die kleine Kolomanskapelle in Talgau am Mondsee.

Vor vielen Kolomanskirchen finden bis heute Pferdesegnungen statt. Das gläubige Volk ist der Überzeugung, daß der Kolomansegen unverwundbar macht. Der Heilige war bis 1663 Landespatron von Österreich.

Legende *Koloman war Einsiedler, und die vollkommene Armut war für ihn oberstes Gebot. Er besaß nichts als drei Tiere: einen Hahn, eine Maus und eine Fliege, die ihm Gesellschaft leisteten. Der Hahn weckte ihn nachts zum Gebet. Die Maus brachte ihn, bald am Gewand nagend, bald am Ohr knabbernd, um allen Frieden, wenn er sich nicht rechtzeitig erhob und seine Bet- und Bußübungen durchführte. Aber auch die Aufgabe der Fliege war nicht weniger erstaunlich. So oft nämlich Koloman seine fromme Lesung unterbrach, wann immer er von jemandem gerufen wurde, befahl er der Fliege, die stets, wenn er las, auf seinem Kodex hin- und herlief, sich auf die Zeile zu setzen, bei der er stehengeblieben war, und an dieser Stelle zu verweilen, bis er wiederkäme, um die unterbrochene Lesung fortzusetzen, was die Fliege auch zuverlässig tat.*

14. Oktober

Burkhard

Burkhard wurde um das Jahr 683 in Südengland geboren. Seine wohlhabende und angesehene Familie ermöglichte Burkhard eine hervorragende Ausbildung bei den Benediktinern. Nach Abschluß seiner theologischen Studien trat er in den Benediktinerorden ein. Burkhard erwarb sich bald einen ausgezeichneten Ruf als Missionsprediger. Im Jahr 732 begleitete Burkhard den hl. Bonifatius aufs Festland und unterstützte ihn auf seinen Missionsreisen.

Burkhard wurde mit der Verkündigung des Evangeliums in Thüringen und Franken betraut. Dort hatten bereits der hl. Kilian und seine Gefährten sowie der hl. Willibald gründliche Vorarbeit geleistet. Dennoch war es auch weiterhin schwer, die Menschen dieser Gegend zum wahren Glauben zu führen, denn aus ihrem Bewußtsein konnte der heidnische Glaube mit seinen uralten, überlieferten Bräuchen nur sehr schwer verdrängt werden. Mit Ausdauer und Geduld vermochte Burkhard jedoch, so viele Heiden vom christlichen Glauben zu überzeugen, daß ihn der hl. Bonifatius im Jahr 742 zum ersten Bischof des neu gegründeten Bistums Würzburg am Main ernannte.

Burkhard ging sogleich daran, das neue Bistum Würzburg zu organisieren. Die fränkischen Herrscher Karlmann und Pippin bedachten Würzburg mit reichen Stiftungen, so daß schon bald der Bau von Kirchen und Klöstern und damit die Abhaltung regelmäßiger Gottesdienste gesichert waren. Mit der Gründung der Klöster in Kitzingen, Kleinochsenfurt und Tauberbischofsheim festigte Bischof Burkhard die kirchliche Struktur seines Bistums.

Am Platz des Martyriums der drei Frankenheiligen Kilian, Kolonat und Totnan ließ er den ersten bescheidenen Dombau errichten. Mit der feierlichen Erhebung der Reliquien der drei Heiligen begann deren große Verehrung, und sie machte Würzburg zum geistlichen Zentrum des Landes.

Bischof Burkhard konnte sowohl mit den geistlichen als auch mit den weltlichen Herren besonders geschickt umgehen. Deshalb beauftragte man auch ihn im Jahr 748 damit, nach Rom zu reisen, um dort dem Papst die Treueerklärung der deutschen Bischöfe zu überbringen. Eine erneute Reise des Bischofs nach Rom bewirkte schließlich, daß Papst Zacharias (741–752) einwilligte, Pippin III. (751–768) als neuen rechtmäßigen König der Franken zu bestätigen.

Nachdem Burkhard das Amt des Bischofs von Würzburg zehn Jahre lang ausgezeichnet verwaltet hatte, zog er sich mit Erlaubnis des Königs Pippin um 753 nach Hohenburg im Odenwald zurück, wo er am 2. Februar des Jahres 754 starb. Seinen einfachen Hirtenstab aus rohem Holunderholz hatte er zuvor Megingoz, dem Abt von Fritzlar, als würdigem Nachfolger überreicht. Dieser setzte den Leichnam des Heiligen im Kloster St. Andreas in Würzburg neben den Reliquien des hl. Kilian bei.

Es soll hier ein weiterer Heiliger des Benediktinerordens erwähnt werden, der Burkhard hieß. Er wurde um 1100 in Muri im Aargau geboren, war Pfarrer von Beinwell am See und starb nach einem heiligmäßigen Leben 1192. Seine Reliquien ruhen in der Krypta der Kirche von Beinwell, sein Fest ist am 18. Mai.

Geboren: um 683 in England
Gestorben: 754 in Homburg (Bayern)
Berufung/Beiname: Benediktinermönch, Klostergründer, Missionar, Bischof
Wirkungsstätten: England, Deutschland, Italien
Bedeutung des Namens: der starke Schützer (althochdeutsch)
Namensformen: Burkard, Burghart, Burchard, Burgl, Bork
Patronat: gegen Rheuma, Gliederschmerzen, Stein- und Nierenleiden

Dargestellt wird Burkhard im Bischofsornat mit der Hostie, einem Buch oder einem Kirchenmodell in den Händen als Hinweis auf die zahlreichen Kirchen und Klöster, die er für sein Bistum Würzburg erbauen ließ.

Teresa von Avila

15. Oktober

Geboren: 1515 in Avila (Spanien)
Gestorben: 1582 in Alba de Tormes (Spanien)
Berufung/Beiname: Ordensgründerin, Mystikerin, Kirchenlehrerin; »die Große«, »Doctora mystica«, »seraphische Mutter«, »Meisterin der Psychologie der Mystik«
Wirkungsstätte: Spanien
Bedeutung des Namens: Jägerin oder die aus Tarent Stammende (griechisch)
Namensformen: Theres(i)a, Therese, Thea, Resi, Thessy, Tessa, Tess
Patronat: Spanien; Bortenmacher, spanische Schriftsteller; in seelischer Not; für ein innerliches Leben; gegen Kopfschmerzen, Herzleiden

Die berühmte spanische Ordensfrau Teresa lebte von 1515 bis 1582 zur Zeit der Gegenreformation. Teresa war zwar eine Mystikerin, die den Mut besaß, sich der Mystik bis zum äußersten hinzugeben, aber sie bewahrte sich trotzdem immer eine realitätsbezogene Denkweise. Man erinnere sich nur an ihren Ausspruch: »Wenn tanzen, dann tanzen, wenn fasten, dann fasten!« Neben dem hl. Jakobus ist die hl. Teresa von Avila die Nationalheilige Spaniens. In ihrem brennenden Verlangen, »kein Maß zu haben im Dienste Gottes«, und in ihrer kühnen Forderung, »entweder zu sterben oder zu leiden«, kommt die Besonderheit dieser leidenschaftlichen Frau zum Ausdruck.

Teresa wurde am 28. März des Jahres 1515 in Avila als Tochter des Allonso Sánchez de Cepeda und der Beatrize de Ahumada geboren. Sie war also von altadeliger Herkunft. Schon als Kind von religiöser Begeisterung hingerissen, lief sie als Siebenjährige zusammen mit ihrem Bruder Rodrigo von zu Hause fort, um im Maurenland den Martertod zu sterben. Zum Glück entdeckte man die beiden Ausreißer bald und brachte sie wieder wohlbehalten nach Hause zurück.

Im Backfischalter fand Teresa Gefallen am vergnüglichen Treiben der Gesellschaft. Sie liebte es, sich hübsch anzuziehen und ihre Hände und ihr Haar mit Sorgfalt zu pflegen. Ihr Vater, der mit diesem verschwenderischen Lebensstil nicht einverstanden war, überließ die weitere Erziehung seiner Tochter den Nonnen eines Klosters der Augustinerinnen. Teresa wurde nun eine wißbegierige Schülerin. Die Schriften des hl. Augustinus und die Briefe des hl. Hieronymus begeisterten sie so sehr, daß die beschloß, ebenfalls ins Kloster einzutreten und Nonne zu werden. Am 1. November 1533 wurde Teresa als Novizin bei den Karmeliterinnen im »Kloster von der Menschwerdung« in Avila aufgenommen. Zunächst gefiel ihr das Leben im Kloster ganz gut. Sie nahm es mit ihren Pflichten genau, und der fromme Eifer ihrer Kindheit erwachte in ihr aufs neue. Aber dann wurde Teresa von einer schweren Krankheit heimgesucht, die sie fast drei Jahre lang ans Bett fesselte. Während dieser Krankheit und auch nach ihrer Genesung erhielt sie viel Besuch von ihren Verwandten und den Freunden der Familie. Teresa ließ dies alles freudig zu, es war ja nicht ausdrücklich verboten. Eine Klausur existierte damals in den Klöstern noch nicht. Sie verbrachte die Zeit innerlich hin- und hergerissen zwischen vergnüglicher Plauderei und frommem Gebet. Später schrieb sie selbst darüber: »Ich führte ein höchst qualvolles Leben, auf der einen Seite rief mich Gott, auf der andern folgte ich der Welt.« Vierzehn Jahre lang lebte Teresa so im Zwiespalt der Gefühle.

Ein tiefgreifendes Erlebnis beendete diesen Zustand schlagartig. Eine Vision der Leiden Christi und das mystische Sehen der ewig Verdammten bewegten Teresa so stark, daß sie beschloß, augenblicklich mit ihrem bisherigen Lebensstil Schluß zu machen und sich ganz in den Dienst Gottes zu stellen. Demütig kniete Theresa nieder und betete flehentlich: »O Jesus, gib mir die Kraft, Dir, Dir allein anzugehören!« Theresa wandte schließlich dem geschäftigen Treiben im Kloster den Rücken und konzentrierte sich von nun an ausschließlich auf ihre

15. Oktober

Bußübungen, die sie täglich verschärfte. Dadurch erfuhr sie jene Gebetszustände, in denen ihr gewaltige Gotteserlebnisse zuteil wurden. Von Stufe zu Stufe durfte Theresa aufsteigen, vom Versunkensein in Gott, einer Art mystischer Vereinigung mit ihm, bis hin zu Ekstasen und göttlichen Visionen.

Über ihre von Gott bewirkten Visionen schreibt Teresa: »Der Glanz einer solchen Vision übertrifft alles, was man sich auf Erden vorstellen kann. Es ist ein Licht, welches von dem, was man auf Erden sieht, ganz verschieden ist. Im Vergleich mit diesem Lichte erscheint selbst die Klarheit der Sonne, welche wir sehen, so dunkel, daß man ihretwegen nicht einmal die Augen öffnen möchte.«

Teresa gelangte auf ihrem Weg bis zur Erhabenheit der mystischen Ehe mit Gott, jener letzten Verschmelzung, die bis zur Aufhebung ihrer eigenen Existenz ging. Aber dem unbeschreiblichen Glücksgefühl folgte bei der Rückkehr ins irdische Dasein die tiefe Trauer des »Verstoßenseins«. Es war, als hätte sie das Paradies beschritten und wäre nun daraus wieder verbannt worden. Doch allmählich lernte sie auch, diesen Schmerz zu besiegen und ihn freudig anzunehmen. Nach ihrem Tod fand man ein Zettelchen, auf dem die Worte standen: »Nichts verwirre dich, nichts erschrecke dich, alles geht vorüber, Gott ändert sich nicht. Die Geduld erreicht alles. Wer Gott besitzt, dem mangelt nichts. Gott allein genügt.« Ihre von Grund auf aktive Natur nahm dies neue Gottesverhältnis, diesen »Weg des inneren Gebets«, der ihr zuteil geworden war, als Ansporn. »Die Liebe zu Gott besteht nicht in Tränen und süßen Gefühlen«, schrieb sie einmal, »sondern darin, daß man Gott diene in Gerechtigkeit, in männlicher Entschlossenheit und in Demut.« Teresa von Avila bewies, daß wahre Heiligkeit nicht lebensfremd und lebensuntüchtig macht. Das beschauliche und das tätige Leben befanden sich bei ihr in harmonischem Gleichgewicht.

Die Reform des Karmeliterordens war eines der Hauptanliegen der hl. Theresa von Avila. Sie hatte den Verfall der Klosterzucht erkannt und begann jetzt ohne jedes Zögern, der alten und strengen Klosterregel wieder Geltung zu verschaffen. Dazu begründete sie im Jahr 1562 das kleine Josephskloster in Avila, in dem sie dann fünf Jahre lang mit wenigen Gefährtinnen nach der strengen Regel der »armen Barfüßerinnen« Sühnearbeit leistete.

Im Lauf der Zeit gründete Teresa über dreißig neue Klöster. Sie mußte hierzu Reisen unternehmen, die sie zu allen Jahreszeiten trotz brütender Hitze und eisigem Frost durchführte. Über diese Arbeit berichtet sie in ihren Abhandlungen »Klosterstiftungen und Art und Weise, die Nonnenklöster zu visitieren«.

Die von Teresa vorangetriebenen Reformen riefen viele Gegner auf den Plan. Die nach der gemäßigten Regel lebenden Mönche und Nonnen hatten eine nicht unbegründete Angst, sich wieder nach der alten, so viel strengeren Regel richten zu müssen. Demütig und durch ihre Visionen innerlich gestärkt, ertrug Teresa alle Angriffe und Verleumdungen. Warum ihr das so ohne weiteres gelang, kann man einer ihrer Notizen entnehmen: »Es ist etwas Großes um die Sicherheit des Gewissens und um die Freiheit des Geistes.« Am 27. Juni 1581 entschied Papst Gregor XIII., daß die strenge Regel der »Unbeschuhten« gleichberechtigt mit der milden Regel der »Beschuhten Karmeliter« anerkannt wird. Erleichtert stellte Teresa fest: »Nun sind wir alle in gutem Frieden, und es stört uns nichts mehr im Dienste Gottes.«

Teresa fühlte sich immer in der Gegenwart Gottes. Nur eines schmerzte sie: »Könnte ich doch dazu beitragen, daß Gott noch mehr geliebt und gepriesen werde, wenn auch nur von einer einzigen Seele und für einen Augenblick. Ich würde es für wichtiger halten, als wenn ich schon im Besitz der himmlischen Herrlichkeit wäre.«

Der Anblick des leidenden Jesus an der Geißelsäule erschütterte Teresa von Avila tief. Sie schrieb: »Das Leben, das ich bis jetzt geführt habe, war mein Leben. Von jetzt ab folgt, so darf ich wohl sagen, das Leben Gottes in mir.«

Dargestellt wird Teresa von Avila als Karmelitin in braunem Habit mit weißem Mantel und schwarzem Schleier. Sie hält meist ein brennendes Herz mit den Initialen IHS in der Hand, ein Buch als Hinweis auf ihre Schriften, oder einen Pfeil. Manchmal wird sie auch zusammen mit einer Taube oder mit einem Engel dargestellt, der einen Pfeil in der Hand hält.

Teresa hat ihre Reisen und Abenteuer mit dem ihr eigenen Humor und Sinn für Realität in ihrem »Buch der Gründungen« in einem so bezaubernden Stil beschrieben, daß wir auch heute noch von ihrer literarischen Fähigkeit begeistert sein müssen. Kaum glaublich scheint es, daß diese überragende Heilige trotz ihrer vielen Arbeit und ihren gewaltigen inneren Erlebnissen auch noch die Zeit gefunden hat, um großartige Abhandlungen zu schreiben. »Das große Buch von den Erbarmungen Gottes« – als ihre eigene Lebensgeschichte –, der »Weg der Vollkommenheit« – ein Lehrbuch mit Anweisungen für ihre Nonnen – sowie ihr mystisches Hauptwerk »Die Seelenburg« sind zu Klassikern der spanischen Literatur geworden. Es ist kein Satz in ihren Schriften, den sie nicht aus eigenem Erleben wahrheitsgetreu niedergeschrieben hat. In ihren Briefen äußert sich der gleiche natürliche und einfache Stil, der auch ihre Sprache auszeichnet. Und noch eine Seite gibt es bei Teresa, die uns verwundert, aber die ganz in das Bild einer Seele mit so großer Spannweite paßt, nämlich ihr Witz, ihre große Heiterkeit und ihr hintergründiger Humor.

Die jahrelangen Kämpfe gegen alle Widersacher ihres geistigen Tuns sowie ihre körperlichen Leiden hatten ihre Kräfte langsam aufgebraucht. Auf der Rückreise von ihrer letzten Klostergründung in Burgos erkrankte sie schwer. Im Kloster von Alba bereitete sich Teresa auf den Tod vor. Sie sah ihm voller Freude entgegen: »So ist sie denn gekommen, die heiß ersehnte Stunde, o mein Herr und Bräutigam! So ist denn die Zeit da, daß wir einander sehen werden.« Am 4. Oktober 1582 nahm der Herr sie zu sich. Heiliggesprochen wurde sie 1622.

Legende Teresa war äußerst demütig, was folgende Begebenheit bezeugen kann: Während einer ihrer Visitationsreisen begleitete Teresa ein Mönch. Er sprach sie auf ihre Heiligkeit an, worauf sie ernst erwiderte: »Drei Dinge hat man zu mir gesagt: daß ich in der Jugend schön war, daß ich klug und daß ich heilig sei. Den beiden ersten Meinungen habe ich leider zu viel Glauben geschenkt und es bitter bereut. Den letzten Ausspruch aber, daß ich heilig sei, weise ich ganz und gar zurück.«

Geboren: um 550 in Irland
Gestorben: 645 in Arbon (Schweiz)
Berufung/Beiname: Eremit, Missionar
Wirkungsstätten: Frankreich, Schweiz, Süddeutschland
Bedeutung des Namens: der Ankömmling, der Mächtige (keltisch); der Hahn (lateinisch)
Namensformen: Gallo
Patronat: St. Gallen; Fieberkranke; Gänse, Hühner, Hähne

16. Oktober

Gallus

Der hl. Gallus wurde um das Jahr 550 in Irland geboren. Sein irischer Name war Kallech. Er war einer der zwölf Gefährten des hl. Kolumban, der im Jahre 591 aus dem berühmten Klostern Bangor zu seiner Missionsreise auf das Festland aufgebrochen war. Der hl. Gallus begleitete den hl. Kolumban nach Luxeuil und Fontaines sowie in das Gebiet der Alemannen. Die beiden Missionare kamen zunächst bis Tuggen am Zürichsee. Vom hl. Gallus wird berichtet, daß er die fränkische und alemannische Sprache vortrefflich beherrschte und einer der eifrigsten Missionare unter den Gefährten des hl. Kolumban war.

Doch trotz seiner mitreißenden Predigten scheiterten die Missionierungsversuche in Tuggen, und die Mönche mußten sogar eiligst vor dem Zorn der Einheimischen fliehen, nachdem Gallus in seiner ungestümen Art die heidnischen Götterbilder zerstört hatte. So zogen sie weiter bis an den Bodensee nach Bre-

16. Oktober

genz, wo sie drei Jahre blieben. Als Kolumban weiter nach Italien reiste, blieb Gallus in Bregenz. Eine Krankheit war der Grund für diese Entscheidung. Aber dieses Zurückbleiben wurde Gallus als »mönchischer Ungehorsam« ausgelegt, und Kolumban verbot ihm fortan, die Heilige Messe zu lesen. Dieses Verbot soll der hl. Gallus auch bis zum Tod des hl. Kolumbans im Jahr 615 befolgt haben.

Nach seiner Genesung verließ Gallus den Bodensee und zog sich in die Wildnis des Steinachtals im Hinterland Arbons zurück.

Hier gründete Gallus mit Gefährten eine Einsiedelei, aus der später die berühmte Benediktinerabtei St. Gallen hervorgegangen ist. Der hl. Gallus starb am 16. Oktober des Jahres 645.

Legende Wir entnehmen die nun folgende Schilderung von der Gründung der Galluszelle, aus der später dann das mächtige Kloster Sankt Gallen hervorging, der ältesten Lebensbeschreibung des Heiligen aus dem Jahre 771. Die Bearbeitung der Vita des hl. Gallus stammt von dem berühmten Walafried Strabo, einem ungewöhnlich begabten und angesehenen Mönch des Klosters Reichenau aus der Zeit um das Jahr 1080:

Als Kolumban mit den Brüdern fortgezogen war, verließ auch Gallus den Ort, an dem er mit ihnen gelebt hatte, und fuhr mit seinem Kahn über den See nach Arbon zu dem Priester Willimar, um bei ihm Unterkunft zu suchen. Dieser nahm ihn auch gastlich auf und hieß zwei Geistliche, Maginold und Theodor, sich seiner anzunehmen. Gallus hatte im Sinn, sich an einem einsamen Ort niederzulassen, um sich ganz dem Dienst des Herrn zu weihen. Er wandte sich deshalb an einen Diakon des Priesters, Hiltibod mit Namen, der die Gegend besonders gut kannte, und fragte ihn nach einem geeigneten Ort, an dem er seine Einsiedelei gründen könnte. Hiltibod machte sich alsbald mit ihm auf, und sie gelangten an ein Flüßchen, das die Steinach genannt wird. Hier beschlossen sie zu übernachten, da sich im Wasser viele Fische zeigten. Sie gingen den Flußlauf hinab an eine Stelle, wo sich das Wasser in einem Felsen eingewühlt hatte, warfen das mitgebrachte Netz aus und fingen eine große Zahl von Fischen. Der Diakon schlug mit einem Stein Feuer und sie bereiteten sich das Mahl. Als Gallus an diesem Ort das gewohnte Gebet verrichten wollte, blieb er mit dem Fuß an einem Dornbusch hängen und stürzte zu Boden. Der Diakon versuchte ihm aufzuhelfen, aber Gallus sprach: »Laß mich, hier will ich in Ewigkeit bleiben. Diesen Ort habe ich mir als Wohnstätte auserwählt.«

Er errichtete an dem Platz ein Kreuz aus Haselholz und hing daran eine Kapsel auf, in der Reliquien der hl. Jungfrau, des hl. Desiderius und des Herzogs Mauricius waren. Die beiden beteten nun weiter, bis es dunkel wurde, dann legten sie sich nieder. In der Nacht aber erhob sich Gallus und verrichtete vor dem Kreuz seine Andacht. Sein Begleiter beobachtete ihn, und dabei sah er, wie ein Bär vom Berg herunterkam und in den Überresten ihrer Mahlzeit herumwühlte. Gallus, der Erwählte Gottes, sprach zu dem Bären: »Bestie, im Namen unseres Herrn Jesu Christi befehle ich dir, hole Holz und wirf es ins Feuer!« Der Bär kehrte sogleich um, brachte einen schweren Klotz und legte ihn ins Feuer. Da warf Gallus dem Tier zum Lohn ein Stück Brot hin und befahl ihm: »Im Namen meines Herrn Jesu Christi, weiche aus diesem Tal! Die Bergeshöhen wollen wir mit dir teilen, aber hier sollst du keinen Schaden tun an Menschen und Vieh!« Und sogleich trollte sich der Bär von dannen. Hiltibod aber sprang auf, warf sich dem Gottesmann zu Füßen und sprach: »Jetzt weiß ich, daß der Herr mit dir ist, denn dir gehorchen selbst die Tiere der Wildnis.«

Als die Brüder von Luxeuil dem Missionar Gallus die Abtswürde anboten, da soll er erwidert haben: »Ich habe Freunde und Verwandte verlassen und bin in die Einöde gezogen. Das Bischofsamt habe ich verschmäht und die Reichtümer der Welt verachtet. Ihr wißt selbst, daß ich ein Dienender war, solange ich bei euch lebte, und jetzt wollt ihr mich zum Abt und Führer machen?«

Dargestellt wird Gallus als Einsiedler mit Pilgerstab und Brot; oftmals ist er mit einem Bären, der ihm dient (Legende) zu sehen – so z. B. in der Lorenzkapelle in Rottweil (Baden-Württemberg) und in der St.-Stephans-Kirche in Augsburg.

17. Oktober

Ignatius von Antiochien

Geboren: unbekannt
Gestorben: zwischen 110 und 118 in Rom
Berufung/Beiname: Bischof, Märtyrer
Wirkungsstätten: Syrien, Italien
Bedeutung des Namens: der Feurige (lateinisch)
Namensformen: Ignaz, Iñigo, Inigo, Ignace, Ignazio
Patronat: gegen Halsschmerzen, Hautausschlag

Ignatius von Antiochien wird dargestellt als alter Mann im Bischofsgewand mit Bart, umgeben von mehreren Löwen, die ein Hinweis auf sein Martyrium sind, und mit dem Monogramm Christi.

Dieser morgenländische Bischof gehört zu den bekanntesten Märtyrern aus der Anfangszeit des Christentums. Sein Martyrium und seine sieben Briefe werden vom hl. Irenäus erwähnt. Die Briefe des Ignatius an die jungen Christengemeinden zählen zum Schönsten, was aus der frühchristlichen Literatur bekannt ist.

Glaubhafte Quellen geben an, daß Ignatius ein Schüler des Apostels Johannes war und, von Petrus und Paulus geweiht, dritter Bischof von Antiochien wurde.

Über sein Leben wissen wir nur wenig. Man vermutet, daß er syrischer Abstammung war. Man gab ihm den Namen »Theophorus«, das heißt »Gottesträger«, und respektierte ihn weit über die Grenzen seines Bistums hinaus. Wie lange er der Gemeinde in Antiochien vorstand, wissen wir nicht. Es wird angenommen, daß er die Verfolgungszeit unter Kaiser Domitian (51–96) miterlebte, sie aber überstand. Als Greis jedoch ergriff man ihn zur Zeit Kaiser Trajans (53–117) und sandte den zum Tod Verurteilten nach Rom.

Auch auf der für den hochbetagten Bischof unendlich beschwerlichen Reise nach Westen stärkte er die jungen Christengemeinden durch Belehrungen und Ermahnungen. Vor allem legte er ihnen nahe, sie sollten sich vor den Irrlehren hüten, die damals zum ersten Mal auftauchten. Nach einer gefährlichen Seereise traf Ignatius in Smyrna den hl. Polykarp. Er beteuerte ihm, wie sehr er sich freue, für Christus zu leiden. Von dort aus schrieb er Briefe an die Gemeinden in Ephesus, Magnesia und Tralles sowie einen besonders eindrucksvollen Brief an die Gemeinde in Rom, worin er diese ersuchte, sie möge ihn nicht vom Martyrium losbitten. In weiteren Briefen wandte er sich an die Christen von Philadelphia und Smyrna. Einen besonderen Abschiedsbrief sandte er an den Bischof Polykarp. Ihm überantwortete er seine Gemeinde in Antiochien. In den Briefen des hl. Ignatius begegnet uns zum ersten Mal das Wort »katholische Kirche« für die Gesamtheit der Getauften, und erstmals formuliert er auch ganz klar das Prinzip des päpstlichen Primats.

In Rom schleppte man den Heiligen in die Arena. Dort soll er laut gerufen haben: »Gottes Weizen bin ich, und ich werde von den Zähnen der wilden Tiere gemahlen, um als reines Brot gefunden zu werden.« Dann betete er für die Gemeinden und erlitt den grausamen Tod. Das geschah um das Jahr 117.

Was die Bestien von seinem Leib übriggelassen hatten, sammelten die Christen und sandten die kostbaren Reliquien nach Antiochien, wo man sie sorgsam aufbewahrte und verehrte. Ein Teil von ihnen kam später nach Rom zurück. Sie befinden sich jetzt in der Kirche San Clemente.

Legende *Aus der »Legenda aurea« erfahren wir, daß Ignatius während seiner Marter stets den Namen Jesu vor sich hinsagte. Als ihn Soldaten fragten, warum er so oft diesen Namen nennen würde, antwortete der Heilige: »Ich kann von Seinem Namen nicht lassen, denn Er ist eingeschrieben in mein Herz.« Als er tot war, wollten die Heiden sehen, ob das wahr sei. Sie rissen ihm das Herz aus dem Leib und schnitten es auf. Siehe, da stand mit goldenen Buchstaben der Name »Jesus Christus« mitten darin.*

18. Oktober

Lukas

Seit jeher gehört der hl. Lukas zu den beliebtesten Gestalten der christlichen Kirche. Ihm verdanken wir das dritte Evangelium des Neuen Testaments. Die Apostelgeschichte stammt ebenfalls von ihm, denn in der sogenannten Vorrede (Apg. 1,1) bezeichnet er diese Schrift als die Fortsetzung seines Evangeliums.

Lukas stammte aus einer angesehenen Familie in Antiochien und war, wie der hl. Paulus angibt, von Beruf Arzt (Kol. 4,14). Leider wissen wir nur sehr wenig über das Leben dieses Mannes. Sein Beruf als Arzt und die von ihm im Evangelium wie in der Apostelgeschichte verwendete Sprache weisen auf einen Mann von hoher Bildung hin. Sicher ist nur, daß er vorher Heide war (Kol. 4,11-14). Vielleicht gehörte er zu jenen, die bald nach dem Tod des hl. Stephanus in Antiochien in die Kirche aufgenommen wurden (Apg. 11,20). Barnabas und Paulus dürften später seine Lehrer und Führer gewesen sein. Lukas begleitete Paulus auf dessen zweiter und dritter Missionsreise. Er predigte mit ihm zusammen in Jerusalem und blieb bei ihm in Cäsarea und Rom, als Paulus dort in Gefangenschaft war. Im zweiten Timotheus-Brief wird bezeugt, daß er Paulus selbst in dessen letzten Tagen nicht allein ließ. »Demas hat mich verlassen aus Liebe zu dieser Welt und ist nach Thessalonike gezogen, Crescenz nach Galatien, Titus nach Dalmatien. Lukas ist allein bei mir«, schreibt Paulus (2 Tim. 4,9-11).

Nach dem Martyrium des hl. Paulus soll sich Lukas nach Achaja auf dem Peloponnes begeben haben. Als Bischof von Theben in Böotien starb er um das Jahr 63 im Alter von 84 Jahren. Die Reliquien des hl. Lukas wurden im Jahre 357 aus Theben nach Konstantinopel gebracht, wo man sie in der Apostelkirche beisetzte. Weitere Reliquien befinden sich in Padua, Rom und Venedig.

Der Evangelist Lukas hat Jesus nicht kennengelernt. Nach einstimmiger Überzeugung der frühchristlichen Kirche verfaßte Lukas sein Evangelium in Anlehnung an die Predigten des hl. Paulus. So berichtet Irenäus von Lyon: »Lukas, der Gefährte des Paulus, legte das von diesem verkündete Evangelium in einem Buch nieder.« Über den näheren Beweggrund, der zur Abfassung des Evangeliums führte, schreibt Lukas selbst (Lk. 1,1-4): »Schon viele haben es unternommen, einen Bericht zu schreiben über die Begebenheiten, die sich unter uns zugetragen haben, genau nach der Überlieferung der ersten Augenzeugen und Diener des Wortes. So habe ich mich entschlossen, allen Ereignissen von ihren ersten Anfängen an sorgfältig nachzugehen und sie für dich, edler Theophilus, der Reihenfolge nach niederzuschreiben, damit du dich überzeugen kannst von der Zuverlässigkeit des Unterrichts, den du empfangen.«

Als Begleiter des hl. Apostels Paulus hatte der hl. Lukas reichlich Gelegenheit, überall Erkundigungen über Jesus einzuziehen. Während dieser Zeit seines Aufenthalts in Jerusalem und Cäsarea konnte er mit jenen Menschen sprechen, welche die ersten Augenzeugen und Diener des Wortes Gottes waren.

Von allen Seiten holte sich Lukas so den Stoff zu einem wahrhaft getreuen, unbedingt zuverlässigen Bericht über Jesu Leben und Lehre. Sein Evangelium ist vor der Zerstörung Jerusalems entstanden, wahrscheinlich in Rom, so daß

Geboren: wahrscheinlich in Antiochia (Syrien)
Gestorben: um 63 in Böotien (Griechenland)
Berufung/Beiname: Evangelist
Wirkungsstätten: Syrien, Palästina, Kleinasien, Griechenland, Italien
Bedeutung des Namens: der aus Lukanien Stammende (lateinisch)
Namensformen: Lucas, Lucca, Lukian
Patronat: Ärzte, Bildhauer, Buchbinder, Chirurgen, Glasmaler, Goldschmiede, Künstler, Maler, Metzger, Notare, Sticker; Vieh; Wetter

Seit dem 15. Jahrhundert gibt es die Lukas-Gilden, Vereinigungen von Malern, Bildschnitzern, Druckern, Glasern und anderen handwerklichen Berufen.
Die Lukas-Gilden der katholischen Ärzte beschäftigen sich mit ethischen Fragen in der Medizin.

18. Oktober

Das Evangelistensymbol des Lukas ist der Stier, zuweilen geflügelt; er steht auch für eines der »Vier mächtigen Wesen« der Apokalypse. Einige deuten den Stier auch als Opfertier, weil das Lukasevangelium mit Zacharias, einem Priester des Alten Bundes, beginnt.

Lukas wird dargestellt mit Schriftrolle oder Buch, sein Evangelium schreibend. Seit dem Mittelalter wird Lukas als Maler gezeigt, der Maria, die Mutter Gottes, auf einem Bild verewigt, was vor allem mit deren ausführlicher Schilderung im 3. Evangelium des Evangelisten Lukas in Verbindung gebracht wird.

Um 1440 entstand das berühmte Gemälde des Rogier van der Weyden »Der hl. Lukas malt die Madonna«. Es befindet sich in der Alten Pinakothek in München.

der gefangene Paulus der erste Leser dieser Schrift seines Freundes war. »Lukas zeichnet die erbarmende Güte Jesu als die ergreifende Spiegelung des Geheimnisses Gottes. Sein Leitgedanke liegt in dem Satz beschlossen: ›Der Menschen Sohn ist gekommen, zu suchen und zu retten, was verloren war.‹«

Im Gegensatz zu den übrigen Evangelien berichtet Lukas am meisten über das Leben Marias, der Mutter Jesu. So kam es, daß man im Mittelalter Lukas als den »Kaplan der lieben Gottesmutter« bezeichnete. Hierin liegt wohl auch der Grund für die Legende, er sei der »Maler« des ersten Marienbildes gewesen.

Im Anschluß an das Evangelium verfaßte Lukas sein zweites, ungemein fesselndes Buch, die Apostelgeschichte. Man kann diese Darstellung auch als die Fortsetzung seines Evangeliums bezeichnen. Denn der Evangelist Lukas berichtet in seinem Evangelium nur vom Leben Jesu und beendet es mit der Schilderung der Himmelfahrt Christi. Diesen Teil seiner Darstellung nennt er in der Vorrede der Apostelgeschichte »sein erstes Werk« (Apg. 1,1).

Der Titel seines zweiten Werkes lautet seit ältester Zeit »Apostelgeschichte«, auch wenn damit sein Inhalt nicht zutreffend wiedergegeben wird. Denn sie erzählt fast nur Ereignisse, die im Zusammenhang mit den Apostelfürsten Petrus und Paulus stehen. Der eigentliche Zweck des Werkes ist wohl die Darstellung des Siegeszugs des Christentums von Jerusalem aus über die Länder des römischen Reiches, um den Heidenchristen den göttlichen Ursprung dieser neuen Religion aufzuzeigen. Niemand war zur Abfassung dieses Buches berufener als Lukas, der ja als Begleiter des Apostels Paulus die meisten der darin erzählten Begebenheiten aus eigenem Erleben kannte.

Darstellungen des hl. Evangelisten Lukas zusammen mit den anderen drei Evangelisten, Matthäus, Markus und Johannes, befinden sich meist in den vier Gewölbefeldern der Vierung von großen Kirchenbauten oder aber an der Kanzel.

Seit dem Mittelalter wird Lukas auch abgebildet, wie er Maria malt. Die bekannteste Darstellung dieses Motivs ist die des berühmten Malers Rogier van der Weyden, das in der Alten Pinakothek in München aufbewahrt wird.

Legende *In der Kirche S. Maria Maggiore in Rom befindet sich auf der linken Seite des Langhauses, gegenüber der Krippenkapelle, das uralte Gnadenbild der Gottesmutter Maria, die »Salus populi Romani«. Von der Wunderkraft dieses Gnadenbildes, das so hoch verehrt wird wie wenige andere Marienbildnisse auf der ganzen Welt, erzählt man sich viele Legenden. Wir wählen nachstehend zwei Legenden davon aus:*

Einmal feierte vor dieser Madonna der hl. Papst Gregor die Heilige Messe. Als er sich mit den Worten »pax sit semper vobiscum« zum Volk wandte, da erschien zu beiden Seiten des Marienbildes auf einmal ein wunderschöner himmlischer Chor und sang in nie gehörtem Wohllaut die Antwort »et cum spiritu tuo«, die man bis dahin in der Liturgie noch niemals vernommen hatte.

Der Papst Martinus, der sich mit dem weltlichen Machthaber der Stadt Rom in Streit befand, teilte hier an dieser Stelle einmal die Kommunion aus und ahnte nicht, daß einer der vor ihm Knienden einen Dolch mit sich führte, um den Papst damit zu ermorden. Im Augenblick, als der Papst dem gedungenen Mörder das Sakrament reichen wollte, richtete die Madonna auf dem Gnadenbild ihre Augen fest auf den Attentäter, und er konnte nichts mehr sehen. Dadurch wurde der Heilige Vater gerettet (R. Raffalt).

18. Oktober

19. Oktober

Margareta Maria Alacoque

> **Geboren:** 1647 in Lauthecour (Fankreich)
> **Gestorben:** 1690 in Paray-le-Monial (Frankreich)
> **Berufung/Beiname:** Salesianernonne, Mystikerin
> **Wirkungsstätte:** Frankreich
> **Bedeutung des Namens:** die Perle (lateinisch)
> **Namensformen:** Margarete, Marga, Margot, Margret, Margit, Maggie, Maud, Meta, Gitta, Greta, Grete, Rita

Zusammen mit der kriegerischen Jungfrau Johanna von Orleans sprach Papst Benedikt XV. im Jahre 1920 jene begnadete Jungfrau heilig. Sie hatte Gott zum Werkzeug erwählt, um die Herz-Jesu-Andacht in der Kirche einzuführen.

Die Verehrung des Heiligsten Herzens Jesu – als des Geheimnisses der übergroßen Liebe des Erlösers zu den Menschen – war zwar schon vom hl. Franz von Sales empfohlen worden, aber bis zum Tod der hl. Margareta Maria Alacoque nicht allgemein gebräuchlich gewesen. Nach Ausbreitung der Herz-Jesu-Andacht und der Einsetzung des Herz-Jesu-Festes am Freitag nach der Oktav des Fronleichnamsfestes erfolgte im Jahre 1765 die öffentliche Anerkennung.

Die viel gedemütigte und zunächst verkannte Heilige starb im Alter von dreiundvierzig Jahren. Paray-le-Monial bei Digoin an der Loire ist seitdem ein vielbesuchter Wallfahrtsort von Anhängern der Herz-Jesu-Verehrung. Die Heilige ruht in der »Chapelle de la Visitation« in einem gläsernen Sarg.

Im kleinen Dorf Lauthecour in Burgund kam Margareta am 22. Juli des Jahres 1647 zur Welt. In tiefer Frömmigkeit erzogen, wurde sie als Zehnjährige von einer schweren Krankheit heimgesucht, die sie vier Jahre lang quälte. Als sie in ihrer Not der Gottesmutter gelobte, Nonne zu werden, wenn sie wieder gesund würde, da genas sie bald darauf auf wunderbare Weise.

Doch als sie kaum gesund war, fand sie großen Gefallen an den Vergnügungen der Welt. Hin- und hergerissen zwischen ihrer Freude an Putz und Geselligkeit und ihrem Gelöbnis, Nonne zu werden, fiel es ihr lange Zeit schwer, eine Entscheidung zu treffen. Im Jahr 1617 entschloß sie sich aber endlich dazu, dem Orden der Salesianerinnen in Paray-le-Monial beizutreten.

Von da an hatte Margareta Maria, wie sie nun hieß, große Erscheinungen, welche die ansonsten unscheinbare und eher einfältige Nonne auszeichneten. Die stille Klosterfrau vermochte sich mit Worten nicht auszudrücken. Die Dürftigkeit ihrer Mittel war so groß, daß auch ihre innige Liebe zum Herrn sie nicht zum Reden brachte. Sie stammelte und stotterte, aber sie liebte und gehorchte.

Bei der Haupterscheinung in der Fronleichnamsoktav am 16. Juni des Jahres 1675 zeigte der Herr Margareta Maria sein Heiligstes Herz. Er gab ihr den Auftrag, jeden ersten Freitag im Monat die hl. Kommunion zu empfangen, eine Stunde zu wachen und am Leiden Jesu Christi teilzunehmen, und befahl ihr, sich dafür einzusetzen, daß ein besonderes Fest zur Verehrung seines Heiligsten Herzens in der Kirche eingeführt wurde.

Diese Offenbarung des Heiligsten Herzen Jesu und auch die anderen Visionen der Margareta Maria hat ihr Biograph, Pater Tiraud, schriftlich festgehalten, und diese Worte haben bis heute nichts von ihrer großen Bedeutung verloren.

Kurz vor ihrem frühen Tode durfte die Heilige erleben, daß trotz aller Widerstände in ihrem Konvent die erste Herz-Jesu-Andacht feierlich begangen wurde. Margareta Maria starb am 17. Oktober 1690. Ihre Verehrung setzte bald nach ihrem Tod ein. Zunächst selig-, dann heiliggesprochen, verkündete Pius XI. in der Sühneenzyklika »Miserentissimus« ihre Gedanken der ganzen Welt.

> **Dargestellt wird** Margareta Maria Alacoque im Ordenskleid der Salesianerinnen; sie kreuzt die Hände vor der Brust, ist in den Anblick des Herzens Jesu versunken, oder Jesus erscheint ihr und zeigt ihr sein offenes Herz.

20. Oktober

Wendelin

Nach seiner aus dem 14. Jahrhundert stammenden, rein legendären Lebensgeschichte wurde der hl. Wendelin als irisch-schottischer Königssohn um das Jahr 554 geboren. Als junger Mann entschloß er sich, sein fürstliches Leben zu ändern und künftig als Einsiedler zu leben. Doch zunächst pilgerte Wendelin nach Rom, um für sein Vorhaben den päpstlichen Segen zu erhalten.

Auf der Rückreise blieb er in der Nähe von Trier und ließ sich dort in einer Einöde nieder. Er baute eine kleine Hütte und führte mit einigen Gefährten ein asketisches Leben. Wendelin ist im Jahr 617 in Tholey gestorben.

Im Mittelalter entwickelte sich der Ort seiner Einsiedelei zu einem sehr beliebten Wallfahrtsziel. Über seinem Grab erhebt sich heute die schöne Barockkirche St. Wendel. Es gibt inzwischen über eintausendfünfhundert Kapellen und hundertsechzig Wallfahrtsorte, die seinen Namen tragen. An Pfingsten pilgern auch heute noch besonders die Landwirte zu ihrem Viehpatron.

Geboren: um 554 in Schottland
Gestorben: 617 in Tholey (Saarland)
Berufung/Beiname: Eremit, Abt
Wirkungsstätten: Schottland, Deutschland, Italien
Bedeutung des Namens: der Wanderer, der Pilger (althochdeutsch)
Namensformen: Wendel, Wendt, Wendo
Patronat: Bauern, Hirten, Schäfer; gegen Viehseuchen

Legende Wendelin lebte in seiner Einöde von dem, was er als Almosen erhielt. Als er einmal auf dem Weg zur Kirche einen Edelmann um eine kleine Gabe bat, schalt ihn dieser aus und sagte, er solle wenigstens die Schweine hüten, wenn er etwas zu essen wolle. Obgleich Wendelin viel lieber in seine Einsamkeit zurückgekehrt wäre, sah er in diesem Vorfall den Willen Gottes und verdingte sich als Schweinehirt. Da Wendelin sein Amt zur Zufriedenheit seines Herrn ausübte, vertraute man ihm bald eine Kuhherde an. Zuletzt waren es Schafe, die er auf die Weide führen mußte. Er nahm seine Aufgabe sehr ernst, und alle Tiere gediehen unter seiner Obhut prächtig.

Doch hatte Wendelin auch allerlei Anfechtungen zu bestehen: Großes Heimweh nach seinen Eltern befiel ihn, und ihre Trauer trat ihm lebhaft vor Augen. Der Geist der Versuchung spiegelte ihm das schöne Leben vor, das er zu Hause bei seinen Eltern führen könnte, und mehrfach war Wendelin nahe daran, sich zu erkennen zu geben.

Auch äußere Prüfungen traten an Wendelin heran, denn die anderen Dienstleute seines Herrn waren neidisch auf ihn, weil ihm alles so gut gelang und er oft gelobt wurde. Aus Mißgunst setzten sie ihm mit allerlei Quälereien hart zu. Allein Wendelin nahm alles gelassen und friedliebend hin, und er bekämpfte sowohl Versuchungen als auch die andauernden Demütigungen durch seine Beharrlichkeit im Gebet.

Wendelin trauerte seinem Einsiedlerleben sehr nach und wünschte sich nichts sehnlicher, als wieder in seiner kleinen Zelle jenes Leben führen zu können, das die Wüstenheiligen ihm vorgelebt hatten. In inbrünstigem Gebet wandte Wendelin sich deswegen viele Male an Gott. Da geschah es, daß er mitsamt seinen Schafen in die Luft gehoben und nahe dem Hügel, auf dem seine Klause stand, sanft wieder niedergelassen wurde. Da es hier aber an Wasser fehlte, stieß der Hirte in tiefem Gottvertrauen mit dem Stab in die Erde, und es tat sich an dieser Stelle plötzlich eine Quelle auf, aus der seine Schafe trinken konnten. Die Quelle trägt seitdem den Namen St.-Wendelins-Brunnen, und sie wird fleißig von Pilgern besucht, da ihr Wasser Krankheit von Mensch und Tier abwendet. Manchmal stand dem Hirten auch ein Engel Gottes in seinem Amt bei, der achtete auf seine Tiere, wenn er gar zu tief versunken betete.

Dargestellt wird Wendelin als Hirt mit Hirtenstab und Tasche, auch vor einer Klause sitzend und Lämmer, Rinder und Schweine hütend. Im Hintergrund erscheinen oft die Türme von Tholey und St. Wendel.

21. Oktober

Ursula

Geboren: in England
Gestorben: um 304 in Köln
Beiname: Märtyrerin
Wirkungsstätten: England, Deutschland, Schweiz, Italien
Bedeutung des Namens: die kleine Bärin (lateinisch)
Namensformen: Ursel, Ursi, Uschi, Ulla, Uli, Ulrike,
Patronat: Lehrerinnen, Tuchhändler, Jugendliche; gegen Kinderkrankheiten; in Kriegszeiten

Die hll. Drei Könige sind die Schutzpatrone der Stadt Köln. Untrennbar mit der Geschichte von Köln ist aber auch die Legende der hl. Ursula mit ihren elftausend Jungfrauen verbunden. Die Vermutung, die umgekommenen Jungfrauen hätten zu den Familien der Thebaischen Legion → gezählt, ist ebensowenig historisch erwiesen wie die Annahme, zur Zeit der Hunneneinfälle seien die Insassen eines Nonnenklosters nach Köln geflohen und dort nach dem Fall der Stadt von den grausamen Heiden ermordet worden. Historisch nicht belegt ist auch die Zahl der elftausend Jungfrauen. Heute weiß man, daß diese Zahl völlig überhöht ist und wahrscheinlich auf einem mittelalterlichen Schreibfehler beruht. Hinzu kommt noch, daß der Name der hl. Ursula erst seit dem 8. Jahrhundert nachweisbar ist. Durch eine Inschrift in der Ursulakirche ist jedoch historisch belegt, daß im 4. Jahrhundert über den Gräbern von frühchristlichen Märtyrerinnen ein Neubau anstelle einer zerstörten Kirche entstanden ist.

»Die Ankunft und das Martyrium der hl. Ursula mit ihren Jungfrauen in Köln«. Gemälde von Jan Bargert, um 1500. Rechter Flügel des Georg-Altars aus St. Nikolai in Kalkar.

Als Zeichen der Verbundenheit mit der hl. Ursula zeigt das Kölner Stadtwappen elf goldene Flämmchen neben den drei goldenen Kronen der hll. Drei Könige.

Die hl. Ursula ist heute die Patronin weiblicher Erziehungsinstitute, denn im 16. Jahrhundert wurde von der hl. Angela Merici die der Erziehung der weiblichen Jugend dienende »Compania di Santa Orsola« gegründet. Deren Nachfolgerinnen sind die Ursulinen, die als Schul- und Missionsschwestern tätig sind.

Oft wurde die Legende der hl. Ursula von großen Künstlern dargestellt. Bekannt ist vor allem die Bildfolge des Vittore Carpaccio in Venedig. Hans Meinling hat den Reliquienschrein der hl. Ursula im Sint-Jans-Hospitaal in Brügge mit überaus zarten Darstellungen aus der Ursulalegende geschmückt.

Legende Der König von Britannien, der heutigen Bretagne, hatte eine Tochter, deren ebenmäßiges Antlitz jeden Mann verzauberte. Der Ruf ihrer Schönheit drang bis zum Königshaus von England, und der Sohn des Königs wollte deshalb die schöne Ursula heiraten. So wurden Boten mit kostbaren Geschenken zu ihrem Vater gesandt. Ursulas Vater war darüber sehr bestürzt, denn er wollte seine christlich erzogene Tochter nicht mit einem Heiden verheiraten. Ursula jedoch willigte zum großen Erstaunen ihres Vaters ein, allerdings knüpfte sie Bedingungen an ihre Zusage. Ihr Vater sollte ihr zehn auserlesene Jungfrauen mitgeben, von denen jede von tausend Mägden begleitet werden sollte. Dann müsste man Schiffe vorbereiten und ihr eine Frist von drei Jahren geben, während der sie mit ihrem Gefolge nach Rom pilgern wollte. Inzwischen sollte sich der Prinz und zukünftige Gemahl der hl. Ursula zum christlichen Glauben bekehren und taufen lassen. Der Jüngling war mit allem einverstanden und wollte Ursula bei ihrer Rückkehr bis Köln entgegenreisen. Während ihrer Reise erschien Ursula eines Tages der Engel des Herrn und verhieß ihr, daß sie und ihr ganzes Gefolge die Stadt Köln sicher erreichen würden, denn dort sollten sie die Krone der Märtyrer erhalten.

In Rom empfing sie der Papst mit großen Ehren, da er selbst aus Britannien stammte. Er taufte alle diejenigen unter den Jungfrauen, die bisher noch nicht getauft waren. Nachts erlebte er eine Vision, die ihm sagte, er solle sich den Jungfrauen anschließen, um mit ihnen das Martyrium zu erleiden. Dem widersetzten sich die Kardinäle, aber er ließ sich nicht davon abbringen und ernannte einen geeigneten Vertreter an seiner Statt. Sein Name aber wurde später vom Klerus aus der Zahl der Päpste getilgt.

Als nun die frommen Jungfrauen gemeinsam mit dem Papst und einigen Bischöfen von Rom abreisten, wurde der englische Jüngling durch eine Eingebung gemahnt, daß er sich aufmachen und seiner Braut entgegenfahren solle, denn er werde mit ihr zusammen in Köln die Märtyrerpalme erhalten. Er gehorchte dem göttlichen Gebot und begab sich auf die Reise nach Köln. Und als sie dann alle zusammen mit ihren Schiffen vor Köln ankamen, fanden sie die Stadt von den Hunnen belagert.

Als diese die vielen Jungfrauen erblickten, fielen sie mit großem Geschrei über sie her, wüteten wie Wölfe unter den Schafen und töteten Frauen wie Männer. Wie aber die Reihe an die hl. Ursula kam, sah der Fürst der Hunnen ihre große Schönheit und verwunderte sich sehr. Er wollte sie trösten über den Tod ihrer Gefährtinnen und versprach ihr, sie nicht nur am Leben zu lassen sondern gelobte ihr auch, sie zu seiner Frau zu nehmen. Das verschmähte Ursula. Als er sich so verachtet sah, legte er selber den Pfeil auf sie an und tötete sie. Es wird überliefert, daß sich dieses Martyrium zu der Zeit des Kaisers Marcianus ereignet hat.

Ursula wird dargestellt mit einem Pfeil in der Hand, mit der Märtyrerpalme, einer Kreuzesfahne, einer Krone und einem Mantel, den die Heilige über die Jungfrauen ausbreitet, als Hinweise auf ihr Martyrium. Oft sieht man Usula mit einem Schiff als Zeichen ihrer Pilgerschaft abgebildet. Ihre Legende wurde von großen Künstlern dargestellt, so auch von dem Venezianer Vittore Carpaccio.

Im Gedenken an die Jungfrauen, die zusammen mit Ursula den Märtyrertod erlitten, hat der Venezianer Tintoretto ein berühmtes Gemälde gemalt. Es zeigt die hl. Ursula mit ihren Gefährtinnen in einer Prozession.

22. Oktober

Hedwig von Schlesien

Geboren: 1174 in Andechs (Bayern)
Gestorben: 1243 in Trebnitz (Polen)
Berufung/Beiname: Klostergründerin, Spitalsgründerin, Wohltäterin
Wirkungsstätten: Polen
Bedeutung des Namens: die Schlachtenkämpferin (althochdeutsch)
Namensformen: Hedda, Hedi, Jadwiga, Eda, Hedka
Patronat: Schlesien; Brautleute

Dargestellt wird Hedwig als Zisterzienserin, mit Fürstenmantel und Krone neben sich, mit Kirchenmodell oder Marienbild; oft wird sie als Zeichen ihrer Demut barfuß gezeigt. Daher stammt auch der Ausdruck »Hedwigssohlen« für Schuhe ohne Sohlen.

Hedwig wurde um 1174 als Tochter Bertholds IV. in Andechs geboren. Sie erhielt eine hervorragende Erziehung im angesehenen Benediktinerinnenkloster in Kitzingen am Main. Die erst Zwölfjährige folgte dann im Jahr 1186 auf Wunsch ihrer Eltern als Gemahlin dem jungen Herzog Heinrich I., dem Bärtigen, nach Schlesien und gebar ihm in den folgenden Jahren sieben Kinder.

Hedwig war eine gute Landesmutter. Obgleich ihre Wohltätigkeit keine Grenzen kannte, machte sie sich nie der Verschwendung schuldig. In ihrer eigenen Hofhaltung ging es fast ärmlich zu. Gemeinsam mit ihrem Gatten kultivierte sie das damals nur spärlich von Polen besiedelte Land, förderte die Einwanderung deutscher Bauern, berief deutsche Mönche und Nonnen nach Schlesien und gründete mit ihnen neue Klöster.

Im Jahr 1203 entstand das Kloster Trebnitz nördlich von Breslau, das Hedwig den Zisterzienserinnen übergab. Im Jahr 1214 gründete Hedwig das Heiliggeistspital in Breslau, das die herbeigerufenen Hospitaliter führten. Die Augustinerchorherren berief sie nach Naumburg an der Saale und stiftete schließlich in Neumarkt ein Hospital für aussätzige Frauen.

Hedwig liebte ihr Land Schlesien sehr. Darüber hinaus war sie als Landesmutter ständig bemüht, auch persönlich den Notleidenden zu helfen. Sie besuchte die Kranken in den Spitälern, speiste täglich dreizehn Bedürftige, und sie ging selbst in die Gefängnisse, um dort den Inhaftierten Trost zu spenden.

Schwere Schicksalsschläge suchten die hl. Hedwig heim. So mußte sie den Tod ihres Mannes und einiger ihrer Kinder hinnehmen. Im Jahr 1241 fiel dann auch noch ihr Lieblingssohn Heinrich II., der Fromme, im Kampf gegen die Tataren in der bedeutungsvollen Schlacht bei Wahlstatt. Doch drangen die Feinde danach nicht weiter vor. Aber für Hedwig war es nur ein schwacher Trost, daß ihr gefallener Sohn als Retter des Abendlandes angesehen wurde.

Nach all dem Kummer zog sich Hedwig in die Einsamkeit ihres Klosters Trebnitz zurück, wo sie am 15. Oktober 1243 starb. Sie wurde in der Klosterkirche von Trebnitz begraben und bereits vierundzwanzig Jahre später heiliggesprochen.

Legendäres Die Heilige wußte durch göttliche Eingebung bereits frühzeitig vom Tod ihres geliebten Sohnes. In der Nacht nach der Schlacht hatte sie nämlich einen Traum. Sie weckte ihre Vertraute und sprach: »Demundis, wisse, daß ich meinen Sohn verloren habe. Wie ein Vogel fliegt, so entwich mein lieber Sohn schnell vor mir. Ich werde ihn in diesem Leben nicht wiedersehen.« Als Demundis ihr das ausreden wollte, erwiderte die Heilige: »Es ist so, wie ich es gesagt habe.« Als die Todesnachricht dann tatsächlich eintraf, sprach Hedwig voll Demut: »Es war der Wille Gottes, uns steht es zu, ihn hinzunehmen.« Dann erhob sie die Augen zum Himmel und sprach: »Herr, ich danke dir, daß du mir einen solchen Sohn gegeben hast, der mich im Leben stets geliebt, mir große Ehrerbietung gezeigt und nie den geringsten Verdruß bereitet hat. Wiewohl ich ihn herzlich gern am Leben gesehen hätte, so freut mich für ihn, daß er durch Vergießung seines Blutes Dir, Schöpfer, im Himmel schon verbunden ist.«

23. Oktober

Johannes von Capistran

Viele bedeutende Heilige der Kirche tragen den Namen Johannes, doch nur der hl. Johannes von Capistran trägt auch den Beinamen »Apostel Europas«.

Johannes wurde am 24. Juni des Jahres 1386 in dem kleinen Abruzzendorf Capistran geboren. Sein Vater, ein aus dem Norden eingewanderten Adeliger, ermöglichte ihm das Studium beider Rechte in Perugia, das er mit der Doktorwürde abschloß. 1412 wurde Johannes Richter in Perugia. Begabung, Vermögen und eine reiche Braut versprachen eine erfolgreiche Laufbahn.

Während eines Krieges zwischen Perugia und Rimini wurde Johannes jedoch als Gouverneur der Stadt gefangengenommen und von seinen Feinden in schwerer Kerkerhaft mit dem Tod bedroht. Diese Zeit wurde für Johannes zum Wendepunkt in seinem Leben. Während seiner Gefangenschaft gelobte er, in den Orden der Franziskaner einzutreten, falls er die Freiheit wieder erlangte. Entgegen allen Erwartungen erlaubten ihm die Feinde, sich mit einer hohen Geldsumme loszukaufen. Johannes löste danach sofort seine Verlobung auf und trat im Jahr 1416 in den Franziskanerorden ein.

Aufgrund seiner hervorragenden Rednerbegabung wurde Johannes schließlich Bußprediger. Seine Reisen führten ihn auch nach Deutschland, in die Niederlande und nach Böhmen, Mähren und Polen. Neben seinem Freund und Lehrer, dem hl. Bernhardin von Siena, wurde Johannes von Capistran der größte franziskanische Wanderprediger seines Jahrhunderts. Überall gründete er Observantenklöster, stiftete Spitäler und wirkte durch Wort und Schrift.

Schließlich trat Johannes von Capistran als feuriger Kreuzzugsprediger gegen die Türken auf und erfocht zusammen mit Johann Hunyadi am 14. Juli des Jahres 1456 bei Belgrad den glänzenden Sieg über diese Feinde der Christenheit.

Papst Alexander VIII. bezeichnete ihn als »Apostel Europas«, und er wurde als der Retter des christlichen Abendlandes gefeiert. Auch in seinem Orden war Johannes eifrig als Erneuerer tätig und stand selbst an der Spitze der Observanten, die eine strengere Auffassung der franziskanischen Ordensregel vertraten.

Johannes von Capistran starb um das Jahr 1456 in Ilok nördlich von Belgrad und wurde im Jahr 1690 heiliggesprochen.

Eine überlebensgroße Statue des Heiligen steht an der Stephanskirche in Wien. Der Sieg, den König Sobieski bei Wien im Jahre 1683 über die Türken errungen hat, wird vor allem der Fürbitte des hl. Johannes zugeschrieben.

Legende *Von Johannes von Capistran erzählt man sich, daß seine Bitte um Aufnahme in den Orden der Minderbrüder zunächst auf Mißtrauen gestoßen war, da man daran zweifelte, ob die Absicht des stolzen Mannes auch ernsthaft gemeint war. Um ihn zu prüfen, wurde ihm seitens des Abtes eine recht absonderliche Aufgabe gestellt: Johannes sollte auf einem Esel durch die Stadt reiten und auf dem Kopf eine Mütze tragen, darauf sollten alle seine Sünden geschrieben stehen. Gehorsam unterzog sich der ehemalige Gouverneur der harten Probe, und erst, als er seinen demütigen Ritt absolviert hatte, öffnete sich die Klosterpforte für ihn.*

Geboren: 1386 in Capistran (Italien)
Gestorben: um 1456 in Ilok (Ungarn)
Berufung/Beiname: Franziskanermönch, Klostergründer, Spitalsstifter, Wanderprediger, »Apostel Europas«
Wirkungsstätten: Italien, Deutschland, Österreich, Niederlande, Mähren, Böhmen, Polen, Ungarn
Bedeutung des Namens: der, an dem Gott gnädig gehandelt hat (hebräisch)
Namensformen: Hans, Hennes, Jens, Iwan, Ivan

Johannes von Capistran, der große Kämpfer der »streitenden Kirche«, wird dargestellt als Franziskaner, Kreuzesfahne und Buch in der Hand oder ein rotes Kreuz auf der Brust; oft auch mit einem sechseckigen Stern über dem Kopf und einem Türken unter seinen Füßen.

24. Oktober

Severin von Köln

Geboren: unbekannt
Gestorben: wahrscheinlich in Köln
Berufung/Beiname: Apologet, Bischof
Wirkungsstätte: Deutschland
Bedeutung des Namens: der Strenge (lateinisch)
Namensformen: Sören, Severus
Patronat: Köln; gegen Dürre, bei Unglück

Etwa zur gleichen Zeit wie der hl. Martin von Tours lebte Severin in Köln. Er war um das Jahr 400 Bischof dieser Stadt. Seine Reliquien wurden zusammen mit denen der frühchristlichen Märtyrer Cornelius und Cyprian in einer kleinen Kirche aufbewahrt, die später erweitert und umgebaut wurde und die seit dem 9. Jahrhundert den Namen des hl. Severin von Köln trägt. Eine Emailplatte des Schreins mit dem Bild des Heiligen ist noch erhalten, alles andere wurde während der Französischen Revolution zerstört.

Legende *Severin, der Bischof von Köln, erfüllte sich in hohem Alter noch einmal den Wunsch, seine Geburtsstadt Bordeaux in Südfrankreich zu besuchen. Er hielt dort die Messe und predigte mit großer Begeisterung das Wort Gottes. Aber der Tod überraschte den Bischof Severin, und die Gläubigen begruben ihn in der Kirche von Bordeaux. An seinem Grab ereigneten sich aber schon bald darauf viele Gebetserhörungen.*

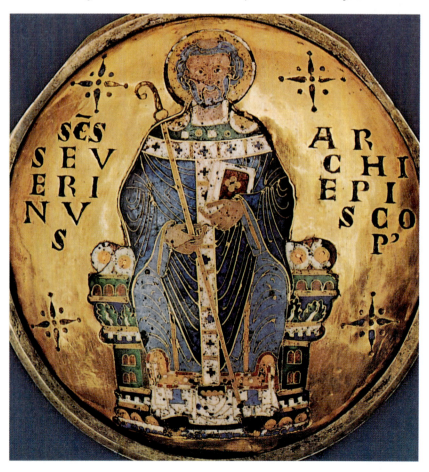

Der Erzbischof Severin von Köln auf einem emaillierten Goldmedaillon aus der ottonischen Zeit. Köln, St. Severin.

Die Kunde davon drang auch bis nach Köln, aber die Christen des Bistums Köln machten sich nicht die Mühe, die Gebeine ihres Bischofs Severin nach Köln zu überführen. Da kam eine lange Zeit der Dürre über das Land, die dauerte mehr als drei Jahre, und die Menschen litten unter der großen Hungersnot. Als die Bewohner endlich erkannten, daß dies die Strafe Gottes dafür war, daß sie ihren Bischof vergessen hatten, holten sie seine Reliquien heim nach Köln und bestatteten sie in einem wertvollen Schrein, der mit Goldplatten und Email geschmückt war. Von da an schickte der Himmel wieder Regen, und die Hungersnot hatte bald ein Ende.

Der Mönch Severin hatte ein Buch über das Leben des hl. Martin geschrieben. Eines Tages geschah es, daß Severin bei der Frühmette in einen leichten Schlaf fiel. Da erschien ihm der Heilige im Traum. In seiner Rechten hielt er das Buch, segnete Serverin und lobte ihn für seine Arbeit und stieg danach wieder zum Himmel auf. Da erwachte Severin wieder, aber nicht lange danach kamen Boten zu ihm und berichteten, daß in der selbigen Stunde der hl. Martin verstorben sei.

Dargestellt wird Severin von Köln in bischöflichen Gewändern. In früheren Darstellungen hat er ein Buch bei sich, in späteren hält er das Kirchenmodell von St. Severin in Köln in Händen.

25. Oktober

Minias

Jeder Italienreisende, der Florenz kennt, hat sicherlich die im Licht schimmernde Kirche S. Miniato gesehen, die auf einem Hügel über der berühmten Stadt in der Toscana thront. Die Kirche bietet zu jeder Tageszeit einen unvergleichlichen Anblick, zauberhaft ist sie besonders bei Sonnenuntergang, wenn das letzte Licht über ihre Marmorflächen gleitet und das Mosaik auf der Stirnseite des erhabenen Baus aufleuchtet.

Der Hügel, der sich steil am linken Ufer des Flusses Arno erhebt, erhielt schon in vorchristlicher Zeit den Namen »Mons Florentinus« – Florentiner Berg. Und etwas später nannte man den Berg »Monte Santo« – heiliger Berg –, weil an seinen Abhängen die ersten Christen, die am Rand der damals noch heidnischen Stadt lebten, Zuflucht gefunden hatten. Hier waren auch ihre kleinen Katakomben und Oratorien. Christliches Leben spielte sich bis zum Jahre 250 dort ab, denn die Gläubigen waren bis dahin zwar geächtet, aber nicht verfolgt worden. Kaiser Decius erließ dann die folgenschweren Edikte, die vielen Christen Martyrium und Opfertod brachten. Auch der hl. Minias erlitt in Florenz das Martyrium.

Es scheint, daß Minias zwar nicht aus Florenz stammte, wohl aber aus der Toskana kam. Die Legende machte im Lauf der Jahrhunderte aus dem heiligen Blutzeugen Minias einen fremdländischen Königssohn aus Armenien.

Historisch gesehen, bleibt sein Lebenslauf ungeklärt. Als jedoch die »Passio Sancti Miniati« entstand – das war im 4. Jahrhundert –, muß dort auf dem Hügel bereits eine kleine, einfache Kapelle gestanden haben. Nachgewiesen ist, daß im Jahr 1018 von Bischof Hildebrand mit Hilfe Kaiser Heinrichs II. (973–1024) über dieser Kapelle die große Kirche S. Miniato errichtet worden ist.

Geboren: wahrscheinlich in der Toskana (Italien)
Gestorben: um 250 in Florenz (Italien)
Berufung/Beiname: Märtyrer
Wirkungsstätte: Italien
Bedeutung des Namens: unbekannt
Namensformen: Miniatus, Miniato
Patronat: Florenz

Legende Nachdem sich Minias standhaft geweigert hatte, den fremden Göttern zu opfern, wurde er in der Arena den wilden Tieren vorgeworfen. Als ihn ein Leopard zu packen versuchte, blickte Minias ihn an, und das Raubtier stürzte wie vom Blitz getrof-

fen zu Boden. Dann wurde der Jüngling mit Öl eingerieben und in einen Ofen geworfen, aber die Flammen teilten sich vor ihm, und er blieb unversehrt. Nun warf man den hl. Mann den Löwen vor, aber mit dem Zeichen des Kreuzes beschwichtigte er die Bestien. Schließlich goß man ihm flüssiges Blei auf die Augen und in den Mund, aber das glühende Metall wirkte auf den Heiligen wie das klare Wasser eines Gebirgsbaches.
Schließlich enthauptete man Minias. Doch wunderbarerweise erhob sich der Märtyrer nach der Enthauptung vom Boden, nahm darauf sein eigenes Haupt auf und schritt dem Ufer des Flusses zu. Er durchwatete das Wasser und begann, von einer in stummer Verwunderung verharrenden Menschenmenge begleitet, den Berg emporzuklimmen, bis er sich, bei den Gräbern der anderen Christen angelangt, friedlich niederlegte und dort für immer unbeweglich liegenblieb.

26. Oktober

Frumentius und Aedisius

> **Geboren:** um 300 in Tyrus (Libanon)
> **Gestorben:** um 360 in Äthiopien
> **Berufung/Beiname:** Missionare; Frumentius: Bischof; »Apostel Abessiniens«
> **Wirkungsstätten:** Afrika
> **Bedeutung des Namens:** Frumentius: der Kornmann (lateinisch); Aedisius: unbekannt
> **Namensformen:** Aegid, Frumentio

Die beiden Heiligen, Frumentius und Aedisius, sind für die Christianisierung des afrikanischen Kontinents genauso wichtig gewesen, wie es die beiden »Slavenapostel« Cyrillus und Methodius für Osteuropa und Asien waren.

Die Brüder Frumentius und Aedisius brachten die Botschaft Christi nach Äthiopien. Sie lebten im vierten Jahrhundert. Ihr Todesjahr ist nicht genau bekannt, man vermutet, daß beide Brüder zwischen den Jahren 360 und 380 gestorben sind. Der Kirchenhistoriker Rufinus hat uns von ihnen berichtet. Mit Recht gilt danach der hl. Frumentius als »Apostel Abessiniens«.

Anstelle einer Legende *Frumentius und Aedisius stammten aus Tyrus in Phönizien (Syrien) und wurden von ihrem Großvater, dem christlichen Philosophen Meropius, erzogen. Er nahm die Knaben auf eine Reise nach Äthiopien mit. Während eines Hafenaufenthalts überfielen die Einwohner des Landes das Schiff, erschlugen Meropius und die ganze Schiffsmannschaft und ließen nur die beiden Knaben am Leben.*
Sie kamen als Sklaven zum König, der sie erziehen ließ und später als Beamte an seinen Hof nahm. Frumentius, der besonders klug war, machte er zu seinem Schatzmeister, Aedisius zu seinem Mundschenk.
Ehe der König starb, schenkte er den beiden die Freiheit. Nach seinem Tod blieben sie auf Bitten der Königin am Hofe.
Frumentius und Aedisius benutzten ihre hohe Stellung, um ihren Glauben zu verkünden. Sie bekehrten viele und schlossen die Christen zu einer Gemeinde zusammen. Bald schon war die Zahl der Christen so angewachsen, daß Frumentius den Bischof Athanasius bat, in Äthiopien einen Bischofsstuhl errichten zu dürfen. Athanasius willigte ein und weihte Frumentius zum Bischof von Axum.
Als Apostel des Landes wirkte Frumentius noch eifriger als zuvor. Er taufte den jungen König und seine Räte. Nach deren Beispiel nahm schließlich das ganze Volk den neuen Glauben an.
Wann Frumentius und Aedisius gestorben sind, ist nicht genau nachzuweisen. Die Abessinier bezeichnen den hl. Frumentius mit dem Ehrennamen »Abba Salāma«, was soviel heißt wie Vater des Friedens.

Das Christentum in Abessinien hat wie das mit ihm verwandte koptische Christentum seine ganz eigene Ausprägung. Theologisch weicht es vom abendländischen Christentum insofern ab, als es nur die göttliche Natur und nicht auch die menschliche Natur des Gottessohnes anerkennt.

27. Oktober

Kordula

Mit der hl. Kordula sei an eine junge Frau verwiesen, die sich in ihrer Todesangst zuerst versteckte, ja zu fliehen versuchte, um dem Blutbad zu entrinnen, dann aber ihr Schicksal bereitwillig auf sich genommen hat. Kordula gehörte zu den Jungfrauen – seien es nun elf gewesen oder aber elftausend, wie die Legende behauptet –, die mit der hl. Ursula aus England gekommen waren und zusammen mit dieser vor Köln den Martertod erlitten haben. Wir wissen nichts Näheres von der hl. Kordula. Die Legende spricht nur von der wilden Angst, von der sie erfaßt wurde, als ihre Gefährtinnen starben, und von ihrem Martyrium, das sich bis zum nächsten Tag hinausgezögert hat. Das blutige Geschehen trug sich um das Jahr 435 zu, als die Hunnen Köln belagerten.

In der Johanniterkirche in Köln befinden sich Reliquien der hl. Kordula. Die Kirche St. Kunibert in Köln besitzt ein eindrucksvolles Glasfenster mit der Darstellung der Heiligen. Der Domschatz von Osnabrück bewahrt einen besonders schönen Goldschmiedeschrein der Heiligen auf.

Geboren: unbekannt
Gestorben: um 435 bei Köln
Berufung/Beiname: Märtyrerin
Wirkungsstätten: Deutschland
Bedeutung des Namens: die Herzliche (lateinisch)
Namensformen: Cordula, Kora, Cora
Patronat: Köln

Legende Als die hl. Ursula mit ihren Mägden Köln erreichte, fanden sie die Stadt von den Hunnen umzingelt. Als nun die Hunnen die Mägde erblickten, fielen sie über sie her. Kordula verbarg sich, erfüllt von großer Furcht, im untersten Schiffsraum. Zitternd hörte sie die Todesschreie der Getroffenen. Sie brachte es nicht übers Herz, hinaufzugehen und selbst die Marter zu erleiden. Sie machte sich klein, die Angst würgte ihr in der Kehle, sie trachtete danach zu fliehen, um all dem zu entgehen. Allmählich ebbten Geschrei und Todesseufzer draußen ab. Es kam eine große Stille.
Die berauschten Hunnen lagen nach Trunk und Gemetzel schlafend. Nur noch ein gelegentliches Stöhnen war im heißen Bauch des Schiffes vernehmbar, wo die Verängstigte zusammengekrümmt am Boden lag. Und so blieb Kordula voller Angst die Nacht über in ihrem Versteck. Am anderen Morgen hatte sie ihre Angst überwunden, und mutig schritt sie ins Licht hinaus, wo die Hunnen sie voll Verwunderung erblickten. Langsam zog einer von ihnen das Messer und stach es ihr ins Herz. Nun empfing sie willig den Tod und mit ihm die Märtyrerkrone.
Weil sie aber nicht mit den anderen zusammen gelitten hatte, wurde auch ihr Fest lange Zeit nicht gefeiert. Da erschien sie einer Klausnerin und tat ihr kund, man solle ihr Fest einen Tag nach dem der Elftausend Jungfrauen begehen.

Kordula wird dargestellt in vornehmen Gewändern. Sie hält ein kleines Schiff in Händen. Beigegeben sind ihr die Märtyrerattribute Lanze, Palme und Krone.

28. Oktober

Judas Thaddäus

Judas mit dem Beinamen Thaddäus war einer der zwölf Apostel Jesu. Später ist Judas Thaddäus oft mit anderen verwechselt worden, beispielsweise mit Judas dem Verräter, aber auch mit einem anderen Thaddäus, der zu der Schar der zweiundsiebzig Jünger gehörte. Schon das Evangelium bemüht sich an der Stelle, an der von ihm die Rede ist, ausdrücklich um Klarheit. Johannes fügt hinzu: »Es ist

28. Oktober

Geboren: um Christi Geburt
Gestorben: um 70 in Persien
Berufung/Beiname: Apostel, Märtyrer
Wirkungsstätten: Palästina, Syrien, Mesopotamien, Persien
Bedeutung des Namens: der Gepriesene (hebräisch)
Namensformen: Judes
Patronat: bei Problemen

Der Apostel Judas wird dargestellt mit einem Buch in der einen Hand und dem Werkzeug seines Martyriums, einer Hellebarde oder Keule, in der anderen Hand. Unsere Vignette zeigt ihn, wie er zusammen mit dem Apostel Simon das Martyrium erleidet.

nicht der von Ischariot.« (Joh. 14, 22) Judas Thaddäus war lange in Vergessenheit geraten. Seine Verehrung ist erst seit dem 18. Jahrhundert wieder erwacht.

Judas Thaddäus richtete beim letzten Abendmahl an Jesus die Frage: »Herr, wie kommt es, daß Du willens bist, Dich uns zu offenbaren und nicht der Welt?« Jesus ging aber nicht direkt auf diese Frage ein, sondern antwortete: »Wenn jemand mich liebt, so wird er mein Wort halten, und mein Vater wird ihn lieben, und wir werden zu ihm kommen und Wohnung bei ihm nehmen.« (Joh. 14, 22-24)

Nach der Überzeugung des hl. Augustinus war es Judas Thaddäus, der darauf bestand, daß in das Glaubensbekenntnis der jungen Kirche der Hinweis auf die Auferstehung des Fleisches aufgenommen wurde, also die Glaubensüberzeugung, daß der Mensch mit Leib und Seele am Jüngsten Tag aus dem Grab auferstehen bzw. vor den Richterstuhl Christi treten wird. Gemeinsam mit den anderen Aposteln versuchte er voll Eifer, das Reich Gottes unter den Menschen auszubreiten. Sein an judenchristliche Gemeinden gerichtetes und ins Neue Testament als »Judasbrief« aufgenommenes Schreiben weist den Verfasser als eine energische, kraftvolle und theologisch gebildete Persönlichkeit aus. Dieser Brief ist gegen die Irrlehre und die Sittenlosigkeit seiner Zeit gerichtet. Das Martyrologium und das Brevier geben an, daß bei der Aufteilung der Welt unter die Jünger Jesu dem Simon Zelotes Ägypten und dem Judas Thaddäus Mesopotamien als Missionsgebiet zugewiesen wurden. Nach späteren Berichten soll er hauptsächlich in Syrien das Evangelium verkündet und in Aradus oder Berytus als Märtyrer gestorben sein. Judas Thaddäus ist danach um das Jahr 70 von den Mithraspriestern → mit einer Keule erschlagen worden.

Des Apostels Simon mit dem Beinamen »der Eiferer« wird in der abendländischen Kirche zusammen mit dem hl. Judas Thaddäus gedacht, während die Ostkirche die beiden Apostel getrennt feiert. Wahrscheinlich ist der Apostel Simon identisch mit dem am 18. Februar gefeierten hl. Simeon, dem Bischof von Jerusalem. Der Apostel Simon erlitt, wie die Legende erzählt, am 1. Juli 47 in Persien den Martertod duch Zersägen seines Leibes. Die Gebeine der Märtyrer wurden nach Rom gebracht. Doch die schönere Reliquie des hl. Judas Thaddäus ist sein Brief, dessen Worte bis heute im Neuen Testament erhalten blieben.

Legende Als die Apostel Judas Thaddäus und Simon in Persien ankamen, zog gerade der Heerführer des Königs mit einem Kriegsheer gegen Indien zu Felde, um dieses Land zu erobern. Die Götterbilder, die gewöhnlich vor dem Beginn eines Feldzugs um Rat gefragt wurden, schwiegen auf alle Fragen. Der Teufel nämlich, der aus den Götzen sprach, mußte verstummen, weil die Apostel überall im Land den Namen Christi verkündeten. Darüber ergrimmten die Mithrasdiener und rieten, man solle die Fremdlinge töten. Doch der Feldherr wollte sie vorher hören. Sie erschienen alsbald furchtlos vor dem mächtigen Mann. Da sie auf seine Fragen einen guten Ausgang des Feldzugs und den Frieden im Land weissagten, gewannen sie nicht nur das Herz des Kriegsmannes, sondern auch das des Königs. Wie sie es gesagt hatten, so geschah es. Da bekehrten sich beide, der König und sein Feldherr, zum Christenglauben und mit ihnen Tausende des Volkes. Aber die heidnischen Zauberer, hierdurch erst recht erzürnt, hörten nicht auf, gegen die Boten Christi zu hetzen. Schließlich erschlugen sie Judas mit einer Keule, während sie den gefesselten Simon mit einer Säge zerschnitten.

29. Oktober

Pirmin

Zwar ist allgemein als eigentlicher Festtag des hl. Pirmin der 3. November bekannt, doch führen ihn einige Kalendarien auch unter dem 29. Oktober auf. Da nun am 3. November auch der Hubertustag gefeiert wird, gehen wir hier auf den hl. Pirmin, der als Apostel der Pfalz und des Elsaß gilt, am 29. Oktober ein.

Der Lebensweg des Heiligen läßt sich nicht mehr über alle Stationen genau bestimmen. Pirmin muß im zweiten Jahrzehnt des 8. Jahrhunderts auf der Flucht vor den andrängenden Arabern aus dem westgotischen Aquitanien oder Spanien ins Frankenreich gekommen sein. In der ältesten Beschreibung seines Lebens, die um 830 entstand, wird angegeben, daß Pirmin in »Meltis castellum«, einem befestigten Ort, vermutlich in Nordfrankeich, als Chorbischof gewirkt hat. Sicher ist auf alle Fälle, daß der hl. Pirmin im Jahr 724 das Kloster auf der Insel Reichenau im Bodensee gegründet und eingerichtet hat.

Ebenso ist nachgewiesen, daß er wenige Jahre später nach Murbach im Elsaß gerufen wurde, um dort das Kloster zu weihen. Doch auch in dieser Gegend ist er nicht lange geblieben, denn schon im Jahr 730 heißt der Abt von Murbach Romanus. Der hl. Pirmin hat anschließend im Gebiet des Oberrheins, vor allem um Straßburg herum, eine größere Anzahl von Klöstern gegründet oder zumindest reformiert. Bekannt sind von diesen Klostergründungen namentlich Schuttern, Gengenbach, Schwarzach, Maursmünster und Neuweiler. Darüber hinaus ist auch hier seine Tätigkeit kaum näher zu fassen.

Das gelingt erst wieder ab dem Jahr 742, als der Heilige in Hornbach bei Zweibrücken in der Rheinpfalz ein weiteres Kloster gründete. Dort blieb Pirmin als Abt, und dort ist er wohl am 3. November des Jahres 753 auch gestorben.

In Kloster Hornbach wurde der hl. Pirmin beigesetzt. Seine Gebeine sind dann in späterer Zeit in den Wirren der Glaubensspaltung und der Religionskriege des 16. Jahrhunderts nach Innsbruck übertragen worden.

Die Stadt Pirmasens, auf lateinisch: »Pirmini sedes«, zu deutsch: der Wohnsitz des Pirmin, verdankt dem hl. Abt Pirmin seinen Namen.

Ein Gemälde aus dem Jahr 1627 im Münster des Klosters Mittelzell auf der Bodenseeinsel Reichenau zeigt den hl. Pirmin, wie er segnend über den Bodensee fährt. Vor dem segnenden Gottesmann Pirmin ergreifen dabei giftige Schlangen und allerlei ekliges Gewürm eiligst die Flucht.

Geboren: um 690
Gestorben: 753 in Hornbach (Rheinland-Pfalz)
Berufung/Beiname: Missionar, Klostergründer, Benediktinerabtbischof
Wirkungsstätten: Frankreich, Deutschland; »Landesapostel der Pfalz und des Elsaß«
Bedeutung des Namens: der Ruhmreiche (keltisch)
Namensformen: Rodin
Patronat: Insel Reichenau, Innsbruck, Rheinpfalz; bei Augenleiden; gegen Schlangen, Ungeziefer, Nahrungsmittelvergiftung; für eine glückliche Entbindung

Legende *Ein reicher Grundherr aus der Bodenseegegend schenkte Pirmin eine Insel unterhalb Konstanz, damit er auf ihr ein Kloster erbauen konnte. Aber die Einheimischen warnten den Bischof, weil es auf der Insel von giftigen Schlangen nur so wimmelte. Doch Pirmin ließ sich davon nicht abschrecken. Im Vertrauen auf Gott ließ sich der Heilige zu der berüchtigten Insel bringen. Als nun Pirmin die Insel betrat, geschah das Wunder, daß alle giftigen Schlangen und Würmer vor ihm flohen und sich in den Bodensee stürzten. Nun war es Primin möglich, die Insel urbar zu machen und eine Kirche zu erbauen. Gleichzeitig gründete er dort ein Benediktinerkloster. Von diesem Zeitpunkt an hieß die Insel »Reyche Ow«, zu deutsch »reiche Aue« und somit Reichenau.*

Dargestellt wird Pirmin als Bischof, der von Schlangen und Kriechtieren umgeben wird. Oft wird der Heilige zusammen mit einem Dornstrauch, der edle Früchte trägt, einer Quelle zu seinen Füßen oder einem Kloster abgebildet.

30. Oktober

Marcellus von Tanger

Geboren: unbekannt
Gestorben: 298 in Tingis (Nordafrika)
Berufung/Beiname: Märtyrer
Wirkungsstätte: Nordafrika
Bedeutung des Namens: der dem Kriegsgott Mars Geweihte (Weiterbildung von Markus; lateinisch)
Namensformen: Marcellinus, Marcel, Marcello, Marco

Es gibt mehrere Heilige mit diesem Namen. Der hl. Papst Marcellus I. (308–309) war der Nachfolger jenes Papstes Marcellinus, der während der diokletianischen Verfolgungen als Märtyrer gestorben ist. Auch Marcellus I. wurde verfolgt, er starb aber in der Verbannung. Da er seines Glaubens wegen seine Wirkungsstätte verlassen mußte, gilt auch er als Märtyrer. In Rom ist ihm auf dem Corso eine Kirche geweiht. Sie steht an dem Ort, an dem Marcellus von der ihm auferlegten Fronarbeit befreit worden sein soll. Sein Fest wird am 16. Januar begangen.

Es gibt auch einen hl. Bischof von Paris aus dem 5. Jahrhundert, der Marcellus hieß. Sein Grab befindet sich in dem nach ihm benannten Stadtteil von Paris, Saint-Marcel. Sein Fest ist am 3. November.

Der hl. Marcellus von Tanger schließlich war römischer Hauptmann, der den Tod als Blutzeuge Christi am 30. Oktober 298 in der damaligen Provinz Tingitana erlitt. Sein Martyrium ist zuverlässig bezeugt. Der Notar, der den offiziellen Bericht darüber zu schreiben hatte, verweigerte, unwillig über das Urteil, die Niederschrift und bekannte sich ebenfalls zu Christus. Er wurde deswegen kurze Zeit später enthauptet. Sein Name ist Kassian. Auch seine Akten sind authentisch. Er wird außerdem in einer der Hymnen des Prudentius erwähnt.

Legende In der Stadt Tingis (heute Tanger) wurde im Jahre 298 der Geburtstag des Kaisers Maximianus Herkuleus feierlich begangen. Die Soldaten sollten den Göttern des Kaisers opfern. Als die trajanische Legion an der Reihe war, die Opfer darzubringen, da warf plötzlich der Hauptmann Marcellus, ein Christ, seine Waffen und sein Leibgardenabzeichen zu Boden und rief: »Ich bin ein Soldat des Königs Christus, und von jetzt an entsage ich dem kaiserlichen Dienst. Eure Götter sind Götzen aus Stein und Holz, taub und stumm. Wenn das die Bedingung des Kriegsdienstes ist, daß man den Bildern solcher Götzen opfern soll, marschiere ich nicht mehr unter den römischen Fahnen.« Hierüber verblüfft, benachrichtigten die übrigen Offiziere den Obersten der Legion, der Marcellus ins Gefängnis werfen ließ. Nach Beendigung der Feierlichkeiten brachte man den Gefangenen vor den Kriegsrat. Er wurde von Aurelius Agricolus verhört, und der Amtsschreiber Kassian führte Protokoll. Die Anklage lautete, daß der Soldat seine Waffen unter Verwünschungen, die gegen die Götter gerichtet waren, weggeworfen und sich als Christ bekannt habe. Als man Marcellus fragte, ob das wahr sei, bejahte er: »Einem Christen, der dem lebendigen Herrn Jesus Christus dient, ziemt es nicht, daß er zugleich im Dienst von toten Götzen steht.« Daraufhin sagte der Richter, Marcellus solle durch das Schwert sterben. Kaum hatte er das Urteil ausgesprochen, als Kassian sich entrüstet erhob und mit lauter Stimme seinen Unwillen gegen dieses Urteil äußerte. Er warf den Griffel, mit dem er bisher geschrieben hatte, und die Tafel zu Boden. Alle Anwesenden waren bestürzt, nur Marcellus lächelte. Der Richter stand wütend auf und fragte den Amtsschreiber, was ihn zu einer derartigen Handlung bewogen habe. Da entgegnete Kassian, er könne ein ungerechtes Urteil nicht niederschreiben. Betroffen befahl der Richter, den Schreiber ins Gefängnis abzuführen. Am nächsten Tage wurde Marcellus enthauptet und einige Tage nach ihm Kassian, der sich ebenfalls als Christ bekannte.

Aus der Frühzeit des Christentums gibt es zahlreiche Berichte, nach denen bekennende Christen sich weigerten, dem römischen Kaiser gottgleiche Verehrung zu bezeugen. Im Hintergrund steht die Botschaft des Neuen Testaments, daß es nur einen Herrn gibt: nämlich Jesus Christus.

31. Oktober

Wolfgang

Einer der bekanntesten Bischöfe von Regensburg war der hl. Wolfgang. Das Andenken an diesen großen Kirchenfürsten wird vor allem in Bayern und in Österreich lebendig gehalten. Viele Orte, die der hl. Bischof Wolfgang der Legende nach einst besucht hat, tragen auch heute noch seinen Namen.

Der hl. Wolfgang war einer der weitblickendsten Bischöfe des beginnenden 10. Jahrhunderts. Ihm ist es zu verdanken, daß die Klöster, die es mit den strengen Ordensregeln nicht mehr so genau nahmen, durch seine Reformen wieder ihre innere Festigkeit und ihre alte Bedeutung erlangten.

Wolfgang entstammte einer freien, wohlhabenden Familie aus der Gegend von Reutlingen und wurde um 924 geboren. Seine Eltern erkannten bald seine außergewöhnlichen Begabungen. Deshalb brachten sie auch den Knaben in das Kloster Reichenau im Bodensee, das für eine gute Schulausbildung bekannt war. Dort lernte er zwar die Strenge des mönchischen Lebens kennen, erhielt daneben aber auch eine gründliche Ausbildung in allen Wissenschaften.

Nur auf Drängen seines Mitschülers und Freundes Heinrich von Babenberg riß sich Wolfgang schließlich aus der geliebten Einsamkeit des Klosters los und wechselte an die Schule in Würzburg. Als Heinrich im Jahr 956 zum Erzbischof von Trier ernannt worden war, übernahm Wolfgang auf seine Bitte hin das Amt des Leiters der dortigen Domschule. Der Erzbischof von Trier hatte noch ehrenvollere Aufgaben für ihn bereit, aber Wolfgang wollte nicht so sehr im Blickfeld der Öffentlichkeit stehen, er war nur darauf bedacht, seinen Schülern eine gründliche Ausbildung zu vermitteln und ihnen ein anspornendes Beispiel verantwortungsbewußter christlicher Tugend vorzuleben.

Später übernahm der hl. Wolfgang allerdings noch das Amt eines Dechanten des Domkapitels. Er war dazu vom Trierer Erzbischof Heinrich regelrecht gezwungen worden, denn den bescheidenen Wolfgang hätte es, wäre es nach ihm gegangen, niemals nach einer solchen Würde verlangt. Auch in diesem Amt vollbrachte der Heilige, obwohl vielfach angegriffen, vor allem durch sein vorbildliches Verhalten und seine lautere Gesinnung Erstaunliches.

Nach dem frühen Tod Erzbischof Heinrichs im Jahre 964 betrachtete Wolfgang die Bande, die ihn an sein Amt gefesselt hatten, als gelöst und ging nach Maria Einsiedeln in der Schweiz, um dort hinter Klostermauern ein streng mönchisches Leben zu führen. Er übernahm das Lehramt an der Klosterschule, und bald war Wolfgang auch dort bei seinen Schülern sehr beliebt. Bischof Ulrich von Augsburg besuchte eines Tages das Kloster und weihte Wolfgang im Jahr 968 zum Priester. Als der neugeweihte Gottesmann von den heidnischen Ungarn hörte, machte er sich im Jahr 971 mit einigen Gefährten zu einer Missionsreise dorthin auf. Dieses Unternehmen scheiterte jedoch kläglich.

Nach diesem Fehlschlag ging Wolfgang nach Passau zu Bischof Pilgrim, der bald Kaiser Otto II. auf den tatkräftigen Priestermönch aufmerksam machte und vorschlug, ihn auf den verwaisten Bischofsstuhl von Regensburg zu erheben, was im Jahre 972 auch geschah. Wolfgang nahm die neue Würde nur widerwillig

---

Geboren: um 924 in Pfullingen (Baden-Württemberg)
Gestorben: 994 in Pupping (Österreich)
Berufung/Beiname: Benediktinermönch, Missionar, Bischof
Wirkungsstätten: Deutschland, Schweiz, Österreich, Ungarn
Bedeutung des Namens: der, der mit dem Glück und Sieg verheißenden Wolf in den Kampf geht (althochdeutsch)
Namensformen: Wolf, Wulf, Gangerl, Gangolf, Olf
Patronat: Bayern; Hirten, Holzhauer, Köhler, Schiffer, Zimmerleute; gegen Augen- und Fußleiden, Bauchschmerzen, Gicht, Kreuzbeschwerden, Lähmungen, Ruhr, Schlaganfall, Hautentzündungen; Vieh

---

Wolfgang war als Wohltäter beim Volk sehr beliebt. Er nannte die Armen seine »Herren und Brüder«. In einem Hungerjahr öffnete er die Kornspeicher und ließ die Bedürftigen nehmen, was sie brauchten.

31. Oktober

In früheren Zeiten brachten die Bauern zum Schutz ihres Viehs an der Stalltür ein Bild des hl. Wolfgang an. Noch heute weihen die Bauern in St. Wolfgang in der Steiermark kleine eiserne Pferde, Kühe oder Schweine ihrem Viehpatron St. Wolfgang.

Dargestellt wird der hl. Wolfgang mit Bischofsstab und Zimmermannsbeil, ein eintürmiges Kirchenmodell in der Hand. Der Legende zufolge soll Wolfgang ein Beil geworfen haben, um festzustellen, wo er seine Kirche bauen sollte.

an, lediglich aus Gehorsam stellte er sich dem verantwortungsvollen Amt zur Verfügung, nachdem der Kaiser und sein Abt die Wahl bestätigt hatten. Aber dann arbeitete er sofort mit Nachdruck und Ausdauer an der Reform des Priesterstandes und an der Straffung der recht heruntergekommenen Klosterzucht. Wolfgang hatte nämlich erkannt, daß die Klöster, seit sie in den Besitz der jeweiligen Bischöfe gekommen waren, vielfach ihre geistige Kraft verloren hatten und den Bischöfen jetzt nur mehr als willkommene Einnahmequelle dienten.

Aus dieser Erkenntnis heraus gliederte er als erstes das St.-Emmerams-Kloster aus seinem Besitz aus und gab ihm die Selbständigkeit zurück. Die Leitung übertrug er dem fähigen Abt Ramwold. Bald wurde Regensburg auf diese Weise zum Zentrum geistlicher Reformen. Wolfgang setzte sein Reformwerk mit den beiden Frauenklöstern Nieder- und Obermünster sowie mit der Neugründung des Frauenklosters St. Paul in Regensburg fort. Der Heilige stellte außerdem fest, daß christlicher Glaube und kirchliches Leben in den Gebieten, die später als Bistum Prag ausgewiesen wurden, in damaliger Zeit aber noch zu Regensburg gehörten, nur dann wieder aufblühen konnten, wenn sie selbständig wurden, also einen eigenen Bischof erhielten. Uneigennützig verzichtete Wolfgang deshalb auf seine Rechte an diesen Gebieten samt den reichen Einkünften, und freudig unterzeichnete er schließlich die Trennungsurkunde.

Auf einer Reise nach Österreich wurde der greise Bischof schwer krank. In Pupping, zwischen Passau und Linz, starb Wolfgang am 31. Oktober des Jahres 994. Sein Grab befindet sich in der Krypta von St. Emmeram in Regensburg.

Mehr als zweihundert Wunder, die nach Anrufung des Heiligen durch Gottes Hilfe geschahen, sorgten für eine rasche Verbreitung seiner Verehrung. Diese Wunder wurden sowohl an seinem Grab als auch ganz besonders in der Kirche in Pupping und in St. Wolfgang am Abersee erwirkt. Die Heiligsprechung des Bischofs Wolfgang wurde von Kaiser Heinrich II. (973–1024), seinem ehemaligen Schüler, und Bischof Gerhard von Regensburg befürwortet und durch Papst Leo IX. (1002–1054) um 1052 nach Erhebung der Reliquien vorgenommen.

Besonders bekannt sind die Wallfahrten nach St. Wolfgang im Salzkammergut und nach Dorfen bei Ebersberg in Oberbayern. Bedeutende Darstellungen sind in der Alten Pinakothek in München der Kirchenväteraltar von Miachel Pacher und die Gnadenstatue in St. Wolfgang am Abersee sowie der spätgotische Flügelaltar in Kefermarkt.

Legende *Als der hl. Bischof Wolfgang einmal spät abends in Egolsheim ankam, ließ er in der Umgegend ansagen, daß er am anderen Tag firmen wolle. Als der Bote sein Pferd besteigen wollte, mußte er jedoch feststellen, daß es gestohlen worden war. Da er sich so spät kein anderes Pferd beschaffen konnte, machte er sich in der Finsternis zu Fuß auf den Weg. Die Pfade aber waren unwegsam, es regnete, und oft stürzte er ermattet zu Boden. Schließlich konnte er nicht mehr weitergehen. Da rief er in seiner Herzensnot: »Erbarme Dich meiner, o Herr, und du, mein ehrwürdiger Bischof!«*
Und plötzlich stand ein Pferd mit Zügel und Sattel vor ihm. Er bestieg das Pferd, erledigte seinen Auftrag und fragte am anderen Tag überall nach dem Eigentümer des Pferdes. Aber niemand kannte es oder hatte es je gesehen. So wurde für alle offenkundig, wie hoch der hl. Bischof in Gottes Gnade stand.

1. November

Das Fest Allerheiligen

Dieses Fest wurde von Papst Gregor IV. (827–844) auf den 1. November festgesetzt. Ursprünglich wurde es »zu Ehren aller hll. Märtyrer« am 13. Mai gefeiert. Die Verlegung des Festes auf den 1. November soll deswegen vorgenommen worden sein, weil im Mai für die vielen Pilger nach den Wintermonaten nicht genügend Nahrung in der Stadt Rom vorhanden war. Dagegen konnte man im Herbst nach der Ernte und Weinlese alle Besucher ausreichend versorgen. Heute ist das Fest Allerheiligen das letzte im Kirchenjahr. Niemand wäre imstande, die Feste aller Heiligen und Seligen einzeln zu feiern, weil es eben zu viele sind. Denn, wie der hl. Hieronymus schreibt, gibt es keinen Tag im Kirchenjahr, an dem man nicht mehrerer tausend Märtyrer gedenken müßte.

Die Heiligen stehen am Thron Gottes, der sie uns als Beispiel vor Augen stellt. Außerdem sind sie die mächtigen Fürbitter, an die wir uns vertrauensvoll wenden dürfen. Sie alle zusammen bezeichnet man auch als die »triumphierende Kirche«, denn sie haben das Ziel erreicht. In der Allerheiligen-Litanei werden sie als unsere Fürsprecher angerufen. Sie bitten mit ihrer ganzen Liebe zu Gott für die Gläubigen. Für die Festliturgie des 1. November wählte man bewußt als Evangelium die Seligpreisungen der Bergpredigt, in denen Jesus das herausstellt, was am Verhalten bzw. an der inneren Einstellung des einzelnen Menschen bleibenden Wert besitzt, nämlich das Streben nach Gerechtigkeit, Barmherzigkeit und Friedfertigkeit sowie das Erleiden von Verfolgungen seinetwillen.

Das Fest Allerheiligen verdankt seinen Ursprung Papst Bonifaz IV. (Papst 608–615). Er weihte 610 das Pantheon in Rom zu Ehren der allerseligsten Jungfrau Maria sowie zum Lob aller heiligen Märtyrer. Dieser prächtige Tempel wurde von Marcus Agrippa, einem Günstling des Kaisers Augustus (63 v. Chr.–14 n. Chr.), im Jahre 27 v. Chr. in dessen Thermen in Rom erbaut und, nachdem der Bau durch ein Erdbeben zerstört worden war, von Kaiser Hadrian wiederhergestellt. Der Tempel wurde »Pantheon« genannt, weil man darin die dreitausend Götter zugleich verehrte, die im römischen Reichsgebiet gleichsam staatlich anerkannt waren. Der Bau wurde nach Einführung des Christentums nicht zerstört wie alle anderen heidnischen Tempel, denn Kaiser Honorius (384–423) hatte befohlen, daß man ihn als Denkmal der alten Herrlichkeit des Römischen Reiches bestehen lassen sollte. Seine Tore aber wurden verschlossen.

Nun kam Bonifaz auf den Gedanken, diesen Tempel aller heidnischen Gottheiten zu öffnen und zu reinigen. Der byzantinische Kaiser Phokas machte ihn dem Papst zum Geschenk. Der Tag der Weihe des herrlichen altrömischen Rundbaus zu einer christlichen Kirche wurde mit großer Feierlichkeit begangen. Am Vorabend führte man aus den Katakomben eine große Menge Reliquien heiliger Märtyrer auf achzehn reich geschmückten Wagen herbei. Der Papst weihte die Kirche und nannte sie »Sancta Maria ad Martyres«. Heute heißt sie im Volksmund einfach »S. Maria Rotunda«. Von diesem Tag an wurde das Fest aller Heiligen alljährlich in dieser Kirche begangen und später von Papst Gregor IV. für die ganze katholische Kirche vorgeschrieben.

Was wäre das liturgische Jahr ohne einen Gedächtnistag für alle Heiligen und Seligen Gottes? Das Fest Allerheiligen verdankt seinen Ursprung Papst Bonifaz IV., der im Jahr 610 das Pantheon in Rom zu Ehren der allerseligsten Jungfrau und Gottesmutter Maria sowie zum Lobe aller Märtyrer weihte.

Die christliche Kirche ist nach eigenem Verständnis »die Gemeinschaft der Lebenden und der Toten«. Deshalb ist das Fest Allerheiligen im Gedenken derer, die als mutige, bekennende Christen schon zu Gott hinübergegangen sind, eine Gelegenheit, sich dieser Räume und Zeiten übergreifenden Gemeinschaft bewußt zu werden.

2. November

Das Fest Allerseelen

> Das Fest Allerseelen, das die Kirche einen Tag nach dem Fest Allerheiligen zum gedächtnis an die Armen Seelen der Verstorbenen begeht, führte der hl. Abt Odilo von Cluny ein. Papst Benedikt XV. erklärte den Festtag im Jahr 1915 für die ganze Kirche als verbindlich.

Einen Tag nach dem Fest Allerheiligen begeht die Kirche das Gedächtnis der Verstorbenen, das Fest Allerseelen. Grundlage dafür ist die kirchliche Lehre, daß jeder Mensch, der im Augenblick des Todes ein lebendiges Glied am Leib Christi ist, niemals von der unmittelbaren Anschauung Gottes ausgeschlossen sein wird. Allerdings dauert es zuweilen noch einige Zeit, bis der Verstorbene tatsächlich zur Anschauung Gottes gelangt, und zwar so lange, bis alle persönliche Schuld getilgt ist. Alle Verstorbenen zusammen, die auf diesen heißersehnten Augenblick harren, bezeichnet man als die »leidende Kirche«.

Wir hier auf Erden, die sogenannte »streitende Kirche« können und sollen für die Verstorbenen um Gottes Barmherzigkeit bitten, daß er ihnen durch seine Gnade die Zeit des Wartenmüssens verkürzt. Der hl. Abt Odilo von Cluny führte den Brauch des Allerseelentages zuerst ein. Papst Benedikt XV. erklärte ihn im Jahr 1915 für die ganze Kirche als verbindlich. An diesem Tag betet die Christenheit für die Erlösung der armen Seelen der Verstorbenen aus dem Fegfeuer.

Formulierungen wie Feuerpein und Fegefeuer sind Bilder, mit denen wir nur unzureichend das ausdrücken können, was wir im Glauben erahnen. In unserer Zeit werden dafür häufig andere Vergleiche verwendet, von denen man annimmt, daß sie besser verstanden werden als die Sprachbilder vergangener Epochen. Das seelische Leid der Verstorbenen wird beispielsweise mit dem Schmerz verglichen, dem sich gewaltsam getrennte Liebende ausgesetzt fühlen, oder mit der inneren Not, in der sich eine Mutter befindet, die ihr Kind verloren hat. Der Apostel Paulus schrieb einmal in bezug auf die Herrlichkeit des Himmels: »Kein Auge hat je gesehen und kein Ohr je gehört, was Gott denen bereitet hat, die ihn lieben.« Die Verstorbenen wissen bereits, was das alles einschließt. Deshalb erleben sie diese zeitlich begrenzte Trennung als so unerträglich.

> **Ladislaus Boros** hat versucht, für den modernen Menschen in Worte zu fassen, was die Bibel im Bild des (Fege-) Feuers ausdrückt. Das Fegefeuer sei »nichts anderes als der Durchgang durch das Feuer der Liebe Christi, der Vorgang der Christusbegegnung im Tod. Bei dieser Begegnung bricht die Liebe zu Gott aus den Tiefen des menschlichen Daseins hervor, durchdringt unser Wesen.«

Anstelle einer Legende Himmel und Hölle sind in bezug auf Räumlichkeit und Ausstattung völlig gleich. Beides sind prunkvolle Festsäle. Auf einer langen Tafel glänzt silbernes Geschirr. Zuvorkommende, freundliche Kellner tragen überall die gleichen auserlesenen Speisen auf. Ein kleiner, aber bedeutsamer Unterschied besteht aber doch. Das silberne Besteck, das in dem einen Raum aufliegt, ist so lang, daß jeder an der Tafel damit immer knapp seinen geöffneten Mund verfehlt. Wer nun aber die Finger gebrauchen will, vor dessen zugreifender Hand lösen sich die Speisen plötzlich in nichts auf.
Im Festsaal des Himmels sind alle Anwesenden zuerst einmal um das Wohl des Tischnachbarn besorgt. Sie sind das aus der Zeit ihrer irdischen Pilgerschaft gewohnt. Und deshalb reichen sie nun wie selbstverständlich ihrem Nachbarn mit ihrem Besteck das, was sich dieser selbst gerne genommen hätte. Im Festsaal der Hölle dagegen ist jeder an der Tafel zuerst einmal angefüllt mit unersättlicher Selbstsucht sowie mit abgrundtiefem Mißtrauen dem anderen gegenüber. Während ihrer Zeit auf Erden haben sie ja nichts anderes gelernt. Deshalb bemühen sich nun alle immer und immer wieder, sich wenigstens ein paar köstliche Bissen mit dem eigenen Besteck zukommen zu lassen. Aber stets mißlingen ihre auch noch so geschickten Versuche.

2. November
Rupert Mayer

Die am meisten besuchte Kirche in München ist die Bürgersaalkirche, die in der Altstadt steht. Dort befindet sich das Grab von Pater Rupert Mayer, der am 1. November 1945 starb und nach wie vor große Popularität genießt.

Am 23. Januar 1876 kam Rupert Mayer in Stuttgart auf die Welt. Die Eltern schickten ihn in das Gymnasium in Ravensburg, weil in den Schulen in Stuttgart zu jener Zeit eine sehr antikatholische Erziehung praktiziert wurde. In Ravensburg lernte Rupert Jesuitenschüler aus Feldkirch kennen. Er teilte bald darauf seinen Eltern mit, daß er ebenfalls in den Jesuitenorden eintreten möchte. Sein Vater war damit überhaupt nicht einverstanden und einigte sich mit Rupert auf einen Kompromiß. Erst ein Jahr nach der Priesterweihe, wenn Rupert dann immer noch Jesuit werden wollte, würde der Vater das Einverständnis dazu geben.

Rupert studierte Philosophie und Theologie in Fribourg/Schweiz, in München und Tübingen, anschließend besuchte er das Priesterseminar in Rottenburg. Am 2. Mai 1899 wurde er von Bischof Keppler zum Priester geweiht.

Nach Ablauf des vom Vater geforderten »Probejahres« stand für Rupert der Wunsch, in den Jesuitenorden einzutreten, an vorderster Stelle. Bischof Keppler entließ ihn ins Noviziat mit den Worten: »Gehen Sie, und machen Sie uns alle Ehre!« Seit 1872 war es den Jesuiten im Deutschen Kaiserreich nicht mehr erlaubt, Studienhäuser zu unterhalten. Rupert begann deshalb das Noviziat am 1. Oktober des Jahres 1900 in Valkenberg in den Niederlanden und setzte seine Studien in Tisis in der Schweiz fort. Der Orden erkannte bald Ruperts außergewöhnliche Begabung und berief Pater Rupert Mayer ab 1906 zum Volksmissionar für Deutschland, Österreich und die Schweiz.

1912 erfolgte die Berufung nach München, für Pater Rupert Mayer der entscheidende Einschnitt in seinem Leben. Er wurde Seelsorger für die Zuwanderer aus den ländlichen Gebieten Bayerns, die in der Stadt Arbeit und Brot suchten. Seine Aufgabe war es, diesen Menschen zu helfen, sich in das städtische Leben einzufügen, ohne dabei in sittlicher und religiöser Hinsicht gefährdet zu werden. Um auch in praktischer Hinsicht die größtmögliche Unterstützung geben zu können, gründete er 1913 gemeinsam mit Präses Pichlmair und Carl Walterbach die »Schwesterngemeinschaft der Heiligen Familie.«

Bei Ausbruch des Ersten Weltkriegs arbeitete Pater Rupert Mayer als Seelsorger an den verschiedensten Kriegsschauplätzen. Er wurde dabei auch schwer verwundet, und im Lazarett mußte ihm das linke Bein amputiert werden. Mit heiligem Gleichmut ertrug er diesen Verlust. Er war noch nicht richtig genesen, als er bereits wieder seelsorgerisch tätig war. Nach der Aufhebung des Jesuitenverbots wirkte Pater Rupert Mayer ab 1917 in der Michaelskirche in München als Priester und äußerst beliebter Beichtvater. Im Jahr 1921 wurde er zum Präses der Marianischen Männerkongregation in München ernannt. Seiner Initiative ist es auch zu verdanken, daß seit 1925 am Münchner Hauptbahnhof an den Wochenenden Frühmessen für Sportler und Ausflügler gehalten werden.

Pater Ruprecht Mayer predigte die Wahrheit, und er lebte die Wahrheit. Folge-

---

Geboren: 1876 in Stuttgart (Baden-Württemberg)
Gestorben: 1945 in München
Berufung/Beiname: Jesuit, Seelsorger, Widerstandskämpfer; »Apostel der Männer«
Wirkungsstätten: Deutschland, Frankreich, Holland, Schweiz, Österreich, Galizien, Rumänien
Bedeutung des Namens: der Ruhmglänzende (althochdeutsch)
Namensformen: Ruprecht, Robert, Robby, Bob(by), Bert, Rupertus

Während des Ersten Weltkriegs war Pater Rupert Mayer Divisionspfarrer an der West- und an der Ostfront. In den Schützengräben hörte er die Beichte und schleppte Verwundete aus der Kampflinie. Bei einem Sturmangriff in Rumänien zerfetzte eine Granate sein linkes Bein, so daß es amputiert werden mußte.

Obwohl Pater Rupert Mayer nach seinem Lazarettaufenthalt gesundheitlich stark geschwächt war, nahm er nach der Befreiung durch die Amerikaner im Mai 1945 seine seelsorgerische Tätigkeit wieder auf. Er führte die erste Fronleichnamsprozession nach dem Krieg durch das zerbombte München.

Geboren: 656 oder 658 in Aquitanien (Frankreich)
Gestorben: 727 in Tervueren (Belgien)
Berufung/Beiname: Missionar, Bischof; »Apostel der Ardennen«
Wirkungsstätten: Frankreich, Belgien
Bedeutung des Namens: der durch Geist Glänzende und Berühmte (althochdeutsch)
Namensformen: Hubert, Bert
Patronat: Jäger, Förster, Schützen, Drechsler, Gießer, Kürschner, Metallarbeiter, Metzger, Optiker; Mathematik; gegen Tollwut, Hunde- und Schlangenbiß; gegen geistige Verwirrtheit

richtig geriet er in Schwierigkeiten, nachdem die Nationalsozialisten an die Macht gekommen waren. Ab 1937 bekam er Redeverbot im außerkirchlichen Raum. 1937 kam er für sechs Wochen in Untersuchungshaft, und 1938 war er vier Monate Sträfling im Zuchthaus Landsberg. Am 22. Dezember 1939 brachte man ihn ins Konzentrationslager Sachsenhausen, und da er dort schwer erkrankte, ordneten die Machthaber eine Zwangsinternierung im Kloster Ettal an. Man wollte aus ihm nämlich keinen Märtyrer machen.

Nachdem die Amerikaner das Kloster Ettal befreit hatten, durfte Pater Rupert Mayer am 10. Mai 1945 das erste Mal wieder predigen. Er hätte nun allen Grund gehabt, Machtträger und Anhänger des Naziregimes zu verurteilen. Er aber sprach von Feindesliebe und forderte die Gläubigen auf, erlittenes Unrecht zu vergessen und zu verzeihen. Bald danach durfte er heimkehren nach München, wo er begeistert empfangen wurde. Sofort setzte er sich wieder dafür ein, daß den Hungernden und Obdachlosen Hilfe zuteil wurde. Von der Kanzel herab ermahnte er seine Zuhörer zu Frieden, Verzeihung und Dank an Gott.

Seine Gesundheit war jedoch nach all den leidvollen Erfahrungen schwer angeschlagen. Als Pater Ruprecht Mayer die Messe zum Allerheiligenfest am 1. November 1945 zelebrierte, brach er am Altar zusammen und starb.

Sein Lieblingsgebet lautete: »Herr, wie Du willst, soll mir geschehn, und wie Du willst, so will ich gehn, hilf Deinen Willen nur verstehn.«

3. November

Hubertus

Der 3. November ist der Tag der Jäger – Hubertustag. Der hl. Hubertus ist seit dem 11. Jahrhundert der Patron der Jäger, aber auch der Forstleute und der Schützengilden. Die Hilfe des hl. Hubertus wird angerufen bei Tollwut, Hunde- und Schlangenbiß sowie Irrsinn. Der Heilige wird auf vielen Bildern dargestellt, meist als Jäger mit Jagdhorn, aber auch als Bischof, fast immer mit Hirsch und Hunden, zuweilen auch mit einem Engel, der ihm die Stola reicht. Ein schöner Stich von Albrecht Dürer zeigt die Erscheinung des wunderbaren Hirsches.

Hubertus war Bischof von Tongern-Maastricht, wahrscheinlich als Nachfolger des hl. Lambert, und erhob die Kirche von Lüttich zur Kathedrale, um die Reliquien des hl. Lambert würdig bestatten zu können.

Der hl. Hubertus starb am 30. Mai des Jahres 727 und wurde zunächst ebenfalls in Lüttich bestattet. Am 3. November 743 wurde dann sein Leichnam in die von ihm gegründete Abtei St. Hubert in den Ardennen übertragen, die seitdem ein beliebtes Wallfahrtsziel besonders der Jäger ist.

Seit dem Jahr 1444 gibt es den Hubertusorden, eine Auszeichnung, die von Herzog Gerhard von Ravensberg für einen am Hubertustag 1444 erfochtenen Sieg gestiftet wurde. Bei der Belehnung mit dem Herzogtum Jülich im Jahr 1708 erneuerte der Kurfürst von der Pfalz den Orden. Durch seine Nachfolger kam der Hubertustag später nach Bayern, wo er bis 1918 auch der Hausritterorden der Wittelsbacher war. Am Hubertustag werden nach altem Brauch heute noch Wasser, Wein, Salz, Brot und Hafer geweiht.

4. November

Legende Nach der Legende hatte der hl. Hubertus dieselbe Erscheinung des kreuztragenden Hirsches wie der hl. Eustachius, dessen Festtag der 20. September ist. Die Heiligen Hubertus und Eustachius sind aus diesem Grund oft verwechselt worden. Hubertus wurde 656 oder 658 geboren. Er war der Sohn des Herzogs Bertrand von Aquitanien. Als junger Mann kam er an den Hof Theiderichs III. von Burgund und wurde von diesem zum Pfalzgrafen erhoben. Hubertus war nicht nur sehr begabt, weshalb er mit hohen Ämtern betraut wurde, sondern er liebte auch die Jagd über alles. Und so geschah es, daß er einmal selbst am Karfreitag nicht auf dieses weltliche Vergnügen verzichten wollte und in den Wäldern der Ardennen einen kapitalen Hirsch aufspürte. Immer tiefer geriet er bei dessen Verfolgung in den Wald, bis der Hirsch schließlich vor einer Felswand ruhig vor ihm stehen blieb. Schon hatte Hubertus den Bogen gespannt. Da erblickte er zwischen den Geweihstangen des Tieres ein leuchtendes Kreuz, und eine Stimme fragte ihn: »Hubertus, warum jagst du nur dem Vergnügen nach und vergeudest dabei sinnlos deine Lebenszeit?« Dies beeindruckte Hubertus derart, daß er mit seiner bisherigen Lebensweise völlig brach und sich in die Einsamkeit der Ardennen zurückzog, wo er eine Zeitlang als Einsiedler lebte.

Dann begab er sich zu Bischof Lambert von Maastricht, der ihn später zum Priester weihte. Nach dem Tod des hl. Bischofs Lambert im Jahr 708 wählte man Hubertus zu seinem Nachfolger. Als dieser sich heftig dagegen wehrte, erschien ein Engel vom Himmel, der ihm die bischöfliche Stola umlegte, worauf er, den Willen Gottes erkennend, sich fügte. Hubertus waltete als Bischof viele Jahre zum Segen des Landes und missionierte vor allem in seinem früheren Jagdgebiet, den Ardennen, unter großer Mühsal und Anstrengung. Die Reliquien des hl. Lambert übertrug er in ein Gotteshaus, das er ihm zu Ehren hatte erbauen lassen. Der hl. Hubertus verlegte 721 seinen Bischofssitz von Maastricht an diesen Ort, der später den Namen Lüttich erhielt.

Hubertus wird meistens als Jäger mit Jagdhorn abgebildet, aber auch als Bischof; fast immer mit Hirsch und Hunden, zuweilen auch mit einem Engel, der ihm eine Stola reicht.

4. November
Karl Borromäus

In der Krypta des Mailänder Doms ruhen die Gebeine des hl. Karl Borromäus, eines Zeitgenossen des hl. Philippus Neri. Sein Fest wird seit 1652 gefeiert. Der Name dieses heiligen Kirchenfürsten wird bei allen Völkern verehrt, zahllose Kirchen wurden ihm geweiht. Auch die bekannte Haus- und Volksbücherei des Borromäusvereins → in Deutschland und Österreich trägt seinen Namen. Engagiert wie ihr Namenspatron, bemüht sich diese Organisation um die Verbreitung sittlich wertvoller Literatur. Die katholischen Pfarrbüchereien werden vom Borromäusverein auf vielfältige Weise gefördert.

Carlo, aus der hochadeligen Familie der Borromei, wurde am 2. Oktober des Jahres 1538 in Castel Arona am Lago Maggiore geboren. Der Junge war von edler Gesinnung und hatte einen starken Willen sowie einen scharfen Verstand. Carlos Mutter war eine geborene Medici aus Florenz und die Schwester des späteren Papstes Pius IV. Schon als Siebenjähriger erhielt Carlo die Tonsur, um ihm die Einkünfte aus der Abtei S. Gratiniano bei Arona zu sichern. Der junge Kleriker verzichtete aber zugunsten der Armen auf diese Bezüge, ganz im Gegensatz zu den Gepflogenheiten seiner Zeit.

Geboren: 1538 in Arona (Italien)
Gestorben: 1584 in Mailand (Italien)
Berufung/Beiname: Reformer, Kardinalbischof
Wirkungsstätte: Italien
Bedeutung des Namens: der Kerl, der Held, der Mann (althochdeutsch)
Namensformen: Karl, Charles, Carlo, Carlos, Karel
Patronat: Lugano, Salzburger Universität; Seelsorger, Seminare; gegen Pest

4. November

Als Karl Borromäus im Jahr 1565 nach Mailand kam, fand er ein verlottertes Bistum vor, das 80 Jahre keinen Bischof gesehen hatte: In den Kirchen tummelten sich Hunde und Katzen, die Jugendlichen kannten nicht einmal das Vaterunser, Priester und Mönche hatten ihre Pflichten vergessen.

Mit sechzehn Jahren ging Carlo Borromäus an die Universität in Pavia, um Jura – nicht Theologie – zu studieren. Inmitten der oft zügellosen Studenten lebte er nach dem Zeugnis seines Biographen »fromm und anständig«. Mit einundzwanzig Jahren bestand er mit »summa cum laude« das juristische Doktorexamen. Wenige Monate später bestieg sein Onkel den Stuhl Petri.

Dieser holte Carlo nach Rom und betraute ihn mit immer verantwortungsvolleren kirchlichen Ämtern. Ohne Priester zu sein, leitete Karl Borromäus seit 1560, zuletzt im Rang eines Kardinals von Mailand und päpstlichen Staatssekretärs, die gesamte auswärtige Staats- und Kirchenpolitik. Mit Sorge und Neid verfolgten viele diese Anhäufung von Würde und Macht in den Händen eines noch so jungen Mannes. Karl leistete ein enormes Arbeitspensum. Trotzdem fand er noch Zeit, um sich bei Ballspiel und Schach zu entspannen und eine erlesene Kunstsammlung aufzubauen.

Carlos Eifer erregte viel Aufsehen und Spott. Rom war damals, wie Montaigne bemerkt, »eine Stadt, in der niemand arbeitete«. Karl Borromäus fiel jedoch den Versuchungen, denen die Verwandten früherer Päpste erlegen waren, nicht zum Opfer, und sein Leben am päpstlichen Hof blieb untadelig.

Ein tiefgreifendes Ereignis sollte allerdings sein weiteres Leben bestimmen: Sein hoffnungsvoller Bruder Federico, den er über alles liebte, starb im Jahre 1560 eines plötzlichen Todes. »Mehr als sonst etwas hat dies Ereignis mich unser Elend und die wahre Seligkeit der ewigen Heimat lebendig fühlen lassen«, schrieb Carlo und entschloß sich, sein Leben noch mehr den geistlichen Erfordernissen anzupassen. Er ließ sich zum Priester und im Jahr 1564 zum Bischof weihen. Fortan lebte er in strengster Askese, verminderte seinen Hofstaat, entsagte allen weltlichen Eitelkeiten und wandte sich auch an Philippus Neri, der sein vertrauter Freund und Ratgeber wurde.

Mit seinem Reformeifer stieß Karl Borromäus bei einigen Ordensleuten auf erbitterten Widerstand. Sie schreckten nicht davor zurück, einen Attentäter zu dingen, der den Mailänder Bischof während des Gottesdienstes erschießen sollte. Doch Karl Borromäus wurde nur leicht verletzt.

Große Verdienste erwarb sich Karl Borromäus beim Abschluß des Tridentiner Konzils →. Seinem Einfluß war es zu verdanken, daß der Papst die Beschlüsse für die grundlegenden Reformen der Klöster und des Klerus bestätigte und ihre Durchführung anordnete. Carlo selbst führte die Reformmaßnahmen bei Geistlichkeit und Volk durch, und um sich für das große Werk des Konzils in der Praxis einsetzen zu können, verließ er im Jahr 1566 Rom und zog nach Mailand, wo er fortan seine Diözese persönlich leitete. Die Zustände, die er dort antraf, waren trostlos. Die Kirchen waren verwahrlost, die Priester vernachlässigten ihre Amtspflichten, und das Volk hörte immer mehr auf die Irrlehren. Unermüdlich kämpfte der Erzbischof von nun an um das Vertrauen des Volkes. Jeden Sonn- und Feiertag bestieg er die Kanzel und wurde trotz eines Sprachfehlers einer der größten Prediger seines Jahrhunderts. Streng und gerecht leitete er sein Bistum.

Karl Borromäus unternahm zahllose Visitationsreisen, die ihn bis an die Grenzen seines Bistums führten. Überall ordnete der Heilige das kirchliche Leben neu, setzte unwürdige Priester ab und gab dem Klerus eine einheitliche Kleiderordnung. Er berief Synoden ein und errichtete auf eigene Kosten Priesterseminare, die für eine ausgezeichnete Schulung des Priesternachwuchses sorgten. Für die Ausbildung jener Priester, die in die Schweiz entsandt wurden, gründete er ein eigenes, das sogenannte »helvetische Seminar«, denn jene mußten besonders geschult werden, um gegen die Irrlehre des Calvin → gerüstet zu sein. Karl Borromäus stiftete insgesamt 819 Bruderschaften, die sich der intensiven Volksseelsorge verpflichteten. Er gab einen Katechismus heraus, gründete Schulen, Heime für notleidende Mädchen, Waisenhäuser, Altersheime, Armenspitäler, Leihhäuser zur Bekämpfung des Wuchers und sorgte sogar für unentgeltliche Rechtshilfe, wenn jemand kein Geld zu einer gerechtfertigten Klage hatte. Seine persönlichen Mittel beanspruchte er dabei oft weit über seine Möglichkeiten hinaus, so daß er zu sagen pflegte: »Es ist besser für einen Bischof, Schulden zu haben als Geld.«

Karl Borromäus hatte aber auch viele Feinde. Vor allem war der spanische Statthalter in Mailand sein erbitterter Gegner. Denn der Erzbischof Borromäus wehrte sich kraft seiner Stellung gegen die Einführung der nach seiner Meinung unmenschlichen spanischen Inquisitionsmethoden.

Als im Jahr 1570 eine große Hungersnot ausbrach, erkannten alle Mailänder, was für einen Erzbischof sie hatten. Monatelang speiste er täglich dreitausend Arme und erreichte, daß der Adel und die Reichen tatkräftig an der Linderung der großen Not mithalfen. Als ein wahrhaftiger Nothelfer erwies sich Karl Borromäus aber in der Zeit der Pest, die Mailand 1576 heimsuchte. Der Magistrat war aus der Stadt geflohen, der Bischof jedoch, der sich gerade auswärts aufhielt, kehrte sofort zurück und ergriff sogleich die nötigen Maßnahmen zur Bekämpfung der tödlichen Seuche. Ohne Furcht vor Ansteckung tröstete er die Kranken, ließ neue Spitäler einrichten, die argen Zustände in den alten verbessern, und versorgte die Kranken aus eigenen Mitteln mit Nahrung und Kleidung. Er ging sogar selbst für die Notleidenden bei den Reichen der Stadt betteln.

Indessen war der Erzbischof zum Skelett abgemagert, seine Kräfte hatten sich in rastloser Arbeit verzehrt. Doch so hart er auch bis zuletzt gegen sich selbst geblieben war, sein Wesen hatte eine solche Milde und Freundlichkeit angenommen, daß er überall schon zu Lebzeiten als ein Heiliger verehrt wurde. Ein Protestant meinte, wenn alle Priester so gewesen wären wie dieser Mann, dann wäre es nie zur Glaubensspaltung in Europa gekommen. Der von Krankheit Gezeichnete vollendete noch Stiftung und Bau des großen Priesterseminars in Ascona. Er starb am 3. November 1584, erst sechsundvierzig Jahre alt. Papst Paul V. sprach Karl Borromäus schließlich im Jahre 1610 heilig.

Ein Tafelgemälde in Maria Einsiedeln aus dem 17. Jahrhundert zeigt ihn als Kardinal mit hagerem Gesicht und langer, gebogener Nase. So stellte ihn auch Karl Screta auf einem Gemälde der Prager Nationalgalerie dar.

Anstelle einer Legende *Der Chronist berichtet: Kaum hatte das Trauergeläut des Doms den Tod des Oberhirten verkündet, bemerkte man eine große Verwirrung, als habe ein Feind die Stadt überfallen. Überall herzzerreißendes Klagegeschrei und Tränen. Vor allem die Armen, denen er ein so liebevoller Vater gewesen war, konnten sich nicht trösten. Als die Leiche aufgebahrt wurde, herrschte ein solches Gedränge, daß man die Wand durchbrechen mußte, um einen Ausgang für die Massen zu schaffen. Karl Borromäus selbst hatte seinen Begräbnisplatz und die einfache Grabinschrift bestimmt.*
Als sein Sterbetag sich das erste Mal jährte, beging ihn das Volk als hohen Feiertag. Diese Verehrung des beliebten Erzbischofs wuchs von Jahr zu Jahr, und Gott verherrlichte sein Grab mit zahlreichen Wundern.

Dargestellt wird Karl Borromäus im Kardinalspurpur mit einem Kreuz in der Hand, wie er die Kommunion an Pestkranke austeilt; ferner mit einem toten Kind, das er zum Leben erweckt.

5. November

Engelbert von Köln

Geboren: um 1185 in Köln
Gestorben: 1225 bei Gevelsberg (Nordrhein-Westfalen)
Berufung/Beiname: Bischof, Märtyrer
Wirkungsstätten: Deutschland, Frankreich
Bedeutung des Namens: der wie ein Engel Glänzende (althochdeutsch)
Namensformen: Engelbrecht, Bert, Berti

Engelbert von Köln war nicht frei von einem Hang zur Kampfeslust, Eigenmächtigkeit und übertriebener Strenge. Er war sich seiner Schwächen bewußt, wurde jedoch auch häufig von seinen Gegnern angegriffen und hatte deshalb Mühe, sich aus Rechtshändeln herauszuhalten.

Der Mönch Cäsarius von Heisterbach würdigt Engelbert von Köln: »Hat es ihm zu Lebzeiten an Heiligkeit gemangelt, so hat ein kostbarer Tod das wettgemacht, und war sein Wandel nicht ganz vollkommen, so ist er doch durch sein Leiden geheiligt worden.«

Wer mit diesem streitbaren Kirchenfürsten zu tun hatte, als er begann, die ihm anvertrauten kirchlichen Ämter zu übernehmen, der wäre wohl nie auf die Idee gekommen, daß Engelbert einmal als Heiliger verehrt würde. Engelbert wurde um 1185 als Sohn des Grafen von Berg und dessen Gemahlin, einer Gräfin von Flandern, geboren. Für den geistlichen Stand bestimmt, besuchte er die Domschule in Köln. Durch familiäre Verbindungen erhielt er frühzeitig hohe Ämter. So findet man ihn, fast noch als Kind, mit der Würde eines Propstes in St. Georg in Köln ausgestattet, ein Jahr später sogar als Dompropst. Sein leidenschaftliches Temperament riß ihn zu mancher Jugendtorheit hin. Er liebte es, zu schießen und zu jagen, und stürzte sich unbesonnen in vielerlei Streitigkeiten. Die Strafe des Kirchenbannes kümmerte ihn nur wenig. Er kaufte sich einfach davon los. Dann zog er nach Südfrankreich, wo er an dem Kreuzzug gegen die Albigenser →teilnahm. Mit zunehmendem Alter reifte Engelbert jedoch zu einem umsichtigen und ernsthaften Priester heran, so daß das Domkapitel mit Billigung des Papstes den jungen Dompropst im Jahre 1216 schließlich einstimmig zum Erzbischof von Köln wählte, womit der hl. Engelbert zum einflußreichsten geistlichen Fürsten Deutschlands wurde.

Langjährige politische Streitigkeiten hatten das Land ziemlich heruntergekommen lassen. Adel, Klerus und Bürgertum waren gleichermaßen verwildert. Recht und Sitte galten nichts, und es schien ein Ding der Unmöglichkeit, wieder geordnete Verhältnisse zu schaffen. Engelberts starker Natur gelang es jedoch, die Menschen nach und nach wieder in gesittete Bahnen zu lenken. Er erreichte zudem einen wirtschaftlichen Aufstieg und damit verbunden auch wieder die Anerkennung der geistigen und religiösen Werte in seiner Diözese. Sein scharfer Verstand und sein großes menschliches Einfühlungsvermögen halfen ihm dabei. Engelberts unbestechliches Rechtsempfinden und seine großzügigen Schenkungen machten ihn beim Volk sehr beliebt. Er berief fähige Ordensleute und sorgte für eine vorbildliche Priesterschaft. Durch ständig anwesende Söldnertruppen sicherte er zudem den Landesfrieden.

Vor allem war der Erzbischof ausnahmslos für jeden zu sprechen, der eine Klage vorzubringen hatte. Er entschied unbeschadet seiner mächtigen adeligen Verwandtschaft auch gegen diese, wenn es die Gerechtigkeit verlangte. Das trug ihm die Feindschaft des Adels ein, dessen Ämter als Vögte er rücksichtslos beschnitt, wenn sie diese, wie es meist geschah, zu ihren Gunsten ausnutzten. Der neue Erzbischof verwaltete sein Amt in so hervorragender Weise, daß Kaiser Friedrich II. (1194–1250), der sich vorwiegend in Sizilien aufhielt, ihn zum Vormund seines jungen Sohnes Heinrich und zum Reichsverweser bestimmte. Damit wurde Engelbert eine übergroße Verantwortung aufgebürdet.

Bei den fortgesetzten Konflikten mit dem aufgebrachten Adel ließ Engelbert oftmals seine harte Faust spüren. Er beschirmte die Klöster und ihren Besitz ebenso wie Bauern und Handwerker. Seine Herrschernatur paarte sich mit weitschauendem politischen Denken und Handeln, was ihm viele Neider einbrachte. Man warf ihm deshalb sein zuweilen kriegerisches Verhalten und seine hin und wieder so gänzlich ungeistliche Prachtentfaltung vor. Dennoch war der Bischof im Innersten ein Mann Gottes. Er förderte die feierliche Gestaltung des Gottesdienstes und unterstützte die neu aufkommenden Bettelorden.

Zweimal unternahm Engelbert selbst eine weite Marienwallfahrt. Schließlich gab er sein Leben hin, um ein Nonnenkloster gegen seinen eigenen Neffen zu schützen. Engelbert starb am 7. November des Jahres 1225 bei Gevelsberg.

In der Schatzkammer des Hohen Doms zu Köln befindet sich der Engelbertusschrein, eine Arbeit von Konrad Duisbergh aus dem Jahre 1633. Auf den Reliefplatten der Langseiten sind Begebenheiten aus dem Leben des hl. Engelbert dargestellt. Auf dem Deckel ruht die Figur des Heiligen zwischen zwei Engeln. Der Schrein birgt Reliquien des hl. Erzbischofs.

Anstelle einer Legende *Friedrich von Ysenburg erpreßte als Vogt das reichsunmittelbare Essener Damenstift wiederholt mit der Forderung nach überhöhten Abgaben, anstatt das Kloster unter seinem Schutz zu neuer Blüte zu bringen. Sein Onkel Engelbert bot ihm aus seinem eigenen Vermögen als Ersatz eine entsprechende Summe an, wenn er die Abtei künftig mit unrechtmäßigen Forderungen verschone. Als Friedrich von Ysenburg auf diesen Vorschlag jedoch nicht einging, setzte ihn Engelbert ab.*
Aufgehetzt von anderen Adeligen, denen Engelbert schon lange ein Dorn im Auge war, weil er sich, entgegen dem Brauch der Zeit, stets für die Wehrlosen einsetzte, beschloß Ysenburg, den lästigen Moralprediger aus dem Weg zu schaffen. Er verabredete sich mit seinem Onkel in Soest zu einer Aussprache und zeigte sich zum Schein recht nachgiebig. Engelbert mochte die Gefahr, in der er schwebte, geahnt haben, denn er legte eine Generalbeichte bei Bischof Konrad ab, ehe er in der Frühe des 7. Novembers 1225 von Soest aufbrach, um in Schwelm eine Kirche zu weihen. Auf dem Weg dorthin lauerten ihm die gedungenen Mörder auf. Das kleine Gefolge des Erzbischofs wurde umzingelt und Engelbert, der sich der Übermacht nicht mehr erwehren konnte, getötet.

Dargestellt wird Engelbert von Köln im bischöflichen Ornat mit Pallium und Buch, oft auch mit den Märtyrerattributen Palme und Schwert. Mit Kreuz und Schwert erscheint er auf einem Gemälde im Chor des Kölner Doms.

6. November

Leonhard

Der hl. Leonhard ist einer der am meisten gefeierten Bauernheiligen der Kirche. Seine Lebensgeschichte wurde im 11. Jahrhundert in dem von ihm selbst begründeten Kloster Noblac, dem heutigen Kloster St Léonard-de-Noblat östlich von Limoges in Frankreich, niedergeschrieben.

Leonhard lebte im 6. Jahrhundert und stammte aus einem edlen fränkischen Geschlecht. Der Knabe kam schon früh zur ritterlichen Ausbildung an den Hof König Chlodwigs und machte sich dort sehr beliebt. Er wurde von Remigius, dem Erzbischof von Reims, in der christlichen Lehre unterwiesen. Seinem Einfluß war es zu verdanken, daß sich Leonhard taufen und nach dem geistlichen Studium zum Priester weihen ließ. Leonhard entwickelte sich zum mitreißenden Prediger und überzeugte viele Heiden von der Wahrheit des christlichen Glaubens. Sein Ruf breitete sich rasch aus, zumal wunderbare Krankenheilungen die Wirkung seiner Worte unterstützten. Remigius weihte ihn zum Bischof.

Geboren: in Frankreich
Gestorben: 559 in Limoges (Frankreich)
Berufung/Beiname: Eremit, Abt; Volksheiliger, Nothelfer
Wirkungsstätte: Frankreich
Bedeutung des Namens: der Löwenstarke (althochdeutsch)
Namensformen: Leonard, Léon, Leonardo, Leo, Leopold
Patronat: Bauern, Schlosser, Gefangene; Pferde, Vieh; gegen Geistes- und Geschlechtskrankheiten; für eine gesunde Entbindung

6. November

Auf den hl. Leonhard zurück geht die Tradition des Leonhardiritts, die heute noch, z. B. im oberbayerischen Bad Tölz, gepflegt wird. Im unweit davon gelegenen Dietramszell findet sich in der Leonhardskirche ein Deckenfresko, das den Heiligen darstellt.

Leonhard wird dargestellt in schwarzer Mönchskutte mit Abtsstab, Buch und Kette (Hinweis auf sein Eintreten für Gefangene). Weitere Attribute sind Ochsen und Pferde. In vielen Kirchen finden sich Darstellungen von Szenen aus seinem Einsiedlerleben.

Als Leonhard erfuhr, daß der König ihn mit einem Bistum belehnen wollte, um ihn an sich zu binden, kehrte er Reims den Rücken und begab sich in ein Kloster in der Nähe von Orléans. Einige Zeit später ließ er sich jedoch als Einsiedler in den Wäldern nahe bei Limoges nieder. Hier lebte er ganz der Askese und Betrachtung. Der Ruf seines tugendhaften Lebens zog zahlreiche Leute an. Vor allem baten ihn die Bauern der näheren und weiteren Umgebung um seinen Rat. Für sie war er durch seine Naturkenntnis bei Viehkrankheiten und Seuchen zu einem unersetzlichen Helfer geworden. Nach und nach entstand aus der Einsiedelei eine kleine Klostergemeinschaft, die er als Abt leitete.

Als Leonhard einmal auch mit der Hilfe Gottes der Gemahlin des Königs Theodebert bei einer schweren Geburt beigestanden hatte, erfüllte ihm dieser eine Bitte. Leonhard hatte ihn um ein Stück Land gebeten, »so groß, wie er es in einer Nacht mit seinem Esel umreiten konnte«. Leonhard errichtete darauf eine Kirche, die der Gottesmutter geweiht wurde, und nannte die Stätte »Nobiliacum«, weil sie ihm von einem edlen König geschenkt worden war. Das Kloster Noblac wurde später zum Ziel frommer Pilger.

Mit ganz besonderer Sorge kümmerte sich Leonhard um die vielen Gefangenen. Er besuchte sie, so oft er konnte, sprach ihnen Mut zu und befreite sie, wo dies möglich war, aus ihrem elenden Dasein. Der kluge Heilige unterstützte sie aber auch weiterhin durch landwirtschaftlichen Unterricht und die Überlassung von Grund und Boden, so daß sie sich künftig selbst ernähren konnten.

Hochbetagt und geehrt starb der hl. Leonhard nach einem gottgefälligen, erfüllten Leben am 6. November 559 in Limoges in Frankreich.

Alljährlich am 6. November findet in vielen bayerischen Orten der Leonhardiritt bzw. die Leonhardifahrt statt. Bei diesem Brauch werden die Pferde gesegnet, und die Hilfe des hl. Leonhard wird erfleht. Am bekanntesten sind die Leonhardiritte, die in Bad Tölz, Kreuth, Fischhausen und vor allem in Inchenhofen bei Aichach stattfinden. Dort steht auch die prachtvoll ausgestattete, barockisierte St.-Leonhards-Kirche. Die farbenfrohen barocken Fresken von Ignaz Baldauf erzählen die Geschichte des Heiligen, seine Gestalt thront in der Mitte des mächtigen Hochaltars.

Legende Die Bewohner im Pinzgau hatten vor sehr langer Zeit eine schöne braune, tragende Stute gekauft und sie in ein Seitental von Zell am See gebracht, wo die Weide besonders fett und kräftig war. Die Stute brachte zwei Fohlen zur Welt, aber sie war so überaus gefräßig, daß die saftigen Wiesen in kurzer Zeit abgeweidet waren.
Also brachte man das Pferd wieder ins Zeller Tal, wo es weiterfraß, bis auch hier kein Gras mehr vorhanden war. Nun führten die Bauern das nimmersatte Tier hinüber ins Fuschertal. Doch auch hier fraß es jeden Halm bis auf die Wurzeln ab. Dann streckte die Stute ihren langen Hals über die Tauern bis nach Kärnten und fing an, dort zu weiden. Da wurde es den Bauern schließlich doch zu dumm. Sie erschlugen das verhexte Pferd und versenkten den Körper im Zeller See.
Um diese Zeit, so berichtet die Legende, war der hl. Leonhard in den Pinzgau gekommen und lehrte die Bauern, die beiden Fohlen richtig zu füttern und aufzuziehen. So entstand die Pinzgauer Rasse, und zum Dank findet dort seitdem der Leonhardiritt statt. Alles Land, das bei dem Ritt umrundet wird, gilt als gegen böse Geister gefeit.

7. November

Willibrord

Der Heilige wurde 658 in Northumberland geboren und bei den Benediktinern des Klosters Ripon erzogen. Von dort ging er als Zwanzigjähriger nach Irland, wo er im Kloster Ratmelsigi (die heutige Klosterruine Mellifont bei Drogheda) zum Missionar ausgebildet wurde. Er empfing die Priesterweihe und begab sich im Jahre 690 mit elf Gefährten auf die Reise nach Westfriesland, dem heutigen Holland. Unter seinen Begleitern befand sich auch der hl. Suitbert.

Willibrord erbat sich Unterstützung von Pippin von Heristal, dem Frankenkönig, und reiste dann nach Rom, um sich dort die päpstliche Vollmacht erteilen zu lassen und Reliquien für den Bau von Kirchen in seinem Missionsgebiet mitzubringen. Kurze Zeit später, im Jahre 695, weihte Papst Sergius I. Willibrord zum Erzbischof und betraute ihn mit dem Bistum Utrecht. Von dort aus unternahm der Heilige viele Reisen zu den heidnischen Friesen. Als weiteren Stützpunkt für seine Arbeit gründete er 698 in der Gegend von Trier die Abtei Echternach.

Willibrord dehnte seine Reisen bis nach Antwerpen und in die Gegend des heutigen Dünkirchen sowie nach Thüringen aus.

Er wandte sich nunmehr erneut der Bekehrung des Friesenvolkes zu. Beinahe fünfzig Jahre lang predigte und unterrichtete er dort fast bis zur völligen Erschöpfung. Er baute Kirchen und Kapellen und setzte Priester und Mönche ein. Viele seiner Mitarbeiter kamen aus England. Wegen der unsicheren Verhältnisse ließen sich feste Bischofssitze und geordnete Gemeinden meistens nicht einrichten, deshalb ernannte der Heilige sogenannte Chor- oder Wanderbischöfe, die ohne genau abgegrenzte Diözesen von Ort zu Ort zogen, predigten und tauften und geeignete junge Männer zu Priestern weihten.

Der Friesenherzog Radbod war ein großen Gegner des Bischofs. Jahrelang ließ Radbod die Kirchen wieder zerstören und viele Priester ermorden oder vertreiben. Erst Karl Martell konnte die Macht dieses Friesenherzogs brechen und ermöglichte Willibrord, sein Missionswerk zu vollenden. Der hl. Bischof starb am 6. November 639 im Kloster Echternach in Luxemburg. Dort ruht sein Leichnam in einem weißen Marmorsarkophag in der Krypta der romanischen Basilika.

Anstelle einer Legende *Nachfolgend ein Auszug aus der Beschreibung der »Echternacher Springprozession«, die in Andenken an eine glücklich überstandene Veitstanzepidemie des 13. Jahrhunderts durchgeführt wird, von Vilma Sturm: »Das Schauspiel ist in der Tat einzigartig. Es wird eingeleitet von den Sängern, einer Gruppe von Männern, die den Heiligen anrufen. Die Prozession umkreist sein Grab in der Kathedrale, sie besingen den Heiligen, dann mischen sich Polkatöne in diesen ernsten, rauhen Gesang. Die ersten Springer kommen, junge Männer in weißen Hemden, mit zusammengedrehten Taschentüchern in den Händen. Sie bilden eine Viererreihe, die Tücher verhindern, daß der Wechsel der Hüpfschritte nach rechts und links die Reihe zerreißt. Kräftig springen die jungen Männer, schlagen den Bogen um den Marktplatz zur Kathedrale hinauf. Die jungen Mädchen sind zimperlicher. Unbeholfen die Frauen, manche mit Hüten, die ihnen auf dem Kopfe schaukeln. Es gibt auch viele gemischte Gruppen ...«*

Geboren: 658 in Northumberland (England)
Gestorben: 739 in Echternach (Luxemburg)
Berufung/Beiname: Benediktinermönch, Missionsbischof
Wirkungsstätten: England, Irland, Niederlande, Italien, Deutschland, Dänemark
Bedeutung des Namens: der willige Speerkämpfer (althochdeutsch)
Namensformen: Willi, Will, Wido, Wibo
Patronat: Utrecht; gegen Epilepsie

Willibrord wird dargestellt als Bischof, ein Götzenbild zertrümmernd, ein Kirchenmodell oder ein Kind tragend; eine Quelle entspringt unter seinem Stab, mitunter wird Willibrord auch neben einem Fäßchen dargestellt, weil er der Legende nach Wasser in Wein verwandelt haben soll.

8. November

Raphael Kalinowski

Geboren: 1835 in Wilna (Litauen)
Gestorben: 1907 in Wadowice (Polen)
Berufung/Beiname: Karmelitermönch, Provinzvikar, Widerstandskämpfer, Seelsorger
Wirkungsstätten: Litauen, Polen, Rußland, Frankreich, Österreich
Bedeutung des Namens: Gott heilt (hebräisch)
Namensformen: Raffael, Raffa, Rafi

Die Kirche kennt viele Spätberufene. Der hl. Raphael Kalinowski aus Litauen gehört auch zu ihnen. Raphael, der sich vom zaristischen Offizier und vom polnischen Freiheitskämpfer hin zum asketischen Karmelitermönch gewandelt hat. Papst Johannes Paul II. hat ihn am 17. November 1991 heiliggesprochen.

Joseph, wie er mit seinem Taufnamen hieß, kam am 1. September 1835 in der Stadt Wilna in Litauen zur Welt. Der intelligente junge Mann studierte zunächst Agronomie, bevor er an die Militärakademie in Petersburg wechselte. Im Jahr 1857 war er Hauptmann der Genietruppe, und ein Jahr später arbeitete er als Bauleiter bei der Eisenbahnlinie Kursk-Kiew-Odessa. Im Jahr 1860 wurde er nach Brest-Litowsk abkommandiert, wo er im Generalstab tätig war.

Als sich im Jahr 1863 das polnische Volk gegen die zaristische Unterdrückung auflehnte, schied Joseph aus der russischen Armee aus und schloß sich als glühender Patriot der Sache der polnischen Widerstandskämpfer an. Er wurde deren Anführer in Litauen, und man ernannte Kalinowski sogar zum Kriegsminister des polnischen Schattenkabinetts.

Hier wurde zum ersten Mal seine streng christliche Grundeinstellung offenkundig, denn diese Aufgabe übernahm er nur unter der strikten Bedingung, daß er kein Todesurteil unterschreiben mußte. Das polnische Aufbegehren gegen den Zaren wurde dann aber brutal niedergeschlagen und Joseph Kalinowski am 25. März 1864 zum Tod verurteilt. Da die russischen Behörden aus Kalinowski keinen Märyrer machen wollten, ließen sie ihn jedoch am Leben, schickten ihn allerdings zur Zwangsarbeit nach Sibirien.

Joseph ertrug sein schweres Leid voller Gottergebenheit. Er tröstete seine Mitgefangenen und half ihnen, wo er nur konnte. In dieser Zeit reifte in dem tief religiösen Mann der Entschluß, daß er, sollte er jemals wieder freikommen, sein künftiges Leben als Ordensmann weiterführen wollte. Als er 1874 entlassen wurde, ging er zunächst nach Paris, wo er sich als Lehrer des polnischen Fürstensohnes Czartoryski seinen Lebensunterhalt verdiente.

1877 verließ der zweiundvierzigjährige Joseph Kalinowski Paris, um in Graz in den Orden der strengen Karmeliter einzutreten. Nach seiner Priesterweihe im Jahre 1882 stieg der intelligente und äußerst fromme Pater Raphael, wie er mit Ordensnamen nun hieß, rasch in der Hierarchie seines Ordens auf. Zunächst Superior der Klöster Czerna und Wadowice, wurde er im Jahr 1899 zum Provinzvikar der Karmeliter ernannt. Seiner klugen und weitsichtigen Führung ist es schließlich auch zu verdanken, daß der Orden regen Zulauf erhielt und sich erfolgreich um die religiöse Festigung Rußlands kümmern konnte.

Pater Raphael Kalinowski selbst widmete sich insbesondere der Seelsorge, wobei er hauptsächlich als Beichtvater tätig war. Die Gläubigen strömten zu ihm, denn der begnadete Beichtvater verstand es wie kein anderer, als Mittler zwischen Gott und den Gläubigen zu wirken. Pater Raphael Kalinowski starb, von den lebenslangen, schweren Bußübungen und von Krankheiten gezeichnet, am 15. November 1907 in seinem Kloster Wadowice.

Rußland, für dessen Bekehrung der hl. Raphael Kalinowski mit seinem Orden wirkte, sollte sich bald nach dessen Tod zum Problemfall für die katholische Kirche entwickeln. Der Abschluß der Lateranverträge in den 20er Jahren, die dem Papst im Vatikan eine neue »Heimstatt« garantierten, ist auch vor dem Hintergrund der neuen sowjetischen Bedrohung zu verstehen.

9. November

Theodor

Der hl. Theodor von Euchaïta gehört wie der hl. Georg und der hl. Demetrius zu den griechischen Soldatenheiligen. Er zählt als Großmärtyrer, als Megalomartyr, zu den berühmtesten und verehrtesten Heiligen der östlichen Kirche. Seit dem 9. Jahrhundert wird sein Fest aber auch in der westlichen Kirche gefeiert.

Theodorus war Soldat der römischen Armee und starb den Martertod auf dem Pontus um 306 unter Kaiser Maximianus (um 245–310). Seiner legendären Passio nach entstammte er einer christlichen Familie in Syrien. Im 9. Jahrhundert taucht in der Legende eine zweite Märtyrergestalt mit dem gleichen Namen auf, von der man aber annimmt, daß sie mit dem ursprünglichen Theodor identisch ist. Aus dem einfachen Soldaten machte man einen römischen Heerführer aus Heraklea, der einen Drachen tötete, mit anderen Worten also jemanden, der den Teufel überwand. Grund hierfür mag der berühmte Kult in der über dem Grab des hl. Theodor in Euchaïta in Kleinasien gebauten großartigen Wallfahrtskirche gewesen sein, zu der seit frühester Zeit die Pilger von überallher gekommen waren.

Euchaïta bei Amasia in der ehemaligen römischen Provinz Helenopont, das man für die heutige Stadt Tschorum (Çorum) in der Türkei hält, wird als das Hauptzentrum des Theodorkults angesehen. Schon im 5. Jahrhundert hieß dieser Ort Theodoropolis – die Stadt des Theodor. Dank ihres großen Patrons nahm sie bis ins Mittelalter immer mehr an Bedeutung zu. Noch im 14. Jahrhundert war das Grab des Heiligen in der Basilika ein starker Anziehungspunkt. Von hier aus verbreitete sich seine Verehrung über den ganzen Orient. Es entstanden viele Kirchen zu seiner Ehre, darunter eine der ältesten in Konstantinopel. Später wurden Reliquien des hl. Theodor – wohl durch die Kreuzfahrer – nach Venedig übertragen. In Chartres sind ihm auf einem Glasgemälde des 13. Jahrhunderts im Chor der Kathedrale achtunddreißig Bilder gewidmet. Dort befindet sich auch am Südportal eine Statue, die ihn in Rittertracht darstellt.

Geboren: in Armenien oder Syrien
Gestorben: 306 in Euchaïta (Kleinasien)
Berufung/Beiname: Megalom, Märtyrer
Wirkungsstätte: Kleinasien
Bedeutung des Namens: die Gabe Gottes (griechisch)
Namensformen: Theo, Teo, Ted, Teddy, Dori, Fedor
Patronat: Soldaten; Armee; in Kämpfen; gegen Sturm

Legende Theodor diente als Soldat im römischen Heer. Er kam mit seiner Legion nach Kleinasien in die Gegend von Amasia. Dies war zu der Zeit, als Maximianus als Vierfürst regierte und neue Verfolgungsedikte erlassen wurden. Theodor, von dem man wußte, daß er Christ war, mußte vor seinen Vorgesetzten erscheinen, um sich zu verantworten. Er wurde aufgefordert, den Göttern zu opfern. »Ich kenne keine Götter«, sagte der Soldat. »Ich kenne nur die Dämonen, die ihr verehrt. Mein Gott ist Christus, der einzige Sohn Gottes. Für ihn würde ich alle Qualen der Welt auf mich nehmen.«
Nun gab man ihm eine Frist von drei Tagen, binnen deren er den römischen Göttern opfern mußte. In der Nacht aber ging Theodor hin und steckte in heiligem Eifer den Tempel der Göttermutter Kybele in Amasia in Brand. Daraufhin wurde er ergriffen und in den Kerker geworfen. Als Theodor nach furchtbarer Folterung in der Finsternis seines Gefängnisses lag, erschien ihm, in helles Licht getaucht, der Herr und sprach ihm Mut zu. Ihm folgte eine Schar von Männern in weißen Kleidern, die Psalmen sangen, und Theodor, gestärkt und getröstet, stimmte laut in den Gesang mit ein. Als die Wächter das hörten, flohen sie voller Furcht. Am nächsten Tage wurde der Heilige verbrannt.

Theodor wird dargestellt als einfacher römischer Soldat oder Offizier mit Schild und Lanze, wie er mit einer Fackel einen heidnischen Tempel anzündet; manchmal auch als Drachentöter.

Papst Leo der Große

10. November

Geboren: um 400 in der Toskana (Italien)
Gestorben: 461 in Rom
Berufung/Beiname: Apologet, Papst, Kirchenlehrer; »der Große«
Wirkungsstätte: Italien
Bedeutung des Namens: der Löwe (lateinisch)
Namensformen: Léon, Lee, Lew, Lionel, Leonhard, Leopold
Patronat: Musiker, Sänger, Organisten

Papst Leo I. hat sich als überragende Gestalt der Weltgeschichte den Beinamen »der Große« verdient, ein Titel, der nur zweimal Päpsten verliehen worden ist.

Leo ist in gleich hohem Maß Staatsmann und Papst gewesen, der sein Wirken aber trotzdem in umfassender Weise als ein Diener vor unserem Herrn Jesus Christus ansah. Seine Briefe, Schriften und Predigten zeichnen sich durch einen klassischen Stil, also hohe Formvollendung und sprachliche Qualität, aus. Papst Benedikt XIV. erhob ihn im Jahr 1754 zum Kirchenlehrer.

Leo stammte aus der Toskana und wurde Archidiakon unter Papst Coelestin I. (gest. 432). Im Jahr 440 wurde Leo zum Oberhaupt der Kirche gewählt. Selbst seine Gegner bezeichneten ihn als einen der vorzüglichsten Päpste, die es bis dahin gegeben hatte. Er war ein entschiedener Hüter der kirchlichen Rechtgläubigkeit und bekämpfte erfolgreich verschiedene Irrlehren, besonders die der Monophysiten →, Manichäer → und Arianer →.

In seinem berühmten dogmatischen Schreiben aus dem Jahr 449 »An den Patriarchen Flavian von Konstantinopel« und später auf dem Konzil zu Chalcedon im Jahr 451 verteidigte Papst Leo die zwei Naturen in Christus, die göttliche Natur und die menschliche Natur, gegen den Gelehrten Eutyches →, der den Monophysitismus verfocht, nach dem Christus nur göttlicher Natur sei. Aus Leos Schreiben übernahm das Konzil in Chalcedon bei seiner Entscheidung die folgende Formulierung: »Die Eigentümlichkeit einer jeden der beiden Naturen Christi blieb für immer erhalten.« Das im Jahr 450 zur Regierung gelangte oströmische Kaiserpaar Marcian und Pulcheria hatte gemeinsam mit Papst Leo das vierte Kirchenkonzil nach Chalcedon → einberufen. Groß zeigte sich Papst Leo auch in der Anordnung und Durchsetzung der straffen kirchlichen Disziplin sowie in der Festigung des päpstlichen Primats.

So sehr er Eingriffen des Staates in die Selbstverwaltung der Kirche entgegentrat, so bedingungslos stellte er sich in großer Not dem Staat zur Verfügung. So gelang es ihm 452 in Mantua, durch sein mutiges Entgegentreten den Hunnenkönig Attila → von der Verwüstung Italiens abzuhalten. Er veranlaßte Attila zur Umkehr und damit zum Rückzug und wurde so zum Retter des Abendlandes. 455 wurde Rom von dem Vandalenkönig Geiserich bedroht, und auch diesmal gelang es dem Papst, die Stadt wenigstens vor Brandschatzung und die Bevölkerung vor einer grausamen Niedermetzelung zu retten, auch wenn er eine vierzehntägige Plünderung Roms und seiner Kirchen nicht verhindern konnte.

Papst Leo der Große starb am 10. November des Jahres 461. Er liegt in der Peterskirche in Rom unter dem ihm geweihten Altar begraben. Von ihm stammt ein für das Papsttum bedeutsam gewordenes Wort: »Petri dignitas etiam in indigno herede non deficit.« – Die Würde des Petrus geht auch in einem unwürdigen Nachfolger nicht verloren. In den Stanzen des Vatikans gibt es ein Gemälde von Raffael. Es zeigt die Vertreibung des Hunnenkönigs Attila aus Italien durch Papst Leo I., dem Petrus und Paulus beistehen. Ein Freskobildnis Leos aus dem 8. Jahrhundert ist in der Kirche S. Maria Antiqua in Rom erhalten.

Wie es Papst Leo der Große schaffte, den Hunnenkönig Attila von der Verwüstung Italiens abzuhalten, bleibt ein Rätsel, da historische Quellen fehlen. Auf jeden Fall darf gesagt werden, daß hier Macht des Geistes und rohe Gewalt aufeinanderprallten.

10. November

Legende Über die denkwürdige Begegnung Papst Leos I. mit dem Hunnenkönig Attila wird folgendes erzählt: Zu dieser Zeit drohte der grausame Attila, das ganze Land Italien zu verwüsten. In dieser übergroßen Not wandte sich der Kaiser an den hl. Papst um Hilfe. Drei Tage und drei Nächte lag daraufhin Papst Leo in der Kirche der Apostel auf den Knien im Gebet. Dann erhob er sich und sprach zu seinem Gefolge: »Wer mir folgen will, der tue es!« Und das Kirchenoberhaupt zog dem Attila entgegen bis nach Mantua, nur begleitet von einer kleinen Schar mutiger Würdenträger.
Als aber Attila den Papst sah, sprang er von seinem Pferd und fiel ihm zu Füßen. Und der Hunnenkönig Attila sagte zu ihm, er möge begehren, was er wolle, er würde es ihm gewähren. Da bat ihn der Papst Leo der Große, er möge aus Italien fortziehen, aber vorher alle Gefangenen freigeben. Und so geschah es tatsächlich.
Attila wurde jedoch von den eigenen Leuten dafür schwer getadelt, daß er, der Überwinder der ganzen Welt, sich von einem Priester habe besiegen lassen. Der König jedoch antwortete ihnen: »Das habe ich mir und euch zum Heil getan, denn ich sah zur Rechten des Papstes einen furchtbaren Ritter stehen mit bloßem Schwert, der sprach zu mir: »Gehorchst du diesem nicht, so wirst du und dein Volk dem Verderben anheimfallen.« Das beeindruckte und überzeugte schließlich die Gefolgsleute des Hunnenkönigs.

Dargestellt wird Leo der Große mit Papstkreuz, Tiara und Evangelienbuch, einen Drachen neben sich, der auf die Rettung Roms vor den Hunnen hinweisen soll.

Papst Leo und Papst Gregor auf einer Wandmalerei aus der Mitte des 11. Jahrhunderts aus der Sophienkirche in Ohrid in Mazedonien.

11. November

Martin von Tours

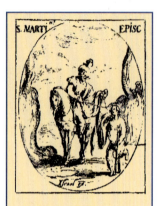

Geboren: um 316 in Sabaria (Stein am Anger in Ungarn)
Gestorben: 397 in Candes (Frankreich)
Berufung/Beiname: Eremit, Klostergründer, Bischof
Wirkungsstätten: Frankreich, Italien
Bedeutung des Namens: dem römischen Kriegsgott Mars Gehörende (lateinisch)
Namensformen: Martinus, Marten, Merten, Tim
Patronat: Bettler, Arme, Schneider, Soldaten, Schmiede, Gewerbetreibende; Haustiere; gegen Ausschlag, Blähungen, Schlangenbiß

Dargestellt wird Martin als römischer Krieger auf einem weißen Pferd, mit rotem Mantel; oft auch als Bischof mit Schwert.

Der hl. Martin teilt seinen Mantel. Fresko von Simone Martini (1280/85-1344) in der Unterkirche von S. Francesco in Assisi.

Der hl. Martin ist als barmherziger Samariter in die Geschichte eingegangen. Im Mittelalter war das Grab des »Wundertäters von Tours« in der Martinsbasilika dieser Stadt ein beliebtes Wallfahrtsziel und galt als Nationalheiligtum Frankreichs. Sein Mantel wurde von den merowingischen Königen als Reichskleinodie verehrt und in einem besonderen kleinen, dem Gottesdienst geweihten Raum aufbewahrt, der danach »capella« (von cappa = Mantel) genannt wurde.

Martin wurde um 316 in Stein am Anger im heutigen Ungarn als Sohn eines römischen Offiziers geboren, der als Veteran, das heißt nach Entlassung aus dem Heer, dort Grund und Boden erhalten und sich angesiedelt hatte.

Mit 15 Jahren trat Martin in die römische Armee ein und diente in der berittenen Garde Kaiser Konstantins II. (317–361) in Gallien. Obwohl seine Eltern Heiden waren, ließ sich Martin mit achtzehn Jahren in Amiens taufen. Nach einem weiteren Jahr quittierte er seinen Dienst und suchte den hl. Hilarius in Poitiers auf, um sich von ihm umfassend in der christlichen Lehre unterweisen zu lassen. Martin kehrte dann später wieder in seine Heimat zurück, wo ihn die Arianer → verfolgten und schließlich vertrieben. Martin floh auf die kleine Insel Gallinaria im Golf von Genua. Dort lebte er fünf Jahre als Einsiedler.

Anschließend begab er sich wieder nach Gallien und gründete um 360 in Ligugé südlich von Poitiers eine Gemeinschaft, die zum Grundstock des ersten Ordens in diesem Land wurde. Durch sein frommes Büßerleben und seine vielfachen Wundertaten beeindruckte er das Volk so tief, daß er 371 zum Nachfolger des Bischofs von Tours gewählte wurde. Nur ungern übernahm Martin dieses Amt. Seinem einfachen Mönchsleben treu bleibend, wohnte er in dem im Jahre 375 von ihm an der Loire gegründeten Kloster Marmoutier, das er zu einer Schule für christliche Missionare ausbaute. Sein unbestechlicher Gerechtigkeitssinn und seine große Liebe zu den Menschen machten ihn zum erfolgreichsten Apostel Galliens. Bischof Martins erstaunliche Wunderkraft, darunter auch die Totenerweckungen, wurde überall gerühmt. Bischof Martin von Tours starb am 11. November 397 auf einer Visitationsreise in Candes.

Am Vorabend des 11. November ziehen bei uns noch immer die Kinder mit Laternen durch die Straßen und singen Lieder zu Ehren des hl. Martin. An diesem Tag war früher die Pacht der Bauern fällig.

Legende *An einem kalten Winterabend ritt der junge Soldat Martin mit seinen Kameraden nach Amiens. Da trat am Stadttor eine nur dürftig in Lumpen eingehüllte Gestalt auf ihn zu und streckte ihm zitternd die Hand entgegen. Weil Martin kein Geld bei sich hatte, der frierende Bettler ihm aber leid tat, zog er kurzentschlossen sein Schwert, schnitt seinen Mantel in zwei Teile und gab einen davon dem Armen, ohne sich um das Gelächter seiner Begleiter zu kümmern. In der folgenden Nacht erschien ihm Christus, mit dem Stück seines Mantels bekleidet, und sagte zu der Heerschar der Engel, die ihn begleitete: »Martinus, der noch nicht getauft ist, hat mich bekleidet.« Die Vision beeindruckte diesen so sehr, daß er hinging und sich taufen ließ.*

11. November

12. November

Kunibert

Geboren: um 590 im Moselgebiet
Gestorben: 663 in Köln
Berufung/Beiname: Archidiakon, Kirchenerbauer, Wohltäter, Bischof
Wirkungsstätten: Frankreich, Deutschland
Bedeutung des Namens: der durch den Stammbaum Glänzende (althochdeutsch)
Namensformen: Kuno, Bert
Patronat: gegen Fieber, Kopfschmerzen

Dargestellt wird Kunibert in bischöflichem Gewand mit einer Taube auf der Schulter oder über seinem Kopf. Oft sieht man ihn auch mit einem Kirchenmodell in der Hand.

Kunibert, der unermüdliche Erbauer von Kirchen und Klöstern, stammte aus einer vornehmen fränkischen Familie im Gebiet der Mosel. Er wurde um 590 geboren und kam auf Wunsch seiner Eltern als Edelknabe an den Hof des Merowingerkönigs in Metz. Doch der fromme Sinn des Kindes fühlte sich bald abgestoßen von dem recht sittenlosen, ausgelassenen Treiben am königlichen Hof, und Kunibert begab sich zur weiteren Ausbildung nach Trier.

Nach Beendigung seiner geistlichen Studien wurde er zum Priester geweiht, und im Jahre 614 übernahm er das Amt eines Archidiakons →. Der Ruf des durch seine Gelehrsamkeit und Tugend ausgezeichneten Gottesmannes drang bis nach Köln. Schon bald holte man ihn in die Bischofsstadt Köln, und im Jahr 623 wurde Kunibert schließlich zum Bischof dieser Stadt gewählt.

Kunibert verwaltete sein Bistum so vorbildlich, daß ihn der Hausmeier Pippin I. und auch der fränkische König Dagobert I. (um 605/610–639) zu ihrem Ratgeber machten. In politischen Angelegenheiten zeigte der Bischof besonderes Geschick, und da seine Rechtschaffenheit über jeden Zweifel erhaben war, wurde sein Rat überall angenommen. So vermochte er viel zur Erhaltung des Friedens beizutragen. Als Dagobert ihn zum Erzieher seines unmündigen Sohnes Sigibert ernannte, übernahm Kunibert für diesen, der dreijährig zum König von Austrasien erhoben worden war, die Regierungsgeschäfte. Daß Sigibert sich zu einem gerechten und christlich gesinnten Herrscher entwickelte, ist zweifellos der verantwortungsbewußten Erziehungsarbeit des Heiligen zuzuschreiben.

Kunibert erbaute in Köln mehrere Kirchen, darunter die St.-Klemens-Kirche, die später nach ihm benannt wurde. In Utrecht, das er als Zentrum für die Missionierung der Friesen ansah, ließ er den Martinsdom errichten. Kunibert ist als erfolgreicher Reorganisator seines Bistums, als Stifter vieler karitativer Einrichtungen und Begründer der Friesenmission in die Geschichte eingegangen.

Der rastlos für Staat und Kirche wirkende Heilige starb am 12. November 663. Der Leichnam des Heiligen fand in St. Klemens inn Köln seine letzte Ruhestätte. In deren Nachfolgebau, der spätromanischen Kirche St. Kunibert, werden seine Reliquien auch heute noch aufbewahrt.

Legende Zu Kuniberts Zeit wußte man in Köln nicht mehr, an welcher Stelle die hl. Ursula in der ihr geweihten Kirche begraben lag. Kunibert hatte schon oft danach geforscht, ohne jedoch ihre Reliquien finden zu können. Als Bischof Kunibert nun eines Tages im Jahre 640 in der Ursulakirche in Köln die Messe las, schwebte plötzlich eine weiße Taube von der Höhe des Chores herab und setzte sich sanft auf das Haupt des Bischofs. Dann erhob sich die weiße Taube wieder, umflog dreimal den Altar und ließ sich in einer Seitenkapelle der Kirche auf dem Boden nieder, worauf sie verschwand.

An dieser Stelle ließ der hl. Bischof nachgraben, und man fand in geringer Tiefe die Begräbnisstätte der hl. Ursula. Es soll auch eine Tafel dabei gelegen haben, auf der ihr Name eingeritzt war. Ihr Haupt wird seitdem zur besonderen Verehrung durch die Gläubigen in einem silbernen Reliquienschrein aufbewahrt.

13. November

Stanislaus Kostka

Die Kirche kennt zwei Heilige aus Polen, die den Namen Stanislaus tragen, nämlich den hl. Stanislaus von Krakau und den hl. Stanislaus Kostka, der im Jahr 1726 von Papst Benedikt XIII. heiliggesprochen wurde.

Stanislaus Kostka stammte aus einer der ersten Adelsfamilien Polens und wurde am 28. Oktober 1550 auf Schloß Rostkova nördlich von Warschau geboren. 1564 schickte man ihn in das erst kurze Zeit vorher von den Jesuiten in Wien gegründete Adelskonvikt. Aber Kaiser Maximilian II. (1527–1576) löste diese Schule ein Jahr später auf. Deshalb kam der Jüngling zusammen mit seinem Bruder und dem gemeinsamen Hauslehrer in das Haus eines Lutheraners.

Stanislaus, der tief im christlichen Glauben verwurzelt war, hatte von seiten seines Bruders Paul viel zu erdulden, weil dieser den Jüngeren wegen seiner frommen Übungen oft verspottete. Der Hofmeister hielt zu dem weltlich eingestellten Paul und fand Unterstützung bei den Eltern der Knaben.

So stand Stanislaus mit seinem glühenden Verlangen, ganz dem Dienste Gottes zu leben, allein im Kreis seiner Familie. Er litt zutiefst unter der gehässigen und ablehnenden Haltung, die seine nächsten Verwandten ihm gegenüber einnahmen. Dies mag auch der Grund für eine schwere Krankheit gewesen sein, die ihn damals heimsuchte. Als er inständig nach der hl. Eucharistie verlangte, wurde ihm selbst dieser Wunsch verweigert. Sein Gebet aber wurde erhört, und er bekam die hl. Kommunion in einer Vision von der hl. Barbara gereicht. In dieser Zeit hatte er auch eine Erscheinung der Muttergottes, die an sein Krankenlager trat und ihm das Jesuskind in den Arm legte. Durch diese himmlischen Tröstungen gestärkt, erlangte Stanislaus seine Gesundheit wieder.

Nach seiner Genesung war Stanislaus fest entschlossen, der Gesellschaft Jesu beizutreten. Aber von seinen Eltern erhielt er dazu keine Erlaubnis und wurde deshalb auch von den Jesuiten abgewiesen. Stanislaus floh 1567 aus Wien und begab sich nach Dillingen zu Petrus Canisius, der damals Ordensoberer der Jesuiten für Deutschland war. Um den adeligen Jüngling zu prüfen, wurde er zunächst mit den Arbeiten eines Dieners der Zöglinge im Jesuitenkolleg betraut. Stanislaus bewies dabei einen solchen Eifer und Fleiß, daß Petrus Canisius ihn schließlich mit einem Empfehlungsschreiben nach Rom schickte. Dort erhielt Stanislaus Kostka von dem damaligen Ordensgeneral, dem hl. Franz Borgia, endlich die Erlaubnis, in das Noviziat eintreten zu dürfen.

Stanislaus war am Ziel seiner Wünsche. Von nun an sah man ihn immer heiter, auf seinem Gesicht lag so etwas wie himmlischer Friede. In dem einen Jahr, das ihm noch bis zu seinem frühen Tod blieb, lebte Stanislaus wie ein Heiliger. Sein vollkommener Gehorsam und seine Demut, sein Gebetseifer und seine innige Marienverehrung fanden nicht ihresgleichen.

Noch nicht achzehn Jahre alt, starb Stanislaus am 15. August 1568 in Rom. Sein Leichnam wurde in der Kirche S. Andrea auf dem Quirinal beigesetzt. Auf dem Gemälde von Carlo Maratti in der Grabeskirche sieht man den Heiligen, das Jesuskind auf den Armen, vor der Muttergottes knien.

Geboren: 1550 in Rostkow (Polen)
Gestorben: 1568 in Rom
Berufung/Beiname: Jesuitennovize
Wirkungsstätten: Polen, Österreich, Deutschland, Italien
Bedeutung des Namens: der durch Standhaftigkeit Berühmte (altslavisch)
Namensformen: Stenzel, Stano, Stanz
Patronat: Polen; studierende Jugendliche, Sterbende; gegen schwere Krankheiten, Augenleiden, Fieber, Knochenbrüche, Herzklopfen

Stanislaus Kostka wird meistens im Ordenskleid eines italienischen Jesuiten dargestellt; aus seinem Herzen glühen die Initialen IHS. Als Attribute sind ihm Lilie, Kruzifix, Rosenkranz und Marienbild beigegeben. Manchmal trägt er das Jesuskind auf dem Arm.

14. November

Leopold

> **Geboren:** um 1075 in Melk (Österreich)
> **Gestorben:** 1136 in Österreich
> **Berufung/Beiname:** Klostergründer; »der Fromme«
> **Wirkungsstätte:** Österreich
> **Bedeutung des Namens:** der Kühne im Volk (althochdeutsch)
> **Namensformen:** Leo, Luitpold, Poldie
> **Patronat:** Österreich

Dargestellt wird Markgraf Leopold im Harnisch mit Fahne und Kirchenmodell, oft auch mit zwei Brotkörben für die Armen. Manchmal wird der Heilige zusammen mit seiner Ehefrau Agnes und seinen sechs Söhnen abgebildet.

Der Landespatron von Österreich, Markgraf Leopold III., gilt mit Recht als Musterbeispiel eines wahrhaft christlichen Fürsten. Sein Leben und seine lange Regierungszeit sind geprägt von tiefer Demut gegenüber Gott, denn alles, was Leopold plante und unternahm, geschah zur Ehre Gottes. Schon bei Lebzeiten wurde Markgraf Leopold deshalb »der Fromme« genannt. Seine Untertanen erblickten in Leopold einen Vater der Armen und einen Verteidiger des Rechts, das aus christlichen Grundsätzen abgeleitet war.

Leopold stammte aus dem Geschlecht der Babenberger. Er wurde um das Jahr 1075 in Melk als Sohn Leopolds II. geboren. Seine Erziehung lag in den Händen des sel. Bischofs von Passau, auf den die Gründung von Stift Göttweig zurückgeht. Schon frühzeitig übernahm Leopold von seinem Vater die Regierung. Er zeigte eine tief verwurzelte christliche Gesinnung und große Papsttreue, so daß das Kirchenoberhaupt ihn »Filius S. Petri« – Sohn des hl. Petrus – nannte. 1106 vermählte sich Leopold mit Agnes, der Tochter Kaiser Heinrichs IV. (um 1050–1106), die ebenso fromm war wie er. Die überaus glückliche Ehe des Herzogspaars war mit vielen Kindern gesegnet, unter denen sich auch Otto von Freising befand, der einer der berühmtesten Geschichtsschreiber des Mittelalters wurde, sowie Konrad II. von Salzburg.

Nicht weit von Wien entfernt liegt am rechten Ufer der Donau auf einer Anhöhe das prachtvolle Chorherrenstift Klosterneuburg. In der Schatzkammer befindet sich neben vielen Kostbarkeiten ein Stückchen Schleier und ein Holunderstrauch. Diese Dinge erinnern an die legendäre Gründung des Stifts durch den Markgrafen Leopold. Auf wunderbare Weise nämlich hatte ihm der Himmel den Ort angewiesen, wo das Kloster errichtet werden sollte. Nachgewiesen ist jedenfalls, daß Markgraf Leopold III., der von 1095 bis 1136 regierte, seine Residenz von Melk an diesen Platz verlegte und in Verbindung damit ein Stift »bei der Niwenburc« (neuen Burg) erbaute. Anfänglich war es ein weltliches Kollegiatsstift, später, im Jahre 1133, berief der Markgraf die Augustinerchorherren dorthin. Auch das daneben befindliche Kloster der Augustinerchorfrauen dürfte in jener Zeit entstanden sein.

Außer Klosterneuburg gründete Leopold die Zisterzienserabtei Heiligenkreuz (1135) und die Benediktinerabtei Klein-Mariazell (1134). Zweimal schützte er sein Land gegen die Einfälle der Ungarn, die er siegreich zurückschlug. Unter den deutschen Fürsten hatte er sich größte Achtung errungen, so daß er als Nachfolger Kaiser Heinrichs V. vorgeschlagen wurde. Der fromme und kluge Fürst aber verzichtete 1125 offiziell auf die ihm angebotene Kaiserkrone.

Als Leopold am 15. November 1136 starb, betrauerte ihn das ganze Land. Seine Gruft in der Krypta von Klosterneuburg wurde bald das Ziel von Wallfahrten. Papst Innozenz VIII. hat ihn im Jahre 1485 heiliggesprochen. Alljährlich werden am Festtag des hl. Leopold seine Reliquien in einem silbernen Sarg in der Kirche ausgesetzt. Die Legende von der Gründung Klosterneuburgs wird auf einem berühmten Altarwerk von Roland Frueauf geschildert (1507).

15. November

Legende Bald nachdem das von Leopold neu erbaute Schloß auf dem Kahlen Berg bezogen worden war, trat eines Abends die Markgräfin auf den Söller hinaus, um sich die schöne Gegend anzuschauen. Da erhob sich von den Bergen her ein Nachtwind, spielte mit den Gewändern der hohen Frau, wehte plötzlich den zarten Schleier von ihrem Kopf und nahm ihn mit sich fort in das Tal. Am Morgen suchten Bedienstete nach dem wertvollen Schal, doch vergebens. Einige Zeit später jagte der Markgraf im nahen Forst. Plötzlich rannten im tiefen Dickicht die Hunde zusammen und kläfften laut. Hastig folgte das Jagdvolk ins Unterholz, und mit Staunen erblickte der Markgraf den lang vermißten Schleier, der unversehrt am Ast eines Holunderstrauches hing. Der Markgraf nahm es als Fingerzeig dafür, daß das Münster, das er schon lange zu bauen im Sinn hatte, hier errichtet werden sollte, und ordnete alsbald den Bau von Klosterneuburg an.

15. November

Albertus Magnus

Albertus Magnus oder Albert von Köln ist unter den Heiligen derjenige, der es vortrefflich verstanden hat, tiefen Glauben mit umfassendem Wissen zu verbinden. Über ihn sagte einmal ein Naturforscher lobend: »Wäre die Entwicklung der Naturwissenschaften auf der von Albert eingeschlagenen Bahn weitergegangen, so wäre ihr ein Umweg von drei Jahrhunderten erspart geblieben.« – »Verknüpfe, so viel du nur vermagst, den Glauben mit der Vernunft!« Dieser Satz des Boèthius bedeutete für Albert die Lebensaufgabe schlechthin. Albert, der große Kirchenlehrer und Heilige, hat nicht nur dem lateinischen Abendland die gesamte aristotelische Philosophie zugänglich gemacht, sondern diese auch in harmonischer Weise in die christliche Theologie eingebunden.

Albert entstammte dem Rittergeschlecht von Bollstatt in Schwaben. Er wurde um das Jahr 1200 geboren. Während seiner ersten Studien in den Universitäten von Bologna und Padua begegnete er Jordanus von Sachsen, dem Nachfolger des Ordensgründers der Dominikaner, der den jüngeren Albert im Jahr 1223 zum Eintritt in den Predigerorden überreden konnte.

Nach Abschluß seines theologischen Studiums war Albert Lehrer an den Dominikanerschulen in Hildesheim, Freiburg, Regensburg und Straßburg. 1243 übernahm er als erster Deutscher einen Lehrstuhl an der Universität in Paris. Hier sah und hörte ihn sein großer Schüler Thomas zum ersten Mal. Ab 1254 durchwanderte Albert als Oberer der deutschen Ordensprovinzen in drei Jahren fast ganz Europa von Paris bis Ungarn und von Rom bis an die deutsche Ostsee.

1260 berief ihn Papst Alexander IV. (gest. 1261) auf den Bischofsstuhl des verwahrlosten Bistums Regensburg. Trotz seiner Abneigung gegen eine solche Stellung fügte sich Albert der Anordnung des Heiligen Vaters und blieb zwei Jahre in Regensburg. Das Volk, wenn auch im Glauben sehr lau, liebte ihn von Anfang an. Er fand, wie es in einem alten Bericht heißt, »in der Kasse kein Geld, im Faß keinen Tropfen und in der Scheune kein Körnchen.« Aber er ließ sich nicht entmutigen. Zum Schluß war seine Tätigkeit erfolgreich, denn innerhalb von nur zwei Jahren hatte er die Ordnung beim Volk und im Klerus wiederhergestellt und die Verschuldung des Bistums ausgeglichen.

Geboren: um 1200 bei Lauingen (Bayern)
Gestorben: 1280 in Köln
Berufung/Beiname: Dominikanerprovinzial, Kreuzzugsprediger, Bischof, Kirchenlehrer; »der Große«, »Doctor universalis«
Wirkungsstätte: Europa
Bedeutung des Namens: der durch Adel Glänzende (althochdeutsch)
Namensformen: Albert, Albertin, Albrecht, Adalbert, Abo, Albero, Bert, Béla, Brecht
Patronat: Theologen; Naturwissenschaftler, Studenten, Bergleute

Die tiefste Erkenntnis des Albertus Magnus fängt ein einziger Satz ein: »Will man fragen nach den Geheimnissen Gottes, so frage man nach dem ärmsten Menschen, der mit Freuden arm ist aus Liebe zu Gott; der weiß von Gottes Geheimnissen mehr als der weiseste Gelehrte auf Erden.«

15. November

Nun sandte ihn der Papst als Kreuzzugsprediger durch Deutschland und Böhmen. Ab 1270 war Albert wieder in Köln, wo er sich vorwiegend der Wissenschaft widmete. Aber noch war ihm keine Ruhe vergönnt. 1273 reiste er nach Nimwegen, 1274 nahm er als führender Theologe am Allgemeinen Konzil von Lyon teil. Im Jahr 1275 schlichtete er zum zweiten Mal einen langwierigen Streit zwischen der Bürgerschaft der Stadt Köln, dem Erzbischof und der Kurie, und zwar mit dem gleichen erhofften Erfolg wie schon zwanzig Jahre zuvor. Um die Lehre seines großen Schülers Thomas von Aquin zu verteidigen, scheute der über achtzigjährige Albert selbst die beschwerliche Reise nach Paris nicht.

Drei Jahre später, am 15. November des Jahres 1280, starb Albert der Große in Köln. In der Andreaskirche dieser Stadt wurde er begraben. Den Bau des gotischen Chors hat er selbst noch in die Wege geleitet. Die von dem Bildhauer Gerhard Marcks geschaffene eindrucksvolle Figur des Heiligen vor der Universität von Köln erinnert an den großen Wissenschaftler.

Wegen seiner überragenden Gelehrsamkeit erhielt der hl. Albert noch zu seinen Lebzeiten den Beinamen »Doctor Universalis«. Alberts Wissen, das außer Theologie und Philosophie noch viele andere Gebiete wie Astronomie, Meteorologie, Geologie, Botanik, Zoologie, Mineralogie, Anthropologie, Chemie, Physik, Mechanik und Architektur umfaßte, mußte seinen Zeitgenossen unbegreiflich erscheinen. Vielfach glaubte man daher, Albert stände mit dunklen Mächten im Bund. Dabei lebte der Heilige während seines ganzen Lebens nur der christlichen Wahrheit, die er lehrte. Er hatte für alle Ratsuchenden ein offenes Ohr und betrachtete seine Erfolge als Gnadengeschenk Gottes. Albertus Magnus wurde 1931 heiliggesprochen, und 1941 ernannte ihn Pius XII. zum Patron der Naturwissenschaftler.

Der hl. Albertus Magnus wird meist dargestellt im Ordenskleid der Dominikaner oder auch als Bischof, mit einer Schreibfeder oder einem Buch in der Hand.

Legende Um Weihnachten, bei Schnee und Kälte, kam einmal König Wilhelm von Holland nach Köln, um am Tage der Heiligen Drei Könige auf deren Grab die Königsgabe niederzulegen. Zu dieser Zeit wohnte im Dominikanerkloster in Köln Bruder Albertus. Dieser bat den König, er möge am Dreikönigsfest im Kloster das Mittagsmahl einnehmen. Bruder Albertus empfing ihn am Tor und führte ihn in seinen Garten. Hier lagen zwar Eis und Schnee; doch es erschienen zierliche Diener und bereiteten eine große Tafel zum Gastmahl vor. Man setzte sich trotz der Kälte unter freiem Himmel zu Tisch. Als nun alle frierend der Speisen harrten, da verschwanden auf einmal Schnee und Eis, eine milde Sommerwärme verbreitete sich, die Erde trieb frisches Gras und schöne Blumen, die kahlen Bäume erschienen reich belaubt, und ein Chor von Vögeln sang. Es wurde immer wärmer. Die erstaunten Gäste zogen ihre Oberkleider aus und lagerten sich unter den Bäumen. Aber sobald das Mahl zu Ende war, verschwanden plötzlich die Diener wie Schatten, der Gesang der Vögel verstummte, die Bäume wurden kahl, die Blumen verdorrten, und grimmige Kälte brach mit Schnee und Eis wiederum herein, so daß alle ins Kloster flohen. Ehe die Gesellschaft sich vom Erstaunen erholt hatte, trat Bruder Albertus zu König Wilhelm hin und bat ihn, bei seiner bevorstehenden Reise nach Utrecht dem Predigerorden dort eine Baustelle für ein Kloster zu schenken. Der König gewährte die Bitte. Nach wenigen Tagen reiste der König mit seiner Begleitung den Rhein hinunter und kaufte in Utrecht nicht nur ein großes Gelände für den Predigerorden, sondern beschenkte auch weiterhin das neue Kloster mit großer Freigiebigkeit.

Den greisen Lehrer Albert verließ plötzlich während einer Vorlesung sein Gedächtnis. Seine Zuhörer waren bestürzt. Nach einer Weile faßte sich Albert und sprach: »Hört, meine lieben Brüder, ich will euch etwas erzählen. In jungen Jahren betete ich viel zur Gottesmutter, sie möge mich im wahren Glauben erhalten und nicht zulassen, daß die Beschäftigung mit der Philosophie für mich eine Gefahr würde. Da erschien sie mir und sprach: Sei beharrlich im Gebet und Studium! Gott wird durch deine Wissenschaft die ganze Kirche erleuchten. Damit du aber nicht im Glauben wankend wirst, soll vor deinem Tod alle Weisheit von dir genommen werden. Und dies soll das Zeichen sein: du wirst in öffentlicher Vorlesung vor deinen Schülern das Gedächtnis verlieren!« - »Ja meine lieben Brüder«, fuhr Albert fort, »ich glaube, die Zeit ist gekommen.«

15. November

Hll. Marinus und Arianus

Am 15. November gedenkt die Kirche besonders in Bayern den beiden Heiligen Marinus und Arianus. Sie hatten sich im siebten Jahrhundert in der Gegend des Irschenbergs als Missionare niedergelassen. In der Nähe des Dorfes Wilparting starben sie den Märtyrertod. Die dortige Pfarrkirche beherbergt ihre Reliquien.

16. November

Margareta von Schottland

Margareta, eine Großnichte des englischen Königs Eduard des Bekenners, wurde um 1046 in Ungarn geboren. Dort hatte ihre Familie Zuflucht gefunden, so lange das Reich in die Hände der Dänen gefallen war. Margaretas Mutter war die ungarische Prinzessin Agatha, deren Schwester mit dem König Stephan von Ungarn verheiratet war. 1057 konnte die Familie zwar wieder nach England zurückkehren, doch bald darauf starb Margaretas Vater. Sie wuchs nun am Hof ihres Onkels Eduards des Bekenners auf, bis sie auch von dort 1066 nach der verlorenen Schlacht von Hastings vor den Normannen nach Schottland fliehen mußte.

Am Hof König Malcolms lebte sie bescheiden und nahm sich der Pflege der Armen an. Als Malcolm die Prinzessin heiraten wollte, willigte sie ein und wurde im Jahre 1070 zur Königin von Schottland gekrönt. Mit ihr kehrte wieder Friede in das Land ein. Ihr gottgefälliges Leben wirkte aber nicht nur auf den König, sondern auch das Volk sah in seiner Königin ein anspornendes Beispiel.

Margareta begann nun, das kirchliche Leben in ihrem Königreich zu reformieren und bemühte sich, den christlichen Tugenden der Nächstenliebe, Mäßigkeit und Keuschheit nicht nur am Hof, sondern auch bei ihren Untertanen Geltung zu verschaffen. Keltischen Aberglauben und Lauheit im religiösen Leben bekämpfte sie mit aller Kraft. Auch veranlaßte sie eine Reihe von Kirchenversammlungen, bei denen sie sich für die Reformen einsetzte. So wie sich Margareta als fürsorgliche Landesmutter erwies, war sie auch ihren eigenen Kindern eine vorbildliche Mutter. Sie verpflichtete hervorragende Lehrkräfte, die alle damals bekannten Wissenschaften unterrichteten. Ihre ganz besondere Charakt-

Geboren: um 1046 in Reska (Ungarn)
Gestorben: 1093 in Edinburgh (Schottland)
Berufung/Beiname: Reformerin, Wohltäterin
Wirkungsstätten: England, Schottland
Bedeutung des Namens: die Perle (lateinisch)
Namensformen: Marga, Margot, Margret, Margit, Maggie, Maud, Meta, Gitta, Greta, Grete, Rita
Patronat: Schottland

ereigenschaft war jedoch die Barmherzigkeit allen Mitmenschen gegenüber. Großzügig sorgte sie für die Armen und Kranken und verwandte hierzu alle ihre persönlichen Einkünfte. Ehe sie sich zu Tisch setzte, pflegte die Königin Waisen und Arme zu speisen. In der Fasten- und Adventszeit reichten sie und der König an dreihundert Bedürftige höchstpersönlich Speise und Trank. Malcolm bediente die Männer, und Margareta die Frauen. Wo immer ihnen menschliches Elend begegnete, suchte das fromme Königspaar es zu lindern.

Das Volk verehrte die Heilige in großer Liebe, und wo sie sich zeigte, war sie von ihren Schutzbefohlenen umringt. »Ihre Seele war immer zu Gott erhoben«, sagte ihr Beichtvater, »auch besaß sie den Geist der Zerknirschung im vorzüglichsten Maße. Wenn sie mir von der unaussprechlichen Schönheit des ewigen Lebens sprach waren ihre Worte von wunderbarer Lieblichkeit, und sie war innerlich dann so gerührt, daß ihr die Tränen aus den Augen strömten«.

Zur selben Zeit war Malcolm in einen Krieg gezogen und hatte entgegen Margaretas Rat selbst das Heer befehligt. Der König und einer ihrer Söhne starben im Kampf. 1092, Margareta war gerade sechsundvierzig Jahre alt, da erkrankte sie schwer und starb ein Jahr später, am 16. November 1093 in Edinburgh. Ihre Reliquien wurden während der Reformationszeit in den Escorial in Spanien in der Nähe von Madrid gebracht. Papst Innozenz hat sie 1251 heiliggesprochen.

17. November

Gertrud von Helfta

Geboren: 1256 in Thüringen
Gestorben: 1302 in Helfta (Sachsen)
Berufung/Beiname: Zisterziensernonne, Mystikerin; »die Große«
Wirkungsstätten: Thüringen, Sachsen
Bedeutung des Namens: die mit dem Speer Vertraute (althochdeutsch)
Namensformen: Gertraud, Gerda, Gesa, Gesine, Gerti, Traudel, Trude, Trudi
Patronat: Peru, Tarragona, Westindien

Das Kloster, in dem vier bedeutsame heilige Frauen gewirkt haben, nämlich Gertrud von Hackeborn, Mechtild von Hackeborn, Mechtild von Magdeburg und Gertrud von Helfta, ist leider während der Reformationszeit völlig vernichtet und nie mehr aufgebaut worden. Obgleich es über sie nur wenige spektakuläre Ereignisse zu berichten gibt, gehörte die hl. Gertrud zu den großen deutschen Mystikerinnen, weshalb sie auch den Beinamen »die Große« erhielt.

Gertrud von Helfta wurde am 6. Januar des Jahres 1256 in Thüringen geboren. Sie kam schon als Fünfjährige in das Kloster Helfta bei Eisleben in Sachsen, das damals die kluge Äbtissin Gertrud von Hackeborn leitete. Das Kloster Helfta war berühmt für seine hervorragende humanistische Ausbildung.

Gertrud fühlte sich dort schnell geborgen und entschied sich bald, dem Orden beizutreten. Sie genoß eine gründliche und umfassende Erziehung und war als wissensdurstige Schülerin bei ihren Lehrerinnen sehr geschätzt. Latein lernte sie so gut, daß sie mühelos in dieser Sprache lesen und schreiben konnte. Sie übertrieb aber ihren Lerneifer so sehr, daß sie darüber eine Zeitlang fast völlig ihre Pflichten als Nonne und Mitschwester vernachlässigte. Als Gertrud mit sechsundzwanzig Jahren plötzlich schwer erkrankte, erkannte sie, daß Wissen allein dem nicht gerecht wird, was Gott von jedem Menschen verlangt, zusammengefaßt im Gebot der Gottes- und Nächstenliebe.

Am 27. Januar 1281 hatte Gertrud ihr erste Vision. Es begann die vertraute Beziehung zwischen Gott und ihrer Seele, jene geheimnisvolle, zarte Vereinigung mit Christus, die bis zu ihrem Tod bestehen blieb. Christus gehörte fortan ihr

Beten, Opfern, Studieren und Tun, ihm ihre Ruhe, jeder Atemzug. Hiervon zeugen ihre von glühender Gottesliebe erfüllten, in gewandtem Latein geschriebenen Schriften, darunter ihr fünfbändiges Werk »Gesandter der Gottesliebe« (Offenbarungen von der göttlichen Liebe) und ihre »Geistlichen Übungen« sowie ihre »Gebete«. Sie gehören wohl zu den beredtesten Zeugnissen der mystischen Literatur. Lange vor der hl. Margareta Maria Alacoque wurde Gertrud zur Wegbereiterin der Herz-Jesu-Verehrung. Der Inhalt aller wichtigen Anrufungen unserer heutigen Herz-Jesu-Litanei läßt sich auf Gebete der hl. Gertrud zurückführen. Sie war es auch, welche die Schriften der beiden aus Kloster Helfta hervorgegangenen Mechtilden und der Äbtissin Gertrud nach deren Tod ergänzte und ihr Andenken der Nachwelt überlieferte.

Gott würdigte Gertrud vieler Offenbarungen und Gnaden. Sie überließ sich ihm ganz und voll vertrauender Hingabe. Ihr Leben stand darüber hinaus aber vor allem im Dienst am Nächsten. Man sagt sogar, daß sie dieser Aufgabe zuliebe ihre Zwiesprache mit Gott zeitweilig einschränkte. Am Ende ihres Lebens war sie nach einem Schlaganfall zweiundzwanzig Wochen ans Bett gefesselt. Sie starb mit sechsundvierzig Jahren am 13. November 1302 in Helfta.

Anstelle einer Legende Ihre erste »Begegnung« mit dem Gottessohn schilderte Gertrud wie folgt. In diesem Bericht spricht sie von sich nur in der dritten Person, so als wäre sie eine Fremde: »Es geschah, daß sie nach dem gemeinsamen Abendgebet im Schlafsaale stand und ihr Haupt vor einer vorübergehenden älteren Schwester ehrerbietig neigte, wie es die Ordensregel vorschrieb. Als sie wieder aufsah, erblickte sie plötzlich Jesus in der Gestalt eines schönen Jünglings, der mit freundlichen, sanften Worten zu ihr sprach: ›Dein Heil wird bald kommen. Warum bist du betrübt? Hast du keinen Ratgeber? Fürchte dich nicht, ich will dich erretten und erlösen. Komm zu mir, ich will dich aufnehmen und dich mit dem Strom meiner göttlichen Wonne berauschen.‹ Als Gertrud sich dem Heiland nahen wollte, sah sie jedoch eine endlose Dornenhecke zwischen ihm und ihr, die sie hinderte. Da begann sie bitterlich zu weinen über ihre Sünden, die wie eine Schranke zwischen ihr und dem Erlöser standen. Aber in diesem Augenblick ergriff sie Jesus mit der Hand, an der sie die Wundmale erblickte, und stellte sie neben sich. Von dieser Stunde an entbrannte ihr Herz in Liebe zu ihrem göttlichen Herrn.«

> **Die hl. Gertrud** wird dargestellt als Nonne oder als Äbtissin. Ihr Herz ist vom Herzen Jesu feurig entfacht. Sie trägt ein Buch, Feder oder Kruzifix. An der rechten Hand trägt sie sieben Ringe. Auch die Visionen der Gertrud von Helfta haben Künstler inspiriert.

> **Geduldig wartete** die hl. Gertrud von Helfta oft Tage, bis sich Jesus Christus ihr wieder offenbaren und seiner Schau teilhaftig werden lassen würde. Vierzig Jahre lang war sie so nach eigenen Worten ein »Kanal, durch den Gott seine Gnade zu den Menschen sendet«.

17. November

Hilda von Whitby

Eigentlich müßte sie Hilda von Streaneshalch heißen, denn das war der Name der Abtei, die sie an der Nordseeküste in England gründete. Streaneshalch, das heißt »Licht des Leuchtturms«, wurde später von den Dänen zerstört.

Nach der Klostergeschichte des hl. Beda Venerabilis wurde Hilda im Jahre 614 als Tochter Hererics und der Bregusuit geboren. Ihr Vater war ein Neffe König Edwins von Northumberland. Zu Ostern 627 wurde Edwin mit seinem ganzen Stamm durch Paulinus von York getauft. Und von Hilda berichtet Beda, »daß auch sie den Glauben und die Geheimnisse Christi annahm«. Hilda scheint die neue Lehre voller Begeisterung angenommen und mit Standhaftigkeit gegen

> **Geboren:** 614 in Northumberland (England)
> **Gestorben:** 680 in Streaneshalch (England)
> **Berufung:** Benediktineräbtissin
> **Wirkungsstätte:** England
> **Bedeutung des Namens:** die Heldin, die Kämpferin (althochdeutsch)
> **Namensformen:** Hilde, Hilla, Hillu, Hiltrud, Hildegard

alle Angriffe verteidigt zu haben. Nachdem König Edwin, ihr Onkel, 633 im Kampf gegen die Bretonen für seinen Glauben gestorben war, hatte ganz Northumberland grausame Verfolgungen zu erleiden. Bischof Paulinus floh mit Hildas Tante, der Königin. Hilda blieb allein zurück, doch geschah ihr wunderbarerweise nichts. Bischof Aidan von Lindesfarne gab Hilda den Rat, ein Kloster zu gründen, und König Edwin schenkte ihr das dafür erforderliche Land.

Als eine Art Gegenleistung hatte sie die Königstochter in ihre Obhut zu nehmen. Im Jahr 657 ließ Hilda dann das Doppelkloster Stereaneshalch, das heutige Witberg (Whitby), erbauen. Später ernannte sie der Bischof zur Äbtissin des Klosters Hartlepool. Zu dieser Zeit war sie etwa fünfunddreißig Jahre alt.

Musterhaft war die Organisation ihres Klosters und hoch das geistige und kulturelle Niveau. Fünf Bischöfe sind aus dem Kloster hervorgegangen. Das »Lesen und Beobachten der Schriften« war die Grundlage ihres Lehrsystems, durch »Übersetzen, Abschreiben und Erklären« schulte die hl. Äbtissin die Männer und Frauen, die ihr unterstellt waren. Ihre Lebensjahre waren angefüllt mit intensiver Arbeit, aber auch mit Krankheit. Die letzten sechs Jahre vor ihrem Tod litt sie an heftigem Fieber, dem sie schließlich am 17. November 680 erlag.

18. November

Florinus

Geboren: wahrscheinlich in Matsch (Italien)
Gestorben: 856 in Remüs (Schweiz)
Berufung/Beiname: Priester
Wirkungsstätten: Italien, Österreich, Schweiz
Bedeutung des Namens: der immer Blühende (lateinisch)
Namensformen: Florin, Flurin, Florian, Florentin
Patronat: Unterengadin, Vintschgau, Chur

Florinus war der Sohn eines Briten und einer getauften Jüdin. Geboren wurde er im Matscher Tal im Vintschgau (Südtirol), weil sich seine Eltern auf dem Rückweg von einer Pilgerfahrt nach Rom hier niedergelassen hatten. Sie übergaben ihren Sohn dem Priester Alexander von der Peterskirche in Remüs (heute Ramosch) im Unterengadin zur Ausbildung. Dort wirkte Florinus schon als junger Mann erstaunliche Wunder. Dann wurde er Priester und Nachfolger seines Lehrers, des Pfarrers in Remüs. Die ihm geweihte spätgotische Kirche mit ihrem romanischen Glockenturm hat den Brand von 1880 überstanden.

Über das Leben des hl. Florinus ist sonst nichts bekannt. Sein Todesdatum, der 17. November 856, ist nicht eindeutig erwiesen. Florinus war beim Volk sehr beliebt, und Bischof Hartbert von Chur förderte seinen Kult, so daß Reliquien des Heiligen heute in Chur, Regensburg und in der ihm geweihten Stifskirche in Koblenz aufbewahrt und verehrt werden.

Florinus wird dargestellt als Priester im Meßgewand oder mit Schultermantel. Als Attribute sind ihm Buch oder Kelch beigegeben. Ein Krug erinnert an das Weinwunder, das er gewirkt haben soll.

Legende *Einst wurde der hl. Florinus von seinem Lehrer Alexander beauftragt, einen Krug Wein aus der nahen Burg Carritia zu holen, deren Herrschaft dem frommen Priester freigiebig alles Lebensnotwendige zukommen ließ. Der Jüngling ging und erhielt einen Krug mit dem besten Wein, zum Ärger der Schloßknechte, die dem fremden Pfaffen diese Gabe mißgönnten. Auf dem Heimweg traf Florinus eine abgehärmte Frau, die bat ihn um ein Almosen zur Stärkung ihres kranken Mannes. Die Arme tat ihm leid, und da er nichts anderes hatte, goß er ihr den Wein in ein leeres Milchschaff, das sie bei sich hatte. Dann ging er ins Schloß zurück, um sich den leeren Krug abermals füllen zu lassen. Der hartherzige Torwart aber, der alles mit angesehen hatte, ließ ihn nicht mehr hinein, sondern jagte ihn mit bösen Worten und Schlägen weg.*

Betrübt kehrte Florinus um, und damit er nicht mit leerem Krug nach Hause kam, füllte er ihn an einer sprudelnden Quelle mit Wasser. Aber was geschah? Als er bei Tisch dem vielgeliebten Meister in seinen Becher einschenkte, siehe, da war das Wasser in Wein verwandelt. Die Quelle aber, aus der Florinus geschöpft hatte, heißt heute noch »La Fintana da Sankt Florin / inua l'aua s'mündet in vin«. Der Brunnen vom heiligen Florin / Wo das Wasser sich kehrt' in Wein.

19. November
Elisabeth von Thüringen

Elisabeth, die Landgräfin von Thüringen, wird mit Recht als eine der größten deutschen Heiligen verehrt. Das Leben der hl. Elisabeth von Thüringen war zwar nur kurz, aber was sie gewirkt hat, blieb bis in unsere Zeit unvergessen.

Sie wurde im Jahr 1207 auf der Burg Sáros-Patak in Ungarn als Tochter des Ungarnkönigs Andreas II. (1204–1235) und seiner ersten Gemahlin Gertrud von Andechs, einer Schwester der hl. Hedwig, geboren. Mit vier Jahren verlobte man Elisabeth bereits mit Ludwig, dem elfjährigen Sohn des Landgrafen von Thüringen. Die beiden Kinder kamen dann zur gemeinsamen Erziehung auf die Wartburg. Elisabeth war ein übermütiges, vergnügtes Kind. Ihr fröhliches ungarisches Temperament riß ihre Spielgefährten mit, und ihre bestrickende Liebenswürdigkeit verzauberte die ganze Hofgesellschaft.

Dem aufgeweckten Mädchen entging aber auch nicht der große Unterschied zwischen dem Luxus und der Verschwendungssucht auf der Burg und der Armut, die draußen im Land beim einfachen Volk herrschte. Sie erkannte, daß ein solcher Gegensatz zwischen Reichtum und Elend den Geboten Gottes widersprach, und diese beschämende Erkenntnis ließ Elisabeth ihr ganzes Leben lang nicht mehr los. Soweit es möglich war, trug die zukünftige Landesherrin einfache Kleider und ging schmucklos zum Gottesdienst. Wo sie nur konnte, milderte sie die Not der Armen. Es erhoben sich alsbald kritische Stimmen gegen die Fremde. Man warf ihr Vergeudung fremden Eigentums vor und erklärte, sie würde sich viel eher zu einer Dienstmagd oder bigotten Nonne eignen, aber keinesfalls zu einer deutschen Fürstin. Ludwig, der Landgraf von Thüringen, ließ sich aber nicht beirren, und so fand 1221 die prachtvolle Hochzeit statt.

Elisabeth war dem Gatten in tiefer Liebe zugetan und gebar drei Kinder. Das verschwenderische Treiben am Hof fand ein Ende. Ludwig erlaubte seiner frommen Gattin, Armen und Kranken beizustehen. Sie pflegte hingebungsvoll Aussätzige und nahm sich der zahlreichen Waisenkinder an. In der Hungersnot des Jahres 1225 öffnete sie die eigenen Kornkammern und verteilte die Vorräte an die Armen. Ihre Mildtätigkeit ging sogar so weit, daß die Versorgung der Burg ernstlich gefährdet wurde, so daß Ludwig ihr vorübergehend Einhalt gebieten mußte. Immer mehr wurde sie aber durch ihre Freigiebigkeit auch zu einem Ärgernis für die so ganz anders eingestellten Hofleute.

Unter der geistlichen Führung ihres Beichtvaters Konrad von Marburg gewann Elisabeths religiöse Grundüberzeugung immer mehr Bedeutung bei ihrer praktischen Lebensgestaltung. Oft stand sie in der Nacht auf, um zu beten, wäh-

Geboren: 1207 auf Sáros-Patak (Ungarn)
Gestorben: 1231 in Marburg (Hessen)
Berufung/Beiname: Terziarin, Wohltäterin
Wirkungsstätte: Deutschland
Bedeutung des Namens: die Gottgelobte, sie hat geschworen (hebräisch)
Namensformen: Alice, Elise, Elly, Elsbeth, Lisbeth, Lisa, Betty, Bettina, Elsa, Ilse, Sisi
Patronat: Caritas, Wohltätigkeitsvereine; Bäcker, Bettler, Witwen, Waisen, unschuldig Verfolgte, Kranke

Elisabeth machte es sich zur Gewohnheit, bei Hof keine Speise anzurühren, deren einwandfreie Herkunft aus erlaubten Steuern und Abgaben nicht sicher war. So kam es öfter vor, daß die Landgräfin bei Tisch hungerte, was beim Adel auf Mißfallen stieß.

Elisabeth von Thüringen wird dargestellt in einfacher und auch als Landgräfin in vornehmer Kleidung mit Krone, wie sie Almosen austeilt oder Armen die Füße wäscht; sie trägt einen Korb mit Broten und einen Weinkrug in der Hand, Rosen in einem Korb oder in der Schürze, oft auch Bettler neben sich; manchmal hält sie ein Modell der gotischen Elisabethkirche in der Hand.

rend sie sich tagsüber harten Fasten- und Bußübungen unterzog. Es ist wohl auch dem Einfluß Konrads zuzuschreiben, daß sich Ludwig 1227 dem Kreuzzug Friedrichs II. (1204–1235) anschloß, bei dem der junge Landgraf am 11. Juli des gleichen Jahres den Tod fand – ein Ereignis, das für Elisabeth die schlimmsten Folgen hatte. Nun war sie schutzlos den Anfeindungen des Hofes ausgesetzt.

Aller Haß gegen die Landgräfin brach hervor, als Ludwigs jüngerer Bruder Heinrich die Herrschaft übernahm. Man entzog der Wehrlosen ihre Witwengüter und vertrieb sie von der Burg. Dem äußersten Elend preisgegeben, fand sie nirgends Unterschlupf, denn Heinrich drohte allen mit seiner Rache, die Elisabeth aufnehmen würden. Inzwischen hörten ihre Verwandten von ihrem Elend, und ihr Onkel Egbert, Bischof von Bamberg, holte sie zu sich. Gemeinsam mit ihrem Beichtvater Konrad von Marburg zog sie weiter nach Marburg.

In Marburg wurde Elisabeth Mitglied des Dritten Ordens. Sie führte nun ein Leben in strengster Askese. Visionen und Erscheinungen wurden ihr dafür zuteil. Nachdem ihre Verwandtschaft einen Teil ihrer Güter für sie zurückgewonnen hatte, gründete Elisabeth 1228/29 in Marburg das Franziskushospital und widmete sich hier ohne Rücksicht auf ihre schwindenden Kräfte ganz der Kranken- und Armenpflege. Frohen Herzens sah sie ihrem Tod entgegen. Elisabeth starb am 17. November 1231 im Alter von vierundzwanzig Jahren.

Bald ereigneten sich an ihrem Grab viele Wunder. Bereits vier Jahre nach ihrem frühen Tod wurde sie von Papst Gregor IX. (1170–†1241) heiliggesprochen. Von den zahlreichen Votivgaben und großherzigen Spenden konnte bald schon der Grundstein für die berühmte Elisabethkirche in Marburg gelegt werden, wo auch ihr Sarkophag steht. Am 1. Mai 1236 fand die feierliche Erhebung der Gebeine der Heiligen in Anwesenheit von Friedrich II. statt. Dieser stiftete eine Krone, mit der der Leichnam gekrönt wurde, sowie einen Becher. Die Krone besitzt heute das Stadtmuseum in Stockholm. Einige Reliquien der Heiligen befinden sich im Elisabethkloster in Wien. Alle Berichte über die hl. Elisabeth erzählen, mit welcher Hingabe sie sich um Aussätzige, Wöchnerinnen und Kinder kümmerte, wie sie überall, wo sie es nur vermochte, Trost spendete und Freude bereitete. Einer der wenigen Sätze, die von ihr überliefert sind, lautet: »Ich habe euch immer gesagt, daß wir die Menschen fröhlich machen müssen.«

Legende *Einst ging Elisabeth wieder mit einem Korb, der von einem Tuch überdeckt war, von der Burg hinab ins Dorf zu den Armen und Kranken. Als Heinrich sie sah, fragte er sie: »Was hast du in deinem Korb?« »Rosen, Herr«, antwortete sie mit zitternder Stimme, denn es war ihr streng untersagt worden, Bedürftigen etwas zu essen zu bringen. Ungläubig sah Heinrich selbst in den Korb und fand statt der eben eingepackten Brote unter dem Tuch tatsächlich nur frisch duftende Rosen. Beschämt ging Heinrich davon und ließ Elisabeth gewähren.*

Von allen Notleidenden standen die Aussätzigen unter ihrem besonderen Schutz. Mit großer Liebe pflegte sie gerade diese ekelerregenden Kranken. Sie wusch ihnen die Hände und Füße, kniete dann vor ihnen nieder und küßte voller Demut ihre Wunden und Geschwüre. Als ihr Gatte einmal für einige Tage verreist war, beherbergte sie sogar einen verlassenen, aussätzigen Knaben im Schloß. Sie wusch ihn, salbte seine Wunden und legte ihn anschließend in ihr Ehebett. Als der Landgraf überraschend nach Hause zurückkehrte, führte ihn seine Mutter sogleich in das Schlafzimmer und sprach: »Hier zeige ich dir ein Wunder deiner Frau.« Der Gatte trat ans Bett, riß die Decke weg, aber was sah er? Statt des Knaben erblickte er das Bild des Gekreuzigten, das in seinem Bette lag. Sprachlos blieb er stehen. Zu seiner Frau, die ihm gefolgt war, sagte er aber nach einer Weile: »Meine liebe Frau, solche Gäste sollst du mir oft ins Bett legen! Laß dich von niemandem in der Ausübung deiner Barmherzigkeit irremachen!«

Der Kreuzzugsprediger
Konrad von Marburg war Elisabeths Seelenführer. Sie folgte seinem Beispiel der Armut und Strenge und unterwarf sich auch den harten Bußübungen, die er ihr auferlegte.

19. November

Mechthild von Hackeborn

Mechthild von Hackeborn, deren Geburtsjahr mit 1241 angegeben wird, kam eines Tages mit ihren Eltern nach Rodersdorf. Die Eltern wollten ihre ältere Tochter Gertrud besuchen, die dort als Äbtissin den Zisterzienserinnenkonvent leitete. Die siebenjährige Mechthild war bald so begeistert von dem frommen Leben der Nonnen, daß sie sich sträubte, das Kloster wieder zu verlassen. Auf ihr inständiges Bitten hin ließen die Eltern sie schließlich doch in der Obhut der älteren Schwester zurück. Schwester Gertrud sorgte für eine strenge klösterliche Erziehung. Es gab keinerlei Ausnahmen, obwohl Mechthild noch so jung war und die Schwester der Äbtissin. Gertrud wollte Mechthild so hart prüfen, um zu erkennen, ob ihre Berufung wirklich echt war. Mechthild, die mit reichen Geistes- und Herzensgaben ausgestattet war und voll natürlicher Herzlichkeit alles, was man von ihr verlangte, befolgte, machte solche Fortschritte, daß sie schon als Achtzehnjährige Nonne werden durfte.

Die Äbtissin Gertrud setzte sie als Lehrerin ein und und übertrug ihr schließlich auch die Leitung des liturgischen Chors, denn Mechthild besaß große Musikalität und hatte eine wunderschöne Stimme. Ihr Wesen war Freude, Heiterkeit und Bescheidenheit. Sie vertraute alles Gott an, wollte nichts für sich selbst und war trotz ihrer zunehmenden Leiden stets fröhlich.

Gewiß, auch Mechthild kannte dunkle Stunden und belastende Depressionen. Aber sie durfte andererseits, wie eine ihrer Schülerinnen später über sie schrieb, immer wieder in der »beseligenden Nähe Gottes« leben. Dieser Schülerin verdanken wir auch ein Buch, das für das Verständnis der mittelalterlichen Mystik eine unverzichtbare Quelle geworden ist. Es enthält all das, was Mechthild dieser Nonne über ihre Visionen erzählt hat.

Im weiteren Verlauf der Zeit verstärkte sich ihr Leberleiden immer mehr. Als echte Mystikerin empfand Mechthild die Nähe Gottes um so tiefer, und ihr Herz war trotz der Schmerzen, die sie nun ständig zu erdulden hatte, Gott gegenüber von Dank und Liebe erfüllt. In den Leidensjahren vor ihrem Tod fand sie stets die Kraft, ihre Mitschwestern, die ihr beistehen wollten, zu trösten und zu stärken. Am 19. November 1298 starb Mechthild von Hackeborn.

Anstelle einer Legende *sollen hier einige Passagen aus dem Bericht über die Offenbarungen der hl. Mechthild von Hackeborn stehen: Einmal hörte die hl. Mechthild zu Beginn der heiligen Messe die Worte.* »Kommet, ihr Gebenedeiten meines Vaters!« *Mechthild flehte daraufhin inständig zu Gott:* »O, wenn ich doch eine dieser Gebene-

Geboren: 1241 in Hackeborn (Sachsen)
Gestorben: 1298 in Helfta (Sachsen)
Berufung/Beiname: Zisterziensernonne, Mystikerin
Wirkungsstätten: Sachsen
Bedeutung des Namens: die mächtige Kämpferin (althochdeutsch)
Namensformen: Thilde, Meta, Matilda, Maud
Patronat: gegen Blindheit

Mechthild von Hackeborn wird dargestellt im Ordenskleid der Zisterzienserinnen, ein Buch haltend, auf dem eine Taube sitzt. Manchmal sieht man sie, wie sie einem Blinden das Augenlicht wiedergibt.

deiten wäre, die diesen Deinen süßesten Ruf hören dürfte!« Darauf antwortete ihr Jesus. »Wisse, daß du eine von ihnen bist; und damit du nicht zweifelst, gebe ich dir mein Herz zum Pfand der Liebe und als Zufluchtsstätte, damit du immer und besonders in der Stunde deines Todes darin Trost und Ruhe findest.«

Von da an verehrte Mechthild von Hackeborn das hl. Herz Jesu aus tiefster Seele und bekannte: »Wollte ich alle Gaben beschreiben, die ich aus diesem gütigsten Herzen Jesu geschöpft habe, kein noch so großes Buch könnte sie fassen.«

20. November

Korbinian

Geboren: um 670 bei Chartres (Frankreich)
Gestorben: 730 in Freising (Bayern)
Berufung/Beiname: Klostergründer, Bischof
Wirkungsstätten: Frankreich, Bayern, Italien
Bedeutung des Namens: der, der von Sorgen befreit (althochdeutsch)
Namensformen: Korbes, Kurbin, Korbin
Patronat: München-Freising

Korbinian konnte bisweilen jähzornig aufbrausen, wenn es um Glaubensfragen und Kirchenzucht ging. So soll er auch die Herzogstafel mitsamt den Speisen umgestoßen haben, als Grimoald seinen Hunden geweihtes Brot zuwarf.

»Der Tod des hl. Korbinian«. Gemälde von Jan Pollack, 1483, in der Alte Pinakothek in München.

Der hl. Korbinian gehört zusammen mit dem hl. Rupert und dem hl. Emmeram zu den Aposteln Bayerns. Die Lebensgeschichte Korbinians, des ersten Freisinger Bischofs, hat der Bischof Arbeo um das Jahr 770 aufgezeichnet.

Geboren wurde der hl. Korbinian um das Jahr 670 südlich von Paris. Sein Vater war gallofränkischer Abstammung, seine Mutter keltisch-irischer Herkunft. Schon als Jüngling sehnte er sich nach einem Leben in Gott und zog sich nach Charette in die Einsamkeit zurück, wo er vierzehn Jahre lang zusammen mit einigen Gefährten als Einsiedler lebte. Der Ruf seines heiligmäßigen Lebens zog aber so viele Menschen an, daß sich Korbinian in seiner Andacht gestört fühlte.

Um diesem Treiben zu entkommen, begab er sich im Jahr 709 nach Rom und bat Papst Gregor II. (669–731) um die Erlaubnis, sich dort als Mönch niederzulassen. Doch der Papst schlug ihm die Bitte ab und beauftragte ihn stattdessen mit der Missionierung seiner Heimat, nachdem er Korbinian vorher zum Priester und zum Bischof geweiht hatte.

In den folgenden sieben Jahren bemühte sich Korbinian, diesen Auftrag zu erfüllen. Aber seine Erfolge waren so spärlich, daß er sich erneut auf Reisen begab, um sich von dieser Aufgabe entbinden zu lassen. Er nahm seinen Weg über Schwaben und Bayern und gelangte so nach Regensburg an den Hof des Bayernherzogs Theodor II., der ihn überaus freundlich aufnahm. Es fehlte damals sehr an tüchtigen Priestern in diesem Land, und so versuchten der Bayernherzog und dessen Sohn Grimoald, den Bischof zum Bleiben zu bewegen. Doch Bischof Korbinian zog weiter nach Rom. Papst Gregor II. ging allerdings auf seine Bitten nicht ein, sondern sandte ihn zurück nach Bayern.

Auf dem Rückweg suchte Korbinian in Mais in Südtirol die Grabstätte des hl. Valentin auf und begann damit, die Verehrung des Heiligen in dieser Gegend wieder ins Leben zu rufen. Er errichtete ein kleines Kloster in Kains bei Mais, wo er dann am liebsten sebst geblieben wäre. Aber der Bayernherzog Grimoald ließ ihn aufgreifen und gewaltsam nach Freising bringen.

Von diesem Zeitpunkt an kümmerte sich Bischof Korbinian nur noch um die Belange der Kirche und achtete als umsichtiger Hirte darauf, daß keines der ihm anvertrauten Schafe verlorenging. Mutig verlangte er sogar, daß der Bayernherzog seine unerlaubte Ehe mit der ihm blutsverwandten Piltrudis auflöste. Das war eine harte Forderung für den stolzen Bayernherzog, und er besann sich vierzig Tage, ehe er sich den Anweisungen des Bischofs beugte. Fortan war er dem

20. November

Welch starke Persönlichkeit Korbinian war, davon zeugt die Tatsache, daß er schon bald nach seinem Tod vielfach von Künstlern dargestellt wurde. Bilder aus dem Leben des Heiligen sind in Bayern, z. B. in der St.-Andreas-Kirche in Freising, und in Tirol weit verbreitet.

Korbinian wird dargestellt als Mönch, Priester, Abt oder Bischof, mit Buch, Stab und einem Kirchenmodell, auch mit einem bepackten Bären, der in der Legende des Heiligen erwähnt wird. Die Korbinianswallfahrt nach Freising ist heute ein Treffen kirchlich engagierter Jugendlicher.

Bischof aber sehr zugetan und wählte ihn zu seinem engsten Vertrauten. Um ihm eine Freude zu machen, kaufte er für Korbinian das Gut Kains bei Meran und schenkte es ihm. Korbinian, der nicht in Abhängigkeit vom Hof leben wollte, zog aber auf einen Berg im Westen von Freising, wo er neben einem alten Kastell eine kleine Kirche zu Ehren des hl. Erzmärtyrers Stephanus erbaute, aus der später die Benediktinerabtei Weihenstephan hervorging. Von hier aus kämpfte der hl. Korbinian gegen verstecktes Heidentum, gegen Aberglauben und Zauberspuk, Unwissenheit und Laster.

Doch Piltrudis, die verstoßene Gemahlin des Herzogs, verfolgte Bischof Korbinian mit ihrem Haß. Vor einem Mordanschlag, den sie gegen den Bischof angezettelt hatte, konnte er gerade noch nach Mais entkommen. Die anschließenden Versuche Grimoalds, den Gottesmann wieder nach Bayern zurückzuholen, waren vergeblich. Korbinian blieb bis zum Tod des Herzogs in Tirol.

Nachdem auch Piltrudis gestorben war, konnte der Nachfolger des Herzogs, Hugibert, den Heiligen bewegen, nach Freising zurückzukehren. Das Volk empfing seinen Bischof mit Jubel. Er verwaltete noch einige Jahre sein Amt als vorbildlicher Hirte, und Freising wurde endgültig zum Bischofssitz erklärt. Am 8. September 730 starb der hl. Korbinian.

Zunächst wurde sein Leichnam, entgegen seinem Wunsch, in der Domkirche von Freising beigesetzt und erst später in die St.-Valentins-Kirche nach Mais überführt. Von dort kamen seine Gebeine zusammen mit denen des hl. Valentin nach Trient und schließlich unter Bayernherzog Tassilo nach Passau. 768 veranlaßte Bischof Arbeo von Freising, daß die Reliquien des Heiligen wieder nach Freising zurückgebracht wurden.

In der Erzdiözese München-Freising wird der hl. Korbinian an seinem Hauptfest, dem Tag seiner Translation, am 20. November gefeiert. Ein kostbares Evangeliar, das eigenhändige Eintragungen des Heiligen enthalten soll, erinnert an den ersten Bischof von Freising. Das Wappen der Stadt Freising zeigt einen Bären als Hinweis auf die bekannteste der Korbinianslegenden.

Man findet Darstellungen des hl. Korbinian in St. Andreas in Freising, auf einem Bild der Rothschildsammlung in Paris, von Michael Pacher in Innichen in Tirol und von Jan Pollack, der den Tod des Heiligen schildert, in der Bayerischen Staats-Gemäldesammlung.

Legende Auf seiner Fahrt nach Rom gelangte Korbinian in das Land der Bayern. Da der Herzog von seinen hervorragenden Predigten vernommen hatte, versuchte er, Korbinian zu überreden, im Land zu bleiben. Doch Korbinian ließ sich nicht zurückhalten, versprach dem Herzog aber, daß er in Freising seinen Sohn Grimoald besuchen würde. Auch hier wurde er herzlich empfangen, und nur ungern ließ ihn Grimoald wieder ziehen. Zur Nachtzeit gelangten die Reisenden auf den hohen Brennerpaß in Tirol. Korbinian hatte ein Maultier bei sich, das seine Habseligkeiten trug.

Während sie nun ein wenig ausruhten, kam ein Bär aus dem Wald und riß das Maultier des Heiligen. Furchtlos ging Korbinian auf den Bären zu und befahl dem gewaltigen Tier im Namen Gottes, zu bleiben und nun das Gepäck statt des Maultiers zu tragen. Und wirklich legte der Bär daraufhin seine Wildheit ab, ließ sich bepacken und begleitete Korbinian gehorsam als Lasttier.

20. November

Bernward

Der hl. Bernward von Hildesheim gehört zu den bedeutendsten Bischöfen Deutschlands. Er ist nicht nur als Erzieher des jungen Kaisers Otto III. (980–1002) bekannt geworden, sondern vor allem auch als Gründer der berühmten Hildesheimer Kunstschule, in der Baukunst und Malerei, Goldschmiede- und Buchkunst sowie die Erzgießerei betrieben und gelehrt wurden.

Bernward besaß nicht nur umfassende naturwissenschaftliche Kenntnisse, er war auch in allen Künsten so gut bewandert, daß er als ein »Künstler unter den Heiligen« bezeichnet werden kann. Viele seiner Werke sind noch erhalten, darunter das kostbare Bernwardskreuz, die Bernwardsleuchter, die bronzenen Domtüren von Hildesheim und eine Christussäule, die er nach dem Muster der Trajansäule in Rom gießen ließ.

Bernward vereinigte in sich den Priester, der stets nach Vollkommenheit strebte, den Seelsorger und Armenvater, der sich voller Liebe der ihm anvertrauten Gemeinde annahm, den Gelehrten und Künstler, der anregend auf das gesamte künstlerische Schaffen seiner Zeit wirkte, den Kirchenfürsten, der mit Umsicht regierte und verwaltete, sowie den Reichsfürsten, der seine Pflicht gegen den Kaiser und das Reich treu erfüllte.

Geboren um 960 aus einer sächsischen Adelsfamilie, wurde Bernward von seinem Großvater, dem Pfalzgrafen Athelbero, erzogen, weil seine Eltern schon früh gestorben waren. Im Jahr 975 kam der junge Mann in die berühmte Hildesheimer Domschule. Schon damals interessierte er sich besonders für die bildenden Künste. In den der Domschule angeschlossenen Werkstätten übte er sich in der Kunst des Bücherschreibens, er zeichnete und malte, lernte Metall zu bearbeiten, Edelsteine zu schneiden und Juwelen zu fassen. Aber auch auf den Gebieten der Geisteswissenschaften vervollkommnete er sich. In Thankmar fand er einen vorzüglichen Lehrer und väterlichen Freund. Während eines Aufenthalts in Mainz weihte Erzbischof Willigis Bernward zum Priester. 987 wurde er auf Empfehlung des Bischofs Willigis von Kaiserin Theophanu zum Erzieher ihres unmündigen Sohnes Otto, des späteren Königs Otto III., bestimmt. Seinen Aufenthalt am Kaiserhof beendete Bernward 992, als er das Amt des Bischofs von Hildesheim übernahm, wo er neben dem kirchlichen vor allem auch das geistige und künstlerische Leben förderte.

Bernward sorgte für den notwendigen Schutz seines Bistums gegen die Einfälle von Normannen und Slaven. Deshalb erbaute er mehrere Burgen und bewehrte die Stadt Hildesheim mit Mauern und Türmen. Er war stets bemüht, der Kirche wie dem Kaiser gleichermaßen zu dienen. Bischof Bernward stiftete aus eigenen Mitteln die berühmte Benediktinerabtei St. Michael, zu der er 1001 den Grundstein legte. Die Kirche gilt als der bedeutendste erhalten gebliebene Bau aus der ottonischen Epoche, ein Meisterwerk romanischer Architektur.

Als Bernward den Tod nahen fühlte, zog er sich im Jahr 1022 in das Michaelskloster zurück, nahm die Benediktinerkutte und legte auch noch die Gelübde ab. Hier starb der große Bischof im gleichen Jahr am 20. November.

Geboren: um 960 in Sachsen
Gestorben: 1022 in Hildesheim (Niedersachsen)
Berufung/Beiname: Seelsorger, Wohltäter, Bischof; »Künstler unter den Heiligen«
Wirkungsstätte: Norddeutschland
Bedeutung des Namens: der Bärenwart (althochdeutsch)
Namensformen: Bernd, Bernt, Barnet, Bernhard, Bernold
Patronat: Hildesheim; Goldschmiede

Bernward von Hildesheim wird dargestellt als Bischof und Künstler, mit Schmiedehammer, Kelch, auch mit Kreuz. Als Bischof, sitzend mit Stab und Buch, zeigt ihn ein altes Stadtsiegel von Hildesheim.

21. November

Otmar

Geboren: um 689 in der Schweiz
Gestorben: 759 auf der Insel Werd bei Stein (Schweiz)
Berufung/Beiname: Benediktinerabt, Wohltäter
Wirkungsstätte: Schweiz
Bedeutung des Namens: der durch seinen Besitz Berühmte (althochdeutsch)
Namensformen: Audemar, Otli, Odomar, Otto
Patronat: St. Gallen; Kinder, Kranke, Schwangere, Verleumdete

Der Gaugraf Waltram von Arvon suchte nach einem geeigneten Vorsteher für das kleine Kloster St. Gallen. Es war vom hl. Gallus gegründet worden und hatte anfangs regen Zulauf. Aber nach dessen Tod verließen immer mehr Mönche das Kloster. Der Gaugraf wollte, daß das Werk des Heiligen weiter bestehenblieb. Nach längerem Suchen fand er in Otmar genau den Richtigen.

Otmar, der um 689 geboren wurde, stammte aus gräflichem Haus im Siedlungsgebiet der Alemannen. Er besuchte die Domschule in Chur, wurde dort zum Priester geweiht und war dann kurze Zeit Seelsorger an der Kirche des hl. Florinus in Ramosch im Unterengadin. Dem Ruf des Grafen Waltram folgend, wurde er also Abt von St. Gallen. Es war vermutlich um das Jahr 720, als Otmar die hölzerne und baufällige Kapelle des hl. Gallus durch ein steinernes Gotteshaus ersetzte. Daneben ließ er Herbergen für Arme und Kranke sowie weitere Gebäude für die Mönche errichten, die sich der Gemeinschaft anschlossen. 747 führte er in seinem Kloster die benediktinische Ordensregel ein.

Die aufstrebende Klostersiedlung wurde von Pippin dem Jüngeren reich beschenkt. Das wiederum erweckte den Neid des Konstanzer Bischofs Sidonius. Als auch noch die fränkischen Grafen Warin und Ruodhart aus dem Aargau vom Kloster unrechtmäßige Zinsen forderten und sich wertvolle Besitzungen aneigneten, machte sich Otmar auf den Weg zu König Pippin, um bei ihm Hilfe zu erbitten. Unterwegs wurde er aber von den Gefolgsleuten des Bischofs gefangengenommen und in die Burg Bodman am Bodensee gebracht. Man machte Otmar mit Hilfe bestochener Zeugen den Prozeß und verbannte ihn auf die Insel Werd bei Stein am Rhein. Otmar konnte die Insel nicht mehr verlassen. Er starb dort am 16. November 759 und wurde in einer kleinen Kapelle auf der Insel beigesetzt. Zehn Jahre später holten die Mönche von St. Gallen den Leichnam heim in sein Kloster, wo sie ihn in der Stiftskirche feierlich bestatteten.

Der habgierige Bischof Sidonius konnte seine Gebietsansprüche aber trotzdem nicht durchsetzen, Als er nämlich nach St. Gallen kam, um vom Kloster und den damit verbundenen Einnahmen Besitz zu ergreifen, wurde er von einer schweren Krankheit befallen und starb innerhalb weniger Tage.

Otmar wird als Abt dargestellt, mit Weintrauben neben sich oder ein Weinfäßchen tragend, das durch Gottes wunderbare Hilfe niemals leer wurde, obwohl der Legende nach daraus viele Pilger und Arme tranken.

Legende Über die Rückführung des hl. Otmar berichtet eine alte St. Gallener Handschrift: *Die frommen Brüder erhoben den Leichnam und brachten ihn auf das Schiff. Sie entzündeten Kerzen und stellten eine an seinem Haupt, die andere zu seinen Füßen auf. Als sie sich aber mit ihrem Boot vom Ufer abstießen, da brach ein heftiger Sturm los. Doch durch die wunderbare Fügung des allmächtigen Gottes geschah ein Wunder. Der Fluß, der ringsum vom Regensturm aufgewühlt war und seine Wellen hoch aufwarf, bereitete den Ruderern keinerlei Mühe, sondern wohin auch immer das Schiff kam, verdrängte es den Sturm und glättete die heranbrausenden Wasserfluten.
Sogar die Kerzen, die zu Ehren des verstorbenen Abtes brennend an seinem Haupt und zu seinen Füßen aufgestellt worden waren, verlöschten bei dem gewaltigen Sturm nicht, bis der Leichnam des Heiligen zum Kloster überführt worden war.*

22. November

Cäcilia

Meist findet man die hl. Cäcilia mit einer tragbaren Kleinorgel oder mit anderen Musikinstrumenten abgebildet. »Vielleicht ist keine Schutzpatronin in der Welt zu ihrem Amt unschuldiger gekommen als die hl. Cäcilia. Sie kam dazu, weil sie auf die Musik nicht achtete, ihre Gedanken davon abwandte, mit etwas Höherem beschäftigt, sich von ihren Reizen nicht verführen ließ.« So hat auch der Künstler Raffael die hl. Cäcilia verstanden und gemalt.

»Indem die hl. Cäcilia die Orgel senkt, sie zu den übrigen am Boden liegenden, verworfenen Instrumenten fallen läßt, anerkennt die Heilige«, wie Willibald Gurlitt es ausdrückt, »die Ohnmacht aller sinnlich wahrnehmbaren Musik vor jener absoluten Musik, die keines Menschen Ohr jemals vernommen, die im Musizieren nur den Engeln und im Hören nur den Heiligen zugänglich ist.«

Die hl. Cäcila wird bereits seit dem 4. Jahrhundert im Kanon der Messe erwähnt. Nicht nur ihrem besonderen Patronat der Kirchenmusik, sondern vor al-

Geboren: um 200 in Rom
Gestorben: um 230 in Rom
Berufung/Beiname: Märtyrerin
Wirkungsstätte: Italien
Bedeutung des Namens: die Blinde (lateinisch)
Namensformen: Cäcilie, Celia, Cäciline, Cécile, Cilli, Cilly
Patronat: Kirchenmusik; Musiker, Instrumentenbauer (besonders Orgel), Sänger, Dichter

Die hl. Cäcilie, die Patronin der Kirchenmusik, auf einem Gemälde von Bartholomäus Zeitblom (1450–1520).

22. November

Cäcilia gehört zu den am häufigsten dargestellten Heiligen. Meist ist sie mit einem Musikinstrument, oft einer Orgel oder Geige, zu sehen; in frühen Abbildungen erscheint sie als Märtyrerin mit den typischen Attributen Palme und Buch und einer Wunde am Hals.

lem ihrer weitverbreiteten Verehrung in der Bevölkerung war es wohl zu verdanken, daß die hl. Cäcilia im Jahr 1969 nicht, wie es mit so vielen anderen legendären Heiligen zu dieser Zeit geschehen ist, aus dem liturgischen Kalender gestrichen wurde. Nur wenige Einzelheiten sind uns über Cäcilia in den Märtyrerakten überliefert. Die hl. Cäcilia, die den gehobeneren römischen Kreisen angehörte, soll am 22. November um das Jahr 230 unter dem römischen Kaiser Marc Aurel den Märtyrertod durch Ersticken und Enthaupten erlitten haben. Ihr Leichnam wurde in den Katakomben beigesetzt und im 5. Jahrhundert in die zu ihren Ehren erbaute Kirche S. Cecilia übertragen.

Legende Cäcilia stammte aus dem erlauchten römischen Geschlecht der Meteller oder Cäcilier. Früh schon als Christin erzogen, gelobte sie in ihrer großen Liebe zum Herrn ewige Jungfräulichkeit. Als jedoch Valerian, ein edler junger Mann, um sie warb, willigten ihre Eltern ein, und Cäcilia fügte sich gehorsam ihren Wünschen. Sie gestand aber ihrem Bräutigam am Hochzeitstag, daß sie Christin sei und das Gelübde der Jungfräulichkeit abgelegt habe. Valerian war davon so beeindruckt, daß auch er sich zum Christentum bekannte und mit ihm sogar sein Bruder Tiburtius. Nachdem die beiden jungen Männer jedoch in edler Begeisterung für ihren Glauben in der Öffentlichkeit ihre Zugehörigkeit zum Christentum nicht verschwiegen, wurden sie verhaftet und kurze Zeit darauf hingerichtet. Der Präfekt wollte die Hinrichtung einer so vornehmen Römerin allerdings nicht in aller Öffentlichkeit vollziehen lassen. Deshalb versuchte man, sie heimlich in ihrer Villa durch heiße Dämpfe im Bad zu ersticken. Aber Cäcilia blieb unversehrt. Nun holte man den Scharfrichter, der aber traf sie erst mit dem dritten Streich des Schwertes. Auch diesmal konnte er ihr Haupt nicht vom Rumpf trennen, und so lebte die Heilige noch drei Tage. Da sie selbst nicht mehr reden konnte, bat sie die herbeigeeilten Christen durch Handzeichen, alles, was sie noch besaß, an die Armen zu verteilen. Dies alles geschah unter der Regierung Kaiser Marc Aurels (121–180).

Der Leichnam der hl. Cäcilia wurde von den Christen in den Katakomben in Rom beigesetzt. Im 5. Jahrhundert wurde er in die ihr zu Ehren erbaute Cäcilienkirche übertragen, die in Trastevere über dem Haus, in dem sie ihr Martyrium erlitten hatte, erbaut worden war. Papst Paschalis I. (817–824) ließ die Kirche erneuern. Im Jahr 1599 wurde anläßlich einer Restaurierung der Kirche die vermauerte Gruft, in der die Heilige beigesetzt worden war, geöffnet. Da zeigte sich ein ergreifendes Bild: Der Leichnam der Jungfrau lag noch unverwest auf der rechten Seite, eingehüllt in ein langes Gewand. Der Hals zeigte eine tiefe Wunde, das Gewand war von Blutspuren befleckt.

Der Maler Raffael hat Cäcilia mit einem Blumenkranz aus roten und weißen Rosen dargestellt; die berühmteste Cäciliadarstellung schuf Maderna: das steinerne Grabmal der Heiligen in der Kirche S. Cecilia in Rom.

So, wie sie damals aufgefunden worden war, hat auch der Bildhauer Maderna die wie schlafend daliegende Gestalt der Heiligen in Marmor nachmodelliert. Man stellt dieses Kunstwerk heute in einer offenen Nische des Hochaltars aus.

Neben der Kirche S. Cecilia wird heute noch das Caldarium der antiken Thermenanlage gezeigt, wo die hl. Cäcilia eingesperrt worden war, um den Erstickungstod zu finden. Dort soll der Henker die Heilige schließlich auch hingerichtet haben. Als man Cäcilias Güter einziehen wollte, hatte sie bereits alles unter die Armen verteilt. Darüber war der Präfekt Almachius sehr wütend, und er vergaß, welch geachteter Familie Cäcilia entstammte. Als er sie dann vorführen ließ, staunte der Richter über die Festigkeit und Furchtlosigkeit ihrer Antworten. Da Cäcilia seinem Ansinnen, den heidnischen Göttern zu opfern, widerstand, wurde auch sie zum Tod verurteilt.

23. November

Kolumban

Der hl. Kolumban gehört zu den irisch-schottischen Mönchen, die als Missionare einen entscheidenden Einfluß auf die geschichtliche Entwicklung der Verbreitung des Christentums auf dem europäischen Festland genommen haben.

Der hl. Kolumban von Luxeuil oder von Bobbio wurde um das Jahr 534 in Leinster in Irland geboren. Er wurde Mönch im Kloster Bangor in Nordirland. Aber nach vielen Jahren des Klosterdaseins wollte er seinen christlichen Glauben auch den Menschen auf dem Festland verkünden. Um das Jahr 590 kam er mit elf Gefährten nach Frankreich an den Hof von Burgund zu König Childebert, der ihm für seine Missionsarbeit Schutz gewährte.

Kolumban gründete drei Klöster in den Vogesen: Annegray, Fontaines und Luxeuil. Fünfundzwanzig Jahre lang leitete er als strenger und gerechter Abt das Kloster Luxeuil. Er scheute sich außerdem nicht, in aller Öffentlichkeit sein Mißfallen an dem lasterhaften Leben des Hofes zu äußern und auch die Königin Brunhilde zu rügen, deren verschwenderischer Lebensstil ihm besonders mißfiel.

Der Nachfolger Childeberts, Theoderich, ließ sich die offenen Worte Kolumbans nicht gefallen und verwies ihn deshalb des Landes. Kolumban zog nun den Rhein hinauf zum Bodensee. In der Nähe von Bregenz baute er eine kleine Ansiedlung für sich und die ihn begleitenden Mönche und schuf damit die Anfänge des späteren Klosters Mehrerau. Als diese Gegend an die Franken fiel, mußte der Heilige das Land wieder verlassen und erreichte 613 mit einigen seiner Mitbrüder Norditalien. In der Nähe der heutigen Stadt Parma gründete er die Abtei Bobbio. Auch hier übte Kolumban einen nachhaltigen Einfluß aus, der sich im Lauf der Zeit auf die gesamte christliche Kultur des westlichen Europa ausweitete. Unter seinen Schülern befanden sich die hll. Eustasius und Gallus.

Der hl. Kolumban starb um das Jahr 615 in Bobbio. Im 9. Jahrhundert schrieb der Mönch Ermenrich von Sankt Gallen über ihn: »Ich glaube, wir dürfen nicht schweigen von der Insel Irland, die zwischen Spanien und Britannien liegt, denn von dort ist uns ein Strahl großen Lichtes gekommen.«

Legende *Kolumban zog mit seinen Gefährten nach Bregenz, um dem Volk der Alemannen, das in der Gegend siedelte, das Christentum zu verkünden. Eines Tages kam er gerade dazu, als man ein heidnisches Opferfest abhalten wollte. Die Menschen hatten einen großen Bottich mit Bier in ihrer Mitte aufgestellt. Kolumban trat heran und fragte sie, was sie damit im Sinn hätten. Sie sagten, sie wollten zu Ehren ihres Gottes Wotan ein großes Fest feiern. Als der Heilige das hörte, blies er kräftig in den Bottich hinein. Darauf zerplatzte er und zerfiel in Stücke, und eine ungestüme Kraft entwickelte sich über dem rasch davonströmenden Bier. Dies zeigte deutlich, daß der Teufel darin enthalten war, um mit dem Getränk in die Körper der Heiden zu gelangen und sich deren Seelen dienstbar zu machen. Nachdem die Anwesenden erfaßt hatten, was hier geschehen war, sagten sie verwundert, Kolumban müßte einen starken Atem haben, daß er so einen großen, mit Reifen gebundenen Bottich zersprengen konnte. Er aber schalt sie und befahl ihnen, nach Hause zu gehen und von diesem heidnischen Brauch abzulassen.*

Geboren: um 534 in Leinster (Irland)
Gestorben: um 615 in Bobbio (Italien)
Berufung/Beiname: Wander- und Bußprediger, Klostergründer, Abt
Wirkungsstätten: Irland, Frankreich, Deutschland, Österreich, Schweiz, Italien
Bedeutung des Namens: der Taubengleiche (lateinisch)
Namensformen: Columban
Patronat: gegen Geisteskrankheiten; gegen Überschwemmungen

Dargestellt wird Kolumban als Pilger oder Abt, mit einem Bären, weil er in einer Bärenhöhle wohnte, und mit einer strahlenden Sonne über sich, weil seine Mutter träumte, sie bringe eine »Sonne« zur Welt.

24. November

Virgilius

Geboren: um 700 in England
Gestorben: 784 in Salzburg
Berufung/Beiname: Abt, Missionar, Kirchenerbauer, Bischof; »Geometer«, »Apostel Kärntens«
Wirkungsstätten: Irland, Bayern, Österreich
Bedeutung des Namens: der grüne Zweig, der Jüngling (lateinisch)
Namensformen: Virgil
Patronat: Salzburg; Kinder; in Geburtsnöten

Dargestellt wird Virgilius als Bischof mit doppeltürmigem romanischen Dom. Auf einem Gemälde in Klosterneuburg sieht man ihn mit den Heiligen Ulrich und Rupert neben dem Thron der Muttergottes sitzen.

Auch Virgilius war einer jener irischen Mönche des 8. Jahrhunderts, die auf dem europäischen Festland das Wort Gottes verbreiteten. Im Jahr 431 notiert Prosper von Aquitanien: »Den Iren, die sich zu Christus bekennen, wird Palladius als erster Bischof gesandt, den Papst Coelestinus geweiht hat.« Die christliche Lehre kam nicht im Gefolge der römischen Soldaten auf die Insel, sondern schon viel früher durch Missonare vom Festland aus. So beispielsweise durch Patrik, der aus der Bretagne stammte. Im Mittelpunkt der kirchlichen Organisation standen in Irland weniger die Stadt und ihr Bischof, als vielmehr das Kloster und sein Abt. Diese irische Kirche zeichnete sich durch eine erstaunliche Lebendigkeit aus, gepaart mit missionarischem Eifer. Irische Mönche verbreiteten die Lehre Christi in England und zogen dann auf das Festland. So gelangte die Botschaft des Christentums von Westen her zu vielen germanischen Völkern.

Virgilius, geboren um 700, war zunächst Mönch und Abt des Klosters Aghadoe bei Killarney. Wegen seiner überragenden mathematischen Kenntnisse erhielt er den Beinamen »Geometer«. 742 verließ Virgilius seine Heimat in Richtung Festland. 743 sandte der fränkische Hausmeier Pippin der Jüngere den irischen Abt nach Bayern. Herzog Odilo machte ihn zwei Jahre später zum Abt des vom hl. Rupert gegründeten Klosters St. Peter und ernannte ihn zum Bischof von Salzburg. Die Weihe empfing Virgilius jedoch erst zweiundzwanzig Jahre später, weil er sich immer wieder gegen dieses hohe Amt gesträubt hatte.

Virgilius vertrat die für die damalige Zeit kühne Erkenntnis, die Erde habe eine Kugelgestalt. Er wurde deshalb nach Rom zitiert und mußte sich als Ketzer vor dem Papst verantworten. Anschließend durfte er allerdings wieder nach Salzburg zurückkehren und übte weiterhin sein bischöfliches Amt aus. Virgilius gilt als »Apostel von Kärnten«, weil er dieses Land christianisierte und das Gebiet seinem Sprengel einverleibte. In Salzburg ließ er eine prächtige Domkirche erbauen, die am 24. September 774 dem hl. Rupert geweiht wurde, und dessen Reliquien dann anschließend in die Kirche übertragen wurden.

Der praktisch veranlagte und dem Leben zugewandte Bischof erschloß die Heilquellen des späteren Bades Gastein. Er veranlaßte auch die Wiederöffnung der alten Erzgruben, wodurch der Erzbergbau erneut auflebte und dem Land gute Einnahmen verschaffte. Dank seiner Tatkraft erweiterte er den Einflußbereich von Salzburg bis nach Ungarn und an die Drau. Die Stiftung von Kremsmünster geschah ebenfalls auf seine Anregung hin. Virgilius starb, von einer Visitationsreise zurückgekehrt, am 27. November 784 in Salzburg.

Das Andenken an den hl. Vigilius geriet lange Zeit in Vergessenheit. Erst als die von ihm gebaute Domkirche im 12. Jahrhundert zerstört und später durch Bischof Konrad von Wittelsbach neu erbaut wurde, fand man sein Grab. Nach der Erhebung seiner Gebeine und ihrer Überführung in eine würdige Grabstätte sprach ihn Papst Gregor IX. 1232 heilig. Auf einem Gemälde von 1516 in Klosterneuburg sieht man den hl. Virgilius mit den hll. Ulrich und Rupert neben dem Thron der Muttergottes sitzen.

25. November

Katharina von Alexandrien

Die hl. Katharina von Alexandrien wurde im Mittelalter von der gesamten Christenheit hoch verehrt. Sie gehört zu den Vierzehn Nothelfern → und ist eine der »drei heiligen Madln«, von denen der Volksmund sagt: »Margareta mit dem Wurm, Barbara mit dem Turm, Katharina mit dem Radl, das sind die drei heiligen Madl.« Der hl. Katharina zu Ehren nennen sich noch heute die Modistinnen und Schneiderinnen der Pariser Modehäuser »Catérinettes«.

In den Quellen ist ihr Name nicht zu finden. Ihre legendäre Lebensgeschichte wird erst seit dem 10. Jahrhundert bezeugt. Es soll allerdings eine lateinische Fassung derselben schon früher existiert haben, wie aus einem Münchner Passionale aus dem 8. Jahrhundert hervorgeht, worin die »Passio Ecaterine virgine Dei« aufgeführt wird (nach Kreitner). Vom 12. Jahrhundert an ist der Stoff der Katharinenlegende in allen Kultursprachen in Dichtung und Prosa ausgestaltet worden. Katharina erlitt unter Kaiser Maximianus oder seinem Sohn Maxentius um das Jahr 310 den Märtyrertod. Reliquien werden im orthodoxen Katharinenkloster auf dem Berg Sinai verwahrt.

Ungezählt sind die Werke mit Darstellungen der Heiligen, beispielsweise die »Vermählung der hl. Katharina« von Correggio im Louvre in Paris, ferner ein Gemälde von Hans Memling im Sint-Jans-Hospital in Brügge, auf dem Katharina die Züge der Maria von Burgund, Tochter Karls des Kühnen, trägt. Eines der ältesten deutschen Katharinenbilder ist ein Glasgemälde in der Kirche St. Kunibert in Köln. Zahllose weitere Darstellungen der Märtyrerin stammen von so bedeutenden Künstlern wie Veronese, Gaudenzio Ferrari, Lorenzo Lotto, Lucas Cranach, Andrea del Sarto und Albrecht Dürer.

Legende Katharina war die Tochter des Königs Costus und lebte inmitten großen Reichtums und einer zahlreichen Dienerschaft allein in ihrem Palast, weil ihre Eltern schon früh gestorben waren. Sie war betörend schön und in allen Künsten und Wissenschaften vorzüglich ausgebildet. Ein Einsiedler hatte Katharina, der alle Freier bisher nicht gut genug waren, von Jesus Christus als dem wahren Bräutigam erzählt. Tief beeindruckt von der Lehre Christi ließ sie sich taufen. Bald darauf erlebte sie in einer Vision ihre Vermählung mit Christus in mystischer Weise.

Als nun der Cäsar Maxentius nach Alexandrien kam und alles Volk zusammenrief, damit es den Götterbildern opfere, ließ er die Christen, die sich weigerten, zum grausamsten Tod verurteilen. Katharina hörte in ihrem Palast das Brüllen der wilden Tiere und die Gesänge der Märtyrer. Sogleich sandte sie einen Boten aus, um zu fragen, was das sei. Als sie es erfahren hatte, lief sie eilends zur Arena, wo sich schon einige der Christen aus Furcht vor dem Martyrium anschickten, den Götzenbildern zu opfern. Von tiefem Schmerz ergriffen, trat die kühne Jungfrau vor den Kaiser und sprach zu ihm: »Das hohe Amt, das du bekleidest, darf von mir Achtung und ehrerbietigen Gruß fordern, die Klugheit könnte mir raten, dir in Demut und blindem Gehorsam zu nahen. Aber Anbetung kannst du von mir weder für dich noch für deine steinernen Bilder verlangen. Anbetung gebührt allein dem einen Gott, dem Herrn, der Himmel und Erde erschaffen

Geboren: wahrscheinlich in Alexandria (Ägypten)
Gestorben: um 310 in Alexandria
Berufung/Beiname: Märtyrerin; Nothelferin
Wirkungsstätte: Nordägypten
Bedeutung des Namens: die Reine (griechisch)
Namensformen: Katrin, Käthe, Kathleen, Karen, Katja, Kate, Nina, Trine, Kathinka, Carina, Catalina, Cathérine
Patronat: Jungfrauen, Mädchen; Buchdrucker, Friseure, Gerber, Lehrer, Notare, Rechtsgelehrte, Redner, Schuhmacher, Schüler, Spinnerinnen, Tuchhändler, Wagner, Wissenschaftler; gegen Migräne, Zungenkrankheiten; zur Auffindung Ertrunkener

Katharina von Alexandrien wird dargestellt mit Buch, Schwert, Palme oder Krone. Auf ihr Martyrium deutet auch ein Rad hin, das manchmal zerbrochen ist. Als Zeichen ihrer mystischen Vermählung mit Christus trägt Katharina einen Ring.

hat.« Betroffen von dem Freimut ihrer Rede und vor allem von ihrem wunderbaren Antlitz, hörte der Kaiser die Jungfrau an, als sie fortfuhr: »Warum hast du alle diese hierher befohlen und zwingst sie, törichte Opfer zu bringen? Dein Tempel ist zwar voll der Kunstwerke, die deine Steinmetzen gemacht haben. Dennoch weißt du, daß all dies leicht zu Staub zerfallen kann. Betrachte dagegen Himmel und Erde, das Meer, sieh die Sonne und die Planeten, wie sie Tag und Nacht vom Aufgang bis zum Niedergang laufen. Dann frage dich, was gewaltiger ist, und bewundere ihren Schöpfer, der auch dich schuf. Denn Er ist der Gott aller Götter und der Herr aller Herren. Auch du sollst Ihn anbeten und preisen!« Da erschrak der Fürst und ließ sie rasch in seinen Palast bringen, denn ihre Klugheit und Schönheit hatten sein Herz angerührt.

Der Kaiser wollte nun aber die Jungfrau allein um ihrer Schönheit willen an sich binden und versprach ihr, wenn sie ihrem Glauben abschwöre, solle sie nach der Kaiserin die Erste im Palast werden, und ihr Bild solle angebetet werden wie das einer Göttin. Streng wies ihn Katharina zurück: »Weder deine schönen Worte noch deine grausamen Martern werden mich je von meinem Herrn abbringen können.« Da ließ der Kaiser sie nackt ausziehen und mit Ruten schlagen und danach in einen finsteren Kerker sperren. Und er befahl, sie zwölf Tage ohne jegliche Speise zu lassen. Aber der Herr nährte seine Dienerin mit himmlischem Brot. Da wurde der Kaiser noch zorniger und befahl, daß vier Eisenräder angefertigt würden, mit spitzen Nägeln darin, mit denen sollte sie zum Schrecken aller zu Tode gebracht werden. Als man sie zu der Marter führte, siehe, da kam ein Engel des Herrn und zerstörte das Räderwerk, so daß es mit großer Gewalt auseinanderbarst. Nun wurde Katharina zum Tod durch das Schwert verurteilt. Nachdem man ihr das Haupt abgeschlagen hatte, floß aus ihrem Leib kein Blut, sondern Milch. Ihr Leichnam aber wurde von Engeln zum Berg Sinai getragen. An jener Stelle wurde später das berühmte Katharinenkloster gebaut.

26. November

Klemens

Der hl. Papst Klemens I. war der dritte Nachfolger auf dem Stuhl Petri in Rom. Wie Irenäus berichtet, war Klemens ein getreuer Jünger, seit er von den hll. Aposteln Petrus und Paulus bekehrt worden war: »Klemens hat die seligen Apostel noch gesehen, mit ihnen Umgang gehabt, ihre Predigten gehört und die Überlieferung noch vor Augen gehabt.«

Als der gelehrte Römer Klemens im Jahr 92 Bischof von Rom wurde, war ihm klar, daß während seines Pontifikats die Christen aufs grausamste verfolgt würden. Aber als ein Mann lebendigen Glaubens und glühender Liebe zu Gott und den Menschen nahm er das Amt demütig an. Unerschrocken, wie er war, gelang es ihm, die durch die schreckliche Verfolgungszeit verunsicherte römische Gemeinde nicht nur zusammenzuhalten, sondern ihr sogar innere Festigkeit zu vermitteln. Eines Tages erhielt Klemens die Botschaft, daß in der Gemeinde von Korinth Zwistigkeiten ausgebrochen waren. Es ist zu vermuten, daß der Streit anläßlich der Bischofswahl entstand und sich dann zu einer regelrechten Kirchenspaltung ausweitete. Da seine Anwesenheit in Rom unumgänglich notwendig war, schrieb Klemens einen Hirtenbrief an die Korinther, in dem er zu diesen

Geboren: in Rom
Gestorben: um 100 in Rom
Berufung/Beiname: Papst
Wirkungsstätten: Italien, Insel Krim
Bedeutung des Namens: der Milde (lateinisch)
Namensformen: Clemens
Patronat: Hutmacher, Marmorarbeiter, Seeleute, Steinmetzen; gegen Gewitter, Sturm; gegen Kinderkrankheiten

26. November

Vorgängen ausführlich Stellung nahm. Das Schreiben wurde von Klemens mit großer Weisheit und diplomatischer Behutsamkeit verfaßt. Es strahlt sowohl lebendige Glaubensfrische als auch apostolisches Sendungsbewußtsein aus.

Dieses kostbare Zeugnis christlichen Glaubens ist uns erhalten geblieben. Klemens verteidigt darin auch die Unabsetzbarkeit der Bischöfe, weist auf den Primat des römischen Bischofs, als des Papstes, hin und gibt allgemeine Empfehlungen zur Erhaltung des Friedens in den christlichen Gemeinden. Der Brief ist eines der frühesten Dokumente des römischen Primats.

Während die Verfolgungen zeitweise abebbten, versuchte der Oberhirte, in der großen Stadtgemeinde ein ganz bestimmtes pastorales Ordnungsgefüge zu schaffen. So teilte er Rom in sieben Distrikte ein und bestellte für jeden Bezirk einen Notar, der die Tugenden, Taten und Martern derjenigen, die ihr Blut für Christus vergossen hatten, aufzeichnen mußte. Diese Schriften wurden als »Akten der heiligen Märtyrer« bekannt. Aus ihnen wurde zur Belehrung und Erbauung in den Versammlungen der Christen vorgelesen.

Über das weitere Schicksal dieses Papstes ist uns nichts bekannt. Fest steht nur seine Amtszeit als Papst in den Jahren 92 bis 101. Man vermutet, daß Klemens, wie seine Vorgänger, den Martertod erlitten hat. Die frühchristlichen Überlieferungen erzählen hiervon ergreifende Einzelheiten, die in den Legenden aufgegriffen wurden. Im Jahr 862 ließ Papst Nikolaus I. die Reliquien des hl. Klemens in der Kirche San Clemente in Rom beisetzen.

Legende Kaiser Trajan ließ Klemens ergreifen und auf die Halbinsel Chersones (heute Sewastopol auf der Krim) verbannen. Dort befanden sich bereits mehr als zweitausend Christen. Sie mußten schwere Arbeiten verrichten, Steine brechen und nach Erz schürfen. Auch Clemens mußte trotz seines hohen Alters in den Bergwerken arbeiten.

Die Gefangenen litten großen Durst, weil es nicht genügend trinkbares Wasser gab. Da warf sich Klemens auf die Knie und flehte den Herrn um Hilfe in dieser Not an. Während Klemens betete, erblickte er auf einem hohen Felsen ein Lämmlein, das seinen Fuß emporhielt, als wollte es auf eine bestimmte Stelle weisen.

Klemens kletterte hinauf und schlug dort mit seiner Hacke an den Felsen. Und siehe da, sogleich sprudelte eine klare Quelle wohlschmeckenden Wassers hervor. Viele der Christen waren in ihrem Glauben schon wankend geworden, aber nach diesem Wunder bekräftigten sie erneut ihre Hingabe zum Herrn.

Als der Kaiser von diesen Vorgängen hörte, da schickte er seinen Landpfleger Ausideanus dorthin, der sollte die Christen durch grausame Folter von ihrem Glauben abbringen. Aber Klemens bestärkte sie unermüdlich und gab ihnen die Kraft, die schrecklichen Foltern zu ertragen. Daraufhin wurde Klemens auf einem Schiff hinaus aufs Meer gebracht. Dort band man einen Anker um seinen Hals und warf ihn ins Wasser, damit auch sein Leichnam nicht mehr gefunden würde.

Die am Ufer stehende Schar der Gläubigen aber betete inbrünstig, Gott möge nicht zulassen, daß der Leichnam des verehrten Heiligen auf dem Meeresgrund bliebe. Und siehe, kaum hatte der Landpfleger sich mit seinen Schergen entfernt, da wich das Wasser zurück, und eine schöne, aus Marmor gebaute Kapelle wurde sichtbar. Verwundert stiegen die Christen zu dieser Kapelle hinab und fanden einen steinernen Sarg mit dem Leichnam des hl. Klemens darin.

Dargestellt wird Klemens von Rom in bischöflichen Gewändern mit Papstkreuz und Tiara. Beigegeben sind ihm Lamm, Anker als Hinweis auf seinen legendären Märtyrertod und ein Brunnen als Verweis auf das Quellwunder, das Klemens gewirkt haben soll.

Mit einem übergroßen Anker ist die Gestalt des hl. Klemens von Rom am Hauptaltar in der Kirche von Aarhus in Dänemark dargestellt. Ghirlandaio zeigt Klemens, wie er neben der Gottesmutter Maria kniet, die abgenommene Tiara neben sich.

27. November

Bilhildis

> **Geboren:** in Veitshöchheim (Bayern)
> **Gestorben:** um 734 in Mainz (Rheinland-Pfalz)
> **Berufung/Beiname:** Benediktineräbtissin, Wohltäterin
> **Wirkungsstätten:** Bayern, Rheinland
> **Bedeutung des Namens:** die Beilkämpferin (althochdeutsch)
> **Namensformen:** Bilhild, Hilde, Hilla, Hillu, Billa

Bilhildis wird dargestellt im Äbtissinnengewand. Als Attribute sind ihr Kirchenmodell und Stab beigegeben. Im Mainzer Altertumsmuseum ist Bilhildis im Fürstenhermelin mit dem Kirchenmodell von Altmünster zu sehen.

Von allem, was über die hl. Witwe und Äbtissin Bilhildis berichtet wird, kann nur ihre zu Beginn des 8. Jahrhunderts erfolgte Gründung des Frauenklosters Altmünster bei Mainz als gesichert angenommen werden. Bilhildis war die Tochter des Grafen Iberich zu Höchheim – das heutige Veitshöchheim bei Würzburg in Franken – und seiner Gemahlin Mechthilde. Die Eltern waren Christen, hatten aber mit ihrer Glaubensüberzeugung in der vorwiegend heidnischen Umgebung einen schweren Stand, weshalb sie die Neugeborene nicht taufen ließen.

Das schöne junge Mädchen wurde frühzeitig umworben. Der Frankenherzog Hetan begehrte sie zur Frau, und ihre Eltern gaben dazu ihre Einwilligung. Hetan war jedoch ein Heide. Bilhildis willigte zwar gehorsam ein, aber sie hoffte, daß sie mit Gottes Hilfe den künftigen Gatten für das Christentum gewinnen könnte. Bald schon mußte sie jedoch erkennen, daß ihr Gemahl nur an oberflächlichem und luxuriösem Leben Gefallen fand. Die junge Herzogin lebte jedoch bescheiden und zurückgezogen. Sie versuchte, ihre christliche Lebenseinstellung den Lastern des heidnischen Hofes entgegenzustellen. Das gelang ihr aber nicht, deshalb wurde ihr Los dort immer bitterer, und immer schwerer fiel ihr der Ehestand. Als nun eines Tages der Herzog Hetan als Gefolgsmann des Königs von diesem zu den Waffen gerufen wurde, nahm Bilhildis diese Gelegenheit wahr. König Sigebert hatte ihr eine Einladung des Bischofs von Mainz verschafft. In dessen Schutz wollte sie sich begeben, um ein zurückgezogenes und ausschließlich Gott geweihtes Leben zu führen.

Herzog Hetan wurde während der kriegerischen Auseinandersetzungen getötet. Allen Reichtum, den sie nach dem Tod ihres Gemahls erbte, gab Bilhildis für ihre Werke der Barmherzigkeit aus. Sie versorgte die Hungrigen mit Speise, kleidete die Armen und besuchte Kranke. Als sie von König Sigebert geeignetes Land erhalten hatte, errichtete sie das Kloster Altmünster in Mainz.

Zur ersten Äbtissin ernannt, verließ die Heilige ihr Kloster fortan nicht mehr und bereitete sich sorgfältig auf ihren Tod vor. Um die neunte Stunde des 27. November 734 schied sie aus dem Leben. Sie wurde im Chor ihrer Münsterkirche beigesetzt. Heute befinden sich einige Reliquien der Heiligen in St. Emmeram in Mainz. Das Kloster Altmünster und damit auch das Grab der hl. Bilhildis sind der Französischen Revolution zum Opfer gefallen.

Legende Als sich das Leben der hl. Bilhildis seinem Ende näherte, sandte Gott dreien ihrer geistlichen Töchter den gleichen Traum, nämlich, daß die geliebte Äbtissin die hl. Sakramente der Taufe und Firmung niemals empfangen hatte. Die frommen Nonnen verwunderten sich darüber sehr und teilten besorgt ihr Gesicht Bilhildis mit. Dieser erschien die Nachricht unglaublich, aber um sich zu vergewissern, suchte sie Rat beim Bischof. Er entschied nach genauer Untersuchung, das ganze Kloster solle wachen, fasten und beten, damit Gott Aufklärung schicken möge. Und siehe, sie empfingen die Antwort, daß Bilhildis diese Sakramente tatsächlich nicht empfangen hatte. Da zögerte der Bischof nicht länger und spendete sie der hl. Äbtissin nachträglich.

27. November

Niels Stensen

Das Beispiel des sel. Niels Stensen, des bedeutendsten Forschers und Mediziners seiner Zeit, zeigt, daß Naturwissenschaft und Theologie sich nicht gegenseitig ausschließen, sondern ohne Widerspruch miteinander verbinden lassen.

Niels Stensen wurde als Sohn eines protestantischen Goldschmieds am 11. Januar 1668 in Kopenhagen geboren. Mit achtzehn Jahren begann der hochbegabte junge Mann dort sein Medizinstudium. Nach weiteren Studienjahren in Rostock und Amsterdam promovierte er im Jahr 1664 in Leiden. Gleichzeitig erschien sein bedeutendes medizinisches Werk über seine Entdeckungen an Drüsen und Muskeln. Niels Stensen, inzwischen ein berühmter Gelehrter, ging nun nach Paris und 1667 nach Florenz, wo er am Ospedale di Santa Maria Nuova seine Forschungsarbeiten als Anatom vorantrieb. Als Protestant im katholischen Florenz zu leben war sicher zur damaligen Zeit schwierig, zumal er die Unterschiede zu seinem heimatlichen Glauben deutlich wahrnahm.

Sein wacher analytischer Verstand zog ihn sehr bald in tiefe religiöse Zweifel. Hinzu kam das Erlebnis einer Fronleichnamsprozession, bei der ihn die tiefe Frömmigkeit beeindruckte, mit der die Gläubigen der Präsentation der hl. Eucharistie folgten. All das ließ ihn am evangelischen Glauben immer mehr zweifeln. Religiöse Diskussionen mit den Menschen seiner Umgebung erschlossen ihm allmählich die katholische Glaubenslehre, und am 4. November 1667 trat Niels Stensen zum Katholizismus über.

Von da an ging er unbeirrt seinen geistlichen Weg. Im April 1675 ließ er sich zum Priester weihen. Am 6. August 1677 wurde der erfolgreiche Seelsorger von Papst Innozenz XI. (1611–1689) zum Apostolischen Vikar der Nordischen Missionen ernannt und am 19. September in Rom zum Bischof geweiht. Von seinem Bischofssitz Hannover aus betreute Niels Stensen unermüdlich ein großes Gebiet, das sich bis in den baltischen Raum erstreckte. Er erfreute sich nicht nur bei den Katholiken, sondern auch bei den Protestanten großer Beliebtheit, weil er jeden Menschen, egal, welcher religiösen Überzeugung, gleich achtete. Im Jahr 1680 wurde er zum Weihbischof von Münster ernannt.

Als Kurfürst Maximilian Heinrich von Wittelsbach das Bistum Münster durch Kauf erwarb, widersetzte sich Niels Stensen dieser kirchenrechtlich unzulässigen Bistumsübernahme und legte sein Amt in Münster aus Protest nieder. 1684 erhielt er daraufhin die Ernennung zum Apostolischen Vikar der Gebiete Hamburg, Hannover, Bremen, Magdeburg, Mecklenburg und Dänemark. Mit ganzer Kraft widmete er sich nun der Seelsorgetätigkeit in seinem riesigen Gemeindegebiet. Zuletzt gelang es dem unermüdlich für die katholische Kirche tätigen Bischof sogar, in Schwerin eine unabhängige Gemeinde zu gründen. Niels Stensen, der inzwischen schwer nierenkrank geworden war, starb in Schwerin am 5. Dezember 1685. Sein Leichnam wurde zunächst in Schwerin beigesetzt, auf Wunsch des Großherzogs Cosimo III. de Medici dann nach Florenz überführt und in der Krypta von San Lorenzo zur endgültigen Ruhe gebettet. Am 23. Oktober 1988 wurde Niels Stensen von Papst Johannes Paul II. seliggesprochen.

Geboren: 1638 in Kopenhagen (Dänemark)
Gestorben: 1686 in Schwerin (Mecklenburg-Vorpommern)
Berufung/Beiname: Wohltäter, Bischof
Wirkungsstätten: Norddeutschland, Italien
Bedeutung des Namens: abgeleitet von Kornelius, der Überwinder des Volkes (griechisch)
Namensformen: Nils, Nikolaus, Niklas, Nicolai, Nico, Nick, Klaus, Neklas, Kolja, Niels, Cornelius

Niels Stensen, der noch nicht heiliggesprochen ist, wird vor allem in Norddeutschland verehrt; in den Diözesen Osnabrück, Münster, Hildesheim und Schwerin ist der 25. November sein Gedenktag.

28. November

Felicitas

Geboren: in Rom
Gestorben: um 166 in Rom
Berufung/Beiname: Märtyrerin
Wirkungsstätte: Italien
Bedeutung des Namens: die Glückseligkeit (lateinisch)
Namensformen: Felizitas, Feli, Felicie, Fee
Patronat: Frauen, Mütter; für Kindersegen (vor allem die Geburt eines Sohnes)

Der römische Festkalender erwähnt zwei hl. Frauen mit dem Namen Felicitas. Es sind dies die Sklavin Felicitas, die zusammen mit der hl. Perpetua in Karthago den Martertod erlitt, und die römische Hausfrau Felicitas, deren Fest am 23. November gefeiert wird. Letzgenannte ist jene Mutter, die gemeinsam mit ihren sieben Söhnen den Märtyrertod erlitten hat. Dies ist geschichtlich belegt, denn bei Ausgrabungen in Rom fand man in den Trajansthermen das Bild einer Römerin mit ihren sieben Söhnen. Der »Legenda aurea« zufolge ist Felicitas zusammen mit ihren Söhnen unter Kaiser Mark Aurel (121–180) oder Antoninus Pius (86–161) hingerichtet worden. Von Felicitas weiß man, daß sie zusammen mit ihrem Sohn Silvanus in der Katakombe des Maximus ihre letzte Ruhestätte fand, während die Grabstätte ihrer anderen Söhne nicht bekannt ist.
Papst Leo III. (gest. 816) ließ die Gebeine der Mutter in die Kirche der hl. Susanna übertragen. In Florenz ist ihr die Kirche S. Felicità geweiht.

29. November

Saturnin

Geboren: unbekannt
Gestorben: um 257 in Toulouse (Frankreich)
Berufung/Beiname: Bischof, Märtyrer
Wirkungsstätte: Frankreich
Bedeutung des Namens: der dem Saturnus Zugehörige (lateinisch)
Namensform: Sernin
Patronat: Toulouse, Sardinien; gegen Kopfschmerzen, Schwindel, Pest; gegen Todesangst

Es gibt zwei Heilige dieses Namens. Der eine Saturnin war ein römischer Priester, der aus Karthago stammte. Er wurde zusammen mit dem Diakon Sisinus wegen seines christlichen Bekenntnisses zu harter Fronarbeit verurteilt. Obwohl er schon ein alter Mann war, mußte Saturnin Sand zum Bau der Diokletianthermen herbeischleppen. Trotzdem hatte er noch ausreichend Kraft, während der Arbeit viele seiner Leidensgenossen zu bekehren. Als die Wächter dies feststellten, wurden er und Sisinus gefoltert und enthauptet. Sie wurden an der Via Salaria in Rom bestattet. Dies geschah um das Jahr 304.

Dieser römische Priester Saturnin wird oftmals mit einem anderen Heiligen verwechselt, und zwar mit Saint Sernin, welcher der erste Bischof von Toulouse war. Als römischer Missionar nach Gallien gesandt, hielt er sich zuerst im spanischen Gebiet von Navarra und später in Carcassonne auf. Schließlich ging Saturnin in die Gegend von Toulouse. Nachdem er eine Zeitlang segensreich gewirkt und für die ersten Christen bereits eine kleine Kirche erbaut hatte, brachte ihn das Volk von Toulouse, aufgehetzt von den heidnischen Priestern, auf furchtbare Weise durch einen Stier zu Tode. Das ereignete sich zur Zeit der Valerianischen Verfolgung um das Jahr 257.

Zwei fromme Christinnen bestatteten die Gebeine des hl. Saturnin an der Stelle, an der sich heute in Toulouse die Kirche Notre-Dame-du-Taur befindet. Der hl. Hilarius, Bischof von Toulouse, fand das Grab des Märtyrers und baute eine hölzerne Kapelle darüber. Ein späterer Bischof, Eruperius, ließ an der gleichen Stelle zu Ehren des hl. Saturnin oder Saint-Sernin, wie er in Frankreich heißt, eine schöne Basilika errichten. Seine Reliquien ruhen seitdem in dieser berühmten romanischen Basilika.

29. November

Legende Saturnin, der erste Bischof der kleinen Christengemeinde von Toulouse, erbaute eine bescheidene Kirche in dieser Stadt. Jedesmal, wenn er sich von seiner Wohnung zu diesem Gotteshaus begab, mußte er auch an dem Haupttempel der Heiden vorübergehen. Die darin aufgestellten Götterbilder wurden vom Volk in ganz besonderer Weise verehrt, denn sie offenbarten den Priestern die Zukunft, waren also so etwas wie die Garanten für deren Wahrsagekunst. Plötzlich hüllten sich diese Götterbilder aber in Schweigen. Nun hielten die heidnischen Priester, entsetzt über dieses Stillschweigen, Rat, was wohl die Ursache hierfür sein könnte.

Da trat ein Mann unter sie, der ihnen sagte, daß eine neue Religion aufgetaucht sei, die den Sturz der alten Götter wolle. Ihr Anführer sei ein gewisser Saturninus, und sehr wahrscheinlich sei es seine Gegenwart, die den Mund der Götter verschlossen habe. Man solle ihn töten, dann würden sie bestimmt wieder sprechen. Um die Götter zu versöhnen, versammelte sich das ganze Volk, und ein auserwählter Stier für die geplante grausame Hinrichtung des Bischofs wurde herbeigebracht. In diesem Augenblick ging Saturnin zufällig vorüber. Er wurde erkannt und in den Tempel geschleppt. Nun verlangten die heidnischen Priester, daß er den alten Göttern opferte, doch der hl. Bischof weigerte sich, und so wurde er von dem Stier zu Tode geschleift.

Saturnin von Toulouse wird dargestellt in bischöflichen Gewändern, meist mit Stab, oft auch mit Stier. Abbildungen des Heiligen finden sich in der Basilika St-Sernin in Toulouse.

30. November
Apostel Andreas

Wunderbare Fügungen Gottes begleiteten das Leben und Sterben des hl. Apostels Andreas, dessen Fest die Kirche seit dem 4. Jahrhundert kennt. Geboren wurde Andreas in Bethsaida in Galiläa. Sein Vater hieß Jonas, und sein Bruder war jener Simon, der später der Apostel Petrus wurde. Sie waren Fischer und gläubige Juden. Wir wissen nicht, ob Andreas arm war oder reich, ob verheiratet oder Junggeselle, ob er älter war als sein Bruder Simon oder jünger. Sicher ist, daß er mit Jakobus und dessen Bruder Johannes, dem späteren Evangelisten, befreundet war und zu den Männern gehörte, die von Jesus als erste ins Apostelamt berufen worden sind.

Andreas und Johannes warteten, wie so viele Juden zu jener Zeit, auf den verheißenen Messias. Sie gehörten zum engeren Schülerkreis von Johannes dem Täufer, der die Bußtaufe im Jordan spendete und auf das unmittelbar bevorstehende Kommen des Messias hinwies. Als Andreas und Johannes wieder einmal bei Johannes dem Täufer waren, deutete dieser auf einen, der gerade vorüberging, und sagte: »Seht, das Lamm Gottes!« (Joh. 1,36) Es war Jesus.

Die beiden jungen Männer waren nun wie elektrisiert. Die Worte Johannes des Täufers noch im Ohr, gingen sie sofort hinter Jesus her, denn sie wollten es jetzt genau wissen. Jesus spürte die beiden hinter sich und wandte sich um. Aber auf seine Frage, was sie suchten, antworteten sie in ihrer Verlegenheit nur: »Rabbi, wo wohnst du?« Doch der Herr half ihnen mit seinem »Kommt und seht!«. Der Evangelist fährt fort: »Sie gingen mit ihm und sahen, wo er wohnte, und blieben jenen Tag bei ihm.« In dieser Zeit haben sie sich sicherlich ausführlich mit ihm unterhalten, denn als Andreas danach seinen Bruder Simon traf, verkündete er ihm sofort: »Wir haben den Messias gefunden (Joh.1,35-42).«

Geboren: um Christi Geburt in Bethsaida (Galiläa)
Gestorben: 60 in Patras (Griechenland)
Berufung/Beiname: Apostel, Märtyrer
Wirkungsstätten: Palästina, Kleinasien, Südrußland, Bulgarien, Griechenland
Bedeutung des Namens: der Mannhafte, der Männliche (griechisch)
Namensformen: André, Andrew, Andi, Andreij
Patronat: Schottland, Rußland, Griechenland, Spanien; Bergleute, Fischer, Metzger, Seiler; gegen Halsschmerzen, Gicht, Krämpfe, für eine gute Heirat

30. November

Andreas glaubte anfangs, Johannes der Täufer sei der lang ersehnte Messias. Doch die Begegnung mit Jesus aus Nazareth wurde für ihn zum Wendepunkt in seinem Leben. Künftig folgte Andreas dem »guten Meister« auf seinen Wanderungen durch Judäa und Galiläa.

Bei den Bauern ist der Andreastag von alters her ein Wetterlostag. Früher galt auch die Andreasnacht als Orakelnacht für die verschiedensten Vorhaben. Bis ins letzte Jahrhundert hinein wurde der Dezember Andreasmonat genannt.

Andreas mit seinem Marterwerkzeug, dem Andreaskreuz, in einer spätmittelalterlichen Darstellung.

An jenem Tag muß sich also in diesem Andreas sehr viel Bedeutsames ereignet haben. Aber noch verließen sie ihre Arbeit nicht. Erst als Jesus die Brüder später einmal beim Netzeauswerfen am Galiläischen See traf, erfolgte ihre Berufung: »›Folget mir nach, denn ich will euch zu Menschenfischern machen.‹ Und sofort ließen sie ihre Netze liegen und folgten ihm.« (Mk. 1,16-18)

Diese knapp ausgeführten Begebenheiten enthalten wichtige Hinweise auf die Person des Andreas: Als er erfahren hatte, daß dieser Jesus der von den Propheten verheißene Messias ist, war er mit der erste aus dem Kreis der Jünger um Johannes den Täufer, der sich sofort, ohne zu zögern, vergewisserte. Und bald darauf waren er und sein Bruder Simon jene beiden Männer, die Jesus als erste zu seinen engsten Vertrauten, zu Aposteln, berufen hatte. Mit dem Wort Zufall kann man diese Übereinstimmung sicher nicht abtun.

Wenn die Evangelien insgesamt nur sehr wenig vom Apostel Andreas berichten, so mag man das bedauern, aber aus ihrer Zielsetzung heraus ist das folgerichtig. Die Evangelisten wollten ja in erster Linie das ihrer Meinung nach Entscheidende wiedergeben, also das öffentliche Wirken Jesu, seine Botschaft an die Menschen sowie sein Leiden und seine Auferstehung.

Trotzdem wird Andreas im Neuen Testament in drei verschiedenen, ihn aber treffend charakterisierenden Situationen direkt erwähnt: Als er seinem Bruder Simon Petrus das Auffinden des Messias mitgeteilt hatte, ließ er es nicht dabei bewenden, sondern führte ihn persönlich zu Jesus (Joh. 1,47). Andreas vermittelte somit die erste schicksalhafte Begegnung zwischen Jesus und dem späteren ersten Papst Petrus.

Vor der Speisung der Fünftausend war es Andreas, der Jesus auf einen Jungen mit fünf Gerstenbroten und die Fische hinwies, aber betrübt anfügte: »Allein, was ist das für so viele.« (Joh.6,9) Andreas, besorgt um das Wohlergehen der Anwesenden, brachte die Brote und die Fische ins Spiel, baute so ganz unbewußt aus seinem Besorgtsein hinaus die Brücke zum ersten großen Wunder Jesu.

Als Andreas von Philippus erfuhr, gottesfürchtige Heiden wollten Jesus gerne sprechen – sie hatten bisher wegen des Gedränges an den Festtagen auf dem Tempelberg keine Gelegenheit dazu –, ging er sogleich zu Jesus und teilte ihm das mit (Joh. 12,20-22). Ob diese Mitteilung Erfolg hatte, steht nicht mehr im Text des Evangeliums. Es ist aber anzunehmen. Auf jeden Fall erscheint Andreas hier wieder als derjenige, der aus persönlicher Anteilnahme heraus sofort für die Betreffenden wichtige Verbindungen zu knüpfen versucht.

Danach spricht die Heilige Schrift nicht mehr von Andreas, und die Berichte der Kirchenväter über sein weiteres Leben sind spärlich und nicht übereinstimmend. Andreas soll nach dem Apostelkonzil in das wilde Skythien in Südrußland gegangen sein und soll predigend in Bythnien, Thrakien (Bulgarien) und Griechenland gewirkt haben.

Als alter Mann ließ er sich in Patras als Bischof nieder, wo ihm wahrscheinlich im Jahre 60 unter der Regierung des römischen Kaisers Nero durch den Prokonsul Ageas der Prozeß gemacht wurde.

Das Urteil lautete auf Geißelung und Tod am schrägen Kreuz. Andreas wurde mit Stricken daran gebunden und lebte in dieser qualvollen Stellung angeblich noch zwei Tage, bis er am 30. November des Jahres 60 starb.

30. November

30. November

Anstelle einer Legende Die Reliquien des hl. Apostels Andreas wurden im Jahr 357 in einem ungeheuren Triumphzug von Patras nach Konstantinopel, das heutige Istanbul, überbracht und dort in der Apostelkirche beigesetzt. Konstantinopel hatte in dem Apostel Andreas seinen großen Schutzheiligen erhalten, dessen Kult sich bald über den ganzen christlichen Osten auszubreiten begann. Welch unerhörte Rolle der hl. Andreas dort spielte, ist daraus zu ersehen, daß man im Osten dem Kreuz Christi unterhalb des Querarmes einen zweiten, schrägstehenden Kreuzbalken anfügte, wodurch in besonderer Weise auf den »Protoklätos« – den Erstberufenen – hingewiesen wird. Mit der kaiserlichen Prinzessin Anna breitete sich das Christentum nach Rußland aus. Sie hatte nämlich den Großfürsten Wladimir von Kiew nur unter der Bedingung geheiratet, daß Rußland christlich würde. Und bald darauf entstand auch eine neue Andreaslegende: Der Apostel Andreas wandte sich zu der Zeit, als er das wilde Skythien verließ, nicht nach Griechenland, sondern nach Kiew. Dort gründete er eine Metropole, einen Bischofsitz. Dann zog der Heilige Richtung Norden bis hinauf nach Nishniji Nowgorod. Und dort versuchte Andreas vergeblich, den Fürsten zum Christentum zu bekehren. Zürnend überschritt Andreas daraufhin die Newa und kehrte nach Rom zurück.

Der Apostel Andreas wird oft als älterer Mann mit grauem Haar und langem Bart dargestellt, bekleidet mit Tunika und Mantel und barfuß. Seine Attribute sind Buch, Fisch, Fischernetz, Kreuz und Strick. Häufig erscheint er auch im Kreis der zwölf Apostel.

Im Laufe der Zeit breitete sich das Christentum dennoch nach Rußland aus. Eine byzantinische Prinzessin hatte bei ihrer Heirat Reliquien des hl. Andreas mit nach Moskau gebracht. Nach der Eroberung von Byzanz durch die Türken 1453 fühlte sich Rußland ganz als Erbe von Byzanz. Andreas wurde der Patron von Rußland, und bis zum Jahre 1917 wehte das Kreuz des hl. Andreas – das alte byzantinische Feldzeichen – auf allen russischen Fahnen, denn Andreas war schon lange Patron der Schlachten. Er galt als der große himmlische Vorkämpfer gegen die Heiden, seitdem er auf dem ersten Kreuzzug 1098 den Christen in höchster Bedrängnis erschienen war. Er zeigte damals den Verzweifelten die Lanze, mit der die Seite Christi geöffnet worden war, reichte sie den Kreuzfahrern und forderte sie auf, mit dieser Lanze die Heiden anzugreifen. Und die Christen erfochten einen glänzenden Sieg! Fortan rief man in allen kriegerischen Bedrängnissen die Hilfe des hl. Andreas an.

Dem Martyrium des Apostels Andreas hat sich die darstellende Kunst besonders gewidmet: Andreas hängt mit dem Kopf nach unten am sogenannten Andreaskreuz.

Die Reliquien des hl. Andreas hatten aber schon vor der Eroberung durch die Türken in Konstantinopel keine dauerhafte Ruhe. Nachdem die Heere des vierten Kreuzzugs die Stadt besetzt hatten, um ein lateinisches Kaiserreich zu errichten, brachte der Kardinal Peter von Capua 1208 die Gebeine des Apostels Andreas von Konstantinopel in die Seestadt Amalfi am Golf von Salerno. Von dort nahm 1452, wegen der Bedrohung durch die Türken, Papst Pius II. (1405–1464) das Haupt in einem kostbaren Reliquiar mit nach Rom, wo es sich bis zum Jahre 1964 im Domschatz von St. Peter befand. Anläßlich der dritten Sitzungsperiode des Vatikanischen Konzils wurde die Kopfreliquie 1964 nach Patras gebracht und der griechisch-orthodoxen Kirche zurückgegeben. Daß mit dieser bedeutungsvollen Handlung und der Rückgabe des wertvollen Andreashauptes die alte Verbundenheit mit der Schwesterkirche von Ostrom – Byzanz – symbolisch betont werden sollte, versteht sich von selbst.

Die Gebeine des Heiligen befinden sich noch heute in der Krypta des Doms von Amalfi. Dort ist Andreas der Schirmherr der Fischer, und an seinem Festtag behängt man seine Statue mit zahllosen silbernen Fischen als Bitte und Dank für guten Fang. Aber auch die Schotten nehmen ihn als einen der ihren in Anspruch. Das Erzbistum St. Andrews rühmt sich einer bis ins 8. Jahrhundert zurückreichenden Tradition. Reliquien des hl. Andreas seien damals dorthin gebracht worden.

1. Dezember

Eligius

Der hl. Eligius, zu deutsch »der Erwählte«, wird seit dem Mittelalter von vielen Berufsständen als Schutzpatron angerufen. Eligius, eine durchaus geschichtliche Persönlichkeit, über dessen Leben sein Freund Audoin berichtet hat, wurde um 588 in Castelhac (Chatelac) bei Limoges geboren. Er besaß schon in jungen Jahren sehr große manuelle Geschicklichkeit, und deshalb gaben ihn seine Eltern zu dem berühmten Goldschmied Abbo in die Lehre. Dort erlernte Eligius das Handwerk von Grund auf, und bald erlangte er darin große Meisterschaft, wobei ihm sein ausgeprägter Kunstsinn zustatten kam. Darüber hinaus zeichnete er sich durch einen vorbildlichen und christlichen Lebenswandel aus.

Der Schatzmeister von König Chlotar II. (584–629) empfahl Eligius seinem Herrn, der ihm als erstes den Auftrag erteilte, einen goldenen Thronsessel anzufertigen. Bald darauf ernannte ihn der König zu seinem Münzmeister. Eligius führte die ihm in Auftrag gegebenen Goldschmiedearbeiten so vollendet aus und bewies in allem eine solch unbestechliche Redlichkeit, daß der König ihn mit der Anfertigung kostbarer Reliquienkästen und -schreine betraute. Nach Chlotars Tod brachte ihm dessen Nachfolger Dagobert das gleiche Vertrauen entgegen. Wegen seines unbestechlichen Urteilsvermögens machte er Eligius zu seinem persönlichen Berater und ließ ihn sogar in seinem Palast wohnen. Einige der von ihm geprägten und signierten Goldmünzen sind noch erhalten.

Gerühmt wird die große Barmherzigkeit, die Eligius allen Notleidenden erwiesen hat. In all seinem Tun ließ er sich von tiefer Religiosität leiten. Als ihm der König ein Landgut schenkte, wandelte Eligius den Besitz in die Benediktinerabtei Solignac um. In einem Haus in Paris, das er ebenfalls geschenkt bekommen hatte, richtete er ein Frauenkloster ein. Auch mehrere andere Kirchen und Klöster gehen auf Stiftungen des Eligius zurück. Einen großen Teil seines Einkommens gab er zum Freikauf von Sklaven aus.

Nach dem Tod Dagoberts wollte auch dessen Sohn Chlodwig II. Eligius in seinen Diensten behalten. Doch nun verließ der Goldschmied zusammen mit seinem Freund Audoin den Königshof und strebte den geistlichen Stand an. 640 wurde er Priester und ein Jahr später Nachfolger des hl. Acharius auf dem bischöflichen Stuhl von Noyon und Tourney. Eligius nahm sogleich den Kampf gegen die damals einsetzende Simonie auf, den Handel mit geistlichen Ämtern. Predigend und missionierend begab er sich bis in die heidnischen Gebiete von Flandern. Mit Gottes Hilfe konnte er Wunder vollbringen. So vermochte er Kranke, die an Geschwüren litten, zu heilen. Auch besaß er die Gabe der Weissagung, unter anderem sagte er die Teilung des Frankenreiches voraus.

Fast zwanzig Jahre lang konnte Eligius sein Bistum segensreich verwalten, bis er 660 starb. Er wurde mit großen Ehren begraben. Seine Reliquien ruhen im Dom von Noyon, sein Haupt befindet sich in der Kirche Saint-André zu Chelles.

Eine herrliche Statue des hl. Eligius kann man in Orsanmichele in Florenz bewundern. Sechs Glasgemälde in der Kathedrale von Angers schildern Szenen aus seinem Leben. Aufgrund einer Legende stellte Callot ihn als Schmied dar.

Geboren: um 588 in Castelhac (Frankreich)
Gestorben: 660 in Noyon (Frankreich)
Berufung/Beiname: Bischof, Wohltäter
Wirkungsstätten: Frankreich, Flandern
Bedeutung des Namens: der Auserwählte (lateinisch)
Namensformen: Eloy, Alois, Elois, Elis
Patronat: Bauern, Bergleute, Fuhrleute, Goldarbeiter, Korbmacher, Metallarbeiter, Pächter, Sattler, Schlosser, Schmiede, Tierärzte, Uhrmacher; gegen Pferdekrankheiten, Epidemien, Geschwüre

Dargestellt wird Eligius als Bischof mit Goldschmiedegeräten, Kelch, Hammer, Amboß, Blasebalg, Hufeisen und Pferdefuß, wie auch seine Statue in Orsanmichele in Florenz zeigt.

Eine weitere Legende hat Eingang in die darstellende Kunst gefunden: Vom fränkischen König soll Eligius genau so viel Gold erhalten haben, um einen Thron anfertigen zu können. Eligius stellte aber zwei Thronsessel daraus her.

Legende Die Legende von Eligius mit dem Pferdefuß sagt: Ehe Eligius Goldschmied wurde, arbeitete er als Geselle in einer Hufschmiede. Sein Meister hatte eine seltsame Methode, Pferde zu beschlagen, wenn sie sich störrisch verhielten. Er pflegte dem Pferd einfach den ganzen Fuß auszureißen, damit zum Amboß zu gehen und dann das Hufeisen in aller Ruhe sachgemäß anzubringen. Nachdem er seine Arbeit getan, paßte er den Fuß dem Pferd wieder an, das nun munter, aber lammfromm seine Pflicht tat. Die Erklärung für diese seltsame Geschichte lautet folgendermaßen: Es war Christus selbst, der Eligius zeigte, woran man den Pferdefuß des Teufels erkennt und was dann zu tun sei. Und Eligius erwies sich als gelehriger Schüler.

2. Dezember

Bibiana

Geboren: um 352 in Rom
Gestorben: um 367 in Rom
Berufung/Beiname:
Märtyrerin
Wirkungsstätte: Italien
Bedeutung des Namens:
die Lebensvolle (lateinisch)
Namensformen: Viviane, Vivienne, Vivi, Vita, Witta, Bibi
Patronat: Epileptiker, Trinker; gegen Kopfschmerzen, Krämpfe, Unfälle

Der Hochaltar der Basilika S. Bibiana auf dem Esquilin in Rom birgt in einer Alabasterurne die Reliquien der hl. Bibiana. Die Kirche selbst wird schon im »Liber Pontificalis« erwähnt, wonach sie von dem späteren Papst Simplicius (468-483) im Jahre 467 gegründet worden ist. Jedoch gaben die 1961 unternommenen Grabungen einer alten Überlieferung recht, nach der mit dem Urbau dieser Kirche bereits 363 – dem Todesjahr der Heiligen – begonnen wurde, denn die freigelegten Grundmauern stammen aus dem 4. Jahrhundert. Papst Simplicius hat wohl über diesen Fundamenten einen Neubau errichtet.

Ihre gegenwärtige Gestalt verdankt die Kirche S. Bibiana einer Restaurierung, die der Künstler Bernini 1625 im Auftrag Urbans VIII. (1623–1644) vorgenommen hat. Der Künstler schuf auch eine Statue der Heiligen. An den Wänden des Hochschiffs haben Pietro da Cortona und Agostino Ciampelli die Geschichte der hl. Jungfrau und Märtyrerin dargestellt. Am Eingang befindet sich eine kleine antike Säule, an der, wie überliefert wird, die hl. Bibiana gegeißelt worden sein soll. Urban VIII. legte das Fest der Heiligen auf den 2. Dezember.

Die legendäre Lebensgeschichte der hl. Bibiana stammt aus dem 6. Jahrhundert. Die Akten sind historisch nicht belegt. Bibiana soll danach um 367 den Zeugentod für Christus unter Julian dem Abtrünnigen gestorben sein. Als sicher kann gelten, daß sie eine christliche Märtyrerin war. Wie sehr ihre rührende Geschichte gelesen und bewundert wurde, zeigt die große Verehrung, welche die Heilige in Europa, vornehmlich in Deutschland und Spanien, genoß. Ein weiterer Hinweis darauf sind auch die zahlreichen ihr geweihten Kirchen.

Legende Bibiana war eine Tochter des kaiserlichen Prätors Flavian. Ihre Mutter hieß Dafrosa, ihre Schwester Demetria. Flavian, ein aufrechter Edelmann, war der umsichtige Beschützer seiner christlichen Familie. Seine reiche Villa in Rom diente auch als Zufluchtsstätte für verfolgte Christen. Er stärkte, tröstete und half, wo er nur konnte. Die Christen fanden an ihm Stütze, und er wurde zu ihrem Vorbild. Doch eines Tages holten ihn die Gerichtsdiener vor das Tribunal, und man verurteilte Flavian, weil er seinem Glauben nicht abschwören wollte, zum Tode. Kurze Zeit darauf schleppte man auch Bibianas Mutter vor Gericht. Nach dem Verhör wurde sie mit ihren beiden Töchtern in ihrem Haus eingeschlossen, und man gab ihnen nichts zu essen und zu trinken.

Die Richter nahmen an, daß die Frauen nach einiger Zeit nachgeben würden und dann bereit wären, die alten Götter anzubeten. Aber die drei Frauen blieben standhaft, und durch Gottes Hilfe überstanden sie die lange Zeit ohne Wasser und Nahrung. Der Statthalter ließ Mutter Dafrosa daraufhin nochmals vorführen. Da sie weiterhin an ihrem Glauben festhielt, wurde sie zum Tod durch das Schwert verurteilt.

Die beiden jungen Mädchen standen nun ohne ihre Mutter vor dem Statthalter. Er versuchte jetzt, durch allerlei Schmeicheleien und Versprechungen die Umstimmung der beiden Mädchen zu erreichen. Aber alle Versuche prallten an dem tiefen Glauben der jungen Christinnen ab. Um sie schließlich doch noch gefügig zu machen, ließ der Statthalter ihnen daraufhin die Marterwerkzeuge zeigen, die nun zur Anwendung kämen, wenn sie nicht nachgeben würden. Die zarte Demetria, geschwächt von den bisher ausgestandenen Leiden, sank bei deren Anblick auf der Stelle tot um.

Aller Haß des Statthalters wandte sich nun gegen Bibiana. Er ließ sie in das Haus einer Dirne schaffen, die mit listigen Verführungskünsten die Standhaftigkeit des jungen Mädchens brechen sollte. Aber an der großen inneren Lauterkeit der Heiligen scheiterte auch dieser Versuch. Da ließ sie der Statthalter in einen Raum mit Epileptikern und gewalttätigen Wahnsinnigen sperren. Doch entgegen seinen Erwartungen taten ihr die Kranken nichts zuleide. Ja, es wird sogar berichtet, daß auch hier das Gute sich durchsetzte und Bibiana viele von ihnen heilen konnte.

Schließlich ließ der Statthalter die Heilige an eine Säule binden und zu Tode geißeln. Einer der Henker stieß der Sterbenden noch seinen Dolch ins Herz. Ihren Leichnam warf man wilden Hunden vor, die ihn jedoch nicht anrührten. Ein christlicher Priester barg ihn und bestattete ihn neben ihrer Mutter und Schwester. Über den Gräbern erbaute man dann eine Kapelle, die einige Zeit später zur Kirche S. Bibiana erweitert wurde.

Bibiana wird in vornehmen Gewändern, oft mit Schleier und Krone, dargestellt. Meist lehnt sie an einer Säule, die Märtyrerpalme in der Hand und trägt einen Dolch in der Brust. Ihre Gefangennahme ist auf einem Bild in der Linzer St.-Florians-Kirche zu sehen.

3. Dezember

Franz Xaver

Francisco de Xavier wurde zu einem der erfolgreichsten Missionare des christlichen Abendlandes. Als »Apostel Indiens und Japans« ist er der »Begründer der Mission des Fernen Ostens und der Jesuitenmission überhaupt, der Bahnbrecher der neuzeitlichen Mission durch planmäßige Erforschung des Missionsgebiets, durch Anpassung und Heranziehung heimischer Kräfte und durch Missionsberichterstattung, um in der alten Heimat Begeisterung für die Missionen zu wecken« (Schurhammer). Er wurde 1622 von Papst Gregor XV. (1554–1623) heiliggesprochen. 1748 erklärte Papst Benedikt XIV. (1675–1758) den hl. Franz Xaver zum Schutzheiligen aller Länder Ostindiens. Seit 1927 ist er gemeinsam mit der hl. Theresia vom Kinde Jesu der Patron aller Missionen. Reliquien des Heiligen befinden sich in der Jesuitenkirche Il Gesù in Rom und in Goa.

Francisco de Xavier wurde am 7. April 1506 auf Schloß Xavier in Navarra (Nordspanien) geboren. Sein hochadeliger Vater war Großkanzler des letzten Baskenkönigs. Zu jener Zeit standen die freien Basken in aussichtslosem Kampf um ihre Unabhängigkeit gegen Spanien. Franz hatte die besten Eigenschaften seines Geschlechts geerbt: Großzügigkeit, Liebe zu allem Schönen und Guten und eine große Lebenslust. Als der junge Mann erkennen mußte, daß mit dem

Geboren: 1506 auf Schloß Xavier (Spanien)
Gestorben: 1552 auf der Insel Sancian (China)
Berufung/Beiname: Jesuit, Provinzial, Missionar; »Apostel Indiens und Japans«
Wirkungsstätten: Spanien, Frankreich, Italien, Indien, Malakka, Molukken, Japan, China
Bedeutung des Namens: der Franke, der Freie (latinisierte Form von Frank)
Namensformen: Frank, Francesco, Francis, Francisek, Paco, Paquito
Patronat: Indien; Missionare; katholische Presse; gegen Sturm, Todesangst

3. Dezember

Franz Xaver war in seinem Eifer durch nichts zu bremsen. Die ostindischen Inseln bereits als neues Missionsgebiet im Visier, schrieb er: »Wenn ich kein Schiff bekomme, so fahre ich auf einem Floß von drei Baumstämmen hinüber.«

Waffenhandwerk nichts mehr auszurichten war, wandte er sich dem Studium der Wissenschaften zu und ging 1525 nach Paris. Er erwarb die Doktorwürde der philosophischen Fakultät. Der eifrige Sportsmann und lustige Gesellschafter lernte nun den seltsamen Gottsucher Ignatius von Loyola kennen, der mit dem Jüngeren bald eine freundschaftliche Verbindung einging.

Anfangs interessierte sich der noch völlig dem weltlichen Denken verhaftete Franz Xaver keineswegs für das Ideal eines Lebens, das ihm Ignatius eindringlich ans Herz legte. Aber allmählich gelang es diesem, den Heißblütigen für solche Ziele zu begeistern, so daß er zusammen mit acht anderen Gefährten am 15. August 1534 in Saint-Denis auf dem Montmartre die Gelübde ablegte, die ihn vor allem durch den bedingungslosen Gehorsam an Ignatius, den Gründer der »Gesellschaft Jesu«, banden. 1537, nach der Priesterweihe, war Franz Xaver mit dem notwendigen philosophischen und theologischen Wissen ausgestattet, um seine geistliche Laufbahn beginnen zu können.

Seine wortgewaltigen und Überzeugung weckenden Predigten in Rom, wohin er dem Ordnungsgründer gefolgt war, veranlaßten Ignatius, Franz Xaver 1540 – in diesem Jahr hatte Papst Paul III. (1468–1549) die Jesuiten bestätigt – als Missionar nach Indien zu entsenden. Im Jahr 1542 landete er in Goa, der Hauptstadt der portugiesischen Kolonie an der Westküste Indiens. Er stellte sich die Aufgabe, sowohl unter den Heiden als auch unter der weißen Kolonialbevölkerung zu missionieren, denn vor allem jene Menschen waren mit ihrem unchristlichen Lebenswandel das denkbar schlechteste Beispiel für die heidnische Urbevölkerung. Trotz des kräftezehrenden Klimas und trotz der fast unüberwindlichen Sprachschwierigkeiten stellte sich Franz Xaver allen Hindernissen mit Mut und voller Tatkraft entgegen. Von Goa aus begann er sein Missionswerk. Zu Fuß wanderte der Jesuitenpater von Land zu Land, per Schiff überwand er die Meere. Überall gründete er christliche Gemeinden. Während der zehn Jahre seines Schaffens spendete er fast dreißigtausend Taufen. Im Jahr 1545 war er in Malakka auf der malaiischen Halbinsel, 1546 auf den Molukken, den südlich der Philippinen gelegenen Inseln. 1549 kam er auf die gerade neu entdeckten Inseln Japans, wo er ebenfalls erfolgreich zu wirken vermochte.

Dargestellt wird Franz Xaver im Ordensgewand der Jesuiten, ein Kruzifix in der Hand, auch mit Pilgerhut, Inder taufend, Kranke heilend, Tote erweckend. Manchmal ist Franz Xaver auch ein flammendes Herz beigegeben.

Sein größter Wunsch blieb aber, als Verkünder der Botschaft Christi nach China zu gehen. Anfangs scheiterten jedoch alle seine diesbezüglichen Versuche. Als dann endlich die Schwierigkeiten ausgeräumt waren und sich Franz Xaver auf der Fahrt nach China befand, erkrankte er schwer. Man mußte ihn auf der einsamen Insel Sancian bei Kanton im Südchinesischen Meer zurücklassen, wo er, erst sechsundvierzig Jahre alt, am 3. Dezember des Jahres 1552 starb.

Sein Leichnam wurde nach Goa zurückgebracht und dort mit großen Ehren bestattet. Der Reliquienschrein des hl. Franz Xaver ist heute noch Gegenstand höchster Verehrung im indischen Volk. Er wird in jedem Jahr vierundvierzig Tage ausgestellt, und Hunderttausende besuchen während dieser Zeit die Kirche, um den Heiligen in besonderer Weise zu verehren.

Obgleich sein großes Missionswerk anfangs auf nahezu unüberwindbare Schwierigkeiten stieß, war es am Ende doch von großem Erfolg gekrönt. Franz Xaver kann neben dem hl. Paulus als der erfolgreichste Missionar bezeichnet werden, den die Kirche aufzuweisen hat.

4. Dezember

Barbara

Die historische Forschung hat bisher nicht feststellen können, wann die hl. Barbara gelebt und gelitten hat. Nach der Überlieferung stammte sie aus Nikomedeia in Kleinasien. Origines selbst soll sie zum Christentum geführt haben. Es ist jedoch verbürgt, daß sie mutig und standhaft um ihres Glaubens willen in den Tod gegangen ist. Es heißt, Barbara starb um 306 unter Maximinus Daja.

Der Legende nach verfing sich ein Kirschzweig in Barbaras Kleid, als man sie ins Gefängnis brachte. Sie steckte den Zweig in einen Wasserkrug, und so erblühte er wunderbarerweise am Tag ihres Martertodes. Auch heute noch ist es Brauch, einen Kirschzweig am Festtag der hl. Barbara ins Wasser zu stellen, die sogenannten Barbarazweige, weil diese dann zu Weihnachten erblühen.

Immer wenn das Christentum bei seiner Missionstätigkeit auf einen in einem Volk tiefverwurzelten Kult traf, wurde versucht, diesem Kult einen christlichen Sinn zu geben. So geschah es auch im Zusammenhang mit der historischen

Geboren: wahrscheinlich in Nikomedien (Kleinasien)
Gestorben: um 306 in Nikomedien
Berufung/Beiname: Märtyrerin; Nothelferin
Wirkungsstätte: Kleinasien
Bedeutung des Namens: die Fremde, die Ausländerin (griechisch-lateinisch)
Namensformen: Bärbel, Betty, Babette, Babsi, Barb
Patronat: Architekten; gegen Fieber, plötzlichen Tod

Die hl. Barbara vor dem dreifenstrigen Turm (Jan van Eyck, 1427).

Märtyrerin Barbara. Sie wurde mit der heidnischen Sonnenfrau Borbet auf diese Weise gleichgesetzt. Barbara gehört außerdem zu den Vierzehn Nothelfern. In vielerlei Nöten wird sie um Beistand angefleht. Sogar die Sterbenden werden ihr anvertraut, weil Barbara deren Seelen sicher zum Thron Gottes führt. Die hl. Barbara ist auch eine der »drei heiligen Madln« und wird deshalb vielfach zusammen mit Katharina und Margareta dargestellt. Diese drei gelten als Beschützerinnen des Wehrstandes, des Nährstandes und des Lehrstandes.

Barbara wird dargestellt als vornehmes Mädchen mit Kelch und Hostie, weil ihr der Legende zufolge ein Engel einen solchen in den Kerker brachte, mit einem Schwert, da sie enthauptet wurde und mit einem dreifenstrigem Turm. Oft ist sie zusammen mit der hl. Katharina und der hl. Margareta zu sehen. Diese Heiligen gelten im Brauchtum als die »Drei hl. Madl«.

Legende Es heißt, daß Barbaras heidnischer Vater seine Tochter sorgfältig erzog und behütete. Sie sollte später mit einem edlen Jüngling vermählt werden. Barbara jedoch wollte davon nichts wissen. Als der Vater eines Tages verreisen mußte, ließ er sie allein in einem Turm zurück, den er sorgfältig versperrte. Auf ihren Wunsch hin hatte er vorher ein Badezimmer mit zwei Fenstern einbauen lassen. Als der Vater jedoch zurückkehrte, waren es, wie er feststellte, nur drei Fenster, und an der Wand im Turmzimmer hing ein Kruzifix. Zur Rede gestellt, gestand Barbara, daß durch die drei Fenster die erleuchtende Gnade des dreifaltigen Gottes Zugang zu ihr gefunden habe und daß sie Christin geworden sei. Sie habe inzwischen auch das Gelöbnis ewiger Jungfräulichkeit abgelegt.
Der Vater stellte seine Tochter daraufhin vor die Wahl, entweder ihrem Glauben zu entsagen oder sich auf einen furchtbaren Tod gefaßt machen zu müssen. Barbara jedoch erklärte standhaft und ohne Todesangst: »Den Fluch deiner Götter fürchte ich nicht, denn mich hat Jesus gesegnet.« Auf diese Worte hin ließ der Vater sie grausam foltern. Aber in der Nacht kamen Gottes Engel und pflegten sie.
Am anderen Tag quälten die Schergen sie noch ärger, sie brannten ihr Wunden in die Haut und jagten sie völlig entkleidet unter Rutenschlägen durch die Straßen der Stadt. Doch die Ruten, mit denen sie geschlagen werden sollte, verwandelten sich in weiche Pfauenfedern. Schweigend ertrug die Glaubensstarke Schmerz und Schmach, gestärkt durch ihre Liebe zum Herrn Jesus Christus. Wegen ihrer unbeugsamen Standhaftigkeit völlig außer sich, tötete schließlich ihr Vater sie mit eigener Hand.

4. Dezember

Adolf Kolping

Geboren: 1813 in Kerpen (Nordrhein-Westfalen)
Gestorben: 1865 in Köln
Berufung/Beiname: Priester, Gründer der Gesellenvereine
Wirkungsstätte: Nordrhein-Westfalen
Bedeutung des Namens: der edle Wolf (althochdeutsch)
Namensformen: Adi, Alf, Ado, Dolf

»Kolping wußte, daß die Botschaft des Evangeliums nicht Lesestoff für Philosophen, sondern Gebrauchsanweisung für Nachfolger Jesu ist. Er tat, was er konnte, und betete um das, was er nicht zu tun vermochte, damit er es doch tun könnte. So veränderte er wenig spektakulär, aber wirksam die Welt der Arbeit.« Mit diesen Worten beschrieb Kardinal J. Meissner, der Erzbischof von Köln, den »Gesellenvater« und Gründer der Kolpingsvereine.

Adolf Kolping wurde am 8. Dezember 1813 in Kerpen geboren. Sein Vater war Schäfer, und Adolf erlernte den Beruf eines Schuhmachers. Als wandernder Schustergeselle zog er zuerst durch die Lande, und nach drei Jahren arbeitete er in Kölner Werkstätten. In dieser Zeit lernte er die Not und die miserablen Lebensumstände der Handwerkergesellen kennen. Mit dreiundzwanzig Jahren begann er erneut eine Schulausbildung, holte das Abitur nach und studierte anschließend in München und Bonn Theologie.

Im April 1845 empfing Adolf Kolping schließlich die Priesterweihe. Nachdem er zuerst als Kaplan in Wuppertal-Elberfeld gewirkt hatte, kam er im Jahr 1849 als Domvikar nach Köln. Jetzt konnte er endlich seine Ideen in die Tat umsetzen, die er seit seiner Zeit als Schuhmachergeselle verwirklichen wollte.

Er gründete zusammen mit sieben Handwerkern einen Gesellenverein, der den Berufsanfängern mit konkreter Hilfe im täglichen Leben, verbunden mit christlicher Unterweisung, eine solide Lebensgrundlage bieten sollte. Adolf Kolping forderte die Gläubigen in der Kirche zur Mithilfe auf, und rasch wuchs die Mitgliederzahl in seinem Verein. Bald entstanden auch in anderen Städten Gesellenvereine. 1853 gründete er in Köln das erste Gesellenhaus.

Adolf Kolping erreichte damit, daß die jungen Handwerker preiswert wohnen konnten und dort auch Weiterbildungsmöglichkeiten fanden. Er bemühte sich selbst um die Erwachsenenbildung und beauftragte geeignete Priester, die sich besonders um die Gesellenvereine kümmern sollten.

Mit einer Broschüre, »Der Gesellenverein«, begann die schriftstellerische Tätigkeit Adolf Kolpings. Viele Jahre war er Mitarbeiter am Katholischen Volkskalender und ab 1850 Schriftleiter des Rheinischen Kirchenblattes. Von 1854 an gab er die »Rheinischen Volksblätter für Haus, Familie und Handwerk« heraus und erreichte mit seiner volksnahen Sprache alle Schichten der katholischen Bevölkerung. Seinen eigenen Worte nach wollte er damit »die positiven Kräfte im Menschen stärken und den Glauben vertiefen.« Adolf Kolpings Forderung an die Gesellen lautete: »Sei ein gläubiger Christ, ein tüchtiger Handwerker, ein guter Familienvater und ein verantwortungsbewußter Staatsbürger.«

Nur fünfzehn Jahre lang konnte Adolf Kolping sich als Gesellenvater diesen Aufgaben widmen. Als er am 4. Dezember 1865 starb, hatten seine Vereine mehr als 25 000 Mitglieder und waren über ganz Europa und Nordamerika verbreitet. Bis in unsere Tage sind die Kolpingsfamilien in den Städten eine unverzichtbare Einrichtung des sozialen Lebens. Papst Johannes Paul II. sprach Adolf Kolping am 27. Oktober 1991 selig.

Dargestellt wird Adolf Kolping als Priester im Kreis junger Handwerkergesellen. Sein Geburtshaus im nordrhein-westfälischen Kerpen ist heute ein Museum.

5. Dezember

Sabas

Auf Wunsch von Papst Paul VI. (1897–1978) übergab der Patriarch von Venedig, Kardinal Urbani, am 24. Oktober 1965 einer griechisch-orthodoxen Delegation des Patriarchats von Jerusalem die Reliquien des hl. Sabas. Diese Handlung unterstrich die versöhnliche Haltung, welche die römische Kirche heute bei der Annäherung der getrennten Christenheit einnimmt. Die Gebeine des Heiligen, der vor allem in der griechischen Kirche als einer der großen Mönchsväter und Gründer des ältesten Klosters Mar Saba bei Jerusalem in Palästina tief verehrt wird, ruhten jahrhundertelang in Venedig. Dorthin hatten sie die Kreuzfahrer nach der Eroberung von Konstantinopel gebracht.

Der hl. Sabas wurde um 439 in Mutalska bei Cäsarea in Kleinasien geboren. Er war der Lieblingsschüler des berühmten Asketen Euthymius des Großen. Ab 457 war Sabas in Palästina, wo er sich in eine Höhle in der Kedronschlucht als

Geboren: um 439 in Mutalaska (Kleinasien)
Gestorben: 532 in Mar Saba (Palästina)
Berufung/Beiname: Eremit, Ordensgründer, Basilianerabt
Wirkungsstätten: Kleinasien, Palästina
Bedeutung des Namens: der Bekehrte, der Gefangene (hebräisch)
Namensformen: Sabé, Sabo

5. Dezember

Sabas wird als Einsiedler mit kurzem Bart oder Schnurrbart dargestellt. Als Attribute sind ihm Löwe, Apfel, Engel, Krone oder manchmal auch Teufel beigegeben.

Eremit zurückgezogen hatte. Das Leben als einsamer Mönch gab er jedoch 492 auf, um seine Idee verwirklichen zu können, die verstreut lebenden Eremiten zu einer Mönchsgemeinschaft zusammenzuführen. Deshalb gründete er 483 mitten in der Felsenwildnis, an einem Ort, auf den er durch eine Erscheinung der Gottesmutter hingewiesen worden war, das Kloster, das nach ihm »Mar Saba« genannt wurde. Es besteht noch heute. Die Klostergemeinschaft umfaßte zu seinen Lebzeiten schon 500 Mönche. Sabas starb dort am 5. Dezember 532.

5. Dezember

Anno

Geboren: um 1010 in Schwaben
Gestorben: 1075 in Köln
Berufung/Beiname: Klostergründer, Bischof
Wirkungsstätte: Deutschland
Bedeutung des Namens: der kleine Adler (althochdeutsch)
Namensformen: Hanno
Patronat: gegen Gicht

Auf dem Michaelsberg in Siegburg bei Köln gründete Erzbischof Anno II. von Köln 1064 eine Benediktinerabtei. Es war nicht die einzige Gründung dieses Kirchenfürsten, der viel Großes für seine Stadt und für das ganze Reich getan hat. Viele Streitigkeiten hatte er auszufechten, die ihm wohl meist sein jähzorniges Temperament und sein stark ausgebildetes Rechtsgefühl eingebracht hatten. Wie manche andere Heilige hatte auch er einen langen Weg zu gehen, um zu der zu ihm passenden Nachfolge Christi zu finden. Nur langsam, und nicht immer geradlinig, wurde der große Staatsmann Anno von Köln schließlich zum Heiligen. Seine Geschichte ist mit der Stadt Köln eng verknüpft. Sein Andenken wird durch das »Annolied« lebendig gehalten. 1183 wurde er heiliggesprochen.

Anno wurde um 1010 als Sohn eines armen Ritters aus schwäbischem Geschlecht geboren. Er kam nach Bamberg auf die Domschule. Nach der Priesterweihe war er zunächst als Dompropst in Goslar tätig, danach wurde ihm die Leitung der Schule in Bamberg übertragen. Kaiser Heinrich III. (1017–1056) holte sich den klugen und zielstrebigen Geistlichen als Kaplan und persönlichen Berater an seinen Hof und bestellte ihn zum Vormund seines minderjährigen Sohnes. Als der Kaiser ihn 1056 zum Erzbischof von Köln weihen ließ, erwies sich Anno als ein Mann, der das Gesetz streng beachtete und keine unlauteren Kompromisse schloß. Volk und Klerus hielten ihn deshalb für dieses hohe Amt nicht geeignet, und so sah er sich bald von vielen Gegnern umgeben.

Anno wird als Bischof dargestellt, mit Buch und Schwert, als Hinweis auf seine kämpferische Natur; mit einem Kirchenmodell, was ihn als Kirchenerbauer kennzeichnet. Abbildungen von ihm gibt es hauptsächlich im Rheinland.

In seiner Funktion als Kanzler des Reiches wurde Anno nach dem Tod des Kaisers sofort eingebunden in die innen- und außenpolitischen Wirren, die nun um sich griffen. Hinzu kam, daß seine Bemühungen, den bereits mit sechs Jahren zum deutschen König gewählten Heinrich IV. im Geiste seines Vaters zu erziehen, von Annos Gegnern, allen voran von der Kaiserwitwe Agnes, vereitelt wurden. Deshalb mied der Erzbischof von 1072 an alle politischen Tätigkeiten und widmete sich ganz der Kirchenreform in seiner großen Diözese. Er erbaute die Klöster Siegburg, St. Georg in Köln und Saalfeld bei Coburg. Ein merkwürdig »handfestes« Traumgesicht soll ihn veranlaßt haben, die dem hl. Gereon geweihte Kirche »Zu den goldenen Märtyrern« wiederherzustellen.

Bald darauf zog sich Anno in seine Siegburger Abtei zurück, wo er die letzten Monate seines Lebens verbrachte. Er starb am 4. Dezember 1075. Sein Leichnam wurde in der Abtei beigesetzt. Seine Gebeine werden in einem Reliquienschrein aus der Werkstatt des Nikolaus von Verdun aufbewahrt.

Legende Der hl. Anno wurde eines Nachts durch ein helles Licht in seinem Zimmer geweckt. Er sah um sein Bett eine Schar römischer Soldaten stehen und erkannte in ihnen die hl. Märtyrer der Thebaischen Legion, die einst zusammen mit dem hl. Gereon in Köln für Christus gestorben waren. Der Anführer der Märtyrer beklagte sich mit lauter Stimme, weil seine Kirche, in der sie alle ihre letzte Ruhestätte gefunden hatten, seit ihrer Verwüstung nicht wiederhergestellt worden war. Auch er, Anno, habe die Heiligen mißachtet, als er den Auftrag zum Bau einer ganz neuen Kirche erteilt habe, anstatt zuerst ihre Grabeskirche wieder aufbauen zu lassen.

Zur Sühne für eine solche Vernachlässigung warfen die Märtyrer-Legionäre nun den Bischof aus dem Bett und züchtigten ihn so lange mit der Rute, bis er versprach, das Versäumte nachzuholen. Als Anno am nächsten Morgen aufwachte, glaubte er, alles sei nur ein böser Traum gewesen, doch die Spuren der nächtlichen Züchtigung an seinem Körper waren nicht zu übersehen. Jetzt erinnerte er sich auch an sein Versprechen, und unverzüglich ließ er mit dem Wiederaufbau von St. Gereon beginnen.

6. Dezember
Nikolaus von Myra

Am 8. Mai wird in Bari zur Erinnerung an die Übertragung der Reliquien des großen Wundertäters von Myra die Statue des hl. Nikolaus hinaus aufs Meer gefahren, und die Pilger und Gläubigen folgen in vielen kleinen Booten. Abends wird die Statue zurück in die Stadt gebracht und in einer Prozession durch die Straßen getragen. Seit dem 8. Mai 1087 befinden sich die Reliquien des Heiligen in der Krypta der Basilika San Nicola in Bari. Über dem Gruftaltar hängen unzählige Schiffsmodelle, Weihegaben von Seeleuten.

Von großer Bedeutung bei der Verehrung des hl. Nikolaus ist das Manna. Schon in Myra hatten seine Gebeine die besondere Fähigkeit, eine Flüssigkeit abzusondern, die eine heilkräftige Wirkung besaß. Das wunderbare Manna wird bis auf den heutigen Tag aus dem Grab des Heiligen gewonnen. Die Griechen nannten das Manna »Myron«, und seine Wunderkraft hatte Myra zu einem berühmten Wallfahrtsort gemacht. In der Ostkirche überstrahlte der hl. Nikolaus Ende des 9. Jahrhunderts alle übrigen Heiligen und stand gleich hinter der Gottesmutter. Besonders große Verehrung erfuhr der Heilige später in Rußland.

Seit der Übertragung der Gebeine des hl. Nikolaus in die italienische Stadt Bari findet sein Fest am 6. Dezember statt. Er ist seitdem einer der gefeiertsten Volksheiligen des Abendlandes. Jedes Kind kennt den hl. Nikolaus, der zu Beginn der Adventzeit an die Türen der Häuser klopft. Dieser Brauch besteht seit dem 17. Jahrhundert.

Viele Stände haben den hl. Bischof Nikolaus zu ihrem Patron erwählt. Nikolaus gehört zu den Heiligen, ist bis auf den heutigen Tag Nothelfer und Wohltäter geblieben und hat als heiter-gütige Gestalt eine viel stärkere Wirkung als in der Rolle des strafenden Niklas oder Knecht Ruprechts, der am Nikolaustag die bösen Buben mit der Rute züchtigt und in den Sack steckt.

Daß der hl. Nikolaus Bischof von Myra war, kann als geschichtlich beglaubigt gelten. Sein Leben und Wirken wird jedoch von viel Legendärem umrankt.

Geboren: um 280/286 in Patras (Griechenland)
Gestorben: um 350 in Myra (Kleinasien)
Berufung/Beiname: Bekenner, Bischof, Wohltäter
Wirkungsstätten: Griechenland, Kleinasien
Bedeutung des Namens: der Überwinder des Volkes (griechisch)
Namensformen: Klaus, Klas, Niko, Niklas, Nick, Nils, Niccolo, Nicolas, Nikolaj, Colin
Patronat (Auswahl): Rußland; Apotheker, Bäcker, Gefangene, Kaufleute, Kinder, Matrosen, Metzger, Notare, Pilger, Reisende, Schreiber, Schüler; gegen Diebe, falsches Urteil; für glückliche Heirat, Wiedererlangung gestohlener Gegenstände

6. Dezember

Der hl. Nikolaus ist nach der Gottesmutter Maria der am meisten verehrte Heilige. Als Volksheiliger hat er sogar den hl. Martin auf den zweiten Platz verdrängt. Bräuche, die sich um den »Freund der Kinder« entwickelt haben, sind in ganz Europa verbreitet.

Dargestellt wird Nikolaus im Bischofgewand, drei goldene Kugeln auf einem Buch tragend oder mit drei Broten in der Hand, mit drei aus einem Bottich aufsteigenden Jungen, oder mit Anker und Schiff. Alle Darstellungen spielen auf legendäre Begebenheiten an.

Pater Giry beginnt seine Ausführungen über das »Leben des hl. Nikolaus« wie folgt: Euphemius, ein reicher, aber sehr frommer und wohltätiger Mann, war sein Vater, und Anna, Schwester des früheren Erzbischofs von Myra, seine Mutter. Er kam erst viele Jahre nach ihrer Hochzeit zur Welt, als sie nicht mehr auf Kinder hoffen konnten. Ein Bote vom Himmel brachte ihnen die frohe Nachricht. Er verhieß ihnen einen Sohn und gebot ihnen, sie sollten ihn Nikolaus nennen. Sie erzogen ihn gottesfürchtig und schickten ihn auf eine gute Schule. Schon als Kind und Jugendlicher soll der Heilige ein vorbildliches Leben geführt haben. Sein Onkel, der Bischof, weihte ihn dann zum Priester. Zu dieser Zeit wurden seine Eltern von der Pest hinweggerafft. Daraufhin verteilte Nikolaus das große Vermögen, das er erbte, unter die Armen. Der Onkel des Heiligen hatte ein Kloster erbaut und bestellte seinen Neffen Nikolaus zum Abt. Lange hatte dieser sich bescheiden gegen dieses hohe Amt gewehrt, aber, dem Wunsch der Mitbrüder folgend, übernahm er es schließlich doch, und er verwaltete es mit der größten Weisheit.

Nach dem Tod seines Onkels begab sich Nikolaus auf eine Wallfahrt, die ihn ins Heilige Land führte. Es wird erzählt, daß man sich über die Neuwahl des Nachfolgers auf dem Bischofsstuhl von Myra nicht hatte einigen können und die Versammelten inbrünstig den Heiligen Geist um Erleuchtung anriefen. Sie beschlossen, daß derjenige Priester Bischof werden sollte, der am nächsten Tag als erster die Kirche betreten würde. Und siehe, Nikolaus, der von alledem nichts wußte, betrat als erster Priester die Kirche und wurde somit Bischof. Es gehörte viel Mut und Klugheit dazu, in dieser Zeit der letzten Christenverfolgungen ein solches Amt zu verwalten. »Sollen meine Worte Kraft haben, in die Herzen einzudringen, so muß ich meinen Schäflein voranleuchten als ein Muster aller Tugenden«, pflegte Nikolaus zu sagen.

In den letzten Jahren der Christenverfolgungen unter dem Kaiser Gaius Galerius (um 242–311) ergriff man auch Nikolaus und sperrte ihn in den Kerker. Viele Prüfungen und Leiden hatte er dort zu erdulden und erhielt deshalb den Ehrennamen »Bekenner«. Als Konstantin jedoch die christliche Religion im Staat anerkannte, konnte der Bischof nach Myra zurückkehren. Auf dem Konzil von Nicäa verurteilte er die arianische Irrlehre. Nikolaus starb um 350 in hohem Alter.

Legende Nikolaus hatte erfahren, daß ein verarmter Edelmann auf den Gedanken gekommen war, seine drei Töchter einem Freudenhaus zu verkaufen, um sich dadurch vor der ärgsten Not zu retten. Der hl. Bischof beschloß, sofort zu helfen. Um als Wohltäter unbekannt zu bleiben, warf er in drei Nächten hintereinander jedesmal einen Beutel Goldstücke durch das Fenster in die Schlafkammer der Mädchen. Auf diese Weise wurden Schande und Not abgewandt. Aus dieser Legende mag später der Brauch entstanden sein, die Kinder in der Nacht zum Nikolaustag heimlich zu beschenken.
Eine andere Legende erzählt, wie Nikolaus der Schutzheilige der Seeleute geworden ist: Es geschah, daß eine Anzahl Seeleute auf dem Meer durch einen aufkommenden Sturm in große Gefahr gerieten. In größter Not riefen sie den hl. Nikolaus um Hilfe an. Da erschien er ihnen und steuerte das bedrohte Schiff selbst aus dem Sturm heraus. Als sie wieder sicher an Land waren, gingen sie alle gleich zu seiner Kirche und dankten dem Heiligen für ihre Rettung.

6. Dezember

Drei Hauptleute des Kaisers waren zu hohen Ehren gekommen. Von Neid erfüllt, beschuldigte sie der Anführer der Leibwache beim Kaiser, sie hätten sich des Hochverrats schuldig gemacht. Der Kaiser gab dem Verleumder Recht. Er ließ die Hauptleute in einen Turm einsperren und verurteilte die Unglücklichen zum Tode. In ihrer großen Not gedachten sie des heiligen Bischofs. Und obwohl sie weit von Myra eingesperrt waren, flehten sie zu Gott, er möge ihnen Bischof Nikolaus zu Hilfe schicken.

In der Nacht vor der Hinrichtung erschien der Heilige dem Kaiser im Traum und hielt ihm sein Fehlurteil vor. Er drohte mit der Strafe Gottes, wenn er das Todesurteil vollstrecken ließe. Erschreckt von diesem Gesichte, ließ der Kaiser die drei Hauptleute am anderen Tag frei und sandte sie nach Myra, damit sie dem heiligen Bischof für ihre Rettung danken konnten.

Diese Legende mag Anlaß gewesen sein, daß später im Westen die grausige Mär von den drei fahrenden Schülern entstanden ist, die ein Metzger getötet und in ein Faß eingepökelt hatte und die Sankt Nikolaus wieder zum Leben erweckte. Sie ist oftmals von den italienischen Malern in Bildern festgehalten worden. Womöglich aber handelte es sich dabei um ein Mißverständnis und es wurde hier der Turm, in dem die drei fahrenden Schüler gefangen gehalten wurden, für ein Pökelfaß gehalten.

Die Gestalt des Nikolaus, so wie er heute am Vorabend des 6. Dezember auftritt – mit langem weißen Bart in mit Pelz verbrämtem Kapuzenmantel –, wurde erst vor rund 100 Jahren von dem Maler Moritz von Schwind geschaffen.

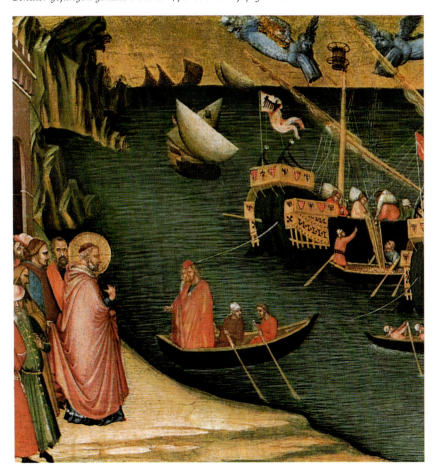

Szene aus dem Leben des hl. Nikolaus von Myra: Die Rettung aus der Hungersnot. Detail einer Altartafel von Ambrogio Lorenzetti, um 1330.

7. Dezember

Ambrosius

Geboren: um 339 in Trier (Rheinland-Pfalz)
Gestorben: 397 in Mailand (Italien)
Berufung/Beiname: Bischof, Kirchenlehrer; »Vater des Kirchengesangs«
Wirkungsstätten: Deutschland, Italien
Bedeutung des Namens: der Unsterbliche, der Göttliche (griechisch)
Namensformen: Ambrose, Ambroise, Ambrogio, Ambros
Patronat: Mailand, Bologna; Imker, Wachszieher; Bienen, Haustiere

Die schönste und ehrwürdigste Kirche Mailands, die Basilika S. Ambrogio, ist dem hl. Ambrosius geweiht. In dieser Kirche, die der Heilige gegründet hat, sind seine Gebeine neben denen der hll. Gervasius und Protasius beigesetzt. Ambrosius ist der älteste unter den vier großen abendländischen Kirchenlehrern. Sein Einfluß auf die Liturgie blieb so gewaltig, daß die heilige Messe in Mailand heute noch in einer vom Ritus der katholischen Kirche abweichenden Form zelebriert wird, nämlich in der ambrosianischen Form. Ambrosius war außerdem ein bedeutender theologischer Schriftsteller. Viele Schriften und zwölf herrliche Hymnen hat er hinterlassen. Darüber hinaus war er ein wortgewaltiger Prediger. Nicht vergessen werden darf, daß er den hl. Augustinus bekehrt und getauft hat. Auch kann Ambrosius als Mitschöpfer der mittelalterlich-christlichen Kultur gelten, denn er hat sie sehr gefördert.

Mit besonderer Kraft und Furchtlosigkeit trat er als unbeugsamer Vorkämpfer gegenüber Heidentum und Irrlehren für den rechten Glauben ein, manchmal sogar gegenüber der Staatsgewalt. Von ihm stammt das Wort: »Der Kaiser steht innerhalb der Kirche, nicht über ihr.« Sein großer Schüler Augustinus nannte ihn »einen der besten Männer, die auf der Erde wandelten«.

Ambrosius ist der einzige Kirchenvater, von dem wir noch heute ein Porträt besitzen. Es handelt sich um ein mit Namen bezeichnetes Mosaik in der seinem Bruder Satyrus geweihten Kapelle der Ambrosianischen Basilika, das zu Beginn des 5. Jahrhunderts geschaffen wurde. Es ist nicht idealisiert und kann deshalb als authentisch gelten.

Ambrosius entstammte einer christlichen Familie. Er war der Sohn des vornehmen römischen Präfekten von Gallien und kam um das Jahr 339 in Trier zur Welt. Nach dem frühen Tod des Vaters kehrte die Mutter mit ihren beiden Kindern Satyrus und Ambrosius nach Rom zurück. Nach dem Studium der Rhetorik und der Rechte trat der begabte Ambrosius in den Dienst des Oberstatthalters im römischen Reich. Dieser betraute ihn mit dem Amt des Konsuls zweier norditalienischer Provinzen mit Amtssitz in Mailand. Diese ganze Region stand zur damaligen Zeit im Zeichen der arianischen Glaubenswirren →.

Als der Bischof von Mailand, Auxentius, starb, entbrannte zwischen Katholiken und Arianern wegen der Wahl eines neuen Bischofs ein erbitterter Streit. Da erschien Ambrosius in der Kirche, um den Frieden wiederherzustellen. Und plötzlich einigten sich die beiden Parteien darauf, den jungen Staatsbeamten zu ihrem Bischof zu wählen. Obgleich christlich erzogen, war Ambrosius zu dieser Zeit noch Katechumene, das heißt, er bereitete sich gerade auf den Empfang der Taufe vor. Er ließ sich nun taufen und wurde am 7. Dezember 374 mit Billigung des Kaisers zum Bischof geweiht.

Ambrosius wurde zu einem der beliebtesten und bedeutendsten Bischöfe aller Zeiten. Neben Predigt, Seelsorge und Lehrtätigkeit, Bekämpfung des Irrglaubens und Regelung kirchenpolitischer Angelegenheiten mußte er erst einmal gründliche theologische Studien nachholen.

7. Dezember

Nach dem Tod des römischen Kaisers Valentinian I. (321–375) traten die politischen Aufgaben noch mehr in den Vordergrund. Gratian, der erst siebzehnjährige Sohn des Kaisers, ließ sich von Ambrosius beraten. Er beseitigte auf dessen Anregung die Restbestände der heidnischen Religion im Staat. Nachdem der junge Kaiser auf Veranlassung des Usurpators Clemens Maximus in Lyon durch Verräterhand ermordet worden war, entsandte der Hof Ambrosius als Legaten zu Verhandlungen nach Trier, wo Maximus gerade weilte.

Ambrosius hielt ihm die Anstiftung zu dieser Bluttat unnachsichtig vor Augen. Seiner politischen Geschicklichkeit ist es zu verdanken, daß Maximus einem Friedensvorschlag zustimmte, der den Konflikt zwischen den drei großen rivalisierenden Gruppierungen im römischen Territorium entschärfte. Maximus wurde neben Valentinian II., einem Stiefbruder des ermordeten Gratian, und dem Ostkaiser Theodosius als dritter Kaiser anerkannt.

In Mailand setzte nun Justina, die Kaiserinwitwe, die eine leidenschaftliche Arianerin war, Bischof Ambrosius Widerstand entgegen. Als sie für ihre Glaubensgenossen eine Kirche innerhalb Mailands verlangte, kam es zu Tumulten. Das Volk stellte sich zwar auf die Seite seines Oberhirten, aber während dieser Zeit wurde der mutige Bischof mitsamt seinen Getreuen von der arianischen Gegenpartei sogar einmal zwei Tage lang in einer Kirche eingeschlossen. Schließlich gaben Justina und mit ihr der kaiserliche Hof nach, ohne das Ziel einer Kirche innerhalb der Mauern Mailands erreicht zu haben.

Ruf und Ansehen des Bischofs Ambrosius stiegen dadurch immer mehr. Die feierliche Erhebung der Gebeine der beiden Mailänder Märtyrer Gervasius und Protasius im Jahre 386 festigte seine Stellung weitgehend. Sogar Kaiser Theodosius der Große (um 347–395), der inzwischen zum letzten Mal das oströmische Reich mit dem weströmischen vereint hatte, mußte nun die herausragende Bedeutung des hl. Ambrosius anerkennen.

Nach dem Blutbad von Thessalonike redete Ambrosius dem Herrscher ernsthaft ins Gewissen und forderte von ihm das öffentliche Bekenntnis, daß er gesündigt hatte. Außerdem nötigte er ihn durch die Strafe des Kirchenbanns zur Zurücknahme ungerechter Strafedikte. Als der mit dem Bann belegte Kaiser im Jahr 390 trotzdem die Mailänder Kirche zu betreten versuchte, stellte sich dem Kaiser der Bischof im vollen Ornat entgegen und wies ihn zurück. Theodosius nahm daraufhin die ihm auferlegte Buße ohne Widerrede an.

Wie viele andere Heilige sah auch Ambrosius seinen Tod voraus. In der Nacht vom 3. auf den 4. April – es war ein Karfreitag – empfing er die hl. Kommunion und entschlief in der Frühe des Ostersamstags im Jahr 397. Ambrosius ist seit dem Jahr 1338 Schutzpatron der Stadt Mailand.

Legende Als Ambrosius noch ein kleines Kind war und eines Tages, in seiner Wiege liegend, fest schlief, kam ein Schwarm Bienen dahergeflogen. Der ließ sich auf seinem Gesicht nieder und drang in seinen offenen Mund, als wäre es ein Bienenstock. Die Bienen taten dem Säugling jedoch nichts zuleide und flogen nach einer Weile weiter, ehe die erschreckten Eltern ihnen wehren konnten. Der Vater legte dieses seltsame Ereignis als ein Zeichen dafür aus, daß die Zukunft Großes mit seinem Sohn plante. Später wurden die Bienen als Sinnbild für seine Beredsamkeit und Gelehrsamkeit gedeutet.

Ambrosius, Berater dreier römischer Kaiser, verstand es glänzend, Rechte für die eben erst legitimierte christliche Kirche gegenüber dem Staat zu erstreiten. Sein Credo »Der Kaiser steht innerhalb der Kirche, nicht über ihr« birgt bereits den Zündstoff für den mittelalterlichen Machtkampf zwischen Papst und Kaiser.

Ambrosius wird dargestellt im bischöflichen Ornat, mit Bienenkorb als Sinnbild der Gelehrsamkeit, mit Buch und Geißel, weil er Kaiser Theodosius mit einer öffentlichen Kirchenbuße maßregelte, mit Gebeinen in der Hand, weil er angeblich die Überreste der Märtyrer Gervasius und Protasius in Mailand fand.

8. Dezember

Fest der unbefleckten Empfängnis Mariä

Das Geheimnis des Festes der Unbefleckten Empfängnis Mariens besagt, »daß Maria im ersten Augenblick ihrer Empfängnis durch besondere Gnade und Bevorzugung vor allem Makel der Erbsünde bewahrt wurde«. (Otto Wimmer)

Es ist das vierte der Haupt-Marienfeste neben den Festen Mariä Verkündigung (25. März), Mariä Himmelfahrt (15. August), Mariä Geburt und Mariä Namen (8. September). Schon in frühchristlicher Zeit verdeutlichten Kirchenväter und Kirchenlehrer das Glaubensbewußtsein der Kirche. Sie lehrten zwar noch nicht die unbefleckte Empfängnis Mariens unmittelbar, aber die von ihnen hervorgehobenen zwei Grundgedanken schlossen diese Glaubenslehre bereits ein. Der eine Grundgedanke war die Idee der vollkommensten Heiligkeit Mariens. So sagte der hl. Ephraim: »An Dir, Herr, ist kein Fleckchen, und kein Makel an Deiner Mutter.« Der andere Grundgedanke bezog sich auf die Ähnlichkeit und den Gegensatz zwischen Maria und Eva. Maria ist danach einerseits vergleichbar mit Evas Reinheit und Unversehrtheit vor dem Sündenfall, andererseits ein Gegenbild, weil Eva das Verderben verursachte, Maria aber der Quell des Heils wurde.

Im griechischen Osten ist das Fest schon seit dem 7. Jahrhundert nachweisbar. Im byzantinischen Reich wurde dieser Tag als Feiertag mit Arbeitsruhe begangen. Vom 12. Jahrhundert an breitete sich das Fest auch im Abendland aus. Papst Klemens XI. schrieb das Fest der unbefleckten Empfängnis Mariä 1708 für die Kirche vor, nachdem es 1476 von Sixtus IV. als Fest mit Messe und Offizium (Amt) gutgeheißen worden war. Innozenz XII. (1691–1700) fügte eine Oktav an, die 1854 von Pius IX. erneut bestätigt, 1955 von Pius XII. aufgehoben wurde.

Nach Befragung des gesamten Episkopats verkündete Papst Pius IX. am 8. Dezember 1854, umgeben von zweihundert Bischöfen, feierlich den Glaubenssatz: »Die allerseligste Jungfrau Maria ist vom ersten Augenblick ihres Daseins durch eine besondere Gnade Gottes im Hinblick auf die Verdienste Jesu Christi vor allem Makel der Erbsünde bewahrt geblieben. Diese Lehre wurde von Gott geoffenbart und ist deshalb von allen Katholiken zu glauben.« Pius IX. hat das Fest zum gebotenen Feiertag für die katholische Welt erhoben. Zur inhaltlichen Erklärung dieses vielumstrittenen Dogmas zitieren wir Bernhard van Acken: »Bei diesem Fest geht es um die einzigartige Weise, in der Maria erlöst worden ist. Wir alle sind durch das Blut Christi von der Erbsünde befreit worden. Bei uns wirkt die Gnade Christi durch die Taufe nachträglich heilend. Bei Maria wirkte sie vorbeugend. Maria wurde nach dem Ratschluß Gottes von Anfang an frei von Erbschuld geschaffen im Hinblick auf Würde und Werk ihres Sohnes. Die unbefleckte Empfängnis Mariens bezieht sich also nicht, wie viele meinen, auf die Empfängnis Christi im Schoße seiner jungfräulichen Mutter, auch nicht auf das Tun und Verhalten der Eltern Mariens, sondern sie besagt, daß Maria geschmückt mit der einmaligen, heiligmachenden Gnade aus der Hand des Schöpfers hervorging.« Nach dem Meßbuch von A. Schott ist »Gegenstand des Festes der erhabene Vorzug, kraft dessen Maria durch die Erlöserverdienste Jesu Christi vor der Erbsünde bewahrt blieb und mit einer Fülle von Gnaden ausgestattet wurde.« Was die Heilige Schrift von der unerschaffenen göttlichen Weisheit sagt (Spr. 8, 22-25), überträgt die Kirche in der Lesung der Festmesse vom 8. Dezember auf die allerseligste Jungfrau und Gottesmutter Maria: »Der Herr besaß mich im Anfang Seiner Wege, von Anbeginn, noch bevor Er etwas geschaffen hat.« Viele Male hat sich die Kunst der geheimnisvollen Gestalt der »Immaculata«, der Makellosen, gewidmet. Auf den meisten dieser Darstellungen steht die jungfräuliche Himmelskönigin, weiß gekleidet, auf der Mondsichel oder auf der Erdenkugel. Über ihrem Haupt glänzt ein Kranz aus zwölf Sternen.

9. Dezember

Leokadia

Nach dem römischen Martyrologium war Leokadia eine Märtyrerin, die unter dem Legaten Dacianus um 303 oder 304 um ihres Glaubens willen zu Tode gequält wurde. Ihre Verehrung wird in Toledo, wo sie starb, seit dem 5. Jahrhundert bezeugt. Leokadia war eine eifrige Christin. Sie wurde während der diokletianischen Verfolgungen gefoltert. Da sie trotz aller Qualen ihren Glauben nicht verleugnete, wurde sie eingekerkert und starb gefesselt in ihrem Gefängnis. Vor ihrem Tod hatte die Bekennerin das Kreuz Christi in den harten Fels eingedrückt, als Zeichen ihres ungebrochenen Glaubens. Ihre Gebeine wurden in Toledo beigesetzt, später wegen der Maureneinfälle zunächst nach Oviedo, dann in die Abtei Saint-Ghislain bei Mons überführt. König Philipp II. ließ ihre Reliquien unter großen Ehren nach Toledo zurückbringen.

Geboren: unbekannt
Gestorben: um 303 in Toledo (Spanien)
Berufung/Beiname: Märtyrerin
Wirkungsstätte: unbekannt
Bedeutung des Namens: die Freundliche, die Sanfte (griechisch)
Namensformen: Lea, Ada

9. Dezember

Liborius Wagner

Liborius starb als Märyrer während des Dreißigjährigen Krieges, weil er unbeirrt dem katholischen Glauben die Treue hielt. Er wurde 1593 in Mühlhausen in Thüringen geboren. Die Eltern erzogen ihn im evangelischen Glauben, und erst im Lauf seiner Studienjahre in Straßburg und vor allem später in Würzburg lernte er die Glaubensregeln der katholischen Kirche kennen und schätzen. Nach langen inneren Zweifeln konvertierte Liborius zum katholischen Glauben. Er studierte daraufhin Theologie bei den Jesuiten und wurde bereits zwei Jahre später zum Priester geweiht. Ab 1626 war er als Pfarrer in Altenmünster bei Würzburg tätig. Als die Schweden 1631 in sein Dorf eindrangen, nahmen sie Liborius gefangen, denn als »Verräter am evangelischen Glauben« und noch dazu als katholischer Priester sahen sie in ihm einen Erzfeind. Durch Folterung versuchten sie, ihn zum Abfall vom katholischen Bekenntnis zu bringen. Getreu seinem Ausspruch: »Ich lebe, leide und sterbe päpstlich-katholisch« starb Liborius nach fünftägigem Martyrium am 9. Dezember durch den Dolchstoß seiner Peiniger. Seine Leiche warf man in den Main. Fischer fanden und bestatteten sie heimlich. Erst nach Abzug der Schweden 1634 überführte man seine Reliquien in die Schloßkapelle von Mainburg, von wo sie später in die Pfarrkirche von Heidenfeld gebracht wurden. Papst Paul VI. sprach Liborius Wagner 1974 selig.

Geboren: 1593 in Mühlhausen (Thüringen)
Gestorben: 1631 in Schonungen (Bayern)
Berufung/Beiname: Priester, Märtyrer
Wirkungsstätte: Deutschland
Bedeutung des Namens: der Freie (lateinisch)
Namensformen: Liberius, Libero, Borries, Börries, Borges

10. Dezember

Vicelin von Lübeck

Geboren: um 1090 in Hameln (Niedersachsen)
Gestorben: 1154 in Neumünster (Schleswig-Holstein)
Berufung/Beiname: Missionar, Klostergründer, Bischof; »Apostel der wagrischen Wenden«
Wirkungsstätten: Frankreich, Norddeutschland
Bedeutung des Namens: der Weise (althochdeutsch)
Namensformen: Vico

In der Gestalt des hl. Vicelin haben wir eine streng geschichtliche Persönlichkeit vor uns, die zur Legendenbildung kaum Anlaß gab. Das Lebensbild des Heiligen verdanken wir der Schilderung seines Schülers Helmold von Bosau.

Vicelin wurde um 1090 in Hameln an der Weser geboren. Zunächst war er als Hauslehrer bei einer adeligen Familie tätig. Als Vicelin aber erkennen mußte, wie gering seine Kenntnisse waren, besuchte er die Paderborner Domschule. Anschließend kam Vicelin dann als Kanonikus nach Bremen, wo er sich durch eine fast übermäßige sittliche Strenge hervortat. Im Jahr 1123 ging er nach Frankreich, um dort seine theologischen Studien zu beenden. Einen großen Einfluß auf ihn hatte der Gründer des Prämonstratenserordens, Norbert von Magdeburg, der Vicelin im Jahr 1126 zum Priester weihte.

Vicelin übernahm nun im Auftrag des Erzbischofs Adalbero von Bremen von Alt-Lübeck aus die Missionierung der heidnischen Wenden (Wagrier). Die ständigen Unruhen und Aufstände der wendischen Bevölkerung im heutigen Holstein erschwerten sein Missionswerk sehr. Immer wieder mußte der eifrige Glaubensbote neue Rückschläge hinnehmen. Mehrmals befand er sich sogar in Lebensgefahr und mußte die Flucht ergreifen, um sich und seine Geistlichen in Sicherheit zu bringen. Doch Vicelin blieb, obwohl er vorerst keine glänzenden Erfolge aufzuweisen hatte, bei der einmal übernommenen Aufgabe.

Er gründete die Augustinerchorherrenstifte Neumünster und Segeberg. Die auf seine Veranlassung hin erbauten Kirchen tragen noch heute die Bezeichnung »Vicelinkirchen«. Im Jahre 1138 überfiel der Wendenkönig Lübeck, und viele Christen fanden den Tod. Im Jahr 1159 wurde Vicelin zum Bischof von Oldenburg geweiht. Durch den Investiturstreit, der zwischen Erzbischof Hartwig I. von Bremen und Herzog Heinrich dem Löwen entbrannt war, geriet Vicelin abermals in Konflikte. Er mußte sich schließlich dem Herzog Heinrich beugen, um sich in seiner Stellung halten zu können.

Trotz all dieser Enttäuschungen setzte Vicelin sein Missionswerk unbeirrt fort. Er trat mit lebendiger Beredsamkeit auf und verkündete unermüdlich die Botschaft des Evangeliums, bis er sich von seiner Arbeit zurückziehen mußte. Die letzten beiden Jahre seines Lebens lag er gelähmt und unter großen Schmerzen im Kloster Neumünster. Er starb am 12. Dezember 1154. Sicherlich litt er tief darunter, daß seinem Lebenswerk scheinbar solch große Mißerfolge beschieden waren, und ahnte nicht, daß ihm die Kultivierung eines der rauhesten Landstriche Deutschlands zu verdanken ist. Vicelin, der Apostel der wagrischen Wenden, bleibt mit der Geschichte des Landes Holstein eng verbunden.

Die Gebeine des hl. Vicelin kamen im Jahr 1332 nach Bordesholm. Nur noch eine Inschrift vor dem Hochaltar weist auf den Platz hin, an dem sie ruhten, die Reliquien selbst wurden während der Reformationszeit beseitigt. Ein in der gleichen Kirche befindliches Glasgemälde ist dem Andenken des Missionars von Holstein gewidmet. Neuerdings lebte die Erinnerung an ihn wieder auf. Man hat mehrere evangelisch-lutherischen Kirchen nach ihm benannt.

Dargestellt wird Vicelin von Lübeck als Bischof, in der rechten Hand eine Kirche tragend, die er mit dem linken Arm abstützt. Gedeutet wird dies oft so, daß die Kräfte des Bischofs für seine gewaltige Aufgabe nicht ausreichten.

Damasus

11. Dezember

Papst Damasus wurde im Jahr 366 unter sehr dramatischen Umständen gewählt. Von den Arianern → war aber Ursinus als Gegenpapst aufgestellt worden. Da Ursinus auf seinen vermeintlichen Rechten als Papst bestand, kam es zu handgreiflichen Kämpfen zwischen den beiden Parteien, die erst, als Ursinus nach Gallien verbannt worden war, beigelegt werden konnten.

Damasus wurde um 305 geboren. Er stammte aus einer spanischen Familie, die jedoch in Rom lebte. Nach Abschluß seiner Studien war er zunächst als Diakon unter Papst Liberius tätig. Zu jener Zeit hatte er schon die Schicksale der Märtyrer im päpstlichen Archiv erforscht, denen er später die berühmten sogenannten »damasianischen Inschriften«, Sinngedichte, widmete: Epigramme, die er von seinem Kalligraphen (Schönschreiber) Philokalus auf Marmorplatten einmeißeln ließ und mit denen er viele Märtyrergräber in Rom schmückte. Noch heute zeigt man an der Eingangswand von San Sebastiano ad catacumbas eine derartige Schrifttafel, die den Lobgesang des Papstes Damasus auf den hl. Eutychius verkündet. Papst Damasus hat der Nachwelt einen großen Dienst erwiesen, indem er die von Kaiser Diokletian geschlossenen Katakomben wieder für die Gläubigen zugänglich machte. Er ließ die verschütteten Gänge ausgraben und Treppen sowie Stützmauern und Lichtschächte anlegen. Dadurch sorgte er dafür, daß die Katakomben heute noch begangen werden können.

Aber nicht nur als Bauherr und Dichter zeichnete sich Damasus aus. Er förderte alle, die durch Weisheit und Weitsicht der Kirche dienten. Während seines Pontifikats griffen sechs bedeutende Kirchenlehrer, nämlich die hll. Basilius der Große, Gregor von Nazianz, Gregor von Nyssa, Ambrosius, Hieronymus und Hilarius von Poitiers, in die theologischen Auseinandersetzungen ein. Gemeinsam mit diesen hervorragenden Gelehrten konnte Damasus gegen die Irrlehren des Arianus und jene der Donatisten, Apollinaristen und Pneumatomachen ankämpfen und die Wahrheit der Lehre Christi durchsetzen.

Damasus berief den hl. Hieronymus zu seinem Geheimsekretär. Er betraute den großen Gelehrten mit der Neubearbeitung der biblischen Texte sowie mit ihrer Übersetzung aus dem Griechischen und Hebräischen in die lateinische Sprache. Dadurch entstand die sogenannte »Vulgata«. Sie wurde vom Konzil zu Trient zur authentischen lateinischen Bibelübersetzung erklärt und wird heute noch in der Liturgie benutzt. Die Lehre von der Trinität Gottes wurde während seines Pontifikats, bedingt durch die tiefgreifenden Auseinandersetzungen mit den Irrlehrern, entscheidend weiterentwickelt und erreichte einen Stand, der dem heutigen bereits in etwa entsprach. Das Glaubensbekenntnis erhielt unter Damasus seine heute noch gültige Form, auch wenn es erst von Benedikt VIII. (1012–1024) in das römische Meßbuch aufgenommen wurde. Von Damasus' Regierungszeit an war Latein die Sprache für die Meßfeier in der westlichen Kirche. Auch das »Gloria Patri« am Schluß der Psalmen ist von ihm eingeführt worden.

Dieser Papst legte für die Vorrangstellung Roms vor Konstantinopel bzw. Byzanz das eigentliche Fundament. Er war der erste große Papst-Herrscher der

Geboren: um 305 in Rom
Gestorben: 384 in Rom
Berufung/Beiname: Apologet, Papst
Wirkungsstätte: Italien
Bedeutung des Namens: der Bändiger, der Bezwinger (griechisch)
Namensformen: Damaso, Damascent
Patronat: gegen Fieber

Papst Damasus erreichte, daß die christliche Kirche, die im Mailänder Toleranzedikt von 313 staatlich legitimiert worden war, theologisch und organisatorisch so weit gefestigt wurde, daß sie den Stürmen der Völkerwanderung standhielt.

Damasus wird dargestellt mit Papstkreuz und Buch, das die Aufschrift »Vulgata« trägt, und mit einem Kirchenmodell. Eine Abbildung von Papst Damasus ist auch in der Sixtinischen Kapelle in Rom zu finden.

Spätantike, der erste, der den Titel »Pontifex Maximus« von den römischen Kaisern auf die Päpste übertrug. Seine lange Regierungszeit gab der Kirche nach den Verfolgungen und Wirren der inneren Spaltungen endlich die Möglichkeit zum systematischen Aufbau in einer längeren Zeit des Friedens.

Papst Damasus I. starb am 10. Dezember 384. Er wurde zunächst in der Grabstätte neben der Domitilla-Katakombe beigesetzt, die er für sich, seine Mutter und seine Schwester Irene hatte anlegen lassen. Von dort wurden seine Reliquien später in die von ihm erbaute Titelkirche S. Lorenzo in Damaso übertragen. Auf ihrem Platz entstand Ende des 15. Jahrhunderts der Palazzo della Cancelleria, in den die bereits bestehende Kirche als Palastkapelle integriert worden ist.

12. Dezember

Johanna Franziska von Chantal

Geboren: 1572 in Dijon (Frankreich)
Gestorben: 1641 in Moulins (Frankreich)
Berufung/Beiname: Ordens- und Klostergründerin, Mystikerin
Wirkungsstätte: Frankreich
Bedeutung des Namens: die, an der Gott gnädig gehandelt hat (von Johannes; hebräisch)
Namensformen: Hanna, Hanne, Giovanna, Juana, Janet, Jenny
Patronat: für eine glückliche Entbindung

Der Lebensweg der hl. Johanna Franziska von Chantal war eng mit dem ihres geistigen Führers, dem hl. Franz von Sales, verbunden. Die geistige Zwiesprache der beiden Heiligen ist uns in einer Reihe ergreifender Briefe erhalten geblieben. Dieser Briefwechsel ist außerdem für pastorale und theologische Fragen eine wahre Fundgrube geworden.

Johanna Franziska war eine Tochter des burgundischen Parlamentspräsidenten Frémiot und wurde am 28. Januar 1572 in Dijon geboren. Das Mädchen genoß eine besonders strenge, christliche Erziehung. Im Jahr 1592 vermählte sie sich mit Baron Christoph von Chantal, mit dem sie neun Jahre in glücklicher Ehe auf dessen Schloß Bourbilly lebte und vier Kinder gebar. Sie war eine treusorgende Mutter sowie eine vortreffliche Erzieherin ihrer Kinder und leitete ihren häuslichen Bereich mit Umsicht und Liebe.

Dieses Glück ging jedoch jäh zu Ende, als ihr Mann durch einen Jagdunfall im Jahr 1601 ums Leben kam. Johanna Franziska legte nun das Keuschheitsgelübde ab und lebte von da an nur mehr für ihre Kinder und vor allem für die Verwirklichung christlicher Ideale. Schon zu dieser Zeit flehte Johanna Franziska den Himmel unablässig an, ihr einen Seelenführer zu schicken, der ihr die richtigen Wege bei diesem Vorhaben weisen würde.

Als Johanna Franziska am 5. März 1604 in Dijon Franz von Sales, den Bischof von Genf, predigen hörte, war sie tief beeindruckt. Sie vertraute sich ihm an, und von nun an folgte sie seiner geistigen Führung. Gemeinsam gründeten sie 1610 die Gemeinschaft der »Schwestern von der Heimsuchung Mariens« – auch Salesianerinnen oder Visitantinnen genannt –, die sich der Kranken und Armen annehmen sollte. Johanna Franziska übernahm die Leitung des Ordens. Bald schon erkannte man, wie segensreich die Arbeit dieser frommen Dienerinnen war. Viele edle Frauen des französischen Adels traten dem Orden bei oder unterstützten ihn durch Spenden und Schenkungen. Ursprünglich schrieben die Ordensregeln für die Schwestern keine strenge Klausur vor. Aber Papst Paul V. (1552–1621) war die bisherige lockere klösterliche Form zu fortschrittlich, so daß auch die Klausur eingeführt werden mußte. Die Salesianerinnen verbinden das geistlich beschauliche Leben mit intensiver caritativer Arbeit.

Schwere Schicksalsschläge blieben Johanna Franziska von Chantal nicht erspart. Aber auch in Krankheit und seelischer Not konnte ihr Gottvertrauen durch nichts erschüttert werden. Aus dieser inneren Verbindung mit Gott schöpfte sie immer wieder Zuversicht, Fröhlichkeit und Frieden.

Bei der Visitation eines ihrer Klöster erlitt die Heilige einen Schwächeanfall. Den nahen Tod vor Augen, ließ sie noch einen Abschiedsbrief an ihre Schwester niederschreiben und, mit den hl. Sakramenten gestärkt, empfahl sie Gott ihre Seele. Johanna Franziska starb am 13. Dezember des Jahres 1641 in Moulins.

Ihr Leichnam wurde später nach Annecy gebracht, wo auch ihr hl. Lehrer und geistiger Führer Franz von Sales seine letzte Ruhestätte gefunden hatte. Im Jahre 1767 wurde sie von Papst Clemens XII. heiliggesprochen. Schon zu Lebzeiten Johannas waren einundachtzig Salesianerinnenklöster entstanden. Heute ist der Orden über die ganze Welt verbreitet.

Legende Während Johanna Franziska eines Abends in der Nähe des Schlosses spazierenging, kamen ihr drei wohlgestaltete Jünglinge entgegen und baten sie um ein Almosen. Sie hatte aber nichts bei sich als einen kostbaren Ring, den sie von ihrem verstorbenen Gatten erhalten hatte und der ihr sehr teuer war. Ohne sich lange zu besinnen, gab sie einem Jüngling den Ring mit dem Wunsch, sie sollten den Verkaufserlös gerecht untereinander teilen. Dieser nahm freundlich lächelnd den Ring, Johanna Franziska aber fühlte sich plötzlich von der Gegenwart Gottes so angerührt, daß sie auf die Knie fiel und dankte. Als sie sich wieder erhob, waren die Jünglinge verschwunden. Von da an kannte ihre Liebe zu den Armen und Bedürftigen keine Grenzen mehr.

Dargestellt wird Johanna Franziska von Chantal als Ordensfrau in der Tracht der Salesianerinnen, ein Herz mit dem Namen Jesu in der rechten Hand, ein Buch in der Linken.

13. Dezember

Lucia von Syrakus

Die Existenz der Heiligen ist zweifellos historisch, wenn auch ihre überlieferte Leidensgeschichte zumindest teilweise legendär ist. Sie erlitt ihr Martyrium um das Jahr 304 in Syrakus auf Sizilien. Eine Inschrift in der dortigen Giovanni-Katakombe erwähnt ihr Fest schon um 400. An der Stelle, wo sie der Überlieferung nach für ihren Glauben starb, wurde später ihr zu Ehren eine Kirche errichtet. Das heutige, immer wieder umgestaltete Gotteshaus ist ein Bau aus dem 12. Jahrhundert. Rechts vom Chor steht die Granitsäule, an der die hl. Lucia hingerichtet worden ist. In der Apsis hat Caravaggio im Jahr 1609 das Begräbnis der Heiligen auf einem Gemälde dramatisch dargestellt.

In Syrakus wird noch eine Rippe der Heiligen verwahrt. Ihre anderen Reliquien wurden dagegen von den Byzantinern nach Konstantinopel gebracht, von wo die Venezianer beim vierten Kreuzzug im Jahr 1204 einen Teil nach Venedig mitnahmen. Dort werden sie auch heute noch in der Kirche S. Geremia verehrt.

Durch Vermittlung Kaiser Ottos des Großen soll ein anderer Teil der Gebeine der hl. Lucia im Jahr 970 ins Vinzenzkloster von Metz gebracht worden sein.

Im Dom von Syrakus, jener eindrucksvollen Basilika, die in einen antiken Tempel eingebaut wurde, ist der hl. Lucia eine Kapelle geweiht. Dort steht eine gekrönte Silberstatue der Heiligen mit Palmzweig und Öllämpchen.

Geboren: um 285 in Syrakus (Sizilien)
Gestorben: um 304 in Syrakus
Berufung/Beiname: Märtyrer
Wirkungsstätte: Sizilien
Bedeutung des Namens: die Lichte, die Leuchtende (lateinisch)
Namensformen: Luzia, Luzie, Luci
Patronat (Auswahl): Bauern, Blinde, Notare, Schneider, Schreiber; gegen Augen- und Infektionskrankheiten

In Schweden wird ihr Gedenktag in ganz besonderer Form gefeiert. Dort, wie in ganz Skandinavien, wird die hl. Lucia von Syrakus allgemein als die »Lichtträgerin« verehrt. Damit sind seit frühester Zeit auch allerlei heidnische Bräuche verknüpft. In Bayern wird ihrer am 13. Dezember besonders in Fürstenfeldbruck gedacht. Nachdem die hl. Lucia die Stadt im Jahr 1785 vor einer Überschwemmung bewahrt hat, läßt man alljährlich in Erinnerung an diese Rettung selbstgebastelte kleine Luzienhäuschen auf der Amper schwimmen. Die vielen brennenden Kerzen illuminieren und verzaubern dann Wasser und Uferböschung.

Lucia wird als Jungfrau in einem langen Gewand dargestellt. Beigegeben sind ihr Doppelkreuz, Buch, Palme, Lampe, Kerze, Fackel, Schwert, das manchmal auch in ihrem Hals steckt, oder ein Dolch. Michelangelo da Caravaggio malte das Begräbnis der Blutzeugin Lucia von Syrakus.

Legende Die hl. Lucia war eine edle Jungfrau in der Stadt Syrakus. Ihre Mutter hatte Blutfluß, und kein Arzt konnte ihr helfen. Deshalb wallfahrteten Mutter und Tochter nach Catania zum Grab der hl. Agatha. Im Gebet erschien Agatha der Heiligen und sprach: »Meine Schwester, warum verlangst du von mir, was du selbst sogleich deiner Mutter gewähren kannst? Dein Glaube hat sie geheilt!« Gesund kehrten beide nach Syrakus zurück. Daraufhin spendeten beide Frauen ihr gesamtes Vermögen den Armen. Lucia legte das Gelübde der Keuschheit ab. Aber der enttäuschte Bräutigam, ein heidnischer Jüngling, war darüber so erbost, daß er sie beim Statthalter Paschasius als Christin anzeigte. Als Paschasius sie verhörte, gab Lucia ihm die kühnen, aber ehrlichen Antworten, die Christen während der Verfolgungszeiten stets auszeichneten. Sein Urteil lautete danach: Lucia sollte in ein öffentliches Haus gebracht werden, um ihre Keuschheit zu verlieren, und der Heilige Geist, der sie, wie Lucia dem Richter gesagt hatte, erleuchtet habe, würde dann von ihr weichen.

Da wurde die Heilige durch die Kraft und Gnade des Heiligen Geistes so schwer, daß man sie, wie einen überschweren Felsbrocken, nicht mehr von der Stelle bewegen konnte. Nun errichtete man einen Scheiterhaufen. Doch auch Feuer und siedendes Öl, mit dem man die Jungfrau übergoß, richteten keinen Schaden an. Da erfaßte den Statthalter große Angst, und er befahl, sie mit dem Dolch zu töten. Mit dem Dolch im Hals hat sie noch so lange gelebt, bis sie die hl. Kommunion empfangen hatte. Erst dann starb sie.

14. Dezember

Johannes vom Kreuz

Der begnadete Dichter und spanische Mystiker Johannes vom Kreuz ist für uns heutige Menschen wohl eine der unzugänglichsten Gestalten unter den Heiligen. Er ist aber gleichzeitig auch zweifellos eine der größten Heiligen, an die durch die Liturgie des Kirchenjahres erinnert wird.

Im Jahr 1926 wurde der »Doctor mysticus« zum Lehrer der ganzen Kirche ernannt. Johannes vom Kreuz hat den männlichen Zweig des Karmeliterordens reformiert, wie dies die hl. Teresa von Avila für die Karmeliterinnen in die Wege geleitet hat. Mit Teresa verband ihn eine innige Freundschaft. Pius XI. bezeichnete 1926 seine Schriften als »Gesetzbuch und Schule der gläubigen Seele«.

Juan de Yepes, wie er ursprünglich hieß, wurde 1542 in Fontivera in Westspanien geboren. Sein Vater Consalvus war ein verarmter Adeliger, der als Seidenweber arbeitete. Nach dessen frühem Tod kam Johannes in ein Waisenhaus. Dort wurde er im Kirchen- und Spitaldienst beschäftigt und mußte Almosen für

Geboren: 1542 in Fontiveros (Spanien)
Gestorben: 1591 in Ubeda (Spanien)
Berufung/Beiname: Karmeliterprior, Mystiker, Kirchenlehrer; »Doctor mysticus«, »Lehrer der Heiligkeit und Frömmigkeit«
Wirkungsstätte: Spanien
Bedeutung des Namens: der, an dem Gott gnädig gehandelt hat (hebräisch)
Namensformen: Hans, Hennes, Jens, Iwan, Ivan

die Kranken sammeln. Da seine hohe geistige Begabung bald erkannt wurde, durfte er mit siebzehn Jahren die Jesuitenschule besuchen. 1563 trat Johannes in den Karmel ein und erhielt den Beinamen »vom Kreuz«. Gefördert von Don Alvarez di Toledo, studierte er an der berühmten Universität von Salamanca. Bald nachdem er zum Priester geweiht worden war, fand seine erste Begegnung mit der großen Teresa statt. Johannes gestand ihr, daß er nun Kartäuser werden wollte, weil der Karmel seinen Vorstellungen nicht entsprach. Doch Teresa gelang es, ihn für einen anderen Plan zu begeistern.

Am 28. November 1568 gründete Johannes das erste Kloster der sogenannten »Unbeschuhten Karmeliter« in Durvello und lebte dort zunächst mit einem einzigen Bruder unter unsäglichen Entbehrungen. Weitere Gründungen in Kastilien folgten aber rasch. Im Jahre 1572 kam er nach Avila und wurde Beichtvater der Karmeliterinnen. Nun begannen die Auseinandersetzungen mit dem alten Karmel, der in den Reformen des Johannes einen regelrechten Abfall vom ursprünglichen Ideal sah. Die bald folgenden Strafen, denen man Johannes unterwarf, sind heute nur noch aus der fanatischen Einstellung des spanischen Katholizismus des 16. Jahrhunderts zu begreifen.

Johannes wurde als Rebell angeklagt und zu strengster Haft verurteilt. Seine Zelle war dunkel und heiß, es gab nur Wasser und Brot, und immer wieder wurde er grausam gegeißelt. Aber der Heilige betrachtete diese Leidenszeit als Läuterungsweg. Ohne jegliche innere Verbitterung stand er weiterhin zu seiner Überzeugung. Als ihm ein von Mitleid erfüllter Bruder Papier und Tinte verschaffte, schrieb er im Gefängnis seine schönsten Gedichte und legte damit den Grundstock zu seiner Lehre. Die Titel der Gedichte deuten dies bereits an. Durch die »Dunkle Nacht«, in der der Mensch, entblößt von allem, allein ist mit Gott, geht er den »Aufstieg zum Berge Karmel«, bis sich in ihm die »Lebendige Liebesflamme« entzündet, die der vollkommen geläuterten Seele die Vereinigung mit Gott schon hier auf Erden schenkt.

Nach qualvollen eineinhalb Jahren Haft gelang Johannes schließlich die Flucht. Zunächst begab er sich zu den Karmeliterinnen, denn er wurde immer noch gesucht. Gesundheitlich einigermaßen wiederhergestellt und von weiteren Anklagen verschont, wirkte er dann als Rektor in Baènza, und dort begann er auch seine Gedichte zu kommentieren. Er entwickelte seine mystische Lehre. Im Jahre 1580 wurde endlich der Streit zwischen dem alten Karmel und den Anhängern der Reform beigelegt und die »Unbeschuhten Karmeliter«, im Gegensatz zu den »Beschuhten«, vom Papst bestätigt.

Im Todesjahr der hl. Teresa von Avila, 1582, wurde Johannes Prior in Granada. Dort entstanden die Hauptwerke seiner schriftstellerischen Tätigkeit. Im Jahr 1588 kam Johannes als Prior nach Segovia. Er geriet aber bald in heftige Auseinandersetzungen mit seinem Orden, weil sich beide Seiten nicht auf ein gemeinsames Ziel der künftigen Ordensentwicklung einigen konnten.

Die Gegner des Johannes erwogen zu dieser Zeit sogar seinen Ausschluß aus dem Orden, denn man wollte den unbequemen Prior loswerden. Schwer krank begab sich Johannes in das Kloster Ubeda. Vier Monate litt er noch furchtbare Schmerzen, bis er am 14. Dezember 1591 starb. Der Leichnam des Heiligen wurde in Segovia beigesetzt.

---

1. Strophe des »Gesangs zwischen der Seele und dem Bräutigam« in der Übersetzung von Edith Stein: »Wo Du geheim wohl weilest,/Geliebter, der zurückließ mich in Klagen?/Dem Hirsch gleich Du enteilest,/Da Wunden Du geschlagen:/Ich lief und rief, doch konnt' Dich nicht erjagen.«

Johannes vom Kreuz wird immer dargestellt im Ordensgewand der Karmeliter, mit gegürtetem Rock, Mantel und Skapulier; mit Federkiel und Buch, auch einen Adler zu Füßen, oder eine Marienstatue haltend. Auf manchen Abbildungen erscheint Johannes auch zusammen mit dem kreuztragenden Christus.

15. Dezember

Berthold von Regensburg

Geboren: um 1210 in Regensburg (Bayern)
Gestorben: 1272 in Regensburg
Berufung/Beiname: Franziskanermönch, Volksprediger
Wirkungsstätten: Süddeutschland, Schweiz, Schlesien, Böhmen, Ungarn
Bedeutung des Namens: der Leuchtende, der Herrscher (althochdeutsch)
Namensformen: Bertold, Bert, Holger
Patronat: Prediger

Berthold von Regensburg wird oft dargestellt, wie er auf einer Kanzel stehend oder vom Baum herunter predigt. Auf seiner Grabplatte in Regensburg erscheint er im Ordenskleid der Franziskaner, in der rechten Hand ein Buch, die linke Hand zum Segen erhoben.

Der sel. Berthold wurde um das Jahr 1210 in Regensburg geboren und starb dort am 14. Dezember 1272. Er wurde in der Kirche der Minderbrüder → beigesetzt. Sein Familienname ist unbekannt. Vielleicht befand er sich unter den ersten, die 1226 in das neugegründete Franziskanerkloster Regensburg eingetreten sind.

Berthold soll in Magdeburg studiert haben. Urkundlich erscheint er das erste Mal als Visitator der Benediktinerinnen in Niedermünster bei Regensburg. Er wanderte als Prediger durch Süddeutschland und die Schweiz. Dann zog er durch Schlesien und Böhmen, und 1262/63 predigte er in Ungarn. Dort verurteilte er vor allem die Judenverfolgungen.

Der Franziskanerbruder Berthold wurde als der größte Volksprediger des deutschen Mittelalters gepriesen. Immer wieder hat die Kirche derartige Prediger hervorgebracht, zumal in Zeiten religiöser Verfallserscheinungen. Wenn die christlichen Tugenden der Nächstenliebe, der Demut und des Maßhaltens nachlassen, wenn Sittenlosigkeit und Roheit um sich greifen, wenn nur noch weltliche Klugheit das Handeln der Menschen zu bestimmen scheint, wenn, wie Christus es in seinem Gleichnis beschreibt, »kein Öl mehr in den Lampen brennt«, also nur wenige noch bereit sind, vor Gott zu bestehen, dann tauchen diese Prediger auf. Meist sind es Männer, die sich aus Liebe zu Gott und den Menschen auf zugige Plätze und Straßen stellen und predigen, weil der Kirchenraum für ihr Ziel, alle anzusprechen, weniger geeignet ist.

Auch Berthold suchte die Menschen in der Öffentlichkeit durch sein Wort zu packen. Sie kamen von der Arbeit oder unterbrachen diese, um ihn zu hören, sie kamen aus Neugier oder unbefriedigter Sehnsucht, sie kamen, um sich erschüttern zu lassen, aber auch in der Absicht zu spotten und zu lachen.

Berthold verfügte über eine große Ausdruckskraft und Lebendigkeit des Vortrags und erörterte ganz konkrete Gegenwartsfragen in bezug auf die Lehren der Heiligen Schrift, was zur damaligen Zeit ein recht ungewöhnliches Vorgehen war. Leider ist uns nur ein Teil seiner Predigten in der ursprünglichen Form erhalten. Seine Redewendungen und seine Bilder waren oft recht derb, denn er bemühte sich, die Sprache des Volkes zu sprechen.

In seinen Predigten wandte er sich auch immer wieder gegen die Spielleute, Possenreißer und Gaukler, die nach ihrer Auffassung zum Vergnügen des Volkes, nach Bertholds Meinung aber als »Schalksknechte des Lasters« durch die Lande zogen. Manchmal schlug er sie mit ihren eigenen Waffen, nannte er doch »das Lachen seine süßeste Speise«, ganz im Gegensatz zu anderen Predigern seiner Zeit, die in ihrem Übereifer jedes Lachen verfemten. Von weither strömten deshalb die Menschen herbei, um Bruder Berthold zu hören. Neben seiner erstaunlichen Rednergabe und dem Ruf, eine besondere Wunderkraft zu besitzen, war es noch die Gabe der Weissagung, die ihm beim Volk großes Ansehen verschaffte. Dem Burgherrn von Andechs beispielsweise prophezeite er die Zerstörung seines Schlosses. Ein altdeutsches Gedicht hat diese Prophezeiungen festgehalten und deren Eintreten bestätigt.

16. Dezember

Kaiserin Adelheid

Bis heute ist die hl. Adelheid das Vorbild für eine christliche Mutter und Herrscherin geblieben. Geboren um 931 als Tochter Rudolfs II. von Burgund und der Bertha von Schwaben, wurde Adelheid streng christlich erzogen und in sehr jungen Jahren schon mit Lothar II. von der Lombardei verheiratet. Die glückliche Ehe dauerte nur drei Jahre, denn der Ursurpator Berengar von Ivrea ließ Lothar ermorden. Man sagt, er wäre vergiftet worden. Berengar wurde danach sofort von seinen Anhängern zum König ausgerufen. Nachdem Adelheid eine Ehe mit Berengars Sohn Adalbert ausgeschlagen hatte, setzte er sie auf einem Schloß am Gardasee gefangen. Hier hatte die Fürstin Adelheid viele Kränkungen und Mißhandlungen zu erdulden. Die tief religiöse Frau ließ sich jedoch nicht entmutigen. Schließlich gelang ihr die abenteuerliche Flucht über den Gardasee. Adelheid begab sich auf eine Burg in den Voralpen und fand dort Schutz bei einem Freund ihres verstorbenen Mannes.

Adelheid wandte sich jetzt in ihrer Not an Kaiser Otto I. um Hilfe, der zu dieser Zeit noch deutscher König war. Otto zog mit starker Heeresmacht in die Lombardei ein und besiegte Berengar bei Pavia. Otto I. war selbst Witwer geworden und bat Adelheid um ihre Hand. Im Jahr 951 fand die Vermählung unter Zustimmung von Papst und Volk in Pavia statt. Aus dieser Ehe stammen die beiden früh verstorbenen Söhne Heinrich und Bruno und der spätere Kaiser Otto II. sowie die Tochter Mathilde, die 999 als Äbtissin in Quedlinburg gestorben ist.

Im Jahr 962 wurde Otto I. in Rom in Anwesenheit seiner Gattin von Papst Johannes XII. zum Kaiser gekrönt. Die Herrscherin betätigte sich nun auf vielerlei Gebieten. Als gebildete Frau von kluger Urteilskraft war Kaiserin Adelheid vor allem aufgeschlossen für die von Cluny ausgehenden Reformbestrebungen und pflegte eine enge Verbindung mit den cluniazensischen Äbten Maiolus und Odilo, aber auch mit anderen Geistesgrößen ihrer Zeit.

Kaiserin Adelheid förderte die Klöster Peterlingen im Kanton Waadt in der Schweiz sowie San Salvatoriani in Pavia und stiftete ein Benediktinerdoppelkloster in Selz im Elsaß. Nach dem Tod des Kaisers führte Adelheid von 973 bis 983 mit Erfolg und Geschick die Regentschaft. Allerdings traten Spannungen mit ihrem Sohn und dessen Gemahlin Theophanu, einer griechischen Prinzessin, auf, denn die beiden lehnten die sittenstrenge Kaiserin ab. Die Zwistigkeiten führten dazu, daß Otto seine Mutter schließlich vom Hof verstieß.

Adelheid wandte sich nach Italien und später nach Burgund, wo sie bei ihrem Bruder Zuflucht fand. Sie litt sehr unter dem Zerwürfnis, aber kurz vor seinem Tod im Jahre 983 erkannte ihr Sohn sein Unrecht und rief sie an den Hof zurück.

Als Erzieherin ihres Enkels Otto hatte Adelheid die Vormundschaft für den Minderjährigen übernommen. Deshalb betraute man sie nochmals mit der Regentschaft des Reiches für Otto III. Es mag der älter gewordenen Frau schwer gefallen sein, sich erneut den verantwortungsvollen Regierungsgeschäften zuwenden zu müssen. Nach vier Jahren zog sie sich in ihre Klosterstiftung Selz am Rhein zurück und bereitete sich auf ihren Tod vor. Sie starb im Jahr 999.

Geboren: um 931 in Burgund
Gestorben: 999 in Selz (Elsaß)
Berufung/Beiname: Reformerin, Klostergründerin
Wirkungsstätten: Frankreich, Deutschland, Italien
Bedeutung des Namens: die edle Schöne (althochdeutsch)
Namensformen: Adel, Adelaide, Adell, Alette, Aeice, Elke, Heide, Heidi, Heidemarie

Dargestellt wird Adelheid in fürstlichen Gewändern mit Kaiserkrone, wie sie Almosen austeilt. Sie hält ein kleines Fischerboot in der Hand, als Anspielung auf ihre mutige Flucht über den Gardasee. Die älteste erhaltene Darstellung der hl. Adelheid zeigt eine Elfenbeinplatte der Sammlung Trivulzio in Mailand.

Anstelle einer Legende Gertrud Bäumer hat der heiligen Kaiserin Adelheid in einer vielgelesenen Biographie ein schönes Denkmal gesetzt. Aus der Biographie der Kaiserin entnehmen wir die Schilderung von Adelheids Tod.

Am 7. Dezember, dem Todestag ihres Sohnes Otto, kam der Erzbischof von Mainz, um für ihn nach ihrer Anordnung die Totenmesse zu lesen. Alljährlich versammelten sich an diesem Tag in Selz die Geistlichkeit und das Volk der Umgegend. Die zu dieser Feier gekommen waren, blieben beisammen, da das Ende der Kaiserin nahe war.

Am 16. Dezember verlangte sie, wie einst ihr Vater, in der Kapelle vor dem Altar zu beichten und die Wegzehrung zu empfangen. Sie war so schwach, daß nur wenige ihre Beichte hören konnten. Aber mit erhobener Stimme sagte sie die offenen Worte »Ich bekenne, daß ich die irdische Krone geliebt habe, um des Dienstes willen, zu dem sie mich berief, und daß es mich viele Tränen gekostet hat, sie zu lassen!«

Nachdem sie das heilige Mahl empfangen hatte, bat sie die Geistlichen, die Bußpsalme anzustimmen. Man hörte ihre Stimme im Chor der anderen, bis ihr Auge brach.

17. Dezember

Sturmius

Geboren: um 715 in Bayern oder Oberösterreich
Gestorben: 779 in Fulda (Hessen)
Berufung/Beiname: Missionar, Klostergründer, Benediktinerabt
Wirkungsstätten: Deutschland, Italien, Frankreich
Bedeutung des Namens: der Stürmer, der Kämpfer (althochdeutsch)
Namensformen: Sturm, Sturme
Patronat: Fulda

Dargestellt wird Sturmius als Mönch oder Abt, mit Stab, Regelbuch und Kirchengrundriß. Dreizehn Szenen aus seinem Leben zeigt ein barocker Reliefzyklus am Sturmiusaltar im Fuldaer Dom.

Der hl. Sturmius, der Sohn eines bayrischen Edlen, war der Lieblingsschüler des hl. Bonifatius, der den Jüngling um das Jahr 735 auf seiner ersten Reise in bayerische Gebiete kennengelernt hatte. Bonifatius ermöglichte Sturmius das Studium in Fritzlar. Um 740 wurde er zum Priester geweiht, und Bonifatius sandte ihn anschließend als Glaubensbote nach Hessen.

Gemeinsam gründeten Bonifatius und Sturmius im Jahre 744 ein Kloster an jenem Ort, an dem sich heute die Stadt Fulda befindet. Das Kloster wurde unter dem Abt Sturmius zu einem Hort monastischen Geistes. Wissenschaft, Kunst und Kultur wurden hier gleicherweise gepflegt. Zunächst aber rodeten und bebauten die Mönche mit eigenen Händen das wüste Land, das ihnen Karlmann, der Bruder des Karolingerfürsten Pippin des Jüngeren, zum Geschenk gemacht hatte. Ehe Sturmius zum Abt bestellt wurde, schickte ihn der hl. Bonifatius 747/48 nach Monte Cassino in Mittelitalien, um dort die benediktinische Klosterordnung kennenzulernen. Fulda war das erste Kloster in Deutschland, das unter die Regel des hl. Benedikt gestellt wurde.

Im Jahr 751 wurde das Kloster Fulda von Papst Zacharias (gest. 752) unmittelbar dem Heiligen Stuhl unterstellt. Dieses vom Frankenkönig Pippin (714–768) bestätigte Privileg hatte jedoch schwere Auseinandersetzungen mit Lullus, dem Erzbischof von Mainz, zur Folge, der nun keine Besitzansprüche mehr auf das aufblühende Kloster stellen konnte. Unter dem Zerwürfnis muß Sturmius sehr gelitten haben, wie aus dem Bericht seines Schülers und Biographen Eigil hervorgeht. Falsche Anschuldigungen Lullus bewirkten schließlich eine Vorladung des Abtes vor Pippin. Sturmius wurde vorgeworfen, er hätte sich nicht loyal gegenüber dem König verhalten. Er wurde schuldig gesprochen und nach Jumièges verbannt. Mehrere Abordnungen aus Fulda setzten sich beim König für die Begnadigung ein und erreichten, daß Pippin schließlich einlenkte. Schon bald nach seiner Rückkehr stiegen erneut Ruf und Ansehen des Klosters.

Sturmius gelang es, den Leichnam seines inzwischen verstorbenen Förderers und Freundes, des hl. Bonifatius, nach Fulda zu überführen. Auch dies war ein Grund, warum dem Kloster von allen Seiten großzügige Schenkungen vermacht wurden. Sein Besitz dehnte sich mit der Zeit über Hessen, Thüringen, Bayern und Schwaben aus, in Westfalen reichte er bis hinauf zur Nordsee. Noch zu seinen Lebzeiten gründete Sturmius eine Klosterschule, die bald den gleich guten Ruf erlangte wie jene von Sankt Gallen. In seinem wirtschaftlichen Weitblick richtete der Abt in den Klosteranlagen die verschiedensten Gewerbezweige ein, in denen nicht nur die Mönche, sondern auch neue Siedler tätig waren.

Das Kloster Fulda zählte bereits zu Lebzeiten des Sturmius über vierhundert Mönche, und die Stadt, die sich dann um diese Anlage herum entwickelte, war in ihren Anfängen schon erkennbar. Zum raschen Aufblühen haben später auch die vielen Gläubigen beigetragen, die zu seinem Grabe pilgerten, denn Sturmius wurde nach seinem Tod am 17. Dezember 779 in der Klosterkirche beigesetzt. Seine 1779 erhobenen Reliquien ruhen in einem kostbaren Schrein.

18. Dezember

Ananias, Azarias und Miseal

Ananias, Azarias und Misael sind die drei in der Liturgie oft genannten »Jünglinge im Feuerofen«. Ihr großartiger Lobgesang hat die Jahrhunderte überdauert und ist auch heute noch im Gottesdienst als Danksagung gebräuchlich. Eine der Lesungen des Quatembersamstags im Advent enthält ihre Geschichte. Diese vorbildlichen Gestalten des Alten Testaments werden in der katholischen Kirche als Heilige verehrt. Darüber mag man im ersten Augenblick erstaunt sein. Betrachtet man aber die Anerkennung dieser drei Männer als Heilige aus dem Bewußtsein der Christen der Frühzeit, dann verschwindet alles Verwunderliche: Wer bereit war, sein Leben für Jahwe, den Gott Abrahams, Isaaks und Jakobs, hinzugeben, der bewies damit die Einstellung eines Märtyrers, der des Glaubens wegen sein Leben für gering erachtete. Und war Jahwe nicht jener Gott, den Jesus später seinen Vater im Himmel genannt hat? Ananias, Azarias und Misael befanden sich deshalb sicher unter jenen, die Christus vor seiner Auferstehung aus der Vorhölle erlöste, um sie dann heimzuführen ins himmlische Paradies.

Geboren: unbekannt
Gestorben: unbekannt
Berufung/Beiname:
»Jünglinge im Feuerofen«,
Gefährten des alttestamentarischen Propheten Daniel
Wirkungsstätte: unbekannt

Anstelle einer Legende Im dritten Jahr der Herrschaft Joakims (608–598 v. Chr.) kam Nebukadnezar, der König von Babylon, nach Jerusalem und eroberte die Stadt. Er vereinnahmte alle Schätze des Tempels. Von den Söhnen Israels aber ließ er die schönsten Jünglinge auswählen, in sein Land bringen und in der Chaldäer Sprache und Schrift unterrichten. Darunter waren auch Ananias, Azarias und Misael aus dem Stamme Juda. Als ihre Ausbildung abgeschlossen war, erwies sich ihre Weisheit zehnfach größer als die aller Magier. Daraufhin setzte der König Azarias, Ananias und Misael trotz ihrer Jugend zu Verwaltern seiner Provinzen ein.

Bald darauf ließ der König ein goldenes Bild anfertigen und befahl, daß alle es anbeten sollten. Wer dies nicht befolge, der werde den Flammen eines Feuerofens übergeben. Und alle Völker kamen, warfen sich nieder und beteten das Bild an. Die Chaldäer aber ver-

Mit König Nebukadnezar ist die jüdische Geschichte schicksalhaft verbunden. Er zerstörte Jerusalem im Jahr 587 v. Chr.

Wie alle christlichen Heiligen, so haben auch die drei alttestamentarischen »Jünglinge im Feuerofen«, Ananias, Azarias und Misael, einen eigenen Gedenktag, oft auch besondere Patronate. Im Kalender der Heiligen wird sogar der Stammeltern der Menschheit, Adam und Eva, gedacht.

klagten die jüdischen Jünglinge, daß sie das goldene Bild nicht anbeteten. Da rief der König Ananias, Azarias und Misael zu sich in den Palast und sprach: »Wenn ihr es nicht anbetet, werdet ihr zur selben Stunde den Flammen eines Feuerofens übergeben werden, und welcher Gott sollte euch dann aus meiner Hand befreien?« Da begannen die drei zu sprechen und sagten: »Nebukadnezar, wir brauchen dir keine Antwort zu geben. Denn siehe, unser Gott, den wir verehren, hat die Macht, uns aus des Feuerofens Glut zu retten und aus deiner Hand.« Da wurde Nebukadnezar von Wut erfüllt, und er gab Befehl, den Ofen siebenmal so stark wie angemessen zu heizen. Dann ließ er die drei Jünglinge binden und hineinwerfen. Der Ofen aber war so stark geheizt, daß die Glut jene Männer tötete, die die Jünglinge hineinwarfen. Diese aber berührte das Feuer nicht im mindesten. Da stimmten die drei wie aus einem Mund ein Loblied an und verherrlichten und priesen Gott im Feuerofen. Als der König das hörte, ergriff ihn das Staunen. Und er ließ die Jünglinge heraustreten und sprach: »Gepriesen sei ihr Gott, der Seinen Engel gesandt und Seine Diener errettet hat. Sie übertraten lieber meinen Befehl und gaben sich selber preis, damit sie keinen anderen Gott verehren und anbeten mußten als den ihrigen.« Und er machte Frieden mit ihnen.

19. Dezember

Papst Urban V.

> **Geboren:** um 1310 in Grisac (Frankreich)
> **Gestorben:** 1370 in Avignon (Frankreich)
> **Berufung/Beiname:** Benediktinerabt, Papst
> **Wirkungsstätten:** Frankreich, Italien
> **Bedeutung des Namens:** der Städter, der fein Gebildete (lateinisch)
> **Namensformen:** Urbanus, Ubo

Papst Urban V. wird meist in mittlerem Alter und ohne Bart dargestellt. Als Attribute sind ihm Tiara, Märtyrerpalme, Kelch und Reliquien beigegeben. Letztere beziehen sich wohl auf die Häupter des Petrus und Paulus, die Papst Urban V. in der Lateranbasilika in Rom gefunden haben will.

Urban V. wurde um 1310 in Grisac im Languedoc in Südfrankreich geboren. Er war Benediktinermönch in Chirac, Professor für Kirchenrecht in Montpellier und Avignon, Generalvikar in Clermont und Uzès und wurde 1352 Abt von Saint-Germain in Auxerre. Seit 1361 stand er dem Kloster Saint-Victor in Marseille vor. Der ausgeglichene, kluge Mann war eine Persönlichkeit, die von hohem Ernst und Gerechtigkeitssinn geprägt war. Rasch gewann er allgemeines Ansehen, so daß ihn eine Mainzer Chronik als »Lux mundi« – Licht der Welt – bezeichnete. Längere Zeit schon mit päpstlichen Sonderaufgaben betraut, wurde er 1562 vom Kardinalskollegium nach dem Tod Innozenz' VI. zum Papst gewählt. Zu dieser Zeit residierten die Päpste noch immer in Avignon im Exil.

Kaiser Karl IV., der italienische Dichter Boccaccio, die hl. Brigitta von Schweden und Petrarca wandten sich persönlich mit der eindringlichen Forderung an Urban V., daß die Rückkehr der Päpste nach Rom ein Gebot der Stunde sei. Das Exil hatte nämlich nach ihrer Meinung die innere Kraft des Papsttums geschwächt. In der Residenz der Päpste in Avignon stand die Staatspolitik im Vordergrund, und es herrschte deshalb oft ein sehr weltliches Treiben. Die Stadt Rom dagegen bot ein Bild erschütternder Trostlosigkeit. Die Kirchen verfielen, das üppige Leben des Adels stand in krassem Gegensatz zum Elend der Bevölkerung. Überall herrschte Unsicherheit. Aber es vergingen noch drei Jahre, bis sich der Papst endlich entschloß, Avignon zu verlassen.

Nach einer kurzen Zwischenstation in Viterbo hielt Urban V. am 16. Oktober des Jahres 1367 seinen feierlichen Einzug in Rom. Ein Jahr später begab sich der in Prag residierende Kaiser Karl IV. (1316–1378) zu den Krönungsfeierlichkeiten nach Rom und demonstrierte auch nach außen hin Einigkeit zwischen Papsttum und Kaisertum. Selbst der Kaiser von Byzanz, Johannes von Paläologus, kam nach Rom und trat zur katholischen Kirche über. Er erhoffte sich von Rom Hilfe für sein vom Islam umzingeltes Stadtreich. Urban glaubte, damit die lang ersehnte Union zwischen der katholischen und der orthodoxen Kirche eingeleitet zu haben. Alle hoffnungsvollen Erwartungen des Papstes schienen somit erfüllt.

Der fromme und allem Prunk gegenüber ablehnende Stellvertreter Christi begann nun mit dem Aufbau der stark zerstörten Stadt Rom und ließ auch die Heiligen Stätten wieder errichten. Er förderte Kunst und Wissenschaft und bestätigte die Gründung der Universität Wien.

Auch die Reform des Klerus mit Verordnungen gegen Simonie, Wucher, Pfründenhäufung und Weltsinn war eines seiner großen Anliegen. Zur Durchsetzung all dieser fortschrittlichen Pläne fehlte dem Papst aber die erforderliche Stärke. Papst Urban V. war von seinem Charakter her zu nachgiebig und konnte sich zu keinen harten Entscheidungen durchringen. Der Übertritt des Ostkaisers zur katholischen Kirche blieb von daher ohne jede Wirkung. Die orthodoxe Geistlichkeit schloß sich dem Papst in Rom nicht an, es blieb bei dem unheilvollen Schisma der beiden Kirchen.

Die Schwäche des Papstes in Rom war damit offensichtlich. Im Jahr 1370 vermochte schließlich sogar die hl. Brigitta von Schweden nicht mehr, Papst Urban davon abzuhalten, wieder ins Exil nach Avignon zurückzukehren, obgleich sie ihm seinen nahen Tod prophezeit hatte, wenn er dies tue. Tatsächlich starb Papst Urban V. drei Monate später in Avignon am 19. Dezember 1370. Urban wurde im Jahr 1870 seliggesprochen.

20. Dezember

Jodokus

Der hl. Jodokus wird in Deutschland, Österreich, Frankreich, der Schweiz und in den Niederlanden verehrt. Dort sind ihm viele Kirchen und Altäre geweiht.

Jodokus wurde um das Jahr 600 als Kind eines bretonischen Fürstengeschlechts geboren. Als sich sein Bruder, der hl. Judicaél, in ein Kloster zurückgezogen hatte, sollte Jodokus Herrscher über die Bretagne werden. Aber auch er schlug die Krone aus. Stattdessen begab er sich auf eine Pilgerfahrt nach Rom. Von dort zurückgekehrt lebte er als Einsiedler in Brahic und Runiac.

Im Jahr 652 empfing er die Priesterweihe und betreute die von ihm in Brahic erbaute Martinskirche. Im Jahr 665 gründete der Heilige jene Einsiedelei, aus der später die Benediktinerabtei Saint-Josse-sur-Mer bei Boulogne in Nordfrankreich hervorging. Dort ist Jodokus etwa um das Jahr 669 gestorben und auch begraben worden.

Jodok ist ein keltischer Name und bedeutet »der Kämpfer«. Der Heilige wird heute noch, obgleich er aus der Bretagne stammt, nicht nur in Frankreich, sondern auch in vielen anderen Regionen Europas sehr verehrt. Ein Teil der Reliquien des Jodokus befindet sich in der St.-Jodok-Kirche im bayerischen Landshut, wo er besondere Verehrung genießt.

Der hl. Jodokus wird meist als Pilger mit Pilgerhut und Pilgerstab dargestellt, aber auch als Einsiedler. Oft liegt eine Krone zu seinen Füßen.

Geboren: um 600 in Frankreich
Gestorben: um 669 in Frankreich
Berufung/Beiname: Eremit, Priester, Pilger
Wirkungsstätte: Frankreich
Bedeutung des Namens: der Kämpfer (keltisch)
Namensformen: Jodok, Jobst, Jost, Joest, Joder, Jobst, Josse, Just, Justus
Patronat: Pilger, Schiffer; Siechenhäuser; Ernte, Feldfrüchte; gegen Krankheiten, Fieber, Pest; gegen Feuersbrunst, Gewitter

21. Dezember

Ottilia

Geboren: um 660 im Elsaß (Frankreich)
Gestorben: 720 in Niedermünster (Elsaß)
Berufung/Beiname: Klostergründerin, Äbtissin
Wirkungsstätte: Frankreich
Bedeutung des Namens: die Besitzende, die Begüterte (althochdeutsch)
Namensformen: Ottilie, Otti, Odilia, Dela, Tilla
Patronat: Elsaß

Die hl. Ottilia wurde um das Jahr 660 als eine Tochter des elsässischen Herzogs Attich geboren. Die Legende berichtet von der hl. Ottilia, daß sie blind zur Welt kam und deshalb vorerst in ein Kloster gebracht wurde. Bei ihrer Taufe hat sie jedoch das Augenlicht erhalten, worauf ihr Vater sie ins Schloß zurückholte.

Geschichtlich verbürgt ist, daß die Heilige gemeinsam mit ihrem Vater auf dem väterlichen Schloß Hohenberg, südwestlich von Straßburg, das Kloster Odilienberg gründete. Auch ein zweites Kloster am Fuß des Berges geht auf ihre Stiftung zurück. Ottilia leitete beide Klöster bis zu ihrem Tod im Jahr 720.

Legende Weil Ottilia Nonne geworden war, enterbte sie ihr Vater. Eines Tages begegnete er seiner Tochter und fragte, was sie tue. Darauf sprach Ottilia: »Ich trage Hafermehl zu einem Kranken, um ihm daraus eine Speise zu kochen.« Das ging ihrem Vater, dem Herzog Attich so zu Herzen, daß er Ottilia verzieh und ihr das Schloß Hohenburg schenkte.

Die hl. Ottilia (Mitte) auf einem Gemälde aus dem 15. Jahrhundert.

22. Dezember

Dagobert

Der Name Dagobert stammt aus dem Althochdeutschen und bedeutet soviel wie »der gleich dem Tag Glänzende«. Der hl. König Dagobert II. ist während des Mittelalters und auch noch später häufig mit seinem Großvater Dagobert I. verwechselt worden, der zwar zweifellos der tüchtigste unter den Merowingerkönigen war und sich durch seine hervorragende politische Tätigkeit auszeichnete, aber nicht zu den Heiligen gezählt wird.

Dieser landläufige Irrtum zeigt sich auch in der Darstellungsfolge eines Bilderzyklus in der Vorhalle der Klosterkirche von Weißenburg (heute fast ganz zerstört). Weißenburg geht ebenso wie Surburg und St. German in Speyer auf Stiftungen des hl. Dagobert II. zurück. Die dort geschilderten Ereignisse beziehen sich aber offensichtlich auf Dagobert I.

Dagobert II. wurde um 652 geboren. Als er vier Jahre alt war, starb sein Vater, der sel. Sigibert III., und der Hausmeier Grimoald übernahm zunächst die Regierung für den unmündigen Knaben. Um seinem eigenen Sohn die Krone zu sichern, ließ der Vormund Dagobert in ein irisches Kloster bringen. Erst zwanzig Jahre später wurde er auf Betreiben seiner Mutter vom Bischof von York, dem hl. Wilfrid, zurückgebracht und in Metz zum König von Austrasien erhoben. Das unter König Clothar I. seit dem Jahr 558 vereinigte Frankenreich wurde erneut geteilt, und die Gebiete um Metz und Reims erhielten den Namen Austrasien. Man ernannte Dagobert zum König über dieses Land. Die eigentliche Regierung übte dort jedoch der fränkische Hausmeier Pippin von Heristal aus, und Dagobert mußte sich mit der Herrschaft über das Elsaß begnügen.

Die Kirche von Straßburg verdankt dem hl. Dagobert zwei tüchtige und gottesfürchtige Bischöfe. Der eine ist der hl. Arbogast, der den Sohn des Königs durch ein Wunder vom Tod erweckt hat. Er ist der Erbauer des ersten Straßburger Doms an der heutigen Stelle und Hauptbegründer des Christentums im Elsaß. Der andere Bischof ist sein Nachfolger, der hl. Florentinus, dessen Reliquien sich in der Pfarrkirche von Niederhaslach befinden.

Dagobert heiratete schließlich die sächsische Prinzessin Bathildis. Aus dieser Ehe entstammten vier Kinder. Zwei davon wurden ebenfalls Heilige, nämlich die Tochter Irmina, Gründerin der Benediktinerabtei Echternach in Luxemburg, und die Tochter Adela, die erste Äbtissin von Pfalzel bei Trier.

Der Herrscher des Nachbarlandes Neustrien – es umfaßte die Gebiete von Burgund und reichte bis nach Paris und Orléans – zettelte eine Verschwörung gegen König Dagobert an. So wurde der König im Jahr 679 auf der Jagd im Wald von Woevre überfallen und heimtückisch ermordet. An diesem Ort bei Stenay in der Nähe von Verdun hat man später ein Kloster errichtet.

Der Leichnam König Dagoberts wurde zuerst in Rouen beigesetzt, später nach Stenay überführt. Dagobert wird wegen seiner Tugendhaftigkeit und Frömmigkeit als Heiliger verehrt. Die Bezeichnung »Märtyrer« erhielt er, weil er nach einem heiligmäßigen Leben eines ungerechten und gewaltsamen Todes gestorben ist. Im Martyrologium ist sein Name jedoch nicht genannt.

Geboren: um 652
Gestorben: 679 bei Verdun (Frankreich)
Berufung/Beiname: Klostergründer, Märtyrer
Wirkungsstätten: Irland, England, Frankreich
Bedeutung des Namens: der, der wie ein Tag glänzt (althochdeutsch)
Namensformen: Dagmar, Dagon, Bert, Dabbert

Dagobert wird dargestellt mit Krone und Zepter, einen Nagel oder eine Lanzenspitze in der Hand als Zeichen seines Martyriums. Oft präsentiert er ein Kirchenmodell als Hinweis auf seine zahlreichen Stiftungen.

23. Dezember

Viktoria

Geboren: in Rom
Gestorben: um 305 in Rom
Berufung/Beinamen: Märtyrerin
Wirkungsstätte: Italien
Bedeutung des Namens: die Siegerin (lateinisch)
Namensformen: Victoria, Viki, Vicki
Patronat: für Regen

Viktoria lebte im 3. Jahrhundert in der Umgebung von Rom. Sie war eine wohlhabende junge Frau aus vornehmem Haus. Ein angesehener Mann mit Namen Eugenius wollte sie heiraten. Aber er war ein Heide, und Viktoria hatte bereits in jungen Jahren das Keuschheitsgelübde abgelegt. Sie wies den Verehrer ab.

Der war jedoch darüber so erbost und gekränkt, daß er sie um ihres christlichen Glaubens willen beim Richter anklagte. Man machte der jungen Frau den Prozeß und verurteilte sie schließlich zum Tod. Die Legende sagt, daß Eugenius ihr mit eigener Hand sein Schwert ins Herz gestoßen hat.

In Vittoria auf Sizilien werden Reliquien der Heiligen verehrt, und ein Dolch wird aufbewahrt, mit dem sie getötet worden sein soll.

24. Dezember

Weihnachtsfest, Adam und Eva

Bedeutung des Namens:
Adam: Mann der Erde (hebräisch); Eva: die Leben Spendende (hebräisch)
Namensformen: Evelyne, Eveline, Ewa, Evi, Evita; Adamo, Adamas, Ad
Patronat: Gärtner, Schneider; für Regen

Am 24. Dezember gedenkt die christliche Kirche der Stammeltern des Menschengeschlechts, Adam und Eva. Im Kern ist dies eigentlich ein erstaunlicher Vorgang, aber bereits nach der Lehre der Väter wurden auch Adam und Eva durch die Erlösungstat Christi von ihrer schweren Schuld befreit. Deshalb erhielten Adam und Eva, nicht ohne tiefere Bedeutung, am Vorabend von Weihnachten ihren Platz im liturgischen Heiligenkalender.

Wodurch ist das gerechtfertigt? Worin besteht diese tiefere Bedeutung? Adam und Eva haben die Sünde in die Welt gebracht, Christus, der zweite Adam, hat sie hinweggenommen. Adam ist der Stammvater des durch die Sünde gefallenen Menschengeschlechts, Christus der Stammvater der durch seinen Sühnetod erlösten Menschheit. Der Apostel Paulus formulierte diesen Sachverhalt so: »Wie es also durch die Übertretung eines einzigen für alle Menschen zur Verurteilung kam, so wird es auch durch die gerechte Tat eines einzigen für alle Menschen zur Gerechtsprechung kommen, die Leben gibt.« (Röm. 5,18) Christus und Adam stehen daher zu Recht in dieser liturgischen Nähe. Sie verkörpern aus heilsgeschichtlicher Sicht die weitreichendsten Gegensätze.

Adam hat zusammen mit Eva durch seinen Ungehorsam sich und seinen Nachkommen das Paradies verschlossen, Christus hat es durch seinen Gehorsam allen Menschen wieder geöffnet. Gestützt auf diese paulinische Lehre, haben bedeutende Theologen der Neuzeit die Heilserwartung der Menschheit recht klar aufgezeigt: Dadurch, daß Jesus Mensch geworden ist und unsere sowie der Stammeltern Schuld durch seinen Kreuzestod getilgt hat, wurden alle Menschen erlöst. Doch diese Erlösungsgnade wird dem einzelnen nur dann zuteil, wenn er sich hier auf Erden ehrlich bemüht bzw. bemüht hat, nach bestem Wissen und Gewissen zu leben.

24. Dezember

Warum wurde aber nun gerade der 24. Dezember zu ihrem Gedenktag bestimmt? Mit dem 24. Dezember wird das Fest der Geburt des Herrn, der Menschwerdung Gottes, eingeleitet. Am 24. Dezember feiert die Kirche die Vigil von Weihnachten, wörtlich bedeutet das »die Nachtwache«, also den nächtlichen Gottesdienst vor dem anschließenden großen Weihnachtsfest. Das Warten auf die Ankunft des Erlösers, das sich in der vorangegangenen Adventszeit von Tag zu Tag steigerte, hat damit seinen Höhepunkt erreicht. Der Gedanke, was heute noch Erwartung ist, wird morgen, am 25. Dezember, tatsächlich Erfüllung sein, steht im Zentrum dieses Gedenktages.

Das letzte, was Adam und Eva vor ihrer Vertreibung aus dem Paradies vernommen hatten, war nicht ihr Strafurteil, sondern es war die Verkündigung des Erlösers, das sogenannte Protoevangelium (Gen. 3,15). Man darf aus diesem Grund die Stammeltern auch als die ersten Menschen bezeichnen, die auf den Messias warteten, auch wenn sie sich sicher noch nicht vorstellen konnten, daß es der strafende Gott Jahwe ist, der aus seiner übergroßen Liebe heraus den Menschen die Hand zur Rettung reichen wird.

Solche Gedanken formulierten viel später erst der hl. Apostel Paulus und der Lieblingsjünger Jesu, der hl. Apostel Johannes. Hier heißt es: »Gott aber beweist seine Liebe zu uns dadurch, daß Christus für uns gestorben ist, als wir noch Sünder waren.« (Röm. 5,8) »Die Liebe Gottes zu uns hat sich darin geoffenbart, daß Gott seinen eingeborenen Sohn in die Welt gesandt hat, damit wir durch ihn das Leben haben.« (1. Joh. 4,9)

Ausgehend von diesen Überlegungen nannten Theologen des Mittelalters die verhängnisvolle Ursünde der Stammeltern sogar kühn »felix culpa«, also eine glückliche Schuld. Denn sie war die Veranlassung, daß wir nun erfahren haben, wie sehr Gott selbst die aus dem Paradies verstoßene Menschheit noch liebt. Ohne diese Urschuld wäre der Sohn Gottes nicht unser Bruder geworden und für uns gestorben. Es hätte keinen Grund dafür gegeben. Die Kirche gedenkt also nicht zu Unrecht am Vortag der Geburt Jesu der Stammeltern.

Anstelle einer Legende *Nach der Vertreibung aus dem Paradies lebte Adam noch sehr lange auf Erden. Er wurde auf dem Kalvarienberg (Golgotha) begraben, und zwar, wie eine Überlieferung aus byzantinischer Zeit erzählt, an der Stelle, an der Tausende von Jahren später das Kreuz Christi aufgerichtet worden ist. Als man damals den felsigen Grund für das Kreuzesholz aushob, wurde der Schädel Adams wiedergefunden. Deshalb zeigen viele Kreuzigungsbilder einen Schädel am Fuß des Kreuzesstammes.*
In der Grabeskirche in Jerusalem befindet sich auch die Golgathakapelle. Sie ist für die Christen ein sehr bedeutsamer Ort, denn unter der auf Säulen ruhenden Altarplatte ist das Felsloch, das Jesu Kreuz gehalten hat. Rechts von diesem Altar zeigt sich ein fünfzehn Zentimeter breiter Felsspalt, der sich beim Tod Jesu gebildet hat – gemäß dem Evangelium des Matthäus (Mt. 27,51): »Die Erde bebte, und Felsen spalteten sich.«
Dieser Felsspalt reicht hinunter bis in die unmittelbar darunter befindliche Adamskapelle. Durch diesen Felsspalt tropfte auch das Blut Jesu während seiner Kreuzigung auf das Haupt Adams, um ihn, den Stammvater der Menschheit, von seiner schweren Schuld zu erlösen. – Die Konturen des Gesichts sowie die Rotfärbung sind heute noch eindeutig an dem Fels sichtbar.

Nach ihrer Vertreibung aus dem Paradies erreichten die Stammeltern der Menschheit, Adam und Eva, dem Buch Genesis zufolge ein sehr hohes Alter: Adam soll 930 Jahre alt geworden sein.

Der Stammvater Adam soll der Legende nach auf dem Kalvarienberg begraben worden sein, und zwar, wie eine legendäre Tradition erzählt, an der Stelle, wo Tausende von Jahren später das Kreuz Jesu aufgestellt wurde.

Als Patrone der Schneider werden Adam und Eva verehrt, weil sie ihre körperliche Nacktheit bedeckt hielten; Patrone der Gärtner sind sie, weil sie im Garten Eden lebten. Weil sie das erste Paar der Menschheitsgeschichte darstellen, werden sie auch von Brautleuten verehrt.

25. Dezember

Anastasia von Sirmium

Geboren: in Rom
Gestorben: 304 in Sirmium (Pannonien; heute Kroatien)
Berufung/Beiname: Wohltäterin, Märtyrerin
Wirkungsstätten: Italien, Pannonien
Bedeutung des Namens: die Auferstandene (griechisch)
Namensformen: Tasja, Nastasja, Stabe, Natasia, Natalija, Stasia
Patronat: Pressezensur; gegen Kopfleiden, Brustkrankheiten

Sirmium war einst die Hauptstadt der römischen Provinz Illyrien und zeitweise Residenz des kaiserlichen Hofes. Anastasia – sie lebte im 3. Jahrhundert – war eine Tochter des kaiserlichen Beamten Praetextatus und seiner christlichen Frau Flavia. Der hl. Chrysogonus unterwies Anastasia im christlichen Glauben. Gegen ihren Willen wurde sie mit Publius, einem vornehmen, aber sittenlosen Heiden, vermählt. Sie bewahrte sich jedoch ihre Keuschheit und zog sich deshalb den Zorn ihres Gatten zu. Gemeinsam mit ihren Mägden besuchte sie die Christen in den Gefängnissen, brachte ihnen etwas zu essen und tröstete sie in ihrem schweren Leid. Als ihr erboster Gemahl hiervon erfuhr, schloß er sie in eine Kammer ein und gab ihr so wenig zu essen, daß sie zunehmend schwächer wurde. Es gelang Anastasia jedoch, sich brieflich an ihren Lehrer Chrysogonus zu wenden, der ihr in seiner Antwort Trost und Mut zusprach.

Kurze Zeit darauf starb ihr Gatte Publius auf einer Reise, und Anastasia erlangte ihre Freiheit und Selbständigkeit wieder. Sogleich verteilte sie ihr gesamtes Vermögen an die Armen und begleitete Chrysogonus nach Aquileia. Dort wurde sie während der diokletianischen Christenverfolgung im Jahr 304 ergriffen und erlitt nach unsäglichen Martern den Feuertod für Christus.

Die hl. Anastasia wird besonders im Kloster Benediktbeuren bei Kochel in Oberbayern verehrt. Der Mönch Gottschalk brachte bereits 1053 Reliquien in das Kloster, und seither entwickelte sich, insbesondere im 18. Jahrhundert, eine rege Wallfahrtstätigkeit. Die dortige prachtvolle Anastasiakapelle sowie das Kopfreliquiar Anastasias sind bedeutende Kunstwerke des Barock in Bayern.

Legende Anastasias christliche Tugenden hatten auch auf ihre Mägde einen so nachhaltigen Eindruck gemacht, daß sie ihr darin nacheiferten. Man erzählt sich, daß drei ihrer Mägde, die vom Richter aufgefordert worden waren, den Göttern zu opfern, diesem den Gehorsam verweigerten. Da ließ der Richter sie in einen engen Raum sperren, in dem man viel Küchengerät aufbewahrte, und ging eine Weile später selbst zu ihnen in die Kammer, um seine Lust an ihnen zu haben. Gott aber verwirrte seine Sinne, so daß der liebestolle Mann nur Töpfe, Pfannen und Kessel in den Arm nahm, in der Annahme, er würde die schönen Jungfrauen umarmen.

Als er seine Tollheit ausgetobt hatte und wieder herausging, war er von oben bis unten berußt. Sein Antlitz war schwarz verschmiert, und seine Kleider waren zerrissen. Da glaubten seine Knechte, er wäre der Teufel, schlugen nach ihm und entflohen. Weil er selbst nicht wußte, was mit ihm vorgegangen war, ging er sofort zum Kaiser und klagte, man hätte ihn verspottet und geschlagen. Doch auch das Gesinde des Kaisers machte sich sogleich über ihn lustig und hielt ihn für einen Narren. Als man ihm endlich sagte, in welchem Aufzug er herumlief, glaubte er, die Jungfrauen hätten ihn verzaubert. Und er ließ sie vor sich bringen und befahl, daß man sie zu ihrer Schande nackt auszöge. Doch siehe, ihre Kleider blieben so fest an ihren Leibern haften, daß kein Mensch sie von ihnen wegreißen konnte. Als der wütende Richter sah, daß man ihnen nichts anhaben konnte, ließ er sie zu Tode prügeln. Aber ihre Seelen fuhren auf zu Gott.

Anastasia wird dargestellt mit Salbengefäß, womit sie die Körper der christlichen Märtyrer einbalsamierte, oder auf einem Scheiterhaufen, an drei Pfähle gebunden.

26. Dezember

Erzmärtyrer Stephanus

Der erste Zeuge, der für Christus den Martertod auf sich nahm, ist der hl. Stephanus. Er wird daher Protomartyr oder Erzmärtyrer genannt und gilt als Vorbild für alle übrigen Blutzeugen. Sein Fest wird seit dem Jahr 380 am zweiten Weihnachtstag gefeiert. Stephanus war ein jüdischer Christ und lebte in Jerusalem. Die junge Gemeinde hatte ihn zusammen mit einigen anderen zum Diakon ernannt. Er betreute die Armen, kümmerte sich um die Witwen und war allen ein gutes Vorbild. Überall verkündete Stephanus die frohe Botschaft Christi. Durch ihn angeleitet, wandten sich viele Juden der Lehre Christi zu, so daß die Schar der Jünger in Jerusalem rasch zunahm.

Weil Stephanus große Wunder und Zeichen unter dem Volk wirkte und Mitglieder der Synagoge in Streitgesprächen seiner Geistesschärfe und Weisheit nicht standhalten konnten, verleumdeten sie ihn wegen Gotteslästerung vor dem Hohen Rat. Dieser berief eine Versammlung ein, vor der sich Stephanus verantworten mußte. Er hielt eine glänzende Rede vor dem Hohen Rat und beschämte darin auch die angesehenen Gesetzeslehrer. Nicht die Christen, sondern die Juden, so sagte er, hätten die Gesetze nicht eingehalten. Als die Juden eine solche Anschuldigung hörten, waren sie so aufgebracht, daß sie ihn sofort vor die Mauern der Stadt zerrten, um ihn dort zu steinigen.

Ein Jüngling hatte dabeigestanden und Aufsicht über die abgelegten Oberkleider derer gehalten, welche die Steinigung vornahmen; seine Name war Saulus. Er beteiligte sich an der nach dem Tod des hl. Stephanus einsetzenden Verfolgung der Christen ganz besonders eifrig. Die Mitglieder der jungen Gemeinde zerstreuten sich, die Flüchtlinge aber verbreiteten das Wort Christi weithin. Jener Saulus wurde bekanntlich auf der Straße nach Damaskus zum Paulus. Großer Segen ging also von diesem ersten Märtyrertod aus.

Stephanus aber sprach noch kurz vor seinem Tod: »Herr, rechne ihnen diese Sünde nicht an!« (Apg. 7,60) Großartig ist diese wahrhaft christliche Geste, mit der Stephanus seinen Widersachern nicht nur verzeiht, sondern auch bei Gott für die Vergebung ihrer Tat bittet.

Dies alles ereignete sich sieben Monate nach der Himmelfahrt des Herrn. Der Leichnam des Heiligen wurde von dem hl. Gamaliel, einem berühmten jüdischen Gesetzeslehrer, auf dessen Landgut bei Jerusalem an der Stätte begraben, die Gamaliel für sein eigenes Grab ausgesucht hatte. Die Reliquien des hl. Stephanus wurden dort im Jahre 415 aufgefunden. Die Krypta von S. Lorenzo fuori le mura in Rom birgt heute einen Teil der Reliquien des Heiligen.

An der Kathedrale von Bourges, deren Patron der hl. Stephanus ist, sind ihm ein Portal sowie verschiedene Glasgemälde geweiht. Auch in Paris gibt es an Notre-Dame ein Stephansportal, wo im Tympanon sein Martyrium ausdrucksstark geschildert ist. Carpaccio hat einen Zyklus von dem Heiligen gemalt, der heute auf die Galerien in Mailand (Brera), Stuttgart und Paris verteilt ist. Fra Angelico schuf als sein letztes Werk eine Freskenfolge mit der Geschichte des Erzmärtyrers in der Nikolauskapelle des Vatikan.

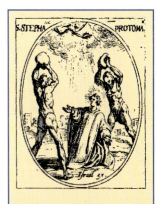

Geboren: um Christi Geburt in Jerusalem
Gestorben: um 40 in Jerusalem
Berufung/Beiname: Erzmärtyrer
Wirkungsstätte: Palästina
Bedeutung des Namens: der Kranz, der Bekränzte (griechisch)
Namensformen: Stephan, Stefan, Steffen, Steven, Steve, Etienne; Stephanie, Istvàn, Stefano
Patronat: Pferde; Böttcher, Kutscher, Maurer, Pferdeknechte, Schneider, Steinhauer, Weber, Zimmerleute; gegen Besessenheit, Kopfschmerzen, Seitenstechen, Steinleiden; für einen guten Tod

26. Dezember

Stephanus wird dargestellt als Diakon, oft zusammen mit den Heiligen Laurentius und Vinzentius, eine Palme in der einen, Steine in der anderen Hand.

Legende Die Auffindung der Gebeine des hl. Stephanus ist ebenfalls untrennbar mit der Gestalt des Heiligen verbunden und darf aus diesem Grund nicht unerwähnt bleiben. Die Kirche feierte dieses Fest bis vor kurzem am 6. August.

Die Legenda aurea erzählt die Geschichte wie folgt: Berühmt war der Name des ersten Märtyrers Stephanus schon zu den Zeiten der ersten Christen, aber sein Grab war in Vergessenheit geraten. Als eines Tages ein Priester namens Lucianus auf seinem Bett ruhte, da erschien ihm ein Greis von hoher Gestalt. Er hatte einen langen weißen Bart und trug ein weißes Gewand mit goldenen Steinen und Kreuzen besetzt und Rührte ihn an mit einem goldenen Stab. Dreimal rief er ihn bei Namen und sprach: »Suche unsere Gräber, denn wir liegen an unwürdiger Stätte begraben. Gehe hin zu Johannes, dem Bischof von Jerusalem, damit er unsere Überbleibsel erheben und an einem würdigen Ort bestatten mag.« Als Lucian ihn fragte, wer er sei, sagte der Greis: »Ich bin Gamaliel, der Lehrer des Apostels Paulus. Neben mir liegt Sankt Stephanus, ich selbst nahm seinen Leib und legte ihn in mein neues Grab. Der andere, der bei mir liegt, ist Nikodemus, mein Neffe, der von Petrus und Johannes getauft wurde. Da er deswegen aus Jerusalem verbannt worden war, nahm ich ihn auf und beherbergte ihn bis zu seinem Lebensende und begrub ihn zu Füßen des Stephanus. An der gleichen Stelle habe ich auch meinen Sohn Abidas begraben, der mit mir die Taufe empfing.« Nach diesen Worten verschwand er.

Lucian aber bat Gott im innigen Gebet, wenn dieses Gesicht wahr sei, so möge er es ihm zum zweiten und dritten male schauen lassen. Am Freitag danach erschien Gamaliel ihm wieder in der gleichen Gestalt und fragte ihn, warum er seinen Worten nicht geglaubt habe. Er sagte ihm dann, woran er die Gebeine erkennen könne, wenn er sie fände, und wies ihm drei goldene Körbe und einen silbernen. Der erste Korb aber war voll roter Rosen, die beiden anderen voller weißen Rosen, der silberne aber voll Safranblumen, welche einen süßen Geruch ausströmten. Und Gamaliel sprach: »die Körbe sind unsere Särge und die Blumen sind unsere Gebeine. Der Korb mit den roten Rosen ist Sankt Stephanus' Sarg, der allein von uns mit dem Martyrium gekrönt wurde, er liegt am Eingang des Grabes. Die beiden mit den weißen Rosen sind des Nikodemus und mein Sarg. Nikodemus liegt bei der Tür. Der silberne Korb bezeichnet meinen Sohn Abidas, er steht neben meinem Sarg.« Darauf verschwand er.

Am nächsten Freitag erschien Gamaliel dem Lucian zum dritten mal und schalt ihn, daß er seine Bitte nicht erfüllt habe. Da erschrak Lucian und ging zum Bischof Johannes und erzählte ihm alles. Gemeinsam gingen sie zu dem Ort, den Gamaliel dem Lucian beschrieben hatte. Sie fingen an zu graben. Und siehe, als sie das Grab mit den vier Särgen gefunden hatten, da erbebte die Erde, und ein süßer Duft verbreitete sich. Eine große Menge Menschen war herbeigeströmt, darunter viele Kranke, und siebzig Menschen wurden von ihren Gebrechen geheilt. Der Leichnam des hl. Stephanus war in Staub zerfallen, aber die Gebeine waren noch da. Man brachte sie in feierlicher Prozession nach Jerusalem in die Kirche auf dem Berg Sion, weil Stephanus dort einst das Amt des Achidiakons verwaltet hatte. Die Überführung geschah mit Freuden, und die Leiber der Heiligen wurden mit Ehren bestattet. Zur gleichen Stunde fiel ein großer Regen vom Himmel und gab dem Land nach langer Dürre die ersehnte Fruchtbarkeit zurück.

Die christlichen Gemeinden suchte nun von überall her Reliquien des hl. Stephanus zu erhalten, und so kamen sie an die verschiedensten Orte. Bei der Übertragung und Ausstellung dieser Reliquien geschahen jedesmal erstaunliche Wunder. Blinde sahen, Lahme wurden gehend, Kranke gesund, sogar Tote erwachten zum Leben.

27. Dezember

Evangelist Johannes

Johannes der Evangelist und sein Bruder Jakobus der Ältere waren Söhne des Zebedäus. Sie arbeiteten als Gehilfen bei ihrem Vater, der Fischer am See Genezareth war. Die beiden Brüder entstammten einer frommen jüdischen Familie und wurden in den Schriften des Alten Testaments unterwiesen.

Johannes ist mit Petrus und Jakobus Zeuge der Verklärung des Herrn auf dem Berg Tabor. Er sitzt als der Lieblingsjünger beim Abendmahl neben dem Herrn. Er ist anwesend bei dem letzten Ringen Jesu auf dem Ölberg und folgt als einziger dem Herrn nach seiner Gefangennahme. Er begibt sich in das Haus des Hohenpriesters Kaiphas, zusammen mit Petrus, der aber draußen bei dem Gesinde wartet, während Johannes mutig mit hineingeht. Er steht unter dem Kreuz und fürchtet nicht die Gefahren, die ihm als Jünger des Verurteilten drohen. Er vernimmt das Vermächtnis Jesu: »Siehe, das ist deine Mutter!« (Joh. 19,27). Man hat den Eindruck, daß Johannes und Petrus die bedeutsamsten und auch für die spätere Zeit wichtigsten unter den Apostelgestalten sind (nach O. v. Taube).

Johannes und Petrus eilten zum Grab, nachdem ihnen Maria Magdalena die Auferstehung des Herrn verkündet hatte, und fanden es leer. Nach Christi Himmelfahrt und der Ausgießung des Heiligen Geistes erschienen Petrus und Johannes als die führenden Persönlichkeiten der jungen Christengemeinde. Dreimal wurde Johannes in dieser Zeit verhaftet und einmal in der Gefangenschaft gegeißelt. Er wirkte mit Petrus zusammen »als Säule der Gemeinde« (Gal. 2, 9) und wurde mit diesem nach Samaria geschickt, um auf die von Philippus Getauften den Heiligen Geist herabzuflehen. Er nahm am ersten Apostelkonzil teil (51 n. Chr.) und lernte dort Paulus kennen.

Später verließ er wie die anderen Apostel Jerusalem, um die Botschaft Christi hinauszutragen in die Welt. Um das Jahr 66 begab sich Johannes nach Kleinasien und gründete von Ephesus aus jene sieben Gemeinden, an die seine Sendschreiben gerichtet sind (Off. 1, 4). Unter dem römischen Kaiser Domitian (51–99) setzten Christenverfolgungen mit großer Härte ein. Johannes wurde in die Verbannung auf die Insel Patmos geschickt. Dort erlebte er in einer geheimnisvollen Vision die sogenannte »Offenbarung«.

Ehe Johannes nach Patmos kam, soll er – wie die alte Überlieferung angibt – von den Beamten des Kaisers nach Rom gebracht und dort zum Tod verurteilt worden sein. Auf einem öffentlichen Platz vor der Lateinischen Pforte hatte man Johannes in einen Kessel mit siedendem Öl geworfen, doch war er wunderbarerweise unversehrt aus dem siedenden Öl hervorgegangen. Den Gedenktag dieses Wunders begeht die römische Kirche am 6. Mai.

Unter Kaiser Nerva wurden die Gesetze, die gegen das Christentum verhängt worden waren, aufgehoben; Johannes kehrte nach Ephesus zurück. Er wurde Nachfolger des Bischofs Timotheus. Hier schrieb er, erleuchtet vom Heiligen Geist, sein Evangelium. Auch seine drei Briefe entstanden in Ephesus. Der Heilige starb zu Beginn der Regierung Kaiser Trajans um das Jahr 101 im hohen Greisenalter eines natürlichen Todes.

Geboren: wahrscheinlich in Bethsaida (Galiläa)
Gestorben: um 101 in Ephesus (Kleinasien)
Berufung/Beiname: Apostel, Evangelist
Wirkungsstätten: Palästina, Insel Patmos, Kleinasien
Bedeutung des Namens: der, an dem Gott gnädig gehandelt hat (hebräisch)
Namensformen: Hans, Hennes, Jens, Iwan, Ivan
Patronat (Auswahl): Theologen; Beamte, Bildhauer, Maler, Schriftsteller, Buchhändler, Buchdrucker, Winzer, Metzger, Glaser; Freundschaft; gegen Vergiftungen, Brandwunden, Fußleiden, Epilepsie; gegen Hagel

Dem Evangelisten Johannes ist als Symbol der Adler beigegeben.

27. Dezember

Der bekannteste Brauch am Johannestag ist die Weihe des Johannesweines, auch Johannesminne genannt. Vor allem in Weinbaugebieten hat er sich bis heute erhalten. Er soll vor körperlichen und seelischen Krankheiten bewahren und Frieden zwischen den Menschen stiften.

Legende Als Johannes wieder in Kleinasien predigte, trat einer der heidnischen Priester zu ihm, um ihn zu versuchen, und sprach: »Willst du, daß ich an deinen Gott glaube, so gib uns ein Zeichen deiner Stärke. Ich werde dir einen Gifttrank bereiten. Trinkst du dieses Gift ohne Schaden, so soll dein Gott auch der meine sein.« Furchtlos stimmte Johannes ihm zu. Der heidnische Priester aber erbat sich von der Obrigkeit zwei zum Tod verurteilte Mörder und reichte ihnen vor den Augen des Heiligen den Trank. Sie starben augenblicklich unter Schmerzen. Doch ohne Zögern nahm Johannes den gleichen Giftbecher an, schlug das Zeichen des Kreuzes darüber und trank ihn aus.

In atemloser Spannung warteten die Zuschauer auf das Ende des Apostels. Aber das Gift blieb ohne Wirkung. Das erboste den heidnischen Priester, und er sagte: »Noch habe ich Zweifel an der Macht deines Herrn. Rufst du aber diese beiden Toten, die dem Gift erlagen, wieder zurück ins Leben, so will ich meine Götter verfluchen und mich taufen lassen auf Christi Namen.« Da nahm Johannes seinen Mantel von den Schultern und hieß den Priester damit die Leiber der Toten bedecken. Das tat dieser, während Johannes niederkniete und ein Gebet sprach. Als er darauf das Tuch fortzog, erwachten die Toten wieder zum Leben und erhoben sich, als wären sie nur vom Schlaf aufgestanden. Der heidnische Priester aber und seine Anhänger wurden gläubig (nach W. Jaspers).

Das Tafelbild »Johannes der Evangelist« des sogenannten Palaquino-Meisters entstand um 1500. Heute ist es Teil des Hochaltars in der Kathedrale von Léon.

28. Dezember

Fabiola

Die hl. Fabiola gehörte der alten römischen Familie der Fabier an. Sehr jung wurde sie mit einem Mann verheiratet, der ein sittenloser Wüstling war. Sie trennte sich von ihm und lebte mit einem anderen Mann zusammen, was ihr die römischen Christen sehr verübelten. Nach dem Tod ihres zweiten Gatten leistete Fabiola öffentlich Buße vor der Lateransbasilika und fand danach in der Kirchengemeinschaft, aus der sie ausgestoßen worden war, wieder Aufnahme. Von da an widmete sie sich ganz der Wohltätigkeit. Sie gab ihren großen Reichtum zur Unterstützung mittelloser Kranker aus und gründete zu diesem Zweck ein Siechenhaus in Rom, das als das erste Spital des Abendlandes gilt.

Im Jahre 394 besuchte Fabiola den hl. Hieronymus, mit dem sie freundschaftlich verbunden war, im Heiligen Land. In Bethlehem wohnte sie in dem von der hl. Paula gegründeten Kloster und traf hier auch mit ihr zusammen. Während dieser Zeit beschäftigte sie sich eingehend mit der Lektüre der Heiligen Schrift. Auf Wunsch von Hieronymus kehrte Fabiola jedoch beim Einfall der Hunnen (395) nach Rom zurück, um sich dort weiter ihren Werken der Nächstenliebe zu widmen. Sie starb 399 oder 400 und wurde unter großer Anteilnahme der Christen in Rom beigesetzt.

Geboren: in Rom
Gestorben: 399 oder 400 in Rom
Berufung/Beiname: Wohltäterin
Wirkungsstätten: Italien, Palästina
Bedeutung des Namens: die kleine Fabierin (lateinisch)
Namensformen: Fabiane, Fabia

Fabiola wird dargestellt als Büßerin, ins Gebet versunken. Manchmal sitzt die Heilige an einem Tisch.

29. Dezember

Thomas Becket

»Becket oder die Ehre Gottes«, so nannte Jean Anouilh 1959 sein berühmtes Theaterstück, das sich mit dem Schicksal und der Persönlichkeit des hl. Thomas Becket auseinandersetzt. Wer war dieser Mann, dessen Gestalt so modern geblieben ist, daß sie die Jahrhunderte überdauerte?

Der hl. Thomas Becket ist sehr bald schon nach seinem Tod 1173 von der Kirche als Märtyrer heiliggesprochen worden. »Ich bin bereit, für den Namen Jesu und die Verteidigung der Kirche zu sterben«, waren die letzten Worte des Mannes, der einen fast kometengleichen Aufstieg genommen hatte und sich, von seinen Feinden mehrmals zu Fall gebracht, immer wieder erhob, um den ihm von seinem Gewissen und von Gott gewiesenen Weg zu gehen.

Thomas Becket wurde 1118 in London geboren. Seine Eltern stammten aus der Normandie. Sein Vater, ein wohlhabender Kaufmann, konnte es sich leisten, den begabten Sohn zum Studium nach Paris zu schicken.

Der Erzbischof Theobald von Canterbury machte den klugen jungen Mann zu seinem Sekretär. Im Jahre 1154 wurde er Archidiakon von Canterbury und damit Repräsentant des höchsten kirchlichen Gerichts von England sowie Verwalter der Diözese. Sein liebenswürdiger Charme, seine gewandten Umgangsformen und sein geschicktes Verhandlungstalent bewogen schließlich König Heinrich II. (1133–1189) von England, Thomas Becket zu seinem Kanzler zu ernennen. Von da an waren der König und Becket unzertrennlich.

Geboren: 1118 in London
Gestorben: 1170 in Canterbury (England)
Berufung/Beiname: Bischof, Primas Englands, Märtyrer
Wirkungsstätten: England, Frankreich, Italien
Bedeutung des Namens: der Zwilling (hebräisch)
Namensformen: Tom, Tommy, Tomaso, Thomé

Thomas Becket wird dargestellt als Bischof mit Buch und kurzem breiten Schwert und mit der Märtyrerpalme. Die Szene seiner Ermordung wurde seit dem Ende des 12. Jahrhunderts oft auf Reliquiaren, Miniaturen und Bildern geschildert.

Thomas Becket stellte seine genialen Fähigkeiten, seinen politischen Scharfsinn und sein diplomatisches Geschick in den Dienst Englands. Thomas führte das Leben eines fürstlichen Weltmannes. Heinrich hatte so großes Vertrauen zu Thomas, daß er ihm sogar die Erziehung seines eigenen Sohnes übertrug.

Allmählich wandelte sich jedoch die Einstellung Thomas Beckets zum Monarchen. Erste Ursache dazu soll ein Buch des Johannes von Salisbury gewesen sein, das scharfe Kritik an den Zuständen am englischen Hof übte. Als der König seinen Freund Becket zum Erzbischof und Primas von England vorschlug, sagte dieser warnend: »Sollte das geschehen, so würde sich die Liebe, die Ihr jetzt zu mir hegt, in bittren Haß verwandeln. Denn Ihr würdet von mir manches verlangen, was ich als Bischof nicht mit ruhigem Gewissen zulassen könnte.«

Thomas wurde 1162 trotz dieser Warnung zum Priester und anschließend zum Bischof geweiht. Zur Verblüffung des Königs legte er sein Kanzleramt nieder, um nicht in Interessenskonflikte zwischen Kirche und Staat zu geraten. Thomas änderte fortan seine Lebensgewohnheiten. Er pflegte in aller Frühe aufzustehen, nahm am Chorgebet teil, trug statt der eleganten Weltkleider die lange schwarze Kutte mit Chorhemd und Stola. Thomas folgte nur mehr seinem Gewissen und scheute sich nicht, sich unbeliebt zu machen. Er stellte Plünderungen von Kirchen und Klöstern unter schwere Strafen und forderte von den Baronen das gestohlene Kirchengut zurück. Bald sah er sich zunehmenden Anfeindungen ausgesetzt. Seine Schwierigkeiten spitzten sich schwerwiegend zu, als er sich kraft seiner Pflicht als Erzbischof den Bestrebungen Heinrichs, aus der englischen Kirche eine Nationalkirche zu machen, offen entgegenstellte.

Sobald der König merkte, daß er mit der Willfährigkeit des Primas nicht mehr rechnen konnte, trachtete er danach, ihn zu vernichten. Thomas fühlte sich seines Lebens nicht mehr sicher und flüchtete nach Flandern. Er wurde im Kloster Pontigny aufgenommen. Von dort setzte er seinen Kampf um die Freiheit der Kirche in England fort. Stets verfolgte ihn dabei die Rache des Königs. Der französische König Ludwig versuchte zwar eine Aussöhnung und führte ein Treffen der beiden Gegner herbei, aber die Versöhnung scheiterte. Im Juli 1170 schien ein neuer Versöhnungsversuch erfolgreich zu sein. Der Primas von England kehrte nach Canterbury zurück. Doch Thomas ahnte bereits, was ihn erwartete. Ehe er den Kontinent verlassen hatte, sagte Thomas zu einem Freund: »Ich gehe nach England, um zu sterben.« Er hatte König Heinrich, der ihm bei der Verabschiedung den Friedenskuß verweigerte, durchschaut.

Kaum war er nach London zurückgekehrt, entbrannte der alte Machtkampf zwischen Heinrich II. und Thomas als Vertreter der Rechte der katholischen Kirche wieder unvermindert. Bereits vier Tage später wurde Thomas Becket, als die Glocken zur Vesper läuteten, von vier Rittern, die mit Gewalt in seine Kathedrale eingedrungen waren, erschlagen.

Was Thomas zu seinen Lebzeiten nicht gelungen war, erreichte er nach seinem Tod: Viele Gläubige ehrten den unerschütterlichen Verteidiger der Kirche. Die Zahl der Wallfahrer zu seinem Grab nahm immer mehr zu. Im Jahre 1173 sprach ihn Papst Alexander III. (gest. 1181) heilig. König Heinrich II. strebte nun seinerseits die Aussöhnung mit der Kirche an und tat am Grab des Heiligen am 12. Juli 1174 öffentlich Buße.

30. Dezember

Melanie

Die hl. Melanie stammte aus dem reichen römischen Haus der Valerier. Ihre Großmutter war als eine der ersten Römerinnen (auf den Spuren Jesu) ins heilige Land gezogen. Melanie war die einzige Erbin des unermeßlichen Vermögens ihrer Familie. Da sie die Aussagen Jesu sehr genau kannte, fürchtete sie, am Ende ihres Lebens womöglich jenem Reichen der Bibel zu gleichen, der wegen seines Besitzes vom Himmelreich ausgeschlossen wurde, weil sein Herz zu sehr daran gehangen hatte. Und so verschenkte sie alles. »Melanie ging frohlockend zum Himmel empor«, schrieb ihr Biograph, »indem sie in der Einfalt ihres Herzens froh alles darbrachte.« Mit der »Einfalt« der Heiligen ist immer ihr Mut zur letzten Konsequenz gemeint, mag sie sich in den Augen der Welt auch den Anschein der Torheit geben.

Melanie wurde um 383 in Rom als verwöhntes Kind des Senators Valerius Publicola geboren und wuchs in einem Palast auf, der an Schönheit und Kostbarkeit seinesgleichen suchte. Früh schon empfand sie den krassen Gegensatz zwischen ihrem eigenen Lebensstil und dem der weitgehend rechtlosen Schicht der Dienenden und Armen, die nach der Auffassung der römischen Gesellschaft wie die Tiere nur nach ihrem Arbeitswert eingeschätzt wurden. Denn sie wußte, das Evangelium lehrt, daß alle Menschen Brüder sind.

Da Melanie ihren christlichen Glauben sehr ernst nahm, litt sie darunter und wollte ein Leben der Entsagung führen. Ihr Vater lehnte das aber entschieden ab und verheiratete die Tochter mit seinem reichen Neffen Pinianus. Doch in diesem Mann fand Melanie einen idealen, gleichgesinnten Gefährten, der großes Verständnis für ihre lauteren Absichten hatte.

Nachdem ihre beiden Kinder früh gestorben waren, lebten Melanie und Pinianus in vollkommener Enthaltsamkeit. Sie stellten zur Empörung der römischen Gesellschaft ihren ungeheuren Reichtum für gute Zwecke zur Verfügung. Das fromme Paar beherbergte Bedürftige in ihren Häusern und Villen, pflegte Kranke und besuchte die Gefangenen in ihren Gefängnissen, bei der Zwangsarbeit und sogar in den Bergwerken, was damals ein großes Wagnis war. Wo sie konnten, kauften Melanie und Pinianus die Bedauernswerten los. Auch gaben sie ihre eigenen achttausend Sklaven frei. Sie selbst lebten auf das bescheidenste. Ihre Großzügigkeit führte schließlich dazu, daß die beiden mittellos dastanden.

Im Jahr 410 siedelte Melanie mit ihrem Mann und ihrer Mutter nach Afrika über, wo sie aus der Freundschaft mit dem hl. Augustinus und dem hl. Alypius viele Anregungen für ihren frommen Lebenswandel empfing. 415 besuchte sie den hl. Cyrillus von Alexandrien.

Im Jahr 417 schlug Melanie ihren endgültigen Wohnsitz in einer elenden Bretterhütte auf dem Ölberg in Jerusalem auf. Unter Anleitung des hl. Hieronymus entwickelte sie hier ein Leben intensiver Gottessuche und asketischer Selbstfindung. Sie überragte alle frommen Frauen ihrer Zeit in der ganz persönlich gelebten Nachfolge Christi. Pinianus trat in ein von ihm gegründetes Männerkloster ein. Am 31. Dezember 439 starb Melanie in Jerusalem.

Geboren: um 383 in Rom
Gestorben: 439 in Jerusalem
Berufung/Beiname: Klostergründerin, Wohltäterin
Wirkungsstätten: Italien, Nordafrika, Palästina
Bedeutung des Namens: die Schwarze (griechisch)
Namensformen: Melania, Mella, Mela, Melitta

Melanie, von der es im Abendland nur wenige Abbildungen gibt, wird als Nonne oder Einsiedlerin dargestellt, die vor oder in einer Höhle betet. Als Attribute sind ihr Kreuz, Palme, Kelch, Krug und Totenschädel beigegeben.

31. Dezember

Silvester

Geboren: in Rom
Gestorben: 335 in Rom
Berufung/Beiname: Papst
Wirkungsstätte: Italien
Bedeutung des Namens: der Waldmann (lateinisch)
Namensformen: Sylvester, Silvio, Silvano, Silvanus
Patronat: Haustiere; für ein gutes Futterjahr

Papst Silvester I. wird im päpstlichen Ornat abgebildet, mit Papstkreuz und Tiara, mit Engeln und Buch, auch mit einem Stier neben sich, weil er einen solchen im Namen Christi wieder lebendig gemacht haben soll, mit einem gefesselten Drachen und mit einem Olivenzweig als Sinnbild des Friedens, den die Kirche unter seinem Pontifikat erlangte.

Am letzten Tag des Jahres 335 hatte man in Rom Papst Silvester I. (314–335) zu Grabe getragen. Er wurde auf dem Friedhof der Priscilla begraben, deren Besitztum beim dritten Meilenstein an die Via Salaria angrenzte. Spärlich fließen die geschichtlichen Quellen über das ohne Zweifel wichtige Pontifikat dieses Papstes. Papst Silvester I. hatte ohne nennenswertes Aufsehen die für den Klerus vorgeschriebenen Weihen erhalten, sich aber dazwischen immer wieder in die Einsamkeit der Berge zurückgezogen, bis man ihn im Jahr 314 zum Nachfolger des Papstes Miltiades wählte. Während seines Pontifikats fand das erste allgemeine Konzil zu Nicäa im Jahr 325 statt, auf dem die Lehrautorität des Papstes für die christliche Welt verkündet wurde.

Die Legende sagt, daß sich Silvester auf dem Berg Soracte in der Nähe von Rom verborgen hatte, um der Verfolgung unter Diokletian zu entgehen. Kaiser Konstantin I. (um 285–337) hat ihn von dort wieder nach Rom bringen lassen.

Mit Kaiser Konstantin I. endete die Verfolgungszeit der Christen. Denn von da an galt das Christentum als gleichberechtigte Religion.

Mit Unterstützung Kaiser Konstantins ließ Papst Silvester die beiden Hauptbasiliken Roms, die Lateranskirche und die Peterskirche über dem Grab des Apostels, erbauen. Auch S. Croce in Gerusalemme entstand während seines Pontifikats. Die Mutter des Kaisers, die hl. Helena, hatte aus Jerusalem die wertvollen Kreuzreliquien mitgebracht, die nun in dieser Kirche aufbewahrt wurden. Papst Silvester erließ einige wichtige kirchliche Gesetze. Mit ihm begann für die Kirche eine Zeit des Friedens und des Aufblühens.

Er starb am 3. Dezember des Jahres 335. Sein Fest wird seit dem Jahre 354 gefeiert. Als er seinen Tod nahen fühlte, stellte der hl. Papst Silvester seinen Priestern drei Forderungen: Sie sollten mit Milde die Kirche regieren, die Gläubigen wohl behüten und einander von Herzen lieb haben.

Legende Auf dem Forum Romanum – so glaubt das römische Volk – liege unter den Säulen des Castor- und Polluxtempels ein Drache begraben. Noch vor wenigen Jahrzehnten wurde dieser Ort gemieden, weil, wie es hieß, die Luft dort verpestet sei, obgleich der Drache schon lange tot ist. Im Altertum hatte dieser Drache den Menschen mit seinem Gifthauch geschadet und den Tod gebracht. Da hatte sich der hl. Papst Silvester an den verfemten Ort begeben. Unerschrocken trat er unter Zurücklassung seines Gefolges mit dem Kreuz in der Hand dem Untier entgegen, um es mit der Kraft des Gebets zu besiegen. Der Drache, so berichtet die Legende, sei beim Anblick des Papstes gelähmt vor seiner Höhle liegengeblieben. Man habe ihn mit einem dünnen Seidenfaden fesseln und dann töten können. Der riesige Leib aber sei unter den drei hochragenden korinthischen Säulen des Diskurentempels verscharrt worden. Zum Dank für die Hilfe des Himmels errichtete der hl. Papst an dieser Stelle eine Kirche, die den Titel S. Maria Liberatrice bekam. Sie wurde abgerissen, als man das Forum ausgrub, wobei man die versumpfte Juturnaquelle entdeckte, die wahrscheinlich als Ursache der Volksmeinung von der verpesteten Luft gelten kann (nach R. Raffalt).

Wichtige Begriffe

Abessinien: früherer Name von Äthiopien (Afrika).

Académie Française: die älteste Akademie des Institut de France.

Albigenser: nach der südfranzösischen Stadt Albi benannte Sekte im 12. und 13. Jahrhundert. Die Albigenser vertraten die Ansicht, daß Christus nur ein Engel gewesen sei, der die Menschen belehren sollte, daß auch in einem unreinen Körper eine göttliche Seele wohnt.

Alexandria: seit der Gründung durch Alexander den Großen 331 vor Christus die griechische Hauptstadt Ägyptens mit teilweise 600.000 Einwohnern; der Leuchtturm von von Alexandria zählte zu den Sieben Weltwundern. Von der einstigen Weltstadt sind nur geringe Reste erhalten.

Alexandrien: Gebiet des heutigen Ägyptens (und Teilen von Lybien) mit der Hauptstadt Alexandria; altchristliches Patriarchat.

Alexandrinische Kirche: Kirchensprengel unter der Leitung des Patriarchen von Alexandria.

Anachoreten: Vertreter einer Form extremer christlicher Frömmigkeit, die außer den Forderungen der Enthaltsamkeit, der Buße und des Gebetes die völlige Trennung von jeder menschlichen Gemeinschaft verlangt; die Anachoreten ziehen sich daher in unbewohnte Gegenden zurück. Die ersten Anachoreten gab es im 3. Jahrhundert, ihr berühmtester Vertreter war Antonius der Einsiedler.

Anastasius: Patriarch von Konstantinopel im 8. Jahrhundert; verteidigte das Christentum gegen verschiedene Irrlehren.

Anglikanische Kirche: Gemeinschaft der aus der Kirche von England hervorgegangenen, rechtlich jedoch selbständigen Kirchen; besonders auf dem Gebiet des ehemaligen britischen Empire verbreitet, hat heute etwa 65 Millionen Mitglieder.

Antiochia: die um 300 v. Chr. gegründete Hauptstadt des Seleukidenreiches war später drittgrößte Stadt des Römischen Weltreiches; heute: Antakya am Orontes (Türkei).

Antiochien: andere Bezeichnung für das Seleukidenreich (Seleukia); einstiges Gebiet an der türkischen Südwestküste; altchristliches Patriarchat.

Antoniter: nach dem Eremiten Antonius benannter Einsiedlerorden; er übte großen Einfluß auf die Gründung verschiedener katholischer Orden im Orient aus.

Apologet: Verteidiger der christlichen Lehre gegen Irrlehren und Häresien.

Aquitanien: Region in Südwestfrankreich (Hauptstadt Bordeaux), die im alten Gallien das Land zwischen den Pyrenäen und der Garonne umfaßte; die römische Provinz reichte bis zur Loire.

Apostolischer Stuhl: Sitz des Papstes in Rom.

Apostolischer Vikar: Vorsteher einer bistumsähnlichen Gebietskörperschaft.

Aquileia: eine der größten Städte Italiens in der römischen Kaiserzeit, im Golf von Triest gelegen; 452 durch den Hunnenkönig Attila zerstört.

Arag: die historische Region und Hauptstadt von Nordostspanien, Teil der römischen Provinz Tarraconensis, wurde 415 nach Christus westgotisch, 713 maurisch, 812 fränkisch; Hauptstadt: Saragossa.

Archidiakon: in der alten und frühmittelalterlichen Kirche der erste Gehilfe (griechisch: »oberster Diener«) und Vertreter des Bischofs in der Armenpflege und Gerichtsbarkeit, später Vorsteher eines Kirchensprengels.

Arianer: Anhänger des Arianismus.

Arianismus: Lehre des alexandrinischen Presbyters Arius, daß die Wesenseinheit Christi mit Gott dem Vater in Gegensatz zum Glauben an den einen Gott stehe, und daher abzulehnen sei; Christus sei darum nur ein durch göttlichen Willen aus dem Nichts erschaffenes Geschöpf. Auf dem Konzil von Nicea (325) wurde diese These verworfen, konnte jedoch lange Zeit nicht zurückgedrängt werden, da selbst der römische Christenkaiser Konstantin der Große zeitweise diese Lehre unterstützte.

Arius: Presbyter aus Alexandria (280–336), Begründer des Arianismus.

Arme Schulschwestern: weibliche Genossenschaft, die sich besonders der Mädchenbildung widmet; das klösterliche Institut wurde 1833 von Karoline Gerhardinger gegründet und am 23.1.1854 päpstlicherseits genehmigt. König Ludwig I. von Bayern war ein besonderer Gönner der Armen Schulschwestern. Sie leiten auch heute noch mehrere Gymnasien und Internate.

Glossar

Armenien: zentrales Hochland zwischen Anatolien und dem Iran; 1242 eroberten die Mongolen Armenien, später fiel es in die Hand der Türken und der Russen.

Athanasius: griechischer Kirchenvater (295–373), kämpfte entschlossen gegen den Arianismus, betonte die Wesensgleichheit Christi mit Gottvater. Mit seinem Werk »Leben des Antonius«, einer Biographie des ersten Eremiten, führte er das mönchische Ideal in die Kirche sein.

Augustiner-Eremiten/Augustiner-Eremitinnen: Orden, der aufgrund der Augustinusregel durch Papst Alexander IV. aus mehreren Einsiedlerverbänden gegründet wurde. Der Papst befreite den Orden von der Oberaufsicht durch den Bischof. Pius V. zählte ihn später zu den Bettelorden.

Augustinerchorherren/Augustinerchorfrauen: Institut priesterlichen oder jungfräulichen Zusammenlebens mit Ordensgelübde; charakteristisch für die mittelalterlichen Chorherren bzw. Chorfrauen war neben der Einhaltung der strengen Klausur die Übung der Gastfreundschaft und der Lehrtätigkeit.

Augustinerinnenstift: Kirche mit einem angeschlossenen Frauenkloster nach der Augustinerregel.

Augustinerregel: auf den Kirchenvater Augustinus zurückreichende Ordensregel; man unterscheidet grundsätzlich Augustiner-Chorherren (klösterliche Gemeinschaft) und Augustiner-Eremiten (Einsiedler).

Augustinus: lateinischer Kirchenlehrer und Gelehrter (354–430); gründete den Augustinerorden.

Austrasien: der Osten des Frankenreichs in der Merowingerzeit, im Gegensatz zum Westteil Neustrien.

Avaren: Nomadenvolk aus dem asiatischen Raum; setzten sich während der Völkerwanderung in Ungarn und im heutigen Niederösterreich fest.

Avignonesisches Papsttum: zwischen den Jahren 1305 bzw. 1309 und 1376 hatte das Papsttum seinen Sitz in Avignon aufgeschlagen; diese Verlegung hatte vor allem machtpolitische Gründe und stellte eine ernste Zerreißprobe für die katholische Kirche dar.

Babylon: Stadt in Mesopotamien, erstmals gegen Ende des 3. Jahrtausends v. Chr. erwähnt; lange Zeit die größte Stadt der Welt; galt seit jeher als Inbegriff des Verdorbenen und Schlechten.

Barfüßer: frühchristliche Asketen, die das Barfußgehen als Zeichen der Ehrfurcht vor Gott, der Armut, Demut und Buße pflegten.

Barmherzige Brüder: 1537 gegründeter Verband von mehreren katholischen Klostergenossenschaften zur Pflege männlicher Kranker; am bekanntesten ist der Hospitalorden des hl. Johannes von Gott.

Benediktiner-Oblaten: die Angehörigen gaben sich selbst und ihr gesamtes Hab und Gut einem Kloster hin, um zeitlebens Mönche zu werden.

Benediktiner/Benediktinerinnen: Angehörige des Benediktinerordens.

Benediktinerorden: von Benedikt von Nursia (480 bis 547) gegründete Klostergemeinschaft mit männlichem und weiblichem Zweig.
Kennzeichen: schwarze Ordenstracht; einzelne Kongregationen, wie die Mauriner, die Solesmes und die Beuroner haben große Verdienste um die wissenschaftliche Forschung. Heute weltweit eine der größten Ordensgemeinschaften.

Bethsaida: auf dem Westufer in der Ebene Gennesareth gelegener Ort; Heimat der Apostel Petrus, Andreas und Philippus.

Bettelorden: Oberbegriff für Orden, in denen die ganze Gemeinschaft auf Besitz verzichtet; sie entstanden als Gegenbewegung zur Verweltlichung der Papstkirche im Spätmittelalter. Heute zählen nur noch Franziskaner und Kapuziner zu den Bettelorden.

Bithynien: antike Landschaft im Nordwesten Kleinasiens. Die Bevölkerung bestand vornehmlich aus Phrygiern, Hauptstadt war Nikomedia.

Blandinenverein: christlicher Frauenverein mit dem Ziel, das Andenken an die hl. Blandina lebendig zu halten; charakteristisch sind selbstloses, soziales und karitatives Engagement.

Brevier: Gebetbuch des Priesters; enthält Psalmodie, Lesungen und Gebete für jede Gebetsstunde.

Brukterer: zur Zeit Christi Geburt zwischen Ems und Lippe ansässiger germanischer Volksstamm; im Jahre vier n. Chr. von den Römern unterworfen; später gingen sie im Stammesverbund der Franken auf.

Byzantinisch-orthodoxer Ritus: Ritus der orthodoxen Kirche, geprägt von besonderer Verehrung der Heiligen und Mariens; Liturgie mit reicher Hymnendichtung und Chorgesang.

Cäsarea: mehrere zu Ehren des Kaisers (»die Kaiserliche«) genannte Städte im Römischen Reich; die von König Herodes 22 v. Chr. erbaute Stadt war die bedeutendste des römischen Palästina.

Chorbischof: Bezeichnung für den Bischof einer ländlichen Region, im Gegensatz zum Stadtbischof.

Chorrock/Chorhemd: beim Chordienst (von Mönchen gemeinsam gefeierter Gottesdienst) getragenes liturgisches Gewand des Geistlichen, bis zu den Knien reichend.

Cilicien: am Mittelmeer gelegene historische Landschaft im Südosten des antiken Kleinasien; Zentrum war früher Tarsos, heute Adana. Haupthafen: Mersin.

Cluniazensische Reform: diese vom Kloster Cluny ausgehende Reformbewegung des abendländischen Mönchtums und des Klerus erfaßte alle Länder des alten Europa und brachte große Klöster hervor.

Cluny: Im Jahr 909 von Wilhelm von Aquitanien gegründete Benediktiner-Abtei in Burgund (Ostfrankreich); Cluny war Ausgangspunkt und Mittelpunkt einer umfassenden Erneuerung des Mönchtums, auch der Weltgeistlichen und der gesamten Laienwelt (Cluniazensische Reform).

Cölestiner: nach dem Begründer Petrus von Morrone (später Papst Cölestin V, der »Engelspapst«) genannter Zweig der Benediktiner. Der im 13. Jahrhundert gegründete sehr strenge Orden verbreitete sich rasch über Italien und Frankreich, später auch in den Niederlanden, in Böhmen und in Deutschland. Kennzeichen: weiße Tunika, schwarzes Skapulier und schwarze Kapuze, bei den Laienbrüdern braun. Die Kongregation fiel der Französischen Revolution zum Opfer.

Collegium Germanicum: das »deutsche Kolleg« für Priesterkanditaten in Rom, gegründet 1552 von Papst Julius III. und der Leitung des hl. Ignatius unterstellt.

Confiteor: Sündenbekenntnis des Priesters und der Gemeinde zu Beginn der hl. Messe.

Conöbiarch: Klostervorsteher (von griechisch »koinos bios« = gemeinsames Leben).

Cönöbitisch: als Einsiedler in eine Klostergemeinschaft eingebunden lebend. Begründer des Cönöbitentums war der hl. Pachomius. Im Gegensatz dazu lebten die Anachoreten als strenge Einsiedler.

Conversio: Bekehrung vom weltlichen Leben zum klösterlichen Leben.

Daniel: prophetisches Buch des Alten Testaments; während der Makkabäerzeit (um 165 v. Chr.) verfaßt; enthält viele Traumdeutungen und apokalyptische Visionen.

Dechant: Geistlicher, der in der kirchlichen Hierarchie zwischen Bischof und Gemeindepfarrer steht; beaufsichtigt mehrere Pfarreien.

Decretum Gelasianum: Auflistung von Schrifttum, das von der Kirche anerkannt bzw. verworfen wurde; fälschlich Papst Gelasius (492–496) zugeschrieben.

Diakon: Vorstufe zum Priesteramt; in der Urkirche Helfer des ihm übergeordneten Bischofs.

Dogma: in der katholischen Kirche Formulierung einer Glaubenswahrheit durch das kirchliche Lehramt, die durch Gott geoffenbart ist. Der Gläubige ist zur Annahme des Dogmas verpflichtet.

Dominikanerorden: von Dominikus (1170–1221) 1216 in Toulouse gegründeter Bettelorden zur Ausbreitung und Verteidigung des Glaubens durch Predigt und Unterricht. Erkennungszeichen: weiße Kapuze, schwarzer Mantel, Ledergürtel mit Rosenkranz; der Dominikanerorden spielte während der Inquisition eine unrühmliche Rolle.

Domkapitel: selbständiges Gremium von kirchlichen Würdenträgern, das den Bischof bei der Verwaltung der Diözese unterstützt und berät.

Dompropst: der ranghöchste Würdenträger des Domkapitels.

Don-Bosco-Werk: nach dem großen katholischen Erzieher des 19. Jahrhunderts, Giovanni Don Bosco (1815–1888), benanntes, weltumspannendes Jugendwerk mit Spätberufenenseminar.

Donatisten: christliche Sonderkirche, die in Nordafrika vom 4. bis zum 7. Jahrhunderts bestand; nach ihrer Überzeugung war die Wirkung der Sakramente von der Heiligkeit des Spenders abhängig.

Dritter Orden: (lateinisch Tertiarier) Vereinigung von Laien, die sich zur besonderen Pflege der Frömmigkeit an andere Männer- und Frauenorden (1. und 2. Orden) anschließen; die Mitglieder legen kein Klostergelübde ab und leben meist außerhalb eines Klosters. Am bedeutendsten ist der Dritte Orden der Franziskaner.

Edessa: antike Hauptstadt der türkischen Provinz Urfa in Südost-Anatolien; nach dem Sieg des Christentums (um 200) Sitz syrisch-christlicher Gelehrsamkeit, seit Ende des 5. Jahrhunderts Zentrum der syrisch-monophysitischen oder jakobitischen Kirche; nach wechselnder Herrschaft kam die Stadt 1517 zum Osmanischen Reich; heute heißt die Stadt Urfa.

Englische Fräulein: katholische weibliche klösterliche Gemeinschaft zur Erziehung der weiblichen Jugend; 1609 von der Engländerin Mary Ward gegründet; in Deutschland werden noch heute mehrere Gymnasien und Internate von Englischen Fräulein geleitet.
Evangeliar: Buch mit dem vollständigen Text der vier Evangelien (im Mittelalter), oft mit Buchmalereien prächtig ausgestattet.
Fegefeuer: Ort bzw. Zustand des Leidens für Verstorbene, um von Sündenschuld geläutert zu werden; ins Fegefeuer kommen nach katholischer Lehre Verstorbene mit »läßlichen« Sünden, d.h. solchen, die von Gott nachgelassen werden, während »Todsünder« zur Hölle verdammt werden.
Franziskaner-Terziarin: weibliche Angehörige des Dritten Ordens der Franziskanerinnen.
Franziskanerorden: drei vom hl. Franz von Assisi (1181/82–1226) gegründete Orden, deren herausstechendstes Merkmal die Armut ist. Kennzeichen: braune Wollkutte mit Schulterkragen und Kapuze, barfuß in Sandalen. Zum Ersten Orden gehören unter anderem die Minoriten und Kapuziner, zum Zweiten Orden die Klarissinnen, zum Dritten Orden der sogenannte »Regulierte Orden« sowie zahlreiche selbständige Franziskanerinner-Kongregationen.
Freimaurer: eine streng hierarchisch organisierte Bewegung mit dem humanitären Ideal des nach Vervollkommnung strebenden Menschen; in religiöser Hinsicht wurde zwischen den Freimaurern und der katholischen Kirche ein oft leidenschaftlicher Kampf geführt. Derzeit gibt es schätzungsweise rund 1,5 Millionen Freimaurer in Europa; viele von ihnen sind in einflußreichen Positionen.
Friedrich Barbarossa: römischer Kaiser (1122–1190), wurde 1152 einstimmig zum deutschen König gewählt. Friedrichs Ziel war die Beherrschung Italiens und die Wiederherstellung des antiken römischen Kaisertums. Während des 1189 begonnenen dritten Kreuzzugs ertrank er der Überlieferung nach beim Baden in Saleph (heute Göksu, Türkei).
Galiläa: historische Landschaft zwischen dem oberen Jordantal und dem Mittelmeer; der nördliche Teil gehört zum Libanon, der südliche zu Israel; 733 vor Christus ging die Provinz Israel verloren und wurde unter Nebukadnezzar I. babylonische Provinz; im Jahr 39 nach Christus römische Provinz, später Hauptsitz des Judentums.
Gegenreformation: innerkatholische Erneuerungsbewegung des 16./17. Jahrhunderts als Reaktion auf Luthers Reformation. Sie führte vor allem im Deutschen Reich zu blutigen Glaubenskriegen, u. a. dem Dreißigjährigen Krieg (1618–1648).
Generalvikar: Stellvertreter des Bischofs in der Diözesanverwaltung.
Gnostiker: Irrlehrer, die in der Spätantike die Lehre vertraten, daß alle Materie gottfeindlich und daher zu überwinden sei; die maßgeblichen Gnostiker stammten aus dem Orient; eine spätere Bewegung war der Manichäismus.
Gregorianischer Kalender: von Papst Gregor XIII. (1572–1585) angeordnete Reform des Julianischen Kalenders. Die durchschnittliche Jahreslänge wurde exakt auf 365,2425 Tage festgesetzt, so daß der neue Kalender erst nach 3000 Jahren vom Lauf der Sonne um einen Tag abweichen wird.
Der neue Kalender wurde von den katholischen Ländern sofort zwingend eingeführt, von den evangelischen zunächst nur zögernd.
Habit: Tracht eines Ordens.
Häresie: eine ketzerische Lehre, die dem kirchlichen Dogma widerspricht und deshalb kirchlicherseits als Irrlehre oder Ketzerei verurteilt wird; nach katholischem Kirchenrecht ist strenggenommen jeder ein Häretiker, der ein Dogma schuldhaft und hartnäckig leugnet oder bezweifelt (z. B. die Gottheit Christi).
Häretiker: Anhänger einer Häresie.
Heimsuchung Mariens: franziskanische Ordensgenossenschaft, die 1263 ein Marienfest zum Gedächtnis des Besuchs Mariens bei ihrer Base Elisabeth (Lukas 1, 29-56) einführte, das seit dem 14. Jahrhundert allgemein anerkannt ist.
Das Fest wird noch heute international am 31. Mai gefeiert, in Deutschland allerdings am 2. Juli.
Herz-Jesu-Andacht: Andachtsform in der katholischen Kirche, bei der die Liebe Jesu zu den Menschen, versinnbildlicht in seinem leiblichen Herzen, verehrt wird.
Hierapolis: von König Eumenes II. von Pergamon um das Jahr 190 vor Christus gegründete antike Stadt; sie war Teil der römischen Provinz Asia, heute Pamukkale (Türkei).

Hieronymus: lateinischer Kirchenlehrer (347–420), lebte lange Zeit als Einsiedler in Syrien; in Kunstdarstellungen ist er fast immer von einem Löwen begleitet, dem er einen Dorn aus der Pfote gezogen hat.

Hirsauer Reform: die Benediktinerabtei in Hirsau war im 11./12. Jahrhundert eine Hauptstütze der Reformbewegung des Mönchtums in Deutschland.

Hoher Rat (Synedium): jüdische Behörde für Staats-, Rechts- und Religionsangelegenheiten in Jerusalem bis 70 n. Chr.

Hospitaliter: Klostergenossenschaften, die sich seit dem Mittelalter um die Pflege von Kranken bemühen; dazu zählen u. a.: der Johanniterorden, der Hospitalorden, die Barmherzigen Brüder und die Barmherzigen Schwestern.

Hussiten: christliche Sekte, benannt nach ihrem Führer Jan Hus (1370–1415). Die Hussiten forderten u. a. Freiheit der Predigt, die Einnahme des Abendmahls unter beiderlei Gestalten (Brot und Wein), Armut der Kleriker, Bestrafung von Todsündern durch den Staat.

Illyrien: indoeuropäische Völkergruppe, in der Antike im nordwestlichen Balkan und an der Adria beheimatet; aus dem Seeräubervolk der Illyrer gingen zahlreiche römische Kaiser hervor, u. a. der Christenverfolger Diokletian (284–305) und der Christenfreund Konstantin der Große (312–337).

Investitur: Die Einsetzung geistlicher Würdenträger durch weltliche Herrscher; führte im Hochmittelalter zum Investiturstreit zwischen dem Papsttum und dem Königtum.

Investiturstreit: Höhepunkt war im 11. Jahrhundert zwischen Papst Gregor VII. und König Heinrich IV. Bis zum Ausbruch setzte der weltliche Herrscher die Oberhirten des jeweiligen Landes ein, Papst Gregor aber wollte das Kirchenamt von der Politik unabhängig machen und löste damit den Streit aus, indem er Heinrich mit dem Kirchenbann belegte.

Jesaja: bedeutender jüdischer Prophet (um 740–700), der die sozialen Mißstände in Jerusalem und die Gottlosigkeit des Königs scharf angriff.
Nach der Verschleppung des Volkes Israel ins Babylonische Exil durch Nebukadnezar I. machte Jesaja seinen Landsleuten Mut, daß Gott sie aus der Knechtschaft befreien und nach Israel zurückführen werde. Voraussetzung sei allerdings, daß sie Jahwe die Treue hielten.

Jesuitenorden: von Ignatius von Loyola (1491–1556) 1534 gegründeter Orden, der – streng hierarchisch organisiert – den katholischen Glauben durch Mission, Unterricht und Erziehung gegen den Protestantismus verteidigte. Die Jesuiten waren Träger der Gegenreformation und wurden 1777 wegen ihrer teilweise radikalen Bekehrungsmethoden verboten; 1818 erfolgte die Neugründung. Heute engagiert sich der Orden für die Ökumene.

Josephspräfation: in der katholischen Liturgie die Anrufung des hl. Josephs im veränderlichen Teil des eucharistischen Hochgebets.

Prämonstratenserstift: Kirche mit angeschlossenem Kloster nach der Prämonstratenserregel.

Judenchristen: frühe Christen jüdischer Herkunft (vor allem in Jerusalem), im Gegensatz zu den Heidenchristen, die nicht an das jüdische Gesetz gebunden waren.

Kalvinismus: auf den schweizer Reformator Johann Calvin (1509–1564) zurückgehende Lehre des Protestantismus regionaler Ausprägung.
Der Einfluß des Kalvinismus auf die wirtschaftliche und soziale Entwicklung in Westeuropa und Nordamerika war bedeutend.

Kalvinistisch: den Kalvinismus betreffend, ihm zugehörig.

Kamaldulenser: um das Jahr 1000 von dem hl. Romuald gegründeter beschaulicher Einsiedlerorden nach der Benediktregel; benannt nach der Einsiedlerkolonie Camaldoli (Toskana). Kennzeichen: weiße Ordenstracht.

Kamillianer: Von Kamillus von Lellis Ende des 16. Jahrhunderts in Rom gestiftete Klostergenossenschaft zur Krankenpflege.

Kanoniker: Mitglied eines Chorherrenordens, zum Beispiel der Augustiner-Chorherren.

Kanonisation: offizieller Akt der Heiligsprechung. Sie bewirkt, daß der in den Kanon aufgenommene Heilige überall kirchlich verehrt werden darf.
Der dem Papst vorbehaltenen Kanonisation geht die Beatifikation, die sogenannte Seligsprechung voraus. Die erste förmliche Heiligsprechung der Amtsirche war jene von Bischof Ulrich von Augsburg am 31. Januar 993.

Kapharnaum: Ort am See Gennesareth; im Neuen Testament Mittelpunkt des Wirkens Jesu.

Seit dem 5./6. Jahrhundert ist Kapharnaum Ruinenstätte, heute heißt der Ort Tell Hum.

Kappadokien: Landschaft im antiken Kleinasien, zuerst von anatolischen Völkern bewohnt, später von den Hethitern beherrscht. Das seit 255 vor Christus nachweisbare Königtum stellte sich später auf die Seite Roms. Um 17 nach Christus wurde Kappadokien zur römischen Provinz »Cappadocia«.

Kapuzinerorden: nach den Franziskanern und Minoriten der dritte autonome Zweig des Ersten Ordens des hl. Franziskus von Assisi. Ihr Hauptziel ist die Christusnachfolge in strenger Selbstheiligung. Kennzeichen: Bartträger mit kastanienfarbenem Habit; lange, spitze Kapuze, weißer Strickgürtel mit Rosenkranz, Sandalen.

Karmelitenorden: kontemplativer Bettelorden (seit 1247) mit mehreren Unterzweigen; hervorgegangen aus einer um 1155 auf dem Karmel von Bertold von Kalabrien gegründeten Einsiedlerkolonie; den weiblichen Zweig gibt es seit dem 15. Jahrhundert.

Karolinger: fränkisches Hochadelsgeschlecht, benannt nach seinem bedeutendsten Mitglied Karl dem Großen (768–814).

Kartäuserorden: Einsiedlerorden, gegründet 1084 von Bruno von Köln mit sechs Gefährten in der Bergwildnis von Chartreuse (daher »Kartause«) bei Grenoble. Die Mönche wohnen in kleinen Einzelhäusern. Ziel: Gott in vollkommener Einsamkeit suchen.

Katakomben: Begräbnisstätten der frühen Christen mit weitläufigen unterirdischen Anlagen; vor allem in Rom und Neapel, auch auf Sizilien.

Katalonien: Landschaft im Nordosten Spaniens, umfaßt die Provinzen Gerona, Barcelona und Tarragona.

Katharer: mittelalterliche Sekte im 12./13. Jahrhundert, die unter anderem den Genuß von Fleischspeisen, die Kindstaufe und die Ehe verwarf (vom griechischen »katharus« = rein); die Mitglieder waren streng pazifistisch eingestellt und lehnten jeglichen Privatbesitz als Anfang allen Übels ab.

Kirchenbann (Exkommunikation): Kirchenstrafe, durch die der Gebannte aus der Kirchengemeinschaft, insbesondere vom Empfang der Sakramente ausgeschlossen wird, obwohl er nach wie vor ein formelles Mitglied der Kirche bleibt. In der Konsequenz droht ihm durch den Kirchenbann ewige Verdammung durch Gott.

Klarissenorden: der weibliche Zweig des Franziskanerordens, wurde von der heiligen Klara nahe Assisi Anfang des 12. Jahrhunderts gegründet.

Koadjutor: nach katholischem Kirchenrecht der einem Bischof zur Seite gestellte Beistand mit dem Recht zur Nachfolge.

Konstantinopel: in der Antike seit 330 Hauptstadt des Oströmischen Reiches; anderer Name: Byzanz; heute: Istanbul (Türkei).

Kontroverstheologie: Diskussion über strittige Glaubenslehren und katholische Ordnungen, die kirchentrennend wirken.

Konzil von Chalkedon: Viertes Ökumenisches Konzil (451), auf Bitte von Papst Gregor I. von Kaiser Marcian (450–457) einberufen, wichtigstes Ergebnis: dogmatische Bestimmung des Verhältnisses der göttlichen und menschlichen Natur Christi: Sie ist unvermischt und ungetrennt in der Person Christi verbunden.

Konzil von Ephesus: Drittes Ökumenisches Konzil (431); klärte die gegensätzlichen Lehrauffassungen Cyrills von Alexandrien (Maria ist »Gottesgebärerin«) und Nestorius' von Konstantinopel (Maria ist »Christusgebärerin«, also nur Mutter eines Menschen) zugunsten der »Gottgebärerin«.

Konzil von Konstantinopel: Zweites Ökumenisches Konzil (381); definierte verbindlich die innergöttlichen Beziehungen (Relationen) zwischen Gottvater, Sohn und Geist: Es gibt eine Wesenheit, aber drei Träger, einen Gott in drei Personen. Ergänzung des Nicänischen Glaubensbekenntnisses: »... und an den Hl. Geist, den Herrn und Lebensspender, der vom Vater ausgeht«.

Konzil von Nicea: Erstes Ökumenisches Konzil (325), von Kaiser Konstantin I. (306–337) einberufen. Wichtigstes Ergebnis: Beschluß des Nicänischen Glaubensbekenntnisses. Christus ist »aus dem Wesen des Vaters gezeugt als der Eingeborene, Gott von Gott, Licht vom Lichte, wahrer Gott vom wahren Gott, gezeugt, nicht geschaffen, gleichwesentlich (homousios) mit dem Vater«. Damit wurde die arianische Häresie von der bloßen »Wesensähnlichkeit« von Gottvater und Sohn verworfen.

Koptisch: das Volk der Kopten betreffend; die Kopten waren christliche Nachkommen der alten Ägypter, in der Mehrzahl orthodoxe Christen. Die koptische

Sprache, seit dem Mittelalter vom Arabischen verdrängt, hat als Kirchensprache bis heute Bedeutung.

Kreuzschwestern: Bezeichnung für die weiblichen religiösen Genossenschaften vom hl. Kreuz (auch Barmherzige Schwestern).

Krypta: in der Unterkirche eines Gotteshauses befindlicher Grabesraum von Heiligen.

Kyrillisches Alphabet: im wesentlichen den griechischen Majuskeln nachgebildetes Alphabet, das durch Entlehnungen aus der älteren Glagoliza (= kaukasische Sprachform) dem Lautsystem des Altbulgarischen angepaßt wurde. Im Jahr 1917 in Rußland vereinfacht, wird das nach dem Slavenapostel Kyrill benannte kyrillische Alphabet auch heute noch für viele Ostsprachen verwendet.

Laieninvestitur: Einsetzung von Bischöfen und Äbten durch weltliche Herrscher. Papst Gregor VII. verbot die Laieninvestitur 1075 dem deutschen König Heinrich IV. aus Anlaß der umstrittenen Neubesetzung des Mailänder Erzbischofsstuhles.

Latifundien: großer Grundbesitz im antiken Rom, der von Sklaven bewirtschaftet wurde.
Seit dem Mittelalter werden die römischen Latifundien zur Landwirtschaft und zum Getreidebau verwendet.

Lazaristen: Weltpriestervereinigung ohne öffentliches Gelöbnis; Sitz heute in Rom.

Legenda aurea: Sammlung der Legenden von Kalenderheiligen, ursprünglich verfaßt von Jacobus a Voragine (vor 1264); wichtigstes christliches Legendenbuch des Mittelalters.

Lektor: Person, die während des Gottesdienstes die Lesungen und Fürbitten übernimmt.

Liturgischer Kalender: Verzeichnis der Festtage in der katholischen Kirche, an denen jeweils eines oder mehrerer Heiliger während der hl. Messe gedacht wird.

Luxeuil: ehemalige Benediktinerabtei, um 590 von dem hl. Kolumban gegründet; um 732 von den Sarazenen geplündert; Karl der Große und Ludwig der Fromme halfen dem Kloster beim Wiederaufbau. Die Abteikirche stammt aus den Jahren 1328–1340. Das Kloster ist heute Kleines Seminar.

Lykaonien: antike Landschaft in Zentralkleinasien mit der Hauptstadt Ikonien, heute Konya; fast ausschießlich verstepptes Gebiet; gehörte zur römischen Provinz Galatien.

Majordomus: andere Bezeichnung für Hausmeier; auch Palastmeister; ursprünglich bei den Franken der Oberste des königlichen Geleites und der Verwalter des königlichen Einflußgebietes; vom 6. Jahrhundert an außerdem Befehlshaber im Krieg und Schatzmeister.

Manichäer: Anhänger der von dem Religionsstifter Mani (216–276) gegründeten Weltreligion der Spätantike und des frühen Mittelalters, derzufolge dem Herrscher des Lichtreiches (Gott) der König der Finsternis (Teufel) gegenübersteht. Um 300 ist der Manichäismus im ganzen Orient; Anfang des vierten Jahrhunderts in Rom, Gallien und Spanien bezeugt. Hauptkennzeichen: radikale Weltverneinung.

Martyrologium: nach den Kalendertagen gegliedertes Verzeichnis der Märtyrer (in lateinischer Sprache) mit Angabe ihrer Kultstätte, auch mit charakteristischen Begebenheiten des Heiligen; am bekanntesten ist das Martyrologium Hieronymianum des Kirchenlehrers Hieronymus.

Mauren: arabisch-berbischen Bewohner der westlichen Mittelmeerhäfen Nordafrikas.

Meister Eckhart (1260–1228): Dominikaner; der bedeutendste und geistvollste deutsche Mystiker; Prediger und Magister in Köln.

Merzedarier: von Petrus Nolaskus und Raimund von Peñaforte um 1220 gegründeter Ritterorden zur Befreiung der in die Sklaverei geratenen Christen; seit 1690 als Bettelorden anerkannt; Kennzeichen: weiße Ordenstracht.

Mesopotamien: das Gebiet des mittleren und unteren Euphrat und Tigris. Die Geschichte von Mesopotamien deckte sich in der Antike weitgehend mit der von Babylonien und Assyrien.

Messina: im Nordosten Siziliens gelegene Provinzhauptstadt; 396 vor Christus von den Karthagern zerstört; seit dem 8. Jahrhundert Sitz eines Erzbischofs.

Missalefest: Festtag nach dem Römischen Meßbuch, dem Altarbuch für die hl. Messe.

Mithraspriester: Priester des altindischen Gottes Mithras. Der Mithraskult war im nachchristlichen Römischen Reich unter den Soldaten weit verbreitet und stand in starker Konkurrez zur noch jungen christlichen Religion; Frauen waren von den nächtlichen, in unterirdischen Räumen stattfindenden Feiern ausgeschlossen.

Glossar

Mitra: Bischofsmütze oder Abtsmütze, an der Rückseite mit zwei herabhängenden Bändern verziert.

Monophysitismus: in der alexandrinischen Theologie entstandene Irrlehre, daß in Christus nicht zwei Naturen (die göttliche und die menschliche) verbunden seien, sondern nur die eine Natur des fleischgewordenen Wortes Gottes sei.

Monte Cassino: Abtei in Süditalien über der Stadt Cassino; Um 529 nach Christus von Benedikt von Nursia (480-547) als Mutterkloster des abendländischen Mönchtums gegründet. Monte Cassino wurde im Zweiten Weltkrieg beinahe völlig zerstört. Bis heute erhalten sind ein großer Teil des Archivs und der Bibliothek.

Mozarabische Literatur: Bezeichnung für christliche Schriften, die in spanischen Gebieten unter islamischer Herrschaft entstanden.

Myra: antike Stadt in Lykien (Kleinasien), etwa 115 Kilometer südwestlich des heutigen Antalya gelegen. Die Kuppelbasilika des hl. Nikolaus stammt aus dem 12. Jahrhundert.

Mystiker/Mystikerinnen: begnadete Menschen, die durch asketische Läuterung und religiöse Versenkung die mystisch-ekstatische Vereinigung mit Gott suchen und von ihm persönliche Offenbarungen empfangen. Christliche Mystiker tragen oft die Wundmale Christi (Stigmatisierte), was als durch Autosuggestion hervorgerufenes Phänomen gedeutet werden kann. Im Christentum unterscheidet man Jesus- und Brautmystik (Bernhard v. Clairvaux), Passionsmystik (Bonaventura), prophetische Mystik (Hildegard v. Bingen) und spekulative Mystik (Meister Eckart, Heinrich Seuse, Johannes Tauler). Im Judentum findet die Mystik in der Kabbala ihren Ausdruck, im Islam im Sufismus.

Nestorius: Patriarch von Konstantinopel (428–431); seiner Lehre zufolge ist die göttliche und menschliche Natur in Christus unverbunden; Maria war somit »nur« Christusgebärerin, nicht Gottesgebärerin.

Neucorbie: Benediktiner-Abtei an der Weser; Nachbildung des Mutterklosters Corbie in Somme (Bistum Amiens), eine Stiftung von Königin Bathildis 657/661 mit Mönchen aus Luxueil unter Führung des Abtes Theofried.

Nicea: antike Stadt in Kleinasien, heute Iznik; Nicea war früh Sitz eines Bischofs, seit 451 Sitz eines Metropoliten; 325 fand hier das erste, 787 das siebte Ökumenische Konzil statt.

Nikomedia/Nikomedien: antike Hauptstadt von Bithynien (im Nordwesten Kleinasiens), 264 vor Christus von Nikomedes I. gegründet, später zeitweilig Residenz des römischen Kaisers Diokletian (284–305); heute Izmit (Türkei).

Norbert von Xanten: 1082–1143, Stifter des Prämonstratenserordens; zog seit 1118 als Bußprediger durch Deutschland und Frankreich, wurde 1126 Erzbischof von Magdeburg.

Norbertiner: andere Bezeichnung für Prämonstratenser (nach dem Gründer des Prämonstratenserordens Norbert von Xanten).

Norikum: römische Provinz im Ostalpengebiet, östlich des Inns; Hauptstadt war Noreia. 16 vor Christus von den Römern unterworfen und zur Provinz gemacht; heute das Gebiet um Kärnten.

Nothelfer: Heilige, die in bestimmten Notsituationen um Hilfe und Fürbitte bei Gott angerufen werden; dies sind: Achaz, Ägidius, Barbara, Blasius, Christophorus, Cyriakus, Dionysius, Erasmus, Eustachius, Georg, Katharina, Margareta, Pantaleon, Vitus.

Novize/Novizin: Kandidat, der sich um Aufnahme in einen Orden bewirbt und sich einer einjährigen Probezeit unterziehen muß; dann Gelöbnis (Profeß) von Armut, Gehorsam, Keuschheit (Mönch/Nonne).

Oratorianer: Bezeichnung für Weltpriestervereinigungen (seit dem 16. Jahrhundert), die sich in halboffenen Kollegien trafen, um die Messe zu feiern und Konferenzen abzuhalten.

Oratorium: im frühen Mittelalter Bezeichnung für ein kleines Gotteshaus, später die Gebetsempore für die Gläubigen.

Orthodoxe Kirche: aus der byzantinischen Kirche hervorgegangene Patriarchate und Landeskirchen aufgrund des Morgenländischen Schismas (1054). Nach der orthodoxen Kirche geht der Hl. Geist »aus dem Vater durch den Sohn« hervor, nach der abendländischen (katholischen) Kirche »aus dem Vater und dem Sohn«. Kennzeichen: Kollegialität der Bischöfe, Zulassung verheirateter Priester, Hochschätzung von Mönchtum, Liturgie und Sakramenten.

Palästina: Landschaft in Vorderasien (Gelobtes Land, Heiliges Land); heute das Gebiet zwischen der Ostküste des Mittelmeers und Totem Meer; für Judentum, Christentum und Islam ist Palästina Heiliges Land. Von den heiligen Stätten sind drei allen Religionen gemeinsam: die Basilika des Heiligen Grabes (Jerusalem), die Geburtsbasilika (Bethlehem) und das Grab der Jungfrau Maria (Jerusalem).

Pallium: Schulterschmuck des Papstes und des (Erz-)Bischofs; mit schwarzen Kreuzen versehenes wollenes Band, das um die Schultern getragen wird.

Pamphylien: antiker Name der südanatolischen Küstenebene zwischen Antalya und Alanya; die Bewohner waren teils Griechen, teils einheimische Kleinasiaten.

Parthien: ursprünglich iranisches Stammland; auf dem Höhepunkt der Macht seit dem 2. Jahrhundert v. Chr. beherrschten die Arsakiden das Gebiet; später römisch, dann persisch.

Passio: Leidensgeschichte von Märtyrern.

Paulaner: Kleriker nach der Regel des hl. Apostels Paulus; ihre Hauptaufgaben bestehen in Seelsorge und Unterricht.

Pelagianer: nach Pelagius benannte frühchristliche Lehre, die die Willensfreiheit des Menschen vertrat; dieser könne aus eigener Kraft das Heil erlangen, wenn ihn die göttliche Gnade dabei unterstütze; die Pelagianer wurden 419 n. Chr. von den römischen Kaisern verbannt; die Lehre wurde auf dem Konzil von Ephesus (431) verurteilt.

Pneumatomachen: frühchristliche Sekte, die das Leben »im Geist« betont und die Schöpferkraft des Geistes im Sinne des Dogmas ablehnt; unklare Auffassungen über die Natur des Gottessohnes.

Pontifikat: Amtszeit des auf Lebenszeit gewählten Papstes. In Zeiten des Schismas gab es Päpste und Gegenpäpste; sie bannten sich gegenseitig und erklärten sich gegenseitig für abgesetzt.

Prämonstratenserorden: nach dem Stifter Nobert von Xanten auch Norbertianer genannt; 1200 für die Christianisierung und Kultivierung Norddeutschlands gegründet; durch die Reformation wurde der Orden sehr geschwächt, nahm aber im 19. Jahrhundert wieder an Bedeutung zu.

Präses: in der katholischen Kirche Bezeichnung für den Leiter einer Kommission, eines Kollegiums oder einer Anstalt (z.B. Priesterseminar); in der evangelischen Kirche der gewählte Vorsitzende einer Provinzial- oder Landessynode.

Primas: von lateinisch »primus« (= der Erste): Vorrangstellung eines einzelnen Metropoliten vor den anderen Bischöfen seines Landes; häufig nur Ehrentitel.

Primat: höchste Gewalt in der Kirche, die vom Bischof von Rom (Papst) persönlich oder im Kollegium mit seinen Bischöfen wahrgenommen wird.

Profeß: öffentliche Ablegung der Gelübde in einer Ordensgemeinschaft.

Pseudo-areopagitische Schriften: Sammlung frühchristlicher Schriften und Briefe, in denen u. a. der geistige Aufstieg des einzelnen zur Vereinigung mit Gott (»Vergottung«) beschworen wird.

Rationale: Schulterkleid beim Bischofsgewand.

Redemptoristen: 1732 von Alphons Maria di Liguori in Scala bei Neapel gegründete Priesterkongregation (in das deutsche Sprachgebiet durch Clemens Maria Hofbauer eingeführt); Ziele: innere und äußere Mission. Kennzeichen: schwarzer Talar mit weißem Halskragen, Stoffgürtel und großer Rosenkranz.

Refektorium: Schlafsaal im Kloster.

Reformkonzil von Trient: Die Beschlüsse des in drei Perioden tagenden Konzils (1545–1563) betreffen unter anderem die Sakramentenlehre, die Kirchendisziplin und die Tradition als Quelle des Glaubens. Papst Pius IV. faßte die Beschlüsse im Tridentinischen Glaubensbekenntnis zusammen, auf das alle katholischen Geistlichen verpflichtet wurden. Damit begann die innere Reform der katholischen Kirche nach der Erschütterung der Reformation.

Rosenkranzfest: Festtag am 7. Oktober, seit 1716 für die ganze Kirche vorgeschrieben.

Salesianer/Salesianerinnen: Angehörige der 1859 in Turin von Giovanni Don Bosco gegründete Priesterkongregation zur Fortführung des 1841 begonnenen Jugendwerkes Don Boscos. Der weibliche Zweig geht auf Franz von Sales und Franziska de Chantal zurück.

Sarazenen: antike Bezeichnung für die im Nordwesten Arabiens und der Sinai-Halbinsel wohnenden Araber; später auf alle Araber und von den Kreuzfahrern auf alle Muslime der Mittelmeerwelt übertragen.

Schisma: die nicht dogmatisch begründete Abspaltung von der Kirchengemeinschaft. Im Großen Abendländischen Schisma (1378–1417) standen sich innerhalb der katholischen Kirche jeweils zwei, dann sogar drei Päpste gegenüber.

Glossar

Scholastik: die in den Schulen des Mittelalters ausgebildete Theologie und Philosophie und deren Weiterführung in der Neuzeit mit dem Ziel, die christliche Offenbarungslehre und das philosophische Denken zu verbinden; ein Hauptvertreter der Scholastik war Thomas von Aquin.

Seleukia: Hauptstadt des ehemaligen Seleukidenreiches, eines der drei Großreiche der hellenistischen Staatenwelt; 312 vor Christus von Seleukos I. östlich des Euphrat gegründet, bestand bis 64 vor Christus. Mit dem Krieg gegen Rom begann der Untergang des Reiches und der Hauptstadt (Schlacht bei Magnesia 109 vor Christus).

Servitenorden: 1235 in Florenz von sieben Kaufleuten gegründeter Bettelorden; Kennzeichen: schwarze Tracht und Rosenkranz.

Simonie: Erwerb eines geistlichen Amtes für Geld oder Geldeswert; das Kirchenrecht sah für Simonisten die Exkommunikation vor.

Skapulier: Überwurf über Brust und Rücken, Teil des Ordenshabits.

Smyrna: alte Siedlungsstätte an der Westküste Kleinasiens. Schon in neutestamentlicher Zeit gab es dort eine christliche Gemeinde.

Sprengel: Amtsbezirk eines Geistlichen; Pfarrei oder Diözese.

Steyler Missionare: erste deutsche Missionskongregation; Hauptzweck ihrer Missionsarbeit unter nichtchristlichen Völkern ist die Erziehung und Bildung; 1901 päpstlich approbiert.

Subdiakon: bis 1972 die erste der höheren Weihestufen mit Verpflichtung zu Zölibat und Stundengebet.

Subiaco: Stadt in der Provinz Rom; hier soll der hl. Benedikt von Nursia seine Mönchsregeln niedergeschrieben haben.

Superior: der Obere einer Klostergemeinschaft.

Tarragona: am Mittelmeer gelegene spanische Provinz mit gleichnamiger Provinzhauptstadt in Katalonien; Sitz eines Erzbischofs. Die Römer eroberten 218 vor Christus die Stadt und bauten sie zum Hauptstützpunkt in Spanien aus.

Terzianerinnen: weibliche Mitglieder eines Dritten Ordens.

Theatinerorden: Vom hl. Kajetan und dem Bischof Caraffa (später Papst Paul IV.) 1524 gegründete Gemeinschaft von Klerikern.

Thebais: im alten Ägypten das Gebiet um Theben; beliebter Ort für Einsiedler und Mönche.

Theotokos: griechische Bezeichnung für »Gottesgebärerin«; seit dem 4. Jahrhundert Ehrentitel für Maria die Mutter Jesu.

Tiara: Papstkrone; eine mit drei Kronen geschmückte Mitra.

Tobias: Buch des Alten Testaments, eingeordnet unter »geschichtliche Bücher«. In legendarischer Form wird die jüdische Gesetzesfrömmigkeit verherrlicht.

Toledo: spanische Provinzhauptstadt von Neukastilien; seit dem frühen Mittelalter Sitz eines Erzbischofs.

Translatio(n): die Übertragung von Reliquien eines Heiligen von einem Ort (Grab) zu einem anderen; in der Liturgie die Übertragung eines Kirchenfestes auf den nächsten festfreien Tag, wenn seine Feier durch Zusammentreffen mit einem Sonntag verhindert ist.

Trinitarier: 1198 von Johannes von Matha und Felix von Valois gegründeter Orden nach der Augustinerregel (seit 1609 Bettelorden). Kennzeichen: weiße Kutte, weißes Skapulier mit rotblauem Kreuz, schwarzer Mantel.

Ursulinen: 1535 von der hl. Angela Merici gegründete klösterliche Gemeinschaft zur Erziehung und Unterrichtung der weiblichen Jugend; noch heute gibt es einige von Ursulinen betriebene Mädchenschulen.

Vallombrosanerorden: Um 1140 vom hl. Johannes Gualbertus gegründete selbständige Benediktinerkongregation. Gründungsort war Vallombrosa östlich von Florenz.

Wenden: nordwestslavische Stammesgruppe ohne politische und sprachliche Einheit; seit dem 6./8. Jahrhundert in Sachsen, Thüringen, Pommern, Westpreußen, Mecklenburg, Brandenburg und Schleswig-Holstein ansässig.

Wormser Konkordat: Vertrag zwischen Kaiser Heinrich V. und Papst Calixus II. (1122) zur Beendigung des Investiturstreits. Der Kaiser verzichtete auf die Investitur mit Ring und Stab, erhielt aber das Recht, die Bischöfe und Äbte zu genehmigen.

Zisterzienserorden: von Bernhard von Clairvaux (1091–1153) gegründeter Mönchsorden; die Zisterzienser leben nach der Benediktregel, doch ist ihre Verfassung stärker in Rom zentralisiert. Haupttätigkeiten sind Seelsorge und Unterricht. Kennzeichen: weiß mit schwarzem Skapulier.

Verzeichnis der Namenstage

Nachfolgende Auflistung nennt in alphabetischer Reihenfolge eine Auswahl von bekannten und weniger bekannten Namensformen und deren zugehörige Namenspatrone und Namenstage im Jahreslauf. Aufgrund der Fülle von Namen und deren unterschiedlicher Ableitungen erhebt dieses Namenstagsverzeichnis keinen Anspruch auf Vollständigkeit.

Name	Namenspatron	Namenstage	Seite
Achill, Achilleus	Nereus, Achilleus und Domitilla	12. Mai	184
Adelheid, Adelaide	Kaiserin Adelheid	16. Dezember	515
Adalbert	Adalbert von Prag	22. April	155
Adel	Edeltraut	23. Juni	240
Adolf, Alf	Adolf von Osnabrück	13. Februar	71
Adrian, Adrien	Adrian	9. September	362
Agathe	Agatha von Catania	5. Februar	61
Agnes, Agneta	Agnes, Agnes von Böhmen	21. Januar, 2. März	38, 93
Akazius, Achatius	Achaz	20. Juni	237
Albert, Albrecht	Adalbert von Prag, Albertus Magnus	22. April, 15. November	155, 465
Alec, Alejo, Alex(ius)	Alexius	17. Juli	278
Alfons, Alfonso, Alonso, Alphons, Alf, Alphons	Alphons Maria di Liguori	1. August	299
Alois, Aloisius, Aloysius	Aloysius, Eligius	21. Juni, 1. Dezember	238, 493
Amalia, Amely, Alma	Amalia und Amalberga	10. Juli	268
Ambrosius	Ambrosius	7. Dezember	504
Ammo	Mamertus	11. Mai	182
Anderl	Leander	13. März	104
Ananias	Ananias	18. Dezember	517
Anastasia	Anastasia von Sirmium	25. Dezember	524
Andreas	Apostel Andreas	30. November	489
Angela, Angelika, Angelina	Fest der heiligen Engel, Angela Merici, Angela von Foligno	4. Januar, 27. Januar, 2. Oktober	12, 48, 401
Anian	Kilian	8. Juli	263
Anja	Anna	26. Juli	291
Anke	Anna	26. Juli	291
Anna, Annamirl, Annelie, Annemarie, Annemi, Annuschka, Anita	Anna	26. Juli	291
Annette	Anna	26. Juli	291
Anno	Anno	5. Dezember	31
Anselm	Anselm von Canterbury	20. April	152
Ansgar	Ansgar, Anselm von Canterbury	2. Februar, 20. April	57, 152
Antje	Anna	26. Juli	291
Anton, Antonius, Antonie, Ante	Antonius der Einsiedler, Antonius von Padua	17. Januar, 13. Juni	32, 226
Apollonia	Apollonia	9. Februar	66
Adrian	Adrian	9. September	362

Namenstagsverzeichnis

Name	Namenspatron	Namenstage	Seite
Armgard	Irmgard vom Chiemsee, Irmgard von Köln	16. Juli, 2. September	277, 353
Armin	Hermann Joseph	21. Mai	196
Arnulf, Arnold	Olav	30. Juli	296
Asam, Asmus	Erasmus	2. Juni	212
Augustin(us), Austin	Augustinus	28. August	346
Axel	Alexius	17. Juli	278
Azarias	Azarias	18. Dezember	517
Baldomer	Baldomer	27. Februar	89
Balder	Willibald, Sebaldus	7. Juli, 19. August	262, 331
Balduin, Baldus	Baldomer, Willibald, Sebaldus	27. Feb., 7. Juli, 19. Aug.	89, 262, 331
Balz	Die Heiligen Drei Könige	6. Januar	16
Baptiste	Johannes der Täufer	24. Juni	302
Barnabas, Barnes	Barnabas	11. Juni	224
Barthel, Bartholo(mäus), Berthel	Bartholomäus	24. August	340
Basilius	Basilius	1. Januar	6
Basti	Sebastian	20. Januar	36
Bata, Batu	Beda Venerabilis	25. Mai	200
Benedikt, Bene, Benedetto, Benno, Benito, Bernadin	Benedikt von Nursia	11. Juli	269
	Benno von Meissen	16. Juni	232
Beres	Liborius	23. Juli	286
Bernadette	Bernadette Soubirous	16. April	147
Bernhard, Bernard, Bernd(t), Barnard	Bernhardin von Siena, Bernhard von Clairvaux, Benno von Meissen	20. Mai, 20. August, 16. Juni	194, 332, 232
Bernward	Bernward	20. November	477
Bert	Eberhard von Salzburg, Lambert, Norbert, Rupert, Sigisbert, Albertus Magnus	22. Juni, 18. Sep., 6. Juni, 27. März, 12. Juli, 15. Nov.	239, 374, 219, 122, 271, 465
Berta, Berthild	Amalia und Amalberga, Berta von Biburg	10. Juli, 6. August	268, 305
Berthold, Bert	Berthold von Regensburg	15. Dezember	514
Bina, Bine	Sabina	30. August	350
Birgit	Brigitta von Schweden	23. Juli	285
Blanda, Blandina	Blandina	27. Mai	203
Bob	Robert Bellarmin	17. September	371
Bonifatius, Bonifaz	Bonifatius	5. Juni	216
Borries, Bors, Beres	Liborius	23. Juli	286
Brigitta, Brit, Britta	Brigitta von Schweden	23. Juli	285
Bruno	Bruno der Kartäuser	6. Oktober	411
Burga, Burgel	Notburga, Walburga, Notburga	14. Sep., 25. Feb.	368, 86
Burkhard	Burkhard	14. Oktober	421
Cäcilie	Cäcilie	21. November	479
Camillo	Kamillus von Lellis	14. Juli	274
Carl, Carlo, Carlos	Karl Borromäus	4. November	449

Namenstagsverzeichnis

Name	Namenspatron	Namenstage	Seite
Cassian	Kassian	13. August	320
Catalina, Catherine	Katharina von Siena	29. April	165
Charles	Karl Borromäus	4. November	447
Chiara	Klara	11. August	315
Chlodwig	Ludwig der Heilige	25. August	214
Christine, Christa, Chrissie, Christiane	Christina von Bolsena	28. Juli	294
Christel	Christina von Bolsena, Christophorus	28. Juli, 24. Juli	294, 287
Christoph(orus)	Christophorus	24. Juli	287
Citta	Zita	26. April	162
Claire, Clara, Clarissa	Klara	11. August	315
Clemens, Klemens	Clemens Maria Hofbauer	20. März	113
Conny	Konrad der Einsiedler	19. Februar	79
Corell	Kornelius	16. September	370
Creszentia	Kreszentia	6. April	135
Cristobal	Christophorus	24. Juli	287
Cyrill	Cyrill und Methodus	14. Februar	72
Cyrillus	Cyrillus	27. Juni	245
Cyrus	Cyriakus	9. August	313
Darius	Isidor von Sevilla	4. April	132
Demetrius	Demetrius	8. Oktober	414
Deokar	Gottlieb	7. Juni	220
Dern	Maternus	11. September	364
Dicky	Richard von Chichester	3. April	131
Diego	Apostel Jakobus Major, Jakobus der Jüngere	25. Juli, 3. Mai	289, 173
Dietlinde	Theodolinde	18. Januar	34
Dilo	Odilo von Cluny	5. Januar	13
Dina	Blandina	27. Mai	203
Dita	Bernadette Soubirous, Edith Stein	16. April, 8. August	147, 309
Dito	Benedikt von Nursia	11. Juli	269
Dolf	Adolf von Osnabrück	13. Februar	71
Domenico, Domingo, Dominik(us)	Dominikus	8. August	310
Dori	Isidor von Sevilla	4. April	132
Doris	Dorothea	6. Februar	63
Dorothea, Dörthe	Dorothea	6. Februar	63
Eberhard, Ebert	Eberhard von Salzburg	22. Juni	239
Eda, Edelgund, Edeltraut	Edeltraut	23. Juni	240
Edith, Editha	Edeltraut, Edith Stein	23. Juni, 8. August	240, 309
Eduard, Edward	Eduard	7. Oktober	413
Einar	Meinwerk von Paderborn	4. Juni	215
Elena	Helena	18. August	329
Elke	Kaiserin Adelheid	16. Dezember	515
Ella	Eleonora, Helena	14. Juni, 18. August	229, 329
Eleonora, Ellinor	Eleonora	14. Juni	229
Eligius	Eligius	1. Dezember	493

Namenstagsverzeichnis

Name	Namenspatron	Namenstage	Seite
Elisabeth	Elisabeth von Thüringen	19. November	471
Elms	Erasmus	2. Juni	212
Emma	Emma von Gurka, Emma von Niedersachsen	27. Juni, 19. April	151
Emmeline	Emma von Niedersachsen	19. April	151
Emmeram	Emmeram	22. September	378
Emmy	Amalia und Amalberga	10. Juli	268
Engelbert	Engelbert von Köln	5. November	452
Ephraim	Ephrem der Syrer	9. Juni	222
Erasmus	Erasmus	2. Juni	212
Erhard	Erhard von Regensburg	8. Januar	20
Erich, Erik	Erik	18. Mai	192
Ermingild	Hermengild	13. April	143
Estevan	Stephan von Ungarn	16. August	326
Eugen, Eugene	Eugen	14. Juli	274
Eulalia	Eulalia	12. Februar	70
Eustach(ius)	Eustachius, Eurtachius Kugler	20. September, 18. Juni	376, 235
Fanny	Franziska von Rom	9. März	101
Felix	Felix von Nola	14. Januar	29
Felicitas	Perpetua und Felicitas, Felicitas	7. März, 28. November	99, 488
Ferdinand, Fernando	Ferdinand von Kastilien	31. Mai	209
Fidel, Fideli(u)s	Fidelis Roy von Sigmaringen	24. April	159
Fina	Fina	12. März	103
Florian, Florin(us)	Florian, Florinus	4. Mai, 18. November	174, 470
Francesco, Francis, Frank	Franziskus von Assisi	4. Okt., 2. April, 7. Feb.	130, 64
Francisco	Francisco Febres Cordero	7. Februar	64
Franz	Franziskus von Assisi, Franz von Sales, Franz von Paula	4. Oktober, 24. Januar, 2. April	406, 44, 130
Franzi, Franziska	Franziska von Rom	9. März	101
Franziskus	Franziskus von Assisi	4. Oktober	406
Frauke	Veronika	4. Februar	60
Fred	Gottfried von Kappenberg, Leutfred	13. Januar, 17. Juni	28, 234
Freddi	Fridolin	6. März	97
Fredo	Ferdinand von Kastilien	31. Mai	209
Fridolin, Frido, Friedrich, Fritz	Fridolin	6. März	97
Gabriel	Erzengel Gabriel	29. September	394
Galmer	Baldomer	27. Februar	89
Gasparo	Die Heiligen Drei Könige	6. Januar	16
Gautier	Walter von Pontoise	8. April	137
Gebert, Gebhard	Gebhard von Konstanz	26. August	343
Geert	Gebhard	15. Juni	232
Geli	Agnes, Angela von Foligno	21. Januar, 4. Januar	38, 12
Genoveva	Genoveva	3. Januar	10
Georg	Georg	23. April	156
Gerald	Notker der Stammler	6. April	136

Namenstagsverzeichnis

Name	Namenspatron	Namenstage	Seite
Gerhard, Gerd	Gerhard von Brogne, Gerhard von Sagredo, Gerhard von Majella	3. Oktober	404, 405
Georg, Gerg	Georg	23. April	156
Gerlind	Herlindis und Reinula	22. März	115
Germain, German	Germanus von Paris	28. Mai	204
Gernot	Notker der Stammler	6. April	136
Gero	Ludger, Notker der Stammler, Gereon	26. März, 6. April, 10. Okt.	120, 136, 416
Gerold	Notker der Stammler	6. April	136
Gertrud	Gertrud von Nivelles, Gertrud von Helfta	17. März, 17. November	109, 468
Giacomo	Apostel Jakobus Major, Jakobus der Jüngere	25. Juli, 3. Mai	289, 173
Giambattista	Johannes der Täufer	24. Juni	241
Gide	Ägidius	1. September	352
Gilbert	Guido von Pomposa	31. März	126
Gilgen	Ägidius	1. September	352
Gilles	Ägidius	1. September	352
Gina	Regina	7. September	359
Giovanna	Johanna von Orléans	30. Mai	206
Girgel	Georg	23. April	156
Gisa, Gisela	Gisela	7. Mai	178
Gita	Brigitta von Schweden	23. Juli	285
Gitta	Margareta von Cortona	22. Februar	82
Gitte	Brigitta von Schweden	23. Juli	285
Gode, Godo	Godehard von Hildesheim	5. Mai	176
Gore	Gregor von Nazianz, Gregor der Große	2. Januar, 3. September	7, 354
Gorius, Görres	Gregor der Große	3. September	354
Gottfried	Gottfried von Kappenberg	13. Januar	28
Gotthard	Godehard von Hildesheim	5. Mai	176
Gottlieb	Gottlieb	7. Juni	220
Götz	Gottfried von Kappenberg	13. Januar	28
Greg	Gregor von Nazianz, Papst Gregor X.	2. Januar, 10. Januar	7, 23
Gregor	Gregor der Große, Gregor von Nazianz, Papst Gregor X.	3. September, 2. Januar, 10. Januar	354, 7, 23
Gregor(y), Gregorius	Gregor von Nazianz, Papst Gregor X., Gregor der Große	2. Januar, 10. Januar, 3. September	7, 23, 354
Greta	Margareta	20. Juli	281
Greta	Margareta von Cortona	22. Februar	82
Grimhild	Hildegard von Bingen	17. September	372
Grischa	Gregor der Große	3. September	354
Griseldis	Gisela	7. Mai	178
Grita	Margareta	20. Juli	281
Guda	Gudula	9. Januar	22
Gudrun	Gudula	9. Januar	22
Gudula	Gudula	9. Januar	22
Guido	Guido von Pomposa	31. März	126

Namenstagsverzeichnis

Name	Namenspatron	Namenstage	Seite
Guillaume	Wilhelm von Vercelli	25. Juni	242
Gunda, Gundel	Kunigunde	3. März	93
Gunther, Günt(h)er	Gunther	9. Oktober	415
Gust(av)	Augustinus	28. August	346
Guy	Guido von Pomposa	31. März	126
Hadrian	Adrian	9. September	362
Hajo	Kaiser Heinrich II.	13. Juli	272
Hanna, Hanne,	Johanna von Orléans	30. Mai	206
Hannes, Hans	Johannes der Täufer	24. Juni	241
Hanno	Anno	5. Dezember	500
Hardy	Erhard von Regensburg	8. Januar	21
Harmen	Hermann Joseph	21. Mai	196
Harry	Kaiser Heinrich II.	13. Juli	272
Hauke	Hugo von Grenoble	1. April	127
Hedwig	Hedwig von Schlesien	22. Oktober	434
Heidi, Heide, Heidemarie	Kaiserin Adelheid	16. Dezember	515
Heiko	Kaiser Heinrich II.	13. Juli	272
Hein	Heinrich Seuse,	23. Januar,	43,
	Kaiser Heinrich II.	13. Juli	272
Heino	Kaiser Heinrich II., Heinrich Seuse	13. Juli, 23. Januar	272, 43
Heinrich	Heinrich Seuse, Kaiser Heinrich II.	23. Januar, 13. Juli	43, 272
Heinz	Kaiser Heinrich II.	13. Juli	272
Helene, Helena, Hella	Helena	18. August	329
Helm	Wilhelm von Vercelli	25. Juni	242
Henna	Emma von Niedersachsen	19. April	151
Henner	Kaiser Heinrich II.	13. Juli	272
Hennes	Johannes Bosco, Johannes der Täufer,	31. Januar, 24. Juni,	5, 241,
	Johannes Nepomuk, Johannes von Gott,	16. Mai, 8. März,	188, 100,
	John Ogilvie	10. März	102
Henry	Heinrich Seuse	23. Januar	43
Heribert	Heribert von Köln	16. März	108
Herlinde	Herlindis und Reinula	22. März	115
Hermann, Hermin	Hermann Joseph	21. Mai	196
Hieronymus	Hieronymus	30. September	395
Hilda	Hildegard von Bingen, Klothilde,	17. September, 3. Juni,	372, 213,
	Hilda von Whitby	17. November	469
Hilde	Mechthild von Dießen, Hilda von Whitby	29. Mai, 17. November	205, 469
Hildegard, Hildegund, Hilla, Hillu	Hildegard von Bingen	17. September	372
Hugo	Hugo von Rouen, Hugo von Cluny,	9. April, 28. April,	127,
	Hugo von Grenoble	1. April	
Hubertus, Hubert	Hubertus	3. November	448
Ida	Ida von Herzfeld	4. September	356
Ignatius, Ignaz	Ignatius von Loyola,	31. Juli,	297,
	Ignatius von Antiochien	17. Oktober	426
Ilg	Ägidius	1. September	352

Namenstagsverzeichnis

Name	Namenspatron	Namenstage	Seite
Ilka	Hildegard von Bingen	17. September	372
Ilona	Helena	18. August	329
Ina	Blandina, Regina	27. Mai, 7. September	203, 359
Irma	Emma von Niedersachsen, Irmgard vom Chiemsee, Irmgard von Köln	19. April, 16. Juli 2. September	151, 277, 353
Irmingard, Irmgard	Irmgard vom Chiemsee, Irmgard von Köln	16. Juli, 2. September	277, 353
Isela	Gisela	7. Mai	178
Isidor	Isidor der Bauer	10. Mai	181
Ita	Ida von Herzfeld, Jutta von Sangershausen	4. September, 6. Mai	356, 177
Ite	Ida von Herzfeld	4. September	356
Ivan, Ivor, Iwan	Johannes der Täufer	24. Juni	241
Jack	Apostel Jakobus Major, Jakobus der Jüngere	25. Juli, 3. Mai	289, 173
Jacques, Jäggi, Jago, Jakob	Apostel Jakobus Major, Jakobus der Jüngere	25. Juli, 3. Mai	289, 173
Jakob(us)	Apostel Jakobus Major, Jacobus der Jüngere	25. Juli, 3. Mai	289, 172
James	Apostel Jakobus Major, Jakobus der Jüngere	25. Juli, 3. Mai	289, 173
Jan	Januarius, Johannes und Paulus	19. September, 26. Juni	375, 243
Janet	Johanna vom Kreuz, Johanna von Orléans	17. August, 30. Mai	328, 206
Janvier	Januarius	19. September	375
Jascha	Apostel Jakobus Major, Jakobus der Jüngere	25. Juli, 3. Mai	289, 173
Jasper	Die Heiligen Drei Könige	6. Januar	16
Jean	Johannes der Täufer	24. Juni	241
Jenny	Johanna vom Kreuz, Johanna von Orleans	17. August, 30. Mai	328, 206
Jens	Johannes Bosco, Johannes der Täufer, Johannes Gualbertus, Johannes Chrysostomus Johannes Nepomuk, Johannes und Paulus, Johannes von Matha, John Ogilvie	31. Januar, 24. Juni, 5. Juli, 13. September 16. Mai, 26. Juni, 8. Februar, 10. März	55, 241, 260, 366, 188, 243, 64, 102
Jewgenij	Eugen	14. Juli	274
Jill	Ägidius	1. September	352
Jim	Apostel Jakobus Major, Jakobus der Jüngere	25. Juli, 3. Mai	289, 173
Jiri	Georg	23. April	156
Joachim, Achim	Anna und Joachim	26. Juli	291
Jodok, Jobst, Jost	Jodokus	20. Dezember	519
Johanna	Johanna von Orléans, Johanna vom Kreuz	30. Mai, 17. August	206, 328
Johannes	Johannes und Paulus, Joh. Bosco, Joh. von Martha, Joh. von Gott, Joh. Nepomuk, Joh. der Täufer, Joh. Gualbertus, Johannes-Maria-Baptist Vianny, Joh. Chrysostomus, Joh. von Capistran, Evangelist Joh.	26. Juni, 31. Januar, 8. Feb., 8. März, 16. Mai, 24. Juni, 5. Juli, 4. August, 13. Sep., 23. Oktober, 27. Dezember	243, 55, 64, 100, 188, 241, 260, 302, 366, 435, 527
John	Johannes der Täufer, John Ogilvie	24. Juni, 10. März	241, 102
Joost	Justinus Martyr	1. Juni	210
Jordan	Jordanus von Sachsen, Jordan Mai	11. Februar, 20. Februar	69, 80
Jordanus	Jordan Mai, Jordanus von Sachsen	20. Februar, 11. Februar	80, 69
Jörg	Georg	23. April	156
Jorge	Georg	23. April	156
Joseph, Josef	Joseph	19. März	112
Joseph(in)a	Fina	12. März	103

Namenstagsverzeichnis

Name	Namenspatron	Namenstage	Seite
Judas	Judas Thaddäus	28. Oktober	439
Judith	Jutta von Sangershausen	6. Mai	177
Jule	Juliana von Lüttich	7. April	136
Julia, Juliana, Juliette	Juliana, Juliana von Lüttich	16. Februar	76
Jurek, Jürgen	Georg	23. April	156
Justine	Justinus Martyr	1. Juni	210
Justus, Just	Justinus Martyr, Jodokus	1. Juni, 20. Dezember	210, 519
Jutta	Jutta von Sangershausen	6. Mai	176
Kajetan, Kajo	Kajetan	7. August	306
Karl, Karel	Karl Borromäus	4. November	449
Karen	Katharina von Siena	29. April	165
Kasimir	Kasimir	4. März	96
Käthe	Katharina von Siena	29. April	165
Katharina	Katharina von Schweden, Katharina von Siena, Katharina von Alexandrien	1. Februar, 24. März, 29. April, 25. November	56, 116, 165, 483
Kathinka, Kathleen	Katharina von Schweden	24. März	116
Katja	Katharina von Siena	29. April	165
Katrin	Katharina von Schweden, Katharina von Siena, Katharina von Alexandrien	24. März, 29. April, 25. November	116, 165, 483
Kilian, Killi	Kilian	8. Juli	263
Klara	Klara	11. August	315
Klaus	Nikolaus von Myra	19. Januar, 6. Dezember	35, 501
Klemens	Clemens Maria Hofbauer	20. März	113
Klothilde	Klothilde	3. Juni	213
Knud, Knut	Knut	10. Juli	266
Kolumban	Kolumban	23. November	481
Konrad	Konrad der Einsiedler, Konrad von Parzham	19. Februar, 21. April	79, 154
Kordula	Kordula	27. Oktober	439
Korbinian	Korbinian	20. November	474
Kornelius	Kornelius	16. September	370
Kristin	Christina von Bolsena	28. Juli	294
Kunigunde	Kunigunde	3. März	93
Kunibert	Kunibert	12. November	462
Kuno	Konrad der Einsiedler	19. Februar	79
Kunz	Konrad von Parzham	21. April	154
Kurt	Konrad der Einsiedler, Konrad von Parzham	19. Februar, 21. April	79, 154
Kyriakus	Cyriakus	9. August	313
Lambert, Lamprecht	Lambert	18. September	374
Larry, Lars, Laurence, Laurent(ius)	Laurentius	10. August	314
Leander	Leander	13. März	104
Leokadia, Lea	Leokadia	9. Dezember	507
Lena	Helena, Magdalena Sophie Barat, Magdalena von Canossa, Magdalena von Rottenburg, Maria Magdalena	18. August, 24. Mai, 10. April, 1. Juni, 22. Juli	329, 199, 138, 211, 284

Namenstagsverzeichnis

Name	Namenspatron	Namenstage	Seite
Leni	Magdalena von Canossa	10. April	138
Lenz	Lambert, Laurentius	18. September, 10. August	374, 314
Leo, Leopold	Leopold Mandic, Papst Leo der Große, Leopold	9. Juli, 10. Nov., 14. Nov.	265, 458, 464
Leon, Leonhard	Pantaleon, Leonhard	27. Juli, 6. November	293, 453
Leonore	Eleonora	14. Juni	229
Leuthold	Ludolf von Ratzeburg	29. März	123
Lewis	Ludwig der Heilige	25. August	342
Lia	Amalia und Amalberga, Juliana	10. Juli, 16. Februar	268, 76
Liane	Juliana, Juliana von Lüttich	16. Februar, 7. April	76, 136
Libero, Liberius	Liberat Weiss, Liborius Wagner	30. März, 9. Dezember	124, 507
Lida	Ludmilla	15. September	369
Lidda	Lidwina	14. April	145
Lilia	Juliana von Lüttich	7. April	136
Lina	Pauline von Mallinckrodt	17. April	148
Linda	Herlindis und Reinula	22. März	115
Lioba	Lioba	28. September	388
Loni	Apollonia	9. Februar	66
Lorenz(o)	Laurentius	10. August	314
Louis	Ludwig der Heilige	25. August	342
Lovis	Ludwig der Heilige	25. August	342
Ludger	Ludger	26. März	120
Ludmilla	Ludmilla	15. September	369
Ludwig	Ludwig der Heilige	25. August	342
Ludwina	Lidwina	14. April	145
Luigi	Aloysius, Ludwig der Heilige	21. Juni, 25. August	238, 342
Luis	Aloysius, Leopold Mandic	21. Juni, 9. Juli	238, 265
Luise	Luise von Marillac	15. März	106
Luitpold	Leopold Mandic	9. Juli	265
Lukas	Lukas	18. Oktober	427
Lulu	Ludmilla	15. September	369
Lutz	Ludwig der Heilige	25. August	342
Lya	Juliana von Lüttich	7. April	136
Lydia	Lidwina	14. April	145
Madeleine	Magdalena Sophie Barat, Magdalena von Rottenburg, Maria Magdalena	24. Mai, 1. Juni, 22. Juli	199, 211, 284
Madelon	Magdalena von Rottenburg, Maria Magdalena	1. Juni, 22. Juli	211, 284
Mädi	Magdalena von Rottenburg	1. Juni	211
Madlon	Magdalena Sophie Barat, Magdalena von Canossa	24. Mai, 10. April	199, 138
Magda	Magdalena Sophie Barat, Magdalena von Rottenburg, Maria Magdalena	24. Mai, 1. Juni, 22. Juli	199, 211, 284
Magdalena, Magdalene	Magdalena Sophie Barat, Magdalena von Canossa, Magdalena von Rottenburg, Maria Magdalena	24. Mai, 10. April, 1. Juni, 22. Juli	199, 138, 211, 284

Namenstagsverzeichnis

Name	Namenspatron	Namenstage	Seite
Magdelone	Magdalena von Rottenburg	1. Juni	211
Maggie	Margareta	20. Juli	281
Magnus	Magnus	6. September	358
Makarius	Makarius der Alexandriner	2. Januar	9
Malene	Magdalena von Canossa	10. April	138
Mali	Amalia und Amalberga	10. Juli	268
Manon	Maria von Ägypten	2. April	128
Marcel(lus)	Marcellinus, Marcellus von Tanger	2. Juni, 30. Oktober	212, 442
Marek	Evangelist Markus	25. April	160
Marfa	Martha	29. Juli	295
Margareta	Margareta, Margareta Maria Alacoque, Margareta von Schottland	20. Juli, 19. Okt., 16. Nov.	281, 430, 467
Margaret(h)e	Marguerite Bourgeoys	12. Januar	25
Margarit	Rita von Cascia	22. Mai	197
Margit	Margareta, Margareta von Schottland	20. Juli, 16. November	281, 467
Margot	Margareta von Cortona, Rita von Cascia, Maragareta von Schottland	22. Februar, 22. Mai, 16. November	82, 197, 467
Margret	Rita von Cascia, Margareta von Schottland	22. Mai, 16. November	197, 467
Marguerite	Margareta, Marguerite Bourgeoys	20. Juli, 12. Januar	281, 25
Maria	Maria von Ägypten	2. April	128
Marion	Maria von Ägypten	2. April	128
Marita	Margareta, Maria von Ägypten, Martha	20. Juli, 2. April, 29. Juli	281, 128, 295
Mark(us)	Evangelist Markus	25. April	160
Marlitt	Maria von Ägypten	2. April	128
Martha	Martha	29. Juli	295
Martina	Martina	29. Januar	52
Martin	Martin von Tours	11. November	460
Marx	Evangelist Markus	25. April	160
Marcellinus	Marcellinus	2. Juni	212
Maso	Apostel Thomas	3. Juli	257
Matern	Maternus	11. September	364
Matthias, Mattes, Matthäus	Apostel Matthias, Apostel Matthäus	24. Februar, 21. Sep.	85, 377
Mathilde	Mathilde	14. März	105
Maud	Margareta, Margareta von Cortona Mathilde	20. Juli, 22. Februar 14. März	281, 82, 105
Mauritius	Mauritius	24. September	381
Max, Maxim	Tiburtius, Valerian und Maximus	15. April	146
Maximilian	Maximilian	12. Oktober	419
Mechta, Mechthild	Mathilde, Mechthild von Hackeborn	14. März, 19. November	105, 473
Medarus, Megin	Medardus	8. Juni	221
Meiner	Medardus, Meinwerk von Paderborn	8. Juni, 4. Juni	221, 215
Meinhard	Meinrad von Einsiedeln	21. Januar	39
Meinold	Meinwerk von Paderborn	4. Juni	215
Meinrad	Meinwerk von Paderborn, Meinrad von Einsiedeln	4. Juni, 21. Januar	215, 39

Namenstagsverzeichnis

Name	Namenspatron	Namenstage	Seite
Melina	Emma von Niedersachsen	19. April	151
Melk(ior)	Die Heiligen Drei Könige	6. Januar	16
Mertus	Mamertus	11. Mai	182
Meta	Margareta von Cortona, Mathilde	22. Februar, 14. März	82, 105,
Mewes	Bartholomäus	24. August	340
Michael	Erzengel Michael	29. September	390
Milena, Milina, Milka	Ludmilla	15. September	369
Milla, Milli	Emma von Niedersachsen	19. April	151
Milly	Amalia und Amalberga	10. Juli	268
Milo	Kamillus von Lellis	14. Juli	274
Miseal	Miseal	18. Dezember	517
Mona, Moni, Monica, Monika	Monika	27. August	344
	Monika	27 Auguat	344
Nelles	Kornelius	16. September	370
Nelly	Eleonora, Helena	14. Juni, 18. August	229, 329
Nikolaus, Nick, Nicolas, Nikolaj	Nikolaus von der Flüe, Nikolaus von Myra	25. Sep., 6. Dezember	383, 501
Nils	Kornelius	16. September	370
Nina	Katharina von Schweden	24. März	116
Nina	Katharina von Siena	29. April	165
Nora	Eleonora	14. Juni	229
Norbert	Norbert	6. Juni	219
Notburga	Notburga	14. September	368
Odilo	Odilo von Cluny	5. Januar	13
Olaf, Olav	Olav	30. Juli	296
Ono(frio)	Onuphrius	12. Juni	225
Oskar	Ansgar	2. Februar	57
Oskar	Oswald	5. August	303
Ossi, Oswald	Oswald	5. August	303
Ossip	Joseph	19. März	112
Otmar	Otmar	21. November	478
Ottlieb	Gottlieb	7. Juni	220
Otto	Oswald, Otto von Bamberg, Otmar	5. Aug., 2. Juli, 21. Nov.	303, 255, 478
Paavo	Apostel Petrus	29. Juni	247
Pablo	Apostel Paulus, Johannes und Paulus	29. Juni, 26. Juni	251, 243
Paco	Franz von Paula, Paschalis Baylon	2. April, 17. Mai	130, 190
Pankraz	Pankratius	12. Mai	183
Paolo	Apostel Paulus, Johannes und Paulus	29. Juni, 26. Juni	251, 243
Papunius	Paphnutius	12. September	365
Paquito	Franz von Paula	2. April	130
Pär	Apostel Petrus, Petrus Canisius, Petrus Claver	29. Juni, 27. April, 10. September	247, 163, 363
Parvoo	Petrus Martyr	18. April	149
Pascal	Paschalis Baylon	17. Mai	190
Patricia, Patricius, Patrick, Patty	Patricius	18. März	110

Namenstagsverzeichnis

Name	Namenspatron	Namenstage	Seite
Paul	Apostel Paulus	29. Juni	251
Paula	Paula von Rom	25. Januar	47
Paulina, Pauline	Paula von Rom	26. Januar	47
Paulus	Johannes und Paulus, Apostel Paulus	26. Juni, 29. Juni	243, 251
Paum	Pachomius	14. Mai	186
Pawel	Apostel Paulus	29. Juni	251
Pawel	Johannes und Paulus	26. Juni	243
Pedro	Petrus Claver	10. September	363
Peer	Petrus Claver, Petrus Damiani, Petrus Martyr	10. Sep., 21. Februar, 18. April	363, 81, 149
Peet	Petrus Canisius, Petrus Claver	27. April, 10. September	163, 363
Peggy	Margareta	20. Juli	281
Pepe	Joseph	19. März	112
Peppo	Joseph	19. März	112
Perez	Apostel Petrus, Petrus Claver, Petrus Martyr	29. Juni, 10. September, 18. April	247, 363, 149
Peter, Petrus	Apostel Petrus, Petrus Canisius, Petrus Claver, Petrus Damiani, Petrus Martyr	29. Juni, 27. April, 10. Sep., 21. Februar, 18. April	247, 163, 363, 81, 149
Philipp(us)	Philippus, Philippus Benitius, Philippus Neri	3. Mai, 22. August, 26. Mai	172, 337, 201
Philo	Philippus, Philippus Benitius	3. Mai, 22. August	172, 337
Pierre	Apostel Petrus, Petrus Martyr	29. Juni, 18. April	247, 149
Piet	Apostel Petrus	29. Juni	247
Pieter	Petrus Claver	10. September	363
Pietro	Petrus Canisius, Petrus Damiani	27. April, 21. Februar	163, 81
Pio, Pius	Pius X.	21. August	334
Pirmin	Pirmin	29. Oktober	441
Pip	Philippus Benitius	22. August	337
Pippo	Philippus, Philippus Benitius, Philippus Neri	3. Mai, 22. August, 26. Mai	172, 337, 201
Pit	Petrus Canisius, Petrus Claver, Petrus Damiani	27. April, 10. September, 21. Februar	163, 363, 81
Pitter	Apostel Petrus, Petrus Claver, Petrus Martyr	29. Juni, 10. September, 18. April	247, 363, 149
Pjotr	Petrus Canisius, Petrus Claver, Petrus Martyr	27. April, 10. September, 18. April	163, 363, 149
Placido	Sigisbert und Placidus	12. Juli	271
Pole	Apostel Paulus	29. Juni	251
Polly	Apollonia	9. Februar	66
Quirin	Quirinus von Neuss	30. April	168
Rada, Radegunde, Rata	Radegunde von Thüringen	12. August	318
Raina	Regina	7. September	359
Ramo(n)	Raimund von Peñaforte	7. Januar	19
Raphael	Erzengel Raphael	29. Sep.	393
Rasmus	Erasmus	2. Juni	212
Rata	Radegunde von Thüringen	12. August	318

Namenstagsverzeichnis

Name	Namenspatron	Namenstage	Seite
Ray	Raimund von Peñaforte	7. Januar	19
Regina, Regine	Regina	7. September	359
Reichard	Richard von Chichester	3. April	131
Reimund	Raimund von Peñaforte	7. Januar	19
Reine	Regina	7. September	359
Reinhilde	Herlindis und Reinula	22. März	115
Remi(gius)	Remigius	1. Oktober	399
Rena, Renata, Renate	Renata	23. Mai	198
Renee, Reni	Renata	23. Mai	198
Renula	Herlindis und Reinula	22. März	115
Richard	Richard von Chichester	3. April	131
Riccardo, Ricco	Richard von Chichester	3. April	131
Riko	Richard von Chichester	3. April	131
Rita	Margareta von Cortona, Marguerite Bourgeoys, Rita von Cascia	22. Februar, 12. Januar, 22. Mai	82, 25, 197
Roald	Romuald	19. Juni	236
Rob, Robert	Robert Bellarmin	17. September	371
Robert	Rupert	27. März	122
Rocco, Rochus, Rocky	Rochus	22. August	336
Roman, Romeo	Roman von Condat	28. Februar	90
Romo, Romuald, Ronald	Romuald	19. Juni	236
Rosalia	Rosalia	18. Juli	279
Rosalie	Rosa von Lima	23. August	338
Rosa	Rosa von Lima, Rosa von Viterbo	23. August, 5. März	338, 97
Rosella	Rosa von Lima, Rosa von Viterbo Rosalia	23. August, 5. März 18. Juli	338, 97, 279
Rosi	Rosa von Lima, Rosa von Viterbo Rosalia	23. August, 5. März 18. Juli	338, 97, 279
Rosine	Euphrasia, Rosa von Lima Rosa von Viterbo	11. März, 23. August 5. März	103, 338, 97
Rupert, Ruprecht	Rupert	27. März	122
Ruthild	Hildegard von Bingen	17. September	372
Sabina, Sabine, Sabrina	Sabina	30. August	350
Sali	Rosa von Lima, Rosa von Viterbo	23. August, 5. März	338, 97
Sanna	Susanna	14. August	320
Saturnin	Saturnin	29. November	488
Scholastika	Scholastika	10. Februar	67
Schorsch	Georg	23. April	156
Sebald(us)	Sebaldus	19. August	331
Sebastian	Sebastian	20. Januar	36
Seib	Sigisbert und Placidus	12. Juli	271
Sela	Gisela	7. Mai	178
Selmo	Anselm von Canterbury	20. April	152
Senta	Kreszentia	6. April	135
Sepp	Joseph	19. März	112
Servatius, Servas	Servatius	13. Mai	185

Namenstagsverzeichnis

Name	Namenspatron	Namenstage	Seite
Severin	Severin von Norikum, Severin von Köln	8. Januar, 24. Oktober	20, 436
Siegbert, Sigisbert	Sigisbert und Placidus	12. Juli	271
Silvester, Silvio, Silvano	Silvester	31. Dezember	532
Sim	Simon der Apostel	18. Februar	78
Simeon	Simon der Apostel, Simeon der Stylit	18. Februar, 5. Januar	78, 14
Simon, Simone	Simeon der Stylit, Simon der Apostel	5. Januar, 18. Februar	14, 78
Sina	Christina von Bolsena, Euphrasia, Rosa von Lima, Rosa von Viterbo, Zita	28. Juli, 11. März, 23. Aug., 5. März, 26. April	294, 103, 338, 97, 162
Sitt	Sigisbert und Placidus	12. Juli	271
Sonja, Sophia, Sophie	Sophie	15. Mai	187
Sören	Severin von Norikum	8. Januar	20
Stach(o), Stachus	Eustachius, Eustachius Kugler	20. September, 18. Juni	376, 235
Stanislaus, Stanz	Stanislaus von Krakau	11. April	140
Staso	Eustachius Kugler, Eustasius	18. Juni, 28. März	235, 123
Stephan, Stefan, Stefano, Steffen	Stephan von Ungarn, Erzmärtyrer Stephan	16. August, 26. Dez.	326, 525
Stenzel	Stanislaus von Krakau	11. April	140
Steven	Stephan von Ungarn	16. August	326
Stina	Christina von Bolsena	28. Juli	294
Stinnes	Augustinus	28. August	346
Stoffel	Christophorus	24. Juli	287
Sturm, Sturmius	Sturmius	17. Dezember	516
Susa, Susan(ne, a)	Susanna	14. August	320
Susette, Suzon	Susanna	14. August	320
Ted	Theodosius	11. Januar	24
Teresa	Teresa von Avila	15. Okt.	422
Thea	Theodolinde	18. Januar	34
Theis	Apostel Matthias	24. Februar	85
Thekla	Thekla	23. September	380
Theo	Theodosius, Theobald von Thann	11. Januar, 1. Juli	24, 254
Theobald	Theobald von Thann	1. Juli	254
Theodor	Isidor von Sevilla, Theodosius, Theodor	4. April, 11. Januar, 9. Nov.	132, 24, 457
Therese	Therese von Lisieux	1. Oktober	400
Theresia, Theresita, Thessy	Teresa von Avila	15.Oktober	422
Thomas	Apostel Thomas	3. Juli	257
Tibor	Tiburtius, Valerian und Maximus	15. April	146
Till	Ägidius	1. September	352
Tina, Tini	Christina von Bolsena, Martina	28. Juli, 29. Januar	294, 52
Tom, Tomaso	Apostel Thomas	3. Juli	257
Toni	Antonius von Padua	13.Juni	226
Traudel	Edeltraut	23. Juni	240
Traute	Edeltraut, Waltraut	23. Juni, 9. April	240, 138
Trine	Katharina von Siena	29. April	165
Udo	Knut, Ulrich von Augsburg	10. Juli, 4. Juli	266, 259
Ulf	Olav	30. Juli	296

Namenstagsverzeichnis

Name	Namenspatron	Namenstage	Seite
Uli, Ulrich	Ulrich von Augsburg	4. Juli	259
Ulla	Ursula	21. Oktober	432
Urban	Papst Urban V.	19. Dezember	518
Urs	Ulrich von Augsburg	4. Juli	259
Ursula	Ursula	21. Oktober	432
Valentin	Valentin	15. Februar	74
Valerian	Tiburtius, Valerian und Maximus	15. April	146
Varvas	Barnabas	11. Juni	224
Veit	Guido von Pomposa	31. März	126
Veit, Vitus	Veit	15. Juni	230
Vera, Verena, Verene, Vreni	Verena	31. August	351
Verona, Veronika	Veronika	4. Februar	60
Vinzenzius, Vinzenz	Vinzenz, Vinzenz Pallotti, Vinzenz Ferrer, Vinzenz von Paul	22. Januar, 5. April, 27. September	41, 43, 134, 386
Vicki, Vicky	Sophie	15. Mai	187
Vico	Vigilius	27. Juni	244
Victor	Vinzenz Ferrer	5. April	134
Vigil, Vigilius, Vigo	Vigilius	27. Juni	244
Vincentius	Vinzenz, Vinzenz Ferrer, Vinzenz Pallotti	22. Januar, 5. April, 22. Januar	41, 134, 43
Virgilius	Virgilius	24. November	482
Vita, Vital, Vitalij, Vitalis	Vitalis	1. Mai	169
Walburga	Walburga	25. Februar	86
Walli	Walburga, Waltraut	25. Februar, 9. April	86, 138
Waltraut, Waltrud	Waltraut	9. April	138
Walt(h)er, Walz, Watt	Walter von Pontoise	8. April	137
Wassilij	Basilius	1. Januar	6
Wastl	Sebastian	20. Januar	36
Wendel(in)	Wendelin	20. Oktober	431
Wilbert	Willibald	7. Juli	262
Wilfert, Wilfrid	Wilfrid	28. April	164
Wilhelm, Wilke, Wille, Willem, Willi, Wilm	Wilhelm von Vercelli	25. Juni	242
Wilfried, Winfried, Wun(fried)	Wilfrid	28. April	164
Willibald	Willibald	7. Juli	262
Willibrord	Willibrord	7. November	455
Wolfgang	Wolfgang	31. Oktober	443
Yvette	Jutta von Sangershausen	6. Mai	177
Zenobius	Zeno	12. April	142
Zenz	Vinzenz Ferrer	5. April	134
Zissi	Franziska von Rom	9. März	101
Zölestin	Cölestin V.	19. Mai	192
Zita	Zita	26. April	

Literatur und Quellen

Aubert, Marcel: Gotische Kathedralen in Frankreich, Wiesbaden 1960
Auer, Ludwig: Heiligen-Legende, Donauwörth 1958
Augustinus, in Selbstzeugnissen und Bilddokumenten, Hamburg 1958
Augustinus: Bekenntnisse, übersetzt von J. Bernhart, 1957
Baierlein, Josef: Katholisches Andachtsbuch, Dresden 1903
Bayerische Frömmigkeit: 1400 Jahre Christliches Bayern, München 1964
Beaugrand, Günter: Die neuen Heiligen, Augsburg
Bieger, Eckhard: Das Kirchenjahr, Kevelaer 1995
Bothe-Luce, Claire (Hrsg.): Heilige für heute, Recklinghausen 1953
Catarina von Siena: Briefe, herausgegeben von Annette Kolb, Berlin o. J.
Darmstaedter, R.: Künstler-Lexikon, Maler, Bildhauer, Architekten, Bern-München 1961
Die Neuordnung der Eigenkalender im deutschen Sprachgebiet, Nachkonz. Dokument. Band 29, Trier 1975
Dobraczynski, Jan: Maximilian Kolbe, Freiburg 1977
Eberhard-Wabnitz, M./Leisering H.: Knaurs Buch der Vornamen, München 1998
Feldmann, Christian: Wer glaubt, muß widerstehen, Freiburg 1996
Ferguson, G.: Signs and Symbols in Christian Art, New York 1954
Fichtinger, Christian: Lexikon der Heiligen und Päpste, Frankfurt 1995
Franz von Assisi, in Selbstzeugnissen und Bilddokumenten, Hamburg 1958
Franziskus: Die schönsten Legenden des heiligen Franz, übertragen von R. G. Binding, Leipzig o. J.
Franziskus: Die Blümlein des heiligen Franziskus, Leipzig 1935
Frenken, Goswin: Wundertaten der Heiligen, 1925
Geslin de, Paul: Vinzenz Palotti, Friedberg 1973
Hansen, Susanne: Die deutschen Wallfahrtsorte, Augsburg 1991
Hello, Ernest: Heiligengestalten, Frankfurt 1959
Herzogenberg, Johanna von: Schwann-Reiseführer, Bayern I, Düsseldorf 1959
Hinkel, Helmut: Die Heiligen, Mainz 1986
Hinkel, Helmut: Die Diözesanheiligen, Mainz 1987
Holböck, Ferdinand: Die neuen Heiligen der katholischen Kirche, 3 Bde., Stein a. Rh. 1991–1994
Holböck, Ferdinand: Geführt von Maria, Stein a. Rh. 1987
Hümmeler, Hans: Helden und Heilige, Siegburg 1959
Hünermann, Wilhelm: Der endlose Chor, Freiburg, 1949
Jaspert, Werner: Heiligenlegenden für unsere Zeit, Berlin 1955
Kranz, G.: Politische Heilige, 2 Bde., Augsburg 1958
Kreitner, Maria: Heilige um uns, Wien/München 1956
Krug, Viktor: Unsere Namenspatrone, Bamberg 1929
Kufner, Lore: Getaufte Götter, München 1992
Künstle, Karl: Ikonographie der Heiligen, 2 Bde., Freiburg 1926
Läpple, Walter: Kleines Lexikon des Christlichen Brauchtums, Augsburg 1996
Leicht, Hans, D.: Heilige in Bayern, München 1993
Leidl, August: Bistumspatrone in Deutschland, München 1984
Lexikon für Theologie und Kirche, 10 Bde., Freiburg 1957–1965
Manns, Peter: Die Heiligen, Mainz 1975
Mass, Josef: Zeugen des Glaubens, München o. J.
Matt, Leonard von/Kühner, Hans: Die Päpste, Zürich 1963
Mayer, Richard: Die Heiligen in Deutschland, München 1987
Müller, Rüdiger: Adolph Kolping, Freiburg 1991
Müller, U./Wunderlich, W.: Herrscher, Helden, Heilige, St. Gallen 1995
Nigg, Walter: Große Heilige, Zürich 1947
Ott, Georg: Legende von den lieben Heiligen, Regensburg 1854
Passional, Kölner: Der Heiligen Leben und Leiden, in: S. Rüttgers (Hrsg.), 2 Bde., Leipzig 1913
Pernoud, Regine: Die Heiligen im Mittelalter, München 1994
Pfleiderer, Rudolf: Die Attribute der Heiligen, Ulm 1898
Ponsonailhe, Ch.: Les Saints par les grands Maîtres, Hagiographie et Iconographie du Saint de chaque jour, Tours o.J.
Räß, Andreas/Weis, Nikolaus: Leben der Heiligen Gottes, 2 Bde., Mainz 1860

Literatur und Quellen

Rathgeber, Alphons Maria: Heiligen-Legenden, Nürnberg 1956

Reclams Kunstführer, Florenz: bearbeitet von G. Kauffmann, Stuttgart 1962

Reclams Kunstführer, Rom und Latium: bearbeitet von A. Henze, Stuttgart 1962

Ritter, E. H.: Zeugen des Glaubens, Regensburg 1989

Schauber V. / Schindler, H., M.: Heilige und Namenspatrone im Jahreslauf, Augsburg 1992

Schmiedl, Joachim: Karl Leisner Leben für die Jugend, Vallendar-Schönstatt 1996

Schott, A.: Das Meßbuch der heiligen Kirche, Freiburg

Schütte, Albert: Handbuch der deutschen Heiligen, Köln 1941

Schweiger, Georg: Bavaria Sancta, Regensburg 1970

Seifert, Traudl: Heiligen Kunst und Legende, Stuttgart o. J.

Senger, Basilius: 2000 Vornamen, Dülmen 1985

Seppelt, F. X./Schweiger, G.: Geschichte der Päpste, München 1964

Stadler-Heim: Vollständiges Heiligen-Lexikon, 5 Bde., Augsburg 1858–1882

Stolz, Alban: Legende oder der christliche Sternenhimmel, Freiburg 1902

Suso, Heinrich: Leben und Schriften, eingeleitet von Friedrich Görres, Augsburg 1854

Testament, Altes: Die Heilige Schrift des Alten Bundes, übersetzt von Paul Riessler, Mainz 1956

Testament, Neues: Neues Testament übersetzt und erklärt von Otto Karrer, München 1953

Thomas a Kempis: Von der Nachfolge Christi, übersetzt von Joh. Michael Sailer, Freiburg 1912

Thomas von Aquin, in Selbstzeugnissen und Bilddokumenten, Hamburg 1960

Torsy, Jakob: Der große Namenstagskalender, Freiburg 1976

Varday, Lucinda: Mutter Teresa, Hamburg 1997

Voragine, Jacopus de: Legenda aurea, Jena/Heidelberg 1957

Walterscheid, Walter: Deutsche Heilige, München 1934

Wimmer, O./Knopflach-Zingerle, B.: Kennzeichen und Attribute der Heiligen, Innsbruck 1993

Wimmer, O./Melzer, Hartmann: Lexikon der Namen und Heiligen, Innsbruck/Wien 1988

Wimmer, Otto: Die Attribute der Heiligen, Innsbruck/Wien/München, 1964

Außerdem wurde zitiert aus Werken folgender Autoren, denen der Autor seinen Dank ausspricht:

Andreas, W.; Bäumer, Gertrud; Bernhart, Joseph; Bitschnav, Otto; Campenhausen, H. Frh. von; Cecana, A,; Claudel, Pierre; Decarreaux, Jean; Delehaye, Hippolite; Domke, Helmut; Engelmann, Ursmar, P. (OSB); Frenken, Goswin; Fülöp-Miller, R.; Gath, Goswin P.; Goethe, J. Wolfgang von; Görres, Ida F.; Hahn-Hahn, Ida Gräfin von; Hasinger, H.; Hässlin, Joh. Jakob; Huppertz, Andreas; Larbaud Valéry; Lavater-Sloman, Mary; Lacarrière, J.; Leisinger, H.; Merton, Thomas; Nigg, Walter; Nyssen, Wilhelm; Ott, Georg; Peterich, Eckart; Pieper, Josef; Quadflieg, Joseph; Raffalt, Reinhard; Reitzenstein, A. Frh. von; Romstoeck, Walter; Rosenberg, Alfons; Sackville-West, V.; Sayn-Wittgenstein, Franz Prinz zu; Sertillanges, A.E.; Söll, Georg; Stolz, Alban; Taube, Otto von; Voelkl, Ludwig; Vogel, Matthäus; Wagner, Margit; Weismantel, Leo.

Über dieses Buch

Impressum
© 1999 W. Ludwig Buchverlag in der Verlagshaus Goethestraße GmbH & Co. KG, München
Alle Rechte vorbehalten. Nachdruck – auch auszugsweise – nur mit Genehmigung des Verlags.

Redaktion
Josef Hirn,
Dr. Hermann Ehmann,
Marianne Heilmannseder

Marginaltexte
Thomas May

Glossar
Dr. Hermann Ehmann,
Thomas May

Projektleitung
Antje Eszerski

Redaktionsleitung
Dr. Reinhard Pietsch

Produktion
Manfred Metzger

Umschlag
Manuela Hutschenreiter,
Till Eiden

DTP/Satz
Klaus Rehfeld,
Veronika Moga,
Jan-Dirk Hansen,
Maren Scherer

Printed in Slovenia

ISBN 3-7787-3685-X

Über den Autor
Carlo Melchers führte das Werk seiner Eltern fort, die das einmalige Standardwerk zum Leben und Wirken der Heiligen schufen. Er war lange Zeit als Dokumentationsleiter des Bayerischen Nationalmuseums in München tätig und arbeitet seit 1994 für den Museumspädagogischen Dienst in München.

Hinweis
Das vorliegende Buch ist sorgfältig erarbeitet worden.
Dennoch erfolgen alle Angaben ohne Gewähr.

Bildnachweis
Archiv für Kunst und Geschichte, Berlin: Titel, 11, 37, 66, 119, 129, 160, 195, 207, 231, 253, 282, 307, 325, 336, 339, 352, 382, 417, 459, 461, 527;
Bahnmüller, Lisa, Geretsried-Gelting: 117 (mit freundlicher Genehmigung des Museums Altomünster), 143, 185, 264;
Bildarchiv Preußischer Kulturbesitz, Berlin: 62, 141, 321, 403;
Interfoto, München: 189, 249, 355;
Katholischer Nachrichtendienst, Frankfurt/Main: 275, 290, 491, 520;
Südwest Verlag, München, Archiv: 373

Umschlagmotiv: »Die Investitur des hl. Martin von Tours zum Ritter«, Fresko von Simone Martini, um 1320/25, in S. Francesco in Assisi.
Abbildung Seite 2: Der hl. Martin von Tours teilt seinen Mantel für einem Bettler. Gotisches Glasfenster aus der Kirche von Varenne-Jarcy (Essonne).

Danksagung
Ich möchte mich besonders bei den vielen Helfern bedanken, die am Zustandekommen dieses Buches beteiligt waren. Besonders erwähnen möchte ich hierbei Abt Dr. Odilo Lechner OSB, der für mein Buch das Vorwort schrieb, und Pater Benedikt OS, dessen bibliothekarischem Fachwissen ich viel verdanke.
In besonderer Weise danke ich Josef Hirn. Bei der lektorischen Betreuung des Manuskriptes hat er durch hohes Fachwissen sowohl als Theologe als auch als Historiker und Germanist Wesentliches beigesteuert.
Ganz herzlich möchte ich meiner Frau Thilde danken. Sie hat mit Geschick, Sensibilität und Ausdauer die umfangreichen Arbeiten am Manuskript in besonders dankenswerter Weise aktiv unterstützt und maßgeblich zum Gelingen des Buches beigetragen.